Kurt Eichenwald
Verschwörung der Narren
Eine wahre Geschichte

Kurt Eichenwald

Verschwörung der Narren

Eine wahre Geschichte

Hinter den Mauern eines Konzerns,
im Schatten der Börse, auf den Fluren
der politisch Mächtigen braut sich
ein Skandal zusammen ...

Aus dem amerikanischen Englisch
übersetzt von Helmut Dierlamm, Anne Emmert
und Thomas Pfeiffer

C. Bertelsmann

Die Originalausgabe ist 2005 unter dem Titel »Conspiracy of Fools« bei Broadway Books, New York, erschienen.

FSC
Mix
Produktgruppe aus vorbildlich bewirtschafteten Wäldern und anderen kontrollierten Herkünften
Zert.-Nr. SGS-COC-1940
www.fsc.org
© 1996 Forest Stewardship Council

Verlagsgruppe Random House FSC-DEU-0100
Das für dieses Buch verwendete FSC-zertifizierte Papier *EOS* liefert Salzer, St. Pölten.

1. Auflage

Umschlaggestaltung: R·M·E Roland Eschlbeck/Rosemarie Kreuzer
Satz: DTP im Verlag
Druck und Bindung: GGP Media GmbH, Pößneck
Printed in Germany
ISBN 10: 3-570-00910-6
ISBN 13: 978-3-570-00910-9

www.bertelsmann-verlag.de

Inhalt

Meinen Eltern Elva Eichenwald und Heinz Eichenwald,
die mich ermutigten, gegen meine Windmühlen zu kämpfen,
und mir Beifall spendeten, wenn ich siegte.

Die Vernunft träumt von einem Reich des Wissens, einem Herrenhaus des Geistes. Aber manchmal leben wir am Ende daneben in einer Bruchbude.

Heinz R. Pagels, *The Dreams of Reason*

Wenn ich mich recht erinnere, habe ich vorausgesagt, dass der Strom in den Zäunen ausfallen würde.

Die Figur Ian Malcolm in Michael Crichtons *Dino Park*

Vorbemerkung des Autors

Dieses erzählende Sachbuch beruht auf über 1000 Stunden Interviews mit über 100 Personen, die an den geschilderten Ereignissen beteiligt waren, und auf Zehntausenden von firmeneigenen und staatlichen Dokumenten. Diese umfassen Verhörprotokolle des FBI sowie Aussagen vor Anklagejurys, vor der Securities and Exchange Commission und vor anderen bundesstaatlichen Organen. Die Dialoge basieren auf diesen Dokumenten und auf damals erstellten Aufzeichnungen (einschließlich privater Tagebücher) sowie auf den Erinnerungen der Beteiligten. Das Ergebnis ist die detaillierte Geschichte des größten US-amerikanischen Firmenskandals aller Zeiten, eines Skandals mit Vorgängen, die auch heute noch geradezu unglaublich sind. Aber das alles fand tatsächlich statt.

Die handelnden Personen und ihre wichtigsten Funktionen

BEI DER ENRON CORPORATION, HOUSTON, TEXAS

Die obersten Führungskräfte

Kenneth Lay, Chairman und Chief Executive Officer
Rich Kinder, President (1989–1996)
Jeffrey Skilling, President (1997–2001)
Greg Whalley, President (2001) Chief Executive Officer (2001)

In der Finanzabteilung

Andrew Fastow, Chief Financial Officer (1998–2001)
Jordan Mintz (Justiziar der Rechtsabteilung)
Lea Fastow, Assistant Treasurer
Michael Kopper (Leiter der Special Projects Group)
Michael Jakubik, Vice President
Jeffrey McMahon, Treasurer (1999–2000), Chief Financial Officer (2001–2002)
Jim Timmins, Director Private Equity (Spezialist für die Beziehungen zu den Pensionsfonds)
Tim Despain, Vice President
Ben Glisan Jr., Treasurer (2000–2001)
Bill Brown, Vice President
Raymond Bowen Jr., Treasurer (2001–2002)

In der Buchhaltung

Richard Causey, Chief Accounting Officer (Leiter der Buchhaltung)
Rodney Faldyn, Vice President, Transaction Accounting Group
David Woytek, Vice President (Interne Buchprüfung)
Ryan Siurek (Buchhalter in der Transaction Accounting Group)

In der Risikoabteilung

Richard Buy, Chief Risk Officer
Vince Kaminski, Vice President Forschung (oberster Risikoanalyst)
Stinson Gibner, Analyst
Vasant Shanbhogue, Analyst
Rakesh Bharati, Analyst
Kevin Kindall, Analyst

Im Unternehmensbereich Corporate Development

J. Clifford Baxter, Executive Vice President (zuständig für Enron North America im Unternehmensbereich Großkunden)

Mark Muller, Senior Vice President (Enrons oberster Deal Maker)

Sherron Watkins, Vice President (2001)

In der Stabsabteilung

Rebecca Carter (Repräsentantin Investor Relations, Assistentin des CEO)

Mark Koenig (Leiter der Abteilung Investor Relations)

Mark Palmer (Leiter der PR-Abteilung)

Cindy Olson (Leiterin Community Communications; Personalabteilung)

Stephen Kean (Leiter der Abteilung für Regierungsbeziehungen ab 1998), Stabschef (1999–2001)

In der Rechtsabteilung

James Derrick, Chefjustiziar (Leiter der Rechtsabteilung)

Rex Rogers (Abteilungsleiter in der Rechtsabteilung)

Rob Walls (stellvertretender Chefjustiziar)

Im Unternehmensbereich Großkunden

Kenneth Rice, Chief Executive

Kevin Hannon, President

Greg Whalley, President (2000)

Amanda Martin, Managing Director, Asset Management

Mark Haedicke, Justiziar

Kristina Mordaunt (Anwältin in der Finanzrechtsabteilung 1997–1999)

Timothy Belden, Managing Director (Handelsabteilung Enron Portland)

John Forney, Manager (Echtzeithandel Enron Portland)

Stuart Zisman (Anwalt aus Enrons Großhandelsabteilung)

Mark Frevert, President von Enron London (1998), Chairman von Enron London (2000–2001)

Im Unternehmensbereich Privatkunden

Andrew Fastow, Managing Director (1996)

David Delainey, Chief Executive (Leiter der Privatkundengruppe) (2001)

Lou Pai, Chief Executive (1996–2001)

Raymond Bowen Jr., Vice President

In der Internationalen Abteilung

Rebecca Mark, Chief Executive

Joseph Sutton, Vice Chairman

Im Unternehmensbereich Breitband

Kenneth Rice, Co-CEO (1999), Chief Commercial Officer (2000)
Rex Shelby, Senior Vice President
Kristina Mordaunt (Justiziarin)
Joseph Hirko, Co-CEO (1999–2001)
Kevin Hannon, Chief Operating Officer

Bei Portland General, einer Stromversorgungsgesellschaft

Kenneth Harrison, Chairman
Joseph Hirko, Chief Financial Officer (1991–1996)

Bei Azurix, einer Wassergesellschaft

Rebecca Mark, Chief Executive
Colin Skellett, Executive Director
Amanda Martin, Executive Director

Auf dem Board of Directors

John Duncan
Herbert »Pug« Winokur Jr.
Norman Blake
Charles »Mickey« LeMaistre
Robert Jaedicke
Robert Belfer
Wendy Gramm
William Powers

BEI ARTHUR ANDERSEN & CO.

Joseph Berardino, Managing Partner (2001–2002)
Andrew Pincus, Justiziar
David Duncan, Partner
Stephen Goddard, Partner
Thomas Bauer, Partner
Carl Bass, Partner
John Riley, Practice Director
Rich Corgel, Practice Director

Im Büro Houston

Debra Cash, Partner
Patricia Grutzmacher, Partner
Gary Goolsby, Partner Global Risk
James Hecker, Partner

In der Professional Standards Group, Chicago, Illinois

John Stewart, Partner
Ben Neuhausen, Partner

In der Rechtsabteilung, Chicago, Illinois

Nancy Temple (Anwältin)

BEI DER DYNEGY CORPORATION, HOUSTON, TEXAS

Chuck Watson, Chairman und Chief Executive Officer
Stephen Bergstrom, President
Keith Fullenweider (stellvertretender Chefjustiziar)
Rob Doty, Chief Financial Officer

BEI MERRILL LYNCH & COMPANY

Daniel Bayly (Leiter Globales Investmentbanking)
James Brown (Leiter strategische Projekt- und Leasingfinanzierung)
Schuyler Tilney, Relationship Banker, Büro Houston
Robert Furst, Relationship Banker, Büro Dallas
John Olson (Wertpapieranalyst)

BEI GREENWICH NATWEST, GREENWICH, CONNECTICUT, UND LONDON

Gary Mulgrew, Managing Director
David Bermingham, Banker
Giles Darby, Managing Director

BEI J. P. MORGAN CHASE

James (Jimmy) Lee, Vice Chairman
Rick Walker, Relationship Banker

BEI KYNIKOS ASSOCIATES

James Chanos, President

DIE ANDEREN CHIEF EXECUTIVES

Dennis Kozlowski, Tyco International
Rupert Murdoch, News Corporation
Sumner Redstone, Viacom

DIE ANWALTSKANZLEIEN

Vinson & Elkins, Houston, Texas

Joseph Dilg, Managing Partner
Max Hendrick III., Partner
Ronald Astin, Partner

Wilmer, Cutler & Pickering, Washington, D.C.

William McLucas, Partner
William Joor, Partner
Charles Davidow, Partner
Reed Brodsky (Anwalt)
Joseph Brenner, Partner

Weil, Gotshal & Manges, New York City

Thomas Roberts, Partner
Mary Korby, Partner

DIE PRÄSIDENTEN

George H. W. Bush (1988–1992)
Bill Clinton (1992–2001)
George W. Bush (seit 2001)

IM WEISSEN HAUS UNTER GEORGE W. BUSH, WASHINGTON, D.C.

Dick Cheney (Vizepräsident)
Andrew Card (Stabschef)

IM JUSTIZMINISTERIUM, WASHINGTON, D.C.

John Ashcroft (Justizminister)
Michael Chertoff (Leiter der Behörden für Strafverfolgung)
Larry Thompson (stellvertretender Justizminister)

Bei der Enron Task Force

Leslie Caldwell, Direktorin
Andrew Weissmann, stellvertrender Direktor

Beim Federal Bureau of Investigation

Robert Mueller, Director
Joseph Ford, Special Agent

BEI DER SECURITIES AND EXCHANGE COMMISSION, WASHINGTON, D.C.

Arthur Levitt, Chairman (1993–2001)
Harvey Pitt, Chairman (2001–2003)
Richard Walker (Leiter der Abteilung für Strafverfolgung; 1998–2001)
Stephen Cutler (Leiter der Abteilung für Strafverfolgung; 2001–2004)
Linda Chatman Thomsen (stellvertretende Leiterin der Abteilung für Strafverfolgung)

Im SEC-Regionalbüro Fort Worth

Spencer Barasch (stellvertretender Distriktverwalter)
Robert Hannan (Anwalt)

IM FINANZMINISTERIUM, WASHINGTON, D.C.

Lawrence Summers (Finanzminister; 1999–2001)
Paul O'Neill (Finanzminister; 2001–2002)

IM HANDELSMINSTERIUM, WASHINGTON, D.C.

Donald Evans (Handelsminister)

IM AUSSENMINISTERIUM, WASHINGTON, D.C.

Colin Powell (Außenminister)

IN DER KALIFORNISCHEN STAATSREGIERUNG, SACRAMENTO, KALIFORNIEN

Gray Davis (Gouverneur)

IM US-KONGRESS

Im Senat

Trent Lott (Mehrheitsführer, Republikaner aus Mississippi)

Phil Gramm (Republikaner aus Texas)

Im Repräsentantenhaus

W. J. (Billy) Tauzin (Republikaner aus Louisiana)

James Greenwood (Republikaner aus Pennsylvania)

Mitarbeiter des Subcommittee on Oversight and Investigations des Ausschusses für Energie und Handel im Repräsentantenhaus

Mark Paoletta
Ken Johnson
David Cavicke

JOURNALISTEN

Beim Wall Street Journal

Jonathan Weil
John Emshwiller
Rebecca Smith

Bei der Zeitschrift Fortune

Bethany McLean

Andere

Bal Thackeray, Anführer von Shiv Sena, Mumbai, lndien

Arnold Schwarzenegger, Schauspieler, Los Angeles, Kalifornien

Die wichtigsten Deals

JEDI

Joint Energy Development Investments. Ein gemeinsam von Enron und dem kalifornischen Pensionsfonds California Public Employees Retirement System (CalPERS) gehaltener Fonds, der in Erdöl- und Erdgasanlagen investierte.

JEDI II

Ein ebenfalls gemeinsam von Enron und CalPERS aufgelegter Fonds für Investitionen in breiter gestreute Vermögensanlagen.

CHEWCO

Eine von einer Enron-Führungskraft kontrollierte außerbilanzielle Gesellschaft. Chewco übernahm den CalPERS-Anteil an JEDI, damit der Pensionsfonds in JEDI II investieren konnte

LJM CAYMAN

Auch bekannt als LJM1. Ein von Enrons Chief Financial Officer verwalteter Investmentfonds. Er diente hauptsächlich dazu, Enron gegen einen Wertverlust der Investition in eine Technologiegesellschaft namens Rhythms NetConnections abzusichern.

LJM2

Ein weitaus größerer Investmentfonds, der ebenfalls vom Enron-CFO gemanagt wurde. LJM2 diente hauptsächlich dazu, Investments und Vermögenswerte zu kaufen, die Enron verkaufen wollte, und dazu, außerbilanziellen Gesellschaften, die ebenfalls Geschäfte mit Enron machten, Bargeld zu verschaffen.

DIE RAPTOREN

Vier außerbilanzielle Gesellschaften, die sich zu einem Zeitpunkt teilweise im Besitz von LJM2 befanden. Die Raptoren wurden mit dem Ziel gegründet, Enron gegen Verluste aus bestimmten Investitionen in andere Unternehmen und Vermögenswerte abzusichern.

BRAVEHEART

Der Codename für einen Deal, bei dem es um den Verkauf eines Teils von Enrons Video-on-Demand-Unternehmen ging, einem gemeinsam mit Blockbuster gegründeten Jointventure. Auch dieser Verkauf erfolgte an eine von Enron gegründete außerbilanzielle Gesellschaft.

Prolog

24. Oktober 2001 – Houston, Texas

Ken Lay stieg auf dem reservierten Parkplatz vor den Huntingdon Condominiums in seinen schwarzen Mercedes 600 SL[1] und fuhr los. An der Ausfahrt des Parkplatzes bog er nach rechts in den Kirby Drive ein, die von Bäumen gesäumte, wichtigste Durchgangsstraße von River Oaks[2], dem reichsten und vornehmsten Viertel von Houston. Das acht Jahre alte Kabriolett glitt an den Villen links und rechts der Straße vorbei, die vom finanziellen Erfolg der Ölmagnaten und Industriebarone der Stadt zeugten. Viele Gebäude schimmerten zwischen sorgfältig geschnittenen Sträuchern und schmiedeeisernen Toren hindurch, andere standen fern der Straße an dem Hang, der sich hinunter zum Buffalo Bayou erstreckte. Lay versuchte nicht, einen Blick auf die Gebäude zu erhaschen. Als Houstons einflussreichster Unternehmer war er in fast allen interessanten Häusern von River Oaks schon zu Gast gewesen.

Die luxuriöse Wohngegend setzte sich am Allen Parkway fort, einer gewundenen Straße, die River Oaks direkt mit der Innenstadt verband. Vor Lay ging gerade die Morgensonne auf, ein flammender orangeroter Ball hinter einem Hochhaus aus Aluminium und Glas, das den architektonischen Rhythmus der Houstoner Skyline bestimmte. Es war die Zentrale von Enron, *Lays* Enron, das sich im Lauf von ein paar Jahren von einem unbekannten Pipeline-Unternehmen zu einem Energieriesen mit exzellenten politischen Verbindungen entwickelt hatte. Heute war Enron der pulsierende Mittelpunkt im Leben der Stadt und an allen Aktivitäten von der Kommunalpolitik bis zum Sport beteiligt. Trotzdem würde der wuchernde Gigant für die alten Houstoner wohl immer einfach nur Ken Lays Firma bleiben.

Lay klappte die Sonnenblende herunter und warf einen Blick auf die Uhr im Armaturenbrett des Mercedes. Kurz vor sieben – er war früh dran. Doch er wusste jetzt schon, dass es kein normaler Tag werden würde. Seine Firma stand unter Beschuss, das war klar. Aktienhändler, die darauf gesetzt hatten, dass der Kurs von Enron fallen würde, verbreiteten Gerüchte, nein *Lügen,* über sein Unternehmen.

Das *Wall Street Journal* brachte ein Trommelfeuer von feindseligen Artikeln, die behaupteten, dass Enron seine Finanzen manipuliert habe. Es machte ihn rasend vor Wut.

Die begreifen einfach nichts.

Eigentlich hätte er mit diesem Chaos überhaupt nichts mehr zu tun haben dürfen. Er war schon im Februar als Chief Executive Officer zurückgetreten und hatte seinem mit größter Sorgfalt ausgewählten Nachfolger Jeffrey Skilling die Zügel übergeben. Skilling war der Kopf, der hinter dem spektakulären Wachstum von Enron gesteckt hatte. Mit der Marktmacht von Enron war auch sein weltweiter Einfluss gewachsen, und Lay war zum Vertrauten von Präsidenten, zum Medienstar und, wenigstens in Houston, zu einer ungemein bekannten Persönlichkeit aufgestiegen. Bei seinem Rücktritt war er als ein Mann gefeiert worden, der seine Visionen verwirklichte. Zum Jahresende hätte er eine lukraktive Position bei der Beteiligungsgesellschaft Kohlberg Kravis Roberts & Company (KKR) übernehmen sollen als strahlender Sieger, der ein gewaltiges Industrieimperium hinterlassen hatte.

Dann plötzlich war Skilling fast ohne Vorwarnung zurückgetreten. Einfach so, nur ein paar Monate nachdem er den Job übernommen hatte. Lay hegte seit Wochen den Verdacht, dass mit seinem Nachfolger etwas nicht stimmte. Einigen Board-Mitgliedern hatte er sogar im Vertrauen gesagt, dass Skilling von seinen neuen Aufgaben überfordert scheine. Trotzdem hatte er sich nicht vorstellen können, dass der Mann einfach *gehen* würde. Als die Bombe platzte, hatte er praktisch keine Wahl gehabt. Er hatte der Führung von KKR mitgeteilt, dass er ihr Angebot ablehnen müsse, und seinen alten Posten wieder übernommen.

Aber alles hatte sich verändert. Innerhalb des Konzerns hatte Skillings Rücktritt Wut ausgelöst und eine Flut von Änderungswünschen nach sich gezogen; außerhalb hatte er den Verdacht genährt, dass es in dem Unternehmen ein paar schreckliche Geheimnisse gebe.

Die Presse hatte sich schnell auf Andrew Fastow, den Chief Financial Officer des Konzerns, eingeschossen. Er wurde kritisiert, weil er einen zweiten Job als Manager eines Investmentfonds hatte, der mit Enron Geschäfte machte. Der Vorwurf, dass Fastow in einem Interessenkonflikt stehe, erzürnte Lay. Er hatte mit dem CFO gesprochen, als dieser widerstrebend den zweiten Posten angenommen hatte, jedoch nur, weil es Enron nutzte. Und es hatte dem Unternehmen genutzt: Mit seinem Fonds gewann Fastow Partner, die das Geschäft von Enron genau kannten und Transaktionen schnell und reibungslos durchführen konnten. Nach Lays Ansicht hatte Fastow eine freiwillige Zusatzleistung für Enron erbracht, und nun wurde er für seine Loyalität geteert und gefedert.

Wir haben alle erforderlichen Schutzmaßnahmen getroffen. Wir haben alles offen gelegt. Die begreifen einfach nichts.

Lay fuhr in das Parkhaus des Allen Center, parkte ein paar Schritte neben dem Verbindungsgang zum Enron-Gebäude und eilte in die elegante, von Metall geprägte Lobby des Gebäudes. Dort näherte er sich dem Checkpoint, der nach den Anschlägen am 11. September eingerichtet worden war, hielt eine Magnetkarte hoch, wartete kurz, bis das grüne Licht aufleuchtete, und ging zum Aufzug.

Der riesige, mahagonigetäfelte Empfangsbereich im 50. Stock war still und leer. Lay schlenderte an dem vielfarbigen Standbild eines Elefanten vorbei, den Kollegen auf einer ihrer vielen Reisen nach Indien erstanden hatten. Er öffnete mit seiner Magnetkarte die schwere hölzerne Tür, die zu den Büros der Konzernleitung führte. Rosalee Fleming, seine Assistentin, arbeitete an ihrem Schreibtisch.

»Morgen, Rosie«, sagte er.

»Guten Morgen, Ken. Andy Fastow hat vor ein paar Minuten angerufen. Er muss Sie dringend sprechen.«

»Okay. Sagen Sie ihm, dass ich da bin.«

Lay ging in sein Büro und zog die Anzugjacke aus. Er drückte auf eine bestimmte Stelle der Wandtäfelung und öffnete einen verborgenen Schrank, in dem er die Jacke aufhängte. Dann ging er zu seinem Schreibtisch und rückte sich den Stuhl zurecht, doch bevor er sich setzen konnte, stand Fastow in der Tür.

»Guten Morgen, Andy«, sagte Lay.

Fastow nickte kurz. »Wir müssen miteinander sprechen, Ken.«

»Gut. Kommen Sie herein. Nehmen Sie Platz.«

Fastow schlurfte zu einem runden Konferenztisch, der am Boden des Büros befestigt war. Lay drückte auf einen Knopf in seiner Schreibtischschublade und schloss durch ein Funksignal die Tür.

Er setzte sich zu Fastow an den Tisch und musterte ihn. Der CFO war vom Stress der vergangenen Tage deutlich gezeichnet. In der Regel war er sorgfältig frisiert, wirkte stets frisch und war adrett gekleidet. Heute jedoch war sein Gesicht eingefallen und seine Stirn gefurcht. Er sah aus, als hätte er in der Nacht kaum geschlafen.

»Ich habe ein paar Informationen, die ich Ihnen mitteilen muss«, sagte er. »Gestern Abend hat sich Ben Glisan mit ein paar von den Bankern getroffen, und sie sagten, sie könnten uns keinen Kredit geben, solange ich CFO bin.«

Das waren schlimme Nachrichten. Glisan, der junge Treasurer des Unternehmens, war ein glühender Verehrer von Fastow. Wenn er die Banker nicht überreden konnte, mit dem Mann Geschäfte zu machen, konnte es niemand.

Es war ein schwieriger Moment. Lay kämpfte schon seit Tagen, um Fastow zu halten. Greg Whalley, der neue President des Unternehmens, wollte ihn feuern, aber Lay hatte bisherige Versuche erfolgreich abgewehrt. Er respektierte Fastow, und im Board of Directors wurde der Finanzchef geradezu verehrt. Man feuerte doch keinen CFO, nur weil ein paar böse Artikel über ihn erschienen waren. Jetzt aber hatte sich die Lage geändert. Wenn die Banker nichts mehr mit Fastow zu tun haben wollten, war Enron selbst in Gefahr.

»Wir haben ja schon über diese Möglichkeit geredet, Andy«, sagte Lay. »Das Board und ich haben Sie natürlich sehr unterstützt, sowohl in der Öffentlichkeit als auch privat. Aber wir haben auch gesagt, dass wir die ganze Sache neu überdenken müssen, falls Sie jemals das Vertrauen der Finanzwelt verlieren sollten.«

Fastow nickte mit gesenktem Blick.

»Ich muss jetzt also das Board einberufen, und dann müssen wir sehen, was wir tun können«, sagte Lay. »Ich werde das so bald wie möglich tun, denn es ist offensichtlich eine Menge los.«

Fastow schwieg. »Okay«, sagte er schließlich, »danke, dass Sie mit mir gesprochen haben, Ken.«

Lay hatte Mitleid mit Fastow, als er gedrückt aus dem Zimmer schlich, zurück an einen Schreibtisch, von dem sie beide wussten, dass er ihn bald räumen musste. Lay war überzeugt, dass sich der Wirbel um Enron bald wieder legen würde, aber dann wäre die Karriere dieses begabten jungen Managers schon nicht mehr zu retten. Fastow würde zum Opfer werden. Das war wirklich ungerecht.

Lay hatte keine Ahnung, dass Fastow ihm die schlimmste Nachricht überhaupt nicht mitgeteilt hatte – er sollte sie erst Jahre später erfahren.

Fast im selben Moment stand Ray Bowen auf der anderen Seite der Stadt nackt in seinem Badezimmer im oberen Stock und prüfte mit der Hand die Wassertemperatur der Dusche. Er hob gerade den Fuß, um in die Dusche zu steigen, als das Telefon klingelte. Unten im Schlafzimmer nahm seine Frau den Hörer ab und bat den Anrufer, am Apparat zu bleiben.

»Hey, Ray!«, rief sie. »Jeff ist am Apparat!«

Das verhieß nichts Gutes, nicht um diese Zeit. Sein Chef, Jeff McMahon, der Leiter von Enrons Aktivitäten auf dem Papiermarkt, rief nur dann so früh an, wenn es ein Problem gab. Und Bowen wusste, dass an Problemen kein Mangel herrschte, weil bei Enron das Chaos ausgebrochen war. Er schlang sich ein Handtuch um die Hüften und ging in einen Umkleideraum, wo er ein Telefonsystem von Panasonic installiert hatte.

»Hallo, Jeff. Was gibt's?«

»Sieht schlimm aus, Mann«, sagte McMahon. »Seit gestern Abend ist die Kacke wirklich am Dampfen.«

Bowen hörte ungläubig zu, als McMahon ihm die böse Geschichte erzählte. Enron stand kurz vor dem Zusammenbruch. Die Märkte, auf denen Großunternehmen wie Enron kurzfristige Kredite in Milliardenhöhe aufnehmen, um Gehälter zu zahlen und Rechnungen zu begleichen, kurz, *damit die Lichter nicht ausgehen,* hatten Enron ausgeschlossen. Die Bankinstitute, die die so genannten Commercial Papers herausgaben, wie diese kurzfristigen Schuldtitel hießen, glaubten nicht mehr, dass sich bei Enron das Risiko lohnte. Der Markt, dieses lebende, atmende Wesen, das von den Managern, die ihm dienten, für unfehlbar gehalten wurde, hatte sein hartes, mitleidloses Urteil gesprochen: Enron würde diese Woche vermutlich nicht überleben.

»Wie ... wie ist das möglich?«, stotterte Bowen.

»Keine Ahnung, aber das sind meine Informationen.«

McMahon dachte einen Augenblick nach. »Das war's dann wohl«, sagte er. »Ich glaube, heute werden sie Andy feuern.«

Kein Witz. Hatte Fastow die Bücher wirklich so schlecht geführt, dass plötzlich niemand mehr Enron Geld leihen wollte? Natürlich war er weg vom Fenster. Und wenn Lay zu sentimental war, um diese notwendige Entscheidung zu treffen, dann würde Whalley den Abzug drücken.

»Und was passiert jetzt?«, fragte Bowen.

»Ich brauche Ihre Hilfe. Whalley will, dass wir rüberkommen und ihm helfen, die Sache zu klären. Können Sie um acht dort sein?«

45 Minuten später war McMahon in den Büroräumen seiner Abteilung im 40. Stock des neuen Enron-Gebäudes.

»Was denken Sie?«, schrie er, als Bowen auf ihn zukam.

»Wir müssen sofort die Revolvingkredite abrufen«, sagte Bowen schroff.

Die Revolvingkredite. Die Milliarden Dollar an revolvierenden Dispositionskrediten, die Enron bei seinen wichtigsten Banken abrufen konnte, Mittel für den Katastrophenfall – das finanztechnische Äquivalent eines Atombunkers. Und die brauchte Enron jetzt.

Die beiden Männer fuhren sofort hinauf in den 50. Stock und hasteten zu Skillings Büro, in dem Whalley seit kurzem residierte. Im Vorraum waren schon ein paar aufgeregte Männer versammelt. Whalleys Tür war zu, und die Sekretärin bat sie zu warten.

»Greg spricht gerade mit Andy Fastow«, sagte sie.

Minuten vergingen. Schließlich öffnete sich die Tür, und Fastow erschien, ein nervöses Lächeln auf den Lippen. Whalley schob sich an ihm vorbei und übernahm das Kommando.

»Okay«, sagte er. »Wir treffen uns oben. Gehen Sie schon mal rauf. Ich komme in ein paar Minuten.«

Die Männer nahmen einen kleinen internen Aufzug ins Dachgeschoss und begaben sich in einen kleinen Konferenzraum, wo sie sich um einen länglichen Tisch drängten. Fastow und McMahon, die einander schon lange mit einer Antipathie behandelten, die an Verachtung grenzte, setzten sich so weit wie möglich auseinander. Fünfzehn Minuten später stürmte Whalley herein.

»Okay, packen wir's an«, sagte er und setzte sich. »Wir beginnen mit der Struktur des Unternehmens.«

Whalley blickte Fastow an und zeigte auf ihn.

»Andy«, sagte er schnell, »wie wir besprochen haben, sind Sie nicht mehr CFO, ab sofort.«

Fastow klappte die Kinnlade herunter. »Warten Sie ...«

Whalley ignorierte ihn und deutete auf McMahon.

»Jeff, Sie sind jetzt der CFO dieses Unternehmens.«

Was war das? McMahon traute seinen Ohren nicht. Er war zum Chief Financial Officer ernannt worden? Einfach so?

»Entschuldigen Sie?«, fragte er. »Ich bin CFO?«

»Ja, Sie sind CFO.«

McMahon blickte auf die andere Seite des Tisches. Fastow schüttelte den Kopf. Er sah schockiert aus. Der Moment war surreal.

Geht es in anderen Unternehmen auch so zu? Du wirst befördert, und dein Vorgänger wird gefeuert, wenn alle dabei sind?

»Moment mal«, zischte Fastow zornig. »So habe ich unsere Vereinbarung nicht verstanden!«

Whalley hob die Hand. »Andy, ich habe für so was keine Zeit. Ich weiß nicht, was für Vereinbarungen wir getroffen haben, und ich kenne die juristischen Feinheiten nicht. Das können Sie alles mit Ken klären. Aber Sie sind nicht mehr CFO. Die Entscheidung ist unwiderruflich.«

Das war's. Whalley wandte sich McMahon zu.

»Okay, Jeff. Commercial Papers. Was sollen wir tun?«

»Also, »sagte McMahon, »ich muss erst mal ein Team zusammenstellen, das klärt, wo wir stehen. Aber es ist durchaus möglich, dass wir die Revolvingkredite abrufen müssen.«

Bowen sprang ihm bei: »Meiner Erfahrung nach muss ein Unternehmen in einer Liquiditätskrise sofort die Revolvingkredite abrufen. Sonst muss es sich darauf gefasst machen, dass die Banken ins Spiel kommen und eine Menge Gründe finden, warum sie das Geld nicht sofort überweisen können.«

Die Gruppe diskutierte erregt das Für und Wider des Vorschlags. Fastow schüttelte den Kopf. »Moment mal, Ray«, sagte er zu Bowen. »Ich bin da wirklich anderer Meinung. Ich fürchte, wenn wir die Revolvingkredite abrufen, wäre das ein katastrophales Signal für den Markt.«

Fastow presste den Zeigefinger gegen die Tischkante.

»Wenn Sie das tun«, sagte er eindringlich, »meinen die Leute, dass mit Enron *wirklich* etwas nicht stimmt.«

Drei Stunden später saß Fastow auf dem schweren Lederstuhl an dem Computertischchen hinter seinem Schreibtisch und schrieb eine E-Mail an seine Frau Lea.[3] Sie hatten an diesem Tag zusammen zu Mittag essen wollen, aber das war jetzt nicht mehr möglich. Er musste dringend ein paar Dinge regeln. Er beendete den Entschuldigungsbrief und klickte auf »Senden«.

Als er den Stuhl zurückschob und sich erhob, erschien Ken Lay in der Tür seines Büros. Sein Gesicht war ernst.

»Ich muss Sie sprechen, Andy«, sagte er.

»Okay, Ken. Kommen Sie herein.«

Fastow schloss seine Bürotür mit der Fernbedienung, und Lay setzte sich an den Konferenztisch. Fastow kam dazu, und Lay musterte den Mann, dem er so lange vertraut hatte. Nachdem sie sich heute Morgen getroffen hatten, hatte er neue Informationen bekommen, beunruhigende Details, die sein Vertrauen in Fastow erschütterten. Aber darauf kam es nicht mehr an. Das Problem lag nicht mehr in seiner Hand.

»Andy, ich komme gerade aus einer Sitzung des Boards. Und auf Grundlage der Informationen, die Sie mir heute Morgen gegeben haben, mussten wir beschließen, dass wir Sie als CFO nicht mehr halten können. Sie werden beurlaubt, und Jeff McMahon wird der neue Chief Financial Officer.«

»Verstehe«, sagte Fastow, ohne mit der Wimper zu zucken.

Lay war überrascht, dass er so kühl reagierte. Niemand hatte sich die Mühe gemacht, ihm zu sagen, dass Whalley dem Finanzmanager die Hiobsbotschaft schon früher überbracht hatte – und weniger schonend.

Noch bevor Lay weitersprechen konnte, sagte Fastow: »Wir müssen einen Abfindungsvertrag aushandeln.«

Lay schüttelte den Kopf: »So weit sind wir noch nicht, Andy.«

»Es dauert nicht lange. Ich bin nicht unrealistisch. Ich weiß, dass ich eigentlich auf neun oder zehn Millionen Dollar Anspruch hätte. Aber wenn wir uns auf drei oder vier Millionen einigen, dann gehe ich und mache keine Probleme.«

Wie bitte? Soll das eine Drohung sein?

»So machen wir es nicht, Andy«, sagte Lay. »Zunächst einmal habe ich jetzt wichtigere Dinge zu tun, als Ihre Abfindung auszuhandeln. Aber ich muss auch das Board mit einbeziehen.«

Fastow lehnte sich vor und sagte fast flüsternd: »Wir könnten uns doch einfach jetzt per Handschlag auf irgendwas einigen, Sie und ich. Nur damit es geregelt ist.«

Lay wäre fast zurückgeprallt vor Abscheu.

»Nein, Andy. Wir sprechen in ein paar Tagen darüber, aber jetzt regeln wir überhaupt nichts.«

Lay wartete nicht auf eine Antwort. Er stand auf, um Fastow zu zeigen, dass das Gespräch zu Ende war.

»Andy, ich glaube, je schneller Sie das Gebäude verlassen, desto besser«, sagte er. »Tut mir Leid, was passiert ist, aber es ist notwendig. Natürlich wünsche ich Ihnen und Lea das Beste.«

Lay verließ den Raum, überzeugt, dass er das Richtige getan hatte. Es bestand Hoffnung, dass Enron nach Fastows Abgang wieder in Ordnung kommen würde. Trotzdem hatten ihn die Informationen, die er auf der Sitzung des Boards bekommen hatte, in Kombination mit Fastows miesem Feilschen um eine Abfindung schon sehr erschüttert.

War sein CFO, ein Mann, dem er blind vertraut hatte, die ganze Zeit eine falsche Schlange gewesen?

27. Oktober 2001 – Miami Beach, Florida

Der Jazzgitarrist kam auf der kleinen Bühne des Jazid[4] nach vorn und spielte ein gefühlvolles Bluessolo. Der Jazzclub war mit Holz getäfelt, und das warme Licht der langstieligen Kerzen, die auf ein paar Tischen mit Marmorplatten standen, sorgte für eine intime Atmosphäre. An diesem Abend war es gerammelt voll, und die Gäste wiegten sich im Rhythmus von jedem souligen Riff.

An einem der dicht besetzten Tische saß Jeffrey Skilling und schüttete ein Glas Weißwein in sich hinein. Keiner der anderen Gäste sprach ihn an; keiner schien ihn als den Mann zu erkennen, der noch wenige Woche zuvor einen der größten Konzerne Amerikas geführt hatte. Und keiner merkte, dass er in dieser Nacht langsam durchdrehte, dass er sich rapide einem Nervenzusammenbruch näherte.

Es gibt keinen Ausweg.

Skilling ging in Gedanken alles noch einmal durch. Enron, sein Unternehmen – und viele Jahre sein Leben –, würde implodieren. Andere Unternehmen wollten keine Geschäfte mehr mit dem Konzern machen. Kapital löste sich in Luft auf. Vertrauen war erschüttert. Auch wenn Lay von tollen Zukunftsaussichten für sein Baby gesprochen hatte, Skilling wusste, dass es im Sterben lag.

Ach du Scheiße! Es muss doch eine Möglichkeit geben. Irgendeine. Kapitalerhöhung; neue Anleger auftreiben. Aber wie? Keine Zeit. Mit den Bankern reden. Ihnen direkt in die Augen schauen und ihnen versichern, dass sie ihr Geld zurückbekommen. Auch vermasselt! Zu spät. Die hätten letzte Woche nach New York fliegen sollen, verdammt noch mal! Warum unternehmen die denn nichts?

Er schnaufte angestrengt. Immer wieder irrte er durch das Labyrinth von Enrons Finanzproblemen und suchte verzweifelt nach einem Ausweg, den er vielleicht übersehen hatte. Doch das Ergebnis war stets das gleiche. Enron war erledigt. Der Konzern war nicht mehr zu retten.

Skilling fuhr sich mit der Hand über die Wange, wischte eine Träne weg. Seine Augen hatten rote Ringe, so erschöpft war er. Er hob sein Glas, als eine Bedienung vorbeikam.

»Noch einen«, sagte er. »Pinot Grigio.«

Neben Skilling saß Rebecca Carter, seine langjährige Freundin, mit der er sich erst vor kurzem verlobt hatte, und machte sich allmählich Sorgen. Sie hatten sich bei Enron kennen gelernt und das Unternehmen beide im August verlassen. Mehrere Wochen war alles ganz wunderbar gewesen. Skilling hatte Zeit mit seinen Kindern verbracht, war ein bisschen gereist. Gestern waren sie in Florida angekommen und hatten einen Freund besucht. Aber Jeff gingen die unverhofften Schwierigkeiten von Enron nicht aus dem Kopf, und er verlor immer mehr die Kontrolle. Rebecca hatte noch nie erlebt, dass er so viel trank. *Wie viel sind es jetzt? Acht Gläser? Zehn?* Sie tippte ihm leicht auf die Schulter.

»Können wir gehen, Jeff? Bitte ...«

»Nein«, er sah sie nicht einmal an.

»Jeff ...«

»Nein.«

»Jeff, du musst mit dem Trinken aufhören.«

»Nein«, sagte Skilling mit steinernem Gesicht.

Er bestellte immer mehr Wein, bis es 15 Gläser waren. Er saß stocksteif da, versuchte seinen inneren Aufruhr mit Alkohol zu bekämpfen und wurde allmählich wütend. Er dachte an die Leute, die seiner Ansicht nach an dem Schlamassel schuld waren. *Es waren die von der International Division,* dachte er. *Sie* hatten Milliarden für lausige Projekte vergeudet. Sie hatten das Kapital von Enron gebunden. Skilling hatte sie hinausgeworfen, als die Enron-Aktien auf einem fantastischen Kurs standen. Rebecca Mark, die langjährige Chefin der Abteilung, hatte zig Millionen gemacht, als sie ihre Aktien verkaufte.

Ich haben sie rausgeworfen und dadurch gerettet, dachte er bitter. *Sie haben den Reichtum von Enron vernichtet, und ich habe sie reich gemacht.*

Stunden vergingen, in denen Skilling zwischen Verzweiflung und Wut schwankte. Schließlich hatte er genug.

»Machen wir, dass wir fortkommen«, sagte er und ergriff Rebeccas Hand.

Er torkelte hinaus in die kühle Oktobernacht, und Rebecca legte ihm einen Arm um die Schulter, damit er nicht umfiel. Sie schoben sich an Gruppen von Nachtschwärmern vorbei, als sie schwankend die Washington Street hinunter zu ihrem Hotel gingen. Skillings Zustand wurde mit jedem mühseligen Schritt schlimmer.

»Es bricht alles zusammen«, murmelte er unaufhörlich mit hohler, gleichgültiger Stimme. »Es bricht alles zusammen.«

Rebecca zog ihn am Arm, damit er in Bewegung blieb, und sagte verwundert: »Ach komm, Jeff. Du sprichst von Enron.«

»Es geht alles den Bach runter …« Er verstummte.

Zehn Minuten torkelten sie schweigend dahin, bis das elegante Delamo Hotel in Sicht kam und sie auf seine strahlend weiße Fassade zusteuerten. Rebecca bugsierte ihren Verlobten die Terrassentreppe hinauf und in die hohe Halle der Lobby des Hotels.

»Komm, wir gehen einfach ins Bett«, sagte sie.

Skilling riss sich von ihr los. »Auf keinen Fall«, knurrte er.

Er ging schwankend quer durch die Lobby und ließ sich auf ein Sofa fallen. Er entdeckte die Bar im hinteren Teil der Lobby, winkte einen Kellner herbei und bestellte noch ein Glas Wein. Rebecca saß neben ihm und schloss resigniert die Augen, als er das Glas in einem Zug leerte. Schließlich konnte sie ihre Wut und Enttäuschung nicht mehr unterdrücken.

»Verdammt noch mal, Jeff!«, sagte sie und stand auf. »Das hört jetzt sofort auf! Du wirst dich nicht umbringen heute Nacht. Wir gehen jetzt rauf, und wir gehen zu Bett.«

Ernüchtert stellte Skilling sein Glas auf einem Tisch ab und folgte Rebecca kleinlaut zu den Aufzügen. Aber in seinem Kopf tobte der Aufruhr. Er konnte sich nicht mehr beherrschen. Er gab es auf.

Rebecca schleppte ihn auf ihr gemeinsames Zimmer. Skilling ließ sich aufs Bett fallen. Er lag auf der Seite und schluchzte wild. Er versuchte, etwas zu sagen, brachte aber nur unverständliche Wortfetzen heraus. Dann zog er die Knie an und rollte sich zusammen wie ein Embryo. Rebecca griff sich entsetzt an den Kopf. *Was zum Teufel geht hier vor?*

»Jeff, was ist los? Du machst mir Angst!«

Sie setzte sich neben ihn, streichelte ihm den Rücken und murmelte tröstende Worte, die Skilling nicht hören wollte.

»Nein«, schrie er, »nichts wird wieder gut. Es geht alles den Bach runter!«

Er stand auf und schob Rebecca von sich.

»Alles, wofür ich mein Leben lang gearbeitet habe, ist dahin, einfach vernichtet! Es ist alles dahin!«

Skilling schüttelte den Kopf, Tränen strömten über sein Gesicht. Erst jetzt wurde ihm die ganze furchtbare Tragweite der Ereignisse wirklich bewusst.

»Du hast keine Ahnung, was passieren wird!«, schrie er mit rauer Stimme. »Alle sind davon betroffen! Ich kann mich nie wieder in Houston blicken lassen! Ich meine, auf wie viele Leute das Auswirkungen hat! Alles, wofür ich gearbeitet habe, bricht zusammen!«

Rebecca nahm ihn wieder in die Arme und wollte ihn trösten. Skilling atmete tief durch und versuchte nachzudenken. Es war zu spät. Seine Welt war dahin. Er war ein Ausgestoßener. Alle, die ihm nahe standen, würden mit in den Untergang gerissen. *Rebecca.* Er konnte sie nicht heiraten, er durfte es nicht.

Skilling machte sich von Rebecca los, das Gesicht verzerrt vor Entsetzen. Er war jetzt hellwach, hatte die Augen weit aufgerissen und atmete schnell.

»Rebecca, du musst gehen«, sagte er.

»Jeff«, sagte sie und streckte die Arme nach ihm aus.

Skilling wankte zurück. »Bleib mir bloß vom Leib!«, schrie er.

Rebecca stand erstaunt auf. »Was ...?«

»Mach verdammt noch mal, dass du rauskommst! Du sollst mich endlich in Ruhe lassen!«

»Jeff ...«

»Lass mich allein! Ich will dich hier nicht mehr sehen!«

Rebecca starrte ihren Verlobten verständnislos an, ihre Augen füllten sich mit Tränen. Einen Augenblick war alles ganz still.

Dann stand Skilling auf, fuchtelte wild mit den Armen und schrie: »Mach endlich, dass du rauskommst! Geh zurück nach Houston. Ich will dich nicht hier haben!«

Rebecca zitterte. Sie zögerte einen Moment, dann drehte sie sich schweigend um und ging. Hinter ihr fiel die Tür ins Schloss. Skilling blieb noch einen Augenblick bewegungslos stehen. Dann fiel er wieder aufs Bett. Er zog die Knie an die Brust, und er zitterte am ganzen Körper.

»O Gott«, wimmerte er und presste sich ein Kissen ins Gesicht.

Der Skandal schien aus heiterem Himmel zu kommen, und er veränderte alles. Im Herbst 2001 implodierte die Enron Corporation – ein auch politisch mächtiger Konzern, dessen Struktur selbst von seinen Konkurrenten nur ansatzweise verstanden wurde. Der Absturz des Unternehmens war so tief, dass sein bis dahin angesehener Name innerhalb weniger Wochen zu einem Symbol für das Fehlverhalten von Großunternehmen wurde.

Die Folgen der Enron-Katastrophe waren so immens, dass sie selbst Jahre danach noch erkennbar sind. Der Skandal führte zu einem rapiden Zusammenbruch des Vertrauens bei den Bürgern und beendete abrupt eine Ära der rasant steigenden Aktienkurse und der scheinbar mühe- und risikolos erzielten Gewinne. Schon bald erschien Enron nur noch als das erste Symptom einer Krankheit, von der die amerikanischen Großunternehmen irgendwie heimlich infiziert waren, und an ihr verendeten nun Giganten von WorldCom bis Tyco und von Adelphia bis Global Crossing. Was sich schließlich als Skandal der Skandale herauskristallisierte, war der gemeinsame Nenner all dieser Zusammenbrüche: Sie alle waren anscheinend durch eine unreflektierte, gierige Kaufwut verursacht.

Als die Anleger sich entsetzt von einem Markt zurückzogen, auf dem jederzeit die nächste Bombe platzen konnte, lösten sich Billionen (sic!) Dollar an Wertpapiervermögen in nichts auf, und unzählige Menschen waren gezwungen, einen zweiten Job anzunehmen, ihren Ruhestand zu verschieben, ihr Haus zu verkaufen, ihre Ausbildung abzubrechen oder auf die Verwirklichung ihrer Träume zu verzichten.

Aber nichts war ganz so, wie es schien. Der Enron-Skandal brach eben keineswegs ganz ohne Vorgeschichte über die amerikanische Geschäftswelt herein. Vielmehr krankte Corporate America bereits fast ein Jahrzehnt an laxem Umgang mit Vorschriften, an einer steten Absenkung der Normen und einem Mangel an finanztechnischer Disziplin. Warnungen vor Fantasiezahlen, vor unrealistischen Erwartungen und vor der Missachtung bewährter ökonomischer Gesetze wurden ignoriert, und die Anleger feierten Konzerne, die ihre Aktienkurse mit skrupellosen oder dubiosen Geschäftsstrategien in nie gekannte Höhen trieben.

Diese Bedingungen, und zwar nur diese Bedingungen, führten in die Enron-Katastrophe. Die massiven Rechtsbrüche waren keine hinreichende Erklärung für den Zusammenbruch des Konzerns. Die wahre Geschichte war komplexer und auf jeden Fall beunruhigender. Denn die Verbrechen bei Enron – und es gab dort zweifellos Verbrechen – waren nur eine Zutat in dem giftigen Brei, an dem das Unternehmen zugrunde ging. Schockierende Inkompetenz, maßlose Arroganz, der Verfall ethischer Maßstäbe und eine totale Verachtung für das Urteil des Marktes wirkten auf maßgebliche Weise zusammen. Letztlich war es die Tragödie von Enron, dass seine Führung schlau genug war, zu erkennen, wie man Vorschriften umging, aber nicht weise genug, zu erkennen, warum es die Vorschriften gab.

Keine einzelne Person war schuld an dem Debakel; ein einzelner Mensch hätte das Unternehmen gar nicht zugrunde richten können. Vielmehr führten die Fehler und Unzulänglichkeiten von einigen Führungskräften – gepaart mit dem Verhalten einer ganzen Kaste von Bankern, Anwälten und Wirtschaftsprüfern, die es auf die Honorare des Konzerns abgesehen hatten, mit dem Verhalten einer Regierung, die sich mit extrem laxen Vorschriften begnügte, und mit dem Verhalten von Anlegern, denen es mehr auf kurzfristige Profite als auf langfristige Erfolge ankam – zur Entstehung eines Konzerns, der zum Untergang verurteilt war. Nicht die atemberaubenden Buchhaltungstricks und finanztechnischen Manöver, die nach dem Zusammenbruch von Enron ans Licht kamen, waren die eigentliche Ursache für den Untergang des Unternehmens, sondern die schlichte Tatsache, dass der Konzern zu viel Geld in marode Unternehmen investierte und der Markt sich rächte.

Die Folgen waren verheerend. Arthur Andersen, ein zuvor hoch angesehenes Wirtschaftsprüfungsunternehmen, löste sich über Nacht in Luft auf, weil seine Rolle bei der Enron-Katastrophe ihren eigenen Tochterskandal verursachte. Ein US-Präsident und seine Regierung, die mit einer neuartigen Bedrohung der nationalen Sicherheit zu kämpfen hatten, gerieten wegen ihrer Verbindung zu Enron in die Defensive. Der neue Vorsitzende der Securities and Exchange Commission verlor seinen Traumjob, weil er durch den Enron-Skandal unter Beschuss geriet. Und die Mitglieder des Kongresses reagierten auf die Furcht und den Zorn ihrer Wähler und verabschiedeten das strengste Anlegerschutzgesetz seit der Weltwirtschaftskrise.

Dieses Buch erzählt also nicht nur die Geschichte vom Zusammenbruch eines Unternehmens, sondern es erzählt auch die Geschichte einer verrückten Zeit des wirtschaftlichen und politischen Aufruhrs, wie sie sich in einem einzigen großen Wirtschaftsskandal spiegelt. Es zeichnet ein Porträt von einem Amerika im Umbruch zur Zeit der Jahrhundertwende, einem Land, das zwischen seiner Leidenschaft für schnelles Geld und seiner Wahrheitsliebe, zwischen Gier und Großzügigkeit, zwischen Wall Street und Main Street zerrissen wurde. Letztlich erzählt das Buch die Geschichte, wie durch den Wahn eines Landes beispielloser Schaden angerichtet wurde, durch einen Wahn, dem das Land durchaus eines Tages wieder verfallen könnte.

1. Teil

Der Rausch des Aufstiegs

Kapitel 1

Am 2. Februar 1987[1] kamen zwei Männer aus den Glas- und Chromtüren des Enron-Gebäudes und eilten die Vortreppe aus poliertem Granit hinunter. Auf der anderen Straßenseite sprudelte in dem strahlenden Wintermorgen ein weißer Brunnen, der starke Ähnlichkeit mit einer dreistöckigen Hochzeitstorte hatte.[2] Die Männer überquerten die Smith Street, eine wichtige Verkehrsader im Geschäftsviertel von Houston. David Woytek, der Ältere der beiden, warf einen Blick auf seine Armbanduhr. *Noch 15 Minuten. Dann bricht die Hölle los, da bin ich mir sicher.*

Wortlos beschleunigte er seinen Schritt, und John Beard, sein Kollege aus der internen Buchprüfungsabteilung von Enron, folgte ihm. Beide brannten auf das Gespräch mit Ken Lay, bei dem sie ihm den endgültigen Beweis liefern würden, dass zwei seiner Untergebenen das Unternehmen betrogen hatten. Beard hatte die nötigen Unterlagen: Kontoauszüge, die bewiesen, dass Millionen Dollar von Firmenkonten auf Privatkonten verschoben worden waren. Die Transaktionen waren so verdächtig gewesen, dass die Bank Woytek alarmiert hatte. Das Schönste an der Sache war jedoch, dass die beiden Verdächtigen, Louis Borget und Thomas Mastroeni, zwei Topmanager der Enron Oil Trading Unit in Valhalla, New York, ebenfalls anwesend sein würden und dass sich die beiden Topmanager der Ölhandelsabteilung, wie Woytek und Beard sicher wussten, mit einem undurchdringlich erscheinenden Lügengeflecht verteidigen würden.

Die Beweise für den Betrug waren stichhaltig, aber das war auch dringend notwendig. Borget war der Goldesel von Enron, ein Mann, der dem Konzern mit seinen Geschäften jedes Jahr zuverlässig dringend benötigte zweistellige Millionensummen einbrachte. Er und Mastroeni, sein leitender Finanzmanager, hatten angeblich gute Kontakte zu den Herrschern von Saudi-Arabien und Kuwait und besaßen deshalb, wie allgemein angenommen wurde, Insiderinformationen über die Vorgänge im arabischen Ölkartell der OPEC. Wenn sie gefeuert würden, verlöre Enron seine arabischen Verbindungen und wäre in einer Zeit, da es ohnehin zu kämpfen hatte, einer wichtigen Einnahmequelle beraubt.

Trotzdem glaubten Woytek und Beard, dass Lay keine andere Wahl hätte, als die beiden zu feuern; die Beweise gegen sie waren hieb- und stichfest. Mastroeni hatte bei der Eastern Savings Bank ein Firmenkonto für Enron eröffnet, mit ihm selbst und Borget als Unterschriftsberechtigten.[3] Aber keiner von beiden hatte sich die Mühe gemacht, Enron über die Existenz des Kontos zu informieren. Außerdem war es in den Büchern der Firma nicht verzeichnet. Millionen Dollar firmeneigenes Geld waren auf das Konto überwiesen worden und etwa zur Hälfte auf Mastroenis Privatkonten gelandet. Die Transaktionen hatten alle Merkmale eines Millionen-Dollar-Betrugs, und Enron war der Geschädigte.

Woytek und Beard bogen in die Dallas Street ein, zwei Blocks von ihrem Ziel entfernt: dem Enron-Büro im Natural Gas Building. Die Straßen im Geschäftsviertel von Houston wirkten an diesem Morgen wie ausgestorben; nur wenige Autos waren auf der Straße, ein sichtbares Zeichen, dass die Stadt noch immer schwer unter dem jahrelangen Ölpreisverfall zu leiden hatte.[4]

Im Natural Gas Building fuhren die beiden Buchprüfer in den 16. Stock. Dort wurden sie von einer Empfangsdame in das Büro von Mick Seidl, dem Präsidenten von Enron, geführt. Seidl war auf Reisen, und Lay hatte sich sein Büro für die Besprechung an diesem Morgen ausgeliehen.

Borget und Mastroeni waren schon da, als Woytek und Beard das Büro betraten. Sie waren in ein Gespräch mit ihren nominellen Kontrolleuren aus der Zentrale des Konzerns John Harding und Steve Sulentic vertieft und verstummten, als die Buchprüfer eintrafen.

»Hallo«, sagte Harding. »Schön, dass Sie da sind.«

Alle schüttelten einander die Hand. Dann schob Borget einen dicken Stapel Dokumente über den Tisch.

»Hier ist alles über die Transaktionen, was Sie brauchen«, sagte er, »alle relevanten Kontoauszüge und weiteres Material.«

»Danke«, sagte Woytek. »Wir gehen es durch.«

Beard nahm die Dokumente und verließ mit Woytek den Raum. Im Empfangsbereich teilten sie den Stapel und suchten jeder einen unbesetzten Schreibtisch.

»VERTRAULICH«, las Beard auf der ersten Seite seines Stapels, »Memorandum für die Akten«.[5]

In der Aktennotiz wurde Schritt für Schritt beschrieben, wie es zu den verdächtigen Transaktionen gekommen war. In einem Abschnitt waren einige beigelegte Kontoauszüge erwähnt. Beard blätterte seinen Stapel durch, fand die Auszüge und überflog sie.

Moment mal.

Er studierte die Auszüge noch einmal, um jeden Irrtum auszuschließen. Nein, es bestand kein Zweifel.

»Schauen Sie sich das mal an, Dave«, sagte er.

Woytek kam herüber und blätterte die Kontoauszüge durch. Sie stammten von dem Konto, das die Trading Unit bei der Eastern Savings Bank eröffnet hatte und das die Ermittlungen ausgelöst hatte. Doch sie wirkten völlig normal. Woytek zuckte leicht mit den Schultern und sah Beard fragend an.

»Es sind dieselben Auszüge, die wir von der Bank bekommen haben«, sagte Beard, »aber dieser hier ist geändert worden.«

»Sie machen Witze! Zeigen Sie mir unsere Kopie.«

Beard kramte in seiner Aktentasche und zog einen fast identischen Stapel Kontoauszüge heraus. Er legte sie neben die Auszüge von Borget.

Unglaublich. Die Auszüge waren für dasselbe Konto und trugen dasselbe Datum, aber die Zahlen waren unterschiedlich. Auf den Originalauszügen waren tausende Dollar an Ein- und Auszahlungen verzeichnet, die auf denen von Borget fehlten. Woytek hielt einen der falschen Auszüge gegen das Licht: keine Linien, keine Schatten. Keinerlei verräterische Spuren, die auf eine Fälschung hingedeutet hätten. Jemand hatte sich große Mühe gegeben.[6]

Woytek kicherte. Diese Trader wollten sich vor Lay doch tatsächlich *mit gefälschten Unterlagen* verteidigen! Die Besprechung würde noch interessanter werden, als er gedacht hatte.

»Das bricht ihnen das Genick«, sagte er. »Die werden *heute noch* gefeuert.«

In diesem Augenblick erschienen Ken Lay und Rich Kinder, der Chef-Justiziar von Enron. Beide steuerten auf Seidls Büro zu. Woytek und Beard standen auf und begrüßten sie. Dann rafften sie ihre Papiere zusammen, folgten ihnen in das Büro und setzten sich an den Konferenztisch.

Lay kam schnell zur Sache. »Wir wissen, warum wir hier sind. Machen Sie doch den Anfang, Lou.«

Louis Borget verteilte Kopien des Memorandums und der Kontoauszüge. »Wie wir alle wissen« begann er, »sind wegen ein paar finanziellen Transaktionen der Handelsabteilung Fragen aufgetaucht. Wir gehen sie alle durch, damit Sie wissen, warum die Transaktionen getätigt wurden. Sie werden mit meinen Ausführungen bestimmt alle sehr zufrieden sein.«[7]

Borget und Mastroeni erzählten die Geschichte abwechselnd. Sie hätten 1986 so hohe Gewinne gemacht, dass andere Manager von Enron sie aufgefordert hätten, einen Teil davon in das laufende Jahr 1987 zu verschieben. Damit werde der Konzern seine Gewinnprognosen für 1987 viel besser einhalten können.

»Wir sollten dies mit allen legitimen Geschäftsmethoden bewerkstelligen«, sagte Borget. »Also bauten wir ein System auf, wie es auch von vielen anderen Handelsfirmen benutzt wird.«

Das Verfahren habe darin bestanden, Doppelgeschäfte, die einander aufhoben, abzuschließen, berichtete Mastroeni. Zu diesem Zweck hätten sie drei Handelsfirmen ausfindig gemacht, die für das Jahr 1986 höhere Gewinne ausweisen wollten: Isla Petroleum, Southwest Oil & Commodities und Petropol Energie. Im Dezember hätten er und Borget mit den genannten Firmen Geschäfte abgeschlossen, bei denen diese Gewinn und Enron Verlust gemacht hätten. Für 1987 seien die umgekehrten Geschäfte geplant; dann würden Enron Gewinn und die drei anderen Firmen Verluste machen. Am Ende hätten alle Beteiligten eine ausgeglichene Bilanz und genau das erreicht, was sie wollten. Die Eröffnung des Kontos bei der Eastern Savings sei eine Vorsichtsmaßnahme gewesen, um das Geld zu deponieren, bis beide Teile des Geschäfts abgeschlossen sein würden, fuhr Mastroeni fort. Dann jedoch habe er das Geld nicht auf dem Firmenkonto gelassen, sondern es auf Privatkonten überwiesen, um es nach dem Abschluss der Geschäfte von 1987 wieder an Enron zurückzuzahlen.

»Und wie viele unverbuchte Transaktionen haben Sie sonst noch getätigt?«, fragte Woytek.

»Das war alles«, antwortete Mastroeni.

Woytek schnappte nach Luft. *Das ist das Dümmste, was ich je gehört habe.*

Nun ergriff Sulentic das Wort. »Es war alles nur ein Missverständnis, Ken«, sagte er und sah Lay direkt in die Augen. »Lou und Tom dachten wirklich, im Interesse des Unternehmens zu handeln. Wir sollten uns eingestehen, dass Fehler gemacht worden sind, und das Nötige tun, um sie zu korrigieren. Anschließend sollten wir uns auf ein lukratives Jahr 1987 konzentrieren.«

Lay nickte ernst und schien nachzudenken. »So etwas darf natürlich nicht passieren«, sagte er schließlich. »Ich verstehe, was Sie erreichen wollten, aber es war nicht der richtige Weg.«

Alles müsse rückgängig gemacht werden, ordnete Lay an. Die Geschäfte müssten rückgängig gemacht und das Schwarzkonto müsse geschlossen werden. Und es werde weitere Konsequenzen geben. Neue Kontrollen, eine bessere Aufsicht. So etwas werde nie wieder vorkommen.

Lay lehnte sich zurück. »Hat noch jemand etwas vorzubringen?«

»Ja«, sagte Woytek. »Ich sehe da noch ein paar Probleme.«

Er sprach kurz an, wie die Einnahmen gemeldet und versteuert werden sollten. Alle waren damit einverstanden, dass Enron sämtliche Gewinne aus dem Jahr 1986 auch für dieses Jahr melden und versteuern sollte. Woytek musterte Borget und Mastroeni. Offenbar rechneten sie nicht mehr mit einem Angriff, nachdem er diese Nebensache angesprochen hatte. Sie sahen entspannt und zuversichtlich aus.

Zeit für den Todesstoß.

Woytek hielt die Kontoauszüge aus der Aktennotiz hoch. »Aber mein größtes Problem ist, dass die Kontoauszüge, die Sie heute hier vorgelegt haben, geändert wurden.«

Woytek zog den zweiten Stapel Auszüge hervor und beschrieb die Unterschiede. Dabei behielt er die Ölhändler die ganze Zeit im Blick und wartete auf ein Anzeichen von schlechtem Gewissen oder Scham in ihren Augen. *Nichts. Nur reine, kontrollierte Wut.*

»Moment mal!«, rief Borget.

»Ich kann das erklären«, sagte Mastroeni.

Sie hätten Ende 1985 einen Trader feuern müssen.[8] Und als am Jahresende die Kompensationen ausbezahlt wurden, habe er einen Anwalt genommen und gedroht, Enron zu verklagen, falls er keine Prämie erhalte.

»Bei Enron war damals so viel los, dass wir das Unternehmen nicht mit einem internen Konflikt belasten wollten«, sagte Mastroeni. »Also arrangierten wir eine Abschlusstransaktion für den Mann und zahlten ihm eine Kompensation von 250 000 Dollar. Aber das war's dann auch.«

»Warum mussten Sie dafür die Auszüge ändern?«, fragte Woytek.

Borget warf ihm einen finsteren Blick zu. »Wir wollten diese Besprechung nicht mit dem Problem wegen der Kompensation belasten. Es hat nichts mit unserem Thema zu tun. Also haben wir es rausgenommen.«

Das Frage-Antwort-Spiel ging noch ein paar Minuten weiter. Lay schwieg und hörte mit ausdruckslosem Gesicht zu. Schließlich beendete Woytek sein Verhör, lehnte sich zurück und wartete, dass der Hammer fallen würde.

Schließlich fasste Lay die Tischkante mit beiden Händen und sagte: »Okay, sind wir fertig?«

Ach du Scheiße, dachte Woytek. *Diese Kerle haben gerade gefälschte Dokumente vorgelegt, und er lässt sie damit durchkommen!*

»So etwas darf nie wieder passieren«, fuhr Lay fort. »Wenn Sie wieder ein ähnliches Problem haben, rufen Sie uns an. Wir werden mit so einem Kompensationsproblem schon fertig. Und diese Gewinne müssen ordentlich gemeldet werden.«

Die Besprechung war zu Ende, und Borget und Mastroeni hatten sie tatsächlich überlebt. Alle gingen zur Tür.

»Dave, John, bleiben Sie noch eine Minute«, sagte Lay.

Die beiden Buchprüfer setzten sich wieder, und Lay schwieg, bis sich die Tür hinter den anderen Männern geschlossen hatte.

»Okay«, sagte er dann, »fahren Sie nach Valhalla und prüfen Sie die Bücher. Wenn sich herausstellt, dass Borget sich beim Handel auf

Insiderinformationen stützt, die er von irgendeinem Knaben bei der OPEC kriegt, sorge ich dafür, dass er nie wieder in der Branche arbeitet.«

Woytek und Beard nickten und machten sich Notizen.

»Okay, John«, fuhr Lay fort, »Sie bereiten das Ganze vor. Dave und ich gehen noch ein paar Einzelheiten durch.«

Beard packte seine Unterlagen zusammen und verließ den Raum. Lay lehnte sich vor und bohrte seinen Blick in Woyteks Augen.

»Ich will, dass Sie da raufgehen und Ihre besten Leute mitnehmen«, sagte Lay. »Sorgen Sie dafür, dass die Firma das Geld bis auf den letzten Cent zurückbekommt, sogar diese Kompensation, von der Borget gesprochen hat. Ich will alles zurück. Und ich will, dass Sie heute noch abreisen, sofort.«

»In Ordnung«, antwortete Woytek. »Wir packen es an.«

Lay brachte Woytek zur Tür. Er hatte das Gefühl, er habe ein deutliches Zeichen gesetzt. Er ließ sich nicht zum Narren halten. Außerdem hatte es die Trading Unit schon immer ein bisschen arg wild getrieben, und vielleicht war dies die Gelegenheit, für eine etwas bessere Aufsicht zu sorgen. Lay gefiel diese Überlegung; er sah immer gern die Chancen einer Situation – das Positive. Wer Enron kannte, wusste genau, dass Lay und seine Firma schon lange gelernt hatten, dass man jedes Problem als Chance nutzen konnte.

Der verbeulte schwarze Lastwagen holperte eine Landstraße in Missouri entlang. Auf seiner Ladefläche gackerten, scharrten und kreischten Dutzende von Hühnern in ihren Kisten. Der Wagen kam aus einer kleinen Stadt namens Raymondville. Man schrieb das Jahr 1948, und Ken Lays Vater Omer versuchte zum zweiten Mal, einen Kramladen über Wasser zu halten. Als zusätzliche Einnahmequelle kaufte er bei Bauern aus der Gegend Hühner und verkaufte sie in den Städten der Umgebung. An diesem Tag hatte er sein ganzes Geld in eine Ladung investiert. Doch der Fahrer hatte ein paar Drinks gekippt und fuhr Schlangenlinien. Schließlich kippte der Lastwagen seitlich von der Straße und kam mit einem schrecklichen Geräusch von kreischendem Metall und splitterndem Holz zum Stehen. Der Fahrer überlebte den Unfall, doch die Hühner waren fast alle tot, und damit war auch Omers Kramladen gestorben.[9]

Der Unfall war ein schwerer Schlag für die mit der Armut kämpfende, tiefreligiöse Familie Lay. Omer und seine Frau Ruth hatten gehofft, für sich, ihre zwei Töchter und ihr zweites Kind Kenny ein Haus kaufen zu können, wenn das Geschäft florierte. Dieser Traum hatte sich nun zerschlagen.

Omer nahm einen Job als Vertreter in Mississippi an. Er verkaufte Öfen an der Haustür und kam mit seiner Familie im ganzen Staat herum, verdiente aber nie genug Geld. Der Tiefpunkt war erreicht, als Ruth, die nichts lieber tat, als Familienfeste auszurichten, an Thanksgiving nur noch Dosenfleisch servieren konnte. Omer Lay musste sich geschlagen geben, und die Familie zog auf eine Farm in Missouri, die Verwandten von Ruth gehörte. Omer fand bald Arbeit als Verkäufer und eine Kirche, in der er predigen konnte.

Etwa zu diesem Zeitpunkt begann Kenny – er wurde als Kind meistens »Kenny« und manchmal auch »Kenneth« gerufen, aber niemals »Ken« – seiner Familie zu helfen, indem er verschiedene Jobs annahm, die er vor und nach der Schule erledigen konnte. Er trug Zeitungen aus, mähte Wiesen, half beim Heumachen und nahm überhaupt jede Arbeit an, die er außerhalb der Schulzeit tun konnte. Zusammen brachten er und sein Vater ganz ordentlich Geld nach Hause, und schließlich konnte die Familie doch noch in ein eigenes Haus an der ungeteerten Straße ziehen, die durch die Stadt Rush Hill in Missouri führte.

Wenige Jahre später jedoch geriet die Familie erneut in finanzielle Schwierigkeiten. Lays ältere Schwester Bonnie wollte aufs College, und das kostete viel mehr, als die Familie erwartet hatte. Die Lays konnten das College für ihre Kinder nur finanzieren, wenn sie auch während der Ausbildung zu Hause wohnten. Also zogen sie wieder einmal um, diesmal etwa 80 Kilometer nach Südwesten in die Stadt Columbia, wo sich die University of Missouri befand.

Kenny Lays großer Augenblick im College kam in seinem zweiten Jahr, als er bei dem beliebten Professor Pinkney Walker einen Einführungskurs in Volkswirtschaft belegte. Er war fasziniert von Walkers Vorlesungen über Theorien der freien Marktwirtschaft, und er wusste von da an, was er studieren wollte. Walker war beeindruckt von dem aufgeweckten jungen Mann und wurde sein Mentor. Von ihm ermutigt, studierte Lay nach seinem ersten Abschluss weiter und legte die Magisterprüfung ab. Dann jedoch hatte er genug von der Universität und wollte unbedingt einen Beruf ergreifen und Geld verdienen.

Er bekam eine Stelle bei der Houstoner Firma Humble Oil & Refining, die später zu Exxon gehörte, und wirkte für das damals fürstlich erscheinende Jahresgehalt von 13000 Dollar am Aufbau einer Abteilung für Konzernentwicklung mit. Nach diesem erfolgreichen Start seiner beruflichen Karriere wollte er eine Familie gründen und heiratete im Juni 1966 Judith Ayers, die er auf dem College kennen gelernt hatte.[10]

Bei der Arbeit war Lay von Themen wie dem voraussichtlichen Wachstum der amerikanischen Volkswirtschaft fasziniert. Und er bekam bald eine neue Chance, sich intensiv mit diesen Themen auseinander zu setzen: Der Chef seiner Firma engagierte ihn als Redenschreiber, und Lay bekam dadurch einen direkten Einblick in die Welt der Führungsetagen. Ihm gefiel, was er sah.

In den späten sechziger Jahren sahen sich viele junge Männer gezwungen, ihre Zukunftspläne auf Eis zu legen. Der Vietnamkrieg eskalierte, Zurückstellungen liefen aus, viele wurden eingezogen. Lay gab sich zunächst alle Mühe, den Militärdienst zu vermeiden. Er behielt seine Stelle, für die er zurückgestellt war, und studierte nach Feierabend, um den Doktor zu machen. Irgendwann jedoch missfiel ihm seine Situation, und er besuchte ab Januar 1968 die Offiziersschule der Navy in Rhode Island. Danach bekam er wegen seines ökonomischen Fachwissens eine Stelle beim Pentagon. Er entwickelte ökonometrische Modelle und schrieb später seine Doktorarbeit über die volkswirtschaftlichen Auswirkungen von Rüstungsausgaben.

Nach dem Militärdienst wollte er eigentlich wieder in die Privatwirtschaft gehen. Aber sein ehemaliger Wirtschaftsprofessor Pinkney Walker wurde in die Federal Power Commission berufen und überredete seinen ehemaligen Starstudenten, ihm als sein Assistent zur Regulierungsbehörde für den amerikanischen Energiemarkt zu folgen. 18 Monate später, im Oktober 1972, wurde Lay mit 30 Jahren Deputy Undersecretary im Innenministerium. Und schon ein gutes Jahr später machte er den nächsten Karriereschritt.

Er ergatterte eine Führungsposition bei Florida Gas, einer verschlafenen Pipeline-Firma in der Stadt Winter Park, dessen CEO W. J. »Jack« Bowen ein alter Bekannter von ihm war. Lay stellte fest, dass ihm die Arbeit bei dem relativ kleinen Unternehmen gut lag. Im folgenden Jahr wechselte Bowen zu Transco Energy, einem Pipeline-Giganten in Houston, und sein Stellvertreter Selby Sullivan erhielt den Führungsposten bei Florida Gas. Im Lauf der folgenden Jahre stieg auch Lay in dem Unternehmen immer weiter auf, bis er President wurde.

Trotzdem ärgerte er sich manchmal über seinen neuen Chef Sullivan, weil ihn dessen sprunghafter Managementstil nervte. Zum Beispiel bat ihn Sullivan eines Abends telefonisch, am folgenden Morgen eine Konferenz in Orlando zu leiten. Lay war einverstanden und fuhr nach Orlando, aber als er in der dortigen Niederlassung eintraf, informierte ihn ein panischer Assistent, dass Sullivan in der Firmenzentrale in Winter Park herumrenne und »Wo ist Lay?« brülle.

Sullivans häufige Wutanfälle waren stets von langen Entschuldigungen gefolgt, eine Marotte, die Lay schließlich auszunutzen begann. Wenn wichtige Entscheidungen anstanden, löste er bei seinem Boss absichtlich einen Wutanfall aus und wartete danach auf die prompt einsetzende Reue. Erst dann legte er ihm das eigentliche Problem zur Entscheidung vor und betonte ganz entschieden, welche Lösung er befürwortete. Der zerknirschte Sullivan stimmte ihm dann in der Regel zu und merkte nicht, dass ihn sein junger President manipulierte.

In der Lobby des Bürogebäudes auf dem Capitol Hill in Washington, D.C., drängten sich die Führungskräfte aus der Energieindustrie, wenn sie sich in den Sitzungspausen der Konferenz der American Gas Association mit Essen und Getränken versorgten. Ken Lay holte sich gerade einen Teller mit Vorspeisen, als er seinen alten Freund Jack Bowen erspähte. Die beiden unterhielten sich ein paar Minuten, und Bowen fragte, wie es denn so laufe in Florida. Es war im Frühjahr 1981, und Lay machte Andeutungen, dass er nicht mehr allzu lange in Winter Park bleiben wolle. Er hatte genug von Sullivans Marotten und wollte gern selbst ein Unternehmen führen. Und er hatte auch einen privaten Grund: Seine Ehe kriselte und würde wahrscheinlich nicht mehr lange halten. All das sagte er nicht konkret, aber Bowen gewann trotzdem den Eindruck, dass er seinen früheren Kollegen für Transco abwerben konnte.

Zwei Wochen später rief er an und forderte Lay auf, als sein Stellvertreter und designierter Nachfolger bei Transco einzutreten. Lay nahm an und reichte unmittelbar vor dem Ortswechsel die Scheidung ein.[11]

Die achtziger Jahre waren eine herrliche Zeit, um in Houston zu leben. Durch die Ölkrise in den siebziger Jahren war der Ölpreis auf beispiellose Höhen gestiegen, und in der Stadt herrschte ein ungeheurer Boom. In der ganzen Ölbranche glaubte man fest daran, dass der Ölpreis sich noch einmal verdreifachen und ein Niveau von über 100 Dollar pro Barrel erreichen würde. Aber kurz nachdem der 39-jährige Lay in der Stadt angekommen war, hörten die Preise auf zu steigen, und wenig später stürzten sie ab.

Gas-Pipeline-Unternehmen wie Transco gerieten damit in eine schwierige Lage. Sie waren gesetzlich verpflichtet, ihre Pipelines auszulasten, bevor sie neue Märkte eroberten oder ihre Kapazitäten erweiterten. Um diese Auslastung zu erreichen, hatten sie so genannte »Take-or-Pay-Verträge« mit den Gasproduzenten geschlossen, in denen sie sich verpflichteten, jahrelang einen bestimmten Prozentsatz der Förderung einer Erdgasquelle zu kaufen, gleichgültig, ob sie für das Gas Abnehmer fanden oder nicht. Zudem hatten sie sich verpflichtet, immer höhere Preise für das Gas zu zahlen, weil sie davon ausgingen, dass sie ihr Gas bei einem Ölpreis von 100 Dollar problemlos für 30 Dollar absetzen könnten.

Dann jedoch stürzte der Ölpreis ab, aber die Gaspreise in den Verträgen waren immer noch so hoch, dass die Hersteller das überteuerte Gas zwar gerne lieferten, aber die Verbraucher es nicht mehr abnehmen wollten. Die Pipelinefirmen hatten milliardenschwere Verträge über den Kauf von Gas abgeschlossen, das niemand haben wollte.

Transco wurde davon hart getroffen. Kurz nachdem Lay seinen Posten angetreten hatte, stellte er fest, dass der Konzern viele Take-or-Pay-Verträge abgeschlossen hatte, obwohl man ihm bei der Einstellung versichert hatte, dies sei nicht der Fall gewesen. Er kam zu dem Schluss, dass seine neue Firma Bankrott gehen würde, wenn der Ölpreis weiter fiel. Also stellte er eine Gruppe von Transco-Analysten zusammen und forderte sie auf, sich mit einer neuen Idee auseinander zu setzen: der Gründung eines Spotmarkts für Gas. Nach dem alten System verkauften die Hersteller ihr Gas an die Pipelinebetreiber, und diese verkauften es an Vertriebsunternehmen, die es schließlich an die Endverbraucher lieferten. Auf einem Spotmarkt würden die Produzenten – vorausgesetzt, dass sie Pipeline-Firmen wie Transco aus ihren Verträgen entließen – direkt an die Endverbraucher verkaufen, und Transco würde nur noch für den Transport des Gases in seiner Pipeline bezahlt werden.

Die Idee schien großartig. Lay arbeitete Monate daran, die notwendigen Genehmigungen einzuholen. Dann wartete er entspannt darauf, dass das neue System Erfolge zeitigte. Das Problem war nur, dass niemand Interesse hatte. Am ersten Tag nach der Eröffnung des Spotmarkts machte Lay mit seiner neuen Frau Linda Phillips Herrold Urlaub in Florida. Sie war bei Florida Gas seine Sekretärin gewesen. Die beiden vertrieben sich eine Weile die Zeit im Hotel, dann rief Lay auf dem Spotmarkt an und erkundigte sich, wie das Geschäft angelaufen war. Kein einziger Abschluss war getätigt worden. Am zweiten Tag war es das Gleiche, und am auch dritten Tag rührte sich nichts. Kein einziger Hersteller traute sich, das neue System als Erster zu nutzen.

Am fünften Tag fuhr Lay zurück nach Houston. Er und sein Team hängten sich ans Telefon und konnten ein paar unabhängige Hersteller überreden, das neue System auszuprobieren. Danach kontaktierte Lay auch andere Unternehmen; der Durchbruch kam, als Shell Oil verkündete, dass es den Spotmarkt nutzen werde. Innerhalb von acht Monaten wurden fast alle neuen Verträge über den Spotmarkt geschlossen. Lay hatte sich als der Mann, der aus einer scheinbar unabwendbaren Katastrophe ein lukratives Geschäft gemacht hatte, einen legendären Ruf in der Branche erworben. Viele Firmen waren auf ihn aufmerksam geworden.

An einem Donnerstagnachmittag im Mai 1984 wurde Lay ans Telefon gerufen, als er in dem Houstoner Vorort Woodlands mit einem Banker von Transco Tennis spielte. Am anderen Ende der Leitung war John Duncan, der Chairman des Exekutivkomitees von Houston Natural Gas oder HNG, dem kleineren Konkurrenten von Transco. Duncan sagte, das Board von HNG wolle sich gerne am Samstag mit Lay zum Frühstück treffen. Lay hatte den Eindruck, es handle sich um den ersten Schritt, um Transco zu einer Übernahme von HNG zu bewegen.

Am Samstag fuhr Lay zum Frühstück in Duncans Haus in der Nähe des Houston Country Club. Bei Rührei mit Toast wartete Duncan mit einer Überraschung auf: HNG war nicht an einer Übernahme durch Transco interessiert, sondern an Lay. Es wollte ihn als Chairman und Chief Executive Officer haben. Lay fühlte sich geschmeichelt, aber er hatte seine Zweifel. Doch Duncan und die anderen Board-Mitglieder blieben das ganze Wochenende am Ball und lockten ihn mit immer weiteren Anreizen, und am Sonntag sagte Lay unter der Bedingung zu, dass Bowen, der ihn als Nachfolger vorgesehen hatte, einverstanden wäre.[12]

Am Montagmorgen aß Lay mit Bowen zu Mittag und schilderte ihm das Angebot von HNG in allen Einzelheiten. Bowen wirkte ein wenig enttäuscht, dass nicht *er* gefragt worden war, aber er wollte den Wechsel nicht blockieren.

»Ich will Ihnen nicht im Weg stehen«, sagte er. »Nutzen Sie Ihre Chance, und werden Sie jetzt schon Firmenchef.«

Die Entscheidung war gefallen. Ken Lay, das Landei aus Missouri, wurde im Juni 1984 mit nur 42 Jahren Chairman und Chief Executive Officer eines Großunternehmens.

Man könnte behaupten, dass die Entstehung von Enron am 21. April 1985 begann, als ein 13-jähriger Junge in Texas beschloss, in Zürich anzurufen.[13]

Einige Stunden zuvor hatte der junge Beau Herrold einen Anruf von Sam Snegar erhalten, der seinen Stiefvater zu sprechen wünschte. Beau sagte dem CEO von InterNorth, einem Energieunternehmen aus Omaha, Ken Lay sei mit seiner Mutter Linda auf Reisen, und er wisse nicht, wo sich sein Stiefvater aufhalte oder zu erreichen sei. Der Junge hatte sich mit dieser Auskunft genau an die Anweisungen seiner Eltern gehalten, aber der Anruf kam ihm irgendwie wichtig vor, und so beschloss er, seinen Stiefvater sofort zu informieren. Er studierte den Reiseplan seiner Eltern und stellte fest, dass sie im Grand Hotel Dolder in Zürich übernachten würden. Also rief er in dem Hotel an und hinterließ an der Rezeption eine Nachricht für seinen Stiefvater.

Der Portier informierte Lay über den Anruf, als er und seine Frau nach ihrem letzten Treffen mit europäischen Anlegern um 23 Uhr im Dolder eintrafen, und Lay rief den Jungen zurück. Er kannte Snegar dem Namen nach, und sein Unternehmen, einen Konkurrenten von HNG, kannte er noch besser, doch er hatte keine Ahnung, was Snegar von ihm wollte. Er setzte sich ans Fenster seiner Suite, wählte Snegars Privatnummer und ließ den Blick über das Lichtermeer von Zürich schweifen, bis die Verbindung hergestellt war. Snegar kam schnell zur Sache.

»Ken«, sagte er, »wären Sie an einer Fusion unserer Firmen interessiert?«

Der Vorschlag traf Lay so unvorbereitet, dass er einen Augenblick sprachlos war. »Ganz ehrlich, Sam«, brachte er schließlich hervor, »daran habe ich noch nie gedacht.«

Es gebe viele Gründe, die dafür sprächen, sagte Snegar. Beide Firmen seien im Begriff, sich strategisch auf die völlige Liberalisierung der Energiebranche vorzubereiten. Beiden sei klar, dass die größten Pipeline-Systeme von dieser Entwicklung am meisten profitieren würden. Beide hätten kleinere Pipelines aufgekauft und dabei oft gegeneinander geboten. Dieser Kampf um kleine Fische mache keinen Sinn mehr, wenn sie ihr gemeinsames Ziel durch eine einzige Maßnahme erreichen könnten, nämlich durch die Fusion.

Snegar hatte noch viele andere gute Gründe für das Geschäft, aber die meisten blieben unerwähnt. Zum Beispiel hortete Irwin Jacobs, der gefürchtete Unternehmensausschlachter Aktien von InterNorth, und wenn Snegar sein Schicksal nicht selbst in die Hand nahm, bestand die Gefahr, dass Jacobs es für ihn tat. Die Akquisition eines großen Unternehmens wie der HNG war eine gute Gegenmaßnahme, denn bei einer solchen Aktion musste sich InterNorth hoch verschulden und wurde damit viel weniger attraktiv für eine feindliche Übernahme.

Lay war fasziniert von dem Projekt, stellte diverse Fragen und sagte dann, er werde seine besten Leute die Idee prüfen lassen. Auf seiner Europareise kam er danach kaum noch zum Schlafen. Tagsüber traf er sich mit Anlegern, und in der Nacht besprach er telefonisch mit seinem Team die Strategie für die freundliche Übernahme durch InterNorth. HNG wollte 70 Dollar pro Aktie, und InterNorth wollte zunächst nur 65 Dollar zahlen. Aber Snegar gab in allen strittigen Punkten nach, ja, er ließ sich sogar auf die Vereinbarung ein, dass Lay binnen weniger Jahre seine Nachfolge antreten würde. Die Übernahme für 70 Dollar pro Aktie wurde am 2. Mai 1985 verkündet – nur elf Tage nach dem Anruf in Zürich.

Zum Feiern blieb wenig Zeit. Lay hatte wieder einmal ein unverhofftes Problem, wie er bei einem Empfang im September feststellen musste. Er hatte die Führungskräfte von InterNorth nach Houston eingeladen, wo sie die wichtigsten Unternehmen der Houstoner Ölbranche kennen lernen sollten. Doch die Board-Mitglieder aus

Omaha zogen sich in einen separaten Raum zurück und fielen über Sam Snegar her. Sie waren wütend über den HNG-Deal, weil sie meinten, dass sich ihr Unternehmen zu hoch verschuldet habe. Schlimmer noch, es ging das Gerücht, Lay und Snegar hätten heimlich vereinbart, die Zentrale des Unternehmens von Omaha nach Houston zu verlegen. Snegar bestritt, dass es eine solche Absprache gab, aber die Board-Mitglieder wollten dies auch von Lay hören, und zwar noch am selben Abend.

Als die letzen Gäste den Empfang verlassen hatten, begab sich Lay in den Nebenraum und stellte sich den wütenden Board-Mitgliedern. Er hatte keine Lust, sanft mit ihnen umzuspringen, denn er hatte in die Organisation des Empfangs viel Arbeit investiert, und die Manager aus Omaha hatten fast alle wichtigen Leute der Houstoner Ölindustrie vor den Kopf gestoßen. Aber bevor er etwas sagen konnte, ergriffen die Gäste das Wort und stellten klar, dass es nicht nur um verletzte Gefühle ging. Sie hatten offensichtlich das Vertrauen in ihren eigenen CEO verloren.

Lay versicherte ihnen, dass es zwischen ihm und dem CEO Sam Snegar keine geheime Übereinkunft gab, trat aber dafür ein, die Zentrale des Unternehmens nach Houston zu verlegen. Die Board-Mitglieder beschlossen, einen Unternehmensberater zu engagieren, der das Für und Wider analysieren sollte. Sie wandten sich an John Sawhill – einen ehemaligen Beamten der Regierung Nixon –, der inzwischen bei der Beratungsfirma McKinsey & Company arbeitete und InterNorth schon früher beraten hatte.

Diese Entscheidung brachte einen Mann in die Führungsetage, der die Zukunft des Unternehmens radikal neu definieren sollte.

»Wollen Sie mich auf den Arm nehmen? Auf keinen Fall!«

Jeff Skilling[14] musste sich zusammennehmen, um nicht laut herauszulachen. Sein Boss, John Sawhill, hatte gerade angerufen und ihm von dem Gutachten über den Firmensitz von HNG/InterNorth erzählt. Skilling, mit einunddreißig bereits ein Star im Houstoner Büro von McKinsey, konnte kaum glauben, was er da hörte.

»Es ist ein wichtiger Auftrag, Jeff«, sagte Sawhill, »die Firma will ihn unbedingt haben.«

Skilling konnte nur den Kopf schütteln. Er kannte die Schlachten, die bei HNG/InterNorth um den Standort der Zentrale tobten. Wie auch immer das Gutachten ausfallen würde, ein Teil der Führungskräfte würde sehr wütend werden – und den Beratern die Schuld geben.

»Wie kann man in so einem Fall gewinnen, John? Wie soll man so etwas entscheiden? Ich will nichts damit zu tun haben.«

Sawhill flehte seinen Untergebenen an, seine Meinung zu ändern, aber Skilling blieb hart. Schließlich kamen die beiden überein, den Job an das Washingtoner Büro von McKinsey abzuschieben, um ihre Houstoner Filiale vor dem unvermeidlichen Zorn des Auftraggebers zu bewahren.

Für die meisten jungen Geschäftsleute wäre die Weigerung, einen solchen Klienten zu betreuen, gefährlich gewesen. Nicht so für Skilling. Er galt bei McKinsey damals schon als Wunderkind – frech und arrogant, aber so begabt, dass sein extrem positives Selbstbild durchaus berechtigt zu sein schien. Er war 1953 in Pittsburgh als zweitältestes von vier Kindern eines Ventilverkäufers geboren. Die Familie hatte sich schließlich in Aurora, Illinois, niedergelassen, wo sein Vater bei einer Firma namens Henry Pratt arbeitete.

Aurora war eine typische Stadt des Mittelwestens, mitten in der Prärie und mit einer ungeheuren Begeisterung für den Highschool-Sport. Skilling jedoch – er war zwölf, als die Familie nach Aurora zog – machte sich nicht viel aus Sport und den meisten anderen schulischen Dingen. Er war ein scheuer, linkischer Junge, schrecklich schüchtern gegenüber Mädchen und schrecklich gelangweilt von fast all seinen Lehrern.

Auch zu Hause fühlte er sich nicht wohl. Sein Vater Thomas war fröhlich und unbekümmert, aber nur selten zu Hause, und seine Mutter Betty war ständig am Jammern. Sie schien ihren Mann dafür verantwortlich zu machen, dass ihr Leben anders verlief, als sie es sich vorgestellt hatte. Selbst positive Ereignisse in Jeffs Leben – ein hervorragendes Zeugnis, eine Eins im Examen – verstärkten noch ihren Pessimismus. »Du meinst wohl, jetzt läuft alles gut«, sagte sie oft. »Aber warte nur. Alles geht irgendwann schief. Früher oder später erwischt es dich auch.«

Skilling sehnte sich nach etwas, das ihn in den Bann schlug, und schließlich fand er es in der Arbeitswelt. Sein älterer Bruder Tom hielt sich für einen großen Wetterexperten, und er durfte als Teenager tatsächlich bei WLXT-TV, einem ums Überleben kämpfenden lokalen Fernsehsender, das Wetter ansagen. In den Räumen des Senders hatte sich zuvor eine Herberge des Vereins Moose International befunden, und sie waren ziemlich heruntergekommen. Tom überredete die Manager, seinen jüngeren Bruder für Renovierungsarbeiten zu engagieren. Jeff kam jeden Tag – strich Wände, schrubbte Böden, machte Besorgungen. Aber in seinen Pausen ließ er sich von den Angestellten immer zeigen, wie die Technik des Senders funktionierte.

Seine große Chance kam, als er etwa dreizehn war. Der Sender feierte sein Jubiläum, und zahlreiche Lokalpolitiker waren eingeladen. Als es bei der Übertragung eine kleine Panne gab, schrie der gestresste Generalmanager des Senders den jungen Mann in der Übertragungskabine an, und der kündigte auf der Stelle und ging.

Es sah ganz so aus, als sei die Jubiläumsfeier geplatzt. Da machte der Chefelektriker einen Vorschlag: Jeff Skilling habe doch gelernt, wie man die Technik des Senders bediene, man solle es ihn doch versuchen lassen. Minuten später führte der Teenager die Regie, und zwar so erfolgreich, dass er den Job behielt – ein Jugendlicher, der von seiner Mutter zum Sender gefahren wurde und dort Erwachsene herumkommandierte. Skilling war fasziniert. Er stellte fest, dass er gern Verantwortung trug und bestimmte, wie eine Arbeit gemacht werden musste.

Der Sender ging Bankrott, kurz bevor Skilling mit einem Stipendium an der Southern Methodist University in Dallas zu studieren begann. Als Student machte Skilling seine ersten Erfahrungen mit den Unwägbarkeiten der Geschäftswelt und bewies erstmals seine Neigung zu riskanten Spekulationen. Er hatte seine Ersparnisse in die Firma investiert, bei der sein Vater arbeitete, und beobachtete mit Begeisterung, wie der Kurs seiner Aktien jedes Jahr stieg. Aktien erschienen ihm als müheloser Weg zum Reichtum, und Skilling belieh seine sogar, als er sein erstes Auto kaufte. Die frühen siebziger Jahre brachten jedoch eine Baisse, die Aktienkurse stürzten ab, und Skilling war so abgebrannt, dass er einen Kredit aufnehmen musste, um neue Reifen für sein Auto zu kaufen.

Dieser erste Misserfolg als Spekulant motivierte ihn jedoch nur, seine Kenntnisse über das Geschäft zu vertiefen. Er studierte außergewöhnliche Anlagemöglichkeiten wie Aktienoptionen und entwickelte schließlich eine Theorie, wie sich Güter wie Gold in Wertpapiere verwandeln ließen. Er schrieb eine Seminararbeit über das Thema und war so begeistert von der intellektuellen Herausforderung solcher Arbeiten, dass er seinen ursprünglichen Plan, Ingenieur zu werden, aufgab und sich auf eine Karriere als Geschäftsmann vorbereitete.

Er brach das College vor dem Abschlussexamen ab und ging nach Chicago. Dort heiratete er seine Freundin Susan Long, die er an der Southern Methodist University kennen gelernt hatte. Von Chicago aus fand er seine erste Vollzeitstelle an der First City National Bank in Houston. Dort entwickelte er eine Methode, um raffinierte Gauner zu überführen, die die Bank mit gefälschten Schecks betrogen. Er platzte fast vor Stolz, als dank einer von ihm entwickelten Gleichung tatsächlich ein paar Bösewichter erwischt wurden.

Trotz dieses Erfolgs kam er zu dem Schluss, er müsse in Harvard Betriebswirtschaft studieren, wenn er wirklich Karriere machen wollte. Er bewarb sich an der Harvard Business School und erhielt die Nachricht, ein Dekan der Hochschule werde wegen einer anderen Angelegenheit Houston besuchen und könne dort ein Bewerbungsgespräch mit ihm führen. Frisch gebadet und in seinem besten

Anzug ging Skilling zu dem Treffen im Hyatt Hotel in der Innenstadt. Doch das Gespräch verlief unerfreulich. Der Dekan löcherte ihn etwa 45 Minuten lang mit Fragen, und Jeff gab vorbereitete, formelhafte Antworten und hatte dabei das Gefühl, dass die Sache schief ging.

»Skilling«, sagte der Dekan schließlich. »Sind Sie schlau?«

Skilling lächelte. *Ich habe die Sache wahrscheinlich sowieso vermasselt. Also was soll's?* »Verdammt schlau«, antwortete er wie aus der Pistole geschossen.

»Das hätte ich auch vermutet. Und warum geben Sie mir dann all diese Scheißantworten?«

»Ich dachte, das würde von mir erwartet.«

»Okay, dann lassen Sie das jetzt, und sagen Sie mir, was Sie wirklich denken. Warum wollen Sie nach Harvard?«

Skilling holte tief Luft. »Ich will Geschäftsmann werden«, sagte er. »Das ist mein größter Wunsch.«

Das Gespräch begann noch einmal von vorn und dauerte noch eine Stunde, und diesmal hatte Skilling das Gefühl, dass es lief wie am Schnürchen. Und er hatte Recht: Noch am selben Tag wurde er über seine Zulassung informiert.

Harvard veränderte ihn. Anfangs schüchterten ihn seine Studienkollegen ein, aber dann merkte er, dass er in den Tests besser abschnitt als die meisten von ihnen. Er wurde allzu selbstgefällig und verprellte einige Kommilitonen, die sich um seine Freundschaft bemühten. Aber seine Professoren fanden ihn brillant, und 1979 machte er einen Abschluss als Baker Scholar; mit diesem Titel werden die besten fünf Prozent eines Jahrgangs geehrt.

Er bekam eine Stelle bei McKinsey & Company angeboten – einer Beratungsfirma, deren Arroganz so ausgeprägt war, dass sie mit der seinen durchaus konkurrieren konnte – und nahm den Job mit Begeisterung an. Nachdem er sich durch Wohlverhalten den Weg zurück nach Texas gebahnt hatte (er wurde zunächst in das McKinsey-Büro in Dallas und dann nach Houston versetzt), konzentrierte er sich auf die Energiebranche, eine Industrie, deren betriebswirtschaftliche Ansätze ihm hoffnungslos veraltet und, wichtiger noch, schlichtweg verrückt erschienen. Er ging die Probleme so energisch an, dass er sich bald den Ruf erwarb, ein hervorragender, wenn auch hochnäsiger Stratege zu sein.

1985 hatte Skilling mit John Sawhill seit drei Jahren für InterNorth gearbeitet. Er kannte die internen Verhältnisse in dem Unternehmen gut und wusste genau, warum er sich aus dem Streit um die Standortfrage heraushielt. Nachdem er den Auftrag nach Washington abgeschoben hatte, dachte er kaum noch an das Projekt, bis der Entwurf eines Gutachtens auf seinem Schreibtisch landete. Er blätterte ihn durch.

Was zum Teufel?

Er konnte nicht glauben, was er las. Das Ding war reiner Müll, eher ein Reisebericht als ein Gutachten. *Welche Stadt hatte mehr Mannschaften im Berufssport? Wo starteten mehr Nonstopflüge?* Welcher Unternehmer würde auf der Basis solcher Nebensächlichkeiten über die Verlegung seiner Firmenzentrale entscheiden?

Skilling schnappte sich einen Kuli und begann zu schreiben. Er dachte nicht daran, ein derart mieses Stück Arbeit an einen Klienten weiterzuleiten – Selbstmordauftrag hin oder her. Wenn das Büro in Washington dem Auftrag nicht gewachsen war, erledigte er ihn eben selbst.

Skilling und Sawhill gingen an der Rezeption des Omaha Marriott vorbei zu den Sitzungsräumen im Erdgeschoss. An diesem Tag, dem 12. November 1985, wurde das Hotel von einer Filmcrew beherrscht, die in der Stadt einen Film über das Knabendorf Boys Town drehte, was dem sonst sehr nüchternen Ort eine etwas leichtere Atmosphäre verlieh. Skilling und Sawhill merkten freilich kaum etwas davon. Nicht an diesem Morgen, an dem sie ihr Gutachten offiziell dem Board von HNG/InterNorth präsentieren sollten.

Die beiden Männer standen Punkt 10 Uhr vor der Tür des Columbus Room, wo das Board tagte.[15] Ein Referent bat sie zu warten. Sie gingen zu den Stühlen im Gang vor der Tür und setzten sich. Minuten vergingen, dann Stunden.

Schließlich brach im Sitzungssaal die Hölle los. Offensichtlich schrien verschiedene Board-Mitglieder einander an. Skilling und Sawhill wechselten erstaunte Blicke. Sie hatten beide nichts verstanden. Schließlich, kurz nach 1 Uhr, öffnete sich die Tür, und Sam Snegar erschien, mit roten Ringen unter den Augen. Sawhill und Skilling standen auf.

»Ich muss Sie darüber informieren, dass ich als Chef des Unternehmens abgelöst worden bin«, sagte Snegar.

Sawhill und Skilling waren stumm vor Schreck.

»Schön, Sie kennen gelernt zu haben«, sagte der abgesetzte CEO. Dann ging er mit Tränen in den Augen den Gang hinunter. Die beiden Berater blieben fassungslos stehen. *Das alles nur wegen der Standortfrage?* Der Auftrag war womöglich noch gefährlicher, als selbst Skilling es befürchtet hatte.

Die Tür ging wieder auf; man hatte nun Zeit für sie. Die meisten Direktoren sahen verlegen aus. Am Tisch saß auch Ken Lay, dem Skilling ein paarmal flüchtig begegnet war. Er wirkte erstaunt und ein wenig blass.

Sawhill und Skilling setzten sich auf die vorgesehenen Plätze und erhielten einen Lagebericht. Snegar war abgesetzt. Ken Lay war jetzt

President und Chief Executive Officer des Unternehmens, und Bill Strauss, der 63-jährige ehemalige Chairman von InterNorth, war auf seinen alten Posten zurückgekehrt und leitete die Sitzung.

»Okay«, sagte Strauss, »jetzt wollen wir Ihr Gutachten zum Standort der Konzernzentrale hören.«

Sawhill erhob sich und strich seinen Anzug glatt. »Danke«, sagte er. Er sprach ein paar Minuten, dann deutete er auf seinen Kollegen. »Ich darf Ihnen Jeff Skilling vorstellen, er wird Ihnen das Gutachten präsentieren.«

Oh! Danke, John. Skilling stellte die Ergebnisse des Gutachtens vor. Sie waren einfach: Das Geschäft von HNG/InterNorth war in Houston. Seine wichtigste Pipeline befand sich dort und machte Probleme, und die Verträge über diese Pipeline mussten neu ausgehandelt werden. Die Konzernleitung sollte vor Ort sein, um diese Vorgänge zu beaufsichtigen.

»Das schlimmstmögliche Ergebnis wären allerdings zwei Zentralen«, sagte Skilling. »Sie müssen sich zwischen Houston und Omaha entscheiden, und wir empfehlen Houston.«

Eine Pause trat ein. Dann meldete sich Charles Harper, Chairman und Chief Executive einer Lebensmittelfirma mit Sitz in Omaha, zu Wort.

»Das«, sagte er mit zornbebender Stimme, »ist der größte Quatsch, den ich je in meinem Leben gehört habe!«

Harper und andere Board-Mitglieder tobten mehrere Minuten lang. Der Konzern sei ein wichtiger Arbeitgeber in Omaha. Da könne man doch nicht einfach seine Sachen packen und die Flucht ergreifen. Harper wurde ganz rot im Gesicht vor Wut, und Skilling bekam Angst, er könnte einen Herzinfarkt bekommen.

»Okay«, sagte Skilling und hob die Hände. »Ich bin nur ein Berater, ich habe Ihnen nur einen Rat gegeben.«

Einer der Direktoren beantragte, sich für zwei Zentralen zu entscheiden. Ein zweiter unterstützte den Antrag.

»Schön«, sagte Strauss, der Vorsitzende. »Sind alle dafür?«

Ein Chor von Jastimmen füllte den Raum.

»Gegenstimmen?« Schweigen.

Ach du lieber Gott, dachte Skilling.

»Damit ist die Sache entschieden«, sagte Strauss.

Geschlagen verließen Skilling und Sawhill den Raum, als eine Sitzungspause verkündet wurde. Lay eilte ihnen nach, als sie schon den Gang hinuntergingen.

»Jeff! John!«, rief er ihnen hinterher.

Sie warteten, bis er sie eingeholt hatte.

»Ich möchte mich für das entschuldigen, was hier passiert ist«, sagte er. »Sie haben sehr gute Arbeit geleistet. Wir wissen es zu würdigen, dass Sie sich wirklich Gedanken gemacht haben. Sie haben vermutlich Recht, aber es ist einfach noch zu früh, um Ihren Vorschlag umzusetzen.«

Skilling nickte und bedankte sich. Nach all den Schwierigkeiten, die ihnen das Board gemacht hatte, entpuppte sich wenigstens dieser Lay als erstklassiger Mann.

Bei HNG/InterNorth brach das Chaos aus. Die Absetzung von Snegar hatte die Wogen glätten sollen, aber sie setzte ein endloses Hauen und Stechen in Gang, als sich die altgedienten Manager von InterNorth auf den Endkampf mit den Störenfrieden von HNG vorbereiteten. Viele erwarteten schon, Lay werde Snegars Schicksal bald teilen.

Erschwerend kam hinzu, dass der frisch fusionierte Konzern verschiedene grundlegende Dinge noch nicht geklärt hatte: Zum Beispiel war nicht entschieden, welches unabhängige Wirtschaftsprüfungsunternehmen man engagieren sollte. HNG hatte lange die Dienste von Deloitte Haskins & Sells in Anspruch genommen, und Lay und sein Topmanagement empfahlen diese Firma. InterNorth jedoch hatte die hoch angesehene Firma Arthur Andersen & Company beschäftigt, und im Board fürchtete man, dass die Firma ihr Büro in Omaha schließen müsste, wenn HNG/InterNorth einen anderen Wirtschaftsprüfer engagierte.

Die Konflikte erreichten im Januar 1986 mit einer Serie von Sitzungen im Vorstandszimmer im 16. Stock der Konzernzentrale in Omaha ihren Höhepunkt.[16] Lay setzte sich problemlos gegen zwei Untergebene durch, die gegen ihn Stimmung gemacht hatten, indem er beim Board die Entlassung der beiden langjährigen Führungskräfte von InterNorth erwirkte. Viel schwieriger war die Auswahl des Wirtschaftsprüfungsunternehmens. Der Prüfungsausschuss, der dem gesamten Board die Wirtschaftsprüfer vorschlagen sollte, hörte schweigend zu, als der Chief Financial Officer Keith Kern im Namen des Managements empfahl, Deloitte als Wirtschaftsprüfungsunternehmen und Andersen als Beratungsunternehmen zu engagieren.

Als Kern fertig war, meldete sich Lay zu Wort: »Der Führungsausschuss ist sich in dieser Frage nicht einig, aber ich persönlich bin mit dem Vorschlag einverstanden.«

Der erste Angriff aus den Reihen der Board-Mitglieder war erstaunlicherweise gegen Andersen gerichtet. James Renier, der bei Honeywell arbeitete, meldete wegen Arthur Andersen Bedenken an. Er sagte, das Wirtschaftsprüfungsunternehmen habe in den Jahren zuvor mehrere Prozesse wegen Vernachlässigung der beruflichen Sorgfaltspflicht verloren und binnen fünf Jahren etwa 140 Millionen Dollar Strafe zahlen müssen – siebenmal mehr als jedes andere vergleichbare Unternehmen.

Das sei kein Problem, konterte Lay. »Sie haben diese Fälle in allen Einzelheiten mit uns besprochen. Die Geldsumme ist beachtlich, aber die Zahl der Fälle ist relativ gering. Wir glauben nicht, dass das ein ernstes Problem ist.«

Die Direktoren hatten nur auf ein solches Signal zugunsten von Andersen gewartet. Natürlich seien die Gerichtsverfahren kein Problem, sagten mehrere von ihnen. Und einer von ihnen fragte, warum man nicht auch die Wirtschaftsprüfung weiterhin von Andersen durchführen lasse. Angesichts der Schwierigkeiten, in denen HNG/InterNorth stecke, solle man sich den Aufwand eines Wechsels doch sparen und alles von Andersen erledigen lassen.

Georgiana Sheldon, der früheren Chefin der Federal Energy Regulatory Commission, war es bei dem Vorschlag nicht wohl. »Mir gefällt es nicht, wenn wir die ganze Arbeit Arthur Andersen geben. Ich habe Bedenken, dass es einen Interessenkonflikt geben könnte, wenn dieselbe Firma zugleich die Beratung und die Wirtschaftsprüfung übernimmt.«

Die Board-Mitglieder verstanden das Problem. Die Wirtschaftsprüfer würden vielleicht die Ergebnisse der von den Beratern empfohlenen Strategien beurteilen müssen. Es war nicht sinnvoll, wenn die Berater ihre eigenen Vorschläge bewerteten.

»Ich bin derselben Meinung«, sagte Robert Jaedicke, der Dekan der Stanford Business School und Vorsitzende des Prüfungsausschusses. »Auch ich hätte Bedenken, wenn Andersen für die Wirtschaftsprüfung engagiert würde und wir uns dann nicht schnell ein anderes Unternehmen für die Beratung suchten.«

Das Geplänkel war Lay unangenehm. Wieder einmal schienen die Board-Mitglieder die Arbeit des Managements aufgrund ihrer Sonderinteressen zu sabotieren. »Ich muss darauf hinweisen«, sagte er, »dass diese Empfehlung von unserem CFO ausgesprochen wurde und ich ihm zugestimmt habe. Es ist also eine gemeinsame Empfehlung des CFO und des CEO, dass dieser Vorschlag akzeptiert wird.«

Schweigen im Raum. Schließlich reagierte Renier auf Lays Hinweis. »Ich glaube, es wäre ein falsches Signal, wenn der Prüfungsausschuss das Management nicht unterstützen würde«, sagte er.

Die Dynamik der Auseinandersetzung veränderte sich. Aber Jaedicke verlangte eine 48-stündige Unterbrechung. Lay war frustriert, als er den Sitzungssaal verließ. Es war ein dummer Streit, und wenn er ihn verlor, würde das seine Autorität noch mehr untergraben.

Manche Schlachten sind es einfach nicht wert, geschlagen zu werden.

Lay kam zu dem Schluss, dass er nur gewinnen konnte, wenn er die Position des Boards zu seiner eigenen machte. Dann würde er im Machtkampf siegen, obwohl er in der Sache eine Niederlage erlitten hatte. Zwei Tage später hielt er im Vorstandszimmer eine Telefonkonferenz mit dem Board of Directors ab. »An diesem Punkt der Geschichte unseres Unternehmens ist es sehr wichtig, dass dieses Board einstimmig entscheidet«, sagte er. »Und weil beide Beratungsfirmen praktisch gleichwertig sind, hat das Management seine Empfehlung revidiert.«

Er machte eine kleine Pause. »Wir empfehlen jetzt, Arthur Andersen als unseren unabhängigen Wirtschaftsprüfer zu behalten.«

Das Board stimmte einstimmig zu. Arthur Andersen wurde als Wirtschaftsprüfungs- und Beratungsunternehmen weiterbeschäftigt; Deloitte wurde nicht mehr engagiert. Niemand verlor noch ein Wort darüber, dass es mit der Doppelfunktion von Arthur Andersen Probleme geben konnte.

Lays Niederlage in der Frage des Wirtschaftsprüfungsunternehmens gab Bill Strauss zu denken. Seine erneute Ernennung zum Chairman hatte in dem Unternehmen zu mehr Geschlossenheit führen sollen, aber stattdessen wurde es von Konflikten zerrissen. Strauss meinte, Lay müsse den internen Problemen des Konzerns zu viel Zeit widmen. Er war zum CEO gekürt worden, aber er wurde nicht mit dem gebührenden Respekt behandelt. Strauss beschloss, etwas dagegen zu unternehmen, und schaute Anfang Februar 1986 in Lays Büro vorbei.

»Ich weiß, die Zeiten sind hart, Ken, und sie werden wahrscheinlich nicht einfacher werden«, sagte Strauss.

»Das könnte noch untertrieben sein«, sagte Lay und lachte.

»Wir sollten ein paar Dinge klären«, fuhr Strauss fort. »Ich muss wissen, dass Ihre Hände ans Steuer gefesselt sind, dass Sie dem Konzern für immer treu bleiben.«

Für Strauss war es ein Problem, dass Lays Vertrag mit der HNG es ihm erlaubte, im ersten Jahr nach der Fusion jederzeit die Reißleine zu ziehen und mit einem goldenen Fallschirm den Absprung zu machen. Er hatte noch genug Zeit, um sich mit einer Abfindung in Höhe von drei Jahreshonoraren plus Kompensationen aus dem Staub zu machen.

»Wenn wir uns alle hinter Sie stellen sollen, müssen wir wissen, dass es für sie keinen Notausstieg mehr gibt«, sagte Strauss. »Ich würde mir wünschen, dass Sie Ihren goldenen Fallschirm abgeben, und ich würde dies gerne auf der nächsten Sitzung des Boards bekannt geben.«

Lay sagte, er wolle sich die Sache am Wochenende durch den Kopf gehen lassen und sie mit seiner Frau besprechen. Am Montag teilte er dem Chairman das Ergebnis mit: Strauss könne dem Board mitteilen, dass er auf die Abfindungsoption verzichte.

Das Board tagte am 11. Februar in einem Bürogebäude in Orlando, Florida. Strauss eröffnete die Sitzung. Lay erwartete, dass Strauss nun seinen Verzicht auf die Abfindung verkünden würde.

»Ich muss Ihnen etwas mitteilen, das bis jetzt nur meiner Frau und mir bekannt ist«, begann Strauss.

Was?, dachte Lay. *Seine Frau ist doch nicht die Einzige, die von meiner Entscheidung weiß. Was geht hier vor?*

»In den letzten paar Wochen habe ich mit jedem Einzelnen von Ihnen unter vier Augen gesprochen«, fuhr Strauss fort. »Wir haben darüber geredet, was mit diesem Unternehmen passieren sollte. Ich habe Sie nach Ihrer Meinung zur Führungsmannschaft und zu den ganzen Problemen befragt und so weiter.«

Strauss blickte zu Lay hinüber. »Ich bin zu dem Schluss gekommen, dass ich als Chairman zurücktreten und dass Ken Chairman werden sollte.«

Niemand sprach ein Wort. Niemand rührte sich.

»Dieses Unternehmen braucht einen Chef, und zwar nur einen«, fuhr Strauss fort. »Daran darf kein Zweifel bestehen. Deshalb trete ich mit sofortiger Wirkung als Chairman zurück, und ich gebe auch meinen Sitz im Board auf und kehre zurück nach Omaha.«

Strauss verließ einfach den Raum, ohne Abschiedsworte, ohne Händeschütteln. In diesem Moment erkannte Lay, warum ihn Strauss eine Woche zuvor gebeten hatte, auf seine hoch dotierte Rücktrittsmöglichkeit zu verzichten; er hatte Lay die Hände ans Steuer gefesselt, bevor er das Schiff verließ und dem Board damit einen denkbar schweren Tadel verpasste. Das Unternehmen hatte jetzt nur noch einen Steuermann, und das Board konnte ihn entweder unterstützen oder mit ihm untergehen.

Die Board-Mitglieder saßen eine ganze Weile schweigend da, dann sagte jemand: »Ich schlage Ken Lay als Chairman vor.«

Die Abstimmung erfolgte sofort und einstimmig. Lay bekam die totale Kontrolle über das Unternehmen. Noch bevor das Jahr zu Ende war, hatten seine Gefolgsleute eine Mehrheit im Board. Sie reichte aus, um die Konzernzentrale nach Houston zu verlegen. Doch die anderen Probleme im Zusammenhang mit der Fusion waren noch lange nicht alle gelöst.

»Enteron«[17]. Die Entscheidung schien endgültig. HNG/InterNorth würde seinen umständlichen Namen ablegen und die neue Firmenbezeichnung »Enteron« annehmen. Auf diese Weise sollte ein starkes Signal gesetzt werden, dass mit Lay eine neue Ära begonnen hatte. Am 19. Februar 1986, acht Tage nachdem Lay Chairman geworden war, verkündete das Unternehmen, dass die Aktionäre im April über den neuen Namen abstimmen würden.

Der Name war von der teuren New Yorker Beratungsfirma Lippincott & Margulies vorgeschlagen worden. Sie hatte drei Monate an dem Projekt gearbeitet und Millionen Dollar dafür erhalten. Der Name beruhte auf einer Analyse der Geschäfte des Konzerns: »En« stand für Energie, »ter« für international und InterNorth und »on« klang einfach cool. Die Beratungsfirma hatte auf der ganzen Welt recherchiert, um sicherzustellen, dass der Name von keinem anderen Unternehmen benutzt wurde und in keiner Sprache eine obszöne Bedeutung hatte.

Nur im *Webster's Dictionary* hatte niemand nachgeschaut. »Enteron« ist ein Wort für den Verdauungskanal zwischen Mund und Anus bei Embryos und Föten – eine besonders unglückliche Wahl angesichts der Tatsache, dass Lays Konzern ausgerechnet Erdgas herstellte. Schon wenige Tage nach der internen Bekanntgabe war der neue Name eine Lachnummer.

Die Krise erreichte an einem Samstag ihren Höhepunkt, als Lay und zwei seiner wichtigsten Berater – Mick Seidl, der President, und Rich Kinder, der Chef-Justiziar des Unternehmens – im Memorial Park von Houston fünf Kilometer joggten und dabei berieten, was wegen des Namens geschehen sollte. Seidl und Kinder meinten, dass sich der Sturm nach einiger Zeit legen würde, aber Lay war überzeugt, dass der Name geändert werden müsse.

Zwei Tage später rief er bei Lippincott & Margulies an und informierte die Firma, dass sie entweder schnell einen neuen Namen finden müsse oder es bei der alten Bezeichnung HNG/InterNorth bleiben werde. Erstaunlicherweise wurde die Arbeit, die beim ersten Mal drei Monate gedauert hatte, nun in etwas mehr als einer Woche erledigt. Lay gefiel der neue Vorschlag sofort, und die Aktionäre stimmten ihm mit überwältigender Mehrheit zu.

HNG/InterNorth hieß von nun an Enron. Leider sollte der neue Name schon nach wenigen Tagen mit einem Skandal in Verbindung gebracht werden.

David Woytek und die beiden anderen Wirtschaftsprüfer wurden am New Yorker Flughafen mit einer Limousine abgeholt.[18] Seit dem großen Showdown wegen der geheimen Bankkonten waren erst wenige Tage vergangen. Woytek, John Beard und Carolyn Kee, eine Gesellschafterin von Arthur Andersen, waren nach New York gekommen, um die von Lay angeordnete Inspektion der Trading Unit durchzuführen. Sie stiegen in den Wagen, den ihnen der Chef der Trading Unit Louis Borget geschickt hatte, und fuhren zu den Büros im Mount Pleasant Corporate Center. Doch sie durften die Büroräume nicht ohne Vorankündigung betreten, und als sie endlich Zugang bekamen, verbot ihnen Borget, mit den Ölhändlern zu sprechen.

»Ich will nicht, dass Sie meine Leute durcheinander bringen und ich welche verliere«, sagte er zur Begründung.

Borget und Mastroeni spielten drei Tage lang Katz und Maus mit den Wirtschaftsprüfern und rückten nur ein absolutes Minimum der verlangten Akten heraus. Am dritten Tag reichte es Woytek, und er bestellte Borget zu sich.

»Was gibt's?«, fragte Borget.

»Wir wollen die Unterlagen über diese Geschäfte sehen«, antwortete Woytek und hielt einen Ordner in die Höhe.

»Wie soll ich das verstehen?«

»Die Fernschreiben, die Überweisungen. Zu all diesen Geschäften muss es Unterlagen geben. Ich will sie sehen.«

Borget straffte sich. »Okay, wir besorgen sie Ihnen.«

Die Unterlagen wurden nie vorgelegt. Stattdessen telefonierte Borget mit Houston und beschwerte sich, dass seine Abteilung durch die Wirtschaftsprüfer gestört werde. Wenige Stunden später hatte Woytek Enron-President Mick Seidl am Telefon.

»Packen Sie Ihre Sachen, und kommen Sie nach Hause«, sagte Seidl.

»Wie bitte? Warum?«

»Borget ist verstimmt. Seine Händler sind verstimmt. Sie müssen sich zurückziehen. Wir übergeben die Sache Arthur Andersen.«

Woytek traute seinen Ohren nicht. *Die haben ihnen schon wieder Sand in die Augen gestreut.* Aber er konnte sich Seidls direkter Anordnung nicht widersetzen. »Also gut«, sagte er. »Wir kommen zurück.«

Die Untersuchung in Valhalla wurde an Carolyn Kee übergeben, und sie ließ einige junge Wirtschaftsprüfer von Andersen kommen, die ihr beim Durchforsten der Akten halfen.[19] Trotzdem hatte Woytek mit seinem Team schon genügend Unterlagen gesichtet, um zu wissen, dass bei der Trading Unit schlimme Zustände herrschten. Zunächst einmal hatte Borget für 7800 Dollar einen Dienstwagen verkauft, den Erlös unterschlagen und ihn auf dem Konto bei der Eastern Savings Bank deponiert.

Und dann gab es da noch M. Yass, einen Händler von einer anderen Firma, der beim Verschieben von Gewinnen eine wichtige Rolle spielte. Etwa 106 000 Dollar waren von dem Konto bei der Eastern Savings in bar abgehoben und angeblich an M. Yass bezahlt worden. Er war laut Borget ein Libanese, der für Southwest Oil & Commodities arbeitete. Doch die Wirtschaftsprüfer waren überzeugt, dass die Trader diese Gestalt erfunden hatten, um leichter Geld verschieben zu können. Sein Name stand Woyteks Ansicht nach für »my ass« (leck mich) und ließ vermuten, dass die Trader Houston nicht nur betrogen, sondern auch noch verhöhnten.

Die Wirtschaftsprüfer hatten versucht, M. Yass und Southwest Oil aufzuspüren. Beard hatte ein Detektivbüro namens Intertect beauftragt, den Hintergrund von Borget und Mastroeni zu überprüfen und Yass, Southwest Oil und die beiden anderen Firmen ausfindig zu machen, die angeblich an der Verschiebung der Gewinne ins nächste Steuerjahr beteiligt gewesen waren.[20]

Der Bericht der Detektei traf in der zweiten Februarwoche bei Enron ein. Southwest Oil, Isla Petroleum und Petropol Energy existierten nicht. Die Telex-Nummern, die Borget und Mastroeni angegeben hatten, waren falsch. Außerdem enthielt der Bericht die brisante Information, dass Mastroeni, der Finanzchef der Trading Unit, als Privatmann von verschiedenen Banken verklagt worden war, weil er sich mit gefälschten Dokumenten Kredite erschlichen hatte.

Woytek eilte in das Büro des Enron-Finanzchefs Keith Kern und übergab seinem Vorgesetzten ein Exemplar des verheerenden Berichts mit den Ermittlungsergebnissen des Detektivbüros.

»Warum haben wir diese Leute überhaupt engagiert?«, fragte Kern. »Das war nicht nötig. Die Leute von Arthur Andersen sind da drüben und sehen sich alles an.«

Kern knallte den Bericht auf den Schreibtisch. »Ich will, dass Sie Ihre Ermittlungen sofort einstellen.«

Am 29. April 1986 um 16 Uhr versammelte sich das Board von Enron im Vorstandszimmer der neuen Konzernzentrale in Houston und hörte den einstündigen Bericht des Prüfungsausschusses über die interne Wirtschaftsprüfung für das Jahr 1986.[21] Die Direktoren hätten nicht zufriedener sein können; nach monatelangen Problemen schien das interne Wirtschaftsprüfungssystem bei Enron endlich zu funktionieren.

»Ich glaube, Sie stimmen mit mir darin überein, dass wir in sehr kurzer Zeit eine bemerkenswerte Wende herbeigeführt haben«, sagte der Ausschussvorsitzende Robert Jaedicke nach einer Präsentation der Wirtschaftsprüfer von Arthur Andersen.

»Ganz bestimmt«, sagte Jack Tompkins, ein Gesellschafter von Andersen. »Ich teile diese Einschätzung.«

Nachdem sich die Board-Mitglieder ausführlich zu der positiven Entwicklung beglückwünscht hatten, wandten sie sich dem Thema Enron Oil zu. Arthur Andersen hatte eine Woche zuvor seinen Bericht über die Trading Unit abgeliefert. Darin stellten die Wirtschaftsprüfer wiederholt fest, dass sie nicht hatten klären können, ob in der Trading Unit kriminelle Handlungen begangen wurden oder nicht. Der Bericht war insofern atemberaubend, als er die wichtigsten Dinge verschwieg: Er enthielt kein Wort über Mastroenis Betrugsverfahren, über die nicht existenten Handelspartner oder die gefälschten Dokumente. Allerdings warnte Andersen, dass die Verluste im Ölhandel möglicherweise viel größer seien, als der Konzernleitung bekannt sei, aber dieser Punkt wurde im Board ohne größere Unruhe zur Kenntnis genommen.

Vielmehr interpretierte Mick Seidl den Bericht als Beweis, dass der Aufruhr wegen der Vorgänge bei Enron Oil unbegründet gewesen sei. »Es hat wohl ein paar Fehlentscheidungen gegeben, aber nichts deutet darauf hin, dass sie aus persönlichem Gewinnstreben getroffen wurden«, sagte er.

Einige Board-Mitglieder stellten sehr kritische Fragen zu Mastroenis Aktivitäten. Lay missfiel diese Entwicklung. Vor der Sitzung hatte ihn Borget angerufen und ihn gebeten, eine Entlassung Mastroenis zu verhindern, weil die Trading Unit ohne ihn nicht mehr funktionieren würde. Lay nahm die Warnung ernst. Er wusste, dass er energisch eingreifen musste, damit das Board Mastroeni nicht feuerte, und ergriff das Wort.

»Ich habe Ihre Bedenken gehört und verstehe sie. Aber ich habe eine Entscheidung getroffen. Ich muss meiner Rolle als CEO gerecht werden und tun, was im Interesse von Enron das Beste ist. Wir dürfen unsere Handelsoperationen nicht unnötig stören. Sie sind zu wichtig für unser finanzielles Abschneiden.«

»Ich habe beschlossen, dass niemand entlassen wird«, fuhr Lay mit fester Stimme fort. »Aber es wird Veränderungen geben. Tom Mastroeni bleibt auf der Gehaltsliste, aber er wird von seinen finanztechnischen Aufgaben entbunden. Wir ernennen einen neuen Chief Financial Officer für die Trading Unit und schicken ihn nach New York, damit er die Kontrolle übernimmt. Und alle Aktivitäten im Banken- und Finanzbereich werden in Zukunft in Houston überprüft werden. Das ist meine Entscheidung.«

Das Board-Mitglied Ron Roskens reagierte als Erster. »Also mir ist nicht wohl bei der Sache«, sagte er.

Andere Board-Mitglieder pflichteten ihm bei, aber Lay blieb hart, und keiner der Anwesenden wollte offenbar wieder einen so erbitterten Konflikt riskieren, wie er bei Enron in den Jahren zuvor getobt hatte. Also wurden die Bedenken lediglich zu Protokoll gegeben, und dann stimmte das Board Lays Entscheidung zu.

Nach vielen konfliktreichen Monaten schien der Skandal um Enron Oil endlich der Vergangenheit anzugehören.

Lay saß in seinem weichen, dick gepolsterten Sessel in einem Firmenjet von Enron und streckte die Beine aus. Es war der Nachmittag des 9. Oktober 1987. Er und ein paar Kollegen befanden sich nach Gesprächen mit europäischen Anlegern auf dem Rückflug nach Houston und schwebten irgendwo über dem Atlantik. Lay war kurz davor einzunicken, als er einen der Piloten auf sich zukommen sah.

»Mr. Lay«, sagte der Mann. »Wir haben gerade eine Meldung von Mr. Seidl bekommen. Er nimmt ein Flugzeug und trifft Sie in Gander.«

Lay nickte. »Okay, danke.«

Das verhieß nichts Gutes. Lay und die anderen waren ohnehin schon auf dem Weg nach Houston. Was konnte so dringend sein, dass sein President ihm entgegenflog, um bei einer Zwischenlandung in Neufundland mit ihm zu sprechen?

Eine gute Stunde später landete das Flugzeug auf dem internationalen Flughafen von Gander. Lay und die Führungskräfte in seiner Begleitung – Forrest Hoglund von der Oil and Gas Group und Keith Kern, der kürzlich auch zum Chief Financial Officer dieses Unternehmensbereichs ernannt worden war – setzten sich in einer Ecke des Flughafens zusammen und warteten auf President Seidl. Dieser kam eine knappe Stunde später an und eilte in die Wartehalle, wo er seine Kollegen um einen kleinen Tisch versammelt fand. Er schnappte sich einen Stuhl und setzte sich dazu.

»Ich war gerade in New York bei Lou Borget«, berichtete Seidl. Er hatte mit dem Chef der Trading Unit im Pierre Hotel zu Mittag gegessen, um die Spannungen abzubauen, die einige Monate zuvor durch die Ermittlungen in seinem Unternehmensbereich entstanden waren. Aber bei dem Essen hatte Borget eine Bombe platzen lassen. Seine Gruppe hatte sich bei ihren Spekulationen auf die Entwicklung der Ölpreise schwer verkalkuliert. Sie hatte in der Annahme gehandelt, dass die Preise fallen würden, aber sie waren gestiegen. Und nachdem Borget den Einsatz verdoppelt hatte, um seine Verluste wettzumachen, waren die Preise abermals gestiegen. Um das Problem zu verbergen, hatte Valhalla zwei Bücher geführt, damit Houston nichts von den Verlusten erfuhr.[22]

»Inzwischen«, sagte Seidl, »hat unser Handelsdesk ein paar riesengroße, riskante Positionen, von denen wir bis heute nichts gewusst haben.«

»Um welche Größenordnung handelt es sich?«, fragte Lay.

Seidl holte tief Luft: »Mehrere hundert Millionen, vielleicht sogar über eine Milliarde, wenn sich der Markt in die falsche Richtung entwickelt.«

Lay war sprachlos. *Eine Milliarde Dollar potenzielle Verluste beim Ölhandel?* Enron war wegen der Fusion immer noch hoch verschuldet, und ein solcher Verlust konnte dem Unternehmen den Rest geben. Lay ließ den Piloten sofort ausrichten, dass er seine Flugpläne geändert hatte: Er flog nach Valhalla.

Bevor er an wieder Bord ging, nahm er Kontakt zu Mike Muckleroy auf, einem erfahrenen Ölhändler in Houston, der ihn seit Monaten gewarnt hatte, dass Borget wahrscheinlich seine Limits überschreite – ein Risiko, das auch in dem Bericht von Andersen erwähnt worden war. Aber Lay hatte Muckleroys Warnungen in den Wind geschlagen, weil er meinte, der Mann sei nur eifersüchtig. Nun aber brauchte er ihn, um Enron zu retten und den von Borget angerichteten Schaden wieder gutzumachen.

Am Samstagmorgen traf Lay in Valhalla ein und bestellte Borget in den Konferenzraum eines nahe gelegenen Hotels. Borget kam in den Raum geschlendert, aalglatt und selbstsicher.

»Okay, Ken«, sagte er. »Ich weiß, dass wir da ein Problem haben, aber es ist zu bewältigen, und wir werden es lösen.«

»Wie ist das Problem entstanden, Lou?«

»Ich habe eine großartige Gelegenheit für das Unternehmen gesehen, Ken, eine Chance auf einen echten Volltreffer. Ich hatte das Gefühl, dass in Houston alle nervös geworden waren, aber ich war der Ansicht, dass wir uns eine solche Chance nicht entgehen lassen sollten.«

Borget setzte seine Charme-Offensive weiter fort, aber diesmal ließ sich Lay nicht ins Bockshorn jagen. Er holte alle Informationen aus Borget heraus, die er brauchte, um den Schaden für Enron auf ein Minimum zu begrenzen. Und als er das Gefühl hatte, alles Notwendige gehört zu haben, schlug er zu.

»Lou, Sie wissen, dass Sie mit alledem gegen die Politik des Unternehmens verstoßen haben«, sagte er. »Und Sie haben uns ganz real dem Risiko riesiger Verluste ausgesetzt.«

»Noch einmal, Ken, ich bin ganz sicher, dass wir das ganze Problem lösen, ohne dass dem Unternehmen ein Schaden entsteht.«

Lay ging nicht darauf ein. »Ich muss Sie entlassen Lou. Ich habe keine andere Wahl.«

Borget war sprachlos. »Was?«, zischte er schließlich. »Ohne mich kommen Sie aus der Sache doch gar nicht heraus!«

»Doch, Lou, das schaffen wir.«

Borget versuchte, ihn mit aller Macht umzustimmen, aber Lay blieb hart. Schließlich hatte Borget verstanden. Er stand auf und ging zur Tür, dann drehte er sich noch einmal um.

»Falls Sie doch noch meine Hilfe brauchen: Ich bin zu Hause. Sie können mich anrufen.«

Damit verließ er Enron für immer.

Der zweite Skandal in der Trading Unit veränderte Enron. Alte Allianzen zerbrachen, und der Konzern bekam eine neue Führungsstruktur.

Eine Gruppe von Händlern unter Mike Muckleroy arbeitete drei

Wochen daran, die gefährliche Position von Enron am Ölmarkt vorsichtig abzubauen. Dabei mussten sie ständig befürchten, dass die Konkurrenz die kritische Lage von Enron erkannte. Sie hätte durch Käufe für eine Steigerung des Ölpreises sorgen können, weil Enron so ziemlich jeden Preis bezahlen musste, um sich zu retten. Doch die Sache ging gut. Ende Oktober waren die Verluste nach Steuern auf verkraftbare 85 Millionen Dollar geschrumpft.

In den folgenden Monaten wurde der Unternehmensbereich in Valhalla abgewickelt. Einige Jahre später wurden Borget und Mastroeni wegen Betrugs und Steuerhinterziehung angeklagt. Borget wurde außerdem angeklagt, weil er durch die Verschiebung der Gewinne Beihilfe zur Steuerhinterziehung geleistet hatte. Beide Männer bekannten sich schuldig. Borget musste ein Jahr ins Gefängnis, und Mastroeni erhielt eine Bewährungsstrafe.[23]

Lay und Seidl wussten beide, dass jemand für das Debakel über die Klinge springen musste und dass es ganz bestimmt nicht Lay sein würde. Seidl blieb zwar noch ein paar Jahre bei Enron, verlor aber immer mehr Befugnisse an Rich Kinder, der zum Stabschef ernannt wurde und sich als wandelnder Problemlöser betätigte. Während Seidl intern als eher unentschlossen galt, war Kinder ein energiegeladener Draufgänger, der das Führungspersonal des Konzerns in Angst und Schrecken versetzte – genau die Sorte von Manager, die das Unternehmen damals brauchte.

Kurz nach Bekanntgabe der Verluste auf dem Ölmarkt räumte Lay ein, dass Enron seine Geschäftspolitik ändern müsse. Ende Oktober 1987 berief er in Houston eine Versammlung aller Mitarbeiter ein. Er stellte sich als Opfer von Borget und Mastroeni dar und tat so, als hätte er lange Zeit keinen Grund gehabt, in Valhalla Probleme zu vermuten. Aber er habe aus dem Skandal eine wichtige Lehre gezogen:

»Wir haben uns in einem Geschäft engagiert, ohne die Risiken genau genug abzuschätzen«, sagte Lay vor den versammelten Mitarbeitern. »Aber ich verspreche Ihnen, dass wir nie mehr die Glaubwürdigkeit und die geschäftlichen Unternehmungen von Enron aufs Spiel setzen werden, ohne dass wir uns vorher gründlich über die Risiken informiert haben.«

Er sollte dieses Versprechen nicht halten.

Kapitel 2

Die Aufzugtüren glitten auseinander, und Jeffrey Skilling betrat den geräumigen Empfangsbereich im 49. Stock des Enron-Gebäudes. Er ging an ein paar billigen, nichts sagenden Gemälden vorbei und dann nach links zu einer Tür aus massiver Eiche. Dort zog er seine Brieftasche heraus, hielt sie an einen Sensor an der Wand und wartete, bis dieser die Magnetkarte in der Brieftasche gelesen hatte und sich das elektronische Türschloss öffnete.

Hinter der Tür war ein düsterer Korridor mit zahllosen leeren Büros und Arbeitskabinen – Büroraum, den Enron bezahlte, aber in näherer Zukunft vermutlich nicht nutzen würde. Skilling machte keine sonderlich gute Figur, als er den kahlen Gang entlangschritt. Er war fünfunddreißig, mittelgroß, mit beginnender Stirnglatze und einigen Pfunden zu viel – einer der vielen unscheinbaren Unternehmensberater, die im düsteren Umfeld eines jener vielen in die Krise geratenen amerikanischen Konzerne arbeiteten.

Es war im Dezember 1988. Skilling und sein Team von McKinsey waren schon seit Monaten auf dem 49. Stock einquartiert und kämpften mit den wachsenden und unglaublich komplizierten Problemen des Konzerns. Durch die Liberalisierung waren für das Geschäft mit Gaspipelines völlig neue Bedingungen entstanden, aber Enron hatte noch keine Strategie entwickelt, um sich in dieser schönen neuen Welt zu behaupten. McKinsey sollte diesen Mangel beheben, aber auch Skillings Team war der Lösung nach wochenlanger Arbeit keinen Schritt näher gekommen.

Skilling kam in einen großen offenen Bereich, der von leeren Büros gesäumt war. Sein Büro war das erste rechts. Ein großer Konferenztisch nahm fast den ganzen Raum ein. Er war mit zahlreichen Papierstapeln bedeckt – Gutachten, Memos und anderen Überbleibseln von zahlreichen verworfenen Geschäftsstrategien. Skilling setzte sich an den Tisch und griff sich einen Notizblock mit kariertem Papier. Er hatte etwas im Hinterkopf – eine vage Idee, die er schon seit Jahren mit sich herumtrug. Vielleicht wurde sie klarer, wenn er sie schriftlich zu fixieren versuchte.

Er nahm einen Kuli aus der Brusttasche und zeichnete ein Koordinatenkreuz mit einer absteigenden Kurve. Dann zerlegte er die Kurve in Abschnitte 0–5 Jahre, 5–10 Jahre und 10–20 Jahre. Er riss das Blatt ab und kritzelte Berechnungen auf die nächste Seite. Etwa 30 Minuten später legte er den Kuli aus der Hand und studierte, was er geschrieben hatte.

Das ist verdammt genial.

War es wirklich so einfach? Hier, auf gerade mal zwei Seiten, stand die Antwort auf die Probleme von Enron – ach was, auf die Probleme der ganzen *Industrie.* In den letzten Jahren war Skilling immer wieder einmal von seinen eigenen Ideen begeistert gewesen, aber *diese* Idee war wirklich eine Goldgrube. Sie war so elegant, dass sie einfach funktionieren musste.

Skilling riss auch das zweite Blatt ab, stürmte aus dem Büro und machte sich auf die Suche nach Rich Kinder, der demnächst zum Vice Chairman von Enron befördert werden sollte. Als Unternehmensberater konnte Skilling eine Idee nicht einfach umsetzen; jemand bei Enron musste ihm grünes Licht geben. Er hatte das Gefühl, dass Kinder seine Kopfgeburt nicht nur verstehen, sondern auch den Mut haben würde, sie Wirklichkeit werden zu lassen.

Auf der anderen Seite des Gebäudes fuhr Skilling mit einem kleinen Aufzug für Führungskräfte in den 50. Stock und ging am Sitzungsraum des Boards vorbei zu Kinders Büro.

»Rich ...«

»Hallo, Jeff. Was gibt's?«

Skilling legte sein kariertes Blatt auf einen kleinen Konferenztisch. »Sehen Sie sich das mal an.«

Kinder kam herüber und musterte das Blatt. Ein Haufen Zahlen. Er zuckte die Schultern. »Und?«

»Nehmen wir mal an, wir kaufen Gasreserven«, sagte Skilling. »Nennen Sie mir eine Zahl, Rich. Wie viel wird es kosten, Gasreserven zu kaufen?«

»Ich weiß nicht. Einen Dollar für 1000 Kubikfuß?«

Einen Dollar für je 1000 Kubikfuß Gas. Genau wie Skilling geschätzt hatte. »Okay«, sagte Skilling, »wenn wir die Reserven zu diesem Preis kaufen, können wir sie aufteilen und damit diverse Terminmärkte beschicken.«

Kinder verstand nicht, worauf er hinauswollte.

»Wir schließen Verträge mit unterschiedlicher Dauer«, fuhr Skilling fort. »Zwanzig, zehn, fünf Jahre Laufzeit, darauf kommt es nicht an. Und in den Verträgen vereinbaren wir jeweils einen festen Preis.«

Skilling zeichnete noch einmal seine Kurve. Kinder begriff, dass es sich um eine normale Gasförderkurve handelte. Gasquellen verhalten sich ähnlich, wie wenn man eine frisch geschüttelte Flasche Mineralwasser öffnet: Wenn sie angebohrt werden, stehen sie unter hohem Druck, und es tritt viel Gas aus, aber mit der Zeit nimmt der Druck ab, und sie liefern immer weniger Gas. Dieser Sachverhalt war durch Skillings Kurve dargestellt; sie zeigte die im Lauf von vielen Jahren abnehmende Gasförderung aus einer Quelle. Wenn nun Enron Gasreserven mit einer Förderkurve von 20 Jahren besäße, sagte Skilling, könne es über langjährige Perioden Festpreise für das Gas kalkulieren. Je länger die Laufzeit eines Vertrags, desto flacher die Förderkurve und desto höher der Preis. Die Veränderung der Gaspreise am Markt werde keine Rolle spielen, weil Enron seine Kosten bereits bei einem Dollar für 1000 Kubikfuß fixiert hätte.

Kinder verstand sofort, was das bedeutete. Mit der Liberalisierung war die alte Welt der festen Gaspreise untergegangen. Die Preise wurden jetzt vom freien Markt diktiert, und das bedeutete, dass ein Kälteeinbruch, ein Versorgungsengpass oder sonst ein Faktor sie plötzlich massiv in die Höhe treiben konnte. Auf dem neuen Markt konnten Industriekunden ihre Brennstoffkosten nicht mehr kalkulieren, die Betreiber von Pipelines konnten keine langfristigen Lieferverträge zu festen Preisen mehr anbieten, und die Förderunternehmen waren nur noch so viel wert, wie ihre zuletzt erschlossene Quelle hergab. Diese Unsicherheit hatte bereits jetzt zur Folge, dass die Industrie vermehrt umweltschädlichere Brennstoffe wie Kohle und Öl einsetzte, weil deren Preise stabiler waren. Dank Skillings Idee würde sich das alles vielleicht wieder ändern. Enron konnte das umweltfreundlichere Erdgas zu einem verlässlicheren Preis anbieten, wenn es zu einem festen Tiefstpreis einkaufte, für einen höheren Preis verkaufte und die Differenz als Gewinn verbuchte.

Das Unternehmen werde sich wie eine Bank verhalten, sagte Skilling, nur dass es, statt Geld zu deponieren und Kredite zu vergeben, dasselbe mit Gas tun werde. Die Produzenten seien die Anleger und die Gaskunden die Kreditnehmer, und Enron werde dabei reich werden. Um ins Geschäft zu kommen, werde der Konzern eine Vertriebsgesellschaft brauchen, aber dann sollte eigentlich alles funktionieren.

»Rich«, sagte Skilling. »Was würden Sie sagen, wenn ich Ihnen jetzt sofort einen Zwanzig-Jahres-Vertrag auf der Basis von 2,20 Dollar für 1000 Kubikfuß entwerfen könnte.«

»Das kann nicht Ihr Ernst sein!«

»Doch, es ist mein Ernst.«

Es war seltener Moment des Triumphes. Industriekunden hatten große Probleme, überhaupt Zwanzig-Jahres-Verträge zu bekommen, und ein Vertrag mit einem Preis von weniger als vier Dollar für 1000 Kubikfuß galt als völlig unrealistisch. Wenn Enron einen Festpreis von knapp über zwei Dollar garantieren konnte, würde es sich vor Kunden kaum retten können.

»Wenn das stimmt«, sagte Kinder, »dann wird uns der Energiemarkt in Nordamerika gehören.«

Skilling strahlte. »Yep«, sagte er und nickte.

Bald schon verbreitete sich bei Enron das Gerücht, dass die Leute von McKinsey eine revolutionäre Idee entwickelt hätten, und alle waren gespannt auf die Details. Wenige Tage nachdem Skilling mit Kinder gesprochen hatte, versammelte sich eine Gruppe von etwa 20 Führungskräften des Konzerns im Konferenzraum 49C1, wo Skilling sie über seinen Vorschlag informierte. Die meisten waren bereit, den größten Teil ihres Nachmittags für die Sache zu opfern, denn die Gutachten von McKinsey umfassten in der Regel um die 100 Seiten, und es dauerte Stunden, bis sie referiert waren.

Skilling ging an den Overheadprojektor und legte eine Folie auf. Es war eine professionellere Version seiner ursprünglichen Skizze.

»Das Konzept ist ziemlich einfach«, begann Skilling seinen Vortrag. Etwa 20 Minuten später hörte er auf zu sprechen.

Im Raum herrschte ratloses Schweigen.

»Ist das alles?«, fragte schließlich Kinder, der mit einer erweiterten Version von Skillings Vorschlag gerechnet hatte.

»Ja, das ist alles.«

Kinder nickte und wandte sich an die Zuhörer. »Okay, dann lassen Sie mal hören, was Sie von der Idee halten.«

Jim Rogers Jr., der Leiter des Unternehmensbereichs Interstate Pipeline Operations, hob die Hand. Kinder nickte ihm zu.

»Ich muss schon sagen, das ist die dümmste Idee, die ich in meinem ganzen Leben gehört habe«, sagte Rogers.

Skilling machte ein langes Gesicht.

»Wer soll sich darauf einlassen?«, fuhr Rogers fort. »Warum sollte jemand zu diesen Preisen verkaufen? Warum sollten Kunden bei uns kaufen? Das ist nicht unser Geschäft.«

Nach Rogers' zorniger Stellungnahme äußerten auch die anderen anwesenden Führungskräfte zahlreiche Zweifel und Bedenken. Skilling habe die Take-or-Pay-Verträge nicht ordentlich berücksichtigt, sagten sie. Schlimmer noch, Enron müsse nach dem neuen Konzept einen Gasmarkt versorgen, und seine Pipelines würden fast keine Rolle mehr spielen. Das könne einfach nicht funktionieren.

Nach dem Ende der Sitzung begleitete Skilling Kinder bedrückt zum Aufzug. Kinder steckte sich eine Zigarre zwischen die Lippen, ohne sie anzuzünden, und kaute darauf herum, bis der Aufzug kam. Dann drückte er den Knopf für den 50. Stock.

»Tut mir Leid, Rich«, sagte Skilling. »Ich dachte, es wäre eine tolle Idee, aber sie hat wohl den Erwartungen nicht entsprochen.«

Kinder nahm die Zigarre aus dem Mund und knurrte: »Als Rogers sagte, das sei die dümmste Idee, die er jemals gehört hat, wusste ich, dass wir genau das tun müssen.«

Die Aufzugtüren glitten auf, und Kinder trat hinaus in den Gang, die Zigarre wieder zwischen den Zähnen.

»Setzen Sie ein Team an die Sache«, brummte er. »Verwirklichen Sie Ihre Idee.«

Die Gas-Bank[1] war sofort ein großer Erfolg – und ein Misserfolg.

Enron arbeitete mehrere Monate an den logistischen Vorbereitungen, und dann gründete es die Gas Marketing Division. Kinder und Skilling flogen im ganzen Land herum und machten großen Industriekunden Verkaufsangebote. Viele waren begeistert von der Idee. Sauberer Brennstoff zu einem kalkulierbaren Festpreis war der Traum jedes Fabrikbesitzers, selbst wenn er etwas mehr als den Marktpreis zahlen musste. In weniger als zwei Wochen hatten Kinder und Skilling Mehrjahresverträge in Höhe von mehr als einer Milliarde Dollar abgeschlossen.

Dann jedoch gab es Probleme. Die Nachfrage war da, aber die Gasproduzenten waren überhaupt nicht scharf darauf, das Angebot zu liefern. Das Preisniveau für Gas war niedrig, und viele Förderer lebten in der Hoffnung, dass es bald steigen würde. Warum sollten sie in dieser Situation Gas zu einem niedrigen Festpreis verkaufen, das erst in der Zukunft verbraucht werden würde? Doch die Führung von Enron wollte die bereits geworbenen Kunden nicht enttäuschen, und so gab sie ein paar der Prinzipien auf, die bei der Gründung der Gas-Bank formuliert worden waren. Statt das Gas zu einem kalkulierten Festpreis zu erwerben, kaufte Enron es nun auf dem freien Markt – ein Pokerspiel, mit dem es bei steigenden Preisen große Verluste gemacht hätte. Aber Enron hatte Anfängerglück: Die Preise blieben stabil.

Das viel versprechende Konzept musste verbessert werden, und Skilling machte sich mit Feuereifer an die Arbeit. Ein Durchbruch wurde bei Verhandlungen mit der Kaiser Aluminium and Chemical Corporation erzielt. Die Vertreter von Kaiser wollten einen Fünf-Jahres-Vertrag über Gaslieferungen zum Festpreis für ein Aluminiumwerk in Louisiana, aber Enron besaß keine Gasquelle in diesem Staat. Das Gas müsse aus Texas bezogen werden, sagte Skilling, und das werde 30 Cent mehr kosten. Den Vertretern von Kaiser war dies zu teuer, und das Projekt war allem Anschein nach gescheitert. Erst als die Verhandlungsteams schon im Aufbruch waren, kam Skilling eine Idee. Warum musste das Gas überhaupt von Enron geliefert werden?

»Einen Moment noch«, sagte er. »Nehmen Sie bitte noch einmal Platz.«

Skilling stellte den Führungskräften von Kaiser ein paar Fragen.

Sie hätten doch bisher ihr Gas in Louisiana bezogen, nicht wahr? Ja, über eine Pipeline von Texaco.

»Dann machen wir es doch weiterhin so«, sagte Skilling. Kaiser würde das Gas bei Texaco kaufen. Aber Enron würde garantieren, dass die Firma nie mehr als 2,50 Dollar pro 1000 Kubikfuß bezahlen musste. Wenn die Preise über 2,50 Dollar stiegen, würde Enron in Texas Gas für 2,50 Dollar liefern, das Kaiser dann teurer weiterverkaufen könnte. Wenn der Preis unter 2,50 Dollar fiel, würde Kaiser Enron die Differenz zahlen. Skilling schlug also vor, dass Kaiser nicht für reale Brennstofflieferungen, sondern für die Übernahme des Preisrisikos bezahlte. Und Kaiser nahm begeistert an.

Mit der Zeit konnten Skilling und sein Team sogar ihre Probleme beim Einkauf von Gas lösen. Die widerspenstigen Gasförderer wurden ganz zahm, als Enron ihnen etwas anbot, das sie dringend brauchten: Kredite. Nach jahrelangem Chaos auf dem Energiemarkt hatten die Banken den Geldhahn für die Erschließung neuer Gasquellen rigoros zugedreht. Also erbot sich Enron auf Skillings dringenden Rat hin, die Finanzierung zu übernehmen, die die Banken verweigerten – gegen Gas zu Festpreisen. Für die Ausgabe der Kredite wurde wieder ein neuer Unternehmensbereich, die Enron Finance Corporation, gegründet.

Bis Ende 1989 hatte die Gas-Bank parallele Verträge mit fünf Käufern und fünf Verkäufern in den Büchern stehen. Nun verpasste Skilling seinem Projekt den letzten Schliff, durch den es wirklich spektakulär werden sollte. Tatsächlich hatte Enron mit dem neuen Projekt nichts anderes getan, als einen vorhersehbaren Transfer von Geld in der Zukunft zu organisieren, ganz ähnlich wie bei einer Hypothek oder einem Pfandbrief. Und schon seit über einem Jahrzehnt wurden solche Geldtransfers an der Wall Street gesammelt und gehandelt. Warum, fragte Skilling, sollten die Geldtransfers der Gas-Bank nicht auch gehandelt werden?

Fast unmerklich verwandelte sich Enron durch Skillings Innovationen in ein ganz neues Unternehmen. Die früher von Pipelines und Bohrinseln geprägte und von rauen Ledernacken mit dreckigen Fingernägeln bevölkerte Firma operierte plötzlich in ganz neuen, schwer durchschaubaren Risikobereichen und zog vornehme Investmentbanker mit manikürten Händen an. Die Innovationen veränderten das Wesen des Unternehmens, aber nur ganz wenige in und außerhalb von Enron erkannten dies.

Noch im Jahr 1989 beendete Skilling seine Arbeit für Enron und kehrte in sein Büro bei McKinsey zurück. Enron schien auf dem besten Wege, ein Energiegigant zu werden. Doch die Gas-Bank geriet in die Krise. Mit Ausnahme von Kinder hielten die Topmanager bei Enron nach wie vor wenig von der Idee; sie war ihnen einfach zu fremd. Skilling beobachtete mit Bestürzung, wie sein Projekt wegen ihrer Gleichgültigkeit dahinsiechte. Er suchte wiederholt Kinder auf, der es inzwischen zum President des Unternehmens gebracht hatte, setzte sich energisch für sein Projekt ein und warnte, Enron sei im Begriff, seine ganz große Chance zu verpassen.

»Sie müssen diese Sache unbedingt in Gang bringen«, tobte er. »Früher oder später kommt auch die Konkurrenz auf den Trichter, aber jetzt haben Sie noch einen gewaltigen Vorsprung.«

Kinder teilte Skillings Ansicht, aber er war sich auch bewusst, dass der Unternehmensberater als Einziger ein persönliches Interesse an einem Erfolg der Gas-Bank hatte. Deshalb machte er Skilling im Dezember 1989 den Vorschlag, zu Enron zu wechseln. Aber Skilling lehnte rundweg ab. Er war erst im Sommer bei McKinsey in das Board of Directors gewählt worden und war dabei, ein großes Vermögen zu scheffeln. Deshalb erschien es ihm absurd, nun plötzlich zu Enron zu wechseln.

Im Lauf der folgenden Monate jedoch gelangten Kinder und dann auch Lay zu der Überzeugung, dass das großartige Projekt ohne Skilling zum Scheitern verurteilt war. Anfang 1990 verlor Lay schließlich die Geduld. Er stürmte in Kinders Büro und schrie, Skilling müsse unbedingt für die Leitung des Projekts gewonnen werden.

Das Timing war perfekt. Inzwischen hatte Skilling Gelegenheit gehabt, einen Blick auf seine Zukunft bei McKinsey zu werfen, und was er sah, hatte ihm gar nicht gefallen. Er war in den Ausschuss zur Aufnahme neuer Gesellschafter des Unternehmens berufen geworden, und die Sitzungen ödeten ihn an. Nie änderte sich etwas; kein Problem wurde wirklich gelöst. Bei einer Sitzung hörte Skilling entsetzt, wie der Chef des deutschen Büros wieder genau dieselben Argumente vorbrachte, die er schon Monate zuvor geäußert hatte.

Skilling kreuzte die Arme vor der Brust und starrte finster vor sich hin. *In zehn Jahren sitze ich immer noch im gleichen Raum und höre denselben Kerlen zu, wie sie genau dasselbe sagen wie heute.*

Skilling verdiente viel Geld und genoss großes Ansehen, aber er langweilte sich. Er sehnte sich nach einer neuen Herausforderung, nach einer neuen Perspektive, nach einer Zukunft, die anders aussehen würde als seine Vergangenheit.

Im April 1990 hatte Skillings Unzufriedenheit ihren Höhepunkt erreicht, als Kinder wieder anrief. Diesmal nahm Skilling das Angebot sofort an. Die Position war genau die richtige Herausforderung für ihn. Er würde bei der Umgestaltung des amerikanischen Energiemarkts – ja vielleicht sogar des internationalen Energiemarkts – an vorderster Front stehen. Noch am selben Abend besprach er die Sache mit seiner Frau Susan. Ihr drittes Kind war unterwegs, und er hatte befürchtet, sie wäre gegen den Wechsel, aber sie sagte, sie würde ihn bei jeder Entscheidung unterstützen. Skilling verschwieg ihr, dass sein Gehalt niedriger sein würde als bei McKinsey, aber Kinder hatte vorgeschlagen, ihn an seinem Unternehmensbereich zu beteiligen. Wenn das Projekt funktionierte, würde Skilling sehr reich werden, wenn nicht, konnte sich sein Wechsel zu Enron als beruflicher Selbstmord entpuppen.

Am 11. Juni 1990 setzten bei Susan die Wehen ein, und Skilling fuhr sie in das St. Luke's Episcopal Hospital. Sechs Stunden später war das Kind immer noch nicht auf der Welt. Skilling ging eine Weile auf den Gang hinaus, machte ein Münztelefon ausfindig und rief Kinder an. Er sei bereit, den Wechsel zu Enron perfekt zu machen, sagte Skilling. Dann verhandelten die beiden Männer hart über die letzten Einzelheiten des Vertrags: Skilling wurde Chairman und Chief Executive der Enron Finance Corporation. Sein Jahresgehalt belief sich auf 275000 Dollar – viel weniger als bei McKinsey –, aber er bekam eine Beteiligung an seinem Unternehmensbereich.

»Okay«, sagte Skilling. »Abgemacht.«

Das Gespräch war zu Ende, und Skilling kehrte als frisch gebackener Enron-Manager an die Seite seiner Frau zurück.

Genau einen Monat später, am 11. Juli, verließ ein Konvoi von schwarzen Limousinen den baumbestandenen Campus der Rice University in der Nähe der Houstoner Innenstadt. Die Autos fuhren in nordöstlicher Richtung an Zehntausenden von Zuschauern vorbei, die jubelnd und Plakate schwenkend die Main Street säumten und Hunderte gelber Luftballons steigen ließen. Es war ein einziges großes Fest, mit dem Houston sich selbst und seine prominenten Besucher, die politischen Führer der Industrieländer, feierte, die sich zum Weltwirtschaftsgipfel[2] in der Stadt versammelt hatten.

In einem der Wagen saß Präsident George H. W. Bush und blickte aus dem Fenster. Es war ein großer Augenblick, der Lohn dafür, dass er das Risiko eingegangen hatte, sich für seine selbst gewählte Heimatstadt als Tagungsort einzusetzen. Houston hatte nach dem Absturz der Ölpreise immer noch mit dem Image eines angeschlagenen Riesen zu kämpfen. Seine Bewerbungen um die nationalen Parteikonvente waren gescheitert, große Teile der Stadt waren schmutzig und ihre Einwohner demoralisiert gewesen. Nun jedoch erstrahlte die Stadt in neuem Glanz. Mit dem Slogan »Houston ist heiß« nutzte sie sogar die Hitzewelle, um für sich zu werben.

Bush hatte ein glückliches Lächeln auf den Lippen. Monatelang hatte den Vorbereitungen eine Katastrophe gedroht. Schließlich hatte er im Januar, nur sieben Monate vor dem Ereignis, seinen Freund Ken Lay angerufen und ihn gebeten, den Vorsitz des Vorbereitungskomitees zu übernehmen.[3] Lay teilte sich den Vorsitz mit

George Strake, einem anderen Unternehmer aus Houston. Aber Bush hatte keinen Zweifel daran gelassen, dass die Verantwortung für den Erfolg oder das Scheitern des Gipfels einzig und allein bei Lay lag.

Der Unternehmer war im Laufe vieler Jahre allmählich ein Freund von Bush geworden. Er hatte schon bei Bushs erster Präsidentschaftskandidatur im Jahr 1980 zu seinen Unterstützern in Florida gehört, war aber erst durch seine Verbindungen mit anderen Freunden von Bush in den inneren Kreis um den späteren Präsidenten vorgestoßen. Er war schon seit langem mit dem texanischen Ölmann Robert Mosbacher befreundet, der nun Handelsminister war. Und er hatte auch eine enge Beziehung zu Jim Baker, dem Houstoner Anwalt und wichtigsten Berater Bushs. Endgültig gefestigt hatte sich die Beziehung, als Lay bei Bushs erstem großen Fundraising-Dinner im erfolgreichen Präsidentschaftswahlkampf von 1988 als Gastgeber fungiert hatte.

Als Bush Präsident war, pflegte Lay die Beziehung, indem er häufig zustimmende Briefe an ihn schickte und verschiedene kleine und größere Aufgaben für die Regierung übernahm. Die Freundschaft war so eng, dass es im Weißen Haus niemanden überraschte, als Bush seinen Stab streng zurechtwies, weil er einen direkt an das Oval Office adressierten Brief von Lay nicht sofort weitergeleitet hatte.[4] Lay war ein willkommener Gast im Familienflügel des Weißen Hauses und machte Bush bei einem dieser Besuche den Vorschlag, seine Präsidentenbibliothek in Houston anzusiedeln. Als Bush zu einem anderen Ort tendierte, fuhr Lay nach Dallas und suchte George W., den ältesten Sohn des Präsidenten, in seinem Büro auf, um auch bei Bushs Familie Werbung für Houston zu machen. Der junge George begrüßte Lay herzlich, teilte ihm jedoch mit, dass die Entscheidung von seinen Eltern getroffen werde. Auch wenn Bush sen. sich letztlich für die ebenfalls texanische Stadt College Station als Standort für seine Bibliothek entschied, hatte er den Einsatz seines Freundes durchaus zu schätzen gewusst und es ihm bei privaten Besuchen wiederholt gesagt.

Während des Gipfels lernte Bush Kenneth Lay als einen Macher schätzen, dem man die Organisation des Großereignisses anvertrauen konnte. Fast nur mit Willensstärke hatten Lay und sein Team etwa 5 200 Freiwillige rekrutiert, die Houston säuberten und etwa 1 350 Tonnen Müll beseitigten. Gebäude wurden frisch gestrichen, Blumen und Bäume gepflanzt, Logos entworfen, die Verkehrsführung geändert. Und nun, als der Gipfel zu Ende ging, gab es diese Veranstaltung – ein spontan wirkendes Fest, mit dem die Stadt sich selbst und den Gipfel feierte. Bush hätte nicht stolzer sein können.

Die Wagenkolonne hielt vor dem George R. Brown Convention Center. Nacheinander entstiegen die wichtigsten politischen Führer der Welt ihren Karossen: George Bush, Margaret Thatcher aus England, Helmut Kohl aus Deutschland, François Mitterrand aus Frankreich und viele andere. In dem Gebäude gratulierten die Politiker Bush zu dem Ereignis. Die Herzlichkeit auf Houstons Straßen sei wirklich wunderbar gewesen.

Am Abend fuhren die Staatschefs zur »Thank You Houston Celebration«, die auf dem Campus der University of Houston stattfand. Tausende hatten sich vor einer großen Bühne versammelt, auf der die Prominenten Platz nehmen würden. Auch zahlreiche Entertainer traten auf, darunter der Sänger Randy Travis, die Sängerin Marilyn McCoo und die Schauspielerin Jaclyn Smith. Doch die eigentlichen Stars des Abends waren Bush und seine mächtigen Gäste. Kurz nach 19 Uhr spendete die Menge anhaltenden Applaus, als die Wagenkolonne mit den Politikern hinter der Bühne hielt.

Ein Beamter des Secret Service öffnete die Wagentür, und George und Barbara Bush stiegen aus. Für sie war ein großes Zelt aufgebaut, in dem sich alle versammeln sollten, die – als Entertainer oder Zuschauer – einen Platz auf der Bühne bekamen. Gleich neben dem Eingang wartete Ken mit seiner Frau Linda.

Bush strahlte; er hatte an diesem Tag erst jetzt Gelegenheit, mit Lay zu sprechen. Die beiden Männer schüttelten sich herzlich die Hand.

»Mr. President«, sagte Lay.

»Ken, ich bin überwältigt«, sagte Bush. »Unsere Gäste waren außerordentlich beeindruckt. Sie haben ein wirklich positives Bild von Houston bekommen. Ich kann Ihnen gar nicht sagen, wie dankbar ich Ihnen bin.«

»Vielen Dank, Mr. President«, antwortete Lay. »Alle in der Stadt haben hart gearbeitet, um dies zu ermöglichen.«

»Ich weiß sehr zu schätzen, dass Sie das alles auf sich genommen haben, Ken«, flüsterte Barbara Bush Lay ins Ohr. »Sie haben George wirklich aus der Patsche geholfen.«

Lay und seine Gattin führten das Präsidentenpaar herum und stellten sie freiwilligen Helfern vor. Bush nahm sich einen Moment Zeit, um mit George Strake, dem anderen Vorsitzenden des Vorbereitungskomitees, und mit Fred Malek, dem organisatorischen Leiter des Gipfeltreffens, zu sprechen. Schließlich verkündete ein Berater des Präsidenten, es sei an der Zeit, sich auf die Bühne zu begeben. Für jede Person war ein bestimmter Sitz reserviert, und die Prominenten mussten sich in der Reihenfolge ihrer Sitznummern aufstellen.

»Mr. Lay«, wandte sich der Berater an den Unternehmer, »Sie sitzen zwischen dem Präsidenten und der First Lady.«

Lay war erstaunt. Mit einer derart großzügigen Geste hatte er nicht gerechnet. Er stellte sich hinter Bush in die Schlange und sprach mit ihm, während sie warteten.

»Ist Ihnen etwas aufgefallen, das wir versäumt haben oder hätten anders machen sollen?« fragte er.

»Nein, Ken«, antwortete der Präsident lächelnd. »Wir haben die ganze Zeit nach Fehlern gesucht, aber wir haben noch keinen gefunden.«

Endlich war die Schlange gebildet, und die Prominenten nahmen ihre Plätze ein. Die Zuschauer vor der Bühne spendeten immer wieder Applaus. Um 19.13 Uhr trat Bush unter dem Jubel des Publikums aufs Podium.

»Barbara und ich wollen Ihnen allen sehr herzlich danken«, sagte Bush. »Ken Lay und George Strake und Fred Malek und all den vielen anderen. Ich bin ihnen wirklich sehr dankbar – und Bar natürlich auch.«[5]

Es seien drei historische Tage gewesen, sagte Bush, für Houston und die Welt. Und das alles sei nur möglich gewesen, weil die Stadt hart gearbeitet habe. »Kurz gesagt, Sie haben der Welt gezeigt, was man in Houston unter Gastfreundschaft versteht«, fuhr er fort. »Und Sie haben dafür gesorgt, dass ich als Houstoner heute Abend wirklich sehr stolz auf meine Heimatstadt bin. Ich versichere Ihnen allen meinen allerherzlichsten Dank.«

Wieder wurde gejubelt, noch lauter als zuvor – für Bush, für den Gipfel, für Houston. Die Stadt badete förmlich in der Anerkennung, die ihr ein Jahrzehnt fast gänzlich verwehrt geblieben war. Bush ging zurück auf seinen Platz und schüttelte Lay erneut die Hand.

»Einfach wundervoll, Ken«, sagte er. »Einfach wundervoll.«

Dieser Tag war der Wendepunkt, wie man sich Jahre später erinnern sollte. Der Tag, an dem Houston nach Jahren der Verzweiflung wieder Mut fasste. Von diesem Tag an war Lay in der Stadt ein hoch angesehener Mann. Und an diesem Tag wurde der Welt klar, dass Enron und sein Vorsitzender einige sehr einflussreiche Verbündete gewonnen hatten.

Gute zwei Wochen später, am 1. August, trat Jeffrey Skilling seinen neuen Posten bei Enron an – und wirbelte das Unternehmen wie ein Hurrikan durcheinander. Er hatte von Anfang an klare Vorstellungen, wie er seine Arbeit organisieren und durchführen wollte, aber viele seiner Pläne stießen auf starken Widerstand bei der verknöcherten Bürokratie des Konzerns.

Skilling machte Schluss mit den Büros, die sich in endlosen Korridoren aneinander reihten, und setzte durch, dass ein zentraler Arbeitsbereich nach dem Vorbild eines Börsensaals gebaut wurde. Alle Büros, die danach noch übrig waren, hatten Glaswände, sodass in

Skillings Unternehmensbereich jeder jeden sehen konnte. Den Mitarbeitern, die bei Enron für die Büros zuständig waren und die Skilling die »Bau-Nazis« zu nennen pflegte, gefielen diese Neuerungen überhaupt nicht, aber er setzte seinen Willen durch.

Auch bei seinen Reformen in der Personalverwaltung ging alles nach seinem Kopf. Enron verwendete ein System, bei dem jeder Tätigkeitsbeschreibung eine bestimmte Zahl von Punkten zugeordnet war, die dem Mitarbeiter etwa ein größeres Fenster oder einen besseren Bürostuhl einbrachten. Nicht so in Skillings Unternehmensgruppe. Bei ihm gab es keine Tätigkeitsbeschreibungen mehr; er wollte nicht, dass jemand auf ein Pflichtenheft festgelegt war.

Mit jedem neuen Schritt und jeder neuen Idee machte sich Skilling zahlreiche Feinde unter den Verwaltungsfachleuten des Konzerns. Er reduzierte die zahlreichen Titel, die es in seinem Unternehmensbereich gegeben hatte, auf ganze vier: Mitarbeiter, Manager, Direktor und Vizepräsident. Höhere Gehälter wegen langer Betriebszugehörigkeit wurden ebenfalls abgeschafft, stattdessen wurde nur noch nach Jahresleistung bezahlt.

Skilling versuchte, ein nur an der Leistung orientiertes System aufzubauen, in dem kluge, begabte – und fürstlich entlohnte – Mitarbeiter in einem steten Kampf um die Vorherrschaft miteinander konkurrierten. Dadurch sollte ein freier Fluss von Ideen entstehen, durch den das Unternehmen seine Rivalen überflügeln würde.

Während auf dem 39. Stock sein Traumbüro gebaut wurde, machte er sich auf die Suche nach Talenten. Gene Humphrey, der erste Mann, den Skilling einstellte, kam von der Citibank und sollte die Kreditabteilung für die Gasförderunternehmen aufbauen; Lou Pai, ein Wirtschaftswissenschaftler, der früher bei der Börsenaufsicht gearbeitet hatte, wechselte von Enron Marketing zu Skilling. George Posey von der Enron Corporate Division bekam den Bereich Buchhaltung und Finanzen zugewiesen. Binnen eines Monats hatte Skilling fast alle wichtigen Posten besetzt, außer einem.

Die letzte Figur auf Skillings Schachbrett war ein Experte für die Finanztechnik, die man als Verbriefung bezeichnet. Bei diesem Verfahren werden ähnlich gelagerte Kredite zusammengefasst und einschließlich der Zinsen, die sie abwerfen, an Anleger von außerhalb verkauft. Auf diese Weise bekommt der Verkäufer neues Kapital, das er wiederum in Form von Krediten vergeben kann. Vor allem jedoch sind Kredite, die per Verbriefung verkauft werden, in der Bilanz des Verkäufers kein negativer Posten mehr, weil das Kreditrisiko auf den Käufer verlagert wird. Skilling plante, Kredite in den Gasmarkt zu pumpen, und er wusste, dass ein geschickter Verbriefungsexperte seinem gerade erst anlaufenden Geschäft eine nahezu unbegrenzte Kapitalmenge verschaffen konnte.

Das einzige Problem war, jemanden zu finden, der kreativ genug war für diesen Job.

Eines Morgens Anfang Oktober klingelte im Büro von Andrew Fastow, einem jungen Senior Director der Continental Bank in Chicago, das Telefon. Am Apparat war Jonathan Crystal, ein Headhunter aus dem Houstoner Büro von Spencer Stuart, einer der größten US-amerikanischen Rekrutierungsfirmen für Führungskräfte.

»Es gibt da ein Angebot, das Sie sehr interessant finden werden«, sagte Crystal.[6]

Spencer Stuart war von Skilling beauftragt worden, einen Verbriefungsfachmann zu finden, und Fastow[7], ein 28-jähriger Banker, schien der richtige Mann zu sein. Er war auf diese Art der Kapitalbeschaffung spezialisiert und hatte in den Jahren zuvor an einigen hoch komplizierten Geschäften gearbeitet, die in der Finanzwelt großes Aufsehen erregt hatten. Der zweitälteste Sohn eines Einkäufers für Drogerien und einer Hausfrau war in der Stadt New Providence in New Jersey aufgewachsen. Seine Familie hatte ein gutes Einkommen, aber sie war nicht reich. Fastow jedoch, der an der Tufts University studiert und 1984 mit *summa cum laude* seinen Abschluss gemacht hatte, wurde bald vertrauter mit der Welt der Gutbetuchten. Er heiratete seine College-Freundin Lea Weingarten, deren Familie mit Lebensmittelgeschäften ein Vermögen gemacht hatte, und ging nach Chicago, um in der Wirtschaft Karriere zu machen. Während er schon als Geschäftsmann arbeitete, machte er seinen MBA an der Kellogg School of Management und fand schließlich eine Stelle bei der Continental Bank.

Andy arbeitete hart, aber sein persönlicher Stil war unangenehm schrill und überheblich. Er konnte unhaltbare Positionen energisch verteidigen und wutentbrannt überzogene Forderungen stellen, was ihm geschäftlich manchmal einen gewissen Nutzen brachte, aber seinen Ruf nachhaltig schädigte. Selbst eine harmlose Taxifahrt hatte bei ihm einmal in einem Debakel geendet, als ihm der aufgebrachte Fahrer wegen eines Streits um 70 Cent einen Faustschlag ins Gesicht versetzte.[8]

Die Fastows waren nicht zufrieden in Chicago. Sie wollten schon seit Monaten nach Houston umziehen, wenn sie die richtigen Stellen fanden, aber die waren nur schwer zu finden. New York und Chicago waren die richtigen Orte für einen Verbriefungsexperten; in Houston schien es diese Finanztechnik noch gar nicht zu geben. Nach Crystals Anruf aber sah es plötzlich ganz danach aus, als ob sich das bald ändern würde.

Crystal gab Fastow eine Stellenbeschreibung: Enron brauche für sein neues Finanzierungsgeschäft einen Mann, der sich mit Verbriefung auskenne, und es höre sich ganz so an, als ob Fastow dafür genau der Richtige sei.

Fastow schwieg einen Augenblick.

Dann fragte er: »Wer ist Enron?«

Am Morgen des 3. Oktober, einem Mittwoch, rief Lou Rieger, der Chef des Houstoner Büros von Spencer Stuart, Skilling an. »Wir haben einen guten Bewerber gefunden«, sagte er. »Der Mann will gern nach Houston ziehen. Er arbeitet bei der Continental Bank in Chicago.«

»Sie nehmen mich auf den Arm. Er will tatsächlich nach Houston?«, sagte Skilling. »Schicken Sie mir seinen Lebenslauf. Ich will ihn mir ansehen.«

Wenige Minuten später, um 9.36 Uhr, kamen drei Seiten aus dem Fax vor Skillings Büro, und seine Assistentin Sherri Reinartz brachte sie ihm.[9]

»Andrew S. Fastow«, las Skilling.

Ausbildung: »Kellogg, Tufts.«

Berufserfahrung: »Continental Bank ... Verkaufte erstmals ein Wertpapier, das nur durch einen vorrangigen Schuldtitel aus einer fremdfinanzierten Übernahme gedeckt war ... ›Deal of the Year‹ des Jahres 1989 ... unmittelbarer Gewinn 12,8 Millionen Dollar vor Steuern ... strukturierte und arrangierte fremdfinanzierte Übernahmen ... kann Chinesisch ...«

»Teufel auch«, sagte Skilling. *Der ideale Mann für den Job.*

Er rief Rieger an.

»Hey, Lou«, sagte er. »Volltreffer! Das ist genau der Kerl, den wir suchen.«

Einige Tage später fuhr Fastow nach Houston zu einer Firma, aus der er immer noch nicht schlau wurde. Seine Welt war von geheimnisvollen Geschäften, Derivaten und reichen Bankern mit wirtschaftswissenschaftlichen Universitätsabschlüssen dominiert. Und nach allem, was er wusste, arbeitete Enron mit Pipelines – teuren, dreckigen Pipelines. Das deutete ganz entschieden auf einen großen beruflichen Rückschritt hin.

Fastow traf am frühen Morgen im Enron-Gebäude ein, fuhr in den 39. Stock und fragte nach Skilling. Die Dame an der Rezeption griff zum Telefon, und eine Minute später kam ein energiegeladener Enddreißiger auf ihn zugeschossen; er wirkte auf den ersten Blick etwas versponnen, doch dieser Eindruck wurde von einem stählernen Glitzern in seinen Augen Lügen gestraft.

»Andy? Jeff Skilling.«

»Freut mich, Sie kennen zu lernen«, antwortete Fastow und gab Skilling die Hand.

Skilling ließ seinen Blick lächelnd durch den Raum schweifen. »Willkommen bei Enron«, sagte er. »Kommen Sie bitte mit, wir müssen miteinander reden.«

Fastow folgte Skilling in ein Großraumbüro, das die meisten Führungskräfte des Unternehmensbereichs mit ihrem Hilfspersonal beherbergte. Der Ort vibrierte vor Energie, und das Staccato der Computertastaturen konturierte das geschäftige Murmeln im Raum. Fastow hatte mit einem verschlafenen, langweiligen Büro gerechnet. Aber hier trödelte niemand herum oder wanderte umher und schwatzte. Es gab genug Arbeit, und Skillings Team schien sich der Herausforderung begeistert zu stellen.

Die beiden Männer setzten sich in Skillings verglastem Büro an den Tisch. Fastow ließ sich kein Lächeln entlocken. Er war sehr reserviert und hatte immer noch nicht verstanden, was für eine Rolle er in dem Unternehmen spielen sollte.

»Und«, sagte er mit einer Spur Herablassung in der Stimme, »was machen Sie hier denn so?«

Skilling stürzte sich in seine inzwischen wohl geübte Ansprache über die irrationalen Verhältnisse im Erdgasgeschäft und darüber, dass sein Team einen ausgeglichenen Markt zwischen Käufern und Verkäufern aufzubauen suche. Das Ganze drehe sich darum, Risiken zu sammeln und sie dann so zu verteilen, dass im Fall einer Krise kein einzelner Akteur dran glauben müsse. Und an dieser Stelle komme die Verbriefung ins Spiel; der Unternehmensbereich dürfe nicht durch das beschränkte Kapital von Enron oder durch Bilanzprobleme behindert werden. Neue Anleger bedeuteten frisches Kapital, frisches Kapital bedeute mehr Geschäft, und mehr Geschäft werde mit Sicherheit höhere Gewinne bedeuten.

Fastows Augen leuchteten auf. Dieses Unternehmen wollte keinen Vorzeigefachmann einstellen, für den es eigentlich gar keine Verwendung hatte. Für einen Mann mit seinem Hintergrund war das neue Projekt von Enron das gefundene Fressen.

»Einen Moment«, unterbrach er Skillings Redefluss. »Warum passiert das alles in einem Pipeline-Unternehmen? Solche finanztechnische Aktivitäten gehören doch eigentlich eher ins Bankgewerbe.«

»Dank der Pipelines haben wir einen Vorsprung und einen Ausgangspunkt, und überdies kennen wir das Geschäft, in dem wir operieren.«

Das klang plausibel. Trotzdem konnte Fastow immer noch kaum glauben, dass ein Konzern aus einer so altmodischen Branche so hochmoderne Visionen hatte. Vielleicht war das alles nur eine vorübergehende Laune.

»Steht denn das Unternehmen auch wirklich dahinter?«, fragte Fastow. »Ist es wirklich engagiert?«

»Sprechen Sie mit Kinder«, antwortete Skilling. »Er hat es gecheckt. Er weiß, dass das hier die Zukunft ist, und er steht voll dahinter.«

Fastow lehnte sich zurück. Das ging alles zu schnell. Und dieser Kerl, Skilling, schien im Zentrum des Ganzen zu stehen. Fastow hatte gehört, dass Skilling für seinen jetzigen Posten eine lukrative Karriere bei McKinsey aufgegeben hatte. Das verblüffte ihn am meisten.

»Sie haben bei McKinsey gekündigt?«

»Ja, das habe ich«, sagte Skilling.

Fastow konnte nicht umhin, direkt zu fragen. »Warum?«

Skilling lächelte und drehte die Handflächen nach oben. »Tja«, sagte er. »Wie oft kriegt man die Chance, die Welt zu verändern?«

Das Gespräch entschied alles. Es entwickelte sich zu einem freien Ideenaustausch. Fastow und Skilling überlegten gemeinsam, wie Enron die Methode der Verbriefung einsetzen könnte. In etwa einer Stunde hatte Fastow die Überlegungen weiter getrieben, als jemand in der Firma es sich jemals hätte träumen lassen. Skilling war fasziniert.

Er rief gleich nach dem Gespräch bei Lou Rieger an und sagte ihm, dass Enron sehr interessiert sei. Kurz darauf rief auch Fastow im Houstoner Büro von Spencer Stuart an; er war ähnlich begeistert. Aber er hatte noch ein Problem. Wenn er nach Houston zog, brauchte seine Frau ebenfalls einen Job in der Stadt. Rieger rief Skilling an und erzählte ihm von dem Hindernis.

»Okay. Schicken Sie mir ihre Bewerbungsunterlagen«, sagte Skilling. »Mal sehen, ob wir hier was für sie finden.«

Die Unterlagen kamen noch am selben Tag per Fax. Lea Fastow passte perfekt in das Treasury Department von Enron. In kürzester Zeit bekamen beide Fastows Jobs bei Enron angeboten. Andy mit einem Jahresgehalt von 75 000 Dollar, einer Einstiegsprämie von 20 000 und einer garantierten Mindestprämie von mindestens 25 000 Dollar im folgenden Jahr.[10]

Am 3. Dezember 1990 kehrte Andy Fastow als frisch gebackener Enron-Angestellter nach Houston zurück, ein Angestellter, der in der Firmengeschichte von Enron eine viel bedeutendere Rolle spielen sollte, als damals jemand ahnen konnte.

Die Schleimkugel sauste durch den Raum, knallte gegen ein Fenster und lief langsam am Glas hinunter. Fastow griff sich noch einen von den grünen Glibberbällen und holte langsam aus.

»Köpfe hoch!«, schrie er und warf die Kugel knapp an seinen Kollegen im Großraumbüro vorbei.

Skilling und sein Team redeten weiter und ignorierten das Chaos einer weiteren typischen Nachtsitzung bei Enron. Fastow war nicht mehr der zugeknöpfte Banker, der er bei seinem Einstellungsgespräch gewesen war. Er hatte sich als ein Witzbold entpuppt, der den häufigen mitternächtlichen Sitzungen mühelos die Atmosphäre eines Studententreffs verlieh. Die linke untere Schublade in seinem Schreibtisch wurde »der Spielzeugladen« genannt; Skillings Kinder stürzten sich immer sofort darauf, wenn sie zu Besuch kamen. Den ganzen Tag und bis tief in die Nacht hinein versank das Büro im Chaos; Footbälle wurden geworfen, Schleimbälle klatschten, und Nerf-Gun-Kriege tobten, bei denen die Mitarbeiter mit Schaumstoffpfeilen aus Druckluftpistolen herumballerten.

Diese übermütigen Kapriolen wurden schnell zu einem festen Merkmal von Skillings Unternehmensbereich und machten den 39. Stock zu einem interessanten Ausflugsziel für Mitarbeiter aus anderen Bereichen des Konzerns. Die Führungskräfte in Skillings Finance Corporation sprachen oft mit messianischem Eifer über die neue Ordnung, die sie schaffen wollten: Sie würden die Monopole entmachten, die sterbende Gasindustrie durch ihre Finanzspritzen wiederbeleben und ganz neue Märkte erschließen.

Die frühen Jahre waren eine Zeit der Entdeckungen, und Skillings Unternehmensbereich entwickelte sich zu einer Ideenfabrik. Eine der ersten Reformen betraf die Unternehmensstruktur: Die Trennung der Finance Corporation, die mit den Produzenten des Gases zusammenarbeitete, von der Gas Marketing Division, die die langfristigen Verträge mit den Abnehmern des Gases aushandelte, war nicht mehr sinnvoll, weil es sich um zwei Pole desselben Geschäfts handelte. Also wurden die beiden Unternehmensbereiche im Januar 1991 unter der Bezeichnung »Enron Gas Services« unter Skillings Leitung vereinigt.[11]

Auch die Art des Geschäfts veränderte sich: Enron kaufte die Gasreserven nicht direkt, sondern beschaffte sich das notwendige Gas, indem es für viel abstraktere Dinge bezahlte, die es eigentlich gar nicht brauchte, zum Beispiel für Förderchancen und Explorationspotenziale. Bei direkten Kaufverträgen über das Gas wären die Möglichkeiten zur Verbriefung geringer gewesen; die meisten Gasproduzenten waren finanziell angeschlagen, und die wenigsten Anleger kauften gern Beteiligungen an Verträgen, die mit nahezu bankrotten Unternehmen geschlossen wurden.

Die Lösung beruhte auf der so genannten Förderzahlung, die in jahrhundertealten Gesetzen vorgesehen war. Bei diesem Verfahren finanzierte ein Gasproduzent seine Förderung, indem er Teile des geförderten Gases verkaufte. Wenn ein Produzent mit Enron eine Förderzahlung vereinbarte, gehörte Enron der vereinbarte Anteil an dem geförderten Erdgas. Dann spielte es für den Konzern keine Rolle, wenn der Produzent Pleite ging (was mehrmals vorkam), denn die Gläubiger des bankrotten Unternehmens hatten keinen Anspruch auf die an Enron verkaufte Gasproduktion.

Als ein solider Bestand an zu verbriefenden Vermögenswerten verfügbar war, machte sich Fastow an die Arbeit. Das erste Verbriefungsprojekt hieß »Cactus« und wurde 1991 entwickelt. Es beruhte auf einer Finanzierungsmethode, deren wichtigstes Element die Gründung einer Zweckgesellschaft ist. Enron konnte sich dieser Zweckgesellschaft bedienen, um Schulden und Risiken legal aus seinen Büchern zu tilgen, indem es Beteiligungen an diesen Schulden und Risiken an unabhängige Investoren verkaufte. Die Zweckgesellschaft funktionierte wie ein Schwamm, der das erworbene Gas aufsaugte und dann von Enron in Stücke zerlegt und an verschiedene Anleger verkauft wurde.

Doch die gesetzlichen Vorschriften für diese nicht in den Büchern auftauchende Zweckgesellschaft, die ansonsten ein normaler Teil des Konzerns gewesen wäre, waren streng.[12]

Deshalb trafen sich Fastow und sein Team 1991 mit Anwälten der Houstoner Firma Vinson & Elkins und mit Wirtschaftsprüfern von Arthur Andersen. Die Vorschriften wurden von Rick Causey, einem jungen Wirtschaftsprüfer von Andersen, vorgetragen. Sie waren ziemlich einfach: Erstens mussten die Kreditverkäufe an die Zweckgesellschaft real sein, das heißt, sie mussten wirklich in den Besitz externer Anleger übergehen. Enron durfte nicht vereinbaren, die Anleger für eventuelle Verluste zu entschädigen. Sonst hätte es weiterhin das Risiko des Eigentümers getragen und die Kredite weiter in seinen Büchern führen müssen. Außerdem durfte Enron die Zweckgesellschaft nicht kontrollieren; wichtige Entscheidungen mussten von externen Gesellschaftern getroffen werden. Und schließlich mussten die externen Gesellschafter mindestens drei Prozent des Kapitals der Zweckgesellschaft investieren.

Als dic Wirtschaftsprüfer und die Anwälte nach ihrem Vortrag den Raum verließen, brach Fastow in Gelächter aus. Er fand die Drei-Prozent-Regel absolut lächerlich.

»Wer lässt sich derart verrückte Regeln einfallen?«, sagte er lachend. »So ein Blödsinn! Ihr Gärtner könnte die drei Prozent halten. Oder ich könnte meinen Bruder dazu bringen!«

Fastow machte sich daran, Cactus zu realisieren. In dem Projekt sammelte Enron Kreditzusagen an Gasproduzenten, die durch Verträge über Förderzahlungen gedeckt waren, platzierte sie in der Zweckgesellschaft und verkaufte sie an wichtige institutionelle Anleger. Die Anleger verkauften das Gas dann wieder an Enron, und Enron verwendete es, um seine langfristigen Lieferverträge mit den

Gaskunden zu erfüllen. Dies war die Gas-Bank in ihrer endgültigen Form: Externe Anleger lieferten das Kapital, Produzenten wurden finanziert, Kunden erhielten Gas zu einem verlässlichen Preis, und bei alledem war Enron der Vermittler und machte ordentlich Gewinn.

So sah es auf den ersten Blick aus. Aber es gab ein Problem: Die beiden Teile der Transaktion – der Erwerb von Förderzahlungen und der Verkauf von Gaslieferungen zu Festpreisen – mussten nach unterschiedlichen Regeln verbucht werden. Unter Umständen musste Enron einen Verlust melden, nur weil es die beiden Teile des Geschäfts nicht auf dieselbe Art verbuchen durfte. Skilling erschien das Ergebnis absurd: Wie können Dinge, die denselben Wert haben, mit unterschiedlichen Summen zu Buche schlagen?

Das Problem kam auf einem Treffen zwischen Skillings Team, den Wirtschaftsprüfern von Arthur Andersen, Beratern von der amerikanischen Investmentbank Bankers Trust und Anwälten von Vinson & Elkins zur Sprache. Steve Goddard, ein Teilhaber von Andersen, hatte eine ganze Reihe weiterer Wirtschaftsprüfer mitgebracht, darunter auch David Duncan, einen jungen Absolventen der Texas A & M University, der mit der Betreuung der Cactus-Verträge betraut war.

Skilling ergriff als Erster das Wort. Er wollte, dass die Buchhaltung seines Unternehmensbereichs nicht mehr nach den alten Regeln der Öl- und Gasbranche abgewickelt wurde, sondern nach dem Prinzip der täglichen Bewertung (sic!), einer Methode, die normalerweise von Maklerbüros benutzt wird. Bei dieser so genannten Mark-to-Market-Buchhaltung[13] verbucht ein Unternehmen den Wert einer Transaktion gleich zu Beginn; alle danach folgenden Veränderungen (sei es durch falsche Annahmen oder Änderungen des Marktwerts) werden als Gewinn oder Verlust verbucht. Wenn ein Maklerbüro ein Aktienpaket besitzt, dessen Kurs steigt, meldet es einen Gewinn, selbst wenn es die Aktien nicht verkauft hat. Fällt der Kurs, wird ein Verlust gemeldet. Das sei das Schöne an dieser Methode, sagte Skilling. Sie spiegle die Realität des Marktes wider.

»Moment mal«, sagte Goddard. »Aber wir haben es doch mit Öl- und Gastransaktionen zu tun. Da müssen wir auch die entsprechende Buchhaltungsmethode benützen.«

Sie betrachteten das Problem von allen Seiten. Die auf den Energiebereich spezialisierten Buchprüfer von Arthur Andersen waren viel vertrauter mit der alten Buchhaltungsmethode, und die neue Methode wollte ihnen nur schwer in den Kopf. Die Stimmung wurde allmählich gereizt.

»Ihr seid ja so doof, Leute«, schimpfte Lou Pai schließlich aufgebracht. »Ihr habt wirklich von nichts 'ne Ahnung!«

Skilling brachte Goddard dazu, die Sache mit Andersens besten

Buchhaltungsfachleuten in Chicago zu besprechen. Danach flog er selbst hin und brachte seine Argumente persönlich vor. Ein paar Wochen später kam Goddard in sein Büro.

»Also, ich habe mit Chicago gesprochen«, sagte er. »Sie finden auch, dass Mark-to-Market die richtige Methode ist.«

Skilling klatschte in die Hände. »Großartig!«, rief er.

»Mir ist immer noch ein bisschen mulmig bei der Sache«, sagte Goddard. »Aber die in Chicago meinen, es sei der richtige Weg.«

»Wunderbar«, sagte Skilling.

Goddard zögerte eine Sekunde. »Aber sie glauben nicht, dass wir das unilateral durchziehen können.«

»Was soll das heißen?«

»Wir müssen die Sache mit der SEC abklären«, sagte Goddard. »Es handelt sich um einen Wechsel der Buchhaltungsmethode, und wir müssen sie von der SEC genehmigen lassen.«

Die staatliche Börsenaufsicht. Skilling ließ sich in seinem Stuhl zurücksinken. *Die Securities and Exchange Commission. Wir müssen also nur noch die Regierung dazu bringen, dass sie den Kurs wechselt.*

Er schwieg einen Augenblick, dann richtete er sich auf.

»Na gut«, sagte er. »Dann überzeugen wir eben die SEC.«[14]

»Das ist die dümmste Buchhaltungsmethode, von der ich je gehört habe«, sagte David Woytek und starrte wütend zu Jack Tompkins hinüber, dem Chief Financial Officer von Enron, der ihm am Konferenztisch gegenübersaß. Woytek, der Buchprüfer, der die Untersuchungen zu dem Skandal bei Enron Oil in Valhalla geleitet hatte, nahm im Juni 1991 an der monatlichen Konferenz der wichtigsten Finanzmanager von Enron teil. Er war inzwischen Chief Financial Officer von Enron Liquid-Fuels, und Skillings Finanzchef George Posey hatte gerade die neue Buchhaltungsmethode erklärt, die sein Unternehmensbereich einführen wollte.

»Aber Mark-to-Market ist absolut sinnvoll bei dem, was wir tun«, verteidigte sich Posey.

»Mark-to-Market ist total in Ordnung, aber es ist nicht die Buchhaltungsmethode, die Sie beschrieben haben«, schoss Woytek zurück.

»Natürlich haben wir Mark-to-Market beschrieben.«

»Nein, das ist nicht richtig. Sie wollen die Einkünfte aus Verträgen mit zwanzigjähriger Laufzeit schon im ersten Jahr verbuchen. Ich weiß nicht, *was* das ist, aber es ist *nicht* Mark-to-Market.«

»Wir sprechen von Mark-to-Market. Diese Methode wird von Investmentbanken benützt«, sagte Posey.

Das sei nicht das Gleiche, widersprach Woytek. Diese Banken bewerteten ihre Wertpapierbestände auf der Basis aktueller Märkte, auf denen aktiv gehandelt würde. Wenn sie Aktien von Exxon besäßen, und der Kurs dieser Aktien um zwei Dollar steige, dann steige auch der Wert ihrer Investitionen. Das sei logisch, der Wert der Aktien werde frei über den Markt definiert. Wenn eine Investmentbank Geld brauche, könne sie die Aktien zu dem Wert verkaufen, der in ihren Büchern verzeichnet sei. Genau das aber sei bei der von Posey vorgestellten Buchhaltungsmethode anders. Sie beruhe auf Schätzungen, welche Gesamteinnahmen ein Vertrag bringen werde, die dann sofort verbucht würden. An dieser Bewertung sei keine unabhängige Instanz beteiligt. Der Wert sei nicht am Markt ermittelt, sondern werde vom Unternehmen selbst geschätzt.

»Wie wollen Sie die Einnahmen von zwanzig Jahren schon im ersten Jahr verbuchen?«, fragte Woytek. »Das spricht allem Hohn, was ich über Buchhaltung gelernt habe. Man verbucht nie Einnahmen im Voraus, sondern erst wenn die Ware den Besitzer wechselt. Und das tut sie erst, wenn Sie das Gas im Lauf der nächsten zwanzig Jahre liefern.«

Und das sei nicht das einzige Problem, sagte Woytek. Durch die seltsame Buchhaltungsidee würden die Gewinne von Skillings Unternehmensbereich von einem Jahr zum nächsten unkalkulierbar. Wenn er im ersten Jahr 50 Verträge verkauft habe, nach denen er beispielsweise fünf Jahre lang Gas liefern müsse, und alle künftigen Einnahmen gleich im ersten Jahr verbucht habe, werde er das folgende Jahr wieder bei null beginnen, folglich erziele er in diesem Jahr keine Einnahmen. Tatsächlich werde er sogar mit weniger als null beginnen, da er das Geschäft mit seinem Kundenstamm ja angeblich bereits abgewickelt habe. Also müsse er im zweiten Jahr genauso viele Verträge abschließen wie im ersten und dann noch weitere, nur um höhere Einnahmen als im ersten Jahr zu erzielen. Dies werde Jahr für Jahr so weitergehen, für immer und ewig. Wenn eine Investmentbank mit Mark-to-Market kalkuliere, müssten nur die Marktpreise steigen, damit sie Gewinne mache; Skillings Unternehmensbereich jedoch werde mit höchster Wahrscheinlichkeit eines Tages gegen die Wand fahren.

Schlimmer noch, die verbuchten Einnahmen würden riesig sein, aber die Barmittel würden jahrelang nur spärlich fließen. Einnahmen ohne verfügbares Geld seien Anlegern ein Gräuel. Wie ihnen der Konzern das denn erklären wolle.

»Wir haben immer langfristige Verträge abgeschlossen, und wir haben immer nur den Erlös aus dem monatlich verkauften Gas als Einnahmen verbucht«, sagte Woytek. »Warum soll sich das ändern?«

Posey gab nicht nach. Woytek betrachte die Sache aus der Sicht des alten Öl- und Gashandels mit seinen stark schwankenden Energiepreisen, sagte er. Enron Gas Services jedoch balanciere seine Käufe und Verkäufe aus und bewerte dann die gesamte Position nach dem Mark-to-Market-System. Das sei doch sinnvoll.

Woytek lächelte. Es gab noch weitere Gründe für diese Buchhaltungsidee, die niemand erwähnte. Er hatte bereits gehört, dass Skillings Honorar zum Teil aus einer Beteiligung an seinem Unternehmensbereich bestand. Wenn die Einnahmen dieses Unternehmensbereichs stiegen, stieg auch der Wert seines Anteils. Und wenn der Unternehmensbereich die Einnahmen aus Verträgen mit einer Laufzeit von 20 Jahren in einem einzigen Jahr verbuchte, würden seine Einnahmen geradezu explodieren.

Jeffrey Skilling würde auf einen Schlag ein sehr reicher Mann werden, obwohl diese Einnahmen nur auf einem Buchhaltungstrick beruhten.

Einen Monat später, am 26. Juli, klingelte das Telefon auf Jack Tompkins' Schreibtisch. Am Apparat war Jack Albert aus dem Büro des Chief Accountant der SEC. Er rief wegen Skillings Konzeption einer neuen Buchhaltung an. Tompkins bat ihn, einen Moment zu warten, und schaltete Posey aus Skillings Unternehmensbereich mit dazu.[15]

»Ich habe die Sache genau mitverfolgt, aber George hat den Ball geführt«, erklärte Tompkins.

Albert nahm Poseys Anwesenheit zur Kenntnis und kam dann zur Sache: »Letztlich glauben wir nicht, dass Sie die Vorzüge des Wechsels zum gegenwärtigen Zeitpunkt ausreichend begründen können«, sagte er. »Ich weiß, das ist nicht gerade eine willkommene Nachricht für Sie.«

Wo das Problem liege, fragten die beiden Enron-Manager.

»Es gibt verschiedene Gründe«, antwortete Albert. »Jedenfalls sind wir der Ansicht, dass die Buchhaltung im Öl- und Gasgeschäft gegenwärtig noch an das historische Modell gebunden ist.«

Posey versagte fast die Stimme. Nur weil Enron mit Öl und Gas handelte, war es an die in dieser Branche übliche Buchhaltungsmethode gebunden, *und das selbst in seiner Financial Division?* »Nur damit ich Sie richtig verstehe«, sagte er. »Diese Vorschrift gilt doch nicht für unsere Explorationsfirma im Öl- und Gasbereich?«

»Nach meinem Verständnis schon.«

Dann werde die Buchhaltungsmethode eines Unternehmensbereichs also durch die Tätigkeit eines anderen Unternehmensbereichs bestimmt, sagte Posey.

»Es handelt sich um eine gewaltige Veränderung, die die gesamte Öl- und Gasbranche betrifft«, antwortete Albert. »Ich glaube nicht, dass es in der ganzen Branche ein ähnliches Unternehmen wie Enron Gas Services gibt.«

Tompkins griff ein und versuchte zu vermitteln. »Wir wollen natürlich auf keinen Fall streiten« sagte er. »Je mehr Informationen wir darüber bekommen, was wir warum irgendwann vielleicht in der Zukunft tun können …«

»Da haben Sie einen ganz entscheidenden Punkt angesprochen«, unterbrach ihn Albert. »›Irgendwann in der Zukunft.‹ Wir glauben einfach, dass es noch zu früh ist.«

Gleich darauf war das Gespräch zu Ende, und Posey eilte in Skillings Büro. Er fand ihn an seinem Schreibtisch, ganz in die Arbeit vertieft.

»Die SEC hat abgelehnt«, verkündete Posey.

Skilling sank in sich zusammen. »Was? Das ist doch idiotisch!«

Er war außer sich vor Zorn und bombardierte Posey mit Fragen über das Gespräch mit der SEC. Dann telefonierte er mit Tompkins und sagte, er werde gleich zu ihm kommen. Minuten später stand er in Tompkins' Büro und rang mühsam um Fassung.

»Was zum Teufel ist passiert?«

Tompkins zuckte die Schultern. »Sie haben abgelehnt.«

»Haben Sie ihnen gesagt, warum das falsch ist?«, bellte Skilling. »Haben Sie es mit ihnen besprochen?«

»Ich habe uns mit anderen Firmen verglichen und gesagt, dass andere Firmen diese Buchhaltungsmethode auch benutzen.«

»Haben Sie erklärt, warum das wichtig ist?«

»Ich glaube, in unserem Antrag war das sehr klar formuliert.«

Skilling schäumte innerlich vor Wut. Er drehte sich auf dem Absatz herum und stürmte hinaus. Wieder in seinem Büro, rief er Steve Goddard von Andersen an.

»Ist das normal?«, fragte er. »Mark-to-Market ist doch absolut sinnvoll. Warum haben die Kerle diese Methode nicht automatisch genehmigt?«

»Na ja«, sagte Goddard. »Die sind sehr konservativ, und es ist eine große Veränderung.«

»Es ist *keine* große Veränderung«, widersprach Skilling. Viele Investmentbanken würden diese Buchhaltungsmethode verwenden. Es sei lächerlich, konkurrierende Firmen zu zwingen, die gleichen Geschäfte unterschiedlich zu verbuchen. Die ganze Sache sei schlecht gehandhabt worden. Andersen müsse das in Ordnung bringen.

»Wir können denen nicht einfach in einem Brief schreiben: ›Bitte, wir wollen die Mark-to-Market-Methode einführen‹, sagte Skilling. »Wir brauchen eine richtige Präsentation, in der genau begründet wird, warum die Methode die richtige ist.«

Goddard erklärte sich bereit, bei der SEC anzurufen und einen Termin zu vereinbaren. Skilling sagte, er werde die Präsentation selbst übernehmen, forderte Andersen aber auf, an der Besprechung teilzunehmen, um buchhaltungstechnische Fragen zu beantworten. Goddard sagte, er werden den Job Rick Causey geben.

Die Aufgabe sollte sich für Causey als der erste Schritt auf dem Weg zu einer eigenen Machtposition bei Enron erweisen.

Am 17. September 1991 versammelten sich die Mitarbeiter der SEC in einem Konferenzraum in der Hauptverwaltung der Behörde in Washington. Der Saal war überfüllt, die Leute standen an den Wänden und saßen auf dem Teppich und warteten gespannt auf die Präsentation von Enron und Andersen. Schließlich kam es nicht jeden Tag vor, dass ein großer Konzern beantragte, seine Einnahmen und Gewinne völlig anders verbuchen zu dürfen als je zuvor. Die Präsentation war eine Art Rock-Festival für leidenschaftliche Finanzexperten.

Als alle ihren Platz gefunden hatten, wurde Skilling mit seinem Team hereingeführt. Goddard trat vor, sprach ein paar Grußworte und stellte Skilling vor.

Skilling trat an den Overheadprojektor. »Danke, Steve«, sagte er. »Wie Steve schon bemerkt hat, durchläuft unsere Branche einen radikalen Wandel. Aus einer Ware, die in einer sehr festen Handelsstruktur verkauft und gekauft wurde, ist eine frei gehandelte Ware geworden. damit muss sich auch die Buchhaltung ändern.«[16]

Skilling legte einige Folien auf den Projektor und berichtete über die Geschichte seines Unternehmensbereichs und das Wachstum des Erdgasmarkts. Aber erst mit der 18. Folie faszinierte er die Anwesenden wirklich. Sie zeigte zwei Gas-Portfolios, eines mit ausbalancierten Käufen und Verkäufen, wie Enron es handhabte, und eines mit langfristigen Lieferverträgen, die erfüllt wurden, indem der Energieträger auf dem freien Markt gekauft wurde. Am Anfang sah das zweite Modell besser aus, weil die Marktpreise für kurzfristige Lieferungen niedriger waren als für langfristige. Trotzdem sei es skrupellos, nach diesem Modell zu verfahren, sagte Skilling, denn das Unternehmen, das die Verträge geschlossen habe, könne auf lange Sicht dazu gezwungen sein, sein Gas mit Verlust zu verkaufen, wenn die Preise stiegen. Genau diese Art von kurzsichtiger Strategie – die Vergabe langfristiger Kredite bei kurzfristiger Geldbeschaffung – habe zum massenhaften Zusammenbruch der Spar- und Darlehenskassen geführt.

Skilling legte eine neue Folie auf. Sie zeigte, wie die beiden Portfolios bei traditioneller periodengerechter (sic!) Buchhaltung und beim Mark-to-Market-Verfahren verbucht wurden. Bei der Mark-to-Market-Methode besaß das ausbalancierte Portfolio den aktuellen Wert aller Einnahmen, die es in der Zeit seines Bestehens abwerfen würde; das unausgeglichene, gefährliche Portfolio war weniger wert.

Dagegen ergab das ausbalancierte Portfolio, wenn es mit periodengerechter Buchhaltung verbucht wurde, einen Verlust, während das gefährliche Portfolio hohe Gewinne aufwies. Schlimmer noch, nach der traditionellen Buchhaltungsmethode profitierten Unternehmen, die gewinnträchtige Bestände abstießen und unprofitable hielten.

Skilling ließ den Blick über die Gesichter seiner Zuhörer schweifen. »Mit periodengerechter Buchhaltung kann man leicht das gewünschte Ergebnis erzielen, indem man die schlechten Papiere behält und die guten verkauft«, sagte er. »Mit Mark-to-Market kann man das nicht.«

Einer der SEC-Mitarbeiter hörte auf, sich Notizen zu machen. Er gehörte zur Bankenabteilung der SEC, und was Skilling sagte, kam ihm bekannt vor.

»Das ist *gains trading*«, sagte er. »Genau das machen alle unsere Banken ständig.«

»Natürlich machen sie das«, sagte Skilling. »Mit periodengerechter Buchhaltung ist das überhaupt keine Kunst. Es ist ein einfacher Weg, Gewinne zu verbuchen, nur dass die Gewinne nicht der Realität entsprechen.«

»Verstehe ich Sie richtig?«, fragte der SEC-Mann. »Sie *wollen* die Mark-to-Market-Buchhaltung einführen.«

»Ja, wir wollen Mark-to-Market verbuchen.«

Pause. »Warum?«

»Weil wir finden«, sagte Skilling, »dass diese Methode genauer widerspiegelt, was sich in unserem Geschäft abspielt.«

Der SEC-Mann schüttelte den Kopf. »Wir versuchen schon seit Jahren, die Banken zu einer Mark-to-Market-Buchhaltung zu bringen.«

»Na dann ...«, setzte Skilling an.

»Ich finde, Sie haben absolut Recht«, unterbrach ihn der SEC-Mann. Er packte seine Notizen zusammen und stand auf. »Tut mir Leid, ich muss jetzt gehen.«

Skilling lächelte, als der Mann den Raum verließ.

»Ich glaube, *er* hat's begriffen«, sagte er.

Bei der SEC wurde das Problem mehrere Monate lang diskutiert und immer wieder neues Material von Enron angefordert: Kopien von Skillings Präsentation und Informationen über andere Marktteilnehmer.[17] Auf weiteren Treffen in Washington wurden Einzelheiten besprochen.

Schließlich, am 30. Januar 1992, bekam Skilling einen Anruf von Jack Tompkins: »Jeff, ich habe hier einen Brief von der SEC. Sie haben unserer neuen Buchhaltungsmethode zugestimmt.«[18]

»Wirklich?«

»Ja, sie haben ein paar Bedingungen gestellt, aber sie haben die Idee abgesegnet.«

Skilling eilte nach oben, um sich den Brief anzusehen. George Posey war schon da und gab Skilling eine Kopie. Skilling las den Brief und strahlte.

»Gott sei Dank«, sagte er. »Es gibt doch noch ein bisschen Verstand auf der Welt.«

Nachdem sich die drei Männer gegenseitig beglückwünscht hatten, kehrten Skilling und Posey in ihre Büros zurück, die sich inzwischen im 33. Stock befanden. Skilling stürmte in das Großraumbüro und bat alle um Aufmerksamkeit.

»Wir haben Mark-to-Market!«, brüllte er.

Die Führungskräfte gratulierten sich gegenseitig zu der guten Nachricht. Endlich würde das Geschäft richtig auf Touren kommen. »Ich geh mal Bier holen, Leute«, verkündete Posey, »damit wir richtig feiern können.«

Freilich gab es noch ein paar ungeklärte Punkte. Im Brief der SEC hieß es, Enron dürfe die Mark-to-Market-Buchhaltung erst ab Januar 1992 einsetzen. Tompkins schrieb zurück, dass Enron die neue Buchhaltungsmethode schon für 1991 benützen werde, fügte allerdings beruhigend hinzu, dass dies keinen wesentlichen Einfluss auf die Höhe der Einnahmen haben werde.[19]

Aus ihrer Sicht blieb den Führungskräften bei Enron gar keine andere Wahl. Sie brauchten die Gewinne, die sie ausweisen konnten, wenn sie den gesamten Ertrag aus ihren langfristigen Gaskontrakten für ein einziges Jahr verbuchten. Mit dem traditionellen Buchhaltungsverfahren hätte das Unternehmen vielleicht die Gewinnprognosen der Wall Street für das gerade vergangene Jahr verfehlt.

Neue Buchhaltungstechniken – genehmigt von der obersten Börsenaufsichtsbehörde der USA – erlaubten es Enron nun, schnell wachsende Gewinne auszuweisen. Doch die tatsächlich verfügbaren Einnahmen würden nur im Verlauf vieler Jahre fließen. In dieser Situation – hohe Gewinne und wenig Barmittel – musste Enron eines auf jeden Fall unterlassen: Geld in ein weiteres riskantes Geschäft zu stecken.

Rebecca Mark öffnete die Tür zum Konferenzraum für eine Gruppe hoher Würdenträger aus Indien. Die Delegation mit dem Energieminister des Landes Srinivas Rajgopal weilte schon fast eine Woche in Amerika und war an diesem Tag im Mai 1992 eigens nach Houston geflogen, um sich mit Rebecca Mark zu treffen. Das 37-jährige frühere Farmgirl aus Missouri hatte einen guten Ruf in der Branche, seit sie mit Enron in mehreren Ländern Kraftwerke gebaut hatte. Und genau das wollte auch die Delegation aus Indien von ihr.

Das Treffen an diesem Tag war sowohl für den indischen Staat als auch für Rebecca Mark Neuland. Nachdem sich Indien jahrzehntelang gegen Auslandsinvestitionen gesperrt hatte, begann es nun aggressiv um ausländisches Kapitel zu werben. Insbesondere brauchte es Kapital für den Bau von Kraftwerken, um der chronischen Energieknappheit zu begegnen, die die Fabriken des Landes immer wieder lahm legte.

Enron hatte kaum Erfahrungen in der Dritten Welt, aber Rebecca Mark wollte das ändern. Die attraktive Frau mit den üppigen blonden Haaren hatte betriebsintern gerade eine Schlacht verloren. Obwohl sie an einer Reihe von Kraftwerksprojekten beteiligt gewesen war, einschließlich eines Kraftwerks in Massachusetts, das gebaut wurde, solange sie die Harvard Business School besuchte, und eines ungeheuer erfolgreichen Werks in der englischen Stadt Teesside, hatte sie den Kürzeren gezogen, als Enron sein Stromgeschäft in drei Einheiten aufteilte. Die lukrativen Geschäfte in den USA und Europa hatten andere bekommen. Mark und ihr Team hatten sich mit der eher riskanten Dritten Welt begnügen müssen. Damit fiel Indien genau in ihren Zuständigkeitsbereich.[20]

Die Inder kamen schnell zur Sache.[21] Rajgopal sagte, er sei wegen des Kraftwerks in Teesside auf Enron aufmerksam geworden. Indien brauche auch so ein Projekt. Mark war skeptisch. Sie wusste, dass Indien vor allem sehr umweltschädliche Kohlekraftwerke betrieb, und mit diesem Geschäft wollte sie nichts zu tun haben.

»Ich muss Sie darauf hinweisen, dass wir nichts mit Kohle zu tun haben«, sagte sie. »Wir sind im Gasgeschäft. Und wir haben gewisse ethische Bedenken, was die Kohle betrifft.«

»Das ist uns klar«, sagte Rajgopal. »Genau deshalb sind wir ja hier. Wir wollen, dass Sie Gas nach Indien bringen.«

Lächerlich. Indien hat keine Gasreserven und keine Infrastruktur für eine Gasindustrie. Dann müsse das Gas importiert werden, erklärte Rebecca Mark ihren Gästen, aber das sei unwahrscheinlich. Eine Pipeline durch Pakistan sei zu riskant, und die Verschiffung von flüssigem Erdgas sei sehr teuer. Außerdem seien die erforderlichen Investitionen – für die Erschließung von Gasfeldern, die Verflüssigung des Gases, die Häfen – so gewaltig, dass sie sich nur für ein Kraftwerk mit einer Leistung von mindestens 2000 Megawatt lohnten.

»Die Größe des Projekts würde den Strompreis hinauftreiben«, sagte Rebecca Mark. »Meiner Ansicht nach können Sie sich Flüssigerdgas nicht leisten.«

Rajgopal schüttelte den Kopf. »Wir sind da anderer Ansicht.«

Rebecca Mark hatte immer noch Zweifel. Die Stromkosten würden fast doppelt so hoch wie bei einem Kohlekraftwerk sein, sagte sie. Ob Indien das überhaupt verkraften könne?

»Bei uns herrscht große Energieknappheit«, sagte Rajgopal. »Unsere Industrie braucht Strom. Wir wollen Flüssigerdgas ernsthaft in Erwägung ziehen.«

Die indische Regierung sei bereit, alle nötigen Verpflichtungen einzugehen, um ein solches Projekt zu realisieren, sagte der Minister. Mark lehnte sich auf ihrem Stuhl zurück. Diese Leute hatten ernsthaftes Interesse. War dies womöglich der Durchbruch, den ihr Team brauchte?

Es war ein geradezu magischer Moment. Nachdem sie den Kampf um den besten Unternehmensbereich verloren hatte, wurde ausgerechnet ihrer Gruppe nun die führende Rolle in einem der größten Industrieprojekte der Welt angetragen. Es würde Milliarden kosten. Und es würde ihr und ihrem Team eine Menge Geld einbringen. Enron bezahlte seinen Führungskräften im Kraftwerksbau bei jedem Vertragsabschluss Provisionen, die anhand des geschätzten Gesamtertrags des Projekts berechnet wurden. Je größer ein Kraftwerk, umso mehr Strom produzierte es, und umso höher waren die Kompensationen; sie bewegten sich oft im Millionenbereich.[22] Enron würde das Geld investieren, und die Manager der International Division würden reich werden.

»Okay«, sagte Mark. »Wir prüfen die Sache.«

Die Zündschnur brannte. Bald schon würde Enron zwei Strategien verfolgen, die zueinander in krassem Widerspruch standen. Die eine erbrachte riesige Einnahmen, aber wenig verfügbares Geld. Sie konnte nur funktionieren, wenn Enron eine hohe Bonitätsbewertung hatte. Die andere Strategie aber verschlang große Mengen liquides Geld, brachte aber jahrelang so gut wie keine Einnahmen, was zu einer schlechten Bonitätsbewertung führen konnte.

Enron war auf Kollisionskurs mit sich selbst.

Kapitel 3

Lange Reihen von Luxuskarossen parkten in der Winston Road in der vornehmen Houstoner Wohngegend Southampton Place, wo Andy Fastow sein Haus hatte. An diesem Wochenende im Dezember 1992 gab Fastow seine Weihnachtsparty für Banker und Führungskräfte von Enron. An der Straße standen bereits so viele Autos, dass späte Gäste einen ganzen Block entfernt parken mussten. Die kalte Nachtluft schnitt ihnen in die Wangen, wenn sie zu Fastows Anwesen eilten – vorbei an Bungalows, die in diversen historischen Stilen erbaut waren, und an viktorianischen Straßenlaternen, die die Nacht nur schwach erhellten. Auf dem Gehweg vor Fastows Haus (im georgianischen Stil) konnten die Nachzügler hinter den Fensterläden im Erdgeschoss unzählige Gäste sehen.

Unmittelbar hinter der Tür stand Lea Fastow in der Eingangshalle. Sie gab die perfekte Gastgeberin und begrüßte jeden neuen Gast persönlich mit einem warmen Lächeln und freundlichen Worten. Gerahmte Kunstwerke und zierliche Nippfiguren verliehen dem Haus eine gediegene Pracht. Viele Gäste machten Lea für ihren Geschmack bei der Raumausstattung Komplimente, über den im Büro bereits bewundernd gesprochen wurde. Andy Fastow wanderte von Raum zu Raum und plauderte mit den Gästen.

Auf dem Fest herrschte eine entspannte und fröhliche Stimmung nach dem wunderbar erfolgreichen Jahr. Enron Gas Services hatte einen Senkrechtstart erlebt; nach der Änderung der Buchhaltungsmethode hatte der Unternehmensbereich seine geplanten Geschäftszahlen weit übertroffen, und die Einnahmen waren in einer schwankungslosen, nahezu vertikalen Kurve gestiegen.[1] Nachdem sich Enron jahrelang von einer Krise zur nächsten gehangelt hatte, jagte es der Konkurrenz nun Angst und Schrecken ein, und zwar größtenteils dank der ungemein selbstbewussten, temperamentvollen jungen Leute, die sich Schulter an Schulter in Fastows Haus drängten. Sie fühlten sich an diesem Abend alle erfolgreich und clever, und sie waren reicher, als sie je zu träumen gewagt hatten.

Einer der späten Gäste, die voller Vorfreude auf Fastows Haus zusteuerten, war Amanda Martin[2]. Die 36-jährige Juristin war blond und attraktiv, aber mehr als das beeindruckte ihr scharfer Verstand die anderen Führungskräfte bei Enron. Sie hatte eigentlich die Aufgabe, juristische Minen in den Verträgen von Enron zu entschärfen, aber sie zögerte auch nicht, ein Geschäft radikal zu kritisieren, wenn sie an dessen Nutzen zweifelte. Und die gezielten Fragen, die sie dann mit ihrem melodiösen Afrikaans-Akzent stellte, konnten selbst den überheblichsten Topmanager in Bedrängnis bringen.

Amanda Martin fand es herrlich bei Enron. Sie war fasziniert von Skilling und seiner Vision für die Branche. Die traditionsreiche, alte Pipeline-Firma glich in Skillings Unternehmensbereich eher einem Maklerbüro an der Wall Street und zog junge, ehrgeizige und begabte Leute an. Martin und ihre Kollegen waren Skillings jugendliche Gefolgsleute, begierig darauf, die Fesseln der alten Welt zu sprengen.

Amanda Martin hatte sich von Anfang an eng an Fastow angeschlossen. Es gefiel ihr, dass er völlig uneitel wirkte. Er plauderte oft bis in die frühen Morgenstunden mit seinen Mitarbeitern, und wenn Amanda am Wochenende hin und wieder ihren kleinen Sohn mit zur Arbeit brachte, kniete Fastow auf dem Boden und trieb hemmungslos Unfug mit dem Jungen. Zugegeben, er hatte auch eine dunkle Seite: Er schrie, wenn etwas nicht nach seinem Willen ging, und bei hitzigen Verhandlungen hatte er sogar einmal einem Banker einen Stoß versetzt. Aber Amanda Martin betrachtete diese Ausbrüche angesichts des hohen Stressniveaus seines Berufs als normal.

Und wenn Fastow, der rüde Geschäftsmann, sie manchmal abstieß, dann hatte sie umso mehr Freude an Andy, dem Witzbold, der sich immer neue Streiche ausdachte. Erst vor ein paar Tagen war einer von Enrons unabhängigen Wirtschaftsanwälten ein Opfer von Fastows derbem Humor geworden. Der Jurist hatte die ganze Woche damit geprahlt, wie günstig er seinen Jaguar erworben hatte. Die Angeberei hörte erst auf, als er zu einem angeblichen Polizisten ans Telefon gerufen wurde. Er habe ein gestohlenes Auto gekauft, sagte der Mann am anderen Ende der Leitung und faxte die entsprechenden Beweise. Erst zu diesem Zeitpunkt brachen alle, die in das Spiel eingeweiht waren, in schallendes Gelächter aus; Fastow hatte dem Anwalt einen seiner raffinierten Streiche gespielt.

An diesem Abend war Amanda Martin zuversichtlich, dass der witzige Fastow auf sie warten würde. Als sie gerade klingelte, hielt ein Lastwagen vor dem Haus, und der Fahrer schleppte einen Gegenstand zu Fastows Tür, der sich als eine riesige, furchtbar hässliche Büste von Elvis Presley entpuppte.

»Mrs. Fastow?«, sagte der Mann, als Lea die Tür für Amanda öffnete. »Hier ist die Büste, die Sie bestellt haben.«

»Wie bitte?«, sagte Lea ärgerlich. »Das Ding gehört uns nicht. Wir haben das nicht bestellt.«

»Doch«, sagte der Fahrer. »Sie gehört Ihnen. Sie ist schon bezahlt. Wo soll ich sie hinstellen?«

Lea wirkte immer noch ganz verdattert, als ihr Mann zur Tür kam. Amanda Martin hatte sich die Sache schon zusammengereimt: Der Anwalt mit dem Jaguar hatte sich gerächt, und das ausgerechnet an Fastows Weihnachtsparty. Sie schüttelte sich vor Lachen. Bei Gott, sie arbeitete wirklich gern in dieser Firma.

Der große, vornehm wirkende Mann durchquerte lässig die Empfangshalle des Enron-Gebäudes und ging zu den Aufzügen. Er trug einen perfekt sitzenden Markenanzug mit dezenter Krawatte, und seine elegante Erscheinung erregte große Aufmerksamkeit. Doch er reagierte nicht auf die Blicke, die er auf sich zog. James Baker III., der frühere Außenminister der Regierung Bush, hatte eines der bekanntesten Gesichter der Welt und war es, insbesondere in seiner Heimatstadt Houston, gewohnt, Aufmerksamkeit zu erregen. Jemand lotste ihn durch die Sicherheitsanlage, dann fuhr er in den 50. Stock. Dort wurde er von einem strahlenden Ken Lay erwartet, der darauf brannte, die Ideen des neuesten Enron-Beraters zu hören.

»Ich danke Ihnen, dass Sie gekommen sind, Jim«, sagte Lay und schüttelte Baker die Hand.

»Es ist mir eine Ehre, Ken.«

Es war Anfang 1993, kurz nach Bill Clintons Amtseinführung als Präsident. Lay war wegen Bushs Niederlage enttäuscht gewesen, hatte sie aber auch als Chance erkannt, begabte Politiker für Enron zu gewinnen. Baker – und Lays alter Freund Peter Mosbacher, der ehemalige Handelsminister – erhielten Beraterverträge, um mit ihrer internationalen Erfahrung die Energieprojekte des Konzerns in Übersee zu fördern.

Die Verträge wurden am 22. Februar 1993 unterzeichnet, und Baker und Mosbacher begannen kurz darauf, Projekte des Unternehmens zu prüfen.[3] Dabei erregte das Kraftwerk, das Rebecca Mark in Indien bauen wollte, Bakers besondere Aufmerksamkeit. Das Vorhaben, an der felsigen Küste des Arabischen Meeres in Dabhol, etwa 150 Kilometer südlich von Bombay, ein Kraftwerk zu bauen, kam Baker ausgesprochen problematisch vor. Enron hatte zwar versucht, sich abzusichern. Es hatte vom Maharashtra State Electricity Board die Zusage eingeholt, ihm praktisch die gesamte Stromproduktion des Werks abzunehmen, es hatte sich Garantien von der indischen Zentralregierung und der Regierung des Bundesstaats Maharashtra geben lassen, und es hatte Unternehmen, die am Bau der Anlage mitwirkten, an dem Werk beteiligt.[4] Trotzdem sah Baker Gefahren, die Enron anscheinend nicht erkannt hatte.

Er verfasste ein zweiseitiges Memorandum, in dem er massive Bedenken anmeldete. Enron, warnte er, scheine selbstverständlich davon auszugehen, dass die Politiker, die das Geschäft ausgehandelt hätten, auch im Amt bleiben würden, um es durchzusetzen. Das Unternehmen habe alles auf eine Karte gesetzt, ohne Bündnisse mit anderen politischen Gruppen in Indien zu schließen. Schlimmer noch, Enron habe es versäumt, etwa durch ein Jointventure mit einem indischen Konzern, den lokalen Kräften das Gefühl zu vermitteln, dass das Kraftwerk auch ihnen gehöre. Es sei ein schwerer Fehler, warnte Baker, das Gewicht des indischen Nationalismus und seine potenziell schädlichen Auswirkungen auf das Geschäft zu unterschätzen.

Baker schickte das Memorandum an die zuständigen Führungskräfte, die es prompt ad acta legten und anschließend vergaßen.

Die Jagd hatte fast drei Jahre gedauert, nun jedoch hatte Christopher Bower Enron gefunden und war bereit, den großen Coup zu landen. Bower hatte im kalifornischen La Jolla die Pacific Corporate Group, einen Private-Equity-Fonds, gegründet und mit ihm einen der faszinierendsten Aufträge in den ganzen USA an Land gezogen: Er half CalPERS, dem gewaltigen kalifornischen Pensionssystem für staatliche Angestellte, über zwei Milliarden Dollar in Privatunternehmen zu investieren. Mit so viel Geld in der Tasche war Bower in fast jedem Büro an der Wall Street willkommen, und er hatte Hunderte von Ideen, wie er das Geld anlegen konnte. Immer wieder jedoch fanden er und seine elf Mitarbeiter die Aussichten nicht viel versprechend genug.[5]

Und dann: Volltreffer! Bower kam nach Houston, traf sich mit Fastow und dessen Finanzmanagern und konfrontierte sie mit einer einfachen Idee. Enron wollte Gasproduzenten durch Kredite finanzieren, die nicht in seinen Büchern auftauchten, und brauchte externes Kapital, um dabei die Buchhaltungsvorschriften einzuhalten. Die Geschäfte im Rahmen von Cactus waren gut gewesen, aber Enron hatte dafür mühsam um Anleger werben müssen. CalPERS war bereit, das noch fehlende Geld zu investieren. Es besaß Barmittel, die für die Zwecke von Enron perfekt geeignet waren: bis zur Hälfte eines Fonds von 500 Millionen Dollar. Enron brauchte damals schon dringend Barmittel und konnte dann die andere Hälfte mit seinen eigenen Aktien finanzieren.

»Dieses Projekt würde Ihnen einen echten Vorsprung vor der Konkurrenz verschaffen«, sagte Bower.

»Großartig«, sagte Fastow. »Das ist genau die Art von Geschäft, die Enron machen will.«

Nach mehreren Monaten fieberhafter Arbeit stellten Skilling, Fastow und Amanda Martin am 17. Mai 1993 das Projekt in dem von

Glas und Mahagoni geprägten Vorstandsraum von Enron dem Exekutivausschuss des Boards vor.[6] John Duncan eröffnete die Sitzung und erteilte Lay das Wort.

»Wir haben mehrere Tagesordnungspunkte«, sagte Lay. »Aber der wichtigste Zweck unseres Treffens ist die Diskussion eines Jointventures mit CalPERS, an dem Andy mit seinem Team gearbeitet hat.«

Dann bat er Kinder, das Projekt in Umrissen zu skizzieren. Alles klang fast zu gut, um wahr zu sein. Wie hoch denn der potenzielle Gewinn sei, fragte einer der Direktoren.

Fastow blätterte in seinen Unterlagen. »Wir haben genau analysiert, welchen Einfluss das Projekt in den nächsten paar Jahren auf unsere Rechnungslegung haben würde«, sagte Fastow.

Er nannte die Zahlen, und in den Augen der Board-Mitglieder erschien ein gieriges Glitzern. Das Potenzial war enorm. Nach kurzer Debatte stimmten sie dem Konzept einstimmig zu. Das Jointventure wurde »JEDI« genannt, als Akronym für Joint Energy Development Investments und als Verbeugung vor Fastows Begeisterung für die *Star-Wars*-Filme, in denen die Jedi-Ritter eine wichtige Rolle spielen.

Das Projekt wurde bei Enron schon bald berühmt, und es sollte fast ein Jahrzehnt dauern, bis es berüchtigt wurde.

Nur wenige Blocks von der Enron-Zentrale entfernt, im 23. Stock des Two Shell Plaza, sah Toni Mack ihre Post durch. Sie arbeitete als Journalistin bei der Zeitschrift *Forbes,* berichtete schon seit Jahren über die Probleme der Energiebranche und hatte frühzeitig erkannt, dass Lay das Problem mit den Take-or-Pay-Verträgen zu lösen versuchte. Sie war schon lange der Ansicht, dass Enron das einzige Unternehmen war, das für die Liberalisierung der Energiewirtschaft eine wirklich hervorragende Strategie besaß, und hatte den Konzern seither immer sorgfältig im Auge behalten.

Nun nahm sie einen länglichen Umschlag von ihrem Schreibtisch. Er war mit einem Logo gestempelt, das sie kannte: Enron. Vermutlich der Jahresbericht für die Aktionäre für das Jahr zuvor, 1992. Sie zog eine farbenprächtige Broschüre aus dem Umschlag, auf deren Cover der weltweite Einfluss von Enron grafisch dargestellt war, nahm einen Marker in die Hand und begann zu lesen.[7] Auf Seite 50 fand sie eine Zusammenfassung von Enrons Buchhaltungspraxis. Es war der übliche Standardtext, bis sie zu Punkt sieben kam: *Enron führt über sein Preisrisiko-Management nach der Mark-to-Market-Methode Buch.*

»Hä?«, entfuhr es ihr.

In den folgenden zwei Abschnitten wurde beschrieben, auf welche

Weise die Gewinne in Skillings Unternehmensbereich verbucht wurden.

Toni Mack hob mit dem Marker fast jedes Wort hervor.

Was zum Teufel hat das zu bedeuten?

Sie hängte sich ans Telefon und rief Informanten aus der Branche an. Aber je mehr Fragen sie stellte, desto verwirrter wurde sie. Zwar war die Buchhaltung Mark-to-Market, aber nicht auf die traditionelle Art, bei der die Marktpreise den Wert bestimmen. Enron verwendete stattdessen seine eigenen Prognosen, um das erwartete Einkommen aus Verträgen mit jahrzehntelanger Laufzeit für ein laufendes Jahr zu verbuchen. Die Methode kam Toni Mack außerordentlich aggressiv vor. Was geschah, wenn ein Vertragspartner Bankrott ging? Oder wenn sich die Energiesteuern änderten? Oder wenn Erdgas aus einem nicht absehbaren Grund verboten werden sollte? Die neue Buchhaltungsmethode erschien Toni Mack ungeheuer riskant, und sie war der Ansicht, dass die Anleger darüber informiert werden sollten.

Ihr Artikel erschien am 24. Mai 1993 in *Forbes*.[8] Darin räumte sie ein, dass Enron großen geschäftlichen Erfolg hatte, legte aber den Schwerpunkt auf das durch die neue Buchhaltungsmethode verursachte Risiko, dass bereits verbuchte Gewinne durch unvorhergesehene Entwicklungen schrumpfen konnten. Außerdem wies sie darauf hin, dass Enron, wenn es die Gewinne aus den Verträgen gleich im ersten Jahr verbuchte, jedes Jahr eine wachsende Zahl von Verträgen abschließen musste, um weiter zu wachsen.

Toni Mack war der Ansicht, sie habe damit eine brisante Konzernstrategie enthüllt. Aber die Analysten der Wall Street, von denen viele bei Banken beschäftigt waren, die bereits üppige Gebühren von Enron kassierten, sagten in ihren Gutachten, dass die Mark-to-Market-Methode keine unwägbaren Risiken mit sich bringe. Keiner von ihnen setzte sich inhaltlich mit Toni Macks Analyse auseinander.

Wenige Tage später erhielt die Journalistin einen persönlich zugestellten Brief von Ken Lay. Er fragte, wie sie dazu käme, Mark-to-Market zu kritisieren, nachdem die Börsenaufsichtsbehörde und Arthur Andersen der Methode zugestimmt hätten? In ihrem Antwortbrief appellierte die Journalistin an Ken Lays Geschichtsbewusstsein: Das Debakel mit den Take-or-Pay-Verträgen habe doch bewiesen, dass die langfristigen Voraussagen der Industrie sich als falsch erweisen könnten. Lay solle sich vorstellen, wie schlimm die Entwicklung gewesen wäre, wenn die Gasfirmen gezwungen gewesen wären, bereits verbuchte Gewinne nach unten zu korrigieren.

Aber Lay – und Skilling – ließen sich nicht beeindrucken. Die Risiken, vor denen in *Forbes* gewarnt werde, seien imaginär, sagten sie zu ihren Kollegen. Mack habe die Sache nicht richtig verstanden.

»Kann Enron die Mark-to-Market-Buchhaltung auch in einem Geschäft verwenden, in dem es noch gar keinen richtigen Markt gibt?«, lautete die Frage, die Mitte 1993 die Führungskräfte in Skillings Unternehmensgruppe beschäftigte. Enron besaß nämlich einen Unternehmensbereich, der nicht richtig einzuordnen war: Enron Clean-Fuels, das Methanol und den Benzinzusatz MTBE herstellte.[9] Skillings Ansicht nach war dieser Unternehmensbereich nutzlos und konnte Enron viel Geld kosten. Dann jedoch kam ihm der Gedanke, dass Clean-Fuels vielleicht ordentlich Geld machen könnte, wenn es seine Geschäfte nach derselben Methode abwickelte, wie er sie für den Gasmarkt entwickelt hatte.

Um die Sache ins Rollen zu bringen, mobilisierte Skilling Ken Rice, einen hervorragenden Marketingmann aus seinem Unternehmensbereich. Skilling kannte Rice' Leidenschaft für sein Metier und hatte das Gefühl, er sei genau der richtige Mann für den Job – ein Manager, der Ergebnisse lieferte.

Skilling bestellte Rice zu sich. Der junge Mann kam herein und fläzte sich auf einen Stuhl. Er war groß und sportlich, hatte einen dichten braunen Haarschopf und trug sein übliches Outfit: Jeans, ein ausgebleichtes Hemd und Stiefel. Skilling sagte ihm ohne Umschweife, dass er die Leitung von Enron Clean-Fuels übernehmen sollte.

»Das ist doch nicht Ihr Ernst?«, sagte Rice. »Ich habe keine Ahnung von dem Geschäft.«

Darauf komme es nicht an, sagte Skilling. Der Unternehmensbereich sei zwar ein Flop, aber er besitze ein paar wertvolle Verträge. »Wenn wir einen Markt aufbauen und diese Verträge neu aushandeln«, sagte Skilling, »können wir vielleicht Mark-to-Market-Einnahmen daraus beziehen.«

Zu diesem Zeitpunkt machte Clean-Fuels noch auf die altmodische Art Gewinn: Es stellte Produkte her und verkaufte sie mit Gewinn. Seine Werke waren mit den Fabriken, die die Produkte verbrauchten, durch Pipelines verbunden. Nicht gerade ideal, wenn man einen Markt schaffen will, dachte Rice. Aber wenn Enron die Buchhaltungsmethode ändern konnte, würden sofort große Profite aus den Verträgen verbucht werden.

Rice dachte ein paar Tage über die Sache nach, dann akzeptierte er Skillings Angebot. Als er seinen neuen Job antrat, hatte er bereits eine Strategie entwickelt. Er würde einen Markt für die Brennstoffe aufbauen. Und dann, wenn die Trader einen gewissen Umsatz hatten, würde er Andersen konsultieren und vorschlagen, zur Mark-to-Market-Buchhaltungsmethode zu wechseln. Das würde nur logisch wirken, nachdem der Gasbereich den Vorreiter gemacht hatte.

Aber schon wenige Tage später hatte Rice das Gefühl, er sei viel zu langsam, wenigstens nach Ansicht seiner Bosse. Rick Causey,

Skillings großer Buchhaltungs-Guru, verpasste Rice eine Controllerin und neue Marschbefehle. Die Controllerin erschien mit Kopien der beiden großen Verträge von Clean-Fuels in Rice' Büro und legte sie auf seinem Schreibtisch aus.

»Besprechen wir, wie wir hier Mark-to-Market verbuchen können«, sagte sie.

Rice verstand sie nicht. Wie konnten Werke, die zwei Kunden über direkte Pipelines belieferten, ein Markt sein?

Doch, das sei zu bewerkstelligen, versicherte die Controllerin. Die Verträge müssten nur von einem anderen Unternehmensbereich geschlossen werden, und die Kunden müssten sich damit einverstanden erklären, dass sie die Brennstoffe von jedem beliebigen Lieferanten beziehen würden. Natürlich sei das Ganze künstlich – wo sonst solle Enron das MTBE herbekommen als aus dem Werk, das mit dem Kunden durch eine Pipeline verbunden sei. Trotzdem könne Enron nach den genannten Veränderungen argumentieren, dass es einen rudimentären Markt geschaffen habe.

»Aber wir haben dann immer noch nur zwei große Verträge«, sagte Rice. »Wie viele brauchen wir, damit der Geschäftsbereich als Markt gilt?«

Die Controllerin zuckte die Schultern. »Wir müssen nur zwei oder drei unabhängige Abschlüsse vorweisen. Causey sagt, das sei genug, damit Arthur Andersen zustimmt.«

Das ist alles? Ein bisschen neu verhandeln, und plötzlich hat Enron hunderte Millionen Dollar zusätzlichen Gewinn – durch dieselben Verträge? Aber die Buchhalter werden schon wissen, was sie tun. »Also gut«, sagte Rice, »machen wir uns an die Arbeit.«

Gewitterwolken und Nebelfetzen zogen über den Gipfel des Arrowhead Mountain in Edwards, Colorado, und dämpften die Sommerhitze ein wenig. Auf dem Golfplatz am Fuß des Berges stieg Ken Lay in einen Golfkarren und ließ sich zur Driving Range fahren. Es war frühmorgens am 14. August 1993. Lay war mit dem firmeneigenen Hawker-Jet in seinem Urlaubsort Aspen gestartet und nach einem zehnminütigen Flug in dem Country Club in den Rocky Mountains angekommen. Er wollte unbedingt noch ein paar Übungsschläge machen. Schließlich spielte er nicht jeden Tag vor dem gesamten Pressekorps des Weißen Hauses mit dem Präsidenten Golf.

Einige Wochen zuvor hatte er einen Anruf aus dem Weißen Haus erhalten und war zu einem Golfspiel mit Präsident Clinton eingeladen worden. Lay dachte, Clinton habe eine ganze Reihe von Industriellen eingeladen, vielleicht um sich ihre Unterstützung in irgendeiner wirtschaftlichen Frage zu sichern. Wenige Tage zuvor hatte sich jedoch ein Assistent Lays nach letzten Einzelheiten erkundigt und erfahren, dass nur drei Personen mit Clinton spielen würden. Lay war der einzige Unternehmer. Die anderen beiden waren Lays Freund, Expräsident Gerald Ford, und der Golfprofi Jack Nicklaus. Für einen Gelegenheitsgolfer wie Lay verhießen diese Mitspieler nichts Gutes.

Als sich Lay mit dem kleinen weißen Gefährt der Driving Range näherte, sah er, dass Ford bereits ein paar Bälle zum Aufwärmen schlug. Der Golfkarren kam zum Stehen, und Lay stieg aus. Der Expräsident setzte den Kopf seines Schlägers auf den Boden und lächelte.[10]

»Schön, Sie zu sehen, Jerry«, sagte Lay. »Sieht aus, als würde das heute ein interessanter Vierer werden.«

»Das ist untertrieben«, antwortete Ford lächelnd. »Danke, dass Sie mitspielen, Ken.«

Die beiden Männer plauderten ein paar Minuten und schlugen ein paar Übungsbälle. Nicklaus kam mit einem weiteren Karren an, und man begrüßte sich.

Das erste Anzeichen von Clintons Ankunft war das plötzliche Auftauchen von Reportern. Der Präsident kam mit einem Karren, der vom Golfprofi des Kurses gefahren wurde. Er wechselte zunächst ein paar freundliche Worte mit Gerald Ford, dann schüttelte er Lay die Hand.

»Freut mich sehr, dass Sie mit von der Partie sind, Ken«, sagte er.

»Tja«, sagte Lay und musterte seine berühmten Mitspieler. »Sieht ganz so aus, als könnte es interessant werden.«

Sie fuhren mit zwei Golfkarren zum ersten Abschlag, Clinton und Nicklaus fuhren voraus, Ford und Lay folgten. Alle vier schlugen ab, aber nur zwei Bälle landeten auf dem Fairway: der von Nicklaus und der von Lay. Die Präsidenten hatten verzogen: der demokratische nach links, der republikanische nach rechts.

Lay fuhr neun Löcher mit Ford, dann lud Clinton ihn ein, mit ihm zu fahren. Die beiden Männer sprachen über ihr Leben, ihre Ideen und ihre Lieblingssportarten, während das Pressekorps Fotos schoss.

Stunden später war das Spiel zu Ende, und die Spieler gingen ihrer Wege. Alle Spekulationen, dass sich der Einfluss von Enron auf das Weiße Haus durch Bushs Abwahl wesentlich verringern würde, waren nach dem ersten Schlag in diesem Golfspiel nicht mehr aktuell.

Skilling warf entsetzt die Arme in die Luft.

»Warum wollen sie das denn nicht?«, schrie er. »Es ist doch absolut sinnvoll!«

Zwei seiner Stellvertreter hatten ihm gerade schlechte Nachrichten gebracht. Die Stromversorgungsunternehmen konnten sich nicht für seine jüngste Idee begeistern. Seit 1994 hatte er versucht, auf seinem Erfolg im Gasgeschäft aufzubauen und auch den Strombereich zu erobern. Es war ein kühner, aber wohl überlegter Schachzug. Die Mitarbeiter von Enron wussten so ziemlich alles über Gas, aber sie hatten wenig Ahnung vom Handel mit elektrischem Strom. Das Stromgeschäft umfasste jährlich Transaktionen im Wert von fast 100 Milliarden Dollar und war viel gewaltiger als das Gasgeschäft. Erste minimale Liberalisierungsmaßnahmen hatten die Versorgungsbetriebe gezwungen, ihre Netze für alle Interessenten zu öffnen, und Skilling wollte, dass Enron sich mit aller Macht auf das neue Geschäft stürzte.

Er übertrug den Stromhandel an Lou Pai, und die ersten Verträge wurden im Juni abgeschlossen. Dann zog er Rice von Clean-Fuels ab und wies ihn an, mit den Versorgungsbetrieben langfristige Verträge über Stromlieferungen auszuhandeln.

Und dann hatte er *die* Idee. Enron sollte ein Konsortium mit etwa einem halben Dutzend Stromversorgern gründen. Skilling hasste es, reale Vermögenswerte zu besitzen, deshalb sollten die Stromversorger Bau und Betrieb der Kraftwerke übernehmen. Enron würde das tun, was es am besten konnte: den Strom vermarkten und verkaufen, den die Kraftwerke herstellten. Die Idee erschien Skilling atemberaubend, weil sie so einfach war und riesige Gewinne versprach.

Skilling bestellte Cliff Baxter zu sich, einen Investmentbanker, der Jahre zuvor zu Enron gekommen war. Er und Skilling waren gute Freunde geworden, obwohl Baxter Skillings Ansichten bisweilen mit einem Selbstbewusstsein in Frage stellte, über das im Enron-Gebäude sonst kaum jemand verfügte. Auch diesmal war es nicht anders.

»Jeff«, sagte er, als Skilling ihm von seiner Idee erzählte, »du hast verdammt noch mal den Verstand verloren!« Es sei schon schwer genug, auch nur zwei Unternehmen unter einen Hut zu bringen. Skillings Idee sei zwar clever, werde sich aber niemals verwirklichen lassen.

Unverdrossen erteilte Skilling Baxter und Rice den Auftrag, bei den Stromversorgern für seine Idee zu werben. Aber sie kamen, genau wie Baxter vorausgesagt hatte, mit leeren Händen zurück. Die Reaktion der Stromversorgungsunternehmen ließ an Deutlichkeit nichts zu wünschen übrig: Sie konnten ihre Geschäfte selbst führen, danke der Nachfrage. Sie brauchten keinen Newcomer, der ihnen zeigte, wo's langging.

Baxter und Rice erstatteten Skilling über die Reaktion der Stromversorger Bericht und gaben sich alle Mühe, nicht die Augen zu verdrehen, als er wegen der Dummheit der Strommanager tobte.

Sie witzelten noch jahrelang über Skillings Schnapsidee. Aber egal, ob die Episode lächerlich war oder nicht, sie warf jedenfalls ein scharfes Licht auf Skillings Charakter: Er hatte nicht immer Recht, aber er glaubte, immer Recht zu haben.

Die Fronten waren klar:

Die knallharte Konkurrenz zwischen Jeff Skilling und Rebecca Mark war bei Enron fast schon legendär. Skilling fand ihre internationalen Projekte schlecht gemanagt und bedrohlich für das Gesamtunternehmen, und sie hielt seine Geschäfte im Handel für bloßen Schall und Rauch.

Der Konflikt wurde keineswegs heimlich ausgetragen; beide kämpften mit offenem Visier. Dann jedoch wurde Rebecca Mark auch von anderen Führungskräften bei Enron immer schärfer kritisiert: Ihre Projekte seien mies, und ihr Team würde sich nie um die Einzelheiten kümmern, sondern immer nur hastig auf den nächsten Vertragsabschluss zusteuern, um wieder groß abzukassieren.

In mancher Hinsicht hielt Mark diese Kritik für berechtigt: Die ganze Struktur ihres Unternehmensbereichs war falsch. Ihr Team war nur mit Planung, Finanzierung und Bau der Projekte betraut, hatte aber nie mit dem Betrieb der Anlagen zu tun. Wären ihre Leute auch für den Betrieb zuständig gewesen, hätten sie direkt erfahren, was an der Basis nötig war, damit ein Projekt auch wirklich funktionierte. Und sie wären finanziell weniger darauf angewiesen, sich immer schnell auf das nächste Projekt zu stürzen. Das Tempo der Vertragsabschlüsse hätte sich verlangsamt, aber die Durchführung der Projekte wäre verbessert worden.

Als wieder einmal ein Vertrag abgeschlossen war, suchte Rebecca Mark Richard Kinder auf. »Alle meckern ständig, dass wir nicht genug langfristiges Interesse an unseren Projekten hätten«, sagte sie. »Lassen Sie uns auch den Betrieb der Anlagen kontrollieren, Rich«, sagte sie. »Dann haben wir ein langfristiges Interesse.«

Aber Kinder war nicht einverstanden. »Sie können unmöglich weiterhin im gleichen Tempo Projekte entwickeln, wenn Sie auch für den täglichen Betrieb der Anlagen zuständig sind«, sagte er.

Das war's. Erschließungsunternehmen werden für das Erschließen bezahlt. Und für nichts anderes.

Fastow wurde kurz vorgestellt und begann seinen Vortrag. In dem Konferenzraum waren die hellsten Köpfe des Enron-Konzerns versammelt – Analysten, die das Unternehmen auf Herz und Nieren prüften, um allzu hohe Risiken aufzuspüren.

Sie hatten die Aufgabe, die Unglückspropheten zu spielen und anhand von komplexen mathematischen Modellen zu kalkulieren, welche Auswirkungen bestimmte Ereignisse haben würden. Kürzlich hatte einer der Analysten ein Gutachten vorgelegt, in dem das Offensichtliche festgestellt wurde: Enron war wegen seiner gewaltigen Gewinne im Handel – der auf der Bereitschaft anderer Parteien beruhte, gegen die Zusage künftiger Zahlungen millionenschwere Geschäfte zu tätigen – außerordentlich abhängig von seiner Bonitätsbewertung, und das hieß, dass eine Herabstufung eine tödliche Spirale in Gang setzen konnte. Eine solche Entwicklung war natürlich unwahrscheinlich, aber die Analysten wurden ja genau für die Entwicklung solcher Szenarien bezahlt.

An diesem Tag hatten sie sich zu einem ihrer informellen Treffen mit Managern aus anderen Teilen des Gebäudes versammelt. Sie veranstalteten diese Treffen, um ein besseres Verständnis von den Geschäftsbereichen der eingeladenen Manager zu gewinnen. Und diesmal war Fastow dran.

Der Finanzmanager schilderte in einem 20-minütigen Referat die Geschäfte seines Unternehmensbereichs. Er zeigte Grafiken, die die Bareinnahmen aus Verträgen illustrierten, die in den ersten Jahren oft fast gar kein Geld abwarfen und erst in späteren Jahren fette Gewinne brachten. Schließlich lud er ein, Fragen zu stellen.

»Wie managen Sie Ihr Zinsrisiko?«, fragte einer der Analysten.

Fastow zuckte die Schultern. »Ich habe keins«, sagte er.

In dem Raum entstand ein unbehagliches Schweigen. *Fastow hatte Unrecht.* Enron verbuchte künftige Barmittelströme auf der Basis ihres jeweils aktuellen Wertes – im Grunde das Nettoergebnis einer mehrjährigen Investition in Dollar zum gegenwärtigen Kurs. Bei dieser Kalkulation spielte die Höhe der Zinsen eine wichtige Rolle. Und Fastow hatte das offensichtlich nicht begriffen.

Es wurden nur noch wenige Fragen gestellt, dann verließ Fastow den Raum. Einer der Analysten, Jeff Kinneman, grinste. »Der Typ hat das Unternehmen jetzt schon ein paar Millionen Dollar gekostet«, sagte er. »Und er weiß es nicht einmal.«

Die Analysten krümmten sich vor Lachen.

»Ken, Sie werden es nicht glauben!«

Voll mühsam unterdrückter Wut stürmte Amanda Martin in Ken Rice' Büro im 29. Stock. In diesem Herbst 1994 war bei Enron der Verdacht immer stärker geworden, dass es bei einigen Kraftwerksprojekten wirklich fundamentale Probleme gab. Anscheinend warfen nur wenige die geplanten Gewinne ab. Deshalb hatte Kinder die Verantwortung für die nordamerikanischen Werke an den von Rice geleiteten Strombereich übertragen, und Amanda Martin war beauftragt worden, die Missstände zu klären und zu beseitigen.

Was sie herausfand, entsetzte sie. Werke waren aufgrund falscher Annahmen gebaut worden: Die Nachfrage war überschätzt, technische Probleme waren ignoriert worden. Selbst das Werk in Milford,

Massachusetts, das Rebecca Mark noch während ihrer Zeit an der Harvard Business School gebaut hatte und dem sie ihren legendären Ruf zum größten Teil verdankte, hatte sich als finanzielles Debakel erwiesen. Man war beim Bau von einer Nachfrage ausgegangen, die nie entstanden war.

Angesichts der vielen Katastrophen bekam Amanda Martin Zweifel an dem bei Enron üblichen Prämiensystem. Die Führungskräfte des Konzerns erhielten ihre Kompensationen, sobald irgendeine Institution – eine Bank oder ein Staat – die Finanzierung eines Projekts zugesagt hatte, und hatten deshalb kein finanzielles Interesse an seinem tatsächlichen Erfolg. War es möglich, fragte sich Martin, dass im Kraftwerksbau bewusst Projekte realisiert wurden, die sich zwar finanzieren ließen, aber später nicht rentabel arbeiteten?

An diesem Tag glaubte Martin, die beunruhigende Antwort auf diese Frage gefunden zu haben. Minuten zuvor hatte sie die Unterlagen über das Enron-Werk in Richmond, Virginia, studiert und war auf das Gutachten eines Beraters gestoßen.[11] Kaum dass sie es gelesen hatte, war sie hinter ihrem Schreibtisch hervorgeschossen und zu Rice' Büro geeilt.

Rice kippte seinen Stuhl nach hinten und knallte die Füße auf den Schreibtisch, als Martin mit grimmigem Gesicht in sein Büro gestürmt kam.

»Was gibt's, Mandy?«

»Diese Leute sind richtige Gauner, Ken«, sagte sie. »Ich will Ihnen etwas zeigen – über Richmond.«

»Okay«, sagte Rice und seufzte. »Was haben sie ausgefressen?«

Martin schob ihm das Gutachten des Beraters aufgeschlagen über den Tisch. »Sehen Sie sich das an«, sagte sie. »Sie *wussten*, dass es sich nicht rentieren würde. Sie wussten es und haben es trotzdem gebaut!«

Rice überflog das Dokument. Richmond war eine peinliche Pleite gewesen, das war ihm bekannt. Das Werk war gebaut worden, um dem lokalen Stromversorger Virginia Power zusätzlichen Strom zu liefern, wann immer es die Nachfrage erforderlich machte. Aber laut Vertrag sollte der Strom schon fließen, bevor das Werk überhaupt betriebsbereit war. In der Folge war der Vertrag mehrfach verletzt worden, Enron hatte gewaltige Konventionalstrafen zahlen müssen, und alle hatten sich gefragt, wie man ein so offensichtliches Missmanagement übersehen konnte.

Nun lag die Antwort schwarz auf weiß vor ihm auf dem Tisch: Nichts war übersehen worden. Ein Berater hatte Enron gewarnt, dass die Bestimmungen des Vertrags und die technischen Möglichkeiten des Werks nicht zusammenpassten. Trotzdem hatte anscheinend niemand in Rebecca Marks Team Alarm geschlagen. Alle hatten sich bedeckt gehalten, ihre Kompensationen kassiert und Enron die Sache ausbaden lassen.

»Das darf doch nicht wahr sein«, sagte Rice.

Amanda Martin lachte. Der verantwortliche Manager habe für das Kraftwerk eine sechsstellige Kompensation kassiert und arbeite jetzt an den großen internationalen Projekten, rief sie.

Rice hatte plötzlich eine Idee: *Skilling würde es sehr gefallen, wenn er in seinem Krieg mit Rebecca so etwas in der Hand hätte.*

Er stand auf. »Kommen Sie. Reden wir mit Jeff.«

»Wir wollen Ihnen etwas zeigen, das wir in den Unterlagen über Richmond gefunden haben«, sagte Rice, als sie in Skillings Büro saßen.

Wieder schlug Martin die relevante Seite auf und legte sie Skilling vor. Er überflog sie.

»Das ist unglaublich«, sagte er leise.

»Die Sache in Milford war nur eine Schlamperei«, sagte Rice. »Aber das hier ist für mich glatter Betrug.«

Skilling nickte, aber er sagte nicht, was er dachte.

»Aber da ist noch ein größeres Problem, Jeff«, fuhr Rice fort.

»Ja?«

»Diese Leute haben schon bei kleinen Kraftwerken in Nordamerika alles vermasselt«, sagte Rice. »Und inzwischen rennen sie auf der ganzen Welt herum und haben Milliarden Dollar für Großprojekte in der Tasche.« Er machte eine Pause. »Da stellt sich doch die Frage, ob diese Projekte auch faul sind ...«

Im Jahr 1994 waren die Beschwerden über die schlechte Arbeit bei den Bauprojekten der International Division so massiv geworden, dass sie nicht mehr ignoriert werden konnten. Die Projekte verschlangen gewaltige Barmittel und hatten beträchtlichen Einfluss auf die Bilanz des Gesamtkonzerns. Seine Fähigkeit, weiter zu wachsen und seine Operationen im Handel zu schützen, war durch seine Abenteuer in Übersee bedroht. Obendrein regte man sich auch noch im ganzen Enron-Gebäude über die exorbitanten Kompensationen auf, die die Führungskräfte der International Division kassierten. Lay war fest entschlossen, das internationale Geschäft von Enron weiter auszubauen, aber Kinder wollte das Monster an die Kandare nehmen.

Amanda Martin war mit ihrer Säuberungsaktion im Bereich US-amerikanische Kraftwerke gut vorangekommen. Vielleicht konnte sie auch im internationalen Bereich Ordnung schaffen. Kinder bestellte sie in sein Büro.

»Ich weiß nicht, was zum Teufel in der International Division vorgeht«, sagte er. »Der ganze Unternehmensbereich muss gründlich überprüft werden.«

»Was sehen Sie als Hauptproblem?«, fragte Martin.

»Wir wissen nicht, woran wir sind«, knurrte Kinder. »Wir zahlen millionenschwere Kompensationen, die nur auf Prognosen basieren, und dann bekommen wir einen Scheißhaufen geliefert, der ganz anders aussieht als geplant. Ich weiß nicht, wie Rebecca sich das vorstellt.«

Der Konzern müsse die Projekte in Übersee sanieren und sie Enron so weit wie möglich vom Hals schaffen, sagte Kinder. Amanda Martin werde den neuen Unternehmensbereich Jointventure Management leiten und die Kontrolle über einige Auslandsprojekte übernehmen. Der zweite Schritt sei dann komplizierter: Enron werde die Kraftwerke an einen weiteren neuen Unternehmensbereich übertragen, der als selbstständiges Unternehmen mit dem Namen Enron Global Power and Pipelines, kurz EPP, ausgegliedert werde. Enron werde zwar eine knappe Mehrheit der öffentlich gehandelten Aktien des Unternehmens besitzen, aber in der Lage sein, Umsätze mit EPP als Einnahmen zu verbuchen.

Amanda Martin erklärte sich bereit, die Sache in Angriff zu nehmen, und organisierte Treffen mit den Projektteams der International Division. Alle Sitzungen waren von niedergeschlagenen Blicken und peinlichem Schweigen geprägt, bis sich die Führungskräfte schließlich zu kathartischen Geständnissen über ihre Projekte aufrafften. Martin war entsetzt über das, was sie zu hören bekam.

In China bahnte sich eine Katastrophe an. Das Projekt in Guatemala hatte absurde Formen angenommen, mit finanziellen Machenschaften, die ganz nach Bestechung ausländischer Regierungsbeamter aussahen, Zahlungen, die Enron (ohne Martins Wissen) in den USA von der Steuer absetzte.[12] Eine Horrorgeschichte folgte der nächsten.

Doch erst bei dem Projekt in der Dominikanischen Republik blieb Amanda Martin wirklich der Mund offen stehen. Enron hatte dort in der Nähe eines Hügels ein schwimmendes Kraftwerk gebaut.[13] Auf dem Hügel befanden sich Slums, die tonnenweise Müll produzierten und ins Wasser warfen. Die Strömung trieb den Müll direkt auf die Ventile zu, mit denen das Kraftwerk sein Betriebswasser aufnahm. Immer wieder wurde mit dem Wasser Müll aufgesaugt – Kisten, Nahrungsreste, Dreiräder, Tierkadaver –, der die Turbinen verstopfte. Die Ansaugventile wurden mit behelfsmäßigen Klappen versehen, aber ohne Erfolg. Schließlich engagierte Enron Einheimische, die das Kraftwerk mit Booten bewachen und den Müll mit langen Stangen von den Ansaugventilen fern halten mussten. Ohne sie war das mehrere Millionen teure Werk nicht in Betrieb zu halten.

Freilich machte das Kraftwerk ohnehin kein Geld: Die Dominikaner zahlten ihre Rechnungen nicht. Der Brennstoffvertrag für das

Kraftwerk war mit Enron selbst geschlossen worden, zu einem für das Unternehmen unglaublich günstigen Preis. Doch die hohen Brennstoffpreise trieben die Strompreise so in die Höhe, dass die Dominikaner sich weigerten, ihre Stromkosten zu zahlen. Und aus einem unerfindlichen Grund hatte niemand bei Enron daran gedacht, Bestimmungen in den Vertrag zu schreiben, die eine Bezahlung garantiert hätten, etwa eine Standardklausel, die die Dominikaner verpflichtet hätte, Enron ein Akkreditiv auszustellen.

»Aha«, sagte Martin. »Noch etwas?«

Ja, sagte einer der Manager, da sei dieses Hotel namens Bayside Inn in der Nähe des dominikanischen Kraftwerks gewesen. Das Kraftwerk sei gebaut worden, ohne dass jemand die vorherrschende Windrichtung geprüft habe – ein Problem, weil die Schornsteine der Anlage tonnenweise Ruß emittierten. Der Wind trage die Rußflocken zu dem Hügel des Bayside Inn, und dort regneten sie dann auf das Hotel herab. Das ganze Gelände sei verdreckt, die Räume seien schwarz, und sogar das Essen im Restaurant des Hotels sei voller Ruß. Das Hotel habe prompt zugemacht und Enron auf 200 Millionen Dollar Schadenersatz verklagt.

Martin rieb sich die Augen. »Nur damit ich Sie richtig verstehe«, sagte sie. »Der Laden hat dichtgemacht, weil unser Ruß in seinem Essen landete, *und wir haben jetzt eine Klage im Wert des gesamten idiotischen Hotels am Hals?*«

Die Manager an dem Konferenztisch nickten schweigend.

Der schlanke, dunkelhaarige Mann trat aus dem Aufzug im 29. Stock des Enron-Gebäudes und trat seinen ersten Arbeitstag an. Alles an ihm war geschniegelt und gebügelt, und seine Kleidung war von einer Eleganz, die seine Vorliebe für ausgefallene Discountläden in keiner Weise erahnen ließ. Michael Kopper[14] wollte unbedingt einen guten Eindruck machen. Dies war seine große Chance, die einmalige Gelegenheit, neben Andy Fastow und Rick Causey bei Enron zu arbeiten.

Kopper war eher zufällig engagiert worden. Enron war auf der Pirsch nach neuen Führungskräften gewesen und hatte Kathy Lynn aufgespürt, eine leitende Angestellte bei der Toronto-Dominion Bank. Als Enron ihr eine Stelle anbot, schlug sie vor, auch Kopper zu übernehmen, einen der hellsten Köpfe der Bank im Bereich Projektfinanzierung. Fastow selbst führte das Einstellungsgespräch.

Kopper hatte hervorragende Referenzen. Er hatte mit neunundzwanzig an der London School of Economics graduiert, und zwar ausgerechnet mit dem Aushandeln von Geschäften als Spezialgebiet. Er war geistreich und weltgewandt, lebte abwechselnd in London und New York und war ein weit gereister Mann.

Bei Enron zeigte sich schnell, wie kreativ er war. Kopper bewies großes Geschick bei der Strukturierung von Geschäften und gehörte bald zu den Shootingstars des Unternehmensbereichs. Bei Verhandlungen war er mitunter ein bisschen zu sehr darauf erpicht, den bösen Bullen zu spielen. Causey hatte manchmal die Befürchtung, dass er nicht wusste, wann man etwas auf sich beruhen lassen muss, weil der Abschluss des Geschäfts wichtiger ist.

In seinem Privatleben jedoch war Kopper ein Rätsel. Er vergaß nie seine Jugend auf Long Island, als er sich mühsam seinen Lebensunterhalt hatte verdienen müssen. Er hatte damals als Kellner gearbeitet und nervte nun häufig seine Kollegen bei Geschäftsessen, indem er sich über die Fehler des Restaurantpersonals ausließ. In seiner Anfangszeit bei Enron war er jedoch erstaunlich verschlossen und introvertiert.

Schon nach zwei Monaten ging bei Enron das Gerücht, dass er schwul sei. Einige seiner Kollegen wussten damals schon, dass er es war, aber sie schwiegen. Andere waren zwar neugierig, aber im Grunde war es ihnen egal. Kopper lebte damals nicht in einer langfristigen Beziehung und war überhaupt nicht scharf darauf, mit seinen neuen Kollegen über sein Sexualleben zu sprechen. »Diskretion ist die Mutter der Weisheit«, ermahnte er damals oft seine Freunde.

Mit der Zeit jedoch taute Kopper auf und zeigte mehr von seiner Persönlichkeit. Bald schon hatte er ein enges freundschaftliches Verhältnis zu Andy und Lea Fastow. Die ungewöhnliche Freundschaft zwischen Chef und Untergebenem entwickelte sich erstaunlich positiv. Kopper wurde sogar eine Art zweite Stimme Fastows und sprach für ihn, wenn er gerade nicht da war. Die beiden handelten gemeinsam Geschäfte aus und speisten zusammen, und als Kopper endlich mit William Dodson, einem leitenden Finanzangestellten bei Continental Airlines, eine feste Beziehung einging, trafen sich die beiden Paare auch zu viert.

Die Tiefe dieser Freundschaft hatte immer etwas Geheimnisumwittertes, und so konnten die früheren Kollegen von Fastow und Kopper nur raten, als ihnen Jahre später eine nahe liegende Frage gestellt wurde: Hatte Fastow letztlich Kopper korrumpiert? Oder war es umgekehrt gewesen?

Tausende von Hindus nahmen in Bombay an der Siegesfeier teil.[15] Sie drängten sich vor einer behelfsmäßigen Bühne und schwenkten jubelnd safrangelbe Fahnen. Auf der Bühne hob eine kleine eulenhaft wirkende Gestalt in einem fließenden, weißen Gewand die Arme, und die Menge tobte wie verrückt. Der Mann war Bal Thackeray[16], ein früherer Karikaturist, der jetzt Shiv Sena, eine der extrem nationalistischen Gruppen in Indien, anführte. Auf den ersten Blick hätte niemand Thackeray zugetraut, dass er die Massen begeistern konnte. Trotzdem hatte er an diesem 14. März 1995 eine Koalition von Hindu-Nationalisten zum Wahlsieg geführt, und zwar in dem indischen Bundesstaat Maharashtra, wo Enron mit dem Bau seines gigantischen Stromversorgungsprojekts begonnen hatte.

Obwohl Thackeray kein Wahlamt bekleidete, galt er allgemein als der Mann, der die Entscheidungen der Männer mit den Wahlämtern diktieren würde. Er hatte versprochen, sozusagen per Fernbedienung zu regieren. Auch sprach er ganz offen von seiner Bewunderung für Hitler und verstand sich darauf, mit seinen Hasstiraden den Mob zu Gewalttaten aufzupeitschen. Nun waren seine Anhänger mit nationalistischen Parolen an die Macht gekommen und mit Angriffen auf die Geschäfte, die die zuvor regierende Partei mit ausländischen Konzernen, und insbesondere mit Enron, gemacht hatte.

Enron hatte den Indern viele Gründe für ihren Widerstand geliefert. Die Weltbank hatte sich geweigert, das Projekt zu finanzieren, weil es in vieler Hinsicht verfehlt war: zu groß, zu teuer und wirtschaftlich irrational.[17] Enron hatte auf die Kritik mit einer Publicity-Kampagne reagiert,[18] in der es laut eigener Aussage für 20 Millionen Dollar lokale Beamte über das Projekt unterrichtet hatte.[19] Obwohl es keine Beweise für Gesetzesverstöße gab, war das Wort »unterrichten« auf den indischen Straßen schnell zu einem Synonym für »bestechen« geworden. Zehn Wochen vor der Wahl waren dann in Dabhol die Bulldozer in Aktion getreten und hatten das Gelände für das Kraftwerk planiert. Viele Einheimische waren über die großflächige Naturzerstörung empört, und sie wurden von dem demagogischen Thackeray und seinen Anhängern noch zusätzlich aufgehetzt, die versprachen, Enron und sein Kraftwerk in das Arabische Meer zu werfen, wenn sie die Wahlen gewinnen sollten.

Vor allem wegen der von Enron selbst begangenen Fehler war nun der Fall eingetreten, vor dem James Baker Jahre zuvor gewarnt hatte. Thackeray, dessen Macht durch den Wahlsieg enorm gewachsen war, stand vor den jubelnden Massen und versprach, seine nationalistischen Wahlversprechen zu erfüllen.

»Wir werden uns die ausländischen Investoren selbst aussuchen«, verkündete er. »Wenn wir überhaupt noch Ausländer brauchen, denn wir haben doch so viele fähige indische Industrielle.«

Die Menge brach in frenetischen Jubel aus.

»Als Erstes werden wir uns um das Kraftwerk von Enron in Dabhol kümmern«, sagte Thackeray. »Wir müssen sicherstellen, dass es dem Wohl des Volkes dient.«

Enrons großes internationales Projekt war auf dem Richtblock gelandet. Und im ganzen Konzern hatte es niemand kommen sehen.

Skilling quälte sich aus dem Bett. Es ging ihm schlecht. Wieder einmal war er die ganze Nacht unruhig gewesen, war durch das Haus gewandert und hatte Ideen notiert. Sein Leben ging in die Brüche. Er fühlte sich miserabel. Er war fett. Etwas musste sich ändern.

Im Frühjahr 1995 wusste Skilling nicht mehr ein noch aus. Es war nicht das Büro; dort lief alles großartig. Sein kühner Schritt, mit Enron in den Stromhandel vorzustoßen, war jetzt schon ein berauschender Erfolg. Skilling und Enron waren zu Vorkämpfern bei der Liberalisierung der Stromwirtschaft geworden mit dem Argument, dass die verknöcherte Branche dringend durch Wettbewerb belebt werden müsse. Und das ganze Unternehmen war unglaublich spannend.

Nein, Skillings Probleme waren privat. Er und Susan hatten sich auseinander gelebt; die drei Kinder waren das Einzige, was sie noch verband. Er packte jeden Tag mit noch mehr Konferenzen voll, reiste zu viel, verbrachte seine Zeit mit Kunden in fernen Städten. Susan war eine richtige Supermama mit einem vollen Terminkalender, den ihre Kinder bestimmten. Wenn sie mit ihm zusammen war, stritten sie, wer in seinem Tagesablauf mehr Stress hatte. Die alte Zärtlichkeit war verschwunden. Sie waren meist gereizt und genervt oder einfach nur müde.

Skilling musste eine Entscheidung treffen. Er hatte schon einmal einen Job hingeschmissen, den bei McKinsey. Vielleicht sollte er das wieder tun, wenigstens zum Teil. Er erzählte Sue, dass er vorhatte, bei Enron nur noch Teilzeit zu arbeiten. Sie schien sich darüber zu freuen. Nachdem er tagelang über der Idee gebrütet hatte, ging er zu Richard Kinder.

Der merkte sofort, dass etwas nicht stimmte, und sagte: »Raus damit, Jeff, wo liegt das Problem?«

»Folgendes, Rich«, sagte Skilling. »Meine Familie ist mir wichtig, und sie droht zu zerbrechen. Dem Unternehmen geht es großartig, und ich werde hier nicht mehr so dringend gebraucht.«

»Was wollen Sie damit sagen, Jeff?«

»Ich will Teilzeit arbeiten.«

Kinder starrte Skilling fassungslos an. Einen Moment herrschte Schweigen im Raum. Dann stützte Kinder beide Arme auf den Schreibtisch.

»Sind Sie völlig verrückt geworden?«

»Mag sein«, sagte Skilling. »Aber ich muss das durchziehen.«

»Sie sind der Chef eines Unternehmensbereichs!«, sagte Kinder scharf. »Da kann man nicht einfach davonlaufen. So was tut man nicht.«

»Doch, Rich, das tut man«, sagte Skilling.

Kinder sah, dass er Skilling nicht umstimmen konnte, und gab nach. Er machte Skilling einen neuen Vertrag, nach dem er ab Oktober jeweils zwei Wochen arbeiten und zwei Wochen frei haben würde, und informierte Ron Burns, dass er die andere Hälfte des Jobs übernehmen sollte. Burns war kein Stratege wie Skilling, aber er war der bessere Manager und begegnete seinen Leuten mit Respekt und nicht mit Herablassung.

Kaum war alles geregelt, bekam Skilling Bedenken. Zwei Wochen Arbeit, zwei Wochen frei ... Was sollte er mit der ganzen Freizeit anfangen? Segeln gehen? Die Kinder zu Hause unterrichten? Er hatte keine Ahnung.

Skillings Krise erreichte ihren Höhepunkt, als er mit seiner Familie im Sommer Urlaub machte. Er lag mit seiner Frau im Bett. Sie las. Er drehte allmählich durch. Monate waren vergangen, und er wusste immer noch nicht, was er mit der vielen Freizeit anfangen sollte. Er verzichtete nur ungern auf einen Teil seiner Macht, und er musste endlich herausfinden, was er davon haben würde.

»Hör mal, Sue«, sagte er, »wir sollten darüber reden, wie wir das alles regeln. Was sollen wir unternehmen? Ich lasse meine Firma im Stich und weiß nicht, wofür. Wie sieht mein neues Leben aus?«

Sue klappte ihr Buch zu und legte es auf den Nachttisch.

»Das musst du selbst herausfinden«, murmelte sie.

Es war dunkel. Skilling lag auf dem Rücken und starrte in die Finsternis.

Ach du Scheiße! Was habe ich getan?

Über dem Golf von Mexiko legte sich der Firmenjet von Enron in eine Kurve und steuerte Buenos Aires an. An Bord versuchte James Alexander, das Donnern der Triebwerke zu ignorieren, und wappnete sich für die Schlacht, in die er zweifellos ziehen musste.

Er war einige Monate zuvor als Chief Financial Officer von Enron Global Power and Pipelines (EPP) engagiert worden, der neuen Publikumsgesellschaft, die gegründet worden war, um internationale Vermögenswerte von Enron zu kaufen. Zuerst war er über die tolle Berufschance begeistert gewesen. Aber seine Begeisterung war schnell blankem Entsetzen gewichen.

Das in der Öffentlichkeit hoch gelobte Geschäft mit den internationalen Projekten war eine Katastrophe. Die Verantwortlichen setzten den Wert der Projekte absurd hoch an, nur damit sie nach dem bizarren Prämiensystem von Enron riesige Kompensationen kassieren konnten. Schlimmer noch, ihre Buchhaltung war nicht korrekt. Sie verbuchten die Kosten für Projekte, um die sie sich erfolglos beworben hatten, nicht sofort, sondern schoben sie als wachsenden langfristigen Ausgabeposten vor sich her, den man intern als den »Schneeball« bezeichnete.

Am schlimmsten aber war, dass Enron sich überhaupt nicht darum scherte, dass EPP als Publikumsgesellschaft im Interesse seiner Aktionäre handeln musste. Zu viele Leute bei Enron betrachteten EPP als eine Art Abfallkübel des Konzerns – einen Eimer, in den man Müll hineinstopfte, allerdings zu absurden Preisen. Zum Beispiel wurde EPP unter Druck gesetzt, ein Projekt in der Dominikanischen Republik zu einem weit überhöhten Preis zu kaufen – *ein Projekt, das immerhin schon ein Hotel zerstört hatte, Herrgott noch mal!*

Alexander saß neben Richard Kinder im Firmenjet und raffte sich mühsam dazu auf, wenigstens einige seiner Bedenken zu äußern.

»Rich«, begann er, »aus der Sicht von EPP ...«

Kinder schlug mit der flachen Hand auf den Tisch. »Ich! Mein! Das ist das Problem in diesem Unternehmen! Jeder denkt nur an sich und seinen eigenen Bereich.«[20]

Kinders Schimpftirade dauerte eine geschlagene Stunde, und der Flug war zu Ende, bevor Alexander sich hatte aussprechen können. Na gut, dann würde er eben zu Ken Lay gehen und ihm von all den Missständen berichten, die er beobachtet hatte.

Das Gespräch fand an einem Nachmittag im Mai in Lays Büro statt. Alexander sprach sehr konzentriert und brauchte kaum mehr als zehn Minuten, um seine Bedenken vorzutragen. Er berichtete, wie EPP unter Druck gesetzt wurde, überhöhte Preise für Kraftwerksprojekte zu zahlen, über das perverse Prämiensystem und über den Schneeball.

Lay nickte ernst. »Mein lieber Mann, Jim, ich glaube, da muss ich mal mit Rich telefonieren«, sagte er.

Minuten später wurde Alexander hinauskomplimentiert. Eine Reaktion auf seinen Besuch blieb aus. Wahrscheinlich hatte sich Lay von seinen Untergebenen einlullen lassen. Sie waren selbst massiven Täuschungen aufgesessen und hatten ihm bestimmt ein viel zu rosiges Bild der Lage gezeichnet.

Nicht nur, dass die Missstände nicht behoben wurden, sie wuchsen sogar noch. Wenige Wochen nach dem Gespräch mit Lay wurde Alexander informiert, dass Enron und EPP vereinbart hätten, sich bestimmte Kosten zu teilen, und deshalb bestimmte Stellen streichen würden.

Alexanders Finanzexperten und Wirtschaftsprüfer – genau die Leute, die am ehesten die Interessen der EPP-Aktionäre vertreten hätten – arbeiteten von nun an für Enron, das Unternehmen, dessen Vertreter auf der anderen Seite des Verhandlungstischs saßen.

Ende Juli 1995 versammelten sich die Schönen und Reichen auf dem prächtigen Max-Joseph-Platz in München, um eine Premiere an der Bayerischen Staatsoper zu besuchen. Die Prominenz in Smokings und teuren Abendkleidern wurde von den Bildreportern fotografiert, die sich am säulengeschmückten Eingang der Oper versammelt hatten.

Ein schwarzer Mercedes hielt in der Schlange der Luxuslimousinen, die ihre vornehmen Fahrgäste abluden. Ein stattlicher Mann mit scharf geschnittenem Gesicht stieg aus, ging um den Wagen herum und öffnete einer hübschen jungen Frau die Wagentür. Einige in der Menge erkannten Herbert Henzler, den Chef von McKinsey Deutschland. Er hatte die Frau in seiner Begleitung erst kürzlich geheiratet. Das Blitzlichtgewitter der Fotografen flammte mächtig auf, als das Paar die Treppe des Opernhauses hinaufschritt.

Einige Meter entfernt beobachtete ein blasser, übergewichtiger Mann auf Krücken die Szene. Er kochte vor Wut. Es war Skilling. Er hatte sich in Houston ein Bein gebrochen und den Ärzten nicht die Zeit gelassen, ihm einen Gips anzulegen, weil er wichtige Termine in Deutschland wahrnehmen wollte. Er kannte Henzler von früher, als er selbst bei McKinsey gearbeitet hatte, und bekam nun das Leben vor Augen geführt, auf das er verzichtet hatte. Henzler stand im Rampenlicht, er hatte eine schöne junge Frau, und die Welt lag ihm zu Füßen. Skilling schüttelte den Kopf.

So sieht man aus, wenn man glücklich ist. Das ist Erfolg. Und ich stehe da mit meinem gebrochenen Bein, und alles geht den Bach runter.

Skilling humpelte zurück zu seinem Hotel, das in unmittelbarer Nähe des Platzes lag. An der Rezeption lag eine Nachricht von Ron Burns, dem Mann, der die Hälfte seiner Arbeit übernehmen sollte. Er ging auf sein Zimmer und rief bei Enron an.

»Hallo, Ron, hier ist Jeff. Ich habe Ihre Nachricht gekriegt.«

»Danke für den Anruf, Jeff. Ich muss Ihnen etwas Wichtiges sagen.«

»Ja?«

»Ich verlasse das Unternehmen. Ich werde President der Union Pacific.«[21]

»Tatsächlich?«

»Ich hoffe, ich lasse Sie damit nicht allzu sehr hängen, aber ich glaube wirklich, dass die neue Stelle das Richtige für mich ist.«

Skilling spürte Wut in sich aufsteigen. Er straffte die Schultern und ballte die Fäuste, saß einen Augenblick ganz still da.

Schließlich sagte er: »Danke für den Anruf« und legte auf.

In den folgenden Wochen hörte Skilling auf zu funktionieren. Er war nicht mehr in der Lage, Entscheidungen zu treffen, wusste nicht, was er tun sollte. Er steckte in einer finsteren, übermächtigen Depression. In ein paar Wochen würde er mit der Teilzeitarbeit beginnen, aber nun war niemand mehr da, der den anderen Teil übernahm.

Noch schlimmer war, dass er immer noch keine Ahnung hatte, was er mit seiner zusätzlichen Freizeit anfangen sollte. Es war nichts geplant, nichts organisiert, überhaupt nichts. Ende August riss er sich schließlich zusammen; er konnte nicht für den Rest seines Lebens depressiv bleiben. Vor dem Labor Day Anfang September suchte er Richard Kinder in seinem Büro auf.

»Hallo, Rich«, sagte er, als er in der Tür stand. »Die Sache ist abgeblasen. Ich arbeite weiter Vollzeit. Vergessen Sie, was ich gesagt habe.«

Kinder strahlte. »Wunderbar«, sagte er.

Wen soll ich dafür nehmen? Skilling brauchte jemanden, der aus seiner neusten Idee ein voll funktionstüchtiges Geschäft machte. Ken Rice baute gerade den Großhandel mit Strom aus; er handelte mit Energiewerten und machte tolle Geschäfte. Aber der Einzelhandel lief immer noch weitgehend an Enron vorbei. Mit zunehmender Liberalisierung wurde die Bindung der Stromkunden an ihre Versorgungsunternehmen immer schwächer, ein Potenzial, das es auszuschöpfen galt.

Enron hatte in der Branche bereits Fuß gefasst, und zwar dank Cliff Baxter. Er hatte schon vor Jahren für einen äußerst günstigen Preis den Kauf von Access Energy, einem Stromproduzenten in Ohio, organisiert. Und dieses Unternehmen hatte nun Skillings Aufmerksamkeit erregt, weil es Strom direkt an Industriekunden verkaufte. Skilling hatte die Führungskräfte in Ohio schon vor einiger Zeit angewiesen, mit Hilfe dieser Basis auch einen größeren Stamm an Privatkunden zu werben. Doch die Anweisung hatte noch keine Wirkung gezeigt, und er verlor allmählich die Geduld. Enron musste das Projekt von Houston aus starten, und zwar unter einer Leitung, die sich von Ohio nicht mit faulen Ausreden abspeisen ließ.

Skilling stützte den Kopf in die Hand und drehte sich auf seinem Schreibtischstuhl, während er im Kopf die geeigneten Kandidaten durchging. Plötzlich hatte er eine Idee.

Wie wär's mit Andy Fastow?

Fastow hatte im Finanzbereich teuflisch gute Arbeit geleistet. Er hatte Cactus aufgebaut und JEDI realisiert. Und er machte kein Geheimnis daraus, dass er sich für unterbezahlt hielt. Er meckerte über die dicken Schecks, die an die Geldvernichter in der International Division gingen, während er Enron echte Gewinne einbrachte und nicht genug dafür bekam. Der Weg zum großen Geld führte über den Handel, und diesen Weg wollte Fastow beschreiten. Er hatte Skilling schon öfter um eine Chance gebeten. Vielleicht war ein Job im Stromhandel die beste Lösung für alle Beteiligten.

Skilling bestellte Fastow zu sich ins Büro und sagte: »Wir sind im

Begriff, uns massiv im Einzelhandel zu engagieren, Andy. Es wird ein wichtiges Geschäft für uns und ein ziemlich viel versprechendes, glaube ich.« Er lächelte. »Ich möchte, dass Sie die Operation starten. Würden Sie das für mich tun?«

Fastows Augen leuchteten auf. »Natürlich, Jeff«, sagte er begeistert. »Danke, dass Sie so viel Vertauen in mich setzen.«

Skilling nickte. »Ich will Folgendes von Ihnen. Wir brauchen eine Geschäftsstrategie für das Projekt. Wer sind unsere Kunden? Wie gehen wir an die Sache ran? Ich will, dass Sie das alles durchdenken und auf die Reihe bringen.«

Fastow sagte, er werde sich demnächst an die Arbeit machen. Ein paar Dinge im Finanzbereich seien noch zu regeln. Aber im Dezember könne er loslegen. Skilling werde die Strategie Anfang nächsten Jahres auf dem Schreibtisch haben.

Eine Schar Kinder umschwärmte den Wagen, der sich im Schneckentempo durch den Mittagsverkehr bewegte. Rebecca Mark und Ken Lay hatten sich bereits an den emotionalen Stress einer Indienreise gewöhnt und gaben sich alle Mühe, auf das Trommelfeuer der Wünsche und Klagen nicht zu reagieren. Der Chauffeur ließ den Wagen langsam vorwärts rollen, bis er freie Bahn hatte. Dann gab er Gas und ließ die Kinderschar hinter sich, die sich sofort um das nächste Auto scharte.[22]

Durch die Fenster des Wagens strömte eine gewaltige, widersprüchliche Bilderflut auf Mark und Lay ein: Tiere auf der Straße; die eindrucksvolle Skyline des Geschäftsviertels; ärmliche Straßenhändler mit Handkarren; Jungen, die Straßenkricket spielten. Jedes neue Bild, jeder neue schrille Ton verstärkte das beunruhigende Gefühl, dass sie sich in einer Stadt am Rande des Chaos befanden.

In den vergangenen Wochen hatten sich Turbulenzen sogar auf den Namen der Stadt erstreckt. Die Nationalisten, die im Februar 1995 an die Macht gekommen waren, hatten befohlen, den aus der Kolonialzeit stammenden Namen »Bombay« aufzugeben, und die Stadt »Mumbai«getauft, nach der Schutzgöttin der Koli, wie die Ureinwohner des Gebiets hießen. Trotzdem stand immer noch auf fast allen Straßenschildern »Bombay« und nur auf einer Hand voll »Mumbai«, als Lay und Rebecca Mark am 1. November eintrafen. Auch wurde der neue Name von allen Nicht-Regierungsmitgliedern nur in ganz besonders formellen Gesprächen benutzt.[23]

Für Rebecca Mark und Lay spiegelte das Problem mit dem Namen von Indiens größtem Finanzzentrum in gewisser Hinsicht ihr eigenes wider: Waren die Entscheidungen der neuen Regierung verlässlich oder nicht?

Nach ihrem Regierungsantritt hatten die Nationalisten das Projekt in Dabhol binnen kürzester Zeit gestoppt. Damit stand Enron mit einem projektbezogenen Kredit von 116 Millionen Dollar in der Kreide, und es hatte Dutzende Millionen Dollar in ein Projekt investiert, das allem Anschein nach gestorben war.

Allerdings hatten Mark und Lay eine gewisse Hoffnung, das Projekt noch retten zu können. Mark hatte unermüdlich für seine Wiederaufnahme gekämpft. Sie hatte mehrere Wochen lang wichtige Inder besucht und sie angefleht, das Projekt zu unterstützen. Alles, um den Besuch an diesem Tag vorzubereiten, an dem Bal Thackeray ihr und Lay eine Audienz gewährt hatte. Sie konnten nur hoffen, dass ihnen der Demagoge bei dem Treffen freundlich begegnen und danach ihre bedrohte Investition retten würde.

Der Wagen bog jetzt auf das Straßenstück ein, das zu Thackerays Vorstadtresidenz Matoshri[24] führte. Vor dem Gebäude war eine Phalanx von Wächtern aufmarschiert, die den Führer der Shiv Sena vor möglichen Racheakten wegen der Gewalt schützen sollte, die seine Anhänger Muslimen zugefügt hatten.

»Also los, Ken«, sagte Mark, die mit Lay noch einmal die wichtigsten Punkte durchgesprochen hatte. »Und vergessen Sie nicht, dass alles bereits abgesprochen ist. Es dürfte eigentlich keine Überraschungen geben.«

»Gut«, antwortete Lay.

Der Wagen hielt. Mark griff nach einer kleinen Tasche, in der sich eine Original-Bildfolge von Walt Disney befand; sie wusste, dass Thackeray immer noch nostalgische Gefühle für seine ursprüngliche Karriere als Cartoonist hegte. Die Originalzeichnungen und die Blumen, die sie mitgebracht hatte, sollten für einen günstigen Start des Gesprächs sorgen.

Sie stieg als Erste aus. Sie trug einen formellen *salwar kameez* – ein traditionelles Gewand mit Pluderhosen unter dem Oberteil –, Sandalen und kein Make-up. Lay folgte im normalen Geschäftsanzug. Eine junge Frau öffnete die Tür. Im Haus zogen Lay und Mark als Geste des Respekts die Schuhe aus, und die junge Frau führte sie in ein bescheiden eingerichtetes Wohnzimmer.

Minuten später erschien Thackeray mit der typischen, schwarz gefassten Brille auf der Nase. Mark und Lay standen auf.

»Mr. Thackeray«, sagte Mark. »Es freut mich, Sie wiederzusehen.«

Thackeray nickte. »Ja, guten Tag.«

»Ich würde Ihnen gerne Ken Lay, den Chairman von Enron, vorstellen«, sagte Mark. »Wir haben Sie heute aufgesucht, um Ihre Ansichten über das Projekt in Dabhol zu hören.«

Mark überreichte Thackeray die Geschenke, die ihn offensichtlich sehr freuten. Dann forderte er seine Gäste auf, Platz zu nehmen. Ein Assistent erschien und servierte Tee.

Mark hielt vor Spannung fast den Atem an. Lay war ein jovialer Geschäftsmann alter Schule, der gerne angeregt plauderte. An diesem Tag jedoch war Zurückhaltung angesagt. Sie hatte Lay auf der Fahrt gewarnt, dass er sich zurückhalten sollte. Thackeray sollte das Gespräch bestimmen. Der Inder nippte an seinem Tee, dann stellte er die Tasse auf ein Tischchen neben seinem Sessel.

»Ihr Unternehmen hat Fehler gemacht«, sagte er schließlich. »Sie sind hierher gekommen und haben uns herumkommandiert. Sie haben das Projekt rücksichtslos durchgeboxt und Bedingungen gestellt, die günstig für Sie waren und schlecht für das Land.«

Lay und Mark hörten schweigend zu.

»Wir sind nicht gegen Enron. Wir sind gegen das Dabhol-Projekt, wie es von der alten Regierung verabschiedet wurde. Aber in den letzten paar Wochen sind Sie uns weit entgegengekommen. Sie haben gezeigt, dass Sie mit uns zusammenarbeiten und unsere Interessen besser berücksichtigen wollen. Das ist ein wichtiger Schritt.«

Thackeray blickte Lay direkt in die Augen. »Wir müssen etwas unternehmen, um die Energieversorgung dieses Landes zu verbessern. Das weiß ich.«

Er ließ sich einige Minuten erklären, wie lange es dauern würde, das Kraftwerksprojekt wieder aufzunehmen. Dann schaute er zu einem Tisch hinüber, auf dem in einem weißen Rahmen das Bild einer älteren Inderin stand.

»Das ist meine Frau Meena«, sagte er. »Ich bin in Trauer wegen ihr. Sie ist im September gestorben.«[25]

»Mein herzliches Beileid«, sagte Lay leise.

Thackeray nickte und erzählte weiter: »Wir waren in unserem Haus am Stadtrand von Bombay, als sie abends einen Herzanfall bekam. Sie hatte von ihrem Arzt ein Medikament bekommen, aber es war gerade ein Stromausfall, und wir konnten es im Dunkeln nicht finden.«

Lay sprach dem Witwer noch einmal sein Beileid aus. Er hatte verstanden, was Thackerays Gesinnungswandel bewirkt hatte: Er hatte aus eigener Erfahrung gelernt, dass der Stromausfall in seinem Land Menschenleben kosten konnte.

Das Gespräch dauerte noch über eine Stunde, dann begleitete Thackeray seine Gäste hinaus. Vor der Tür hatten sich zahlreiche Reporter versammelt. Das Schicksal des Kraftwerks hatte in Maharashtra einen hohen Nachrichtenwert, und es war allgemein bekannt, dass es durch dieses Treffen entschieden wurde. In der Tür wandte sich Thackeray an Lay.

»Wie sollen wir uns äußern?«, fragte er. »Wie kann ich dazu beitragen, das Projekt wieder in Gang zu bringen?«

Lay sah Mark an und unterdrückte ein Lächeln. Mit diesen Worten war die Sache entschieden; sie hatten wieder einmal eine Niederlage in einen Sieg verwandelt. Das Projekt, das schon dem Untergang geweiht schien, wurde fortgesetzt, und das nicht zuletzt wegen des Todes einer alten Dame, von der man bei Enron nicht einmal den Namen gekannt hatte.

Der Morgen des 22. November 1995 dämmerte kühl und klar in Washington, D.C., und die aufgehende Sonne verlieh den berühmten Gebäuden der Stadt einen goldenen Glanz. Im Weißen Haus überflog Bill Clinton einen ausführlichen Artikel in der *New York Times:* Der indische Bundesstaat Maharashtra hatte mit Enron einen provisorischen Vertrag über den Weiterbau des Projekts in Dabhol geschlossen. Clinton dachte, dass ein bisschen Hilfe von seiner Regierung vielleicht nichts schaden könnte.

Er schrieb die Abkürzung »FYI« *(for your information)* quer über den Artikel und leitete ihn an seinen Stabschef Thomas »Mack« McLarty III. weiter. McLarty hatte früher ein Energieunternehmen in Arkansas geführt. Er nahm sofort Kontakt mit Lay auf und erkundigte sich, ob die Regierung in der Sache behilflich sein könne. In der Folge ließ die US-Regierung ihre diplomatischen Beziehungen spielen: Frank Wiesner, der amerikanische Botschafter in Indien, suchte wichtige Regierungsvertreter auf und betonte, dass das Weiße Haus großes Interesse an einer fairen Behandlung von Enron habe.[26]

Die Abschlussverhandlungen zwischen Mark und den Vertretern von Maharashtra waren sehr intensiv gewesen und hatten dazu geführt, dass einige Sicherheitsklauseln aus dem ursprünglichen Vertrag gestrichen wurden. Ursprünglich hatte die Anlage in zwei Stadien gebaut werden sollen, und das erste Kraftwerk sollte mit Öl betrieben werden und nur 695 Megawatt Strom produzieren. Danach hatte Indien die Option gehabt, eine zweite Bauphase in Auftrag zu geben, bei der die viel teureren Flüssiggasanlagen mit einer Kapazität von weiteren 1300 Megawatt gebaut werden sollten.

Nun hatte Enron trotz aller Schwierigkeiten seinen Einsatz für das indische Projekt noch erhöht: Das geplante Kraftwerk wurde von 2 015 auf 2 184 Megawatt vergrößert, obwohl sich Enron gleichzeitig bereit erklärte, den ursprünglich geplanten Preis der Gesamtanlage um 300 Millionen auf 2,5 Milliarden Dollar zu senken. Außerdem war die teure zweite Bauphase nun nicht mehr nur eine Option, sondern Enron verpflichtete sich, sie auf jeden Fall zu bauen.[27]

Daheim in Houston wurde der gerettete Vertrag vom Board des Konzerns als großer Sieg gefeiert. Dem zusätzlichen Risiko wurde kaum Beachtung geschenkt; vielmehr waren alle überzeugt, dass sich das indische Projekt als exzellentes Geschäft erweisen werde – genau wie es die International Division vorausgesagt hatte.

Die Führungskräfte der International Division versammelten sich in einem Konferenzraum im Zwischengeschoss über dem 50. Stock. Sie hatten ihre Büros auf der anderen Straßenseite im Allen Center und waren selten im Hauptgebäude des Konzerns. An diesem Tag jedoch wollten Gäste vom Unternehmensbereich Corporate Development an ihrer Konferenz teilnehmen, und deshalb tagten sie in der Führungsetage.

Rebecca Mark hatte am hinteren Ende des Raums Platz genommen und machte sich bereit, den so genannten Quarterly Business Review oder QBR vorzutragen, den Bericht, in dem über die im vergangenen Vierteljahr abgeschlossenen und geplanten Projekte Bilanz gezogen wurde. In ihrer Nähe saßen Mark König und Rebecca Carter, zwei Führungskräfte aus der Abteilung Investor Relations, und warteten gespannt auf die neusten Zahlen.

Für die beiden Manager aus der Aktionärspflege war es eine Art Coup, dass sie an der Besprechung teilnehmen durften. Die International Division hatte ihre Informationen bislang stets eifersüchtig gehütet; natürlich hatten sich ihre Mitarbeiter hin und wieder *bereit erklärt,* Einzelheiten über ihre Projekte weiterzugeben, aber sie hatten es fast nie *getan.* Koenig und Carter hatten sich bei Richard Kinder über diese Heimlichtuerei beschwert, doch es hatte wenig genützt. Selbst Kinder hatte Probleme, die Zahlen zu bekommen.

Im Raum herrschte eine gewisse Erwartungsfreude, als die letzten Führungskräfte Platz genommen hatten. »Okay«, sagte Rebecca Mark. »Fangen wir an.«

Dem Unternehmensbereich gehe es hervorragend, teilte sie den versammelten Führungskräften mit. Koenig und Carter machten sich Notizen, als sie die finanziellen Details herunterratterte.

Mark referierte mehrere Minuten lang, wie die Einnahmen bei einem bestimmten Projekt kalkuliert worden waren. Koenig und Carter hörten schweigend zu und versuchten krampfhaft, ihr wachsendes Entsetzen zu verbergen. Carter warf Koenig einen verzweifelten Blick zu. Koenig gab ihr unter dem Tisch einen warnenden Stoß, damit sie den Mund hielt. Er hatte den Grund für ihre Aufregung erkannt:

Die Zahlen über die Rendite waren falsch.

Enron bekam häufig Verwaltungsgebühren und andere Mittel für den Betrieb seiner Kraftwerke. Diese Zahlungen hatten mit den Einnahmen aus dem Stromverkauf nichts zu tun, sondern waren eine zusätzliche Einkommensquelle. Mark aber verbuchte diese separaten Einnahmen als Rendite aus der ursprünglichen Investition, und je höher die falsch verbuchten Einnahmen waren, desto niedriger war das investierte Kapital im Verhältnis zum Gewinn. Es war eine Fehlkalkulation, die zu weit überhöhten Gewinnmargen führte.

Rebecca Carter ließ ihren Blick durch den Raum schweifen. Niemand erhob Widerspruch.

O Gott, Rebecca, nein!, dachte Carter. *Jemand muss ihr sagen, dass sie auf dem Holzweg ist.*

Eine Stunde später war die Besprechung zu Ende. Koenig und Carter rafften ihre Unterlagen zusammen und verließen hastig den Raum.

»Mein Gott«, sagte Carter. »Mark, hat sie wirklich ...«

»Ja, sie hat.«

Koenig drückte auf den Knopf, um den Aufzug zu holen.

»Aber Sie müssen unbedingt den Mund halten, Rebecca«, sagte er.

»Aber, Mark ...«

»Rebecca, wir dürfen nie mehr an ihrer Personalversammlung teilnehmen, wenn wir Zweifel äußern.«

Rebecca Carter schüttelte den Kopf. »Aber wir sollten auf jeden Fall verhindern, dass sie diesen Scheiß unseren Aktionären erzählt.«

Weihnachten 1995. Zeit für die jährliche Party von Fastow und eine Vielzahl anderer Festivitäten von Enron-Mitarbeitern. Aber diesmal war alles anders als in den Jahren zuvor.

Die Begeisterung, das Gefühl, eine Mission zu haben, war verflogen. Enron machte keinen Spaß mehr: Jeder Arbeitstag war eine ziellose, wilde Hetze. Zu viele Führungskräfte waren erschöpft und verbittert. Skillings Unternehmensbereich war zum x-ten Mal umstrukturiert worden und hieß jetzt Enron Capital & Trade. Im Sommer hatte Skilling seinen Beinahe-Zusammenbruch gehabt. Fastow war nicht mehr so verspielt wie früher und zeigte stattdessen immer häufiger die Zähne. Der alte Teamgeist war einem hinterhältigen Hauen und Stechen gewichen, weil die Führungskräfte um bessere Posten konkurrierten. Plötzlich schien das Motto nicht mehr *Enron gegen den Rest der Welt*, sondern *Enron gegen Enron* zu lauten.

Am dem Tag, als die große Party seines Unternehmensbereichs stattfand, saß Skilling kurz nach 19 Uhr rauchend im Wohnzimmer und wartete auf seine Frau. Nachdem er seinen Plan, Teilzeit zu arbeiten, aufgegeben hatte, hatte er sein Gewicht mit einer radikalen Abmagerungsdiät und Kettenrauchen wieder unter Kontrolle gebracht. Sein Selbstwertgefühl hatte sich gebessert, aber um sein Familienleben stand es schlimmer als je zuvor. Er und Susan sprachen kaum noch miteinander, schafften es gerade noch, höflich zu bleiben. Nicht einmal für seine Kinder nahm er sich noch Zeit, sondern widmete fast jede verfügbare Minute seiner Arbeit.

Nun schenkte er sich ein Glas Wein ein und zündete sich noch eine Zigarette an. Es war höchste Zeit aufzubrechen, aber Susan kam immer noch nicht aus dem Schlafzimmer. Dreißig Minuten vergingen, fünfundvierzig, eine Stunde. Skilling trank inzwischen das dritte Glas Wein, und er kochte vor Wut. Susan hatte ihre Abneigung gegen solche Betriebsfeste nie verborgen, aber dieses Jahr hatte Skilling das Problem schon zwei Wochen vorher angesprochen. Seine Leute seien ihm wichtig, hatte er ihr gesagt; also werde sie mit ihm auf die Party gehen und nett sein. Nun hatte er das Gefühl, dass sie Rache nahm und den Abend absichtlich sabotierte.

Endlich – um Viertel nach acht – erschien sie im Wohnzimmer.

»Ich weiß nicht, was ich mit meinen Haaren tun soll«, verkündete sie.

Skilling drückte seine Zigarette aus.

»Schon gut«, sagte er. »Ich geh nicht hin.«

»Natürlich gehst du.«

»Nein«, sagte er und stand auf. »Ich geh raus und lasse mich voll laufen.«

Skilling ging zu seinem Auto, und Susan folgte ihm. Schweigend fuhr er in die Westheimer Road und parkte vor dem italienischen Restaurant Grotto.

»Ich geh da rein«, sagte er.

»Ich bleibe im Wagen«, sagte Sue.

Skilling zuckte die Schultern. »Na gut.«

In dem Lokal ging er sofort an die Bar, nahm ein paar Drinks und kehrte dann wieder zum Wagen zurück. Sue saß immer noch auf dem Beifahrersitz.

»Okay«, sagte Skilling. »Jetzt geh ich woanders hin.«

Die Szene wiederholte sich vor einem anderen Lokal. Skilling ging hinein, und seine Frau wartete auf dem Parkplatz. Als er diesmal zurückkam, war er schon ziemlich betrunken, und Sue war wütend.

»Wir müssen zu der Weihnachtsparty«, sagte sie.

»Nein. Du machst mir bloß wieder Schwierigkeiten, wenn ich dich mitnehme. Du wirst mir das Fest nicht noch einmal verderben.«

»Aber du musst doch hingehen.«

Skilling packte mit beiden Händen das Steuer, bebend vor alkoholverstärkter Wut. Er schloss eine Sekunde die Augen. Dann starrte er durch die Windschutzscheibe in die Nacht hinaus.

»Sue«, sagte er. »Ich habe genug. Mir reicht's.«

Er holte tief Luft.

»Ich will die Scheidung.«

Kapitel 4

Ein weißer Mazda Navajo bog von der Westheimer Road in eine abschüssige Zufahrt ein und fuhr auf die rot-weiße Stuckfassade von Armando's Mexican Restaurant[1] zu. Der Mann vom Parkservice wartete, bis das Auto zum Stehen kam, und eilte zur Fahrertür. Andy Fastow löste den Sicherheitsgurt, stieg aus und übergab dem Mann die Wagenschlüssel. Auf der Beifahrerseite stieg Lea Fastow aus und wurde von ihrem Mann in das Restaurant begleitet.

Minuten später bog Ken Rice mit seiner Frau Teresa beim Armando's ab. Der rote Porsche saß in der Zufahrt auf, und Ken zuckte zusammen, als das Metall über den Asphalt scheuerte. Auch er überließ seinen Wagen dem Servicemann und ging mit seiner Frau hinein. Andy Fastow stand am Eingang der Bar und winkte.

Es war Januar 1996, und die beiden Paare gingen das erste Mal miteinander aus. Obwohl Rice und Fastow schon seit Jahren im selben Gebäude arbeiteten, hatten sich ihre Wege nur wenige Male gekreuzt, und sie hatten dabei kein positives Bild voneinander gewonnen. Fastow hielt Rice für zu weich und für überbezahlt, und Rice hatte Fastow hinter dessen Rücken als einen krankhaft ehrgeizigen Schuft bezeichnet, der für seine Kollegen nur dann Zeit übrig habe, wenn es seiner eigenen Karriere nutze. Folglich hatte Fastow einige Tage zuvor Rice verblüfft (und sein Misstrauen geweckt), als er ihn zum Abendessen einlud.

Die beiden Paare trafen sich in der Bar. Sie waren leger, aber schick gekleidet. Die Männer gaben sich die Hand, dann stellte Rice Teresa vor und begrüßte Lea. Die beiden Frauen kannten einander bereits vom Büro.

»Unser Tisch ist vorbereitet«, sagte Fastow. »Gehen wir gleich rüber?«

Sie verließen die Bar und wurden von der Wirtin an ihren Platz geführt. Links und rechts des Ganges befanden sich zwei Nebenräume, der eine blau und der andere rot gestrichen, in denen bereits zahlreiche Gäste speisten. Die Wirtin ging an den Nebenräumen vorbei und führte sie in einen schwach beleuchteten Zentralbereich, dessen Interieur entfernt an ein französisches Château erinnerte, zu einem Tisch an der Wand. Die Frauen nahmen auf der einen und die Männer auf der anderen Seite des Tisches Platz.

Ein Kellner erschien und fragte, ob sie eine Erfrischung wünschten.

Seine übertrieben feierliche Art war typisch für das Armando's, aber gerade sie trug mit zur Beliebtheit des Lokals bei. Sie bestellten alle Margaritas, und bald war der Tisch mit Drinks, Ofenkartoffeln, Hühner-Enchiladas und Meeresfrüchten voll gepackt.

Beim Essen sprachen die Paare über ihre Kinder. Lea hatte erst kürzlich ihr erstes Kind geboren und überhäufte die Kinderärztin Teresa mit Fragen. Ken Rice gab ein bisschen mit seinen drei Kindern an, während Andy Fastow von seinem neugeborenen Sohn Jeffrey erzählte. Wegen des Namens wurde bei Enron bereits darüber gewitzelt, dass Fastow sein Baby benutzt habe, um sich bei Skilling einzuschmeicheln.

Allmählich wandte sich das Gespräch der Arbeit zu. Fastow hatte gerade die Leitung der Retail Group übernommen[2], die Strom an Privatkunden verkaufen sollte. Rice vermutete, dass er ihn zum Essen eingeladen hatte, um ihn über den Unternehmensbereich Stromgroßhandel auszufragen, den er leitete.

»Und wie läuft es so im Privatkundengeschäft?«, fragte Rice.

Fastow setzte ein breites Lächeln auf. »Glänzend. Wirklich glänzend. Wir steigen massiv ein und nehmen ein paar große Projekte in Angriff.«

Rice nippte an seiner Margarita.

»Wir haben uns ein paar wirklich wichtigen Herausforderungen gestellt«, fuhr Fastow fort. »Wir versuchen, neu zu definieren, wie die Leute Strom kaufen. Wir wollten Dienstleistungen bieten, die nicht traditionell wirken, die den Leuten wirklich die Augen dafür öffnen, was an unserem Produkt das Besondere ist.«

Rice nickte und sagte nichts. *Ein Haufen Floskeln aus der Marketingsprache. Kein gutes Zeichen.*

»Genau das müssen wir tun«, fuhr Fastow fort. »Wir müssen neue, kreative Dinge rausbringen.«

»Ja«, sagte Rice, »das hört sich gut an.«

»Genau wie M&Ms.«

M&Ms? Diese Schokopillen?

Fastow überschlug sich fast vor Begeisterung. »M&Ms tut jetzt blaue M&Ms in die Tüten. Und sie machen ein großes Ding daraus, dass sie jetzt blau sind, nur damit sie mehr M&Ms verkaufen.«

Rice hatte eine vage Ahnung, wovon Fastow da sprach. Mars, der Hersteller von M&Ms, hatte den Dragees gerade eine neue Farbe verpasst und den Farbwechsel mit einer gewaltigen Werbekampagne begleitet. Bei einer Süßigkeit war das ganz in Ordnung, aber wie zum

Teufel sollte man mit solchen Gags Strom verkaufen? Sollte Enron vielleicht der Elektrizität eine neue Farbe verpassen?

»Ich glaube, das ist eine kreative Marketingstrategie für M&M's«, sagte Rice. »Aber was bedeutet das für uns? Was hat das Ganze mit Strom zu tun?«

»Ich glaube, wir können ein paar Produkte entwickeln, die die Aufmerksamkeit der Leute genauso auf sich ziehen werden.«

Rice nickte und versuchte, sein Unbehagen zu verbergen. Fastow war vielleicht ein guter Finanztechniker, aber er hatte ganz sicher keine Ahnung vom Handel mit Bedarfsgütern wie Strom. In diesem Bereich war der Preis der alles entscheidende Faktor. Rice rang sich dazu durch, Fastow einen kleinen Tipp über das Stromgeschäft zu geben, bevor er sich bei Skilling mit seinem Gerede von den blauen M&Ms blamierte.

»Okay«, sagte Rice langsam. »Aber das wirklich Entscheidende bei den Stromverbrauchern ist meiner Ansicht nach, dass Sie günstige Preise und guten Service bieten.«

Fastow starrte Rice verständnislos an.

»Aber die Verbraucher haben keinen Preisvergleich«, fuhr Rice fort. »Sie haben keine Preissignale zur Verfügung. Wenn Sie einen Weg finden, die Verbraucher über die relativen Kosten zu informieren, können diese intelligente Entscheidungen treffen, und Sie können über den Preis konkurrieren.«

Schweigen im Walde. Fastow schaute Rice verständnislos an, dann sagte er: »Wir haben noch andere kreative Ideen« und beschrieb einen weiteren Marketingtrick. Offensichtlich hatte er Rice überhaupt nicht zugehört.

Rice kippte mit seinem Stuhl nach hinten. *Schon kapiert. Fastow mag nur Fastows Ideen, und es ist ihm ganz egal, was andere sagen. Wenn er seinen Job auf diese Art betreibt, dann wird das Privatkundengeschäft mit Strom vermutlich scheitern.*

Etwas später zahlte Fastow die Rechnung, und die beiden Paare verließen das Lokal. Das Auto von Rice wurde zuerst gebracht. Die Serviceleute vom Armando's zogen in der Regel teure Fahrzeuge vor, also kam der Porsche natürlich vor dem kastenförmigen, zweitürigen Geländewagen der Fastows. Rice und seine Frau bedankten sich für die Einladung und fuhren davon.

Teresa sagte erst etwas, als sie losgefahren waren. Sie hatte gemerkt, dass Fastow ihren Mann voll gelabert und seine Antworten ignoriert hatte. Das kam ihr seltsam vor.

»Was sollte das Ganze?«, fragte sie.

»Keine Ahnung«, sagte Rice.

Im Osten des Stadtzentrums von Portland steht das World Trade

Center der Stadt, drei Wolkenkratzer an einer Promenade, die zu dem Fluss Willamette hinabführt. Die Türme, eine Symphonie aus Glas und Beton, sind der Sitz von Portland General Electric, einem Stromkonzern, der 1996 Oregon mit Strom versorgte und sich energisch für die Liberalisierung des Strommarkts einsetzte.

Am 17. Januar 1996 hielt morgens ein Taxi mit Ken Rice und Cliff Baxter vor dem Trade Center. Sie stiegen aus und eilten auf einen überdachten Verbindungsgang zu. Über ihnen schimmerte der strahlend blaue Himmel durch eine Gitterstruktur aus Glas und Aluminium, als sie mit zahlreichen anderen Fußgängern durch den Gang hasteten. Schließlich hatten sie Tower One erreicht und nahmen den Aufzug in den obersten Stock.

Sie waren sich bewusst, dass dieser 17. Januar für das Stromgeschäft von Enron ein wichtiger Tag werden würde. Nachdem Skilling seine Idee von einem Energiekonsortium hatte aufgeben müssen, hatte Baxter nach einer brauchbaren Alternative gesucht und war auf das Bündnis mit einem einzelnen Stromversorger verfallen. Wenn Enron auf dem Strommarkt eine Rolle spielen wollte, so seine Idee, brauchte es eine solche Verbindung im Westen der USA, wo sich die Branche in Erwartung der Liberalisierung des gigantischen kalifornischen Strommarkts umstrukturierte.

Die Suche nach einem Partner war frustrierend gewesen; bei den Versorgungsunternehmen interessierten sich zu viele Manager mehr für Golf als für neue Geschäftsstrategien. Ein Bündnis mit Führungskräften, denen es an jedem beruflichen Ehrgeiz mangelte, kam für Enron nicht in Frage. Enron brauchte ein innovatives Unternehmen als Bündnispartner, das sich für Veränderungen stark machte. Portland General schien in dieser Hinsicht perfekt, vorausgesetzt, der Chairman und Chief Executive Ken Harrison war zu einer Zusammenarbeit zu bewegen.

Der Aufzug kam zum Stehen, und die beiden Vertreter von Enron betraten die Führungsetage von Portland General. Sie war holzgetäfelt und in dem für Versorgungsunternehmen typischen konservativen Stil gehalten.

»Hi. Wir sind Ken Rice und Cliff Baxter und möchten mit Mr. Harrison sprechen«, sagte Rice zu der Empfangsdame.

15 Minuten später wurden sie in einen Konferenzraum unmittelbar neben dem Empfangsbereich geführt. Harrison wartete an einem großen Tisch mit dem Rücken zu einem gewaltigen Panoramafenster. Neben ihm saß Joe Hirko, der Chief Financial Officer des Unternehmens. Baxter und Rice begrüßten ihre Verhandlungspartner und nahmen Platz.

Rice eröffnete das Gespräch mit der Erwähnung eines Treffens, das ein Jahr zuvor anlässlich von Skillings inzwischen aufgegebener Idee eines Energiekonsortiums stattgefunden hatte. Die Manager des Versorgungsunternehmens nickten lächelnd; es brauchte nicht noch einmal betont zu werden, dass der damalige Vorschlag unsinnig gewesen war.

»Wir sind immer noch der Ansicht, dass wir gemeinsam eine Menge erreichen könnten«, sagte Baxter. »Wir würden gerne über ein formelles strategisches Bündnis mit Portland General reden.«

Rice legte seine Unterarme auf den Tisch. »Wir haben uns angesehen, welche Position Ihr Unternehmen hat und wie es operiert, und wir glauben, dass wir über Fähigkeiten verfügen, die die Ihrigen gut ergänzen würden und umgekehrt.«

Die Liberalisierung sei nicht zu stoppen, argumentierten die Enron-Manager. Unternehmen, die sich darauf vorbereiteten, würden aufblühen. Wer das jedoch versäume, werde scheitern. Harrison und Hirko hörten aufmerksam zu und nickten.

»Wir teilen Ihre Ansicht, was die Entwicklung des Marktes betrifft«, sagte Harrison. »Wir handeln schon lange mit Strom und kennen uns auf diesem Feld recht gut aus. Aber ich glaube, es gibt ein paar Dinge, die wir gemeinsam tun sollten.«

Er lächelte. »Reden wir noch ein Weilchen miteinander«, sagte er.[3]

Die Strategiesitzung in Fastows Retail Group schleppte sich schon seit Stunden dahin.

Fastow hatte die neue Aufgabe ein paar Wochen zuvor übernommen und hatte immer noch keinen Geschäftsplan, den er Skilling vorlegen konnte. Seine Ideen waren vage und oberflächlich und hatten keinen ausreichenden Realitätsbezug. Anfang 1996 ging er mit seinen Topmanagern wieder einmal verschiedene Vorschläge durch, notierte die Ideen an einer Weißwandtafel und versuchte verzweifelt, *irgendeine* Strategie zusammenzuschustern, als er durch die Glaswand des Büros Vince Kaminski vorübergehen sah.

Kaminski war das Genie vom Dienst bei Enron, ein hervorragender Risikoanalyst, der an der Wall Street gearbeitet hatte, bevor er nach Houston gekommen war.[4] Inzwischen war der in Polen geborene Kaminski der Mann, auf den Enron am stärksten baute, wenn es galt, das Unternehmen vor unsichtbaren Gefahren zu schützen. Wenn die Gefahr bestand, dass Investments von Enron an Wert verloren, entwickelten Kaminski und sein Team von hervorragenden Finanzwissenschaftlern komplexe Deckgeschäfte, die – wenigstens in der idealen Welt der Theoretiker – an Wert gewannen, wenn die ursprünglichen Investments an Wert verloren. Fastow hatte das sichere Gefühl, dass der Rat eines solchen Mannes für eine wie immer geartete Geschäftsstrategie wertvoll sein würde.

»He«, rief Fastow. »Holt mir Vince mal her.«

Jemand schob Kaminski herein. Der Risikoanalyst war freundlich, aber leicht zu erzürnen, ein Mann, der sich schnell ein Urteil über die geistigen Fähigkeiten seiner Kollegen bildete, und Fastow belegte auf seiner Liste großer Geister nicht gerade den ersten Platz. Lange Zeit zuvor hatte Fastow einmal zu Unrecht damit geprahlt, dass bei seiner Arbeit kein Zinsrisiko bestehe, und damals hatte ihn Kaminski als intellektuelles Leichtgewicht abgehakt.

Fastow streckte die Beine unter dem Tisch. »Wir entwickeln gerade eine Strategie für das Privatkundengeschäft, Vince«, sagte er, wobei er wie immer jeden S-Laut mit einem kleinen Pfeifen aussprach. »Ich wollte Sie fragen, ob Sie vielleicht einen Beitrag leisten könnten.«

»Natürlich«, sagte Kaminski. »Was planen Sie?«

Die ganze Idee basiere auf der unvermeidlichen Liberalisierung des Stromgeschäfts, sagte Fastow. »Wenn das passiert, werden die Strompreise ganz bestimmt sinken.«

Kaminski nickte ernst; er hatte den Fehler in Fastows Überlegungen schon erkannt. Durch die Liberalisierung würden die Strompreise *theoretisch* sinken. Was aber passierte, wenn die Preise für Öl und Gas plötzlich stiegen? Oder wenn die Liberalisierung schlecht durchgeführt wurde? Oder wenn es eine Kernschmelze in einem Atomkraftwerk gab, die der gesamten Atomindustrie über Nacht den Todesstoß versetzte und zu einer Energieknappheit führte?

»Ja und?«, fragte Kaminski. Es hatte keinen Sinn, Einwände vorzubringen.

»Wir bieten den Verbrauchern langfristige Verträge unter den gegenwärtigen Normalpreisen an. Dann kommt die Liberalisierung, die Preise fallen, der Preis in unseren Verträgen liegt über dem Marktpreis, und wir ziehen aus der Differenz unseren Gewinn.«

Kaminski verschränkte die Arme über der Brust. Fastow entsprach ganz seinen Erwartungen: Die Idee war lächerlich. Im Grunde würde Enron damit eine hohe Wette auf den Zeitpunkt der Liberalisierung abschließen und massive Verluste machen, bis die Preise zu fallen begannen. Und dann – *wenn* die Preise fielen – würde das Unternehmen Preise verlangen, die über dem Marktpreis lagen. Was war mit Kunden, die Bankrott gingen? Würde Enron jeden verklagen, der den Stromversorger wechselte? Und wie sollte Enron seine Verträge verlängern oder neue Kunden gewinnen, wenn es seine Privatkunden ein paar Jahre lang geneppt hatte?

Bevor Kaminski antworten konnte, ergriff einer von Fastows Mitarbeitern das Wort.

»Die Idee hat nur einen Haken«, sagte er. »Wir werden in den ersten paar Jahren garantiert ziemlich große Verluste machen.«

»Stimmt«, sagte Fastow.

Er schaute Kaminski erwartungsvoll an. »Vince, Sie können doch sicher ein Deckungsgeschäft entwickeln, mit dem wir die Verluste in den ersten Jahren ausgleichen können?«

Kaminski lachte in sich hinein. *Wie kann man einem solchen Mann eine solche Aufgabe anvertrauen?* Mit einem Deckungsgeschäft konnte man mögliche Wertverluste einer Investition ausgleichen, aber nicht Betriebsverluste aus einem schlecht geführten Geschäft. Das einzige Deckungsgeschäft für ein Verlustgeschäft war ein Gewinn bringendes Geschäft, und das würde bei dieser Besprechung garantiert nicht herauskommen.

»Wenn ich ein solches Deckungsgeschäft konzipieren könnte«, erklärte Kaminski geduldig, »dann könnten wir unsere Kunden glatt vergessen und unser ganzes Geld nur noch mit Deckungsgeschäften machen.«

Ken Rice war im Stadtzentrum von Houston unterwegs, als das Handy an seinem Gürtel klingelte. Er nahm es aus der Halterung und drückte den Antwortknopf.

»Ich habe gerade einen Anruf von Oejay Irkohay bekommen«, sagte der Anrufer in verschwörerischem Ton.

Rice lachte. Es war Baxter mit Neuigkeiten über Portland General. In einem unbeholfenen Versuch, die Abhörsicherheit zu verbessern, sprach Baxter nur noch verschlüsselt, wenn er per Handy über die Verhandlungen berichtete.

Oejay Irkohay. Joe Hirko, der CFO von Portland General.

»Okay, Iffclay Axterbay«, antwortete Rice. »Was hat *Oejay* gesagt?«

Nach dem ersten Treffen in Portland hatten die Verhandlungen keine großen Fortschritte gemacht. Aus der Diskussion über eine unklar definierte Form der Zusammenarbeit war zwar der Vorschlag eines formellen Jointventures hervorgegangen, aber dann war es nicht mehr richtig vorwärts gegangen. Es gab zu viele technische Probleme, zu viele Möglichkeiten, wie eines der Unternehmen das andere betrügen konnte. Einen Vertrag auszuhandeln, mit dem sich das gegenseitige Misstrauen überwinden ließ, erschien unmöglich.

Trotzdem schlug Hirko, wie Baxter nun berichtete, ein weiteres Treffen vor, um doch noch zu einer Einigung zu gelangen. Rice war einverstanden, und die Verhandlungsteams vereinbarten ein neues Treffen in einem Hotel in der kalifornischen Stadt Laguna Niguel.

Auch diesmal blieben die Gespräche lange ergebnislos. Nach mehreren Stunden bat Hirko um eine Pause und verließ den Raum.

Baxter rieb sich frustriert das Gesicht. »Das wird niemals klappen.«

»Ich weiß«, sagte Rice.

Beide schwiegen. Dann sagte Baxter: »Nur eine richtige Fusion ergäbe einen Sinn.«

Rice nickte. »Fragen wir Hirko, was er davon hält.«

Baxter und Rice verließen den Konferenzraum und stießen im Gang auf Hirko.

»Ich glaube nicht, dass wir uns da drin auf ein Jointventure einigen können«, sagte Baxter. »Aber was ist mit einem Zusammenschluss?«

Hirko holte tief Luft. »Wenn überhaupt etwas funktioniert«, sagte er, »dann höchstens eine Fusion.«

Sherron Smith[5] blätterte einen Investitionsvorschlag durch und verzog angewidert das Gesicht.

Die frühere Wirtschaftsprüferin arbeitete seit Oktober 1993 bei Enron. Sie war damals eingestellt worden, um JEDI, das Jointventure zwischen Enron und CalPERS, zu leiten. Anfangs gefiel es ihr gut bei dem Unternehmen, und sie mochte Andy Fastow, ihren Chef. Sie empfand ihn als energiegeladen und dynamisch und manchmal sogar als fürsorglich. Mit der Zeit jedoch fühlte sie sich durch seine Pflichtversäumnisse als Manager immer mehr abgestoßen. In diesem Jahr war er nicht einmal auf dem halbjährlichen Treffen des Performance Review Committee erschienen, bei dem die Leistungen der Enron-Mitarbeiter bewertet wurden und die Topmanager versuchten, möglichst hohe Kompensationen und Beförderungen für ihre eigenen Mitarbeiter herauszuschlagen. In der Folge hatte sich Smith mit einer enttäuschenden Prämie von 14 000 Dollar begnügen müssen und eine solche Wut auf Fastow bekommen, dass sie sogar an eine Kündigung gedacht hatte.

Dann jedoch übernahm Fastow die Retail Group, und Sherron Smiths Welt erstrahlte in neuem Glanz, als Skillings Lieblingsbuchhalter Rick Causey ihr neuer Chef wurde. Causey war ein freundlicher, weichherziger Mann. Er hatte Smith und ihren Kollegen jetzt schon Gehaltserhöhungen versprochen, und Sherrons Verhältnis zu Enron hatte sich wieder merklich gebessert.

Ihre Aufgabe bestand – vereinfacht ausgedrückt – darin, als Torwächter für JEDI zu fungieren. Fast alle Manager im Umfeld von Enron wollten erreichen, dass JEDI in ihre Deals investierte. Aber ihre Investitionsvorschläge waren oft mangelhaft – schlecht durchdacht, schlecht strukturiert oder einfach schlecht in jeder Beziehung.

Wenn ein Manager Smith einen mangelhaften Vorschlag präsentierte, machte sie ihn zur Schnecke. Sie hatte Spaß daran, andere mit unangenehmen Wahrheiten zu konfrontieren, und zwar über jedes erdenkliche Thema einschließlich ihrer eigenen Person. Ihr Problem bestand darin, dass sie unbedingt wie ein Mann sein wollte und sich dabei Lastwagenfahrer und Hafenarbeiter zum Vorbild nahm. Ihre Schimpftiraden bei Besprechungen waren Legende, und auch an diesem Tag rechnete niemand damit, dass sie sich anders verhalten würde.

Smith knallte den Ordner mit dem Investitionsvorschlag zu und funkelte die Manager, die ihn vorgelegt hatten, böse an.

»Was zum Teufel ist denn das?«, schnaubte sie. »Sieht mir nach einem verdammten Wettwichsen aus.«

Verlegenes Grinsen allenthalben. Sherron wurde ihrem Ruf wieder einmal voll gerecht.

»Ich weiß, dass Sie sehr urteilsfreudig sind, Sherron, aber es liegt viel Wert ...«, setzte einer der Manager an.

»Hören Sie bloß auf«, unterbrach ihn Sherron. »Wir sind doch nicht hier, um einander einen zu blasen.«

Smiths Kollegen Shirley Hudler und Bill Brown, die mit am Tisch saßen, zuckten bei ihrer Ausdrucksweise zusammen. Sie respektierten Smith, aber sie fanden, dass sie sich mit der gepfefferten Art, wie sie über das Geschäft redete, selbst schadete.[6]

Mein Gott, dachte Hudler. *Halt doch den Mund, Sherron!*

Die Manager, die den Investitionsvorschlag präsentiert hatten, taten ihr Bestes, um Sherron Smith umzustimmen. Aber sie analysierte die Probleme der Transaktion, und ihre Argumente waren so stark, dass die Begründung für das Geschäft zusammenbrach.

Danach schmetterte sie noch einen weiteren Vorschlag ab, aber wie immer nicht ohne Schaden für sich selbst. Ihre Kollegen fürchteten, dass sie durch ihre unflätige Sprache ihre Glaubwürdigkeit einbüßen könne und wegen ihrer gern und häufig demonstrierten Überlegenheit den Ruf bekomme, nicht zuhören zu können. Wenn sie ihr Verhalten nicht änderte, mehr Teamgeist entwickelte und sich mehr an die Spielregeln der Geschäftswelt hielt, sahen sie schwarz für ihre Zukunft bei Enron.

Niemand konnte damals ahnen, dass Sherron Smith als eine von ganz wenigen Führungskräften mit weißer Weste aus der Enron-Pleite hervorgehen und unter ihrem Ehenamen Sherron Watkins auf der ganzen Welt als der *Whistleblower* bekannt werden sollte, als die »Informantin«, die später den Enron-Skandal ins Rollen brachte.

Lea Fastow schnurrte regelrecht in den Hörer: »Wie ich höre, suchen Sie einen Job, Ray«, sagte sie.

Drüben im Büro der Citibank in Houston klemmte sich Ray Bowen den Hörer mit der Schulter ans Ohr und lächelte. »Tatsächlich? Wie kommen Sie denn darauf?«

Es war verblüffend, wie schnell sich die Sache herumgesprochen hatte. Bowen, ein freundlicher Riese, den fast nichts aus der Ruhe bringen konnte, zog erst seit kurzem einen Stellenwechsel in Betracht. Nach fast einem Dutzend Jahren im Bankgeschäft hatte er sowohl bei seinen Vorgesetzten als auch bei Kunden wie Enron einen guten Ruf. Aber er hatte es satt, am Freitagnachmittag Anrufe von irgendeinem Unternehmen zu bekommen, das wieder einmal in einer Krise war. Er wollte mehr Kontrolle über sein Leben, frei über seine Wochenenden verfügen und mehr Zeit mit seiner Familie verbringen. All das bedeutete, dass er seinen Beruf als Banker an den Nagel hängen und sich Arbeit in einem anderen Bereich suchen musste. Er hatte bereits die Fühler ausgestreckt, als er den Anruf von Lea Fastow erhielt, die bei Enron als Assistant Treasurer arbeitete.

»Ich hätte nie gedacht, dass Sie die Citibank verlassen würden«, sagte Lea.

»Es tut sich nichts Neues mehr. Ich langweile mich.«

»Aber bewerben Sie sich auf keinen Fall anderswo, bevor Sie mit uns gesprochen haben.«

Interessant, dachte Bowen. »Denken Sie an was Bestimmtes?«

»Es gibt ein paar gute Möglichkeiten in unserer Firma. Andy baut da diese neue Gruppe auf.«

Lea berichtete über die Details. Privatkundengeschäft. Eine neue Operation des Konzerns. Revolutionäre Innovationen. Bruch mit traditionellen Vorstellungen.

»Okay«, sagte Bowen. »Wenn er Interesse hat, rede ich mit ihm.«

Wenig später fand das Bewerbungsgespräch statt, und Bowen gefiel, was er hörte. Die Retail Group kam ihm sehr dynamisch und hochmodern vor. Fastow war möglicherweise ein Problem; anscheinend umgab er sich mit Jasagern, und Bowen sagte in der Regel seine Meinung. Aber die Karrierechancen bei Enron wirkten zu gut, um nein zu sagen. Bowens Bezahlung und Status würden zunächst etwas schlechter sein als bei der Citibank, aber die Beförderungschancen waren das Opfer wert, und er beschloss, das Risiko einzugehen.

Ende Februar 1996 war sein erster Tag an seinem neuen Arbeitsplatz. Das Büro der Retail Group war nicht sonderlich eindrucksvoll – nur ein paar Schreibtische in einem großen Raum verteilt. Fastow saß an einem Schreibtisch auf der Nordwestseite des Raums.

»Hallo, Ray«, rief er. »Wie geht es Ihnen?«

Bowen begrüßte seinen neuen Chef und ging zu einem Schreibtisch in einer anderen Ecke des Raums. In den nächsten Minuten wurde er von Fastows Sekretärin Bridget Maronge mit verschiedenen elektronischen Geräten ausgerüstet – einem Handy, einem Piepser, einem Laptop. Bowen war überrascht. Bei der Citibank hatte er seine Geräte selbst gekauft, und hier wurden sie zur Verfügung gestellt, ohne dass jemand fragte, ob er sie überhaupt brauchte. Achtete denn niemand auf die Kosten?

»Ich habe schon ein Handy«, sagte Bowen leise.

»Wir haben es aber schon gekauft«, antwortete Bridget Maronge, »deshalb können Sie es genauso gut behalten.«

Bowen saß ein paar Stunden an seinem Schreibtisch, spielte mit seinem Computer herum und wusste nicht so recht, was er tun sollte. Gegen Mittag kam Fastow an seinen Tisch.

»Wollen wir zusammen zu Mittag essen, Ray?«

»Ja, gerne«, sagte Bowen, stand auf und folgte seinem neuen Chef.

In der Mitte des Raums blieb Fastow stehen und sagte: »Ich wollte mit Ihnen sprechen, weil ich Sie ins Bild setzen will. Wir sind nämlich noch nicht ganz so weit, wie ich Sie womöglich glauben ließ.«

Insgeheim hatte Bowen schon vermutet, dass Fastow ihm nicht die ganze Wahrheit erzählt hatte. Aber jetzt war es auf jeden Fall zu spät; er hatte seine Zelte bei der Citibank schon abgebrochen.

»Dies ist ein echtes Start-up-Projekt, Ray«, fuhr Fastow fort. »Und wir haben noch nicht alles auf der Reihe. Aber wir kommen bald ans Ziel.«

Was hatte *das* zu bedeuten? In den folgenden Tagen versuchte Bowen, genau das herauszufinden. Er sprach mit Kollegen und studierte Unterlagen. Die Antwort war beunruhigend. Es gab keine kohärente Strategie: Mitarbeiter sprachen mit Werbeagenturen über das Marketing und versuchten, die ersten Verträge zu schließen, ohne dass überhaupt geklärt war, welche Ziele der Unternehmensbereich verfolgte.

Im Büro sprach sich herum, dass Bowen Informationen sammelte. Bevor die Woche um war, kam Gustav Beerel an seinen Schreibtisch. »Ich habe ein paar Analysen über unser Geschäft gemacht und würde gern Ihre Meinung dazu hören«, sagte der junge Magister der Betriebswirtschaft mit Harvard-Abschluss, der in dem neuen Unternehmensbereich arbeitete.

Er legte Bowen ein Blatt voller Zahlen vor. »Gehen wir das einfach mal durch«, sagte er. »Dann sehen Sie schnell, wo das Problem liegt.«

Die Zahlen waren nur grob geschätzt, aber sie verhießen nichts Gutes: Der durchschnittliche Privatkunde zahlte etwa 60 Dollar im Monat für Strom, und davon waren zwei Drittel feste Kosten – Ausgaben, die sich nicht änderten. Damit blieb nur ein Drittel, also 20 Dollar, für den Kauf von Brennstoff oder Strom und für den ganzen Gewinn. Selbst wenn man annahm, dass Enron erforderliche Primärgüter zehn Prozent billiger einkaufen konnte als die Konkurrenz, würde das keine große Einsparung bedeuten, nämlich durchschnittlich nur zwei Dollar pro Monat.

»Würden Sie für zwei Dollar im Monat zu einem unbekannten Stromversorger wechseln?«, fragte Beerel. »Da liegt unser Problem.«

Bowen starrte auf die Daten und versuchte, die schlimme Nachricht zu verdauen.

»Mit diesen Zahlen haut es nicht hin«, sagte er leise.[7]

Fastow war totenblass und angsterfüllt, als er seine Mitarbeiter um sich scharte. Schon seit Tagen hatte er einen panischen Ausdruck in den Augen, und seine nervösen Ticks wurden immer ausgeprägter: Das Pfeifen bei den S-Lauten hatte sich verstärkt, und er reckte immer öfter den Hals und zog dabei an seinem Kragen. Ihm lief die Zeit davon, und er brauchte die Hilfe seiner Mitarbeiter.

Als alle sich um ihn versammelt hatten, setzte er sich auf einen Schreibtisch und bemühte sich, entspannt zu wirken. »Ich habe bald eine Besprechung mit Skilling«, sagte er. »Und wir müssen etwas bringen, das ihn umhaut vor Begeisterung. Wir müssen ihm einen großartigen Geschäftsplan vorlegen.«

Unbehagliches Schweigen. Es gab keinen Geschäftsplan.

»Wann muss er fertig sein?«, fragte einer.

Fastow lächelte gequält. »Nächste Woche.«

Seine Mitarbeiter tauschten viel sagende Blicke.

Dann machte sich die Gruppe an die Arbeit. Fastow zog sich mit etwa einem halben Dutzend seiner wichtigsten Mitarbeiter in einen Konferenzraum im 25. Stock zurück. Ideen wurden an die Weißwandtafel geschrieben, Marktstudien gesammelt, Forschungspläne entworfen. Auf dem Konferenztisch stapelten sich die Papiere, während sie an einem Konzept arbeiteten, das keiner von ihnen richtig verstand.

Nirgendwo in dem ganzen Bericht wurde erwähnt, dass der Auftrag des Unternehmensbereichs womöglich unsinnig sein könnte. Bowen nahm Fastow beiseite, berichtete ihm von Beerels unheilvollen Erkenntnissen und fragte ihn, ob man sie nicht in den Bericht aufnehmen müsse.

Fastow schüttelte den Kopf. »Gustav hat eine Menge Scheiße im Hirn«, sagte er. »Sie sollten ihm nicht alles glauben.«

Ende der Diskussion. Bowen kehrte an den Konferenztisch zurück, überzeugt, dass Fastow sich dem wirklichen Problem des Privatkundengeschäfts einfach nicht stellen wollte – oder dass Fastow dachte, Skilling wolle nichts davon hören.

Am Ende war der Bericht keine zweieinhalb Zentimeter dick.[8] Eine halbe Stunde vor seinem Termin bei Skilling saß Fastow in seinem erst kürzlich fertig gestellten Büro und wog das offene Dokument in der Hand. Es fühlte sich irgendwie zu leicht an. Fastow hatte schreckliche Angst. Skilling erwartete eine Menge von dieser Präsentation, und Fastow konnte sich der Befürchtung nicht erwehren, dass sie Skillings Ansprüchen nicht genügen würde. Er klappte den Bericht zu und ging in das Hauptbüro. Alle Augen waren auf ihn gerichtet.

»Also«, rief er. »Ich geh dann mal zu Skilling.«

»Viel Glück, Andy«, rief jemand.

Fastow ging mit mehreren Exemplaren des Berichts zum Aufzug und drückte den Knopf für den 27. Stock, wo er den Aufzug wechseln musste, um in den 33. Stock zu gelangen. Er erreichte Skillings mäßig großes, verglastes Büro und blieb in der offenen Tür stehen.

»Jeff?«

»Hallo, Andy. Kommen Sie herein.«

Fastow ging zu einem kleinen Konferenztisch, und Skilling kam hinter seinem Schreibtisch hervor und setzte sich zu ihm.

»Okay«, sagte er. »Was haben Sie?«

Wortlos schob Fastow ein Exemplar des Berichts über den Tisch. Skilling blätterte das Dokument durch. Wörter wie »Absatz und Marketing« oder »Gewinnvoraussagen« waren in Kästen gesetzt, und überall standen Zahlen ohne Erklärung, woher sie stammten. *Seite um Seite substanzloses Kauderwelsch.*

»Also ... Wir haben uns die Geschäftschancen unseres Unternehmensbereichs angesehen und ein paar Gewinnvoraussagen zusammengestellt ...«, setzte Fastow an.

»Andy, das ist Müll«, unterbrach ihn Skilling. »Die Daten sind viel zu allgemein als Basis für ein Geschäft.«

»Na ja, ich meine, das ist das Konzept für unsere Strategie.«

Skilling knallte das Dokument verächtlich auf den Tisch. »Andy, das ist kein Plan! Wie viele Leute müssen Sie einstellen? Wie viel Büroraum brauchen Sie? Was für Kunden wollen Sie ansprechen? Ich meine, wie genau wollen Sie die Gewinne machen, die Sie voraussagen?«

»Da steht drin, wie wir es berechnet haben ...«

»Ach, kommen Sie, Andy! Das ist doch idiotisch. Es gibt eine Menge Dinge, die man tatsächlich nicht wissen kann, wenn man ein Geschäft aufbaut. Man kennt vielleicht die Erträge nicht, aber man weiß auf jeden Fall, was man ausgeben muss.«

Fastow schluckte hart und wurde rot.

»Sie müssen klären, wie viele Telefone Sie brauchen«, fuhr Skilling mit immer noch scharfer Stimme fort. »Sie müssen wissen, welche Kunden Sie anrufen wollen. Wie oft werden Sie sie anrufen? Und was zum Teufel ist Ihr Verkaufsargument? Was ist der Geschäftsvorschlag? Sie können kein Privatkundengeschäft aufziehen, wenn Sie nicht wissen, was Sie verkaufen wollen. Sie müssen mir den Geschäftsplan vorlegen.«

»Das ist er«, protestierte Fastow und hielt den Bericht hoch.

»Nein, Andy, das ist er nicht! Ich brauche Einzelheiten. Ich muss verstehen, wie Sie die Sache angehen wollen. Sie können nicht einfach ein paar Wörter in Kästen setzen und ein paar Zahlen hinschreiben und behaupten, dass Sie fertig sind. Sie sind doch kein Dummkopf, Andy!«

Eine Pause entstand. Dann sagte Skilling. »Jetzt sehen Sie aber frustriert aus, Andy …«

»Na ja, ich weiß nicht genau, was Sie wollen.«

O Mann, dachte Skilling. *Das ist schlimm. Fastow hat anscheinend einen mentalen Block. Dieser Kerl konzipiert komplizierte Kapitalbeschaffungsmodelle, aber er hat keinerlei unternehmerisches Grundwissen!*

»Okay, Andy«, sagte er. »Sie müssen ganz konkret darstellen, was Sie tun wollen. Sie müssen mich davon überzeugen, dass Sie alles gut geplant haben und wir das Projekt finanzieren sollten.«

»Okay.«

»Sie setzen sich also noch einmal mit Ihren Leuten zusammen und lassen sich von denen erzählen, was sie vorhaben. Und dann kommen Sie nächste Woche wieder zu mir, und wir reden noch einmal darüber.«

Einen Augenblick herrschte Schweigen im Raum. Fastow hatte das sichere Gefühl, dass er gerade am Ende seiner Karriere angelangt war.

»In Ordnung«, sagte er und stand auf. »Ich mache einen zweiten Durchgang.«

Fastow schlurfte zur Tür hinaus, und Skilling wusste, dass ihn die Besprechung fertig gemacht hatte. Aber an der Situation gab es nichts zu beschönigen. Enron hatte schon viele neue Geschäftszweige aufgebaut, und ihre Planung erfolgte stets nach demselben Grundmuster. Nicht so bei Fastow. Der Typ hatte keine Ahnung, was er erreichen wollte. *Vielleicht bringt ihn diese kleine Zurechtweisung auf den rechten Weg,* dachte Skilling.

Draußen auf dem Gang wartete Fastow auf den Aufzug. Er fühlte sich noch nicht fit, in sein Büro zurückzukehren. Erst musste er wieder einen klaren Kopf kriegen – vielleicht durch einen Spaziergang.

»Was soll ich tun?«, dachte er verzweifelt.

Etwa eine Stunde später kehrte Fastow in den 25. Stock zurück. Im Großraumbüro der Retail Group hatten sich Gruppen von Mitarbeitern gebildet und warteten gespannt auf das Ergebnis der Besprechung. Sie versuchten an seinem Gesicht abzulesen, was passiert war. Doch sein Gesichtsausdruck und sein Verhalten waren völlig neutral.

Fastow ließ seinen Blick durch den Raum schweifen, dann zog er sich in sein Büro zurück. Drinnen knallte er den Bericht auf den Schreibtisch und ließ sich in seinen Schreibtischsessel fallen. Er blieb bewegungslos sitzen und starrte die Wand an. Es klopfte.

»Ja?«, sagte Fastow.

Bowen steckte den Kopf durch die Tür. »Was ist passiert?«, fragte er.

»Es war okay.«

Klar doch! »Kommen Sie, Andy. Sie können doch nicht einfach alle da draußen stehen lassen und nicht erzählen, was passiert ist.«

Fastow schloss die Augen.

»Es ist nicht gut gelaufen, Ray«, sagte er. »Ich habe noch nie ein solches Gespräch mit Skilling gehabt. Er war stocksauer.«

»Warum war er sauer?«

»Ich glaube, er meint, dass wir nicht genug Fortschritte gemacht haben.«

Der Rüffel aus der Chefetage verdross Bowen. »Aber es ist doch ein Start-up-Projekt«, sagte er. »Wir sind noch in der Planungsphase.«

»Das dachte ich auch«, sagte Fastow. »Aber er hat Fragen gestellt, die ich nicht beantworten konnte, und das Gespräch ist mir aus dem Ruder gelaufen.«

Er zog an seinem Kragen und reckte den Hals. »Es war wirklich übel, Ray. Skilling fand den Bericht total beschissen. Im Grunde hat er gesagt, ich sei ein Idiot und hätte keine Ahnung vom Geschäft.«

Bowen versuchte an Fastows Gesicht abzulesen, ob er irgendeine Reaktion plante, und fand nichts. Der Mann wirkte völlig ratlos.

»Und? Was wollen Sie jetzt tun?«

Fastow zuckte die Schultern. »Er will sich nächste Woche wieder mit mir treffen und alles noch mal durchgehen.«

»Okay«, sagte Bowen. »Und was soll ich den anderen Mitarbeitern erzählen?«

Lange Pause. »Ich weiß es nicht«, sagte Fastow schließlich. »Was wollen Sie ihnen sagen?«

O je, der Typ ist ja völlig von der Rolle. »Ich meine, Sie sollten ehrlich sein und ihnen sagen, dass wir eine Menge Arbeit vor uns haben.«

Fastow starrte aus dem Fenster. »Ja. Natürlich. Okay.«

Wieder herrschte Schweigen. Fastow wirkte völlig entmutigt. Er massierte sich mit den Fingerspitzen die Augenlider. »Ich bin gescheitert, glaube ich. Vielleicht hätte ich in der Finanzabteilung bleiben sollen. Vielleicht …« Sein Satz endete in einem unverständlichen Murmeln.

Er wandte den Blick vom Fenster ab und sah Bowen in die Augen.

»Ich weiß nicht, was ich tun soll«, sagte er. »Ich verliere bestimmt meinen Job. Der Termin, den ich nächste Woche mit ihm habe, könnte mein letzter bei Enron sein.« Er rutschte unruhig auf seinem Sessel hin und her. »Tut mir wirklich Leid, dass ich Sie hierher gebracht habe, Ray«, sagte er. »Ich weiß, Sie haben jeden Grund, mich zu hassen. Aber regen Sie sich bitte nicht zu sehr auf. Sie sind ein schlauer Bursche und werden gut zurechtkommen. Aber ich weiß nicht genau, ob ich noch hier sein werde, wenn es nächste Woche nicht gut läuft.«

Bowen starrte auf seinen Chef hinunter. Bis zu diesem Augenblick hätte er es nicht für möglich gehalten, dass ihm Andy Fastow einmal Leid tun könnte.

Der Termin kam immer näher. Fastows Leute arbeiteten die ganze Woche, aber nicht mehr mit der fieberhaften Hast wie zuvor. Sie hatten schon die Woche zuvor ihr Bestes gegeben. Es geschah kein Wunder, keiner zog die perfekte Strategie aus der Schreibtischschublade. Stattdessen breitete sich ein Gefühl der Vergeblichkeit aus und die Erkenntnis, dass gravierende Veränderungen bevorstanden.

Als der vereinbarte Tag kam, war die Stimmung der Mitarbeiter ganz anders als beim ersten Versuch. Es gab keine freudige Erwartung, keine Aufregung. Nur wenige merkten überhaupt, dass Fastow hinausschlich und den Aufzug nahm, um zu Skilling und, wie er glaubte, dem Ende seiner beruflichen Karriere entgegenzufahren.

»Hallo, Andy, wie geht's?«, sagte Skilling freundlich, als Fastow eintraf. »Na, was haben Sie für mich?«

Keine Spur von Groll oder Zorn. Skillings Ton war sanfter als das letzte Mal. Wieder überreichte ihm Fastow den Bericht. Skilling blätterte etwa zehn Sekunden darin. Wieder nichts als Kästen und Zahlen. Keine Spur von den Informationen, die er brauchte. Er klappte das Dokument zu.

»Jeff«, setzte Fastow an, »ich glaube ...«

»Andy«, unterbrach ihn Skilling. »Ich glaube, das wird einfach nichts.«

Fastow erstarrte und machte sich auf den tödlichen Schlag gefasst. »Ja?«

»Sie geben mir einfach nicht, was ich brauche, damit ich entscheiden kann, ob ich Geld und Personal in das Projekt investiere«, fuhr Skilling fort. »Es ist mir einfach mulmig, wenn das der Plan für die Gründung eines völlig neuen Geschäftsbereichs sein soll.«

»Ich habe es aber wirklich versucht, Jeff. Es ist nur, dass ich einfach nicht weiß, was Sie wollen.«

Skilling sah, dass Fastow kurz vor dem Zusammenbruch stand. Er hatte seine Lektion erhalten, und jetzt war es wohl an der Zeit, die Wogen wieder zu glätten.

»Ich weiß nicht, ob es daran liegt, wie Sie arbeiten, oder daran, was ich verlange, Andy. Ich weiß nur, dass ich nicht bekomme, was ich brauche.«

»Ja, ich merke schon, dass es für Sie nicht hinhaut.«

»Eben«, sagte Skilling. »Ich glaube einfach, dass es so nicht funktioniert.«

Fastow nickte mit hängenden Schultern.

»Wir brauchen nichts sofort zu entscheiden«, fuhr Skilling fort. »Treffen wir uns doch einfach morgen noch einmal und reden noch ein wenig.«

Sie machten einen Termin, und Fastow verließ den Raum.

Skilling führte gerade ein lebhaftes Telefongespräch, als Fastow am folgenden Tag wiederkam. Er sah Fastow vor der Tür stehen und hob einen Zeigefinger. Fastow wartete fast bewegungslos im Gang und blickte nur gelegentlich auf seine Füße hinunter, bis Skilling auflegte und ihn hereinwinkte.

»Hallo, wie geht's?«, sagte Skilling und stand auf.

Fastow zuckte die Schultern. »Na ja, offensichtlich nicht so gut«, sagte er und setzte sich an den Konferenztisch.

Skilling musterte seinen jungen Kollegen einen Augenblick: hängende Schultern, aschfahles Gesicht. Wie ein Kind, das eine Klassenarbeit verhauen hat und die Sache seinem Vater beichten muss.

Skilling hob die offenen Hände. »Es ist alles in Ordnung, Andy. Ich mag Sie. Ich habe mit dieser Angelegenheit kein Problem. Es ist offenbar einfach nicht die richtige Aufgabe für Sie. Vielleicht liegt es auch an mir. Vielleicht liegen wir einfach nicht auf derselben Wellenlänge.«

Keine Reaktion. »Hören Sie«, fuhr Skilling fort. »Es wäre mir wirklich recht, wenn Sie wieder auf Ihren alten Arbeitsplatz in der Finanzgruppe zurückkehren und dort dieselbe Arbeit machen würden wie vorher. Darin waren Sie nämlich großartig.«

Es war, als würde eine tonnenschwere Last von Fastows Schultern genommen.

»Sie meinen, ich bekomme meinen alten Job wieder?«

»Ja, wenn Sie wollen, natürlich. Ich meine, Sie sind Weltklasse auf diesem Posten.«

Ein flüchtiges Lächeln huschte über Fastows Gesicht. »Okay, ja«, sagte er eifrig. »Ich möchte gerne meinen alten Job wiederhaben.«

»Wunderbar«, sagte Skilling. »Abgemacht.«

Fastow müsse nur noch ein Memo schreiben, dass er beschlossen habe, wieder in den Finanzbereich zurückzukehren. Ein anderer werde dann das Privatkundengeschäft übernehmen, wahrscheinlich Lou Pai vom Gashandel.

Die Besprechung war zu Ende. Fastow stammelte ein paar Dankesworte und ging. Skilling fühlte sich ziemlich gut. *Hab dem Kerl eine Chance gegeben, hat nicht funktioniert, hab ihn wieder zurückgezogen. Kein Schaden, kein Problem.*

Ein paar Minuten später war Fastow zurück in der Retail Group und ging hinüber zu Bowens Tisch.

»Ich bin hier raus«, verkündete er. »Arbeite wieder im Finanzbereich.«

Bowen war schockiert. »Und was ist mit mir?«

»Ich glaube, Sie sollen hierbleiben und den Laden zusammenhalten. Lou Pai kommt herunter und übernimmt ihn.«

Fastow sah Bowen noch einen Augenblick an, dann wandte er sich ab.

»Bis bald«, sagte er.

Die Nachricht von Fastows Scheitern verbreitete sich binnen Stunden im ganzen Enron-Gebäude. Seine Feinde frohlockten; sie wussten, dass sie nun etwas hatten, mit dem sie ihn noch Monate oder gar Jahre schlecht machen konnten. Doch er hatte auch eine kleine Gruppe von Sympathisanten, die besorgt waren, dass er wegen der Demütigung die Firma verlassen könnte.

Amanda Martin, die zu diesen Sympathisanten gehörte, traf ihn kurz nach seinem Gespräch mit Skilling zufällig im Gang. Sie merkte, dass er bedrückt war, und berührte ihn sanft an der Schulter.

»Alles in Ordnung, Andy?«

»Ja, mir geht's gut.«

»Was machen Sie jetzt?«

»Darüber denke ich noch nach.«

Seine ursprüngliche Erleichterung war inzwischen durch die Erkenntnis getrübt, dass er eine spektakuläre öffentliche Niederlage erlitten hatte.

»Was hat Jeff gesagt?«

»Er sagte, ich solle in die Finanzabteilung zurückkehren, weil ich in diesem Bereich gut bin.« Fastow zuckte die Schultern. »Er sagt, dass er mich unterstützen will und dass er nicht will, dass ich gehe.«

»Das ist doch gut.«

»Ja, aber ich weiß nicht recht. Er hat mich gerade aus der Retail Group gefeuert. Also überlege ich, was ich für Optionen habe; vielleicht gibt es auch andere Möglichkeiten.«

Martin konnte hören, welche Wut hinter dieser kaum verhohlenen Drohung, Enron zu verlassen, steckte. »Ich hoffe, es kommt nicht dazu, Andy«, sagte Amanda. »Ich hoffe, dass Sie bleiben.«

Fastow sagte nichts und ging weiter.

In Wirklichkeit hatten sich Fastows Handlungsmöglichkeiten beträchtlich vermindert, und die Option, Enron zu verlassen, gehörte nicht mehr dazu. Eine Kündigung wäre eine Niederlage gewesen. Sie hätte ihm nur noch mehr Schande gebracht. Er wusste, dass es etwas Besseres gab.

Fastow hatte einen Entschluss gefasst: Er würde sich mit Zähnen und Klauen wieder an die Spitze emporkämpfen. Er würde sich nicht damit abfinden, dass ihm durch einen einzigen Fehler der Weg zu seinem Ziel versperrt war, der Weg zu dem Reichtum und dem Einfluss, über die erfolgreiche Manager im Handel verfügten. Sein Weg stand ihm klar vor Augen. Wenn er nicht im Handel Fuß fassen konnte, dann musste der Handel zu ihm kommen.

Die Finanzabteilung hatte traditionell eine unterstützende Funktion; sie beschaffte das Kapital, mit dem die Geschäfte des Handels abgewickelt wurden. Doch die Typen im Handel heimsten den ganzen Gewinn und den ganzen Ruhm für Erfolge ein, die ohne das geheime Wirken der Finanzabteilung nicht möglich gewesen wären.

Skilling jedoch trieb immer alle Mitarbeiter an, kreativ zu denken – sogar die in den unterstützenden Bereichen. Warum sollte die Finanzabteilung immer nur eine Kostenstelle sein? Natürlich verursachte die Kapitalbeschaffung Kosten, aber wenn man solche Kosten einsparte, bedeutete das doch Gewinn. Und was war mit Fastows Projekten wie Cactus oder JEDI? Sie hatten Einnahmen gebracht, die man dem Handelsbereich gutgeschrieben hatte. Warum sollte die Finanzabteilung nicht ein *Profitcenter* sein? Und wenn ja, hätte Fastow dann nicht alles erreicht, was er sich von der Retail Group erwartet hatte?

Solange Skilling ihn unterstützte, brauchte er nur die notwendigen Informationen über alle Deals bei Enron, bei denen die Finanzabteilung eine Rolle spielen und Gewinn machen konnte. Dann würde er wieder an der Spitze stehen.

Der Plan war einfach. Schwierig war die Ausführung.

Noch in derselben Woche, als Fastow die Retail Group verließ, begann er, bei Enrons geschäftsführenden Board-Mitgliedern Erkundigungen einzuziehen. Er suchte einen nach dem anderen in seinem Büro auf und übermittelte stets die gleiche Botschaft: Er war bereit zu helfen – bei Deals und beim Erreichen der geplanten Gewinne. Sie sollten ihn nur wissen lassen, was sie gerade taten, dann würde er einsteigen.

Aber Deal Maker sind sozusagen von Natur aus vorsichtig, und bei Enron wachten sie eifersüchtig über das »Urheberrecht« an den von ihnen abgeschlossenen Geschäften, weil sich danach ihre Kompensationen richteten. Wenn Fastow seine Hilfe anbot, konnte das nur bedeuten, dass er sich Urheberrechte sichern wollte. Deshalb hörten sie sich seine Vorschläge alle höflich an und ließen ihn dann links liegen. Fastow musste es auf einem anderen Weg probieren.

Als er gegen Ende der Woche durch die Gänge der Financial Division schlenderte, stach ihm Shirley Hudler ins Auge, eine junge Führungskraft, die bei JEDI mitarbeitete und allein in Sherron Smiths Büro saß. Fastow wusste, dass Hudler eine waschechte Texanerin war und ein gewinnendes Wesen hatte. Sie hatte gute Kontakte zu einigen Managern in den nordamerikanischen Unternehmensbereichen, und sie war mit seinem Kumpel Michael Kopper befreundet. Damit war sie vermutlich genau die Person, die er brauchte. Er steckte den Kopf durch die Tür.

»Hallo«, sagte er freundlich. »Wie geht's?«

Shirley blickte von ihrer Arbeit auf. »Hallo, Andy. Ganz gut, und Ihnen?«

Er betrat das Büro und stellte ihr ein paar Fragen über ihre Arbeit. »Und, haben Sie viel zu tun?«

»Es könnte mehr sein«, sagte sie und bereute die Antwort, kaum dass sie ihr über die Lippen gekommen war.

»Aha«, sagte Fastow. »Mal sehen, ob wir dagegen was tun können.«

Er ging weiter, aber kurz darauf rief er Shirley an und bat sie in sein Büro.

Er empfing sie hinter seinem Schreibtisch und sagte: »Seit ich wieder zurück bin, denke ich daran, jemanden für mich arbeiten zu lassen, als eine Art Stabschef, wissen Sie.«

Shirley schwante nichts Gutes.

»Ich brauche eine Person, die Deals für mich ausfindig macht«, fuhr er fort, »die sich mit Leuten trifft und herausfindet, was sie für Transaktionen planen, und mir anschließend darüber berichtet.«

Das war noch schlimmer als befürchtet. *Vorsicht, Sackgasse! Wo kriegt man noch Arbeit, wenn man einen solchen Job gemacht hat?*

»Und ich meine nicht nur in dieser Abteilung«, fuhr Fastow fort. »Ich brauche eine Person, die mir Informationen über alle laufenden Deals beschafft.«

Er stützte den Kopf auf die Ellenbogen. »Na, was meinen Sie?«

Shirley Hudler zwang sich zu einem Lächeln. »Klingt interessant, Andy. Ich glaube, ich habe verstanden, was Sie wollen. Und ich glaube, dass mir die Aufgabe liegt.«

Sie stellte noch ein paar Minuten lang Fragen und gab sich interessiert. Sie war in der Hackordnung der Abteilung zu weit unten, als dass sie einfach hätte ablehnen können. Schließlich stand sie auf, sagte noch ein paar freundliche Worte über Karrierechancen und verabschiedete sich. Fastow versprach, wieder auf sie zuzukommen.

Shirley Hudler ging hastig den Gang hinunter. *Den Job mach ich nicht,* dachte sie. Sie erzählte ihrer Chefin Sherron Smith von Fastows Angebot.

»Schöne Scheiße!«, war deren unverblümte Reaktion.

»Sherron, Sie müssen mir aus der Patsche helfen. Ich kann Andy keinen Korb geben. Das wäre mein Untergang.«

Sherron versprach ihr, sich um die Sache zu kümmern. Fastow habe das Angebot gemacht, weil Shirley zu wenig zu tun habe, also werde sie sie mit Aufgaben überhäufen und Fastow sagen, dass sie unentbehrlich sei. Damit sei das Problem gelöst.

Fastow bekam seine Spionin nicht, aber am Ende brauchte er sie auch nicht. Er bekam auf andere Art, was er wollte.

Die Sonne schien durch das Fenster in Rice' Büro und tauchte den Wimpel seiner Alma Mater, der University of Nebraska, an der Wand hinter seinem Kopf in ihr helles Licht. Rice hatte seinen Stuhl nach hinten gekippt und die Füße auf den Schreibtisch gelegt und knetete einen blauen Stressball. Seitlich von ihm saß Amanda Martin mit dem Rücken zu einer Glaswand, während Cliff Baxter erregt im Raum auf und ab ging.

Sie hatten den Spitznamen »Die drei Musketiere« bekommen, weil sie so oft zusammen waren und endlos über die Ereignisse in ihrem Arbeitsbereich tratschten. Ihre Freundschaft war sehr stabil, aber sie war gefährdet. Rice und Martin hatten seit kurzem eine Affäre miteinander, und sie hatten Baxter darüber im Dunkeln gelassen. Dies hatte zu Spannungen im Umgang der drei geführt, weil es in einem Freundeskreis, in dem man sich immer alles gesagt hatte, plötzlich ein Geheimnis gab.

An diesem Tag jedoch war an die Stelle des subtilen Unbehagens massive Wut getreten. Eine Sitzung der Topmanager von Enron stand unmittelbar bevor, und wie üblich hatte man die Tagesordnung vorher durchsickern lassen, damit eventueller Widerspruch schon im Vorfeld hinter verschlossenen Türen erhoben werden konnte. Den Gerüchten zufolge hatte Fastow Skilling dazu überredet, aus der Finanzabteilung ein Profitcenter zu machen, und dies sollte auf der Sitzung offiziell bekannt gegeben werden.

Die drei Freunde fanden dieses Vorhaben völlig abwegig. Die Finanzabteilung hatte unterstützende Funktion und war kein Geschäft.

»Das ist doch Blödsinn«, sagte Rice, warf den Stressball in die Luft und fing ihn wieder auf. »Es macht keinen Sinn.«

Baxter hatte sich die Anzugjacke aufgeknöpft und gestikulierte wild. »Damit gerät alles außer Kontrolle!«, sagte er.

»Warum macht Skilling so was?«, fragte Rice.

Baxter machte auf dem Absatz kehrt und marschierte wieder auf die Rückwand zu. »Fastow ist ein mieser kleiner Scheißer«, knurrte er.

»Er versucht nur, sein Versagen im Privatkundengeschäft zu bemänteln.«

Er wirbelte wütend herum. Fastows Beförderung war ihm von Anfang an ein Dorn im Auge gewesen. »Privatkundengeschäft! Was zum Teufel sollte das für einen Zweck haben? Was zum Teufel dachte sich Skilling dabei? Man kann doch nicht einfach einen Kerl aus der Finanzabteilung nehmen und ihn ein Geschäft führen lassen! Er ist ein gottverdammter Banker! Er hat keine Ahnung, wie man einen Unternehmensbereich führt! Was zum Teufel hatte er auf dem Posten zu suchen?«

Amanda Martin mischte sich ein: »Ich verbringe jetzt schon meinen halben Arbeitstag damit, mit unseren Tradern über die Preise zu streiten, die wir für Primärgüter bezahlen sollen. Sie manipulieren das System und treiben die Preise hoch, aber ich bin auf sie angewiesen.«

Sie schüttelte den Kopf. »Und jetzt soll ich auch damit noch klarkommen, dass uns die Finanzabteilung zusätzlich Geld für Zinsen abknöpft, damit sie Gewinne ausweisen kann«, sagte sie. »Alles, damit wir einander Rechnungen stellen können, wenn wir für Enron arbeiten. Anstatt mich mit Kunden zu treffen oder mich um die Finanzierung von Projekten zu kümmern, werde ich jetzt nur noch intern herumstreiten müssen.«

Die drei waren sich einig, dass etwas unternommen werden musste. Jemand musste Skilling sagen, dass die Idee idiotisch war. Baxter, der von den dreien die größte Wut hatte, sollte Skilling zuerst aufsuchen und ihm energisch ins Gewissen reden. Danach sollte Rice hingehen und Baxters Bedenken mit guten Argumenten untermauern.

Sie taten ihr Bestes, erreichten aber nur, dass ein paar Einzelheiten des Vorschlags geändert wurden. Die Finanzabteilung sollte immer noch ein Profitcenter werden, doch ihre Einnahmen bei der Berechnung der Kompensationen sollten nun wieder den einzelnen Unternehmensbereichen zugeordnet werden. Wenn die Finanzabteilung tatsächlich eigene Erträge erzielte, anstatt nur die Preise für ihre Leistungen gegenüber dem Handelsbereich zu erhöhen, konnten alle davon profitieren.

Am vereinbarten Tag versammelten sich die Topmanager von Enron Capital & Trade in dem Konferenzraum im 36. Stock. Skilling saß am Kopf des Tisches, und fast alle anderen hatten in der informellen Hackordnung Platz genommen, die sich bei solchen Sitzungen in aller Regel herausbildet. Als der Bericht der Finanzabteilung an der Reihe war, ergriff Skilling das Wort.

»Okay, Andy führt wieder unsere Finanzabteilung, und von jetzt an werden Sie sich an diese Abteilung wenden müssen, wenn Sie Kapital für Ihre Deals brauchen. Wir werden das Bankgeschäft durch die Abteilung konsolidieren. Sie wird die primäre Kontaktinstanz für die Banken sein. Wenn Sie Kapital brauchen, müssen Sie sich an Andys Gruppe wenden. Sie ist ab jetzt ein Profitcenter und keine Kostenstelle mehr.«

Skilling ließ den Blick über seine schweigenden Kollegen schweifen.

»Die Sache ist für Sie nicht mit Nachteilen verbunden«, sagte er. »Die Gewinne werden immer noch Ihren Unternehmensbereichen zugeordnet. Sie brauchen sich also keine Sorgen über das Wohl Ihrer Mitarbeiter und Ihre Budgets zu machen.«

Fastow verteilte Blätter, auf denen erklärt wurde, was die Unternehmensbereiche im kaufmännischen Sektor künftig intern für das benötigte Kapital bezahlen mussten. Für jeden Unternehmensbereich wurde ein Vertreter von Fastows Gruppe abgestellt, der ihre Deals analysierte, um sicherzustellen, dass alle Finanzierungsmöglichkeiten in Betracht gezogen wurden. Manchmal konnte das bedeuten, dass die Finanzierung eines Projekts unter Rückgriff auf komplizierte finanzielle Alternativen, die sonst vielleicht übersehen worden wären, neu strukturiert wurde.

Keiner der anderen Manager ergriff das Wort. Es gab nichts mehr zu sagen. Die Entscheidung war gefallen.[9]

Die Kinder tobten in der klaren blauen Brandung der Cayman-Inseln. Sie sahen gesund und kräftig aus und waren nach den Tagen am Strand braun gebrannt. In ihrer Nähe saß Skilling im Sand und beobachtete sie mit Tränen in den Augen.

»Ich habe mein Leben ruiniert«, sagte er. »Ich habe meine Ehe ruiniert. Ich habe meine Kinder ruiniert.«

Noch mehr Tränen. »Ich habe alles ruiniert.«

Neben ihm saß Rebecca Mark und hörte ihm teilnahmsvoll zu. Sie waren sich bewusst, dass bei Enron alle verblüfft gewesen wären, sie zusammen zu sehen. Schließlich galten sie allgemein als geschworene Feinde.

Trotzdem waren sie in aller Stille zwar nicht gerade Freunde, aber doch Vertraute geworden. Sie waren beide jung und erfolgreich. Sie hatten Kinder, und ihre Ehen waren gescheitert oder im Begriff zu scheitern. Deshalb konnten sie sich miteinander identifizieren, obwohl ihr erbitterter Kampf um die Vorherrschaft bei Enron keineswegs abgeflaut war.

An diesem Tag im Juni 1996 weilten sie mit der Young Presidents Organisation, einem exklusiven Netzwerk für junge Wirtschaftsführer, auf den Cayman-Inseln. Der Zweck solcher Freizeiten bestand darin, sich mit Kollegen, die in einer ähnlichen Situation waren, auszutauschen, während man mit seiner Familie an einem exotischen Ort Urlaub machte.

Aber Skilling war ein Wrack. Seine Scheidung lief gerade. Er hatte eigentlich vorgehabt, sich nur ein paar Straßen von Sue entfernt eine Wohnung zu nehmen, damit die Kinder immer zu ihm kommen konnten, wann sie wollten. Aber daraus war nichts geworden. Stattdessen war eine Besuchsregelung vereinbart worden, und Sue bestand darauf, dass er sich an sie hielt.

»Wenn ich gewusst hätte, was für einen Keil das zwischen mich und meine Kinder treibt …«, sagte er und verstummte.

»Jeff«, sagte Rebecca Mark besänftigend, »du musst einfach nur dafür sorgen, dass du da bist, wenn sie dich brauchen. Es ist nie zu spät, etwas in Ordnung zu bringen.«

Skilling kniff sich in den Nasenrücken und schloss die Augen. »Ich habe einfach alles ruiniert«, sagte er. »Wie ist es dazu gekommen? Wie bin ich nur in diese Lage geraten?«

Rebecca Mark sah Skilling mitleidig an. Wie sollte er mit den Herausforderungen seines Lebens fertig werden, wenn er psychisch so angeschlagen war?

Skilling stieß einen Seufzer aus, während er wieder einmal einen der endlosen Berichte aus der Retail Group überflog. Er saß in einem kleinen Konferenzraum im Enron-Gebäude und hörte zu, wie Ray Bowen und sein Stab ihm in allen Einzelheiten von den Problemen des Unternehmensbereichs berichteten. *Probleme, nichts als Probleme.*

Es war Mitte 1996. Bowen hatte Skilling einige Wochen zuvor den Vorschlag gemacht, den Unternehmensbereich wie einen Laborversuch zu behandeln und das Geschäft durch interne Untersuchungen genau zu analysieren. Skilling hatte begeistert zugestimmt, nun aber lautete das Ergebnis: wohin man sah – Probleme.

Während die anderen Führungskräfte der Retail Group zuhörten, gab Bowen mit erhobener Stimme eine erweiterte Version von Gustav Beerels Berechnungen zum Besten. Sie zeigte, wie schwierig es war, Strom an Privatkunden zu verkaufen. Die Gewinnspannen waren unglaublich niedrig, und es waren massive Investitionen erforderlich. Bowen war gerade im Begriff zu erläutern, wie viel Geld das Unternehmen pro neu gewonnenem Kunden investieren musste, als Skilling eine Hand hob.

»Sie machen mich ganz ärgerlich mit Ihrem Vortrag«, sagte er. »Ich finde es beängstigend, dass Sie sich auf die Zahlen konzentrieren und nicht auf das Wesentliche des Geschäfts. Es ist rückschrittlich, von den Zahlen auszugehen. Ich will das nicht hören.«

»Aber die Zahlen müssen doch stimmen, Jeff«, sagte Bowen. »Und es gibt echte Probleme auf diesem Gebiet. Wir müssen uns ehrlich fragen, ob wir sie so in den Griff kriegen können, dass wir Gewinne machen.«

Skilling wurde wütend. »Dann sind Sie einfach nicht schlau genug, um die richtigen Ideen zu entwickeln, denn wir *werden* in diesem Bereich Gewinne machen.«

»Ich habe noch keine endgültigen Schlüsse gezogen, sondern nur dargelegt, welche Probleme wir berücksichtigen müssen.«

»Wie schon gesagt, es ärgert mich, wie Sie an dieses Geschäft herangehen«, sagte Skilling.

Unbehagliches Schweigen. Dann antwortete Bowen: »Ich habe Ihnen nur gesagt, was ich denke. Aber wir gehen die Sache noch einmal durch.«

Die Besprechung war zu Ende, und Bowen ging mit seinen Leuten zur Tür. Er war völlig verblüfft. Ideen waren natürlich wichtig, aber sie mussten doch eine Zahlenbasis haben. Ein Geschäft hatte doch nicht einfach nur deshalb Erfolg, weil Jeffrey Skilling es wollte. *Ich arbeite für ein verrücktes Unternehmen*, dachte er, als er den Aufzugknopf drückte.

Ken Rice schaute zum Camelback Mountain hinauf, als er an dem schimmernden, mit Perlmutt ausgelegten Swimmingpool vorbei zum Eingang des Hotels Phoenician in Scottsdale ging. Drinnen durchquerte er die palastartige Lobby und ging zu dem Konferenzraum, der für die Fusionsgespräche zwischen Enron und Portland General reserviert war.[10]

Am 16. Juli 1997 waren die Verhandlungsdelegationen beider Konzerne in das Phoenician gekommen, um, wie allgemein erhofft, die letzten Verhandlungen abzuschließen. Das Geschäft war fast perfekt. Enron hatte ein Angebot auf den Tisch gelegt, das Rice sehr großzügig fand: einen Aufschlag von 25 Prozent auf den gegenwärtigen Kurswert der Aktien von Portland General.

Aber Joe Hirko, der CFO von Portland General, vertrat die Ansicht, dass Enron mehr zahlen müsse. Als Rice und Baxter nicht nachgaben, telefonierte Hirko mit Ken Harrison, dem Chairman von Portland, der in Schottland Golf spielte, und kehrte erst um 1 Uhr morgens wieder an den Verhandlungstisch zurück. Baxter, Rice und ihr Team hatten so lange Karten gespielt.

»Ihr müsst mehr Geld auf den Tisch legen, Jungs«, sagte Hirko.

Rice hob die Hände. »Okay, wir rufen Rich Kinder an. Ich bin sicher, dass er schon schläft, aber wir rufen ihn an, und er wird entscheiden.«

»Wunderbar«, antwortete Hirko. »Sie informieren mich dann.«

Rice schaute Baxter an, nachdem Hirko den Raum verlassen hatte.

»He«, sagte Baxter. »*Ich* wecke Kinder nicht auf.«

»Ich ruf ihn auch nicht an«, sagte Rice. »Es ist nicht nötig. Wir werden keinen höheren Preis zahlen.«

Er nahm seine Karten wieder auf. »Spielen wir weiter«, sagte er und legte die Füße auf den Konferenztisch.

Baxter schaute auf seine Armbanduhr: »Wie lange sollen wir warten?«

»Sagen wir 45 Minuten, die sollen glauben, dass wir Kinder wirklich hart zu einer Erhöhung drängen.«

Wenige Minuten später, als sie mitten im Spiel waren, wurde die Tür des Konferenzraums aufgerissen. Hirko stürmte herein und sah alle ganz entspannt am Tisch sitzen.

»Was machen Sie denn?«, fragte er.

Rice zuckte nicht mit der Wimper. »Wir haben Kinder angerufen, aber er war nicht zu erreichen. Jetzt warten wir auf seinen Rückruf.«

Hirko warf den Anwesenden misstrauische Blicke zu, brummte: »In Ordnung« und verließ den Raum.

Wenig später überbrachten ihm Rice und Baxter die schlechte Nachricht – es würde nicht mehr Geld geben. Kinder habe abgelehnt, logen sie. Die Verhandlungen waren gescheitert.

Am folgenden Tag rief Ken Harrison Kinder in seinem Büro an, und bat ihn, die Verhandlungen wieder aufzunehmen. Ein paar Tage später war das Geschäft perfekt. Kinder gab nach und zahlte Portland General den geforderten riesigen Aufschlag. Die Fusion für über drei Milliarden Dollar wurde von den Boards beider Unternehmen abgesegnet.

Ende Juli flog Ken Lay nach Portland, um die 1000 neuen Enron-Mitarbeiter zu begrüßen. Er sah fröhlich aus, als er in seiner Rede sagte, sie würden an einer großen Mission mitwirken, die die Branche bis in die Grundfesten erschüttern würde.[11]

»Wir haben heute etwas begonnen, an das sich in der Strom- und Gasindustrie alle noch lange erinnern werden«, sagte er vor den versammelten Angestellten.

Und er hatte Recht, aber nicht aus den Gründen, die er sich vorgestellt hatte. Mit der Bekanntgabe der Fusion wurde eine Kette von Ereignissen in Gang gesetzt, die mit dem ersten großen Verbrechen von Enron enden sollte.

Kapitel 5

Die Falcon 500 durchstieß die Wolkendecke über New Jersey und landete weich auf der Rollbahn 13-31 des Morristown Municipal Airport.[1] Der Jet rollte an einer Reihe von kleinen Gebäuden vorbei und kam neben einem Firmenhangar zu stehen. Als das Kreischen der Turbinen verebbte, fuhr der Pilot die Gangway aus, und Lay stieg aus dem Flugzeug.

Sein Flug am Abend des 15. September 1996 war ein gut gehütetes Geheimnis. Bei Enron glaubte man, er sei in Indianapolis auf einer Sitzung des Boards des Pharmakonzerns Eli Lilly and Company. Nicht einmal seine Kinder wussten, dass er heimlich nach New Jersey geflogen war, um über die Übernahme des Chefpostens bei dem Telekommunikationsgiganten AT&T zu verhandeln.

Etwa zwei Wochen zuvor hatte er durch eine Vermittlungsagentur für Führungskräfte erfahren, dass AT&T einen neuen Chef suchte und an branchenfremden Kandidaten interessiert war. Seine Frau hatte ihn ermuntert, sich auf den Posten zu bewerben, und so war er heimlich nach New Jersey geflogen, um sich mit Bob Allen, dem damaligen Chairman und Chief Executive von AT&T, zu treffen.

Das Timing schien perfekt. Er stand seit elf Jahren an der Spitze von Enron und hatte bereits daran gedacht, auf eine andere Stelle zu wechseln. Zwei Jahre zuvor hatte Rich Kinder vorgefühlt, ob er sein Nachfolger werden könnte, aber das Board hatte sich quer gestellt. Kinder war als großartiger Unternehmer anerkannt, der aus jeder Firma das Letzte herausholen konnte, aber einige Board-Mitglieder waren sich nicht sicher, ob er Visionär genug war, um Enron auf die nächsthöhere Ebene zu führen.

Die Zurückweisung hatte Kinder empört, aber er hatte sich bereit erklärt, noch zwei Jahre auf seinem alten Posten zu bleiben, wenn sein Vertrag geändert würde. Unter den neuen Bedingungen konnte er Enron mit einer millionenschweren Abfindung verlassen, wenn er nicht bis Anfang 1997 den Chefposten bekam. Dieser Termin war nur noch wenige Monate entfernt, und Lay hielt einen Wechsel an die Spitze von AT&T für eine ideale Fortsetzung seiner Karriere.

Lay betrat den Hangar, neben dem sein Flugzeug gelandet war.

Drinnen wartete ein großer Mann mit glatt an den Kopf gekämmten Haaren. »Ken?«, sagte der Mann. »Hal Burlingame, Personalchef von AT&T.«

Sie schüttelten sich die Hand, und Burlingame fragte, wie der Flug gewesen sei. Dann führte er Lay in das obere Stockwerk, wo Allen wartete. Er und Lay sprachen etwa eineinhalb Stunden über AT&T – über notwendige Veränderungen und neue Möglichkeiten –, und Lay schilderte die Vision, die er selbst im Lauf der vergangenen Woche für das Unternehmen entwickelt hatte. Dann wartete Allen mit einer unangenehmen Überraschung auf.

»Also ich habe an eine Übergangsperiode gedacht, in der ich Chairman bleiben würde, bis sich alle an den neuen Chef gewöhnt haben. Zwei Jahre vielleicht …«

Lay rutschte nervös auf seinem Stuhl hin und her.

»Das könnte aber ein Problem sein, Bob«, sagte er. »Welche Rolle hätten Sie dann im Vergleich zu meiner, wenn ich den Posten übernehmen würde?«

Allen hob besänftigend die Hände. »Kein Grund zur Beunruhigung, Ken. Sie hätten absolut freie Hand, die notwendigen Veränderungen vorzunehmen.«

Das reicht nicht, dachte Lay. »Wenn Sie immer noch Vollzeit dort arbeiten und jeden Tag durch die Werkhallen wandern, könnte das ein Problem sein. In einer solchen Situation könnte es zu Loyalitätskonflikten kommen, was den früheren und den aktuellen CEO betrifft.«

»Ich glaube wirklich nicht, dass Sie sich deswegen Sorgen machen müssen, Ken.«

Kurz darauf verabschiedete sich Allen von Lay und dankte ihm, dass er gekommen war. Lay stieg mit seinen Piloten Kage Reese und Darvin Mitchell ins Flugzeug, und ein paar Minuten später waren sie auf dem Rückflug nach Indiana.

Lay setzte sich in einen Ledersessel auf der rechten Seite des Flugzeugs und blickte auf das abendliche Lichtermeer von New Jersey hinab, während er über das Gespräch nachdachte. Dass Allen noch in der Firma bleiben wollte, verursachte ihm ein ungutes Gefühl, aber die Leitung von AT&T konnte trotzdem ein Traumjob sein. Keine Frage.

Er musste sein Board über das Angebot informieren. Schon in ein paar Wochen würde vielleicht Rich Kinder seinen Posten übernehmen.

Am folgenden Abend parkte Lay kurz nach 18 Uhr seinen Wagen in der Garage seines Hauses in der Looscan Lane. Er und Linda waren damals gerade in einer Übergangsphase: Sie hatten kurz zuvor ihr größeres Haus verkauft und lebten nun in der Looscan Lane, bis die Renovierungsarbeiten in ihrem Apartment in Huntingdon beendet waren.

Lay begrüßte seine Frau mit einem Kuss und erzählte ihr von seinem Treffen mit Allen. Dann rief er in dem kleinen Büroraum in seinem Haus John Duncan, den Vorsitzenden des Exekutivkomitees, an. »Hi, John«, sagte er.

»Hi, Ken, wie geht es Ihnen?«

Sie plauderten ein bisschen. Dann kam Lay zur Sache.

»Mir ist etwas Interessantes passiert, das ich Ihnen erzählen muss, John«, sagte er.

Dann sprudelte es nur so aus ihm heraus: Der Anruf des Headhunters, die Einladung nach New Jersey. Das Treffen mit Bob Allen.

»Ich bin natürlich immer noch interessiert an dem Job«, sagte Lay. »Und das bedeutet, dass das Board noch vor Jahresende eine Entscheidung über Rich Kinder treffen muss.«

»Das ist richtig«, brummte Duncan in seinem breiten Südstaatenakzent. »Falls Rich zum CEO gekürt wird, war das hier ausgesprochen gutes Timing.«

Lay holte tief Luft. »Dann werde ich wohl in den nächsten paar Tagen die Board-Mitglieder informieren müssen, dass ich das Angebot weiterhin in Betracht ziehe. Ich wollte sie nicht alle auf der Sitzung mit dieser Information überraschen.«

Duncan schwieg einen Moment. Er hatte Schwierigkeiten, die Nachricht zu verdauen. Das Board war noch nicht bereit für den Wechsel.

»Ken«, sagte er schließlich. »Mir ist klar, dass man eine solche Chance ernsthaft in Erwägung ziehen muss. Aber Sie haben Enron geschaffen. Sie sind der Mann, der am stärksten mit allen Erfolgen des Unternehmens identifiziert wird.«

Duncan trug dick auf. Das Board liebe Lay. Es liebe seine Strategien, sein Verhalten, einfach alles an ihm. »Selbst wenn wir eine Veränderung an der Spitze vornehmen würden, hätten wir die Hoffnung, dass Sie in irgendeiner Eigenschaft bei der Firma bleiben würden, vielleicht als Chairman emeritus oder in einer ähnlichen Funktion.«

Lay antwortete, er sei dankbar für die Wertschätzung, aber die Stelle bei AT&T sei vielleicht eine Chance, die er sich nicht entgehen lassen könne. Die beiden beschlossen, bald wieder miteinander zu sprechen, und legten auf. Sekunden später hing Duncan wieder am Telefon und informierte die anderen Board-Mitglieder. Unterdessen saß Lay in seinem Büro und dachte über Duncans Reaktion nach.

Seit Monaten rechnete er damit, dass Kinder sein Nachfolger werden würde. Aber Duncan hatte seltsam zurückhaltend auf den Personalvorschlag reagiert. Vielleicht wollte das Board ihn selbst in der

Hinterhand halten, falls Kinder sich nicht bewährte. Vielleicht. Aber es gab noch eine weitere Möglichkeit. Plante das Board etwa, Kinder noch einmal zu übergehen?

In den folgenden Tagen gab es eine Menge heimliche Telefongespräche zwischen Lay und den Board-Mitgliedern.

Unter Duncans Regie übermittelten ihm die Direktoren alle dieselbe Botschaft: Er solle bleiben. Enron brauche auch weiterhin seinen Rat, selbst wenn Kinder die Führung übernehme. Das dürfe nicht passieren, widersprach Lay. Es dürfe nur einen Chef geben. Wenn ein anderer die Führungsposition übernehme, müsse er selbst das Unternehmen verlassen.

Die Gespräche entwickelten sich zu einer Debatte über Kinder. Einige der Board-Mitglieder fanden, er sei mehr als reif für den Job. Andere waren sich da nicht so sicher: Ja, er war wirklich erstklassig im operativen Bereich. Aber brauchte Enron wirklich so einen Mann? Einen Mann, der dafür sorgte, dass die Züge pünktlich fuhren? Brauchte es nicht vielmehr jemanden, der neue Bahnlinien planen konnte?

Nach Ansicht dieser Direktoren war Kinder nicht der Mann, der die nächste große Idee entwickeln und Enron damit weiterhin ein Wachstum von jährlich 15 bis 20 Prozent garantieren würde. Lay hätte das Board mit einer entschiedenen Stellungnahme umstimmen können, aber er setzte sich zu zögerlich für seinen mutmaßlichen Nachfolger ein.

Vielleicht war es der Druck des Boards. Vielleicht war es das Treffen mit Allen. Jedenfalls nahm Lays Begeisterung für den Posten bei AT&T immer mehr ab. Und dann, als er an einem Wochenende im September mit Linda im Wohnzimmer saß, traf er die Entscheidung.

»Linda«, sagte er, »ich habe einfach ein ungutes Gefühl bei der Sache.«

Noch am selben Tag rief er Duncan an. Er werde sich nicht um die Stelle bei AT&T bewerben, sagte er, und er werde bis zum Jahresende keine weiteren persönlichen Pläne machen.

»Danke, Ken«, sagte Duncan mit einem erleichterten Seufzer.

In den Büros der Science Applications International Corporation in San Diego hatten sich zahlreiche Menschen versammelt, um einen historischen Augenblick mitzuerleben. Am 23. September 1996, pünktlich zur vereinbarten Uhrzeit erschien der kalifornische Gouverneur Pete Wilson und nahm an einem Tisch voller Papierstapel Platz.

Nach jahrelangen Debatten und Kämpfen war Wilson im Begriff, die Assembly Bill 1890 zu unterzeichnen, das Gesetz, das die Liberalisierung des kalifornischen Energiemarkts einleiten sollte. Es sollte den Strommarkt, der jahrzehntelang von einigen wenigen Stromversorgungsunternehmen beherrscht worden war, für neue Akteure öffnen.

Dies sei ein denkwürdiger Augenblick, erklärte Wilson den Zuschauern.

»Wir unterzeichnen heute nicht nur ein Gesetz, wir verändern die Machtverhältnisse in Kalifornien«, sagte er. »Wir haben ein weiteres überholtes Monopol abgeschafft und es durch die Verheißungen einer neuen Ära des Wettbewerbs ersetzt.«

Mit diesen Worten setzte Wilson seine Unterschrift unter das Dokument. Die kalifornische Variante der Liberalisierung war damit Gesetz, und innerhalb von zwei Jahren sollte ein neuer Markt entstehen.[2]

»Warum zum Teufel haben wir das zugelassen?«, schimpfte Lou Pai im Gespräch mit anderen Führungskräften über das kalifornische Liberalisierungsgesetz. Das sei keine Liberalisierung, schrie er, das sei der reine Pfusch, ein missratener Reformbastard mit einem bisschen Deregulierung, einem Schuss Regulierung und einem Klumpen Zentralregierung dran.

Skilling, Causey und andere Anwesende widersprachen ihm nicht. Enron hatte sich für ein System eingesetzt, in dem jede Firma, die über Strom verfügte, Zugang zum Netz bekam und um Kunden konkurrieren konnte. Wer immer die besten Preise bot, hätte sich dann durchgesetzt. In Kalifornien jedoch war eine Vielzahl von Vorschriften verabschiedet worden, die auf Markttheorien beruhten, die nur Politiker gut finden konnten.

Vor der Liberalisierung hatten die Stromversorger in Kalifornien ihren Strom durch langfristige Lieferverträge bezogen. Nun wurden sie gesetzlich verpflichtet, ihre eigenen Kraftwerke zu verkaufen und den Strom täglich zu schwankenden Preisen an der Strombörse zu kaufen. Zugleich wurde der Preis, den die meisten Endverbraucher zahlten, zehn Prozent niedriger angesetzt als der zuvor gültige regulierte Preis und auf fünf Jahre festgeschrieben. Mit anderen Worten, der Preis für die Verbraucher blieb der Gleiche, gleichgültig, wie viel es die Stromversorger kostete, den Strom zu liefern. Diese Regelung beruhte auf der Annahme, dass die Preise an der Strombörse nach Verabschiedung der neuen Regeln dramatisch sinken würden. Und das Gesetz enthielt keine Sicherheitsklausel für den Fall, dass sich diese theoretische Annahme als falsch erweisen sollte.

Durch das Gesetz wurde außerdem ein neuer Markt geschaffen – ein von zwei quasistaatlichen Organen kontrollierter Markt. Diese Organe setzten den Großhandelspreis für Strom fest und verwalteten das staatliche Leitungsnetz. In diesem System werde nicht das konkurrenzfähigste Unternehmen gewinnen, schimpfte Pai, sondern dasjenige, das die Vorschriften am besten nutze, um das System zu manipulieren.[3]

Causey nickte zustimmend. »Diese Vorschriften sind wirklich eine Katastrophe«, sagte er.

Pai warf Steve Kean, der im kalifornischen Parlament als Lobbyist für Enron gewirkt hatte, einen bösen Blick zu. »Warum haben wir es nicht geschafft, dieses verdammte Ding zu ändern?«, schrie er.

Der Lobbyist, ein ruhiger, selbstsicherer Akademiker Mitte dreißig, legte die Hände auf die Tischplatte. »Wir haben getan, was wir konnten, Lou. Aber es ging hier um einen politischen Prozess. Dabei konnten wir die Ergebnisse in keiner Weise diktieren. Wir konnten sie nur in die eine oder andere Richtung beeinflussen.«

Natürlich habe Enron an kalifornische Politiker gespendet, sagte Kean, aber das hätten auch die Stromversorger getan, die mit aller Macht gegen die Liberalisierung gekämpft hätten. Und sie hätten dabei einen großen Vorteil gehabt, nämlich Tausende von kalifornischen Angestellten, die auf alle Wahlbezirke verteilt seien. Durch Wahlkampfspenden könne sich Enron vielleicht einen Sitz am Tisch kaufen, aber nicht das Recht, das Essen zu bestellen.

»Jedenfalls wird es sehr schwer für uns werden, in Kalifornien erfolgreich Geschäfte zu machen«, sagte Causey.

»Hören Sie«, sagte Kean. »Ich weiß, die Lage ist keineswegs optimal. Aber es sollte eine Möglichkeit geben, wie wir das Problem lösen können.«

Plötzlich waren alle im Raum hellwach.

»Wenn der Staat einen Markt aufbaut, kann man sich nur auf eine Sache wirklich verlassen: dass es irgendwo Subventionen gibt«, sagte er. »Und wenn man diese Subventionen kriegen kann und den Leuten, die keine Subventionen bekommen, einen besseren Preis bieten kann, dann hat man einen Teil des Marktes.«

Skilling nickte lebhaft. »Genau«, sagte er. »Wenn der Staat den Markt aufbaut, wird es mit Sicherheit falsch gemacht. Es kann nur aus Versehen richtig werden.«

Er ließ den Blick über die Gesichter seiner Untergebenen schweifen. »Sie müssen nur die Vorschriften besser kennen als alle anderen, dann machen Sie ordentlich Geld.«

Im Oktober 1996 verursachte die Fusion mit Portland General immer noch viel Arbeit bei Enron. Dabei war die Fusion selbst nicht das Problem, sondern ihre indirekten Folgen. Weil Enron ein Stromversorgungsunternehmen gekauft hatte, war es durch die Rechtslage gezwungen, andere Vermögenswerte zu verkaufen.

Dies betraf zunächst einmal die zwei Heizkraftwerke in Texas City und Clear Lake, die Enron zusammen mit Dominion Resources, einem anderen Energieunternehmen, gehörten. Beide Kraftwerke verwandelten überschüssige Wärme in Strom und galten deshalb als *qualifying facilities* oder förderfähige Anlagen. Das heißt, die Stromversorgungsunternehmen waren verpflichtet, den von diesen Werken produzierten Strom zu einem erhöhten Preis abzunehmen. Das Problem war nur, dass Kraftwerke, die einem Stromversorger gehörten, diesen Preisaufschlag nicht erhielten. Deshalb hatte der Kauf von Portland General für Enron zur Folge, dass es den Preisaufschlag bald nicht mehr erhalten würde und es für das Unternehmen günstiger wurde, die Werke zu verkaufen, als sie weiterhin zu betreiben.

Die Aufgabe, diesen Verkauf zu organisieren, bekam Amanda Martin. Sie suchte mit ihrem Team nach Interessenten, stieß jedoch schnell auf Hindernisse. Die Verträge über das Gas, mit dem die Kraftwerke betrieben wurden, waren mit Enron abgeschlossen worden, und der Preis für das Gas war überhöht. Kein Unternehmen würde die Kraftwerke kaufen, wenn es danach dem Verkäufer für den Brennstoff überhöhte Preise bezahlen musste. Die Verträge mussten neu verhandelt werden.

Dies war natürlich nicht einfach. Aufgrund seiner aggressiven Buchhaltungsmethode hatte Enron schon lange die gesamten stattlichen Erlöse aus den Gasverträgen als Einnahmen verbucht. Wenn nun ein vernünftigerer Preis für die Gaslieferungen ausgehandelt wurde, sank der Gesamtwert der Verträge. Was durch die Mark-to-Market-Methode gewonnen worden war, würde nun durch sie verloren gehen, und die bereits verbuchten Einnahmen würden sich in einen Verlust von 100 Millionen Dollar verwandeln.

Martin berichtete Skilling über das Problem, sobald sie es entdeckt hatte. Als sie ihm die Zahlen vorlegte, blickte er finster drein: »Ich will keinen Verlust«, knurrte er.

Aber wir haben doch gar keine andere Wahl, dachte Amanda Martin und sagte: »Wir müssen aber einen Verlust machen, Jeff.«

»Dann sollte er wenigstens klein sein.« Skilling dachte einen Augenblick nach. Vielleicht gab es doch ein Schlupfloch. »Ich will, dass Sie Cliff mit hinzuziehen«, sagte er.

»Gut«, antwortete Martin.

»Haben Sie die Sache schon mit den Wirtschaftsprüfern besprochen?«, fragte Skilling. »Nehmen Sie die auch mit dazu. Wenn wir gezwungen sind, einen Verlust zu machen, müssen wir den Zeitpunkt sehr sorgfältig kalkulieren.«

»Außerdem will ich, dass Sie mit Andys Gruppe zusammenarbeiten«, fügte er hinzu. »Vielleicht hat er eine gute Idee.«

»In Ordnung«, sagte Martin. Mit Fastows Beteiligung würde es wie früher sein, als sie mit ihren Freunden in seiner Abteilung gearbeitet hatte.

Ken Lay legte den Hörer auf und versuchte, ruhig zu bleiben.

Seit Wochen ging das Gerücht, dass Kinder eine Liebesbeziehung mit Nancy McNeil, einer von Lays wichtigsten Assistentinnen, angefangen hatte.* Sie arbeitete schon seit Transco für Lay und hatte sich zu einem eigenständigen Machtfaktor entwickelt, weil sie über fast alles, was im Konzern vorging, Bescheid wusste. Lay hatte dem Gerücht bisher keine Beachtung geschenkt, aber nun hatten ihn mehrere Board-Mitglieder angerufen und ihm berichtet, dass sie es ebenfalls gehört hatten.

Die Vorstellung, dass Kinder und Nancy McNeil ein Verhältnis hatten, machte Lay wütend. *Es ist einfach schädlich für das Unternehmen,* dachte er. Obwohl beide die Scheidung bereits eingereicht hatten, fand Lay, dass sie mit einer solchen Beziehung ein extrem schlechtes Vorbild abgaben. Zwar war auch seine jetzige Frau Linda Sekretärin bei Florida Gas gewesen, aber sie hatten erst Monate nach seinem Wechsel zu Transco begonnen, sich privat zu treffen.

Darauf kann man nur reagieren, indem man ihn direkt zur Rede stellt. Lay machte sich sofort auf den Weg zu Kinders Büro. Er nickte Kinders Sekretärin zu und ging hinein. Kinder saß am Schreibtisch. Lay schloss die Tür hinter sich.

»Was kann ich für Sie tun, Ken?«

Lay stand vor Kinders Schreibtisch und blickte auf ihn herab. »Rich, ich habe von verschiedenen Leuten, darunter auch Direktoren, gehört, dass Sie eine Affäre mit Nancy haben«, sagte er ganz direkt. »Stimmt das?«

Kinder antwortete, ohne zu zögern. »Nein«, sagte er.

Lay wartete einen Moment und beobachtete Kinder scharf. »In Ordnung, ich weiß, dass es sich um Gerüchte handelt, aber ich wollte prüfen, ob sie wahr sind.«

»Sie sind nicht wahr.«

»Gut. Dann kann ich also allen sagen, dass sie nicht wahr sind, auch den Direktoren. Und ich brauche mir keine Sorgen zu machen, dass sich später herausstellt, dass sie doch wahr sind.«

»Nein, das brauchen Sie nicht.«

Lay zögerte noch eine Sekunde. Dann entschuldigte er sich und kehrte in sein Büro zurück. Er hatte seine Antwort; er würde die Direktoren anrufen und ihnen sagen, dass Kinder alles abgestritten hatte.

*Kinder und McNeil heirateten später, aber es gibt keinen Beweis, dass sie schon damals liiert waren.

Trotzdem hatte er das unbestimmte Gefühl, dass Kinder nicht die Wahrheit sagte.

Einige Wochen später legte Lays Sekretärin Rosalee Fleming den Hörer neben das Telefon, parkte die Verbindung und ging zu Lay.

»Ken, Sharon ist am Apparat. Wollen Sie das Gespräch annehmen?«

Lay strahlte, er sprach gern mit seiner jüngeren Schwester.

»Natürlich«, sagte er, nahm den Hörer ab und drückte den Knopf für die blinkende Leitung.

»Hi, Sharon Sue.«

»Hallo, Ken. Wie geht's?«

Die Geschwister tauschten ein paar Minuten familiäre Neuigkeiten aus. Dann wurde Sharons Ton ernst.

»Hör mal, Ken. Ich muss dir unbedingt was erzählen, das ich letzten Abend gehört habe.«

»Was hast du gehört?«

Sharon erzählte eine unerfreuliche Geschichte: Sie war mit ein paar Freunden essen gewesen, darunter auch Nancy McNeil, die angeblich mit Kinder liiert war. Sie hatten miteinander geplaudert und sich prächtig amüsiert, bis Nancy plötzlich eine Bombe platzen ließ.

»Nancy fing an zu erzählen, was in der Firma vor sich geht«, sagte Sharon. »Sie sagte, das Board sei sehr unzufrieden mit dir. Und sie sagte, sie wollten dich irgendwie loswerden, damit Kinder deinen Job übernehmen könnte.«

Lay traute seinen Ohren nicht. *Das kann doch nicht wahr sein. Wie kommt McNeil dazu, so etwas zu tun – in Anwesenheit meiner eigenen Schwester? Hat sie vergessen, wer Sharon ist?*

»Sharon, bist du sicher, dass du dich nicht verhört hast? Vielleicht hast du falsch verstanden, was sie gesagt hat.«

»Nein, ich habe mich bei einer anderen Person vergewissert, die dabei war, und sie hat das Gleiche gehört. Nancy hat genau das gesagt.«

Lay versicherte seiner Schwester, dass sie sich keine Sorgen machen müsse. Sie sprachen noch ein paar Minuten miteinander, dann legten sie auf.

Er schaute einen Augenblick aus dem Fenster und dachte darüber nach, was seine Schwester erzählt hatte. Er hatte schon ähnliche Gerüchte gehört, aus dritter und vierter Hand. Aber diesmal kamen sie von Sharon, da gab es keinen Zweifel mehr.

Es passte alles zusammen.

Kinder. Bestimmt steckt Kinder dahinter. Die Gerüchte von der Affäre. Nancy McNeil, die mir schadet und ihm nützt. Sie muss ihre Informationen von Kinder selbst bekommen haben.

Lay hatte im Lauf der Jahre so viel für Kinder und McNeil getan, ihnen bei ihren Karrieren geholfen und sie auf den richtigen Weg gebracht. Und nun das. Diese Undankbarkeit.

Niederträchtig. Das war das Wort dafür. Kinder und McNeil wussten nichts von seiner jüngst vergangenen Eskapade mit AT&T oder von den Anstrengungen des Boards, ihn weiter an den Konzern zu binden. Jeder, der davon wusste, hätte sofort erkannt, dass die Geschichte, die Sharon gehört hatte, erstunken und erlogen war.

Aber niemand wusste davon. Wenn er am Jahresende zurücktrat, würde es böse Gerüchte geben. Die Leute würden denken, das Board, *sein Board,* hätte ihn gefeuert. Kein eleganter Abgang, kein würdiger Abschied. Nur der faule Geruch des Scheiterns.

Aber das Board war nicht gegen ihn. Und wegen der Sache mit AT&T wussten die Direktoren auch schon, dass Lay bereit war zu bleiben.

Vielleicht würde er das jetzt auch tun.

Unter den Topmanagern von Enron war es kein Geheimnis, dass Lay eine Wut auf Kinder hatte, aber nur wenige wussten, warum er wütend war. Lay begann in aller Stille um die Unterstützung der Führungskräfte zu werben, die schon seit Jahren für ihn arbeiteten. Er glaube nicht, sagte er, dass Kinder die Fähigkeiten habe, das Unternehmen zu leiten. Ob sie ihn unterstützen würden, wenn er diese Ansicht vertrete?

Die Führungskräfte stimmten ihm zu, waren aber unglücklich über den Konflikt. Lay und Kinder waren ein hervorragendes Team gewesen. Sie hatten das Unternehmen durch raue Zeiten geführt. Da drängte sich die Frage auf, ob Lay ohne Kinder genauso effektiv sein würde.

Das Geschäftsviertel Río Piedras im puertoricanischen San Juan erwachte gerade zum Leben; die ersten Kunden schauten in die Schaufenster, die mit Schmuck und Nippes lockten. Es war 9.30 Uhr am 14. November 1996. Auf der Straße hielt ein Lieferwagen mit dem Emblem der Gasgesellschaft von San Juan, die Enron gehörte. Ein Techniker mit einem kleinen Gasdetektor stieg aus und ging zu dem Schuhgeschäft im Erdgeschoss des Humberto-Vidal-Gebäudes.

Ein Angestellter des Geschäfts begrüßte ihn, führte ihn auf die Ostseite des Gebäudes und stieg mit ihm in den Keller. Hier rieche es jeden Morgen stärker nach Gas, sagte der Angestellte. Ob die Gasleitung vielleicht ein Leck habe?

Der Techniker untersuchte den Keller fünf Minuten und fand nichts. Dann schaltete er den tragbaren Gasdetektor ein und wartete eine Minute.

Nichts passierte. Keine Anzeige, kein Piepsen. Und der Techniker roch kein Gas in dem Keller. Es war alles in Ordnung. Er ging wieder und meldete seinem Büro, dass er keinen Schaden gefunden hatte.

Doch er hatte Unrecht. Ein Jahrzehnt zuvor hatte ein Berater von Enron festgestellt, dass das Sicherheitspersonal des Unternehmens in San Juan schlecht ausgebildet war, doch es war nur wenig unternommen worden, um Abhilfe zu schaffen. Auch war das Gasunternehmen mehrere Jahr hintereinander wegen Verletzung der Sicherheitsbestimmungen ermahnt worden, und 1994 hatte es sogar eine Geldstrafe zahlen müssen, weil es die beanstandeten Probleme nicht behoben hatte. Die Höhe des Bußgelds? 500 Dollar.

Nun kamen alle Probleme zusammen. Der Techniker war in der Verwendung des Gasdetektors nicht richtig ausgebildet worden: Das Gerät reagierte nur auf Veränderungen des Gasgehalts der Luft. Damit es funktionierte, musste es zuerst an einem Ort ohne Gas eingeschaltet werden und dann in dem Raum, wo der Verdacht auf ein Leck bestand. Außerdem war das Gas nur zu riechen, wenn schon sehr viel in der Luft war. Naturgas wird aus Sicherheitsgründen mit einer Chemikalie versetzt, damit es den charakteristischen Gasgeruch annimmt. Doch die Enron-Tochter in San Juan verwendete schon seit Jahren nur noch winzige Mengen des Geruchsstoffes.

In dem Keller trat tatsächlich Gas aus. Aber das Leck wurde nicht entdeckt.[4]

Das Diagramm in Michael Koppers Hand war eines von Hunderten, die Monat für Monat in Fastows Finanzgruppe produziert wurden. Sie alle bestanden aus Kästen mit Namen, Linien und Zahlen. Und sie alle bildeten strukturierte Deals ab, bei denen so mit Vermögenswerten – Kraftwerken, Barmitteln und vielem mehr – jongliert wurde, dass sich Enron der Welt finanzwirtschaftlich von seiner besten Seite zeigte.

Das Diagramm, das Kopper jetzt in der Hand hatte, war jedoch etwas Neues. Er und Fastow hatten wochenlang an einem Deal gearbeitet, mit dem Enron die beiden Heizkraftwerke loswurde, von denen Amanda Martin meinte, dass ihr Verkauf einen riesigen Verlust verursachen würde.

Aber Fastow und Kopper hatten die rettende Idee gehabt. Sie wollten für Enron nach den vorgeschriebenen Buchhaltungsregeln eine Zweckgesellschaft gründen und die Kraftwerke an sie verkaufen. Drei Prozent des Kapitals würden von externen Investoren kommen und der Rest als Kredit von Enron selbst. Die Zweckgesellschaft würde den vollen Preis für die Kraftwerke zahlen, ohne dass die überteuerten Gasverträge neu verhandelt werden mussten. Keine Neuverhandlung, keine Verluste. Es war die Art von Geschäft, die kein unabhängiger Käufer jemals abgeschlossen hätte; alle Vorteile lagen beim Verkäufer, alle Nachteile beim Käufer. Die Finanzgruppe schuf sich ihre eigene kleine Welt, in der die Käufer alles daran setzten, die Interessen der Verkäufer zu schützen.

Kopper traf sich in einem Konferenzraum mit Amanda Martins Team. Sie hatte bereits eine Firma namens Calpine als Käufer gefunden und war nicht sonderlich scharf darauf zu hören, was Kopper zu sagen hatte.

Als er den Raum betrat, sah er ein bisschen wie ein Banker aus. Er trug einen eleganten schwarzen Anzug und eine Stachelfrisur – ein neuer Stil für ihn. In wenigen Minuten erklärte er seinen Vorschlag Mark Miles, der mit Amanda Martin zusammenarbeitete. Die Sache kam Miles spanisch vor: Es wurden eine Menge Dinge verschoben mit dem Ergebnis, dass Enron irgendwie einen Verlust vermied. Miles wurde nicht schlau aus der Sache.

Er brachte den Vorschlag zu Amanda Martin. Sie starrte ihn lange an und versuchte ihn zu verstehen. Schließlich gelang es ihr.

»Das ist Unsinn«, sagte sie.

Der Deal sehe vielleicht gut aus, was die verbuchten Finanzwerte betreffe, aber er sei lächerlich, sagte Martin. Wenn Enron die Werke einfach behielte, müsse die Firma dasselbe Risiko tragen. Durch den Deal werde der Verlust nicht getilgt, sondern nur in die Zukunft verschoben, und wenn die Gaspreise fielen, könne er sogar noch *größer* werden. Die überhöhten Preise in den Verträgen würden auf jeden Fall irgendwann neu verhandelt werden müssen. Fastows Plan werde das langfristige Risiko von Enron erhöhen, nur um einen Quartalsverlust zu vermeiden.

Und nicht nur das, *der Deal stank einfach zum Himmel.* Wie konnte Enron zu einem Preis, den kein normaler Käufer bezahlen würde, problematische Vermögenswerte an eine Gesellschaft verkaufen, die es selbst gegründet hatte? Irrationalität ist in der Regel kaum mit den Vorschriften von Gesetz und Buchhaltungswesen in Einklang zu bringen. Schlimmer noch, der ganze Zweck von Fastows Deal bestand darin, die Gesellschaft zu betrügen, der die Kraftwerke gehörten. Natürlich, Enron besaß die Hälfte, aber die andere Hälfte gehörte Dominion Resources. Nach geltendem Recht musste Amanda Martin im besten Interesse dieser Partnergesellschaft handeln. Nach Fastows Plan jedoch hätte das Partnerunternehmen riesige Summen an überhöhten Gaskosten tragen müssen. Amanda selbst konnte deshalb angeklagt werden. Enron konnte doch nicht einfach seine Partner übers Ohr hauen, um einen Verlust zu vermeiden.

»Mark«, sagte Amanda Martin. »Sagen Sie denen einfach, ich sei nicht der Ansicht, dass wir diesen Weg beschreiten sollten.«

Die Botschaft wurde überbracht. Und binnen kürzester Zeit war Kopper da, um sich für sein Modell einzusetzen. Amanda Martin war höflich, aber sie traute Kopper nicht. Er kam ihr unaufrichtig vor, und sie fürchtete, dass er einen Wutanfall bekommen könnte, wenn er nicht kriegte, was er wollte. *Und genau das,* dachte sie, *wird diesmal der Fall sein.*

Kopper ging den Deal mehrere Minuten lang mit ihr durch und erklärte ihn Schritt für Schritt. »Die Wirtschaftsprüfer werden das Ding absegnen und die Anwälte auch. Es wird funktionieren.«

Amanda wollte nicht. »Michael, das ist verrückt. Es ist eine finanztechnische Manipulation und kein reelles Geschäft.«

»Aber alle finden es gut«, sagte Kopper. »Andy hat es Skilling vorgelegt, und dem hat die Transaktion wirklich gefallen. Und Causey auch. Wir sollten das Geschäft so durchziehen.«

»Ach, kommen Sie, Michael«, antwortete Martin und zeigte auf das Diagramm. »Das ist doch glatter Betrug.«

Sie klopfte auf das Papier, als sie fortfuhr. »Wir haben einen echten Verkauf organisiert. Wir müssen uns keine Sorgen machen, was in Zukunft passiert. Wir haben unsere Zeche bezahlt und sind aus dem Schneider. Bei Ihrem Modell wären wir halb schwanger.«

Während des Gesprächs kam Cliff Baxter, der häufig bei Enron durch die Korridore wanderte, von einer Zigarettenpause zurück und betrat Martins Büro. Er nahm sich einen Stuhl und hörte zu.

»Denken Sie an unseren Auftrag in der Sache«, sagte Kopper. »Skilling will einen Verlust vermeiden und die Gasverträge nicht neu verhandeln. Wir haben eine Zweckgesellschaft gegründet, mit der sich das bewerkstelligen lässt.«

Baxter streckte das Kinn vor. »Moment mal«, sagte er und bombardierte Kopper mit einer ganzen Serie von Fragen. Was die Wirtschaftsprüfer sagten. Was die Anwälte sagten. Wie es möglich sei, dass sie einem solchen Deal zustimmten.

Und dann, nach einer Pause, sagte er: »Das gefällt mir überhaupt nicht. Das ist nicht sauber.«

Nach ein paar Minuten gab Kopper auf. Er werde mit Fastow sprechen, sagte er. Sie hätten morgen ein Treffen mit verschiedenen Banken wegen des Deals, und sie würden weitermachen. Dann ging er.

Amanda Martin und Cliff Baxter diskutierten noch ein paar Minuten. Martin schilderte ihm ihre Position, und Baxter teilte ihre Ansicht, dass ein echter Verkauf der bessere Weg war. Sie rechnete fest damit, sie könne auch Fastow davon überzeugen.

Ende November 1996 saß Kinder mit den Board-Mitgliedern von Enron im Vorstandszimmer und versuchte mühsam, seine Wut zu verbergen.

Die Entscheidung über Lays Nachfolge sollte bei dieser persönlichen Besprechung mit den Direktoren fallen. Kinder hörte ungläubig ihre Fragen. Sie signalisierten ihm allesamt, dass das Board nicht bereit war, ihm die Leitung des Unternehmens anzuvertrauen.

Ob er die Erschließung neuer Geschäftsbereiche leiten könne? Ob er begabte Mitarbeiter anziehen könne? Ob er sich eventuell dazu überreden lasse, noch ein Jahr auf seinem alten Posten zu bleiben? Ob es auch zwei Jahre sein könnten?

Kinder schlug sich wacker, aber er kochte innerlich. Die Erschließung neuer Geschäftsbereiche leiten? Begabte Mitarbeiter anziehen? Zum Teufel! *Er* war es doch gewesen, der den Aufbau der Bereiche Handel und Finanzen bei Enron vorangetrieben hatte. *Er* hatte Skilling und seine Leute angeworben. Lay war nur in der Welt herumgeflogen und hatte bei den Mammutprojekten den Konzernbotschafter gespielt. *Kinder* stand für Einnahmen, *Lay* für Ausgaben.

Trotzdem spürte Kinder, dass er die Zweifler im Board nicht überzeugen konnte. Es war *Lays* Board. Lay konnte dafür sorgen, dass er gewählt wurde, wenn er nur wollte. Er hatte ihn zwei Jahre zuvor dazu gebracht, als CEO zu kandidieren, indem er versprach zurückzutreten und dann: Fehlanzeige. Und nun hatte er ihn wieder hereingelegt.

Die Besprechung war zu Ende, und Kinder ging zornentbrannt zu Lay.

»Wie ist es gelaufen?«, fragte Lay, als Kinder eintrat.

»Schrecklich, Ken. Es war schrecklich!«

Kinder ging im Raum auf und ab. »Ich begreife das nicht. Warum haben sie solche Bedenken, mich als CEO abzusegnen?«

Lay gab ihm ein paar Ratschläge, und Kinder ging bald wieder. Kurz darauf kam Skilling zu Kinder und konnte beobachten, wie Kinders Wut weiter wuchs.

»Dieser Hurensohn hat mich zum zweiten Mal in die Pfanne gehauen«, knurrte Kinder.

Skilling brauchte keine weitere Erklärung: Offenbar dachte Kinder, Lay sei ihm in den Rücken gefallen.

»Was soll ich tun?«, fragte Skilling. »Ich würde kündigen, wenn es etwas helfen würde.«

Kinder sah Skilling fragend an.

»Ich würde Sie rückhaltlos unterstützen«, fuhr Skilling fort. »Sie können Ken aufsuchen und sagen: ›Wenn Sie mich nicht zum CEO machen, gehe ich und nehme Skilling mit.‹«

Das wäre eine wirkungsvolle Drohung gewesen. Aber Skillings Vorschlag war nicht Kinders Stil. Wenn ihm das Board nicht geben würde, was er wollte *(und was er verdiente!)*, dann würde er sich damit abfinden.

»Nein«, sagte Kinder leise. »Das ist nicht nötig. Warten wir einfach ab, wie die Sache ausgeht.«

Die Schlacht um die gegensätzlichen Verkaufspläne für die Heizkraftwerke nahm kein Ende. Amanda Martin und ihr Team verstanden nicht, warum sich Fastow und Kopper so massiv für ihren Deal einsetzten. Warum war er ihnen so wichtig?

Ein Gipfeltreffen wurde abgehalten. Fastow und Kopper kamen aus ihrem Stock herunter und sprachen mit Amanda Martin und ihren Leuten. Beide Vorschläge wurden vorgestellt.

»Ihr Deal taugt nichts«, sagte Fastow. »Durch ihn wird der Verlust nicht vermieden. Skilling will, dass wir den Verlust vermeiden. Mit unserem Vorschlag gelingt das. Wir sollten aufhören zu streiten und Skilling geben, was er will.«

Mit diesen Worten stand er auf und ging. Die Besprechung war zu Ende.

Am 21. November um 8.30 Uhr schrillte in der Schule La Milagrosa gegenüber dem Einkaufsviertel Río Piedras in San Juan die Pausenklingel. Die Kinder packten ihre Bücher in die Schulranzen.

Auf der anderen Seite der Straße, neben dem Humberto-Vidal-Gebäude, hielt ein Techniker der Gasgesellschaft von San Juan seinen Gasdetektor an ein kleines Loch, das seine Kollegen gerade in die Straße gebohrt hatten. Der Techniker saugte etwas Luft in das Gerät und schaute auf die Anzeige.

20 Prozent! Weit im roten Bereich. Die Luft unter dem Pflaster war mit Propangas gesättigt. Er blickte zu seinen Leuten hinüber und trat einen Schritt vor auf einen Kanaldeckel.

Im gleichen Augenblick drückte im fünften Stock des Vidal-Gebäudes ein Techniker im Rahmen der monatlichen Wartung der Klimaanlage einen Knopf, der das System einschaltete. Ein Stromkreis schloss sich, und in dem gasgefüllten Keller des Gebäudes sprang eine fünf Tonnen schwere Klimaanlage an.

Die Explosion erfolgte sofort und war ohrenbetäubend. In den ersten drei Stockwerken des Gebäudes barsten die Decken und fielen in den Keller hinunter. Waren aus den Geschäften – Unterwäsche, Sonnenbrillen, eine blutbeschmierte kleine Puppe – wurden auf die Straße geschleudert. Der Mann, der die Klimaanlage wartete, war sofort tot. Draußen flog der Techniker von der Gasgesellschaft durch die Luft. In der Schule zersplitterten die Fenster, und die Schüler in den Klassenzimmern waren einem Hagel von Glassplittern und Betonbrocken ausgesetzt. Als die Trümmer beseitigt waren, zählte man 33 Tote und 69 Verletzte.[5]

In Houston herrschte im Enron-Gebäude nach den Ereignissen in Puerto Rico Krisenstimmung. Wenige Stunden nach dem Unglück hatten die Ermittler vor Ort ein Gasleck als mögliche Ursache identifiziert, und wenn sie Recht hatten, würde die Tochterfirma von Enron wahrscheinlich für die Katastrophe verantwortlich gemacht werden. In der Konzernzentrale tagte ein Krisenstab mit Versicherungsvertretern, Anwälten, PR-Spezialisten und Managern. Sie wussten noch nicht, ob Enron für das Unglück verantwortlich war, und beschlossen, eigene Ermittlungen durchzuführen.

Plötzlich rief David Haug von der International Division in dem Krisenzentrum an und verlangte, mit irgendeinem der Anwesenden zu sprechen.

»Ich habe ein Projekt zum Bau eines Kraftwerks in Puerto Rico laufen«, sagte Haug. »Durch das Unglück wird der Abschluss des Projekts gefährdet. Wir sollten einfach die Verantwortung für das Unglück übernehmen und weitermachen. Mein Projekt muss realisiert werden.«

Wildes Geschrei erfüllte den Raum. Die Anwälte von Enron waren strikt dagegen, dass das Unternehmen einfach die Verantwortung für das Unglück übernahm, während Haug wie ein Berserker für sein Projekt kämpfte.

Am Konferenztisch saß Mark Palmer, ein frisch eingestellter PR-Fachmann, und beobachtete die Auseinandersetzung. Nachdem Haug aufgelegt hatte, begannen mehrere Leute über ihn und sein Projekt herzuziehen. Es sei sowieso ein lausiger Deal, sagten sie. Die Preise seien völlig verrückt, und niemand könne sagen, ob Enron je bezahlt werden würde. Einer der Golfspieler im Raum bezeichnete das Projekt als »einen langen Putt«.

Palmer wunderte sich. »Warum verzichten wir nicht einfach auf den Deal, wenn er so lausig ist?«, fragte er.

Einer seiner neuen Kollegen erklärte ihm das Prämiensystem der International Division, nach dem die Projektleiter eine riesige Kompensation bekamen, wenn die Finanzierung eines Projekts gesichert und die Verträge unterzeichnet waren.

»Soll das heißen, es kommt nicht darauf an, ob das Geschäft gut ist, sondern nur darauf, dass es abgeschlossen wird?«, fragte Palmer.

Viele Leute im Raum nickten.

Am 26. November entschied das Board von Enron über die Nachfolgefrage. Lay und Kinder wurde eine Verlängerung ihrer Verträge angeboten.[6] Niemand gab sich der Illusion hin, dass Kinder annehmen würde. Als Lay von der Entscheidung erfuhr, suchte er Kinder in seinem Büro auf.

»Rich, das Board hat getagt und sich mit den Problemen hinsichtlich der künftigen Führung des Unternehmens befasst«, begann Lay.

Er kenne das Ergebnis bereits, sagte Kinder.

»Die Direktoren finden, dass Sie als COO hervorragende Arbeit geleistet haben, und möchten, dass Sie auf diesem Posten weitermachen«, fuhr Lay fort. »Allerdings haben sie auch jetzt noch Bedenken, Sie zum CEO zu befördern.«

Kinder wirkte ruhig und nachdenklich. »Ich bin enttäuscht. Ich glaube, es wurde ein Fehler gemacht. Nun liegt es vermutlich im allgemeinen Interesse, dass ich zum Jahresende aufhöre.«[7]

Lay beobachtete Kinder sorgfältig. Er hatte mit dieser Reaktion gerechnet. »Das Board wird darüber bestimmt enttäuscht sein«, sagte er. »Es hätte das Team gern zusammengehalten.«

Kinder zuckte die Schultern. »Ich tue, was ich tun muss.«

»Tut mir Leid, dass es so ausgegangen ist, Rich«, sagte Lay. »Sie werden uns sehr fehlen.«

Später am selben Tag sah die Empfangsdame im 50. Stock Amanda Martin aus dem Aufzug kommen und auf die Sicherheitstür zuschießen, die zu den Büros der Konzernleitung führte. Sie konnte das elektronische Schloss gerade noch rechtzeitig öffnen, um Amanda durchzulassen. Sie stürmte schnurstracks in das Büro von Rich Kinder.

Amanda Martin hatte gerade erst erfahren, dass Kinder gehen würde. Sie bewunderte den COO und hielt ihn für einen der intelligentesten Manager im Enron-Gebäude. Doch er saß an seinem Schreibtisch und wirkte ganz ruhig und entspannt, als ob nichts geschehen wäre.

»Wie konnte das passieren, Rich?«, keuchte Amanda. »Man hat Sie reingelegt!«

Kinder ließ sich nicht aus der Reserve locken. »Es ist einfach Zeit für einen Tapetenwechsel. Die Sache ist eben so ausgegangen.«

»Ach, kommen Sie, Rich. Das ist doch ungerecht!«

»Aber es ist nun mal so. Es wird schon seinen Sinn haben.«

Seine heitere Gelassenheit brachte Amanda auf die Palme. »Sie dürfen sich das nicht gefallen lassen, Rich. Sie müssen etwas unternehmen!«

Kinder hob einen Zeigefinger. »Ich will Ihnen mal was sagen, junge Frau.«

Er machte eine Pause. »Die beste Rache ist immer, ein gutes Leben zu führen.«

Kinders einfache Antwort und seine Gelassenheit nahmen Amanda den Wind aus den Segeln. Kinder würde sich nicht in die Schlacht stürzen. Es war wirklich vorbei. Er war weg.

Skilling war extrem beunruhigt. Wenn Kinder ging, würde ein anderer Chief Operating Officer werden und die Zukunft von Enron bestimmen. Und wenn nicht Skilling selbst, wer dann?

Das Board hatte entschieden, dass Lay Kinders Aufgaben übernehmen würde, aber Skilling wusste, dass diese Lösung nicht lange Bestand haben würde. Lay war ein netter Mensch, aber gerade da lag das Problem. Er war *zu* nett. Er war nicht der Mann, der mit der Faust auf den Tisch haut und einen dummen Vorschlag ablehnt. Jeder, der ihm eine Idee vorlegte, schien von seiner Zustimmung auszugehen, sogar Führungskräfte, die ihm vollkommen gegensätzliche Ideen präsentierten.

Wenn ich nicht schnell handle, wird sich ein anderer Kinders Posten sichern, dachte Skilling. Er rief Lay an und machte einen Termin. Zwei Tage später fand die Besprechung statt.

Lay begrüßte Skilling herzlich. Er war einer seiner begabtesten Leute und für die Zukunft von Enron sehr wichtig. Lay konnte es sich nicht leisten, ihn zu verlieren. Die beiden setzten sich an den Konferenztisch, und Skilling stützte die Arme auf die granitene Tischplatte.

»Es passiert gerade sehr viel, Ken, und ich würde Ihnen gerne sagen, was ich davon halte«, begann Skilling.

»Schießen Sie los.«

»Okay. In absehbarer Zeit wird ein neuer COO ernannt, und ich denke, es gibt nur drei Möglichkeiten: Ich kriege den Job oder Rebecca Mark oder jemand von außen.«

Lays Gesicht blieb ausdruckslos. *Falsch,* dachte er.

Erstaunlich viele glaubten, Rebecca Mark werde Kinders Nachfolgerin werden. Lay hatte oft gehört, wie über ihren besonderen Status spekuliert wurde, aber er hielt das für einen firmeninternen Mythos. Er fand durchaus, dass Rebecca Mark in der International Division gute Arbeit machte. Aber ihre Stärke lag nicht im operativen Bereich. Enrons Rückgrat waren immer noch die Pipelines, und in diesem Bereich kannte sie sich kaum aus. Auch über den US-amerikanischen Gas- und Strommarkt wusste sie nicht sonderlich gut Bescheid. Kurz gesagt, sie kam als Nummer zwei nicht in Frage.

Lay hatte schon einen Nachfolger für Kinder ins Auge gefasst: Forrest Hoglund, den Chef der Enron Oil and Gas Division. Er war schon lange in leitender Stellung bei der Firma. Lay war von seiner Leistung beeindruckt und hatte schon früh vor Board-Mitgliedern gesagt, Hoglund wäre sein bester Nachfolger, falls er je unter einen schweren Lastwagen käme.

Skilling jedoch hatte von alledem keine Ahnung. Also hörte Lay einfach nur zu, als er über seine eingebildete Rivalin herzog.

»Ich möchte Sie nur informieren, dass ich kündige, falls Rebecca den Posten bekommt. Und ich garantiere Ihnen, dass auch die Hälfte meiner Mitarbeiter gehen würde. Sie haben keinen Respekt vor ihr.«

Lay sagte nichts.

»Und wenn es ein Externer wird«, fuhr Skilling fort, »wäre ich bereit, mit ihm zusammenzuarbeiten, aber er wird die Dinge wahrscheinlich anders sehen als ich. Meine Firma ist sozusagen meine Firma. Und wenn sie verändert werden sollte, will ich nicht mehr dabei sein.«

Skilling holte tief Luft. »Sie sollen das alles nur wissen«, fuhr er fort. »Ich verlange nicht, dass sofort gehandelt wird. Sie sollen nur wissen, was ich denke.«

Lay nickte. »Ich verstehe«, sagte er.

An einem Montagabend gingen die Direktoren von Enron mit ihren Gattinnen durch den eisigen Wind zum Museum of Natural Science in der Houstoner Innenstadt. Drinnen stiegen sie hinauf in den zweiten Stock und folgten einem langen Gang, der wie eine Höhle hergerichtet war, bis sie den glitzernden Gem Room erreichten, den Raum mit den Edelsteinen, in dem Ken und Linda Lay ihre jährliche Weihnachtsparty für die Board-Mitglieder gaben.[8]

Es war der 9. Oktober 1996, der Abend vor der letzten Vorstandssitzung des Jahres. Bei ihrer Ankunft mussten die Gäste aus kleinen Körbchen ihre Sitznummern ziehen. Das Fest war ganz traditionell ausgerichtet, und es kam immer gut an. An einem eigens in den Raum gebrachten Klavier wurden Weihnachtslieder gesungen, und es erschien ein Weihnachtsmann mit einem großen Sack voller Geschenke für die Direktoren und ihre Frauen.

Kellner im Smoking servierten das Essen, als alle Gäste ihre Plätze gefunden hatten. Lay ging nach vorn und sprach wie immer das Tischgebet. Danach ließ er lächelnd den Blick über die versammelten Gäste schweifen und sagte:

»Ich danke Ihnen allen, dass Sie gekommen sind. Und ich wünsche Ihnen fröhliche Weihnachten und ein gutes neues Jahr.«

Während er noch sprach, signalisierte Kinder, dass er auch etwas sagen wollte. Es war sein letztes Weihnachtfest bei der Firma, und sein Wunsch löste im Raum spürbares Unbehagen aus. Er erhob sich von seinem Platz und begann:

»Ich will die Gelegenheit nutzen, Ihnen allen zu sagen, wie sehr es mir bei Enron gefallen hat. Es war eine große Chance für mich, und ich bin wirklich gewachsen im Lauf der Jahre.«

Danach analysierte Kinder die Entwicklung der Firma, schilderte, wie sich ihre Gewinne und Einnahmen und alle anderen Dinge verbessert hatten. Die Rede war absolut freundlich, und doch hatten einige Board-Mitglieder ein unbehagliches Gefühl. Es klang zu sehr danach, als ob Kinder die Leistungen seiner Amtszeit verteidigte und die unterschwellige Botschaft vermittelte, dass seine Verdienste nicht angemessen gewürdigt worden seien.

Kinder kam zum Schluss und wurde mit höflichem Beifall bedacht. Für den Rest des Abends ging Lay im Raum umher und plauderte mit seinen Gästen, wobei er außer verschiedenen Banalitäten auch immer wieder Kinders Nachfolge zur Sprache brachte.

Auf diese Weise kristallisierte sich im Lauf des Abends eine stillschweigende Übereinkunft heraus: Es bestand keine Eile. Lay sollte sich Zeit lassen, um die Chefs der einzelnen Unternehmensbereiche besser kennen zu lernen. Ein langsamer, stetiger Auswahlprozess war allem Anschein nach der richtige Weg, und die möglichen Kandidaten würden einfach noch eine Weile warten müssen.

Am folgenden Tag rief Lay Skilling an und bat ihn in sein Büro. Er wollte ihn persönlich von der Entscheidung der Board-Mitglieder unterrichten und hoffte, Skillings Enttäuschung dadurch etwas abmildern zu können.

»Ich weiß, Sie wollen unbedingt wissen, was wir wegen des neuen COO unternehmen, Jeff«, sagte Lay. »Das Board und ich haben beschlossen, bei dem Posten nichts zu überstürzen und ihn noch eine Weile unbesetzt zu lassen.«

Skilling machte ein finsteres Gesicht. »Warum? Warum können wir ihn nicht gleich besetzen?«

Was für eine Veränderung. Vor kurzem hat er noch kein Interesse am Topmanagement gehabt und wollte sogar halbtags arbeiten, und jetzt ist er auf einmal ganz erpicht darauf, sofort aufzusteigen.

»Das Board und ich glauben, es wäre besser, wenn ich die Zeit hätte, mich mit den CEOs der wichtigsten Profitcenter vertraut zu machen. Wir warten ein paar Monate, dann entscheide ich mich.«

Skilling widersprach heftig und brachte zahlreiche Argumente gegen die Verzögerung vor. Aber Lay blieb hart. Skilling dankte ihm mürrisch für das Gespräch und ging. Im Aufzug drückte er den Knopf für das Erdgeschoss. Er musste hinaus. Er musste nachdenken.

Skilling raste über Loop 610, die äußere Umgehungsstraße der Stadt. Inzwischen war es etwa 17 Uhr, und er raste auf den Houstoner Stadtteil Galleria zu.

Er fuhr schon über eine Stunde den Loop entlang. Er war wütend und frustriert, und er hatte Angst. Enron stand an einem Wendepunkt. Er musste dafür sorgen, dass Lay dies begriff. Er selbst musste Kinders Job übernehmen. Seine Vision für das Unternehmen würde vielleicht verschwinden, wenn er es nicht tat.

Skilling wählte die Nummer von Lays Büro auf dem Autotelefon. Eine Sekretärin stellte ihn sofort durch.

»Ken? Hier ist Jeff. Ich bin nicht in meinem Büro, aber ich wollte Sie fragen, ob wir uns in der Lobby des Four Seasons treffen könnten.«

Das Four Seasons, Lays Lieblingshotel.

»Natürlich, Jeff. Ich fahre sofort los.«

Eine halbe Stunde später hielt ein uniformierter Angestellter des Four Seasons Lay die Tür auf. Der Enron-Chef dankte ihm mit einem Nicken und betrat die Lobby des 30-stöckigen Hotels. Venezianische Kronleuchter tauchten die kostbaren Antiquitäten in der Lobby in ein mildes Licht. Das Hotel war ruhig und luxuriös, eine glückliche Kombination von städtischer Eleganz und entspanntem Südstaatencharme.

Lay erspähte Skilling neben einer großen Treppe. Er ging zu ihm hinüber und schüttelte ihm die Hand. Skilling ging voraus in den Salon der Hotellobby, und sie nahmen an einem Tisch an der Wand Platz. Skilling hatte tiefe Sorgenfalten im Gesicht. Lay wartete.

»Ich weiß, dass ich bei unserem Treffen heute Mittag ziemlich heftig reagiert habe, Ken«, sagte Skilling, »und ich musste danach erst mal wieder einen klaren Kopf kriegen. Also bin ich die letzten paar Stunden einfach nur die 610 entlanggefahren und habe nachgedacht.«

»Alles klar.«

»Im Grunde will ich Ihnen nur sagen, dass es ein großer Fehler wäre, wenn Sie nicht jetzt gleich handeln und mich zum Chief Operating Officer machen. Alles andere wäre ein fatales Signal für meine Unternehmensgruppe. Bis der Posten wieder voll besetzt ist, ist die Nachfolge offensichtlich völlig ungeklärt.«

Er holte tief Luft. »Meine ganze Gruppe wird das Gefühl bekommen, dass sie vielleicht nicht mehr so wichtig ist wie in der Vergangenheit. Und in Anbetracht dessen, was meine Leute für die Bilanz leisten, ist es wahrscheinlich ein Fehler, wenn sie so verunsichert werden, dass sie sich womöglich leicht von anderen Firmen abwerben lassen. Das ist nicht nötig. Sie müssen mich für den Posten nominieren, damit wir unser Leistungsniveau halten können.«

Die beiden Männer sprachen noch weitere eineinhalb Stunden miteinander, während sich die Bar langsam mit Abendgästen füllte. Skilling argumentierte ruhig, aber leidenschaftlich, und Lay war beeindruckt. Hier ging es nicht nur um persönlichen Ehrgeiz. Skilling hatte seine Situation genau analysiert, und seine Argumente waren sehr stichhaltig.

Kurz vor 19 Uhr war Skilling fertig. Die Männer standen auf und durchquerten die Lobby. Draußen vor dem Eingang blieb Lay stehen und sagte:

»Also gut, Jeff. Lassen Sie mich darüber nachdenken. Ich spreche mit ein paar von den Direktoren und melde mich vermutlich in den nächsten 24 Stunden wieder bei Ihnen.«

Skilling nickte. »Danke, dass Sie mich angehört haben.«

Der Mann vom Parkservice fuhr mit Lays Mercedes 600 vor. Lay gab ihm ein Trinkgeld, setzte sich hinter das Steuer und fuhr davon.

Am folgenden Tag stand Lay in der Morgendämmerung in seinem Vorgarten. Er trug Shorts und ein Sweatshirt und drückte mit beiden Händen gegen einen Baum. Dann machte er eine Rumpfbeuge, um die Muskeln in seinen Beinen zu dehnen. Nach diesen kurzen Aufwärmübungen machte er seinen morgendlichen Lauf. Er joggte die Looscan Lane hinunter und ließ sich das Gespräch mit Skilling noch einmal durch den Kopf gehen.

Skilling hatte für den Fall, dass die Führungsfrage lange ungeklärt bleiben sollte, ein wirklich düsteres Bild der Zukunft des Unternehmens gezeichnet. Lay fragte sich, was eigentlich dagegen sprach, sofort zu handeln und Skilling offiziell zu seinem designierten Nachfolger zu küren.

Vermutlich ist es das Beste, ihn sofort ins Spiel zu bringen.

Als die Morgensonne über dem Horizont stand, hatte Lay seine Entscheidung getroffen: Skilling würde aufsteigen. Aber bis sich alle an das neue Führungsteam gewöhnt hatten, würde er nur für die Unternehmensbereiche Marketing und Handel verantwortlich sein, und Lay würde die anderen Bereiche leiten. Das war eine vernünftige Lösung.

Um 6.30 Uhr war Lay wieder zu Hause. Kurz darauf rief er John Duncan an, den Chairman des Exekutivkomitees. Auch Duncan war noch zu Hause, als ihn der Anruf erreichte.

»Nach unserer gestrigen Sitzung, habe ich mich mit Jeff getroffen«, begann Lay.

Noch am selben Tag stand Skilling bei Lay in der Tür und unterdrückte mühsam seine Aufregung.

»Sie wollten mich sehen, Ken?«

Lay lächelte. »Ja, Jeff. Kommen Sie herein, und setzen Sie sich.«

Die beiden nahmen die üblichen Plätze am Konferenztisch ein. Skilling ahnte bereits, dass er entweder alles oder nichts bekommen würde.

»Sie sollen wissen, dass ich Ihnen gestern sehr genau zugehört habe«, sagte Lay.

Er lehnte sich auf seinem Stuhl nach vorn und lächelte. »Ich habe mir die Sache über Nacht durch den Kopf gehen lassen und bin zu dem Schluss gelangt, dass Sie den Posten jetzt schon bekommen sollten«, sagte er. »Ich habe mit dem Board darüber gesprochen, und die Board-Mitglieder sind begeistert. Sie sind der festen Überzeugung, dass Sie wahrscheinlich mein Nachfolger werden. Also brauchen wir die Sache nur noch in die Tat umzusetzen.«

Skillings Gesicht blieb ausdruckslos. »Danke, Ken, ich werde tun, was ich kann, damit sich diese Entscheidung als richtig erweist.«

Dann legte Lay einige Grundregeln fest und mahnte ein wenig zur Vorsicht. Skilling werde President des Gesamtunternehmens sein, nicht nur des Handelsbereichs. Er müsse die Mitarbeiter in den anderen Unternehmensbereichen davon überzeugen, dass er ihre Arbeit respektiere. Die Fehde mit der International Division müsse aufhören. Lay sagte, er werde mit dem Führungsausschuss sprechen und ihn über seine Entscheidung informieren. Dann, wenn alles geklärt sei, werde man Skillings Beförderung offiziell verkünden.[9]

Bis zum folgenden Morgen hatten alle notwendigen Sitzungen stattgefunden, und alle wichtigen Personen waren informiert worden. Skillings Machtstellung im Konzern stand endlich außer Frage.

Rebecca Mark stürmte in Lays Büro, kaum dass sie die Neuigkeit erfahren hatte.

»Das ist doch nicht Ihr Ernst, Ken«, stieß sie hervor. »Sie können Jeff Skilling nicht zum COO dieses Unternehmens machen!«

Mark war außer sich. Sie hatte es mit Kinder nie leicht gehabt, aber sie hatte ihn immer als fair empfunden. Als es zu diesem verrückten Bruch zwischen Kinder und Lay gekommen war, hatte sie zu Lay gehalten, weil er sich verpflichtet hatte, den zweithöchsten Posten im Konzern einem Team von Managern zu übergeben. Fast alle diese Manager hätte sie annehmbar gefunden. Aber Skilling?

»Er respektiert die anderen Unternehmensbereiche nicht«, schimpfte sie. »Er will uns in Fetzen reißen und wegwerfen. Er hat keinen Respekt vor dem Pipeline-Geschäft. Warum wollen Sie einem solchen Mann die Leitung des Unternehmens anvertrauen?«

Lay blieb sehr gelassen. »Ich musste eine Entscheidung treffen, die in erster Linie im Interesse von Enron lag. Jeff war …«

»Ach, kommen Sie, Ken«, unterbrach ihn Rebecca Mark. »Er hat keine Erfahrung als Unternehmensleiter, wenn man von seinem Handelsbereich absieht. Er hat nicht die richtige Psychostruktur für eine Führungspersönlichkeit. Bei ihm ist jedes zweite Wort ein Schimpfwort, und er verbreitet nichts als Chaos. Sie glauben vielleicht, er sei genial, aber seine Führungsqualitäten sind unter aller Sau!«

»Also, Rebecca …«

»Und da ist noch etwas, das Sie vermutlich nicht wissen, Ken«, fuhr sie fort. »Ich glaube nicht, dass Jeff Skilling dieselben ethischen Grundsätze hat, wie sie im Rest des Unternehmen gelten. Er und seine Leute ticken ganz anders.«

Mark starrte Lay direkt in die Augen.

»Ich glaube, Sie werden irgendwann feststellen, dass diese Leute die Welt ganz anders sehen, als Sie es tun.«

»Ich habe mit Jeff gesprochen«, sagte Fastow am Telefon zu Amanda Martin. »Er sagt, wir machen meinen Deal.«

Der Streit um das Geschäft mit den Heizkraftwerken dauerte inzwischen Monate, und Fastow gab nicht nach. Nun behauptete er, er habe Amanda Martin umgangen und Baxter ausmanövriert und Skilling dazu gebracht, seinen monströsen Vorschlag abzusegnen.

Bluffte er? Hatte er überhaupt mit Skilling gesprochen? War ihm klar, dass er mit seinem Deal ein Partnerunternehmen von Enron betrügen würde? Amanda Martin besprach sich mit Baxter und Rice.

»Ich sitze in der Patsche, Jungs«, sagte sie. Sie hatte geglaubt, sie habe Fastows Deal abgeschossen, aber er war wieder auferstanden.

»Selbst wenn Andys Deal Enron nützt, schadet er unserem Partnerunternehmen«, sagte sie. »Das können wir doch nicht machen.«

Baxter war bereit, den Angriff auf Fastow anzuführen. Er und Amanda suchten Skilling in seinem Büro auf.

»Das ist einfach Scheiße, Jeff«, schimpfte er. »Wir haben sowieso schon den Ruf, unsere Geschäftspartner zu betrügen. So können wir das Geschäft nicht machen. Wir machen Amandas Deal.«

Skilling hörte höflich zu. Er musste sich mit ganz anderen Problemen herumschlagen. Für so etwas hatte er keine Zeit.

»Also gut«, sagte er. »Aber tun Sie verdammt noch mal Ihr Möglichstes, um die Verluste gering zu halten.«

Amanda Martins Deal wurde abgeschlossen, und Fastows Vorschlag war endlich vom Tisch.

Die Reaktion erfolgte fast unmittelbar.

Fastow war außer sich vor Wut. Amanda und ihr Team konnten es gar nicht fassen. *Warum ist er so sauer? Warum macht es ihm so viel aus? Enron schließt doch jedes Jahr Hunderte von Geschäften ab. Warum nimmt Fastow ausgerechnet diesen Deal so persönlich?*

Drohungen wurden ausgesprochen. Kopper überbrachte die Botschaft an Amandas Mitarbeiter Mark Miles: Alle, die mit dem Verkauf der Kraftwerke an Calpine zu tun gehabt hatten, würden dafür teuer bezahlen müssen. Dafür werde Fastow sorgen.

»Er wird alle fertig machen, die an dem Projekt gearbeitet haben«, sagte Kopper. »Er wird euch das Leben schwer machen.«

Es war verrückt, aber Fastow hatte die Macht, seine Drohung in die Tat umzusetzen. Skillings Performance Review Committee (PRC) gab ihm die nötige Handhabe. Alle leitenden Angestellten waren Mitglieder dieses Bewertungsausschusses; sie diskutierten jedes halbe Jahr mehrere Tage lang über Rang und Leistung der Führungskräfte und entschieden über Kompensationen und Beförderungen. Skilling hatte sich stark für dieses Verfahren eingesetzt, weil es wegen der großen Zahl von Ausschussmitgliedern theoretisch nicht möglich war, dass ein einzelner Vorgesetzter sich mit einer unfairen Beurteilung durchsetzen konnte. Aber das funktionierte in der Praxis nicht immer. Die meisten Mitglieder des PRC kannten die Mitarbeiter der anderen Unternehmensbereiche nicht. Wenn nun ein Mann wie Fastow die Runde machte und hemmungslos gegen die Personen hetzte, die den Calpine-Deal ausgehandelt hatten, konnte er durchaus Wirkung erzielen. Dass Amanda Martin und ihre Leute das Richtige für Enron getan hatten, konnte sich deshalb negativ in ihren Brieftaschen bemerkbar machen.

Miles suchte Martin auf. »Fastow hat eine Stinkwut«, sagte er und erzählte ihr alles, was er gehört hatte.

Martin traute ihren Ohren nicht. »Das darf doch nicht wahr sein.«

So durfte es nicht laufen. Sie beschloss, Skilling zu informieren, und machte einen Termin.

»Andy ist außer Kontrolle, Jeff«, sagte sie. »Er verkündet, dass er alle fertig machen will, die an dem Calpine-Deal beteiligt waren. Das Geschäft war großartig, und es war für Enron das Richtige. So etwas durfte nicht passieren.«

Skilling hörte ihr ungeduldig zu. *Jemand hat gesagt, dass jemand gesagt hat, dass Andy gesagt hat.* Noch mehr Gerüchte. Baxter war ständig in seinem Büro und hackte auf Fastow herum, und jetzt fing Martin auch noch damit an. Skilling glaubte nicht, dass Fastow Amanda Martins Team im PRC schaden konnte, selbst wenn er es versuchte. Fastow ergriff in dem Ausschuss fast nie das Wort, solange es nicht um seine eigenen Leute ging.

Skilling hob die Hand. »Amanda, Sie leisten hervorragende Arbeit, und natürlich werde ich Sie schützen. Andy ist ein heller Kopf, aber er ist ein Choleriker, und das müssen wir unter Kontrolle bringen. Aber haben Sie Vertrauen zu mir. Ich kümmere mich um Ihr Anliegen und rede mit ihm.«

Das hörte sich vernünftig an. Amanda dankte Skilling und kehrte in ihr Büro zurück.

Zwei Wochen später saß sie verwirrt in ihrem Büro. Von Fastow persönlich hatte sie immer noch nichts gehört. Aber die Gerüchte waren immer hässlicher geworden. Angeblich griff er sie inzwischen direkt an und behauptete, sie hätte ihn absichtlich bei den Banken diskreditiert, die an dem von ihm geplanten Deal beteiligt gewesen wären.

Wie hatte es so weit kommen können? Sie waren so lange befreundet gewesen und nun plötzlich diese Wut wegen eines einzigen Geschäfts. Es war, als wäre sie ihm bei irgendeinem großen Plan in die Quere gekommen, aber bei welchem Plan? Vielleicht hatte Fastow sich nur verrannt und war zu stolz, um den Streit zu beenden. Einer musste den ersten Schritt machen, um ihre alte Freundschaft zu erneuern.

Sie griff zum Telefon und wählte Fastows Nummer.

»Andy, ich muss Sie sprechen«, sagte sie.

»Gut. Kommen Sie rauf.« Sein Ton war kühl.

Als sie ein paar Minuten später sein Büro betrat, blieb er hinter seinem Schreibtisch sitzen – stocksteif und ohne zu lächeln.

»Sie wollten mich sprechen?«

Amanda holte tief Luft. Das würde unangenehm werden.

»Andy, ich habe Dinge gehört, die mich wirklich sehr beunruhigen.«

Fastow starrte sie an und schwieg.

»Ich weiß gar nicht so recht, worum es eigentlich geht, wissen Sie«, fuhr sie fort. »Sie haben an einem Deal gearbeitet. Wir haben an einem Deal gearbeitet. Cliff hat eine Entscheidung getroffen. Jeff hat eine Entscheidung getroffen ...«

»Jeff hat nie eine Entscheidung getroffen«, zischte Fastow.

O Gott! »Na gut. Es wurde die Entscheidung getroffen, dass unser Modell besser für unser Partnerunternehmen war. Es wurde abgesegnet, und wir haben den Deal gemacht.«

Sie machte eine Pause. Fastow saß da und rührte sich nicht.

»Ich verstehe nicht, woher all das Gerede kommt, dass ich angeblich versuche, Sie zu diskreditieren«, sagte sie. »Wir kennen uns doch schon so lange. Da dürfte so etwas nicht passieren.«

Sie redete noch etwa eine Minute weiter, aber er starrte sie nur an. Schließlich verstummte sie. Fastows Gesicht verzerrte sich vor Wut. Er stieß eine Hand vor und klopfte mit einem Finger auf die Tischplatte.

»Wir haben an diesem Deal gearbeitet. Ich bin zu den Banken gegangen. Die glaubten, wir würden binnen drei Wochen einen Abschluss tätigen. Ich habe ihnen den Deal versprochen. Sie haben dafür gesorgt, dass ich nun als Wortbrüchiger dastehe. Sie haben Enron geschadet, weil das die Banken von Enron sind.«

Er starrte Amanda hasserfüllt an. »Sie haben meinen Deal sabotiert.«

Sie wusste nicht, was sie sagen sollte.

»Andy, ich habe gar nicht die Macht, einen Deal von Ihnen ...«

Fastow unterbrach sie erneut. »Sie haben mich sabotiert. Sie sind zu Skilling gegangen und haben mich angegriffen.«

Amanda schloss die Augen. Fastow hatte erfahren, dass sie sich bei Skilling beschwert hatte. »Andy …«

Fastow schüttelte den Kopf. »Sie haben meinen Deal abgeschossen«, sagte er wütend. Er machte eine Pause und lehnte sich in seinem Stuhl vor.

»Wenn ich Sie wäre«, drohte er, »würde ich sehr, sehr vorsichtig sein.«

2. Teil

Die Raptoren

Kapitel 6

Ein Marilyn-Monroe-Double im roten Kleid, behängt mit falschen Diamanten, trippelte im zweiten Stock des Hyatt Regency Hotels im Stadtzentrum von Houston kichernd und gurrend am Tanzsaal vorüber. Im Saal schlenderte ein Elvis-Doppelgänger im weißen Overall neben einem Schauspieler her, der sich als Clark Gable aufgeputzt hatte. Die Musik, die aus den Lautsprechern schmetterte, und die bunten Lichteffekte versetzten die mehrere hundert Enron-Angestellten in Premierenstimmung.

Ungeachtet der frühen Stunde – es war 8 Uhr am Morgen des 14. Januar 1997 – herrschte im Saal eine triumphale Atmosphäre. Die große Ankündigung stand unmittelbar bevor. Nach streng geheimen Planungen sollten nun die Angestellten der Enthüllung des Symbols beiwohnen, mit dem sich Enron künftig der Welt präsentieren würde.

Am Ende des Saals gingen Lay und Skilling über die Bühne zu einem mit einem großen, von einem Tuch verhüllten Gegenstand. Lay hob die Arme und bat mit einem kaum vernehmbaren »Sch« um Ruhe.

»Wir haben«, sagte Lay, als Ruhe eingekehrt war, »einen langen Weg hinter uns seit 1985, als wir, damals noch ein Pipeline-Unternehmen, eine Vision hatten – die Vision, zum führenden Erdgasunternehmen aufzusteigen.«

Verhaltener Applaus.

»Doch wir sind etwas viel Größeres geworden«, sagte er. »Wir sind eine Kraft, auf die die Welt stolz sein kann. Sie kann stolz sein auf alles, was wir tun. Wir deregulieren die Märkte. Wir stellen alternative Dienstleistungen bereit. Wir machen die Märkte effizienter.«

Wieder Applaus, diesmal kräftiger.

»Wir haben deshalb ein neues Logo entwickelt, das widerspiegelt, welch ein dynamisches Unternehmen Enron heute ist«, sagte er. »Es ist das Logo des Unternehmens, das die Energieindustrie ins nächste Jahrhundert führt, ins nächste Jahrtausend.«

Lautstarker Applaus.

»Auf dieses Logo können wir alle sehr stolz sein.«

Lay deutete auf den verhüllten Gegenstand. »Und hier ist es!«

Aus dem Lautsprecher schmetterte eine Trompetenfanfare. Lichter erstrahlten. Rauch waberte um die Bühne. Jemand zog an einem Seil, und das Tuch hob sich. Auf der Bühne stand eine riesenhafte Skulptur – ein um 45 Grad nach links geneigtes E. Vielfarbiges Licht umspielte die Balken des Buchstabens.[1] Die Leute waren begeistert.

Eine Stunde lang feierten sie die Geburt des Logos. Dann kehrten sie in ihre Büros zurück, wo vielerlei Überraschungen auf sie warteten. Das Logo schmückte die Wände der Flure, auf den Tischen lagen Briefpapier mit neuen Briefköpfen und Visitenkarten. Es war offiziell: Enron präsentierte sich der Welt mit einem coolen neuen Symbol.

Wenige Stunden später wurde das Logo unter dem Gelächter der Welt von der Bühne gefegt. Aus Houston faxte man es an die Niederlassungen in Europa. Doch bei der Übertragung verschwand der mittlere gelbe Balken, und das Symbol für den triumphalen Aufstieg Enrons sah eher aus wie ein profaner Stecker. Schlimmer noch: In Italien erinnerte es an eine obszöne Geste, die etwa das Gleiche bedeutet wie der ausgestreckte Mittelfinger in den USA. Die leitenden Angestellten in Europa brüllten vor Lachen: ein *unschlagbares* Instrument, um italienische Kunden für sich zu gewinnen!

In Houston wuchs der Unmut; der gelbe Balken verschwand auch beim Kopieren. Enron hatte Millionen von Dollar für ein neues Logo ausgegeben und es nicht für nötig gehalten, zu überprüfen, ob es auch für den Geschäftsalltag taugte. Still und leise führte man ein anderes Logo ein, in dem ein grüner Balken den gelben ersetzte.

Das Symbol, das Enron ins nächste Jahrtausend tragen sollte, war keine Woche alt geworden.

Sie kamen fast gleichzeitig: ein neuer Chief Operating Officer und ein neues Logo. Dann folgte ein neuer Wirtschaftsprüfer.

Seit 1990 war Stephen Goddard bei Andersen für Enron zuständig: Er hatte an Sitzungen des Boards teilgenommen und Geschäfte und Finanzierungen geprüft. Goddard entsprach nicht dem Klischee eines Wirtschaftsprüfers, er war kein langweiliger Zahlenmensch mit grünem Augenschirm, sondern ein kumpelhafter Typ, der auf Kundendienstleistungen spezialisiert war und zu den Managern, deren Zahlen sein Team überprüfte, ein enges Verhältnis pflegte.

Dieser Vertrautheit war es mit zu verdanken, dass sich zwischen Andersen und Enron ein ungewöhnlich enges Verhältnis entwickelte. Die Firma agierte gleichzeitig als Prüfer und Berater. Erfahrene Mitarbeiter der Andersen-Niederlassung in Houston wechselten als Innenrevisoren zu Enron; auch Rick Causey, Enrons Buchhaltungsguru, war zuvor Manager bei Andersen gewesen. Das Verhältnis hätte nicht harmonischer sein können.

Doch im Feburar 1997 war es mit der Harmonie vorbei. Andersen ließ die Prüfer in den Firmen alle sieben Jahre rotieren, und Goddards Zeit war um. Einige Partner setzten sich dafür ein, Tom Bauer nachrücken zu lassen, einen fantastischen Wirtschaftsprüfer, der die Handelsgeschäfte bei Enron überprüfte. Doch Goddards Ansicht nach gab es nur einen Kandidaten: David Duncan, 36, der seit Jahren mit Enron zusammengearbeitet hatte. Mit Goddards Unterstützung bekam Duncan den Job.[2]

Duncan galt nicht gerade als Genie, und seine Herkunft war wenig spektakulär.[3] Geboren in Lake Charles, Louisiana, wuchs er in Beaumont, Texas, auf und studierte Betriebswirtschaft an der Texas A&M University. Im College war er eine Art Partylöwe; mit einigen Freunden betrieb er einen schwunghaften Handel mit verbotenen Drogen. Auf dem Campus traf man Duncan und seine Freunde häufig bester Laune und voll gepumpt mit Drogen an.

Im Jahr 1981 ging Duncan direkt vom College zur Andersen-Niederlassung in Houston. Seine Lebensweise behielt er bei. Jahrelang kauften er und seine Freunde weiter im großen Stil Drogen. Mehrere Tage pro Woche verließ er die biedere Welt der Wirtschaftsprüfung und ging zum Kiffen nach Hause; hin und wieder genehmigte er sich auch eine Nase voll Kokain. Doch ein paar Jahre nachdem er das Enron-Mandat übernommen hatte, besann sich Duncan und ließ künftig die Finger von Drogen.

Enron war in seinen Augen die ideale Aufgabe. In seinen ersten Jahren bei Andersen hatte sich Duncan mit Causey angefreundet, der ebenfalls als Prüfer in der Niederlassung Houston gearbeitet hatte. Die beiden kamen sich näher, aßen häufig gemeinsam zu Mittag, spielten Golf zusammen oder gingen mit ihren Frauen aus. Nun war sein alter Kumpel Topbuchhalter bei Enron.

Dass Duncan nicht gerade ein buchhalterisches Genie war, störte niemanden; wie die meisten Partner verließ er sich in schwierigen Fällen auf das Expertenurteil der firmeninternen Professional Standards Group. Doch wo es darauf ankam, hielten ihn einige Partner für Spitze – er war mit Enron vertraut und pflegte beste Beziehungen zur Führungsetage. Auch sein gutes Aussehen, seine Disziplin und sein hoher Grad von Organisiertheit konnten nicht schaden.

Anfang Februar hatten Goddard und Duncan einen Termin bei Lay, um ihn über die anstehende Veränderung zu informieren. Lay war höflich, wenn auch nicht sonderlich interessiert; er kannte Duncan kaum, ging aber davon aus, dass er kompetent sei.

»Ich freue mich sehr darüber, enger mit Enron zusammenarbeiten zu dürfen«, sagte Duncan. »Das ist eine große Ehre.«

Lay lächelte. »Wir werden uns prächtig amüsieren«, sagte er.

Duncan, so schien es, war zu Höherem berufen. Doch die große

Chance bei Enron war sein letzter gehobener Einsatz als Wirtschaftsprüfer.

Noch im selben Monat trafen sich die Andersen-Prüfer mit Goddard zur jährlichen Kundenbesprechung. Die Partner sahen sich gern als handverlesene Schar, die nur die Besten vertritt. Diese Sitzung diente dazu, weniger potente Klienten auszusieben.

Ein Partner nach dem anderen bewertete seine Klienten auf Grundlage des Risikos in ihren Bilanzierungspraktiken. Schließlich kam man auf Enron zu sprechen.

Carl Bass hörte skeptisch zu. Anders als seine Kollegen betrachtete es Bass nicht als seine Aufgabe, seinen Klienten bei der Umschiffung von Riffen in der Buchhaltung behilflich zu sein und die Geschäfte so zu drehen, dass das gewünschte Ergebnis herauskam. Für ihn waren die Dinge einfacher: Der Klient wickelt das Geschäft ab, und der Wirtschaftsprüfer berechnet ihm die finanziellen Auswirkungen. Für Bass waren Wirtschaftsprüfer Schiedsrichter; sie sollten sich nicht mit Ideen zur Strategie der Spiele in die Teamarbeit einmischen.

Mit seinem Ansatz war Bass eine Art Exzentriker unter seinen aufgeblasenen Kollegen.[4] Aus ihm würde nie ein David Duncan werden, der seinen Klienten bei einer Partie Golf Tipps gab. Doch was ihm zum Schmeichler fehlte, machte er mit intellektueller Schärfe wett. Bass war ein Fachmann, der über ein enzyklopädisches Wissen der Buchhaltungsregeln verfügte. Er war sogar ein paar Jahre beim Financial Accounting Standards Board (FASB) gewesen, das als oberste Institution die Grundsätze für die Rechnungslegung bestimmt.

Seit seiner Rückkehr vom FASB im Jahr 1994 hatte sich Bass intensiv mit Enron befasst, und was er sah, gefiel ihm gar nicht. Die Führungskräfte dort wirkten schludrig auf ihn; sie waren ständig auf der Suche nach Schleichwegen und drängten Bass, »kreativ« zu günstigen Ergebnissen zu gelangen. Bass lehnte dies ab, meist, weil Enron rechnerische Ergebnisse haben wollte, die mit der wirtschaftlichen Situation nichts zu tun hatten. Wenn das Unternehmen Einkünfte ausweisen wollte, musste es auch Einkünfte haben. So einfach war das.

Bass glaubte genau zu wissen, wo die unrealistischen Erwartungen bei Enron herkamen: von Rick Causey, der in seinen Jahren bei Andersen mit der schlichten Überprüfung von Pipelines zu tun gehabt hatte. Jetzt gab er sein Urteil zu Derivaten und strukturierten Deals ab – eine sehr diffizile Materie. Bass sah das Problem darin, dass Causey nicht genug Grips für diese Sorte Geschäfte hatte; er beherrschte offenbar nicht einmal die Grundbegriffe, etwa, wann er Einkünfte ausweisen konnte. Enron durchflog die endlosen Weiten des Rechnungslegungsuniversums, und das mit einem Piloten, der Bass' Ansicht nach nicht wusste, wofür die vielen Knöpfe im Cockpit eigentlich da waren. Doch als sich an diesem Tag die anderen Partner über Enron unterhielten, wurde deutlich, dass nur wenige seine Zweifel teilten. Causeys Lunch- und Golfpartner hatten eine sehr viel höhere Meinung von seinen Fähigkeiten als Bass.

Einige Partner erwähnten die komplexe Buchhaltung bei Enron und betonten, wie nah am Abgrund man sich bewege.

Goddard hob die Hand. »Deshalb bin ich froh, dass Rick Causey dort ist. Ohne ihn würde ich mir wohl Sorgen machen. Aber Rick ist ein Ass.«

Bass konnte nicht an sich halten. »Steve, da bin ich anderer Ansicht. Ich halte ihn nicht für ein Ass. Ich glaube, er hat große Schwächen als Buchhalter.«

Im Raum wurde es still. Goddard musterte Bass ruhig. »Tja, das ist Ihre Meinung«, erwiderte er. »Ich kann Ihnen da nicht zustimmen.«

Das war's. Niemand bat Bass um eine Erklärung, und daher merkte auch niemand, dass es gefährlicher war, in Enrons Namen zu handeln, als alle annahmen. Goddard ging zum nächsten Tagesordnungspunkt über.

In Snowmass, Colorado, rumpelte der Skilift am Big Burn um eine Kurve. Skilling und Fastow stiegen zu und ließen ihre Skier in der Luft baumeln, während der Lift den Berg hinauffuhr.

Die beiden waren entspannt, ja geradezu ausgelassen. Sie waren zu einer Konferenz über Pensionsfonds nach Colorado gekommen. Es ging um Investments jenseits der in ihrem Portfolio üblichen Grundaktien. Skilling war überzeugt, dass Enron einiges zu bieten hätte. JEDI, das Partnerunternehmen von Enron und dem kalifornischen Fonds CalPERS, lief bereits seit vier Jahren. Das Geschäft war über die Maßen erfolgreich gewesen; das einzige Problem war, dass JEDI fast alle verfügbaren Geldmittel gebunden hatte.

Es gab Hunderte weiterer Pensionsfonds, doch Fastow hatte sich nach JEDI nicht weiter darum gekümmert. Er arbeitete lieber mit Bankern zusammen, die ihn geradezu anbettelten, sich um seine Geschäfte kümmern zu dürfen, um von Enron Gebühren zu kassieren. Um Geld aus Pensionsfonds hingegen hätte Fastow betteln müssen.

Doch Banken geben Darlehen, und Pensionsfonds investieren im großen Stil. Skilling und Fastow waren nach Colorado gereist, um Anregungen zu bekommen. In einer Präsentation hatte Skilling auf der Konferenz die Arbeitsweise von JEDI und Enron dargelegt. Er erwartete nicht, seine Zuhörer damit zu beeindrucken; JEDI war in seinen Augen nichts Besonderes. Doch in der Pause kamen die Fondsmanager in Scharen herbei, drückten den beiden Enron-Leuten ihre Visitenkarten in die Hand und flehten geradezu darum, investieren zu dürfen.

Als nun der Lift den Big Burn hinaufzockelte, genoss Skilling im Nachhinein noch einmal diesen Moment. »Ich bin sprachlos, wie gut das lief. Wissen Sie, in dem Saal waren wohl eine Billion (sic!) Dollar Kapital versammelt, und alle hielten Ausschau nach einem hübschen Plätzchen.«

»Ja, da müssen wir dranbleiben«, pflichtete ihm Fastow bei.

Skilling dachte einen Augenblick nach. »Wir müssen mit mehr von diesen Leuten ins Geschäft kommen; das bringt beiden Seiten etwas.«

Fastow versprach, sich sogleich an die Arbeit zu machen.

Er wusste auch schon, wer diese Aufgabe übernehmen konnte: Jim Timmins, Spezialist für Private Equity, also Beteiligungskapital, der bei Enron einen Job suchte. Wenige Wochen später, im Februar 1997, holte Fastow Timmins an Bord.

Der Zeitpunkt wirkte zufällig gewählt. Es zeichnete sich eine Reihe von Geschäften ab, für die man Investoren von außen brauchte. Mit Timmins' Kontakten wäre Enron in der Lage, sich die Pensionsfonds zu erschließen und neue Beziehungen aufzubauen.

Doch Fastow hatte gar nicht die Absicht, Timmins um Hilfe zu bitten. Jedenfalls nicht für das nächste Geschäft. Er hatte eine andere Idee.

Amanda Martin blätterte Akten durch. Es war im März 1997, mehrere Monate, nachdem sie wegen der Deals um die Blockheizkraftwerke mit Fastow aneinander geraten war. Doch Martin war noch immer verletzt. Sie wusste, sie hatte ihren Freund verloren, verstand aber nicht, warum.

Der Calpine-Verkauf stand kurz vor dem Abschluss.[5] Mit Causeys Hilfe hatte man ausgearbeitet, wie das Geschäft abgewickelt werden konnte, ohne den Verlust auszuweisen. Es sollte am 31. März, am letzten Tag des ersten Quartals, bekannt gegeben werden – von Calpine, nicht von Enron. Enron-Investoren, die davon Wind bekamen, würden gewiss annehmen, dass die finanziellen Auswirkungen des Geschäfts das Quartalsergebnis beeinflussen würden. Doch scheinbar zufällig wurde eines der Abschlussschriftstücke erst Tage später unterzeichnet. Damit verschob sich das Geschäft formal gesehen ins zweite Quartal; der Verlust sollte erst Monate später ausgewiesen und irgendwo verbuddelt werden, wo ihn niemand finden konnte. Ein Fehler, der die Mark-to-Market-Buchhaltung bei Enron zu Recht in Frage gestellt hätte, würde von der Bildfläche verschwinden.

Nun hatte sich ein neues Geschäft aufgetan. Im Januar hatte Enron den Windparkbetreiber Zond Corporation erworben. Doch drei der

Vermögenswerte von Zond – Zond Windsystems, Victory Garden und Sky River – warfen die gleichen Probleme auf wie die Blockheizkraftwerke. Es handelte sich um Anlagen, die wegen der Produktion regenerativer Energie per Gesetz höhere Stromtarife nehmen konnten. Diese höheren Tarife würden jedoch entfallen, sobald Enron den Erwerb von Portland General abgeschlossen hatte, denn sie galten nur dann, wenn die Anlage zu weniger als 50 Prozent einem Stromversorger gehörte. Die Windfarmen wären sehr viel weniger wert, wenn Enron sie behielte; also mussten sie verkauft werden.

Amanda Martin betraute nach Durchsicht der Unterlagen Mike Miller und Mark Miles damit, einen Käufer zu suchen. Kurz darauf kamen Miles und Miller mit Neuigkeiten.

»Kopper arbeitet an einem Deal mit Windanlagen«, sagte Miles.

Schon wieder? Martin wollte sich nicht wieder mit Fastow anlegen. Mit diesem Deal wollte sie nichts zu tun haben.

»Kinder, mit so einem Schwachsinn sollten wir uns nicht schon wieder herumschlagen«, sagte sie. Sie rief Baxter an, der den Verkauf der Anlagen leitete.

»Cliff, ich bin aus dem Windprojekt draußen«, sagte sie. »Fastow ist drin, und ich mach das nicht noch einmal mit.«

»Amanda«, erwiderte Baxter. »Wir haben schon Kaufinteressenten ...«

»Wenn jemand Interesse bekundet hat, machen Sie's. Aber halten Sie mich und meine Leute da raus. Das nehmen Sie auf Ihre Kappe. Wenn's Ärger gibt, sind Sie dran.«

Baxter widersprach halbherzig, gab aber bald nach. Auch er wollte keinen Kampf mit Fastow. Er hasste den Kerl, aber das winzige Windanlagengeschäft war es nicht wert, darum zu kämpfen.

Fastows Wutanfälle hatten Wirkung gezeigt. Nichts hielt ihn jetzt mehr davon ab, das Geschäft nach seiner Fasson zu machen.

Die Idee war wunderbar und atemberaubend einfach. Jemand würde mit den Windfarmen Geld verdienen, warum also nicht Andy Fastow und seine Angehörigen?

Bei dem Deal, den Fastow und Kopper zusammenschusterten, handelte es sich um eine strukturierte Finanztransaktion, bei der Investoren von außen drei Prozent des Kapitals bereitstellten. Ein Unternehmen konnte 97 Prozent des Kapitals für eine außerbilanzielle Gesellschaft bereitstellen, drei Prozent woanders besorgen, die Sache mit ein paar legalen Taschenspielertricks dreimal umrühren, und – trara! – ein »unabhängiger« Käufer war geschaffen. Das Unternehmen konnte dann legal einen Vermögenswert der Gesellschaft »verkaufen«, obwohl der Großteil des Kaufpreises aus der eigenen Tasche kam. Wenn das Geld seine Rundreise beendet hatte, hatte das Unternehmen einen Vermögenswert in den Bilanzen in eine Einnahme verwandelt. Als die Wirtschaftsprüfer von Andersen die Regelung zum ersten Mal erklärten, hatte sich Fastow darüber lustig gemacht: Die drei Prozent könnten doch von jedem kommen – selbst von seinem Gärtner und dessen Familie. Nun war er so weit, diese Idee in die Tat umzusetzen.

Mit Koppers Hilfe konstruierte er ein Gebilde namens Alpine Investors, das den Kauf tätigen sollte. Der Kaufpreis betrug rund 17 Millionen Dollar, also weit mehr, als Fastow auf seinem Bankkonto hatte. Fast 16,5 Millionen kamen als Darlehen von Enron an Alpine. Dann wollte Fastow – gemeinsam mit den Weingartens, der wohlhabenden Familie seiner Frau, sowie Patty Melcher aus Houston und anderen Freunden – 510000 Dollar zuschießen. Fastow würde die Gesellschaft leiten, mit Freunden Enrons als Investoren.[6]

Fastow lobte Kopper gegenüber das Geschäft in den höchsten Tönen. »Enron behält alles im Griff, ohne die Kosten der rechtmäßigen Eigentümerschaft tragen zu müssen«, sagte er. »Perfekt.«

Irgendetwas an Alpine Investors stieß Jordan Mintz unangenehm auf. Steueranwalt Mintz war wenige Monate zuvor von der Houstoner Anwaltskanzlei Bracewell & Patterson zu Enron gewechselt. Die sichere Position als Partner gegen die ungewisse Zukunft in einem Gasunternehmen einzutauschen hielten einige seiner Angehörigen für verrückt. Doch Mintz hatte Enron vertreten und wollte nun erleben, welche Faszination und Herausforderung die Arbeit dort mit sich brachte.[7]

Dann trat Alpine Investors auf den Plan. Mintz' Aufgabe war es, die Steuerfragen zu diesem Deal zu klären, doch die ganze Sache war ihm unheimlich. In einem Kraftwerksgeschäft erwartete er knallharte Investoren. Pensionsfonds. Vielleicht die Kapitalinvestmentabteilung von General Electric. Oder einen Aktienfonds der Wall Street.

Stattdessen stieß er auf *Patty Melcher*. Sie wurde Mintz als Leiterin der Investmentgruppe vorgestellt, die Kapital für das Geschäft bereitstellen würde.[8] Melcher, ehemalige Investmentbankerin, deren Mann ein Vermögen aus einer Houstoner Ladenkette geerbt hatte, war eine durchaus angenehme Person. Aber so machten Unternehmen doch keine Geschäfte. Eine Freundin Lea Fastows? Das Geschäft sah eher so aus, als hätte es ein hinterwäldlerischer Provinzadvokat zusammengeschustert, nicht ein Fortune-500-Unternehmen.

Mintz fragte Larry Lawyer um Rat, der mit Fastow an dem Geschäft arbeitete. »Hey, das ist doch seltsam«, sagte er. »Wie oft bringen wir denn Investoren von außen herein?«

Lawyer zuckte die Schultern. »Nicht allzu häufig«, antwortete er.

Nichts als Ärger.

Die Sache mit Alpine Investors funktionierte nicht.[9] Fastow hatte die Rolle, die seine Familie in dem Geschäft spielte, nicht vor den Wirtschaftsprüfern geheim gehalten, und sie entschieden, dass die Konstruktion den Regeln nicht entsprach. Wenn er oder seine Familie einen Teil der drei Prozent bereitstellten, sagten sie, war der Zauber dahin. Enron würde die Windfarmen noch immer besitzen, die Anlagen würden in den Büchern auftauchen und ihren rechtlichen Status als förderwürdige Anlagen einbüßen.

Das war eine Katastrophe. Nicht nur, dass Fastow eine Chance entging; es gab auch keine Alternative. Es standen keine anderen Investoren Schlange, die drei Prozent bereitstellen wollten, und außerdem würde kein Investor es Enron gestatten, die Anlagen zu leiten. Wenn nicht bald ein Deal zustande kam, würden die Anlagen ihren Spezialstatus und ihren Wert verlieren. Folgte dem Fiasko mit dem Privatkundengeschäft der Zusammenbruch von Alpine Investors auf dem Fuß, dann würde das Fastow – und Enron – viel Ärger einbringen.

Gemeinsam mit Kopper arbeitete er eine Lösung aus – eine unredliche. Sie brauchten 510 000 Dollar, hatten aber bei wohlhabenden Bekannten aus Houston nur 91 000 aufgetrieben. Den Rest, 419 000 Dollar, sollte Fastow aufbringen; es sollte allerdings so aussehen, als ob das Geld von jemand anders komme. Das Geld ging von Fastows Konto an Kopper, wobei es in Leas schriftlichen Unterlagen als Darlehen ausgewiesen werden sollte. Kopper schleuste das Geld dann zu seinem Freund Bill Dodson und zu Fastows Immobilienmaklerin Kathy Wetmore. Beide willigten ein, als Strohleute für Fastow zu agieren und so zu tun, als handle es sich um ihr Geld.

Nun, da die »Investoren« feststanden, schufen Fastow und Kopper zwei Gebilde für den Deal, die sie RADR ZWS und RADR ZWS MM nannten. Neben den 91 000 Dollar an echten Investitionen kamen die 419 000 Dollar an verfügbaren Geldmitteln herein, die insgeheim Fastow gehörten. RADR wurde im Mai 1997 getätigt.

Mit ein bisschen Geldwäsche hatte Fastow ebendas Geschäft abgeschlossen, das nach Aussage der Wirtschaftsprüfer gar nicht möglich war – zumindest nicht auf legalem Wege.

Am Morgen des 14. Mai überquerte der Enron-Firmenjet den Sacramento und landete auf dem Geschäftsflughafen wenige Minuten von der kalifornischen Hauptstadt entfernt. Fastow stand bereits, als das Flugzeug ausgerollt war. Vier Kollegen reihten sich hinter ihm ein.

Sie waren zu einer Sitzung nach Sacramento gekommen, die durchaus die Zukunft Enrons verändern konnte. Das Unternehmen bereitete JEDI II vor, einen weiteren Fonds, der Finanzmittel für Energieproduzenten bereitstellen sollte. Und wieder wollte man CalPERS als Mitinvestor gewinnen.[10]

Die Führungskräfte bestiegen vor dem Terminal ein wartendes Privatauto. Bei CalPERS im Stadtzentrum Sacramentos angekommen, wurden sie in einen Konferenzraum im zweiten Stock geleitet. Barry Gonder, Chef der Abteilung Alternative Investments bei CalPERS, kam herein; er strahlte über das ganze Gesicht.

»Andy!«, sagte er. »Wie geht's Ihnen?«

»Gut, Barry«, sagte Fastow und schüttelte Gonder die Hand.

Nach und nach stießen weitere CalPERS-Angestellte hinzu. Fastow zog eine sechsseitige Präsentation heraus und legte sie auf den Tisch.

»Wir sind hier, weil wir Sie zu JEDI auf den neusten Stand bringen und mit Ihnen besprechen wollen, wie das Partnerunternehmen so läuft. Außerdem möchten wir uns mit Ihnen über neue Chancen unterhalten, die unserer Ansicht nach für Sie besonders attraktiv sind«, sagte Fastow.

Fastow warf einen Blick auf seine Präsentation. Auf dem Umschlag prangte das JEDI-Logo. Er schlug die erste Seite auf und sah sie sich an. Shirley Hudler wartete ein paar Plätze weiter mit versteinertem Gesicht.

Er wird's wieder vermasseln. Hudler hatte die Präsentation für die Sitzung zusammengestellt, aber wie immer war es reine Zeitverschwendung gewesen. Fastow war ein Meister der dilettantischen Vorbereitung. Sie hatte in früheren Sitzungen beobachtet, wie er Präsentationen erstmals in Augenschein nahm, wenn er sie vorstellte. Er brachte die Zahlen durcheinander, blätterte wild herum und suchte während des Vortrags nach Orientierung. Fastow glaubte wohl, er sei aus dem Stegreif cleverer als Mitarbeiter, die ihre Hausaufgaben machten. War er aber nicht.

Es dauerte gar nicht lange bis zum ersten Fehler. Fastow rühmte die Errungenschaften der Firma, ihre Kreativität. Ja, ja, erklärte er, das Unternehmen habe es sogar geschafft, dass seine Transwestern-Pipeline, die seit eh und je Gas aus Kalifornien transportierte, Erdöl wieder in den Bundesstaat zurückbrachte!

Es ist genau umgekehrt, Andy, dachte Hudler.

Schließlich kam Fastow zum wichtigsten Punkt. »Wir denken über eine weitere Private Equity Partnership nach. Und natürlich hätten wir Sie gern wieder als Partner. Diesmal wollen wir das Paket noch ein bisschen größer schnüren.«

Mit dem ersten JEDI-Projekt hatte man in der Gasindustrie investiert. Doch JEDI II sollte, so wollte man es bei Enron, in alles investieren, das mit Energie zu tun hatte. Wind, Kohle, Öl – alles, was Erfolg versprach.

»Das wird größer«, sagte Fastow. »Ein Milliarde Dollar. Und dieses Mal werden wir kein eigenes Aktienkapital einsetzen. Wir investieren Barmittel. Egal, wo die Gesellschaft Geld reinsteckt – es wird etwas sein, wovon auch Enron ein Stück abhaben wollte.«

Gonder sah besorgt aus. »Das klingt toll, Andy. Aber ich bin mir nicht sicher, wie das Board dazu stehen wird, noch einmal bei Enron zu investieren. Wir haben 250 Millionen Dollar in JEDI gesteckt. Ich glaube nicht, dass sie mehr in einem Unternehmen binden wollen.«

Darauf hatte Fastow eine Antwort parat. »Da liegt ja der Reiz an unserer Idee, Barry«, sagte er. »Enron nimmt Sie aus JEDI heraus. Wir kaufen Ihren Anteil an der Gesellschaft. Dann können Sie den Erlös direkt in JEDI II schieben.«

Man wolle, so Fastow, die Hälfte des Anteils, den CalPERS an JEDI habe, für fast 350 Millionen Dollar erwerben und die Jahresrendite auf über 20 Prozent festschreiben. Dann könne CalPERS das Geld für JEDI II verwenden und mit deutlich größerer Bandbreite an Energiegeschäften partizipieren.

Gonder sah ihn fasziniert an. »Das ist eine interessante Idee, Andy. Wie wäre es, wenn Sie ein vollständiges Angebot ausarbeiten, und dann sehen wir, was man hier davon hält.«

Mission erfüllt. Jeder konnte sehen, dass Gonder das Geschäft um jeden Preis machen wollte. Jedem Fondsmanager würde das Wasser im Munde zusammenlaufen, wenn er die Chance hätte, die Rendite festzuschreiben – und gleichzeitig Geld in ein neues, breiter angelegtes Projekt zu stecken.

Einige Enron-Mitarbeiter, die zugehört hatten, machten sich allerdings Sorgen, weil der Deal unausgegoren war. Enron *selbst* konnte den CalPERS-Anteil an JEDI nicht kaufen; wenn es das tat, würden sich all seine Vermögenswerte mit voller Wucht in der Enron-Bilanz niederschlagen. JEDI hatte ja den Zweck, den Gasproduzenten außerbilanzielle Finanzmittel zur Verfügung zu stellen.

Wer, um alles in der Welt, sollte den CalPERS-Anteil an JEDI übernehmen, wenn das Geschäft gelaufen war?

Patty Melcher? Schon wieder?

Die Nachricht hatte sich im Juni 1997 in Windeseile in der Finanzabteilung ausgebreitet. Enron verhandelte ein 300-Millionen-Dollar-Geschäft mit dem größten und renommiertesten Pensionsfonds der USA. Und um Investoren für die andere Seite des Geschäfts zu finden, dachte Fastow ausgerechnet an … *Patty Melcher*, eine Freundin seiner Frau. Die meisten fanden das schlicht *absonderlich*. Enron war ein Unternehmen der ersten Liga und keine Wohltätigkeitseinrichtung.

Doch nach und nach wurden die Namen der externen Investoren, die den CalPERS-Anteil kaufen würden, zu einem Buch mit sieben Siegeln. Melchers Name wurde zwar nach wie vor gehandelt, doch wer die anderen waren, blieb ein Geheimnis.

Jim Timmins, der sich nun um die Verhandlungen zwischen Enron und den Pensionsfonds kümmerte, brachte das völlig aus dem Konzept. Da hatte man die Chance, ganz neue Investoren anzuziehen; Enron konnte JEDI II an andere Fonds verkaufen, egal, ob CalPERS einsteigen wollte oder nicht. Oder man könnte es so einrichten, dass ein anderer Fonds den CalPERS-Anteil an JEDI erwarb. Um solche Dinge sollte sich die Firma kümmern. Die Pensionskassen wollten mit Enron ins Geschäft kommen; warum packte Fastow die Gelegenheit nicht beim Schopf?

Stattdessen zog man Timmins aus dem Kauf des CalPERS-Anteils an JEDI heraus, und er verbrachte seine Zeit damit, JEDI II auf die Beine zu stellen. Doch hin und wieder hörte er, dass sich andere nach den Investoren erkundigten, die den CalPERS-Anteil kauften. Sie erhielten alle die gleiche Antwort.

Kümmern Sie sich mal nicht darum.

Man nannte sie »Special Projects Group«.

Mitte 1997 stand für Fastow fest, dass seine Günstlinge eine eigene Gruppe innerhalb der Finanzabteilung brauchten. In einer Art Spezialgruppe für finanztechnische Fragen sollten die Besten versammelt werden. Ihre Arbeit sollte streng geheim bleiben. Als Eliteeinheit sollten sie nicht nur mit heiklen Geschäften betraut werden, sondern auch neben Enron her mit eigenen Spezialinvestitionen reich werden können.

Chef dieser Gruppe für Spezialprojekte wurde natürlich Michael Kopper, Fastows getreuester Gefolgsmann. Bill Brown, der erst seit zwei Jahren bei Enron arbeitete, wurde ebenfalls gleich zu Beginn in die Gruppe berufen.[11] Doch der aufsteigende Stern der Einheit war Ben Glisan, ein hoch qualifizierter, 31 Jahre alter Buchhalter, der erst ein Jahr zuvor bei Enron angefangen hatte. Glisan, der zuvor ebenfalls bei Andersen gewesen war, stammte aus einer texanischen Arbeiterfamilie. Er war offenbar hin und weg von Fastow, der den jungen Mann bereitwillig unter seine Fittiche nahm.[12]

Als die Special Projects Group stand, erläuterte Fastow den Mitgliedern in Einzelgesprächen das nächste große Geschäft: Sie sollten den CalPERS-Anteil in JEDI aufkaufen. Und zwar auf sehr ungewöhnliche Weise.

»Ich gründe für den CalPERS-Buy-out meine eigene Gesellschaft«, sagte Fastow.

Kristina Mordaunt, Fastows Anwältin und Vertraute, saß neben ihm und machte Notizen. Das Unternehmen sollte Chewco Investments heißen, eine witzige Weiterführung des *Star-Wars*-Themas, das man mit JEDI begonnen hatte. Der Name Chewco leitete sich vom Zottelkrieger Chewbacca ab.

Was die Investoren anging, so war Patty Melcher draußen. CalPERS wolle, dass der Deal schnell über die Bühne ging, so Fastow, und Melcher habe nicht gleich zugegriffen, als er sie darum gebeten habe. Sie habe ihre Berater die JEDI-Unterlagen prüfen lassen wollen, damit sie genau wisse, worum es bei der Anlage ging. So lange könne Enron aber nicht warten. Deshalb, sagte Fastow, werde er an Melchers statt institutionelle Anleger hinzuziehen. Er sagte nicht, wen, und erklärte auch nicht, wie er diese Anleger davon überzeugen wollte, blind in ein ungeprüftes Geschäft zu investieren.

Mordaunt rief nach ihrem Treffen mit Fastow Ronald Astin an, Anwalt bei Vinson & Elkins, der Enron bei den Geschäften mit CalPERS beriet.[13]

»So sieht das Angebot aus, Ron«, sagte Mordaunt. »Was halten Sie davon?«

Die Idee kam Astin ziemlich abwegig vor.

»Kristina«, sagte er, »wenn Sie institutionelle Anleger für Chewco haben, warum muss dann jemand vom Enron-Management dabei sein?«

»Na ja, wir meinen, dass das Geschäft attraktiver ist, wenn die wissen, dass Chewco einen Manager hat, der die Vermögenswerte kennt«, antwortete sie.

Astin dachte darüber nach. »In Ordnung, Kristina, aber Ihnen ist schon klar, dass bei dieser Konstruktion der Enron-Manager am Ende eine Beteiligung an Chewco haben wird?«

»Ja«, sagte Mordaunt. »Das ist uns klar.«

Der Projektor holte mit einem Klick das nächste Dia. Auf der Leinwand erschien ein Diagramm. »Okay«, sagte Lou Pai. »Hier sieht man, mit welchen Schwierigkeiten wir zu kämpfen haben.«

Pai, nunmehr Chef der Retail Energy Division, hatte monatelang hart gearbeitet, um das Geschäft ins Rollen zu bringen. Heute erläuterte er Skilling und anderen Führungskräften anhand einer Präsentation die Probleme, vor denen seine Abteilung stand.

Skilling kam die Geschichte bekannt vor. Infolge hoher Fixkosten war die potenzielle Gewinnmarge des Geschäfts gering. Pai begann, die Zahlen zu erläutern. Skilling wollte nichts davon hören.

»Lou, dafür sind Sie doch viel zu clever«, blaffte er. »Ich will dieses Dia nie wieder sehen.«

Pais Gesicht versteinerte. »Jeff, das ist die Realität.«

»Ich will dieses Dia definitiv nie wieder sehen.«

Pai schlug mit der flachen Hand auf den Tisch. »Das sind verdammt noch mal die Fakten, Jeff!«

»Das sind vielleicht die Fakten«, schrie Skilling zurück. »Aber ich verbitte mir, dass Sie so darüber denken!«

»Tja, wenn Sie glauben, dass die Zukunft im Privatkundengeschäft mit Gas und Energie liegt, dann belegen diese Zahlen jedenfalls genau das Gegenteil!«

Der Schlagabtausch ging noch ein paar Minuten so weiter; dann verfielen beide Männer in ein düsteres Schweigen. Jemand machte die Lichter an, und nach einem gescheiterten Versuch, mit der Sitzung fortzufahren, war die Diskussion beendet. Als die Retail-Manager in ihre Büros zurückkehrten, fragten sich einige von ihnen unwillkürlich, ob es an der Zeit sein könnte, sich nach einem neuen Job umzusehen.

»Hey, Carl, kann ich mal kurz mit Ihnen reden?«

Tom Bauer, Andersen-Wirtschaftsprüfer für das Handelsgeschäft bei Enron, stand in der Tür zum Büro von Carl Bass, dem Wirtschaftsprüferass im Hause Andersen in Houston. Bass drehte sich vom Bildschirm weg.

»Was gibt's, Tom?«

Er habe da ein Problem mit Enron, sagte Bauer. Im Zusammenhang mit der Fusion mit Portland General habe Enron einen Liefervertrag mit Bonneville Power in Seattle erworben. Der Vertrag sei mehrere Millionen wert, und Enron wolle den Wert sofort als Einnahme ausweisen.[14]

Bass schüttelte den Kopf und lachte. »Letztes Jahr waren sie mit dem gleichen Anliegen bei mir, wegen eines anderen Vertrags von Portland General«, sagte er. »Der wäre aber ein Verlust gewesen. Deshalb wollten sie wissen, ob sie den Verlust umgehen könnten, indem sie ihn mit dem Kaufpreis verrechnen.«

Die Logik war simpel. Wenn ein Unternehmen, das für zehn Millionen gekauft wurde, aus einem ausstehenden Vertrag einen sofortigen Verlust von, sagen wir, einer Million mache, so belaufe sich der echte Kaufpreis auf elf Millionen Dollar. Das gelte natürlich auch umgekehrt: Wenn ein erworbenes Unternehmen einen sofortigen Gewinn ausweise, reduziere das den Kaufpreis. Mit anderen Worten: Enron nutze seine Barmittel, um sofort Einkünfte zu erzielen.

»Ich habe dazu eine Aktennotiz für Sie geschrieben«, sagte Bass. »Darin habe ich die Frage bereits beantwortet.«

Bauer war unbehaglich zumute. Enron war in dieser Sache ganz schön hartnäckig. »Wir werden es ihnen noch einmal erklären müssen«, sagte er.

Die Wirtschaftsprüfer folgten Rick Causey an der Austernbar vorbei zu einem Tisch ganz hinten in Tony Mandolas Gulf Coast Kitchen, einem Houstoner Fischrestaurant mit 120 Plätzen. Causey setzte sich und legte sich eine Serviette auf den Schoß. Bauer, Bass und David Duncan nahmen die übrigen Plätze ein.

Die Wirtschaftsprüfer von Andersen hatten Causey zum Essen eingeladen, um ihm die unangenehme Kunde zu überbringen. Sie konnten es nicht vertreten, den Bonneville-Vertrag als Einnahme zu verbuchen. Als verantwortlichem Partner kam Duncan die Aufgabe zu, dem Klienten den Beschluss mitzuteilen.

Die vier gaben ihre Bestellung auf, und schon bald verebbte der Smalltalk.

»Also«, sagte Causey, »was liegt an?«

Duncan starrte auf den Tisch. Es gehe um den Bonneville-Vertrag, sagte er. »Tja, unsere Haltung ist – na ja, zum gegenwärtigen Zeitpunkt lautet unser Rat folgendermaßen«, stammelte Duncan. »Es geht hier um sehr komplizierte Fragen, und einige davon sind noch gar nicht richtig geklärt …«

Bass und Bauer sahen sich an. *Was faselte Duncan denn da? Warum druckste er so lange herum?* Bass tippte mit den Fingerspitzen der Linken gegen den rechten Handteller.

»Einen Moment mal«, sagte er. »Rick, wir können das nicht als Einkommen verbuchen.«

Sie hätten die besten Buchhaltungsspezialisten der Professional Standards Group zu Rate gezogen, so Bass, und verglichen, wie so etwas in Houston für gewöhnlich gehandhabt wurde. Alle waren sich einig.

Bass zuckte mit den Schultern. »So also lautet unsere Antwort.«

»Immer langsam«, meinte Causey. Es *handle sich* aber um Einkünfte. Er breitete seine Argumente aus, doch Bass und Bauer schüttelten nur die Köpfe. »Tut uns Leid«, sagten sie. Duncan saß schweigend daneben.

So schnell gab Causey nicht auf. Er eilte zurück in sein Büro, rief die Andersen-Manager der Niederlassung Houston an und brachte seine Argumente vor. Doch keiner ließ sich überzeugen.

Jedoch – hier ging es schließlich um den Enron-Jahresabschluss, nicht um den Abschluss von Andersen. Causey *musste* ihren Rat ja nicht annehmen. Wenn er der Ansicht war, dass sie falsch lagen, konnte er das Einkommen auch einfach ausweisen. Gedacht, getan.

Bei Andersen, wo man die Verbuchung nach wie vor für völlig falsch hielt, setzte man den Punkt auf das »adjustment sheet« (Berichtigungsblatt). Den Regeln zufolge musste das Unternehmen die Zahlen auf dem Blatt, wenn sie hoch genug waren, ausweisen. Doch Duncan, der in der Verbuchungsfrage den Kürzeren gezogen hatte, vertrat die Ansicht, dass der Betrag bei einer bestimmten Betrachtungsweise nicht relevant sei. *Das* fiel nun in das Ermessen des Prüfers – und hier hatte Duncan das Sagen. Seine Argumentation setzte sich durch; den Streit hielt man geheim.

Bei Andersen wurde damit schließlich entschieden, dass eine einzige Transaktion, die den Jahresgewinn Enrons fast verdoppelte – von 54 auf 105 Millionen Dollar – den Investoren nicht dargestellt werden müsse.

Joe Hirko, Chief Financial Officer bei Portland General, kam gut gelaunt zu Skilling ins Büro. Nach monatelanger Arbeit hatte man die Fusion über die Bühne gebracht. Hirko war nun in Houston.

»Ich hätte da ein Idee zur Telekommunikation«, sagte Hirko.

Skilling verzog das Gesicht. Portland General, das wusste er, hatte Ende 1996 ein winziges Telekommunikationsgeschäft namens First Point Communications an den Markt gebracht. Man wollte rund um Portland Glasfaserkabel verlegen. In seinen Augen grenzte die Sache an Verschwendung. Nachdem er den Wert für Portland General errechnet hatte, schätzte Skilling die Telekomgruppe bestenfalls auf null – schlimmstenfalls würde Enron die Kosten für eine Auflösung tragen müssen.

Nun legte ihm Hirko seine großartige Vision dar: den Bau eines ausgedehnten Glasfasernetzwerks, das Portland mit Los Angeles verbinden und am Ende über 2 500 Kilometer lang sein sollte.[15]

»Sie machen wohl Witze«, höhnte Skilling. »Sie wollen mit Baggern da raus und Löcher buddeln? Das machen wir ganz bestimmt nicht. Wir stecken da kein Geld rein.«

»Und was wäre, wenn wir, sagen wir, 30 Leitungen vorab verkaufen könnten? Damit ließe sich das Projekt finanzieren.«

Skilling lachte. Dreißig Leitungen waren ein Drittel dessen, was Hirko verlegen wollte. Das war doch, als wolle man einen Reifen verkaufen, um ein Auto zu bezahlen. *Keine Chance*, dachte er.

»Okay, klar«, sagte Skilling. »Wenn Sie ein Drittel vorab verkaufen und das ganze Projekt bezahlen können, gehen Sie's an.«

Mit Skillings Plazet in der Tasche machte sich Hirko an die Arbeit. Wenige Wochen später war er wieder da und brachte Skilling verblüffende Neuigkeiten. Er hatte die Leitungen vorab verkauft, und das Geld, das er brauchte, war in der Kasse.

»Kommen Sie«, sagte Skilling. »So funktioniert kein Geschäft. Warum verlegen die Leute ihre Leitungen nicht selbst? Warum kaufen sie sie von Ihnen, wenn die Preise derart horrend sind?«

Hirko zuckte mit den Schultern. »So läuft das in der Telekommunikation.«

Die Sache war total bescheuert. Doch Skilling erwog nun ernsthaft, sein Energieunternehmen Geld investieren zu lassen, um im Internet-Hype mitzumischen.

Carl Bass überflog die Einzelheiten der Kraftwerkstransaktion und war sich ziemlich sicher, dass Enron bei der Buchhaltung mal wieder kräftig schummelte. Nur dass das Unternehmen dieses Mal unter Beachtung der Regeln schummelte. Heraus kam der reine Irrsinn.

Bei Enron hatte sich jemand in die Idee vernarrt, an Finanzmittel zu gelangen, indem man die Kraftwerke an außerbilanzielle Gesellschaften verkaufte. Solche Verkäufe waren aber gegen alle Vernunft. Bei den komplexen Transaktionen erhielt Enron durch den »Verkauf« des Kraftwerks geliehene Barmittel von der Gesellschaft. Doch obwohl das Unternehmen die Leitung des Kraftwerks abgab, blieben ihm die Risiken als Eigentümer. Und irgendwann in der Zukunft konnte Enron, wenn es wollte, die Besitzverhältnisse wieder umdrehen.

Es war absurd. Damit gestattete man Enron, dass es Cashflow auswies, wo gar kein Geld floss. Bass hatte schon die größte Mühe damit gehabt, gegen das Unternehmen vorzugehen, als es die Regeln *verletzte*. Was sollte er jetzt tun, da es die Regeln Buchstabe für Buchstabe befolgte, wenn auch zu einem völlig absurden Zweck?

Bass dachte einen Augenblick nach.

Die Regeln ändern.

Konnte er vielleicht, so fragte sich Bass, mit Unterstützung John Stewarts, des obersten Buchführungsgurus bei Andersen, die Richtlinienmacher zu Änderungen überreden? Keine leichte Aufgabe, aber sein Plan war durchaus vernünftig. Für Immobilien war die Buchführung komplizierter als für andere Vermögenswerte. Wenn die Regelmacher der Meinung waren, dass solche Finanzierungen bei Immobilien nicht zulässig wären, wäre das ein kleiner Schritt. Darauf, so Bass' Überlegung, folgte der große. Ein Kraftwerk steht auf Land. Handelt es sich dann nicht im eigentlichen Sinn um eine Immobilie?

Bass und seine Kollegen brauchten fast 18 Monate, um ihren Trick umzusetzen. Doch am Ende gelang es ihnen – zumindest dieses eine Mal –, einer unlogischen Buchführungspraxis bei Enron ein Ende zu setzen.

Causey und die Führungskräfte bei Enron verfluchten die Änderung der Richtlinien für Immobilien. Doch niemand – nicht einmal Arthur Andersen selbst – erfuhr, dass zwei Wirtschaftsprüfer der Firma sie angestoßen hatten.

Am 26. August tippte ein Sachbearbeiter der Bank One die Zahlen auf einem Blatt in den Computer.[16]

Von Konto #1883757583.

Ein Konto auf den Namen Michael Kopper.

Und nun die Übertragungsanweisungen. Mehrere Zahlen, die das elektronische System anwiesen, Geld an J.P. Morgan Chase zu schicken.

Auf Konto #54-06029219.

Ein Konto auf den Namen Andrew und Lea Fastow.

Summe der Überweisung: $ 481 850.

Im Nu sauste eine halbe Million Dollar ins Zentralbanknetzwerk. Sekunden später kam sie bei J.P. Morgan Chase an und wurde dem Konto der Fastows gutgeschrieben.

Das Darlehen, das Kopper für den Kauf der Windkraftanlage aufgenommen hatte, war zurückbezahlt. In knapp über drei Monaten hatten die Fastows ihr Geld, das sie den nicht existenten RADR-Investoren vorgestreckt hatten, zurückbekommen und obendrein fast 63 000 Dollar Gewinn gemacht.

Das war nur der Beginn eines stetigen Geldstroms, der ihnen in den folgenden Jahren aus dem Geschäft zufließen sollte.

Ron Astin betrachtete den fingerdicken Stapel Unterlagen auf seinem Tisch.[17] Es war der 4. September 1997. Enron hatte ihm soeben den neusten Entwurf des Dokuments für die Chewco-Privatplatzierung herübergeschickt. Die Unterlagen, mit denen man um Investoren werben wollte, waren gespickt mit geheimnisvollen Informationen, auf deren Basis Investoren fundierte Entscheidungen treffen.

Die meisten Details hatte Astin bereits geprüft; der erste Entwurf war im Juli bei ihm eingetroffen. Es handelte sich wieder um einen strukturierten Finanzdeal, was bedeutete, dass Enron lediglich drei Prozent des Gesamtkapitals aufbringen musste. In diesem Fall war das allerdings ein ganz netter Batzen Geld: rund elf Millionen Dollar.

Astin blätterte in den Unterlagen und studierte die Passagen, die am Rand mit einer schwarzen Linie markiert waren; das Textverarbeitungsprogramm zeigte damit Überarbeitungen an. Ein neuer Eintrag erstaunte ihn.

Mehrere Führungskräfte von Enron, darunter Fastow, sollten als Investoren bei Chewco auftreten. Die Verflechtung von Chewco und Enron hatte Astin stets missfallen, doch er hatte sie immer wieder abgesegnet. Aber nun wollte Fastow sie als Vehikel für seinen persönlichen Profit nutzen. Das ging zu weit.

Was Astin nicht wusste: Fastow hatte endlich einen Schleichweg gefunden, wie er die Buchhaltungsprobleme, an denen Alpine Investors gescheitert war, umschiffen konnte. Chewco kaufte nichts von Enron; auf der anderen Seite des Verhandlungstisches saß CalPERS.

Mit dem Chewco-Gebilde würden Fastow und ausgewählte Kollegen ein wenig Geld überweisen und damit 250 Millionen Dollar an JEDI-Vermögen unter ihre Kontrolle bekommen. Bei Enron wusste man genau, welche Reserven im JEDI-Besitz waren; das Partnerunternehmen knipste nun lediglich Gutscheine ab und kam dafür in den Genuss eines verlässlichen Geldstroms. Die Investoren wurden fast ohne jedes Risiko reich.

Doch Enron, nicht Fastow, war Astins Klient. Und dieses Geschäft war, wie es aussah, nicht gut für die Firma. Er griff nach dem Telefonhörer.

Vier Tage später, am 8. September, führten Kopper und ein verdrießlicher Fastow eine kleine Gruppe von Anwälten in den Konferenzraum. Fastow schloss die Tür und ließ sich in einen Sessel plumpsen. Die neuen Chewco-Unterlagen hatten bei Vinson & Elkins die Alarmglocken schrillen lassen. Drei Anwälte – Astin, Joe Dilg und Bob Baird – waren zu Enron marschiert, um ihre Bedenken vorzubringen.[18]

Zuvor hatten die Anwälte bereits die Argumente vorgebracht, die Fastow schon kannte: Eine Führungskraft kann in den strukturierten Deals des eigenen Unternehmens nicht als Investor auftreten. Fastow brachte das zum Kochen. Er hatte die Sonderinvestitionen für Insider nicht *erfunden*. Die an der Wall Street machten das andauernd. Und Chewco kaufte Enron nicht einmal etwas ab, zum Teufel! Wo lag das Problem?

Diesmal war Fastow nicht bereit, kampflos auf das Geld zu verzichten. Seine Mitarbeiter hatten bei Wall-Street-Firmen Informationen zu Investmentdeals gesammelt. Und er nahm einige Enron-Anwälte mit in die Sitzung – Kristina Mordaunt, Carol St. Clair und Rex Rogers.

Als Astin das Wort ergriff, sprach Verachtung aus Fastows Miene.

»Wie wir Ihnen bereits mitgeteilt haben«, begann Astin, »hat uns diese neue Regelung, nach der Enron-Angestellte als Investoren auftreten dürfen, sehr beunruhigt. Egal, was hier letzten Endes geschieht – eines ist unumgänglich: Mit Chewco kann es in der gegenwärtigen Form nur weitergehen, wenn die Firmenleitung dieser Regelung ausdrücklich zustimmt.«

Fastow schüttelte den Kopf und hob abwehrend eine Hand. »Ach, kommen Sie, Ron. Müssen wir wirklich Lay und Skilling da mit reinziehen? Was ist denn so Besonderes daran?«

»Es geht ums Unternehmen, Andy. Aus Firmensicht sind Zeitplanung und Form nicht in Ordnung.«

»Das hat mit Enron doch gar nichts zu tun!«, schnaubte Fastow. »Wir verhandeln nicht mit dem Unternehmen.«

»Da liegt ja auch nicht das Problem, Andy«, sagte Astin. »Sehen Sie mal, unter den einzelnen Geschäftsbereichen bei Enron herrscht große Konkurrenz. Wenn Ihre Gruppe spezielle Investmentchancen erhält, verschärft sich diese Rivalität.«

Fastow schwieg.

»Doch im Wesentlichen geht es darum«, fuhr Astin fort, »dass ein Interessenskonflikt vorliegen könnte. Und wenn dem so ist, muss das Board zustimmen. Sie sind eine Führungskraft, und daraus ergeben sich schwer wiegende juristische Probleme.«

Astin vertrat die Ansicht, dass Fastows Engagement bei Chewco sogar im Jahresabschluss von Enron offen gelegt werden müsse. Bald war alles gesagt. Fastow saß eine Sekunde lang schweigend da, dann lehnte er sich nach vorn.

»Fertig?«, fragte er.

Bevor Astin antworten konnte, ging Fastow zum Gegenangriff über.

»Also, Ron, Sie machen hier viel Wind um nichts. Ich meine, sehen Sie sich die Wall Street an. Eine Menge Investmentbanken haben Kompensationspläne, nach denen die besten Führungskräfte Aktienbeteiligungen an Geschäften haben dürften.«

Er pochte mit dem Zeigefinger auf die Tischplatte. »Und, verdammt noch mal, Enron ist doch nicht nur ein Pipeline-Unternehmen. Wir sind so was wie eine Investmentbank. Wir machen die gleichen Geschäfte. Und wenn Investmentbanken das dürfen, gibt es verdammt noch mal keinen Grund, warum Enron das nicht darf.«

Astin saß einen Moment schweigend da. Fastows Ausbruch hatte ihn überrascht. Der Mann wog ganz offensichtlich nicht alle Fragen ab.

»Andy«, sagte er. »Enron ist keine Investmentbank. Es ist ein Energieunternehmen. Und selbst wenn wir heute noch zu dem Schluss kämen, dass es aus juristischer und unternehmerischer Perspektive in Ordnung ist, so ändert das nichts daran, dass die Firmenleitung es genehmigen muss.«

Fastow schwieg.

»Sehen Sie, Andy«, fuhr Astin fort, »Sie mögen nicht CFO dieser Firma sein, aber Sie haben gewiss eine Menge Verantwortung in diesem Bereich übernommen. Aus Ihrer Position heraus sollten Sie wirklich mal darüber nachdenken, wie sich so ein Arrangement auf das ganze Unternehmen auswirkt. Ich weiß, Chewco bietet Ihnen womöglich eine große Chance, aber Sie müssen die Interessen Enrons berücksichtigen.«

Wieder folgte ein langes Schweigen.

»Ich werde drüber nachdenken«, murmelte Fastow.

Die Lösung lag auf der Hand. *Michael Kopper.*

Als Fastow offiziell aus dem Wind-Deal aussteigen musste, trat Kopper an seine Stelle. Er hatte sich als verlässlich und vertrauenswürdig erwiesen. Er war keine Führungskraft – was die Anwälte an Fastow anscheinend ziemlich störte. Wenn Fastow Chewco nicht durchziehen konnte, ohne dass sich daraus Probleme ergaben, so war Kopper der ideale Ersatz.[19]

Astin hatte noch andere Bedenken geäußert. Er würde die Beteiligung von Enron-Angestellten an Chewco nur gutheißen, wenn Skilling oder Lay sie genehmigten. Doch das bereitete Fastow keine Kopfschmerzen. Er sprach Skillings Sprache.

Einige Tage später schritt Fastow durch den breiten Flur der 50. Etage. Als Skilling zum Chief Operating Officer berufen worden war, war er ganz nach oben in eine der Chefsuiten umgezogen. Fastow hatte sich telefonisch angemeldet und angekündigt, dass er Skilling eine Idee vorstellen wolle.

Als Fastow leger ins Büro schlenderte, lächelte ihm Skilling entgegen; er schien voller Energie, tatkräftiger denn je.[20]

»Okay«, sagte Skilling. »Was gibt's?«

»Wir haben eine Idee, wie wir CalPERS in der JEDI-Sache unter die Arme greifen können.«

Skilling lächelte wieder. Guter Gott, er liebte Fastow. Der Knabe war immer einen Schritt weiter als alle anderen.

»Da bin ich aber gespannt«, sagte Skilling.

»Wissen Sie, Michael könnte das doch übernehmen. Ich habe mit ihm gesprochen, und er ist bereit, einen Deal auszuarbeiten.«

Skilling nickte.

»Er ist bereit, einen höheren Preis zu zahlen, als wir ihn beim Verkauf an eine dritte Partei erzielen würden«, fuhr Fastow fort.

»Warum?«

»Aus zwei Gründen. Erstens muss er keine gründliche Recherche durchführen. Er kennt die Vermögenswerte. Wenn wir General Electric oder andere Investoren gewinnen wollen, müssen die jeden einzelnen Posten der Vermögenswerte durchgehen.«

»M-hm.«

»Die technische Prüfung käme sehr teuer, weil man die Geologie untersuchen müsste und solche Sachen. Aber Michael traut den Geologen, die wir bereits beauftragt haben, sodass man da kein Geld mehr ausgeben müsste.«

Skilling gefiel die Idee. Enron konnte die Kosten des Unternehmens für den Kauf senken, das leuchtete ein.

»Und weil er die Vermögenswerte so gut kennt«, sagte Fastow, »setzt er den Diskontierungssatz nicht so hoch an, wie es ein Investor tun würde.«

Noch besser: Auf Basis des Diskontierungssatzes würde der gegenwärtige Wert künftiger Cashflows aus JEDI errechnet. Wenn Kopper bereit wäre, einen niedrigeren Diskontierungssatz anzusetzen, würde das den augenblicklichen Wert steigern – und mithin den Verkaufspreis.

»Also«, sagte Fastow, »könnten Sie sich das vorstellen?«

Skilling lachte. »Hey, Andy, wenn wir CalPERS auf diese Weise zu mehr Geld verhelfen können, keine Frage.«

Fastow nickte und zögerte kurz. »Hören Sie, was würden Sie davon halten, wenn meine Familie auch investiert? Sie wissen schon, die Weingartens, Leas Familie.«

Skilling lehnte sich zurück und verzog die Nase. *Enron und Familieninvestments?* Das kam ihm irgendwie kleinkariert vor.

»Lieber nicht, Andy«, antwortete Skilling. »Mit so was möchte ich nichts zu tun haben.«

Der kleine Hinweis genügte Fastow vollkommen. »Gut, dann mache ich es nicht«, sagte er rasch.

Die beiden erhoben sich. Skilling klopfte Fastow auf die Schulter.

»Klingt toll, Andy«, sagte er.

Banken geben Darlehen, also Geld, das mit Zinsen zurückgezahlt werden muss. Chewco brauchte Kapital, das eine dritte Partei unter Verlustrisiko anlegte. Wenn es Kapital von einem unabhängigen Investor erhielt, bedeutete das allerdings, dass auch der Gewinn aufgeteilt werden musste. Aus diesem Grund wollten sich Fastow und Kopper das Geld für Chewco von Banken holten.

Wie ließ sich das so drehen, dass ein Darlehen wie eine Anlage aussah?

Man unterbreitete der Barclays Bank, die an der ursprünglichen JEDI-Finanzierung beteiligt gewesen war, ein Angebot: Die Bank würde mehrere Millionen Dollar in Chewco »investieren«. Dann würde Chewco Barclays für eine Million Dollar pro Jahr als Berater engagieren. Schoss die Bank fünf Millionen in Chewco, so würde der Beratervertrag fünf Jahre laufen, bei sechs Millionen sechs Jahre.[21] Am 20. Oktober trat das Operations Committee der Barclays Bank zusammen, um über den Vorschlag zu beraten. Jeden Cent, den es hineinsteckte, würde es wieder zurückbekommen. Da der höchstmögliche Verlust bei null lag, wollte man bei Barclays die »Investition« in den eigenen Büchern als Darlehen klassifizieren.

Dann lehnten die Prüfer der Bank die Idee mit der Beratergebühr ab. Ohne diese Gegenleistung verlor Enron das Interesse am Beraterfachwissen der Bank. Was hatte der Rat von Barclays schließlich für einen Wert, wenn man die Buchführung damit nicht manipulieren konnte?

Jordan Mintz, der neuste Steueranwalt bei Enron, trug ein gekünsteltes Lächeln zur Schau, um seine Abscheu vor Kopper zu verbergen. Er kannte den Kerl kaum und konnte ihn nicht ausstehen.

Der Chewco-Deal war unglaublich kompliziert geworden, und Mintz sollte nun die steuerlichen Folgen prüfen. Soweit er zu sagen vermochte, musste Enron Chewco die Steuer vorstrecken. Von einem Gebilde wie Chewco wird angenommen, dass es Einkünfte zu melden hat – und Steuern darauf zahlen muss –, bevor es das Geld tatsächlich erhält. Mintz setzte daher ein Schriftstück auf, nach dem Enron in dem Fall, dass es zu einer vorzeitigen Steuerforderung kam, Chewco das Geld vorstrecken sollte. Wenn Chewco dann Einkünfte erzielte, sollte es dieses Darlehen zurückzahlen.[22] Die Idee war zwar einfach, die Details aber waren kompliziert, und Mintz stellte eine ganze Reihe Fragen, um sicherzustellen, dass alles stimmte: »Ich muss mehr über die Gesamtstruktur wissen, die Investoren ...«

»Das geht nicht«, unterbrach ihn Kopper. »Enron hat kein Recht, mehr darüber zu erfahren. Wir verhandeln für Chewco, aber was sich dahinter verbirgt, dürfen Sie nicht wissen. Darüber haben sich die Parteien verständigt.«

Mintz verschlug es den Atem. Das war grotesk. Man bat ihn, ein juristisches Schriftstück auszuarbeiten, ohne ihm Zugang zu den notwendigen Informationen zu gewähren. Das war, als wolle man mit verbundenen Augen ein Flugzeug fliegen.

Er hakte nicht weiter nach, hörte sich aber in den folgenden Tagen ein wenig um. Dabei schnappte er zwar einige Informationsfetzen auf, doch über die Chewco-Investoren konnte ihm niemand Genaueres sagen. Es wurde gemunkelt, das Geld stamme von reichen Scheichs aus dem Nahen Osten, aber Näheres wusste niemand.

Je rätselhafter die Sache wurde, desto intensiver fragte sich Mintz: Was verbarg sich wirklich hinter Chewco?

Bei den Chewco-Verhandlungen kamen sich die Beteiligten allmählich vor wie im Irrenhaus. Alle, die am Verhandlungstisch saßen, gehörten zu Enron, doch war nicht mehr klar, ob noch *irgendjemand* im Raum ausschließlich die Interessen des Unternehmens vertrat.

Kopper ritt auf seiner Sorge um die Chewco-Investoren herum. Bill Brown, Chefunterhändler für das Unternehmen, war davon ausgegangen, dass Fastow ihm die Chance geben würde, *selbst* Chewco-Investor zu werden.[23] Jeder wusste, dass es vor Stolperfallen nur so wimmelte, aber niemand hatte eine Ahnung, wo die Schlingen lagen.

Ungeachtet Fastows Andeutungen verfolgte Brown eine harte Linie zugunsten Enrons. Seiner Schätzung nach konnten die von Kopper gewünschten Bedingungen Enron mehrere Millionen Dollar kosten. Dagegen wehrte er sich.

Eines Tages, nach hartem Gefeilsche, sprach ihn Fastow an.

»Wie laufen die Chewco-Gespräche?«, fragte Fastow.

»Wir machen Fortschritte. Es sieht ganz gut aus.«

Das klinge gut, sagte Fastow. »Ich habe gehört, dass Sie sehr hart verhandeln in dieser Sache«, fügte er hinzu.

Vielleicht war das ja ein Kompliment. »Na ja«, sagte Brown, »das ist mein Job. Ich will nur ein gutes Geschäft für Enron herausholen.«

»Ja, ja, das verstehe ich schon. Aber wir müssen diesen Deal jetzt wirklich abschließen. Ich meine, wie weit liegen wir auseinander?«

Tja, antwortete Brown, wenn Kopper seinen Willen bekomme, könne das Enron immerhin 13 Millionen kosten.

Fastow antwortete spöttisch: »Kommen Sie, Brown, das ist für Enron doch ein Pappenstiel. Außerdem erscheint es mir durchaus vernünftig, wenn man bedenkt, welche Risiken die Investoren eingehen.«

Irgendwas stimmt da nicht. Fastow wollte das Geld einfach auf den Tisch legen? Fastow, der sonst um jeden Cent kämpfte?

»Also«, sagte Brown zaghaft, »Sie sind dafür, dass wir die 13 Millionen abschreiben?«

»Ja. Lassen Sie uns den Deal endlich abschließen.«

Nach dem Gespräch machte sich Brown wieder an die Arbeit. Anstelle der Begeisterung, die er angesichts der Fortschritte im Chewco-Deal empfunden hatte, ergriff ihn eine kalte Furcht. Er wurde das Gefühl nicht los, dass Fastow ihn soeben davor gewarnt hatte, weiterzumachen – eine Warnung, die er vermutlich beherzigen sollte.

In einem Waldgebiet vor San Antonio glitten Kinder auf riesigen Schwimmringen sanft über den künstlich angelegten Fluss auf dem weitläufigen Wasserspielplatz des Hyatt Regency Hill Country Resort. Auf der einstigen Ranch aalten sich die Gäste im Luxus – beim Schwimmen, beim Golfen oder bei einem exquisiten Mahl unter dem aus Hirschgeweihen zusammengesetzten Leuchter. Es war der 5. November 1997. Schon den zweiten Tag belegten die leitenden Enron-Angestellten, die hier ihre jährliche Managementkonferenz abhielten, das Hyatt mit Beschlag.[24] Lay betrachtete die Veranstaltung als Verschnaufpause für seine arbeitsamen Führungskräfte, als Gelegenheit, in entspannter Atmosphäre über ihre Jobs nachzudenken und vielleicht auf die eine oder andere neue Idee zu kommen.

Doch die Anspannung des Firmenalltags war nicht so leicht abzuschütteln. Das äußerte sich besonders in einer weiteren Auseinandersetzung zwischen Jeff Skilling und Rebecca Mark. Seit Wochen hatte Mark ein, wie sie meinte, wegweisendes Geschäft verhandelt – den Verkauf eines 50-Prozent-Anteils der internationalen Enron-Geschäfte an Shell. Shell machte Lay ein Drei-Milliarden-Dollar-Angebot, doch Lay und Skilling schmetterten es ab. Lay fand den Betrag zu niedrig, und Skilling hielt das Angebot für eine Finte. Shell, so argumentierte er, wolle in den Regionen, in denen Enron Kraftwerke besaß, nur an die Handelsrechte kommen. Er war nicht bereit, einen Konkurrenten in seinem Revier Fuß fassen zu lassen – erst recht nicht mit einem fingierten Angebot.

Dann, Wochen später, überraschten Skilling und Lay Rebecca Mark und ihr Team mit einem Vorschlag: Die International Division, die für die Entwicklung außerhalb Nordamerikas verantwortlich war, solle die meisten europäischen Projekte an Skillings Enron Capital and Trade Resources (ECT) abgeben.[25]

Lay hielt die Begründung für stichhaltig. Skilling und seine Händler versuchten, in die Märkte Europas vorzustoßen und mit den Versorgungsbetrieben Handelsgeschäfte abzuschließen. Doch diese potenziellen Kunden betrachteten Enron aufgrund seiner internationalen Kraftwerke noch immer als Konkurrenten. Wenn diese in Skillings Gruppe übergingen, könnte sich Enron Zugang zu den Märkten verschaffen und einer Bedrohung des potenziellen Kundengeschäfts begegnen.

Nachdem die Diskussion wochenlang hin und her gegangen war, wurden die letzten Differenzen in einer Sitzung im Bandera Room des Hotels ausgeräumt. Skilling saß – neben Mark Frevert, dem Handelschef in London, sowie seinem Stellvertreter Dan McCarty – mit Lay am Konferenztisch. Seit etwa 20 Minuten erläuterten sie ihren Plan, Niederlassungen in Frankfurt und anderen Städten zu eröffnen.

Die Diskussion war bereits in vollem Gange, als Rebecca Mark und ihr Stellvertreter Joe Sutton durch den Flur zum Konferenzraum hasteten. Als sie Lays Vorschlag vor zwei Wochen zum ersten Mal gehört hatten, mobilisierten sie unverzüglich die gesamte Abteilung, um einen Bericht gegen die Pläne auf die Beine zu stellen. Ihr Argument war einfach: Die Energiemärkte in Europa und in den USA hatten kaum etwas gemein. Enron konnte nicht einfach Gas und Strom bereitstellen. Es gab fest etablierte und staatlich protegierte Versorgungseinrichtungen und Pipelines und nur wenige mögliche Geschäftspartner, von denen man kaufen und mit denen man sinnvoll Handel treiben konnte. Daher, so der Bericht, sei der Bau von Kraftwerken der einzig verlässliche Weg ins europäische Geschäft.

Als Mark und Sutton den Bandera Room betraten, blickten Lay, Skilling und die beiden Manager aus London auf. Die beiden Chefs der International Division stellten sich an die Schmalseite des Tisches und verteilten ihren Bericht. »Okay, gehen wir unsere Analyse durch«, sagte Mark.

Skilling blätterte in dem gebundenen Bericht. »Das ist gar nicht nötig«, sagte er. »Wir sind schon zu einer Entscheidung gelangt.«

Rebecca Mark sah Lay in die Augen. »Ken, Sie müssen sich diesen Bericht ansehen. Sie müssen begreifen, worum es in diesem Markt geht.«

Lay hatte die Argumente alle schon gehört. »Wir haben das Material bereits geprüft«, antwortete er.

»Und? Was haben Sie beschlossen?«, fauchte sie.

»Nun«, antwortete Lay, »wir werden die europäischen Vermögenswerte in die ECT schieben.«

Mark und Sutton gingen in die Luft.

»Das ist absurd!«, schrie Sutton.

Mark musterte Frevert kalt. Er war ein kleiner übergewichtiger Mann mit rotem Gesicht. Sie sah zu Lay hinüber und zeigte mit dem Finger auf Frevert.

»Sie glauben, dass *der da* auf diesem Markt besser agieren wird als meine Leute und ich?«, schnaubte sie.

Frevert schwieg. Er sah hasserfüllt zu Mark hinauf. Skilling lehnte sich zurück und freute sich im Stillen an dem Spektakel. Er wusste, Rebecca Mark machte sich zum Narren.

»Wir sind seit Jahren in Europa«, fiel Sutton ein. »Die Leute da wissen doch gar nicht, was sie da machen!«

Das ist einfach unsinnig, dachte Mark. Sie kannte die europäischen Märkte; sie wusste, dass es dort nicht viel Raum für Handelsgewinne gab. Sie sah Skilling und die Händler an.

»Wo haben Sie Ihre Zahlen her?«, fragte sie. »Sie sagen, Sie machen Handelsgewinne. Wir wissen aber, dass Sie hier und da Vermögenswerte verkaufen. Wie viel verdienen Sie am Handel und wie viel am Verkauf von Aktiva?«

Die lässige Antwort lautete: So gut wie alles kam aus dem Handel.

Mark lehnte sich über den Tisch. »Zeigen Sie's uns.«

»Das brauchen wir nicht«, sagte Skilling.

»Es kann gar nicht sein, dass Sie am Handel verdienen«, fauchte Mark. »Und wenn Sie diese Vermögenswerte nicht als Grundlage haben, können Sie in Europa auch nichts verdienen.«

Die Argumente folgten auf dem Fuß. *Die Versorgungsbetriebe. Wettbewerb mit den Kunden. Die Handelsmöglichkeiten.*

Sutton wandte sich um und schleuderte seine Unterlagen auf den Tisch. Sie landeten mit einem Knall an der Wand.

»Das ist lächerlich!«, schrie er.

Er stürmte zur Tür. Bevor er den Raum verließ, drehte er sich noch einmal um.

»Rebecca, kommen Sie mit?«

Mark folgte Sutton zur Tür. Dort wandte sie sich noch einmal um und sah die im Raum versammelten Manager angewidert an.

»Das war reine Zeitverschwendung«, sagte sie mit eisiger Stimme. »Sie werden das Geschäft organisieren, wie Sie es wollen, und es hat gar keinen Zweck, dass wir uns darüber unterhalten.«

Sie blickte Lay ins Gesicht. »Aber wenn es so laufen soll, dann müssen wir über den Vertrag reden.«

Der Vertrag. Lay wusste gleich, was sie meinte. Die Entschädigungsvereinbarung mit der International Division. Wenn die Abteilung Europa abgeben musste, so war das eine Vertragsänderung; für ihre Zustimmung würde man viel zahlen müssen.

Mark folgte Sutton schäumend aus dem Raum. *Erst schießen sie die Shell-Sache ab, und jetzt nehmen sie uns Europa weg,* dachte sie. Die wollten doch nur ihre Vermögenswerte verscherbeln und das dann als einen Handelsgewinn darstellen. Da war sie sich sicher.

Im Bandera Room sprach Frevert derweil mit Lay.

»Damit setzen wir uns seit zwei Jahren auseinander, Ken«, sagte er.

Skilling pflichtete ihm bei: »Das sage ich schon die ganze Zeit, Ken. Damit müssen wir fertig werden.«

Lay wirkte entsetzt angesichts der Szene, die er erlebt hatte.

»Jungs, ich entschuldige mich für das, was soeben geschehen ist«, sagte er und sah nachdenklich aus. »Wir müssen das hinter uns bringen.«

Ray Bowen wollte weg. Die Retail Division bei Enron, die Misswirtschaft und die Dummheit dort hingen ihm zum Hals heraus. Niemand beachtete die Zahlen, dabei änderten die sich nie. Die Abteilung war das reine Chaos, und er wollte nur noch abhauen.

Als sich herumsprach, dass Bowen nach einem anderen Job Ausschau hielt, bat ihn Skilling zu sich. Er befragte ihn zu seinen Problemen und sagte ihm dann, dass Enron ihn nicht gern gehen lassen wolle. Wenn er in der Privatkundenabteilung nicht glücklich sei, würden sie ihm etwas anderes anbieten. Fastow wuchs in der Finanzabteilung die Arbeit über den Kopf – ob Bowen sich vorstellen könne, dort zu arbeiten? Bowen willigte ein, sich mit seinem ehemaligen Chef zu treffen, um zu klären, ob er bei ihm eine Aufgabe finden könne.

Bowen ging zu Fastow ins Büro und schilderte ihm seinen Frust über die Retail Division. »Ray, ich möchte Sie ermutigen zu bleiben«, erwiderte Fastow. »Hier können Sie sich ganz neu ausrichten, im gleichen Haus neu anfangen. Ich meine, sehen Sie mich an. Als ich die Privatkundenabteilung verließ, dachte ich, meine Karriere sei zu Ende. Aber Skilling hat mich woanders eingesetzt, und seither läuft alles großartig.«

Er solle durch die Abteilung gehen, schlug Fastow vor, und sich zu den Aufgaben der Leute kundig machen. Bowen folgte seinem Rat und fand die Finanzabteilung einfach aufregend. Auf den Fluren hörte er einiges über die Geschäfte; vor allem eines mit Namen RADR hatte einen geradezu legendären Ruf. Bowen verstand den Deal nicht ganz; er hatte irgendwas mit dem Kauf von Windfarmen zu tun. Dem Gemunkel auf den Fluren zufolge war es ein glänzendes Geschäft.

»Wir können noch viele Geschäfte nach dem RADR-Muster abwickeln«, erklärte ihm Kopper.

Bowens Interesse war geweckt. Ende November kam Fastow mit einem Vorschlag auf ihn zu. Er habe da eine neue Gruppe, sagte Fastow, die großartige Projekte durchziehe, und er wolle Bowen als stellvertretenden Leiter neben Michael Kopper.

Die Gruppe nenne sich Portfolio Management, sagte er. Im Haus war sie unter einem anderen Namen bekannt: Special Projects Group.

Die Barclays Bank meinte, endlich einen Weg gefunden zu haben, ein Darlehen bereitzustellen, das Chewco als Investition ausgeben konnte. Chewco musste nur für die Teilrückzahlung des Geldes bürgen.

Am 20. November stellte George McKean von Barclays seine Idee Kopper und Bill Brown in einem Brief vor. Das letzte bisschen Geld, das an Chewco ging, sollte für den Aufbau von »Reservekonten« eingesetzt werden. So würde das Geld, das die Barclays Bank in dem Geschäft hatte, abgesichert werden, unabhängig von den Auswirkungen auf die Buchführung.

Enron hatte im Grunde keine Wahl. Auf Nachfrage von CalPERS hatte Chewco deren JEDI-Anteil am 6. November erworben. Dabei griff man auf kurzfristige Bankdarlehen zurück, für die Enron bürgte. Wenn Chewco die Finanzierung bis zum Jahresende nicht endgültig auf die Beine stellte – ohne Enron-Bürgschaft –, ließ sich JEDI nicht mehr aus der Bilanz heraushalten. Alle Schulden, die gesamte Finanzleistung, einfach alles würde in den Enron-Büchern auftauchen.

Die Konzeption des neuen Geschäftes wurde Vinson & Elkins übertragen. Dort verfasste ein junger Angestellter namens Joel Ephross eine Nebenabrede zu den Mindestreservekonten.[26] Anschließend trafen Enron und Chewco eine weitere Vereinbarung: Die Konten sollten mit einer sofort fälligen Sechs-Millionen-Dollar-Zuweisung von JEDI aus dem Verkauf eines Vermögenswerts ausgestattet werden. Die Nebenabrede, unterzeichnet von einem leitenden Angestellten namens Jeremy Blachman für Enron und von Michael Kopper für Chewco, landete im dicken Stapel der Vertragsentwürfe.

Doch irgendwie hatte niemand sich die Mühe gemacht, die Wirtschaftsprüfer bei Andersen wegen der Vereinbarung zu den Reservekonten zu Rate zu ziehen. Die Wirtschaftsprüfer entdeckten das Schriftstück erst Jahre später.

In der feudalen Anwaltskanzlei Vinson & Elkins hoch über der Fannin Street wanderte Kopper von Raum zu Raum, stellte Fragen, bellte Anordnungen und schob sich hin und wieder eine der Leckereien auf den Beistelltischen in den Mund. Sein ehemals steifes Auftreten hatte er längst abgelegt. Seine Augen waren glasig und rot umrandet, seine Haare standen wild ab. Um ihn herum wimmelte es von Leuten. Steingraue Kohorten von Anwälten und Bankern wuselten geschäftig und hektisch umher.

Es war am späten Abend des 30. Dezember, einem Dienstag. Enron schloss die Geschäfte rund um JEDI und die Schaffung von JEDI II ab. In mehreren Konferenzräumen stapelten sich auf den Tischen die Schriftstücke, die vor der abschließenden Unterzeichnung noch ein letztes Mal geprüft wurden.[27]

An jenem Abend mussten so viele Vorgänge abgeschlossen werden, dass niemand alles vollständig überblicken konnte. Die Finanzierung von Chewco. Die Investition von CalPERS in JEDI II. Dann der nahezu gleichzeitig ablaufende Verkauf von fast sieben Prozent des Geschäftsbereichs Retail – nunmehr unter dem Namen Enron Energy Services geläufig – an JEDI II und den Pensionsfonds Ontario Teachers Pension Plan, wobei diese sich im Gegenzug zur Zahlung von alles in allem 165 Millionen Dollar verpflichteten.

Immer wieder warfen die Anwälte einen Blick auf ein Schriftstück, das die Nebenabrede zwischen Chewco und Barclays darlegte. Es sah völlig harmlos aus. Jedenfalls enthielt es keine Druckfehler. Alle Prüfer blätterten kommentarlos weiter.

Kopper betrat einen der Konferenzräume und beobachtete die Scharen von Anwälten. »Also, was ist hier eigentlich los?«, rief er. »Wie weit sind wir mit den Unterlagen?«

Jordan Mintz sah Kopper an und erschrak. Kopper sah aus wie ein Zombie. Mintz ging zu ihm hinüber.

»Hey, Michael, sind Sie okay? Sie sehen gar nicht gut aus.«

Kopper warf einen Blick über Mintz' Schulter und beobachtete die Anwälte bei der Arbeit an den Schriftstücken.

»Ja«, sagte er. »Ich habe seit zwei Tagen nicht geschlafen.«

Zwei Tage nicht geschlafen? Das war doch ein bisschen extrem.

»Also, Michael, machen Sie sich keine Sorgen«, sagte Mintz. »Wir haben alles im Griff. Wir erledigen das schon.«

Koper starrte Mintz eine Sekunde lang an. »Okay«, sagte er.

Dann ging er.

Spät in der Nacht wurden die Schriftstücke schließlich unterzeichnet. Und nach getaner Arbeit wussten die meisten Anwesenden immer noch nicht, wer die unabhängigen Investoren waren, die mehr als elf Millionen Dollar für Chewco aufgebracht hatten.

Kein Wunder. Es gab sie ja auch gar nicht.

Chewco ähnelte einer russischen Babuschka-Puppe – es war ein hohles Finanzgebilde, in dem sich immer kleinere Miniaturausgaben seiner selbst verbargen.[28] Wenn man sie eins nach dem anderen herausholte, stieß man ganz innen auf die letzte Figur: Michael Kopper.

Chewco war die größte Figur, die, um als von Enron unabhängig gelten zu können, drei Prozent ihres Kapitals oder rund 11,5 Millionen Dollar aus externen Quellen beziehen musste. In der Chewco-Figur befanden sich zwei Gebilde, die das Geld angeblich bereitstellten: SONR 1 und Big River Funding. SONR 1 schoss 115 000 Dollar zu – gerade mal ein Prozent des »Eigenkapitals«; das war Koppers Geld, der es wiederum aus seinem Gewinn an RADR, dem illegalen Windkraft-Deal, holte.

Das restliche Geld – 11,4 Millionen Dollar – kam aus Big River, der zweiten hohlen Figur. Big River erhielt gut elf Millionen Dollar von der Barclays Bank. Kopper behandelte das Geld wie eine Anlage, Barclays wie ein Darlehen. Doch auch Big River war eine Zweckgesellschaft, sodass es drei Prozent seines Kapitals aus externen Quellen aufbringen musste – über 300 000 Dollar.

Dieses Geld kam aus der nächstkleineren Figur, Little River Funding, einer weiteren Zweckgesellschaft. Little River Funding lieh sich wiederum 93 Prozent ihres Geldes von Barclays, musste aber, um unabhängig zu bleiben, ebenfalls drei Prozent – nun nur noch rund 10 000 Dollar – aus einer unabhängigen Quelle aufbringen. Kopper stellte dieses Geld bereit.

Mit Hilfe der zahlreichen Zweckgesellschaften hatte Kopper drei Prozent eines Vehikels erworben, dem drei Prozent eines weiteren gehörten, dem drei Prozent eines weiteren gehörten, dem die Hälfte von JEDI gehörte. Und das alles für 10 000 Dollar, abgesehen von den 115 000 Dollar, die er in SONR steckte.

Bevor alles abgewickelt war, kam Kopper zu dem Schluss, dass es für die Chewco-Buchführung ein Risiko darstelle, wenn er Little River Funding besitze. Aufgrund Fastows Erfahrungen wusste Kopper bereits, dass Familienangehörige nicht investieren durften. Also übertrug er seine Anteile an Little River auf Bill Dodson. Er kannte Dodson gut. Dodson gehörte nicht zur Familie, war auch kein Ehepartner, sondern Koppers Lover, mit dem er die Wohnung teilte.

Die Bestandteile des Deals waren fest miteinander verzurrt; Kopper und Dodson konnten dabei gar nicht verlieren. Nicht einmal die vergleichsweise armseligen 125 000 Dollar Investition waren risikobehaftet. Wenige Sekunden nachdem sie die Investition getätigt hatten, zahlte Chewco den beiden eine Managementgebühr von mehr als 140 000 Dollar; damit erhielten sie ihr gesamtes Kapital umgehend zurück, zuzüglich zehn Prozent Gewinn. Und obendrein gehörte ihnen noch immer die Gesellschaft.

Der Chewco-Deal stellte Kopper und Fastow vor ein neues Problem. Bei RADR hatte Fastow finanziell abgesahnt. Kopper war Nutznießer bei Chewco. In Zukunft würde es noch jede Menge Gelegenheiten geben, einen Reibach zu machen. Aber irgendjemand musste den Überblick behalten, damit die Dinge nicht aus dem Ruder liefen.

Der Job ging an Kopper. Fastow instruierte ihn, darüber Buch zu führen, wer an den Nebengeschäften was verdient hatte – und zwar auf seinem privaten Laptop.[29] Solche Daten sollte schließlich nicht im Enron-Computersystem auftauchen.

Nach dem Weihnachtstrubel konnten sich endlich alle entspannen. Zum Jahresende, wenn man bei Enron die Geschäfte durchpeitschte, mit denen das Unternehmen seine Zahlen aufpolierte, herrschte ohnehin immer Ausnahmezustand. Doch im Jahr 1997 – mit Chewco, JEDI II und dem Verkauf der sieben Prozent des Privatkundenbereichs EES – war es schlimmer denn je.

Unter den Angestellten machten Witze die Runde, und man beglückwünschte sich gegenseitig zu seinen Leistungen. »Warum wir der Meinung sind, dass Sie die Weihnachtsfeiertage und Neujahr bei uns verbringen sollten: Punkt 1 bis 10« lautete eine Satire. Punkt neun: »Damit Enron seine Gewinnziele auch sicher erreicht.«[30]

In den folgenden Wochen stellte man bei Enron die Jahresabschlusszahlen zusammen, und das Management war zufrieden. Mehr als eine halbe Milliarde Gewinn – *eine halbe Milliarde.*

Doch es tauchten auch Probleme auf. Zum einen war da ein internationales Geschäft namens J-Block. Ungeachtet der schlechten Erfahrungen, die man bei Enron mit Take-or-Pay-Verträgen gemacht hatte, Verträgen also mit unbedingter Zahlungsverpflichtung, hatte man Anfang des Jahrzehnts einen solchen Vertrag über den Kauf von Gas für das Kraftwerk im englischen Teesside abgeschlossen. Das Team der International Division war überzeugt gewesen, dass die Gaspreise steigen würden. Doch sie fielen, sodass Enron mit Milliarden in der Tinte saß. Skilling hatte die Sache ein paar Monate zuvor geregelt; nach Steuer hatte das Unternehmen 450 Millionen Dollar Verlust gemacht.

Dann war da der Kraftstoffzusatz MTBE (umweltschädliches Antiklopfmittel; A.d.Ü.). Nach jahrelangen Bemühungen setzte man bei Enron für MTBE endlich die Mark-to-Market-Buchführung durch.

Doch dann änderte die Regierung plötzlich die MTBE-Regelungen. Die Stilllegung des Geschäfts kostete noch einmal 74 Millionen nach Steuer.[31]

Damit blieben 105 Millionen. Aber auch andere Zahlen waren dubios. Enron hatte die 51 Millionen Dollar Gewinn aus dem Vertrag mit Bonneville Power aufgenommen, obwohl Andersen davon abgeraten hatte.[32] Ohne diesen Betrag hätte sich der Jahresgewinn auf gerade mal 49 Millionen Dollar belaufen.

Dieser Betrag wiederum umfasste den Verkauf der sieben Prozent Aktienanteile an der Privatkundenabteilung EES. Und *dieser* Deal war im Tausch gegen eine Zahlungs*verpflichtung* abgeschlossen worden – nicht etwa, um Kasse zu machen.

Dennoch wies Enron die Einkünfte aus – 61 Millionen Dollar. Mit einer seriösen Buchführung hätte man nur 20 Millionen Dollar ausweisen können.[33]

Hätte man all die Irrtümer, Versäumnisse und unzulänglichen Unternehmensentscheidungen abgezogen, so hätte sich der Gesamtgewinn von Enron im Jahr 1997 auf acht Millionen Dollar belaufen, die ausgewiesenen Umsatzerlöse auf 20 Milliarden Dollar.

Dass Enron in der Klemme steckte, war für jedermann offensichtlich – das heißt für jedermann, der in der Lage war, die tatsächlichen Zahlen zu berechnen.

Kopper ging leicht in die Knie und warf einen Blick auf den Golfball, der neben seinem Fuß auf dem Tee lag. Er maß mit den Augen das Fairway zum fünfzehnten Loch auf dem Kurs des Sugar Creek Country Club ab. In einer runden, mühelosen Bewegung führte er die Arme nach hinten und ließ sie dann durchschwingen. Der Ball schoss davon.

Hinter ihm beobachtete sein Enron-Kollege Ray Bowen neidvoll, wie der Ball die ideale Bahn beschrieb. Bowen war kein großer Golfer und hatte an diesem Tag die Bälle kreuz und quer über den Platz gehauen. Doch er wusste sportliches Können bei anderen zu schätzen.

»Sehr schön«, sagte er.

Kopper sah ihn selbstbewusst an. »Danke.«

Im Januar 1998 nahmen die beiden Männer sich die Zeit, sich gegenseitig kennen zu lernen. Schließlich leiteten sie gemeinsam die Special Projects Group.

Sie stiegen in das Golfcart und fuhren ihren Bällen hinterher. Kopper, in Slacks und Sweater, saß entspannt auf dem Fahrersitz.

»Wissen Sie, Ray«, sagte Kopper plötzlich, »Sie können bei Enron eine Menge Geld verdienen, wenn Sie für Andy arbeiten.«

»Ach ja?«, sagte Bowen.

»Ja. Andy greift Ihnen unter die Arme. Das hat er bei mir auch getan.«

Bowens Miene blieb ungerührt. »Ja, ich weiß. Ich habe da auch Gerüchte gehört.«

Kopper richtete den Blick fest auf den Fairway. »Richtig, da lässt sich immer was drehen. So nebenher. Sie können auf verschiedenste Weise Geld machen. Sie müssen sich nur melden.«

War das eine Art Test? Falls Kopper gerade die Angel auswarf, so wollte Bowen keinesfalls nach dem Köder schnappen.

»Ich weiß nicht, ob so was das Richtige für mich ist«, sagte er. »Ich möchte niemandem zu sehr verpflichtet sein, nicht einmal Andy. Ich bin nicht besonders interessiert an so etwas, was Sie gerade bei Chewco gemacht haben.«

Kopper fuhr schweigend weiter.

»Okay«, sagte er schließlich. »Wo ist Ihr Ball?«

Am Montag leiteten sie bei Enron wieder gemeinsam die Special Projects Group. Aber Bowen bekam nicht sonderlich viel Arbeit. Wochen später ließ Fastow Bowen wissen, dass Special Projects vielleicht doch nicht das Richtige für ihn sei. Er wurde versetzt.

Was immer der Test auf dem Golfplatz erbringen sollte – Bowen war durchgerasselt. Nun galt es, Leute aufzutreiben, die den Test bestehen würden.

Kapitel 7

Im 5. Stock der SEC-Zentrale in Washington herrschte eine deprimierend funktionale Atmosphäre – anonyme Büroräume in einem wenig einladenden Regierungsgebäude. Die Fahrstühle an den Enden des H-förmigen Gebäudekomplexes führten auf düstere Flure. Bei geschlossenen Bürotüren gab kein einziges Fenster den Blick nach draußen frei.

In diesem strengen Ambiente regulierte und bändigte ein Kader aus Regierungsbeamten den amerikanischen Kapitalismus; ihr Urteil konnte Reichtum oder Ruin bedeuten. Tag für Tag strömten Scharen von Spitzenanwälten und Wirtschaftsprüfern ins Gebäude, um bei dem Mann Gehör zu finden, der dieses Reich beherrschte: Arthur Levitt, Chairman der US-Börsen- und Wertpapieraufsicht SEC.

Levitt, groß und weißhaarig, verstand es, seinen Gesprächspartnern das Gefühl zu vermitteln, dass ihn ein Geheimnis mit ihnen verband. Er war im sechsten Jahr SEC-Chef und verkörperte eine Mischung aus Wall Street und Main Street: Der wohlhabende einstige Aktienmakler verkehrte mit den Topleuten der Finanzindustrie, vergaß dabei aber nie seine bescheidene Brooklyner Herkunft.[1]

Früher hatte Levitt bei seinen Kollegen als sorglos, bisweilen vielleicht sogar ein wenig oberflächlich gegolten. Als SEC-Vorsitzender entpuppte er sich jedoch als eloquenter Fürsprecher der Kleinanleger. Manchen war er zu direkt, ging zu stark auf Konfrontation. Doch für die kleinen Leute, die Billionen (sic!) in den Märkten angelegt hatten, wirkte er mit seiner ganzen Kraft; er setzte sich für bessere Informationen ein und deckte Missstände an der Wall Street auf.

Nun, zu Beginn des Jahres 1998, stand Levitt ein neuer Kampf bevor. Der Internetboom hatte einen Aktienmarkt geschaffen, der einem Kasino glich – oberflächlich, turbulent und jenseits aller Vernunft. Die Anzeichen für den Niedergang konnte man förmlich greifen. Die ausgewiesenen Gewinne waren substanzlos, konstruiert und mit hoher Wahrscheinlichkeit ohne reale Grundlage. Die Unternehmen pokerten und dehnten die Regeln, um Zahlen zu präsentieren, die wenig mit der Realität gemein hatten. Die Investoren, denen leicht verdientes Geld zuströmte, waren mehr als bereit, angesichts der Taschenspielertricks, die in den Unternehmensführungen an der Tagesordnung waren, beide Augen zuzudrücken.

Begonnen hatte all dies, noch bevor Levitt seinen Posten bei der SEC angetreten hatte, als Strategie, die obersten Führungskräfte mit Reichtümern zu überschütten, ohne die Kosten dafür ausweisen zu müssen. Die amerikanische Unternehmenswelt hatte den Zauber einer neuen Währung entdeckt – Aktienoptionen, die es ihren Besitzern ermöglichen, Aktien zu einem festgelegten Preis zu kaufen. Den Buchhaltungsregeln zufolge sollten diese Optionen die Realität widerspiegeln. Schließlich, so argumentierte man, hatten sie einen Wert und verursachten den Aktionären Kosten. Wenn ein Manager die Option zum Aktienkauf nutzte – und dann zum Verkauf –, so verloren die Investoren einen Teil ihres Eigentums am Unternehmen. Doch die Manager wussten, dass es weniger Gewinn brachte und der sorgsam konstruierte Goldesel womöglich krepierte, wenn man die Optionen als Kosten behandelte.

Also setzten sich die amerikanischen Unternehmen zur Wehr. Sie rekrutierten Kongressmitglieder, um gegen die Börsenaufsicht und das Financial Accounting Standards Board, das die Regeln festlegte, anzugehen. Die Optionen als Kosten auszuweisen würde die Aktien nach unten treiben, behaupteten sie. Levitt hielt dieses Argument für grotesk, denn das galt schließlich für alle Kosten. Doch angesichts des Zorns, der ihm aus dem Kongress entgegenschlug, riet Levitt zu seinem eigenen und nachhaltigen Bedauern dem FASB zum Rückzug. Seither hatte er den einen oder anderen Erfolg gefeiert, die Schlachten an der Buchhaltungsfront aber verloren – und das wusste er auch. Seine Buchhaltungsexperten wollten, dass er sich noch einmal in den Kampf stürzte, doch er wusste nicht genau, wie.

Levitt stieg im sechsten Stock an der Nordseite aus dem Fahrstuhl. Er ging an den Fotos der Funsportausflüge vorüber, die er gesponsert hatte – River Rafting, Bergsteigen –, und betrat sein Büro. Durchs Fenster sah er die rote Fassade des National Building Museum. Rechts davon blitzte im Hintergrund die Kuppel des Kapitols.

Levitts Blick fiel auf die beiden Bildschirme, die auf dem Computerpult hinter seinem Schreibtisch thronten. Etwas war anders als sonst. Statt seines Bildschirmschoners hüpften Wörter unterschiedlicher Größe kreuz und quer über den Bildschirm. Levitt ging näher heran, bis er sie lesen konnte. Er lächelte.

BUCHHALTUNG BUCHHALTUNG BUCHHALTUNG

Seine Mitarbeiter wollten ihn mal wieder anstacheln. Packen Sie die Buchhaltungssache an, sollte das heißen, gehen Sie's an. Da draußen marschieren in diesem Augenblick Unternehmen auf direktem Weg in ihr Verderben, weil die Buchhaltungsstandards zusammengebrochen sind. Doch Levitt hatte keine Ahnung, welche Unternehmen das sein könnten.

In der Andersen-Zentrale in Chicago saß John Stewart an seinem Schreibtisch und wappnete sich für die Schlacht mit Enron. Stewart, führendes Mitglied der Professional Standards Group bei Andersen, war Staranalyst im Bereich des US-Rechnungslegungsstandards GAAP, der in jedem amerikanischen Unternehmen Grundlage für die Ausweisung seiner Finanzleistung ist.

Nach Lektüre der jüngsten Unterlagen aus dem Hause Enron kam Stewart zu dem Schluss, dass man dort gegen die Regeln verstieß – mit Wissen der Firma Andersen. Ihm war eins der Spielchen aufgefallen, mit denen die Zahlen aufgeblasen wurden: Der Verkauf von sieben Prozent der Privatkundenabteilung EES sollte über drei Jahre 61 Millionen Dollar Gewinn einfahren. Doch Andersen ließ es zu, dass der gesamte Betrag im Jahr 1997 als Einnahme verbucht wurde, obgleich nur 20 Millionen Dollar ausgezahlt worden waren. Das war nicht korrekt.

Stewart warf seinen PC an und verfasste eine E-Mail an Patty Grutzmacher, die in Houston an Enron arbeitete. Er erläuterte ihr die Fragen, die sich ergeben hatten, und äußerte dann seine Meinung.[2]

»Ich bin der Ansicht, dass Enron das alles nicht auf einmal verbuchen kann«, schrieb er. »Die SEC vertritt hier einen klaren Standpunkt.« Er drückte auf »Senden«.

Doch das änderte gar nichts. Enron hatte seine Zahlen bereits veröffentlicht. Andersen würde das Unternehmen sicher nicht dazu zwingen, zurückzurudern und der Welt mitzuteilen, dass die ausgewiesenen Gewinne Phantome waren.

Die Außendarstellung und die Unternehmensrealität drifteten bei Enron täglich weiter auseinander – und das nicht nur infolge der Buchhaltungstricksereien.

Enron huldigte dem virtuellen Kreativitätskult und hob nicht selten die pure Angeberei über die Substanz. Neue Ideen wurden gefeiert, weil sie neu waren und Potenziale eröffneten. Bewährte Geschäftsbereiche wie das Pipeline-Geschäft galten geradezu als lachhaft. In diesem Unternehmen blühten die tollsten Ideen, jede Führungskraft konnte nach Lust und Laune neue Projekte aufziehen. Die üblichen Kontrollen – Kostenlimits, Finanzierungsrestriktionen – waren außer Kraft gesetzt. Man reiste erster Klasse, es sei denn, man bediente sich der wachsenden Flotte von Firmenjets. Neuerwerbungen – seien es Flachbildschirme, Computer oder Schreibblöcke – waren keiner zentralen Kontrolle mehr unterworfen.

Schlimmer noch: Enron diversifizierte in immer neue Geschäftsbereiche, ohne dabei eine einheitliche Strategie zu verfolgen. Es managte den Energiebedarf kommerzieller Großkunden und verkaufte Kleinkunden den Strom direkt. Es versuchte sich im Wassergeschäft. Portland zog ein Internet-Netzwerk hoch, während Enron London still und leise ein automatisiertes Energiehandelssystem aufbaute. In Houston handelte man mit selbst geschaffenen Finanzderivaten, um Kunden vor den negativen Auswirkungen des schlechten Wetters auf ihre Geschäfte zu schützen. Enron tanzte auf allen Hochzeiten.

Gleichzeitig begann die Firma wie ein Investmentfonds zu agieren, indem sie auf den öffentlichen und privaten Märkten Unternehmensaktien erwarb. Diese »Händlerinvestments« (Anlagengeschäfte) wurden oft auf Gebieten getätigt, auf denen Enron keinerlei Kompetenz hatte, etwa im High-Tech-Bereich. Führungskräften, die Investments auftaten – vor allem solche, die schnelle Gewinne brachten –, winkte ein dicker Bonus. Kosteneinsparungen hingegen wurden nicht belohnt.

Die Einkaufsorgie bei Enron spiegelte die Vorgänge am Markt. Der Dot-Com-Boom trieb die Aktienwerte in völlig überzogene Höhen. Investiert wurde nicht mehr auf der Basis langweiliger Grunddaten; es reichte bereits vollkommen aus, wenn der Preis einer Aktie kletterte, weil andere Investoren daran glaubten.

So schaukelten sich Enron und der Markt nach oben. Als die Preise stiegen, wuchsen auch die Vermögenswerte, darunter viele der Händlerinvestments. In der Mark-to-Market-Buchführung flossen diese Wertsteigerungen unmittelbar in den ausgewiesenen Gewinn ein. Solange die Märkte stiegen, konnte Enron nichts falsch machen. Das Unternehmen umgab eine Aura der Unfehlbarkeit.

Doch da ein so großer Teil des ausgewiesenen Gewinns an die Mark-to-Market-Buchhaltung gebunden war, kamen bei Enron relativ wenig verfügbare Barmittel herein, die man wiederum dringend brauchte, um die Ausgaben und die Kosten für die neuen Geschäftsbereiche zu begleichen. Diese Lücke schloss Fastows Gruppe. Sie entwickelte immer kompliziertere Geldleihmethoden. Bankdarlehen wurden so gestaltet, dass sie wie vorab gezahlte Gasgeschäfte aussahen, und dann als laufender Cashflow ausgewiesen. Um Geld von Banken und anderen Darlehensgebern zu erhalten, bahnte man Deals außerhalb der Bücher an. Selbst die Steuerabteilung spielte mit, indem sie Geschäfte entwickelte, die später Steuervorteile brachten; auch diese Steuervorteile wies Enron vorab aus.

Dieses System war unhaltbar. Die umfangreiche Ausgabenseite bei Enron – fette Gehälter und Boni, neue Geschäftsfelder, Partys im Planet Hollywood – wurde überwiegend mit geliehenem Geld bezahlt. Enron geriet immer tiefer in ein Loch und setzte voll darauf, dass der

Markt immer weiter wuchs. Und wenn das geschah, verdoppelte das Unternehmen noch einmal seinen Einsatz.

Ein paar Straßen vom Weißen Haus entfernt drängelte sich Skilling durch die 1st Street. Es war der 29. Januar 1998, und er war am Vorabend in Washington eingetroffen, um mit Kongressmitgliedern und Vertretern der Energieregulierung zu plaudern. Doch das wichtigste Treffen stand ihm jetzt bevor: ein Gespräch mit dem potenziellen neuen Chief Financial Officer von Enron.[3]

Kinder hatte in den letzten Monaten bei Enron als sein eigener CFO gewirkt, doch nun war die Stelle vakant. Der CFO war für die Bilanz zuständig, kümmerte sich um eine positive Bonitätsbewertung, besorgte dem Unternehmen Barmittel und befasste sich mit der Buchhaltung. Fastow hatte die meisten dieser Aufgaben übernommen, wobei Causey für die Buchhaltung zuständig war. Aber mal ehrlich: Fastow war ein guter Geschäftemacher. Doch weder Lay noch Skilling waren der Ansicht, dass er das Zeug zum CFO hatte. Enron hatte deshalb die Headhunter-Firma Spencer Stuart beauftragt, eine qualifizierte Kraft zu finden.

Bislang hatte keiner der Kandidaten Skilling begeistert. Doch Denise Boutross McGlone, die er heute treffen wollte, war etwas Besonderes. Sie war CFO bei Sally Mae, einem halbstaatlichen Organ im Bildungskreditgeschäft. McGlone kannte sich mit komplexen Finanzierungen aus und war in der Lage, ein mehrere Milliarden schweres Portfolio zu überblicken – lauter Fähigkeiten, die bei Enron gewünscht waren.

In der 1st Street 1775 fuhr Skilling zur Suite 800 hinauf, wo sich die Washingtoner Enron-Zentrale befand. Nachdem er alle begrüßt hatte, ging er in ein leeres Büro. Kurze Zeit später kam auch McGlone. Sie hatte eine energische, direkte und selbstbewusste Art.

»Herzlichen Dank, dass Sie gekommen sind«, sagte Skilling. »Hat Sie der Anruf überrascht?«

»Nein«, sagte McGlone und setzte sich. »Ich habe von Enron und Ihren Geschäften gehört. Klingt ziemlich beeindruckend.«

Das Gespräch dauerte 45 Minuten. McGlone imponierte Skilling mit gezielten, intelligenten Fragen. Sie hatte offenbar ihre Hausaufgaben gemacht.

Hey, das läuft super, dachte Skilling. »Gut«, sagte er. »Was meinen Sie? Haben Sie Interesse an Enron?«

McGlone nickte. »Ja. Ich bin mir nicht sicher, ob Houston mir liegt, aber das Unternehmen ist bestimmt interessant.«

»In Ordnung. Ich rede mal mit Ken Lay. Wir melden uns wieder bei Ihnen und lassen Sie wissen, wie wir weiter vorgehen.«

»Gut«, sagte sie und stand auf. »Vielen Dank für die Einladung.«

Skilling sah McGlone nach. Kurz darauf wählte er Lays Nummer. Er teilte ihm mit, dass Enron womöglich einen neuen CFO gefunden hatte.

Fastow war sprachlos. *Die Bonitätsbewertung von Enron sollte herabgesetzt werden.*

Das kam zu einem denkbar schlechten Zeitpunkt. Er wusste, dass Skilling und Lay nach einem neuen CFO suchten, und er wollte den Job unbedingt haben. Wenn die Bonitätsbewertung für Enron vom Anlagebereich zum Ramsch abstürzte – wenn man die Firma also als nicht mehr kreditwürdig erachtete –, konnte er diese Hoffnung begraben. Enron würde für Darlehen mehr hinlegen müssen, die Gewinne würden sinken, andere Händler würden nicht so leicht mit dem Unternehmen Geschäfte machen. Und man würde Fastow die Schuld dafür in die Schuhe schieben.

»Verflucht noch mal«, sagte er zu einem Kollegen. »Ich bin drauf und dran, CFO zu werden, und wir stehen vor der Abwertung. *So* geht's nicht.«

Fastow kochte. Er gab Enron-Treasurer Bill Gathmann die Schuld. Für dessen Arbeit hatte er nur Verachtung übrig – Geld verwalten, die Kontakte zu den Banken und den Rating-Agenturen pflegen. Karriere machte man mit genialen Deals, nicht mit Erbsenzählen. Fastow hatte daher die schnöden Details Gathmann überlassen. Nun würde ihn diese Entscheidung womöglich den Aufstieg kosten.

Fastow fand heraus, dass Gathmann die Zahlen mit nach New York genommen hatte, bevor sie aufgemotzt worden waren. Die Geschäfte, mit denen alles ein bisschen besser wirkte, fehlten. Moody's Investors Service hatte sich die unbearbeiteten Zahlen angesehen, und die Prüfer waren ausgerastet. Enron, so schlossen sie, brachte nicht einmal genug Geld herein, um die Zinsen für seine Schulden zu bezahlen.

Enron hatte nur 24 Stunden Zeit, dann würde Moody's die Abwertung öffentlich machen. Fastow rief seine besten Kreditleute zu einer Notstandssitzung zusammen, um die Katastrophe noch abzuwenden. Er blickte sich verzweifelt im Raum um.[4]

»Hören Sie zu«, sagte er. »Ich bin kein Kreditspezialist. Ich weiß nicht, wie man das angeht.«

Die groben Finanzdaten wurden herumgereicht; viele im Raum sahen sie zum ersten Mal. Enron hatte viel mehr Schulden als ausgewiesen. Kredite ließen sich auf legalem Weg tarnen; bei Enron wandte man diese Methoden allerdings offenbar auf geradezu tollkühne Art an. Fast schien es, als existierten für Fastow außerbilanzielle Schulden gar nicht. Doch sie waren da, und zwar in viel größerem Ausmaß, als Enrons Cashflow sie überhaupt hätte schultern können. Nun, da diese Zahlen von Moody's in aller Deutlichkeit vorgelegt worden waren, musste das Problem gelöst werden.

Ray Bowen ging zur Weißwandtafel und klärte Fastow kurz und knapp über die Kredite auf. Immer wieder stellte Fastow einfachste Grundlagenfragen. *Ist denn das die Möglichkeit?* Bowen fragte sich, wie jemand mit diesem rudimentären Grundlagenwissen CFO werden wollte. Es war gerade so, als müsse man einem Rettungsschwimmer die ersten Schwimmzüge beibringen.

Bowen kam zur Sache.

»Andy«, sagte er, »es würde wohl nicht schaden, mehr Aktienkapital hereinzuholen.« Enron müsse Aktien verkaufen und mit dem Geld die eigenen Schulden tilgen. Eine Binsenweisheit.

Fastow reagierte, als habe sich ihm ein tiefes Geheimnis erschlossen. »Natürlich«, sagte er. »Aber Skilling wird zu diesem Zeitpunkt niemals Aktien ausgeben.«

Bowen lachte. »Das wird er aber müssen, wenn er die Bonitätsbewertung der Firma im Anlagebereich halten will.«

Fastow brütete einen Plan aus. Gathmann war schuld. Enron würde sich um einen neuen Treasurer und mehr Aktienkapital kümmern. Am gleichen Tag brachte er seinen Plan bei Moody's vor, wo man ihn schluckte. Dank seiner schnellen Reaktion hatte er die Klippe, an der seine Karriere gescheitert wäre, umschifft.

Die sechs Führungskräfte und Prüfer von Andersen und Enron spielten auf einem privaten Golfplatz in Arizona eine Partie Golf; sie scherzten und lachten. Einmal jährlich spielte man miteinander auf einem der gehobenen Plätze Arizonas, wenn Enron seine Managementkonferenz dort abhielt. Doch diesmal stand mehr an als sonst.

»Hören Sie«, sagte Rick Causey den versammelten Prüfern. »Wir müssen uns über Carl Bass unterhalten.«

Ein paar Tage später sah Bass seinen Kollegen Tom Bauer ungläubig an. »Sie meinen, ich halte mich *zu streng an die Regeln?*«, wiederholte er. »Tom, ich bin Wirtschaftsprüfer!«

Bauer war voller Mitgefühl. Es war ja nicht seine Idee gewesen. Causey und die Buchhalter in der Handelsgruppe von Enron wollten, dass Bass versetzt wurde. Bauer sollte ihm das nun beibringen.

»Ich verstehe Sie ja, Carl«, sagte er. »Aber die Auffassung ist nun mal da.« Bei Enron war man der Ansicht, dass Bass sich nicht intensiv genug um kreative Lösungen bemühte, sagte Bauer. Daher würde Andersen ihn aus der Handelsabteilung in die International Division versetzen.

Bass' Gesicht versteinerte. Vor nicht allzu langer Zeit hatte er zu verhindern versucht, dass Enron 51 Millionen Dollar an falschen Einnahmen verbuchte; da hatte man ihn einfach überfahren. Jetzt wollte man ihn loswerden.

»Das ist ein Fehler«, murmelte er.

Fastow starrte Skilling an; seine Augen verengten sich zu Schlitzen.

»Sie machen wohl Witze?«, bellte er.

»Also, Andy ...«

»Nein!« Fastow hob die Hände. Er schüttelte dem Kopf. »Verdammt noch mal, das glaube ich nicht.«

Es war der 2. März, 13.30 Uhr. Die Favoritin für den CFO-Posten sollte am folgenden Tag nach Houston fliegen, um sich mit der Geschäftsleitung zu treffen, darunter Fastow. Skilling hatte ihm das soeben mitgeteilt.

»Hören Sie zu, Andy ...«

»Warum sollte ich nicht CFO werden?«, unterbrach ihn Fastow. »Habe ich irgendetwas nicht erreicht, was ich hätte erreichen müssen?«

»Andy, hören Sie mal zu, das Board ist verpflichtet, alle Hebel in Bewegung zu setzen. Ich glaube, Sie haben gute Chancen, CFO zu werden, aber wir müssen uns eben auch andere Bewerber ansehen.«

Fastow sah an ihm vorbei. »Verdammt noch mal. In Ordnung. Ich tue, was Sie verlangen.«

Dann ging er.

Am nächsten Morgen um 8 Uhr lenkte Skilling seinen Mercedes 500 SE in die Auffahrt zum Four Seasons Hotel im Stadtzentrum. McGlone wartete schon und stieg zu.

»Hallo, Denise, guten Morgen!«, sagte Skilling.

»Guten Morgen, Jeff«, antwortete McGlone.

Skilling bog links ab in die Lamar Street. Schon auf der Fahrt zum Enron-Gebäude hatte er ein komisches Gefühl. McGlone war reserviert, beinahe nachdenklich. Vielleicht, dachte Skilling, war sie nervös wegen der Gespräche, die vor ihr lagen.

»Hatten Sie eine angenehme Reise?«, fragte Skilling.

»O ja, danke.«

Schweigen.

»Also, am Morgen treffen Sie sich erst einmal mit Rick Causey«, begann Skilling.

McGlone sollte an diesem Tag alle dreißig Minuten eine andere Abteilung aufsuchen. Zum Mittagessen wollten Skilling und Lay sie und ihren Mann in das Café Annie, ein bekanntes Houstoner Restaurant, ausführen.[5]

Skilling parkte das Auto in der Tiefgarage des Allen Center und ging mit McGlone zum Enron-Gebäude.

»Warum tun Sie das, Jeff?«, wollte Fastow wissen. »Ich habe Ihnen vertraut. Ich dachte, wir säßen in einem Boot.«

Es war 10 Uhr vormittags. Fastow hatte kurzfristig um einen Termin bei Skilling gebeten und flehte ihn nun förmlich an, ihn zum CFO zu machen. Es handle sich hier um einen persönlichen Verrat Jeff Skillings an Andy Fastow, sagte er. Skilling hörte zu. Fastows Verzweiflung überraschte ihn. Fastow war eigentlich nicht der Typ, der um einen Posten bettelte.

Als Fastow fertig war, ging Skilling zu Lay. Ein paar Wochen zuvor hatte er Lay gesagt, Fastow werde Enron niemals verlassen, wenn er übergangen werde. Jetzt war er sich nicht mehr so sicher.

Bald schon wunderte man sich über Denise McGlone. Das Energiebündel, das Skilling – und nach ihm Lay – an der Ostküste getroffen hatte, war in Houston zum Mauerblümchen mutiert. Causey und Fastow meinten, Enron habe sie wohl eingeschüchtert – das sagten sie jedenfalls Skilling –, und ihnen wurde geglaubt.

Schon als Skilling sie am frühen Nachmittag wiedertraf, war McGlone für ihn erledigt. Sie schien gedämpfter Stimmung; irgendetwas an Enron machte ihr offensichtlich zu schaffen. Nachdem sie zu ihrem nächsten Termin aufgebrochen war, besuchte er noch einmal Lay.

»Junge«, sagte Skilling und ließ sich in den Sessel fallen. »Das ist eine völlig andere Denise als die, die ich in Washington getroffen habe.«

Lay nickte. »Ja, finde ich auch. Völlig anders.«

Sie waren sich einig, dass das nicht gut gehen würde. Sie brauchten einen energischen CFO. Da war immer noch Kandidat Nummer zwei – Ron Hulme, Berater von McKinsey. Doch wenn Hulme ablehnte, blieb nur Fastow übrig.

Zwei Tage später, am 5. März, saß Skilling an seinem Schreibtisch und blätterte in einem Schriftstück. Es ging um die Genehmigung eines Geschäfts: Die Portland-Manager wollten eine relativ kleine Summe von zehn Millionen Dollar in ein Start-up-Unternehmen namens Rhythms NetConnections investieren.

Für sein Geld würde Enron zehn Prozent von Rhythms halten, einer Firma, die in der Hochgeschwindigkeits-Internetdatenübertragung tätig war. Als Rendite wurden um die 19 Prozent per annum erwartet, wobei Enron die Beteiligung bis 2003 halten sollte. Skilling blätterte zur letzten Seite. Ein Aufkleber markierte, wo er unterschreiben sollte. Seine Mitarbeiter hatten bereits ihre Zustimmung gegeben. Man sah kein großes Risiko. Skilling unterzeichnete und schrieb das Datum daneben.[7]

Die nächste Bombe tickte.

Anfang der folgenden Woche spitzten sich die Dinge zu. Fastow drohte mit Kündigung. Skilling wollte mit seinen Kindern in den Urlaub fahren und die CFO-Frage vorher geklärt haben. Er besprach sich mit Lay und bat dann Hulme zu sich.

Hulme betrat am Nachmittag Skillings Büro. Es sei an der Zeit, dass er seine Antwort gebe, sagte Skilling.

»Ich will mit den Kindern in die Osterferien fahren, und Andy ist drauf und dran zu kündigen«, sagte Skilling. »Wenn Sie CFO werden wollen, haben Sie den Job. Wenn nicht, muss ich ihn Andy geben, sonst verliere ich ihn.«

»Also, Jeff«, sagte Hulme. »Ich weiß Ihr Angebot zu schätzen ...«

Mehr brauchte Skilling nicht zu hören. Hulme wollte nicht. Fastow würde neuer CFO bei Enron werden. Die Entscheidung war gefallen.

An diesem Abend klingelte bei Fastow das Telefon. »Hallo?«

»Andy«, hörte er Skilling am anderen Ende sagen. »Ken, das Board und ich möchten Ihnen den Job als CFO bei Enron anbieten.«

Fastow seufzte erleichtert auf. »Jeff«, sagte er, »es ist mir eine Ehre, das Angebot anzunehmen.«

Am nächsten Morgen wollte Lay gerade sein Büro verlassen, um seinen 10-Uhr-Flug zu erreichen, als Fastow in der Tür erschien und an den Rahmen klopfte. Lay lächelte ihn breit an und ging auf ihn zu.

»Andy«, sagte er.

Fastow strahlte und schüttelte Lay die Hand. »Ken«, sagte er. »Ich möchte mich bei Ihnen und dem Board bedanken für das große Vertrauen, das Sie in mich setzen. Ich werde Sie nicht enttäuschen.«

»Nun ja, Andy, nachdem wir uns die anderen Kandidaten angesehen hatten, waren wir überzeugt, dass Sie die beste Wahl sind. Ich bin mir sicher, dass Sie gute Arbeit leisten werden, und ich bin sehr froh, dass wir eine so gute Lösung gefunden haben.«

Lay versprach, die Entscheidung am folgenden Tag publik zu machen. Causey war natürlich weiter für die Buchhaltung verantwortlich. Und Skilling hatte beschlossen, Rick Buy zum Chief Risk Officer zu berufen. Alle drei Personalien, so Lay, sollten gleichzeitig bekannt gegeben werden. Fastow dankte Lay und ging.

Damit befand sich der wichtigste Finanzposten in einem der größten Unternehmen der USA in den Händen eines Kriminellen.

Die E-Mail sauste am nächsten Morgen um 5.30 Uhr durchs Unternehmensnetzwerk.

»Da die Enron-Aktivitäten in den Bereichen Finanzen und Kapital zunehmend komplexer werden …«, lautete der erste Halbsatz.[7] Überall im Gebäude flogen die Augen der Mitarbeiter über den Bildschirm. Fastow CFO. Causey Chefbuchhalter. Buy Chief Risk Officer.

In der Finanzabteilung nahm Fastow die Glückwünsche entgegen. Doch sobald er außer Reichweite war, wurde der Ton deutlich schärfer. *Andy Fastow? CFO? Was soll das denn?*

Shirley Hudler, die an JEDI mitgewirkt hatte, war fassungslos. Sie hatte in anderen Unternehmen mit CFOs zusammengearbeitet, und Fastow war ganz sicher keiner. Als Manager war er unfähig. Er war nicht besonders clever. Er kannte sich weder mit der Buchhaltung aus noch mit der Finanzverwaltung, noch mit irgendetwas anderem. Er hatte ein paar ausgefallen strukturierte Finanztransaktionen durchgezogen, doch damit gehörte er eher in die Sparte Geschäfte; das machte ihn noch lange nicht zum CFO.

Dann kam Hudler ein Gedanke.

War das vielleicht eine Art Wiedergutmachung für den Schaden, den Fastows Ruf bei seinem unrühmlichen Abgang aus der Retail-Abteilung erlitten hatte? Das war die einzige Erklärung.

Warum sollten sie sonst jemanden auf einen so wichtigen Posten setzen, der in keiner Weise qualifiziert war?

Vince Kaminski saß am Schreibtisch seines Büros im 29. Stock und starrte auf den Bildschirm. Was dachten die sich nur dabei? Dass sie ausgerechnet auf Andy Fastow verfielen – *Andy Fastow!* –, war schon schlimm genug. Ein unfähiger CFO konnte nur begrenzt Schaden anrichten. Aber *Rick Buy als Chief Risk Officer*?

Wie konnten sie jemanden auf so einen wichtigen Posten setzen, der vollkommen unqualifiziert war?

Kaminski, oberster Risikoanalyst bei Enron, fand Buy durchaus nett – aber da lag der Hund begraben. Der Chief Risk Officer muss alles daran setzen, schlechte Einfälle zu verhindern. Aber so war Rick nicht. Er ging nicht auf Konfrontation, er sprang anderen nicht ins Gesicht. Er hatte bereits eine Menge grottenschlechter Investitionen durchgehen lassen. Es war ausgeschlossen, dass er ausgerechnet jetzt den nötigen Biss entwickelte.

Er hatte nicht einmal die richtige Ausbildung für den Job. Buy war Ingenieur und kannte sich mit Systemen und Organisation aus. Das war gut so, als er die Kreditanalyse bei Enron geleitet hatte, wo er die Finanzen von Geschäftspartnern beurteilte. Doch da ging es um reine Arithmetik. Risikoanalyse ist Wahrscheinlichkeitsrechnung. Kaminski war sicher, dass sich hier eine Katastrophe anbahnte.[8]

Wenig später spazierte Buy in Kaminskis Büro.

»Hallo, Vince.«

Kaminsi lächelte, »Rick, ich gratuliere Ihnen zu Ihrer Beförderung«, sagte er in seinem gutturalen polnischen Akzent. Ungeachtet dessen, was er dachte, war Kaminski die Höflichkeit selbst.

»Danke«, antwortete Buy. »Jetzt, da ich Chief Risk Officer bin, muss ich meine Kenntnisse über Optionen ein bisschen aufbügeln. Könnte mal jemand die Optionspreisfindung mit mir durchgehen?«

Buy wusste nicht, wie man den Preis von Optionen berechnet? In der komplexen Welt der Derivate, in der Enron aktiv war, gehörten Optionen zum Elementarwissen. Von einem Chief Risk Officer konnte man erwarten, dass er darin absolut firm war. Er sollte in der Lage sein, anderen Ratschläge zu erteilen und nicht erst einmal eine Anfängerlektion zu brauchen.

Kaminski verbarg seinen Horror hinter einem Lächeln. »Kein Problem«, sagte er. »Ich werde ein paar Sitzungen arrangieren.«

Als Lehrer engagierte Kaminski Stinson Gibner, einen seiner besten Risikoanalysten. Am nächsten Tag fanden sich Kaminski und Gibner zur ersten Lektion im Konferenzraum nahe Buys Büro ein. Buys Fragen zielten auf die Grundlagen, sodass Gibner das Niveau immer weiter absenkte. Am Ende blieb ihm nichts übrig, als auf der Weißwandtafel erst einmal die Grundbegriffe des Optionshandels zu definieren.

Eine »Verkaufsoption« ist ... Eine »Kaufoption« ist ...

Nach einer halben Stunde stand Buy auf. »Das hat mir sehr geholfen«, sagte er. »Jetzt habe ich einen Termin. Könnten wir uns ein andermal wieder zusammensetzen?«

Einige Zeit später trafen sie sich zur nächsten Lektion. Gibner knüpfte dort an, wo er aufgehört hatte. Bald schon hob Buy die Hand. »Tut mir Leid, ich weiß, wir haben das schon mal gehabt«, sagte er. »Aber ich würde das gern noch einmal durchgehen.«

Gibner warf Kaminski einen Blick zu, doch der zeigte keinerlei Reaktion. Also ging er wieder zur Weißwandtafel und schrieb:

Eine »Verkaufsoption« ist ... Eine »Kaufoption« ist ...

Zweifellos war es ein ungewöhnliches erstes Date.

Sie trafen getrennt auf der Hochzeit einer Freundin ein, damit ebenfalls dort anwesende Enron-Kollegen nicht über sie klatschten. Nach der Hochzeit gingen Skilling und Rebecca Carter wieder jeder für sich, um sich später zum Abendessen zu treffen.

Nach seiner Scheidung hatte sich Skilling einsam gefühlt. Da er die meiste Zeit im Büro verbrachte, war die Chance, außerhalb Enrons eine Partnerin zu finden, eher gering. Bald fiel ihm Rebecca Carter auf, die seit langem auf verschiedenen Posten bei Enron arbeitete.

Rebecca Comeau war in einem strengen katholischen Elternhaus mit vier Geschwistern aufgewachsen und hatte gearbeitet, seit sie vierzehn war. Sie begann als Bedienung und nahm dann andere Jobs an. Mit dem selbst verdienten Geld kaufte sie sich ihr erstes Auto, einen Toyota. Doch im ersten College-Jahr hatte sie einen schweren Unfall, bei dem sie durch die Windschutzscheibe geschleudert wurde. Gesicht und Knie waren zerschnitten. So bald wie möglich kehrte sie ins College zurück. Die einstige Cheerleaderin ging nun mit riesigen roten Narben über den Campus und merkte, dass die Leute sie ernster nahmen als zuvor. In den folgenden Jahren unterzog sie sich mehreren kosmetischen Operationen, doch ihre Lektion vergaß sie nicht.

Nach ihrem Abschluss in Psychologie heiratete sie und machte den Master-Abschluss in Betriebswirtschaft. Im Jahr 1990 begann sie für Enron zu arbeiten, erst im Archiv der Finanzabteilung, dann in der Aktionärspflege. Als ihre Ehe scheiterte, bat sie um einen weniger zeitaufwändigen Posten im Unternehmensbereich Großkunden, wo sie durch Zähigkeit auffiel und den Spitznamen »Drachenlady« erhielt. Wieder hatte sie zu wenig Zeit für ihren Sohn. Sie wechselte erneut und war fortan für die Verhandlungen mit den Kreditinstituten zuständig. Dann war Skilling auf sie aufmerksam geworden.

Sie trafen sich zum Abendessen im Café Annie und merkten, dass sie sich sofort gut verstanden. Vielleicht, dachten beide, könnte daraus eine dauerhafte Beziehung werden.

Als das Ende des ersten Quartals nahte, herrschte in der Finanzabteilung schon wieder Chaos. Wenn nichts geschah, würde Enron seine Gewinnprognosen verfehlen. Um die Lücke zu schließen, war mal wieder eine gehörige Portion Kreativität gefragt.

Die Special Projects Group nahm sich der Aufgabe an. Ben Glisan, Buchhaltungssuperstar und Günstling Fastows, kam auf eine brillante Idee: Chewco sollte die Feuerwehr spielen. Die Gesellschaft hatte Enron schon einmal aus dem Sumpf gezogen; vielleicht ließ sich das wiederholen.

Dem ursprünglichen Geschäft zufolge sollte Chewco Enron eine jährliche Managementgebühr von rund zwei Millionen Dollar zahlen. Nach den Buchhaltungsregeln konnte Enron diese Umlage nur ausweisen, nachdem das Unternehmen seine Leistung erbracht hatte.

Doch was wäre, wenn …

Was wäre, fragte sich Glisan, wenn bei Enron und Chewco, sagen wir, 80 Prozent dieser Gebühr als feste »Zahlungsverpflichtung« gebucht würde? Das würde bedeuten, dass Chewco auf alle Fälle zahlen musste. Schnell wurden die Verträge mit Chewco umgeschrieben: Aus der »Managementgebühr« wurde eine »Zahlungsverpflichtung«.[9]

Der Betrag, den Chewco Enron schuldete, blieb gleich. Die Konditionen für die Transaktion waren identisch. Doch da die Zahlung verbindlich war, so argumentierte Glison, konnte Enron den momentanen Wert des Gesamtbetrags, den es über fünf Jahre erhielt, auf einmal als Unternehmenseinkünfte betrachten. Dann ließ sich dank der Mark-to-Market-Buchhaltung der Großteil davon als Einkommen verbuchen.

Glisan hatte fast 26 Millionen Dollar an neuem Gewinn aufgetan, indem er ein Wort ausgetauscht hatte. Alle lobten sein Genie. Doch das war wieder nur ein Buchhaltungstrick, und niemand bemerkte es.

Es war ein gutes Gefühl, wieder in Amerika zu sein.

Jeff McMahon – einst Wirtschaftsprüfer bei Andersen und langjährige Führungskraft bei Enron – ging durch die Finanzabteilung und begrüßte in den Büros zahlreiche alte Freunde. Er arbeitete seit fast drei Jahren in der Londoner Niederlassung und war auf eine Stippvisite zu den Chefs in Houston gereist.

McMahon, blond und jungenhaft, war nach Großbritannien entsandt worden, um dort die Buchhaltung für das Handels- und Börsengeschäft abzuwickeln. Zunächst hatte er Causey Rechenschaft abgelegt, doch dann gingen seine Berichte an Fastow, und er hatte plötzlich mit Finanzen zu tun. Ihm gefiel dieses Arrangement. In seinem Lebenslauf hatte die Finanzerfahrung gefehlt. Nun war er ebenfalls für eine höherrangige Position qualifiziert.

McMahon besuchte Fastow im 27. Stock. Die beiden standen rechts und links neben dem Schreibtisch und unterhielten sich über London und die Aufgaben in der Zentrale.[10]

Fastows Ton wurde ernsthaft. »Hören Sie, ich bin mit Bill Gathmanns Leistungen als Treasurer nicht besonders glücklich«, sagte er. »Es hat da einigen Murks gegeben. Ich glaube, er ist einfach nicht der Richtige für den Posten. Ich werde ihn ersetzen.«

McMahons Augen weiteten sich. *Wie bitte?*

»Aha«, antwortete er. »Wie wär's mit mir?«

Fastow hob die Augenbrauen, als hätte er daran nie gedacht. Warum sollte jemand wie McMahon einen dermaßen, na ja, öden Job wollen?

»Oh«, sagte Fastow und hielt einen Moment inne. »Ich hätte nicht erwartet, dass Sie an dem Job interessiert wären.«

»Finanzleiter eines Fortune-100-Unternehmens?« McMahon lachte. »Natürlich wäre ich daran interessiert.«

Fastow dachte noch einmal darüber nach. »Also gut. Ich werde es

Skilling vorschlagen, und wenn er einverstanden ist, dann machen wir es so.«

Kurz vor 12 Uhr Mittags Houstoner Zeit öffneten sich die goldfarbenen Fahrstuhltüren, und John Ashcroft betrat den ersten Stock des Four Seasons Hotel. Ashcroft, damals Senator für Missouri und später amerikanischer Justizminister, schritt den gedämpft beleuchteten Korridor zum Livingston Room entlang, einem der größeren Versammlungsräume, die das Hotel zu bieten hatte. Vor dem Raum erwartete ihn ein kleiner Mann mit schütterem Haar. Ashcroft lächelte. Es war Ken Lay.[11]

»John, willkommen in Houston«, sagte Lay. »Ich glaube, wir haben gute Leute versammelt.«

Ashcroft streckte ihm die Hand entgegen. »Ken, ich weiß es zu schätzen, dass Sie diese Leute zusammengebracht haben.«

Am 7. April war Lay Gastgeber eines Essens, bei dem Geld für Ashcrofts Bewerbung um das Präsidentenamt 2000 gesammelt wurde. Die beiden Männer waren sich 1992 erstmals begegnet – Ashcroft war Senator für Missouri, und Lay hatte das Gastgeberkomitee für den Parteitag der Republikaner geleitet. Sie merkten bald, dass sie vieles gemeinsam hatten – ihre Wurzeln in Missouri, die Väter waren Geistliche, sie hatten ähnliche Werte. Es war daher nur logisch, dass Ashcroft, als er sich um eine Präsidentschaftskandidatur bemühte, Lay bat, ihn mit wohlhabenden Houstonern bekannt zu machen.

Zunächst hatte Ashcrofts Anfrage Lay in ein Dilemma gestürzt. Er war der Familie Bush weiterhin eng verbunden, und der Sohn des früheren Präsidenten – George W., Gouverneur von Texas – mauserte sich zum Spitzenkandidaten der Republikaner. Lay fürchtete, er könne, wenn er als Gastgeber einer Spendenveranstaltung auftrat, das Bush-Team womöglich vor den Kopf stoßen.

Lay bat daher um ein paar Tage Bedenkzeit. Er ließ Bushs politischen Berater Karl Rove wissen, was Ashcroft wollte, und fragte, ob er mit seinem Engagement jemandem auf den Schlips treten würde.

Die Antwort kam prompt. Das Bush-Team sei hoch erfreut, wenn Lay die Veranstaltung für Ashcroft ausrichte. Ashcroft sammelte Anhänger im rechten christlichen Lager. Von den konservativen Politikern, die vielleicht in den Wahlkampf einsteigen würden, war Ashcroft jedoch derjenige, der ihrer Ansicht nach die geringsten Erfolgsaussichten hatte. Wenn man ihm Geld und Unterstützung zuteil werden ließ, würden es schon keine anderen – und potenziell stärkeren – Kandidaten erhalten. Mit der geheimen Zustimmung der Bush-Wahlkampftruppe in der Tasche teilte Lay Ashcroft daher mit, dass er ihm liebend gern unter die Arme greifen werde.

Als die ersten Gäste eintrafen, stellte sie Lay vor. Man betrat den

Saal und nahm Platz. Nachdem er allen genügend Zeit für die Mahlzeit gelassen hatte, erhob sich Lay und klopfte mit dem Messer an ein Glas, bis Ruhe einkehrte.

»Es ist uns eine Freude, John Ashcroft bei uns zu begrüßen«, begann Lay. Er schilderte den Zuhörern ihre Gemeinsamkeiten und umriss Ashcrofts politische Biografie.

»Wir alle heißen Senator John Ashcroft herzlich willkommen«, schloss er unter Applaus.

Ashcroft betrat das Podium. »Ich freue mich sehr, dass Ken sich bereit erklärt hat, heute als Gastgeber dieser Veranstaltung zu fungieren.« Er blickte zu Lay hinüber. »Wie er schon sagte: Wir kennen uns seit Jahren.«

Am frühen Morgen des 17. April war der Himmel von einer tiefen Wolkendecke verdunkelt.[12] Der Blick aus dem Vorstandszimmer war entsprechend trübe. Es war 7 Uhr morgens, und der Finanzausschuss des Enron-Boards hatte sich versammelt, um sich die erste Präsentation des neuen CFO Andy Fastow anzusehen.[13]

Von einer zentralen Position des großen Tisches aus überblickte ein weißhaariger Mann den Raum: Herbert Winokur, allgemein bekannt unter dem Spitznamen »Pug« (»Mops«). Er galt als Finanzexperte. Für die meisten Mitglieder des Boards war Winokur der Rettungsanker, wenn die komplexen Finanztransaktionen bei Enron erklärt werden mussten. Winokur hatte eine Vorliebe für esoterische Deals und war daher ein gewaltiger Fastow-Fan. Er galt als eine Art Mentor Fastows.

Winokur brachte Ruhe in den Raum und sah zu Skilling hinüber. »Also, Jeff, wie wäre es, wenn Sie anfingen?«

»Danke, Pug«, sagte Skilling. »Wie Sie wissen, wollen wir in dieser Sitzung über die Ausgabe neuer Enron-Stammaktien beraten.«

Skilling umriss die Fakten und übergab dann an Fastow. »Danke, Jeff«, begann Fastow. »Es gibt stichhaltige Gründe dafür, die Aktien zum jetzigen Zeitpunkt zu emittieren.«

Fastow hätte von dem Versprechen erzählen können, das er Moody's gegeben hatte, um die Bonitätsbewertung zu erhalten. – Doch er erwähnte es mit keinem Wort. Stattdessen pries er die Aktienemission als Chance, Enron mehr finanzielle Flexibilität zu verschaffen.

»Das Management empfiehlt Donaldson, Lufkin & Jenrette als Hauptzeichner«, sagte Fastow.

Norm Blake, der dem Finanzausschuss angehörte, war überrascht. Merrill Lynch hatte bisher einen Großteil des Zeichnungsgeschäfts für Enron übernommen.

»Warum DLJ?«, fragte er.

Mark Koenig, Chef der Aktionärspflege, fiel ein: »Das kann ich erklären.«

Den Direktoren leuchtete Koenigs Begründung ein. Enron verfolgte eine knallharte Linie. Fastows Forderung ging einstimmig durch. Eine halbe Stunde später wurde die Präsentation vor dem Board wiederholt. Wieder kam die Zustimmung mühelos. Nach der Sitzung ging Winokur zu Fastow hinüber.

»Sehr gute Arbeit, Andy«, sagte er.

An jenem Abend saß Fastow im Sessel seines nagelneu eingerichteten Büros im 50. Stock. Der Raum war protzig eingerichtet: Mahagonitäfelung, eine geschwungene Fensterfront, ein privates Badezimmer mit schwarzen Armaturen. Die Ankunft des Neuen sprang einen geradezu an. Und nun, da er das Board hinter sich hatte, wollte Fastow mit harten Bandagen kämpfen.

Er nahm den Hörer ab und rief die Houstoner Merrill-Lynch-Niederlassung an. Er fühlte sich stark. Er wollte nach außen vermitteln, dass man bei Enron Geschäfte ab sofort anders tätigte. Die Firma würde ihre Anhänger belohnen und die Verleumder bestrafen. Jeder musste nun entscheiden, auf welcher Seite er stand.

Ein paar Straßen weiter nahm Schuyler Tilney, ein junger Investmentbanker, mitverantwortlich für die Bankbeziehungen zwischen Merrill Lynch und Enron, den Hörer ab.[14]

»Schuyler, Andy Fastow hier.«

»Andy, wie geht's?«

Fastow war nicht nach Plaudern zumute. Er wollte richtig auf den Putz hauen. »Schuyler, ich rufe an, um Ihnen mitzuteilen, dass das Board die Aktienemission genehmigt hat.«

»Wunderbar.«

»Aber Merrill Lynch wird nicht Hauptzeichner sein«, fuhr Fastow fort. »Sie sind nicht einmal Syndikatsmitglied.«

Tilneys Stimmung rutschte in den Keller. Merrill sollte von Enron, seinem wichtigsten Kunden, ausgeschlossen werden? Das war kaum zu glauben. Tilney stand Enron besonders nahe; seine Frau Beth war bei Enron für die Unternehmenskommunikation zuständig und arbeitete eng mit Lay zusammen. Ein paar Wochen zuvor, nachdem er Moody's mitgeteilt hatte, dass Enron eine Aktienemission anstrebe, hatte Fastow Merrill konsultiert. Die Banker der Firma hatten die Emission bereits vorbereitet und Fastow sogar Informationen geliefert, die dieser auf der Board-Sitzung verwendet hatte. Sie hatten fest mit dem lukrativen Auftrag gerechnet, die Aktien auf den Markt zu bringen. Und nun sagte ihm Fastow ab.

Tilney zwang sich zu einem ruhigen Ton. »Andy, ich bin ganz Ohr. Darf ich fragen, warum?«

»Es liegt an John Olson, Schuyler.«

Olson – schon wieder. Olson war Merrills Wertpapieranalytiker für Enron. Im Juli des vorangegangenen Jahres hatte er die Bewertung des Unternehmens gesenkt und damit die Führungsetage verärgert. Die letzten zwölf Berichte waren neutral ausgefallen – oder bestenfalls schwach positiv. *Und darauf war er auch noch stolz.* Er gab gern damit an, dass seine wichtigste Empfehlung, Williams Company, bessere Renditen brachte als Enron. Doch Investmentbanker interessieren sich mehr für Gebühren als für Renditen, und Enron war die Cash-Kuh, nicht Williams.

»Wir haben unsere Besorgnis bezüglich der Analysen in Ihrem Hause immer unmissverständlich zum Ausdruck gebracht«, fuhr Fastow fort.

»Unsere Entscheidung soll Ihnen vermitteln, dass uns das bis ins Mark trifft.«

In ruhigem Ton führte Fastow aus, dass man Olsons Bewertungen, wenn man Merrill mit ins Boot nähme, billigen würde.

»Gibt es irgendwelche Zweifel an der Qualität unserer Arbeit im Bereich Investmentbanking?«, fragte Tilney.

»Ganz und gar nicht. Wir möchten nicht, dass die Zusammenarbeit mit Merrill auf diesem Gebiet leidet, und wir werden Ihnen in Zukunft wieder Geschäfte zufließen lassen.«

Er machte eine kleine Pause. »Wir haben die vorliegende Entscheidung allein aufgrund unserer Sorge um die Analyseberichte getroffen.«

Tilney ließ die Aussage auf sich wirken. »In Ordnung. Wir bleiben im Gespräch.«

Zwei Tage später um 8.30 Uhr klingelte bei Ken Lay das Telefon. Seine Sekretärin nahm ab.

»Herb Allison von Merrill Lynch möchte Sie sprechen.«[15]

Lay lächelte und nahm den Hörer ab. Allison war Präsident von Merrill Lynch in New York. Offenbar zeigte Enrons Schuss vor den Bug Wirkung.

»Herb«, sagte Lay herzlich, »schön, dass Sie anrufen.«

Und der Tanz begann.

An einem Montag im April 1998 trat Jeff McMahon seinen neuen Posten als Finanzleiter bei Enron an. Doch von Anfang an stimmte etwas nicht. Seine neuen Kollegen brachten ihm Misstrauen entgegen. Sie wichen ihm aus, wenn er sie zu ihren Aufgabengebieten befragte. Niemand wollte sich in die Karten sehen lassen.

Nach einem mehrstündigen Rundgang durch die Abteilung war McMahon völlig durcheinander. Er hatte angenommen, dass er eine kurze Einführung in die Betriebsstruktur erhalten würde, doch dergleichen gab es gar nicht. Jeder machte alles. Alle setzten ihre Ellbogen ein, um im neusten Deal mit von der Partie zu sein. Offenbar bombardierten sie die Banken mit Angeboten, ohne dass irgendjemand die Verträge koordinierte. Den kaufmännischen Gruppen stand kein Finanzmanager vor; Fastow hatte es versäumt, klare Zuständigkeiten festzulegen. Niemand war verantwortlich.

McMahon nahm Ray Bowen beiseite. Die beiden gingen in einen Konferenzraum, und McMahon reichte Bowen einen Marker.

»Ich versuche gerade, die Struktur zu durchblicken«, sagte McMahon. »Können Sie ein Organigramm für mich zeichnen? Wer in welchem Boot sitzt, wer wem zuarbeitet und so weiter.«

Bowen lachte.

»Tut mir Leid, Jeff«, sagte er. »Hier gibt's keine Boote. Hier geht es eher zu wie beim Freistilringen. Jeder versucht, sich ins nächste Geschäft einzuhebeln.«

Nachdem McMahon sich einen Überblick über das Chaos verschafft hatte, suchte er Fastow auf.

»Andy, Sie müssen den Laden organisieren«, sagte McMahon. »Die Leute bekämpfen sich pausenlos gegenseitig. Die Handelseinheiten und die Jungs vom Unternehmen sind total verfeindet. Sie sollten die Leute wirklich wieder in die Abteilungen zurückverlagern, damit es runder läuft.«

»Okay, in Ordnung, wie Sie wollen. Aber halten Sie mich da möglichst raus. Ich mag mich wirklich nicht mit organisatorischen Dingen herumschlagen.«

McMahon begann die Finanzabteilung umzustrukturieren, schob die Führungskräfte zurück in die Handelseinheiten und formulierte Tätigkeitsbeschreibungen. Doch er lernte dabei auch eine wichtige Lektion. Enrons neuer CFO hatte kein besonderes Interesse an Führungsaufgaben. Der machte viel lieber Geschäfte.

Am Spätnachmittag des 28. April kam das erste Fax Schuyler Tilneys von Merrill Lynch herein.[16]

Die Firma hatte beharrlich gebettelt, bis sie wieder an der Aktienemission von Enron beteiligt wurde. Man war stillschweigend zu einem Einvernehmen über die Zukunft John Olsons gelangt, des Analysten, der sich mit seinem gedämpften Enthusiasmus den Zorn des Unternehmens zugezogen hatte.

Nun brachte Olson Enron-Aktien unter die Leute. Er rief institutionelle Investoren an – und zwar Dutzende. Egal, wie diese Gespräche verliefen – ob er nur eine Nachricht hinterließ oder ob jemand Interesse äußerte –, Olson schrieb es auf. Dann faxte Tilney die Information an Fastow und Mark Koenig, den Chef der Aktionärspflege bei Enron. Die Botschaft war klar: Merrill hatte Olson an der Kandare. Die Firma wollte brav sein.

Am Vormittag des 7. Mai um 11.15 Uhr stand Rebecca Mark in der Tür zu Skillings Büro. Er bat sie herein.

Skilling studierte Mark, während sie sich unterhielten. Sie sah wie immer fabelhaft aus in ihrem blauen Kostüm und den Pumps mit Pfennigabsätzen. Doch ihre seltsame Beziehung – in strategischen Kämpfen kreuzten sie die Klingen, während sie sich privat hin und wieder das Herz ausschütteten – nahm eine neue Wendung. Am Tag zuvor hatte Enron bekannt gegeben, dass Mark die International Division nicht mehr leitete. Sie fiel die Treppe hinauf und wurde Vice Chairman. Die International Division übergab sie ihrem langjährigen Stellvertreter Joe Sutton.

Niemand – nicht einmal Mark – gab sich irgendwelchen Illusionen darüber hin, welche Befugnisse sie auf ihrem neuen Posten hatte: keine. Enron hatte bereits einen stellvertretenden Vorsitzenden, Ken Harrison, der so gut wie keine Rolle spielte. Doch Mark machte das nichts aus. Sie wollte nicht lange Vice Chairman bleiben.

Im Gespräch mit Skilling sah Mark vor ihrem inneren Auge wieder den Mann vor sich, der ihr einst seine Ängste anvertraut hatte. Sie machte sich Sorgen um ihn. Den Leuten, denen Skilling vertraute, denjenigen, die mit unmäßigen Gehältern und Prämien belohnt wurden, war er völlig gleichgültig. Fastow, Causey, Rice – keiner würde ihn vor seinen eigenen Impulsen beschützen.

Mark beschloss, ihm das zu sagen. »Wissen Sie was, Jeff, wenn Sie Enron leiten, sollten Sie Joe Sutton zum Chief Operating Officer machen. Sie können Joe vertrauen.«

Skilling hörte ihr schweigend zu.

»Wirklich, Jeff«, fuhr Mark fort, »das kann man von den Burschen, mit denen Sie sich umgeben, wahrlich nicht behaupten. Das sind doch lauter Primadonnen. Jeder kocht sein eigenes Süppchen und versucht, Sie mit allerlei Schnickschnack zu blenden.«

Sie hielt kurz inne. »Jeff, das sind keine Freunde. Nehmen Sie sich vor ihnen in Acht.«

Skilling blinzelte. »Das sind aber die Leute, auf die ich angewiesen bin. Das sind die Leute, die mich dahin gebracht haben, wo ich jetzt bin.«

Das Gespräch war beendet. Mark merkte, dass Skilling kein Wort verstanden hatte. Er würde seinen Weggefährten weiter vertrauen.

In London betrat Michael Kopper das Foyer des Metropolitan Hotel. Das Birnenholzinterieur und die Armani-Anzüge der jungen Angestellten verliehen dem Hotel die schicke Aura, die man dort gezielt kultivierte.

Nach wenigen Minuten traf sich Kopper im Foyer mit Fastow, und die beiden gingen nach draußen. Auf der anderen Straßenseite erblühte der Hyde Park. Zur Linken erstrahlten die Buckingham Palace Gardens in frühlingshafter Farbenpracht. Die beiden nahmen ein Taxi und nannten dem Fahrer eine Adresse in der Nähe des House of Parliament.

Es war der 19. Mai 1998, kurz nach 8 Uhr. Fastow und Kopper waren am Tag zuvor auf ihrer Rundreise zu den Bankern in aller Welt, mit denen Enron zusammenarbeitete, in London eingetroffen. Hier wollten sie allerdings nur mit den Führungskräften einer einzigen Bank reden: der Greenwich NatWest, die zur National Westminster gehörte.[17]

Fastow mochte die Bank aus verschiedenen Gründen. Sie wurde von Enron als erstrangig eingestuft, was hieß, dass die Banker sich mächtig ins Zeug legten. Zwei Monate zuvor, als Fastow auf der Suche nach 30 Millionen Dollar war, um die Erweiterung des Bammel-Gaslagerfeldes zu finanzieren, war Greenwich NatWest eingesprungen; die Banker stellten klar, dass sie damit Enron nur einen Gefallen tun wollten.

Das Auto hielt an der 4 Millbank. Kopper und Fastow machten sich auf den Weg in den vierten Stock zur Londoner Enron-Niederlassung. Etwa eine Stunde später trafen fünf Banker der Greenwich NatWest ein. Man brauchte sich nicht vorzustellen; sie hatten sich alle am Abend zuvor zu einem Drink getroffen.

Einen der Banker kannten sie schon eine Weile: Kevin Howard, der im Haus die Geschäftsbeziehungen zu Enron pflegte. Zur Sitzung hatte Howard den stellvertretenden Direktor mitgebracht, um zu dokumentieren, wie sehr man an einer Zusammenarbeit mit Enron interessiert war. Doch Fastow und Kopper faszinierten zwei andere Banker, die gleichfalls an der Sitzung teilnahmen.

Der eine, Gary Mulgrew, war in einer Mittelschichtfamilie in Schottland aufgewachsen und hatte sich im Bereich der Projektfinanzierungen einen Ruf als agiler Leiter erworben. Der andere, Giles Darby, stand in der Hierarchie weiter unten, schien aber der smartere von beiden, einer, der seine Intelligenz hinter der Spitzbübigkeit eines englischen Bauernjungen verbarg. Sie waren fast ein Spiegelbild Fastows und Koppers – ein aggressiver Boss, ein smarterer Mitarbeiter, beide auf der Suche nach der Grenze, an der sie reich werden konnten.

»Haben Sie sich gut erholt von gestern Abend?«, schmunzelte Mulgrew.

Fastow lächelte zurück. »Es ist wohl mehr der Jetlag.«

Die Sitzung begann. Fastow und Kopper kamen immer besser mit Mulgrew und Darby zurecht. Sie wussten, wie das Spiel der Firmenfinanzierungen lief. Vielleicht konnten sie eines Tages ganz besonders lukrative Deals miteinander machen.

John Olson war fassungslos.

Gefeuert. Er war gefeuert.

Es war der folgende Tag, der 20. Mai. Während Fastow Europa bereiste, wollte Merrill ihn in Amerika besänftigen. Andrew Melnick aus der Analyseabteilung von Merrill teilte Olson die Neuigkeit mit. Er sei Enron gegenüber zu negativ eingestellt, sagte Melnick. Er habe abfällige Bemerkungen gemacht, die Lay verletzt hätten. Er habe der Firma geschadet. Er müsse gehen. Merrill werde ihm allerdings 400 000 Dollar zahlen – mehr als zwei Jahresgehälter –, damit er still und leise verschwinde.[18]

Olson wusste nicht, was er tun sollte. Er hatte sich nie vor Lay oder anderen Personen abfällig über Enron geäußert. Die Aktien, die er auswählte, waren immer besser als die Enron-Aktien. Was machte er falsch?

Das Timing war denkbar schlecht. Olson und seine Frau hatten ein paar Tage zuvor den Kaufvertrag für ein Haus unterschrieben. Das konnten sie sich nun nicht mehr leisten. Es war ein finanzielles Fiasko.

Vielleicht, dachte er, gab es noch eine Chance. Wenn Lay Melnick sagte, dass es keine abfälligen Bemerkungen gegeben hatte, konnte er vielleicht bleiben. Olson nahm den Hörer ab und wählte Lays Nummer.

Bei Enron herrschte Siegesstimmung.

Die Aktienemission war ein voller Erfolg. Mehr als 17 Millionen Anteile zu je 50 Dollar waren verkauft worden, wodurch 800 Millionen Dollar neuer Barmittel hereinkamen. Nun konnte Enron seine Schulden reduzieren. Alle Bedenken der Rating-Agentur, die die Aktienemission ausgelöst hatte, schienen vergessen.

Wenn Enron so leicht so viel Geld aufbringen konnte, war doch alles in Ordnung. Sicher konnte das Unternehmen das wiederholen, wann immer es wollte. Der Gedanke, mit gemeinsamen Kräften die Bilanz zu bereinigen, wurde ad acta gelegt. Stattdessen stürzte sich Enron in eine beispiellose Orgie der Verschwendung.

Rebecca Mark und Cliff Baxter legten einen dicken Bericht auf den runden Konferenztisch in Ken Lays Büro. Mehrere Monate hatten die beiden an der Idee gearbeitet, die so radikal war, dass sie Enron ihrer Ansicht nach in eine völlig neue Zukunft führen konnte.

Wasser. Enron sollte für Wasser leisten, was es für Energie leistete. Unter Marks Leitung hatte Enron bereits 300 Millionen Dollar in ein Wasserunternehmen gesteckt. Nun war es an der Zeit, alles auf eine Karte zu setzen und ein eigenes Geschäftsfeld Wasser zu gründen.

»Wasser kommt ganz groß, Ken«, sagte Rebecca Mark.

Lay lehnte sich zurück. »Okay. Erklären Sie es mir.«

Baxter übernahm. Der Markt umfasse um die 300 Milliarden Dollar und werde bis zum Jahr 2000 auf 400 Milliarden anwachsen. »Das meiste ist staatlich«, sagte er. »Doch die Privatisierung ist im Gange. Wir könnten viele unserer Fähigkeiten einbringen, die wir auch für den Energiebereich brauchen, allerdings bei weniger Wettbewerb.«

Es herrsche eine globale Wasserknappheit, so Mark. Mit dem Erstarken anderer Volkswirtschaften auf der Welt werde die Nachfrage steigen. Internationale Märkte öffneten sich *jetzt* – Großbritannien, Deutschland, Brasilien, sogar die USA. Es gebe Synergien mit dem Energiebereich und viele Gelegenheiten, die Art kreativer Finanztechniken einzubringen, die Fastow so hervorragend beherrsche.

Was Skilling von der Idee halte, fragte Lay. Baxter antwortete, er habe mit Skilling gesprochen und wenn auch kein grünes, so doch gelbes Licht bekommen.

Lay war beeindruckt; die beiden hatten gute Argumente. Und bisher hatte Enron immer richtig spekuliert; da sollte man über Wasser wirklich nachdenken.

»Rebecca, Cliff, das war eine hervorragende Präsentation«, sagte Lay. »Und auf der Grundlage dessen, was Sie mir gezeigt haben, schlage ich das dem Board gern vor.«

Rebecca Mark lächelte. »Wunderbar.«[19]

Am 3. Juni gegen 7.45 Uhr durchquerte Amanda Martin das Foyer des Warwick Hotel in Houston. Der Stil war langweilig, aber elegant im Ambiente eines französischen Château gehalten. Unter Kronleuchtern in Jagdhornform steuerte Amanda Martin den Hunt Room an.

Amanda Martin war unglücklich. Im vergangenen Jahr war alles aus dem Ruder gelaufen. Ihre Liebesbeziehung zu Ken Rice war gescheitert. Ein Untergebener, den sie bei der Beförderung übergangen hatte, war vor Gericht gezogen und hatte behauptet, Rice unterstütze ihre Entscheidung wegen ihrer Affäre. Ihrer beider schlechtes Urteilsvermögen hatte Enron angreifbar gemacht, doch Amanda Martin musste allein dafür bezahlen. Hinter ihrem Rücken wurde getuschelt, vorwiegend von Händlern.

Sie wollte Abstand von Rice, wollte hinaus aus dem brutalen Enron-Umfeld. Jetzt hatte Skilling eine Idee und wollte beim Frühstück mit ihr darüber reden. Die beiden trafen sich am Tisch. Nachdem sie bestellt hatten, beugte sich Skilling zu Amanda Martin vor.[20]

»Ich möchte, dass Sie mir einen Gefallen tun«, sagte er.

Rebecca Mark fädle ein Wassergeschäft ein, sagte er. Es handle sich dabei nicht einfach um eine neue Abteilung. Am Ende werde ein eigenes Unternehmen daraus werden, das Mark leiten werde.

»Ich brauche dort jemanden, dem ich vertrauen kann«, sagte er in ruhigem Ton. »Jemanden, der weiß, wie Enron funktioniert, jemanden, der Erfahrung damit hat, wie man ein Unternehmen aufbaut und Probleme aus dem Weg räumt. Und ich brauche jemanden, mit dem ich gern kommuniziere.«

In Amanda Martins Ohren klang das wie die Erlösung.

»Das interessiert mich, Jeff«, sagte sie.

»Wir nehmen die besten Seiten von Enron mit und werfen die schlechten über Bord.«

Amanda Martin hörte begeistert zu, wie Rebecca Mark ihre Vision des Wasserunternehmens ausbreitete, eine freundlichere Version von Enron. Niemand stieß mehr dem anderen den Dolch in den Rücken. Man hangelte sich nicht mehr von Quartal zu Quartal. Das Performance Review Committee (PRC), in dem jeder um die Beförderung und um Zulagen kämpfte, sollte der Vergangenheit angehören. Keine Kompensationen für Ränkespiele. Im Wassergeschäft werde der auf Verdiensten beruhende Adel wieder eingeführt.

»Wir bauen ein Unternehmen auf«, sagte Rebecca Mark, »in dem man auch für Nettigkeit belohnt wird.«

Die Vision fesselte Amanda Martin. Sie war dabei.

Nach und nach entwarfen sie und Mark das Unternehmen. Zunächst brauchte es einen Namen. Amanda Martin verzog das Gesicht, als Rebecca Mark ihre erste Idee vorbrachte – WaterMark. Etwas sehr egozentrisch. Doch am Ende war ein Name gefunden, von dem sie wussten, dass er die Branche völlig auf den Kopf stellen konnte: Azurix.

Skilling blätterte, das Kinn auf die linke Hand gestützt, zur zweiten Seite des Berichts über ein anvisiertes internationales Geschäft, diesmal in Brasilien. Er saß mit dem Rücken zum Schreibtisch am runden Konferenztisch seines Büros und hörte Joe Sutton zu, dem neuen Chef der International Division.

Es war der 30. Juni kurz nach 13 Uhr. Skilling schwieg – jede Regung, jeder Atemzug verströmte Langeweile. Er blätterte zur dritten Seite. Da sah er es. *Eine Karte.*

Eine Karte Brasiliens und seiner Nachbarstaaten. Sie verzeichnete eine Anlage – Elektro Electricidade e Serviços S.A., der sechstgrößte Stromversorger Brasiliens – sowie die Elektrizitätsströme, die aus den Kraftgeneratoren in das Versorgungsnetz liefen.[21] Plötzlich verstand Skilling. Das war gar kein müdes Kraftwerk. Dies war der Zugangspunkt zum Netz. Eine Anlage, die es Enron erlaubte, ein südamerikanisches Handelsunternehmen aufzubauen.

Während Sutton weiter seinen Vortrag herunterleierte, blickte Skilling mit einem Lächeln auf. »Mir gefällt dieses Geschäft«, sagte er. »Ich möchte es machen.«

Sutton ignorierte ihn. Er wandte sich der nächsten Seite zu. Ray Bowen, der die Finanzierung des Deals ausarbeitete, hob eine Hand und versuchte, Sutton zum Schweigen zu bringen.

Eins habe ich als Banker gelernt: Wenn der Kerl erst mal ja gesagt hat, hört man auf zu reden, dachte er.

Sutton blickte auf und erkannte, was los war. Skilling war einverstanden.

»Okay«, sagte Skilling. »Wie setzen wir das um?«

»Das Projekt, über das wir jetzt reden, ist sehr heikel. Mir wäre es daher lieber, wenn nur diejenigen im Raum blieben, die unmittelbar damit zu tun haben.«

Joe Sutton blickte sich im Vorstandszimmer im 50. Stock um. Die meisten, die der Sitzung des Exekutivkomitees beiwohnten, mussten nicht dabei sein.[22]

»Der Ansicht bin ich auch«, pflichtete ihm Skilling bei. »Wer nicht gebraucht wird, soll jetzt bitte gehen.«

Es war kurz nach 7 Uhr am 14. Juli. Sutton sah schweigend zu, wie sechs Führungskräfte aufstanden und gingen. Als im Raum wieder Ruhe einkehrte, stellte er sein Elektro-Geschäft vor.

Unter Rebecca Mark, sagte er, hatte Enron bereits rund 700 Millionen Dollar in Brasilien investiert, überwiegend für den Bau von Gaskraftwerken in Cuiabá. Jetzt wollte das Land staatlich kontrollierte Energieanlagen verkaufen. Eine große Kapitalanlage an Elektro – 90 Prozent der stimmberechtigten Aktien und über 40 Prozent an den Anlagen – komme auf den Markt. Ein aggressives Angebot werde Enron einen strategischen Vorteil in Brasilien verschaffen.

Bei der Finanzierung des Kaufs, so Sutton, werde sich die International Division auf Fastows Gruppe stützen. Fastow erklärte sodann, er plane, sich die Gesamtangebotssumme von Banken zu leihen. Danach würden Teile der Finanzierung verkauft.

»Das ist ein fabelhaftes Projekt«, sagte Lay. »Das bringt wirklich einen enormen Wert ins Unternehmen.«

Die Direktoren wandten sich Skilling zu. Wenn jemand etwas gegen die Transaktion vorbringen würde, dann er.

»Ich stimme Ken und Joe zu«, sagte Skilling. »Das ist eine tolle

Chance, unsere Großhandelsstrategien in Nordamerika auf Brasilien zu übertragen.«

Die Direktoren sahen Skilling ehrfurchtsvoll an.

»Hier handelt es sich um etwas völlig anderes als um Anlagenentwicklung«, sagte Skilling. »Es geht um eine Schlüsselposition. So, wie wir Portland General in Nordamerika genutzt haben, können wir Elektro in Brasilien nutzen.«

Dennoch ergab sich das eine oder andere Problem. Sutton räumte ein, dass Enron noch nicht alle Finanz- und Betriebsdaten von Elektro geprüft hatte. Doch er vertraue deren Analyse.

Niemand fragte, ob Enron da nicht einen zu großen Fisch verschlingen wollte. Die International Division hatte sich stets um Kraftwerke und Pipelines gekümmert. Stromverteilung war ein neues Gebiet und darüber hinaus stark reguliert. Schlimmer noch: Enron würde mit geliehenen Milliarden, die es sich in Dollars leihen musste, ein Unternehmen erwerben, dessen Cashflow in *Real* ablief, der brasilianischen Währung. Wenn der *Real* zusammenbrach, bliebe der Währungsfluss bei Elektro unverändert, doch der Wert des Geldes in Dollar – mit dem man die Gläubiger bezahlen musste –, würde fallen. Enron würde mit diesem Geschäft mit mehreren Milliarden Dollar auf die Stabilität der Währung eines südamerikanischen Staates wetten.

Man habe nicht viel Zeit für Diskussionen, warnte Sutton. Enron müsse sein Angebot binnen 48 Stunden einreichen. Nach 30-minütiger Diskussion war man sich einig: Enron würde für Elektro bieten.

Zwei Tage später, 9 Uhr Ortszeit, senkte sich Stille über die Menschen, die sich im kleinen Auditorium der Bovespa, der Börse in São Paulo, versammelt hatten. Vier Umschläge wurden auf die Bühne gebracht. Jetzt sollte es sich entscheiden. Der höchste Bieter würde einen großen Anteil an Elektro besitzen.[23]

An einem langen Tisch saß ein Regierungsvertreter und öffnete einen Umschlag nach dem anderen. Der erste enthielt ein Gebot über gut 700 Millionen Dollar. Die brasilianischen Regierungsvertreter waren entzückt; sie hatten einen Minimalpreis von rund 640 Millionen Dollar angesetzt. Das war ein gutes Zeichen.

Der zweite Umschlag. Der Regierungsvertreter schlitzte ihn mit einem Brieföffner auf und entnahm den Inhalt. Es war das Gebot von Terraco Participacoes, dem von Enron gegründeten Unternehmen.

»*De Terraco Participacoes*«, begann der Vertreter. Dann verlas er den Betrag.

Die Menge brach in Jubel aus.

Knapp 1,3 Milliarden Dollar. Enron hatte fast die doppelte Summe des staatlich festgesetzten Mindestpreises geboten. Im Jubel, der nun folgte, dauerte es mehrere Minuten, bis die nächsten beiden Umschläge geöffnet wurden, doch das war eine reine Formalität. Die Auktion war vorüber.

Enron hatte für den Anteil an einem Unternehmen, das von der Führungsetage kaum wahrgenommene Risiken in sich barg, viel zu viel Geld bezahlt.

Die Enron-Direktoren, die sich am 21. Juli im 30. Stock zu einer Videokonferenz einfanden, waren verdrießlich und ungehalten.[24] Nicht nur wegen des Geredes um den peinlich hohen Preis, den Enron für Elektro ausgespuckt hatte. Fünf Tage nachdem man über eine Milliarde Dollar für Brasilien eingeplant hatte, waren die Manager wieder hier, dieses Mal, um zwei Milliarden auszugeben – im Wassergeschäft.

Wassergeschäft! Warum denn? Sicher, ein paar Wochen zuvor hatte das Board Rebecca Marks Bitte entsprochen, sie die Chancen auf diesem Gebiet prüfen zu lassen. Doch keiner hatte erwartet, dass sie so schnell wieder aufkreuzen würde und fast so viel dafür wollte, wie Enron in sein indisches Kraftwerk gesteckt hatte.

Das Videokonferenzsystem wurde eingeschaltet, und die Sitzung begann. Auf dem Bildschirm erschienen Rebecca Mark und Cliff Baxter in London. Sie verhandelten dort seit Wochen über den Kauf des britischen Wasserunternehmens Wessex Water Services.

Das Konzept nannte sich Projekt Trident, so Rebecca Mark, und es sollte das Herzstück ihrer Wasserstrategie werden. Enron würde eine selbstständige Firma gründen, die die Wassergesellschaft kaufte und betrieb. Mit diesem Unternehmen würde Enron seinen Fuß in die Tür eines wachsenden Geschäftes bringen. Und all das für nur 2,25 Milliarden Dollar.

Die Direktoren sahen Fastow an.

»Der Preis wäre kein Problem«, sagte er. »Wir können das bezahlen, ohne unsere Bilanz zu belasten.«

Das Finanzteam hatte einen Weg gefunden, wie sich das Geld auftreiben ließ, sagte er. Es handelte sich um ein Labyrinth aus Finanzierungen, die Risiken bargen, welche den meisten Direktoren – und Fastow selbst – verborgen blieben. Vereinfacht ausgedrückt: Enron wollte Unternehmen gründen, die nicht in den Büchern auftauchten – den Marlin Water Trust und den Atlantic Water Trust. Enron gehörte die Hälfte des Atlantic Water Trust; dieser wiederum besaß eine Firma, die die Wessex Water Services erwarb. So ließ sich ein großer Teil der Anschaffung und die damit verbundenen Kosten aus den Enron-Büchern heraushalten.

Der Mitbesitzer von Atlantic war Marlin, der mehr als eine Milliarde Dollar von institutionellen Anlegern leihen würde. Ihnen machte Fastow den Deal schmackhaft, indem er Enron verpflichtete, alles zurückzuzahlen, was Marlin nicht zu zahlen vermochte – wenn nötig, in Form von Unternehmensaktien. Enron handelte wie Eltern, die ein Rekorddarlehen für das Auto ihres Teenagers unterschrieben. Doch der Teufel steckte im Detail. Falls Enron bei der Bonitätsbewertung aus dem Anlagebereich herausfallen sollte, weil der Aktienpreis unter 37,84 Dollar sank, dann konnten die Gläubiger die Rückzahlung einfordern.

Nachdem Fastow alles erklärt hatte, blickte Lay in die Runde. »Noch irgendwelche Fragen?«, fragte er.

Einer der Direktoren, Norm Blake, schlug mit der Hand auf den Tisch. »Ich weiß nicht, was zum Teufel wir hier eigentlich treiben«, platzte er heraus. »Wie reagiert der Markt, wenn Enron plötzlich Milliarden ins Wassergeschäft steckt?«

Pug Winokur, Chef des Finanzausschusses, pflichtete ihm bei. »Das ist nicht unser Gebiet.«

Die übrigen Direktoren schwiegen. Im Board gab es selten Auseinandersetzungen. Alle Augen waren auf Lay gerichtet.

»Norm, Pug«, begann er besänftigend, »das ist ein gutes Geschäft. Es sieht aus wie Energieentwicklung, und es riecht auch so, nur dass es um Wasser geht. Wenn wir diese Firma kaufen, bekommen wir das Wasser-Know-how, das wir brauchen.«

»Das habe ich wohl verstanden, Ken«, erwiderte Winokur. »Aber wenn man glaubt, nur beschränkt Kapital zur Verfügung zu haben, sollte man vorsichtig damit umgehen. Ich möchte kein großes Wasserprojekt angehen und dafür auf eine Energiesache verzichten müssen.«

»Das ist kein Problem«, sagte Fastow. »Kapital ist für Enron kein Thema.«

Skilling ergriff das Wort. »Wenn wir diesen Deal machen, heißt das nicht, dass wir auf einen anderen verzichten müssten.«

»Ach, kommen Sie, Jeff«, schnaubte Blake. »Sie haben heute nichts anderes auf dem Tisch liegen. Aber morgen, nächsten Monat, nächstes Jahr werden sich Chancen auftun.«

John Duncan, Chef des Exekutivkomitees, versuchte sich in dem eskalierenden Streit als Schlichter.

»Wissen Sie«, sagte er sanft, »das sind alles wichtige Fragen, aber ich glaube, wir sollten uns in dieser Sache hinter unseren Chairman stellen. Ken hat zweifellos die gebotene Umsicht walten lassen.«

Winokur verschränkte skeptisch die Arme und starrte Fastow an. »Wir haben wirklich genug Kapital dafür?«

»Ja«, sagte Fastow. »Die Konstruktion funktioniert.«

»Aber es kann passieren, dass Enron noch einmal Aktien ausgeben muss«, sagte Winokur. »Und ich frage Sie: Sollten wir für Wasser eine Milliarde an Aktien emittieren? Oder für Energie?«

»Na ja«, sagte Lay, »das wäre schon sinnvoll, denn …«

»Das ist mir egal«, unterbrach ihn Blake. »*Mir* erscheint das unsinnig.«

Lay schwieg einen Moment. »Also, Norm, wenn Sie mich ausreden lassen würden, könnte ich erklärten, *warum* es sinnvoll wäre.«

Nachdem Lay alles gesagt hatte, schaltete sich Duncan wieder ein. »Also, ich schlage vor, dass wir uns hinter den Chairman stellen.«

Von der anderen Tischseite her meldete sich nun Ken Harrison zu Wort, der frühere Chairman von Portland General, der die ganze Sitzung hindurch still zugehört hatte. »Also, ich meine …«

Verblüffte Stille senkte sich über den Raum. Lay überraschte es offenbar, dass Harrison überhaupt etwas sagte.

»Der Energiesektor birgt jede Menge Chancen, und wir sollten uns nicht von unserem Kerngeschäft abwenden«, fuhr Harrison fort. »Ken, ich halte diese Idee für schlecht.«

Pause. »In Ordnung«, sagte Lay. »Danke, Ken.«

Er wandte sich wieder Winokur und Blake zu.

»Ich meine, wir sollten eine Sitzung nur mit dem Exekutivausschuss ansetzen«, sagte Duncan plötzlich.

Lay, Skilling und Harrison verließen den Raum und warteten vor der Tür. Die anderen Führungskräfte, darunter Fastow, McMahon, Rice und Causey, kehrten in ihre Büros zurück. Kaum standen sie im Fahrstuhl, lästerten sie über die Hackordnung – und Ken Harrison stand offenbar ganz unten.

»Hey«, sagte Rice. »Wettet jemand mit mir drauf, wie lange Harrison noch im Unternehmen ist?«

Die Manager konnten nur noch unkontrolliert glucksen.

Im Konferenzraum wartete Duncan, bis alle weg waren. Er blickte in die Runde.

»Ich kann Ihre Sorgen nachvollziehen«, begann er. »Aber wir müssen den Chairman unterstützen.«

Weniger als 20 Minuten später baten die Direktoren Lay, Skilling und Harrison wieder in den Raum.

»Mr. Chairman«, sagte Duncan. »Wir können jetzt über das Projekt Trident entscheiden.«

Lay setzte sich und nahm sein Hämmerchen zur Hand. »Dann wollen wir abstimmen«, sagte er.

Nach zehn Minuten war alles vorüber. Ein Direktor hatte sich enthalten. Zwei weitere, Blake und John Urquhart, stimmten dagegen. Doch die übrigen stimmten zu, Enron in ein neues, mehrere Milliarden schweres Geschäft zu schicken. Die Finanzierung dieses Geschäfts durchschauten sie erst Jahre später, als sie der Firma das Genick brach.

Da stimmt doch was nicht.

Jeff McMahon, der neue Finanzleiter, suchte noch einmal die Elektro-Schriftstücke durch. *Nichts.* Es war nicht da.

Er rief Ray Bowen, der die Finanzierung gemacht hatte.

»Ray, ich sehe mir die Elektro-Sache an«, begann McMahon. »Wussten Sie, dass wir das Währungsrisiko nicht abgesichert haben?«

Das Währungsrisiko absichern. Das war der kritische Punkt bei Elektro: Enron hatte sich nicht vor der Abwertung der brasilianischen Währung geschützt.

»Ja, ich weiß«, erwiderte Bowen. »Das ist genau der Knackpunkt bei diesem Deal.«

So ein Quatsch. »Warum haben wir ihn dann gemacht?«

Bowen lachte. »Fragen Sie Sutton, Skilling und die anderen. Das Risiko war allen bekannt. In jeder Besprechung habe ich gesagt, dass wir eine Wahnsinnswette auf den Real abschließen.«[25]

»Und warum haben wir das getan?«, fragte McMahon scharf.

»Hey, Jeff, das weiß ich doch nicht, ich bin nur für die Finanzierung zuständig. Das wollten die Jungs von der Handelsabteilung so.« Den Schuh zog sich Bowen nicht an.

»Kommen Sie, Jeff«, sagte er. »Sie müssen es doch erkannt haben.«

McMahon dachte einen Moment nach. »Guter Gott, ja, wahrscheinlich. Irgendwann habe ich es wohl erkannt. Aber es ist mir wieder entfallen.«

John Olsens Karriere bei Merrill Lynch endete im August 1998.[26] Seine Einwände und Anrufe bei Lay fruchteten nichts. Offiziell musste er gehen, weil es ihm nicht gelungen war, enge Beziehungen zu den Bankern der Firma zu knüpfen. Sein Nachfolger Donato Eassey hatte das Problem nicht. Er hob bald das Rating für Enron an.

Immer diese drei Prozent. Ständig jagte Enron den drei Prozent Kapitalanteil für seine strukturierten Deals hinterher. Vielleicht, dachte McMahon, gibt es da eine bessere Lösung. Wie wäre es, wenn Enron einen eigenen Kapitalbeteiligungsfonds aufmachte, der das Geld bereitstellte, wenn es gebraucht wurde? Das würde die Geschäfte beschleunigen.[27]

In seinen ersten Monaten als Treasurer versuchte McMahon, das Universum der Enron-Investoren auszudehnen. Die Enron-Schulden standen auf BBB, das war nicht gerade toll. Unternehmen, die mit A bewertet wurden, fanden leichter Investoren. Anleger in Kapitalbeteiligungsfonds gingen dagegen größere Risiken ein; Enron musste sie nur finden. Die Einrichtung eines eigenen Fonds war die Lösung. Er schilderte Fastow seine Idee.

»Andy, ich habe darüber nachgedacht, wie wir leichter und schneller Kapitaltranchen auftun und unseren Investorenstamm ausdehnen könnten.«

Er brauche nur jemanden, der das nötige Fachwissen habe und den Kapitalbeteilungsfonds einrichten und verwalten könne, sagte McMahon.

»Und ich weiß auch schon, wen wir anstellen könnten«, sagte er.

»Wen denn?«

»Mike Jakubik vom Bankers Trust in London. Er ist genau der Richtige.«

Fastow hatte seit Monaten darüber nachgedacht, einen konzerninternen Kapitalbeteiligungsfonds einzurichten, und sogar schon mit einigen Enron-Bankern darüber gesprochen. Wenn McMahon jemanden kenne, sagte Fastow, umso besser.

Einen Monat später, in einem Londoner Restaurant, gab McMahon seine Bestellung auf und reichte dem Ober die Speisekarte. Ihm gegenüber nippte Mike Jakubik an seinem Glas und wartete.

»Ich bin zwar erst seit ein paar Monaten auf diesem Posten«, sagte McMahon. »Aber mir ist klar, dass das Unternehmen Monat für Monat knapp an der Liquiditätsgrenze vorbeischrammt.«

Liquidität. McMahon sprach vom Lebensnerv des Unternehmens. Enron ging bei den verfügbaren Geldmitteln, die es für die täglichen Geschäftsvorgänge brauchte, bis ans Limit.

»Enron ist Spitze im Geldausgeben«, fuhr McMahon fort, »aber nicht so gut, wenn es ums Verkaufen geht.«

Jakubik lächelte. »Ah ja.«

»Unser Problem entsteht vor allem durch unser Wertpapierportfolio«, sagte McMahon. »Wir investieren sechs oder sieben Milliarden Dollar, aber wir verdienen kein Bargeld.«

»Aha«, sagte Jakubik. »Und was habe ich damit zu tun?«

»Wir möchten jemanden einstellen, der die Finanzierung dieser großen Position übernimmt. Im Moment schreiben wir im Grunde dauernd nur Schecks aus. Das muss ein Ende haben.«

Der Job wäre der eines Herrschers über alle Investments bei Enron, sagte McMahon. Er wäre für das gesamte Portfolio verantwortlich. Kapitalbeteiligungsfonds müssten eingerichtet werden, mit denen Vermögenswerte des Unternehmens erworben werden sollten. Andere Vermögenswerte könnten woanders hingehen. Doch vor allem sollten mit den Investitionen Barmittel ins Unternehmen fließen.

»Jeff«, sagte Jakubik, »das klingt interessant.«

Jakubik war elektrisiert. Er wäre Investmentbanker mit einem einzigen Klienten. Das war eine dieser kreativen Ideen, die Enron seine Aura verliehen. Wer würde so einen Job ausschlagen?

Die Menschen, die zum Dinner an der New York University geströmt waren, applaudierten wohlwollend, als Arthur Levitt, Vorsitzender der Wertpapier- und Börsenaufsichtsbehörde SEC, zum Podium schritt. Es war der 28. September 1998. Für Levitt was es ein wichtiger Tag: Er wollte den Fehdehandschuh werfen. Die US-Unternehmen waren außer Rand und Band, sie setzten, um den Laden am Laufen zu halten, zu sehr auf Tricks und Spielereien.

Die Beweise lagen auf der Hand. In den vergangenen neun Monaten hatten rund 20 Unternehmen – darunter bei Investoren beliebte Firmen wie Waste Management und Sunbeam – ihre Zahlen revidiert und eingeräumt, dass Gewinne aus früheren Zeiträumen aus fehlerhafter Buchführung resultierten. Die SEC untersuchte bereits ein Wirtschaftsprüfungsunternehmen, Arthur Andersen, das sowohl Waste Management als auch Sunbeam vertreten hatte, um herauszufinden, warum die Sache aus dem Ruder gelaufen war. Für die Behörde stand fest, dass man die schnell wachsenden Klienten von Andersen aufs Genauste unter die Lupe nehmen musste. Doch der Markt boomte unbeirrt weiter.

Levitt beschloss daher, das Feuer zu eröffnen.[28]

»Es bereitet mir Sorge«, sagte er, »dass in zunehmendem Maße solide Geschäftspraktiken missachtet werden, um die Ertragserwartungen der Wall Street zu erfüllen. Zu viele Unternehmensmanager, Wirtschaftsprüfer und Analysten spielen dieses Spiel mit.«

Levitt machte eine kurze Pause und fuhr dann fort. »Immer häufiger siegt bloßes Wunschdenken über die wahrheitsgetreue Darstellung«, sagte er. »Ich fürchte, wir erleben, wie die Qualität der Erträge und daher auch die Qualität der Finanzberichte abnehmen. Aus Managern werden womöglich Manipulatoren. Die Illusion tritt an die Stelle der Integrität.«

Dies sei kein Geheimnis, so Levitt. Die Aufsichtbehörde wisse es, die Manager wüssten es. Der Markt bestrafe Unternehmen, die korrekte Bilanzen vorlegten, während Wettbewerber für unlautere Spielchen belohnt würden.

Aufrichtige Manager »wissen, wie schwierig es ist, die gute Praxis fortzuführen, wenn ihre Konkurrenten in der Grauzone zwischen Legalität und Betrug agieren«, sagte Levitt. »Eine Grauzone, in der die Buchhaltung pervertiert wird, in der Manager pfuschen und in der die Ertragsberichte eher die Wünsche des Managements widerspiegeln als die eigentliche Finanzleistung.«

Dieser Augenblick war einzigartig in der 65 Jahre währenden Geschichte der SEC. Ein Vorsitzender verkündete, die Erfolge zahlreicher Unternehmen seien bloße Hirngespinste. Doch die Warnung verhallte ungehört. Am Tag nach der Rede schloss der Dow Jones Industrial Average bei über 8 000 Punkten.[29] Im Verlauf der folgenden beiden Jahre kletterte er noch einmal um fast 4 000 Punkte – ein einmaliger Anstieg, den man später als Seifenblase bezeichnete.

Und die Aktie des größten Andersen-Klienten Enron kletterte mit. Natürlich.

Kapitel 8

Der Morgen brachte Dunkelheit und weiteren Regen über Houston. Die Regenwolken des tropischen Wirbelsturms Frances waren über Nacht vom Golf von Mexiko herangewalzt und hatten sich über die Stadt ergossen. Das Wasser überschwemmte die Straßen; Autos und Busse wurden von den reißenden Fluten mitgerissen.[1]

Kurz nach 8 Uhr an diesem Freitagmorgen im September 1998 trat Michael Jakubik vom Bankers Trust in London aus dem St. Regis Hotel hinaus in den sintflutartigen Regen. *Kein guter Anfang.* Ausgerechnet heute, da er mit Jeff Skilling und Andy Fastow über einen möglichen Job bei Enron reden wollte.[2]

Es war mehr als einen Monat her, seit McMahon ihm vorgeschlagen hatte, Chef des Investmentbereichs bei Enron zu werden und die Verantwortung über Milliarden von Dollar zu übernehmen; er sollte Kapitalbeteiligungsgesellschaften aufbauen, Vermögenswerte verkaufen und so weiter. Er müsste dann zwar mit seiner Familie aus London nach Houston ziehen, doch die Chance war einfach zu verlockend und führte möglicherweise zu größeren Aufgaben im Kapitalbeteiligungsgeschäft. Das hieß, wenn Enron ihn einstellte.

Jakubik fand erst nach mehreren Versuchen einen Taxifahrer, der den Mut hatte, sich durch das Unwetter zu kämpfen. Rund 20 Minuten später fuhr das Taxi vor der Unternehmenszentrale vor. Jakubik rannte durch den prasselnden Regen ins Gebäude, wo man ihn in den 50. Stock schickte. Im Korridor war es menschenleer und dunkel; der Regen trommelte gegen die raumhohen Fenster. Blitze zuckten, und ein markerschütternder Donnerschlag ließ den Raum erbeben. Eine Tür öffnete sich, ein kleiner Mann kam heraus und ging auf den Besucher zu.

»Mike?«, fragte er.

»Ja?«

Der Mann reichte ihm die Hand. »Jeff Skilling.«

Jakubik saß Skilling gegenüber. Er war von Ehrfurcht erfüllt. Da war er, *die* Koryphäe in Sachen Unternehmensstrategie, und unterhielt sich mit ihm wie mit seinesgleichen.[3]

»Sie werden dann natürlich an meinen wöchentlichen Mitarbeiterkonferenzen teilnehmen.«

Wow. »In Ordnung.«

Skilling ließ seinen Charme spielen, plauderte über Houston und seine Familie. Doch er stellte keine einzige Frage. Jakubik kam er seltsam desinteressiert vor – immerhin sprach er erstmals mit dem Kandidaten für eine der mächtigsten Positionen im Unternehmen.

»Ich überlasse es den anderen zu entscheiden, ob Sie für den Job geeignet sind«, sagte Skilling. »Wenn sie einverstanden sind, bin ich es auch.«

Er lehnte sich vor. »Aber mich interessieren Ihre Fragen.«

»In Ordnung. Warum halten Sie diesen Job für wichtig?«

Skilling zuckte die Schultern. »Ich vertraue Jeff und Andy, und sie sagen mir, er ist wichtig. Das reicht mir völlig.«

Das Telefon klingelte. Skilling nahm ab. »Hallo?«

Eine Pause. »Nein, ich stelle Sie an die Vermittlung zurück.«

Jakubik unterdrückte ein Grinsen. Sie waren wohl allein auf der Etage, und die Koryphäe spielte jetzt Empfangsdame.

15 Minuten lang bombardierte Jakubik den großen Manager mit seinen Fragen, doch die Antworten blieben oberflächlich. Sein zukünftiger Chef wirkte abwesend, ja gleichgültig. Wenn das Telefon klingelte, nahm er ab. Kein einziger Anruf war für ihn.

»Okay«, sagte Jakubik. »In dieser Position muss ich vielen Leuten auf die Füße treten. Jeden Vermögenswert, jede Firma, die verkauft werden muss, hat irgendwer in diesem Haus erworben oder aufgebaut. Jeder wird behaupten, ich verkaufte die Kronjuwelen des Unternehmens«, sagte Jakubik. »Ich mache mir ein bisschen Sorgen, dass ich, wenn ich erst mal hier bin, nichts zum Verkaufen finde.«

Skilling schüttelte den Kopf. »So läuft das nicht bei Enron«, sagte er. »Wenn Andy und Jeff sagen, dass wir mehr Liquidität brauchen, dann machen wir das. Ich tue, was die beiden mir raten.«

Jakubik nickte. *Auch gut.*

Plötzlich stand Skilling auf; das Gespräch war beendet. Die beiden gingen zurück zur Rezeption und verabschiedeten sich.

»Halten Sie die Ohren steif«, sagte Skilling.

Um diese Zeit hängte Fastow seinen Regenmantel in den Wandschrank seines Büros. Er ging in seinen noch triefenden Gummiboots zum Schreibtisch und bat seine Sekretärin, Jakubik zu ihm zu schicken, sobald er bei Skilling fertig sei.

Wenige Minuten später traf Jakubik ein. Fastow drehte sich auf dem Bürostuhl zu ihm hin. »Tut mir Leid wegen des Wetters«, sagte Fastow und lächelte schief. »Wie lief's denn bei Skilling?«

Keine Ahnung. Warum wollte der Typ nichts von mir wissen?

»Ganz gut, glaube ich«, sagte Jakubik.

Fastow nickte. »Gut, wunderbar.« Er schwieg kurz. »Also, wie können wir Sie herlocken?«

»Tja, ich wüsste gern, wie Sie den Job sehen.«

Fastow lehnte sich zurück. »Unser Unternehmen muss seine Investitionen effizienter finanzieren. Sie belasten unsere Bilanz.« Er schilderte ihm die gleichen Probleme, die McMahon einige Wochen zuvor geschildert hatte. Enron musste Kapitalbeteiligungsfonds gründen, Vermögenswerte verkaufen, neue Bargeldquellen erschließen.

»Ich habe noch nicht mit Ihnen zusammengearbeitet«, sagte Fastow. »Aber die Leute, die das getan haben, sagen, Sie sind der Richtige. Wir brauchen jemanden mit Ihrem Wissen, jemanden, der sich mit Private Equity auskennt.«

Jakubik schwieg. Er war geschmeichelt.

»Wir verlassen uns auf Sie«, fuhr Fastow fort. »Sie bekommen alle Vollmachten. Sie führen die Gespräche. Sie werden das Ganze leiten.«

Nach einer kurzen Pause wiederholte er: »Also, wie können wir Sie herlocken?«

»Das ist die Rede, die Arthur Levitt vom SEC vor ein paar Wochen gehalten hat«, sagte David Duncan.

Duncan verteilte im Vorstandszimmer einen Stapel gehefteter Kopien an die Direktoren des Prüfungsausschusses. Es war 16.30 Uhr am Nachmittag des 12. Oktober 1998, für den mehrere Vorstandssitzungen anberaumt waren.[4] Duncan hatte soeben die Sicht Andersens zu den Buchführungspraktiken bei Enron referiert. Da schien es passend, die Direktoren auf Levitts Buchhaltungsrede aufmerksam zu machen.

»In der Rede kündigt er eine SEC-Initiative an, die Buchhaltungspraktiken in den Unternehmen genauer unter die Lupe zu nehmen«, sagte Duncan. »Sie geht sehr ins Detail, und wir sind alle gut beraten, wenn wir sie lesen.«

Causey legte ein Dia ein, und auf der Leinwand erschien: »Levitt-Rede: Fünf beliebte Management-Methoden, Einkünfte auszuweisen«, hieß es dort. Unter der Überschrift folgten die fünf missbräuchlichen Methoden, die Levitt angeprangert hatte.

»Ich möchte auf jeden dieser Punkte eingehen«, sagte Causey. Nichts, was Levitt kritisiere, sei bei Enron üblich. Die Firma setze keine überhöhten Restrukturierungskosten an und fröne auch nicht der kreativen Akquisitionsbuchführung – laut Levitt zwei der schlimmsten Sünden.

Allerdings habe Levitt auch Buchhaltungsmethoden genannt, vor denen sich Enron hüten müsse. Eine sei das frühzeitige Verbuchen von Einkünften – eine Versuchung, der Enron zum Glück noch nicht erlegen sei, so Causey.

»Unter der Mark-to-Market-Buchführung weisen wir zwar einen Großteil unserer Einkünfte sehr rasch aus«, sagte Causey. »Aber Sie erinnern sich, dass die SEC unseren Ansatz vor einigen Jahren gebilligt hat. Das ist also kein Problem.«

Zuletzt sei da noch der Bilanzierungsgrundsatz der Erheblichkeit. Levitt hatte die Unternehmen davor gewarnt, die Regelung zu missbrauchen, nach der sie Buchhaltungsfehler unterhalb eines bestimmten Prozentsatzes der Einnahmen nicht ausweisen müssen. Causey blickte Duncan an.

»Tja, wir hatten mit Andersen einen Disput über einen Vertrag, den wir mit Portland General erworben haben«, sagte Causey. »Wir waren unterschiedlicher Ansicht, was die Buchführung anging. Diese Meinungsverschiedenheit wurde bislang nicht beigelegt.«

Der Nettoeffekt wurde jedoch den Investoren nicht mitgeteilt, sagte Causey, weil Andersen die Ansicht vertreten habe, dass die Zahlen »unerheblich« seien.

Duncan sprang ein. »Ich halte diese Beurteilung für zutreffend.«

Die Direktoren waren mit dem, was sie zu hören bekamen, zufrieden. Wen auch immer Levitt kritisierte – bei Enron lag der Fall ganz anders.

Am selben Abend um 20.15 Uhr kam das Board im Vorstandszimmer des 50. Stocks zur anberaumten Sitzung zusammen.[5] Die Mitglieder hatten die Debatte über das Wassergeschäft noch nicht verdaut. Einige Direktoren bemängelten, dass es keine Gesamtstrategie für die bei Enron anstehenden Entscheidungen gebe. Lay hatte das Grummeln vernommen und beschloss, die Frage nach der Gesamtstrategie offen anzusprechen.

Rund 40 Minuten später blickte Lay in die Runde. »Einige von Ihnen haben in den jüngsten Sitzungen Besorgnis über den Zustand unseres Unternehmens geäußert«, sagte er.

Er nickte zu Skilling hinüber. »Jeff hat eine Präsentation vorbereitet, die Ihnen zeigt, wo wir herkommen, wo wir sind und wo wir hinwollen.«

»Danke, Ken«, sagte Skilling. Ein Dia mit dem Enron-Logo erschien auf der Leinwand. »Auf unserer letzten Board-Sitzung haben einige von Ihnen diverse Bedenken geäußert«, begann er.

Klick. Die Bedenken. Zu große Diversifikation. Zu schnelle Expansion in der International Division. Zu viele Neuerwerbungen in regulierten Geschäftsbereichen. Befürchtungen bezüglich Bilanz und Liquidität. Zu viele verschiedene Aktivitäten in einzelnen Geschäftsbereichen – Skilling bezeichnete das als »Conglomeration«.

Doch die »Performance« bei Enron sei hervorragend gewesen, sagte Skilling und ratterte eilig die Dias herunter. Durch die Diversifikation habe das Unternehmen dafür gesorgt, dass seine Aktien die Aktien anderer Energieunternehmen überholt hätten. Insbesondere im Handelsgeschäft ließen sich großartige Gewinne erwirtschaften.

Das nächste Dia. »Was unsere internationalen Bemühungen angeht, so haben wir sowohl im Süden in Lateinamerika als auch in Indien ein hervorragendes Plattformnetz entwickelt«, sagte er. »Nach Fertigstellung dieser Projekte werden wir hohe Einkünfte und Cashflow verzeichnen.«

Die neuen Geschäftszweige würden die Lage weiter verbessern. Das Unternehmen sei stark im Aufwind – der Aktienkurs werde voraussichtlich um 20 Dollar pro Aktie steigen –, und das gerade weil Enron so entschlossen ins Telekommunikations- und Wassergeschäft eingestiegen sei.

»Ernsthafte Sorgen bereiten uns natürlich die Gefahr eines Liquiditätsverlustes und die Auswirkungen, die er auf unsere Bilanz und auf unsere Handelskapazitäten hätte«, sagte er.

Diese Befürchtungen, so Skilling, würden jedoch durch unerwartete Stärken abgeschwächt – ein schwunghaftes Privatkundengeschäft, ein Gesundschrumpfen im Stromhandel sowie eine allgemeine Stabilität im Großkundengeschäft und im Energiegroßhandel.

Die Präsentation war eindrucksvoll. Die Direktoren fragten nach; Skilling und Lay parierten geschickt. Es klang jedenfalls so, als wüsste das Management, was es tat und wo es hinsteuerte. Vielleicht waren alle Bedenken unbegründet gewesen.

Nachdem es am Abend spät geworden war, kamen die Direktoren am nächsten Morgen um 8 Uhr erneut zusammen. Eine Stunde später ergriff Pug Winokur, der Vorsitzende des Finanzausschusses, das Wort. Sein Ausschuss habe mehreren Punkten zugestimmt, sagte er.

15 Seiten mit Entschlussanträgen wurden ausgeteilt. Darunter befanden sich die Genehmigung, dass Enron Forderungen sowie Vorzugsaktien und andere Sicherheiten verkaufen durfte. Die Beschlüsse waren so vielfältig, dass keine Zeit blieb, jede Einzelheit durchzusprechen. Auch ein Abschnitt auf Seite 14 blieb unerwähnt; darin ging es um die Ermächtigung des CFO, ohne Genehmigung des Boards eine Garantie über bis zu zehn Millionen Dollar auszugeben.[6]

Niemand wusste, dass Enron sich seit Jahren in seinen strukturierten Geschäften abgemüht hatte, Investoren aufzutreiben, die weit weniger auszuspucken bereit waren. Wenn Fastow eine Enron-Garantie geben, also potenziellen Investoren für die erforderlichen drei Prozent versichern durfte, dass sie ihr Geld zurückbekamen, würde das die Jagd nach Krediten womöglich erheblich erleichtern.

Die Direktoren hatten Fastow eine geladene Waffe in die Hand gegeben. Es dauerte nicht lange, bis er abdrückte.

Gegen 14.15 Uhr am Nachmittag des 27. Oktober quälte sich ein gelbes Taxi durch den Verkehr auf der Park Avenue am Rande des Zentrums von Manhattan. Im Fond saß Skilling neben Fastow und betrachtete die Fußgänger auf dem Gehweg. Auf ihn wirkten ihre Gesichter angsterfüllt, mit dunklen Ringen unter den Augen. Hier arbeitete die Elite der Finanzwelt; Skillings Ansicht nach hatten diese Leute allen Grund, sich zu fürchten.

Eine Weltwirtschaftskrise kündigte sich an, davon war Skilling überzeugt. Russland war mit seinen Zahlungsverpflichtungen im Verzug. Die Finanzkrise in Asien fügte den Volkswirtschaften der Welt noch immer erheblichen Schaden zu. Die Notenbank Federal Reserve war gezwungen gewesen, eine Rettungsaktion für den Hedgefonds Long-Term Capital Management LP zu starten, dessen Konkurs womöglich einen Markteinbruch nach sich gezogen hätte. Skilling fürchtete, der Sturm, der sich in der Finanzwelt zusammenbraute, könnte Enron mit sich reißen. Die Banken beschränkten nun rigide ihre Kreditvergabe. Wenn sie Enron die Tür vor der Nase zuknallten, würde das schlimme Folgen haben.

Skilling hatte daher Fastow angewiesen, nach Paris, Düsseldorf, Brüssel und London zu fliegen, um sich dort bei den Banken rückzuversichern.[7] Bei dem Treffen mit den Gläubigern in New York wollte Skilling persönlich dabei sein. Eine Bank, die ein Darlehen von Enron zurückfordern wollte, hörte vielleicht eher auf die Nummer Zwei des Unternehmens als auf den CFO.

Das Taxi hielt vor der 53 Stockwerke hohen Zentrale der Chase Manhattan Bank. Wenige Minuten später saßen Skilling und Fastow in einem Büro. Ein kleiner Mann mit grauem Haar und einem dicken Goldring an der Hand stürzte auf sie zu. Es war Jimmy Lee, der schillernde Chef der Abteilung Globales Investmentbanking.[8]

»Meine Herren, schön, dass Sie da sind«, rief er.

Nach dem Austausch von Höflichkeiten kam Skilling schnell zur Sache.

»Wir geben uns natürlich keinen Illusionen hin«, sagte er. »Aller Wahrscheinlichkeit nach droht eine allgemeine Liquiditätskrise; in diesem Fall werden Sie unter Ihren Kreditnehmern auswählen müssen.« Skilling gab sich einen Ruck. »Ich muss daher wissen: Falls es eng wird für Sie, wo steht dann Enron? Werden Sie uns weiter unterstützen?«

Lee lächelte. »Jeff, wir mögen Enron«, sagte er. »Sie machen genau die Geschäfte, die wir auf lange Sicht machen wollen.«

Skilling hörte sich die Lobeshymnen an, die die anderen Banker im Raum auf Enron anstimmten – und auf Fastow. Er halte sie stets auf dem Laufenden, gebe ihnen ausreichend Feedback. Er vermittle der Bank ein gutes Gefühl.

Als die beiden Manager zur Park Avenue gingen, war Skilling in Hochstimmung. *So sollte es sein.* Die Zweifel, die er vor Fastows Ernennung zum CFO gehegt hatte, waren verpufft.

»Wissen Sie, Andy«, sagte er, »die könnten uns ja jetzt die Daumenschrauben anlegen. Doch stattdessen erzählen sie uns, dass sie unbedingt mit uns zusammenarbeiten wollen.«

Fastow nickte und grinste breit.

»Darauf kommt es an, Andy«, fuhr Skilling fort. »In schlechten Zeiten ist es überlebenswichtig, dass die Banker hinter einem stehen.«

Er klopfte Fastow auf den Rücken. »Weiter so, Andy«, sagte er.

Eine Woche später trafen sich die Banker bei Chase zu einer umfassenden Sitzung zu Enron.[9] Es gab viel zu besprechen. Die Bank hatte 750 Millionen Dollar Kredit in zwei Tranchen an verschiedene mit Enron verbandelte Firmen vergeben. Sie steuerte in großem Umfang Kapital zum Elektro-Kauf bei.

Doch die besten Geschäfte waren nicht so durchsichtig. So hatte Chase im Jahr zuvor 650 Millionen Dollar für den Gashandel bereitgestellt, an dem Enron und Mahonia, ein Unternehmen aus Jersey, beteiligt waren. In Wahrheit verbarg sich hinter Mahonia die Chase Manhattan Bank selbst. Es wechselte kein Gas den Besitzer; vielmehr zirkulierte Geld von Chase zu Mahonia, zu Enron und wieder zurück, zuzüglich des Zinses. Die Transaktionen waren somit in Wahrheit als Energiegeschäfte getarnte Darlehen. Enron konnte die Darlehen auf diese Weise als Cashflow und Handelsverbindlichkeiten ausweisen. Die Banker bei Chase wussten, dass Enron mit diesen Deals lediglich Schulden versteckte.

Mit diesen Geschäften stand Enron bei Chase ganz oben auf der Kundenliste. Die Bank stufte ihre Kunden nach einem Farbcode ein, wobei »blau« für das größte Zukunftspotenzial stand. Enron, da waren sich die Banker einig, war blauer als blau.

Nach der Sitzung sprach der Banker Matt Lyness seinen Kollegen George Serice an. Lyness hatten die Zahlen verblüfft, die er soeben gesehen hatte. Chase sei doch sicher nicht die einzige Bank, die außerbilanzielle Geschäfte mit Enron mache, sinnierte Lyness.

»Wie hoch sind bei denen wohl die Verbindlichkeiten, die nicht in den Büchern auftauchen?«, fragte er.

Serice antwortete: »Das wollen wir gar nicht wissen.«

Sollte Enron versuchen, seine Bonitätsbewertung von BBB+ auf den A-Level anzuheben?

Skilling plagte diese Frage seit Jahren. Für die meisten Unternehmen lag die Antwort auf der Hand: ja. Eine solche Einstufung böte Schutz dagegen, dass sich auf unsicheren Märkten die Handelspartner verflüchtigten. Der Handel war das wichtigste Standbein Enrons. Es gab gute Gründe, das Kronjuwel mit allen verfügbaren Mitteln zu schützen.

Doch im Board machte sich niemand Gedanken über die Bonitätsbewertung von Enron. Das Unternehmen war in den Augen der Vorstandsmitglieder auf den Energiemärkten derart mächtig geworden, dass die Handelspartner ihm treu bleiben mussten. Überdies hätte eine Anhebung der Bonitätsbewertung ihren Preis. Das Unternehmen könnte künftig nur noch erheblich weniger Kredite aufnehmen und hätte weniger Finanzierungsmöglichkeiten zur Wahl. Das rasche Wachstum würde sich folglich verlangsamen. Und all das nur, um einer theoretischen künftigen Bedrohung zu begegnen? Einige Direktoren und Manager meinten, genauso gut könne man Millionen von Dollar für eine Versicherung gegen einen Asteroideneinschlag ausgeben.[10]

Skilling sprach Pug Winokur noch einmal auf das Thema an.

»Sagen Sie, Jeff«, antwortete Winokur, »welche Geschäfte verlieren wir aufgrund unserer Bonitätsbewertung?«

Skilling zuckte die Schultern. »Keine.«

»Welche Geschäfte kämen mit einer A-Bewertung rein?«

»Keine.«

Winokur lächelte. »Warum also brauchen wir sie?«

Diese Logik leuchtete ein. Enron war ja nicht in Gefahr. Skilling ließ die Idee wieder fallen.

Ken Rice schlenderte von seinem Büro in den Konferenzraum hinüber. Kevin Hannon, sein Stellvertreter im Unternehmensbereich Energiegroßhandel, wartete dort auf ihn.

Die beiden hatten gemeinsam eine allseits verhasste Aufgabe zu erledigen: Sie mussten das Budget für das nächste Jahr erstellen, in dem nicht nur die laufende Leistung, sondern auch die voraussichtlichen Gewinne für das Jahr 1999 ausgewiesen waren.[11] Und egal, welche Zahlen sie niederschrieben – sie mussten höher liegen als im Vorjahr. So hatte es Enron an der Wall Street angekündigt, und so musste es die Großkundengruppe umsetzen.

Die Leistung des Vorjahres war kein Thema mehr. Sie war ohne Frage spektakulär gewesen – vor Zinsen und Steuern lag sie fast 50 Prozent über der von 1997. Das Problem lautete wie immer: Wie ließ sich das wiederholen?

Rice seufzte. »Mensch, das wird ein harter Brocken. Wie zum Teufel sollen wir nächstes Jahr Gewinne ausweisen?«

Rice und Hannon waren sich der Tyrannei, die die Mark-to-Market-Buchführung auf sie ausübte, wohl bewusst. Sie bezeichneten sie als »Tretmühle«, und Jahr für Jahr wurde sie beschwerlicher. Egal, was die Abteilung leistete, wenn der Januar ins Land kam, war der Tresor wieder leer. Die gesamten Barmittel, die aus den Energieverträgen für die nächsten Jahrzehnte hereinkamen, waren bereits aufgezehrt und als laufende Gewinne ausgewiesen.

Vielleicht sollten sie jetzt die Idee umsetzen, an der sie seit Monaten arbeiteten, nämlich den neuen Geschäftsbereich Telekom bei Portland – der jetzt Enron Communications hieß – nutzen, um mit Internetbandbreite zu handeln wie mit einer Ware. Die Überlegung war simpel: Konnte nicht das unternehmenseigene Westküstennetzwerk Breitbandzeit und Breitbandzugang mit einem Netzwerk der Ostküste tauschen? Wenn ja, dann ließe sich ein regionales Netzwerk in ein nationales Geschäft verwandeln. Neue Märkte bedeuteten große Gewinne. Und kein potenzieller Markt war größer als der Internetmarkt.

Rice blickte aus den Unterlagen auf. »Kevin, wir müssen jetzt den nächsten Schritt definitiv festlegen.«

Hannon sah ihn gelassen an. »Sie meinen den Handel mit Breitbandkapazität?«

»Ja. Gehen wir's an.«

Dreißig Millionen Dollar!

Rex Shelby war völlig von den Socken. Enron Communications wollte dreißig Millionen Dollar für seine Acht-Leute-Klitsche Modulus Technologies und ihre Spitzensoftware InterAgent bezahlen. Seine Firma in Houston hatte ein Toolkit für Programmierer zum Vernetzen von Computern und Betriebssystemen entwickelt.

Zuerst war Sun Microsystems, ein Gigant der Computerindustrie, auf Modulus aufmerksam geworden. Dann hatte ein Freund Shelbys, Scott Yeager von Enron, Größeres in Aussicht gestellt: Neben 30 Millionen Dollar hatte er ihm auch den Börsengang versprochen, an dem Shelby und andere Aktionäre weitere Millionen verdienen könnten. Die Sun-Manager waren geplättet; sie hatten unter 15 Millionen Dollar geboten und *das* schon als sehr hoch erachtet. Sie zogen sich zurück.[12]

Doch Shelby ließ sich nicht von der Aussicht auf große Reichtümer blenden. Er fuhr einen alten Toyota, und er ignorierte die Ratschläge seiner Freunde, wie sich die Einkommensteuer herunterrechnen ließe. Was ihn hingegen faszinierte, war die Chance, bei Enron der High-Tech-Welt seinen Stempel aufzudrücken.

Joe Hirko und Scott Yeager von Enron Communications hatten ihm gesagt, sie wollten ein softwaregestütztes »intelligentes« Netzwerk aufbauen, das mehr Optionen und Programmeigenschaften zu bieten hatte, als für gewöhnlich übers Internet verfügbar waren. Die Bandbreite sollte für die Übertragung von Daten, Videos und allem, was sich über das Netzwerk transportieren ließ, flexibel nach Bedarf zugewiesen werden. InterAgent sei der Schlüssel zu dieser Vision.

Der Aufbau des Netzwerks kostete selbstverständlich viel Geld. Doch zeitgleich verfolgte eine andere Enron-Gruppe eine andere Strategie – den Handel mit Breitbandkapazität. Shelby hatte keine Ahnung, dass Enron, bereits zwei entgegengesetzte Ziele verfolgte, bevor es überhaupt losging.

Am Mittag des 20. November schwärmten die Enron-Manager in einen Konferenzraum im 49. Stock des Enron-Hochhauses. Auf der einen Seite des riesigen Tisches saßen die Führungskräfte der International Division, auf der anderen die Vertreter der Unternehmensführung, darunter Skilling und Causey. Der Unternehmensbereich sollte auf der Sitzung die Leistung des vergangenen Jahres und die Erwartungen für die Zukunft darlegen.[13]

Skilling blätterte mit wachsender Verärgerung in dem gebundenen Bericht. Vor dem Board hatte er das Vordringen Enrons in ausländische Märkte noch enthusiastisch gelobt, doch die Ergebnisse waren ernüchternd. Hier musste sich etwas ändern.

Skilling wusste, dass dies seine letzte Schlacht mit Rebecca Mark sein würde – zumindest in der International Division. Nun, da sie für Azurix verantwortlich war, sollte die Sitzung zum Abgesang für ihre alte Gruppe werden. Es würde alles andere als erfreulich werden.

Skilling schleuderte den Bericht auf den Tisch.

»Wir müssen die Gewinne steigern«, fauchte er.

»Unsere Gewinne sind hervorragend«, schoss Rebecca Mark zurück.

Skilling starrte sie an. *Leben wir auf dem gleichen Planeten?*

»Was reden Sie da, Rebecca? Wir haben Milliarden investiert, und Sie holen für das Quartal gerade mal 60 Millionen Dollar rein, und das ist noch hoch gegriffen.«

»Unsere Projekte bringen alle Geld«, antwortete Rebecca Mark schlicht.

Skilling hob die Hände. »Ich bitte Sie, Rebecca! Was soll das? Sehen Sie sich doch nur mal die Dominikanische Republik an!«

Das, dachte er, war ja wohl ein eindeutiger Fall. Das Projekt ruinierte ein Hotel. Die Dominikaner zahlten nicht mehr. Es war die reinste Katastrophe.

Mark gab nicht nach. Die Gewinne dort seien gut.

Skilling blinzelte. »Wie zum Teufel kommen Sie denn darauf?«

»Geld rein, Geld wieder raus. Wir haben unser Geld vollständig zurückbekommen. Wir haben Millionen von Dollar an Gebühren erhalten.«

»Rebecca«, sagte Skilling, »wir müssen doch die Finanzierung bezahlen. Wir können nicht nur das Geld zählen, das wir reingebuttert haben, und das Geld, das wir rausgeholt haben. Wir müssen alle Kredite zurückbezahlen!«

Darüber kann man ja nicht mal mehr lachen, dachte Skilling. Hier saßen sie, COO und Vice Chairman von Enron, und hatten nicht einmal annähernd die gleiche Vorstellung davon, wie man nach getätigten Investitionen die Gewinne berechnet.

McMahon blickte vom Schreibtisch auf, als es an der Tür klopfte. Es war Bill Brown, einer der besseren Mitarbeiter, die für die Abteilung Geschäfte abschlossen. McMahon bat ihn herein.[14]

Brown zögerte. »Äh, könnten wir wohl in den Konferenzraum gehen? Ich möchte gern etwas mit Ihnen besprechen.«

McMahon folgte Brown nach nebenan. Der Konferenzraum war einer der wenigen nicht verglasten Räume. Offenbar wollte Brown nicht beobachtet werden.

McMahon ließ sich in einen Stuhl fallen. »Also, was liegt an?«

»Wir müssen bei JEDI eine Veränderung vornehmen«, begann Brown.

McMahon verstand nicht alles. Es ging wohl darum, dass der Cashflow aus JEDI anders aufgeteilt werden musste. Dem Partner, den Enron bei JEDI hatte, mussten Gebühren bezahlt werden.

»Also, Sie wissen doch, dass CalPERS aus Chewco herausgekauft wurde …«

McMahon unterbrach ihn. »Nein, darüber weiß ich gar nichts. Vergessen Sie nicht, dass ich in London war.«

»Ach so, ja«, erwiderte Brown und ging zur Weißwandtafel hinüber. »Ich zeichne Ihnen die Struktur mal auf.«

McMahon sah fasziniert zu, wie Brown die ineinander verschachtelten Kästchen und Linien aufzeichnete. *Was zum Teufel soll das denn sein?*, fragte er sich.

Brown deutete auf die einzelnen Kästchen und erklärte, welche Rolle sie in dem Deal spielten. Dann tippte er auf ein kleines Kästchen ganz unten. »Hier ist das Beteiligungskapital von Chewco«, sagte er. »Das ist Bill Dodson.«

McMahon sagte einen Moment gar nichts. »Aha.«

»Sie wissen, wer Bill Dodson ist?«

Ein reicher Investor? »Nie von ihm gehört.«

Brown legte den Marker auf den Tisch und sah McMahon mit festem Blick an.

»Das ist Michael Koppers Lebensgefährte.«

Es war, als hätte jemand die gesamte Luft aus dem Raum gesaugt. McMahon glaubte, sich verhört zu haben.

»Michael Kopper?«, fragte er.

»Ja.«

Kurze Pause. »*Unser* Michael Kopper?«

Brown nickte.

McMahon war Buchhalter. Er wusste, dass der Eigenkapitalanteil an Chewco aus unabhängiger Quelle stammen musste. »Und das funktioniert?«, fragte er. »Ich meine, dann gehört Chewco also nicht zu Enron?«

»Nein, die Anwälte haben alles abgesegnet«, erwiderte Brown.

McMahon brach in schallendes Gelächter aus. »Also, das ist irre. Ich meine, wenn eine Führungskraft des Unternehmens in diesem Kästchen stünde oder auch nur seine Frau, dann brächte das jede Menge Buchhaltungsprobleme mit sich.«

Brown zuckte die Schultern. »Tja, Kopper ist aber keine Führungskraft. Und Dodson ist nicht seine Frau.«

Junge, Junge. Der Faden war reichlich dünn, um so ein riesiges Buchhaltungskonstrukt daran aufzuhängen. Warum machten die so etwas?

»Na gut, aber wie lautet nun Ihre Frage?«, sagte McMahon.

»Also, es geht um Folgendes. Michael vertritt in diesen Verhandlungen Bill.«

McMahon sank in seinen Stuhl zurück. »Um Himmels willen, warum das denn?«

»Dodson hat es so gewollt«, sagte Brown.

McMahon war platt. »In Ordnung, dann werden Sie wohl mit Michael verhandeln müssen. Schließen Sie nur ein Geschäft ab, das sich rechnet.«

»Da liegt das Problem«, sagte Brown. »Michael ist eine echte Plage, wenn es um die Gebühren für Chewco geht, und Andy steht auf seiner Seite. Die ganze Sache wird wohl Andy zu Ohren kommen.«

»Na und?«, fragte McMahon. »Ziehen Sie's durch. Holen Sie eine vernünftige Gebühr heraus. Wenn er nicht zustimmt, gehen wir zu Andy und sagen ihm, dass Michael dem Unternehmen schadet.«

Er lächelte. »Erinnern Sie Michael daran, wer seine Gehaltsschecks unterzeichnet. Unten steht immer Enron, und wenn er ein paar hunderttausend extra für seinen Lebenspartner herausholen will, sagen wir Andy, dass er die Firma prellt.«

»Okay«, sagte Brown. »Ich verhandle in der Sache also knallhart wie mit einem Außenstehenden?«

McMahon lehnte sich vor. »Genau, Bill. Genau das!«

Joe Sutton betrat das Vorstandszimmer. Er hatte gute Neuigkeiten für den Finanzausschuss: Die brasilianische Regierung in São Paulo brauchte Geld. Ein weiteres Elektro-Aktienpaket stand zum Verkauf. Enron wusste als Insider Bescheid.

»Das ist eine fantastische Gelegenheit«, erklärte Sutton. »Wenn wir noch einmal investieren, wird Enron International entweder die wiederkehrenden Gewinne aus Elektro erheblich steigern oder gut daran verdienen, wenn es die Anlage wieder verkauft, sobald sich die Marktkonditionen verbessert haben.«

Natürlich gebe es Risiken, sagte Sutton, etwa eine Währungsabwertung. Doch ein plötzlicher Absturz sei unwahrscheinlich. Die Regierung bringe ihre Finanzen gerade in Ordnung, und der Internationale Währungsfonds habe einen Plan zur Stabilisierung der brasilianischen Wirtschaft vorgelegt.

Nach kurzer Diskussion genehmigte der Ausschuss ein Gebot von maximal 700 Millionen Dollar für die zusätzlichen Elektro-Anteile, das auf der Auktion am 15. Januar 1999 abgegeben werden sollte. Am nächsten Morgen segnete das Board die Idee ab.

Alle waren begeistert. Was für ein schlauer Schachzug!

Ben Glisan drehte sich in seinem Bürostuhl zum Schreibtisch. In seinem Büro im 27. Stock stapelten sich die Buchführungs- und Finanzunterlagen – Beweise der hohen Wertschätzung, die er bei Enron mittlerweile genoss. Die besten Geschäfte und anspruchsvollsten Transaktionen gingen über seinen Tisch. Sein buchhalterischer Spürsinn machte ihn in der Special Projects Group unentbehrlich, und sowohl Fastow als auch Kopper ließen ihn das auch spüren.

Glisan nahm ein Formular für die Genehmigung eines elektronischen Geldtransfers vom Schreibtisch.

Hier hatte er seine gehobene Stellung schwarz auf weiß. Mit der Unterschrift Glisans, eben erst 32 Jahre alt, gingen die Gelder noch am gleichen Tag auf das von ihm angegebene Konto.[15] Er prüfte das Formular.

400 000 Dollar. Für Chewco. Zahlung einer Gebühr vom Enron-Konto.

Glisan unterschrieb.

Das war die Gebühr, über die Brown verhandelt hatte und über die McMahon mit Fastow sprechen wollte. Kopper hatte am Ende bekommen, was wollte. Dem neuen Deal zufolge *stieg* der Anteil von Geldzuweisungen an Chewco! Und Fastow ordnete an, dass Chewco eine dicke Gebühr dafür erhielt, weil die Firma bereit war, die alte Vereinbarung zu revidieren. Chewco bekam eine Gebühr dafür, dass es einwilligte, mehr Geld zu erhalten.

Das war erschütternd unlogisch. Doch ein Blick hinter die Kulissen erklärte die Zahlung. Nachdem er am 30. Dezember seine Gebühr erhalten hatte, schrieb Kopper mehrere Schecks über jeweils rund 10 000 Dollar aus – auf Andy, Lea und ihre beiden Söhne. Der Betrag lag knapp unterhalb der Grenze, die der obersten Steuerbehörde Internal Revenue Service (IRS) gemeldet werden musste. Knapp unterhalb des Betrags auch, bei dem die Bank eine Devisentransaktion zum Schutz vor Geldwäsche melden musste. Dann, im Januar, wenn das nächste Steuerjahr begann, schrieb Kopper wieder Schecks aus. Alles in allem erhielt Fastow mehr als 67 000 Dollar an Gebühren, steuerfrei.

Kopper trug anschließend die Transaktionen getreulich in die Datei auf seinem Laptop ein, in der er verzeichnete, was Fastow und er bei ihren Geheimgeschäften einheimsten.

Mike Jakubik nahm in seiner Londoner Wohnung den Hörer ab und wählte die Enron-Nummer in Houston. Wochenlang hatte er mit Enron über das Jobangebot verhandelt, ohne größere Fortschritte zu machen. Das Abfindungspaket war unspektakulär, aber in Ordnung, doch das Unternehmen wollte ihm den seinem Rang entsprechenden Titel nicht zugestehen. Beim Bankers Trust war er Managing Director, Enron aber wollte ihn als Vice President einen Rang zurückstufen. Doch weil er sich nicht sicher war, ob er beim Bankers Trust eine Zukunft hatte, verhandelte er weiter mit Enron.

Die Jakubiks waren bereits drauf und dran, ihr Haus in London zu verkaufen, und suchten eins in Houston. Mikes Frau Nancy forschte in Houston nach Schulen für ihre Söhne. Einer der beiden war Autist, und es erwies sich als schwierig, eine geeignete Lösung zu finden. Doch die Jakubiks waren der Ansicht, dass die Chance bei Enron die Mühe wert war.

Dann kam der nächste Stolperstein. Völlig unerwartet zahlte Bankers Trust Jakubik eine hohe Zulage und sicherte ihm für die Zukunft eine Schlüsselrolle in der Firma zu. McMahon reagierte ungehalten und weigerte sich, das Enron-Angebot aufzustocken. Jakubik möge annehmen oder es eben bleiben lassen.

Nun, 24 Stunden später, hatte Jakubik seine Entscheidung getroffen und rief McMahon an. »Jeff, hier ist Mike.«

»Hey, wie geht es Ihnen?«, fragte McMahon kühl.

»Ich nehme den Job, Jeff.«

Am nächsten Morgen kündigte Jakubik beim Bankers Trust. Seine Frau und er unternahmen die letzten Schritte, ihr Haus zu verkaufen und die Kinder aus der Schule zu nehmen. Sie legten ihr Schicksal in die Hände Enrons. Es gab kein Zurück mehr.

Wofür zum Teufel brauchte Enron Mike Jakubik überhaupt?

Fastow hatte sich Gedanken gemacht. Er kannte Jakubik ja gar nicht. Wessen Interessen würde er vertreten? Der Typ machte einen unabhängigen Eindruck auf ihn. Fastow hatte eine bessere Idee. *Michael Kopper.* Wenn Kopper den Investmentfonds betreute, konnte Fastow ein Stückchen vom Kuchen abhaben. Vielleicht wäre das sein Ticket aus dem Hause Enron, sein Weg zum großen Geld. Kopper wäre für ihn da und würde ihn mitmischen lassen. Jakubik wäre vielleicht nicht so entgegenkommend.

Klare Sache. Der Fonds war Koppers Job. Jakubik sollte etwas anderes machen.

Kaum ein Start-up-Unternehmen fängt in einem Palast an. Das liegt daran, dass bei hohen Anfangskosten und geringen Aussichten auf fette Gewinne das Geld zunächst für die absolut notwendigen Dinge gebraucht wird.

Bei Azurix, dem neuen Wasserunternehmen von Enron, war das anders. Die neue Firma unter Leitung von Rebecca Mark richtete sich im Allen Center vis-à-vis dem Enron-Hochhaus ein. Marks Büro erhielt ein eigenes Badezimmer mit prächtigen Armaturen und Tropenholzmöbeln. Eine extravagante Wendeltreppe zwischen zwei Stockwerken verlieh den Büroräumen eine elegante Atmosphäre.

Diese Großzügigkeit machte Schule. Amanda Martin besuchte Rebecca Mark in den ersten Tagen in ihrem neuen Büro. Ihr Blick ruhte auf dem Boden. Kein Teppich lag dort, auch kein Parkett – nein, man hatte Marmor verlegt.

»Rebecca, das ist *gut*«, sagte Amanda Martin voll Bewunderung. »Ich möchte auch Marmor in meinem Büro haben.«

Und sie bekam ihn. Ebenso wie eine weitere Kollegin.

»Eigentlich müsste ich CFO des Jahres werden.«

Fastow saß in seinem Büro im 50. Stock auf der Stuhlkante, einen Arm auf den Konferenztisch gelegt. Ihm gegenüber hatte soeben Mark Palmer Platz genommen, Chef der Unternehmenskommunikation bei Enron.[16]

»Bei der Zeitschrift *CFO* ernennen sie jedes Jahr einen CFO des Jahres«, sagte Fastow. »Ich will, dass ich es werde. Könnten Sie das arrangieren? Können Sie die dazu bringen, dass sie einen netten Artikel über mich schreiben?«

Palmer grinste, dann musste er lachen. Fastow war CFO bei Enron, einem Fortune-100-Unternehmen. Warum sollte er auch nur einen Gedanken an solchen Firlefanz verschwenden?

»Ist das ein Scherz?«, fragte Palmer.

Fastow verzog das Gesicht, presste eine Sekunde lang die Augen zusammen und hob dann die Augenbrauen. Ein Tick.

»Nein, nein, das ist mein Ernst«, erwiderte er. »Wissen Sie eigentlich, was ich alles für diese Firma getan habe?«

Und er leierte seine Großtaten herunter: Er gehe kreativ mit den Enron-Aktien um, stecke sie als Kapital in Partnerunternehmen und so weiter. Und die Finanzierung von Elektro und Wessex – Geniestreiche, so Fastow. Er habe Investoren dazu gebracht, die Schulden eigenständiger Firmen zu kaufen, nur auf das *Versprechen* hin, dass Enron neue Aktien ausgeben werde, um ihnen ihr Kapital zurückzuzahlen, wenn sie es dringend brauchten. Auf ein bloßes Versprechen hin erhielt Enron – *Milliarden!* Und das sei nur seiner höchstpersönlichen Innovationsfreude zu verdanken.

Während Fastow schwadronierte, schweifte Palmers Blick zu einem großen, langen Tisch hinüber. Der geschwungene Tisch aus hellem Holz hatte eine unpraktisch holprige Oberfläche. Das Möbelstück war ein Kunstwerk, hier triumphierte die Form über die Funktion – genau wie bei Fastow. Nachdem er zum CFO aufgestiegen war, hatte er sein Büro mit allem möglichen teuren Schnickschnack voll gestopft. Er wollte wohl den erlesenen Geschmack der oberen Zehntausend von Houston kopieren. Seine Frau Lea hatte sogar einen Modeberater engagiert, der dafür sorgte, dass Andy sich seiner Stellung entsprechend kleidete.

Fastow spielte mit einem Kuli. Die Sache mit der *CFO*-Zeitschrift sei wichtig, sagte er. Es wäre gut für ihn, wenn der Artikel erschien, bevor das Performance Review Committee (PRC) über Zulagen und Beförderungen bei Enron entschied.

»Einmal im Jahr mache ich einen Termin mit Skilling und erzähle ihm, wie toll ich bin«, sagte Fastow. »Kurz vor dem PRC dreht sich alles um Andy.« Fastow verzog wieder das Gesicht. »Nur damit Jeff weiß, was ich leiste.«

Palmer versuchte, sich nichts anmerken zu lassen. Er hatte von Managern mit übersteigertem Ego gehört, aber ihm war noch nie einer begegnet, der so maßlos selbstgefällig war.

»Wenn *CFO* einen netten Artikel über mich schreibt und mich zum CFO des Jahres ernennt, kann mir das nur nützen«, fuhr Fastow fort. »Ich kann Jeff zeigen, dass ich anerkannt bin. Das ist gut für das PRC.«

Jetzt verstand Palmer. Fastow wollte von der Zeitschrift gelobt werden, um mehr Geld zu bekommen.

»In Ordnung«, begann er. »Aber, Andy, ich weiß noch nicht, wie ich vorgehen soll. Ich kann Ihnen nichts versprechen.«

Fastow nickte. »Halten Sie mich auf dem Laufenden«, sagte er.

Palmer kehrte in seine Abteilung im 49. Stock zurück. Vielleicht, dachte er bei sich, war es das Beste, die Aufgabe einem seiner Top-Leute zu übergeben. Er ging zu Karen Denne.

»Hey, Karen«, sagte er. »Ich habe hier eine Sache, mit der Sie beim CFO so richtig punkten können.«

Am 8. Januar 1999 nach dem Lunch begaben sich die Topmanager von Enron in den Highland Room im zweiten Stock des Four Seasons Hotel. Das PRC stand an, das Bewertungssystem, das Skilling entwickelt hatte, um die besten Enron-Talente zu belohnen.

Der Wettbewerb war hart. Die Bewertungen gingen von eins bis fünf. Eins bedeutete eine dicke Zulage und Beförderung, fünf hieß, dass man sich am Riemen reißen oder Enron verlassen musste. Skilling wollte mit dem PRC verhindern, dass ein einzelner Chef die Karriere eines Untergebenen blockieren könnte. Und tatsächlich hatte das Verfahren in den frühen Tagen von Skillings Handelsabteilung, als noch jeder jeden kannte, gut funktioniert. Doch als er es auf das gesamte Unternehmen ausdehnte, verkam das PRC zum Schachergeschäft. In dieser Atmosphäre erhielt ein Angestellter, der keinen starken Rückhalt von seinem Chef hatte, garantiert eine zu niedrige Bewertung – also genau das, was Skilling hatte vermeiden wollen.

Die Manager setzten sich an einen U-förmigen Tisch. In dessen Mitte befand sich ein weiterer Tisch, der aus fünf Teilen bestand – einer für jede Bewertungsstufe. Im Verlauf des Tages wurden kleine Karten mit den Namen der Angestellten, der Empfehlung des jeweiligen Supervisors folgend, auf die Tischabschnitte verteilt. Wenn der Tisch voll war, begannen die Verhandlungen. Die höheren Bewertungsstufen konnte nur ein festgelegter Prozentsatz der Mitarbeiter erreichen, was bedeutete, dass einige Namen nach unten rücken mussten.

Der Moderator Rocky Jones aus der Personalabteilung stand in der Mitte des Raums und rief die Namen der Angestellten auf. Jones nahm das nächste Kärtchen in die Hand.

»Jim Bouillion«, sagte Jones. »Wer spricht für ihn?«

Jeff McMahon blätterte in seinem Ringordner und hob die Hand. »Ich«, sagte er.

Er suchte seine Notizen zu Bouillion heraus, obwohl er auch aus dem Kopf hätte argumentieren können. Bouillion hatte zwar keinen schillernden Job, dafür aber einen unentbehrlichen. Er schloss für Enron die Versicherungen ab; er sorgte dafür, dass genügend Deckung da war, handelte günstige Beiträge aus und kümmerte sich um Schadensfälle. Wenn eine Pipeline explodierte, war Bouillion zur Stelle. Wenn je ein Direktor oder Manager vor Gericht kam, trat die von Bouillion abgeschlossene Haftpflichtversicherung ein. McMahon hielt ihn für erstklassig.

Nicht so das PRC. Bouillion war seit Jahren bei Enron, doch man hatte ihn bei Beförderungen immer wieder übergangen und ihm noch nie eine Zulage gewährt. Als McMahon Treasurer wurde, hatte Bouillion ihm sein Leid geklagt. McMahon hatte versprochen, ihn bei der Arbeit zu beobachten und sich – falls er im Januar einen positiven Eindruck gewonnen hatte – vor dem PRC für ihn einzusetzen. Bouillion hatte ihn nicht enttäuscht.

»Bouillion leitet die Gruppe Risikomanagement und ist für die Versicherungen verantwortlich.«

McMahon legte sich mit Zahlen und anderen Details für Bouillion ins Zeug, verlor aber bald das Interesse seiner Zuhörer. Einige gähnten. Hier gab es keine schicken Deals, keine Buchführungstricks, mit denen Gewinne aus dem Hut gezaubert wurden. Nichts als langweilige Versicherungen. Wen interessierte das schon? Nach zwei Minuten war McMahon fertig.

»Gut«, sagte Rocky Jones, die Karte in der Hand. »Wo sollen wir ihn hinlegen, Jeff?«

Das Wichtigste am PRC. Nicht zu hoch pokern, aber auch nicht zu tief anfangen. »Ich würde Jim in Kategorie zwei einstufen«, erwiderte McMahon.

Jones legte das Kärtchen auf den zweiten Tischabschnitt.

Stunden später lagen alle Namenskärtchen auf dem Tisch. Wie immer gab es zu viele Einser und Zweier.

»Also«, sagte Jones. »Ein paar müssen nach unten.«

McMahon wusste, es würde schwer werden. Auf dem Tisch lagen die Karten vieler Angestellter, die flotte, Aufsehen erregende Deals gemacht hatten. Die machten Eindruck. Und tatsächlich nahm Kevin Hannon aus der Großkundengruppe Bouillion schon bald aufs Korn.

»Also, der könnte doch runter«, sagte Hannon. »Sehen Sie mal, ich habe hier einen, der hat einen millionenschweren Deal abgeschlossen. Und was hat Bouillion gemacht? Versicherungen?«

Er sah McMahon an. »Ich meine, ich kenne diesen Typ nicht, Jeff. Aber wenn ich Ihnen so zuhöre, meine ich, er muss runter.«

»Da muss ich Ihnen widersprechen …«, begann McMahon.

»Ach, kommen Sie, Jeff!«, unterbrach ihn Cliff Baxter. »Würden Sie irgendeinen der anderen in dieser Kategorie auf diesen Job setzen?«

»Sie vergleichen Äpfel mit Birnen, Cliff«, erwiderte McMahon. »Die könnten Jims Arbeit ja überhaupt nicht machen. Die haben weder Ahnung von der Versicherungsbranche noch das nötige Fachwissen.«

»Aber sie könnten es lernen! Die Leute sind besser, weil sie flexibel sind. Sie könnten sogar noch etwas optimieren.«

Andere Manager pflichteten ihm bei. *Versicherungen aushandeln? Das kann doch jeder Affe!*

Skilling ergriff das Wort. »Ich stimme Ihnen zu. Ich glaube, dass wir mit Versicherungen noch viel mehr machen könnten.« Vielleicht ließen sich mit Versicherungen Gewinne erzielen. Oder man könnte anderen Unternehmen Versicherungspolicen verkaufen.

»Jeff«, sagte McMahon, »das ist einer, der immer für das Unternehmen da war. Er leistet gute Arbeit und ist immer wieder übergangen worden.«

Skilling seufzte. »Kommen Sie, Jeff. Hier geht es um Versicherungen. Nicht um Raketentechnik. Das ist keiner, der Topumsätze bringt.«

Erledigt. Bouillions Name wurde auf Kategorie drei verschoben.

Am Ende des Tages waren die Prioritäten gesetzt. Die Angestellten, die an den großen Deals arbeiteten – etwa an der Finanzierung von Elektro oder Wessex –, bekamen ihre Beförderungen und Zulagen. *Sie* machten Kohle für die Firma; *sie* waren Enron! Nicht einer, der Versicherungen abschließt.

Es begann an einem ganz unwahrscheinlichen Ort: in dem kleinen brasilianischen Bundesstaat Minas Gerais, einem weithin unbekannten Gebiet, von dem bei Enron wohl nur wenige gehört hatten.

Am 3. Januar 1999 gab der Gouverneur von Minas Gerais, Itamar Franco, überraschend bekannt, dass sein Bundesstaat die 15 Milliarden Dollar, die er der Bundesregierung schuldete, nicht zurückzahlen könne. Journalisten hakten nach: Stehen die brasilianischen Finanzen auf so wackeligen Füßen? Und welche Auswirkungen könnte das auf die internationalen Märkte haben?

Franco antwortete zynisch: »Ich mache mir große Sorgen um meine Wertpapiere in Hongkong, New York und Tokio.«[17]

Das taten inzwischen andere auch. Rund um den Erdball stießen die Devisenhändler die brasilianische Währung schnellstmöglich ab. Innerhalb von 24 Stunden steuerte die brasilianische Regierung gegen und kündigte eine Währungsabwertung an. Die Verkaufsordern bedeckten das Parkett der Börse von São Paulo. Zwölf Minuten nach Börsenbeginn waren die Aktienkurse um zehn Prozent gesunken.

Der Zusammenbruch des Real einen Tag vor der angesetzten Auktion für das neue Elektro-Aktienpaket bewahrte Enron davor, weitere 700 Millionen Dollar zu verschleudern. Doch die erste Wette, die man auf die brasilianische Währung abgeschlossen hatte, stand. Innerhalb kürzester Zeit hatte Enron die Hälfte seiner Investition verloren.

Bei Enron herrschte blankes Entsetzen. Gewiss musste das Unternehmen nun den Wert von Elektro neu ausweisen. Damit wären die verbuchten Gewinne dahin. Eine furchtbare Blamage – erst hatte man zu viel geboten, und dann verlor man noch das letzte Hemd.

Das Buchhaltungsteam machte sich an die Arbeit. Es kam zu dem Schluss, dass man die Regeln auf seiner Seite hatte. Enron musste den Investoren nicht auf die Nase binden, wie viel es durch pure Dummheit verloren hatte.

Kronleuchter aus rosa Glas erhellten den Ballsaal des Four Seasons Hotel in Houston. Es war der 21. Januar 1999 um kurz vor 12 Uhr, und die Analysten der Wall Street im Ballsaal wurden hungrig. Fast viereinhalb Stunden lang hatten sie den Präsentationen über Enron gelauscht – und die waren eindrucksvoll.[18] Sicher gab es auch Ausrutscher wie Elektro. Doch die wurden als Nebeneffekte der gewagten Expansionsstrategie Enrons in den Entwicklungsländern abgetan.

Als die Manager der Privatkundenabteilung mit ihrer Präsentation fertig waren, übernahm Skilling.

»Ich glaube, wir können jetzt alle ein Mittagessen vertragen«, sagte er. »Sie haben heute Vormittag viel über unsere Energiegeschäfte erfahren. Während des Mittagsessens werden wir Ihnen aufregende neue Geschäftsfelder vorstellen.«

Skilling bat die Teilnehmer ins Foyer des Ballsaales. Porzellan und Gläser funkelten im Schein der altmodischen Wandleuchter. Die Analysten nahmen Platz, und die Ober begannen, als ersten Gang den Salat zu servieren. Das Ambiente kündete vom finanziellen Erfolg eines Unternehmens, das geradezu in Gewinnen ertrank.

Rebecca Mark trat vor. Azurix, das Wasserprojekt Enrons, entwickle sich sehr erfreulich, erklärte sie den versammelten Zuhörern. Das Unternehmen befinde sich in der richtigen Ausgangsposition, massiv vom rasch wachsenden, im Wandel begriffenen internationalen Wassergeschäft zu profitieren.

»Es handelt sich hier um die logische Weiterentwicklung des Know-How, das Enron im weltweiten Energiegeschäft erworben hat«, sagte sie. »Der Kauf von Wessex verhilft uns zu der notwendigen Glaubwürdigkeit und dem Fachwissen, um auf diesem Gebiet zu expandieren.«

Eine halbe Stunde später war es an Enron Communications, sich zu präsentieren. Joe Hirko, nun Chief Executive dieses Unternehmensbereichs, verkündete, seine Abteilung führe an ebendiesem Tage das Enron Intelligent Network ein, eine Monate zuvor anvisierte »Dedicated Delivery Platform«, die sich der InterAgent-Software von Modulus bediene. Bei diesem Netzwerk, so Hirko, könne sich der Kunde die Servicequalität heraussuchen, je nachdem, welche Art von Inhalten er zu übermitteln habe.

Wenige Analysten verstanden, wovon die Enron-Manager eigentlich sprachen. *Wasser? Delivery Platform?* Die Analysten waren auf Energie spezialisiert. Sie kannten sich mit Pipelines und Kraftwerken aus, nicht mit Wasserversorgern oder dem Internet. Mark und Hirko hätten ihnen todsichere Flops präsentieren können, und die meisten hätten es nicht bemerkt. Doch keiner sah darin einen Hinweis darauf, dass auch die Enron-Manager ihre Kompetenzschwelle überschritten haben könnten.

Warum sollten sich Wasser und Breitband-Netzwerke auch sonderlich von den anderen Geschäftsbereichen unterscheiden? Verwandelte man bei Enron nicht alles, was man anpackte, in Gold?

Drei Bell-Hubschrauber überflogen die Küste des Arabischen Meers in südlicher Richtung. Die Enron-Direktoren sahen unter sich die Straßen von Mumbai kleinen Dörfern mit winzigen Hütten weichen. Es kam ihnen vor, als flögen sie geradewegs ins Mittelalter.

Es war der 10. Februar 1999, kurz vor 10.30 Uhr. Die Direktoren waren auf dem Weg nach Dabhol, wo sie erstmals den Bau des riesigen Kraftwerks begutachten wollten, den sie bereits vor vielen Jahren beschlossen hatten.[19] Als die letzten Spuren der Zivilisation hinter ihnen lagen, wurde das Wasser des Mumbai klarer. Schließlich sahen sie nur noch mit dichtem Grün überwuchertes Land, das zur Küste hin in weißen Sandstrand überging.

Da war es. Stahl und Beton verschmolzen zu einem gewaltigen Gebäudekomplex aus Häusern, Türmen und Rohren. Die Grün- und Brauntöne der indischen Landschaft traten zurück hinter dem Blau, Rot und Weiß der riesenhaften Baustelle. Die Hubschrauber kreisten einmal über dem Komplex. Als sie in den Sinkflug gingen, zeichneten sich Wohnhäuser, Mangobäume, eine fahrbare Krankenstation und ein im Bau befindliches Krankenhaus ab. Die Hubschrauber landeten, und während die Rotoren ausliefen, kam ein Mann zum ersten Hubschrauber gerannt und öffnete die Tür.

»Willkommen in Dabhol«, rief er.

Die Direktoren wurden zum Lunch in eine Cafeteria geleitet. Anschließend führte sie der Kraftwerksleiter durch die Anlage. Sie waren beeindruckt.

»Nicht zu glauben, wie groß das hier ist«, murmelte Pug Winokur.

Zwei Stunden später saßen sie wieder im Hubschrauber und kehrten nach Mumbai zurück. An Bord unterhielten sie sich angeregt über ihre Eindrücke. Es war einfach großartig.

Im Hotel Oberoi im Zentrum Mumbais konnte man an diesem Abend von der Terrasse des 7. Stocks aus die ersten Sterne sehen. Neben dem Pool mischten sich die Enron-Direktoren unter die indischen Regierungsvertreter und Geschäftsleute. Während sie sich unterhielten, verwandelte sich in der hereinbrechenden Dunkelheit die Stadtlandschaft in ein Meer aus glitzernden Lichtern.

Ken Lay, mit offenem Hemdkragen und in legeren Hosen, verströmte eine unerschütterliche Tatkraft. In den vorangegangenen Wochen war er rund um den Globus gejettet, zeigte aber keinerlei Anzeichen der Erschöpfung. Nein, das Reisen hatte in ihm offenbar die Begierde nach neuen Herausforderungen geweckt. Lay trat ans Mikrofon. Auf der Terrasse wurde es still.

»Ich möchte Ihnen für Ihr Kommen danken«, begann er. »Dieser Abend wurde zu Ehren des Enron-Boards veranstaltet, und für die Direktoren ist es wahrlich ein Glücksgefühl, hier zu sein und sich anzusehen, was unsere Geschäftsfreunde und wir gemeinsam geleistet haben.«

Lay lächelte. »Ich wünsche Ihnen einen schönen Abend. Bleiben Sie, so lange Sie möchten. Es ist genug zu essen da.«

Unter Applaus mischte er sich wieder unter die Leute. In den folgenden Stunden sprachen ihm verschiedene Direktoren ihren Respekt aus für die Leistung, die Enron erbracht hatte. Wer hätte gedacht, dass man am Ende der Welt dieses erstklassige Kraftwerk bauen könnte? Es sei, so sagten sie, jeden Cent der Milliarden Dollar wert, die Enron hineingesteckt hatte.

In seinem Büro griff Jeff McMahon zum Hörer. Seine Sekretärin hatte ihm soeben gesagt, dass Fastow dran war.

»Hey, Andy, was gibt's?«

Fastow hielt sich nicht mit Nettigkeiten auf.

»Ich habe beschlossen, dass Kopper den Kapitalbeteiligungsfonds übernehmen wird, über den wir gesprochen haben«, sagte Fastow.

McMahon blieb die Luft weg. Er war sprachlos. Jakubik war auf dem Weg nach Houston. Er hatte sein Haus in London verkauft und zog gerade mit seiner Familie um. Für seinen autistischen Sohn war bereits alles arrangiert. Worauf zum Teufel war Fastow aus?

»Andy, wie meinen Sie das? Wir haben Monate damit verbracht, Jakubik kirre zu machen. Was soll er denn jetzt tun?«

»Sie werden schon was anderes für ihn finden, oder?«

McMahon versuchte, seine Gedanken zu ordnen.

»Andy, wir haben ihn für den Kapitalbeteiligungsfonds angestellt. Er gibt das Investmentbanking für diesen Job auf. Er kommt nicht her, um Wertpapiere zu emittieren. Er sollte einen Fonds aufziehen, Kapital beschaffen, Vermögenswerte verkaufen. Das war der Job!«

»Mag sein, aber ich habe beschlossen, Michael den Job zu geben.«

»Ich komme hoch.« McMahon knallte den Hörer auf.

Fünf Minuten und zwei Fahrstuhlfahrten später stürmte McMahon im 50. Stock den Flur entlang zu Fastows Büro. Er betrat es, ohne anzuklopfen.

»Andy, ich muss mit Ihnen reden.«

Fastow lehnte sich zurück. »Reden Sie.«

»Überlegen Sie doch mal. Jakubik hat seinen Job gekündigt. Er ist mitten im Umzug.«

McMahon setzte sich. Fastow blieb hinter dem Schreibtisch sitzen.

»Das ergibt doch keinerlei Sinn«, sagte McMahon. »Warum Michael Kopper? Jakubik ist Profi auf dem Gebiet. Er hat schon unglaublich viel Kapital für Projektfinanzierungen aufgetrieben. Michael hat so etwas noch nie gemacht. Inwiefern ist er qualifiziert?«

»Ich habe meine Entscheidung getroffen«, sagte Fastow. »Wir machen es so. Sie müssen sich eben damit abfinden.«

»Andy ...«

»Rufen Sie Jakubik an und kümmern Sie sich darum. Sie können mir die Schuld geben, wenn Sie möchten.«

McMahon lachte. »Verdammt noch mal, natürlich gebe ich Ihnen die Schuld!«

Das Gespräch war beendet. McMahon ging. Fastow arbeitete weiter, doch der Unmut nagte an ihm. Er mochte es nicht, wenn jemand seine Entscheidungen in Frage stellte, und schon gar nicht, wenn das jemand aus dem eigenen Team tat.

In River Oaks parkte Fastow auf dem Gelände von Tony Mandolas Gulf Coast Kitchen. Er öffnete die Wagentür und wartete, bis Mike Jakubik auf der Beifahrerseite ausgestiegen war. Im Restaurant geleitete eine Bedienung sie an einen Tisch.

Es war der 15. Februar 1999, Jakubiks erster Arbeitstag, und er wollte loslegen. McMahon hatte ihm bereits erzählt, dass Fastow Michael Kopper gebeten hatte, einen Kapitalbeteiligungsfonds aufzumachen, aber die ganze Sache hatte sich noch vage angehört. Jakubik war nicht sonderlich beunruhigt. Kein Unternehmen stellt jemanden für einen Job an, um diesen dann jemand anderem zu geben.

Als sie bestellt hatten, räusperte sich Jakubik. »Also, Andy, ich möchte gern anfangen. Wie gehen wir vor? Treffen wir uns mit der Unternehmensführung, um darüber zu reden, was wir machen? Soll ich bei Skilling anfangen? Was meinen Sie?«

Fastow machte ein paar Vorschläge, ohne konkret zu werden. Sein Verhalten kam Jakubik seltsam vor – kühl, distanziert. Kein Mann, mit dem er gern zusammenarbeiten wollte. Doch Jakubik war schon früher mit unangenehmen Vorgesetzten zurande gekommen; er würde auch mit Andy Fastow leben können.

Er erinnerte sich an McMahons warnende Worte über Kopper.

»Ich müsste auch wissen, was Michael Koppers Gruppe macht. McMahon hat mir davon erzählt. Ich befürchte fast, dass sie etwas Ähnliches macht wie ich.«

Fastow schüttelte den Kopf. »O nein, nein, nein. Michael macht etwas völlig anderes. Das hat mit Ihrem Job nichts zu tun.«

Ein flüchtiges Lächeln glitt über Fastows Gesicht. »Sie haben die institutionellen Anleger«, sagte er. »Die gehören Ihnen. Alles, was mit denen zu tun hat, ist Ihr Job.«

Was zum Teufel redete der da? Jakubik blieb die Luft weg. Das war nicht der Job, über den sie verhandelt hatten. Enron hatte schon jemanden, der für die institutionellen Anleger zuständig war: Jim Timmins. Jakubik sollte doch die Kapitalbeteiligungen in die Hand nehmen. Wollte Fastow ihm einen anderen Job geben – *gleich am ersten Arbeitstag*?

»Andy, dafür haben Sie mich doch nicht eingestellt. Ich sollte für die Emission von Aktien und Anleihen zuständig sein. Meine Gruppe heißt Equity Syndications! Ich soll alte Investitionen aus der Bilanz herausholen und Raum für neue schaffen.«

Fastow nippte schweigend an seinem Wasser.

»Was heißt das, mir gehören die institutionellen Anleger?«, fragte Jakubik scharf.

Fastow zupfte sich am Kragen. »Na ja, jedes Mal, wenn wir institutionelle Investoren reinholen, sind Sie verantwortlich.«

Guter Gott. Jakubik begann zu begreifen. Er würde keine Deals strukturieren; er sollte die Beziehungen mit den Pensionsfonds pflegen – mit Fondsmanagern reden, ihnen Informationen besorgen, ihnen das Händchen halten. Das war aber nicht sein Ressort; er war Investmentbanker. *Und bei Enron sagte man ihm das erst, als sein Job und sein Haus weg waren und die Kinder aus der Schule!*

»Moment mal, Andy. Wer macht die Strategie? Wer erledigt die geschäftliche Seite und entscheidet, was verkauft wird, was wohin geht?«

Fastow blickte Jakubik gelassen an. »Darauf gebe ich Ihnen keine Antwort. Ich sage Ihnen, Sie sind für die institutionellen Investoren zuständig.«

Es folgte ein Moment des Schweigens. »Sie stecken mich also in die Investor-Relations-Ecke«, sagte Jakubik schlicht.

Fastow langte nach seinem Wasser. »Nein, nein«, gluckste er. »Seien Sie nicht albern!«

Eine Stunde später stampfte Jakubik wieder in sein neues Büro. Er griff zum Hörer und rief seine Frau Nancy an, die in London noch mit Packen beschäftigt war.

»Hallo?«, sagte sie.

»*Himmeldonnerwetter noch mal!*«

Nancy erkannte gleich die Stimme ihres Mannes.

»Mike, was ist denn los?«

Jakubik sprach langsam. »Ich Idiot bin 5000 Meilen geflogen, um mich zum Hampelmann für Investor Relations machen zu lassen!«

»Rebecca, verflucht noch mal, das machen wir nicht!«

Skilling sah Rebecca Mark verdrießlich an. Es war gegen 11 Uhr am 8. März, und Enron wollte einige Tage später bekannt geben, dass es einen großen Anteil an Azurix in Aktien ausgeben wollte. Wochenlang hatte Rebecca Mark um jeden Vorteil geschachert; nun sollte sich Enron verpflichten, jede Chance, die sich im Wassergeschäft auftat, an Azurix weiterzureichen.[20]

Skilling lehnte das ab.

»Das öffnet doch Gerichtsprozessen Tür und Tor«, polterte er. »Wenn bei Enron irgendwo einer was von einem Wassergeschäft hört und wir geben es nicht an Azurix weiter, dann sind wir haftbar. So etwas werde ich keinesfalls umsetzen.«

Mark war wütend. »Aber wenn das nicht drinsteht, könnten Sie jedes Mal, wenn sich ein Wassergeschäft ergibt, mit uns konkurrieren!«

Skilling sah sie mit großen Augen an und lächelte. »Das stimmt. Wir könnten. Wir machen es nicht. Aber wir könnten.«

Skilling genoss diesen Augenblick. Wenn Mark weg war, würde es keine Schlachten mehr geben. Dann konnte sie sich nicht mehr hinter seinem Rücken bei Lay ausheulen. Sie wäre bei Azurix. Und er würde Enron so führen, wie er es wollte.

Zwei Tage später, kurz vor drei, klopfte eine Frau an Skillings Bürotür. Skilling stand erfreut auf.

»Hallo, Mary«, sagte er. »Kommen Sie herein.«

Mary Joyce, die bei Enron für die Gehälter der Führungsriege zuständig war, trat ein und nahm Platz. Bald stießen Rick Causey, Joe Sutton und weitere Manager hinzu. Skillings Miene wurde ernst. Seit Jahren hatte er auf diesen Moment gewartet. Er wollte ihn auskosten.

»Wir wollen in der International Division bei den Gehältern größere Veränderungen vornehmen«, sagte er. »Die alten Verträge kommen weg. Keine dicken Kompensationen mehr auf Vertragsabschlüsse.«

Sutton hatte wohl schon geahnt, was kommen würde. Kaum war Rebecca Mark aus dem Haus, schon zerpflückte Skilling ihre Abteilung. »Jeff …«, begann er.

Skilling wartete den Einwand nicht ab.

»Wir gehen zu einem standardisierten Gehaltsplan über. Jeder durchläuft das PRC, jeder erhält eine Bewertung, jeder wird nach seiner Bewertung bezahlt.«

Es wurden Einwände laut, doch alle wussten, dass sie sinnlos waren. Die Prämien, gegen die Skilling und sein Team seit fast zehn Jahren gewettert hatten, waren tot.

Am Abend des 16. März griff Fastow zum Hörer. Die Aktienemission von Azurix bot eine hervorragende Gelegenheit, eine Wall-Street-Firma, die Enron nicht laut genug bejubelte, abzustrafen. Fastow freute sich schon darauf.

Sein Ziel war diesmal der Aktienanalyst Don Dufresne bei Salomon Smith Barney, das zur Citigroup gehörte. Dufresne war nach Fastows Geschmack immer zu vorsichtig gewesen. Er gab den Investoren zu verstehen, dass Enron zwar Potenzial habe, aber auch ein erhebliches Risiko berge. Das war nicht die Art Analyse, die das Enron-Management hören wollte. Dufresne, da war man sich einig, schnallte es einfach nicht.

Doch seine Firma sollte es wenigstens schnallen. Enron hatte soeben die Azurix-Emission angekündigt. Merrill hatte sich mit der Kündigung Olsons bei Enron wieder lieb Kind gemacht und war Hauptzeichner. Salomon gestattete man nur eine Nebenrolle.

Fastow rief Robert Holloman an, Chef der Investmentbanking-Abteilung für Energie bei Salomon.[21] Er überbrachte ihm die gleiche Botschaft wie ein Jahr zuvor Merrill.

»Don Dufresne ist mit seinen Ansichten über Enron einfach nicht konstruktiv genug«, beschwerte sich Fastow. »Er war uns bei der Aktienemission keine Hilfe. Meiner Ansicht nach hat sich das auch daran gezeigt, dass Sie bei Salomon weniger Anteile verkauft haben als alle anderen.«

Holloman hakte nach. Gab es Probleme mit den Diensten der Investmentbanking?

»Überhaupt nicht«, sagte Fastow. »Dufresne ist der einzige Grund dafür, dass Sie bei Azurix keine größere Rolle spielen. Wir möchten bei der Analyse unseres Unternehmens Fortschritte sehen. Erst dann kann sich unser Verhältnis bessern.«

Innerhalb weniger Monate war Dufresne weg und Fastow in seiner Strategie bestätigt. An seine Stelle setzte die Citigroup einen Analysten, den Enron selbst empfohlen hatte. Die Enron-Bewertung durch Salomon Smith Barney stieg.

In der Wall Street kam die Botschaft an. Zweifel an Enron zu äußern kostete Geschäfte. Also verloren die Zweifler ihre Jobs.

Fastow ging die Sache feinsinnig, fast charmant an. Mike Jakubik war auf einem anderen Posten, und Fastow und Kopper wollten sich nun auf ihre Idee mit dem Kapitalbeteiligungsfonds stürzen. Doch McMahon hatte Recht: Keiner von ihnen hatte viel Ahnung davon, wie man Beteiligungskapital aufbringt. Also brauchten sie Hilfe von jemandem, der davon eine Ahnung hatte. Die Lösung lag auf der Hand: Jim Timmins, der angestellt worden war, um die Beziehungen zu den Pensionsfonds zu pflegen.

Eines Nachmittags sprach Fastow Timmins an. »Wir müssen passives Beteiligungskapital für unsere Geschäfte aufbringen«, sagte er. »Denken Sie darüber nach, und machen Sie mir Vorschläge.«

Timmins freute sich. »Klar, Andy, klingt toll.«

Timmins machte sich an die Arbeit, und Fastow wartete gespannt auf seine Ideen. Vor allem wollte er wissen, welche institutionellen Fonds er kontaktierten sollte. Dann konnte er Profite für sich und Kopper an Land ziehen.

Die Azurix-Manager sahen einen Learjet zum Enron-Hangar rollen. Das Flugzeug kam neben dem Enron-Flugzeug zum Stehen, das die Manager nach Hamilton, Ontario, zu einem Geschäftstreffen fliegen sollte. Der Lear war offenbar gechartert worden.

Als der Enron-Jet abflugbereit war und die Manager zur Rollbahn gingen, sah Amanda Martin Rebecca Mark in einem Auto vorbeifahren. Amanda Martin brauchte einen Moment, bis sie eins und eins zusammengezählt hatte. Der Charterjet war für ihre Chefin.

Rebecca Mark ging zu ihrem Team hinüber.

»Wohin fliegen Sie?«, fragte sie.

»Hamilton«, erwiderte Amanda Martin. Azurix stand mit der dort ansässigen Firma Philip Services in Verhandlungen über den Kauf von Vermögenswerten. »Wohin fliegen Sie?«

»New York«, sagte Mark. »Also dann, gute Reise!«

Die Jets starteten. An Bord des überfüllten Enron-Jets war Rebecca Marks Reise *das* Gesprächsthema. Es war nicht leicht, einen Flug nach Hamilton zu bekommen, und Zeit war schließlich Geld. Aber *New York?* Von Houston ging fast stündlich ein Flug dorthin. Doch statt sich ein Ticket zu kaufen, hatte sich Mark *einen Learjet gechartert.*

Die Manager an Bord hatten kein gutes Gefühl dabei.

Der Entwurf hatte nur 15 Seiten – er war so dünn, dass er niemandem weiter auffiel. Doch Fastow und Kopper waren sich sicher, dass diese Idee sie endlich reich machen würde.

Nachdem man Jakubik aus dem Weg geschafft hatte, brütete Timmins Ideen aus, die Fastow eifrig aufgriff, sodass die Special Projects Group einen Investmentfonds aufbauen konnte. Fastow hatte seit Monaten mit der Idee gespielt und sich mit Bankern von Merrill Lynch beraten. Nun, im März 1999, fügten sich die Teile zusammen.[22]

Man hatte ein Emissionsdokument für einen Fonds namens Enron Merchant Partners LP aufgesetzt. Der Entwurf enthielt noch Tippfehler, und bei Merrill krittelte man an Einzelheiten herum. Doch die Grundzüge waren da. Kopper würde den Fonds betreiben und Fastow Bericht erstatten. Der Fonds sollte eine Milliarde Dollar aufbringen. Wenn Enron etwas verkaufen wollte, würde Merchant Partners einspringen. Nie mehr Jagd auf Investoren. Enron müsste keine Gedanken mehr an den Markt verschwenden; Enron *wäre* der Markt. Geschäfte wie RADR und Chewco würden zur Regel.

Sieht da jemand ein Problem?

Kapitel 9

Am Morgen des 7. April 1999, einem Mittwoch, herrschte bei Enron Hochstimmung. Aus Fernsehern tönten Berichte über die neusten Wall-Street-Kurse; die Händler verfolgten über Internet die rasant ansteigenden Notierungen.

Rhythms Net Connections – die Internet-Start-up-Firma, die 13 Monate zuvor einen Firmenanteil an Enron verkauft hatte – ging just an dem Tag an die Börse, an dem der Dow Jones Industrial Average die Zehntausendermarke überschritt, und die Aktie wurde von der Welle steigender Börsennotierungen mitgerissen. Selbst nach dem irrationalen Standard des »Blasenmarktes« war Rhythms außergewöhnlich erfolgreich: Die Aktie verdreifachte am ersten Markttag auf dem NASDAQ ihren Wert auf 56 Dollar.[1] Dank der Mark-to-Market-Buchführung hatte Enron soeben ein Vermögen verdient.

Während die Börseneuphorie durchs Gebäude fegte, leitete Skilling in einem Konferenzraum eine nicht enden wollende Planungssitzung, diesmal mit dem Ausschuss für Aktienanlagen der Großkundengruppe. Skilling drängte gerade die Führungskräfte, die Enron-Gewinne an explodierenden Aktienanlagen mit so genannten Hedges abzusichern, Anlagen, die anstiegen, wenn der Wert der Enron-Bestände sank. Ohne Hedges konnte jeder Gewinn aus Aktienanlagen zu einem Verlust werden, wenn die Kurse am Markt fielen.[2]

Im Verlauf der Sitzung sah Kevin Garland aus der Private-Equity-Gruppe bei Enron etwas auf seinem Alpha-Pager nach.[3]

»Hey, Jeff«, unterbrach er. »Wissen Sie noch, unsere Investition bei Rhythms?«

»Klar.«

»Die sind heute an die Börse gegangen. Wissen Sie, wie viel Geld wir verdient haben?«

Eine Zehn-Millionen-Anlage für ein Jahr? Zehn Millionen vielleicht? »Wie viel?«, fragte Skilling.

»Das Letzte, was ich gesehen habe, waren 90 Millionen Dollar.«

Verblüffte Stille. »*Was?*«, rief Skilling.

Und der Kurs stieg weiter. Am Nachmittag war der Wert der

Enron-Einlage bei Rhythms von etwa 28 Millionen Dollar auf annähernd 400 Millionen Dollar geklettert. Nach der Mark-to-Market-Methode konnte Enron jeden einzelnen Dollar als Gewinn ausweisen.

Doch es gab einen Haken. Der Vertrag mit Rhythms sah vor, dass Enron seine Anteile erst sechs Monate nach dem Börsengang verkaufen durfte. Diese Bedingung war üblich; kein Start-up-Unternehmen will, dass Großaktionäre ihre Anteile kurz nach Handelsbeginn losschlagen. Wenn nun der Kurs der Rhythms-Aktien zusammenbrach, während Enron die Anteile noch halten musste, konnte sich der unerwartete Geldregen im zweiten Quartal im dritten plötzlich in einen Verlust verwandeln.

»*Das* meinte ich«, sagte Skilling vor den versammelten Führungskräften. »Wir müssen richtig gute Hedges auf die Beine stellen.«

Eine gute Absicherung für Rhythms werde Enron im Falle eines künftigen Verlustes ein blaues Auge ersparen, sagte er. Sie mussten eine Lösung finden.

Einen Hedge aufzubauen ist so ähnlich, wie wenn man ein Foto mit Blitzlicht macht: Man hält einen ganz bestimmten Moment fest. Doch wie man einen Schnappschuss verwackeln kann, so kann auch ein Hedge durch unvorhersehbare Faktoren zum Verlustgeschäft werden.

Es gibt verschiedene Gründe, den Status quo einzufrieren. Bei Rhythms war es eine Frage des Finanzmanagements: Die Kurssteigerung brachte Gewinne, die Enron nicht wieder verlieren wollte. Mit einem Hedge konnte Enron den für das Unternehmen vorteilhaftesten Moment wie mit einem Schnappschuss festhalten.

Doch was in der Theorie einfach klingt, gestaltet sich in der Praxis oft schwierig. Ein perfekter Hedge steigt genau um den Gegenwert dessen, um den die Anlage sinkt. Wenn man Aktien besitzt, dann wettet man darauf, dass sie im Wert steigen. Anleger können aber auch darauf wetten, dass der Kurs *fällt*, indem sie einen Leerverkauf tätigen; dies führt zu einer so genannten Short Position oder offenen Position, die nach dem Kursfall billiger wieder geschlossen wird. Die perfekte Sicherung für Aktien ist daher ein Leerverkauf für die gleichen Aktien. Doch das hätte in diesem Fall einem Verkauf der Aktien entsprochen, kam also für Enron nicht in Frage.

Es gab aber auch kompliziertere Optionen. Die nahe liegende Möglichkeit war es, eine andere offene Position zu schaffen, also auf sinkende Aktienkurse von Unternehmen zu wetten, die Rhythms ähnlich waren. Dies hätte Enron vor einem Kurskollaps im Bereich High-Tech bewahrt, nicht aber vor Problemen durch den Kursverlauf der Rhythms-Aktien.

Theoretisch gab es noch eine Möglichkeit. Enron konnte einen Dritten damit beauftragen, das Risiko für einen Kursverfall bei Rhythms zu übernehmen. An der Wall Street werden häufig so genannte Verkaufsoptionen auf ein Aktienpaket verkauft: Man vereinbart im Grunde, die Aktien später zu einem festgelegten Kurs zu verkaufen. Wenn sich eine Investmentbank zum Verkauf solcher Optionen bereit erklären sollte – und vereinbarte, gegen Gebühr sechs Monate später die Rhythms-Aktien zum gegenwärtigen Spitzenwert zu erwerben –, wären für Enron die Gewinne festgeschrieben.

Leider ging das aber nicht. Solch ein Geschäft hätte sehr wahrscheinlich gegen die Vereinbarungen verstoßen, die Enron mit Rhythms getroffen hatte. Schlimmer noch: Keine Investmentbank würde eine Verkaufsoption für eine in solch geringem Umfang gehandelte Aktie wie die von Rhythms verkaufen, ohne eine gigantische Gebühr dafür zu verlangen – und damit die Aktiengewinne wieder zu beschneiden. Es war ein knallhartes Geschäft. Niemand würde das Risiko eines fast unvermeidlichen Kursverfalls übernehmen, nur weil Enron es so wollte. Jedenfalls nicht, ohne sich durch ein Insidergeschäft abzusichern.

Am Nachmittag dieses 7. April schüttelten sich Ken Lay und Drayton McLane, Besitzer der Baseballmannschaft Houston Astros, in Anwesenheit von Journalisten und Fotografen im Nordosten des Stadtzentrums die Hände. Sie wollten offiziell bekannt geben, dass Enron 100 Millionen Dollar zahlen und im Gegenzug das Recht erhalten sollte, dem im Bau befindlichen Stadion seinen Namen zu geben. Ab jetzt würden die Astros auf dem Enron Field spielen.[4]

Lay hielt das für eine großartige Sache. Das Geld sollte auf 30 Jahre gezahlt werden, während deren die Privatkundenabteilung die Energieverträge im Baseballstadion betreute, die, so hoffte man, 200 Millionen Dollar einbringen würden – also ein todsicheres Geschäft.

Lay und McLane gaben vor den Journalisten ihre Erklärungen ab. Bei Enron sei man sehr glücklich über die Zusammenarbeit mit dem Baseballclub, sagte Lay, und freue sich auf die Eröffnung des Stadions im Jahr 2000.

»Wir tun das, was wir am besten können: Wir kümmern uns um Energie und öffentliche Einrichtungen«, sagte Lay. »Und wir lassen die Astros tun, was sie am besten können: Baseballspiele gewinnen.«

»Kann man das nicht auch anders betrachten?«, fragte David Duncan. »Das ist Causey enorm wichtig.«

Duncan telefonierte mit Carl Bass. Die beiden feilschten um ein internationales Geschäft, mit dessen Hilfe man eine Steuerzahlung aufschieben wollte. Doch Bass hatte ihm mitgeteilt, dass das so nicht ging.

»Da kann ich nicht viel machen«, sagte Bass.

Duncan unternahm einen letzten Vorstoß.

»Na gut«, sagte Bass. Er wolle die Buchhaltungsexperten von Andersen in Chicago anrufen und sie bitten, das Geschäft noch einmal zu prüfen; vielleicht habe er etwas übersehen.

Dem war aber nicht so, meldeten die Fachleute. Bass fand das nicht weiter dramatisch. Die Steuern, um die es ging, beliefen sich auf weniger als 15 Millionen Dollar. Es war doch ausgeschlossen, dass Enron so verzweifelt auf Gewinne angewiesen war.

Bass stand im Vorraum zu Causeys Büro. Ihm war unbehaglich zumute. Es war der 10. April 1999. In den Tagen zuvor waren Causey und Duncan in Augusta, Georgia, gewesen, wo sie sich das Golf-Masters angesehen hatten. Sie waren früher als geplant zurückgeflogen, um mit Bass noch einmal die Steuersache durchzugehen.

Causey bat Bass ins Büro, in dem Duncan bereits wartete. Die drei nahmen Platz.

»Also, wir wissen ja alle, worum es geht«, sagte Causey. »Ich lege mal die Position Enrons dar.«

Causey sprach mehrere Minuten. Er erwähnte keine Buchhaltungsregeln, sondern sprach über das bei Enron erwünschte finanzielle Ergebnis. Bass ließ sich nicht erweichen.

»Verzeihen Sie, Rick«, sagte Bass. »Ich habe es mir angesehen und die Leute in Chicago auch. Es ist, wie es ist.«

»Warten Sie«, sagte Duncan. »Rick, ich verstehe, was Sie meinen. Wie wäre es, Carl, wenn Sie Ihre Haltung ein wenig modifizierten?«

Duncan erklärte, welchen Kompromiss Bass seiner Ansicht nach eingehen könne.

Bass sah ihn erstaunt an. »Wir verhandeln nicht, Dave. Es gibt eine Antwort. Ich habe sie gegeben. Wir sind durch.«

»Meinen Sie nicht, dass wir einen Mittelweg finden könnten?«, fragte Duncan.

Ist den beiden nicht klar, was ein Prüfer macht? »Nein, Dave, es gibt keinen Mittelweg. Es gibt eine Antwort. Die Firma hat ihre besten Leute drangesetzt. Und wir haben Ihnen die Antwort gegeben.«

»Gut, in Ordnung«, zischte Causey wütend.

Das Gespräch war beendet. Als Bass ging, stieg Angst in ihm auf. *Weiß der Himmel, was die beiden jetzt machen.*

Die für Enron zuständigen Aktienanalysten waren begeistert von den Rhythms-Zahlen. Da steckten doch wohl riesige Gewinne drin. Auf einer Telefonkonferenz am 13. April fragte ein Analyst Jeff Skilling, ob Enron die Gewinne aus der Rhythms-Anlage verbuchen werde.[5]

»Jetzt haben Sie uns aber erwischt«, flachste er. »Nein, nein, wir haben das im Moment mit rund 28 Millionen Dollar in den Büchern.«

Doch obwohl Enron bislang den vollen Wert der Aktien nicht verbucht habe, so Skilling, habe man den Gewinn doch nicht aus dem Auge verloren. »Rechnen Sie mal. Zum Börsenschluss gestern war das Paket 406 Millionen Dollar wert; in den Büchern steht es mit 28 Millionen.«

Jemand murmelte Skilling den neusten Kurs ins Ohr.

»Oh, der Kurs ist wieder um 15 Dollar gestiegen«, sagte er und gluckste. »Wir müssen noch entscheiden, wie wir damit verfahren.«

Am nächsten Tag nahm George W. Bush im Gouverneursbüro im Kapitol von Austin eine kleine weiße Postkarte mit seinem Namen zur Hand. Er griff nach einem Faserschreiber, um seinem Freund Ken Lay zu schreiben.

Lay und Bush hatten sich erst ein paar Jahre beschnuppert, doch 1994 wurden sie Freunde. In jenem Jahr trat Bush gegen die damalige Gouverneurin Ann Richards an. Lay stand Richards nahe, stellte sich aber auf Bushs Seite und schaufelte annähernd 38000 Dollar in seinen Wahlkampf, dreimal so viel, wie er Richards gab.[6]

Seit Bush Gouverneur war, hatte sich die Freundschaft gefestigt. Lay war von Richards in den Governor's Business Council berufen worden, und Bush hatte ihn 1995 in dieser Position bestätigt. Als Bush die Fühler nach der Präsidentenkandidatur ausstreckte, spendete Lay schon früh für den Wahlkampf. Bush schickte Lay zu Weihnachten kleine Präsente und erhielt von diesem Lesestoff und Briefe.

Kürzlich hatte ihm Lay einen Artikel des Pulitzer-Preisträgers Thomas Friedman aus dem *New York Times Magazine* geschickt, in dem es um die Bedeutung und die Herausforderungen der Globalisierung ging.

Bush datierte seine Karte und schrieb: »Lieber Ken, danke für den Friedman-Artikel; ich fand ihn sehr interessant. Uns geht's gut.«

Er unterzeichnete mit »GW«.[7]

Am 19. April 1999 gegen 10.15 Uhr beendeten Skilling und Fastow mit dessen Team gerade ihre Besprechung der Tagesordnung für die nächste Sitzung des Board-Finanzausschusses.

»Das sieht gut aus«, sagte Skilling und stand auf.

Fastow blieb noch. Er hatte Skillings Sekretärin gebeten, ein paar Minuten für ihn in Skillings Terminplan zu quetschen.[8] Als alle weg waren, fragte Skilling: »Andy, was gibt's?«

»Ich habe eine Idee«, sagte Fastow. »Jedes Mal, wenn wir eine komplizierte Transaktion machen, müssen wir den Investmentbanken horrende Gebühren bezahlen.«

Das wusste Skilling auch; die Gebühren waren mörderisch.

»Wie wäre es, wenn ich einen unabhängigen Investmentfonds gründe, mit mir als persönlich haftendem Gesellschafter«, fuhr Fastow fort. »Wann immer Sie es wollen, könnten Sie mir Vermögenswerte anbieten, und ich könnte Ihnen wahrscheinlich einen besseren Preis dafür bieten, weil ich die Vermögenswerte kenne.«

Was Skilling nicht wusste: Ihm wurde gerade die dritte Version des Kapitalbeteiligungsfonds angeboten. Jakubik wäre mit weit weniger Interessenkonflikten behaftet gewesen als Fastow, aber der CFO hatte ihn bereits abserviert und Kopper in Stellung gebracht.

Nun trat Fastow auch an Koppers Stelle. Mit Chewco hatte Kopper finanziell bereits reichlich von den geheimen Nebengeschäften profitiert. Die Zahlen, die Kopper auf seinem Laptop verwaltete, ließen keinen Zweifel daran aufkommen, dass dieser Fonds nun Fastow zustand.

Der Fonds, so erklärte Fastow Skilling, werde die Investmentbanker überflüssig machen. Dies werde zu höheren Verkaufspreisen und niedrigeren Transaktionskosten führen.

»Schon gut«, sagte Skilling, »aber da ist der Interessenkonflikt.«

Fastow nickt eifrig. »Ja, das stimmt«, sagte er. »Aber es geht doch darum, ob es billiger ist und die Aktionäre davon profitieren.«

Skilling dachte darüber nach. »Sie haben Recht«, sagte er. »Also gut, gehen Sie's an.«

Das Gespräch hatte etwa eine Minute gedauert; keiner der beiden hatte sich gesetzt. Ganz nebenbei hatten sie den Schritt beschlossen, der entscheidend zur Vernichtung Enrons beitragen sollte.

»Wie zum Teufel konnten Sie nur zehn Prozent des verdammten Unternehmens einfach so herschenken?«

Skilling starrte wütend über den Tisch im Konferenzraum der 36. Etage. Ihm gegenüber saßen Ken Harrison und Joe Hirko, die Manager von Portland General, die nun Enron Communications leiteten. Sie blickten ungerührt zurück.

Es war am Morgen des 29. April, und Skilling hatte soeben das schmutzige Geheimnis der Firma aufgedeckt: Die Manager hatten in großem Stil Unternehmensanteile an neue Angestellte ausgegeben. Private Aktienoptionen – überwiegend an Enron Communications – waren verteilt worden wie Notizblöcke. So etwas war in Start-up-Privatunternehmen der High-Tech-Branche durchaus üblich, um Topleute in die Firma zu holen. Doch hier lag die Sache anders; Enron war eine Aktiengesellschaft und zahlte für alles. Und nun besaßen neue Angestellte einen großen Teil dieser Enron-Firma und wollten durchsetzen, dass sie ihre Aktien an der Börse verkaufen konnten.

»Darum waren Sie wohl so scharf auf den Börsengang: Sie wollten eben mal schnell 15 oder 20 Millionen scheffeln!«, schimpfte Skilling. »Das ist doch wahnsinnig!«

»Wir halten es für logisch«, erwiderte Harrison. »Sie müssen verstehen, wie dieses Geschäft läuft …«

»Da wird aber nichts draus, Ken! Wenn Sie das durchbringen wollen, bekämpfe ich es bis vors Board.«

Skilling starrte sein Gegenüber finster an. »Wir machen mit diesem Unternehmen keinen Börsengang. *Auf keinen Fall!*«

»Gut«, sagte Harrison. »Gehen wir damit vors Board.«

Wenige Wochen später hatte Skilling gewonnen. Die Direktoren beschlossen, Enron Communications als Kerndivision zu erhalten und die Aktienoptionen, die so leichtfertig ausgegeben worden waren, zurückzukaufen.[9]

Diesen Fehler wieder auszubügeln würde Enron mehrere hundert Millionen Dollar kosten. Skilling wusste nun, wie er die unerwarteten Gewinne aus Rhythms einsetzen würde. Aber sie mussten unbedingt einen Weg finden, wie sie die Gewinne absichern konnten.

Fastow und eine kleine Schar von Gefolgsleuten arbeiteten bereits an einer Absicherung für das Rhythms-Schatzkästlein. Der Schlüssel dazu lag in Fastows neuem Kapitalbeteiligungsfonds.

Dieser außerhalb Enrons angesiedelte Fonds konnte als dritte Partei Enron mit einem Hedge gegen einen Kursverfall bei Rhythms versorgen. Er hatte anzubieten, worauf sich kein vernünftiger Investor einlassen würde: die Übereinkunft, das Risiko für die Eigentümerschaft von Rhythms zu übernehmen. Jede Bank würde dafür ein Vermögen fordern.

Fastow natürlich auch.

Azurix brauchte einen Erfolg.

Rebecca Marks Wasserunternehmen stand einige Wochen vor dem Börsengang, hatte aber seit Wessex ein Jahr zuvor keinen großen Deal getätigt. Mark versprach bereits Gewinne im Enron-Stil: Jahresrenditen von 20 Prozent, also doppelt so viel wie bei den Konkurrenten. Dafür brauchte Azurix aber Geschäfte. Und nun meinte Mark eins gefunden zu haben: AGOSBA.[10]

Hinter diesem Akronym verbarg sich die Administración General de Obras Sanitarias de Buenos Aires. Das argentinische Staatsunternehmen verkaufte die Rechte für die Wasserversorgung in sechs Bezirken rund um Buenos Aires. Die Finanzanalysten bei Azurix hatten errechnet, dass die Cashflows einen aktuellen Wert von 333 Millionen Dollar hatten. Zunächst hatten Mark und ihr Team ein Angebot zwischen 321 und 353 Millionen Dollar angesetzt, in einem Bereich, in dem ein satter Gewinn fast garantiert war.

Doch mit dem Näherrücken des Börsengangs war man bei Azurix dermaßen versessen darauf, eine große Akquisition bekannt zu geben, dass man das Angebot auf über 400 Millionen aufstockte. Zur Begründung lobte man die nun bei Azurix beschäftigten Wessex-Manager in den Himmel; in Argentinien würden sie gewiss Wunder vollbringen.

Mark und andere Azurix-Manager brachten die Sache vor ihr Board of Directors, zu dem Lay, Skilling, Pug Winokur, John Duncan und Joe Sutton zählten. Amanda Martin, Chefin für Nord- und Südamerika bei Azurix, erläuterte das Angebot. Als sie fertig war, ergriff Lay das Wort.

»Wir müssen den Zuschlag bekommen«, sagte er.

Winokur pflichtete ihm bei. »Das wäre für die Kursfestlegung beim Börsengang sehr wichtig«, sagte er.

»Sie haben Recht. Wir müssen den Zuschlag bekommen, um einen guten Börsengang hinzulegen«, sagte Rebecca Mark. »Deshalb wären wir sehr dankbar, wenn das Board der Angebotssumme zustimmen würde.«

Lay sah Amanda Martin an. »Amanda, bekommen wir damit den Zuschlag?«

Martin erhob die Hände. »Die Angebote sind versiegelt. Wir wissen es nicht. Aber wir haben so viel reingebuttert wie irgend möglich.«

»Was sagen unsere Risikoleute dazu?«

Es war Skilling, der sich nach der Einschätzung der Gruppe Risk Assessment and Control erkundigte, die von Chief Risk Officer Rick Buy geleitet wurde.

»Wir stehen kurz vor einer Genehmigung durch die RAC«, sagte Martin.

Skilling war noch nicht zufrieden. »Haben die der Summe zugestimmt oder nicht?«

»Es ist die Höchstsumme, die sie genehmigen.«

»Was sagt Buy dazu?«

»Er warnt und äußert Bedenken«, erwiderte Martin. »Aber er sagt ja.«

Rebecca Mark knüpfte daran an. »Es ist wichtig, dass wir bei der Auktion den Zuschlag bekommen. Es ist wichtig, dass Sie zustimmen.«

Dem ließ sich kaum widersprechen. Ja, sollte man nicht doch …

»Hat es einen Sinn, das Angebot aufzustocken?«, fragte Lay.

Man wahrte absolutes Stillschweigen.

Die Angebotssumme für das Argentinienprojekt wurde bei Azurix nicht schriftlich fixiert. Man sicherte sie auf einem Laptop in einer

Datei, die nur über ein Passwort zugänglich war. Die Telefone in Buenos Aires wurden auf Wanzen untersucht. Die Azurix-Manager waren sich sicher, dass ihre großen französischen Konkurrenten Vivendi und Suez Lyonnaise des Eaux alles tun würden, um das amerikanische Start-up-Unternehmen aus dem Rennen zu werfen.

Am Vorabend der Auktion, am 17. Mai, flog ein Manager mit dem Laptop an Bord eines Enron-Flugzeugs in Houston ab. Am nächsten Morgen wurde der Computer dem für das Argentiniengeschäft zuständigen Azurix-Team übergeben. Es übertrug die Daten und prüfte sie.

438,6 Millionen Dollar.

Unter dem Druck des Azurix-Vorstands hatte man das Angebot in letzter Minute noch einmal um etwa 30 Millionen Dollar erhöht. Das Angebot wurde in einen Umschlag gesteckt und persönlich zu dem Regierungsgebäude in Buenos Aires gebracht, in dem die Angebotseröffnung stattfinden sollte.[11]

José Luis Vittor, Anwalt für Azurix, verfolgte, wie die Regierungsvertreter die Umschläge öffneten und die Summen vorlasen. Die Prozedur war kompliziert; verschiedene Unternehmen boten für unterschiedliche Teile der Wasserversorgung. Jedes Mal, wenn er neue Zahlen hörte, rechnete sich Vittor aus, wie hoch die Differenz war zwischen dem, was die Konkurrenten zu zahlen bereit waren, und dem Angebot von Azurix. Ihm dämmerte eine schreckliche Erkenntnis.

Azurix hatte viel zu viel geboten, doppelt so viel wie alle anderen. Wenn bei einem so hohen Preis noch Gewinne drin waren, dann hoffte man das wohl nur bei Azurix.

Es war das Gleiche wie in Brasilien. Nur schlimmer.

Rebecca Mark überbrachte Ken Lay die Nachricht.

»Wir haben gewonnen in Argentinien«, sagte sie. »Wir haben ein bisschen Geld liegen lassen. Aber wir sorgen dafür, dass es aufgeht.«

Lay nickte lächelnd.

»Gratulation«, sagte er.

Jim Timmins brachte seinen Vorschlag für den Kapitalbeteiligungsfonds vor. Noch hatte ihm niemand gesagt, dass Fastow bereits seinen eigenen Fonds zusammenstellte, aber da lag ja der Hase im Pfeffer. Fastow wollte sich aus Timmins' Ideen die Rosinen herauspicken.

Timmins nannte seinen Fonds Enron Equity Syndication Program oder kurz Enron ESP. Das Unternehmen sollte bei fünf oder sechs Pensionsfonds rund 400 Millionen Dollar auftreiben. Dann würde Enron Geschäfte entwickeln und den Investoren präsentieren. Jeder dürfe drei Gelegenheiten verstreichen lassen, dann würde eine andere Institution an seine Stelle treten, die zu investieren bereit war.

Finanzmanager Jeremy Blachman überbrachte Timmins Fastows Urteil. »Andy gefällt das nicht. Es gibt den Investoren zu viel Mitspracherecht.«

Das sei doch der Witz, sagte Timmins. Der Fonds sei interessant, weil die Investoren Kontrolle über die Anlagen hätten.

»Andy möchte das aber nicht«, sagte Blachman. »Er bittet Sie, ihm einen anderen Vorschlag zu machen.«

Blaue und lilafarbene Wandgemälde schmückten die Wände des italienischen Restaurants »La Griglia« in River Oaks, das bei den Reichen und Mächtigen der Stadt sehr beliebt war. In einer ruhigen Ecke aßen Amanda Martin und Jeff Skilling am 21. Mai 1999 zu Mittag. Das Essen war gut, das Gespräch angespannt.[12]

Martin hatte Angst. Azurix steckte in Schwierigkeiten. Das lag nicht nur an dem absurd überhöhten Gebot in Argentinien; das Unternehmen war zu einem Börsengang einfach noch nicht bereit. Es hatte viel Geld für neue Niederlassungen rund um den Globus ausgegeben. In London hatte es einen Pachtvertrag über fünf Millionen Dollar unterschrieben, von den enorm teuren Büroräumen in Houston ganz zu schweigen. Die Kosten für Wendeltreppe und Marmorböden addierten sich.

Schlimmer noch, dachte Martin für sich: Rebecca Mark hatte offenbar keine Ahnung, wie Azurix die von ihr versprochenen hohen Gewinne einfahren sollte. Skilling musste den Börsengang stoppen. Azurix musste noch ein bisschen länger unter den Fittichen der Enron-Mutter bleiben.

»Der Börsengang bereitet mir Sorgen«, sagte Amanda Martin.

Skilling betrachtete sie kauend.

»Ich fürchte, Azurix ist einfach noch nicht so weit«, sagte sie. »Wir sind da draußen völlig schutzlos. Das macht mir Angst.«

Skilling setzte seine Gabel ab.

»Ich will mein Geld zurück«, sagte er. »Ich habe mich vor dem Board schwer dafür ins Zeug gelegt. Wir haben keine einstimmige Entscheidung gehabt. Ich habe denen versprochen, dass ich unser Geld wieder zurückbekomme und dass wir nicht noch mehr Geld in diesen Geschäftszweig stecken.«

»Aber, Jeff …«

»Liefern Sie einfach den besten Börsengang, den Sie hinbekommen. Ich weiß, Sie können das. Holen Sie alles raus. Es wird funktionieren. Sorgen Sie dafür.«

Martin atmete tief ein. »Also gut«, sagte sie. »Ich mache mir aber auch Sorgen um Rebecca.«

Skilling schnitt ihr das Wort ab. »Sie ist eine kluge Frau.«

Es entstand eine Pause. »Sie wollen nicht darüber reden?«, fragte Martin.

Skillings Miene war ausdruckslos. »Nein.«

Fastow hatte sich in die Werbung für seinen Fonds gestürzt und mit Bankern gesprochen. Der Deal war nicht so spritzig wie die geplanten Enron Merchant Partners. Er war kleiner, angelegt auf nur 15 Millionen Dollar an externen Investitionen.

Er sprach Kevin Howard an, den zuständigen Enron-Banker bei Greenwich NatWest. »Ich möchte über ein Geschäft mit Ihnen reden«, sagte Fastow. »Aber ich muss auf absoluter Geheimhaltung bestehen.«

Er wolle einen Fonds einrichten, der vorläufig Martin heißen solle, sagte Fastow.[13] Es handle sich um so etwas wie eine Zweckgesellschaft mit einem kleinen Kapitalanteil, der von externen, unabhängigen Parteien wie Greenwich NatWest kommen solle. Fastow selbst werde investieren, vielleicht auch Kopper. Enron werde über 220 Millionen Dollar an Unternehmensaktien zuschießen. Damit sei die Verpflichtung des Fonds, den Hedge für die Enron-Anlage in Rhythms zu stellen, abgesichert.

Howard hörte aufmerksam zu und erklärte sich bereit, die Idee den Bankern im Bereich Projektfinanzierungen vorzutragen.[14] Die Reaktion war einhellig: Was zum Teufel schwafelte Fastow da eigentlich?

Die Sache klang absolut unsinnig. Enron würde 220 Millionen Dollar an seinen CFO weiterreichen und sein Geld zurückbekommen, wenn die Rhythms-Anlage an Wert verlor? Würde die Firma die Anteile nicht ohnehin wiederbekommen oder zumindest dafür bezahlt werden?

Am 28. Mai las David Bermingham, für Projektfinanzierungen zuständiger Banker bei Greenwich, Howards E-Mail. Er wurde das Gefühl nicht los, dass sich Fastow da ein ganz eigenes Süppchen kochte. Er klickte auf »Antworten« und schrieb.[15]

»Tatsache ist, dass eine wertlose GmbH namens Martin, die mehreren Enron-Angestellten gehört, auf einen Schlag 220 Millionen Dollar an Unternehmensaktien *geschenkt* bekommt«, schrieb Bermingham.

Ja, so wie der Deal konstruiert sei, werde Martin nicht einmal etwas tun müssen, um Fastow reich zu machen, schrieb er.

Fastow und Kopper konnten »die Aktien am Markt verkaufen, ihre Koffer packen und nach Rio verschwinden«, schrieb er. »Wenn sie Ihnen gehörten, würden Sie das doch auch tun. Mir wird so langsam klar, warum die beiden so scharf auf diese Sache sind.«

Bermingham drückte die Enter-Taste.
»Oder habe ich irgendwas übersehen??????«, tippte er.

»Warum sollte ein Direktor, der noch alle Tassen im Schrank hat, so einem Vorhaben zustimmen?«

Am selben Tag saß Ben Neuhausen, Topspezialist in der Professional Standards Group bei Andersen, an seinem PC in der Chicagoer Niederlassung. David Duncan, der für Enron zuständige Partner, hatte ihn wegen der völlig hirnrissigen Idee aus dem Hause Enron konsultiert, den CFO einen externen Fonds leiten zu lassen, der ins Leben gerufen wurde, damit Enron mit sich selbst Geschäfte machen konnte.

Neuhausen war platt. Die Idee war aus geschäftlicher Sicht völlig unsinnig, und die Interessenkonflikte sprangen einem sofort ins Auge. Am 28. Mai antwortete Neuhausen Duncan per E-Mail, er könne kaum glauben, dass eine Firma so etwas auch nur in Erwägung ziehe.[16]

»Selbst wenn alle unten aufgeführten Buchhaltungsprobleme überwunden würden, so bleibt es doch eine dem Unternehmen nahe stehende Partei«, schrieb er. »Würde Enron wollen, dass diese Abschlüsse jedes Jahr als Abschlüsse mit ihr nahe stehenden Personen im Jahresabschluss auftauchen?«

Doch das war für Neuhausen nicht der entscheidende Punkt. So, wie dieser Fonds aufgebaut war, sah er aus, als wolle sich Enron damit seinen eigenen Marktplatz für den Kauf von Vermögenswerten aufbauen. Das sei in Ordnung, doch Enron könne dann nicht einfach Verkäufe an den konzerninternen Fonds als Gewinne verbuchen, schrieb Neuhausen. Das gehe zu weit.

Am frühen Morgen des 1. Juni 1999 loggte sich David Duncan in seinen Computer ein und las die E-Mail von Neuhausen, die eingegangen war, nachdem er am Freitag das Büro verlassen hatte. Er klickte auf »Antworten« und begann zu schreiben.

»Dem, was Sie sagen (die ganze Sache ist eine schlechte Idee) stimme ich voll und ganz zu«, schrieb er.

Doch, so argumentierte er, sei der Deal ja noch lange nicht fertig. Schließlich brauche er noch den Segen des Boards, des Chefjustiziars und vieler anderer. Wenn den Direktoren erst mal klar sei, worauf Fastow aus war, da war Duncan zuversichtlich, würden sie den Vorschlag auf der Stelle abschmettern.

»Die Sache ist noch in der Brainstorming-Phase, aber Andy möchte es so schnell wie möglich durchziehen, wenn möglich noch in diesem Quartal«, tippte Duncan. »Andy ist überzeugt davon, dass es so ein Erfolg wird, dass jeder einsteigen will. Wir werden sehen.«

Wenn es aber durchgehen sollte, so schrieb Duncan, werde er Neuhausens Hilfe brauchen, um Enron daran zu hindern, die Gewinne aus Anlageverkäufen an den Fonds zu verbuchen. »Ich brauche alle Munition, die ich kriegen kann, um das durchzusetzen«, tippte er.

Der dunkle BMW 740i bog aus der Tiefgarage des Allen Center in die Smith Street. Auf der Fahrt zum Dong Ting, seinem chinesischen Lieblingsrestaurant, drehte Cliff Baxter liebevoll das Lenkrad und lauschte entzückt dem Brummen des fein abgestimmten Motors. Auf dem Beifahrersitz bewunderte Ray Bowen das weiche Leder und die ausgefallenen Extras.

»Schönes Auto, Cliff«, sagte Bowen.

»Danke«, erwiderte Baxter. »Ich habe erwogen, einen 750iL zu kaufen, aber der wäre doch ein bisschen sehr protzig gewesen.«

Bowen nickte.

»Wissen Sie, Ray, ich wohne nicht in River Oaks«, sagte Baxter. »Ich könnte, aber ich will nicht. Ich wohne in Sugar Land, außerhalb der Stadt, und wollte fürs Pendeln ein schönes Auto haben.«

»Das haben Sie«, sagte Bowen.

Baxter, der als Topmann in der Großkundengruppe Geschäfte abwickelte, hatte Bowen an jenem Tag zum Mittagessen eingeladen, weil er ihn zu einem Jobwechsel überreden wollte. Das Anlagengeschäft war in einem schlimmen Zustand; die Geschäfte kamen aus den falschen Beweggründen zustande, denn die verantwortlichen Manager wollten in erster Linie mit ihren Erfolgen auftrumpfen, wenn die Prämienverteilung nahte. Die Folgen waren furchtbar; auf jede erfolgreiche Investition wie Rhythms kamen unzählige Katastrophen, die Enron Unsummen kosteten. Baxter wollte eine Abteilung aufbauen, die aus weitsichtigen Finanzleuten wie Bowen bestand und die vom Pokern besessenen Deal Maker an die Kandare nahm.[17]

Es handle sich, so Baxter, um eine echte Qualitätskontrolle, die alle Zahlen und Voraussetzungen für die Geschäfte genau unter die Lupe nehmen solle. Eigentlich sollten Rick Buy und das RAC diese Aufgabe wahrnehmen, doch Baxter war wenig begeistert von deren Leistungen. Sie schienen weder die Zeit noch das Rückgrat zu haben, die schlechten Geschäfte herauszufiltern und zu verhindern. Solche Entscheidungen, so Baxter, sollten innerhalb des Unternehmensbereichs Großkunden gefällt werden. Bowen fand die Idee faszinierend und sagte Baxter, er wolle die Aufgabe gern übernehmen.

Baxter sah vor sich auf die Straße.

»Tja, das bedeutet aber auch, dass Sie die Finanzabteilung verlassen«, sagte er. »Was halten Sie davon?«

»Mir fällt es nicht sonderlich schwer, Fastows Team zu verlassen«, sagte Bowen. »Das ist sowieso nicht mehr meins.«

Baxter lächelte. Das war Musik in seinen Ohren. »Gut. Das überrascht mich nicht. Ich hatte gehört, dass Sie reif sind für einen Wechsel.«

Die beiden begannen über Fastow zu lästern. Baxter verabscheute den Mann und seine Ideen. Beide hatten von dem Fonds gehört, den Fastow aufbaute. Bowen fragte Baxter nach seiner Meinung.

»Ray, ich weiß nicht, warum wir so etwas tun sollten. Meinen Sie nicht, dass man auch auf bessere Art einen Kapitalpool bilden kann?«

»Ja, ganz bestimmt.«

»Ich verstehe Skilling und Fastow nicht. Ich verstehe nicht, warum Skilling Fastow als großartigen CFO betrachtet. Ich glaube nicht, dass seine Ratschläge für das Unternehmen besonders gut sind.«

Das Restaurant lag vor ihnen an der Kreuzung Stuart Street.

»Skilling sieht in Andy den Problemlöser«, fuhr Baxter fort. »Bei Andy ist er einfach blind. Ich habe schon mehr als einmal mit ihm darüber gesprochen. Aber was Andy angeht, will er nicht auf mich hören. Auf dem Auge ist er blind.«

Baxter blinkte, bog in den Parkplatz des Dong Ting.

Lay las den dreiseitigen Brief, der für ihn verfasst worden war. Er war kurz und prägnant. Eine fünfseitige Anlage führte die Details aus. Sie waren eindrucksvoll, dachte Lay zufrieden, und lieferten hinreichend Argumente, auf deren Grundlage die Zeitschrift *CFO* Fastow zum besten Chief Financial Officer der USA erklären konnte.[18]

Das Projekt, Fastow die Auszeichnung zu sichern, lief seit sechs Monaten. Skilling hatte Fastow vorgeschlagen, und Ben Glisan, der junge Buchhalter in der Special Projects Group, hatte einen Brief aus der Angestelltenperspektive geschrieben, in dem er Fastow über den grünen Klee lobte. Nun fehlte noch der krönende Abschluss: Ken Lays glühende Unterstützung.

Lays Augen flogen über den letzten Absatz: »Andys innovativer und kreativer Denkansatz in Finanzfragen ist beispielhaft für das Talentpotenzial, das wir bei Enron beschäftigen. Andy verkörpert exemplarisch das intellektuelle Kapital bei Enron, das wir als unseren größten Vermögenswert betrachten.«

So ging das wohl in Ordnung.

Vier Tage später war Fastow in Skillings Büro und freute sich diebisch.[19] »Wir haben's, Jeff. Wir haben den Hedge für Rhythms. Er wird Ihnen gefallen.«

Fastow umriss in groben Zügen den mit Koppers, Glisans und Causeys Hilfe erstellten Plan. Enron würde den Hauptteil des Kapitals für den neuen Fonds aus dem Aktienbestand beitragen. Investoren von außen würden rund 15 Millionen Dollar beisteuern, genug, um den Fonds aus der Enron-Bilanz herauszuhalten.

Es war eine komplexe Struktur mit ineinander verschachtelten Gebilden. Doch am Ende würde ein Vehikel namens Swap Sub, der mit Kapital aus Fastows Fonds abgesichert war, eine Verkaufsoption auf die Rhythms-Aktien verkaufen. Dann wäre es egal, wenn die Rhythms-Aktienkurse fielen. Swap Sub müsste in diesem Fall Enron die Anteile sechs Monate später zum gegenwärtigen Kurs abkaufen. Der Wert der Rhythms-Aktie würde eingefroren, sodass Enron seine Gewinne behalten konnte.

Skilling war beeindruckt. Die Idee war kompliziert und kreativ, genau, wie er es mochte. Er wollte noch mit Causey darüber sprechen, doch auf alle Fälle klang das schon mal sehr gut.

»Bleiben Sie dran«, sagte er.

Ken Rice suchte im Foyer des Hotels Houstonian nach einem Wegweiser zum Olivette-Restaurant. Es war gegen 8 Uhr, und Rice hatte einen Frühstückstermin mit Skilling.[20] Worum es ging, wusste er nicht genau.

Rice selbst hatte jede Menge Gesprächsbedarf. Seit November hatten Kevin Hannon, sein Stellvertreter im Großkundenbereich, und er heimlich am Einstieg in den Handel mit Breitbandkapazität gearbeitet. Doch nun begann ein Grabenkrieg: Portland wollte das neue Geschäft in Enron Communications integrieren, während Rice es in der Großkundengruppe haben wollte, die nun Enron Capital & Trade hieß.

Zur Klärung des Problems hatte Rice die Firma McKinsey beauftragt, die eine geeignete Organisationsstruktur für das neue Unternehmen entwickeln sollte. McKinsey schlug einen Kompromiss vor: Enron Communications solle den Personalbestand in Houston erhöhen und einen Großkundenmanager hereinnehmen, der das Unternehmen leitete. Rice gefiel der Vorschlag.

Rice und Skilling trafen sich im Restaurant. Das Lokal war mit viel Holz, Deckenlampen und Wandleuchten hell und freundlich eingerichtet. Die beiden gaben ihre Bestellung auf, und bald wurde das Frühstück serviert. Während Rice seinen Toast kaute, legte Skilling ihm dar, was ihn bewegte.

»Ken, ich denke seit längerem darüber nach, innerhalb Enron Communications eine Handelsplattform aufzubauen«, begann er. »Und ich weiß, dass Sie und Kevin darüber diskutiert haben, ob ECT das macht.«

Rice musterte Skilling ruhig. »Mhmm.«

»Aber«, fuhr Skilling fort, »am besten bewerkstelligen wir das meines Erachtens, indem wir einen ECT-Manager bei Enron Communications einsetzen, der dort die Plattform aufbaut.«

Das ist doch wieder typisch. Rice hatte schon immer vermutet, dass McKinsey für Skilling den Zuträger spielte: Die Berater teilten ihm ihre Schlussfolgerungen mit, die er dann als seine eigenen Ideen vorbrachte.

»Ich glaube, Sie wären genau der Richtige für den Job«, sagte Skilling. »Aber es gibt da ein Problem. Ich kann es mir nicht leisten, Joe zu verlieren.«

Joe. Joe Hirko, ehemaliger CFO von Portland General. Rice wusste natürlich, dass er seit über einem Jahr Enron Communications leitete.

Rice zuckte die Schultern. »Das ist okay. Joe und ich kommen klar miteinander.«

»Na ja, ich fürchte, wenn wir Sie nicht beide gemeinsam als Co-CEOs einsetzen, wird Joe beleidigt sein und gehen.«

Rice war verblüfft. »Ich will aber nicht Co-CEO bei Enron Communications werden«, sagte er.

»Kommen Sie, Ken. Wir haben Hunderte von High-Tech-Spezialisten in Portland. Wir können sie in Houston nicht alle ersetzen. Wenn Hirko geht, gehen die doch alle.«

»Das glaube ich nicht, Jeff. Ich glaube auch nicht, dass Joe geht.«

»Das Risiko will ich aber nicht eingehen.«

Skilling sah ihn bittend an. »Ken, Sie müssen mir helfen. Wir arbeiten schon so lange zusammen. Ich verspreche Ihnen, es wird funktionieren. Aber bitte helfen Sie mir.«

Rice atmete tief ein. »Lassen Sie mich darüber nachdenken. Mir gefällt das nicht. Aber ich will darüber nachdenken.«

Ein paar Tage später ließ Rice Skilling wissen, er wolle den Vorschlag annehmen. Skilling war hoch erfreut.

Das jüngste Unternehmen, mit dem Enron in der komplexen und sich rasant wandelnden High-Tech-Welt Zeichen setzen wollte, war fortan in den Händen von Rice und Hirko, die aus dem Gas- und Stromgeschäft kamen.

In Portland schritt Rex Shelby an Scharen leger gekleideter Computerfreaks vorüber, die auf ihre Tastaturen einhackten. An seinem Schreibtisch ließ er sich in den Stuhl fallen.

Bei Enron Communications herrschte Chaos. Als er seine Firma Modulus im vorangegangenen November an Enron verkaufte, hatte er gehofft, dass das Unternehmen seine Vision eines softwaregesteuerten intelligenten Netzwerks aggressiv umsetzen würde. Stattdessen tanzte Enron auf allen Hochzeiten, redete über das Netzwerk und brach im gleichen Atemzug eine Diskussion über den Handel mit Breitbandkapazität vom Zaun. Viele High-Tech-Unternehmen hatten ja schon Schwierigkeiten, *eine* Sache richtig durchzuziehen; Enron war offenbar nicht geneigt, sich auch nur auf drei oder vier zu beschränken.[21]

Und die Arroganz, die hier herrschte. Shelby verstand diese Überheblichkeit nicht. Die Führungskräfte bei Enron betrachteten sich selbst offenbar als absolute Spitzenklasse, weil sie auf dem Energiemarkt Erfolg hatten. Aber warum sollten sie deshalb auch in der High-Tech-Branche erstklassig sein? Ebenso gut könnte man behaupten, ein guter Hirnchirurg müsse auch ein hervorragender Raketenforscher sein.

Die waren alle so aufgeblasen, dass sie nicht einmal merkten, wie schlecht das Management der Breitbandeinheit war. Die Firma hatte Schwierigkeiten, Leute zu bekommen, weil sie im Softwarebereich nicht konkurrenzfähig war. Gleichzeitig wuchs sie noch zu schnell, weil die Führungskräfte allen möglichen Hirngespinsten nachjagten. Shelby hatte gehört, dass jetzt einer aus der Handelsabteilung kommen sollte, um gemeinsam mit Hirko, der ja selbst ohne einen Schimmer von High-Tech war, die Gruppe zu leiten.

Vielleicht sollte ich mich zurückziehen, dachte er. Zurückgehen in die Welt der Computerfreaks. Dort gab es jede Menge Jobs. Die High-Tech- und Internet-Branche boomte. Es gab keinen Grund, bei Enron zu bleiben.

Shelby ging zu Hirko, um mit ihm darüber zu reden. Hirko riet ihm, noch ein wenig abzuwarten. Es werde besser werden, sagte er. Die Puzzlestücke würden sich schon noch zusammenfügen.

Robert Jeffe, Banker bei der Crédit Suisse First Boston, erschien die Sache dubios.

Am 8. Juni 1999 hatte ihm der Chief Financial Officer von Enron einen grotesken Vorschlag gemacht: Enron bildete einen Kapitalbeteiligungsfonds und wollte, dass Fastow ihn leitete.[22] Und nun forderte er CSFB auf, acht Millionen Dollar zu investieren.

Jeffe gefiel das Konzept überhaupt nicht. Warum sollten das Enron-Board, die Firmenanwälte und die Wirtschaftsprüfer so etwas auch nur in Betracht ziehen? Die Interessenkonflikte waren gewaltig. Der CFO von Enron würde sich selbst Vermögenswerte verkaufen. Was dachten die sich nur dabei?

»Wissen Sie, Andy«, sagte Jeffe, »Sie müssen da wirklich vorsichtig sein. Wenn das ans Licht kommt, stehen Sie am Pranger.«

Fastow jedoch verfocht das Konzept und pries den Fonds als wunderbare Gelegenheit. Bald begriff Jeffe Fastows Enthusiasmus: Wenn der Deal so durchging, wie Fastow ihn sich vorstellte, würde der CFO mehr als 20 Millionen Dollar einheimsen.

Am 10. Juni baumelten drei 20 Meter hohe aufgeblasene Beinpaare mit riesigen Schuhen von der Vorderfront der New Yorker Börse. Im Innern des Gebäudes drängten sich auf einer Galerie über dem Börsenparkett Models in maßgeschneiderter Kleidung.

Gegen 9.30 Uhr erschienen neun Frauen und Männer – Vertreter der Kaufhauskette Nordstrom, die an jenem Morgen an die Böse ging – auf der Galerie. Eine halbe Stunde später läuteten sie mit einem Knopfdruck die Eröffnungsglocke.[23]

Während Nordstrom im Rampenlicht stand, gab eine andere Firma still und leise ihren Einstand am Big Board: Azurix. Und am heißesten Markt, den es je für die Erstemission von Aktien gegeben hatte, reagierten die Anleger gleichgültig. Die Azurix-Manager hatten gehofft, die Anteile für 20 Dollar zu emittieren, doch die Nachfrage der Investoren ließ nur 19 Dollar zu. Der Kursanstieg war dann nicht der Rede wert; die Azurix-Aktie gewann am ersten Tag 37 Cent.

Rebecca Mark brachte das nicht aus der Ruhe. Azurix hatte fast 700 Millionen Dollar aufgebracht, genug, um große Geschäfte in Gang zu bringen. Sie vergaß offenbar völlig, dass Azurix gigantische Schulden begleichen musste.

Jeff McMahon, Treasurer bei Enron, bekam einen Anruf von Rebecca Mark.

»Morgen, Jeff. Wie geht's?«

Wie immer wirkte Rebecca Mark überaus angenehm auf McMahon.

»Gut, danke, Rebecca. Ich gratuliere Ihnen zu Ihrer Emission.«

»Danke. Deshalb rufe ich auch an. Unsere Einnahmen sind aufs Unternehmenskonto geflossen. Ich möchte mein Geld haben.«

McMahon zögerte kurz. »Ich glaube nicht, dass das Ihr Geld ist, Rebecca«, sagte er.

»Doch, natürlich. Das Geld aus dem Börsengang gehört mir. Es sollte auf die Azurix-Konten gehen.«

»Ich habe das anders aufgefasst. Meine Information geht dahin, dass mit dem Geld aus dem Börsengang die Verpflichtungen für Marlin und andere Schulden bezahlt werden.«

Die Wassergesellschaft Marlin, die Fastow eingerichtet hatte, um den Erwerb des britischen Wasserunternehmens Wessex zu finanzieren, hatte Zertifikate an Investoren verkauft, denen sie nun Geld schuldete. Ein Teil des Erlöses aus dem Börsengang war dafür vorgesehen.

»So war das nicht ausgemacht«, widersprach Mark.

»Rebecca, lesen Sie die Marlin-Zertifikate. Die Gelder sind zweckgebunden.«

»So habe ich das mit Ken nicht ausgemacht.«

»Sie sollten mit Skilling reden«, sagte McMahon. »Skilling hat mir gesagt, es sei so ausgemacht.«

»Sie missverstehen den Deal.«

»Rebecca, Sie haben das nicht mit mir vereinbart«, sagte McMahon mit einem leicht schneidenden Ton in der Stimme. »Ich gebe nur wieder, was mir gesagt wurde. Wenn Sie also ein Problem haben, dann müssen Sie mit Jeff darüber reden.«

Nachdem er aufgelegt hatte, wählte McMahon Fastows Nummer.

»Hey, Andy, Rebecca Mark hat gerade angerufen«, begann er. Er berichtete von dem Gespräch.

»Ich rede mit Skilling darüber«, sagte Fastow.

Eine Minute später klingelte das Telefon bei McMahon.

Skilling kam sofort zur Sache. »Sie haben absolut Recht«, sagte er. »Wir holen uns unser Geld zurück. Ich habe denen das schon so oft gesagt. Das ist nicht ihr Geld. Ohne mein Einverständnis dürfen Sie die Gelder auf keinen Fall an Azurix weitergeben.«

McMahon war einverstanden; er legte auf. Er hörte in dieser Sache nie wieder etwas von Rebecca Mark.

Am selben Tag klingelte im 29. Stock bei Vince Kaminski, dem Toprisikoanalysten, das Telefon.[24] Es war Rick Buy, der aus seinem Büro einen Stock tiefer anrief.

»Hey Vince, Jeff Skilling und ich haben uns gerade unterhalten«, begann Buy. »Er möchte, dass Sie und Ihre Leute eine Verkaufsoption für die Rhythms-Aktien ausarbeiten.«

Skilling war soeben mit Causey ein letztes Mal Fastows Fondsidee durchgegangen. In Skillings Augen war der Fonds ein Geschenk des Himmels, konnte Enron doch mit den Rhythms-Gewinnen die Angestelltenbeteiligungen an Enron Communications zurückkaufen, ohne einen Kursverfall fürchten zu müssen.

»Das hat erste Priorität«, fuhr Buy fort. »Es ist wirklich dringend. Skilling möchte, dass Sie Ihre besten Leute dransetzen.«

»Okay«, sagte Kaminski. »Wir klemmen uns dahinter.«

Kaminski rief Stinson Gibner an, seinen Experten für die Optionspreisfestlegung, und bat ihn zu sich. Er legte gerade auf, als Skilling in sein Büro stürmte. Er war die Treppe vom 28. Stock heraufgerannt und wirkte auf Kaminski, als hätte er am Vorabend zu ausgiebig gefeiert.

»Ich will mit Ihnen über die Rhythms-Verkaufsoption reden«, sagte Skilling beim Hereinkommen.

Auch Gibner traf ein und warf Kaminski einen überraschten Blick zu. Was machte Skilling denn hier?

Kaminski stand auf. »Gehen wir in den Konferenzraum.«

Im Konferenzraum begann Skilling etwas zu brabbeln, aus dem weder Kaminski noch Gibner klug wurden. Rhythms absichern. Konzernexterner Fonds. Transfer mehrerer hundert Millionen Dollar an Aktien.

Kaminski hob eine Hand. »Äh, Jeff, ich glaube, das geht komplett an uns vorbei.«[25]

»Okay«, sagte Skilling.

Er ging zur Weißwandtafel des Konferenzraums und begann mit dem Marker Kästen und Pfeile zu zeichnen. Dann hielt er kurz inne. Es sah chaotisch aus. »Ich zeichne es lieber doch nicht auf«, sagte er. »Lassen Sie mich zu Ende erzählen.«

Er nahm seinen Monolog wieder auf. So kamen sie nicht weiter.

»Jeff, ich glaube, wir haben jetzt genug Informationen«, unterbrach ihn Kaminski. »Wen können wir anrufen, wenn wir weitere Fragen haben?«

»Rufen Sie Rick Causey an.«

Skilling dankte den beiden und ging. Kaminski und Gibner sahen sich an.

»Haben Sie kapiert, worum es da ging?«, fragte Kaminski.

Gibner schüttelte den Kopf. »Nein.«

Kaminski zuckte die Schultern und stand auf. »Na gut«, sagte er. »Rufen wir Causey an.«

Er kehrte in Kaminskis Büro zurück und hatten eine Minute später Causey am Telefon.

»Wir haben gerade mit Jeff über Rhythms gesprochen«, begann Kaminski das Gespräch über die Freisprechanlage.

»Ach ja, ja«, sagte Causey aufgeregt. Die beiden sollten die Option so teuer wie möglich machen, sagte er.

Was? Je teurer die Option, desto mehr würde Enron zahlen müssen. Warum sollte Causey so etwas wollen? Kaminski stellte ein paar Fragen, doch Causey schien auch nicht viel über die Feinheiten des Deals zu wissen.

»Nur für den Fall«, sagte Kaminski. »Wer kennt alle Einzelheiten des Vorgangs? Wen rufen wir an, wenn wir Fragen haben?«

»Bob Butts.« Das war der Controller des Unternehmens.

Kaminski bedankte sich bei Causey und legte auf. Vielleicht war ihm das Glück beim dritten Anlauf hold.

So war es.

Butts erklärte den Aufbau des Deals und erklärte, warum Enron seine eigenen Aktien – zum aktuellen Wert von 250 Millionen Dollar – in einen konzernexternen Fonds steckte, der dann eine Verkaufsoption für Rhythms an Enron verkaufen würde.

Kaminski konnte sich mit der Idee noch nicht anfreunden. »Ein Problem. Wer verkauft die Option? Ich verstehe nicht, wie Sie sich vor einem Kursverfall schützen.«

Butts Antwort fiel nüchtern aus. »Die Option wird von einer Partnergesellschaft der Finanzgruppe verkauft.«

Der Finanzgruppe? *Fastows* Finanzgruppe? Kaminski schoss ein Gedanke durch den Kopf. Vor ein paar Jahren, als Fastow noch Leiter der Privatkundenabteilung gewesen war, hatte er ihn gebeten, einen Hedge gegen Unternehmensverluste aufzubauen. *Dieser Mann war ein Idiot!* Der hatte keine Ahnung von Hedgegeschäften. In Kaminskis Gruppe konnte man über die Ideen, die aus Fastows Gruppe kamen, nur noch lachen. Ein Analyst, Rick Murphy, vertrat sogar die Ansicht, Fastow werde mit seinen Hirngespinsten Enron noch ins Verderben stürzen.

Diese Jungs, dachte Kaminski, *haben keine Ahnung, was sie tun.*

Als Kaminski in sein Büro zurückkehrte, war er verzweifelt. Der Deal war blanker Irrsinn, ersonnen von einem kranken Hirn. Das funktionierte nie und nimmer, aber offenbar kapierte das keiner.

Dabei war doch offensichtlich, was los war. Wenn Enron eine Verkaufsoption auf ein Aktienpaket brauchte, konnte es sich bei einer Investmentbank einfach eine kaufen. In diesem Fall aber würde sich keine Institution dazu bereit erklären, weil das damit verbundene Risiko enorm war.

Aber die Möchtegernfinanzprofis aus der Provinz hier glaubten, sie seien schlauer als die an der Wall Street.

Wenn der Markt nichts zu bieten hat, dachte Kaminski, hat das normalerweise seinen Grund. So war es auch hier. Niemand – *niemand* – würde eine Verkaufsoption für eine schwankungsanfällige Aktie verkaufen, ohne sich gegen einen möglichen Kursverfall abzusichern. Man müsste also ein weiteres Hedging-Geschäft einfädeln, indem man eine Short Position herstellt: Man leiht Aktien und verkauft sie mit der Wette, dass der Kurs fällt. Dafür wiederum muss die Aktie stark gehandelt werden. Es müssen ausreichend Anteile zum Leihen zur Verfügung stehen, und das war bei Rhythms nicht der Fall.

Das war aber noch nicht das Schlimmste. Ebendie Aktienverkäufe, die man tätigen musste, um die Short Position zu schaffen, würden den Kurs nach unten treiben und dazu führen, dass der Optionsverkäufer seinen finanziellen Verpflichtungen nachkommen musste. Und Rhythms wurde in so geringem Umfang gehandelt, dass Kaminski sich ziemlich sicher war, dass genau das geschehen würde.

Dazu kam, dass der Deal wirtschaftlich betrachtet ein Witz war. Enron nahm 250 Millionen Dollar an Aktien aus der eigenen Tasche und steckte sie in den Fonds. Der Fonds würde dann das Geld zurückgeben, wenn der Kurs für Rhythms fiel. *Doch der Fonds war das Geld in beiden Fällen schuldig!* Enron würde nur erhalten, was der Fonds abzugeben verpflichtet war.

Da traf es ihn wie ein Blitz. Plötzlich sah er klar.

Fastow ging davon aus, dass der Kurs der Enron-Aktie auf alle Fälle steigen würde. Solch ein Anstieg würde es dem Fonds erlauben, Enron alle Verluste bei Rhythms zu ersetzen und am Ende die 250 Millionen Dollar wieder zurückzuzahlen.

Kaminski schüttelte den Kopf. Das war nichts weiter als eine gigantische Wette auf den Enron-Aktienkurs. Genauso gut konnten die Topmanager des Unternehmens nach Las Vegas fahren und beim Roulette ein paar hundert Millionen Dollar auf Schwarz setzen.

Wenige Minuten später steckte Kaminski den Kopf in die Tür eines Analystenbüros. »Wir müssen uns zusammensetzen«, sagte er. »Würden Sie bitte in den Konferenzraum kommen?«

Er wollte erst gegen den Fonds vorgehen, wenn er und sein Team alles durchgearbeitet hatten. Seinen Chefs musste er natürlich nach wie vor eine Auskunft zur Preisfestlegung geben, egal, wie bescheuert die Idee war. Doch er wollte diesen Unfug – wenn möglich – verhindern.

Nachdem Kaminski noch ein paar Leute zusammengetrommelt hatte, ging er mit ihnen in den Konferenzraum. »Wir müssen eine Verkaufsoption für Rhythms NetConnections berechnen.«

Da war nichts zu beschönigen.

»Wir sollen eine Option auf eine große Anzahl von Aktien berechnen. Es handelt sich aber um Aktien mit einem geringen Handelsvolumen, sodass sie im Grunde nicht abgesichert werden können.«

Er machte eine Pause. »Die Option wird von einem von unserer Finanzgruppe gebildeten Partnerunternehmen verkauft.«

Während seine Zuhörer diese Worte auf sich wirken ließen, herrschte Schweigen im Raum. Dann brachen sie in Gelächter aus. In lautes, zwerchfellerschütterndes Gelächter.

Kaminski versuchte sich zu beherrschen, begann aber bald ebenfalls zu glucksen. »Okay, ich weiß schon. Aber jetzt eins nach dem anderen. Errechnen wir erst mal einen angemessenen Preis für diese Option.«

Um 8 Uhr am 11. Juni legte Causey den Hörer auf. In der Tür seines Büros warteten Vince Kaminski und Stinson Gibner.

»Hallo, Rick«, sagte Kaminski. »Wir bringen Ihnen das Preisberechnungsmodell für Rhythms.«

»Wunderbar«, sagte Causey. »Kommen Sie herein. Setzen Sie sich.«

Die beiden setzten sich an den Konferenztisch. Kaminski gab Causey den Ausdruck einer Powerpoint-Präsentation. Causey blätterte sie rasch durch.

»Wie Sie sicher wissen, ist die Option schwer zu berechnen«, begann Kaminski.

Die Sache werde nur erschwinglich, wenn der Fonds seine Position durch »Shorting« sicherte, er müsse Rhythms-Aktien also »leer« verkaufen, sagte Kaminski. Dies lasse sich nur bewerkstelligen, indem man langsam eine Position aufbaue, sodass die Leerverkäufe nicht den Aktienkurs nach unten trieben. Sein Team und er hatten errechnet, dass es etwa ein Jahr dauern würde, bis eine vollständig geschützte Position erreicht werden könne. In diesem Zeitraum sei der Fonds einem Kursverfall der Rhythms-Anteile schutzlos ausgeliefert. Aufgrund des Risikos sei der Wert der Option sehr hoch, sagte Kaminski.

Causey wirkte nicht überzeugt.

»Okay, danke, Vince. Vielleicht müssen wir uns was anderes einfallen lassen.«

Kaminski betrat im 28. Stock das Büro des Chief Risk Officers Rick Buy.

»Vince«, sagte Buy, »was kann ich für Sie tun?«

»Meine Gruppe ist mit der Berechnung der Rhythms-Option fertig.«

»Sehr schön.«

»Aber ich will dazu noch etwas sagen. Mir ist ausgesprochen mulmig bei der Sache. Diese Idee ist einfach hirnverbrannt«, sagte Kaminski mit seinem harten polnischen Akzent.

Buy starrte ihn verständnislos an.

Kaminski wagte sich weiter vor. »Andy Fastow hat sich diesen Quatsch ausgedacht, stimmt's?«

Buy lächelte. »Ja, die Idee kommt von Andy. Er wird das Partnerunternehmen leiten.«

Was? Es war nicht nur Fastows Idee? Er würde es auch noch *persönlich* leiten?

»Enron sollte sich nicht auf so was einlassen«, sagte Kaminski. »Das ist ein gewaltiger Interessenkonflikt.«

Buy hob eine Hand. »Warten Sie, Vince. Ziehen Sie keine voreiligen Schlüsse. Sehen Sie sich die gesamte Transaktion an. Analysieren Sie sie, und sagen Sie mir dann, was Sie davon halten.«

Kaminski nickte.

»Aber nehmen Sie Stinson Gibner mit ins Team«, sagte Buy. »Ich möchte auch hören, was er davon hält.«

Sie kamen überein, dass Buy versuchen sollte, mehr über den geplanten Deal herauszufinden. In der folgenden Woche wollten die drei die Sache noch einmal besprechen.

Kaminski würde ein paar Tage außer Haus sein, doch er versprach Buy, dass er bis zum Montag, dem 21. Juni, eine vollständige Analyse vorlegen würde. Er meinte, die Sache hätte keine Eile.

Genau eine Woche später, am 18. Juni, betrat Lay um 10 Uhr vormittags seinen persönlichen Konferenzraum, der bereits voll besetzt war.[26] Neben Skilling warteten Fastow, Causey und einige Enron-Anwälte. Die Atmosphäre war gespannt.

»Also, was ist los?«, fragte Lay.

Skilling sprach als Erster. »Sie erinnern sich vielleicht, Ken, dass wir in Rhythms NetConnections investiert haben. Seither hat die Aktie ziemlich an Wert gewonnen«, sagte er. »Das kann aber stark schwanken, und wir haben uns überlegt, wie sich die Gewinne festschreiben lassen.«

Er nickte Fastow zu. »Andy und seine Leute haben verschiedene Möglichkeiten geprüft. Und ich glaube, sie haben eine Lösung gefunden, wie wir zum gewünschten Ergebnis kommen können.«

Fastow richtete sich auf. »Danke, Jeff.«

Er teilte eine Powerpoint-Präsentation aus.[27] Skilling habe Recht, es gebe verschiedene Möglichkeiten, den Gewinn festzuschreiben, sagte Fastow. Doch keine biete Enron einen nachhaltigen Schutz vor künftigen Verlusten bei Rhythms.

»Wir haben daher«, sagte Fastow, »eine andere Idee verfolgt, ein Konstrukt, das uns eine ziemlich saubere Absicherung garantiert.«

Er umriss die Grundidee: der außerbilanzielle Fonds, die Enron-Aktien, die Verkaufsoption. »Wir sind nun zu dem Schluss gekommen, dass wir den Fonds am besten mit mir als persönlich haftendem Gesellschafter aufbauen«, sagte Fastow. »Damit hätten wir eine bessere Kontrolle.«

Lay nickte. *Interessant.*

Sie seien bereits an zwei große Investoren herangetreten, CSFB und Greenwich NatWest, und beide seien offenbar interessiert, so Fastow.

»Um ehrlich zu sein«, sagte er, »ich habe Bedenken zu dieser Vorgehensweise. Ich möchte meine Karriere bei Enron oder meine Erfolgsbeteiligungen nicht aufs Spiel setzen.«

Er lächelte. »Denn Enron ist für mich natürlich weiter die bedeutendere Einnahmequelle.«

Das war eine Lüge. Bereits jetzt wussten die Banker, die das Geschäft kannten, dass er rasch über 20 Millionen Dollar an dem Fonds verdienen würde, und das überstieg sein Gehalt bei Enron bei weitem.

»Trotz meiner Vorbehalte bin ich aber bereit, Geld zu investieren, Kapital aufzubringen und als persönlich haftender Gesellschafter zu fungieren«, sagte Fastow. »So können wir das Geschäft am schnellsten durchziehen. Für Enron ist es das Richtige.«

Lay nickte, fasziniert von der Idee. Fastow leistete nicht nur gute Arbeit, sondern ging zum Wohle Enrons auch noch persönliche Risiken ein. Lay war tief beeindruckt.

Er stützte sich mit den Händen auf die Tischplatte und stand auf. »Gut«, sagte Lay, »ich stelle die Sache dem Board vor und bitte es um Unterstützung.«

Der Chairman hatte gesprochen. Lay ging zur Tür. Dann erhob sich auch Skilling und sah die anderen an.

»Ziehen Sie's durch«, befahl er.

»Wir dürfen das nicht machen«, sagte Kaminski. »Es ist verheerend für das Unternehmen.«

Es war Montag, der 21. Juni, drei Tage nach der Board-Sitzung. Kaminski und Gibner hatten das Wochenende mit ihrer Analyse verbracht, wobei sich jeder auf ein anderes Rechenmodell stützte. Doch beide waren mit ihren Berechnungen zu dem gleichen Schluss gelangt: Die Idee forderte eine Katastrophe geradezu heraus.

»Erklären Sie es mir«, sagte Buy.[28]

Da waren zunächst die Interessenkonflikte. Nie hatte ein Unternehmen seinen Chief Financial Officer auf eine solche Position gesetzt, und das aus gutem Grund. Der CFO muss im Interesse der Firma handeln, nicht in seinem eigenen.

»Das ist offensichtlich, wenn Sie sich die geplante Struktur ansehen«, sagte Kaminski. »Die ist eindeutig gegen die Interessen der Enron-Aktionäre gerichtet.«

»Wie meinen Sie das?«

Kaminski sah ihn düster an. »Kopf: Die Partnergesellschaft gewinnt. Zahl: Enron verliert.«

Fastow würde bereits kurz nach Gründung Geld erhalten, in erster Linie in Form der üppigen Managementgebühr. Enron dagegen käme, wenn überhaupt, erst sehr spät zu Geld; Enron wettete also darauf, dass der Fonds Bestand haben würde.

»Aber die Struktur ist einfach nicht stabil«, sagte Kaminski. Er stand an der Weißwandtafel und präsentierte die kalte Welt der Zahlen. Der Fonds würde Fastow reich machen, die Enron-Aktionäre hingegen würden ausgeplündert werden.

Buy kratzte sich am Kinn. »Das überrascht mich jetzt aber«, sagte er und starrte das Diagramm mit der Gewinnverteilung an. Er kicherte. »Jetzt verstehe ich auch, warum Andy das überhaupt macht. Das nächste Mal wäre ich auch gern dabei.«

Kaminski sah ihn an. »Was werden Sie unternehmen?«

»Was bleibt mir übrig? Ich werde versuchen, die Sache zu stoppen.«

»Soll ich einen Bericht über meine Analyse abfassen? Würde Ihnen das helfen?«

Buy schüttelte den Kopf. Er griff nach einem einzelnen Diagramm Gibners. »Machen Sie sich keine Sorgen. Ich kriege das schon hin.«

Die E-Mail, die David Bermingham öffnete, war reichlich exaltiert. Sie kam von Mike Ellison, einem Kollegen bei Greenwich NatWest, und bezog sich auf den Fastow-Fonds.[29]

Ellison hatte ausgerechnet, dass Greenwich NatWest gut daran verdienen würde, wenn es investierte. Gewinne aus den jüngsten Wertgewinnen der Enron-Aktien konnte es beinahe sofort ausweisen. Und diese Gewinne würden sich auch auf den Zulagenpool der Banker auswirken.

»Dieser Deal ist GROSSARTIG, ich finde ihn einfach toll (Gier und Habsucht)«, hieß es in der E-Mail. »Und die Zulagen am Ende des Jahres kann man förmlich riechen!«

Vertreter von Greenwich NatWest prüften die ganze Sache noch mehrere Male und trafen sich mit Skilling und Fastow, um sich zu vergewissern, dass der Deal nicht etwa das Symptom eines verborgenen Finanztraumas bei Enron war. Sie kamen zu dem Schluss, dass dem nicht so war, und stimmten zu. Der Deal war verrückt, er war tollkühn, aber er versprach profitabel zu werden. Greenwich NatWest zeichnete als Investor.

Bei CSFB rang Robert Jeffe noch mit seinem Unbehagen über den Fastow-Vorschlag. Ihm kam er nicht nur tollkühn vor, sondern auch dubios.

Jeffe und seine Kollegen kamen zu dem Schluss, dass sie auf Nummer Sicher gehen wollten. Adebayo Ogunlesi, Chef der Energiegruppe bei CSFB, rief bei Skilling an, um sich zu vergewissern, dass Enron wirklich hinter dieser ausgeflippten Idee stand. Skilling versicherte, dass das Management komplett über Fastows Pläne unterrichtet sei und ihn hundertprozentig unterstütze.[30]

Die Banker waren in der Klemme. Sie wussten, dass Fastow darüber entscheiden konnte, welche Geschäfte an welche Bank gingen, und dass er sich in der Vergangenheit an Instituten, die sein Spiel nicht mitspielten, gerächt hatte, ohne lange zu fackeln. Folgten sie ihrem moralischen Instinkt und lehnten ab, würde der Fonds bis zum Quartalsende nicht zustande kommen. Fastow würde CSFB bestrafen. Sie würden den Preis dafür zahlen, dass sie ihre Integrität gegen Enron verteidigt hatten.

CSFB stimmte der Anlage zu.

Im Regierungsgebäude der Cayman-Inseln ordnete Cindy Jefferson am Nachmittag des 21. Juni einen Stapel Papiere, die ihr aus den USA zugefaxt worden waren. Jefferson, stellvertretende Leiterin des Handelsregisters für Kommanditgesellschaften in der Steueroase, blätterte die 16 Seiten durch. Es ging um drei Gesellschaften, die von einem gewissen Andy Fastow geleitet wurden.[31]

Nichts Besonderes. Auf den Cayman-Inseln, wo das Bankgeheimnis streng und die Steuergesetze lax waren, ließen dauernd irgendwelche Amerikaner Gesellschaften registrieren. Auch Fastow beantragte über seine Anwälte bei Kirkland & Ellis die Steuerbefreiung seiner Gesellschaften in der Schweiz der Karibik. Solche Anträge kamen so zahlreich herein, dass Jefferson den ganzen Tag damit beschäftigt war.

Sie drückte den Stempel auf die erste Seite eines jeden Antrags. Dann füllte sie das Registrierungszertifikat für die Gesellschaften aus.

Fastows Fonds – und die damit verbundenen Gesellschaften – konnten ihre Geschäfte nun aufnehmen. Den ursprünglich geplanten Namen hatte Fastow allerdings durch die Initialen seiner Frau Lea und ihrer beiden Söhne Jeffrey und Matthew ersetzt.

Der Fonds hieß nun LJM.

Enron musste eines seiner internationalen Projekte loswerden, ein Kraftwerk in Cuiabá, Brasilien. Das Unternehmen hatte einen teuren Gasliefervertrag mit dem Kraftwerk, konnte die Einkünfte aber nicht unter der Mark-to-Market-Buchführung verbuchen. Schließlich wurde das Gas ja an Enron selbst verkauft.

Wenn nun aber jemand anders einen Teil des Kraftwerks erwarb, konnte Enron nicht nur rund 200 Millionen Schulden aus seinen Büchern tilgen, sondern auch den Gasliefervertrag in 65 Millionen Gewinn verwandeln. Einen Käufer zu finden würde allerdings schwer werden. Cuiabá war aufgrund der Bauverzögerungen und Finanzierungsprobleme ein Desaster.

Im Juni jedoch fanden sie plötzlich die Lösung. Ben Glisan suchte Kent Castleman auf, der an den Cuiabá-Deals arbeitete.[32]

»Kent, ich möchte mit Ihnen über Cuiabá reden. Die Global-Finance-Gruppe hat vielleicht einen Käufer gefunden.«

Was für eine gute Nachricht. »Toll. Wer ist es?«

»LJM«, erwiderte Glisan.

Kaminski wollte endlich eine Antwort haben. Fast zwei Wochen hatte er nichts mehr von Buy über das Schicksal von Fastows aberwitziger Idee gehört. Am 25. Juni ging er in Buys Büro.[33]

»Was ist aus Rhythms geworden?«, fragte Kaminski.

Buy sah ihn verlegen an. »Ich konnte es nicht verhindern«, sagte er. »Es war schon zu weit gediehen.«

Kaminskis Miene verhärtete sich.

»Das geht schon in Ordnung«, sagte Buy. »Es ist nur eine vorübergehende Sache.«

»Ist gut, Rick«, sagte Kaminski. »Trotzdem, die Interessenkonflikte sind gewaltig.«

Kaminski überkam der Zorn. Buy hatte die Wahl gehabt, dachte er für sich, jetzt auf Konfrontation zu gehen oder später die Schande zu ertragen. Er hatte sich für die Schande entschieden.

Wendy Gramm parkte im Norden Virginias neben einer Telefonzelle. Gramm, verheiratet mit dem texanischen Senator Phil Gramm, war ehemalige Vorsitzende der Commodity Futures Trading Commission, der in Washington ansässigen Aufsichtsbehörde für den Terminhandel. Nun fungierte sie als Direktorin bei Enron. Sie musste sich beeilen, wenn sie noch telefonisch an der Board-Sitzung, die für den 28. Juni 1999 anberaumt war, teilnehmen wollte.[34]

Mit einem Bündel Papieren, die ihr rechtzeitig zur Sitzung gefaxt worden waren, eilte sie zum Telefon und wählte. Die Unterlagen raschelten im aufkommenden Wind. Die Verbindung war alles andere als gut. Na ja, was soll's, dachte sie sich.

»Wendy!«, rief Lay. »Schön, dass Sie es auch geschafft haben.«

Gramms Stimme hallte aus der Freisprechanlage; zu hören waren auch die vorüberdröhnenden Autos. »Das konnte ich mir doch nicht entgehen lassen, Ken.«

Die Sitzung begann.[35] »Kommen wir zur Tagesordnung«, sagte Lay. »Wir haben heute eine ganze Latte von Themen vor uns.«

Das erste, so Lay, sei die Abstimmung darüber, ob Enron seine Aktien aufsplitten, also aus einer zwei machen sollte. Indem man die Anzahl der Aktien verdoppelte und den Preis halbierte, signalisierte man dem Markt Zuversicht. Es würde das Vertrauen der Direktoren in die Zukunft der Aktie dokumentieren und die Aktie für Kleinanleger interessant machen.

»Stellt jemand einen Antrag?«, fragte Lay.

Gramms Stimme dröhnte aus der Freisprechanlage. Sie beantragte, den Beschlussvorschlag über die Aufsplittung der Aktie anzunehmen. Das Ergebnis war einstimmig.

»Nun zum nächsten Tagesordnungspunkt«, sagte Lay. Er erteilte Skilling das Wort, der erklärte, dass Fastow einen Vorschlag habe.

Auf der Leinwand erschien ein Dia mit den Worten »Projekt LJM, Präsentation für die Board-Sitzung«. Fastow gab dem Board den gleichen Abriss wie Tage zuvor Lay.

»Die Vorteile von LJM sind enorm«, sagte Fastow. »Es verlagert unmittelbar das Mark-to-Market-Risiko für Rhythms in unserem Anlageportfolio.«

LJM könne einem größeren Aktienfonds, der Enron zur Verfügung stehe, den Weg bereiten. Dieser erste Fonds lasse sich auch für andere Transaktionen nutzen, so Fastow; eventuell könne man damit den Wert von Enron-Investitionen in Brasilien, etwa Cuiabá, erhalten.

»Obwohl LJM mit Enron-Aktien kapitalisiert wird und ich als LJM-Investor auftrete, werde ich weder jetzt noch in der Zukunft von Kursgewinnen der Enron-Aktien profitieren. Allerdings stellt mich meine Position als persönlich haftender Gesellschafter auch vor erhebliche Probleme«, fuhr Fastow fort. »Doch wenn das Board und das Unternehmen wünschen, dass ich diese Aufgabe übernehme, werde ich es gerne tun.«

»Andy, solange es nur einen kleinen Teil Ihrer Arbeit ausmacht«, sagte Pug Winokur, »sehe ich keinen Hinderungsgrund.«

Aus dem Board kam eine Reihe von Fragen, die aber nicht sonderlich scharfsinnig waren. Die meisten Direktoren kapierten nicht, was Fastow schwafelte. Sie billigten den Antrag, Fastow die Beteiligung an LJM zu erlauben.

Am nächsten Tag war Timmins wieder bei Fastow und Kopper und stellte ihnen seinen großen Wurf für den Enron-Aktienfonds vor. Keiner von beiden sagte ihm, dass das Board soeben einen Fonds genehmigt hatte. Der war allerdings viel kleiner als der Fonds, der Timmins vorschwebte.

»Also, meine Idee ist folgende«, sagte Timmins. »Wir bringen das Geld für den Fonds unter dem Namen Enron auf. Mit der Zeit lassen wir ihn unabhängiger werden. Dennoch wird man ihn so wahrnehmen, dass er nach wie vor durch Enron-Geschäfte stabilisiert wird.«

Die Manager würden dann im Prinzip einen Fonds betreiben, der von Enron unabhängig war, seine Vertrauenswürdigkeit aber dem Unternehmen verdankte. Fastow war fasziniert. Er plante bereits einen weiteren Fonds, der größer und lukrativer war als der erste. Timmins' Konstrukt war dafür vielleicht genau das Richtige.

»Okay«, sagte Fastow. »Ich werde darüber nachdenken.«

Vince Kaminski saß am späten Freitagnachmittag an seinem Schreibtisch. Skillings Name erschien auf dem Display des Telefons.[36] Kaminski erstarrte. Skilling rief so gut wie nie bei Kaminski an. Warum gerade heute, an einem Freitagnachmittag? Jeder in der Firma wusste, dass man Skilling kurz vor dem Wochenende besser aus dem Weg ging, weil er da müde, frustriert und aggressiv war.

Kaminski nahm ab.

»Hallo, Vince. Hier spricht Jeff Skilling.«

»Hallo, Jeff«, sagte Kaminski. »Was kann ich für Sie tun?«

Es werde Veränderungen geben, sagte Skilling. Kaminskis Gruppe werde aus dem Risikomanagement RAC herausgenommen. Sie solle künftig nicht mehr Transaktionen des gesamten Unternehmens prüfen, sondern in den Großkundenbereich wechseln.

»Verstehe.« Kaminski war fassungslos. »Darf ich fragen, warum?«

»Es hat Beschwerden gegeben, Vince, dass Sie den Leuten bei ihren Geschäften alles andere als behilflich sind«, sagte Skilling. »Sie führen sich auf wie Cops.«

Pause. »Wir brauchen keine Cops, Vince.«

Kapitel 10

»Gottverdammich, das ist doch idiotisch!«

Cliff Baxter schäumte vor Wut. Er saß in Tony Mandolas Restaurant Ken Rice und Amanda Martin gegenüber. Die drei wollten an diesem Julitag des Jahres 1999 bei einem gemeinsamen Mittagessen ihre gute Freundschaft, die durch die nunmehr beendete Affäre zwischen Rice und Martin Schaden genommen hatte, wieder beleben. Doch seit sie Platz genommen hatten, debattierten Baxter und Rice pausenlos über einen katastrophalen Vorgang bei Enron. Die beiden waren schon richtig in Rage.[1]

Amanda Martin legte die Speisekarte beiseite. »Worum geht's denn eigentlich?«

»Haben Sie das noch nicht gehört?«, fragte Baxter ernsthaft.

Martin hob die Hände. »Hey, ich arbeite jetzt auf der anderen Straßenseite. Ich kriege nichts mehr mit.«

Baxter schüttelte den Kopf. »Skilling ist übergeschnappt, verdammt noch mal«, grummelte er.

Martin wartete gespannt, aber Baxter schwieg.

Dann eben noch mal. »Worum geht's?«, wiederholte sie.

Baxter lehnte sich zurück und lächelte gequält. »Also, es sieht so aus, als würde Andy Gesellschafter seiner eigenen Firma, damit Enron dies und jenes aus der Bilanz herausbekommt.«

Das war eine Überraschung. Fastow gab seinen CFO-Job auf? Für Martin kein Problem; sie war Fastow aus dem Weg gegangen, nachdem er sie vor ein paar Jahren bedroht hatte. Aber ein Jobwechsel schien ihr diese Empörung kaum wert zu sein.

»Toll«, sagte sie. »Wann geht er?«

Baxters Augen verengten sich, und Rice lachte.

»Ken steht mal wieder auf der Leitung«, sagte Baxter.

Rice lachte einfach weiter. Amanda Martin war perplex.

»Habe ich was übersehen?«

Baxter lehnte sich über den Tisch. »Andy wird persönlich haftender Gesellschafter *und* bleibt CFO.«

Martin blickte von einem zum anderen. Die beiden sahen sie erwartungsvoll an. Das war doch wohl ein Scherz?

»Ach, kommen Sie«, sagte Amanda Martin. »Das können Sie mir nicht weismachen. Das ist doch ein Interessenkonflikt!«

Rice und Baxter antworteten unisono: »Ist es nicht!«

»Wer sagt das?«

»Das Board hat zugestimmt«, sagte Rice. »Skilling hat es vor das Board gebracht, und die Anwälte haben's auch abgesegnet.«

»Große Scheiße«, schnaubte Baxter.

Martins Verwirrung wuchs. Der Enron-CFO sollte eine Gesellschaft repräsentieren, die *mit Enron* verhandelte? Die bloße Vorstellung war doch verrückt.

»Amanda ist Anwältin«, sagte Rice. »Wie sieht sie das?«

»Na ja, ich habe eine Weile nicht mehr praktiziert, aber ich schätze, da greift § 101 des Corporate Law.«

Baxter tobte. »Das ist die dümmste Entscheidung, die Skilling je getroffen hat, verdammt noch mal! Was ist nur in den gefahren?«

»Seid ihr sicher, dass die das machen?«, fragte Martin.

Baxter senkte seine Stimme zu einem Knurren: »Ich bin zu Skilling gegangen und habe ihm gesagt, dass er einen Fehler begeht. Und er sagt mir, er habe es vor's Board gebracht, und die hätten es abgesegnet. Das ist beschlossen.«

»Das ist ja beängstigend.«

Baxter nickte. »Finde ich auch«, sagte er leise.

»Mehr als das«, fiel Rice ein. »Es ist gefährlich.«

Am anderen Ende der Stadt, bei Andersen, versuchte Carl Bass zu begreifen, was ihm sein Kollege Tom Bauer soeben gesagt hatte. »Ist das Ihr Ernst?«, sagte er ungläubig.

Bauer nickte. »Die haben eine Gesellschaft gegründet, die Geschäfte mit Enron machen soll, und ihr CFO leitet sie.«

Bass konnte nur noch den Kopf schütteln. »Das ist nicht zu glauben.«

»Ich habe Dave gesagt, wir sollten es einfach ablehnen und ihnen mitteilen, dass wir da nicht mitmachen«, sagte Bauer. »Aber ich wurde überstimmt.«

Das wird eine richtige Büchse der Pandora, dachte Bass. Andersen hatte die Aufgabe, Geschäfte zwischen Klienten und dritten Parteien zu überwachen und sicherzustellen, dass die Wettbewerbsregeln eingehalten wurden und dass nicht gemauschelt wurde, um minderwertige Vermögenswerte aufzublasen. Doch wenn Fastow auf beiden Seiten des Tisches saß, wie sollte Andersen dann prüfen, ob alles mit rechten Dingen zuging?

»So etwas kann man nicht überwachen«, sagte Bass. »Wir können uns nicht in Fastow hineindenken und herausfinden, ob der Deal ehrlich ist. Das ist unmöglich! Er steht auf beiden Seiten der Gleichung. Schon daran hätte die ganze Idee eigentlich scheitern müssen.«

Bass machte sich umgehend daran, weitere Informationen zu sammeln. Ein Partner erzählte ihm, dass die Sache in der Chefetage von Andersen abgesegnet worden sei.

In der Chefetage! Dann musste John Stewart von der Professional Standards Group zugestimmt haben. Bass rief Stewart in Chicago an.

»Na ja«, sagte Stewart, »ich würde nicht gerade sagen, wir hätten zugestimmt. Wir haben zu bestimmten Vorgängen Einwände vorgebracht. Und wir haben nie das gesamte Gebilde zu sehen bekommen und gebilligt.«

Als Bass auflegte, war er in Gedanken versunken. Er war nicht befugt, in dieser Sache aktiv zu werden. Aber er kam nicht umhin, sich zu fragen, wer so irrwitzige Einfälle hatte und sie auch noch umsetzte. Was waren das für Führungskräfte?

In Buenos Aires war ein Azurix-Team auf dem Weg zum Verwaltungsgebäude der AGOSBA, ihres neuen Wasserversorgers. Mehrere Wochen waren vergangen, seit Azurix den Zuschlag erhalten hatte mit einem Gebot, das doppelt so hoch lag wie das des nächstplatzierten Mitbewerbers. Doch nun, da die Verträge unterzeichnet waren, hatten die Azurix-Manager alles fest im Griff. Das von John Garrison, Chef des Südamerikageschäfts, geleitete Team betrat das Gebäude.

Die Büroräume glichen einem Schlachtfeld. Die Computer waren gestohlen, die Stecker samt Steckdosen aus den Wänden gerissen. Die Aktenschränke standen offen, die Akten fehlten. Das Gebäude war geplündert worden.

Als Azurix die Firmenleitung übernahm, hatte niemand daran gedacht, die Räume zu sichern. Die argentinischen Arbeiter, die ihre sicheren staatlichen Arbeitsplätze nicht verlieren wollten, hatten mit der Verwüstung der Büros gegen die Privatisierung protestiert.

Rund eine Stunde später hatten die Azurix-Mitarbeiter den Schaden taxiert und erkannt, dass alles noch viel schlimmer war, als es auf den ersten Blick ausgesehen hatte. Bestürzt machte sich Garrison auf die Suche nach einem Telefon. Er musste umgehend Rebecca Mark in Houston anrufen.

»Das werden Sie nicht glauben.«

Mark saß in ihrem Büro in Houston und hörte die Panik in Garrisons Stimme. »Was ist denn?«

Garrison antwortete langsam: »Wir haben keine Büros, in denen wir Rechnungen erstellen könnten.«

»Wie meinen Sie das?«

»Wir haben kein Computersystem. Wir haben keine Daten. Wir haben gar nichts.«

Das durfte nicht wahr sein. »Sie wollen mich wohl auf den Arm nehmen!«

»Nein«, sagte Garrison. »Alles futsch! Wir versorgen zwei Millionen Menschen mit Wasser und wissen nichts über sie. Wir können ihnen keine Rechnung stellen!«

Die Zahlen waren eindeutig. Seit Januar hatten gewaltige Summen Enron verlassen, weit mehr als vorgesehen. Und das für ein Sammelsurium aus Anlagegeschäften, die in der Großkundenabteilung zusammengeschustert worden waren, und zwar von Leuten, die damit fette Kompensationen kassieren wollten.

Cliff Baxter, seit dem 1. Juli Chief Executive für Enron North America im Unternehmensbereich Großkunden, war noch dabei, ein Team zusammenzustellen, das riskante Geschäfte verhindern sollte. Und davon gab es reichlich: Investitionen in Papierfabriken, ein thailändisches Stahlwalzwerk, ein Werk für Holzfaserplatten, eine Firma für Umweltdienste – ausnahmslos Geschäftsfelder, von denen Enron keine Ahnung hatte.

Am 7. Juli kamen die Enron-Topmanager im Evergreen 1 Room des Hotels Houstonian zusammen. Man hatte drei Tische zu einem offenen Dreieck zusammengestellt. An einem saßen Fastow und McMahon und stellten die traurigen Zahlen vor.[2] Enron hatte für die ersten sechs Monate des Jahres 1999 1,1 Milliarden Dollar für diese Geschäftsbereiche veranschlagt. Doch ausgegeben hatte das Unternehmen 3,6 Milliarden Dollar, 2,5 Milliarden mehr als geplant.

Mit den Investments, vor allem den schlechten, musste etwas geschehen. Fastow hatte bereits so eine Ahnung, dass die Lösung in der Special Projects Group zu finden sei.

In der Risikoanalyse betrat Stinson Gibner mit einem selbstzufriedenen Gesichtsausdruck Vince Kaminskis Büro.

»Raten Sie mal, was passiert ist«, sagte er. »Es gibt Probleme mit dem Rhythms-Hedge.«

Kaminski blickte auf. »*Jetzt schon?* Den gibt's doch erst seit einer Woche!«

Gibner nickte vielsagend.

»Wo liegt das Problem?«, fragte Kaminski.

Die Finanzgruppe wisse nicht, was sie tue, sagte Gibner. Im besten Fall gehe der Wert der Verkaufsoption im Hedge für jeden Dollar, den der Rhythms-Aktienkurs nachgebe, einen Dollar hoch. Doch Fastow und seine Kollegen hatten eine langfristige Verkaufsoption gewählt. Offenbar wusste keiner, dass sich der kurzfristige Wert solcher Verkaufsoptionen geringfügiger verändert als der Kurs der Aktien, die sie absichern. Jedes Mal also, wenn nun die Rhythms-Aktie einen Dollar an Wert verlor, ging die Verkaufsoption nur um fünfzig oder sechzig Cent hoch. Und die Differenz musste Enron als Verlust ausweisen.[3]

Kaminski gluckste. »Bestätigt klar, was wir gesagt haben. Wer keine Ahnung vom Hedging hat, sollte die Finger davon lassen.«

Die beiden Analysten wussten, dass nicht viele bei Enron das Problem lösen konnten. Eigentlich nur die Risikoanalysten.

»Was sollen wir tun?«, fragte Gibner.

Kaminski seufzte. »Tja, als treue Angestellte dieses Unternehmens sollten wir versuchen, es in Ordnung zu bringen.«

Unter diesen Umständen versprach der Lunch alles andere als gemütlich zu werden.

Die vier Andersen-Prüfer nahmen am Tisch Platz. Drei von ihnen – Debra Cash, Tom Bauer und Carl Bass – arbeiteten für den Klienten Enron. Der vierte, Gary Goolsby, war Partner für Global Risk in Houston. Die drei hatten Goolsby zum Lunch gebeten, um ihm ihre Bedenken bezüglich David Duncan darzulegen.[4]

»Ich weiß nicht, wie ich es anders ausdrücken soll, Gary«, sagte Cash. »Dave steht dem Klienten einfach zu nah.«

Enron forderte bereits sehr nachdrücklich schnelle Antworten ein und hörte nicht gerne ein Nein. Doch keiner der Prüfer hatte den Eindruck, dass Duncan den Prüfungsausschuss bei Enron über die Risiken unterrichtete.

»In dieser Art Umfeld kann man gar nicht nah genug am Klienten sein«, sagte Cash. »Aber Dave verkehrt mit Rick Causey, er spielt Golf mit ihm. Die beiden gehen mit ihren Frauen zusammen aus. Er ist zu nah dran.«

Duncan war anscheinend nur damit beschäftigt, Enron glücklich zu machen, sagten die Prüfer. Das müsse nicht notwendigerweise seiner Unabhängigkeit schaden, sie fürchteten aber, dass es so sein könnte.

Goolsby hörte höflich zu und bat die drei, ihn auf dem Laufenden zu halten. Aber er machte sich keine allzu großen Sorgen. Den Klienten glücklich zu machen war Duncans Job. Für Goolsby hörte es sich so an, als mache er seine Arbeit genau richtig.

McMahon und Kopper warteten in der mahagonigetäfelten Nische vor Fastows Büro. Die nächste Sitzung mit dem Performance Review Committee stand an, und die drei wollten sich vorbereiten: Wenn sie vorher jeden Angestellten unter die Lupe nahmen, konnten sie auf der PRC-Sitzung geschlossen auftreten.

Fastow führte die beiden in den Konferenzraum. Dort blätterten sie in den Notizbüchern, in denen sie die Informationen über ihre Teams gesammelt hatten. Sie rasselten die Leistungen der Mitarbeiter nacheinander herunter und berieten sich, welche Bewertung sie jeweils empfehlen sollten.

Als Glisan an der Reihe war, nannte Kopper fünf Projekte, an denen er in den vergangenen fünf Monaten gearbeitet hatte, einschließlich LJM. »Diese Geschäfte konnte nur Ben machen, weil er das Buchhaltungs- und Finanzwissen dafür hat«, sagte er.

Sie stimmten überein, dass Glisan eine hohe Bewertung verdiene. McMahon blätterte um und erwähnte Bill Brown, der in seiner Abteilung eine Reihe von Aufgaben wahrnehme. Brown sei mit vielen überaus wichtigen Transaktionen befasst.

Kopper schnaubte. »Kommen Sie, Jeff, das könnte doch jeder andere auch erledigen.«

»Ja, da muss ich Ihnen zustimmen«, sagte Fastow. »Das reicht bei weitem nicht an das heran, was Ben macht.«

Das ist doch lächerlich. Die beiden schusterten die besten Deals ihren Günstlingen wie Glisan zu und kritisierten dann, dass die anderen nichts Besonderes leisteten. Vielleicht war es an der Zeit, das einmal aufs Tapet zu bringen.

»Da liegt ein Teil des Problems«, sagte McMahon. »Michael, Sie reißen ja die strukturierten Deals alle an sich, alles, was auch nur ein bisschen aus dem Rahmen fällt. Natürlich könnte Bill diese Deals auch machen.«

»O nein«, sagte Kopper, »an Ben reicht er nicht heran.«

Mehrere Minuten lang diskutierten Kopper und McMahon die Vorzüge Browns und Glisans. Am Ende steckten sie Glisan in Kategorie eins und Brown in Kategorie zwei. Auch Barry Schnapper, den McMahon ebenfalls empfahl, landete auf zwei. Anschließend wandten sie sich Cheryl Lipshutz zu, einer weiteren Favoritin Koppers. Kopper umriss ihre Arbeit im vergangenen Jahr.

»Cheryl sollte mit Ben auf eins«, sagte er.

»Keine Chance«, sagte McMahon. »Bill und Barry sind genauso gut wie Cheryl. Wenn Sie auf eins kommt, dann müssen Bill und Barry auch dorthin.«

Wieder ging es hin und her. Fastow hob eine Hand. Sie müssten einen Kompromiss finden, sagte er. Die drei einigten sich.

»Gut, das war's«, sagte Fastow. »Ben ist unser Top-Mitarbeiter. Dann Cheryl, Bill und Barry gleich dahinter auf der Zwei.«

McMahon und Kopper signalisierten ihre Zustimmung. Abgemacht.

Am nächsten Tag beim PRC lief alles wie geplant. Kopper präsentierte Glisan als Crème de la Crème und empfahl ihn für die Eins. Lipshutz sei ebenfalls hervorragend, sagte er, setzte sie aber auf zwei.[5] McMahon sprach sich für Brown und Schnapper aus – beide in Kategorie zwei.

Als alle Namen auf dem Tisch lagen, begann das Schachern. Einer der Manager knöpfte sich Brown vor und empfahl, ihn nach unten zu rücken, um Platz für einen seiner eigenen Leute zu machen.

McMahon fühlte sich sicher. Es zahlte sich aus, dass sie sich vorab beraten hatten; so konnte die Finanzgruppe solche Angriffe zurückschlagen. McMahon reichte noch Details zu Browns Arbeit nach, um die Bewertung zu rechtfertigen. Er blickte zu Fastow hinüber und wartete auf seine Unterstützung.

Fastow räusperte sich. »Tja, wissen Sie«, sagte er langsam, »ich glaube, zwischen Cheryl auf der einen und Bill und Barry auf der anderen Seite ist doch ein Riesenunterschied.«

McMahon klappte die Kinnlade herunter. *Das war gegen ihre Abmachung!*

»Ich würde«, fuhr Fastow fort, »Cheryl auf der Zwei lassen und Bill und Barry auf die Drei schieben.«

»*Was?*«, stieß McMahon hervor.

Fastow sah ihn von oben herab an. »Wissen Sie, Jeff, da müssen Sie noch dran arbeiten.«

McMahon starrte Fastow in kalter Wut an. *Du Scheißkerl.* Er war ihm in die Falle gegangen. Fastow hatte ihn dazu gebracht, seine Leute hinter Glisan einzuordnen. Nachdem er die beiden nicht auf eins, sondern auf zwei gesetzt hatte, konnte er nun nicht noch einmal von vorne anfangen. Jetzt wurde ihm alles klar. Ihr Gemauschel am Tag zuvor hatte nicht stattgefunden, um das PRC auszutricksen. Fastow hatte es benutzt, um McMahon in die Pfanne zu hauen.

Wenige Minuten später, die Diskussion war noch im Gange, stürmte McMahon quer durch den Raum zu Fastow hinüber.

»Sie haben mich reingelegt«, flüsterte er wütend. »Und sie haben nicht nur mich reingelegt, sondern auch diese beiden Leute!«

Fastow zuckte mit den Schultern. »Tja, jetzt müssen wir aber weiterkommen.«

Kopper bemerkte den Streit und ging zu den beiden hinüber.

»Warum haben wir uns gestern abgesprochen, wenn wir es jetzt ganz anders machen?«, wollte McMahon wissen.

»Weil Cheryl den beiden überlegen ist«, sagte Fastow.

»Genau«, sagte Kopper, »das glaube ich auch.«

McMahon warf Kopper einen verächtlichen Blick zu. »Kein Wunder, dass Sie das glauben. Sie arbeitet schließlich für Sie!«

Er wandte sich wieder an Fastow. »Sie haben mich reingelegt, Andy. Die drei sind in einer Kategorie. So war es abgemacht.«

»Wir mussten aber weiterkommen, Jeff«, sagte Fastow schlicht.

McMahon drohte damit, die Ergebnisse am Ende nicht abzusegnen und damit die erforderliche Einstimmigkeit zu verhindern. Doch Fastow wusste, dass das eine leere Drohung war. McMahon würde nicht die ganze Mannschaft aufhalten und versuchen, sie dazu zu überreden, gegen den CFO zu stimmen. Wenn er am Anfang seine Jungs auf Kategorie eins gesetzt hätte, vielleicht. Aber so?

Fastow beherrschte das Unternehmensschach und hatte McMahon matt gesetzt. Er hatte das PRC manipuliert und dessen Anfälligkeit für Ränkespiele für sich genutzt. Und zwar zum Vorteil Koppers und seiner Protegés.

Am 27. Juli hatte sich in Birmingham, England, ein Raum des Centre City Tower mit schwatzenden Reportern gefüllt, die auf den Beginn einer Pressekonferenz warteten. Eine Tür öffnete sich, und eine Gruppe britischer Regierungsvertreter betrat den Raum. Ein dünner Mann trat vor: Ian Byatt, verantwortlich für die Wasserregulierung. Er war mit John Prescott gekommen, dem stellvertretenden Premierminister. Das Signal war klar: Was Byatt in den folgenden Minuten verkünden würde, hatte die volle Unterstützung der Regierungsspitze.[6]

»Ich habe gute Nachrichten für die Verbraucher«, begann Byatt.

Die Regulierungsbehörde habe die Gebühren überprüft, die von den britischen Wasserversorgern erhoben wurden, und die Preise mussten gesenkt werden. Wessex Water beispielsweise müsse 14 Prozent nachlassen. Gleichzeitig, sagte Byatt, würden die Unternehmen mehr Geld für die Verbesserung der Wasserqualität aufbringen müssen.

Rasch kamen Fragen. Viele Wasserwerke seien in letzter Zeit privatisiert worden, sagte ein Reporter. Was bedeutete das für die Unternehmen, die sie gekauft hatten?

»Gewiss werden die Gewinne sinken«, sagte Byatt. »Sie werden sinken und auf niedrigerem Niveau bleiben.«

Bei Azurix schlug die Nachricht wie eine Bombe ein.

Das Unternehmen war weniger als sieben Wochen zuvor an die Börse gegangen – *sieben Wochen!* – , und nun hatte die neue Regelung Wessex, seinem Goldesel, einen Schuss ins Knie verpasst. Man hatte gewusst, dass etwas im Gange war, aber nicht geglaubt, dass es *dermaßen* schlimm werden würde. Die Debakel in Buenos Aires und England brachten Azurix gefährlich nahe an den Ruin.

Rebecca Mark berief eine Dringlichkeitssitzung ein. Über dem

Konferenztisch hing ein Bild von zwei Cowboys zu Pferd, die in ein Gespräch vertieft waren. Der Bildtitel lautete *Wahre Lügen*. Rebecca Mark hatte das Bild als stumme Anklage gegen die Unaufrichtigkeit bei Enron aufgehängt. Mark sah zur Freisprechanlage hinüber, über den Colin Skellett, Topmanager bei Wessex, zu hören war.

»Wie zum Teufel konnte das passieren?«, fauchte sie. »Warum haben sich die Versorger nicht zusammengetan, Verhandlungen geführt? Was können wir tun?«

»Die Sache ist gelaufen, Rebecca«, erwiderte Skellett. »Es war nie viel dagegen zu machen.«

Mark schloss die Augen und versuchte, ihre Wut zu bändigen.

»Ich möchte, dass Sie Protest einlegen«, sagte er.

»Aber nein. Man sollte sie nicht verärgern.«

»Ja, wie reagieren wir dann? Wir brauchen das doch nicht einfach so hinzunehmen. Können wir Einspruch einlegen?«

»Rebecca, das ist durch. Wir müssen es schlucken.«

Mark sank in ihren Sessel.

Sieben Wochen.

Der Computermonitor und der Fernseher hüllten Ray Bowen in flimmerndes Licht. Er saß zu Hause in seinem Büro am Computertisch und tippte. Hin und wieder warf er einen kurzen Blick zum Fernseher hinüber. Das Telefon klingelte; Bowens Frau nahm im Nebenzimmer ab.

»Ray!«, rief sie. »Es ist Andy Fastow.«

Bowen übernahm das Schnurlose. Fastows Stimme klang hart.

»Ray, wir müssen miteinander reden. Wie ich höre, erzählen Sie in der Gegend herum, dass Ihnen LJM nicht gefällt.«

LJM. Das wird unangenehm. Seit er von dem Geschäft erfahren hatte, hatte Bowen es madig gemacht, wo immer er konnte. Das war wohl auch Fastow zu Ohren gekommen.

»Nach allem, was ich für Sie getan habe, finde ich es unglaublich, dass Sie mich hinter meinem Rücken schlecht machen!«, tobte Fastow.

Seine Stimme wurde lauter, sein Ärger baute sich zu einer Lawine auf. Bowen hatte so etwas schon erlebt. Er musste sich auf eine Explosion gefasst machen.

»Ich mache das, weil es gut für Enron ist, nicht für mich«, schrie Fastow. »Himmeldonnerwetter noch mal, ich habe es satt, dass die Leute ständig über LJM herziehen! Es gut für Sie und gut fürs Unternehmen! Leckt mich doch alle!«

Bowen hatte noch kein Wort gesagt.

»Ich sage Ihnen was!«, sagte Fastow mit bebender Stimme. »Wir lösen die Sache einfach wieder auf. Aber dann könnt ihr Scheißkerle keine Scheißdeals mehr machen, weil es kein Scheißkapital mehr gibt. Machen Sie Ihren Mist doch alleine!«

Bowen hielt den Hörer auf Abstand, weil ihn das Geschrei nervte. Schließlich trat eine Pause ein.

»Andy«, sagte Bowen. »Ich bestreite nicht, dass ich Probleme damit habe. Mein großer Fehler war, dass ich nicht Manns genug war, es Ihnen ins Gesicht zu sagen. Hinter Ihrem Rücken darüber zu reden war unfair, das gebe ich zu. Ich entschuldige mich dafür.«

Fastow beruhigte sich. »Na gut«, sagte er. »Kommen Sie bei mir vorbei, und ich erkläre es Ihnen. Vielleicht sehen Sie es dann positiver.«

Bowen willigte ein, doch das Gespräch nagte an ihm. Im Bett warf er sich hin und her und brütete über Fastows Tirade. Seine Reaktion erschien ihm nicht angemessen. Fast schien es, als stehe für Fastow bei LJM mehr auf dem Spiel, als offiziell bekannt war. Bowen schob den Gedanken beiseite. Bestimmt interpretierte er zu viel in die Sache hinein.

Am Nachmittag des 5. August 1999 betraten Kopper und Glisan die Londoner Büros der Greenwich NatWest. Offiziell waren sie im Auftrag Enrons unterwegs, das für Flug und Hotel aufkam. In Wahrheit jedoch wollten sie Fastow dazu verhelfen, mehr an LJM zu verdienen.

Sie wurden von David Bermingham begrüßt und in einen Konferenzraum geleitet, in dem sich bereits mehrere Banker von Greenwich und Crédit Suisse First Boston befanden, den externen LJM-Investoren.[7]

CSFB übernahm die Präsentation. Die Banker merkten an, dass Enron LJM untersagt hatte, die Aktien, die das Unternehmen zum Fonds beigetragen hatte, abzusichern; schließlich bräuchte man für solch eine Absicherung Leerverkäufe, die den Aktienwert drücken könnten. Doch die Leute von CSFB hatten sich eine komplexe Transaktion ausgedacht, die sie Sails nannten und mit der sich die Enron-Aktien doch absichern ließen.

Mit Sails würde LJM eine garantierte Mindestrendite für die Enron-Aktien festschreiben und dennoch zehn Prozent aller künftigen Wertsteigerungen erhalten. Für Fastow noch besser: LJM erhielte mehrere zehntausend Dollar. Obwohl es sich faktisch um einen Verkauf handelte, konnten es alle Beteiligten dank diverser Tricks als etwas ganz anderes darstellen. Die Enron-Aktien würden zwar in Geld umgewandelt, doch CSFB und Greenwich willigten ein, es nicht als Verkauf zu werten, sondern als neuerlichen Kapitalbeitrag.

Dieser semantische Trick wirkte sich zwar nicht auf die grundlegenden Dinge aus, eröffnete Fastow aber zahlreiche Möglichkeiten.

Da ihm das Board untersagt hatte, an den Enron-Aktien in LJM etwas zu verdienen, konnte er nur aus den 16 Millionen Dollar Gewinn schlagen, die die Fondsanleger beigesteuert hatten. Mit Sails hatte Fastow einen Säckel von zig Millionen Dollar an neuem Bargeld, aus dem er persönlich Profit ziehen konnte. Nun mussten sie nur noch ein paar Monate Arbeit investieren, um das Geschäft abzuwickeln.

Alle lachten. »Junge«, sagte Glisan. *»Was für ein Tag!«*

Nach monatelanger Arbeit zog Karen Denne aus der Abteilung Öffentlichkeitsarbeit bei Enron den Fisch an Land: Die Zeitschrift *CFO* hatte Fastow zu einem der besten Chief Financial Officers des Jahres gewählt. Die Zeitschrift wollte nun einen Artikel über Fastow bringen, und die Enron-Führungsriege musste Interviews geben. Skilling und Lay waren gerne bereit.

Doch zunächst war Fastow an der Reihe. Denne ging am 19. August in sein Büro, um ihm die nötigen Informationen über das Interview zu liefern. Sie erklärte ihm, Russ Banham, ein freiberuflicher Journalist, werde ihn interviewen.

Fastow legte ein Blatt Papier auf den Tisch. »Ich habe da mehrere Punkte notiert, die ich darlegen möchte«, sagte er.

Ein paar Minuten später riefen sie Banham zu Hause in Missoula, Montana, an. Nach einleitenden Bemerkungen stellte Banham Fastow eine Frage zu seiner Arbeit.[8]

»Lassen Sie mich zunächst einen Schritt zurückgehen und einige Punkte erläutern«, erwiderte Fastow.

Punkt eins … Punkt zwei …

»Aha«, sagte Banham, »dazu habe ich eine Frage.«

Fastow hörte Banham kurz zu.

»Punkt drei«, fiel er ein, die Frage ignorierend.

Am nächsten Morgen suchte Denne Skilling in seinem Büro auf, um ihn auf das Interview mit Banham vorzubereiten. Er war guter Dinge und offenbar glücklich darüber, dass sein Protegé von Gleichrangigen anerkannt wurde. Als Banham in der Leitung war, war Skilling bestens aufgelegt.

»Hey, Russ, wie geht's?«, sagte er. »Schön, dass Sie sich die Zeit nehmen, mit uns zu reden.«

Banham, der bereits zahlreiche CEOs interviewt hatte, überraschte Skillings herzliche Begrüßung. Die meisten Manager waren eher reserviert. Skillings Ton hingegen war fast kumpelhaft, und er pries Fastow in den höchsten Tönen.

»Dank seiner Intelligenz und jugendlichen Frische vermag Andy in neue Richtungen zu denken«, sagte Skilling. »Er verdient die Anerkennung voll und ganz, die ihm zuteil wird.«

Am gleichen Tag informierte Fastow seine LJM-Investoren in einem Brief darüber, dass er sich selbst soeben eine halbjährliche Managementgebühr von 500 000 Dollar aus dem LJM-Vermögen bezahlt hatte.[9]

Seine Einlage von einer Million Dollar war 42 Tage im Fonds gewesen; die Hälfte davon war nun wieder auf seinem Konto. Den Rest würde er mit der Auszahlung der nächsten Gebühr in sechs Monaten erhalten. Und der Anteil von einer Million an LJM gehörte ihm ja nach wie vor. Bei diesem Geschäft konnte er nur gewinnen.

Fastow joggte in Shorts und T-Shirt auf das Enron-Hochhaus zu. Er betrat das Gebäude und durchquerte das Foyer, wo ihn Jim Timmins erwartete. Seit Timmins ihm mehrere Wochen zuvor seine Ideen zu einem großen Investmentfonds erläutert hatte, war er ihm aus dem Weg gegangen. Jetzt gab es kein Entkommen.

Timmins kam gleich auf den Punkt. »Andy«, sagte er. »Ich habe versucht, Sie zu erreichen. Finden Sie meine Idee zu dem Beteiligungsfonds eigentlich gut?«

»Ja«, sagte Fastow. »Wir machen es.«

»Wirklich?«, fragte Timmins. »Wer wird ihn leiten?«

Fastow zuckte die Schultern. »Ich.«

War das ein Witz? »Tatsächlich? Wie soll das denn gehen?«

»Das Board hat den Verhaltenskodex ausgesetzt, damit wir diese Art von Gesellschaften gründen können.«

Dazu fiel Timmins nichts mehr ein. »Machen Sie *Witze?* Sie sind der CFO.«

»Ja, so ist es.«

Fastow dachte einen Moment nach. Er musste Timmins vor seinen Karren spannen – jetzt oder nie.

»Also, dann will ich Ihnen mal sagen, was ich von Ihnen brauche«, sagte er. »Ich brauche Ihre zehn besten institutionellen Kontakte.«

Zu wenig. So ging das nicht. »Ich gebe Ihnen 25«, sagte Timmins.

Fastow schüttelte den Kopf. »Nein. Suchen Sie mir die besten zehn raus.«

An einem Septembernachmittag schaute David Duncan bei Carl Bass herein. Enron hatte seine International Division umstrukturiert, sodass Bass damit nur noch wenig Arbeit hatte. Duncan wollte ihn anderweitig einsetzen und glaubte, er habe die ideale Lösung gefunden.

»Carl, ich habe mir Gedanken gemacht«, sagte er. »Wie wär's, wenn Sie mit mir an den strukturierten Finanzdeals bei Enron arbeiteten?«

In Bass' Kopf schrillten alle Alarmglocken. Er wusste, dass bei Enron die Buchführungsregeln in der Projektfinanzierung am lockersten ausgelegt wurden. Egal, welche Einwände Bass vorbringen würde – Dave Duncan saß am Steuer und würde tun, was Causey von ihm verlangte.

Zum Glück hatte er eine Ausrede parat. John Stewart, Topexperte der Professional Standards Group bei Andersen, versuchte ihn für seine Gruppe zu gewinnen. Er hatte Bass versprochen, dass er in Houston bleiben und sogar weiter für Enron arbeiten könne – wobei er eher die Prüfer beraten als bei den Klienten direkt zum Einsatz kommen sollte. Bass wusste noch nicht, ob er annehmen sollte. Doch Duncans Angebot erleichterte ihm die Entscheidung.

»Ich weiß nicht, Dave«, sagte Bass. »Ich habe das Angebot, für die PSG zu arbeiten.«

Duncan zuckte mit den Schultern. »Gut, aber wenn das nicht klappt, lassen Sie es mich wissen. Dann können Sie immer noch in die Projektfinanzierung einsteigen.«

Noch vor dem Wochenende rief Bass Stewart an und sagte ihm, er werde gerne zur PSG wechseln.

Ken Castleman wunderte sich.

Castleman war vor kurzem für Enron nach Brasilien gegangen, war aber noch mit dem Verkauf von Aktien am Cuiabá-Kraftwerk an LJM befasst. Er wusste bereits, dass Fastow den Fonds leitete, und rief bei ihm an, um herauszufinden, wer das Geschäft abwickelte. Cheryl Lipshutz, Koppers und Fastows Darling, ging ans Telefon.

Castleman zögerte kurz. »Sie verhandeln für LJM?«

»Das ist meine Aufgabe«, erwiderte Lipshutz.

Seltsam. Eine Enron-Führungskraft verhandelte mit einer Enron-Führungskraft, um dieser etwas zu verkaufen, das Enron gehörte?

Nun, es stand ihm nicht zu, dies zu hinterfragen.

Enron verkaufte einen Teil von Cuiabá? An LJM? Fastows Fonds? Carl Bass war wie vom Donner gerührt. Der Hedge für die Rhythms-Aktien war schon schlimm genug, doch nun ließ es Andersen zu, dass Enron in einem Geschäft, das nicht überwacht werden konnte, Vermögenswerte verkaufte.[10] Sicher hatte man das bei Andersen noch nicht durchdacht. Er sprach Duncan darauf an.

»Dave, es geht um Cuiabá. Sind wir ganz sicher, dass die solche Geschäfte mit dieser Gesellschaft machen dürfen?«

»O ja«, antwortete Duncan. »Ich habe es genau geprüft. Es ist ein zulässiges Geschäft.«

Zulässig? Bass schäumte innerlich. Andersen kompromittierte sich, um von einem Klienten, der völlig außer Rand und Band war, dicke Gebühren einzustreichen. Nun ja, Bass hatte noch nicht ins PSG gewechselt. Er war noch immer für die internationale Buchführung zuständig. Und bei Gott, er wollte tun, was in seiner Kraft stand, um diesen Deal zu kippen.

Die Bedingungen waren schlimmer, als Bass es sich ausgemalt hatte. LJM hatte nicht einmal vor, Bargeld für seine Cuiabá-Aktien zu bezahlen. Fastow wollte sich nur verpflichten, später zu zahlen und auf dieser Basis Eigentümer zu werden.

Bass schritt energisch ein. Ein Verkauf sei nur möglich, wenn LJM mit dem Geld herausrückte. Enron wehrte sich, bettelte, erhob Einspruch. Doch Bass blieb dabei. Enron und Fastow gaben nach.

Den größten Einfluss auf die Cuiabá-Verhandlungen nahm Bass jedoch mit einer Änderung, die er Jahre zuvor mit John Stewart von der Professional Standards Group durchgesetzt hatte. Bei Enron wusste das niemand.

Die Buchführung war ein Riesenproblem. Während Castleman und Lipshutz sich durch ihre grotesken transnationalen Gespräche kämpften, stolperten sie ständig über neue Regeln.

Kürzlich hatten die Prüfer, die die Regeln aufstellten, die Einstufung von Kraftwerken revidiert: Sie galten nun als Immobilien. Nach den alten Regeln hatte Enron Kraftwerke an außerbilanzielle Firmen verkaufen und die Geschäfte so strukturieren können, dass Enron die Risiken – und Vorzüge – der Eigentümerschaft behielt. Der Verkauf fand nur auf dem Papier statt, doch das ließen die Regeln auch zu. Deshalb schmerzte die Regeländerung. Bei Immobilien war ein »Verkauf« ein Verkauf und damit basta.

Niemand wusste, dass die Änderung jemand initiiert hatte, der im Gebäude arbeitete. Carl Bass hatte sich mehr als ein Jahr lang still und leise für eine Revision eingesetzt, nur um den Scheingeschäften bei Enron einen Riegel vorzuschieben.

Fastow bevorzugte den alten Status quo natürlich. Auch mit der neuen Regelung war er nicht erpicht darauf, seinem Fonds das Risiko dafür aufzupacken, dass er Aktien an einem lausigen Kraftwerk in Brasilien besaß. Fastow brüstete sich vor Kopper und anderen, dass Causey und er eine mündliche Übereinkunft hatten: LJM sei nicht der wahre Eigentümer von Cuiabá, sondern nur eine Art Zwischenlager. Dieser Vereinbarung zufolge, so Fastow, sei Enron dafür verantwortlich, einen anderen Käufer zu finden. Wenn das nicht gelinge, werde das Unternehmen die Aktien von LJM zurückkaufen – wobei der Fonds einen Gewinn erzielen werde.

Das von Fastow geschilderte Geschäft war unglaublich. War das überhaupt legal? Es war ihm gelungen, die Folgen, die sich aus den Änderungen in den Buchhaltungsregeln ergeben hatten, zu umgehen und einen weiteren »Verkauf« zu strukturieren, bei dem Enron weiter alle Risiken der Eigentümerschaft trug. Durch diesen Deal würden die Enron-Gewinne in die Höhe schnellen. Fastows Fonds glänzte. Und alle wären begeistert.

Ken Lay schritt den luxuriösen Flur in einem Bürogebäude in Manhattan entlang. Das Ambiente war elegant, wertvolle Gemälde und eine hochwertige Holztäfelung schmückten die Wände. Die Firma, die hier residierte, gab sich offensichtlich Mühe, Eindruck zu schinden und bis ins kleinste – und kostspielige – Detail ihre Finanzkraft zur Schau zu stellen. Das war ein gutes Zeichen; Lay war hier, um seinen Gesprächspartner von einem Geschäft mit der Privatkundenabteilung zu überzeugen.

Lay trat an die Rezeption.

»Ken Lay. Ich habe einen Termin mit Dennis Kozlowski«, sagte er.

Kozlowski stand Tyco International vor, einem global tätigen Großkonzern, der vom Feuermelder bis zum Einwegoperationsbesteck alles verkaufte. Er war der Dynamo seines Unternehmens, und sein Name wurde in einem Atemzug mit dem von Jack Welsh genannt, dem Vorsitzenden von General Electric und anerkannten Managementguru. Kozlowski und Tyco waren genau die Sorte Klienten, die Enron brauchte: visionär, innovativ, aggressiv.

Wenig später öffnete sich die Tür. Ein grobschlächtiger Mann mit einem mächtigen kahlen Schädel stürzte auf ihn zu. »Ken«, sagte er und streckte ihm seine massige Hand entgegen. »Dennis Kozlowski.«

Die beiden gingen in den Konferenzraum, wo Ken Lay mit Mark Swartz, dem CFO bei Tyco, bekannt gemacht wurde. Das Gespräch verlief angenehm, und man trennte sich in bestem Einvernehmen; die Weichen für ein Geschäft waren gestellt. Lay mochte die beiden Männer; sie machten einen smarten und aufrichtigen Eindruck auf ihn.

Keiner der drei hätte sich vorstellen können, dass sie in weniger als drei Jahren von einem Gericht verurteilt werden würden: Lay für seine Rolle im Enron-Bankrott, Kozlowski und Swartz dafür, dass sie mehrere hundert Millionen Dollar von Tyco für sich selbst abgezweigt hatten.

Fastow wurde fast schwindlig.

Eine Rendite von 300 Prozent. So, wie Kopper und er es ausgerechnet hatten, erreichte LJM diese Marke bereits nach etwas über zehn Wochen. Nicht alles würde an Fastow gehen; das Board hatte ausdrücklich untersagt, dass er aus den Kursgewinnen der Enron-Aktien, die das Unternehmen an LJM weiterreichte, persönlich Gewinn schlug. Aber sie waren schon dabei, sich darum herumzumogeln.

Endlich war Fastow so weit, sich seinem größten Projekt zuzuwenden. In seiner LJM-Präsentation vor dem Board hatte er angedeutet, dass der Fonds nur ein Vorläufer zu einem noch größeren war. Keiner der Direktoren hatte weiter darüber nachgedacht, doch Fastow trug die Idee im August noch einmal Skilling vor; er erklärte, mit dem Fonds lasse sich das Risiko weiter eingrenzen und die Bilanz verbessern. Skilling hielt die Idee für gut.

Fastows Plan war fertig. Er hatte Merrill Lynch beauftragt, den Fonds zu verkaufen, er hatte sich Jim Timmins' zehn institutionelle Topinvestoren geschnappt.[11] Und er wollte Timmins' Idee in die Tat umsetzen, einen Enron-Fonds zu schaffen, der sich vom Unternehmen abnabelte. So wollte er aus dem Unternehmen aussteigen und Vollzeit-Fondsmanager werden. Kein Betteln mehr um Kompensationen. Er wäre reich. Er wäre ein angesehener Mann bei den oberen Zehntausend in Houston.

Fastow war überzeugt: LJM2 würde sein Leben verändern.

»LJM2 ist in vielerlei Hinsicht einmalig«, sagte Fastow. »Es wird Zugang zum gewaltigen Dealfluss bei Enron haben. Ja, es wird ein virtuelles Enron sein.«

16. September 1999 um 9.15 Uhr. Fastow war nach New York gereist, um den Enron-Bankern sein Angebot zu präsentieren. Sein erster Besuch galt Chase Capital Partners, einem Investmentbereich der Chase Manhattan Bank. Mehrere Wochen zuvor hatte er bereits Rick Walker, einen für Enron zuständigen Banker bei Chase, für sich gewonnen. Walker setzte sich bei Chase für die Investition ein; sie werde Fastow reich machen, schrieb er seinen Vorgesetzten, und der Bank jede Menge Geschäfte mit Enron einbringen.

Doch Fastows Präsentation von LJM2 befremdete die Chase-Manager. Warum sollte ein CFO so etwas tun? Warum sollte das Unternehmen es wollen?

»Das Board betrachtet diesen Kapitalpool als gute Sache«, sagte Fastow. »LJM2 wird die besten Angebote bei attraktiven Geschäften abliefern, weil es über bessere Informationen verfügt.«

Trotz seiner Pflichten als CFO werde er den Fonds nicht vernachlässigen. »Die Hälfte meiner Zeit werde ich infolge der Überschneidungen mit Enron de facto mit LJM2 verbringen«, sagte Fastow.

»Es gibt eine stattliche Belohnung. Sehen Sie sich den ersten LJM an«, sagte Fastow. »Die Rendite nähert sich der 300-Prozent-Marke.« Aus diversen Gründen könne man erwarten, so Fastow, dass LJM2 noch besser abschneiden werde.

Am selben Tag, kurz vor dem Lunch, war Fastow auf dem Weg zu Merrill Lynch im World Financial Center, um sich dort mit der Private Equity Group von Merrill zu treffen. Merrill hatte bereits eine besondere Beziehung zu LJM2; man war bereit, Geld bei institutionellen Investoren und reichen Privatanlegern aufzutreiben. Nun wollte Fastow die Kapitalgeber der Bank bitten, selbst ein paar Millionen beizusteuern.

»Das ist mein nächstes Ziel«, sagte Fastow. »Ich will eine Investmentfirma, und hier bietet sich die einmalige Gelegenheit, sie so aufzubauen, dass sie einen einzigartigen Zugang zu den Geschäften hat; und ich kann meine Karriere so entwickeln, wie ich es für richtig halte.«

Hier tischte er nun eine ganz andere Geschichte auf als vor dem Enron-Board. Keine Silbe mehr von Selbstaufopferung, keine davon, dass er sich um seine Stellung bei Enron sorge. Er sagte schlicht die Wahrheit: Karriere wolle er machen und reich werden. Doch warum sollten ihm seine Zuhörer glauben, dass er so sagenhafte Ergebnisse zustande bringen könnte?

»Ich kann Ihnen nur sagen, dass ich doppelt so gute Ergebnisse bringe, weil ich bessere Informationen habe als meine Konkurrenten.«

Die Banker lachten. Diese Behauptung war dreist.

Fastow legte ein Diagramm mit der Überschrift »Beteiligung von Kapitalgebern an Price Funds« auf.[12] Aufgelistet waren die Namen der Fondsangestellten: Fastow, Kopper, Glisan und Anne Yeager.

Fast eine Stunde lang malte Fastow künftige Reichtümer, einmalige Chancen und einträgliche Geschäfte an die Wand. Die Banker schluckten alles. Fastow war so zufrieden mit ihrer Reaktion, dass er sich einen Seitenhieb gegen seine externen Berater nicht verkneifen konnte.

»Mich überrascht nur«, sagte er, »dass unsere schlauen Investmentbanker nicht vor mir darauf gekommen sind.«

Vier Tage später, am 20. September, saß Jimmy Lee, Chef des internationalen Investments bei Chase, an seinem Rosenholztisch und sah sich Fastows Präsentation auf Papier an.

So was Bescheuertes. Fastow war offensichtlich völlig überfordert und hatte keine Ahnung von privaten Investitionen. Doch Enron war ein großer Klient. Chase konnte die Sache nicht einfach abschmettern. Lee nahm einen Stift zur Hand und schrieb den Namen des Bankers Rod Reed auf den Umschlag. Reed sollte Fastows Vorschlag mit Rick Walker und Arnie Chavkin, dem Vorsitzenden von Chase Capital Partners, besprechen.

»Ich bin skeptisch, weil der Leiter des Fonds keine Erfahrung hat und sich sehr naiv anhört«, schrieb Lee. »Aber die Beziehung ist überaus wichtig. ›Vielleicht‹ müssen wir ein bisschen was machen.«[13]

Lee schickte das Material auf die Reise. Die Botschaft war klar: Der Klient war wichtig. Wenn Chase in das dämliche Projekt des CFO investieren musste, dann war es eben so.

Die Banker, die Lees Anweisungen erhielten, waren ebenso skeptisch wie er.[14] Vieles erschien ihnen geradezu abstrus. Chavkin verstand die Gebührenstruktur des Fonds nicht. Fastow zufolge sollte LJM2 zwei Prozent seines Gesamtkapitals erhalten, doch gleichzeitig bezahlte Enron das Auffinden und Strukturieren der Deals. Fastow erhielt seine Informationen aus seiner Arbeit für Enron, für die er ebenfalls bezahlt wurde. Selbst die Gehälter der LJM-Angestellten übernahm Enron. Wofür brauchte man dann die Managementgebühr? Sollte ein Teil davon nicht an Enron gehen? Was war mit der Überwachung der Interessenkonflikte? Würde Enron die Kosten dafür erstattet bekommen? Und überhaupt, warum sollte man diesen Fonds als von Enron unabhängig betrachten?

Chavkin reichte seine Fragen an Rick Walker weiter. Walker trat am 27. September an Fastow heran.[15] Fastow hatte viele Antworten parat. Nicht *alle* Geschäfte würden von Enron kommen, sagte er; daher die Managementgebühr. Und Enron würde die Auslagen erstattet bekommen.

Walker hatte im Auftrag Chavkins noch eine Frage.

»Andy«, fragte er, »kann ich das mit Skilling erörtern?«

Bei Merrill Lynch fragte man sich das Gleiche. Hatte Skilling das wirklich durchdacht? Hatte Enron einen Mechanismus installiert, um Interessenkonflikte zu vermeiden?

Zwei Merrill-Banker, die für die Beziehung zu Enron zuständig waren – Schyler Tilney und Robert Furst – schickten Fastow ihre Fragen per E-Mail. Es war klar, dass sie mit Skilling sprechen mussten. Tage später sollten sie Gelegenheit dazu bekommen: an dem Vormittag, an dem das Enron-Board LJM2 absegnete.

Die Vorgehensweise stand bald fest: Sobald eine Bank oder ein Makler finanziell an Enron-Gebühren interessiert war, wurden sie im Gegenzug für Fastows neues Unternehmen angeworben. Am 27. September 1999 um 13.30 Uhr begann man mit der Versendung eines 42 Seiten starken Dokuments – an den Bankers Trust, CIBC Oppenheimer, Lehman Brothers und viele andere. Es enthielt eine kurze Vorbemerkung Fastows sowie eine ausführliche Präsentation zu den Vorzügen von LJM2.

Weder waren die Unterlagen auf LJM2-Papier gedruckt, noch war die Kontaktadresse ein Fondsbüro. Alle Seiten trugen Fastows Enron-Briefkopf. Die Blätter wurden über das Faxgerät gesendet, das Fastow sich mit Causey teilte. Selbst das Deckblatt trug das Enron-Logo.

Die Botschaft war klar. Ungeachtet der vorgeblichen Unabhängigkeit des Fonds kam die frohe Botschaft von Enron, und geleitet wurde der Fonds von dem Mann, der einen großen Teil der von Enron gezahlten Gebühren den Geschäftspartnern zuteilte.

Ken Lay saß in seinem antiken Armsessel im Wohnzimmer, öffnete seine Aktentasche, zog die neuste Ausgabe der Zeitschrift *CFO* heraus und warf einen Blick auf den Umschlag. »Finest of Finance«. Lay lächelte. *Ein geschickter Schachzug.* Er suchte im Inhaltsverzeichnis nach Fastows Namen. Die zugehörige Überschrift lautete: »Der wundersame Umbau Enrons vom nationalen Energieversorger zum weltumspannenden Finanzkonzern«.[16]

Lay las den Artikel. »Wenn sich Andy Fastow, 37, CFO von Enron Corp., rühmt, dass ›unsere Geschichte einmalig‹ ist, dann ist das durchaus wörtlich zu verstehen«, begann er.

Lay gefiel der Bericht. Dieser Banham, der ihn geschrieben hatte, hatte alles ganz gut getroffen: die Verbriefung von Vermögenswerten, die Zweckgesellschaften, die Reduzierung der bilanziellen Schulden. Fastow war offenbar wirklich so kreativ und scharfsinnig, wie Lay und die Enron-Direktoren dachten.

»Also«, sagte Skilling, »was möchten Sie wissen?«

Am 11. Oktober 1999 unterhielt sich Skilling mit Schyler Tilney und Robert Furst von Merrill.[17]

»Zunächst«, begann Tilney, »möchten wir Ihnen danken, dass Sie sich die Zeit für ein Gespräch genommen haben.«

»Es ist mir ein Vergnügen.«

»Wir haben ein paar Fragen zu LJM2. Ich bin mir sicher, Sie haben sie selbst schon erwogen.«

Hatte Skilling darüber nachgedacht, wie viel Zeit Fastow mit LJM2 verbringen würde? Reichten ihm die Kontrollen zu den Interessenkonflikten aus? Hatte das Board diese geprüft? Skillings Antworten waren detailliert und sachkundig. Offenbar hatte er sich ausgiebig mit LJM2 befasst. Die Banker waren beeindruckt.

»Und was die Interessenkonflikte angeht«, sagte Skilling, »so sehe ich das völlig entspannt. Wir haben das im Griff.«

»Wie sehen die Mechanismen denn aus?«, fragte Furst.

»Zunächst hat Andy keinerlei Kontrolle über die Entscheidung, ob wir einen Vermögenswert verkaufen. Wenn wir also etwas an LJM2 verkaufen, dann, weil *wir* es wollen. Wenn LJM2 es bekommt, dann, weil es das beste Angebot gemacht hat.«

»Ah ja.«

»Und weil Andy die Vermögenswerte gut beurteilen kann, kommt es kaum vor, dass wir nur schlechte Angebote erhalten. Wenn LJM2 den Zuschlag erhält, dann, weil es das beste Angebot gemacht hat, und das liegt dann wohl daran, dass man dort die Vermögenswerte am besten kennt.«

»Verstehe.«

»Und außerdem: Nichts findet im luftleeren Raum statt«, fuhr Skilling fort. »Rick Causey wird jeden Abschluss mit LJM2 prüfen, um sicherzustellen, dass die Interessen Enrons gewahrt bleiben. Und der Prüfungsausschuss des Boards erhält die Jahresabschlüsse von LJM2.«

Darüber hinaus, so Skilling, funktioniere dieses Arrangement nur, wenn alle Beteiligten bereit seien, alles offen zu legen. Es werde keine Geheimnisse geben. Bei allem, was LJM2 angehe, werde Enron ausschließlich mit offenen Karten spielen.

Am selben Morgen um 11.45 Uhr überflog Lay im Konferenzraum die Tagesordnung für die Abendsitzung des Enron-Boards. Er hatte seine Sitzungsunterlagen mehrere Tage zuvor erhalten, bislang jedoch nicht die Zeit gefunden, sie durchzulesen.[18]

Als er zur Tagesordnung des Finanzausschusses kam, sprang ihn ein Name an: LJM2. Er blätterte um und las Fastows Präsentation eines neuen Fonds.

Niemand hatte ihm gegenüber etwas davon erwähnt. Offenbar war Fastows erster Fonds so erfolgreich gewesen, dass er einen weiteren plante. Lay blätterte die Präsentation durch. Das hörte sich gut an.

Kurz nach 16.30 Uhr am selben Tag saß Fastow vor dem Finanzausschuss im Vorstandszimmer; er strahlte Zuversicht aus.[19] »Es ist ein Nachfolgefonds für LJM«, erklärte er den Direktoren. »Er bringt uns viele Vorteile.«

Mit LJM2, sagte er, stehe Enron ein Fonds für schnelle Transaktionen zur Verfügung, ohne dass Gebühren für das Investmentbanking entstünden. Das Unternehmen werde das Risiko besser in den Griff bekommen und finanziell flexibler agieren können.

»Die Gesellschaft wird ein herkömmlicher Pensionsfonds sein«, sagte Fastow. Mit keinem Wort erwähnte er die Enron-Banker, die den größten Anteil zum Fonds beisteuern würden.

Zum Schutz vor Interessenkonflikten würden sowohl Causey als auch Buy die Geschäfte zwischen Enron und LJM2 prüfen. Dennoch, so Fastow, werde das Board die Festlegung aller Abläufe prüfen und absegnen müssen, damit er sowohl CFO für Enron als auch persönlich haftender Gesellschafter für LJM2 sein könne.

Norm Blake bereitete das Kopfzerbrechen. »Hat Arthur Andersen das geprüft?«, fragte er.

Causey antwortete: »Sie sind einverstanden.«

Blake zögerte. »Mir machen nach wie vor die Interessenkonflikte Sorgen«, sagte er.

»Wir haben das Problem systematisch eingegrenzt«, sagte Causey. »Wir haben die Gesellschafter mit ausreichenden Befugnissen ausgestattet, um Andy nicht zu viel Macht einzuräumen. Die Gesellschafter können Andy ohne Grund entlassen.«

Skilling fiel ein: »Niemand muss mit LJM Geschäfte machen. Wir machen eine Transaktion nur, wenn sie besser ist als die Alternative. Enron kann also gar nicht verlieren dabei.«

Fastow versicherte dem Board, er werde sehr wenig Zeit mit LJM2 verbringen, höchstens ein paar Stunden pro Woche. Schließlich beziehe er von Enron den Löwenanteil seines jährlichen Einkommens.

Der Ausschuss war es zufrieden. In einer mündlichen Abstimmung wurde die Festlegung aller Abläufe gebilligt.

Der Gesamtvorstand trat an diesem Abend im Whitney Room des Four Seasons Hotel zusammen.[20] Kurz nach 20.30 Uhr gab Pug Winokur einen Abriss von LJM2 und erklärte, warum sein Ausschuss Fastows Beteiligung gebilligt hatte. Nun durften Fragen gestellt werden.

Es war spät. Die Direktoren waren müde. Sie hatten alle eine umfangreiche Tagesordnung bewältigt. Und außerdem wusste Pug Winokur ja, was er tat. Ohne Debatte stimmte das Board seiner Empfehlung zu. Die Sache war vermutlich auch nicht so wichtig.

Etwa eine Woche danach ging Kelly Boots den Gang entlang zu Jeff McMahons Büro; innerlich bereitete sie sich auf das Treffen mit ihm vor. Boots war für die Beziehungen zu den Banken zuständig. In den letzten Tagen waren ihr unangenehme Andeutungen zu Ohren gekommen. Ständig riefen Banker an und machten dunkle Anspielungen zu ihren Geschäften mit Enron.

Das Problem war so dringlich geworden, dass sich Boots verpflichtet fühlte, mit dem Treasurer des Unternehmens darüber zu sprechen. Sie kannte McMahon gut und vertraute ihm. Dennoch war ihr nicht wohl bei dem Gedanken, dass sie andeuten musste, Fastow könne unredlich gehandelt haben. In McMahons Büro nahm sie Platz und zögerte eine Sekunde lang, um ihre Gedanken zu ordnen.

»Jeff, ich habe da ein Problem, und ich muss klären, wie ich damit umgehen soll.«

»Womit denn?«

»Die Banken rufen bei mir an; sie sagen, dass Andy bei ihnen hereingeschaut und sie gebeten hat, in LJM2 zu investieren«, sagte sie. »Und sie sind sich nicht sicher, was geschieht, wenn sie es nicht tun. Sie fürchten, dass wir sie aufs Abstellgleis schieben und keine Geschäfte mehr mit ihnen machen. Was soll ich ihnen sagen?«

McMahon blinzelte. »Sie meinen, Andy versucht, mit unseren Banken ins Geschäft zu kommen? *Enron*-Banken?«

»Das hat man mir gesagt.«

McMahon schlug mit der flachen Hand auf den Tisch. »Ich *kann* einfach nicht glauben, dass er das denen unterjubelt. Mir hat er erzählt, er holt sich das Geld von wohlhabenden Investoren.«

Das war oberfaul. Was führte Fastow nur im Schilde?

»Kelly, wie würden Sie reagieren, wenn Sie in einer großen Bank säßen, und der CFO eines Ihrer größten Klienten schneit herein und bittet Sie, in einen Fonds zu investieren, den er selbst leitet?«

»Ich weiß. Genau das ist das Problem.«

»Ich glaube, ich würde genauso reagieren.«

Die beiden schwiegen einen Moment lang.

»Das ist einfach unglaublich«, sagte McMahon. »Ich muss mit Andy reden.«

McMahon rief seine Sekretärin. »Sue! Machen Sie mir für heute einen Termin mit Andy.«[21]

McMahon saß Fastow in dessen Büro gegenüber. Er musste an sich halten, um ruhig zu bleiben.

»Ich habe gehört, Sie rufen unsere wichtigsten Banken an, damit Sie in Ihren neuen Fonds investieren.«

»Ja, die stehen auf meiner Liste.«

»Das überrascht mich aber, Andy. Ich muss wissen, was Sie für LJM2 tun, wen Sie anrufen und wer Ihre Investoren sind.«

Fastow verzog das Gesicht. »Warum wollen Sie *das* denn wissen?«

»Weil ich für die Beziehungen zwischen Enron und den Banken verantwortlich bin.«

»Das hat doch überhaupt nichts mit Enron zu tun«, schnaubte Fastow.

»Die Banken rufen aber hier an; sie befürchten, dass sie mit Enron keine Geschäfte machen dürfen, wenn sie nicht bei LJM2 einsteigen.«

Fastow schnaubte. »Das stimmt doch gar nicht.«

»So nehmen sie es aber wahr.«

»Dann täuschen sie sich eben.«

»Sehen Sie mal, Andy«, sagte McMahon. »Wir haben es hier mit der Wahrnehmung zu tun, und damit muss ich mich auseinander setzen. Ich brauche deshalb eine Liste derjenigen, die Sie ansprechen, und derer, die sich engagieren. Auf diese Weise bin ich vorbereitet, wenn mich jemand anruft. Und ich kann ihm sagen, dass es keinen Zusammenhang zwischen ihrer Entscheidung in puncto LJM2 und künftigen Geschäften mit Enron gibt.«

Fastow dachte kurz nach. »Ja, Sie haben Recht«, sagte er. »Ich besorge Ihnen die Liste.«

Der Himmel über Scottsdale war klar; aus der Wüste wehte eine Brise herüber.[22] Skilling hatte sich soeben von mehreren Enron-Managern getrennt, die mit ihm zu Abend gegessen hatten. Als er nun am Phoenician Hotel vorbei zu seinem Hotelzimmer im Canyon Building schlenderte, entspannte er sich.

Am 1. November 1999 hatte er sich mit Mitgliedern von Enron Communications getroffen, um eine geschlossene Geschäftsstrategie auszuarbeiten. Aus seiner Sicht waren die Gespräche gut gelaufen. Man verständigte sich darauf, den Handel mit Breitbandkapazität als wichtigstes Geschäftsfeld zu intensivieren und das intelligente Netzwerk sowie das Video Streaming hintanzustellen.[23] Das war ein Fortschritt.

Skilling betrat sein Zimmer. Durch die Glastür konnte er auf der anderen Seite den von gelben Stoffpavillons gesäumten Pool sehen. Er ging zum Schreibtisch hinüber, um die Nachrichten auf seiner Mailbox abzuhören. Auf dem Hotelblock machte er sich Notizen.

»Nachricht 12«, sagte die Automatenstimme. »Diane Bazelides.«

Skilling wusste, das war die PR-Frau bei Azurix.

»Jeff, hier ist Diane. Wir haben hier eine dringliche Azurix-Pressemitteilung, die bald rausmuss, und brauchen Ihre Unterschrift. Wir haben sie an die Rezeption gefaxt; sie liegt dort für Sie bereit.«

Skilling schloss die Augen.

Na toll. An der Rezeption. Zurück ins Hauptgebäude. Es überraschte ihn nicht, dass Azurix seine Zustimmung brauchte. Enron war nach wie vor der größte Anteilseigner, und er war CEO. Aber er hatte keine Lust, den weiten Weg wieder zurückzumarschieren. Er stöhnte, gab sich einen Ruck und trottete zur Tür.

Das tut weh. Ich hoffe, das ist es wert.

Eine Viertelstunde später war Skilling wieder da. Das Fax, noch immer im Umschlag, warf er auf das Tischchen neben der Tür. Weil er keine Lust hatte, es gleich zu lesen, holte er sich ein Mineralwasser aus der Minibar.

Dann erledigte er erst einmal dies und das, holte hin und wieder etwas aus seiner Aktentasche. Schließlich ging er zu dem Tischchen hinüber und öffnete den Umschlag. Er las die Worte »Zur sofortigen Freigabe« und überflog die Seite.

Ihm fiel die Kinnlade herunter. *Was zum Teufel …?*

Azurix kündigte an, dass die Einnahmen im vierten Quartal einbrechen würden.[24] *Im vierten Quartal? Das vierte Quartal hatte doch eben erst begonnen!* An der Wall Street erwartete man 17 Cents pro Aktie, und Azurix kündigte an, es werde nicht mehr als neun bringen. Azurix war seit knapp fünf Monaten an der Börse. Es hatte erst ein Quartal an Ergebnissen ausgewiesen. Und jetzt wollte das Management so eine Bombe hochgehen lassen. Ohne Vorwarnung, ohne weitere Erklärungen. Einfach nur: *Wir haben's vermasselt! Und tschüss!*

Skilling wendete das Blatt. Plötzlich kam ihm ein Gedanke. Er lächelte. *Natürlich.* Das war gar nicht echt. *Cliff.* Das war Cliff Baxter. Na klar. Baxter nahm ihn auf die Schippe. *Ha, ha. Sehr witzig.*

Moment mal. Diane Bazelides' Anruf. Das war nicht ihre Art von Humor, sie machte keine Witze auf Kosten ihres eigenen Unternehmens.

Skilling schlug die Hände vors Gesicht.

O Gott! Das ist echt!

Skilling telefonierte. Er ordnete an, die Pressemitteilung zurückzuhalten, bis er mehr wusste und das Azurix-Board informiert hatte. Dann rief er Rebecca Mark zu Hause an.

»Was ist los?«, bellte er in den Hörer. »Wie ist das passiert?«

Ihr CFO Rod Gray habe alles durchgerechnet, sagte sie. »So lautet die Prognose für das Quartal, und deshalb wollte er, dass wir das bekannt geben.«

Sie klang gelassen. Zu gelassen für Skillings Geschmack.

»Rebecca, ist Ihnen klar, was passieren wird? Wenn Sie das rausgeben, bricht die Hölle los. Ihr Telefon läuft heiß, Ihre Aktien brechen ein. In Analystenkreisen würde sich doch auch der letzte Anfänger fragen, ob das ein kurz- oder langfristiges Problem ist.«

Mark antwortete nicht.

»Rebecca, was ist es?«

»Wir haben großes Vertrauen in die Zukunft von Azurix.«

»Es ist mir *egal*, ob Sie Vertrauen haben«, schnaubte Skilling. »Sie brauchen genaue Daten, vollständige Prognosen für das folgende Jahr. Sie müssen erklären, was los ist. Wolkige Sprüche sind da keine Hilfe.«

Je länger er sprach, desto wütender wurde er. Schließlich unterbrach ihn Mark und sagte, sie werde sich dahinterklemmen. Nachdem sie aufgelegt hatten, nahm Skilling ein kleines Telefonbuch mit den Nummern der Führungskräfte zur Hand. Er wusste, wen er jetzt sofort anrufen musste.

Das Klingeln hallte durch Ken Lays Haus. Paul Stokes, ein Hausangestellter, nahm ab.

»Bei Lay.«

»Ist Ken da?«

Die Stimme klang verärgert und ungeduldig. »Wer spricht dort, bitte?«

»Jeff Skilling.«

»Oh. Ja sicher, Mr. Skilling. Bleiben Sie dran.«

Skilling saß am Schreibtisch seines Hotelzimmers und rieb sich das Gesicht, während er wartete, dass Lay ans Telefon ging.

»Jeff?«

»Wir haben ein Problem, Ken.«

Er erzählte ihm die ganze furchtbare Geschichte. Die Pressemitteilung. Sein Anruf bei Rebecca Mark. Ihre seltsame Gleichgültigkeit. Die drohende Katastrophe für Enron.

»Ken«, sagte Skilling, »das ist richtig schlimm.«

»Wir rufen besser für morgen das Board zusammen.«

»Ja.«

Pause. Keiner der beiden wusste, was er sagen sollte.

»Okay«, sagte Lay. »Ich bitte Rosie, eine Sitzung einzuberufen.«

Sie legten auf.

Skilling saß einfach nur da und starrte in die Luft. Es war still. Eine bedrückende Stille. *Mein Gott.*

Er stand auf und schnappte sich seinen Schlüssel. Im Hauptgebäude gab es eine Bar. Er brauchte einen Drink.

»Hier spricht Rebecca. Ich eröffne die Sitzung.«

Am folgenden Nachmittag hatten sich die Azurix-Direktoren aus allen Teilen des Erdballs zu einer Telefonkonferenz eingewählt. Mark saß im Vorstandszimmer, nicht weit von ihrem Büro entfernt. Nachdem sie überprüft hatte, ob alle Verbindung hatten, ging sie Zeile für Zeile die Pressemitteilung durch.

Pug Winokur unterbrach sie. »Die Pressemitteilung ist in Ordnung. Aber was ist los? Wie konnte das passieren?«

»Wir haben das Privatisierungstempo falsch eingeschätzt«, antwortete Mark. »Es geht langsamer voran, als wir erwartet haben.«

»Warum erfahren wir das jetzt erst?«, fragte Skilling. »Vor einer Woche haben Sie uns noch erzählt, es sei alles in bester Ordnung. Wie konnte innerhalb einer Woche alles auseinander brechen?«

Nach einigem Hin und Her trafen die Direktoren eine Entscheidung. Sie wollten eine Prüfung aller Vermögenswerte des Unternehmens. Außerdem sollte Mark drei mögliche Strategien vorschlagen: den Kurs beizubehalten, anzuziehen oder zurückzufahren.

»In Ordnung«, sagte Mark. »Mache ich.«

Aber zunächst war Azurix damit beschäftigt, die Pressemitteilung zu versenden. Das würde weitere zwei Tage dauern.

Ausgelaugt von der Reise, ging Skilling am nächsten Tag um 10 Uhr in Lays Büro. Er war nervös und besorgt; Azurix verfolgte ihn. Er sank in einen Sessel.

»Ken, die Sache mit Azurix ist ein Riesenproblem.«

Lay nickte. »Ja, ich weiß.«

In Skillings Ohren klang er beinahe blasiert. »Ken, das wird gewaltige Auswirkungen haben«, sagte er in anschwellender Lautstärke. »Die werden verklagt, wahrscheinlich werden sie verklagt.«

Lay nickte. »Ich weiß.«

»Es ist ja nicht nur, dass die Aktie runtergeht«, fuhr Skilling fort. »Die sind doch eben erst an die Börse gegangen! Wenn die Rating-Agenturen sie jetzt zur Schnecke machen, steigen auch die Kosten für ihr Kapital. Dann können sie beim Kauf anderer Unternehmen nicht mehr mithalten. Ich weiß nicht, ob ihr Unternehmensplan dann überhaupt noch realisierbar ist.«

Er schüttelte den Kopf. »Wir müssen die Kosten senken, Ken. Ich meine eine radikale Kürzung, denn der Fehlbetrag ist gewaltig. Sie müssen ihr vermitteln, wie ernst die Lage ist.«

Lays Miene war nun ernst. »Sie haben Recht, Jeff«, sagte er. »Ich muss mit Rebecca reden.«

Die beiden hatten ein stillschweigendes Abkommen getroffen. Der Azurix-Traum vom schnellen Wachstum war begraben. Die Zukunft lag in einer umfassenden Verschlankung.

Am nächsten Tag kurz nach 12 Uhr sahen mehrere Enron-Händler im Fernsehgerät nicht weit vom Börsenparkett Kitty Pilgrim, die Moderatorin auf dem Finanznachrichtenkanal CNNfn. »Sehen wir mal, welche Wall-Street-Aktien sich noch bewegt haben. Hier die Kurse der New Yorker Börse. Rhonda Schaffler erkundet für uns, was da so los ist.«

Auf dem Bildschirm erschien eine brünette Frau. »Hallo, Kitty«, begann Schaffler. »Wieder einmal steigen die Werte auf breiter Linie.«

Das galt aber nicht für alle. »Azurix hat stark verloren«, sagte Schaffler. »Das Unternehmen hat Gewinne ausgewiesen, wie sie in der Wall Street erwartet wurden, jedoch eine Warnung ausgegeben, dass die Ergebnisse für das vierte Quartal und das Jahr 2000 unter den Erwartungen liegen werden. Merrill Lynch hat die Aktie heute abgestuft.«[25]

Ein Papier, das mit 19 Dollar pro Aktie an die Börse gegangen war, dümpelte nun bei 7,75 Dollar vor sich hin. In nur 101 Handelstagen waren fast 60 Prozent des Unternehmenswertes hinweggefegt worden. Die Händler bei Enron brüllten vor Lachen: Die »Hühnchenfirma«, wie sie sie nannten, scheiterte jämmerlich. Was für ein Spaß.

Keiner von ihnen machte sich Gedanken darüber, was das für *ihren eigenen* Job bedeutete. Schließlich hatte Azurix ein anderes Managementteam. Das mochte noch so inkompetent sein, aber mit Enron selbst hatte das nichts zu tun.

Etwa eine Stunde später gingen im Antioch Park gegenüber dem Enron-Gebäude Baseballspieler der Houston Astros durch einen Außengang auf das Podium zu, um ihre neuen Trikots für ihren Hauptsponsor zu präsentieren.

Mehrere tausend Enron-Angestellte, die im so genannten Big E Café zu Mittag aßen, jubelten. Auf einem Podium begrüßten Lay und Skilling die Spieler, die verschiedenste Trikotversionen trugen, unter anderem ein Nadelstreifentrikot, nach Aussage des Clubbesitzers eine Hommage an die Geschäftswelt in Enrons Umfeld.[26]

Um 14 Uhr war die Veranstaltung zu Ende. Lay und Skilling überquerten die Straße. Um sie herum unterhielten sich angeregt ebenfalls zurückkehrende Enron-Angestellte. Es war mehr als bloße Begeisterung für die Trikots zu spüren. Sie freuten sich über ihre Stellung in der Stadt. Die Astros waren *ihr* Team, und Enron würde wie sie zu einem markanten Bestandteil Houstons.

Skilling fuhr zum obersten Stock und wechselte dann den Fahrstuhl zum Zwischenstock. Er hatte einen Termin mit Joe Sutton und anderen Mitarbeitern der International Group; man wollte über die Budgets für das nächste Jahr in Asien, im Pazifik, in Afrika und in China sprechen.

Nach dem Azurix-Börsenchaos hatte das Baseball-Lunch erfrischend gewirkt, und Skilling war gut gelaunt. Als er im Konferenzraum 50M ankam, plauderte er kurz mit Sutton, der wenige Monate zuvor an Rebecca Marks Stelle zum Vice Chairman ernannt worden war.

»Okay«, sagte Skilling dann und zog seinen Stuhl an den Tisch. »Asien und Afrika. Joe, wollen Sie anfangen?«

Sutton blieb sitzen. »Gut. Wir haben das Regionalteam hier, aber wir wollen mit einem Überblick über die gesamte Division beginnen, um den Zusammenhang aufzuzeigen.«[27]

Ein Buchhalter der Abteilung ratterte die Zahlen herunter. Skilling hörte sie mit wachsender Besorgnis. Causey und er hatten die Gewinne der International Division für das Folgejahr kürzlich auf rund 500 Millionen Dollar geschätzt. Doch je länger der Buchhalter sprach, desto kleiner wurden anscheinend die Gewinne. Ein Dia fächerte die Zahlen für die einzelnen Regionen auf. Skillings Augen wanderten zur Summe unter dem Strich.

Rund 100 Millionen Dollar. »Wow, warten Sie mal kurz«, unterbrach Skilling. »Gilt das für die gesamte Abteilung?«

Sutton nickte. »Ja.«

Skilling blickte in die Gesichter der um den Tisch Versammelten. »Jungs, wir haben sieben Milliarden Dollar in dieses Geschäft investiert. *Sieben Milliarden Dollar.* Und Sie sagen mir, dass Sie im nächsten Jahr 100 Millionen machen? Als ich herkam, habe ich eine Zahl um die 500 Millionen erwartet.«

Skilling war Profi genug, um zu wissen, was da im Busche war. *Die bluffen.* Sutton brachte lächerliche Prognosen, um nächstes Jahr toll dazustehen, wenn er sie weit übertraf.

»Joe, ich schlage vor, wir unterbrechen jetzt die Sitzung, und Sie arbeiten erst mal andere Zahlen aus«, sagte er schneidend. »Vielleicht etwas realistischere.«

»Jeff, das hier sind die Zahlen.«

»Ach, ich bitte Sie!«, schnaubte Skilling.

Sutton starrte ihn an.

»Gut«, sagte Skilling. »Gehen wir sie durch.«

Region für Region besprachen die Manager die Performance. Asien. Afrika. Die Karibik. Südamerika. Indien – die Gewinne in Indien *sanken!* Die Zahlen enthielten auch Anlagenverkäufe, sodass einige Ergebnisse nicht einmal aus der Geschäftstätigkeit kamen.

Skilling knirschte mit den Zähnen. *Sieben Milliarden Dollar.* Sieben Milliarden Dollar hatten sie investiert, um 100 Millionen Gewinn zu machen. Himmelherrgott, wenn sie das Geld auf die Bank gebracht und mit drei Prozent Zins angelegt hätten, wäre der Gewinn höher gewesen!

Zahlen wirbelten ihm durch den Kopf. Zwei Milliarden Dollar waren am Vormittag bei Azurix weggebrochen. Sieben Milliarden Dollar am Nachmittag in der International Division.

Er hob die Hände. »Wir haben da sieben Milliarden Buchwert drin. Was ist es wert, wenn wir es verkaufen?«

Die Frage traf die Anwesenden wie ein Donnerschlag. »Oh, es ist viel mehr wert«, sagte Sutton.

Skilling schlug mit der Hand auf den Tisch. »Gut«, schnaubte er. »Dann machen wir das.«

Er sah in die Runde.

»Ich will, dass der verfluchte Kram verkauft wird!«

Skilling war angst und bange. Das Defizit in der International Division war riesig. Es würde sich zu einem Azurix II auswachsen, nur dass diesmal *Enron* zum Gespött der Leute werden würde. Er machte sich auf die Suche nach Baxter. Die International Group müsse verkauft werden, sagte er, und Baxter solle das in die Hand nehmen. Baxter war begeistert; ein mehrere Milliarden schwerer Verkauf war genau die richtige Aufgabe für ihn.

Am folgenden Nachmittag kamen die Manager von Enron North America, wie die Großkundenabteilung seit kurzem hieß, zur gleichen Übung zusammen. Greg Whalley, der kürzlich zum Verantwortlichen für alle Handelsaktivitäten ernannt worden war, legte seine Prognose dar. Skilling konnte den Bluff förmlich riechen. Die konnten mehr herausholen.

»Halt«, unterbrach er. »Ich brauche noch einmal 400 Millionen Dollar Gewinn vor Steuern.«

Whalley überlegte kurz. »Okay«, sagte er. »Wir besorgen Ihnen die 400 Millionen.«

McMahon sah Fastow den Flur entlanggehen. Obwohl sie sich über LJM2 und die Banken unterhalten hatten, wusste McMahon immer noch nicht, welche Banken Fastow besuchte und welche investiert hatten. McMahon sprach ihn an.

»Sie haben mir die Investorenliste noch nicht gegeben.«

Fastow nickte ernst. »Ja, Sie haben Recht. Ich muss sie Ihnen noch zusammenstellen.«

Dann ging er weiter.

Lay und Skilling grübelten unablässig darüber nach, was in dieser Woche alles geschehen war. Wie konnte das nur passieren? Wie hatte man so viele Milliarden Dollar dermaßen schlecht investieren können?

Skilling schob die Schuld Rebecca Mark zu und bezichtigte sie Lay gegenüber der Inkompetenz. Doch Lay kaufte ihm das nicht ab. Sie hatte völlig selbstständig das Dabhol-Projekt auf die Beine gestellt. Nun ja, das steckte jetzt auch in Schwierigkeiten. Aber es war auch ein schwieriges Projekt. Es konnte noch alles gut ausgehen. Lay vertraute Rebecca Mark.

Die beiden beschlossen, mit Rebecca Mark zu reden und ihr klar zu machen, dass sie die Azurix-Strategie ändern musste. Mark und ihre Leute sprachen bereits über neue Kaufangebote, wobei die Schätzungen von weniger als zehn Prozent Gewinn ausgingen. So ging das einfach nicht. Rechnete man die Kosten für das benötigte Kapital ein, dann würde Azurix bei diesem Geschäft Geld *verlieren*. Die drei vereinbarten einen Termin, um die Sache zu erörtern.

Als sie alle da waren, sprach Lay als Erster.

»Rebecca«, sagte er, »es läuft offenbar nicht so, wie wir alle es uns vorgestellt haben. Sie müssen daher Ihre Investitionen und Kosten besser in den Griff bekommen.«

Beispielsweise das neue Geschäft, das sie vorhabe, sagte Skilling. Azurix müsse über zehn Prozent Zinsen auf die Kredite zahlen. Das bedeutete, das Unternehmen werde für einen Gewinn von neun Prozent Geld zu rund elf Prozent leihen. Das hieß, Geld zum Fenster hinauszuwerfen.

»Darum geht es nicht«, antwortete Mark. »Unsere Investitionen müssen so schnell wie möglich wachsen. Die von Merrill Lynch sagen, dass es bei unserem Schätzwert allein auf EBITDA ankommt, nicht auf Einkünfte.«[28]

EBITDA. Ein netter Wall-Street-Begriff für das Betriebsergebnis vor Abzug aller Ausgaben. Das Kürzel steht für »Earnings Before Interests, Taxes, Depreciation and Amortisation«. Das andauernde Anwachsen an EBITDA kann ein Zeichen für gute Gewinne in der Zukunft sein – allerdings nicht, wenn man mit dem EBITDA-Ergebnis nach Steuern *Verluste* produziert.

Lay konnte kaum glauben, was er da hörte. Hatte Mark wirklich behauptet, je tiefer sie sich ins Minus manövrierte, desto besser gehe es ihrem Unternehmen?

»Rebecca, das ist doch absurd«, sagte er. »Ihnen ist doch klar, dass Sie Bankrott gehen, wenn Sie Kapital in Projekte stecken, die weniger erwirtschaften als die Kosten für das Kapital.«

»Merrill hat mir gesagt, dass es in dieser Branche so läuft«, erwiderte Mark. »Wir müssen das EBITDA steigern. Nur darauf kommt es an.«

Das ist doch hirnrissig! »Je mehr Geld Sie also verlieren«, sagte Skilling, »desto mehr ist die Firma wert? Was soll dieser Schwachsinn!«

Mark blieb bei ihrem Standpunkt. Die Investoren wollten, dass das EBITDA wachse, beharrte sie. Damit würde der Aktienkurs steigen. Azurix musste nur weiter Vermögensanlagen im Wasserbereich kaufen, damit das EBITDA stieg.

Skilling raufte sich die Haare. »Rebecca, Merrill meint doch nicht, dass man das EBITDA steigern sollte, indem man Verluste produziert! Die gehen davon aus, dass man so was nicht macht! Ich meine, da kann man sich ja Geld zu zwölf Prozent leihen und mit dem Geld Staatsanleihen kaufen! So bekommen sie eine Menge EBITDA, verlieren aber auf jeden Dollar an EBITDA, den Sie bekommen, viel Geld!«

Mark gab keinen Millimeter nach. »Unsere Banker sagen uns, wir müssen das EBITDA steigern. Die Investoren erwarten das von uns.«

Lay taumelte fast aus dem Raum. Sein Vertrauen war erschüttert, wenn auch nicht gänzlich verschwunden. Er hielt Rebecca Mark nach wie vor für clever. Doch plötzlich erkannte er, dass er Milliarden von Enron-Dollar einer Person anvertraut hatte, die sich in eine unlogische Position verrennen konnte. Und das wurde ihm erst jetzt klar. Jahre zu spät.

Skilling und er bestiegen den Fahrstuhl. Die Türen schlossen sich, und Skilling nutzte die Gelegenheit. Er sah seinem Chef ins Gesicht.

»Verstehen Sie jetzt, Ken?«, fragte er anklagend. »Verstehen Sie, was ich Ihnen sagen wollte?«

Lay sah zu, wie über der Fahrstuhltür die Zahlen aufleuchteten.

»Ja«, sagte er.

Eine weitere Woche war vergangen, und McMahon hatte von Fastow nichts zu LJM2 und den Banken erhalten. Im Anschluss an die nächste Sitzung, an der beide teilnahmen, sprach er Fastow an der Tür an.

»Andy, ich warte noch immer auf die Auskünfte zu den Investoren«, sagte McMahon.

Fastow verzog das Gesicht. »Ach ja, stimmt«, sagte er. »Ich setze gleich jemanden dran.«

Fastow ging den Flur hinab. McMahon sah ihm nach, und plötzlich wurde ihm alles klar. Diese Liste würde nie kommen.

Es blieb keine Zeit zum Durchatmen. Enron durfte nicht nachlassen, wenn es seinen Aktienkurs weiter hochtreiben wollte. Da waren sich Lay und Skilling einig.

Der wachsende Berg an Fehlinvestitionen – die International Division, Azurix, die vielen Anlagengeschäfte – machte keine Neuausrichtung der Strategie notwendig. Lay und Skilling betrachteten nicht einmal all diese Geschäfte als Fehlinvestitionen. Sie waren überzeugt, dass das Management das schon abarbeiten würde – mit Anlageverkäufen, Umstrukturierungen, egal, was. Die mehreren Milliarden Dollar Schulden als Ergebnisse dieser Geschäfte waren überwiegend außerbilanziell. Das war alles Vergangenheit; Enron musste in die Zukunft blicken.

Und sie hatten einen Plan. Enron Communications sollte ausgebaut werden. Das Internet war eine heiße Sache, in der New Economy lag die Zukunft. Dranbleiben, Leute anstellen, kräftig investieren. Das würde Enron voranbringen. Sie brauchten allerdings jemanden, der die Soldaten aufs nächste Schlachtfeld führte.

Und sie wussten auch schon, wer das sein sollte.

Am 18. November um 15 Uhr versammelten sich die Direktoren zu einer Sondersitzung. Sie waren gespannt. Sie wussten, dass Enron sich in eine neue Richtung katapultieren würde.[29]

Lay eröffnete die Sitzung. »Zweck dieses Treffens ist es, darüber zu diskutieren, welche Chancen das Unternehmen für Enron Communications sieht«, begann er. »Wir sehen für ECI ein besseres Wachstumspotenzial als für alle anderen Bereiche.«

Skilling und das ECI-Team hätten, so Lay, auf einer zweitägigen Klausur in Scottsdale alles besprochen. Nun sei man bereit, den Plan in die Tat umzusetzen.

»Wir sind uns nicht sicher, ob das Team das Ziel klar genug vor Augen hat«, sagte Lay. »Wir haben nun folgende Idee entwickelt.«

Er blickte in die Runde. »Wir wollen, dass Jeff Skilling enger mit dem Team zusammenarbeitet«, sagte er. »Dann könnte er allerdings seine Arbeit für das Gesamtunternehmen nicht mehr allein bewältigen; Joe Sutton und ich würden für ihn einspringen.«

Skilling ergriff das Wort. Es handle sich um eine tolle Chance, den künftigen Aktienkurs zu steigern. Die Enron-Aktie werde im Moment bei 40 Dollar gehandelt. Wenn alles seinen geregelten Gang gehe, werde sie am Jahresende bei 51 Dollar liegen. Doch wenn man das Breitbandgeschäft vorantreibe, werde sie weitere zehn bis 15 Dollar gewinnen, sagte er.

»Ich möchte gern eine wichtige Rolle in diesem Geschäftsbereich spielen«, sagte er. »Ich möchte meine Arbeit für Enron fortsetzen, mich aber gleichzeitig bei der ECI-Expansion einbringen.«

Am besten sei es, so Lay, wenn Skilling Chief Operating Officer bei Enron bleibe, gleichzeitig aber offiziell zum Chairman von Enron Communications ernannt werde.

John Duncan sagte: »Ich bin mir nicht sicher. Es könnte doch sein, dass das in der Investmentbranche falsch aufgefasst wird.«

Andere waren nicht seiner Meinung. »Was Enron groß macht, ist die *Flexibilität des Managements*«, sagte Norm Blake. »Ich begrüße die Entscheidung.«

Die Direktoren baten darum, die Entscheidung unter sich zu diskutieren, und Skilling verließ den Raum. Dann ergriff Lay das Wort.

»Es ist die richtige Entscheidung«, sagte er. »Jeff hat die erforderlichen Fähigkeiten. Doch es ist riskanter für ihn, als wenn er nur COO bleiben würde. Wir brauchen ein Sicherheitsnetz für ihn.«

Lay hatte alles durchdacht. Er war bereit, einen echten Nachfolger zu ernennen. Die Zeit war reif.

»Wir müssen Jeffs Vertrag bis 2003 verlängern«, sagte Lay. »Und wir sollten bekannt geben, dass er bis Ende nächsten Jahres seinen Vertrag kündigen kann, wenn ihm bis dahin nicht der CEO-Posten bei Enron angeboten wird.«

Mehrere Direktoren waren wie vor den Kopf geschlagen. Das bedeutete, dass Skilling, wenn er bis Ende Dezember 2000 nicht zum CEO ernannt wurde, drei Jahresgehälter einsacken und nach Hause gehen konnte. Was aber war mit Lay?

»Ich werde Ende 2000 als CEO zurücktreten, mit der Option, dass ich verlängere, wenn ECI oder Jeff noch nicht so weit sind«, sagte er. »Ich würde auch ein Jahr als Chairman bleiben.«

Es entstand eine Pause. »Stellt jemand einen Antrag?«, fragte Lay.

Robert Jaedicke hob die Hand und trug dem Board den Vorschlag vor. Er wurde einstimmig angenommen. »Danke«, sagte Lay und lächelte.

Enron hatte seine letzte große Investition auf den Weg gebracht, in einem Geschäftsfeld, das wieder einmal niemand im Raum wirklich durchschaute. Doch dieses Mal würde es der Manager leiten, der Enron ins 21. Jahrhundert führen sollte.

Kapitel 11

Es war früher Nachmittag, als Ken Lay einen Mann durch die Menge der zahlreichen Enron-Manager eskortierte, die sich in der Lobby des Hyatt Regency Hill Country Resort an diesem Donnerstag versammelt hatten. Alle, die Lays Begleiter erkannten, starrten den beiden verblüfft hinterher, obwohl das schlecht sitzende Toupet verschwunden war und die Jahre die scharfen, kantigen Gesichtszüge aufgeweicht hatten. Der Mann war zweifellos Michael Milken, der frühere Junk-Bond-König, der im Epizentrum der Verbrechenswelle an der Wall Street in den achtziger Jahren gestanden hatte.

Einige Wochen zuvor hatte Lay angesichts wachsender Sorgen Milken zur jährlichen Enron-Managementkonferenz in San Antonio eingeladen. In Meetings, auf den Fluren, in den Gesprächen in den Büros hatte Lay unter den Managern eine grassierende Überheblichkeit bemerkt. Eine Kultur der Arroganz hatte sich breit gemacht, ein Gefühl der Unfehlbarkeit, genährt von Enrons anscheinend unbegrenzter Fähigkeit, die Profite zu steigern. Angesichts des garantiert noch stärkeren Wachstums in der Zukunft wollte Lay seinen Managern die Tugend der Bescheidenheit nahe bringen.

Und wer wäre besser dafür geeignet als Milken, vor den Gefahren des Hochmuts zu warnen? Als Rentenhändler hatte Milken in den achtziger Jahren die Investmentfirma Drexel Burnham Lambert – eine Klitsche an der Wall Street – in eine treibende Kraft am Markt verwandelt. Viele in Schwierigkeiten steckende Unternehmen – darunter auch Enron – hatten sich an Milken und seine Finanzierungsmaschinerie gewendet. Doch Milken und seine Gefolgsleute, die von Triumph zu Triumph eilten, waren zusehends arroganter geworden und hatten im Glauben, über allen und allem zu stehen, Rivalen rücksichtslos bekämpft. Als dann die Staatsanwälte die Firma ins Visier nahmen und Milken aus dem Geschäft drängten, fingen seine Mitstreiter an, Fehler zu machen, und schlossen schlechte Deals ab. Schließlich fielen einige Drexel-Junkbonds am Markt durch, und die Firma musste sie selbst aufkaufen. Der Junkbond-Markt stürzte ab, und mit ihm schlitterte die völlig überschuldete Investmentfirma Drexel auf direktem Weg in den Bankrott.

Für Lay waren die Parallelen zwischen Drexel und Enron auffällig, viel zu auffällig. Beide Unternehmen waren quasi über Nacht aus der dritten Reihe zu Weltruhm aufgestiegen. Beide waren von jungen, gut bezahlten, aggressiven Managern bevölkert, die sich an ihrer eigenen Bedeutung berauschten. Eine Predigt von Milken über die Gefahren eines überbordenden Selbstvertrauens könnte dazu beitragen, ihnen etwas Demut in die Herzen zu pflanzen. Die Parallelen waren doch offensichtlich, nicht wahr? Die Biografien beider Unternehmen waren nahezu identisch, abgesehen natürlich von den Verbrechen und dem Bankrott.

Die beiden Männer gingen an Charlie's Long Bar vorbei zum Brady Room. Der Konferenztisch war bereits mit Mitgliedern des Führungsausschusses besetzt, entlang der Wand war auf einer Theke ein Lunchbüffet aufgebaut. Nach ein paar Minuten leiser Unterhaltungen klopfte Lay mit einem Messer leicht an sein Glas.[1]

»Guten Tag, alle zusammen«, fing er an. »Sie alle sind zumindest in den Grundzügen mit Mike Milkens Hintergrund vertraut, und er verfügt ganz unzweifelhaft über die Erfahrung, eine sehr, sehr erfolgreiche Finanzhandelsgesellschaft aufgebaut zu haben.«

Milken war der Meister der Risikoanalyse, führte Lay aus, ein Mann, der sich darauf konzentrierte, wo ein Unternehmen in einem Jahr stehen würde, statt darauf, wo es im letzten Quartal gewesen war.

»Ich glaube, dass es einige Dinge gibt, die wir von Mike und seinen Erfahrungen bei Drexel, aus guten wie aus schlechten Zeiten, lernen können«, sagte Lay. »Und ich freue mich, dass er sich bereit erklärt hat, heute zu uns zu kommen und uns an seinem Wissen teilhaben zu lassen.«

Die versammelten Topmanager applaudierten freundlich.

»Danke, Ken«, begann Milken. »Es ist mir eine Ehre, hier vor den Führungskräften dieses dynamischen und kreativen Unternehmens stehen zu dürfen. Die Mitarbeiter von Enron haben allen Grund, stolz auf Sie zu sein.«

Aber Erfolg, warnte Milken, kann auch zu Sorglosigkeit verführen. In zwanzig Minuten umriss er kurz die Geschichte von Drexels Aufstieg und Fall. Das Publikum hörte höflich zu und stellte hinterher viele Fragen. Lay hatte das Gefühl, dass die Veranstaltung ihren Zweck erfüllt hatte.

Sein Gefühl trog. An diesem Abend trafen sich etliche der Zuhörer in Charlie's Bar, kippten Drinks und machten sich über Lay und seinen Gast lustig. Was hatte er sich dabei gedacht? Einen *Kriminellen* anzuschleppen, und dieser Kerl hielt *ihnen* einen Vortrag! Witze wurden gerissen, die meisten auf Milkens, aber auch etliche auf Lays Kosten. Nur schade, rief einer der Topmanager lachend, dass

Fastow nicht dabei war. Mit seinem berühmten schwarzen Humor wäre der Abend bestimmt noch lustiger geworden.

Aber Fastow hatte andere Dinge zu tun. Während Milken sprach, weilte er in London, um bei Enrons europäischen Banken Kapital für LJM2 zu beschaffen.[2]

Nach monatelanger Arbeit und dem Kampf durch das Dickicht der Wertpapiergesetze war die Restrukturierung von LJM1 abgeschlossen.

Mit dem Sails-Deal – erstmals von CSFB bei einem Meeting in London im August vorgebracht – hatten sie die Profite des Fonds aus den Enron-Aktien festgeschrieben. Damit waren CFSB und Greenwich NatWest hohe Erträge aus ihren LJM1-Holdings garantiert. Und durch die Umwandlung von Enron-Aktien in Cash erhielt Fastow Zugang zu weiteren 25 Millionen Dollar, Kapital, auf das ihm das Board den Zugriff untersagt hatte.

Nun kam der hässliche Teil: Fastow musste Gegenleistungen bringen. Natürlich hatte er kräftig abkassiert. Aber die Banker wollten *ihren* Erfolg ebenfalls an die große Glocke hängen. Schließlich stand auch bei ihnen die Zeit der Kompensationen vor der Tür.

Anfang Dezember schickte David Bermingham, ein Banker, der am Deal mit Greenwich NatWest beteiligt war, eine E-Mail an seinen Kollegen Gary Mulgrew, in der er den Deal als geistiges Kind von Greenwich NatWest verkaufte. Was sie getan hatten, schrieb er, war, »94 Prozent des Wertes abzuziehen, der noch in dem Instrument war, nachdem Fastow mit seinen gierigen kleinen Fingern in die Kasse gegrabscht hatte«. Und dieses Geld, schrieb er weiter, ging direkt in die Profite für Greenwich NatWest.

»Was wir durchgezogen haben, war nicht Enrons Idee oder die Fastows oder der CFSB, es war UNSERE Idee«, prahlte Bermingham.[3]

Die Banker bei CFSB sahen die Dinge umfassender: Die Firma hatte nicht nur fett abkassiert, sie hatte zudem Fastow Geld in die Tasche geschoben. Jetzt würde Fastow ihnen garantiert mehr Deals mit Enron zuschanzen.

In derselben Woche schickte die CFSB-Bankerin Mary Beth Mandanas einen Bericht an ihre Vorgesetzten. Würde LJM1 jetzt liquidiert, würden CFSB und Greenwich NatWest fast 13 Millionen Dollar kassieren, nahezu das Doppelte der 7,5 Millionen Dollar, die sie fünf Monate zuvor investiert hatten. Der größte Gewinner aber wäre Fastow: Seine Investition von einer Million Dollar war nun 17 Millionen Dollar wert, die 5,3 Millionen Dollar an Managementgebühren noch gar nicht mitgerechnet.

Die Transaktion, betonte Mandanas, »sichert CFSB einen signifikanten Ertrag und hat unsere Beziehung zu Andy Fastow, CFO von Enron Corp., weiter verbessert«.[4]

Paul Riddle, ein Banker von der First Union Bank, rief McMahon an, und er klang ganz und gar nicht glücklich. »Ich habe von Kelly Boots gehört, dass ihr Jungs einen Anleihendeal macht.«

»Ja, das stimmt«, erwiderte McMahon. Jetzt kommt es, dachte er, der Versuch, sich ein Stück vom Kuchen zu sichern.

Was stattdessen kam, war ein kurzes Schweigen.

»Ich bin mir ein wenig im Unklaren über den Prozess«, fuhr Riddle schließlich fort. »Laut Kelly wird die Sache ausgeschrieben.«

Wie bitte? Natürlich wurde der Deal ausgeschrieben; so gut wie jede Anleiheemission wurde ausgeschrieben. Banken und Investmenthäuser boten für die Führungsrolle, und üblicherweise bekam der billigste Anbieter den Zuschlag.

»Haben Sie von uns etwas anderes erwartet, Paul?«

»Nun, ja. Mir wurde von Fastow mehr oder weniger versprochen, dass wir aufgrund unserer Investition in LJM2 den nächsten Anleihendeal bekommen würden.«

LJM2. Schon wieder.

»Ich muss Ihnen gestehen«, antwortete McMahon, »dass Andy mir das niemals zugesichert hat. Ich glaube, Sie haben da etwas falsch verstanden. Wir haben darüber gesprochen, und ich habe jedem gesagt, dass LJM-Investitionen und Geschäfte mit Enron zwei Paar Stiefel sind.«

»Jeff«, Riddles Stimme klang jetzt schärfer, »ich habe Andy nicht falsch verstanden. Ich weiß, was er zu mir gesagt hat. Und er hat mir versprochen, dass ich den nächsten Anleihendeal bekommen würde, wenn wir in LJM2 investieren.«

McMahon wollte nichts damit zu tun haben. »Okay, ich sage Ihnen jetzt etwas. Rufen Sie Andy an. Wenn Sie einen Deal mit Andy gemacht haben, dann sollten Sie mit Andy reden und die Sache klären.«

»Aber ...«

»Paul, habe *ich* Ihnen versprochen, Sie hätten einen Deal?«

»Nein.«

»Dann sprechen Sie mit demjenigen, der das getan hat.«

Kaum hatte er aufgelegt, rief McMahon Fastow an.

»Andy, ich bin's, Jeff. Ich hatte gerade ein sehr beunruhigendes Gespräch mit Paul Riddle«, sagte er. »Er behauptet, ihm wäre für seine Investitionen in LJM2 der nächste Anleihendeal versprochen worden.«

»Hey, das stimmt nicht«, antwortete Fastow schnell.

»Nun, er hat gesagt, du hättest es ihm versprochen.«

»Das ist nicht *wahr*. Sag ihm das.«

»Okay, ich wollte nur sichergehen, dass die Regeln klar sind. Nichts ist verknüpft.«

»Keine Verknüpfungen. Das ist korrekt.«

McMahon legte auf. Er fasste sich an die Stirn und starrte das Telefonpult an.

Bockmist. Riddle war nicht der erste Banker, der ihn wegen Fastow angerufen hatte. McMahon hatte dasselbe – wenn auch weniger unverblümt – von Merrill Lynch gehört. *Nicht alle* konnten sich verhört haben.

McMahon war überzeugt, dass Andy Fastow log.[5]

Die Stimmung im Saal war gedrückt. Der Kurs der Enron-Aktie war gefallen – auf knapp unter 40 –, und die Mitarbeiter auf dem unternehmensweiten Treffen am 1. Dezember waren darüber alles andere als erfreut. Als die Zeit für Fragen kam, lautete die erste Frage, was man plane, um den Kurs wieder zu verbessern.

»Ich will nicht, dass wir jemals mit unserem Aktienkurs zufrieden sind«, erwiderte Lay. »Meiner Meinung nach haben wir keinen Grund zu der Annahme, dass wir den Kurs im Laufe der nächsten zwei Jahre nicht wieder verdoppeln könnten.«

Später trat Cindy Olson, die Leiterin der Human Resources, ans Podium, um sich den Fragen zu stellen. Sie erhielt eine anonyme, auf ein Stück Papier geschriebene Frage.

»Sollen wir«, las sie vor, nachdem sie die Frage überflogen hatte, »unsere gesamten 401K-Pensionseinlagen in Enron-Aktien investieren?« Sie sah auf. »Aber sicher!«

Dann drehte sie sich um und lächelte Lay und Skilling an.

»Oder sind Sie anderer Ansicht?«

Skilling lächelte zurück. »Sie machen das sehr gut«, sagte er.[6]

Nach mehreren Wochen Arbeit präsentierten Rebecca Mark und das Finanzteam von Azurix ihren Plan zur Rettung des Unternehmens. Marks Botschaft auf der außerordentlichen Board-Sitzung, die im Allen Center einberufen worden war, war unverblümt: Um voranzukommen, musste Azurix stark wachsen und weitere Wasserversorger aufkaufen.

»Wir haben die Alternativen analysiert«, sagte Mark, »und wir glauben, dass der beste Ansatz eine aggressive Wachstumsstrategie ist.«

Der Status quo reichte nicht aus, den dynamischen Schock auf dem Markt zu erzeugen, den Azurix benötigte. Und Kürzungen – nun, Kürzungen würden das Unternehmen schlicht aus dem Wettbewerb katapultieren, sie wären ein Eingeständnis des Scheiterns.

Während Rod Gray, CFO von Azurix, die Zahlen darlegte, geriet Skilling in Zorn. Den Teufel würde er tun und sich auf der Grundlage von Marks großspurigen Prognosen auf ein weiteres riskantes Spiel einlassen.

»Warten Sie, Rod. Wie wollen Sie Kapital für Übernahmen beschaffen, ohne Ihre Bonitätsbewertung aufs Spiel zu setzen?«

»Da draußen ist viel Kapital verfügbar«, erwiderte Gray. »Es liegt zwar näher an Junk-Zinssätzen, aber unsere Banker haben mir versichert, dass das Kapital verfügbar ist.«

Damit war für Skilling das Maß voll. *Junk-Zinssätze!* Azurix würde sich dumm und dämlich zahlen für das geborgte Kapital. Wie sollten sie gegen Konkurrenten bieten, die Kapital zu günstigeren Sätzen bekamen?

»Rod!«, fuhr Skilling ihn an. »Wie wollen Sie einen Ausschreibungswettbewerb mit Junk finanzieren?«

»Das ist nicht die Frage, die ich beantwortet habe. Die Frage lautete, ob das Geld verfügbar ist, und das ist es.«

Skilling sah kurz zu Mark hinüber.

»In Ordnung. Rod will die Frage nicht beantworten. Rebecca, können Sie mir eine Antwort geben? Wie wollen Sie gegen die Konkurrenz ankommen?«

»Das wird schwer«, erwiderte sie ruhig. »Die Angebote, die wir von anderen Unternehmen sehen, sind sehr aggressiv. Sie bieten mit dem erklärten Ziel, Azurix aus dem Geschäft zu drängen.«

Skilling lehnte sich zurück. Er sah die anderen Direktoren an und bat die Azurix-Manager, den Raum zu verlassen. Er wollte mit den Board-Mitgliedern alleine sprechen.

Kaum hatten Mark und der Rest des Azurix-Teams die Tür hinter sich zugezogen, legte Skilling los. »Das ist ein Fehler! Wenn wir das tun, werfen wir nur noch mehr Geld zum Fenster hinaus«, rief er. »Die einzige Strategie, die jetzt noch etwas bringt, sind drastische Einsparungen. Bei den Fixkosten. Bei den Mitarbeitern.«

Niemand sagte etwas. »Ich bin derselben Meinung«, brach Lay schließlich das Schweigen.

Sämtliche Direktoren schlossen sich Lay und Skilling an. Mark musste vermittelt werden, dass sie nicht radikal genug dachte und dass Einschnitte in allen Bereichen die einzige Lösung waren. Überbringen sollte ihr die Botschaft Lay.

Die Zahlen von Enron für 1999 waren verheerend. Das Unternehmen hatte zu viel Geld in Geschäfte investiert, die lausige Renditen abwarfen. Würde Enron seine aktuelle Performance offen legen, dann würde der Aktienkurs abstürzen.

Doch die jahrelange Erfahrung mit strukturierten Finanztransaktionen bot einen Ausweg an. Enron verfügte über zahlreiche so genannte »pockets«, Tochterfirmen, die es laut den Buchhaltungsvorschriften als unabhängige Drittunternehmen behandeln konnte. Der Konzern hatte einen eigenen kuriosen Markt aufgebaut, einen Markt, in dem jeder Partizipant nur das wollte, was das Beste für Enron war. Da gab es einen Trust namens Whitewing mit einer Partnergesellschaft, die im Geld schwamm und unter dem Namen Condor firmierte. Nicht zu vergessen, natürlich, LJM1. Und nun auch noch der Großvater von allen, LJM2, ein Fonds, der bereits über 250 Millionen Dollar in Cash zur Weitergabe an Enron verfügte, wann immer das opportun erschien.[7]

Dennoch, die LJM-Fonds würden nicht alles nehmen. Das hatte Fastow bereits bei der Cuiabá-Transaktion klar gestellt, als er eine Zusage für einen späteren Buyout verlangt hatte. Und die Zertifikate in einem Trust namens Yosemite, die ebenfalls unbedingt aus den Büchern verschwinden mussten, gehörten ebenfalls zu der Sorte ertragsschwacher Investition, die Fastow gar nicht mochte.

Also nahmen die Enron-Manager Condor ins Visier und arbeiteten einen Deal aus, bei dem Condor im Austausch für Yosemite-Zertifikate 35 Millionen Dollar an Enron überweisen würde. Damit wären die Zertifikate aus den Büchern getilgt, und Enron könnte mehrere zehn Millionen Dollar an zusätzlichen Profiten – aus dem eigenen Konzern – ausweisen.

Doch dann gab es Schwierigkeiten. Ein subalterner Andersen-Wirtschaftsprüfer in London untersagte das Geschäft. Condor war zu eng mit Enron verbunden, um als unabhängiges Unternehmen durchzugehen. Die Zertifikate in diese »Tasche« zu verschieben würde an den Berichtszahlen nichts ändern. In ihrer Not wandten sich mit dem Deal befasste Manager an Fastow und flehten ihn an, LJM2 die Zertifikate kaufen zu lassen – nur vorübergehend natürlich. Fastow stimmte zu, allerdings nur unter der Voraussetzung, dass Enron LJM2 eine Gebühr bezahlte, und die beiden Seiten nahmen Verhandlungen auf.

Die Geschichte erregte ziemlichen Unmut. Was fiel diesem Nachwuchswirtschaftsprüfer von Andersen ein, ihnen einen Strich durch die Rechnung zu machen? Am 6. Dezember erklärte Joel Ephross, inzwischen Jurist bei Enron, dem Vinson & Elkins-Anwalt Fernando Tovar in einer E-Mail den ursprünglichen Condor-Deal und beklagte sich, dass ein subalterner Wirtschaftsprüfer von Andersen den Deal gestoppt hatte.

»Also läuft die Investition jetzt über LJM, das in keiner Weise mit Enron verbunden ist (abgesehen davon, dass einer der Investoren ein Manager ist, aber darüber werden wir nicht reden)«, schrieb Ephross. »Das sollte den Knilch von Andersen zufrieden stellen.«

Aber aller Wahrscheinlichkeit nach würde das nicht das Ende der Geschichte sein, fuhr Ephross fort. »Wir werden sehen, ob diese untergeordnete Person, die für dieses Problem verantwortlich ist, nach dem 1. Januar noch bei AA beschäftigt sein wird«, meinte er. »Hier jedenfalls wettet kaum jemand darauf.«[8]

Eine riesige amerikanische Flagge hing in der zwölf Stockwerke hohen Lobby des Grand Hyatt Washington Hotel, nur wenige Schritte vom Convention Center der Hauptstadt entfernt. Am 7. Dezember war das Hotel gesteckt voll mit Wirtschaftsprüfern, die in die Stadt gekommen waren, um die Empfehlungen der Securities and Exchange Commission darüber zu hören, was künftig von dem Berufsstand erwartet wurde.

Kurz nach 11 Uhr trat Richard Walker, Leiter der Abteilung für Strafverfolgung bei der SEC, im Constitution Ballroom ans Podium. Walker hatte ein anstrengendes Jahr hinter sich. Seit der »Zahlenspiele«-Rede seines Bosses Arthur Levitt im Vorjahr hatte Walker sich bemüht, den Worten Taten folgen zu lassen. Die Börsenaufsicht hatte gegen hochrangige Mitarbeiter mehrerer Aktiengesellschaften Betrugsverfahren angestrengt und dann noch eins oben draufgesetzt – mit Anklagen wegen betrügerischer Buchhaltungspraktiken gegen 68 Personen und Unternehmen, die ausnahmslos am 28. September 1999 und damit am ersten Jahrestag von Levitts Rede erhoben wurden.

Diese Aktionen, sagte Walker, kommunizierten die Lektion. »Die Botschaft, dass wir Bilanzmanipulationen missbilligen, wurde nachdrücklich vermittelt und wird, wie ich glaube, von allen verantwortungsbewussten Wirtschaftsprüfern und Emittenten beherzigt.«

Dessen ungeachtet, mahnte Walker, würden einige Unternehmen ihre Zahlen weiterhin aufblasen: durch Scheingeschäfte mit geheimen Nebenabsprachen, die Überbewertung von Aktiva und die Verschleierung wichtiger Fakten gegenüber Wirtschaftsprüfern. Gleichzeitig versagten die Buchprüfer in ihrem Job und gäben aus Angst davor, Gebühren zu verlieren, ihren Anspruch auf Unabhängigkeit auf. Aber die SEC, warnte Walker, werde in Zukunft härter durchgreifen. Untersuchungen würden nicht länger mit Samthandschuhen durchgeführt und gegen Geldstrafen und Versprechungen zu den Akten gelegt. Stattdessen werde die SEC enger mit den Bundesstaatsanwälten kooperieren.

»Wir arbeiten daran, das ›Zahlenspiel‹ in ein Monopoly-Spiel zu verwandeln«, sagte Walker. »Wer Bilanzen frisiert, landet direkt im Gefängnis, ohne über das Startfeld zu ziehen.«[9]

Drei Tage später ging in den Andersen-Büros in New Orleans, San Antonio und Houston eine E-Mail der Zentrale ein. Die um 9.35 Uhr verschickte E-Mail enthielt unter anderem einen Artikel, in dem Walkers Rede vor den Wirtschaftsprüfern zusammengefasst wurde. Im Houstoner Büro druckte jemand die E-Mail aus und packte den Ausdruck in eine Akte.

Jeff McMahon klickte eine Folie an.

»Das sind die Investitionen Enrons im Jahr 1999 bis zum heutigen Tag«, erklärte er. »Wie Sie sehen, klafft eine erhebliche Lücke zwischen den ursprünglichen Schätzungen und den tatsächlich erfolgten Investitionen.«

Es war der Nachmittag des 13. Dezember. Der Finanzausschuss des Boards hielt sein letztes Meeting des Jahres ab, um sich über die finanzielle Lage Enrons unterrichten zu lassen. Fastow hatte gerade seinen Auftritt gehabt, nun war McMahon an der Reihe.

McMahons Ausführungen waren sehr beunruhigend. Die Enron-Chefs waren ursprünglich davon ausgegangen, 1999 Investitionen von knapp über einer Milliarde Dollar zu tätigen. Tatsächlich hatten sie den Budgetansatz um nahezu vier Milliarden Dollar überzogen.

»Alles, was wir über das genehmigte Budget hinaus getan haben«, warf Fastow ein, »zwang meine Gruppe, zusätzliches Kapital zu beschaffen.«

Eine Minute später erschien eine neue Folie, dieses Mal mit der Überschrift »Transaktionen Jahresende«. Auf der Folie fand sich eine Ziffer über die geplanten Deals mit einem Gesamtumfang von 2,8 Milliarden Dollar, Geschäfte, bei denen es ausnahmslos um den Verkauf von Aktiva an von Enron selbst gegründete Gesellschaften ging. Alles nur, um die Zahlen zu frisieren, bevor das Unternehmen seine Finanzdaten veröffentlichte.

Bob Belfer, einer von Enrons größten Anteilseignern, beschlich angesichts der hektischen Finanzaktivitäten ein ungutes Gefühl. »Es beunruhigt mich, dass wir so kurz vor dem Jahresende all diese Transaktionen durchführen müssen«, meinte er.

Sein Einwurf wurde am Tisch mit Kopfnicken begrüßt. Nach einer kurzen Beratung gaben die Direktoren eine Anweisung heraus. Enron solle sich niemals mehr in eine solche Situation manövrieren. Nicht, wenn es sich vermeiden lasse.[10]

Drei Stunden später bahnte sich eine Kavalkade schwarzer Limousinen ihren Weg durch den Nachfeierabendverkehr im Zentrum Houstons. Vor Saks Fifth Avenue hielt der Tross an, die Enron-Direktoren und ihre Gemahlinnen stiegen aus und betraten das Ruggles Grill 5115, ein elegantes Restaurant, das an diesem Abend anlässlich der alljährlichen Weihnachtsfeier des Konzerns für die Öffentlichkeit geschlossen war.

Das Restaurant war festlich geschmückt, und ein Pianist spielte im Hintergrund Weihnachtslieder. Lay begrüßte die Gäste und dankte ihnen dafür, dass sie so viel zu Enrons Erfolg beigetragen hätten.

»Ich möchte das Dinner mit einem Gebet eröffnen«, sagte er. Die Versammelten senkten die Köpfe.

»Lieber Gott, wir danken dir für die vielen Wohltaten, die du uns erwiesen hast«, sagte Lay.»Und wir danken dir für diese Gruppe von Führungspersönlichkeiten, den Direktoren wie ihren Partnern, die Enron in der Tat zu einem weiteren großen Jahr geführt hat.«

Damit war das Gebet zu Ende und das Dinner eröffnet. Später, als die Tische abgeräumt waren, dröhnte plötzlich eine laute Stimme durch den Saal.

»Ho, ho, ho! Frohe Weihnachten!«

Ein als Santa Claus verkleideter Mann mit einem Sack auf dem Rücken bahnte sich seinen Weg durch den Raum. Vorne angekommen, rief er die Direktoren zu sich und fragte sie, ob sie in diesem Jahr auch hart für Enrons Erfolg gearbeitet hätten. Er war mit den Antworten offensichtlich zufrieden und überreichte jedem eine Sony-Digicam. Nach seinem Abgang sangen die Direktoren Weihnachtslieder. Die fröhliche Stimmung war die perfekte Medizin für die Direktoren des Finanzausschusses, die noch etwas erschreckt von den Präsentationen dieses Tages waren. Nun hörten sie nur noch Lachen und Gesänge und das Klirren von Gläsern, und die Topmanager wirkten so selbstsicher, so ausgelassen. Vielleicht waren diese Zahlen ja doch nur ein kleiner Ausrutscher. Angesichts der beeindruckenden Profite Enrons bestand wohl kaum Anlass zur Sorge.[11]

»Die Buchhaltung in diesem Punkt zu ändern wird Enron 30 bis 50 Millionen Dollar kosten«, sagte David Duncan. »Wir können das nicht machen.«

Duncan telefonierte mit Carl Bass, der inzwischen Andersens Professional Standards Group angehörte. Duncan hatte sich mit einer Frage hinsichtlich der Restrukturierung von LJM1 an ihn gewandt; vermutlich hatte er die Buchhaltungsregeln missverstanden, die sich auf die Optionen in der Transaktion bezogen. Die Restrukturierung erzwinge, erklärte Bass ihm, eine Neubewertung der Rhythms-Hedges, was bedeute, dass Enron die Verluste ausweisen müsse. Davon wollte Duncan nichts hören. Der Betrag war einfach zu hoch.

»Ich kann da nicht mehr nachverhandeln«, sagte er. »Der Deal ist bereits unterschrieben oder steht kurz davor.«

»Dave, unsere Empfehlungen in dieser Sache waren konsistent und erfolgten rechtzeitig«, erwiderte Bass.

Das sei jetzt egal, gab Duncan zurück. Er werde jetzt nicht mehr das Ruder herumreißen. Enron werde den unverdienten Gewinn behalten, einen Gewinn, der nur darauf zurückzuführen war, dass David Duncan nicht gewusst hatte, was er tat.[12]

Nach Fastows und Causeys Ansicht war der LJM1-Hedge für Rhythms ein grandioser Erfolg gewesen. Und er hatte sie auf eine

Idee gebracht: Wenn Enron mit Hilfe seiner eigenen Aktien den Gewinn aus einer Investition absichern konnte, warum sollten sie das nicht auch mit einem Dutzend anderer Investitionen tun?

Das in Aktienanlagen investierte Kapital stellte eine verborgene Gefahr für Enrons Profitabilität dar. Der Markt hatte jahrelang geboomt, aber inzwischen hatte sich die Dynamik umgekehrt. Sollten die Kurse abstürzen, drohten Enron gewaltige Verluste. Aber wenn das Unternehmen den Wert seiner Investitionen festschreiben konnte – wenn es sie wieder mit Hilfe von Enron-Aktien absichern konnte –, dann wäre diese Gefahr gebannt.

Fastow und Causey sprachen die Idee mit Glisan durch. Die Enron-Aktien zu bekommen war der leichte Teil, darin stimmten sie überein. Vielleicht könnten sie dem Whitewing-Fonds zugeteilte Aktien abziehen und einer anderen Gesellschaft zuweisen, die dann nach dem LJM1-Vorbild den Hedge bereitstellen würde.

Sie legten das Konzept Skilling vor, und ihm gefiel der Vorschlag. Causey sprach Wes Colwell an, einen Buchhalter, der die als Transaction Support bezeichnete Abteilung leitete. Colwell seinerseits gab den Job an Ryan Siurek und Kevin Jordan weiter, zwei Wunderknaben aus der Buchhaltung.

Glisan und die anderen Buchhalter machten sich ans Brainstorming und entwarfen abwechselnd Modelle für den Hedge. Natürlich, die Sache erforderte einen hohen Aufwand, aber schon bei den ersten Überlegungen wussten sie – sie *wussten es* einfach –, dass es funktionieren würde. Sie konnten Enron vor Verlusten in der Zukunft schützen.[13]

Rupert Murdoch, der internationale Medienmogul und Chairman der News Corporation, saß an seinem Schreibtisch in New York. Es war 10 Uhr morgens am 16. Dezember, und Murdoch hatte gerade eben erfahren, dass sein Besucher eingetroffen war. Eine Sekretärin eskortierte Ken Lay in den Raum. Murdoch erhob sich.

»Ken, schön Sie zu sehen«, sagte Murdoch.

Lay nickte. »Danke, Robert. Wie geht es Ihnen?«

Lay und Murdoch waren sich in der Vergangenheit mehrfach über den Weg gelaufen, zumeist beim alljährlichen Weltwirtschaftsforum im Schweizer Davos. Dieses Meeting jedoch war rein geschäftlicher Natur. Die beiden Männer gingen zum Konferenztisch hinüber und setzten sich.

»Also, Ken, was führt Sie nach New York?«

»Nun, Rupert, wir haben da einige sehr interessante Projekte am Laufen, und ich wollte sie mit Ihnen durchsprechen, weil ich eine gute Chance für eine Zusammenarbeit sehe.«

Enron, erklärte Lay, war dabei, seinen Handel mit Breitbandkapazität massiv auszubauen, und spielte mit dem Gedanken an Videostreaming über ein hochmodernes Netzwerk. Murdoch verfügte mit seinem Fox Network und Filmstudio über den Content. So gesehen biete sich für die beiden Unternehmen eine Zusammenarbeit geradezu an, meinte Lay.

»Wir haben ein paar absolut führende Technologien entwickelt«, sagte er. »Sie sind allem, was auf dem Markt ist, haushoch überlegen.«

Die beiden Unternehmen, fuhr er fort, sollten sich überlegen, wie sie einander helfen könnten. Nach einer Dreiviertelstunde versprach Murdoch, er werde prüfen lassen, was Enron da plante. Dieses Breitbandprojekt, sagte er, klinge wirklich viel versprechend.[14]

Bill Collins, ein Manager von Enron Communications, hatte die Schnauze voll von dem verlogenen Hype. Wo er auch hinhörte, die Manager redeten nur noch von ihren Technologien, ihren Strategien und der Bedeutung des Breitbands für Enrons Zukunft. Es hatte eine Zeit gegeben, in der Collins, damals noch Direktor für Business Development, zu den Gläubigen gezählt hatte. Inzwischen jedoch hielt er die ganze Sache für ausgemachten Bockmist.

Die Abteilung war ein einziges Chaos. Die Leute an der Spitze verfügten über keinerlei technologischen Hintergrund. Niemand traf schmerzhafte Entscheidungen über die Allokation der Ressourcen. Schlimmer noch, keiner stellte sich ehrlich den Problemen, vor denen sie standen. Was im Probelauf funktionierte, erwies sich in der realen Welt als weitaus komplizierter.

Am 20. Dezember war Collins so weit, das Handtuch zu werfen. Doch vorher wollte er noch, dass jemand die Wahrheit hörte. Deshalb schrieb er eine E-Mail an einen seiner Vorgesetzten. Enrons lauthals gepriesenes Projekt, ein softwaregestütztes Netzwerk zu entwickeln, sei, schrieb Collins, ein grandioser Fehlschlag, ohne Marktanteile, ohne Käufer, ohne Anwender. Enron spucke große Töne, lasse aber keine Taten folgen.

»Es ist mir egal, mit wie viel Lippenstift und Rouge diese Leiche aufgedonnert wird«, schloss er, »sie ist und bleibt ein Stück totes Fleisch auf dem Sofa.«[15]

Obwohl LJM2 erst seit ein paar Wochen operierte, trieb der Fonds Bill Brown bereits in den Wahnsinn. Brown arbeitete mit McMahon zusammen und verhandelte mit Kopper über einige Details – wenn man das, was da ablief, als verhandeln bezeichnen konnte. Kopper nahm an Enrons Strategiesitzungen teil; er wusste, welche Preise sie akzeptieren würden, und weigerte sich hartnäckig, auch nur einen Cent mehr zu bezahlen.

Nach einem besonders frustrierenden Morgen ging Brown zu McMahon.

»Hey, Jeff, diese Sache mit Andy und LJM nervt gewaltig«, sagte er. »Es ist total verrückt. Wir kommen an, und noch bevor wir präsentiert haben, erzählen sie uns, dass sie wissen, wie viel wir wollen. Als ob man ein Haus an einen Käufer verkaufen will, der deine Schmerzgrenze kennt. Viel verhandelt wird da nicht.«

McMahon seufzte. *Noch mehr Probleme.* »Ja, Sie haben Recht, das ist ein Problem.«

Die Lösung lag auf der Hand. »Ich werde mich darum kümmern«, versprach McMahon. »Ich werde mit Andy reden.«[16]

»Andy, dieses ganze LJM-Ding wächst sich allmählich zu einem massiven internen Problem aus«, sagte McMahon.

McMahon saß gegenüber von Fastow in dessen Büro im 50. Stock und berichtete von seinem Gespräch mit Brown.

»Das ist nicht korrekt«, schloss McMahon. »Und wie, glauben Sie, kommen sich die Leute vor, die für Enron verhandeln und wissen, dass Sie Anteile daran halten? Außerdem sind Sie derjenige, der über ihre Kompensationen entscheidet. Wenn sie also einen zu guten Deal für Enron aushandeln, werden Sie davon erfahren.«

Fastow winkte ab. Er werde niemanden dafür bestrafen, sich für Enron einzusetzen, sagte er.

»Andy, Sie verstehen nicht, worum es hier geht. Um die Wahrnehmung. Wenn die Leute befürchten, dass Ihnen durch zu hartes Verhandeln Geld durch die Lappen geht, werden sie sich zwangsläufig fragen, wie sich das auf ihre Prämien und ihre Karrierechancen auswirkt.«

Fastow gefiel die Richtung nicht, in die sich das Gespräch entwickelte.

»Da brauchen sich die Leute keine Sorgen zu machen«, wiederholte er.

»Das reicht nicht«, erwiderte McMahon. »Das heißt nur: ›Vertrauen Sie mir, ich bin Andy Fastow.‹ Das hilft uns nicht weiter. Sie müssen die Probleme lösen, die diese Sache aufwirft.«

»Und wie?«

Ganz einfach, antwortete McMahon. Die Leute müssten entweder für Enron oder für LJM arbeiten – keine Vermischungen mehr. Und sie müssten in ein anderes Gebäude umziehen, in eigene LJM-Büros, so, wie jedes andere Fremdunternehmen.

»Ich weiß nicht«, sagte Fastow. »Das würde mich eine Menge Geld kosten.«

Wie jedes andere Unternehmen auch. »In Ordnung, wenn das nicht funktioniert, verlagern Sie die Leute zumindest in ein anderes

Stockwerk, damit sie nicht mehr einfach so in Strategiesitzungen hineinspazieren können«, meinte McMahon.

Fastow antwortete nicht.

»Über eine Sache werde ich nicht mit mir reden lassen: das wöchentliche Mitarbeitermeeting«, sagte McMahon. »Kopper darf daran nicht mehr teilnehmen.«

»Das mache ich nicht«, schoss Fastow zurück. »Michael ist ein zentraler Akteur. Er muss wissen, was los ist.«

»Aber er ist auch derjenige, der LJM führt, und wenn er beim Mitarbeitermeeting dabei ist, weiß er alles.«

»Er *muss* alles wissen«, antwortete Fastow.

Einen Moment lang schwiegen beide.

Dann brachte Fastow einen Vorschlag: »Wir könnten doch über sensible Informationen einfach nicht in dem Mitarbeitermeeting reden. Wir werden dafür einfach ein anderes Meeting arrangieren.«

So lief das in Unternehmen einfach nicht. Was dachte sich Fastow bloß? »Ich glaube nicht, dass das funktioniert, Andy.«

»Okay«, erwiderte Fastow, »ich werde darüber nachdenken.«

Auf dem Weg zurück zu seinem Büro geriet McMahon ins Grübeln. Fastow hatte noch nicht einmal eine Investorenliste für ihn zusammengestellt. Warum sollte er jetzt davon ausgehen, dass Fastow die Organisation seines kostbaren Fonds restrukturieren würde, nur um Enron zu helfen?

Elf Tage noch im alten Jahr. Elf Tage, bis Enron seine Bücher für das Jahr 1999 schließen musste. Elf Tage, um die Zahlen zu frisieren.

Kein einziger Deal lief wie geplant. Enron hatte einen Pool an Krediten, die abgelöst werden mussten, aber gerade für die riskantesten Objekte fand sich kein Käufer. Dasselbe galt für eine Beteiligung an mehreren nigerianischen Kraftwerksschiffen, die Enron abstoßen wollte. Und für Nowa Sarzyna, ein Kraftwerksprojekt in Polen. Und auch für MEGS, ein Erdgasprojekt im Golf von Mexiko. Der Markt schickte eine unmissverständliche Botschaft: Niemand war interessiert, zumindest nicht zu den von Enron geforderten Preisen.

Elf Tage. Etwas musste passieren. Und zwar schnell. Und das würde es auch. Dafür hatten sie schließlich LJM2.

Als Erstes wurde das polnische Kraftwerk verkauft. Am 21. Dezember erwarb LJM2 75 Prozent der Anteile an der von Enron gegründeten Gesellschaft, der das Kraftwerk gehörte. Der Fonds bezahlte 30 Millionen Dollar, zum Teil als Kredit, zum Teil als Investition.

Doch der Deal hatte einen brisanten Schwachpunkt. Laut Kreditvertrag war Enron verpflichtet, bis zum Abschluss der Bauarbeiten knapp 50 Prozent an dem Projekt zu halten, eine Klausel, gegen die der Deal mit LJM2 klar verstieß. Enron überredete die Kreditgeber, diese Klausel für drei Monate auszusetzen, mit anderen Worten, Enron musste seinen Anteil spätestens am 31. März wieder übernehmen.

Doch das zählte nicht. Hauptsache, Enron erreichte seine Gewinnvorgaben für 1999. Dank der LJM2-Rettungsaktion konnte Enron 16 Millionen Dollar an Einnahmen verbuchen.[17]

Kopper legte auf und verließ sein Büro. Fastow hatte ihn gerade angerufen und gesagt, sie müssten sofort miteinander reden. Ein paar Minuten später betrat er Fastows Büro, setzte sich wie üblich auf das Sofa und wartete, bis Fastow zu ihm herüberkam.

»Was halten Sie von dem Vorschlag, dass LJM das Kapital für den Kauf einiger nigerianischer Kraftwerksschiffe von Enron zum Jahresende bereitstellt?«, fragte Fastow und legte ihm die Details dar.

Die Sache würde sich auf ein paar Millionen Dollar beschränken und wäre weitgehend ohne Risiken, da die Investition über ein Akkreditiv der Citibank abgesichert würde. Der Deal würde der Afrika-Gruppe helfen, ihre Finanzziele zum Jahresende zu erreichen. Aber es gab, fuhr er fort, noch einen weiteren Grund, in letzter Minute auf den Plan zu treten.

»Wenn LJM diesen Deal macht«, sagte er, »wird mich Jeff Skilling für einen Helden halten.«[18]

Kurz darauf schickte Fastow die Unterlagen für das nigerianische Geschäft an Kopper, der von dem, was er sah, allerdings wenig angetan an. Das Akkreditiv war lang und kompliziert und ließ der Bank zu viele Ausstiegsmöglichkeiten. Schlimmer noch, das Abkommen über den Stromverkauf mit Nigeria war noch gar nicht unterschrieben. Unter dem Strich sah der Deal nach einem Verlustgeschäft aus, was Kopper Fastow auch sagte.

Fastow reagierte gelassen. »Machen Sie sich keine Sorgen, wenn wir es nicht mit Hilfe von LJM machen können«, sagte er. »McMahon sitzt bereits an einem anderen Deal.«

McMahon griff zum Telefon und rief Merrill Lynch an. Die Firma hatte bereits gezeigt, dass sie da war, wenn Enron sie brauchte, und an diesem Tag bereitete die Kapitalinvestitionsgruppe von Merrill Lynch den Kauf von LJM2-Anteilen in Höhe von fünf Millionen Dollar vor. Vielleicht war die Firma ja bereit, Enron kurzfristig aus der Klemme zu helfen.

McMahon, der als zentraler Ansprechpartner für Finanzinstitutionen gebeten worden war, die Sache in die Hand zu nehmen, erreichte Robert Furst, einen der für das Enron-Geschäft zuständigen

Merrill-Banker. »Rob, wir brauchen Hilfe«, sagte McMahon. »Wir haben über den Verkauf einiger Kraftwerksschiffe in Nigeria verhandelt, aber der Deal kommt nicht zustande.«

Aber Enron, erklärte McMahon, sei darauf angewiesen, den Deal vor Jahresende abzuschließen, ansonsten laufe das Unternehmen Gefahr, seine Zahlen nicht zu erreichen.

»Deshalb möchten wir als Zwischenlösung bis zur vollständigen Übernahme die Beteiligung an Merrill Lynch verkaufen«, erklärte er. Damit könne, fuhr McMahon fort, Enron zusätzliche zehn Millionen Dollar Gewinn ausweisen.* Der Gesamtpreis belaufe sich zwar auf 28 Millionen Dollar, doch Merrill solle davon nur sieben Millionen Dollar übernehmen, Enron selbst werde den Rest als Kredit gewähren, und Merrill solle die Kraftwerksschiffe nur sechs Monate halten, nicht länger. Bis zu diesem Zeitpunkt werde Enron einen Weg finden, die Firma als Investor abzulösen. Als Gegenleistung versprach McMahon Merrill einen satten Ertrag – über 22 Prozent.

Das war zwar nicht die Art Geschäfte, die Merrill für gewöhnlich machte; Investitionen in Kraftwerksschiffe gehörten eher nicht zum Tätigkeitsfeld der Bank. Aber Furst gefiel die Sache, zumal er in seiner Zeit bei Crédit Suisse First Boston ähnliche Arrangements mit Kunden getroffen hatte. Er sah keinen Grund, warum Merrill nicht in die Sache einsteigen sollte.

»Ich werde mit den anderen darüber reden«, versprach er McMahon.[19]

Merrill Lynch hatte bereits gute Gründe, wegen der Beziehungen zu Enron nervös zu sein. Eben an dem Tag, als McMahon anrief, besprachen Merrill-Banker eine Transaktion mit einer anderen Abteilung von Enron, die dem Konzern bis zum Jahresende 50 Millionen Dollar an zusätzlichen Einnahmen bescheren sollte.

Das Geschäft war früher im Monat von Cliff Baxter angeregt worden, der zuerst mit den für die Beziehungen zu Enron zuständigen Bankern Rob Furst und Schuyler Tilney und später mit Daniel Gordon telefoniert hatte, dem 23 Jahre alten Wunderknaben, der aus dem Nichts die Energiehandelssparte aufgebaut hatte.

Gordon war zuerst skeptisch gewesen. Baxters Plan war wirtschaftlich unsinnig. Merrill sollte mit Enron langfristige gegenseitige Stromgeschäfte abschließen, die einander genau spiegelten und so strukturiert waren, dass sie sich bis auf den letzten Cent aufhoben. Sollte Merrill im ersten Geschäft etwas an Enron bezahlen, würde Enron im zweiten Geschäft exakt dieselbe Summe an Merrill über-

* McMahons Angabe war inkorrekt. Der tatsächlich erwartete Gewinn aus dem Geschäft mit den Kraftwerksschiffen betrug zwölf Millionen Dollar. Die Angabe wurde in allen späteren Gesprächen korrigiert.

weisen. Mit anderen Worten, die Sache lief auf ein Scheingeschäft hinaus. Und Baxter wollte den Deal, den auszuhandeln im Normalfall Monate dauern würde, in ein paar Tagen unter Dach und Fach bringen.

Dennoch, Gordon war von dem Buchhaltungstrick fasziniert, den sich Enron für das Geschäft hatte einfallen lassen. Die eine Transaktion setzte eine tatsächliche Lieferung voraus – sprich, in einigen Monaten würde Enron Strom an Merrill liefern müssen. Der andere Handel aber würde eine finanzielle Begleichung voraussetzen – sprich, Merrill musste den Barwert des Stroms überweisen. Und eine finanziell abgewickelte Transaktion konnte nach Causeys Überzeugung zum aktuellen Wert bewertet werden, eine physikalisch abgewickelte hingegen nicht. Damit würde Enron mehrere zehn Millionen Dollar an Profiten ausweisen können, die gar nicht entstanden waren.

Die ganze Sache war ein genial ausgetüftelter Schachzug, mit dem sich Enron aus dem Sumpf ziehen wollte – das erkannte Gordon durchaus. Aber er sah auch den potenziellen Gewinn, den das Geschäft für ihn und sein Unternehmen versprach. Enron steckte in der Klemme. Sollte das Unternehmen seine Zielvorgaben nicht erreichen, würden die Spitzenmanager keine Kompensationen bekommen. Merrill konnte für eine Transaktion ohne jeden ökonomischen Effekt Gebühren berechnen, die jedem Kredithai die Schamröte ins Gesicht getrieben hätten.

»Ich werde sehen, was sich machen lässt«, sagte Gordon schließlich.

In enger Kooperation mit Tilney und Furst arbeitete Baxter an den Details des Geschäfts, das so strukturiert war, dass die finanzielle Begleichung nicht vor September 2000 begann, also erst in über neun Monaten. Aber Baxter deutete an, dass es so weit wohl gar nicht kommen werde.

Enron werde, sagte er, die ganze Sache aller Wahrscheinlichkeit nach vor September 2000 auflösen – natürlich aber erst, nachdem das Unternehmen die Einnahmen aus Geschäften verbucht hätte, von denen alle Beteiligten bereits jetzt wussten, dass sie niemals abgewickelt würden.[20]

22. Dezember. Noch zehn Tage.

Der riskanteste Teil von Enrons ertragsschwachen Investitionen war nun verkauft, und zwar an LJM2 und eine Whitewing-Tochter. Für seinen Anteil zahlte LJM2 über 32 Millionen Dollar an Enron, Geld, das LJM2 sich von der Tochter pumpte.

Die Transaktion brachte Enron keinen Gewinn; die Anleihen wurden zu dem in den Büchern ausgewiesenen Wert verkauft. Aber

Enron konnte dadurch verbergen, wie riskant sie waren. Ihr Wert verfiel rapide, und entsprechend den Buchhaltungsvorschriften hätte Enron möglicherweise die geringe Rückzahlungswahrscheinlichkeit in Rechnung stellen und einen Gewinneinbruch hinnehmen müssen. Diese Gefahr war nun gebannt.[21]

Am selben Tag fand bei Merrill Lynch in New York ein Treffen statt, auf dem offiziell über die Beteiligung an den nigerianischen Kraftwerksschiffen beraten wurde. Furst, der Relationship Banker, betonte die überragende Bedeutung des Deals für die guten Beziehungen zu Enron. Mindestens ein Manager aber – James Brown, Leiter der Gruppe für Projekt- und Leasingfinanzierung – beschwor seine Kollegen mindestens ebenso eindringlich, die Finger von der Sache zu lassen.

»Wir müssen uns Gedanken über die Rechtmäßigkeit dessen machen, was Enron hier vorschlägt«, warnte Brown. »Ich stelle die vorgeschlagene Verbuchung ernsthaft in Frage. Meiner Auffassung nach kann diese Transaktion nicht als Verkauf anerkannt werden.«

Das war noch nicht alles. Selbst nach der Investition, merkte Brown an, werde Merrill keinerlei echte Kontrolle über die Kraftwerksschiffe besitzen. Und warum sollte Merrill die Investition nur für sechs Monate halten? Das klinge nicht nur falsch, darüber liege noch nicht einmal etwas Schriftliches vor. Am schlimmsten aber sei, führte Brown aus, dass in den wirtschaftlichen Zahlen der Wurm drin sei.

»Sie wollen einen Gewinn von zwölf Millionen Dollar verbuchen«, sagte er. »Aber wir investieren nur sieben Millionen Dollar. Wie soll das aufgehen?«

Für Brown wies der Vorschlag alle Merkmale einer Gewinnmanipulation auf. »Spielen Sie das Szenario durch«, sagte er. »Was, wenn Enron irgendwann in der Zukunft einen massiven Kreditausfall erlebt und zusammenbricht? Dann kommt heraus, dass wir daran beteiligt waren, ungeachtet unserer zahlreichen Bedenken wegen der Buchführung. Würde das unseren Ruf schädigen?«

Doch Brown fand wenig Unterstützung. Hier handle es sich keineswegs um Gewinnmanipulation, erklärten einige Banker. Zwölf Millionen Dollar seien für Enron doch ein Klacks angesichts ansonsten so starker Gewinne. Und natürlich werde Enron ganz sicher Andersen konsultieren, um sicherzustellen, dass das Geschäft korrekt gebucht werde. Und dieses fantastische Gerede über einen Zusammenbruch von Enron – *von Enron!* Lächerlich.

Aber, und darin waren die Anwesenden sich einig, Brown hatte einen wichtigen Punkt angesprochen. Merrill ging zu ungeschützt in diese Sache hinein. Also verständigte man sich darauf, die Beteiligung nur dann zu kaufen, wenn Merrill sie nicht tatsächlich *besit-*

zen musste. Bevor der Ausschuss irgendetwas genehmigte, stellte er eine Forderung. Daniel Bayly, der Leiter des Investmentbanking, sollte sich von Fastow garantieren lassen, dass der Buy-out stattfinden würde. So weit, eine schriftliche Garantie zu verlangen, wollten sie aber nicht gehen; Fastows Wort genügte ihnen.[22]

Ungefähr zur selben Zeit betraten Lay und Skilling im kalifornischen Santa Clara das Hauptquartier von Sun Microsystems, gefolgt von einer Hand voll Topmanager von Enron Communications, darunter Joseph Hirko und Rex Shelby. Die Leute waren nervös und aufgeregt. Sie waren gekommen, um Scott McNealy, CEO von Sun und veritable Industrielegende, zu einer Kooperation mit Enron zu bewegen.

An der Rezeption wurden sie von Jonathan Schwartz, Vizepräsident für Strategische Investition, begrüßt und in ein an McNealys Büro angrenzendes Konferenzzimmer geführt.

Kurz darauf betrat McNealy in Jeans und Golfshirt den Raum, begleitet von Sun-Präsident Ed Zander und einigen Managern aus dem Vertrieb. Nach einer kurzen Begrüßung nahmen sie Platz.

»Ich weiß es sehr zu schätzen, dass Sie sich die Zeit für ein Treffen mit uns nehmen«, begann Lay. Nach einer kurzen Beschreibung von Enrons intelligentem Netzwerk übergab er Skilling das Wort.

»Unsere Leute empfehlen uns Ihre Server«, sagte Skilling. »Aber wir würden gerne klären, ob mehr möglich ist und wir eine Beziehung über den bloßen Kauf von Servern hinaus aufbauen können.«

Der Schlüssel dazu, sagte er, sei die jüngste Initiative von Enron Communications. Dabei gehe es um die Entwicklung eines Software-Interface, das externen Programmierern den Zugriff auf spezielle Funktionen in seinem Netzwerk erlaube, um damit andere Computeranwendungen zu schreiben. Das Ganze sollte Broadband Operating System, kurz BOS, heißen.

»Wir sind dabei aber«, erklärte Skilling, »auf Hilfe bei der Programmierung angewiesen. Kurz, wir benötigen Ihre Unterstützung, um die Sache realisieren und auf den Markt bringen zu können.«

McNealy warf Schwartz einen Blick zu. »Was halten Sie davon, Jonathan?«

Die beiden Unternehmen würden sich perfekt ergänzen, antwortete Schwartz. Enron verfolge große Ziele, und das Unternehmen beabsichtige, Suns Programmiersprache Java für sein Netzwerk einzusetzen. Ja, Sun habe allen Grund, interessiert zu sein.

Zander ergriff das Wort. »Über wie viele Leute reden wir hier?«

»20 oder 30«, sagte Schwartz.

Zander sah ihn entgeistert an. *»20 oder 30?* Wollen Sie mich auf den Arm nehmen? Sie wissen ganz genau, wie viel Arbeit die Leute gerade haben.«

Allen war klar gewesen, dass der Deal nicht einfach werden würde. Man schrieb die späten neunziger Jahre. Softwareprogrammierer waren sehr gesucht und schwer zu finden. Aber Schwartz ließ nicht locker.

»Das könnte sehr, sehr wichtig werden«, sagte er. »Wer hier zuerst einsteigt, wird einen riesigen Vorsprung bekommen.«

Die Enron-Manager hörten zu, als McNealy, Schwartz und Zander ihre Positionen darlegten. An ihrer Entschlossenheit, eine Allianz zu schmieden, konnte kein Zweifel bestehen. Bevor er ging, wollte Lay noch ein weiteres Thema anschneiden. Er wandte sich an McNealy.

»Scott, ich glaube, unsere Leute haben schon darüber gesprochen«, sagte er. »Es würde mich sehr freuen, wenn Sie zu unserer jährlichen Analystenkonferenz nach Houston kommen und dort vielleicht ein wenig über unsere Beziehung sprechen könnten. Und vor allem darüber, was Sie von unseren neusten Technologien halten.«

McNealy zuckte mit den Schultern. »Wenn mein Terminkalender es zulässt, sehr gerne.«

Lay strahlte. Er hatte nicht erwartet, dass McNealy zusagen würde. Es schien fast zu einfach.

McNealy stützte sich mit den Händen auf und erhob sich. »Hören Sie, Ken, besuchen Sie uns doch noch einmal, wenn Sie mehr Zeit haben«, sagte er und schüttelte Lays Hand. »Dann könnten Sie und ich ein paar Runden Golf spielen.«

»Mit Vergnügen«, erwiderte Lay.

Schwartz begleitete sie hinaus. Die Gruppe ging durch den Sicherheitsbereich hinaus auf einen Hof vor dem Gebäude.

Skilling knuffte Lay. »Und, Ken, was meinen Sie?«

Lay lächelte. »Junge, das könnte was richtig Großes werden«, antwortete er. »Das könnte wirklich ein Wendepunkt sein.«[23]

Am nächsten Tag sprachen Fastow und Bayly von Merrill per Telefonkonferenz über die nigerianischen Kraftwerksschiffe. An dem Gespräch nahmen außerdem noch Robert Furst sowie McMahon und Schuyler Tilney, die im Urlaub waren, teil.

»Okay«, fing Bayly an. »Andy, danke, dass Sie sich Zeit genommen haben. Ich möchte nur ein paar Dinge klären.«

Fastow wusste, welche Worte er verwenden musste. Er wollte Ausdrücke wie »Versprechen« vermeiden; *das* würde Merrill garantieren, dass sie ihr Geld zurückbekommen würden, was wiederum bedeuten würde, dass der Verkauf nicht stattfinden würde. Gleichzeitig jedoch war das genau die Garantie, die er abgeben wollte.

In dem Fall würde das Protokoll des Gesprächs, das wusste er, den Eindruck erwecken, als hätte Enron Merrill zugesichert, sie würden kein Geld verlieren. Also versprach er, dass LJM2 bereitstehen würde, um die Firma abzulösen. Er war überzeugt, dass Bayly die versteckte Nachricht verstanden hatte. Fastow war stolz auf sich. Und er kam sich unglaublich clever vor.[24]

Das Gespräch dauerte nur ein paar Minuten. Gleich danach rief Bayly James Brown bei Merrill an. Er habe gerade mit Fastow telefoniert, erklärte Bayly. »Ich bin zufrieden«, sagte er. »Legen Sie los, und schließen Sie den Deal mit Enron ab.«

Mittwoch, 29. Dezember. Noch drei Tage.

Das Klingeln des Telefons riss zuerst Jeff McMahon, dann seine Frau aus dem Schlaf. Er warf einen Blick auf die Uhr – 7.30 Uhr, und das in den Ferien. Er setzte sich im Bett auf und griff nach dem Telefon. Auf dem Display las er: »Enron Corp«.

Er nahm ab. »Hey, was soll das? Ich habe Urlaub.«

Bill Brown war am Apparat. »Sorry, dass ich Sie so früh am Morgen in Ihrem Urlaub belästige, aber wir haben da ein Problem mit Yosemite.«

Yosemite. McMahon erinnerte sich. Enron wollte einige vom Yosemite-Fonds aufgelegte Zertifikate verkaufen – ursprünglich an eine obskure Gesellschaft namens Condor. Nachdem Andersen die Sache gestoppt hatte, wollte man den Deal mit LJM2 durchziehen.

»Was für ein Problem?«, wollte McMahon wissen.

»Kopper verlangt eine Gebühr für LJM2, die weit über den marktüblichen Margen liegt, und das, obwohl das Geschäft zwischen unabhängigen Partnern gemacht werden soll.«

»Nun, dann sagen Sie ihm, dass es so nicht läuft.«

Das hätten sie schon, erwiderte Brown. Doug McDowell, der Manager, der den Deal betreue, lasse nicht locker. Aber Kopper meinte, dass solche Deals eine bestimmte Anzahl an Basispunkten erbrächten, von dem jeder ein Hundertstel Prozent der Gesamtsumme wert sei. Er vermische die Zahlen und behaupte, sie würden LJM2 ein Zehntelprozent für jeden Basispunkt schulden. Enron solle LJM2 im Höchstfall 100 000 Dollar bezahlen, aber Kopper wolle eine Million.

»Und jetzt sagt Kopper, er wolle zu Fastow gehen, wenn wir uns darauf nicht einlassen«, sagte Brown.

»Das ist Bockmist!«, giftete McMahon. »Ich werde mich drum kümmern.« Er legte auf und rief Fastow im Büro an. Seine Sekretärin nahm ab; sie und Fastow kamen häufig früh ins Büro. Sie stellte ihn direkt durch.

»Andy, ich bin's, Jeff. Wir haben hier ein Problem mit dem Yosemite-Deal.«

Fastow schnaubte. »Ja, wie ich höre, stellen sich Ihre Leute ganz schön an wegen der Gebühr.«

»Ich glaube, Sie bringen da etwas durcheinander, Andy«, erwiderte McMahon und erklärte Koppers Fehler mit den Basispunkten.

»Sehen Sie, Ihre Leute verhandeln bei diesem Deal viel zu hart«, erwiderte Fastow.

Meine Leute? Arbeiten wir nicht alle für dich?

»Dieser Deal muss abgeschlossen werden«, fuhr Fastow fort. »Sagen Sie ihnen, sie sollen den Druck rausnehmen. Bringen Sie's einfach unter Dach und Fach.«

McMahon richtete sich in seinem Stuhl auf. »Moment mal!«, sagte er. »Wir werden diesen Deal nicht einfach abschließen und das Zehnfache der üblichen Gebühren bezahlen. Wir hatten vereinbart, diesen Deal auf der Basis von Marktpreisen zu machen, und das sind keine Marktpreise.«

»Nun, laut Michael führen sich Ihre Leute einfach unmöglich auf. Sprechen Sie mit Michael. Ich brauche diesen Deal.«

»Nein, ich werde nicht mit Michael reden«, schoss McMahon zurück.

Er holte tief Luft. »Andy, verstehen Sie nicht?«, sagte er. »Genau *das* ist das ganze Problem. Sie sind der Schiedsrichter, Sie stehen in einem Interessenkonflikt. Es ist beschissen, dass es so organisiert ist, aber so ist es nun einmal. Sie werden diese Sache bereinigen müssen.«

McMahon ging nochmals die Zahlen durch. »Ich werde meine Jungs in dieser Angelegenheit unterstützen«, sagte er. »Wir werden diesen Deal nicht abschließen, wenn Sie auf einer Million Dollar bestehen.«

Er legte eine Pause ein. »Und dann werde ich zu Skilling gehen und ihm sagen, dass wir den Deal aus diesem Grund nicht machen und einen anderen Käufer für die Zertifikate finden müssen.«

Einen Moment lang schwieg Fastow. »Ich rufe Sie zurück«, sagte er schließlich und legte auf.[25]

20 Minuten später stand McMahon in Shorts und T-Shirt in der Küche und goss sich einen Kaffee ein. Das Telefon klingelte. Es war Fastow. Er war kurz angebunden und gab sich keine Mühe, seine Wut zu verbergen.

»Wir machen den Deal für 100 000, aber machen Sie ihn«, sagte er. »Und machen Sie es noch heute.«

Fastow bestand darauf, dass McDowell über den Abschluss der Verhandlungen informiert wurde, Punkt. McMahon stimmte zu und rief Brown an.

»Okay, ich habe mit Andy gesprochen und alles geklärt«, sagte er. »Sagen sie Doug, dass wir den Deal heute abschließen müssen.«

Brown dankte McMahon und wollte wissen, wie Fastow reagierte hatte.

»Er war stinksauer«, antwortete McMahon.

Ein paar Stunden später war der Yosemite-Deal unter Dach und Fach. LJM2 verpflichtete sich, 35 Millionen Dollar für die Zertifikate zu bezahlen; Geld würde erst in mehreren Monaten fließen. Im Gegenzug erhielt der Fonds dafür, dass er auf die Schnelle für Condor eingesprungen war, 100000 Dollar.

Aber Fastow hatte nicht vor, die Zertifikate zu behalten. Die Gebühr kassieren und Enron helfen, die Bilanz zu frisieren, in Ordnung, aber auf den Zertifikaten sitzen bleiben, das auf keinen Fall. Schließlich stand das Ende des Berichtsjahrs für LJM2 unmittelbar bevor, und die Yosemite-Zertifikate waren nicht gerade das, was Fastows Investoren sehen sollten.

LJM2 blieben noch zweieinhalb Tage.

An diesem Mittwoch jagte ein Deal den nächsten.

LJM2 erwarb für 24 Millionen Dollar Schuldtitel und Eigenkapital an MEGS, dem Erdgasprojekt im Golf von Mexiko. Auch dabei handelte es sich um einen kurzfristigen Deal. Enron sagte zu, die MEGS-Anleihen innerhalb von 90 Tagen an einen langfristigen Investor weiterzuverkaufen.[26]

Enron profitierte von den Deals gleich doppelt; zum Ersten erzeugten sie neue Einnahmen, zum Zweiten ließen sie schwache Werte aus den Büchern verschwinden. Doch ein Problem blieb. Seit jeher erzeugte Enrons Mark-to-Market-Buchhaltung einen im Vergleich zu den Profiten geringeren Cashflow. Diese Kennziffer wäre ein eindeutiger Beleg dafür, dass Enron in weitaus gefährlicheren Gewässern segelte, als es den Anschein hatte. Aber woher konnte Enron Cash bekommen, wenn nicht durch den Verkauf von Unternehmen?

Durch Kredite. Mit Hilfe einer von der Citibank entwickelten Innovation startete Enron das Projekt Nahanni, benannt nach einem für seine Wölfe berühmten kanadischen Nationalpark. Wie immer war eine Vielzahl von Gesellschaften mit kryptischen Namen beteiligt. Der Effekt aber war simpel: Enron lieh sich fast eine halbe Milliarde Dollar, kaufte dafür Schatzanleihen – und bezeichnete das als Händlerinvestment. Dann verkauften sie die Anleihen postwendend, und die Enron-Buchhalter wiesen die Einnahmen als Cashflow aus dem operativen Geschäft aus.[27]

In ein paar Stunden des letzten Tages des Jahres 1999, in einem Leih-Kauf-und-Verkauf-Rausch, den ein Kind durchschauen könnte, generierte Enron über 40 Prozent der 1,2 Milliarden Dollar an operativem Cashflow, den das Unternehmen für das Berichtsjahr auswies, und nahezu die gesamte Summe musste Enron in zwei Wochen an die Citibank zurückzahlen. Mit Zinsen.

Donnerstag. Noch zwei Tage.

LJM2 hatte die Yosemite-Zertifikate weniger als 24 Stunden gehalten, also war es an der Zeit, sie wieder abzustoßen. Und Fastow hatte den perfekten Käufer: Zwar durfte Condor, die von Andersen kontrollierte Gesellschaft, Enron die Zertifikate abkaufen. Aber Andersen hatte noch nie ein Wörtchen zu LJM2 verlauten lassen und prüfte den Fonds auch nicht. Wenn LJM2 die Zertifikate kaufen wollte, gab es niemanden, der den Fonds daran hindern konnte.

Monate nach dem Geschäft, als LJM2 schließlich Enron Geld für die Zertifikate überweisen musste, sprang Condor dem Fonds mit einem Kredit über 35 Millionen Dollar zur Seite. Sobald das Geld an Enron überwiesen war, erließ Condor das Darlehen und akzeptierte die Zertifikate als Entgelt. LJM2 hatte zu keinem Zeitpunkt auch nur einen Cent riskiert; der Fonds hatte Condor schlicht als Fassade gedient, um den neugierigen Augen der Wirtschaftsprüfer zu entgehen. Und er hatte für seine Mühen 100000 Dollar kassiert. Fastow wurmte es immer noch, dass es nicht das Zehnfache war.[28]

Am selben Tag kamen in New York mehrere Topmanager von Merrill Lynch zu einem dringlichen Meeting zusammen. Auf dem Tisch lagen die sich gegenseitig aufhebenden Stromdeals, die Enron ein paar Wochen zuvor angeregt hatte. Der Deal war narrensicher, Merrill konnte dabei keinen Cent verlieren. Und Enron war willens, sich dumm und dämlich zu zahlen, damit der Deal zustande kam – nach gegenwärtigem Wert Gebühren in Höhe von 17 Millionen Dollar.

Dennoch war man bei Merrill Lynch skeptisch. 50 Millionen Dollar Profite aus Geschäften, die sich gegenseitig egalisierten? Mehr noch, Geschäfte, die Enron keinen Gewinn bringen, sondern im Gegenteil 17 Millionen Dollar kosten würden? Damit überspannten sie den Bogen.

Die Teilnehmer des Meetings kamen überein, dass sie den Deal nicht absegnen konnten, nicht ohne die Garantie, dass Andersen sein Okay gab. In der Pause riefen Schuyler Tilney und Robert Furst Causey an und sagten, dass er sich am Telefon bereithalten müsse, um Fragen zu beantworten, wenn er seinen Plan nicht gleich ganz begraben wolle.

Als das Meeting fortgesetzt wurde, schaltete sich Causey per Telefon aus Houston dazu. »Ich bin über Ihre Bedenken informiert worden«, hörten sie seine Stimme über die Freisprechanlage. »Ich möchte Ihnen versichern, dass ich mir über die Buchhaltungsprobleme dieser Transaktionen bewusst bin und dass Arthur Andersen unser Vorhaben abgesegnet hat.«

Das reichte nicht, nicht bei einem so bizarren Geschäft. Die Leute von Merrill waren nicht bereit, sich allein auf Causeys Wort zu verlassen.

»Können wir mit den Wirtschaftsprüfern von Arthur Andersen direkt sprechen?«, wollte einer der Merrill-Manager wissen.

»Nein«, erwiderte Causey, »das kann ich nicht zulassen.«

Es musste doch möglich sein, sich auf einen Kompromiss zu verständigen. Ob er ihnen eine Garantie geben könne?, fragte einer der Merrill-Banker. Causey solle in einem Schreiben Andersens Genehmigung garantieren und darin explizit festhalten, dass Merrill zu keinem Zeitpunkt mit der buchhalterischen Seite des Geschäfts befasst gewesen sei. Am Geschäft selbst würde das nichts ändern; Enron würde nach wie vor gewaltige Profite ausweisen, die es gar nicht gab. Aber zumindest wäre Merrill auf der sicheren Seite, sollte Enrons Scharade jemals publik werden.

»Ich glaube, das ließe sich einrichten«, meinte Causey.[29]

Silvester. Der letzte Tag.

Causeys Schreiben traf per Fax bei Merrill ein, und die Deals wurden abgewickelt. Enron verbuchte seine letzten 50 Millionen Dollar Gewinn für das Jahr.[30]

Das Unternehmen hatte die Gewinnprognose erfüllt. Die Feuerwehraktion der letzten paar Wochen hatte neben fast 500 Millionen Dollar an Cashflow auch um die 125 Millionen Dollar Gewinn generiert – rund die Hälfte dessen, was die Wall Street von Enron für das vierte Quartal erwartet hatte.[31]

Der Aufwand belief sich auf ein bisschen Papierkram, ein paar Buchhaltungsfehler und einige Geschäfte unter Freunden. Das und ein paar Verbrechen.

Ben Glisan hatte so seine Zweifel.

Er hatte von dem Geschäft mit den Kraftwerksschiffen gehört – und von den Zusagen an Merrill, die erforderlich gewesen waren, um den Deal schnell über die Bühne zu bringen. Die ganze Sache erschien ihm geradezu aberwitzig. Warum um alles in der Welt drückte Enron so aufs Gas und schlug Purzelbäume, um Merrill zu einem solchen Deal zu verführen? Was würde die Wall Street denken, wenn herauskommen sollte, dass Enron auf Teufel komm raus um schäbige zwölf Millionen Dollar Gewinn kämpfen musste?

Glisan fand McMahon in seinem Büro. Er legte ihm seine Bedenken dar, genauer gesagt, welchen Eindruck das Geschäft – im Verein mit dem ganzen Aufwand, den Enron betrieben hatte, um es zustande zu bringen – auf die Unternehmensbanker haben würde.

McMahon hörte ihm wenig beeindruckt zu; er war auf dem Sprung zu einem Meeting, und während Glisan sprach, schlüpfte er in sein Jackett.

»Ich habe kein Problem mit einem Deal unter Freunden«, sagte er und verließ den Raum.[32]

Die Führungskräfte des Ausschusses, die knapp zwei Wochen später am 13. Januar im Phoenician Hotel in Scottsdale zu ihrer alljährlichen Klausur zusammenkamen, waren bester Laune. Enron lief, so hatte es den Anschein, auf allen Zylindern und legte großartige Zahlen vor. Natürlich, da gab es diese verrückten Fristen, die ein Quartalsende eben so mit sich brachte, aber der Erfolg sprach für sich selbst.

Sie hatten sich an diesem Donnerstag im Boardroom des Canyon Building im Phoenician versammelt. Unter Lays Vorsitz umrissen die Leiter der einzelnen Abteilungen ihre Erwartungen für das kommende Jahr, gefolgt von einer Diskussion über ihre Pläne für das jährliche Treffen mit den Wall-Street-Analysten, das für nächste Woche in Houston anberaumt war.

Glückliche Tage. Die Großkundenabteilung sprengte die Scheunentore. Das Kundengeschäft erwirtschaftete einen kleinen Profit. Die Pipelines – nun, die Pipelines machten immer Geld. Natürlich gab es Probleme, aber dafür zeichneten sich Lösungen ab. Die Finanzabteilung arbeitete an den Hedges für die Händlerinvestments. Ein Großteil der internationalen Beteiligungen stand zum Verkauf. Dasselbe galt für Portland General. Jede Menge Bargeld, das bald in die Kasse fließen würde.

Ken Rice übernahm die Präsentation für Enron Communications. Die Abteilung stand kurz vor dem Aufstieg zum Kerngeschäft und sollte in Enron Broadband Services umgetauft werden, um die Aufmerksamkeit auf das fortschrittliche Internetangebot zu lenken. Doch das war nur die erste Überraschung, die Rice für das Analystenmeeting geplant hatte. Die zweite Überraschung sollte die Allianz mit Sun werden. Die Gespräche mit Sun neigten sich dem Ende zu, und alles deutete darauf hin, dass Scott McNealy selbst kommen und Enrons Technologien und Strategien preisen würde.

Die Begeisterung im Raum war fast mit Händen zu greifen. *Scott McNealy!* Scott war eine Legende. Enron war erst seit ein paar Jahren in diesem Geschäft tätig und hatte schon den Jackpot geknackt. Im Moment gab es nichts Heißeres als High-Tech-Aktien. Und das Unternehmen stand unmittelbar davor, der Welt mitzuteilen, dass es einen Platz am High-Tech-Tisch des 21. Jahrhunderts erobert hatte. In einer Woche würde Enrons Aktienkurs, daran konnte kein Zweifel bestehen, durch die Decke schießen.[33]

Der Tag verlief nicht ohne Spannungen. Die Kompensationen für 1999 waren berechnet worden, und Skilling hielt die Managementklausur für den besten Zeitpunkt, den Führungskräften ihre Zahlen mitzuteilen. Er und Joe Sutton, Enrons neuer Vice Chairman, nahmen die Leute einzeln zur Seite.

Je weiter der Tag voranschritt, umso unruhiger wurde McMahon. Die anderen bejubelten oder – je nachdem – beweinten bereits ihre Prämien. Ihm aber hatte noch niemand etwas gesagt. Also ging er zu Sutton und stellte ihn zur Rede.

»Jeff, hören Sie«, antwortete Sutton. »Falls Sie sich fragen sollten, warum wir noch nicht zu Ihnen gekommen sind: Andy will es Ihnen selbst sagen. Also gehen Sie zu Andy, und sprechen Sie mit ihm.«

Damit ließ Sutton ihn stehen. McMahon kochte; das sah nicht gut aus.

Der Grayhawk Golf Club liegt am Fuße der McDowell-Berge, eine halbe Stunde auf dem Highway 101 vom Phoenician. Obwohl es den Club noch nicht einmal sechs Jahre gab, hatten sich die beiden Golfkurse namens Raptor und Talon bereits den Ruf erworben, mit zu den besten zu gehören. Als beschlossen wurde, die Managementklausur in Scottsdale auszurichten, hatte Causey den festen Vorsatz gefasst, nicht abzureisen, ohne vorher in Grayhawk gespielt zu haben.

Der offizielle Teil der Veranstaltung endete am Donnerstag, aber Causey, Fastow, McMahon und ein paar andere verbrachten noch einen Tag auf dem Golfplatz. Am Freitag, dem 14. Januar, fuhren sie hinaus zum Grayhawk Golf Club. Im Clubhaus gingen sie direkt zum Pro Shop. McMahon war gerade dabei, sich anzumelden, als Fastow hinzukam. Er hatte immer noch nichts über seine Prämie gehört, und die Gelegenheit schien günstig.

»Hey, Andy«, sagte er, »werden Sie mir meinen Bonus verraten?«

Fastow wirkte überrascht.

»Alle haben ihre Bewertung erhalten und ihren Bonus mitgeteilt bekommen«, fuhr McMahon fort, »alle, bis auf mich.«

Fastow zuckte mit den Schultern. »Das habe ich nicht gewusst«, sagte er.

Lügt schon wieder. »Nun, Andy, haben Sie Ihren schon erfahren?«

»Ja.«

»Sehen Sie? Dann teilen Sie mir meinen Bonus mit.«

»Ich warte noch, bis das Board das abgesegnet hat.«

Causey kam vorbei. McMahon und Fastow ließen das Thema fallen. Gemeinsam gingen sie hinaus zu den Golfcarts. Causey und Fastow stiegen in den Cart hinter McMahon und fuhren hinaus zum Raptor-Kurs; Talon würde bis zum nächsten Besuch warten müssen.

Auf dem Weg durch die weitläufigen Greens sprachen Causey und Fastow die Details von Enrons neuem Hedging-Programm für seine Händlerinvestments durch; es gab noch viel zu tun, aber die Dinge sahen gut aus. Der Dezember war allzu turbulent gewesen, und sie waren noch nicht einmal dazu gekommen, dem Projekt einen Namen zu geben.

Die Antwort lag praktisch zu ihren Füßen. Wie wäre es mit Projekt Raptor, zu Ehren dieses grandiosen Golfkurses? Und sie würden für dieses Geschäft analog zu LJM1 eine benannte Zweckgesellschaft für den Hedge einrichten müssen, die – analog zu LJM2 – die Absicherung übernahm. Glücklicherweise gab es hier noch einen zweiten Golfkurs. So beschlossen sie, die Hedging-Gesellschaft für das Projekt Raptor auf den Namen Talon zu taufen.

Ein paar Bälle spielen, zurück zu den Golfcarts. Die Neuigkeiten über Enron Communications – oder Enron Broadband Services – waren, darin stimmten sie alle überein, wirklich faszinierend. Und McNealy kam nach Houston? Einfach unglaublich. Die Analysten würden durchdrehen. Das würde garantiert ein Rekordtag für Enrons Aktienkurs werden.

Dann erblickte die Idee das Licht der Welt.

Das JEDI-Jointventure hielt noch jede Menge Enron-Aktien als Folge des ursprünglichen Kapitalbeitrags von Enron. Im September letzten Jahres hatte Enron mit einem Hedge die Aktien auf den aktuellen Kurs festgeschrieben. Der Wert von Enrons JEDI-Einlage konnte also weder steigen noch fallen.

Was aber, wenn sie einen Teil des Hedge temporär aussetzten? Was, wenn Enron vor der Konferenz den Hedge durch einen ersetzte, der die Gewinne nicht begrenzte, die JEDI aus einem Anstieg des Aktienkurses ausweisen durfte? Sie könnten den Hedge öffnen, der Aktienpreis würde dank McNealys Auftritt in die Höhe schießen, und dann würden sie den Hedge wieder installieren. Und für Enron, das seinen Anteil an jeder JEDI-Wertsteigerung als Einnahme verbuchte, würde sich dieser Höhensprung in höheren Profiten niederschlagen.

Fastow war begeistert von der Idee. Enron würde Millionen machen – indem es mit seinen eigenen Aktien handelte! Aber sie würden sich beeilen müssen. Ihnen blieb weniger als eine Woche, um alles unter Dach und Fach zu bringen. Und sie würden garantiert keine Zeit damit verschwenden, lange nach einem Namen zu suchen.

Sie einigten sich auf »Projekt Grayhawk«.

Die Golfcarts kehrten zum Clubhaus zurück. Fastow kletterte heraus und sah McMahon in der Nähe stehen. Er ging zu ihm hinüber.

»Hören Sie, Jeff, ich habe noch ein wenig über diese Sache nachgedacht«, sagte er. »Kommen Sie am Montag in mein Büro, dann werde ich Ihnen Ihre Leistungsbeurteilung geben und Ihren Bonus mitteilen.«

McMahon war einverstanden.[34]

Die Bonuszahl war gut. McMahon hatte befürchtet, er könnte für seine Kritik an LJM2 abgestraft werden. Aber Fastow überschüttete ihn in seiner Leistungsbeurteilung mit Lob und versprach ihm in ein oder zwei Wochen einen dicken Scheck. Als McMahon ging, fühlte er sich beschämt. Offenbar hatte er sich grundlos Sorgen gemacht.

Am Nachmittag des 20. Januar zeigten die zahllosen Wall-Street-Analysten, die sich in Houston zu Enrons Jahreskonferenz versammelt hatten, erste Ermüdungserscheinungen. Mit nur wenigen Unterbrechungen saßen sie seit 7.30 Uhr in einem Auditorium des Four Seasons Hotel. Die Zahlen und Nachrichten sahen gut aus, aber allmählich verschwammen die Präsentationen vor ihren Augen.

Showtime. Skilling stand auf der Bühne vor der Menge. »Ich habe eine interessante Neuigkeit für Sie. Wir haben Enron Communications umbenannt. Enron Communications heißt ab sofort Enron Broadband Services.«

Der neue Name sei, verkündete er, nur das äußere Zeichen einer inneren Transformation. Die Einheit sei bereits weit vorangekommen auf dem High-Tech-Weg und habe eine große Zukunft vor sich.

»Wir wollen zum größten Anbieter von Premium-Breitbanddiensten der Welt aufsteigen«, sagte er. »Und wir haben eine ganze Palette an Produkten für das Streaming von Breitbanddiensten und Datenmanagement.«

Mehr Reden folgten, begleitet von zahlreichen Videos. Hirko, Rice und die anderen legten die Ziele der neuen Abteilung dar: intelligente Netzwerke, Videostreaming, Handel mit Breitbandkapazität.

Die Präsentation lief schon über eine Stunde. Mark Palmer, Leiter von Enrons PR-Abteilung, stand im Hintergrund und beobachtete die Menge. Fast alle hatten die Köpfe gesenkt und studierten das Material, als Skilling ein zweites Mal auf die Bühne kam. Die Tür neben Palmer ging auf. Ein in Bluejeans, Freizeithemd und Sportjackett gekleideter Mann schritt in Begleitung einiger anderer Manager zum Rednerpult: Scott McNealy und seine Entourage.

Skilling sprach noch. »Wir geben heute eine Vereinbarung mit Sun Microsystems bekannt, deren Ziel es ist, die Bereitstellung von Breitband-Internetdiensten zu beschleunigen.«

Sun werde, erklärte er, mit Enron beim Ausbau des Enron Intelligent Network zusammenarbeiten. Enron werde für den Betrieb des Netzwerks mehrere tausend Sun-Server kaufen, und die beiden Unternehmen würden bei der Vermarktung der Netzwerkdienste kooperieren.

Er deutete auf den rückwärtigen Teil des Saals. »Ich möchte nun Scott McNealy, Chairman und Chief Executive von Sun Microsystems, bitten, uns seine Sicht der Dinge zu erläutern.«

Augenblicklich reckten sämtliche Anwesenden die Köpfe und blickten nach vorne. Palmer unterdrückte ein Lachen; die Analysten wirkten wie von einem Schuss aufgescheuchte Enten. Nach einer Sekunde brach die Menge in lauten Applaus aus. Während McNealy hinters Pult trat, merkte Skilling noch an, dass sich Enrons neuer Geschäftspartner eigens aus dem Krankenbett herbemüht hatte.

McNealy ergriff das Wort. »Um die Wahrheit zu sagen, geht es mir ziemlich gut«, sagte er. »18 000 Server reißen mich förmlich aus dem Bett.«

Die Analysten tobten.

»Ich habe zur Feier des Tages sogar ein Jackett angezogen«, fuhr er fort. »Und es hat nicht viel gefehlt, dann hätte ich mir einen Smoking ausgeliehen.«[35]

Wie nicht anders zu erwarten, jagten die Einzelheiten des Deals mit Sun und andere positive Nachrichten Enrons Aktienkurs in die Stratosphäre. Am Ende des Tages war der Kurs um 13,75 Dollar gestiegen und notierte mit 67,25 Dollar auf einem neuen Höchststand.[36] Und das war noch vor McNealys Auftritt gewesen. Der *nächste* Tag würde garantiert einen neuen Rekord bringen.

Am Abend feierte die Führungsriege in einer Bar in Houston. Alle waren da – Lay, Skilling, Rice, Pai, einfach alle. Unter Hochrufen und Gelächter stießen sie auf den Tag an, einen Tag, an dem jeder von ihnen ein Vermögen gemacht hatte – zumindest auf dem Papier.

Später gesellte sich einer der Manager zu Ken Rice, der an der Bar ein Bier trank. »Wow, Ken, was für ein Tag!«, sagte er. »Was werden Sie sich kaufen?«

Rice sah ihn nur an und lachte.

Sie waren nicht die Einzigen, die an diesem Tag einen Haufen Geld gemacht hatten. Das Projekt Grayhawk hatte wie geplant funktioniert; der Hedge auf JEDIs Enron-Aktien war rechtzeitig entfernt und dann wieder installiert worden. Enron konnte – allein durch den gestiegenen Wert seiner eigenen Aktien – 85 Millionen Dollar Gewinn verbuchen. Das war in jeder Hinsicht ein gelungener Start ins neue Jahr.[37]

Endlich, McMahons Bonustag. Sutton hatte ihn in sein Büro bestellt, um ihm seinen Umschlag zu überreichen. McMahon ging hinauf in den 50. Stock, wohin Sutton nach seiner Ernennung zum Vice Chairman umgezogen war. Die Bürotür war geschlossen.

Nach mehreren Minuten des Wartens öffnete sich die Tür, und ein gehetzt aussehender Sutton erschien.

»Tut mir Leid. Ich bin sehr, sehr beschäftigt«, sagte er. »Aber ich wollte Ihnen Ihren Bonusscheck geben.«

Im Büro saßen Leute; Sutton ging mit McMahon in ein kleines Nebenzimmer. Dort überreichte er ihm den Umschlag, den McMahon sofort öffnete.

Warte mal. Ein Viertel des Bonus fehlte.

»Joe, das ist nicht das, was Andy mir versprochen hat.«

Sutton hob abwehrend die Hände. »Nun, das werden Sie mit Andy besprechen müssen. Wie gesagt, ich bin sehr beschäftigt.«

Sutton öffnete die Tür und kehrte in sein Büro zurück. McMahon ging den Flur hinunter, um Fastow zur Rede zu stellen.

»Andy«, sagte er, als er Fastows Büro betrat, »meine Bonuszahlen weisen eine riesige Diskrepanz auf.«

Fastow blickte vom Tisch auf. »Nun, ich habe von Anfang an gesagt, dass ich Ihnen die Zahl nicht nennen wollte, bevor das Board sie genehmigt hat. Wir mussten ein paar Zahlen herumschieben. Aber es ist immer noch ein guter Bonus für Sie.«

Nächstes Jahr würde der Bonus höher ausfallen, sagte Fastow. McMahon hörte schon gar nicht mehr zu. Viel später sah er eine Liste der Bonuszahlen. Er wusste, was Michael Kopper hätte erhalten sollen; Kopper war gerankt worden, und mit dem Ranking war ein Bonusbereich verbunden. Aber Koppers Zahl auf der Bonusliste war weitaus höher als das, was ihm eigentlich zugestanden hätte.

McMahon musste nicht lange herumrätseln, bis ihm klar wurde, was passiert war. Fastow hatte mehr Geld für seinen Jungen gewollt, seinen Jungen, der die lukrativen LJM2-Deals durchgedrückt hatte. Also hatte er es dem Kerl weggenommen, der den Fonds immer wieder madig gemacht hatte.

Fastow hatte ihn die ganze Zeit über manipuliert, ihn hingehalten, bis das Board entschieden hatte und nichts mehr geändert werden konnte. Alles für Kopper, alles für LJM2. McMahon verstand. Wenn er weiter gegen LJM2 ankämpfte, würde ihn das seinen Job kosten.

Das war's dann, dachte McMahon. Er würde kündigen. Aber nicht, ohne vorher noch eine volle Breitseite gegen Fastow und seinen geliebten LJM2 abzufeuern.

Kapitel 12

Durch die grau getönten Scheiben der Dallas Street Skybridge sah Vince Kaminski den aufziehenden Sturm. Er war auf dem Weg zum Double Tree Hotel, nur ein paar Blocks von Enron entfernt. Im Hotel ging er in den zweiten Stock und einen Flur hinunter, bis er den Milan Room erreichte.

Kaminski war der Erste. Er setzte sich an den Konferenztisch und zog einen Stapel mit seinen Berichten heraus. Seit Wochen hatte er Rick Buy um dieses Meeting gebeten; das Thema war so heikel, dass Buy auf ein Treffen im Double Tree bestanden hatte, weil dort die Wände keine Ohren hatten.

Kaminski war zutiefst beunruhigt, er fürchtete um Enrons Zukunft. Er hatte sich nicht von dem allgemeinen Enthusiasmus anstecken lassen, denn ihn bewegte eine beunruhigende Frage: Gab es im Unternehmen eigentlich einen Menschen, der Enrons finanzielle Risiken in ihrer Gesamtheit noch verstand? Die Risiken wurden Deal für Deal analysiert, so als würde sich mit der Summe dieser Einzelrisiken das Gesamtrisiko ergeben, dem das Unternehmen ausgesetzt war. Aber das war viel zu oberflächlich. Um verborgene Gefahren zu entdecken, die in Enrons Büchern schlummern konnten, mussten sie das unternehmensweite Risiko analysieren. Doch Buy und Kaminski wussten nur zu gut, dass dieser Ansatz unzählige politische Fallstricke barg. Mit einer unternehmensweiten Analyse würden sie vielen Leuten auf die Zehen treten; niemand wollte sich vorwerfen lassen, er ignoriere Risiken. Sollte Buy grünes Licht geben, würde Kaminski sein Vorgehen sehr sorgfältig planen müssen.

Die anderen Teilnehmer trafen ein: Buy, ein weiterer Mitarbeiter aus der Risikoabteilung sowie ein paar von Kaminskis Analysten, darunter Kevin Kindall, ein junges Finanzgenie. Nachdem sie Platz genommen hatten, sah Buy zu Kaminski hinüber.

»In Ordnung, Vince«, sagte er. »Fangen wir an.«

Kaminski teilte Kopien des zehnseitigen Berichts aus, den er über das Wochenende erstellt hatte. »Was ich heute besprechen möchte, betrifft die Aufstellung und Umsetzung von Richtlinien für ein unternehmensweites Risikomanagement für Enron.«

Ein großes Problem, dem sich das Unternehmen stellen müsse, sagte Kaminski, sei das Missverhältnis zwischen Schulden und Vermögenswerten. Enron leihe gewaltige Summen aus – oftmals Milliarden Dollar auf einen Schlag –, und häufig für kurze Zeiträume von ein paar Wochen oder Monaten, investiere das Geld dann aber in langfristige Projekte wie Kraftwerke. Langfristige Investitionen mit kurzfristigen Darlehen zu finanzieren sei ein ebenso klassischer wie grober finanzpolitischer Fehler. Dieser Fehler habe bereits die amerikanischen Spar- und Darlehenskassen in den Ruin getrieben, und er könne auch Enron in den Abgrund stürzen.

»Wir müssen die Wahrscheinlichkeit einer Liquiditätskrise für Enron abschätzen«, sagte er. »Bereits ein großer Handelsverlust – oder ein Medienbericht, der einen solchen Verlust andeutet – könnte unseren Zugang zu kurzfristigen Krediten blockieren und eine solche Krise auslösen.«

In Falle eines Liquiditätsengpasses hätte Enron nicht mehr genügend Kapital zur Finanzierung des laufenden Geschäfts. Um Enron bestmöglich gegen ein solches Szenario zu wappnen, wollte Kaminski ein Team zusammenstellen, das alles analysierte – Handelsrisiken, Aktienanlagen, Schulden. Am wichtigsten sei es jedoch, *sämtliche* Vermögenswerte und Verbindlichkeiten des Unternehmens aufzulisten, und zwar auch jene außerhalb der Bücher.

»Das Vermögens- und Schuldenmanagement ist stets ein heikles Thema, weil es üblicherweise im Büro des CFO angesiedelt ist«, fuhr Kaminski fort. »Wir laufen Gefahr, verbotenes Terrain zu betreten, aber soweit ich weiß, ist weder Andy noch sonst jemand aus seiner Abteilung damit befasst.«

Buy rutschte unruhig auf seinem Stuhl herum. Ihm gefiel die politische Seite der Sache nicht. »Ich weiß nicht, Vince, dieser Teil des Projekts bereitet mir Sorgen. Ich bezweifle, dass Sie das tun sollten.«

Kaminski blieb hart. »Die Sache ist zu wichtig, wir *müssen* das machen. Gerade das ist ein essentieller Bestandteil dieser Analyse.«

Er habe, sagte Kaminski, bereits ein Team zusammengestellt und Kindall als Projektleiter verpflichtet. Aber diese Gruppe war nicht befugt, Information innerhalb von Enron zu sammeln, das durfte nur die Abteilung für Risk Assessment and Control. Wenn RAC mit einsteige, könnten sie die Daten anfordern und Kaminskis Analysten zur Auswertung überlassen.

Buy erklärte sich zwar bereit, einen RAC-Mitarbeiter für das Projekt abzustellen, äußerte aber nochmals seine Vorbehalte. Vielleicht, schlug er vor, sollten sie das Netz nicht so weit auswerfen und das Vermögens- und Schuldenmanagement einfach vergessen. Kaminski nickte, als ob er einverstanden wäre. Doch er hatte keineswegs die Absicht, die Analyse zu beschränken.

Bis zum Abschluss der Analyse verging nahezu ein Jahr. Sie sollte sich als Enrons letzte und beste Chance erweisen, die zu diesem Zeitpunkt nur noch 24 Monate entfernte Katastrophe abzuwenden.[1]

Kopper stellte sich auf die Hinterbeine. »Ich glaube einfach nicht, dass Doug ein smarter Typ ist. Es gibt jede Menge Leute, die besser sind als er.«

Um ihn herum saß eine ganze Phalanx hochrangiger Manager, die sich zur PRC-Sitzung in einem fensterlosen Konferenzraum versammelt hatten. Kopper saß auf der einen Seite des bereits mit Unterlagen und Stiften übersäten Tisches. In der Mitte des Raums stand Rocky Jones von Human Resources mit einem Namensschild in der Hand, auf dem »Doug McDowell« stand.

Kopper war gnadenlos in seiner Kritik und kanzelte den Junior Executive ab, als wäre er Enrons größte personalpolitische Fehlentscheidung. McDowells Vorgesetzte, Bill Brown und Jeff McMahon, wussten nur zu gut, was hier ablief. McDowell hatte engagiert gegen LJM2 gekämpft und hatte die von Kopper geforderte Auszahlung der Gebühr von einer Million Dollar für den Yosemite-Deal verweigert. Nun war die Stunde der Abrechnung gekommen.

» McDowell besitzt schlicht nicht das Talent, das Enron erwarten sollte«, hetzte Kopper weiter.

»Einen Moment bitte, Michael«, meldete McMahon sich zu Wort. »Bei welchem Projekt, an dem Sie mit ihm zusammengearbeitet haben, gab es denn Probleme?«

Kopper reckte das Kinn vor. »Beim Yosemite-Projekt.«

McMahon und Brown lachten. »Michael, das ist ein LJM-Deal«, sagte McMahon.

Man konnte sehen, wie in den Gesichtern rund um den Tisch Erkenntnis aufleuchtete. *Das also steckte hinter dieser Sache.* McMahon fixierte Kopper mit den Augen. »Michael, handelt es sich bei dem Problem darum, dass LJM nicht die Gebühr bekam, die Sie gefordert haben?«

Koppers Antwort kam schnell. »Nein, nein, nichts in der Art. Es war die Art und Weise, wie der Deal verhandelt wurde.«

Das reichte. Die anderen Führungskräfte im Raum schlugen sich auf McMahons und Browns Seite. Andy Fastow hatte von der anderen Seite des Tischs aus mit angesehen, wie Koppers Attacke abgewehrt wurde. Doch bei dem gesamten verbalen Schlagabtausch hatte er sich kein einziges Mal zu Wort gemeldet.

Das Projekt Raptor kam so richtig in Fahrt. Der von Glisan kommandierte Raum war von hektischer Aktivität erfüllt. Glisan stand an der Tafel und zeichnete Kästen und Pfeile. Ryan Siurek und Kevin

Jordan, die jetzt als Glisans Assistenten arbeiteten, analysierten stapelweise Dokumente und Daten. Causey und Fastow schauten häufig vorbei und ließen sich auf den neusten Stand bringen.

Der Plan war aberwitzig komplex. Aber mit Hilfe von Raptor konnte Enron, davon war Glisan überzeugt, künftige Verluste bei seinen Händlerinvestments vermeiden. Raptor war eine Art Allheilmittel; dank der Mark-to-Market-Bewertung konnte Enron Profite aus Investitionen melden, wenn deren Wert anstieg. Mit Raptor konnte das Unternehmen nun verhindern, Verluste ausweisen zu müssen, wenn die Investitionen an Wert verloren. Was Mark-to-Market gab, sicherte Raptor ab.

Im Prinzip handelte es sich bei Raptor um den Rhythms-Hedge im großen Maßstab. Sie würden eine Gesellschaft namens Talon gründen, über die sich Enron verpflichtete, die Verluste aus seinen Investitionen auszugleichen, und zwar ebenfalls auf der Basis von Enron-Aktien. Das funktionierte so: Das Unternehmen übertrug Aktien an Talon, die aber nicht verkauft oder leer verkauft werden durften – Restriktionen, die den Wert der Aktien um 35 Prozent reduzierten. Mit anderen Worten, wenn Enron Talon Aktien zu einem Marktwert von 500 Millionen Dollar übertrug, schuldete Talon Enron dafür nur 325 Millionen Dollar.

Damit Talon als wirklich unabhängige Gesellschaft galt, mussten drei Prozent des Eigenkapitals von einer dritten Partei gestellt werden – ein perfekter Job für LJM2. Fastows Fonds würde 30 Millionen Dollar zu Talon beisteuern, genug, um das Projekt als eigenständige Gesellschaft zu behandeln.

Dann wurde es kompliziert. Fastow hatte zwar keine Probleme damit, das Geld beizusteuern, aber seine Investoren sollten nicht dem Risiko von Verlusten ausgesetzt werden. Das Team entwarf eine ebenso einfache – wie absurde – Lösung. Bevor irgendetwas abgesichert wurde, musste Talon 41 Millionen Dollar – die ursprünglichen 30 Millionen Dollar plus elf Millionen Dollar Profit – an LJM2 zurückgeben. Fastows Fonds würde also fette Gewinne einstreichen, noch bevor Talon neue Risiken einging. Zu solchen Konditionen könnte sogar ein Pavian Profite machen.

Doch die 41 Millionen Dollar konnten nicht als Ertrag auf die ursprüngliche Investition behandelt werden, da sich ansonsten kein unabhängiges Geld in dem Deal befunden hätte. Also musste Glisan irgendwie die Sichtweise verkaufen, dass LJM2 tatsächlich 30 Millionen Dollar in Talon investiert hätte. Die Antwort lag in der Semantik. Die 41 Millionen Dollar würden als reine Gewinnausschüttung an LJM2 behandelt werden, womit man behaupten konnte, der Fonds sei immer noch mit 30 Millionen Dollar an Talon beteiligt.

Natürlich war das ein reines Täuschungsmanöver. Mit der Vorgabe einer dreiprozentigen unabhängigen Beteiligung sollte sichergestellt werden, dass es *irgendjemanden* gab, dem die finanzielle Performance einer Gesellschaft wie Talon tatsächlich am Herzen lag. Andernfalls konnte das Unternehmen, das die Gesellschaft gründete, einfach alle faulen Posten in eine Zweckgesellschaft auslagern und auf diese Weise die eigene Performance in einem besseren Licht erscheinen lassen. Aber sobald Fastow seinen eigenen Profit abgesichert hatte, konnte es ihm gleichgültig sein, welche Deals Talon abschloss. Die LJM2-Investoren würden dank der garantierten Auszahlung von 41 Millionen Dollar auf alle Fälle eine fantastische Performance sehen.

Allerdings durften die Enron-Aktien für diese Auszahlung nicht verkauft werden; Talon musste aus einer anderen Quelle Cash besorgen. Also wandte sich das Team an die einzige verfügbare Quelle: Enron selbst. Diesem letzten Teil des Plans zufolge sollte Enron Talon 41 Millionen Dollar bezahlen. Dafür sollte Talon sich verpflichten, Enron einen bestimmten Betrag zu bezahlen, wenn die Enron-Aktie im Preis fiel.

Auch wenn die Transaktion die Grenzbereiche des gesunden Menschenverstandes längst verlassen hatte, der abschließende Schritt brachte eine Reihe weiterer Widersprüche. Talon war, wollte es den Hedge erfüllen, vom Wert der Enron-Aktie abhängig. Mit anderen Worten, durch die Einrichtung von Talon wettete Enron darauf, dass sein Aktienkurs stabil bleiben oder *steigen* würde. Nun aber zahlte Enron Millionen Dollar an Talon und wettete damit darauf, dass der Kurs *sinken* würde. Und natürlich würde Talon sich schwer tun, seine Zusage zu erfüllen; falls Enrons Aktienkurs sank, verlor Talon die primäre Kapitalquelle, mit deren Hilfe die Gesellschaft den Kursverlust kompensieren sollte.

Talon war nichts anderes als Enron selbst. Enron übergab der Gesellschaft Beteiligungen; für den Fall, dass die Händlerinvestments an Wert verloren, würde Talon sie zurückgeben. Enron würde wirtschaftlich gesehen besser fahren, wenn es gar nichts täte – auf alle Fälle aber würde das Unternehmen 41 Millionen Dollar sparen.[2]

Je länger Glisan über Raptor referierte, umso unbehaglicher wurde es Ron Astin und Mark Spradling zumute, den Anwälten von Vinson & Elkins, die als Berater für den Deal engagiert worden waren. Vor allem hatten sie den Eindruck, dass die Zahlung von 41 Millionen Dollar an LJM2 das gesamte unabhängige Kapital in dem Geschäft eliminierte.

»Ben, warten Sie mal«, meldete Astin sich zu Wort. »Dann hat Talon doch nicht mehr genug unabhängiges Kapital!«

»Keineswegs«, erwiderte Glisan. »Es handelt sich ja um einen Rückfluss *auf* Kapital, nicht um einen Rückfluss *von* Kapital. LJM2 behält seinen Anteil an Talon. Die drei Prozent werden nach wie vor erfüllt.«

Astin war nicht überzeugt. Glisans Wortspiel klang ihm zu geschmeidig. Trotzdem, die Anwälte hatten Zeit, die Sache zu durchdenken und vielleicht sogar mit Andersen durchzusprechen. Schließlich waren Andersens Leute die Wirtschaftsprüfer. Nicht Vinson & Elkins.[3]

Chewco hatte sich zu einem einzigen Ärgernis entwickelt. Die Gesellschaft, die vor Jahren zu dem Zweck gegründet worden war, die Hälfte von JEDI zu kaufen, war inzwischen insgeheim von Michael Kopper und seinem Partner übernommen worden und hatte sich innerhalb von Enron den Ruf eines Problemkindes erworben.

Enron und Chewco hatten Bewertungen von JEDIs Vermögenswerten erstellt, um auf dieser Grundlage Enrons Gewinn zu kalkulieren und festzustellen, ob und wie viel Geld Enron Chewco schuldete. Doch die Bewertungen wichen drastisch voneinander ab; Kopper zufolge waren die Chewco-Vermögenswerte das Doppelte dessen wert, was die Enron-Analysten ermittelt hatten, eine Differenz, die zu einem heftigen Streit führte.

McMahon hatte die Schnauze voll. Wozu war Chewco überhaupt gegründet worden? Er kapierte es immer noch nicht. Vielleicht wäre es das Beste, dachte er, wenn Enron Chewco auszahlen und JEDI komplett übernehmen würde. Er fragte Bill Brown, was er von dieser Idee hielt.

»Nun«, erwiderte Brown, »um Chewco auszuzahlen, müssten wir einen Deal mit Kopper aushandeln.«

Das war eine höchst unerfreuliche Aussicht. »Heißt das, dass Fastow die Finger mit im Spiel hat?«, wollte McMahon wissen.

Ja, bestätigte Brown. Also übersprang McMahon den Mittelsmann und ging mit seinem Vorschlag direkt zu Fastow.

Ein Gewinn in der Größenordnung von einer Million Dollar schien angemessen. Soweit McMahon das beurteilen konnte, hatten die Chewco-Investoren 125 000 Dollar für ein Investment aufgebracht, das nur knapp über ein Jahr zurücklag. Sie hatten keinen Grund, sich über eine Jahresrendite von rund 800 Prozent zu beschweren.

Aber Fastow war unzufrieden. »Ich werde mit Michael darüber reden, aber er wird das auf keinen Fall akzeptieren.«

Kurz darauf bestellte Fastow McMahon und Brown zu einer Besprechung in sein Büro. Er hatte Recht behalten. Kopper hatte abgelehnt und stattdessen einen anderen Deal vorgeschlagen, einen Deal, aus dem Chewco einen Profit von zehn Millionen Dollar ziehen konnte.

McMahon starrte ihn an. *Eine Rendite von 8 000 Prozent!* »Sie machen Witze«, sagte er. »Zehn Millionen?«

Fastow nickte.

»Zehn Millionen Dollar!? Warum sagen Sie Michael nicht, er solle sich mal fragen, welches Unternehmen seinen Gehaltsscheck ausstellt? Er arbeitet für Enron. Zehn Millionen, das ist unsittlich.«

»Ich finde es angemessen«, entgegnete Fastow mit einem Achselzucken.

»Auf keinen Fall«, sagte McMahon. »Das Geld geht an Koppers Partner oder an Kopper selbst. Das ist Erpressung.«

Fastow schwieg.

»Ich werde nicht zulassen, dass dieses Unternehmen dafür zehn Millionen Dollar bezahlt«, fügte McMahon hinzu. »Sagen Sie Michael, dass es keinen Deal gibt.«[4]

Am Abend des 28. Januar, einem Freitag, saß David Bermingham von Greenwich NatWest bei sich zu Hause vor dem Computer und gab ein paar Zahlen zu LJM1 ein. Er drückte auf die Eingabetaste, und am Bildschirm erschien eine Zahl, die ihn sehr erfreute.

Bermingham analysierte den Wert von Swap Sub, einer von LJM1 gegründeten Gesellschaft, die einen großen Anteil der an LJM1 übertragenen Enron-Aktien hielt und juristisch für die Einhaltung des Rhythms-Hedge verantwortlich war. Im Prinzip verwaltete Swap Sub die für den Rhythms-Hedge von Investoren eingesammelten Gelder. Eine Zeit lang hatte Swap Sub alles andere als viel versprechend ausgesehen. Noch am 5. Januar hatte Bermingham eine Analyse gelesen, derzufolge Swap Sub einen Wert von *minus* 25 Millionen Dollar aufwies.

Doch dann betrat Scott McNealy die Bühne. Die Analysten gerieten außer Rand und Band, und Enrons Aktienkurs schoss in die Höhe. Nun besaßen nicht nur die normalen Aktionäre ein Vermögen auf dem Papier – dasselbe galt auch für Swap Sub. Wenn sie, so das Ergebnis von Berminghams Kalkulationen, den Rhythms-Hedge jetzt auflösten und den Wert von Swap Sub verteilten, würden die LJM1-Investoren Millionengewinne einstreichen.

Das brachte Bermingham ins Grübeln. In seinem Büro herrschte Aufruhr. Alle Anzeichen deuteten auf eine baldige Übernahme von National Westminster, der Muttergesellschaft von Greenwich NatWest, durch die Royal Bank of Scotland hin. Greenwich würde dann auf jeden Fall verkauft werden, und Bermingham und seine Kollegen, die LJM1 in die Bank gebracht hatten, könnten sich unversehens auf der Straße wiederfinden. Wer würde diesen unverhofften Profit dann einstreichen? Die Royal Bank of Scotland? Das, beschloss Bermingham, wäre doch nicht gerecht.

Nicht, wenn es andere Leute gab, die davon profitieren konnten: die Jungs, die den Deal eingefädelt hatten. Bermingham, Giles Darby, Gary Mulgrew. *Sie* sollten den Gewinn kassieren. Wer weiß, möglicherweise konnten sie das durchziehen – mit Fastows und vielleicht auch Koppers Hilfe. Ja, das könnte funktionieren. Am nächsten Tag schrieb Bermingham eine E-Mail an Darby, in der er ihm seine Analyse von LJM1 und Swap Sub auseinander setzte.

»In der Sache steckt inzwischen ziemlich viel Geld«, schrieb Bermingham. »Der Trick besteht darin, es abzuschöpfen. Ich habe da ein paar Ideen, aber es wäre wohl besser, wenn ich niemanden einweihe, bis wir wissen, welches Schicksal uns bevorsteht.«[5]

Die nächste Verschwörung begann.

Die Telefonkonferenz zwischen Houston und Chicago zog sich bereits über eine halbe Stunde hin. Die Andersen-Wirtschaftsprüfer gingen seit mehreren Tagen das Projekt Raptor durch, und an diesem Tag, dem 3. Februar, wollten sie entscheiden, ob der Deal im Rahmen der Buchhaltungsvorschriften ausgeführt werden konnte.

In Houston nahmen David Duncan und Deb Cash, die Enron vor Ort betreuten, sowie Carl Bass, der inzwischen der Professional Standards Group angehörte, an dem Gespräch teil, aus Chicago waren John Stewart und Jim Green von der PSG zugeschaltet.

Die gesamte Idee, wie von Duncan und Cash beschrieben, erschien Bass ganz einfach grotesk. Enron schob einfach Vermögenswerte hin und her und tat so, als würde es einen Hedge aufbauen – mit sich selbst.

»Dieser Deal hat keinerlei Substanz«, sagte Bass. »Das gesamte Kapital stammt von Enron. Das ist doch kein Hedge!«

Duncan antwortete mit einem Monolog über die Drei-Prozent-Regel. Aber die Wirtschaftsprüfer in Chicago blieben skeptisch.

»Warum ziehen Sie keine echte dritte Partei hinzu, beispielsweise Goldman Sachs, um einen echten Hedge zu machen?«, wollte Bass wissen.

»Das wollen sie nicht«, erwiderte Duncan. »Das wäre zu teuer.«

Das sprach Bände. Wenn der Markt keinen Hedge zu einem günstigen Preis hergab, dann gab es dafür wahrscheinlich gute Gründe.

»David, so, wie das aufgebaut ist, funktioniert es einfach nicht«, warf Green ein.

»Warten Sie mal kurz«, antwortete Duncan. »Hören Sie sich das an. Was, wenn wir folgende Änderungen vornehmen würden?«

Eine Kürzung hier, ein Zuschlag da, und schon ließen sich alle auf den Deal ein. Bass fasste sich an den Kopf. Es ging doch gar nicht darum, ob man Raptor so hindrehen konnte, dass es eine bis zur Unkenntlichkeit verzerrte Interpretation der Regeln erfüllte. *Der Deal erfüllte keinen Zweck.* Er schützte Enron nicht vor Verlusten. Aber das war seinem Kunden offensichtlich *egal.* Enron wollte sich nur dagegen absichern, Verluste *ausweisen* zu müssen.

Am nächsten Morgen traf Bass frühzeitig im Büro ein. Er hatte seit gestern viel über Raptor nachgedacht, und seine Zweifel hatten sich zur Überzeugung verfestigt. Dieser Deal durfte nicht zustande kommen. Er loggte sich in das Andersen-System ein und verfasste eine E-Mail an Stewart und Green.

»Der Deal, über den wir gestern gesprochen haben, bereitet mir nach wie vor Kopfzerbrechen«, schrieb Bass. Unter dem Strich, erklärte er, schusterte Enron hier ein Konstrukt zusammen, um einen Hedge mit sich selbst zu machen. »Was, muss ich mich fragen, spricht gegen einen normalen Deal mit Goldman?«, schrieb er. »Sie haben es selbst gesagt: Das wäre zu teuer.«

Und warum stellte Enron Talon das Geld für den Hedge zur Verfügung?

»Weil«, fuhr er fort, »keine Bank dumm genug wäre, Geld zu verleihen, wenn die Rückzahlung vom Kurs einer Internetaktie abhängig ist.«

Um 6.38 Uhr klickte er auf »Senden«.

Die Antwort ließ kaum eine Stunde auf sich warten. Es klinge, schrieb Stewart, als ob Bass der Ansicht sei, dass Talon mit Enron verschmolzen werden solle. »Wir sollten uns darüber unterhalten«, schloss er: »Sie haben da berechtigte Einwände.«[6]

Drei Tage später präsentierte Rebecca Mark den neusten Plan zur Rettung von Azurix. Auf einem Board-Meeting kündigte sie an, dass das Unternehmen in Kürze der Öffentlichkeit eine wichtige Mitteilung machen werde: Azurix stehe unmittelbar davor, sich in die Dotcom-Manie zu stürzen, ein todsicherer Weg, den Aktienkurs in die Höhe zu jagen.

Die Idee lief darauf hinaus, eine Art Enron Lite zu gründen, eine Handelsgesellschaft nicht für Gas oder Strom, sondern für Wasser. Vor nicht allzu langer Zeit hatte Enron einen Bereich namens Enron Online gestartet, mit dem Energiegeschäfte über das Internet abgewickelt und gewaltige Wachstumsraten erzielt wurden. Nichts anderes werde dieses neue Projekt – water2water.com – tun, erklärte Mark. Garantiert ein Bombengeschäft.

Die Board-Mitglieder blieben skeptisch. Der Onlinehandel mit Strom und Gas machte Sinn, da diese Rohstoffe überall dieselben waren. Aber *Wasser?* Welche Stadt in Upstate New York würde schon Wasser aus New York City beziehen wollen? Wasser wies an unterschiedlichen Orten unterschiedliche Qualitäten auf, Wasser war kein standardisierter Rohstoff. Natürlich gab es industrielle Verwendungen für Wasser, beispielsweise in der Landwirtschaft. Aber warum sollten potenzielle Kunden ins Internet gehen, obwohl sie einfach den Hahn aufdrehen konnten?

Je länger Mark sich über ihre neuste Idee ausließ, umso ungeduldiger wurden die Board-Mitglieder. Sie hatten ihr wiederholt klar gemacht, dass sie die Kosten in ihrem Unternehmen senken sollte. Und was tat sie? Sie wollte noch mehr Geld ausgeben. Unter dem Strich liefen ihre Pläne immer noch darauf hinaus, über 100 Millionen Dollar pro Jahr zu verbraten.

Eine Summe, die Mark auch noch als knapp kalkuliert bezeichnete. »Die beste Option wäre«, sagte sie, »darauf möchte ich einmal mehr hinweisen, eine aggressive Wachstumsstrategie zu verfolgen, statt Einsparungen vorzunehmen.«

Die Board-Mitglieder fielen über sie her. »Rebecca, vergessen Sie es«, sagte Pug Winokur. »Wir haben diese Idee begraben, und wir werden uns nicht noch einmal mit ihr befassen.«

»Das reicht einfach nicht, Rebecca«, legte Skilling nach. »Also ehrlich, schauen Sie sich das an. Sie fordern hier, wie viel, 30 Millionen Dollar für die Entwicklung eines Computersystems?«

»Das ist für die Internet-Wasserbörse«, sagte sie. »Das wird uns ein signifikantes Wachstum der Marktkapitalisierung bescheren.«

Skilling atmete scharf ein. 30 Millionen, nur damit Azurix mit dem Begriff »Internet« hausieren gehen konnte? Glaubte sie wirklich, deshalb würden die Investoren sich um Azurix-Aktien reißen? *Hatte sie überhaupt einen einzigen seriösen Geschäftsplan?*

»Rebecca, Sie müssen den Kapitalverbrauch drastisch reduzieren«, warf ein anderes Board-Mitglied ein. »Runter auf 40 Millionen.«

Rebacca machte ein langes Gesicht. »Warten Sie …«

»40 Millionen«, schnitt Skilling ihr das Wort ab. »Das ist alles, was Sie bekommen. Finden Sie einen Weg, wie Sie damit auskommen.«

Mark war fassungslos. 40 Millionen Dollar reichten auf keinen Fall, um ihre Vision zu realisieren. Damit könnte sie keine Übernahmen finanzieren. Keine Gebote, keine Public Relations. Keine Firmenjets. Azurix würde sich damit bescheiden müssen, die vorhandenen Wasserbeteiligungen zu managen. Eine wenig verlockende Aussicht.

»Das kann ich mit meinem Gewissen nicht vereinbaren«, sagte sie. »Das hieße, die water2water-Internetsite mit ihrem gigantischen Potenzial zu streichen. Das hieße das gesamte Projekt aufgeben.«

»Rebecca«, meldete sich Lay zu Wort, »wir müssen diese Option prüfen. Spielen Sie das Szenario durch, und zeigen Sie uns, was es bedeutet.«

Nach dem Meeting blieben Lay, Skilling und Mark zurück. Zeit für offene Worte.

Lay ergriff als Erster das Wort. »Rebecca, ich möchte betonen, dass das hier sehr ernst ist. Und um Ihnen die Wahrheit zu sagen, ich glaube nicht, dass das Board großes Vertrauen in Ihre Idee hat.«

Er sah sie scharf an. *Verstand sie ihn überhaupt?*

»Ich glaube, wir wollen einen sehr viel seriöseren Plan zur Kostensenkung sehen«, legte er nach. »Sie müssen begreifen, dass das der Wunsch des Boards ist.«

Mark nickte. »Ich habe Sie laut und deutlich vernommen«, sagte sie.

»In Ordnung«, erwiderte Lay. Zusammen mit Skilling verließ er den Raum und ging zum Aufzug.

»Sie hat das nicht durchdacht«, sagte Lay plötzlich. »Sie kapiert nicht, wie ernst die Lage ist.«

Eine Woge der Erleichterung durchströmte Skilling. *Lay hat es kapiert!*[7]

Am selben Nachmittag versammelten sich die Direktoren des Prüfungsausschusses, um sich den Abschlussbericht für das Jahr 1999 präsentieren zu lassen und auf Buchhaltungsprobleme abzuklopfen, die noch geklärt werden mussten. Robert Jaedicke, der Dekan der Stanford Business School und Vorsitzende des Prüfungsausschusses, begrüßte David Duncan, der Andersens jährliche externe Buchprüfung vortrug. Wie üblich klang alles perfekt.

»Arthur Andersen genehmigt den Jahresabschluss für 1999 ohne jede Einschränkung«, verkündete Duncan. »Es gab keinerlei signifikante Buchanpassungen oder Meinungsverschiedenheiten mit dem Management oder andere nennenswerte Probleme.«

Dann brachte Jaedicke ein neues Thema zur Sprache. »Wie Sie wissen, haben wir Andy Fastows Beteiligung an gewissen Investitionsgesellschaften namens LJM1 und LJM2 genehmigt«, sagte er. »Es ist die Aufgabe dieses Ausschusses, Enrons Beteiligung an Transaktionen mit diesen Gesellschaften zu überprüfen und sicherzustellen, dass sie zu Wettbewerbsbedingungen erfolgten.«

Jaedicke erteilte Causey das Wort, der mehrere Minuten lang über die laufenden Geschäfte referierte, unter anderem auch über die massive Flut an Geschäften zum Jahresende. Er ließ einige aus, was aber niemandem auffiel.

»Ich bin der Meinung«, sagte Causey, »dass alle diese Geschäfte zu Wettbewerbsbedingungen ausgeführt wurden.«

Es gab keine Fragen. Nach der Präsentation, die nicht einmal zehn

Minuten gedauert hatte, wandte sich der Ausschuss anderen Themen zu.[8]

Die Konstruktion mit zwei Chief Executives bei Enron Broadband funktionierte einfach nicht. Rice und Hirko gerieten sich dauernd in die Quere, und das wussten sie auch. Einer von beiden musste Platz machen, und sie kamen überein, dass Rice gehen sollte.

Der Job war zu einer Belastung geworden. Rice hatte keine Lust mehr, Leute zu managen, er wollte wieder Deals machen, und sie einigten sich auf einen neuen Titel für ihn, Chief Commercial Officer. Mit dieser Vereinbarung gingen sie zu Skilling, der erfreut war, dass die beiden ihre Konflikte unter sich gelöst hatten. Später am selben Tag kam Skilling in Rice' Büro.

»Ich weiß es sehr zu schätzen, dass Sie einen Ausweg gefunden haben« sagte er. »Ich halte das für eine ziemlich gute Lösung.«

»Ja, ich glaube, es wird funktionieren.«

»Also, wie viel wird es mich kosten?«, fragte Skilling.

Rice war überrascht. Es war ihm nie in den Sinn gekommen, dass Skilling ihn dafür *bezahlen* würde, einen Job hinzuschmeißen, den er gar nicht haben wollte. Wie es aussah, sollte der erste Deal, den er in seiner neuen Position aushandeln musste, einer sein, von dem er selbst profitieren würde.

»Keine Ahnung«, antwortete er, ohne mit der Wimper zu zucken. »Lassen Sie mich darüber nachdenken.«

Der Preisschild war saftig. In seinen Jahren bei Enron war Rice reich geworden, und so verlangte er, dass sein gesamtes Salär sowie sein zukünftiger Bonus in Form von Aktienoptionen ausbezahlt wurde, eine Forderung, die Skilling ohne Vorbehalt akzeptierte.

McMahon verlor so langsam jede Hoffnung darauf, noch einschlafen zu können. LJM2 fraß ihn auf; er wusste, dass er etwas unternehmen musste, aber er wusste nicht, was. Gegen 2 Uhr griff er nach der Fernbedienung und schaltete den Fernseher ein. Seine Frau Margie schreckte aus dem Schlaf hoch.

»Was ist?«, murmelte sie.

McMahon blickte unverwandt auf den Bildschirm. »Diese Sache mit Andy macht mir zu schaffen. Ich weiß nicht, was ich tun soll.«

»Wenn es dich so belastet, dann sprich noch mal mit ihm.«

McMahon schwieg einen Moment lang. »Vielleicht sollte ich das Unternehmen verlassen«, sagte er schließlich.

»Dann tu das. Kein Job ist das auf Dauer wert. Such dir einen anderen.«

Eine Weile später schaltete McMahon den Fernseher wieder aus. So konnte es nicht weitergehen. Etwas musste geschehen.

Es war vorbei. Er würde kündigen. Was mit LJM2 getrieben wurde, ging eindeutig zu weit. Jim Timmins konnte damit nicht länger leben.

Es hatte eine Zeit gegeben, als Timmins, Enrons Verbindungsmann zu den Pensionsfonds, darauf gedrängt hatte, dass das Unternehmen einen eigenen Aktienfonds auflegte. Doch dann hatte Fastow die Idee an sich gerissen und pervertiert, persönlich die Kontrolle übernommen und dadurch in Timmins' Augen groteske Interessenkonflikte geschaffen.

Außerdem hörte er von seinen Kontakten aus der Welt der institutionellen Investoren mehr als genug, um sich Sorgen zu machen. Vielen Pensionsfondsmanagern war es ausgesprochen mulmig bei dieser Sache, sie verstanden nicht, welche Ziele Enron verfolgte, und das ließen sie Timmins auch wissen.

Ursprünglich hatte Fastow geplant, Timmins zur Roadshow für LJM2 mitzunehmen. Doch als Timmins' Unbehagen mit dem Deal publik wurde, lud Fastow ihn wieder aus. Irgendwann eröffnete Timmins Kopper, dass er mit LJM2 nichts zu tun haben wollte, obwohl er ahnte, dass die Sache übel für ihn ausgehen konnte. Die Quittung kam denn auch postwendend: Sein Bonus in diesem Jahr war so schlecht wie noch nie.

Spätestens ab Februar dann war Timmins klar, dass er nicht länger in einem Unternehmen arbeiten konnte, das solche Dinge zu tun bereit war. Er ging zu Fastow. Seine Botschaft war unmissverständlich. »Ich will mit LJM nichts zu tun haben«, sagte er. »Ich will Enron verlassen.«

Fastow versuchte, ihn umzustimmen, und erklärte ihm, dass Enron von dem Fonds profitiere, aber Timmins ließ sich nicht darauf ein. Doch Fastow wollte einen verärgerten Timmins nur ungern ziehen lassen. Er bot ihm an, seinen Job bei Enron und sein Büro so lange zu behalten, bis er einen neuen Job gefunden hatte. Wenn sich dann etwas Gutes auftue, könne er immer noch wechseln.

Timmins hielt das für ein faires Angebot. Er erkannte nicht, dass es Fastow vor allem darauf ankam, niemandem Anlass zu geben, nach den wahren Gründen für Timmins' Abgang zu fragen.

Fastow musste nun 25 Millionen Dollar auftreiben. Wenn sie das schafften, dann, so waren sich die Banker bei Greenwich NatWest sicher, würden sie ihn dazu bewegen können, gemeinsam mit ihnen ihren Arbeitgeber abzuzocken.

Die drei Banker – Bermingham, Darby und Mulgrew – hatten über Wochen hinweg an ihrem Plan gefeilt. Der Grundgedanke war simpel. Abgesehen von ihnen selbst wusste niemand bei Greenwich NatWest, dass Swap Sub, die von LJM1 kontrollierte Gesellschaft, inzwischen Millionen Dollar wert war. Alle gingen davon aus, dass sie nichts wert sei. Es gab keinen Bedarf mehr für den Hedge; das Verbot, die Aktien zu verkaufen, war aufgehoben. Nach Aufhebung des Hedge würden Enron-Aktien im Wert von mehreren zehn Millionen Dollar in Swap Sub gebunden bleiben. Wer immer dann der Besitzer war, kassierte den Gewinn.

Wenn alle zusammenarbeiteten – die Banker, Fastow, Kopper –, hatten sie eine Chance, den perfekten Betrug durchzuziehen. Fastow und Kopper sollten ein zu niedrig angesetztes Angebot für NatWests Anteil an Swap Sub abgeben und die drei Banker dann ihren Vorgesetzten sagen, dass es ein guter Preis sei. Gehörte Swap Sub erst einmal ihnen, konnten sie das Ruder herumreißen, die Anteile für mehrere zehn Millionen Dollar verkaufen und die Beute untereinander aufteilen.

Bermingham hatte viel Arbeit in die Präsentation gesteckt, mit der er Fastow und Kopper beweisen wollte, wie viel Geld sie machen könnten. In den ersten Sondierungsgesprächen hatten die Banker nicht abgeneigt gewirkt. Aber Mulgrew war mit Berminghams Analyse noch unzufrieden; seiner Meinung nach fiel zu wenig für Fastow ab. Je höher Fastows Anteil sei, argumentierte er, umso besser seien ihre Aussichten, ebenfalls abkassieren zu können. Mulgrew legte Bermingham in einer E-Mail seine Überlegungen in Bezug auf Fastow dar.

»Wenn ich wüsste, dass es eine realistische Chance gibt, die 40 Millionen zu sichern und ihm 25 Millionen zu überlassen, würden wir alle wohl sofort einschlagen, da uns immer noch 15 Millionen blieben«, schrieb er. »Ich werde als Erster jubeln, wenn er einen Weg findet, das Geld zu sichern, selbst wenn er sich den Löwenanteil unter den Nagel reißt.«

In Anbetracht der riesigen Summe war sich Mulgrew sicher, einen Weg zu finden, Fastow an Bord zu holen. »Es sollte«, schrieb er, »nicht schwer fallen, an seine Gier zu appellieren.«[9]

Zwei Tage später, am 22. Februar, flogen die Banker zu einem Treffen mit Fastow und Kopper nach Houston. Unter normalen Umständen wäre Kevin Howard, der für die Beziehungen mit Enron zuständige Greenwich-Banker, mit von der Partie gewesen. Aber Darby hatte ihn mit einem kryptischen Verweis auf sagenhafte Reichtümer gebeten, dem Treffen fernzubleiben.

Bermingham begann mit seiner Präsentation. »Wir haben mehrere Optionen für diese Transaktion entwickelt«, erklärte er, »und jede einzelne wird zu dem von uns angestrebten Resultat führen.«

Die unterschiedlichen Vorschläge zielten alle auf dasselbe ab: Greenwich NatWest zu betrügen. Natürlich gab es einige Hindernisse. Laut den ursprünglich vom Enron-Board erlassenen Regeln durfte Fastow keinen Profit aus den von LJM1 gehaltenen Unternehmensanteilen ziehen. Genau darauf aber lief die Sache hinaus.

Doch es gebe, sagte Bermingham, eine Möglichkeit, das zu umgehen. Sobald der Rhythms-Hedge aufgelöst sei, könne LJM1 zum Beispiel durch eine Transaktion die Enron-Aktien in andere Vermögenswerte umwandeln und diese dann verkaufen.

Allerdings setze das, warnte Bermingham, jede Menge Aktivitäten voraus, die bei NatWest und Crédit Suisse First Boston Verdacht erregen könnten. »Es könnte zu offensichtlich sein«, sagte er, »und sie könnten eher dahinterkommen, dass sie beklaut werden.«

Doch das war noch nicht das einzige Problem. »Außerdem«, fuhr Bermingham fort, »gibt es bei dieser Vorgehensweise keine Garantie, dass wir Gewinn machen.«[10]

Cliff Baxter trieb den Verkauf der internationalen Kraftwerke mit aller Macht voran. Er hatte zur Unterstützung Morgan Stanley Dean Witter engagiert und war schnell zu dem Ergebnis gekommen, dass es keine Kaufinteressenten für das gesamte Paket gab. Wahrscheinlich, entschied Baxter, wäre es das Beste, wenn er versuchen würde, sie einzeln, eine Region nach der anderen, abzustoßen.

Der erste geplante Verkauf firmierte unter der Bezeichnung »Projekt California« und umfasste Enrons Energieanlagen in Lateinamerika. Der Käufer würde Zugang zu den Energiemärkten Guatemalas, Brasiliens, El Salvadors und Venezuelas erhalten – ein guter Querschnitt durch die gesamte Region. Skilling gefiel die Idee, und er bat Causey, die Zahlen für die einzelnen Regionen der internationalen Anlagen zu analysieren. Auf diese Weise würden sie eine Vorstellung davon bekommen, wie viel sie mit den Verkäufen erlösen konnten.

So verlockend die Aussicht auch war, sie machte Skilling immer noch ein bisschen nervös. Was sollte Enron mit Milliarden Dollar an Cash anfangen?[11]

Fastow wollte wissen, was die anderen Manager bei Enron für Gehälter bekamen. Diese Information war ziemlich gut geschützt, und die einzige Person mit Ausnahme von Skilling und Lay, die Zugriff darauf hatten, war Mary Joyce, die für Löhne und Gehälter zuständige Personalmanagerin. Vielleicht würde sie es ihm ja verraten.

Eines Nachmittags schaute Fastow in Joyce' Büro vorbei. Er müsse, sagte er, die Vergütungsinformationen der Mitglieder des Führungsausschusses von Enron einsehen.

Joyce warf ihm einen skeptischen Blick zu. »Tut mir Leid, Andy, diese Informationen darf ich Ihnen nicht geben.«

»Jeff sagte, das gehe in Ordnung. Ich brauche die Angaben für etwas, an dem ich gerade arbeite.«

Skilling hat das genehmigt? Das klang höchst unwahrscheinlich. Joyce griff zum Telefon. »Nun, dann werde ich ihn anrufen und fragen.«

Sie kam sofort durch. »Jeff, ich habe da eine Frage«, sagte sie. »Darf ich Vergütungsinformationen der Mitglieder des Führungsausschusses herausgeben?«

Skilling lachte. »Nein! Warum fragen Sie das überhaupt?«

»Ich wollte das nur nachprüfen«, erwiderte Joyce.

Sie legte auf und sah Fastow an. »Tut mir Leid, Andy.«

Vor einem Terminal am Houston International Airport wuchtete Ken Rice seinen Koffer ins Auto und machte sich auf den Heimweg. Es war der 1. März, ein Mittwoch, und Rice kehrte gerade von der Eröffnung von Enrons neuem Büro in London zurück. Eine Minute später hatte er den Parkplatz verlassen und bog auf die Interstate 45 ein.

Sein Autotelefon klingelte. »Ken Rice.«

»Hallo, Ken, David Cox hier.«

Noch mehr Business. Cox war einer von Rice' bevorzugten Unterhändlern in der Breitbandabteilung. Musste eine Transaktion unbedingt durchgezogen werden, war Cox der Mann der Stunde. Wenn er anrief, konnte man Gift darauf nehmen, dass etwas Großes im Busch war.

»Ja, was steht an?«

»Ich bin in Dallas, Verhandlungen mit Blockbuster Entertainment. Ich stehe kurz davor, mit denen einen auf 20 Jahre laufenden Exklusivdeal für Video-on-Demand abzuschließen.«

Was? Rice hatte keine Ahnung, wovon Cox sprach. Ihm gegenüber hatte kein Mensch etwas von einem Geschäft mit Blockbuster erwähnt. Wie schnell hatte Cox diesen 20-Jahres-Deal zusammengeschustert?

»Vielleicht sollten Sie mir das erst mal erklären«, schlug Rice vor.

Die Idee war einfach. Enron und Blockbuster würden ein Gemeinschaftsunternehmen gründen, das Videos über ein Breitbandnetzwerk anbot. Die Kunden würden aus einer Filmbibliothek auswählen, ihre Bestellung eingeben und sich den gewünschten Film zu Hause ansehen können. Sie müssten die Filme nicht zurückgeben, ja noch nicht einmal das Haus verlassen. Enron stellte das Netzwerk zur Verfügung, Blockbuster durch seine Verbindungen zu den Studios die Filme.

Das klang verheißungsvoll. Dennoch, Rice war auf der Interstate 45 unterwegs. Konnte das nicht warten? »Sie sind doch nicht so weit, das heute abzuschließen?«

»Doch«, antwortete Cox, »das sind wir.«

»Aber das hat doch sicherlich noch ein paar Tage Zeit?«

»Nein, wir wollen noch heute unterschreiben.«

Rice verstand. Wenn jemand bereit war, einen Deal zu machen, sah Wankelmütigkeit immer schlecht aus.

Was soll es, wenn es Probleme gibt, können wir die immer noch später bereinigen. »Okay«, sagte Rice, »machen wir es.«[12]

Später in derselben Woche flogen zwei Banker von Greenwich NatWest, Bermingham und Darby, auf die Cayman-Inseln, um dort den nächsten Schritt ihres Planes vorzubereiten. Die Direktoren von Campsie Limited, einer von NatWest zur Investition in LJM1 gegründeten Gesellschaft, trafen zusammen, um über den Vorschlag abzustimmen, Swap Sub an eine von Fastow und Kopper kontrollierte Partnerschaft zu verkaufen.

Darby übernahm an diesem 3. März die Präsentation vor den Campsie-Direktoren. Die neue Gesellschaft – zu diesem Zeitpunkt noch NewCo genannt – bot eine Million Dollar für Campsies Anteil, eine laut Darby faire Offerte. Bermingham, der zugleich auch Campsie-Direktor war, drängte das Board, offizielle Gespräche zu autorisieren.

Das Board akzeptierte den Plan. Und warum auch nicht? Der Verkauf einer Beteiligung zu ihrem Wert war ein ganz normaler Vorgang.

Am nächsten Abend traf sich Bermingham mit Fastow zum Abendessen auf den Cayman-Inseln. Fastow war gekommen, um sich über die Campsie-Abstimmung auf dem Laufenden zu halten. Der Deal, den sie ausgetüftelt hatten, war kompliziert, und eine Menge konnte schief gehen. Bermingham solle rasch handeln, sagte Fastow.[13]

Greg Whalley, der inzwischen für das Großkundengeschäft verantwortliche Manager, erläuterte Skilling das Einmaleins.

An der Westküste blieben die Regenfälle aus, was bedeutete, dass die aus Wasserkraft erzeugte Strommenge zurückging. Kalifornien importierte Strom aus Wasserkraft aus Kanada und Washington und hatte seit Jahren keine neuen Kraftwerke gebaut.

Gleichzeitig stiegen die Temperaturen, und Kalifornien befand sich mitten in einem vom Internet angeheizten Wirtschaftsboom. Angesichts der boomenden Wirtschaft – und der auf Hochtouren laufenden Klimaanlagen in den Büros und Privathäusern – war bei gleichzeitig sinkendem Angebot ein rapide steigender Energieverbrauch in Kalifornien absehbar. Und unter dem seit zwei Jahren geltenden kalifornischen Stromgesetz würden die steigenden Kosten nicht zum Sinken der Nachfrage führen, da die Strompreise der meisten Verbraucher festgeschrieben waren.

»Wir haben es hier mit einem klassischen Missverhältnis zwischen Angebot und Nachfrage zu tun«, fuhr Whalley fort. »Kalifornien wird demnächst gegen eine Wand fahren.«

»Okay«, sagte Skilling, »und was haben Sie vor?«

»Wir werden eine Long-Position aufbauen, und zwar eine große.«

Eine Long-Position. Mit anderen Worten, Enron wollte gezielt Geschäfte abschließen, mit denen es von steigenden Stromkosten profitieren würde.

Die Sache klang gut. »Großartig«, sagte Skilling.[14]

Der Swap-Sub-Deal versprach ein echter Knaller zu werden. Fastow und Kopper überlegten, ob es angebracht sein könne, bei dieser Gelegenheit ein paar Kollegen auf den Geschmack zu bringen.

Glisan bot sich als Kandidat an. Er hatte viel Zeit auf LJM-Angelegenheiten verwendet und Fastow mit seiner Arbeit bereits bereichert. Dann gab es noch Leute wie Anne Yeager, die das Sails-Geschäft mit ausgehandelt hatte. Und Kristina Mordaunt, eine Anwältin, die für LJM1 gearbeitet hatte und inzwischen Justiziarin für Enron Broadband Services war. Warum den Reichtum nicht ein wenig verteilen?

Fastow klopfte bei Glisan an, der sich schnell zu einer Investition bereit erklärte. Kopper besuchte Mordaunt in ihrem Büro.

»Es hat sich da eine interessante Möglichkeit aufgetan«, sagte er, nachdem er die Bürotür hinter sich geschlossen hatte.

Die Royal Bank of Scotland stand kurz davor, Greenwich NatWest zu übernehmen, und einige Manager der Bank wollten deshalb ihre Hüte nehmen, erklärte Kopper. Einige von ihnen, darunter Gary Mulgrew, hatten Fastow und ihm vorgeschlagen, einen Teil des NatWest-Anteils an LJM zu erwerben.

»Andy und ich tragen uns mit dem Gedanken, eine Gesellschaft zum Aufkauf des Anteils zu gründen«, sagte Kopper, »und wir haben uns gefragt, ob Sie nicht mit einsteigen wollen.«

Mordaunt war interessiert. »Und an eine Investition in welcher Größenordnung dachten Sie?«

»Unter 10 000 Dollar.«

Das klang nicht schlecht. »Klar, ich bin interessiert.«

Kopper sah zufrieden aus. »Großartig«, sagte er zum Abschied, »ich werde mich in zwei Wochen wieder bei Ihnen melden.«

Das Gespräch, das Mordaunts Karriere zerstören sollte, hatte gerade einmal zwei Minuten gedauert.[15]

Was zum Teufel ist das!? Ungläubig starrte McMahon auf den mehrseitigen Freigabebogen. Das intern als DASH (deal approval sheet) bezeichnete Dokument, das ihm zur Abzeichnung vorgelegt worden war, autorisierte die Geldüberweisung für die Transaktion. Doch ein solches DASH war McMahon noch nie untergekommen; Enron wollte etwas zurückkaufen, was es gerade erst an LJM2 verkauft hatte.

Laut dem ihm vorliegenden Dokument wollte Enron seinen Anteil an dem Erdgasprojekt MEGS zurückkaufen, den es im Dezember an LJM2 verkauft hatte. Seitdem waren kaum 90 Tage vergangen. Warum um alles in der Welt sollten sie den Anteil jetzt zurückkaufen? Das würde den sowieso schon aufgeblähten Jahresabschluss nur noch um einen weiteren Posten vergrößern – und LJM2 natürlich einen satten Gewinn bescheren.

Niemand hatte sich die Mühe gemacht, das Geschäft zu analysieren und nachzuprüfen, ob Enron von dieser Investition profitierte. Alles deutete darauf hin, dass es sich um eine Mauschelei handelte. Enron hatte den Cashflow und den Gewinn aus dem MEGS-Verkauf verbucht und wollte das Geschäft jetzt rückgängig machen? McMahon würde den Teufel tun und das unterschreiben.

Es dauerte nicht lange, bis er Druck bekam – von Causey, von Fastow. Das Geschäft müsse unbedingt abgeschlossen werden, drängten sie ihn, und schließlich gab er nach, sorgte aber dafür, dass sein Unbehagen festgehalten wurde. Nachdem er das DASH unterzeichnet hatte, fügte er ein Addendum an.

»Es wurden keinerlei ökonomische Analysen durchgeführt, die belegen, dass diese Investition sinnvoll ist«, schrieb McMahon.[16]

Am selben Abend saßen McMahon und Baxter in Begleitung ihrer Ehefrauen in einer Loge in der Houstoner Compaq Center Arena und hörten Neil Young zu, der auf der Bühne anlässlich der Reunion Tour von Crosby, Stills, Nash & Young seinen Hit »After the Gold Rush« zum Besten gab, ein Konzert, das beide unbedingt hatten miterleben wollen. Andererseits fühlten sie sich nicht mehr jung genug, um sich unter die Menge vor der Bühne zu mischen. Den Songs aus den Sechzigern von einer luxuriös ausgestatteten Loge aus zuzuhören erschien ihnen wie ein angemessener, aber auch ein wenig bittersüßer Kompromiss.

»Schätze, wir werden so langsam alt«, sagte McMahon zu Baxter, der mit einem Drink in der Hand neben ihm in der Loge stand, von der aus sie einen guten Blick auf die kahlen Hinterköpfe der Musiker hatten.

Baxter wusste bestens über Enron Bescheid und stand Skilling nahe. Vielleicht, überlegte McMahon, während sie miteinander plauderten, konnte er ihm etwas über den MEGS-Deal und die anderen Ungereimtheiten der letzten paar Monate erzählen.

»Cliff, ich hätte da eine Frage«, sagte McMahon schließlich. »Wie viel wissen Sie über LJM?«

Baxter quittierte die Frage mit einem abfälligen Schnauben. »Wahrscheinlich mehr, als Sie ahnen. Was gibt's?«

»Warum hat das Board den Interessenkonflikt akzeptiert?«

»Andy hat das Board überzeugt, dass das Unternehmen auf lange Sicht davon profitiert. Warum? Haben Sie ein Problem damit?«

»Man kann eine Finanzabteilung nicht auf diese Weise führen. Hier bieten Enron-Leute gegen andere Enron-Leute. Und Andy ist ihr Vorgesetzter. Er kontrolliert alle Beförderungen, Gehaltserhöhungen und Bonuszahlungen, *und* er ist an dem Unternehmen beteiligt, mit dem Enron verhandelt. Das ist doch ein einziges Chaos.«

Baxter nickte. »Ich habe ähnliche Probleme mit dem Arrangement.«

»Ich habe Andy gebeten, die Probleme zu beheben, aber nichts ist passiert«, fuhr McMahon fort. »Inzwischen spiele ich mit dem Gedanken, intern auf einen anderen Posten zu wechseln.«

Baxter nippte an seinem Drink. »Ich werde mit Skilling sprechen. Und bevor Sie irgendetwas unternehmen, sollten Sie das ebenfalls tun.«

McMahon dachte nach. Vielleicht war das ja eine gute Idee.[17]

Am nächsten Tag, am 9. März, war das offizielle schriftliche Angebot für Swap Sub fertig, und Kopper schickte es an Giles Darby im Londoner Büro von Greenwich NatWest. Die Konditionen entsprachen denen, die sie einige Tage zuvor auf den Caymans vereinbart hatten; für eine Million Dollar übernahm die immer noch NewCo genannte Gesellschaft den von Campsie für NatWest gehaltenen Anteil an Swap Sub.

»Die Kapitalgeber werden nach Kräften mit Ihnen daran arbeiten, die Transaktion schnellstens durchzuführen«, schrieb Kopper.

Das Jobangebot für McMahon kam aus heiterem Himmel.

Greg Whalley, Enrons Chefhändler, informierte ihn per Telefon, dass sie einen neuen Geschäftsbereich aufbauten. Die Sache, erklärte er, laufe darauf hinaus, Enrons Geschäftsmodell auf eine Vielzahl anderer Rohstoffe auszuweiten – Metalle, Papier, was auch immer. Whalley sollte die neue Abteilung als Chief Executive leiten, und er wollte McMahon dabeihaben.

»Das wird Spaß machen«, sagte er. »Ich möchte, dass Sie für mich arbeiten.«

»Ich weiß nicht, ob das ein guter Wechsel für mich wäre«, entgegnete McMahon. »Vielleicht, wenn Sie mich zum Präsidenten machen würden.«

»Ich kann Sie nicht zum Präsidenten machen«, sagte Whalley. »Aber glauben Sie mir, die Sache lohnt sich.«

McMahon dachte darüber nach. »Nun, ich muss zugeben, ich bin auf meinem momentanen Posten nicht glücklich.«

Whalley lachte. McMahon hatte schon vor langer Zeit klar gemacht, dass es ihm nicht gefiel, für Fastow zu arbeiten. »Ich *weiß*«, sagte er. »Genau deshalb halte ich Sie für eine leichte Beute.«

Am 15. März fand sich McMahon in Fastows Büro zu einem vereinbarten Termin ein. Seit seinem Gespräch mit Baxter hatte McMahon sich den Kopf über sein weiteres Vorgehen zerbrochen. Zu Skilling zu gehen käme praktisch einer Kriegserklärung gleich. Bevor er einen solch drastischen Schritt unternahm, musste er Fastow eine letzte Chance geben, die Sache zu bereinigen.

»Andy, Sie versprechen mir seit vier Monaten, die Probleme mit LJM zu klären«, fing McMahon an.

Er listete die Zusagen auf, die Fastow gemacht hatte – Mitarbeiter vor die Wahl zu stellen, entweder für Enron oder LJM2 zu arbeiten, die Büros umzusiedeln, LJM2-Mitarbeiter aus Enron-Strategiesitzungen abzuziehen.

»Sie haben keines dieser Versprechen gehalten«, sagte McMahon, »nicht ein einziges.«

Damit nicht genug, fuhr McMahon fort, er sei sich auch sicher, dass wegen seines Widerstandes gegen LJM2 sein Bonus gekürzt worden war.

»Das stimmt nicht«, erwiderte Fastow.

»Ich sage Ihnen nur, wie ich das anhand meiner Zahl deute.«

»Ich habe Ihnen erklärt, was los war.«

McMahon beschloss, nicht zu erwähnen, was er über Koppers Bonuszahlung wusste. »Ich weiß, was Sie mir zugesagt haben, Andy«, sagte er. »Ich sage Ihnen nur, wie ich die Sache sehe.«

Er atmete einmal tief durch. »Andy, hier muss etwas passieren. Hier muss sich etwas ändern.«

»Nun, ich tue, was ich kann«, Fastow sah ihn finster an. »Sie müssen eben Geduld haben. Vertrauen Sie mir einfach.«

Damit war das Treffen zu Ende. Auf dem Weg zurück in sein Büro kochte McMahon. Dort angekommen, ging er zu seiner Sekretärin.

»Arrangieren Sie für mich so schnell wie möglich eine halbe Stunde mit Skilling«, sagte er. »Sagen Sie einfach, es ist persönlich.«

McMahon sagte an diesem Abend nichts zu seiner Frau Margaret, bis sie im Bett lagen.

»Ich mache es morgen«, sagte er. »Ich habe einen Termin mit Jeff.«

»Gut. Das war an der Zeit.«

McMahon warf ihr einen Blick zu. »Er wird mich vielleicht feuern.«

»Willst du ihm ein Ultimatum stellen?«

»Nein. Aber ich werde ihm sagen, dass ich meinen Job kündigen muss. Und es könnte sein, dass er keinen anderen für mich hat.«

Margaret drückte ihn an sich. »Wir werden es überleben«, sagte sie.

Kurz nach 10 Uhr am nächsten Morgen posierte Skilling neben Lay für einen Fotografen, der die beiden für einen Artikel in *Fortune* ablichten wollte. Sie hatten nur zu gerne zugesagt, schließlich hatte *Fortune* in seiner diesjährigen Rangliste Enron als das am besten gemanagte amerikanische Unternehmen gelobt und General Electric vom Thron gestoßen. Dieser neue Artikel, der ebenfalls das Hohelied auf Enron sang, würde ohne jeden Zweifel das Sahnehäubchen abgeben.[18]

Ungefähr zur selben Zeit saß McMahon an seinem Schreibtisch und starrte auf einen Schreibblock. Sein Meeting mit Skilling stand kurz bevor, und er wollte seine Gedanken ordnen.

»Diskussionspunkte«, schrieb er oben auf die Seite und dachte einen Moment lang nach. »Unhaltbare Situation.«

Die nächsten Punkte flossen wie von selbst aus ihm heraus, die ganzen Monate voller unterdrückter Wut brachen sich endlich Bahn. Unten auf der ersten Seite listete McMahon die möglichen Alternativen für den Umgang mit LJM auf. Einen Punkt schrieb er in Großbuchstaben: »ICH BIN NICHT BEREIT, MEINE INTEGRITÄT ZU KOMPROMITTIEREN.«

Bevor er umblätterte, unterstrich er den Satz.[19]

Skilling saß an seinem Schreibtisch, als McMahon, den Schreibblock in der Hand, gegen 11.30 Uhr die Tür zu seinem Büro öffnete.

»Hey, Jeff, kommen Sie rein«, begrüßte Skilling ihn. McMahon machte Anstalten, ihm gegenüber vor dem Schreibtisch Platz zu nehmen.

»Was soll das?«, sagte Skilling. »Setzen wir uns an den Konferenztisch.«

Skilling griff sich einen Schreibblock, legte ihn auf den Tisch und schrieb: »Jeff McMahon«. Dann, das Kinn in die Hand gestützt, blickte er McMahon an. »Okay. Was gibt's?«

McMahon warf einen Blick auf seine Notizen. »Ich möchte mit Ihnen über dieses ganze LJM-Geschäft sprechen«, fing er an. »Ich habe da ziemliche Bedenken wegen der Interessenkonflikte.«

Skilling zeigte keine Reaktion. Er wirkte absolut konzentriert auf das, was McMahon sagte.

»Ich weiß, worum es geht, und ich weiß, dass das Board Andy als persönlich haftenden Gesellschafter abgesegnet hat. Das will ich auch gar nicht in Frage stellen. Was mir Probleme bereitet, ist, wie die Sache gemanagt wird. Wir haben einen Punkt erreicht, an dem ich die Konflikte nicht mehr managen kann.«

Die Organisation beeinflusse das Verhalten der Angestellten, sagte McMahon. LJM2-Leute nähmen an Enron-Strategiesitzungen teil, und die Leute fühlten sich unter dem Druck, Deals abzuschließen, die nicht in Enrons Interesse waren.

Er erwähnte den Yosemite-Fall, bei dem Fastow versucht hatte, eine Million Dollar an Gebühren abzukassieren. Druck werde ausgeübt, Bedingungen zu akzeptieren, die schlecht wären für Enron, und Fastow weigere sich, Kompromisse zu machen.

»Der CFO des Unternehmens kommt zu mir, ein paar Wochen vor der Bonuszahlung, und weist mich an, den Deal zu schlechten Bedingungen abzuschließen«, sagte McMahon. »Das habe ich nicht getan, wir haben die Probleme bereinigt und es richtig gemacht. Aber Junge, haben wir Druck bekommen.«

Und er hatte keinen Zweifel daran, dass er einen Preis für seinen Einsatz für Enron bezahlen musste. »Ich bin sicher, dass mein Bonus deswegen gekürzt wurde«, sagte er.

Skilling hörte zu, schrieb aber nichts auf.

»Ich habe nicht darum gebeten, diese Position zu bekommen«, sagte McMahon. »Aber jetzt sitze ich hier, zwischen allen Stühlen.«

Sie müssten eine Lösung finden, sagte McMahon. Entweder würden sie alle Konflikte lösen, oder er müsse sich einen anderen Job suchen. »Das ist die Alternative«, sagte er. »Und die Sache muss ziemlich schnell entschieden werden.«

Einen Moment lang herrschte Schweigen. »Ist das alles?«, fragte Skilling schließlich. McMahon nickte.

Skilling erhob sich, gefolgt von McMahon. »Danke, dass Sie zu mir gekommen sind«, sagte Skilling. »Es ist wichtig, dass ich das weiß. Und ich bin froh, dass Sie mit mir darüber gesprochen haben.«

Skilling hielt ihm die Tür auf.

»Sie haben das unmissverständlich klar gemacht«, sagte er. »Vertrauen Sie mir, ich werde das für Sie regeln.«[20]

Kurz darauf war McMahon wieder in seinem Büro. Er atmete erleichtert auf, noch war er nicht gefeuert worden.

Andy wird aus der Haut fahren.

Skilling kehrte an seinen Schreibtisch zurück. Er verstand, warum McMahon sich beschwerte: Es ging ihm um seinen Bonus. Fastow durfte ihn nicht dafür bestrafen, dass er Enrons Interessen vertrat.

McMahon hatte, davon war er überzeugt, keinen Grund zur Besorgnis. *Das* war ja gerade die Schönheit des Performance Review Committee (PRC). Fastow hatte eine von 23 Stimmen; jeder sah es, wenn McMahon sich für Enron einsetzte. Er wusste, dass das PRC-System einwandfrei war; hier ging es nur um das Erscheinungsbild. Fastow hatte zugelassen, dass böse Gerüchte umliefen; Skilling war deswegen verärgert, aber er wollte sich auch darum kümmern.

Vielleicht sollte er Joe Sutton kontaktieren. Sutton war Vice Chairman und sollte bei innerbetrieblichen Problemen aushelfen. Skilling beschloss, mit ihm noch an diesem Tag zu sprechen.*

Am selben Tag flogen Darby und Bermingham von Greenwich NatWest zum Meeting des Campsie-Boards zurück auf die Cayman-Inseln. Darby präsentierte ein aktualisiertes, offizielles Angebot und empfahl dessen Annahme. Der Vorschlag stieß auf Zustimmung.

Die Vertragsunterlagen wurden am nächsten Morgen vorgelegt. Als Vertreter von NatWest vereinbarte Campsie, seinen Anteil an Swap Sub für eine Million Dollar an die Fastow-Partnerschaft zu veräußern. Ungefähr zur selben Zeit unterschrieb auch der andere LJM1-Partner, Crédit Suisse First Boston, den Kontrakt zum Verkauf von Swap Sub an die Gesellschaft – für zehn Millionen Dollar. Doch auch mit diesem Preis wurde CSFB noch über den Tisch gezogen.[22]

Mike McConnell hatte kaum sein Haus betreten, als von allen Seiten Leute aus ihren Verstecken herausstürmten.

»*Überraschung!*«, riefen sie.

McConnell, ein hochrangiger Technologiemanager bei Enron, war baff. Es war der Abend seines 40. Geburtstags, und sein Haus war voller Freunde. Eine Weile später, das Bier floss in Strömen, und die Stimmung stieg, erblickte Whalley McMahon und gesellte sich zu ihm.

»Jeff!«, begrüßte er ihn überschwänglich. »Und, wie sieht es aus? Wollen Sie für mich arbeiten?«

McMahon verzog das Gesicht. »Nun, ich habe darüber nachgedacht, Greg. Ich glaube einfach nicht, dass es das Richtige für mich ist.«

Whalley drängte ihn, sich die Sache nochmals zu überlegen, doch McMahon blieb hartnäckig. Er hatte nicht die Absicht, gleich die erstbeste Gelegenheit zu ergreifen.

Whalley nickte zwar, hatte McMahon aber längst noch nicht abgeschrieben.

* In einer nicht öffentlichen eidesstattlichen Erklärung im Jahr 2002 gab Sutton zu Protokoll, dass seiner Meinung nach dieses Treffen mit Skilling am darauf folgenden Montag, dem 20. März, stattfand. Seine Erinnerung trog. Neuere Aufzeichnungen aus dieser Zeit belegen, dass Skilling an diesem Tag in Brasilien war und erst am 29. März ins Büro zurückkehrte.[21]

Um 15.45 Uhr am nächsten Montag saß McMahon in Suttons Büro und trug auch ihm seine Bedenken wegen LJM2 vor. Sutton wollte am nächsten Tag für längere Zeit verreisen und war erpicht darauf, die Sache schnell vom Tisch zu bringen.

»Ich weiß natürlich, dass das Board das abgesegnet hat ...«

»Genau, die Board-Mitglieder haben es genehmigt!«, fiel Sutton McMahon ins Wort. »Sie haben den gesamten Interessenkonflikt akzeptiert. Geht es Ihnen darum, Jeff? Also wirklich!«

»Nein, Joe, darum geht es mir nicht. Mein Punkt ist, dass wir uns jetzt damit befassen müssen, weil es ...«

»Wir werden gar nichts ändern. Die Sache ist genehmigt. Wir können uns zum jetzigen Zeitpunkt nicht von LJM trennen.«

Das Gespräch lief nicht gut. »Das will ich ja auch gar nicht vorschlagen«, erwiderte McMahon. »Ich will nur darauf hinweisen, dass Andys Kompetenzen innerhalb der Organisation geklärt werden müssen.«

Sutton griff nach einem Stift, bereit mitzuschreiben. »Geben Sie mir ein Beispiel«, sagte er.

»Nun, zuallererst sollten wir die LJM-Leute aus dem Gebäude aussiedeln.«

Sutton schrieb das auf. »Das klingt vernünftig«, sagte er. »Haben Sie das schon zu Andy gesagt?«

»Mehr als einmal.«

»Was hat er geantwortet?«

»Dass er sich darum kümmern werde.«

»Okay, er hat gesagt, er werde sich darum kümmern«, entgegnete Sutton barsch. »Was ist das Problem?«

»Dass er das seit vier Monaten sagt.«

In Ordnung, das sei etwas anderes, meinte Sutton. Was noch?

»Andys Beteiligung am Prämiensystem stellt ein Problem dar«, fuhr McMahon fort. »Die Leute haben Angst, bestraft zu werden, wenn sie einen zu guten Deal für Enron aushandeln.«

Sutton zog eine Grimasse. »Machen Sie mal halblang. Wissen Sie, wie viel Geld Fastow mit LJM macht?«

McMahon verneinte.

»Also«, fuhr Sutton fort, »was auch immer er mit LJM verdient, es ist nicht genug, als dass er jemanden unter Druck setzen würde, der Enrons Interessen vertritt.«

»Okay«, erwiderte McMahon. »Wissen *Sie* denn, wie viel ihm LJM einbringt?«

Sutton zuckte mit den Schultern. »Nein, aber es kann nicht annähernd so viel sein, wie er von Enron bekommt. Und *diesen* Betrag kenne ich.«

Nun, sagte McMahon, LJM sei ein Private-Equity-Fonds, und diese

Fonds funktionierten alle nach mehr oder weniger demselben Prinzip, was bedeute, dass Fastow eine Managementgebühr von zwei Prozent kassiere. Er wisse zwar nicht genau, wie viel Kapital LJM halte, meinte er, aber er habe von einem Betrag von 400 Millionen Dollar reden gehört.

»Das wären acht Millionen Dollar pro Jahr, ganz nebenbei ...«

»Nun, er hat Ausgaben«, wandte Sutton ein.

»Hat er die? Soweit ich das beurteilen kann, sind die Mitarbeiter umsonst – es sind Enron-Leute. Und er nutzt unsere Büroflächen, unsere Telefone. Wo also hat er Ausgaben?«

Sutton wedelte mit der Hand. »Das kann nicht stimmen.«

McMahon lächelte. »Warten Sie, Joe, das ist noch nicht alles. Die acht Millionen bekommt er nur dafür, dass er da ist.«

Darüber hinaus erhält ein persönlich haftender Gesellschafter einen Prozentanteil an den Gewinnen jenseits eines bestimmten Zielniveaus. McMahon ratterte für Sutton ein paar Zahlen herunter, mögliche Resultate. Alles in allem, schloss er, könne Fastow bis zu 24 Millionen Dollar pro Jahr machen.

Sutton riss die Augen auf. »Das kann auf keinen Fall stimmen!«, sagte er. »Das ist mehr, als *ich* verdiene!«[23]

Noch am selben Tag ging Sutton zu Fastows Büro. Er war Offizier in der Army gewesen und gehörte nicht zu den Leuten, die lange um den heißen Brei herumreden. Sutton wollte Fastows Sichtweise zu McMahons Bedenken hören.

Kaum hatte er in Fastows Büro Platz genommen, kam er auch schon auf McMahons Besuch bei ihm und seine Bedenken zu sprechen.

»Ich sehe hier keinerlei Probleme«, tat Fastow die Sache leichthin ab, nachdem Sutton ihm McMahons Einwände dargelegt hatte. »Die ganze Sache wird von Buy und Causey überwacht. Sie müssen jeden einzelnen Deal abzeichnen. Und ich habe keinerlei Kontrolle über die beiden. Sie berichten direkt an Skilling.«

»In Ordnung«, antwortete Sutton. »So weit, so klar.«

Aber er habe da noch eine weitere Frage im Zusammenhang mit LJM, sagte Sutton. »Werden Sie mit dem Fonds viel Geld verdienen?«

Fastow lachte. »Joe, also wirklich«, sagte er. »Als ob ich damit viel Geld machen würde. Wenn ich Glück habe, kassiere ich für das Geld, das ich riskiert habe, einen kleinen Ertrag.«

»Und, Joe«, sagte er mit Nachdruck, »was auch immer ich dort verdienen werde, ist nichts im Vergleich zu dem, was ich als Enrons CFO bekomme.«

Ungefähr zur selben Zeit bereitete Kopper die abschließenden Unterlagen für den Swap-Sub-Buy-out vor. NewCo war offiziell in Southampton Place umbenannt worden, das wohlhabende Viertel, in dem sowohl Fastow als auch Kopper lebten. Damit war der Partnerschaftsvertrag für die Investoren fertig.

Mit dem Vertrag in der Hand ging Kopper herum, ließ die Investoren unterzeichnen und sammelte die Schecks ein. Mordaunt und Glisan investierten jeweils 5816 Dollar, die anderen deutlich weniger.

Zu den Investoren gehörte eine weitere Gesellschaft namens Southampton K, die einen beträchtlichen Anteil an Southampton hielt. Dabei handelte es sich um die geheime Frontfirma für die Greenwich-NatWest-Banker. Laut der Vereinbarung erhielten die Banker die Option, Southampton K für 250 000 Dollar komplett zu übernehmen; sie hatten Zeit bis Mai, sich zu entscheiden, ob sie den Kauf tätigen wollten. Eine, wie es schien, clevere List, da die Banker deshalb noch Wochen nach der tatsächlichen Übernahme behaupten konnten, dass sie gar nicht die Eigentümer der Gesellschaft wären, die Swap Sub gekauft hatte.

Zwei Tage später war der Deal praktisch unter Dach und Fach.

Southampton besaß nun Swap Sub und damit eine Gesellschaft, der der Rhythms-Hedge, ein Haufen Enron-Aktien und einige Millionen Dollar in cash gehörten. In einem von Causey unterzeichneten Brief stimmte Enron der Aufhebung des Hedgs zu und verpflichtete sich, Southampton 30 Millionen Dollar für die Aktien zu bezahlen. Zehn Millionen Dollar davon gingen an CFSB, eine Million an Greenwich NatWest, der Löwenanteil aber – 19 Millionen Dollar – an die Southampton-Anteilseigner. Die LJM1-Investoren – und Enron selbst – standen mit leeren Händen da.

Der Schaden war sogar noch höher, als es auf den ersten Blick aussah. Da die Aktien gar nicht abgesichert werden durften, hatte LJM1 sie zu einem Abschlag gegenüber dem Marktpreis erworben, ein Abschlag, der immer noch gegeben war. Doch bei der Berechnung der ihm geschuldeten Summe setzte Fastow den Wert der Aktien zu ihrem vollen Marktpreis ein. Causey und seine Mitarbeiter protestierten mit keinem Wort dagegen, den eindeutig überhöhten Betrag zu bezahlen.[24]

Nach seinem Urlaub kehrte Skilling am Morgen des 29. März ins Büro zurück, wo jede Menge Arbeit auf ihn wartete. Es dauerte nicht lange, bis Joe Sutton vorbeischaute und ihn über seine Gespräche mit McMahon und Fastow informierte.

Sutton hielt das zerrüttete Verhältnis der beiden für irreparabel.

Darüber hinaus war er überzeugt, dass es im Hinblick auf die LJM-Deals einiges zu klären gebe. Skilling, sagte Sutton, müsse sich aktiver in die Überwachung des Verhandlungsprozesses mit LJM einschalten, eine, wie Skilling meinte, gute Idee.

Bei den Kompensationen gebe es ebenfalls Probleme, sagte Sutton. McMahon behaupte, dass Fastow sich eine goldene Nase verdiene, was Fastow aber vehement abstreite. Sollte McMahon Recht haben, könne der Interessenkonflikt weitaus größer sein, als sie bisher angenommen hätten.

»Wissen Sie«, antwortete Skilling, »Andy hat mir gegenüber ebenfalls versichert, dass für ihn bei LJM nicht viel herausspringt.«

Er dachte kurz nach. »Ich werde mich auch darum kümmern«, sagte Skilling. »Ich werde es herausfinden.«

Sutton kehrte in sein Büro zurück. Für ihn war die Angelegenheit damit erledigt.[25]

Die drei Monate waren fast vorüber. Vor knapp 90 Tagen, in der hektischen Zeit kurz vor Jahresende, hatte LJM2 für 30 Millionen Dollar einen Anteil an einem polnischen Kraftwerk erworben. Enron hatte 16 Millionen Dollar Gewinn aus dem Geschäft ausgewiesen. Dessen Bedingungen zufolge durfte LJM2 den Anteil aber nur bis Ende März halten. Nun war die Zeit gekommen, das Geschäft rückgängig zu machen.

Enron und eine Tochtergesellschaft kauften den LJM2-Anteil an dem polnischen Kraftwerk für 31,9 Millionen Dollar zurück. Fastows Fonds strich für seine kurzfristige Investition eine Rendite von fast 25 Prozent ein.

Die 16 Millionen Dollar Profit, die Enron ausgewiesen hatte, waren, ökonomisch betrachtet, niemals entstanden.[26]

Am 30. März bat Skilling Fastows Sekretärin am Vormittag um einen Gesprächstermin. Fastow saß an seinem Tisch und studierte eine Tabelle, als Skilling anklopfte.

»Hey, Jeff«, begrüßte er ihn. »Kommen Sie doch rein.«

Skilling nahm ihm gegenüber am Schreibtisch Platz. Sie unterhielten sich über Skillings Urlaub und ein paar geschäftliche Angelegenheiten.

»Hören Sie, Andy«, sagte Skilling schließlich. »Es gibt da etwas, über das ich mit Ihnen reden muss.«

»Ja?«

»Jeff McMahon kam vor einiger Zeit zu mir ins Büro. Er macht sich Sorgen wegen seiner Kompensation.«

»Ich wüsste nicht, warum.«

»Er sorgt sich wegen seines Verhältnisses zu Ihnen. Er sagt, Sie hätten ihn bei Deals mit LJM unter Druck gesetzt. Und jetzt macht er sich Sorgen, wie er vom PRC behandelt wird.«

»Das braucht er nicht.«

»Ich weiß. Das PRC ist fair. Aber wenn hier irgendetwas läuft, was ihm Grund zur Sorge gibt, dann ist das nicht in Ordnung. Das ist nicht im Sinne des Systems.«

»Okay«, antwortete Fastow mit ausdruckslosem Gesicht. »Ich werde mit ihm darüber reden und die Sache klären.«

Ein Großteil der Bedenken, fuhr Skilling fort, beziehe sich anscheinend auf Fastows LJM-Profite. Fastow versprach, ihn, und sei es nur zur Beruhigung, detailliert darüber aufzuklären.

»Danke«, sagte Skilling. »Nur noch eine Sache.«

McMahon hatte unter anderem vorgeschlagen, LJM2 aus der Finanzabteilung auszulagern. Sie mussten sich damit irgendwie befassen. Kein Problem, erwiderte Fastow. Er habe sowieso vorgehabt, demnächst etwas in der Richtung zu unternehmen.

»Großartig«, antwortete Skilling. »Aber sprechen Sie mit McMahon, und stellen Sie klar, dass alles in Ordnung ist, okay?«

Fastow nickte. »Ich werde mit ihm sprechen.«

Kurz nach 13.30 Uhr jagte eine schwarze Limousine von Avanti Limousines & Transportation über den Hardy Toll Round in Houston. Im Fond saß McMahon. Er befand sich auf dem Rückweg von Austin, wo er im Barton Creek Resort für Enrons mittelständische Geschäftsbanken ein Golfturnier organisiert hatte.

Er fragte sich gerade, ob er direkt nach Hause fahren oder vorher noch im Büro vorbeischauen sollte, als sein Handy klingelte.

»Andy möchte sofort mit Ihnen sprechen«, sagte seine Sekretärin. Sie legte das Gespräch in die Warteschleife, Musik ertönte.

Scheint so, als hätte Skilling endlich mit Fastow gesprochen.

»Jeff?«, meldete sich Fastows Sekretärin.

»Ja, Bridget.«

»Andy möchte Sie sehen.«

»Können Sie mir sagen, worum es geht?«

»Nein, aber er will Sie schnellstmöglich sehen.«

McMahon seufzte. Gefeuert zu werden konnte warten. »Bridget, ich war zwei Tage nicht in der Stadt. Ich bin fast zu Hause«, log er. In Wahrheit war er nur zehn Minuten vom Büro entfernt.

»Was bedeutet«, fuhr er fort, »dass ich umdrehen und im Berufsverkehr durch die Stadt fahren muss, um nach Downtown zu kommen. Können wir das nicht auf morgen verschieben?«

»Einen Moment.« Die Musik setzte wieder ein.

McMahon wandte sich an den Fahrer. »Machen Sie lieber langsam. Ich weiß noch nicht, wohin ich muss.«

Die Musik hörte auf. »Gleich morgen früh um 7.30 Uhr?«

McMahon seufzte. »Ja«, sagte er. »Ich werde da sein.«[27]

Um dieselbe Zeit herum stellte Greg Whalley Skilling in dessen Büro seine Idee vor. Skilling hörte ihm mit wachsendem Interesse zu. Vielleicht bot sich hier eine Chance, diesen ärgerlichen Konflikt zwischen Enrons Topfinanzleuten beizulegen.[28]

Die Zeigefinger unters Kinn gelegt, saß Fastow am anderen Morgen an seinem Schreibtisch und fixierte McMahon.

»Ich bin mir nicht sicher, ob wir beide weiter zusammenarbeiten können«, sagte er ruhig.

»Tut mir Leid, das zu hören«, erwiderte McMahon. »Warum?«

Fastows Augen blitzten. »Erstens sollten Sie eins verstehen, Jeff«, schnappte er. »Wenn Sie etwas zu Skilling sagen, können Sie es ebenso gut mir selbst sagen.«

»Genau davon bin ich ausgegangen, Andy.«

Fastow ignorierte ihn. »Skilling hat mir alles gesagt. Er hat mir von Ihrem Gespräch mit ihm erzählt.«

McMahon nickte. Okay.

»Ich habe Sie *niemals* unter Druck gesetzt, einen Deal zu machen, der nicht in Enrons bestem Interesse war«, fuhr Fastow ihn an. »Niemals!«

Wow. Fastows Informationen *waren* gut. »Das stimmt nicht, Andy«, sagte er. »Sie und ich haben viele Gespräche über die von Ihnen geforderten Gebühren geführt, die wir abgelehnt haben, weil sie überhöht waren.«

»Das war rein geschäftlich«, tat Fastow den Einwand mit einer Handbewegung ab.

»Nun, ich habe es als Druck empfunden«, erwiderte McMahon.

»Hey«, schoss Fastow zurück, »wann immer ich etwas getan habe, was nicht okay war, hätten Sie direkt zu Skilling gehen können.«

McMahon blinzelte. *Litt Fastow unter Wahnvorstellungen?*

»Ja, natürlich«, entgegnete er. »Und was passiert, wenn ich zu Skilling gehe? Sie zitieren mich in Ihr Büro. Also wirklich, eine tolle Alternative.«

Und was war damit, dass LJM2 auf dem Finanzstockwerk residierte? »Ich habe Ihnen gesagt«, antwortete Fastow, »dass ich mich darum kümmern werde. Vertrauen Sie mir einfach.«

Fastow führte sich auf wie ein kleiner Junge, der einer unangenehmen Aufgabe mit dem Versprechen aus dem Weg gehen wollte, sie später zu erledigen. »Andy, ich muss Ihnen sagen, dass ich sehr unzufrieden bin. Diese ganze Sache wirkt sich negativ auf meine Arbeit und mein Privatleben aus.«

Fastow sagte nichts.

»Es gibt Möglichkeiten, die Probleme zu lösen«, fuhr McMahon fort. »Ich haben sie Ihnen dargelegt, und ich habe sie Jeff dargelegt. Aber wie es aussieht, unternehmen Sie in dieser Hinsicht rein gar nichts.«

»Ich weiß wirklich nicht, ob wir noch länger zusammenarbeiten können«, sagte Fastow nach einer Pause schließlich. »Ich weiß es wirklich nicht.«

Die beiden starrten sich schweigend an.[29]

Stunden später betrat Causey – gefolgt von Glisan und Fastow – Skillings Büro, um mit ihm über das Projekt Raptor zu sprechen, mit dem Enrons Aktienanlagen abgesichert werden sollten. Causeys Grinsen sagte mehr als tausend Worte; sie hatten einen Durchbruch erzielt.

»Wir haben uns intensiv mit diesem Hedge beschäftigt«, ergriff Causey das Wort, »und ich denke, wir haben etwas gefunden, was funktioniert.«

Glisan übernahm. Mit Schaubildern und Grafiken erklärte er die Grundzüge des Projekts. Skilling erkannte das Konzept sofort als Spielart des Rhythms-Hedge und fand die Idee ziemlich clever.

Er erhob sich und nickte. »Das sieht gut aus«, sagte er. »Halten Sie mich auf dem Laufenden.«

Er verabschiedete seine Besucher und sah in seinen Terminkalender. In ein paar Minuten hatte er ein Meeting mit McMahon; mit etwas Glück würden sie den Streit zwischen Fastow und McMahon beilegen können. Er trat auf den Flur hinaus.[30]

McMahon sah auf seine Armbanduhr. Noch drei Minuten bis zu seinem Meeting mit Skilling. Plötzlich, ohne Vorankündigung, stürmte Whalley in sein Büro.

»Hey«, sagte Whalley. »Haben Sie es sich überlegt? Ich will Sie unbedingt für diesen Job haben.«

McMahon schüttelte den Kopf. *Dieser Typ lässt einfach nicht locker.*

»Greg, hören Sie, ich kann gerade nicht. Ich habe jetzt gleich ein Meeting mit Skilling, und ich muss wirklich los.«

Als ob er auf das Stichwort gewartet hätte, kam Skilling herein. »Hallo«, sagte er, »treffen wir uns hier?«

»*Was?*« McMahon blickte von Skilling zu Whalley. Ging es hier gar nicht um Fastow und LJM2? »Wenn Sie das möchten, können wir das Meeting hier abhalten«, meinte er zögernd.

»Ich habe dieses Meeting einberufen«, meldete sich Whalley zu Wort, »und ich möchte, dass es hier stattfindet.«

»Sie haben dieses Meeting einberufen?«, fragte McMahon.

»Ja. Sie und ich, mit Skilling, damit ich Ihnen erklären kann, warum Sie diesen Job annehmen sollten.«

Das Gespräch verlief wie nicht anders zu erwarten; Whalley rührte mächtig die Werbetrommel, McMahon äußerte seine Bedenken.

Schließlich ergriff Skilling das Wort. »Das klingt doch gut, Jeff. Greg wird tolle Arbeit leisten, und Sie werden tolle Arbeit leisten.«

Er erhob sich. »Jeff, ich brauche Sie wirklich bei diesem Job«, sagte er. »Aber jetzt muss ich los. Sie beide kümmern sich um die Details.«

Damit eilte er zur Tür hinaus.[31]

Ein schlafloses Wochenende lang brütete McMahon über der Sache. Am Montag schließlich hatte er seinen Entschluss gefasst. Mit dem neuen Job konnte er Fastows Chaos hinter sich lassen, und das eröffnete ihm vielleicht neue Möglichkeiten. Er werde, teilte er Whalley mit, zum nächstmöglichen Zeitpunkt anfangen.

Dann der beste Part. McMahon ging zu Fastow und verkündete ihm seinen Rücktritt als Treasurer.

Fastow reagierte erfreut. »Klingt gut. Sie sollten das Angebot annehmen. Der neue Job ist wichtiger als der des Treasurers.«

McMahon nickte. »Andy, ich will Sie nicht auf dem Trockenen sitzen lassen«, sagte er. »Deshalb habe ich drei Leute für Sie, von denen jeder in der Lage ist, meinen Posten zu übernehmen.«

Dabei handelte es sich, sagte McMahon, um die drei Leute mit den besten Kenntnissen in den Bereichen Banken und Finanzen: Bill Brown, Ray Bowen und Mike Jakubik.

Fastow hörte ihm mit ausdruckslosem Gesicht zu.

»Danke«, sagte er. »Ich werde darüber nachdenken.«

Die Nachricht von McMahons Ausscheiden machte schnell die Runde.[32] Zu den Ersten, die davon erfuhren, gehörte der mit McMahon befreundete Bowen. Er war überrascht; der Wechsel vom Treasurer auf einen nicht definierten Posten erschien ihm wie ein großer Rückschritt. Er rief sofort in McMahons Büro an.

»Was zum Teufel ist los?«, fragte er, als McMahon sich meldete.

»Kommen Sie hoch«, antwortete McMahon, »und ich werde es Ihnen erzählen.«

McMahon fläzte, die Beine auf dem Tisch, in seinem Stuhl, als Bowen eintrat. »Ich weiß selbst nicht so genau, was los ist«, sagte er. »Aber es stimmt. Ich trete als Treasurer zurück und werde mit Whalley arbeiten.« Bowen wollte gerade eine Frage stellen, als McMahon sich aufsetzte.

»Wissen Sie, Ray, Sie wären der perfekte Treasurer«, sagte er. »Ich habe Andy ein paar Namen genannt, aber Sie müssen sich selbst dahinterklemmen. Sie wären fantastisch.«

McMahon lachte. »Gott sei Dank muss ich mich mit diesem Mist nicht länger herumschlagen. Der Druck ist weg. Endlich bin ich nicht mehr gezwungen, gegen meinen Boss zu verhandeln.«

Er schüttelte den Kopf. »Im Ernst, Sie sollten sich um den Posten bewerben. Wir brauchen jemanden, der weiß, was er tut.«

Brown lächelte. »Das war kein besonders überzeugendes Verkaufsgespräch, Jeff.«

Fastow rief Bowen ein paar Tage später aus der Karibik an. Die Bewerber um den Job des Treasurer standen Schlange, meinte Fastow, nur von ihm hatte er noch nichts gehört. Ob sie sich nach seiner Rückkehr zusammensetzen und darüber unterhalten könnten? Als Bowen zum vereinbarten Termin erschien, wirkte Fastow sehr entspannt.

»Wahrscheinlich bettelt alle Welt um den Job«, begann Bowen zurückhaltend.

»Ja, ich muss hier eine schwierige Entscheidung treffen«, erwiderte Fastow. »Wie sieht es mit Ihnen aus, Ray? Warum haben Sie nicht angerufen?«

Es sei einfach nicht sein Stil, um einen Job zu betteln, antwortete Bowen. Und dass er mit seinem gegenwärtigen Posten ziemlich happy sei.

Fastow hörte ihm schweigend zu. Offenkundig war er nicht allzu erpicht darauf, Bowen zu einem Wechsel zu überreden. »Was sollte ich Ihrer Meinung nach tun, Ray?«, fragte Fastow schließlich.

Bowen nannte ein paar Namen. Wie wäre es mit Bill Brown?

Fastow schüttelte den Kopf. »Ich halte viel von Bill. Aber ich glaube nicht, dass er uns eine Stufe weiter bringen wird.«

»Was halten Sie von Ben?«, fragte Fastow nach einer Pause.

Ben Glisan? Der Typ, der vor einem Jahr noch Buchhalter war?

»Nun, Ben hat den notwendigen Grips«, antwortete er. »Aber ihm fehlt die Erfahrung. Er muss noch viel lernen.«

Fastows Antwort kam schnell. »Ich halte ihn für intelligent genug. Ben hat viel für uns getan, seit Sie die Finanzabteilung verlassen haben, Ray.«

Fastow sprach über Glisan, als halte er ihn für die Lösung aller Probleme, denen sich Enron stellen musste. »Ben hat sich hier zu einer echten Führungspersönlichkeit entwickelt«, sagte er. »Nach McMahon ist er der beste Mann in der Abteilung.«

Bowen nickte. »Großartig.«

Er wusste nicht, was er sonst hätte sagen sollen. Fastows Lobhudelei hatte keinerlei Bezug zur Realität. Niemand, der Glisans Lebenslauf kannte, würde ihn als für den Job geeignet betrachten. Bowen dagegen war der ideale Kandidat, doch Fastow machte sich nicht mal die Mühe, ihn zu fragen. Er hatte Bowen offensichtlich nicht zu sich bestellt, um sein Interesse an dem Job auszuloten, sondern um sicherzustellen, dass er Glisans Ernennung nicht torpedieren würde.

Bowen musste nicht lange herumrätseln, warum Fastow Glisan haben wollte. Was auch immer seine Schwächen gewesen sein mochten, McMahon war zäh und hatte Fastow Schwierigkeiten bereitet. Auch Bowen gehörte nicht zu den Leuten, die sich herumkommandieren ließen. Aber in Glisan, so zumindest sah Bowen das, hatte Fastow jemanden gefunden, der vertrauenswürdig und fügsam war.

Fastow wollte eine Marionette, lautete Bowens Urteil, und Glisans Fäden hielt er bereits in seinen Händen. In Zukunft würde es keinen Mitarbeiter bei Enron mehr geben, der ihm noch Knüppel zwischen die Beine werfen konnte.

Kapitel 13

Vier Soldaten in schwarzen Uniformen fielen aus dem Himmel über Houston. Einer nach dem anderen zog die Reißleine, und gleich darauf öffneten sich über ihnen gelb-schwarze Fallschirme. Die Männer – Angehörige des Golden-Knight-Fallschirmspringerteams der US-Army – sanken sanft der zweiten Base auf dem Enron Field entgegen, enthusiastisch begrüßt von den über 41 000 Fans im Stadion.

Es war kurz nach 19 Uhr am 7. April, dem Tag des ersten regulären Spiels der Houston Astros gegen die Mannschaft aus Philadelphia in dem glitzernden neuen Stadion, einem neuzeitlichen Tempel zu Ehren Houstons, des Baseballs und vor allem Enrons. »Welcome to Enron Field« prangte auf dem Spruchband, das über die Videoleinwand unter dem gigantischen Firmenlogo lief. Enron hatte seinen Stempel nicht nur den Astros aufgeprägt, sondern mit dem gigantischen neuen Baseballstadion auch ganz Houston. Die Fans brüllten ihre Zustimmung laut hinaus.

Die Fallschirmspringer waren noch dabei, ihre Schirme einzupacken, als die Stimme des Sprechers durchs Stadion dröhnte.

»Ladies and Gentlemen, heute Abend wirft er den ersten Pitch. Bitte heißen Sie Ken Lay willkommen, Chairman und CEO von Enron.«

Lay trug einen dunklen Freizeitanzug und ein Hemd mit fest geknöpftem Kragen. Er lief zum Wurfhügel und winkte der Menge zu. Er stellte sich auf, ließ den Arm ein paarmal kreisen und wiederholte im Geiste die Anweisung, einen hohen Ball zu werfen. Der Ball flog über das Schlagfeld und in den Handschuh des Astros-Catchers Paul Bako.

Unter dem Beifall der Fans kehrte Lay zu seinem Platz hinter dem Schlagfeld zurück. Auf dem Weg die Stufen hinauf kam er an Expräsident George H. W. Bush und seiner Frau Barbara vorbei, ein paar Reihen weiter erblickte er Gouverneur George W. Bush mit seiner Frau Laura. Neben Lay saßen Nolan Ryan, der frühere Pitcher der Texas Rangers, und Don Sanders, ein prominenter Houstoner Börsenmakler.

»Hey, wissen Sie was?«, witzelte Sanders. »Nolan hat mit mir gewettet, dass Sie den Ball nicht über das Schlagfeld bekommen.«

Lay warf Ryan einen amüsierten Blick zu. »Oh, ihr von schwachem Glauben, Nolan«, lachte er.

Das erste Inning begann, aber die Astros wurden dem Anlass nicht gerecht, und bald schon zeichnete sich ein Sieg der Phillies ab. Während Gouverneur Bush und seine Frau das Stadion vorzeitig verließen, schauten seine Eltern während der letzten Innings bei Lay vorbei.

Lay erhob sich. »Mr. President, Barbara, schön, Sie beide hier zu sehen. Wie es scheint, genießen Sie das Spiel.«

»Das war ein guter Wurf über das Schlagfeld«, lobte Bush. »Ich habe den Ball mehr als einmal im Boden versenkt.«

Sie plauderten noch eine Weile, dann gingen die Bushs. Lay setzte sich wieder, um den Rest des Spiels zu verfolgen. Es hätte ihm nicht besser gehen können. Er war mit Präsidenten und Gouverneuren befreundet. Houston, seine Stadt, salutierte vor seinem Unternehmen. Niemand konnte bestreiten, dass er den Gipfel des beruflichen und persönlichen Erfolgs erklommen hatte. Heute war zweifellos einer der glücklichsten Tage seines Lebens.[1]

Wanda Currys Karriere war ins Stocken geraten. Die junge Enron-Buchhalterin hatte eine Zeit lang im Großkundengeschäft gearbeitet, bis die Strom-Gegengeschäfte mit Merrill Lynch aktuell wurden. Sie hatte gegen die Struktur protestiert und dadurch das Projekt verzögert. Wenig später war sie versetzt worden.

Trotzdem gehörte sie nach wie vor zu Causeys Lieblingen. Nachdem Andersen sich besorgt über die Finanzaufsicht bei Enron Energy Services geäußert hatte, also der Privatkundenabteilung, hatte er Curry in diesem Monat zur Leiterin des Untersuchungsteams ernannt.

Es sollte Monate dauern, bis Curry erkannte, dass die Privatkundenabteilung, einer der Geschäftsbereiche, in die Enron mit die höchsten Erwartungen für die Zukunft setzte, in Wirklichkeit ein weiteres Sorgenkind war.[2]

Mit einem Tablett voller Drinks betrat der junge Kellner den Raum im 50. Stock des Enron-Gebäudes. Joe Sutton und sein Gast, Dr. Amin Badr El-Din, standen neben einem für drei Personen gedeckten Tisch.

Badr El-Din war von kleiner Statur, strahlte aber Lebensart und Selbstbewusstsein aus. Gekleidet in einen eleganten Anzug von der Saville Row, stellte er perfekte Umgangsformen zur Schau, und in seinen Ausführungen spielte er häufig und gerne auf die schönen Dinge des Lebens an – auf luxuriöse Automobile etwa oder ein schweißtreibendes Polomatch. Aber Badr El-Din war weit mehr als nur ein kultivierter arabischer Geschäftsmann. Für amerikanische Unternehmen bot er sich als idealer Türöffner für Geschäfte im Nahen und Mittleren Osten an. Er verfügte über beste Beziehungen zur jordanischen Königsfamilie und war Sonderberater von Scheich Zayed bin Sultan al Nahyan, dem Präsidenten der Vereinigten Arabischen Emirate.

In seiner Eigenschaft als Leiter der UAE Offset Group hatte Badr El-Din – auch als Dr. Amin bekannt – viele Jahre lang Geschäfte für die Emirate eingefädelt. Zudem war er ein sehr reicher Mann – Gerüchten zufolge bis zu acht Milliarden Dollar –, und das machte ihn sehr beliebt bei amerikanischen Konzernen.

Sutton hatte Badr El-Din während der Arbeit an einem gewaltigen Pipeline-Projekt kennen gelernt. Bei einem der vielen Meetings war auch der bevorstehende Verkauf der International Division von Enron zur Sprache gekommen, und Badr El-Din hatte sich interessiert gezeigt. Sein Unternehmen hatte ein Angebot vorbereitet, und nun war er nach Houston gekommen, um mit Skilling über die Details zu sprechen.

Kurz darauf traf Skilling ein. Nachdem er beim Kellner ein Tonicwater bestellt hatte, nahmen die drei Männer an dem Tisch Platz. Beim Essen erklärte Sutton, dass er und Badr während ihrer gemeinsamen Arbeit in den Emiraten auf den Verkauf der International Division zu sprechen gekommen seien.

»Ja«, bestätigte Badr El-Din, »wir sind überaus interessiert.«

Skilling lächelte höflich. *Was du nicht sagst!* Sie wollten um die sieben Milliarden Dollar dafür haben, und angesichts dieser Summe würde sein Interesse vermutlich sehr rasch erlahmen.

»Nun, wie Sie sicherlich wissen, handelt es sich um einen sehr großen Geschäftsbereich«, begann Skilling vorsichtig. »Wir sind an einem Verkauf interessiert, und natürlich würden wir es vorziehen, es als Gesamtpaket zu veräußern.«

»Das entspricht unseren Interessen«, antwortete Badr El-Din.

»Hmm«, meinte Skilling. »Wer berät Sie in dieser Sache?«

Der Lackmustest; das Renommee der Beratungsgesellschaft würde ihm Auskunft über die Ernsthaftigkeit des potenziellen Angebots liefern. Skilling war daher entsprechend beeindruckt, als Badr El-Din erwiderte, dass sie sich von der weltweit tätigen Finanzgesellschaft UBS beraten ließen.

»Sehr gut«, sagte Skilling. »Dann wäre es wahrscheinlich am besten, wenn Ihre Banker mit Cliff Baxter sprechen würden, der den Verkauf betreut. Wir werden Ihnen alle Informationen zukommen lassen, die Sie für die weiteren Verhandlungen benötigen.«

Damit wandten sie sich wieder dem Essen zu, aber Skilling konnte seine Skepsis nicht ganz überwinden. Die Vorstellung, dass Enron seine gesamten ausländischen Flops auf einen Schlag loswerden könnte, klang einfach zu schön, um wahr zu sein.[3]

Der Enron Trading Room in Portland war ein wildes Durcheinander von Bürozellen und Workstations, kein Vergleich zu dem schicken High-Tech-Trading Room in Houston. Man hatte einfach mehrere Büros von Portland General Electric zu Enrons wichtigster Handelsbasis an der Westküste umfunktioniert. Auf einer Seite, neben riesigen Plasmabildschirmen, auf denen die Elektrizitätsströme abgebildet wurden, brüllten gut einhundert Händler ihre Order in Telefonhörer. Anders ausgedrückt, es herrschte genau das Chaos, das die Händler so lieben.

Tim Belden, der Toptrader, war vor seinem Wechsel in die Wirtschaft Forscher an der Universität gewesen. Besessen davon, zu verstehen, wie Märkte im Detail funktionieren, hatte er in Kalifornien sein ideales Studienobjekt gefunden. Was der Bundesstaat als Liberalisierung des Strommarktes bezeichnete, war in Wahrheit ein Labyrinth an komplexen – und häufig widersprüchlichen – Vorschriften. Hier vereinten sich die schlimmsten Eigenschaften des staatlichen Bürokratismus und eines ungezügelten Kapitalismus. Der Stromhandel in Kalifornien wurde über ein verschachteltes System organisiert, in dem zwei Behörden – die Power Exchange und der Independent System Operator (ISO) – Auktionen organisierten, auf denen Strom gekauft oder verkauft wurde.

Von Anfang an hatten die Händler versucht, die Regeln auszuhebeln, und nach Schlupflöchern gesucht. Und sie hatten viele gefunden: Strom, der in den Bundesstaat importiert wurde, wurde zu höheren Preisen gehandelt als in Kalifornien erzeugter Strom. Waren die Stromleitungen überlastet, leistete der ISO Ausgleichszahlungen an jede Gesellschaft, die sich verpflichtete, Stromlieferungen auszusetzen oder über andere Leitungen zu schicken. Und darüber hinaus erhielten die Stromgesellschaften Geld dafür, Reservestrom bereitzuhalten, selbst wenn diese Reserve am Ende gar nicht in Anspruch genommen wurde.[4]

Für Belden und sein Team stellten diese Regeln eine Einladung dar, das System auszutricksen. Selbst wenn sie getreu den Vorschriften spielten, konnten sie Kalifornien zwingen, mehr für Strom zu bezahlen, leicht verdientes Geld, das sie sich einfach nicht entgehen lassen konnten.

Um 9.41 Uhr am Morgen des 15. April drückte John Forney, einer von Beldens besten Händlern, eine Taste auf seiner Telefonanlage, die ihn direkt mit dem Stromdisponenten bei Portland General Electric verband.

»Hey, Robert. Guten Morgen. John Forney von Enron.«

Der Anruf von Forney hätte den Stromdisponenten überraschen müssen. Enron und Portland General waren miteinander verbunden – Enron als Vermarkter, Portland General als Stromproduzent – und durften eigentlich nicht direkt miteinander über Lieferungen innerhalb des Bundesstaates verhandeln, da sie gemeinsam die Preise in die Höhe treiben konnten.

Aber Forney hatte eine Idee. Er wollte mit Hilfe von Portland General günstigen Strom aus Kalifornien in teureren Importstrom von jenseits der Staatsgrenzen verwandeln. Sie brauchten dazu nur eine Schlaufe: Sie würden kalifornischen Strom kaufen, durch mehrere in anderen Bundesstaaten ansässige Energiegesellschaften schleusen, und zuletzt sollte Portland General den Strom dann wieder an Kalifornien verkaufen. Diese Transaktionen fanden zwar ausschließlich auf dem Papier statt, aber umso besser: An jeder zwischengeschalteten Stufe könnten die Händler den Preis erhöhen und so auf Kosten der kalifornischen Verbraucher einen netten Profit einstreichen.

Allerdings, meinte Forney, während er dem Disponenten die Details des Plans erklärte, gebe es da ein Problem. »Ich kann die Sache nicht direkt über Portland General laufen lassen«, sagte er. »Ich versuche, sie an LA zu geben.«

»Und?«

»Aber das kann ich nicht. Ich muss einen Stromversorger aus dem Nordwesten beteiligen, und wegen der Wettbewerbsvorschriften darf ich mit euch nicht zusammenarbeiten. Ich darf keine direkten Transaktionen mit Portland General durchführen.«

Der Disponent von Portland General war verwirrt. »Warten Sie einen Moment«, meinte er und rief einen seiner Kollegen an.

»Hey, Bob. Haben Sie schon mal einen Deal mit Enron gemacht, bei dem die Strom durchschleifen?«

Ein neuer Disponent übernahm das Gespräch. »Hey, Mann«, sagte Forney. »Das ist ein ziemlich dreckiger Deal, ich weiß, aber wir haben das mit unseren Planungsdisponenten bereits ausgearbeitet.«

Forney erklärte den Deal ein weiteres Mal und fügte an, er hoffe, dass ihm diese Sache keine Schwierigkeiten bereiten werde.

»Hoffentlich nicht«, meinte der Disponent. »Wahrscheinlich wird es das, aber ...«

»Klar wird es das«, unterbrach ihn Forney. »Schließlich handelt es sich im Prinzip nur um ein Kreisgeschäft.«

»Okay«, sagte der Disponent. »Wollen Sie das dann nur für eine Stunde machen, oder ...«

»Nein«, unterbrach ihn Forney. »Ich will das länger durchziehen. Vielleicht den ganzen Tag, wenn ich das schaffe.«

»Okay, okay.«

»Da ich an den Wochenenden eher selten ins Büro komme, werde ich ein ziemliches Chaos anrichten.«

Der Disponent lachte.[5]

Der Forney Loop, die Forney-Endlosschleife, wie die Kauf- und Verkaufdeals schließlich genannt wurden, war nur eines der von den Enron-Händlern ausgetüfelten Schurkenstücke, mit dem sie die kalifornischen Stromverbraucher ausbeuteten.

Alle hatten sie griffige Namen. Bei Death Star wurden fiktive Durchleitungspläne eingereicht, die so ausgelegt waren, dass sie bestimmte Stromtrassen überlasten würden; Enron erhielt dann eine Entschädigungszahlung dafür, Strom aus der Leitung zu nehmen, den es nie zu schicken beabsichtigt hatte. Bei Fat Boy handelte es sich um eine Variation des Themas, mit der sich in Erwartung der angeblich drohenden Überlastung der Leitungen die Preise in die Höhe treiben ließen. Unter Get Shorty verpflichtete Enron sich, Stromreserven bereitzuhalten, was es aber gar nicht tat, da man davon ausging, dass die Reserven niemals abgerufen würden. Bei Ricochet handelte es sich um eine weitere Variante des Forney Loop.

Eines hatten alle diese Pläne gemeinsam: Sie dienten dazu, Kalifornien Geld für Dienstleistungen abzuknöpfen, die niemals erbracht wurden. Andererseits ergaben sich daraus eindeutige Vorteile für Enron, das nach wie vor eine große Position hielt, die Millionenprofite abwerfen würde, wenn die Preise in Kalifornien weiter stiegen. Im Verein mit den massiven strukturellen Defiziten des kalifornischen Stromsektors – der eine gewaltige Differenz zwischen Nachfrage und verfügbarem Angebot zuließ – bot der Markt die idealen Voraussetzungen für eine gigantische Katastrophe, und sie ließ nicht lange auf sich warten.[6]

Inoffiziell war es jetzt beschlossene Sache: Glisan stand vor der Ernennung zu Enrons neuem Treasurer. Fastow hatte sich massiv für seinen Wunschkandidaten eingesetzt, und sowohl Skilling als auch Lay hatten ihr Plazet gegeben. Wenn jetzt noch das Board zustimmte, hatte Glisan den Job.

Die Aussicht stimmte Ray Bowen wenig zuversichtlich. So jung, wie Glisan war, fürchtete er, dass Fastow ihn zu seiner Marionette degradieren würde. Es erschien ihm mehr als angebracht, Glisan eine Warnung zukommen zu lassen. Glisan saß in seinem kleinen Büro, als Bowen anklopfte und ihm seine Glückwünsche überbrachte.

»Sie werden fantastische Arbeit leisten«, sagte er und hoffte dabei insgeheim, dass er damit Recht behalten würde. »Aber ich möchte Ihnen auch ein paar Ratschläge mit auf den Weg geben. Bleiben Sie sich selbst treu. Lassen Sie nicht zu, dass die Leute Sie als Andy Fastows Handlanger definieren.«

»Ja, klar«, antwortete Glisan, »mir ist klar, dass ich im Unternehmen nicht so bekannt bin. Ich muss die Leute erst einmal besser kennen lernen.«

Bowen hörte ihm ungläubig zu. *Spreche ich in Rätseln?* Anscheinend hatte Glisan die ziemlich unverblümte Warnung nicht verstanden.

»Nun denn«, sagte er schließlich, »machen Sie eine Tour durch das Gebäude, stellen Sie sich vor, lernen Sie alle kennen.«

Versuchen wir's nochmal. »Aber bleiben Sie sich treu. Vermeiden Sie den Eindruck, als seien Sie nur jemand, der tut, was Andy ihm aufträgt.«

Bowens Ton war ernst. »Ben, Sie sollten wissen, dass Andy hier nicht unbedingt der beliebteste Typ ist. Sie wären meiner Meinung nach gut beraten, nicht alles auf die Fastow-Karte zu setzen.«

»Also, wissen Sie«, Glisan sah ihn verwirrter denn je an, »Andy war wirklich gut zu mir.«

»Schön. Aber der Kerl spielt mit harten Bandagen. Passen Sie also auf sich auf.«

»Ich weiß nicht«, erwiderte Glisan, »davon habe ich noch nichts bemerkt.« Er zuckte mit den Schultern. »Andy hat mich bisher immer sehr gut behandelt.«

Am 28. April wurden über 20 Millionen Dollar auf das Citibank-Konto 4079-8061 überwiesen. Das Konto lief auf den Namen der Fastow-Gesellschaft LJM Swap Sub. Von dort wurde der Großteil des von Enron und Swap Sub stammenden Geldes auf ein Konto bei der Chase Bank weitergeleitet, ein Konto, das im Namen der Southampton Gesellschaft eingerichtet worden war.[7]

Der Southampton-Plan trug endlich Früchte. Nach diesen Transaktionen hielten Fastow und seine auserwählten Getreuen – Kopper, Glisan, Mordaunt und ein paar andere – das Geld in den Händen, das sie den LJM1-Investoren abgeluchst hatten. Sie waren nicht die Einzigen, die abkassierten. Bereits Tage zuvor hatten Fastows britische Mitverschwörer – die drei Banker von Greenwich NatWest – ihr Recht auf Teilhaberschaft an Southampton ausgeübt, und so wurden an diesem Tag fast 7,4 Millionen Dollar auf das Konto der Banker auf den Bermudas überwiesen.

Nachdem die Überweisung bestätigt worden war, rief Fastow in Toronto an, wo Gary Mulgrew, einer der drei Greenwich-Banker, bereits auf seinen Anruf wartete. »Herzlichen Glückwunsch«, sagte Fastow. »Sie haben gerade sieben Millionen Dollar verdient.«

Fastow saß am Tisch im Boardroom und taxierte die Direktoren von Enrons Finanzausschuss. Das Meeting zog sich schon eine ganze Weile hin, McMahon gab seine letzte Präsentation als Treasurer. Schließlich bat Pug Winokur Fastow, seinen Bericht zu präsentieren.

»Bevor ich beginne«, sagte Fastow, »möchte ich Ihnen kurz Ben Glisan vorstellen.«

Er warf Glisan einen Blick zu, und Glisan begrüßte den Ausschuss mit einem Kopfnicken. »Das Management von Enron empfiehlt Ben als Nachfolger von Jeff McMahon als Treasurer«, fuhr Fastow fort. »Ben hat sich als brillantes und überaus wertvolles Mitglied unseres Teams bewährt.«

Fastow trug dick auf, und der Ausschuss nahm seinen Vorschlag einstimmig an. Nachdem Glisan den Direktoren gedankt und versprochen hatte, sein Bestmögliches zu geben, ergriff Fastow wieder das Wort und präsentierte seinen offiziellen Bericht. Nach mehreren Minuten hielt er inne und hob den Blick. »Damit kommen wir zu einer aktuellen Übersicht der mit LJM2 durchgeführten Transaktionen«, sagte er.

Der Fonds, fuhr er fort, habe sich als uneingeschränkt profitabel für Enron erwiesen. Zusammen mit LJM1 habe er dem Unternehmen nahezu 230 Millionen Dollar Gewinn und über zwei Milliarden Dollar an Cashflow beschert, ganz zu schweigen von den eingesparten Gebühren für das Investmentbanking.

Ein Direktor wollte wissen, wie sehr die LJM-Geschäfte Fastow von seinen Pflichten als CFO ablenkten. »Die Zeit, die ich darauf verwende, ist vernachlässigbar«, erwiderte er. »Ich selbst investiere nicht mehr als drei Stunden pro Woche in diese Deals.«

Drei Stunden, und das bei diesen Profiten! Die Direktoren strahlten vor Wonne. »Wir arbeiten«, ergriff Fastow wieder das Wort, »seit Monaten in Zusammenhang mit LJM2 an einem Projekt, von dem wir glauben, dass es uns auf eine neue Ebene katapultieren wird. Wir nennen es Projekt Raptor, und Ben Glisan wird es Ihnen vorstellen.«

Mit einer vierseitigen Powerpoint-Präsentation machte sich Glisan daran, dem Board das Projekt zu verkaufen. Bei Raptor, sagte er, handle es sich um eine Variante des Rhythms-Hedge, nur dass es dieses Mal darum gehe, Enron gegen zukünftige Verluste aus einer Vielzahl von Investitionen abzusichern. Die Eckpunkte: Enron-Aktien wurden in das Projekt Talon verschoben, externes Kapital kam von LJM2.

»Laut dem Deal hat Enron Anspruch auf eine annualisierte Rendite in Höhe von 30 Prozent plus Gebühren«, erklärte Glisan. »Von dem, was darüber hinaus erwirtschaftet wird, erhält Enron 100 Prozent.«

Die 41 Millionen Dollar, die LJM2 vorab erhalten und die dem

Fonds eine Superrendite garantieren sollten, erwähnte Glisan mit keinem Wort. Dennoch machte er keinen Hehl aus den Grenzen von Raptor.

»Raptor kann keine wirtschaftlichen Risiken transferieren«, warnte er. Vielmehr diene das Projekt nur dazu, große Wertschwankungen der Enron-Investitionen nicht in die Bücher aufnehmen zu müssen.

Obwohl die Direktoren Glisan aufmerksam zuhörten, erfassten nur wenige von ihnen die wahre Bedeutung seiner Ausführungen. Ein paar Fragen später gaben sie dem Projekt Raptor einstimmig grünes Licht.[8]

Am selben Tag wurden die abschließenden Maßnahmen zur Überweisung der Southampton-Gelder ergriffen. Ungefähr um die Zeit, als Glisan dem Board Raptor vorstellte, gab ein Angestellter der Chase Manhattan Anweisungen in einen Computer ein. Unmittelbar darauf wurden 1 040 744 Dollar vom Southampton-Konto bei der Chase auf das Konto 4174-9242 bei Charles Schwab überwiesen, Kontoinhaber Ben Glisan. Dieselbe Summe ging auf ein Konto, das seiner Mitinvestorin Kristina Mordaunt gehörte.

Fastow hatte zwei Enron-Manager – darunter mit dem neuen Treasurer den Mann, der die Macht hatte, seine Machenschaften zu unterbinden – zu Millionären gemacht.[9]

Um 12 Uhr am 22. Mai schrillten in der Saugus High School in Kalifornien die Glocken, doch die Schüler blieben an ihren Plätzen. Die Schulleitung war informiert worden, dass die Schule laut Vertrag mit den Stadtwerken den Strom abstellen musste. Die Lichter und die Klimaanlage gingen aus, die Schüler blieben in den düsteren Klassenzimmern sitzen, in denen es rasch unerträglich heiß wurde.

Seit Tagen litt Kalifornien unter einer für die Jahreszeit ungewöhnlichen Hitzewelle, und in vielen Regionen kletterten die Temperaturen auf über 37° Celsius. Die auf Hochtouren laufenden Klimaanlagen hatten zu einem gefährlichen Absinken der Stromreserven geführt, und an diesem Tag hatte der kalifornische Independent System Operator, der das Stromnetz verwaltete, einen Phase-2-Notstand ausgerufen, was bedeutete, dass Verbraucher wie Saugus High den Strom abschalten oder hohe Strafen bezahlen mussten.[10]

Die Stromkrise in Kalifornien hatte begonnen.

Die Ecksuite im Ritz-Carlton Montreal, in der Robert McCullough Quartier bezogen hatte, war mit Antiquitäten und Gemälden aus einer anderen Zeit geschmückt. Es war früh am Morgen des 23. Mai, und McCullough, Besitzer einer Energieberatungsgesellschaft aus

Portland, telefonierte herum, um Einzelheiten über die befremdliche Stromkrise an der Westküste in Erfahrung zu bringen.

McCullough war zu einem internationalen Symposium von Stromgesellschaften nach Montreal gereist, aber das eigentliche Epizentrum der Industrie, so viel war ihm klar, lag an diesem Tag in Kalifornien. Der Großteil der Welt schien den Energienotstand in Kalifornien mit einem Achselzucken abzutun; noch nicht einmal in Los Angeles schaffte es das Thema in die Schlagzeilen. McCullough dagegen erkannte in den Ereignissen des Vortags die Schmerzen in der Brust, die eine schwere Herzattacke ankündigten.

Es war doch erst Mai! Um Himmels willen, der Sommer hatte noch nicht einmal begonnen! McCullough hatte das neue System in Kalifornien von Anfang an für labil gehalten, aber das hier war schlimmer, als er es sich hätte träumen lassen. Die Preise schossen in die Höhe, was vielen seiner Kunden wehtun würde, ganz zu schweigen von der Wirtschaft des Bundesstaates.

Was McCullough im Laufe des Morgens erfuhr, nährte seinen Verdacht, dass da etwas völlig aus dem Ruder lief. Irgendjemand, schloss er, manipulierte den Markt und trieb aus Gewinnstreben die Preise in die Höhe. Da war er sich ganz sicher.

Einige Zeit später sprach McCullough per Telefonkonferenz mit Paula Green und Mike Sinkowitz von Seattle City Light. Der Bundesstaat Washington hatte am Vortag unter denselben Problemen wie Kalifornien gelitten, aber keinen Notstand ausgerufen. Was war los, wollte McCullough von den beiden wissen.

»Nun«, meinte Sinkowitz, »steigende Preise deuten auf eine hohe Nachfrage hin.«

Nicht gut genug. »Mike, wie groß ist die Nachfrage?«

»Nicht sehr hoch.«

»Damit stellt sich folgende Frage«, erwiderte McCullough. »Warum sind bei normaler Nachfrage die Preise so hoch?«

Er meinte fast zu hören, wie Sinkowitz die Stirn runzelte.

1. Juni. Nur noch 30 Tage, bis Enron Merrill Lynch den Anteil an den nigerianischen Kraftwerksschiffen wieder abkaufen musste – der Deal, mit dessen Hilfe Enron die Gewinnvorgaben für das Jahresende hatte erfüllen können.

Doch es gab ein Problem. Die Prüfer von Andersen hatten niemals von Fastows Garantie erfahren, und auch in den Unterlagen fand sich kein Wort darüber. Kein Wunder, schließlich hätte die Garantie Andersen dazu verleiten können, den Deal gar nicht als Verkauf anzuerkennen. Wenn Enron jetzt die Anteile zurückkaufte, dann musste Andersen doch Verdacht schöpfen.

Genau mit diesem Problem beschäftigte sich Alan Quaintance,

einer der mit dem Deal befassten Manager. In einer E-Mail an andere Manager bat er um Hilfe in dieser Sache und erklärte, Enron habe Andersen überzeugt, dass Merrills Investition in die Kraftwerksschiffe langfristig ausgerichtet sei. Er müsse nun einen Grund finden, warum Enron das Geschäft kurzfristig rückgängig mache.

»Ich brauche jemanden, der mir hilft, diese Geschichte zu erklären«, schrieb Quaintance, »sofern das überhaupt möglich ist.«[11]

Die Tafel in dem Konferenzraum im Bürotrakt von Azurix war mit Kästen und Linien übersät. Rebecca Mark stand an der Tafel und hielt Ron Hulme und Suzanne Nimocks, zwei Beratern von McKinsey, einen Vortrag. *Das* war der Plan, der das Unternehmen retten, die Geschichte, die die Wall Street von dem Unternehmen überzeugen würde.

Die Tür ging auf, und Amanda Martin betrat den Raum. Mark hatte sie gerade eben angerufen und gebeten, zu ihnen zu stoßen.

Mark referierte noch ein paar Minuten über ihre Vision, dann warf sie einen Blick auf ihre Uhr. »Okay, mein Flug nach New York geht demnächst. Amanda, wären Sie so freundlich, die Kästen zu erläutern?«

»Denken Sie über die Sache nach«, erklärte sie mit einem Blick auf die McKinsey-Berater noch, »und melden Sie sich in einer Woche bei mir mit Ihren Vorschlägen, wie wir diese Idee den Analysten präsentieren und sie scharf machen können.« Dann rauschte sie aus dem Raum.

Amanda und die beiden McKinsey-Berater sahen sich an, dann lächelten sie.

»Also«, meinte Nimocks. »Könnten Sie uns bitte erklären, wie das funktioniert?«

Martin sah sie mit großen Augen an und atmete tief durch. »Wie wäre es, wenn Sie mir zuerst berichteten, was sie Ihnen erläutert hat?«

Ron Hulme brach in lautes Gelächter aus. Die beiden anderen stimmten ein.

»Okay«, sagte Martin fünf Minuten später. »Wir brauchen Hilfe.«

Glisan hatte sich kaum in seinem neuen Büro eingerichtet, als auch schon ein alter Deal wieder auf der Tagesordnung stand: der geplante Chewco-Buy-out.

Vor mehreren Monaten hatte McMahon die Übernahme von Chewco – durch Enron – vorgeschlagen, um die administrativen Probleme zu verringern. Chewco besaß 50 Prozent des JEDI-Fonds, der von Kopper kontrolliert wurde. Doch der von McMahon vorgeschlagene Deal hätte Chewco nicht mehr als eine Million Dollar Profit gebracht, und als Fastow und Kopper das Zehnfache forderten, hatte McMahon den Deal abgeschossen.

Nun war McMahon Geschichte, und sein Nachfolger – den Fastow und Kopper gerade zum Millionär gemacht hatten – sah keinen Grund, sich ähnlich widerspenstig aufzuführen. Der Buy-out wurde genehmigt. Die Abwicklung würde ein Jahr dauern, doch Kopper würde seine zehn Millionen Dollar bekommen. Und sie dann an Fastow weiterreichen.

Amanda Martin saß mit ein paar Freunden im La Griglia, als ihr Handy klingelte. Sie unterhielt sich kurz mit dem Anrufer, dann erhob sie sich. »Tut mir Leid, aber ich muss gehen, sagte sie.

Skilling wollte sie sofort sprechen.

Kurz nach 21.30 Uhr stieg sie vor Skillings Haus aus. Skilling saß auf der Veranda und telefonierte, auf dem Tisch standen mehrere Weinflaschen. Als er sie sah, hielt er einen Finger an die Lippen. Mit einer Geste bot er ihr ein Glas Wein an.

Nach ein paar Minuten legte Skilling auf. Er sah sie an, Tränen in den Augen, wie ein kleiner, verängstigter Junge.

»Sie sind eine Freundin«, sagte er. »Sie waren immer schon eine Freundin. Ich vermisse Sie. Ich vermisse Sie wirklich.«

Martin war verblüfft. Seit Monaten hatte sie Skilling gedrängt, sie von dem Chaos bei Azurix zu erlösen. Er hätte sie zu Enron zurückholen können, hatte das aber nicht getan. Sie hatte ihm schon einmal gesagt, dass er ihrer Meinung nach nicht wusste, was das war: ein Freund. Aber jetzt war er betrunken und ratlos und versuchte, den Freund zu spielen.

»Sie sehen gut aus«, sagte er unvermittelt. »Haben Sie trainiert?«

»Nein, Jeff«, erwiderte sie. »Nur mit den Kids gespielt.«

»Ich habe trainiert. Sieht man's?«

Natürlich, sagte Martin. Skilling blinzelte, und wieder traten ihm Tränen in die Augen. »Sie müssen Azurix wieder auf die Beine bringen«, sagte er. »Versprechen Sie mir, dass Sie sich darum kümmern werden.«

Martin schlug nach einem Moskito. »Das kann ich nicht, Jeff«, sagte sie. »Die Probleme sind zu groß.«

Skilling hörte ihr zu, offensichtlich immer noch von einer nicht ausgesprochenen Angst gepeinigt. »Versprechen Sie's mir«, flehte er. »Ich werde mich um Sie kümmern. Versprechen Sie mir einfach, dass Sie sich darum kümmern.«

Er leerte sein Glas. »Möchten Sie noch ein Glas Wein?«, fragte er.

Sie lehnte ab. Er zögerte einen Moment.

»Ich werde noch ein Glas trinken«, sagte er schließlich.

Skilling verschwand im Haus. Martin war bestürzt; sie wusste, wie emotional er sein konnte, aber so hatte sie ihn noch nie erlebt. Was war passiert? Was nagte an ihm?

Kurz darauf kehrte er zurück. »Ich möchte Ihnen etwas zeigen«, sagte er. Er öffnete seine Aktenmappe und zog einige Seiten heraus, allem Anschein nach ein Bericht. »Schwören Sie mir, dass Sie niemandem davon erzählen«, sagte er.

Martin nickte, und er reichte ihr den Bericht. Es war eine Bilanzanalyse der internationalen Vermögenswerte, erklärte er, zusammengestellt für den beabsichtigten Verkauf der Abteilung.

»Schauen Sie sich diese beschissenen Zahlen an«, sagte er.

Martin wollte ihren Augen nicht trauen. Wenn das, was da stand, stimmte, war die gesamte Abteilung weit weniger wert, als sie allesamt bislang angenommen hatten. Enron konnte die Abteilung womöglich gar nicht verkaufen.

»Ich weiß nicht, was ich tun soll«, sagte Skilling, den Blick gesenkt. »Was soll ich mit diesen Zahlen machen?«

Er schüttelte mit dem Kopf, wieder traten ihm Tränen in die Augen. »Ich weiß nicht, was ich tun soll. Ich weiß nicht, was ich tun soll.«

Martin zählte nicht mit, denn Skilling wiederholte sich unentwegt.

Von den Gore Mountains zogen sich saftig grüne Hügel hinunter bis zur Terrasse des Park Hyatt Beaver Creek Resort in Avon, Colorado. Dick Cheney und seine Frau hatten sich gerade am kalten Büfett bedient. Sie traten auf die Terrasse hinaus und setzten sich mit ihren Tellern an einen Tisch unter einem großen grauen Sonnenschirm.

Cheney, Chief Executive des Energiekonzerns Halliburton, war anlässlich des World Forum unter Vorsitz des ehemaligen US-Präsidenten Gerald Ford nach Colorado gekommen. Ungeachtet seiner engen Beziehungen zum republikanischen Weißen Haus – Cheney war unter Ford Stabschef im Weißen Haus und unter Bush Verteidigungsminister gewesen – wären nur wenige überrascht gewesen, wenn er dem World Forum ferngeblieben wäre. Erst vor kurzem war er von George W. Bush, dem voraussichtlichen Präsidentschaftskandidaten der Republikanischen Partei, damit beauftragt worden, mögliche Vizepräsidenten auszuloten, eine Aufgabe, gegen die ein politisches Forum ziemlich langweilig wirkte.

Die Cheneys hatten gerade Platz genommen, als Ken Lay auf die Terrasse trat. Er hatte die beiden vor sich in der Schlange bemerkt und ging direkt auf ihren Tisch zu. »Dürfte ich mich zu Ihnen setzen?«, fragte er.

»Ken, natürlich«, lächelte Lynne ihn an. »Es wäre uns eine Ehre.«

Lay stellte seinen Teller auf den Tisch und setzte sich. »Nun, Dick, wie es aussieht, haben Sie dieser Tage alle Hände voll zu tun.«

»Ziemlich viel los«, stimmte Cheney zu. »Ist ganz schön aufregend.«

»Ich habe George seit ein paar Wochen nicht mehr gesprochen. Für den Herbst alles klar?«

»Der Wahlkampf wird hart werden«, erwiderte Cheney. »Vor allem, wenn sich die Wirtschaft weiter so gut entwickelt.«

Lay verstand. Bushs wahrscheinlicher Gegner war der amtierende Vizepräsident Al Gore. Eine gute Wirtschaftslage bedeutete für die Partei an der Macht üblicherweise einen Heimvorteil.

»Darf ich mich zu Ihnen setzen?«, unterbrach sie eine Stimme.

Lay blickte auf. Karl Rove, Bushs politischer Chefstratege, stand an ihrem Tisch. Aber selbstverständlich, wurde ihm beschieden. Ja, die Wirtschaft stelle ein Problem dar, gab Rove zu. Allerdings gebe es da noch den Joker der Sexskandale Clintons, wobei noch niemand sagen könne, ob das Gore im November wirklich schaden werde.

Die angeregte Unterhaltung hielt den ganzen Lunch über an. Jeder, der die Gruppe beobachtete, konnte erkennen, dass Lay in den inneren Zirkel des nächsten republikanischen Präsidentschaftskandidaten vorgestoßen war.

In der Küche des Boardroom im Manhattaner Büro von Deloitte & Touche belud Arthur Levitt seinen Teller mit Essen. Es war der 20. Juni, kurz nach Mittag, und der SEC-Vorsitzende Levitt war mit ein paar Mitgliedern seines Teams ins Hauptquartier der Firma gekommen, um den sich abzeichnenden hässlichen Kampf in der Öffentlichkeit vielleicht doch noch abzuwenden.

Levitts Kreuzzug gegen die aufgebauschten Zahlen, die von den amerikanischen Konzernen ausgespuckt wurden, hatte ihn zu den Wirtschaftsprüfungsgesellschaften geführt, den unabhängigen Polizisten des Privatsektors. Aufgabe dieser Gesellschaften war es, Bilanz- und Zahlenmanipulationen zu verhindern, aber irgendwann und irgendwie waren sie, so Levitts Überzeugung, vom rechten Weg abgekommen. Inzwischen hingen sie am Tropf der gewaltigen Gebühren, die ihnen die Unternehmen für ihre Beratungstätigkeiten – Hilfe bei der Aushandlung von Geschäften sowie bei der Überprüfung ihrer Systeme und Technologien – bezahlten.

Unternehmen zu beraten war, natürlich, ein ehrbares Geschäft. Nur war Levitt der Ansicht, dass man Unternehmensberatung und Wirtschaftsprüfung nicht miteinander verquicken sollte. Wie groß schließlich war die Wahrscheinlichkeit, dass eine Gesellschaft, die von einem Unternehmen Millionen Dollar für strategische Beratungsdienste kassierte, sich wegen inkorrekter Buchhaltungspraktiken mit dem Management dieses Unternehmens anlegte? Von Wirtschaftsprüfern wurde erwartet, dass sie von ihrem Mandat zurücktraten, wenn das Management falsche Zahlen berichtete; Levitt fürchtete, dass die Angst vor dem Verlust der Beratungsaufträge sie genau davon abhalten würde. Die Unabhängigkeit der Wirtschaftsprüfer war vom gefährlichsten Gift bedroht: Geld.

Aus diesem Grund wollte Levitt noch in diesem Monat neue Vorschriften erlassen, die eine Trennung von Wirtschaftsprüfung und Unternehmensberatung vorschrieben. In der Hoffnung, eine politische Auseinandersetzung in der Öffentlichkeit vermeiden zu können, wollte er die Gesellschaften auf seine Seite ziehen. Also hatte er die drei Gesellschaften, die in der Sache bisher am wenigsten Kompromissbereitschaft bewiesen hatten – Deloitte & Touche, Andersen und KMPG Peat Marwick – zu einem Treffen nach Washington eingeladen. Die drei Unternehmen hatten abgelehnt und sich nur zu einem Treffen auf ihrem Terrain bereit erklärt.

Die Stimmung im Raum war frostig. Levitt unterhielt sich mit einem der Manager in der Hoffnung, einen Keil in die Gruppe zu treiben. Vergebens. Er verließ die Küche und stellte seinen Teller auf den Konferenztisch. Neben ihm nahmen seine Chefbuchhalterin Lynn Turner und sein Rechtsberater Harvey Goldschmidt Platz. Ihnen gegenüber saßen – mit verschlossenen Mienen und schweigsam – die Bosse der Wirtschaftsprüfungsgesellschaften – Andersen-CEO Robert Grafton, KMPG-Chairman Stephen Butler und James Copeland, CEO von Deloitte. Ein freundliches Willkommen sah anders aus.

»Ich bin froh, dass wir in dieser Angelegenheit zusammenkommen«, fing Levitt an. »Es wäre besser, wenn wir am selben Strang ziehen würden, wenn wir etwas hätten, in dem wir uns einig sind.«

Die Gesichter auf deren Seite des Tisches zeigten keine Regung.

»Wir legen keinen Wert darauf, dass dies zu einem öffentlichen Thema wird«, fuhr Levitt fort. »Beide Seiten können nur gewinnen, wenn wir hier und heute zu einer Einigung gelangen.«

Levitt stellte seinen Plan vor und erklärte, sein Ziel sei es, sicherzustellen, dass Firmen nicht als Berater für Kunden tätig wären, deren Bücher sie prüften. Die Zeit für den Übergang sei großzügig bemessen, erklärte Levitt zum Abschluss seiner Ausführungen, aber das Endergebnis sei nicht verhandelbar.

»Arthur«, ergriff Copeland von Deloitte als Erster das Wort, »wenn Sie das durchziehen, können wir unsere Firmen ebenso gut gleich dichtmachen.«

Die Wirtschaftsprüfer könnten, sagte er, ohne die Berater keine guten Prüfungen durchführen, und sie würden sich auf jeden Fall schwer tun, ausreichende Einnahmen zu erzeugen, um weiter im Geschäft bleiben zu können.

»Es liegen absolut keine Erkenntnisse vor, dass die Beratungstätigkeit für Wirtschaftsprüfungskunden irgendwelche Probleme verursacht«, sagte er.

Levitt und seine Mitarbeiter versuchten darzulegen, dass auf lange Sicht die Sicherstellung der Unabhängigkeit der Wirtschaftsprüfer im besten Interesse der Firmen liege, stießen damit bei den Firmenvertretern aber auf taube Ohren.

»Arthur«, meldete sich Grafton von Arthur Andersen zu Wort, »wenn Sie das durchziehen, dann bedeutet das Krieg.«

Das Meeting dauerte 90 Minuten, ohne dass die Firmen von ihrem Standpunkt abgerückt wären, eine, wie Levitt meinte, gigantische Fehlkalkulation. Die Welt betrachtete die Wirtschaftsprüfer als nützliche, wenn auch ein wenig langweilige Hüter des öffentlichen Interesses. In Wahrheit aber jagten sie wie jeder gierige Händler an der Wall Street nur hinter dem Geld her. Er hatte bereits den Beschluss gefasst, öffentliche Anhörungen durchzuführen und die Wirtschaftsprüfer zu zwingen, ihre Karten auf den Tisch zu legen.

»Okay«, sagte er, als er mit Turner und Goldschmidt den Aufzug betrat, »dann ziehen wir eben in den Krieg.«[12]

Andersen bemühte sich nach Kräften, Enron durch das wuchernde Dickicht der Deals zu lotsen. LJM2 erwies sich immer wieder als Lebensretter und sprang ein, wenn das Unternehmen keine anderen Käufer fand. Doch stets musste Andersen die Deals so konstruieren, dass sie zumindest formell den Regeln entsprachen. Ein paarmal hielten Enron-Manager aus Angst, selbst ein noch so willfähriger Wirtschaftsprüfer könnte protestieren, bestimmte Details zurück – geheime Garantien etwa oder Rückkaufvereinbarungen.

Ein Großteil der Arbeit konzentrierte sich auf das Projekt Raptor. Talon hatte noch nicht einen einzigen Hedge durchgeführt, doch schon standen Enron-Manager Schlange, Listen mit Geschäften in der Hand, deren Wert sie absichern wollten. Die Aktienkurse schwankten immer stärker und konnten jederzeit in den Keller fahren.

Aber Talon konnte nicht unbegrenzt Geschäfte absichern, schließlich verfügte die Gesellschaft nur über begrenztes Kapital. Also setzten sich Fastow und Glisan am 22. Juni ein weiteres Mal mit den Direktoren zusammen und baten um die Genehmigung für Raptor II. Das Board stimmte ohne Vorbehalte zu. Als Investor trat einmal mehr LJM2 auf, und zwar zu denselben lukrativen Konditionen.[13]

Raptor war jedoch nur einer von vielen Deals, die im Ofen waren. Schließlich war es Ende Juni, kurz vor Quartalsende, und Enron musste seine Zahlen erreichen.

Broadband Services musste schnellstmöglich Ballast abstoßen. Die Sparte lag hinter den Gewinnprognosen, und ein schneller Verkauf war die einzige Möglichkeit, das zu korrigieren.

Glücklicherweise gab es Positionen, die sich veräußern ließen. In dem Glauben, Glasfasernetzwerke, die sie nicht nutzte, verkaufen zu können, hatte die Abteilung weitaus mehr Kabel verlegt, als sie benötigte. Doch nun sanken die Preise für Glasfasernetzwerke, und EBS wollte so schnell wie möglich einen Käufer finden, bevor die Preise noch weiter nachgaben, bislang aber ohne Erfolg.

Also klopfte die Abteilung bei LJM2 an. Einer der Verhandlungsführer bei dem Deal war Larry Lawyer, der Jahre zuvor an Fastows erstem Betrugsversuch beteiligt gewesen war, dem Alpine-Deal, aus dem später RADR hervorging. Lawyer hatte unter der Hand einen Teil des Gewinns aus RADR für seinen Beitrag zu Alpine erhalten. In der Tat hatte er erst vor ein paar Monaten den letzten Scheck erhalten und über 39 000 Dollar steuerfrei kassiert, da er schon vor langem beschlossen hatte, das Geld nicht als Einkommen anzugeben.

Die für EBS zuständige Anwältin Kristina Mordaunt hatte gerade über eine Million Dollar für ihre geheime Southampton-Investition kassiert. Fastow und Kopper konnten sich in dem beruhigenden Gefühl zurücklehnen, dass zwei Schlüsselpersonen auf der anderen Seite des Tisches ihnen viel Geld verdankten.

Nachdem die endgültigen Konditionen ausgehandelt waren, unterschrieben die Anwesenden das DASH-Formular, mit dem das Geschäft autorisiert wurde. Es gab auch eine Zeile für Skillings Unterschrift, aber da der gerade Urlaub in Afrika machte, legten sie das Dokument stattdessen Lay vor.

Vier Leute hatten bereits unterschrieben, darunter Mordaunt, Lawyer und Glisan, die allesamt in Fastows geheime Machenschaften eingeweiht waren.

Lay konnte die Zahlen nicht überprüfen oder den Wertansatz beurteilen. Aber er vertraute seinen Leuten. Mit Schwung setzte er seine Unterschrift darunter.[14]

Kopper saß in seinem Büro, als das Telefon klingelte. Er hob ab. Fastow war am Apparat, und er lachte.

»Was halten Sie davon«, sagte Fastow, »wenn die nigerianischen Kraftwerksschiffe zu LJM zurückkehren würden?«

Enrons Verpflichtung, zum 30. Juni die Investition in die nigerianischen Kraftwerksschiffe von Merrill Lynch zurückzukaufen, nahm sich immer mehr wie eine gigantische Fehlkalkulation aus. Die Merrill-Manager trommelten an Enrons Tür und verlangten ihr Geld zurück. Doch Enron fand keinen Käufer.

Also wandte sich Enron einmal mehr an Fastow und LJM2. Verhandelt wurde nicht. LJM2 bezahlte Merrill Lynch über 7,5 Millionen Dollar und verschaffte der Bank damit die 22 Prozent Rendite, die Enron ihr vor Abschluss des Deals versprochen hatte.

Jetzt hatte Fastow Merrills Problem am Hals, und Fastow war ebenso wenig wie die Bank an einer Flotte nigerianischer Kraftwerksschiffe interessiert. Er überredete Enron, die Garantie auf LJM2 zu übertragen; Enron würde schon einen Käufer finden und Fastows Fonds einen Profit aus dem Geschäft bescheren. Die Verpflichtungen und Risiken aus dem Eigentum blieben für sechs Monate nach dem Verbuchen der Gewinne aus dem »Verkauf« bei Enron.

Diese verlängerte Verpflichtung schlug einigen Enron-Führungskräften schwer auf den Magen. Verkäufe sollten sauber sein, unbelastet von geheimen Nebenabkommen. Der Enron-Buchhalter Alan Quaintance hatte Gerüchte über den Deal vernommen und ging zu dem für den Deal zuständigen Finanzmanager Dan Boyle. Quaintance erzählte ihm, was er über die geheimen Garantien gehört hatte und dass er sie für unangemessen hielt.

Boyle reagierte überrascht. »Das sehe ich anders«, betonte er.[15]

Der Unternehmensbereich Wholesale Trading scheffelte Geld wie verrückt, aber nicht genug, um die gewaltigen Ausgaben – und Investitionsverluste – auszugleichen, die überall im Unternehmen aufliefen. Trotz der LJM2-Tricksereien zeichnete sich ab, dass Enron die von der Wall Street ausgegebene Gewinnprognose von 32 Cent pro Aktie für das zweite Quartal nicht erreichen würde.

Glücklicherweise besaß das Unternehmen noch einige Flugzeuge, die es verkaufen konnte – Flugzeuge, die den Unternehmensbüchern zufolge wertlos waren. Sie gehörten zu einem Deal namens Cochise aus dem Jahr 1997, bei dem Enron mit ein paar Buchungstricks Steuervergünstigungen in der Zukunft erzeugt hatte. Dann hatte das Unternehmen diese Erwartungen zum Marktwert angesetzt und die zukünftigen Steuerersparnisse als laufendes Einkommen verbucht. Die Inanspruchnahme der durch den Deal erzeugten Steuergutschrift reduzierte den Buchwert der Flugzeuge von 47 Millionen Dollar auf null.

Nun, in den letzten Tagen des Quartals, verkaufte Enron die Flugzeuge für 36,5 Millionen Dollar an eine vom Bankers Trust kontrollierte Gesellschaft und konnte jeden Cent aus dem Verkauf der Flugzeuge als Einkommen ausweisen. Allerdings würde sich der Bankers Trust nicht allzu lange mit den Flugzeugen herumärgern müssen; schließlich hatte man vereinbart, dass eine von Enrons zahllosen Tochtergesellschaften sie ein paar Wochen später zurückkaufte. Zum exakt selben Preis.[16]

So langsam hatte Rick Buy die Schnauze voll von Faxgeräten.

Enrons Chief Risk Officer hatte ein neues Sommerhaus in New Hampshire gekauft, einen idyllischen Schlupfwinkel, wo er sich vom Stress seines Jobs erholen wollte. Doch mit dem herannahenden Quartalsende spuckten seine Faxgeräte immer mehr DASH-Formulare aus: vor allem für Deals mit LJM2.

Okay, das Quartalsende stand bevor, und es war nun einmal Buys Job, solche Geschäfte auf ihre Risiken hin abzuklopfen. Bislang hatte ihm niemand offiziell mitgeteilt, dass das Board ihm diesen Posten übertragen hatte; Skilling und Fastow hatten ihn lediglich informell über seinen neuen Aufgabenbereich unterrichtet. Was sie nicht getan hatten, war, ihm zu sagen, worauf genau er achten sollte.

Wieder einmal quoll ein neues DASH-Formular aus dem Faxgerät. Buy überflog kurz die wichtigsten Begriffe und überzeugte sich, dass sie richtig klangen. Die Sache war wohl in Ordnung. Er unterschrieb.[17]

15.45 Uhr am 26. Juni. In einigen Teilen Kaliforniens kletterten die Temperaturen auf über 38 Grad. Die Klimaanlagen liefen auf Hochtouren. Das Stromnetz näherte sich einem kritischen Punkt. Ein weiterer Stufe-2-Alarm wurde ausgerufen, viele Verbraucher stellten ihre elektrischen Geräte freiwillig ab.[18]

Sterne funkelten am Abendhimmel über dem Waldgürtel, der den Mount Kenia umgab. Skilling, der hier mit seinem jüngeren Bruder Mark und seinem ältesten Sohn den Urlaub verbrachte, saß zusammen mit Mark auf der Veranda hinter dem Haus und zog an einer Zigarette, während er den Himmel betrachtete.

Das ist das wahre Leben. Nur Berge und Bäume und der Himmel. Keine internationalen Projekte. Keine Wassergesellschaften. Keine Beschwerden. Niemand, der wollte, dass er ihm etwas gab, etwas für ihn tat, etwas für ihn in Ordnung brachte.

Warum war er überhaupt noch bei Enron? Was zum Teufel wollte er sich beweisen? Er nahm einen weiteren Zug. Der Rauch brannte angenehm in seiner Lunge, bevor er ihn in die ruhige Nachtluft blies.

Er warf seinem Bruder einen Blick zu. »Hättest du nicht Lust, für mich zu arbeiten?«, fragte er.

»Was meinst du damit?«, meinte Mark verblüfft.

»Ich denke ernsthaft darüber nach, was ich nach Enron tun werde«, antwortete Jeff. »Ich muss ein paar Vorbereitungen treffen. Was hältst du davon, mir dabei zu helfen?«

Er hatte die Sache noch nicht durchdacht; Mark war Anwalt, vielleicht, schlug Jeff vor, könnte er sein Geld verwalten und sich um die Steuer kümmern. Aber Mark war gerade erst in die Türkei umgezogen und zufrieden mit seinem neuen Leben. Houston reizte ihn wenig.

»Ich weiß nicht. Zurzeit genieße ich mein Leben in Istanbul.«

»Hey, in der Downtown gibt es einige nette Lofts. Ich könnte in eins investieren, und du könntest dort wohnen. Ich könnte dir ein Büro einrichten und eine Sekretärin bezahlen.«

»Ich weiß nicht, Jeff«, sagte Mark. »Weißt du, es gibt da ein paar Dinge, die ich gerne noch machen würde.«

Aber Jeff ließ sich nicht so leicht entmutigen. »Lass dir einfach bis Jahresende Zeit, und denk bis dahin über mein Angebot nach.«

So lange? Mark war überrascht. Aber es gab da noch ein paar andere Dinge, die ihn an dem Angebot störten. »Um ehrlich zu sein, die Vorstellung, dass mich mein eigener Bruder feuern könnte, bereitet mir ein wenig Unbehagen«, sagte er.

»Ja, das wäre weniger schön«, stimmte Jeff nach einer Pause zu.[19]

Andy Fastow schwamm im Geld. Während Glisan und Mordaunt für Southampton jeweils knapp über eine Million Dollar kassiert hatten, hatten er und Kopper pro Kopf 4,5 Millionen Dollar eingestrichen. Fastow, der einen Platz im Zirkel der reichen Houstoner Philanthropen anstrebte, steckte das Geld in die neu gegründete Fastow Family Foundation, eine großartige Möglichkeit, Steuern zu vermeiden und das Geld trotzdem für Reisen und andere schöne Dinge ausgeben zu können, die sich als Tätigkeiten für die Stiftung darstellen ließen.

Davon abgesehen brauchte Fastow das Geld gar nicht. In LJM1 saßen immer noch 25 Millionen Dollar aus dem Sails-Deal, durch den ein guter Batzen Enron-Aktien in andere Anlageformen konvertiert worden war. Und Fastow konnte ganz allein darüber entscheiden, wann er sich seinen Anteil auszahlen ließ.

Am 14. Juli war es so weit. Fastow wies eine Cash-Ausschüttung von LJM1 an die Investoren an. Er füllte drei Überweisungsanträge aus, mit denen er Geld vom LJM-Konto auf den Cayman-Inseln transferierte. Kaum dass er die unterschriebenen Anträge an die Bank gefaxt hatte, ging das Geld auch schon raus.

Die beiden größten LJM1-Investoren – CSFB und Greenwich NatWest – erhielten jeweils 5,9 Millionen Dollar. Den besten Schnitt aber machte Fastow: An sich selbst überwies er 17,9 Millionen Dollar.[20]

Nach drei Wochen in Afrika kehrte Skilling am 17. Juli ins Büro zurück. Statt sich erholt zu fühlen, empfand er nur Verzweiflung. Er hatte vom Leben ohne Enron gekostet, und es hatte ihm geschmeckt.

Einer der Ersten, die an diesem Morgen bei ihm aufkreuzten, war Lay. Schon vor Wochen hatte er festgestellt, dass Skilling ausgebrannt war, und er hatte gehofft, dass der Urlaub ihm neue Kraft verleihen würde.

»Willkommen zurück«, rief Lay, als er in Skillings Büro trat. »Hatten Sie einen schönen Urlaub?«

Skilling blickte vom Tisch auf, seine Miene war niedergeschlagen.

»Ja, ich habe ihn sehr genossen«, antwortete er. Er blinzelte und schluckte. »Und zwar so sehr, Ken, dass ich gar nicht mehr zurückkehren wollte.«

Mit einem Witz überspielte Lay die Bemerkung. Gleichzeitig war ihm klar, dass es seinem jungen Präsidenten todernst war. Skilling brauchte eine neue Herausforderung. Er musste erfahren, dass er noch vor Ende des Jahres an die Spitze von Enron aufrücken würde. Lay musste einen subtilen Weg finden, Skilling wissen zu lassen, dass der CEO-Posten bereits auf ihn wartete.

Lay war spät dran, als er an den chinesischen Löwen vorbei die Stufen zum Peninsula Hotel in Manhattan hinaufhastete. In der Lobby wartete bereits Kelly Kimberly, eine PR-Managerin von Enron, die vorausgeschickt worden war, um Lays Verspätung zu entschuldigen. Neben ihr stand Dr. Amin Badr El-Din, dessen Angebot, Enrons internationale Beteiligungen zu übernehmen, wohl wirklich ernst gemeint war.

Es war der 18. Juli 2000. Lay hatte an diesem Tag mehrere Meetings in New York, doch das hier könnte sich als das wichtigste von allen erweisen. Er reichte Badr El-Din die Hand. »Dr. Amin, bitte entschuldigen Sie, dass ich zu spät komme. Mein Flug hatte Verspätung.«

»Das macht doch nichts. Dr. Lay, sehr erfreut, Sie zu sehen.«

Lay dankte Kimberly, und die beiden Männer begaben sich hinauf ins Adrienne-Restaurant.

»Ich möchte betonen, dass uns dieses Projekt sehr wichtig ist«, sagte Badr El-Din. »Wir sind überzeugt, den strategischen Wert von vielen dieser Anlagen deutlich steigern zu können.«

»Dr. Amin, das freut mich zu hören.«

»Das Kapital steht praktisch schon bereit«, fuhr Badr El-Din fort. »Es geht nur noch darum, die Due-Diligence-Prüfung abzuschließen und den Deal unter Dach und Fach zu bringen.«

Schöne Worte, doch Lay war noch nicht ganz überzeugt. Sie hatten mehrere Milliarden Dollar in den Sand gesetzt. Niemand konnte zu diesem Zeitpunkt wissen, ob Badr El-Din Enron retten oder sich nur als eine weitere trügerische Hoffnung erweisen würde.[21]

Zum selben Zeitpunkt saß Sumner Redstone in seinem Büro im 52. Stock hoch über dem Times Square, ohne die atemberaubende Aussicht auf den Hudson River und die Skyline von New York eines Blicks zu würdigen.

Redstone, der Milliarden schwere Chairman von Viacom, hatte vor ein paar Minuten erfahren, dass sein nächster Besucher, Ken Lay, bereits im Gebäude war und in einem Meeting mit Viacom-Präsident Mel Karmazin saß. Redstone sah dem Treffen mit Lay zuversichtlich entgegen. Vor ein paar Monaten hatte Viacoms börsennotierte Tochter Blockbuster einen Deal mit Enron zur Bereitstellung von Video-on-Demand für den Massenmarkt gemacht. Da der auf 20 Jahre lautende Vertrag noch unter Verschluss gehalten wurde, war Blockbuster ausreichend Zeit geblieben, seine Verhandlungen mit den Filmstudios abzuschließen. Inzwischen waren alle Details geklärt, und Lay war anlässlich der offiziellen Bekanntgabe des Geschäfts nach New York gereist.

Redstone holte Lay vom Aufzug ab und geleitete ihn in sein Büro.

»Ken, das ist fantastisch«, erklärte er. »Ich habe mir wegen Blockbuster schon Sorgen gemacht. Die Erträge sind hinter unseren Erwartungen zurückgeblieben. Aber das hier könnte wirklich für neuen Schub sorgen und sich als die Strategie erweisen, die dem Franchise zu neuem Wachstum verhilft.«

»Nun, wenn Blockbuster neuen Schub benötigt«, antwortete Lay ebenso enthusiatisch, »werden wir dafür sorgen. Der Plan ist narrensicher, ein Gewinn für uns beide.«

Keiner der beiden Männer konnte ahnen, dass die gemeinsame Zukunft, über die sie sich gerade so begeistert unterhielten, der auf 20 Jahre lautende Vertrag, binnen weniger Monate Makulatur sein würde.

Enron würde die Gewinnprognosen der Wall Street für das Quartal erfüllen. Mehr aber auch nicht. Nichts Besonderes.

In der Woche vor der Veröffentlichung der Gewinnzahlen setzten sich also einige Enron-Manager zusammen und durchforsteten die Bücher nach Möglichkeiten, die Profitzahlen aufzupeppen. Sie brauchten nicht lange zu suchen, bis sie auf Gold stießen – die Risikorückstellungen. Enron wies Millionen Dollar an Einkommen aus seinen Energiegeschäften nicht aus, um sicherzustellen, dass in die Zahl unter dem Strich nur die Gewinne Eingang fanden, die es nach Abschluss der Geschäfte auch tatsächlich erwartete. Hier steckte bestimmt noch Geld drin.

Gesagt, getan. Dank der zu Einkommen konvertierten Rückstellungen konnte Enron einen Gewinn von 34 Cent pro Aktie für das Quartal berichten, zwei Cent mehr als von der Wall Street vorhergesagt.[22]

»Herzlich willkommen zur Telefonkonferenz anlässlich des Gewinnberichts der Enron Corporation für das zweite Quartal.«

Umgeben von Topmanagern hörte Skilling dem Moderator zu, der die Analysten der Wall Street zur vierteljährlichen Telefonkonferenz begrüßte. Er fühlte sich zwar immer noch elend, wusste aber, dass er das nicht zeigen durfte. An einem Tag, an dem sein Unternehmen so gute Gewinnzahlen präsentierte, hatte bestimmt niemand Verständnis für seine Gemütsverfassung.

»Vielen Dank und Ihnen allen einen schönen guten Morgen«, ergriff Skilling das Wort. »Wir haben in allen Geschäftsbereichen ein weiteres herausragendes Quartal erzielt und sind stolz auf die Entwicklungen im gesamten Unternehmen.«

Ausführlich belegte er für jeden Geschäftsbereich, inwieweit er die Erwartungen erfüllt oder übertroffen hatte. »Ich gehöre Enron in wechselnden Funktionen nun schon seit 18 Jahren an, und ich habe das Unternehmen noch nie in besserer Form erlebt«, fuhr er fort. »Unser Kernmärkte entwickeln sich stark und stärker.«

Damit öffnete er die Konferenzschaltung für Fragen. David Fleischer, der für Goldman Sachs Enron beobachtete, meldete sich als Erster zu Wort.

»Großartiges Quartal, Jeff«, sagte er. »Weiter so.«[23]

Die Gluthitze in Kalifornien hielt unvermindert an. Wegen der anhaltend hohen Temperaturen hatte sich die temporäre Stromknappheit zur Energiekrise verschärft.

Den ganzen Juli hindurch drohten die Preise auf dem Großhandelsmarkt den staatlichen Höchstpreis von 750 Dollar pro Megawatt zu durchbrechen, und auch nachdem der Bundesstaat den Höchstpreis gesenkt hatte, mussten viele Versorgungsgesellschaften weit mehr für den Strom bezahlen, als sie ihren Kunden in Rechnung stellen konnten, von denen die meisten Festpreise zahlten. Die meisten, aber nicht alle. Einige Städte, darunter San Diego, passten die Strompreise an den Markt an, und die einzige Richtung, die der Markt kannte, war nach oben. Die Stromrechnungen explodierten, und zahlreiche verärgerte Verbraucher verbrannten öffentlich ihre Rechnungen.

Der Aufruhr zwang den kalifornischen Gouverneur Gray Davis zum Handeln. Am 2. August – einem weiteren Tag, an dem der Stufe-2-Notstand verhängt wurde – erhielt er einen Bericht von der Public Utilities Commission, laut dem die Einwohner des Bundesstaates im Juni und Juli über eine Milliarde Dollar mehr für Strom bezahlt hatten als in den Vergleichsmonaten des Vorjahrs. Dem Bau von Kraftwerken müsse, hieß es in dem Bericht weiter, Vorrang eingeräumt werden. Noch am selben Tag ordnete Davis an, den Genehmigungsprozess für Kraftwerksneubauten zu beschleunigen.

Der Bericht erhielt aber noch mehr, was Davis' Aufmerksamkeit erregte. In Anbetracht der »zahlreichen Hinweise« auf fragwürdige Handelsaktivitäten empfahlen die Autoren des Berichts eine offizielle Untersuchung. Davis leitete die Information an den kalifornischen Justizminister Bill Lockyer weiter, dessen Stab in der Sache bereits ermittelte und schon Wochen zuvor eine erste Untersuchung über mögliche Manipulationen im kalifornischen Strommarkt begonnen hatte.[24]

Am selben Tag stauten sich in den Straßen um das Four Seasons Hotel in Philadelphia die Luxuslimousinen. Ein entnervter Hotelportier schrie einen Autofahrer an, Platz für die im Verkehr steckenden Nobelkarossen zu machen.

In Philadelphia fand die Republikanische Nationalversammlung statt, und die Aufregung in der Stadt war mit Händen greifbar. Die Parteigetreuen waren gekommen, George W. Bush zu ihrem Präsidentschaftskandidaten zu küren und den erst kurz zuvor nominierten Dick Cheney als Kandidat für das Amt des Vizepräsidenten zu bestätigen. Wie alle Parteiversammlungen war auch diese eine bis ins kleinste Detail durchinszenierte Massenveranstaltung, auf der die Republikaner sich selbst und die Großspender bejubelten, die den Wahlkampf und die Medienshow überhaupt erst möglich gemacht hatten.

Kurz vor 10.30 Uhr traten Ken und Linda Lay aus der Lobby ins Freie und bezogen Aufstellung neben einem knapp drei Meter hohen Fiberglaselefanten mit salutierend erhobenem Rüssel. Die Statue entsprach der Abbildung auf einer golden und schwarz gestreiften Plakette, die Lay sich ans Revers geheftet hatte. Der Elefant war das Logo der Regents, also der 137 Republikaner, die mindestens 250000 Dollar für den Bush-Wahlkampf gespendet oder eingesammelt hatten.

Eine Staatslimousine fuhr vor und brachte die Lays und einige andere Regents zu einer Privataudienz mit Bush, Cheney und ihren Ehefrauen ins Philadelphia Convention and Visitors Center. Vom Eingang an der 12th Street wurden die Regents hinauf zum Raum 102A geleitet, wo sich die Bushs und Cheneys in einer Reihe zu ihrer Begrüßung aufgestellt hatten.

Eine Hand nach der anderen schüttelnd, schritten die Lays die Reihe ab. Gouverneur Bush lächelte, als er Linda sah, ergriff ihre Hand und hauchte ihr einen Kuss auf die Wange. Ken tat dasselbe mit Laura Bush. Dann reichten sich die beiden Männer die Hände.

»Herzlichen Glückwunsch, George. Wir alle sind stolz auf Ihren Erfolg in diesem Wahlkampf.«

Bush schenkte ihm ein herzliches Lächeln. »Ken, Sie wissen, wir hätten all das nie erreicht ohne die Hilfe von Menschen wie Ihnen und Linda. Ohne Sie stünden wir heute nicht hier.«

Nach einer knappen halben Minute gingen die Lays weiter zu den Cheneys. Die beiden Paare begrüßten sich wie alte Freunde.[25]

»Die aufstrebenden Generationen dieses Landes haben unsere (sic!) eigene Verabredung mit der Größe«, schwafelte Bush. »Dieses Land steigt oder fällt nicht mit der Börse. Unser Reichtum kann es nicht kaufen.«

Er stand hinter einem großen Redepult auf der Hauptbühne der Republikanischen Nationalversammlung und hielt seine Antrittsrede. Obwohl sein Auftritt blass war und er sich nur selten zu einer Geste oder einem Lächeln hinreißen ließ, spendeten ihm die Parteisoldaten bei jeder Kunstpause tosenden Applaus.

Mitgerissen von der Begeisterung der Menge, verfolgte Ken Lay in einer Loge über der Bühne aufmerksam Bushs Auftritt. Neben ihm in der so genannten Enron-Loge saßen seine Angehörigen und einige Arbeitskollegen. Die Sitzplätze gaben Auskunft über ihren Einfluss; die Loge lag genau in der Mitte des Auditoriums, und die Lays saßen in der ersten Reihe mit auf den besten Sitzen im gesamten Haus.

Nach Bushs Rede verwandelte sich der Saal in ein Tollhaus. Konfetti und Ballons regneten auf die Bushs und Politiker auf der Bühne herab. Lay erhob sich und applaudierte.

Sollte Bush die Wahl gewinnen, würde Enron in Washington noch mehr Einfluss gewinnen. Lay hatte das sichere Gefühl, dass in den nächsten Jahren für Enron ein wahrhaft goldenes Zeitalter anbrechen würde.[26]

Nach allem Dafürhalten steuerte das Projekt Summer, der Verkauf von Enrons ausländischen Anlagen, einem Erfolg entgegen. Skillings Laune dagegen näherte sich dem Nullpunkt.

Das Problem war, soweit Skilling das anging, Joe Sutton. Dem sich abzeichnenden Deal zufolge sollte Sutton die neue Gesellschaft führen und die Mitarbeiter der Abteilung mitnehmen. Folglich war Sutton hoffnungslos parteiisch und wollte jeden nur möglichen Vorteil für sich herausschlagen. Er wollte, dass Enron mehr Geld in die neue Gesellschaft pumpte und Badr El-Din die meisten Schulden übernahm.

Bis August waren die Eckpunkte des Geschäfts ausgehandelt. Die Investoren aus dem Nahen Osten taxierten den Wert der Beteiligungen auf 7,1 Milliarden Dollar und wollten einen Anteil von 80 Prozent erwerben; die restlichen 20 Prozent sollten bei Enron bleiben. Das war, nach Abzug der Kosten, zwar weniger als ihr Buchwert, aber in diesen Apfel zu beißen war Skilling gerne bereit. Nun, dachte er, war es an der Zeit, den Enron-Direktoren ihre Fehler unter die Nase zu reiben. Womöglich konnte er bei der Gelegenheit endlich auch Rebecca Mark mitsamt ihren Projekten zum Teufel jagen.[27]

So ruhig Skilling dem Enron-Board seinen Bericht zum Stand von Projekt Summer vortrug, so beißend waren seine Worte.

»Ganz offenkundig sind die internationalen Anlagen lange nicht so viel wert, wie die meisten Mitglieder des Boards das bislang angenommen haben«, legte er mit einem Blick auf den Bilanzbericht los, den er zum ersten Mal vor mehreren Monaten gesehen hatte. »Wir haben unverhältnismäßig viele Ressourcen in Aktivitäten investiert, die ganz eindeutig unbefriedigende Renditen abwerfen.«

Die Zahlen, die er vorlegte, waren niederschmetternd. Unter dem Strich hatte Enron mehrere Milliarden Dollar in internationale Aktivitäten investiert, Investitionen, auf die das Unternehmen *mindestens* 15 Prozent Rendite hätte erzielen sollen. Tatsächlich aber, erklärte Skilling, dümpelte die Rendite irgendwo zwischen drei und sechs Prozent herum, mit anderen Worten, das Unternehmen hatte rund 1,3 Milliarden Dollar weniger erzielt, als normalerweise zu erwarten gewesen wären.

»Wir können diese Anlagen bestenfalls zu ihrem Buchwert veräußern«, fuhr Skilling fort. »Rechnen wir dann noch die Transaktionskosten ein, beschert uns diese Investition einen Nettoverlust von über 300 Millionen Dollar.«

Skilling fixierte Sutton und Rebecca Mark. »Ich fürchte, dass wir vom Management der Internationalen Abteilung über den wahren Wert dieser Investitionen in die Irre geführt worden sind«, sagte er mit kaum verhohlener Wut. »Falls Projekt Summer scheitert, müssen wir alles daransetzen, die internationalen Vermögenswerte Stück für Stück zu verkaufen, und das Entwicklungsgeschäft müssen wir schließen.«

Mark kochte. Sie hatte gerüchteweise gehört, dass Skilling etwas in der Art plante, und deshalb selbst angefangen zu rechnen. *Ihre* Kalkulationen hatten einen Profit nach Steuern in Höhe von 12 Prozent ergeben. Doch Lay, dem sie ihre Zahlen schon vor einigen Tagen vorgelegt hatte, saß da und sagte nichts.

Also ergriff sie selbst das Wort. »Ich möchte nur für alle klarstellen, dass ich Jeffs Ausführungen widerspreche und an seinen Zahlen zweifle. Meiner Überzeugung nach liegt die Rendite deutlich über den von ihm präsentierten Zahlen.«

Sie protestierte nicht gegen den Verkauf der Kraftwerksprojekte; wenn es bessere Investitionsmöglichkeiten gab, dann sollten sie die auch nutzen.

»Sie sollten nur wissen, dass sie höhere Erträge erzielen, als Ihnen gerade mitgeteilt wurde«, erklärte sie mit fester Stimme. »Aber darüber werde ich mit Jeff und Ken selbst sprechen.«

Im Raum herrschte völliges Schweigen. Niemand stellte ihr eine Frage.

Mark erhob sich. »Leider müssen Sie mich jetzt entschuldigen, ich habe noch einen anderen Termin«, sagte sie und verließ den Raum. Sutton blickte ihr ungläubig nach, dann nahm er den Fehdehandschuh auf. »Jeff, ich glaube, Sie haben die Situation übertrieben dargestellt«, sagte er.

In Skillings Gesicht spiegelte sich Verachtung. »Joe, das sind die Zahlen.«

»Das sind *nicht* die Zahlen. Sie gehen von vielen extrem negativen Annahmen aus. Cash-on-cash, die Renditen auf die internationalen Beteiligungen sind fantastisch. Rebecca hat Recht, irgendwo um die 18 Prozent, vor Steuern.«

Cash-on-cash? Schon wieder? »Joe, wollen Sie uns auf den Arm nehmen?«, fuhr Skilling ihn an. »So wird der Ertrag auf Investitionen nicht berechnet! Das ist Grundkurs Finanzrechnung!«

»O nein«, erwiderte Sutton. »Das sind die Zahlen.«

Nach dem Meeting blieben ein paar Direktoren zurück, um mit Lay zu sprechen, darunter Pug Winokur, dem weniger Skillings Analyse Sorgen bereitete als vielmehr der Ton und Tenor seiner Präsentation.

»Ich bin entsetzt, dass sich Jeff vor der Führungsriege der Internationalen Abteilung so aggressiv und persönlich geäußert hat«, sagte Winokur. »Er hat ihre Integrität und Kompetenz in Frage gestellt.«

Lay stimmte ihm zu. Die Attacke entsprach so gar nicht Skillings Stil, und ebendeshalb zweifelten sie die Qualität seiner Analyse an.

»Meiner Meinung nach liegt die Wahrheit irgendwo in der Mitte zwischen dem, was Joe und Jeff gesagt haben«, sagte Lay.[28]

Am 11. August unterzeichnete Cliff Baxter das Abkommen mit der Badr-El-Din-Gruppe. Damit war das Projekt Summer praktisch in trockenen Tüchern. Bei Enron machte sich ein Team daran, die Presseerklärung zu formulieren, gleichzeitig wurde eine Liste mit 154 möglichen Fragen – und Antworten – für die zu erwartenden Anfragen der Analysten und Journalisten erstellt.

Nur noch 90 Tage, dann wäre das Geschäft besiegelt, und Enron würde vier Milliarden Dollar an neuem Cash einstreichen. Skilling konnte das Geld fast schon riechen.[29]

Während der Verkauf der internationalen Anlagen Fortschritte machte, steuerte Azurix unaufhaltsam dem Ende entgegen. Rebecca

Marks Versuche, eine neue Strategie zu entwickeln, scheiterten kläglich, und sie versäumte es wiederholt, einen durchführbaren Plan zur Kostenreduzierung vorzulegen. Die Führung musste, so viel stand fest, ausgewechselt werden. Schließlich ging Skilling zu Lay. Er wollte herausfinden, ob Lay bereit war, sich in das Unvermeidliche zu schicken.

»Wir müssen einen Schlussstrich ziehen, Ken«, sagte Skilling. »Wir erzielen einfach nicht die erforderlichen Fortschritte.«

Lay nickte schwer. »Ich stimme zu«, sagte er.

Lay sprach sich auf dem Weg zu Rebecca Marks Büro im 10. Stock des Allen Center Mut zu. Mark erwartete ihn bereits.

»Ken, schön, Sie zu sehen«, begrüßte sie Lay, der direkt ihr gegenüber Platz nahm.

Am besten, er kam gleich zur Sache. »Rebecca, Ihnen muss klar sein, dass die Dinge hier nicht gut laufen.« Ein Herzschlag Pause. »Ich halte es für das Beste, wenn Sie zurücktreten.«

Mark schwieg, während Lay sich darüber ausließ, wie viel Enron ihr verdanke und dass sie weltweit das Ansehen von Enron und Azurix gesteigert habe.

»Wir schulden Ihnen großen Dank für Ihre Leistungen«, sagte er. »Aber jetzt es ist an der Zeit, dass Sie gehen.«

Mark sah ihn bloß an, sie zeigte keinerlei Reaktion.

18 Jahre. Mehr konnte sie nicht denken. Sie hatte Enron 18 Jahre geopfert und Lay mit ihrer Abteilung internationales Renommee verschafft. Und nun traf er, auf der Grundlage von Skillings Zahlen, eine verheerende Entscheidung. Skilling hatte sie als inkompetent dargestellt, und ganz offenkundig hatte er damit Erfolg gehabt.

»Ken, wenn Sie und das Board das wollen, dann werde ich das akzeptieren«, sagte sie. »Aber ich glaube wirklich, dass Sie sich nochmals die von uns erstellten Zahlen ansehen sollten. Die Performance der Internationalen Abteilung ist besser, als Jeff das sagt. Unsere Performance ist sehr viel versprechend.«

Lay spürte Wut in sich aufsteigen. Er hatte zu viele schlechte Finanzanalysen gesehen, die von ihren Teams erstellt worden waren. Unmengen von Geld waren verschwendet worden. Er wollte nur noch, dass das hier ein Ende hatte.

»Rebecca, darum geht es hier nicht«, sagte er.

»Ken, meiner Meinung nach sollten Sie sich wirklich unsere Zahlen ansehen«, beharrte Mark.

Lays Geduld war am Ende. »Rebecca!«, fuhr er sie an. »Ihre Zahlen kümmern mich einen *Scheiß*!«

Einige Tage später saß Rebecca Mark zum letzten Mal im Azurix-

Board. Das Meeting fand um 8 Uhr am 24. August im Mezzanin des 51. Stocks im Enron-Gebäude statt. Azurix konnte noch nicht einmal mehr seine eigenen Board-Meetings ausrichten.

Mark ergriff als Erste das Wort. »Ich missbillige Ihre Entscheidung. Meiner Meinung nach ist das der falsche Weg.«

Schweigen.

»Nun, die Entscheidung ist getroffen«, fuhr sie fort. »Bevor ich jedoch zustimme, gibt es drei Dinge, die ich verlange.«

Mark listete ihre Forderungen auf. Erstens ihren anteilsmäßigen Bonus für das Jahr. Zweitens Mitarbeit an der Presseerklärung, in der ihr Rücktritt bekannt gegeben wurde. Und drittens, sollte sie sich jemals entschließen, Azurix-Anlagen zu kaufen, das Versprechen, ernst genommen zu werden.

Skilling meldete sich zu Wort. »Was hat es mit diesem Bonus auf sich?«

Ein anderer Topmanager von Azurix habe bei seiner Entlassung, sagte Mark, vom Unternehmen einen anteilsmäßigen Bonus erhalten, basierend auf seinem Vorjahresbonus.

Skilling schnaubte. »Ja, aber als er ging, lag Azurix noch im Plan.«

»Ich erwarte, für die Zeit bezahlt zu werden, die ich gearbeitet habe.«

»Okay«, gab Skilling zurück. »Und was soll das mit dem Kauf von Anlagen? Bitten Sie um eine Vorzugsbehandlung?«

»Natürlich nicht«, antwortete Mark.

Pug Winokur, der geschäftsführende Chairman, blickte sich um. Keine weiteren Fragen. »In Ordnung, Rebecca«, sagte er. »Wenn Sie uns kurz entschuldigen, werden wir jetzt darüber sprechen.«

Mark verließ den Raum. Skilling ergriff sofort das Wort.

»Ihr einen Bonus zu zahlen ist absolut inakzeptabel!«, sagte er. »Wir zahlen für Leistung. Sie hat keinen Cent verdient.«

Nach mehreren Minuten setzte Winokur einen Schlusspunkt unter die Debatte. »Rebecca ist kein welkendes Blümchen. Hier geht es nur um eine kleine Summe, bringen wir das hinter uns und sorgen dafür, dass sie ohne Aufhebens geht und wir uns wieder um unser Geschäft kümmern können.«

Winokurs Argumente erwiesen sich als die besseren. Die Board-Mitglieder kamen überein, Rebecca Mark mit mehreren hunderttausend Dollar Abfindung zu verabschieden.[30]

Der Tag, der mit der Entlassung einer Managerin begann, endete mit Skillings Einladung an mehrere hundert Manager, ihr zu folgen. Um 10 Uhr traf sich Skilling mit den Managern der Internationalen Abteilung und eröffnete ihnen, dass sie demnächst einen neuen Eigner haben würden.

»Wir haben vor, die Internationale Abteilung zu verkaufen«, sagte er. »Das Geschäft ist so gut wie abgeschlossen.«

Bis dahin, fuhr Skilling fort, seien sie an ihre Verträge mit Enron gebunden. Mehr nicht. Mit anderen Worten, sie könnten Verhandlungen mit dem neuen Eigentümer beginnen, und Enron werde keine Einwände erheben.

Skilling beantwortete einige Fragen und beschrieb in groben Zügen den Deal. Danach gab es nicht mehr viel zu sagen. Er verließ den Raum und ging hinunter in sein Büro.[31]

Skilling war geradezu euphorisch. Mark war draußen. Und auch die Manager der Internationalen Abteilung, diejenigen, die ihn immer wieder bedrängt hatten, Geld für neue Projekte bereitzustellen, waren praktisch weg vom Fenster.

Cliff Baxter kam vorbei mit einem Update zum Projekt Summer, und die beiden gingen hinaus, um eine Zigarette zu rauchen.

Skilling grinste in einem fort. »Junge, fühl ich mich gut«, sagte er. »So richtig gut.«

Baxter nahm einen Zug von seiner Zigarette. »Ja«, kicherte er. »Das alles ist fast zu gut, um wahr zu sein.«

Und das war es auch.

3. Teil

Der drohende Kollaps

Kapitel 14

Früh am Morgen des 28. August schoben mehrere Transplantationsspezialisten eine leere Liege durch einen verlassenen Flur in der Cleveland Clinic. In den Zimmern, an denen sie vorbeikamen, lagen keine Patienten; stattdessen hatten mehrere arabische Leibwächter in dem Stockwerk Posten bezogen. Die Ärzte passierten einen Kontrollposten und betraten eine elegante Suite, in der ein älterer Mann inmitten zahlloser Orchideen und anderer teurer Blumen auf einem Bett lag.

Bei dem Patienten handelte es sich um Scheich Zayed bin Sultan al Nahyan, den Präsidenten der Vereinigten Arabischen Emirate, Herrscher von Abu Dhabi und sechsreichsten Mann der Welt. Nach allem, was man wusste, war er zwischen 79 und 91 Jahre alt; Geburtsurkunden waren zu der Zeit, als Scheich Zayed auf die Welt kam, in der arabischen Welt noch nicht verbreitet. Unabhängig von seinem exakten Alter sollte er an diesem Tag zu einem der ältesten Nierenempfänger aller Zeiten werden.

Das Team schob Scheich Zayed in den Operationssaal. Die Ärzte konnten die Erfolgsaussichten kaum einschätzen; der Scheich befand sich zwar in ordentlicher körperlicher Verfassung, aber angesichts seines fortgeschrittenen Alters stellte der Eingriff ein großes Risiko dar.

Eines aber war klar. Scheich Zayed, dessen Autorisierung für die Investition mehrerer Milliarden Dollar ins Projekt Summer erforderlich war, würde für Wochen, wenn nicht Monate außer Gefecht sein.[1]

Drei Tage später legte Stuart Zisman, ein Anwalt aus Enrons Großhandelsabteilung, letzte Hand an den Entwurf eines Memos. Vor Wochen hatte man ihn gebeten, das Projekt Raptor zu überprüfen und Enrons juristische Risiken im Zusammenhang mit der Transaktion zu bewerten. Daraufhin hatte sich Zisman über die einzelnen Vermögenswerte informiert, die mit Raptor I abgesichert werden sollten.

Was er sah, gefiel ihm gar nicht. Die meisten der fraglichen Vermögenswerte taugten nichts, und es war absehbar, dass sie über kurz oder lang an Wert verloren. Genau betrachtet tätigte Enron verheerende Investitionen und schrieb dann heraufgesetzte Werte fest, um die Folgen der abstrusen Investitionsentscheidungen nicht verantworten zu müssen.

Zisman nahm in seinem Bericht kein Blatt vor den Mund. Die Überschrift auf der ersten Seite seines Memos lautete: »Bilanzmanipulationen«. Anfangs, schrieb er, sei er davon ausgegangen, dass Raptor zur Absicherung von Investitionen unterschiedlicher Qualität diene. »Wie sich aber erwies«, fuhr er fort, »mussten wir feststellen, dass die durch Raptor abgesicherten Investitionen überwiegend schlecht sind.«

»Das könnte den Eindruck erwecken«, führte er weiter aus, »dass Enrons Finanzbücher mit dem Ziel manipuliert werden, die ansonsten eintretenden Gewinnreduzierungen zu eliminieren.« Zisman schickte das fertige Memo an seine Vorgesetzten. Die Antwort, die er von ihnen erhielt, fiel anders aus, als von ihm erwartet.[2]

Zu dem Zeitpunkt, als Zisman seinen Bericht vorbereitete, hatte das Hedging-Projekt ein Ausmaß erreicht, von dem die wenigsten bei Enron wussten. Raptor I und Raptor II liefen bereits auf Hochtouren, ein weiteres Instrument, Raptor III, war im August dem Board präsentiert und von ihm abgesegnet worden. Ungeachtet des Namens handelte es sich bei Raptor III nicht um das dritte, sondern um das vierte Raptor-Projekt. Der wahre Raptor III war ohne die Zustimmung des Boards aufgelegt worden. Und dabei handelte es sich um das absurdeste Projekt von allen.

Mit Raptor III sollte eine ganz bestimmte Enron-Beteiligung abgesichert werden – die Beteiligung an der New Power Company, ein Unternehmen, das Enron gegründet hatte, um Strom und Erdgas sowohl direkt als auch via Internet an Privatkunden zu verkaufen. New Power stand kurz vor dem Börsengang, und das Management fürchtete, der potenziell volatile Aktienpreis könnte Enrons Gewinnbilanz verhageln. Um das Geschäft abzusichern, benötigte der dritte Raptor Kapital, aus dem Enron entschädigt werden konnte, falls der New-Power-Aktienkurs nachgeben sollte.

Die Finanzgruppe fand das nötige Kapital dort, wo man es am wenigsten erwartet hätte: in den Aktien von New Power. Die abgesicherten Aktien gingen an den dritten Raptor; und erneut trat LJM2 als externer Investor auf. Der Fonds steuerte 30 Millionen Dollar bei und erhielt innerhalb einer Woche, bevor auch nur eine Aktie abgesichert war, knapp 40 Millionen Dollar zurück.

Dennoch, Hedges *steigen* für gewöhnlich im Wert, wenn der Kurs der abgesicherten Papiere *sinkt*. Doch in diesem Fall hatte man das irrationale Raptor-System bis zum Extrem ausgereizt. Der Aktienkurs von New Power wurde mit New-Power-Aktien abgesichert, ein wahrhaft aberwitziges Arrangement.

Aber die Raptoren hatten noch mehr in petto.[3]

Die Verhandlungen zwischen Enron und Joe Sutton steckten in einer Sackgasse. Falls das Projekt Summer beendet werden sollte, verlangte Sutton als Minimum die volle Abfindung sowie eine Vertragsverlängerung, wenn ihm das neue Unternehmen weniger bezahlen sollte als Enron. Lay lehnte das als inakzeptabel ab. Aber Sutton beharrte darauf, für das Risiko entschädigt zu werden, dass er künftig unter neuen Eigentümern arbeiten musste, die außerdem, so Sutton weiter, den Deal platzen lassen würden, falls er aussteigen sollte.

In seiner Frustration rief Lay Badr El-Din an. Zunächst erkundigte er sich danach, wie der Emir die Transplantation überstanden hatte und wie es allgemein um das Geschäft stand, bevor er auf sein wirkliches Anliegen zu sprechen kam.

»Dr. Amin, ich möchte wissen, wo Ihre Schmerzgrenze liegt«, sagte er. »Wir tun uns schwer damit, Joe Suttons Abfindung auszuhandeln, und es würde mir sehr helfen, wenn Sie mir sagen könnten, ob Joe für Sie von entscheidender Bedeutung für dieses Geschäft ist.«

»Das ist er nicht«, antwortete Badr El-Din. »Natürlich würden wir es vorziehen, wenn Joe mit dabei wäre. Aber im Gegensatz zu anderen Leuten ist Joe nicht von entscheidender Bedeutung.«

Badr El-Din hatte noch mehr Informationen. Sutton kämpfte um eine üppige Abfindung von Enron und forderte gleichzeitig von Badr El-Din ein äußert großzügiges Gehaltspaket. Lay dankte Badr El-Din und legte auf. Das war der Tropfen, der das Fass zum Überlaufen brachte. Er sprach mit Skilling darüber, und sie kamen überein: Wenn Sutton nicht mit dem Projekt Summer ging, würde Enron ihn auf die Straße setzen.

Der anonyme Brief aus Indien kursierte seit Tagen im Enron-Gebäude. Der Anonymus behauptete, dass ein Enron-Manager in Indien über das dortige Büro seine eigenen Geschäfte abwickle und sich der Kopierer und Computer und sogar der Kundenlisten des Unternehmens bediene.

Das Schreiben war an Jim Derrick adressiert, den Leiter der Rechtsabteilung, eine Kopie ging an Skilling. Die meisten Anschuldigungen kamen Skilling kleinlich vor, eine jedoch elektrisierte und alarmierte ihn.

Das Maharashtra State Electricity Board, die staatliche Stromversorgungsgesellschaft, die laut Vertrag den Strom von Enrons Kraftwerk Dabhol abnehmen musste, konnte die Rechnungen nicht bezahlen, und Enrons Indien-Büro, hieß es in dem Brief weiter, half dem Electricity Board, die Zahlen zu manipulieren und so das Problem zu vertuschen.

Das konnte einfach nicht stimmen. Dabhol erzeugte doch erst Strom auf Stufe eins, der kostengünstigsten Stufe. Stufe zwei, die Phase, die die Kosten des Kraftwerks drastisch in die Höhe treiben würde, hatte noch gar nicht begonnen. Wie wollte Enron, wenn der Bundesstaat schon *jetzt* den Strom nicht bezahlen konnte, die Stromproduktion jemals erhöhen?

Skilling stürmte aus dem Büro. Causey hatte die Dabhol-Zahlen für das Projekt Summer unter die Lupe genommen. Vielleicht konnte er ein bisschen Licht in dieses Dunkel bringen.

»Das ist unmöglich«, sagte Causey. »Aus ihren Zahlen ist das nicht ersichtlich.«

Unbezahlte Rechnungen würden, sagte er, in den Büchern aus Indien als Außenstände auftauchen – sprich Geld, das dem Kraftwerk geschuldet wurde. Aber solche Außenstände seien nirgendwo ausgewiesen worden.

»In Ordnung«, meinte Skilling erleichtert. »Vielleicht gibt es dort ja gar keine Probleme.«

So erleichtert er zunächst auch war, den Verdacht, dass in Dabhol etwas aus dem Ruder lief, wurde er nicht ganz los.

Ken Lay liebte die Enron-Aktie. Seit Jahren hatte er fast ausschließlich in Enron-Aktien investiert und voller Freude zugesehen, wie sich sein Nettovermögen parallel zu dem steigenden Kurs vervielfacht hatte. Doch seit Anfang 2000 war es damit vorbei.

Seit Lays Stiefsohn Beau Herrold vor einigen Monaten zu dem Team gestoßen war, das die Investitionen der Familie managte, drängten er und einige andere Berater Lay, sein Portfolio zu diversifizieren und zugunsten anderer Wertpapiere Enron-Aktien abzustoßen. Bislang hatte Lay das abgelehnt.

»Warum eine Aktie verkaufen, wenn man überzeugt ist, dass sie weiter zulegt?«, hielt Lay Herrold stets entgegen.

Doch Herrold und die anderen Berater ließen nicht locker, und schlussendlich gab Lay ein bisschen nach. Er würde seine Enron-Anteile nicht *verkaufen*, aber sie zumindest zur Absicherung von Bankkrediten verpfänden, mit denen Herrold dann andere Investitionen tätigen konnte. Lay sah darin kein Risiko; er war überzeugt, die Bankkredite später mit dem Wertzuwachs der Enron-Aktien zurückbezahlen zu können. Also fingen sie an, massiv Kapital aufzunehmen.[4]

Am 2. September, dem Samstag des Labor-Day-Wochenendes, trafen sich Andy und Lea Fastow mit Michael Metz und seiner Frau Clare Casademont bei Tony's zum Abendessen. Die andere Gäste äugten verstohlen zu den beiden gut aussehenden jungen Pärchen hinüber; Casademont war vor ihrem Umzug nach London mit Metz, der als internationaler Ölhändler arbeitete, Nachrichtensprecherin im lokalen Fernsehen gewesen und entsprechend bekannt in der Stadt.

Während die vier auf ihr Essen warteten, kam eine kleine Gruppe herein und ging durch das Restaurant zu einem zweiten, kleineren Speisesaal. Jordan Mintz, ein Steueranwalt von Enron, seine Frau Lauren und deren Familie feierten im Tony's den 80. Geburtstag von Laurens Vater.

Fastow winkte Mintz zu. Nachdem die Gruppe Platz genommen hatte, kamen Mintz und seine Frau zu Fastows Tisch.

Eine Weile betrieben die drei Pärchen Smalltalk, dann kam Fastow zur Sache. »Jordan«, sagte er, »lassen Sie sich, wenn Sie am Dienstag ins Büro kommen, einen Termin mit mir geben. Ich möchte etwas Wichtiges mit Ihnen besprechen.«

Mintz hütete sich, nach Einzelheiten zu fragen. »In Ordnung, das werde ich tun.«

»Was wollte er von dir?«, flüsterte Lauren ihm auf dem Rückweg zu ihrem Tisch zu.

Mintz war sich ziemlich sicher, was Fastow von ihm wollte. Im Vorjahr hatte Fastow ihn als Justiziar der Finanzabteilung vorgeschlagen, das Angebot aber wieder zurückgezogen, weil Enron-Justiziar Jim Derrick einen eigenen Kandidaten, Scott Sefton, für den Posten präsentiert hatte. Es war allerdings kein Geheimnis, dass Fastow mit Sefton unzufrieden war. Das konnte kein Zufall sein.

»Ich glaube«, antwortete Mintz, »dass es wieder um den Job in der Finanzabteilung geht.«[5]

Am folgenden Dienstag saß Fastow hinter seinem Tisch und nippte an einem Glas Wasser, während er sich mit Mintz unterhielt.

»Derrick hat mir mit Sefton ein dickes Ei ins Nest gelegt«, sagte er. »Ich werde ihn mir vom Hals schaffen. Und ich halte Sie für den richtigen Mann für den Job.«

»Aber was wird Jim dazu sagen?«

»Derrick hat in der Sache nichts zu melden«, erwiderte Fastow. Die Entscheidung war an den stellvertretenden Leiter der Rechtsabteilung delegiert worden, Rob Walls, einen Anwalt, den Mintz gut kannte.

Fastow riet Mintz, mit Walls zu sprechen, und wünschte ihm viel Glück. Dieses Mal lief alles wie am Schnürchen. Ein paar Tage später rief Walls Mintz an und teilte ihm seine Ernennung zum Justiziar der Finanzabteilung zum 1. Oktober mit. Mintz war begeistert. Das war die Chance, von der er immer geträumt hatte.

Seine Begeisterung sollte von kurzer Dauer sein.

Um 9 Uhr am nächsten Morgen trafen sich Fastow und Causey, um, wie Fastow Kopper erzählt hatte, über ein Abkommen namens Global Galactic zu sprechen.

Sollte LJM2 weiterhin Investitionen von Enron kaufen – und dem Unternehmen dadurch helfen, seine Gewinnprognosen zu erfüllen –, dann sollte Enron sich auch verpflichten, diejenigen zurückzunehmen, die Fastow unbedingt loswerden wollte, und zwar zu einem vorab festgelegten Aufschlag.

Die Liste der zur Diskussion stehenden Posten war lang: die Beteiligung an den nigerianischen Kraftwerksschiffen, die LJM2 seit Übernahme des Merrill-Lynch-Anteils hielt, der Cuiabá-Anteil und so weiter. Fastow bestand darauf, bei Abschluss des Vertrags die Garantie zu erhalten, dass er keine Verluste hinnehmen musste.

Fastow hielt alles schriftlich fest, jede einzelne Investition, ihren Rückkaufpreis und den vorab festgesetzten Gewinn für LJM2. Das Abkommen bewies etwas eindeutig: Fastow wusste sehr wohl, dass Enrons »Verkäufe« an LJM2 nur vorgetäuscht waren. Allein Enron trug das Risiko; wie auch immer sich der Wert der Investitionen entwickelte, LJM2 würde profitieren – und die Verluste würden an Enron hängen bleiben. Die »Kapitalbeteiligungen« von LJM2 waren lediglich verschleierte Kredite.

Das Vertragsdokument diente der Regierung in Washington später als der rauchende Colt, der Beweis, dass LJM2 das Herzstück eines Netzwerks illegaler Anlagen war – auch wenn den Ermittlern der Vertrag erst Jahre nach dem Zusammenbruch des Unternehmens in die Hände fiel.[6]

Die Berichterstattung über die Energiekrise in Kalifornien war verheerend, und die Gerüchte über Marktmanipulationen durch auswärtige Energieunternehmen wurden immer lauter. Richard Sanders, Leiter der Rechtsabteilung bei Wholesale, bekam Angst vor den Staatsanwälten. Anfang September ging er zu seinem Vorgesetzten, Mark Haedicke, Rechtsleiter der Abteilung.

»Wir müssen herausfinden, was da draußen los ist«, meinte Sanders. »Und wir sollten alles tun, um einen Rechtsstreit zu vermeiden.«

Haedicke war derselben Meinung und erteilte Sanders die Erlaubnis, Spezialisten von mehreren Anwaltsfirmen anzuheuern. Wenn es etwas gab, worüber sie sich Sorgen machen mussten, eine Armee von Anwälten würde es schon herausfinden.[7]

Am selben Tag rief Haedicke von Houston aus Christian Yoder in Portland an, Enrons Topanwalt in der Handelsabteilung, und informierte ihn darüber, was sie beschlossen hatten. »Kennen Sie ein paar Anwälte, die den kalifornischen Energiemarkt wie ihre Westentasche kennen und auf dem neuesten Stand sind?«, wollte Haedicke wissen.

»Nein«, antwortete Yoder. »Dieser Markt ist Terra incognita.«

Aber er versprach, sich umzuhören, und rief bei Stoel Rives an, einer angesehenen Kanzlei in Portland, wo man ihm Stephen Hall empfahl, der seit drei Jahren Partner in der Kanzlei war. Yoder sprach mit Hall und kam zu dem Schluss, dass er der richtige Mann für diesen Job war. Mit der Zeit freundeten sich die beiden Anwälte an, was später, nachdem der Skandal ans Tageslicht kam und sie zu wichtigen Zeugen wurden, sehr hilfreich war.[8]

Nicht lange nachdem Haedicke Stuart Zismans Schreiben über die juristischen Fallen von Raptor I erhalten hatte, traf er sich mit ihm.

»Ich möchte Ihnen für Ihre Offenheit danken«, begann Haedicke. »Aber ich sehe da einige Probleme.«

Unglücklicherweise sei, fuhr er fort, Zismans Wortwahl überheblich und provozierend und nicht das, was er sich erhofft habe. Dass er zum Beispiel Raptor als »durchtrieben« bezeichnete, klinge abfällig und habe in einem Gutachten wie diesem nichts verloren.

Das Meeting dauerte nicht einmal 15 Minuten. Mit keinem Wort ging Haedicke auf Zismans Warnungen bezüglich möglicher Gewinnmanipulationen ein. Die Wortwahl – das war das Problem.[9]

Cliff Baxter, der mit Badr El-Din telefonierte, musste sich mehr über die Nierenprobleme des Scheichs anhören, als ihm lieb war. Ohne Scheich Zayeds Unterschrift konnten sie das Projekt Summer nicht abschließen, sagte Badr El-Din. Doch der Gesundheitszustand des Scheichs hatte sich so sehr verschlechtert, dass er nicht mehr in der Lage war, ein so komplexes Geschäft abzuwägen.

»Ich wage nicht, zu ihm zu gehen, während seine Familie bei ihm ist und ihn umsorgt«, sagte Badr El-Din. »Wir werden warten müssen.«

Baxter war von Sorgen zerfressen. Verzögerungen waren bei einem Geschäft dieser Größenordnung immer ein schlechtes Omen. Und wie nicht anders zu erwarten, verliefen alle Versuche, den Prozess auf andere Weise wiederzubeleben, im Sande. Die UBS-Banker trieben in Spanien einen Verwandten des Scheichs auf und baten ihn, in die Emirate zu fliegen und *irgendjemanden* zu einer Unterschrift zu bewegen. Zahllose Telefonate folgten – mit Spanien, mit den Emiraten, mit Cleveland. Wiederholt wurde ihnen versichert, dass die versprochenen Unterschriften kommen würden. Doch das taten sie nicht.

Am 8. September suchte Baxter Skilling in dessen Büro auf. »Das wird nichts mehr, Jeff«, sagte er. »Mit jedem Tag, der vergeht, verschlechtern sich die Aussichten. Die Leute werden anfangen, sich die Sache zu überlegen.«

Skilling nickte. Es sah tatsächlich nicht gut aus.[10]

Der Vorschlag der SEC, Wirtschaftsprüfung und Unternehmensberatung zu trennen, sorgte auf dem Capitol Hill für helle Aufregung. Kongressabgeordnete bombardierten Arthur Levitts Büro mit wütenden Briefen und Anrufen. Auf Nachfragen jedoch legten viele Kritiker eine bestürzende Unwissenheit zum Thema an den Tag; einige Abgeordnete kannten anscheinend nicht einmal den Unterschied zwischen einem Jahresabschluss und Silvester.

Doch es gab auch eine Hand voll erklärter Gegner, die Levitt respektierte – darunter Phil Gramm, ein republikanischer Senator aus Texas, dessen Frau Wendy im Enron-Board saß. Gramm vertrat die Meinung, der Markt und nicht der Staat solle das amerikanische Geschäftsleben regulieren, eine Einstellung, mit der er Levitts Plan zwangsläufig ablehnen musste. Doch Gramm besaß auch einen ausgeprägten Sinn für Fairplay und wollte Levitts Vorschlag mit sachlichen Gründen vom Tisch fegen, nicht mit Hilfe politischer Ränkespiele. Also ernannte er sich insgeheim zu Levitts Spion im Kongress und überwachte die Intrigen seiner Kollegen.

Levitt saß in seinem Büro, als Gramm ihn eines Tages anrief. »Arthur«, sagte er, »ich dachte, es würde Sie interessieren, dass Shelby hinter Ihnen her ist.«

Shelby. Richard Shelby, republikanischer Senator aus Alabama. »Inwiefern?«, fragte Levitt.

»Er bereitet einen Zusatz zum Haushaltsgesetz vor, mit dem er der SEC verbieten will, Budgetmittel für die Umsetzung der von Ihnen angeregten Vorschriften auszugeben.«

Levitt dankte Gramm und legte auf. Er kochte. Das war typisch für die Machtspiele in Washington. Wenn Politiker auf der Sachebene nicht gewinnen konnten, attackierten sie das Budget. Doch so schnell gab Levitt nicht auf. Er rief Trent Lott, den Mehrheitsführer im Senat, unter seiner Privatnummer an. Lott besaß die Macht, Shelbys Umtrieben einen Riegel vorzuschieben, und Levitt hoffte, an das Gerechtigkeitsempfinden des Senators appellieren zu können.

»Trent, diese Sache ist zu wichtig, als dass sie im Schutz der Nacht durch einen Zusatz zum Haushaltsgesetz gekippt werden darf«, beschwor Levitt den Mehrheitsführer. »Gleichgültig, wie Sie über die

Sache denken, die Auseinandersetzung darüber sollte korrekt ablaufen.«

Sein Vorschlag, fuhr Levitt fort, stieß auf breite Unterstützung. Eine ganze Reihe von Zeitungen und Zeitschriften, darunter die *New York Times*, die *Washington Post* und *Business Week*, hatten sich für die Annahme der Vorschriften ausgesprochen.

»Arthur, um ehrlich zu sein«, antwortete Lott gedehnt, »ich bin mit dem, was Sie vorschlagen, zwar nicht vertraut, aber wenn diese liberalen Blätter dafür sind, dann bin ich dagegen.«[11]

Entmutigt legte Levitt auf. Die mächtigen Politiker formierten eine Front gegen seinen Vorschlag. Offenbar behagte dem Kongress aus einem unerfindlichen Grund die Vorstellung nicht, dass staatlich konzessionierte Wirtschaftsprüfer die Interessen der Öffentlichkeit vertraten. Die Beziehungen der Kongressabgeordneten zur Geschäftswelt waren einfach zu eng, folgerte Levitt. Wenn er weiter für seinen Vorschlag kämpfte, würde er riskieren, dass der Kongress das SEC-Budget komplett blockierte. Ihm blieb keine Wahl. Er musste nachgeben.

Kurz nach Mittag am 14. September sprach Cliff Baxter erneut mit Skilling. Seine Stimme war ruhig, sein Auftreten entschlossen. Immer noch keine Fortschritte beim Projekt Summer, erklärte er. Nur noch mehr Versprechungen, dass die Unterschriften bald vorliegen würden.

»Mir gefällt das alles nicht«, sagte Baxter. »Da stimmt etwas nicht.«

»Was schlagen Sie vor?«, wollte Skilling wissen.

»Ich finde, wir sollten das Angebot zurückziehen«, erwiderte Baxter ohne jede Regung.

Wie bitte? »Warum sollten wir das tun?« Skillings Ton war scharf.

»Wir müssen etwas unternehmen«, erwiderte Baxter. »Wir müssen sie dazu bringen, sich wieder auf das Geschäft zu konzentrieren. Wir setzen ihnen eine Frist, innerhalb derer sie unterzeichnen müssen, andernfalls blasen wir den Deal ab.«

Skilling atmete einmal tief durch. Was Baxter hier vorschlug, war eine Alles-oder-nichts-Wette. Andererseits vertraute er Baxters Instinkten.

»In Ordnung«, sagte er. »Machen Sie's«

Die Deadline lief am Montag, dem 18. September, ab. Keine Antwort. Ein ausgelaugter Baxter überbrachte Skilling in seinem Büro die Nachricht. »Keine Antwort, Jeff«, sagte er. »Sieht so aus, als wäre das Projekt Summer tot.«

O Gott. Skilling hatte so viel emotionale Energie in diesen Deal investiert, er hatte gehofft, damit alle seine Probleme zu lösen. Er fuhr sich mit der Hand übers Gesicht.

»Okay, dann wissen wir das«, sagte er. »Wir müssen wieder in die Gänge kommen. Fangen Sie von vorne an. Verkaufen Sie es in Stücken, wenn es anders nicht geht.«[12]

Baxter nickte. Skilling verließ sein Büro und ging zu Lay. Er hatte jetzt viel zu tun. Und eine seiner ersten Aufgaben bestand darin, sich mit Joe Sutton an einen Tisch zu setzen und ihm mitzuteilen, dass er gefeuert war.

Am selben Tag führte Causey eine Entourage von Enron-Managern einen Flur im 50. Stock des Renaissance Tower in Dallas hinunter. Sie betraten Suite 5050, in der das Dallas-Büro des *Wall Street Journal* residierte, und baten die Sekretärin am Empfang um ein Gespräch mit einem Journalisten namens Jonathan Weil.

Weil, ein Anwalt, der sich auf eigene Faust das Rüstzeug eines Finanzdetektivs zugelegt hatte und für die *WSJ*-Regionalbeilage *Texas Journal* schrieb, hatte zwei Monate zuvor einen Tipp über die Buchhaltungspraktiken bei einigen Energiehandelsfirmen erhalten, auch über Enron und seinen Hauptrivalen Dynergy. Weil hatte sich in die Bücher vergraben und entdeckt, dass die Unternehmen Mark-to-Market-Buchhaltung betrieben, um – auf der Grundlage zum Teil gewagter Annahmen – spektakuläre Gewinne ausweisen zu können. Er telefonierte herum, um Stellungnahmen zu erhalten, bis dann plötzlich, zwei Tage vor dem Erscheinungstermin der neuen Ausgabe, jemand von Enron anrief und ihm mitteilte, Causey sei auf dem Weg nach Dallas, um sich mit ihm zu unterhalten.

Das Team von Enron betrat die Nachrichtenredaktion. Weil saß an seinem Tisch und hörte jemanden nach ihm fragen. Rasch sammelte er seine Unterlagen ein und stand auf. Nachdem er sich vorgestellt hatte, führte er die Gruppe in einen benachbarten Konferenzraum.

Die Begrüßungsfloskeln waren schnell abgehakt, und Weil überließ Causey das Wort. Die Berechnungen der Mark-to-Market-Einnahmen seien keineswegs wilde Vermutungen, erklärte Causey, sondern vielmehr konservative Schätzwerte, die auf offiziellen Marktpreisen basierten. Wo Marktpreise nicht verfügbar seien, ziehe Enron langfristige Preistrends heran, um die Werte zu ermitteln.

Weil hörte schweigend zu und machte sich Notizen. Causey wirkte restlos überzeugt von Enrons Methoden. Als Causey mit seinem Vortrag fertig war, hatte Weil sich einige Fragen zurechtgelegt.

»Haben Ihre Modelle letztes Jahr vorhergesagt, dass die kalifornischen Strompreise dieses Jahr explodieren würden?«

»Natürlich nicht«, erwiderte Causey.

»Warum sind Sie dann so sicher, dass Sie künftige Trends prognostizieren könnten?«

Das Gespräch dauerte noch eine Weile, bis Causey schließlich meinte, er habe seine Position deutlich gemacht. Weil kehrte an seinen Schreibtisch zurück und tippte seine Informationen ein. Wenn schon nichts anderes, eines zumindest stand für ihn fest: Wenn Enron wegen dieser Sache ein ganzes Rudel Topmanager nach Dallas schickte, dann musste er einen wunden Punkt getroffen haben.[13]

David Duncan ging den zweiseitigen Entwurf durch. Noch eine Überarbeitung, und er konnte ihn auf dem CEO-Briefpapier ausdrucken und Lay zur Unterschrift vorlegen. Und dann ab damit zu Arthur Levitt bei der SEC.

Duncan hatte den Brief im Auftrag von Andersen verfasst. Sie lehnten die von der SEC vorgeschlagene Trennung von Unternehmensberatung und Wirtschaftsprüfung kategorisch ab. Lay hatte zugesagt, den Brief zu unterschreiben. Damit wollten sie den Eindruck erwecken, dass Lay über den Vorschlag so erbost war, dass er sich persönlich hingesetzt und seine Einwände zu Papier gebracht hatte – statt lediglich etwas abzuzeichnen, was von just den Wirtschaftsprüfern verfasst worden war, die bei Annahme des Vorschlags der SEC viel Geld verlieren würden.

Der Ton des Briefs war perfekt, fand Duncan. Die enge Beziehung Enrons zu Andersen und die Beratungsleistungen seien, hieß es in dem Brief, Grundvoraussetzungen dafür, den Überblick über die weit verstreuten Unternehmungen des Konzerns nicht zu verlieren. Unter dem Strich, so der Brief, verdanke Enron einen Großteil seines Erfolgs und seines Talents, die eigenen Operationen zu kontrollieren, Andersens Fähigkeit, sowohl Wirtschaftsprüfungs- als auch Beratungsdienste anzubieten.

Lay unterschrieb den Brief am 20. September. Keiner der Beteiligten schien den Widersinn ihres Vorgehens zu bemerken. Andersen veranlasste seinen größten Klienten dazu, im Interesse Andersens Druck auf die Regierung auszuüben. Das bewies doch gerade den Verlust jener Unabhängigkeit, die dem Brief zufolge völlig ungefährdet war.[14]

Die Bullen für die Aktie eines Unternehmens sind die Leute, die jedes Mal in lauten Jubel ausbrechen, wenn ihr Kurs einen weiteren Punkt zulegt. Doch am Markt gibt es auch Bären, Leerverkäufer, die Jagd auf überbewertete Aktien machen und Deals abschließen, mit denen sie auf einen späteren Kursverlust des Papiers wetten.

Jim Chanos war ein Börsenprofi, der damit Karriere gemacht hatte, die schlechten Nachrichten über zu hoch bewertete Aktien ans Tageslicht zu zerren. In diesem Herbst war Chanos, Präsident von Kynikos Associates mit Sitz in New York, auf der Suche nach einem neuen lohnenden Opfer. Der Anruf eines Freundes lenkte seine Aufmerksamkeit auf einen Artikel von Jonathan Weil, der am 20. September in der texanischen Regionalbeilage des *Wall Street Journal* erschienen war. Der Artikel deutete die Möglichkeit an, dass Enron und andere Energiehandelsgesellschaften allein auf Basis aggressiver Annahmen über die zukünftige Marktentwicklung ihre Gewinnzahlen manipulieren könnten.

Chanos beschloss, Enron mal unter die Lupe zu nehmen. Und dazu musste er vor allem einen Blick in die Finanzberichte des Unternehmens werfen.[15]

Als einige Manager aus Indien nach Houston kamen, um an den neuen Plänen für den Verkauf der internationalen Beteiligungen mitzuarbeiten, beschloss Skilling, ihnen einen Besuch abzustatten. Der Brief über die Probleme in Dabhol ließ ihm einfach keine Ruhe, und er hatte vor, die Manager nach dem Maharashtra State Electricity Board zu fragen und dann abzuwarten, was geschah.

»Hören Sie«, sagte Skilling, nachdem er den Raum betreten hatte. »Was ist eigentlich mit den Rechnungen an das MSEB los?«

Kein Problem, erwiderte einer der Manager. »Sie haben Zahlungsschwierigkeiten. Aber das bekommen wir schon in den Griff.«

Zahlungsschwierigkeiten? »Was meinen Sie damit?«, hakte Skilling nach.

»Die Rechnungen sind ziemlich hoch«, erwiderte der Mann. »Und sie haben wirklich zu kämpfen.«

Besorgter als je zuvor verließ Skilling den Raum. Er machte sich auf die Suche und stieß bald schon auf Schmutz. Enron-Manager in Indien halfen dem MSEB, damit er nicht zahlungsunfähig wurde. Wann immer der Behörde das Geld ausging, fuhren sie das Kraftwerk in Dabhol zur »Wartung« herunter. Auf diese Weise begrenzten sie die Stromproduktion auf die Menge, die der Bundesstaat sich leisten konnte. Das erklärte auch das Fehlen von Außenständen; Dabhol produzierte nur dann Strom, wenn sein wichtigster Kunde Geld hatte.

Skilling tobte. Er ordnete an, die fünf höchsten Manager aus Indien nach Houston einzufliegen.

Das Treffen fand einige Tage später im Konferenzsaal 50M03 im Enron-Hauptquartier statt. Sanjay Bhatnagar, Leiter von Enron Indien, saß neben Wade Cline, seinem Stellvertreter, ihnen gegenüber – mit kaum verhohlener Ungeduld – saßen Skilling und Lay.

»In Ordnung, Sanjay, ohne große Umschweife«, eröffnete Skilling das Gespräch. »Hat das MSEB Probleme mit der Zahlungsfähigkeit?«

Bhatnagar hob die Hände abwehrend in die Höhe. »So macht man in Indien nun mal Geschäfte. Wir behalten die Kontrolle und drängen sie, die Sache auf die Reihe zu bekommen.«

Er habe, sagte Bhatnagar, den Druck hoch gehalten, ganz so, wie er immer erwartet habe, es tun zu müssen. »Es gibt also kein Problem. Kein Problem.«

Skilling wandte sich an Cline. »Wie sehen Sie das?«

Mit einem kurzen Seitenblick auf Bhatnagar antwortete Cline: »Wir haben ein Problem.«

Bhatnagar lächelte. »Wade sorgt sich immer. Wir reden hier von Indien. So werden die Dinge in Indien gemacht. Kein Problem.«

Skilling ignorierte ihn. »Wade, was denken Sie?«

Es war kein Geld da, sagte Cline. Laut Phase eins hätte Enron rund 30 Millionen Dollar pro Monat in Rechnung stellen sollen, aber das MSEB hatte keine 30, sondern nur 15 bis 20 Millionen Dollar. Mit dem Start von Phase zwei sollten, erklärte Cline, die monatlichen Abrechnungen auf etwa 110 Millionen Dollar steigen, doch das MSEB würde auch dann höchstens 20 Millionen Dollar pro Monat zahlen können.

Wütend wandte sich Bhatnagar zu Cline. »Wade«, fuhr er ihn an, »Sie gehen völlig falsch an die Sache heran. So laufen die Dinge in Indien nicht.«

Die indische Regierung habe die Zahlungen garantiert, erklärte Bhatnagar, und die Regierung werde zu ihrem Wort stehen. Indien wolle Auslandsinvestitionen, und allein schon deshalb würden sie sich nicht aus der Verantwortung stehlen.

Skilling hob die Hände. »Sehr schön. Wir haben das Problem verstanden. Sie haben 20 Millionen Dollar, aber sie brauchen über 100 Millionen. Fangen wir damit an.«

Die Manager sollten mit indischen Regierungsvertretern reden. Hielten sie ihre Garantie aufrecht? Was auch immer aber passierte, ohne Bezahlung würde Enrons Kraftwerk nicht produzieren.

Unmittelbar nach dem Meeting ging Bhatnagar zu einem Treffen mit Managern hinunter in die Breitbandabteilung. Cline blieb noch einen Moment zurück. Skilling kam auf ihn zu.

»Okay, Wade«, sagte er. »Was meinen Sie?«

Cline sah Skilling direkt an.

»Es sieht schlecht aus«, sagte er. »Wir haben ein gewaltiges Problem.«

Arthur Levitt brauchte einen Verbündeten in der Geschäftswelt. Und er fand ihn in einem ebenso umgänglichen wie streitlustigen Managing Partner bei Arthur Andersen namens Joseph Berardino.

Berardino hatte seine gesamte Karriere bei Andersen verbracht und galt als Favorit für die Nachfolge des CEO der Firma. Obwohl sein Stern am Andersen-Himmel immer heller leuchtete, schlüpfte Berardino in die Rolle von Levitts Geheimwaffe. Hinter dem Rücken der anderen Buchhaltungsfirmen arbeitete er mit Levitt einen Kompromiss zu den Vorschriften über die Unabhängigkeit von Wirtschaftsprüfern aus.[16]

In wenig mehr als einem Monat würden die Präsidentschaftswahlen stattfinden, und Levitt wusste, dass ihm nicht mehr viel Zeit blieb.

Obwohl mit Herbstbeginn die Hitzewelle in Kalifornien abebbte, sorgten die Unsicherheit am Markt und die Spekulationen der Händler für eine weitere Verschärfung der Energiekrise.

Allmählich verfiel der kalifornische Gouverneur Gray Davis in Verzweiflung. Die Lage war außer Kontrolle. Das System schien kurz vor dem Kollaps zu stehen. Davis war für jedes Hilfsangebot dankbar, gleichgültig, von wem es kommen mochte. Und so bereitete er sich am 2. Oktober um 9 Uhr in seinem Büro mit zwei Assistenten auf eine Telefonkonferenz vor. Eine Sekretärin informierte ihn, dass die Schaltung stand und alle Teilnehmer in der Leitung waren. Davis drückte die Freisprechtaste an seinem Telefon. »Hier ist Gray Davis«, sagte er.

»Guten Morgen, Gouverneur. Jeff Skilling von Enron.«

Was folgte, war eine halbe Stunde konzentriertes Brainstorming. Auf Enrons Seite nahmen der Leiter der Handelsabteilung Greg Whalley und Steve Kean, der für die Regierungsbeziehungen zuständig war, an der Konferenz teil, doch die meiste Zeit sprachen nur Skilling und Davis.

Der Bundesstaat könne es sich nicht leisten, mehrere hundert Dollar für eine Megawattstunde zu bezahlen, die im Vorjahr nicht einmal 20 Dollar gekostet habe, erklärte Davis.

»Das lässt sich leicht beheben«, antwortete Skilling. Das Problem, erklärte er, liege darin, dass Kalifornien den Großteil seines Stroms kurzfristig am Spotmarkt kaufe. Dadurch war der Bundesstaat Marktschwankungen schutzlos ausgesetzt. Viel besser wären langfristige Kontrakte, die die Preise auf Jahre hinaus festschrieben. Solche Kontrakte könnten aktuell wahrscheinlich für unter 50 Dollar pro Megawattstunde abgeschlossen werden.

»Das klingt interessant«, erwiderte Davis. »Können Sie mir dazu ein paar Zahlen geben?«

Skilling erklärte den Plan in groben Zügen. Die beste Methode, das zu handhaben, sei die Ausrichtung einer Online-Auktion. Das werde den Anbietern zeigen, dass es einen Markt zu einem niedrigeren Preis gebe. Davis sagte, er werde darüber nachdenken.

Skilling fühlte neue Hoffnung keimen. Enron könnte einen Fuß in die Tür kriegen und Kalifornien helfen, ein gewaltiges Paket an Stromverträgen auszuhandeln. Vielleicht konnten sie das Chaos in Kalifornien ja doch in den Griff bekommen – und zwar nicht zu Enrons Nachteil. Schließlich konnten solche Kontrakte – im Gegensatz zu Tagesgeschäften – Mark-to-Market verbucht werden.[17]

Am darauf folgenden Tag traf Richard Sanders mit seinem neu formierten Team aus Anwälten und Ökonomen in Portland ein, um die dortigen Enron-Händler zum Markt in Kalifornien zu befragen. Die beiden wichtigsten Anwälte, die auf dem Börsenparkett arbeiteten, Christian Yoder und Stephen Hall, schlossen sich dem Team an.

Juristisch gesehen hatten sich die Dinge zum Schlechteren gewendet. Die California Public Utilities Commission, die Aufsichtsbehörde für öffentliche Versorgungsunternehmen, hatte von Enron unter Strafandrohung die Herausgabe umfangreicher Aufzeichnungen verlangt. Sanders' Warnung vor einem drohenden Gerichtsverfahren schien sich überraschend schnell zu bewahrheiten. Das Team wurde in einen Konferenzraum geführt, wo sie von Tim Belden, dem Leiter der Handelsabteilung in Portland, sowie einigen anderen Händlern begrüßt wurden. Auch John Forney saß mit am Tisch, der geistige Vater der Forney-Endlosschleife.

Sanders eröffnete die Konferenz. »Nur damit alle Anwesenden klar sehen. Wir sind hier als Vertreter des Unternehmens, nicht als Ihre Anwälte. Wir vertreten nicht Sie.«

Belden hatte damit keine Probleme, wohl aber Forney. Er habe, erklärte er, Angst um seinen Job und weigere sich, mit den Anwälten zu sprechen. Nachdem Forney den Raum verlassen hatte, setzte Belden zu einer Vorlesung über den kalifornischen Energiemarkt an, die sich mehrere Stunden hinzog, bis Belden schließlich verkündete, dass er jetzt bereit sei, über die speziellen Strategien seiner Händler zu sprechen. Nachdem die Ökonomen aus dem Raum komplimentiert worden waren – das hier ging nur die Anwälte an –, ging Belden zur Tafel und schrieb die Namen auf, die seine Händler den einzelnen Projekten gegeben hatten: Death Star. Fat Boy. Ricochet.

Mit Schrecken las Sanders die Liste. Mit solchen Namen war es fast schon unerheblich, ob die von Enron bei diesen Manövern angewendeten Methoden legal waren oder nicht. Die aus diesen Namen schreiende Arroganz allein würde ausreichen, jede Jury gegen sie einzunehmen. Und obendrein waren diese Namen *kindisch.*

Wie, fragte sich Sanders, konnte jemand wie Belden etwas derart Infantiles tolerieren?

»Warum um alles in der Welt verwenden Sie solche Namen?«, meldete sich Gery Fergus, einer der anderen Anwälte im Raum, zu Wort.

Alles lachte. »Ja«, meinte Sanders, »warum haben Sie die Projekte nicht gleich ›Mama's Cooking‹ oder ›Baby's Baby‹ getauft?«

Im Laufe des Meetings wurde den Anwälten klar, dass sie fündig geworden waren. Wie es aussah, erfüllten die Strategien der Händler in Portland den Tatbestand der Übervorteilung, vielleicht verstießen sie sogar gegen Kartellgesetze.

Einige Praktiken waren zwar zweifelhaft, ließen sich wahrscheinlich aber verteidigen – beispielsweise der Export von Strom aus Kalifornien, wo Höchstpreise galten, um ihn zu höheren Preisen in anderen Bundesstaaten zu verkaufen. Dieser Handel, argumentierte Belden, sei lediglich ein Mechanismus zum Ausgleich der Unterschiede zwischen den einzelnen Märkten. Aber natürlich würden die von Stromeinschränkungen und Stromknappheit geplagten Kalifornier nicht viel auf akademische Spitzfindigkeiten geben, warum Enron ihnen den Strom abzapfte und anderswo verhökerte.

Andere Schliche der Händler stellten weit mehr als nur ein PR-Problem dar. Es gab Transaktionen, bei denen Enron-Händler falsche Aufzeichnungen an Kalifornien geliefert hatten oder sich für Leistungszusagen hatten bezahlen lassen, die einzuhalten sie nicht vorhatten.

Der ungeheuerlichste Betrug jedoch war gerade erst angelaufen. Wenn die Händler einen Lieferplan einreichten, der auf eine nicht runde Menge lautete – beispielsweise über den Verkauf von 22,49 Megawatt –, dann, so hatten sie herausgefunden, konnten sie mehr Geld kassieren. Bei der Stromlieferung nämlich rundete Kalifornien die Menge auf 22 Megawatt ab, zur Abrechnung aber wurde die Menge auf 23 Megawatt aufgerundet. Enron wurde also für ein gar nicht geliefertes Megawatt bezahlt. Multipliziert mit ausreichend vielen Transaktionen kamen da erkleckliche Summen zusammen. Bislang hatten die Händler den Trick erst zweimal durchgezogen und knapp 15 000 Dollar kassiert.[18]

Sanders war entsetzt. »Sie müssen diese Praxis nicht nur sofort einstellen, Sie müssen diese Beträge auch umgehend zurückerstatten.«

»Aber wenn wir das Geld zurückschicken«, wandte ein Händler ein, »werden sie uns auf die Schliche kommen.«

Sanders blieb hart. »Das ist mir egal«, sagte er. »Schicken Sie es zurück.«

Am nächsten Morgen blickte Christian Yoder von seinem Schreibtisch auf und sah einen besorgt dreinschauenden John Forney in der Tür stehen. »Hey«, sagte Yoder. »Was gibt's?«

Forney zögerte. Er sah kurz zu Boden, bevor er den Blick wieder hob und Yoder ansah.

»Es gibt da etwas, was mir Sorgen macht«, sagte er. Dann, nach einer weiteren Pause: »Werde ich mit irgendetwas Schwerwiegendem in Verbindung gebracht?«

Yoder musterte ihn aufmerksam. Der Mann wirkte verängstigt.

»Das weiß ich nicht, John«, erwiderte er. »Wenn dem so sein sollte, dann sind Richard Sanders und Mark Haedicke die Leute im Unternehmen, die Ihnen sagen können, wie Sie damit umgehen sollen.«

Forney nickte, den Blick wieder zu Boden gesenkt.

»Okay«, sagte er nach einer kurzen Pause. »Danke.«

Er drehte sich um und ging.[19]

Kurz vor 5.30 Uhr am 6. Oktober machte sich in Palm Beach ein Arbeitstrupp von Florida Power & Light an die Arbeit. Der Baggerfahrer, der die Grube aushob, übersah ein Stromkabel, und eine Sekunde später fiel im Breakers der Strom aus, das Hotel an der Uferpromenade, in dem die Mitglieder von Enrons Compensation and Management Development Committee nächtigten.[20]

Vier Stunden später erleuchteten Kerzen den Flagler Boardroom, in dem die Direktoren und Manager, die dem Ausschuss angehörten, zum ersten Meeting des Tages zusammengekommen waren. Sie waren in nahezu völliger Dunkelheit aufgewacht, und nun versuchten sie schwitzend und unbehaglich, wie sie sich fühlten, im Lichtschein der Kerzen die Agenda zu lesen. Lays Vorhaben, seine Direktoren mit einem vergnüglichen Trip nach Florida zu belohnen, war gescheitert.

Nachdem die Direktoren unter Leitung von Charles LeMaistre die Änderungen an Enrons Kompensationsplänen abgesegnet hatten, luden sie Lay in den Saal. Lay hatte etwas zu sagen, und was er zu sagen hatte, hatte es in sich. Er war gekommen, um bekannt zu geben, dass er bereit war, mit der Übergabe von Enron an Skilling zu beginnen.

»Jeff hat klargestellt, dass wir, wenn wir uns in dieser Sache nicht bis zum Jahresende entschieden haben, ernsthaft über eine Alternative nachdenken müssen«, sagte Lay. »Ich glaube nicht, dass er das bloß so dahingesagt hat.«

Lay sah sich in der Runde um. »Ich glaube, er ist bereit für diesen Job, und ich bin bereit zurückzutreten.«

Die Direktoren gaben die angemessenen Begleitgeräusche von sich. Sie waren enttäuscht, wünschten, Lay würde bleiben, konnten aber seinen Wunsch nach einer neuen Herausforderung verstehen. Sie wussten, dass Skilling nicht mehr allzu lange warten konnte, wenn er weiter aufsteigen wollte.

»Ich bitte Sie um Ihre Zustimmung«, sagte Lay, »morgen mit dem gesamten Board darüber zu sprechen.«

Es gab keine offizielle Abstimmung, aber die Direktoren stimmten zu.[21]

»Das Enron-Management«, erklärte Fastow eine Stunde später vor dem Finanzausschuss, »empfiehlt dem Unternehmen, Geschäfte mit einem neuen Private-Equity-Fonds namens LJM3 aufzunehmen.«

Der Finanzausschuss tagte im Ponce-de-Léon-III-Ballsaal und hörte sich Fastows neusten Bericht an. LJM1 und LJM2 hatten, so Fastow, ihren Zweck erfüllt; allein der zweite Fonds hatte bei über 20 Transaktionen rund 500 Millionen Dollar investiert.

»Natürlich könnte sich aus meiner Rolle in den LJM-Fonds ein Interessenkonflikt ergeben«, gestand Fastow. »Aber wir haben wirksame Mechanismen zur Entschärfung dieser Konflikte installiert.«

Fastow listete die Kontrollmechanismen auf: Er war Enron nach wie vor Rechenschaft schuldig, und das Board konnte ihn jederzeit zum Rücktritt auffordern. »Wie Sie wissen«, fügte er hinzu, »genehmigen Rick Buy, Rick Causey und Jeff Skilling sämtliche Transaktionen zwischen Enron und den LJM-Fonds.«

Keiner der Anwesenden schien das Problem zu bemerken. Das Board hatte Skilling niemals gebeten, die LJM-Deals zu überprüfen. Und Skilling hatte das auch nie getan; auf den DASH-Formularen gab es zwar eine Zeile für seine Unterschrift, doch diese Zeile blieb in der Regel leer. Trotzdem war Fastows Feststellung kein Versprecher, sie fand sich auch in dem offiziellen Bericht, den er dem Board vorgelegt hatte.

Causey und Skilling meldeten sich zu Wort. Die LJM-Fonds hatten Enron viele Vorteile verschafft, sagten sie und empfahlen die Fortführung der Transaktionen.

Doch Norm Blake, einer der Direktoren, meldete Bedenken an: »Offenbar geht es hier um ziemlich viele Deals, und zwar weit mehr, als wir auf einer Sitzung im Jahr angemessen überprüfen könnten. Ich empfehle deshalb, dass der Finanzausschuss diese Transaktionen vierteljährlich überprüft.«

Pug Winokur, der Chairman, hatte einen weiteren Einwand. Wie sollte, fragte er sich, das Board mögliche Anzeichen eines Konflikts erkennen, solange sie nicht wussten, wie hoch Fastows Kompensation von LJM war?

»Ich schlage deshalb vor«, sagte Winokur, »dass der Kompensationsausschuss überprüft, wie viel Andy von den LJM-Fonds und vom Unternehmen bekommt.«

Der Ausschuss nahm beide Vorschläge einstimmig an. Mit anderen Worten, sobald die Zustimmung des Boards vorlag, würde Fastow vierteljährlich alle Details zu seinen Geschäften zusammen mit einer Aufstellung seiner Einkünfte – und zwar aus allen Quellen – offen legen müssen.[22]

Da die Stromversorgung weiterhin nicht funktionierte, zogen die Mitglieder des Boards ein Stück den Strand hinunter ins Four Seasons um. Am nächsten Morgen saß Skilling in der Lobby und wartete auf seinen Frühstückspartner, als John Duncan, Vorsitzender des Exekutivausschusses, die Lobby betrat. Duncan lächelte und kam zu ihm herüber. Die beiden plauderten darüber, wie schön es in einem Hotel war, in dem es Strom gab, als Duncan völlig unvermittelt das Thema wechselte.

»Jeff, ich weiß, Sie sind wütend wegen der ganzen Dinge, die wir auf der internationalen Seite getan haben«, sagte er. »Aber sind Sie nicht auch der Ansicht, dass wir mit unseren gewaltigen Investitionen einen wirklich internationalen Konzern erschaffen haben?«

Duncan sah ihm direkt in die Augen. »Denken Sie auch, dass es das wert war?«

Skillings Gedanken wirbelten durcheinander. Duncan sprach hier von *sieben Milliarden Dollar*. Dafür hätte Enron die nächsten 50 Jahre sämtliche Super-Bowl-Fernsehspots buchen und schlichtweg verkünden können, es sei nun ein internationaler Konzern. Für so viel Geld hätte Enron einen Werbebrief an alle Menschen auf dem Planeten verschicken können. So viel Geld, das so wenig Cash erzeugte und die Performance des gesamten Unternehmens in den Keller riss. *Und Duncan glaubte, dass es das wert war?* Skilling fehlten die Worte.

Ein anderer Direktor kam vorbei. »Oh, hier ist mein Frühstückspartner«, sagte Duncan. »Bis später, Jeff.«

Duncan ging, ohne von Skilling eine Antwort auf seine Frage bekommen zu haben.

Später an diesem Tag genehmigte das Enron-Board Fastows Beteiligung an LJM3. Nach dem Meeting, Skilling und die anderen Manager hatten den Raum bereits verlassen, gab Lay seine Rücktrittsabsichten bekannt. Hier ging es noch nicht um die offizielle Übergabe, die würde erst auf dem Meeting am Jahresende erfolgen. Dennoch waren einige Direktoren von Lays Ankündigung überrascht und bedrängten ihn, so lange als Chairman zu bleiben, bis Skilling sich eingearbeitet hatte.

Lay wusste, dass Skilling das begrüßen würde. Wann immer Lay das Thema Nachfolge angeschnitten hatte, hatte Skilling dasselbe gesagt, fast so, als hätte er Angst, die Show alleine zu bestreiten. Lay hatte kein Problem damit, den Titel noch eine Weile zu behalten. Was machte ein Jahr mehr oder weniger schon aus?[23]

Eine eigene Jahresversammlung. Genau das war es, sagte sich Fastow, was die LJM2-Investoren brauchten. In einem schönen Hotel in Florida, wo sie Golf spielen und sich in den Pools entspannen konnten. Angesichts des bevorstehenden Starts von LJM3 wäre das auch der perfekte Zeitpunkt, die Investoren wissen zu lassen, dass Enron immer noch wichtige Projekte in der Pipeline hatte, die einem neuen Fonds fette Profite bescheren würden.

Mit Skilling als Hauptattraktion. Skilling galt inzwischen als Business-Rockstar. *Sein* Auftritt würde den Investoren beweisen: Enron war begeistert von den LJM-Fonds.

Fastow ging bei Skilling vorbei. »Jeff, was halten Sie davon?«, begann er. »Wir versammeln alle LJM-Investoren, und ich würde mich sehr freuen, wenn Sie eine Präsentation machen könnten, mit der Sie ihnen zeigen, dass Enron nach wie vor wächst.«

Skilling zuckte mit den Achseln. »Klar, warum nicht.«

Am 16. Oktober trat Jordan Mintz seinen Posten als neuer Justiziar der Finanzabteilung an – allerdings nicht ohne Beklemmungen. Er war Steuerspezialist, kein Wertpapierfachmann, und ein Großteil der Arbeit in seinem neuen Job hatte mit Wertpapieren zu tun. Am ersten Tag traf er sich mit Fastow, um seine Aufgaben zu besprechen. Nachdem sie die Liste durchgegangen waren, fügte sein neuer Boss einen weiteren Punkt hinzu.

»Ach so«, meinte Fastow, »eine Ihrer Aufgaben ist es auch, die LJM-Akten zu verwalten.«

Mintz stand vor einer Reihe metallener Aktenschränke, zog einen Schubkasten heraus und glitt mit einem Finger über die grünen Hängeordner. Schließlich entdeckte er den Ordner, nach dem er suchte.

LJM. Es gab keine Unterkategorien, nur einen großen braunen Umschlag voller Papiere. Mintz nahm den Umschlag heraus und entleerte ihn auf seinen Tisch. Jede Menge Dokumente und Ausdrucke von E-Mails. Es dauerte nicht lange, bis ihm schier die Augen übergingen.

Einfach unglaublich! Deal um Deal, insgesamt mehrere hundert Millionen Dollar. Und alle getätigt mit einer vom CFO kontrollierten Gesellschaft. Warum um alles in der Welt ließ Enron das zu?

Mintz musste viel lernen, und zwar schnell. Enron war kein Ort, an dem man Leuten, die versuchten, ein Problem in den Griff zu bekommen, ein Seil zuwarf. Eher schon einen Anker. Er hatte keine

Lust, dass die Leute ihm bei dem Versuch zusahen, das alles hier auf die Reihe zu bekommen, und ihn dann als unfähig abstempelten.

Mintz legte sich einen Plan zurecht. Er beschloss, auf eigene Faust alles, von Anfang an, über die LJM-Deals in Erfahrung zu bringen. Die Board-Protokolle durchgehen, die Unterlagen zu den Deals studieren, mit den Beteiligten sprechen, so lange, bis er die gesamte Story vor Augen hatte.[24]

Schon bald erkannte Mintz, dass die LJM-Gefolgsleute ihren eigenen Zirkel innerhalb von Enron bildeten. Von Anfang an erregten eigenartige Vorgänge seine Aufmerksamkeit. Kopper organisierte Meetings mit Juristen, in denen es darum ging, wie Enron die Herausgabe von Informationen über die LJM-Fonds vermeiden konnte.

Dann setzten Kopper und Glisan Mintz unter Druck und verlangten von ihm, einen Anwalt zu feuern, der es bei einem LJM-Deal an der nötigen Flexibilität hatte fehlen lassen. Und was die Fastow betreffenden und von Enron tolerierten Interessenkonflikte anging, fielen Mintz bei den Führungskräften in der gesamten Abteilung klare Anzeichen des Unbehagens auf.

Er musste noch einmal mit Fastow sprechen, und dieses Mal ausschließlich über die Geschäfte mit LJM.

Die Raptoren funktionierten nicht. Ungeachtet der sorgfältigen Planung, der intensiven Beratung durch Andersen, der selbstbewussten Lobreden auf die Genialität der Finanzgruppe versagten die angeblich so brillanten Hedges bereits nach ein paar Wochen.

Das Problem war genau das, worauf Stuart Zisman bereits hingewiesen hatte: Die Instrumente waren als Deponie für finanziellen Giftmüll missbraucht worden. Einige Investitionen in Raptor I verloren so rasch an Wert, dass sie noch nicht einmal abgesichert werden konnten, bevor die Verluste sich anhäuften. Fastow und seine Kollegen entledigten sich des Problems mit links – sie datierten die Dokumente zurück und erweckten damit den Eindruck, dass die Hedges zu dem Zeitpunkt anfingen, als die Aktienanlagen auf ihrem Höchstwert notierten. Doch das schrieb unmittelbar gewaltige Verluste für die Raptoren fest.

Schlimmer noch, der dritte Raptor wurde gleich zweimal getroffen: Eine Woche nach Beginn des Handels brach der Aktienkurs von New Power ein. Diese Aktien wurden natürlich vom dritten Raptor abgesichert und stellten die einzige signifikante Anlage des Hedge dar. Damit stiegen Enrons Schulden, während gleichzeitig sein Kapital versiegte.

Wenn nicht schnell etwas geschah, bestand die Gefahr, dass die Raptoren für zahlungsunfähig erklärt werden mussten. Und das wiederum würde Enron zwingen, die Verluste aus seinen Händlerinvestments auszuweisen.

Fastow und Causey verloren keine Zeit. Am 20. Oktober schufen sie einen so genannten »costless collar« – einen »kostenneutralen« Devisenterminkontrakt –, der Enron verpflichtete, Raptor I alle Verluste zu ersetzen, die anfielen, sollte der Kurs der Enron-Aktie unter 81 Dollar sinken. Damit wollten sie verhindern, dass Raptor I wegen eines Kursverlustes der Enron-Aktie plötzlich zahlungsunfähig wurde.

Raptor I war zu einem absurden Kreisgeschäft mutiert. Unterschritt der Kurs der Enron-Aktie das Ziel, schuldete Enron Raptor I Geld, doch genau dieses Geld musste Raptor I dann an Enron überweisen, um die Verluste aus den Händlerinvestments auszugleichen. Enron, man konnte es drehen und wenden, wie man wollte, sicherte sich mit sich selbst ab.[25]

Fastow blockierte für den 23. Oktober Zeit für das Meeting mit Mintz in seinem Terminkalender. Sie setzten sich, jeder einen Schreibblock vor sich, an den Konferenztisch in Fastows Büro. Mintz fragte Fastow, was genau er von ihm im Hinblick auf LJM erwartete. Fastow begann, von dem ganzen Papierkram zu reden, der erledigt werden musste – Autorisierungen, Abschlussdokumente und der ganze Rest. Mintz folgte seinen Ausführungen mit einem unguten Gefühl.

»Ich möchte Ihnen jetzt einen Überblick darüber geben, warum LJM existiert und warum Skilling und das Board ihre Zustimmung erteilt haben«, sagte Fastow nach einer Weile.

LJM könne schnell agieren, erklärte er, und stehe in Krisenzeiten parat, wenn Enron schnell verkaufen müsse. »LJM steht dem Unternehmen nahe, wir verstehen die Deals. Da gibt es keine wochenlangen Verhandlungen und Anwälte, die alles in die Länge ziehen.«

Mintz machte sich Notizen und versuchte, seinen Abscheu zu verbergen. Was Fastow da beschrieb, war schlicht pervers, ungefähr so, als würde man Inzest damit rechtfertigen, dass ein Bruder seine Schwester wirklich gut kannte.

Oder doch nicht? Er dachte an die goldplattierten Firmennamen, die auf den LJM-Dokumenten prangten: Arthur Andersen, Vinson & Elkins. Die Firmen verfügten über viel mehr Erfahrung als er, und sie hatten LJM eine blitzblanke Weste bescheinigt. Vielleicht gab es da etwas, was er nicht verstand.

Fastow kam jetzt auf die Geschichte des Fonds zu sprechen, wobei er seinen Beitrag zum Rhythms-Hedge überschwänglich als Geniestreich lobte.

»Weil LJM1 mit Rhythms so erfolgreich war, haben wir LJM2 aufgelegt«, fuhr er fort. »Und mit LJM2 konnten wir dank der Raptoren noch mehr Investments absichern.«

»Die Anwälte und Wirtschaftsprüfer erhielten alle Details. Alle haben unbeschränkten Zugang zu allen Informationen«, betonte Fastow. »Das hier läuft alles nach dem Open-Kimono-Prinzip.« (Open-Kimono-Management basiert auf Vertrauen. Es gilt als das Gegenteil von defensivem Management. A.d.Ü.)

Offener Kimono. Mintz hasste diesen Ausdruck. Zu viele Leute bei Enron benutzten ihn. Woanders hatte er den Begriff noch nie gehört.

»Das ist der Grund, warum Enron zuversichtlich ist«, sagte Fastow. »Sie sind zuversichtlich, weil Michael und ich die Verantwortung tragen. Sie wissen, dass wir nichts tun würden, was nicht in Enrons Interesse liegt.«

Aber Enron, fuhr er fort, müsse sich nicht allein auf ihre Integrität verlassen. Es gebe zahlreiche Kontrollen, von Enrons Recht, einen Deal abzuweisen, bis hin zu der Vorschrift, dass Causey und Buy alles abzeichneten. Außerdem lege das Unternehmen seinen Aktionären alle Deals in den Einladungen zur Jahreshauptversammlung offen. Alles stehe in dem Abschnitt über Transaktionen mit verbundenen Unternehmen. Mintz nickte wortlos. Das waren genau die Daten, deren Offenlegung Kopper, wie er wusste, zu *unterbinden* suchte.

Fastow blickte Mintz streng an. »Wie viel Geld ich mit LJM verdiene, muss nicht offen gelegt werden«, sagte er.

Für den Fall, dass Mintz noch mehr wissen wolle, gab er ihm die Namen der Anwälte, die im Vorjahr an den LJM-Offenlegungen gearbeitet hatten. »Unser Ansatz in der Vergangenheit war«, fügte er hinzu, »unsere Offenlegungen so harmlos wie möglich zu formulieren.«

Mintz notierte die Worte »harmlos formulieren«.

Das Meeting endete nach 45 Minuten. Mintz kehrte sofort in sein Büro zurück; er musste sich einen Plan zurechtlegen, wie er alles, was Fastow ihm gerade erzählt hatte, überprüfen konnte. Er wollte nichts dem Zufall überlassen.[26]

Am 25. Oktober sprach Mintz mit Rick Buy über LJM. Buy saß hinter seinem Schreibtisch und gab sich zurückhaltend. Mintz hatte den Eindruck, dass Buy innerlich zerrissen war: Einerseits war er überzeugt, dass die Deals gut waren für Enron, andererseits plagten ihn Zweifel, ob es wirklich klug war, die Fonds zu nutzen.

Die Analysen der LJM-Deals lagen, sagte Buy, größtenteils in der Hand von Dave Gorte aus der Risikoabteilung. Ein paar Minuten lang ließ er sich über die ökonomische Seite der Transaktionen aus. Dann sah er aus dem Fenster.

»Ich weiß nicht«, fuhr er nach einer Pause fort. »Andy muss da ein ganz schönes Ding für sich laufen haben.« Er richtete den Blick wieder auf Mintz. »Um ehrlich zu sein, Andy hat mir mehr oder weniger angeboten, bei LJM einzusteigen. Vielleicht mache ich das. Ich weiß nicht.«

Mintz war geschockt. Fastow hatte Buy, einem derjenigen, die die LJM-Geschäfte auf ihre Korrektheit hin überprüfen sollten, *angeboten, für ihn zu arbeiten?* Allein schon das Angebot *auszusprechen* verschärfte den Konflikt. Gab es denn gar niemanden, der das für bedenklich hielt?[27]

Jeff McMahon lachte Tränen.

Es war 10.30 Uhr am nächsten Morgen. Mintz hatte eben erst McMahons Büro betreten, um mit ihm über seine Erfahrungen mit LJM während seiner Zeit als Treasurer zu sprechen. McMahon machte seinen Standpunkt schnell klar; noch bevor Mintz ein Wort sagte, brach er in Gelächter aus. Mintz verstand sofort. McMahon war dem Verein nicht beigetreten. Er konnte die politischen Nettigkeiten weglassen.

»Jeff«, sagte Mintz, »worum zum Teufel geht es bei diesem ganzen LJM-Zeug?«

McMahon lachte schon wieder. »Nun, Sie haben bestimmt alle Hände voll zu tun, jetzt, da Sie zur dunklen Seite übergelaufen sind.«

»Was meinen Sie damit?«

»Fastow, Kopper, die ganze Truppe. Da ist ordentlich was los.« McMahon seufzte. »Ein echter Konflikt. Und dieser verdammte Andy ist so blind, er sieht nicht mal, dass er ein Problem hat. Die Leute haben Angst, darüber zu sprechen.«

Jetzt wurde er ernst. »Andy weiß, dass er alle an den Eiern hat«, sagte er. »Buy nickt diese Deals einfach ab, und Andy walzt einfach über ihn drüber. Andy drängt unsere Banker, in seine Fonds zu investieren, im Hintergrund steht die Drohung, dass sie Enron-Geschäfte verlieren könnten, wenn sie das nicht tun. Und Causey steckt in der Zwickmühle, weil am Ende, wenn abgerechnet wird, er für die Finanzzahlen verantwortlich ist und LJM ihm hilft, die Vorgaben zu erfüllen.«

Kurz gesagt, es handelte sich um eine Zeitbombe. Und McMahon machte Skilling für die ganze Sache verantwortlich.

»Ich glaube, Skilling hat einfach Angst, Vermögenswerte abzustoßen«, sagte er. »Er will beides haben. Nehmen wir noch LJM dazu, und wir haben die perfekte Lösung. Wir können Vermögenswerte an sie verkaufen und sie später, wenn wir wollen, wieder zurückkaufen.«

McMahon gab Mintz eine kurze Einführung in die Komplexität der relevanten Buchhaltungsvorschriften. »Was Sie hier wirklich verstehen müssen, ist, dass Enron wegen dieser Deals inzwischen nur noch eine Holdinggesellschaft ist«, schloss er seine Ausführungen. »Wir sind kein operatives Unternehmen mehr. Wir verkaufen nur noch Investitionen.«[28]

Gerade einmal eine halbe Stunde hatte McMahon gebraucht, um Mintz' schlimmste Befürchtungen zu bestätigen. Er war jetzt seit zehn Tagen in seinem neuen Job.

Am selben Tag brüllte Skilling vor einem Konferenzzimmer im Ritz-Carlton in Palm Beach einen Manager von New Power an. Skilling war zur LJM2-Investorenkonferenz in die Stadt gekommen, um eine Rede zu halten.

Er war vor rund einer Stunde in dem Hotel eingetroffen und vor dem Konferenzsaal mit dem New-Power-Manager in Streit geraten, der ebenfalls eine Rede vor den LJM-Investoren halten sollte. Enron und New Power befanden sich gerade in einem heftigen Disput, und Skilling hatte beschlossen, die Sache hier und jetzt auf den Tisch zu bringen. Nach dem anfänglich lauten Schlagabtausch beruhigten sich die beiden wieder und handelten ein Abkommen aus.

Noch während sie feilschten, öffnete sich die Tür. Zeit für Skillings Auftritt. Er ging zur Stirnseite des Raums und sprach 20 Minuten über Enrons Erfolge und Pläne. Nach ein paar Fragen aus dem Publikum verließ er den Saal und fuhr direkt zum Flughafen. Fastows Lobeshymne auf die fantastische Performance von LJM2 im letzten Jahr hörte er nicht mehr.

Die Zahlen waren atemberaubend. Die voraussichtliche Rendite für LJM2 lag bei 69 Prozent, erwirtschaftet ausschließlich durch Transaktionen in Verbindung mit Enron. Hätte eine echte dritte Partei Geschäfte mit Enron getätigt und dabei so hohe Profite erzielt, dann hätten alle Enron-Manager vor Scham gewinselt. Aber Fastow strahlte, während er die Zahlen verlas. Schließlich handelte es sich bei der dritten Partei, die das Geld einsackte, um seinen Fonds.

Der Löwenanteil der Gewinne stammte, wie die Aufschlüsselung der Investitionen zeigte, aus einer Hand voll Deals. Bei den meisten anderen lagen die Renditen eher im Durchschnittsbereich. Aus dem Glasfaserdeal mit Broadband beispielsweise erwarteten sie 18 Prozent Rendite. Die Raptoren dagegen schwebten in anderen Sphären: Die prognostizierte Rendite für Raptor I lag bei 193 Prozent, die für Raptor II bei 278 Prozent. Und Raptor III? Hübsche, runde 2 500 Prozent.

Die Investoren, die 437 Millionen Dollar aufgebracht hatten, konnten sich auf einen Gewinn von fast 345 Millionen Dollar freuen. Demnächst.[29]

Am 27. Oktober ging Mintz zu Dave Gorte, dem Analysten, der laut Buy die LJM2-Deals überprüfte. Gorte schien die ganze Angelegenheit ziemlich entspannt zu sehen.

»Die Preise für die Dinge, die an LJM gehen, unterscheiden sich nicht sonderlich von denen am Markt«, meinte Gorte. »Aber diese Transaktionen zu prüfen ist verdammt schwer, weil wir so viele Vermögenswerte aus der Bilanz nehmen.«

»Achten wir darauf, ob ein bestimmtes Geschäft die beste Option ist?«, wollte Mintz wissen.

Gorte schüttelte den Kopf. »Nein. Wahrscheinlich sollten wir das. Aber wir fragen uns nur, ob der Deal für sich genommen korrekt ist. Wir vergleichen ihn nicht unbedingt mit anderen Deals.«

Mintz speicherte das ab. Gorte hatte, ohne es zu ahnen, Fastows Versicherung widersprochen, dass LJM2 nur als Käufer letzter Instanz einsprang.

»Aber mit einer dritten Partei würde es zu lange dauern«, fuhr Gorte fort. »Wir wollen nur sichergehen, dass der Deal den Geruchstest besteht.«

Wie sie die Annahmen aus der Finanzabteilung überprüften, mit denen die Deals begründet wurden, fragte Mintz, »Normalerweise überprüfen wir die Annahmen nicht«, gab Gorte zu. »Aber das sollten wir.«

Mintz verließ Gorte mit dem sicheren Gefühl, dass McMahon Recht hatte. Die viel gepriesene Überprüfung der LJM2-Deals lief auf eine automatische Absegnung hinaus.

Was hielten die Buchhalter von diesen Umtrieben?

Bei seinen Interviews kamen Mintz viele Dinge zu Ohren, die ihn die Art und Weise hinterfragen ließen, wie die Zahlen ermittelt wurden. Enron, so hatte er gehört, kaufte sogar Vermögenswerte zurück, die das Unternehmen an LJM2 verkauft hatte. Das allein war ein Indiz dafür, dass die Erlöse aus diesen Geschäften nicht als Einnahmen hätten verbucht werden dürfen. Andererseits fragte er sich immer noch, ob sein spärliches Buchhaltungswissen ihn nicht zu voreiligen Schlüssen verleitete. Vielleicht konnten die Buchhalter ihm ja die Logik hinter LJM erklären.

Also ging er am 30. Oktober zu Causey. Zunächst berichtete er Causey, mit welchen Leuten er bislang über LJM gesprochen hatte. »Dass Sie in diesem Prozess eine wichtige Rolle spielen, liegt auf der Hand«, sagte Mintz. »Dennoch würde ich Ihre Funktion gerne besser verstehen.«

Causey erklärte ihm in knappen Worten, wie er die Transaktionen prüfte. Dann lobte er sie über den grünen Klee.

»Das ist eine Win-win-Lösung für Enron«, erklärte er. »Wir verkaufen Vermögenswerte an LJM, Vermögenswerte, die wir später nicht zurückkaufen. Damit entfernen wir sie aus unserer Bilanz.«

Kaufen Vermögenswerte nicht zurück? Mintz hatte doch erst vor kurzem erfahren, dass Vermögenswerte zurückgekauft wurden. Er sagte Causey, was er gehört hatte.

»Davon weiß ich nichts«, entgegnete Causey.

Ein Heureka-Moment. Mintz begriff die Zusammenhänge. Die Verantwortlichen für die Überprüfung der LJM-Transaktionen – Causey, Buy, das Board – erledigten ihre Pflichten eher beiläufig und warfen nur einen flüchtigen Blick auf die Unterlagen. Offenbar vertrauten sie darauf, dass die anderen die Geschäfte unter die Lupe nahmen. Doch das machte niemand.

»Wie beurteilt Andersen diese Vorgänge?«, fragte Mintz.

»Wir müssen Arthur Andersen im Prozess managen«, antwortete Causey. »Sie sind nicht gerade begeistert davon, aber sie halten es für korrekt.«

Er zuckte mit den Schultern. »Solange wir die von ihnen geforderten Informationen offen legen, zeichnen sie die Projekte ab.«[30]

Die Anwälte, die mit der Trading Group arbeiteten, kehrten am 3. November zu weiteren Interviews nach Portland zurück. Sanders ließ seinen Blick über die in einem Konferenzsaal versammelten Händler schweifen.

»Nun zu den Strategien, über die wir gesprochen haben«, sagte er. »Wir haben damit aufgehört, richtig, Jungs?«

»Ja, wir haben damit aufgehört«, erklärte Belden verlegen.[31]

Die Dämmerung brach an, und Skilling sah zu, wie der Wald hinter Rebecca Carters Haus langsam im Dunkel verschwand. Die beiden standen auf der Veranda hinter dem Haus und rauchten. Skilling sprach über seinen Wunsch, Enron zu verlassen.

»Am liebsten würde ich jetzt gleich gehen«, sagte er.

Jede Menge Leute stünden bereit, die ihn ersetzen konnten. Sie hätten die größten Probleme unter Kontrolle, sagte er. Azurix, International – sogar Kalifornien. Carter war anderer Meinung.

»Du kannst jetzt nicht das Handtuch werfen, Jeff«, sagte sie. »Das Unternehmen braucht dich mehr denn je. Ken steht vor dem Absprung, und es gibt niemanden, der in deine Fußstapfen treten könnte. Du musst bleiben.«

Skilling zog an seiner Zigarette. In Ordnung, er würde nicht gehen. Noch nicht.

»Was zum Teufel ist passiert? Ich dachte, wir hätten alles geklärt.«

Es war der 5. November, und Joe Berardino, der Managing Partner von Andersen, der mit Levitt an dem Kompromiss zur Trennung von Wirtschaftsprüfung und Unternehmensberatung gearbeitet hatte, telefonierte von Europa aus mit der SEC. Wochenlang hatte er den Diplomaten gespielt und am Ende gedacht, er hätte eine Vereinbarung erreicht. Doch im letzten Moment hatte Levitt zu hoch gereizt und den anderen Firmen gesagt, dass der Kompromiss nicht verhandelbar sei, dass sie ihn entweder schlucken oder ablehnen könnten.

Sie hatten ihn abgelehnt.

Der ausgehandelte Kompromiss hätte allen etwas gegeben. Einige der lukrativsten Beratungsdeals wären weiterhin erlaubt gewesen, allerdings hätten die Honorare für alle Dienstleistungen, die nicht die Wirtschaftsprüfung betrafen, offen gelegt werden müssen. Die Firmen hätten sogar weiterhin interne Buchprüfungen durchführen können, solange sie in keinem Unternehmen mehr als 40 Prozent der Arbeit ausmachten.

Als Knackpunkt erwies sich der Passus, der für Levitt das Herzstück darstellte. Laut dem Passus mussten die Wirtschaftsprüfungsgesellschaften unabhängig sein, sowohl tatsächlich als auch ihrem Auftritt nach. Drei der fünf großen Gesellschaften waren nicht bereit, diese ihrer Meinung nach allzu vage Klausel zu akzeptieren.

Nach dem Scheitern der Verhandlungen nahm Berardino seine diplomatischen Aktivitäten wieder auf. Unterstützt von Levitt, der pausenlos am Telefon hing, schaffte er es, die Mehrheit der Gesellschaften zur Annahme der Klausel zu bewegen. Schließlich erklärten sich alle Betroffenen zu einem Deal bereit, ausgenommen Philip Laskaway, Chairman von Ernst & Young.

Levitt rief Laskaway an und drängte ihn, sich seinen Kollegen anzuschließen. Der Justiziar von Ernst & Young, der ebenfalls an dem Gespräch teilnahm, argumentierte gegen den Vorschlag.

Levitt war müde und frustriert. Er verlor die Geduld. »Ruhe!«, schrie er den Justiziar an.

»Philip, habe ich Ihre Unterstützung, oder habe ich sie nicht?«, wollte Levitt wissen.

Mehrere Sekunden hörte er nichts. »Ich glaube«, antwortete Laskaway schließlich, »ein Deal ist im Interesse der Branche. Sie haben unsere Unterstützung.«[32]

Am 15. November kam Levitt in seinem Konferenzzimmer mit seinen Mitarbeitern zusammen. Die endgültigen Regeln zur Unabhängigkeit von Wirtschaftsprüfern waren gerade von der Kommission angenommen worden. Levitt hob ein mit Champagner gefülltes Plastikglas in die Höhe.

»Wir haben einen großen Erfolg errungen«, sagte er zu seiner Truppe. »Jeder Einzelne hier hat allen Grund, stolz zu sein.«

Er ging durch den Raum, blieb hier und da stehen und verteilte Lob. Levitt war zufrieden, aber nicht glücklich. Die Vorschriften waren nicht so streng, wie er sich das erhofft hatte, und schafften das Problem nicht wirklich aus der Welt. Aber einem Einwand der Firmen hatte er nichts entgegensetzen können. Die SEC konnte keinen rauchenden Colt vorweisen. Sie hatte keinen Fall, der bewies, dass eine Gesellschaft wegen mangelnder Unabhängigkeit einem Klienten erlaubt hatte, gegen geltendes Recht zu verstoßen.

Levitt sah die Sache mit gemischten Gefühlen. Natürlich war er überzeugt, einen Fortschritt erzielt zu haben. Doch in seinem Herzen wusste er, dass die Zeit der Buchhaltungsskandale noch nicht vorüber war. Noch lange nicht.

Irgendetwas stimmte nicht mit Enron. Jim Chanos, der Leerverkäufer aus New York, war sich dessen so sicher, dass er bereit war, Geld darauf zu wetten.

Vor gut einem Monat hatten Chanos und seine Analysten Enrons Finanzberichte unter die Lupe genommen, und sie waren fündig geworden. Trotz der aggressiven Buchhaltung erzielte Enron gerade einmal sieben Prozent Rendite auf das investierte Kapital – ein klares Indiz für falsche unternehmerische Entscheidungen. Sieben Prozent waren so wenig, dass sich Chanos in Anbetracht der von ihm kalkulierten Kapitalkosten Enrons nicht einmal sicher war, ob der Konzern überhaupt Geld verdiente.

Den bizarrsten Fund jedoch machten seine Analysten in den von Enron für das dritte Quartal vorgelegten Berichten. Das Unternehmen tätigte Geschäfte mit Gesellschaften, die laut Enron von einem nicht genannten Topmanager geführt wurden. Obwohl Chanos und seine Mitarbeiter alles überprüften, was sie über diese Geschäfte in Erfahrung bringen konnten, gelang es ihnen nicht, ihre Auswirkungen auf die von Enron berichteten Finanzzahlen zu klären.

Dennoch, Chanos hatte genug gesehen. Im November platzierte seine Firma ihre erste große Wette auf einen fallenden Enron-Aktienkurs.[33]

In Portland sprach Christian Yoder mit Stephen Hall, dem Anwalt, den er von Stoel Rives angeheuert hatte. Yoder beschlich so langsam der Verdacht, dass die Führungsriege von Enron keine Ahnung von den Handelsproblemen in Kalifornien hatte. Irgendwie musste er ihre Aufmerksamkeit erregen. Hall hatte den Auftrag erhalten, sich in die Handelsstrategien einzuarbeiten, und das war die Chance, die er nutzen wollte.

»Steve, ich möchte, dass Sie alles, was Sie haben, niederschreiben«, sagte er. »Ich brauche es für das Topmanagement.«[34]

Die Überprüfung von Enron Energy Services (EES), mit der Wanda Curry und ihr Team von Buchhaltern letzten April begonnen hatten, führte stracks in ein finanzielles Horrorkabinett. Zu der Abteilung gehörte eine kleine Handelsabteilung, die die Preisrisiken der mit den Kunden abgeschlossenen, langfristigen Verträge absichern sollte. Doch Lou Pai hatte ihren Händlern erlaubt, spekulative Wetten auf den Strompreis abzuschließen. Während die Großkundenabteilung Positionen aufbaute, die von einem Preisanstieg ausgingen, hatte EES auf fallende Preise gewettet. Aber die Preise waren gestiegen, und nun saß die Abteilung auf gewaltigen Verlusten.

Die Probleme von EES beschränkten sich jedoch nicht auf die Handelsabteilung. Auch die Kundengeschäfte waren eine einzige Katastrophe. Die vollen Werte der Kontrakte wurden nach der Mark-to-Market-Methode verbucht, und zwar auf der Grundlage von, wie die Prüfer herausfanden, absurd optimistischen Annahmen. Die Analyse von nur 13 Kontrakten ergab eine Diskrepanz von 200 Millionen Dollar zwischen den berichteten Einnahmen und ihrem von Curry ermittelten tatsächlichen Wert.

Chaos und Desorganisation bestimmten die Abläufe bei EES. In diesem Herbst entdeckte ein Mitarbeiter unter einem Tisch mehrere Ablagekörbe. Darin lagen Schecks – Tausende von Schecks – von Stromversorgern, die ihre Außenstände bei Enron begleichen wollten. Unter dem Strich beliefen sich die von EES wie Altpapier behandelten Schecks auf rund zehn Millionen Dollar.

Die Abteilung war noch nicht einmal in der Lage, Schecks korrekt zu verbuchen.[35]

Enron-Justiziar Jim Derrick dachte, die Zeigefinger an die Lippen gelegt, über die Worte nach, die er gerade hörte. Es war der 20. November, und die Anwälte von Wholesale – Richard Sanders und Mark Haedicke – hatten sich in Derricks Büro eingefunden und berichteten ihm ihre Erkenntnisse über die Strategien, mit denen die Händler in Portland den Bundesstaat Kalifornien übervorteilt hatten.

Sanders nannte die kindischen Namen, die die Händler den Strategien gegeben hatten, ersparte es sich aber, im Detail zu erläutern, wie sie funktionierten. Derrick hörte schweigend zu.

»Welche Maßnahmen können Ihrer Meinung nach aufgrund dieser Vorgänge gegen uns ergriffen werden?«, fragte er, nachdem Sanders geendet hatte.

»Möglicherweise Klagen wegen Verstoßes gegen das Kartellgesetz«, antwortete Sanders. »Einige der Vorgänge halte ich für relativ unproblematisch. Was mir aber Sorgen bereitet, sind die Strategien, die die Leitungsüberlastung betreffen.«

Derrick dachte darüber kurz nach. »Haben wir geeignete Anwälte, die uns bei diesen Klagen vor Gericht vertreten können?«, fragte er schließlich.[36]

Neun Tage später wurde die erste Strafanzeige gestellt. Doch selbst danach sprach Derrick weder mit Lay noch mit Skilling über die Angelegenheit.

Am Nachmittag des 27. November bekam Mintz einen Anruf von Fastow.

»Hi, Andy.«

»Hi, Jordan. Ich wollte Ihnen nur mitteilen, dass das Board LJM3 genehmigt hat.«

Mintz notierte »LJM3« in seinen Terminplaner. *Noch ein LJM?* Er wusste nicht, dass die Genehmigung schon vor Wochen erfolgt war.

»Kirkland & Ellis verfasst den Prospekt zur Privatplatzierung«, fuhr Fastow fort. »Rufen Sie dort an, sie werden Ihnen eine Kopie zur Durchsicht geben. Aber eigentlich ist die Sache schon durch.«

Mintz malte einen Stern neben das Wort »LJM3«. Jetzt kam es darauf an, schnell zu handeln.

Später überflog Mintz den LJM3-Verkaufsprospekt. Auf der zweiten Seite hielt er inne. *Das ist doch nicht möglich!*

Er las den Satz ein zweites Mal. Fastow versicherte den potenziellen Investoren, sie würden von seinem Zugang zu vertraulichen Deal-Flow-Daten von Enron profitieren. Im Prinzip bot er damit interne Geschäftsinformationen von Enron zum Verkauf an. Mintz nahm eine Kopie des LJM2-Prospekts zur Hand und stieß dort auf dieselbe kühne Behauptung. Jeder Enron-Investor, der das las, musste durchdrehen; das waren *ihre* vertraulichen Unternehmensinformationen, die Fastow da verhökerte.[37]

Mintz rieb sich das Gesicht. Unzählige Anwälte hatten das überprüft. Es *musste* einfach in Ordnung sein. Immerhin war alles offen gelegt worden. Und dennoch …

Wie sollen wir damit durchkommen? Wie können sie es auch nur wagen, das auszusprechen?

Um 17 Uhr am 5. Dezember stand Gouverneur Gray Davis neben einem 20 Meter hohen Weihnachtsbaum vor dem Rundbau des Kapitols und blickte in die erwartungsvollen Gesichter der festlich gestimmten Menge. Sharon Davis, die First Lady, nahm den sieben Jahre alten David Almberg an der Hand und half ihm, einen kleinen Knopf zu drücken. Strom floss in die 4 000 Lichterkerzen, mit denen der Baum geschmückt war.

Die zeremonielle Illumination des kalifornischen Weihnachtsbaums, die sich an diesem Tag zum 70. Mal jährte, bot den Menschen eine willkommene – wenn auch nur vorübergehende – Ablenkung von der Energiekrise in dem Bundesstaat. Eine halbe Stunde später stand das Stromnetz schon wieder kurz vor dem Zusammenbruch. Der Gouverneur legte einen Schalter um, und die Lichter an dem Weihnachtsbaum erloschen. Schweigend verließ die Menge den Platz.[38]

Am 6. Dezember hatte Mintz die Überprüfung des LJM3-Prospektes beendet – und damit, wie er glaubte, das Mittel in der Hand, die Aufmerksamkeit der Verantwortlichen bei Enron auf die Probleme mit LJM zu lenken. Er würde ein Memo an Causey und Buy schreiben. Und an einige der anderen Anwälte – an Rex Rogers im Büro des Justiziars und an Ron Astin von Vinson & Elkins.

Nichts Aufgeregtes, nur eine nüchterne Auflistung der Fakten. Das sollte genügen. Er war zu dem Schluss gelangt, dass die Verantwortlichen bei Enron sich einfach noch nicht mit Fastows Aktivitäten befasst hatten. Mit seinem Memo würde er das ändern. Die schlichten Fakten würden an der Spitze eine Panik auslösen, davon war er überzeugt.

Am selben Tag betrat Stephen Hall in der Kanzlei Stoel Rives in Portland das Büro seines Chefs, Marcus Wood. Er war mit seinem Memo über die Handelsstrategien von Enron fertig und bat Wood, den Energiespezialisten der Firma, um seinen Kommentar. Wood las den Bericht und empfahl, ihn noch schärfer zu formulieren. Zusammen überarbeiteten sie das Memo, und ihre Schlussfolgerungen waren verheerend:

»Der Effekt dieser Transaktionen besteht darin, dass Enron dafür bezahlt wird, Strom umzuleiten, um die Überlastung der Leitungen zu reduzieren, ohne jedoch in Wirklichkeit Strom umzuleiten oder eine Überlastung zu reduzieren ... Durch die absichtliche Erhöhung der Überlastungskosten bewirkt Enron effektiv eine Kostensteigerung für alle Marktteilnehmer ... Diese Strategie hat Profite in Höhe von schätzungsweise 30 Millionen Dollar erzeugt.«

Die Botschaft war unmissverständlich. Enron hatte ein großes Problem.[39]

Mit dem auf dem Briefpapier von Stoel Rives ausgedruckten Memo in der Tasche gingen Hall und Wood die drei Blocks zum Portland-Büro von Enron hinunter, wo sie mit Yoder verabredet waren. Der Enron-Anwalt stand als einer der Autoren in dem Dokument, und sie wollten ihm das Schreiben vorlegen, bevor sie es abschickten.

Yoder studierte das Dokument mit leichtem Unbehagen. *Das hier ist Stoel-Rives-Briefpapier, und ich bin als Mitautor aufgeführt?* Er dachte einen Moment lang nach. Er war an dieser Sache beteiligt. Sein Name würde dem Memo zusätzliche Bedeutung verleihen.

»Okay«, sagte Yoder. »Lassen Sie meinen Namen drin.«

Als Richard Sanders ein paar Stunden später das Memo las, konnte er seine Wut kaum zügeln. Niemand hatte ihn konsultiert oder auch nur vorgewarnt, dass es auf dem Weg war. Dieses Memo hier deutete an, dass Enron gegen die Vorschriften verstoßen hatte – und zwar genau zu dem Zeitpunkt, als das Unternehmen verklagt wurde!

Er ging zu Haedicke, der noch aufgebrachter reagierte. Haedicke hielt die Analyse für falsch und das Memo für gefährlich.

»Sammeln Sie alle Kopien ein«, wies er Sanders an.[40]

Yoder hörte am Telefon zu, wie Haedicke tobte. »Was zum Teufel haben Sie sich dabei gedacht, Christian? Wie kommen Sie dazu, das hier ohne vorherige Rücksprache auf Papier festzuhalten?«

Der Zweck des Memos bestehe doch darin, alle zu informieren, verteidigte sich Yoder, damit sie die Situation begriffen.

»Okay, das kann ich akzeptieren«, erwiderte Haedicke. »Wir müssen stets ein sachliches Verständnis der Themen entwickeln. Aber nicht auf diese Weise! Ich bin wirklich sauer, dass dieses Memo erstellt wurde.«

»Nun …«

»Außerdem enthält es meiner Meinung einige sachliche Ungenauigkeiten. Und die Existenz von etwas Schriftlichem, das möglicherweise falsch ist, könnte unsere gesamte Strategie gefährden!«

Trotz Haedickes Anruf hielt Yoder es für richtig, dass er das Memo ans Topmanagement nach Houston geschickt hatte; zumindest wusste nun jeder, was in Kalifornien passiert war. Doch Yoder sollte von den Chefs aus Houston nie wieder etwas zu dem Thema hören. Es war, als wüsste im Topmanagement niemand, dass dieses Memo existierte.[41]

Am 7. Dezember ging Jordan Mintz an seinem Computer nochmals sein Memo zu LJM3 durch. Die Botschaft war seiner Ansicht nach absolut unmissverständlich. Zunächst wies er darauf hin, dass die Unterlagen für LJM3 zur Aussendung bereitlagen und die Formulierungen nahezu exakt denen des LJM2-Prospekts entsprachen. Allerdings, schrieb Mintz, gab es einige Stellen, die besondere Aufmerksamkeit verdienten. Beispielsweise der Hinweis darauf, dass LJM3 aufgrund des Zugriffs zu Enrons vertraulichem Deal-Flow eine attraktive Investition darstellte. Das Insiderwissen, das es Fastow und Kopper erlaubte, Vermögenswerte zu evaluieren. Die Aussetzung des Verhaltenskodexes durch das Board.

Nach einer letzten Durchsicht schickte Mintz den Entwurf per E-Mail an Rex Rogers im Büro des Justiziars und an Ron Astin bei Vinson & Elkins. Er bat sie um ihren Input, bevor er das Memo an Causey und Buy schickte. Er rechnete fest damit, dass die Anwälte, begierig, die von ihm aufgezeigten Probleme zu beheben, sich umgehend bei ihm melden würden.

Das taten sie nicht. Also organisierte Mintz noch am selben Tag eine Telefonkonferenz mit den beiden. »Es geht um mein Memo«, sagte Mintz. »Haben Sie es gelesen?«

Rogers antwortete als Erster. »Ja, aber die Sache mit der Aussetzung des Verhaltenkodexes durch das Board stimmt so nicht ganz«, sagte er. »Tatsächlich hat das Board eben erst beschlossen, dass der Konflikt Enrons Interessen nicht schadet. Da der Prospekt zur Privatplatzierung bereits raus ist, werden wir das in einer Prospektergänzung korrigieren.«

Mintz zögerte. »Okay«, sagte er. »Bereiten uns diese andere Formulierung und die darin enthaltene Aussage keine Schwierigkeiten?«

»Das ist unproblematisch«, entgegnete Astin. »Das deckt sich mit dem LJM2-Prospekt, und der wurde genehmigt.«

Mintz konnte es nicht fassen. Hatten die beiden Angst, unter eine politische Dampfwalze zu geraten? War er verrückt? Er fügte Rogers Kommentare an das Memo an, druckte zwei Exemplare aus und schickte sie noch am selben Tag an Causey und Buy.[42]

Auch von ihnen sollte er zu der Sache nie wieder etwas hören.

Lay ließ den Blick durch den voll besetzten Enron-Boardroom schweifen und prägte sich das Bild ein. Die Direktoren saßen an diesem 12. Dezember bereits seit mehreren Stunden zusammen, und jetzt, um 12.30 Uhr, drängten alle zum Lunch. Es gab nur noch eine Sache.

»In Ordnung«, sagte Lay. »Ich berufe eine Sitzung des Exekutivkomitees ein. Wenn also alle anderen bitte den Raum verlassen würden.«

Skilling, Fastow, Causey und neun andere Führungskräfte erhoben sich und gingen hinaus. Lay wartete, bis die Tür hinter ihnen ins Schloss gefallen war. Er nahm sich einen Moment Zeit und betrachtete die am Konferenztisch sitzenden Direktoren. Seine Freunde.

»Ich schlage vor, uns jetzt offiziell mit der Frage der Nachfolge zu befassen und eine Schlussabstimmung durchzuführen«, begann er.

15 Minuten später betrat Skilling einen Speisesaal im Mezzanin des 50. Stocks, wo die Enron-Direktoren einen leichten Lunch einnahmen. Bei seinem Eintritt erhoben sich die Direktoren und applaudierten. Lay trat zu ihm und schüttelte ihm die Hand.

»Nun, Jeff«, sagte er. »Ich möchte Sie wissen lassen, dass das Board einstimmig beschlossen hat, Sie mit Wirkung ab Februar zum neuen CEO des Unternehmens zu berufen.«

Lay wandte sich den Direktoren zu. »Und ich glaube, ich spreche für alle, wenn ich sage, dass wir uns auf den neuen Schwung freuen, für den Sie in diesem Laden sorgen werden.«

Abermals Applaus von allen Seiten.[43]

Am nächsten Abend war Skilling anlässlich einer Geschäftsreise in Dallas; er war allein und niedergeschlagen.

Wow, dachte er. *Ich hab's zum CEO gebracht.*

Er war erschöpft und erfüllt von Selbstmitleid.

War es das, was er wollte? Er hatte den Laden praktisch seit Jahren geführt. Nun musste er weitermachen, dranbleiben, sich dieselben alten Klagen anhören, sich mit denselben Widrigkeiten herumschlagen. Er ging hinunter in die Hotelbar. Was er jetzt brauchte, war ein Drink.

Kapitel 15

Jordan Mintz saß in Hemdsärmeln am Schreibtisch; sein Sportsakko hing in der Nähe an einem Kleiderständer. Am Morgen des 15. Dezember 2000 hatte Mintz ein Telefonat wegen Fishtail geführt, einem neuen LJM2-Deal, der etwa 100 Millionen Dollar Gewinn bringen sollte. Die Transaktion kam Mintz ausgesprochen aggressiv vor, und er überprüfte, ob sie korrekt durchgeführt wurde. Er suchte in den Akten nach dem DASH-Formular für den Deal.[1] Es war nicht da.

Das DASH hatte sich auch bei älteren Fällen schon als großes Problem erwiesen. Es sollte eigentlich massenweise Informationen enthalten, damit die Prüfer beurteilen konnten, ob ein LJM-Deal gut für das Unternehmen war. Doch meist waren die Informationen bestenfalls dürftig.

Mintz stattete Nicole Alvino einen Besuch ab, weil sie für die Verwaltung dieser Formulare zuständig war, und bombardierte sie mit seinen Fragen. In wessen Auftrag sie die Formulare erstelle. Warum sie während eines Deals erst so spät ausgefüllt würden. Ob es noch einen anderen Weg gebe, auf dem die notwendigen Daten übermittelt würden. Doch Nicole Alvino konnte ihm nur wenige Antworten geben.

»Ich habe ein paar von den alten Formularen geprüft«, sagte Mintz. »Einige enthalten eine Menge Einzelheiten, andere nicht.«

»Na ja«, sagte Alvino, »die Leute sind immer vorsichtig, wenn sie die Formulare ausfüllen.«

»Was soll das heißen?«

»Sie schreiben nicht zu viele Einzelheiten hinein, weil es wegen der verbundenen Parteien Probleme geben könnte.«

Mintz war entsetzt. Also wurden ausgerechnet die LJM-Deals, die der genauesten Prüfung bedurft hätten, am wenigsten genau geprüft.

»Wir machen es so, dass wir genügend Informationen mitteilen, um die Fragen auf der beigefügten Checkliste zu beantworten. Das ist allgemeiner Usus, um die Informationen auf dem notwendigen Minimum zu halten.«

Das notwendige Minimum! Mintz erinnerte sich daran, wie Fastow ihm erklärt hatte, dass die Fakten, die über die LJM-Deals an die

Öffentlichkeit gelangten, möglichst unverfänglich sein müssten. Alles wurde geheim gehalten. Das denkbar schlimmste Verhalten.

Mintz schrieb ein Memo über das Gespräch mit Alvino und schickte es herum. Aber er wusste, dass es im kollektiven Bewusstsein von Enron wenig bewirken würde. Er musste etwas Dramatischeres tun, musste alles verfügbare Beweismaterial in einem einzigen Dokument zusammenfassen, um das Management aus seiner Lethargie zu reißen.

Er sollte fast drei Monate dafür brauchen.

Die Wirtschaftsprüfer von Andersen waren fassungslos über Fishtail. Die Bank J.P. Morgan Chase war als »Investor« aufgeführt, obwohl sie überhaupt keine Barmittel beigesteuert hatte; das gesamte Startkapital kam von LJM2. Da stiegen sie nicht mehr durch.

Sie wandten sich Hilfe suchend an die Professional Standards Group, und ihre Fragen landeten auf dem Schreibtisch von Carl Bass, der einige Monate zuvor bei der PSG angefangen hatte.

Bass wühlte sich mit wachsender Besorgnis durch die Dokumente. Wenn nur LJM2 das Kapital aufbrachte, hatte niemand so viel von seiner Haut riskiert, dass Fishtail als echte außerbilanzielle Gesellschaft gelten konnte. Zumindest jedoch musste LJM2 weitere Barmittel aufbringen, und zwar acht Millionen Dollar.[2]

Er rief Duncan an und informierte ihn über den Fall. Und gefährdete damit unwissentlich seine Karriere.

Acht Millionen Dollar! Die Entscheidung war ein Schock für die an dem Deal beteiligten Enron-Manager. Irgendwie waren sie davon ausgegangen, dass Andersen Fishtail schon abgesegnet hätte, und hatten das Geschäft bereits als abgeschlossen betrachtet. Nun mussten sie mit den Verhandlungen ganz von vorn beginnen und mehr Geld aus Fastows Fonds beschaffen.

Fastow kochte vor Wut und beschwerte sich bei Causey. Der Chefbuchhalter beruhigte ihn und sagte, er werde sich um die Sache kümmern.

Carl Bass schloss die Augen und rieb sich den Nasenrücken. Er telefonierte gerade mit Deb Cash, einer Partnerin von Andersen, die mit der Wirtschaftsprüfung bei Enron befasst war, und schüttete ihr über den neusten Buchhaltungshorror bei dem Konzern das Herz aus.

Es ging dabei um einen weiteren außerbilanziellen Deal mit der Bezeichnung Braveheart. Enron hatte beschlossen, den Vertrag, den es mit Blockbuster über Video-on-Demand hatte, teilweise an eine Zweckgesellschaft zu verkaufen, aber die Beziehungen zwischen Enron und Blockbuster waren schwierig. Beide Seiten klagten, dass die jeweils andere ihre Verpflichtungen aus dem Vertrag nicht einhalte. Ein Bruch war nur dadurch verhindert worden, dass sie im Dezember vertraglich vereinbart hatten, die Zusammenarbeit nicht vor März 2001 zu beenden.

All dies machte Braveheart zu einem wackligen Geschäft. Schlimmer, dachte Bass, es gab gar kein wirkliches Geschäft, nur einen Markt, der getestet wurde. Enron aber wollte dieses nicht existente Geschäft als Basis für einen Verkauf nutzen, der dem Konzern über 100 Million Dollar einbringen sollte. Nach Ansicht von Bass konnte dies nur dann bewerkstelligt werden, wenn durch ein unabhängiges Gutachten festgestellt wurde, dass der Wert tatsächlich existierte.

In seinem Klagelied über den Deal erwähnte Bass, dass einer der externen Investoren in der Zweckgesellschaft die Canadian Imperial Bank of Commerce (CIBC) sei.

»Bei einem anderen Deal von Enron hat es eine Nebenabsprache mit der CIBC gegeben«, sagte Deb. »Enron hat der Bank schriftlich den Schutz ihres Beteiligungskapitals garantiert.«

Bass richtete sich abrupt auf. »Im Ernst?«, sagte er.

Das war ein echter Hammer. Wenn der Konzern für die Investition der CBIC eine Garantie abgab, trug *Enron* bei dem Geschäft das Risiko und nicht die Bank. Tatsächlich gab es dann gar keinen externen Investor, sondern nur eine Bank, die für Enron den Strohmann spielte. Das verletzte alle Vorschriften.

»Was haben Sie in der Angelegenheit unternommen?«, fragte Bass.

»Na ja, die Sache wurde bereinigt.«

Bass lachte grimmig. »Wie kann man so etwas bereinigen? Sie haben das Angebot gemacht. Wie kann man mit Sicherheit feststellen, dass sie es wieder zurückgezogen haben?«

»Es war nur ein Versehen«, sagte Deb Cash. »Sie haben nur einen Fehler gemacht.«[3]

Noch in derselben Woche hatte Bass eine Telefonkonferenz mit Duncan und einigen anderen Partnern von Andersen, in der das Projekt Braveheart noch einmal durchgegangen wurde.

»Hören Sie mal«, sagte Bass. »Ich habe von Deb erfahren, dass es bei einem anderen Deal mit der CIBC eine Nebenabsprache gab, die der Bank garantierte, dass sie ihre Beteiligung nicht verlieren würde. Sind wir sicher, dass in diesem Fall keine ähnliche Absprache getroffen wurde?«

»Sie sind nicht richtig informiert, Carl«, sagte Duncan wütend. »Das ist nie passiert.«

Bass wollte etwas sagen.

»Aber wie dem auch sei«, fügte Duncan hinzu. »Es wurde jedenfalls bereinigt.«

Bass wusste nicht mehr, was er sagen sollte. *Es ist nie passiert, aber es wurde bereinigt.*

In Wirklichkeit war nichts bereinigt worden. Der ursprüngliche Vertrag war gültig geblieben, obwohl man bei Andersen die Nebenabsprache entdeckt hatte. Und Bass hatte Recht mit seiner Vermutung: Fastow hatte der CIBC dieselbe Garantie auch für Braveheart gegeben.[4]

Skilling blickte von einem Bericht auf, als Causey sein Büro betrat. Er legte das Dokument auf den Schreibtisch und ging zu seinem Konferenztisch, um mit Causey die Probleme in Kalifornien zu besprechen.

Es war Dezember, und in den Tagen zuvor hatte Skilling eine Menge schlechte Nachrichten über Kalifornien gehört. Enron Energy Services (EES) hatte versucht, auf dem kalifornischen Markt Fuß zu fassen, und Prügel bezogen. Schlimmer noch, man hatte ihm gesagt, Enron habe ein wachsendes finanzielles Risiko bei Pacific Gas and Electric und Southern California Edison, zwei riesigen kalifornischen Stromversorgungsunternehmen, mit deren baldigem Zusammenbruch Skillings Führungskräfte rechneten.

Diese Stromversorger brauchten nicht nur zu lange, um ihre Rechnungen zu zahlen, auf dem verrückten Markt hatten sich auch die Regeln so verändert, dass eine Gebühr, die Enron eigentlich an die Stromversorger hätte zahlen müssen, nun plötzlich von den *Stromversorgern* an *Enron* gezahlt werden musste. Und die Summen, die die Stromversorger Enron schuldeten, wuchsen immer weiter, solange Enron seinen eigenen Privatkunden in Kalifornien Strom lieferte.[5]

»Das ist grotesk«, sagte Skilling. »Wir müssen uns darum kümmern.« Enron ergriff sehr schnell zwei Maßnahmen zur Lösung des Problems. Zuerst wurden die Privatkunden des Konzerns wieder an das kalifornische Stromnetz angeschlossen (als Kunden der kalifornischen Stromversorgungsunternehmen), weshalb Letztere keine Gebühren mehr an Enron abführen mussten.

Mit dieser Maßnahme war jedoch der drohende Bankrott der Versorgungsunternehmen noch nicht abgewendet. Wenn sie Bankrott gingen, solange sie Enron riesige Summen schuldeten, waren diese Gelder gefährdet. Skilling wollte sicherstellen, dass die kalifornische Krise Enron auf keinen Fall schaden konnte. Deshalb beschlossen er und Causey, die Erlöse, die Enron in Kalifornien machte, als »Bargeldreserve« (sic!) zu deponieren. Über eine Milliarde Dollar wurden nicht als Einnahmen ausgewiesen. Wenn alles gut ging, konnte Enron diese Reserve später anzapfen und erst dann als Einnahmen ausweisen. Der Konzern war damit nicht nur vor den Folgen geschützt, falls einer der Stromversorger Bankrott machte, sondern auch der Erfüllung seiner Gewinnvoraussagen für das kommende Jahr ein gutes Stück näher gekommen.

Außerdem hatte Skilling sich ausgerechnet, dass Enron die Einnahmen noch nicht brauchte. Es sah nicht danach aus, als würde das Unternehmen gewaltige Verluste machen, die es ausgleichen musste.

Unterdessen wurden durch die Raptoren Verluste von mehreren 100 Millionen Dollar versteckt, und die Summe stieg immer weiter an. Auch durch den »costless collar« zwei Monate zuvor war das Problem nur kurzfristig, aber nicht endgültig gelöst worden.

Der Aktienkurs von Enron war unter 81 Dollar gefallen, deshalb pumpte der Konzern jetzt Barmittel in Raptor I. Trotzdem waren die beiden ins Trudeln geratenen Raptoren – Raptor I und Raptor III – im Minus, das heißt, ihre Schulden waren größer als ihr Kapital. Dagegen waren die anderen zwei – Raptor II und Raptor IV – noch in guter Verfassung.

Causey und seine Buchhalter zerbrachen sich über das Problem die Köpfe. Wenn zwei Raptoren in Ordnung waren und zwei nicht, konnten dann nicht die gesunden die maroden stützen? Fastow gefiel die Idee überhaupt nicht. Schließlich würden die Gewinne der gesunden Raptoren später vielleicht LJM2 zur Verfügung stehen. Aber es war nicht viel Zeit, um darüber zu streiten. Das Problem musste bis zum 31. Dezember wenigstens vorübergehend gelöst werden, sonst würde Enron die Verluste der beiden maroden Raptoren ausweisen müssen.

Die Buchhalter schusterten einen Plan zusammen: Die gesunden Raptoren sollten für die Verbindlichkeiten der maroden Raptoren bürgen, aber nur 45 Tage lang. Auf diese Weise konnte Enron den 31. Dezember überstehen, ohne die schwelenden Probleme eingestehen zu müssen. Danach hatte es dann bis zum Ende des folgenden Quartals Zeit, um eine endgültige Lösung zu finden. Nur um sicherzugehen dass auch Fastow und sein Fonds mitzogen, zahlte Enron außerdem 50 000 Dollar an LJM2.[6]

Nun brauchten die Buchhalter nur noch von Andersen grünes Licht.

»Das funktioniert nicht, Dave«, sagte Carl Bass. »Es ist sogar vollkommen sinnlos.«

Bass stand zwischen David Duncan und Michael Odom, dem Practice Director (verantwortlich für das Risikomanagement; A.d.Ü.) des Houstoner Büros von Andersen. Sie hatten sich in Odoms Büro versammelt, um über die auf 45 Tage befristete Notmaßnahme für die Raptoren zu diskutieren, die Enron genehmigt haben wollte. Alle drei waren wütend. Duncan und Odom wollten die Maßnahme unbedingt absegnen, und Bass hätte sie deshalb am liebsten angebrüllt.

Ein Assistent kam herein. »Rodney Faldyn ist am Telefon. Er will wissen, ob Sie in der Sache Fortschritte gemacht haben.«

Bass kannte den Namen. Faldyn war ein Buchhalter von Enron. Die machten wirklich Druck. »Ich spreche noch mit Carl darüber«, sagte Duncan. »Wir haben bald eine Antwort.«

Bass starrte ihn wütend an. *Wir haben eine Antwort,* dachte er.

»Ich sehe keinen Grund, warum das nicht funktionieren sollte, Carl«, sagte Duncan.

Bass schob das Kinn vor. »Es ist nur ein dummer Buchhaltungstrick, Dave«, sagte er.

»Aber ...«

»Nehmen wir mal an, ich gerate mit der Rückzahlung der Hypothek auf meinem Haus in Verzug«, sagte Bass. »Selbst wenn ich dann die Bank dazu bewegen kann, noch 45 Tage mit der Zwangsversteigerung zu warten, kann ich doch nicht überall verkünden, dass mit meiner Hypothek alles in Ordnung ist. Das stimmt nämlich nicht. Ich bin in Verzug.«

Duncan seufzte. »Das ist doch nicht das Gleiche, Carl.«

»Es *ist* das Gleiche. Die wollen die Realität 45 Tage lang ausblenden. Aber das geht nicht. Die Realität ist trotzdem da.«

»Und was sollen sie sonst tun?«

Bass schloss verärgert die Augen. Er hatte das alles schon einmal mit einem anderen Mitglied des Wirtschaftsprüferteams durchgehechelt. Eigentlich hatte er an diesem Tag früh Feierabend machen und mit seinen Kindern Schlittschuh laufen wollen. Stattdessen musste er nun dieses Problem noch einmal durchkauen, nur weil Enron die Ergebnisse nicht passten.

»Die einzige Möglichkeit ist eine echte gegenseitige Besicherung (sic!)«, sagte er. »Die Raptoren müssen das Kapital aus ihren vier Pools in einen einzigen Pool zusammenlegen. Aber das geht nur, wenn die vier Einheiten ihre Verbindlichkeiten durch einen materiellen, rechtsverbindlichen Vertrag zusammenlegen.«

Bass wusste, dass diese Antwort Enron gar nicht gefallen würde, aber das war ihm egal. Er hatte genug von den ewigen Buchhaltungstricks. Enron wollte Gewinne melden, die es nicht wirklich gemacht hatte, und es wollte reale Verluste verschwinden lassen. Das ging einfach nicht.

Als Bass das Verfahren noch einmal erklärt hatte, sagte er: »Aber das will doch niemand! Warum sollte ein Raptor sein Kapital einem anderen übereignen?«

Der Assistent kehrte zurück. »Dave, Rodney Faldyn ist wieder am Telefon.«

Wenige Tage später druckte Duncan eine Aktennotiz über das Raptorenproblem aus. Er las die drei Seiten sorgfältig durch. Der vorletzte Abschnitt war der wichtigste. Er beschrieb einen Vertrag über die auf 45 Tage befristete gegenseitige Bürgschaft der Raptoren. Andersen sei zu der Schlussfolgerung gekommen, dass das Arrangement funktioniere.

»Wir diskutierten diese Schlussfolgerung mit der Professional Standards Group (PSG)«, hieß es in der Notiz, »und sie teilte unsere Einschätzung.«

Das entsprach nicht der Wahrheit. Carl Bass und andere Mitglieder der PSG hatten dem Enron-Team in aller Deutlichkeit gesagt, dass ein solcher Vertrag nicht geschlossen werden durfte. Aber Duncan und die Practice Directors in Houston hatten sich einfach darüber hinweggesetzt.[7]

Alan Greenspan, der Vorsitzende der US-amerikanischen Notenbank, betrat einen Konferenzraum unter seinem Washingtoner Büro und setzte sich an das Kopfende des Tisches. Links von ihm nahm der amerikanische Finanzminister Lawrence Summers mit ein paar Mitarbeitern Platz, und zu seiner Rechten saß der kalifornische Gouverneur Gray Davis. Er war an diesem 26. Dezember eigens nach Washington geflogen, um mit den zwei mächtigsten Wirtschaftspolitikern der USA über die Energiekrise in seinem Bundesstaat zu sprechen.[8]

»Mr. Chairman, Mr. Secretary, ich danke Ihnen, dass Sie sich Zeit für mich genommen haben. Ich hoffe, wir finden ein paar Lösungen für die Schwierigkeiten, in denen mein Staat steckt. Wenn nämlich die Liberalisierung in Kalifornien scheitert, wird sie auch in den Vereinigten Staaten scheitern.«

Greenspan legte die Hand auf den vor ihm liegenden dicken Ordner mit Informationen über die kalifornische Energiekrise. Er und Summers hatten einige Minuten zuvor unter vier Augen miteinander gesprochen und dabei beschlossen, Davis mit ein paar bitteren Wahrheiten zu konfrontieren. Der Mann musste begreifen, dass es für die kalifornischen Probleme nur begrenzte Lösungen gab und dass sie alle unangenehm waren.

»Tatsächlich hat in Kalifornien gar keine echte Liberalisierung stattgefunden«, sagte Greenspan. »Der Staat hat einfach eine Form der Regulierung durch eine andere ersetzt und eine zentrale Planwirtschaft aufgebaut, die nun großes Unheil verursacht.«

»Sie haben einen staatlich festgesetzten Preis beim Stromverkauf an die Verbraucher«, ergänzte Summers. »Aber der Strom dafür muss zu schwankenden Preisen gekauft werden.«

»Das lässt sich nicht lange durchhalten«, sagte Greenspan. »Das

Problem ist Ihr Regulierungssystem. Und es gibt nur eine sehr begrenzte Zahl von Lösungen. Doch der erste Schritt besteht darin, dass die Preise für die Verbraucher steigen müssen.«

Davis wirkte völlig unbeeindruckt. »Meiner Ansicht nach sind die Energieproduzenten das eigentliche Problem«, sagte er. »Sie manipulieren die Märkte und treiben die Preise hoch.«

»Das mag sein«, sagte Greenspan, »aber darauf kommt es nicht an. Sie sind nicht *die Ursache* des Problems; sie machen es nur noch schlimmer. Das wirkliche Problem ist ein Ungleichgewicht zwischen Angebot und Nachfrage.«

Davis widersprach. Es gebe zahlreiche Beweise, dass die Energieproduzenten Strom vom Markt zurückhielten. Greenspan und Summers ließen sich in diesem Punkt auf keine Diskussion ein, sondern betonten nur, dass es wirtschaftlich sinnvoll sei, den Strom zurückzuhalten. Die Stromversorger machten jetzt schon keinen Gewinn mehr. Und wenn sie kurz vor dem Bankrott stünden, wären die Energieproduzenten geradezu verrückt, wenn sie massenhaft Strom nach Kalifornien pumpen würden. Sie würden dann durch die befürchteten Bankrotte umso härter getroffen.

Vorsichtig versuchten die beiden Wirtschaftsexperten dem Gouverneur klar zu machen, dass er die Krise durch sein Verhalten eher noch verschärft hatte. Er und andere Politiker hätten die Energieproduzenten angegriffen, sie krimineller Handlungen beschuldigt und sich geweigert, mit ihnen zu reden. Durch dieses Verhalten hätten sie mangelnde Bereitschaft signalisiert, Strukturprobleme zu lösen. Und der Markt werde häufig stärker durch Stimmungen geprägt als durch die Realität. Wenn die Regierung von Kalifornien keine realistischere Haltung einnehme, würden die Energieunternehmen auch weiterhin nur widerwillig Geschäfte mit dem kalifornischen Staat machen.

»Governor«, sagte Summers, »dies ist ein klassisches Problem von Angebot und Nachfrage. Die einzige Lösung besteht letztlich darin, dass man im Privatkundenbereich eine freie Preisbildung zulässt.«

Davis' Gesicht bekam einen harten Ausdruck. Er ließ sich nicht gerne vom Elfenbeinturm herab belehren. »Leben Sie nur weiter in Ihrer rein ökonomisch geprägten Welt von Angebot, Nachfrage und Preisbildung«, sagte er und lehnte sich vor. »Aber ich will Ihnen auch von meiner Welt erzählen. Davon, wie in Kalifornien Politik gemacht wird. Von den Volksabstimmungen, zu denen jeder, der genug Unterschriften zusammenkriegt, die Wähler aufrufen kann, damit sie alles wieder aufheben, was wir beschlossen haben.«

Greenspan und Summers hörten zu, als Davis ihnen sein politisches Dilemma schilderte. Aus seinen Worten war klar ersichtlich, dass die Energieprobleme in Kalifornien noch viel schlimmer werden würden. Wirtschaft und Politik standen im Widerstreit. Und vorerst würde die Politik die Oberhand behalten.

Zwei Tage später hielt eine schwarze Limousine vor dem Ronald Reagan State Office Building in der Innenstadt von Los Angeles. Ken Lay stieg aus, gefolgt von seinem Stabschef Steve Kean, der zugleich als Cheflobbyist von Enron fungierte. Beide hatten ihren Urlaub unterbrochen, um einen Kurzbesuch bei Gouverneur Davis zu machen.[9]

Sie fuhren in den 15. Stock des Gebäudes hinauf und wurden in den Konferenzraum des Gouverneurs geführt. Ein paar Minuten später erschien Davis und schüttelte Lay die Hand.

»Ich bin Ken Lay, Governor.«

»Freut mich, Sie zu kennen zu lernen, Ken.«

Davis setzte sich an das Kopfende des Tisches, und Lay und Kean nahmen auf der einen Längsseite Platz. Ihnen gegenüber saß ein Mitarbeiter des Gouverneurs. »Governor«, begann Lay, »wie Sie wissen, ist Enron ein wichtiger Marktteilnehmer in Kalifornien. Und der Bundesstaat hat offensichtlich ein paar ernste Probleme.«

Lay brachte das Thema vorsichtig zur Sprache. Er hatte ein gutes Gespür für Politik, und obwohl er selbst Republikaner war, schlug er Davis vor, seinen republikanischen Vorgänger für die Probleme verantwortlich zu machen.

»Governor, Sie haben dieses Problem nicht verursacht, Sie haben es geerbt«, sagte Lay. »Aber Sie können es lösen, wenn Sie in Ihrem Staat wieder echten Wettbewerb und Wahlfreiheit für die Verbraucher herstellen.«

Lays Ratschläge hätten auch von Greenspan oder Summers kommen können. Das Angebot müsse erhöht und die Nachfrage gesenkt werden, sagte er. Der Staat müsse dem Markt beweisen, dass er es mit der Bekämpfung der Krise ernst meine. Er müsse den Bau von Kraftwerken ankündigen und dafür die Umweltschutzgesetze befristet aussetzen. Er müsse eine Preisbildung erlauben, durch die Strom außerhalb der Hauptverbrauchszeiten billiger werde. Aber er müsse auch eine Erhöhung der Verbraucherpreise zulassen, um das Verhalten der Stromkonsumenten zu ändern.

»Das kann ich nicht«, sagte Davis scharf. »Ich werde die Preise nicht erhöhen.«

»Governor«, sagte Lay, »es wird kaum möglich sein, die Stromverbraucher zu vernünftigem Verhalten zu bewegen, wenn sie nur fünf Cent für eine Kilowattstunde zahlen müssen, die eigentlich 25 Cent kostet.«

Wenn Davis die empfohlenen Maßnahmen treffe, würden die Preise letztlich fallen, sagte Lay. Dann könne der Staat langfristige Verträge schließen und hätte nie mehr mit einer solchen Energiekrise zu kämpfen.

Das komme überhaupt nicht in Frage, sagte Davis. Und er könne auch die Umweltschutzgesetze nicht außer Kraft setzen. Die Wähler würden das nicht zulassen.

Das Gespräch schleppte sich noch eine Weile dahin. Davis erwähnte ein paar Maßnahmen, die er vielleicht ergreifen wollte, etwa die Ausrufung des Notstands und die Übernahme der Kraftwerke durch den Staat. Der Markt werde auf solche Maßnahmen sehr negativ reagieren, warnte Lay und betonte erneut, dass man das Problem durch Angebot und Nachfrage lösen müsse. Nach dem Gespräch war Lay zuversichtlich, dass Davis bereit war, auf die eine oder andere Weise wirksame Maßnahmen zu ergreifen.

Enron wollte das Kapitel mit der Azurix-Katastrophe endgültig abschließen. Also bot es an, die an der Börse gehandelten Aktien von Azurix zurückzukaufen und die eigenständige Firma dadurch wieder zu einem Unternehmensbereich von Enron zu machen. Es war die beste Möglichkeit, den Schaden durch Klagen von Aktionären zu begrenzen.

Enron hatte sich darauf vorbereitet, seine Verluste bei Azurix zu verbuchen und sie für das gerade beendete Quartal zu melden. Carl Bass jedoch monierte, dass die Verluste schon fast ein Jahr zuvor hätten gemeldet werden müssen. Er sprach mit David Duncan und erinnerte ihn, dass er ihm schon viele Monate zuvor gesagt habe, dass Verluste gemeldet werden müssten, wenn der Wert einer Investition in zwei oder drei Steuerquartalen fiel und niedrig blieb. Doch inzwischen waren acht Quartale vergangen, ohne dass Enron die Azurix-Katastrophe gemeldet hatte. Deshalb konnte es vielleicht notwendig sein, die Angaben über frühere Einnahmen zu berichtigen.

Dies geschah nicht. »Ich habe die ursprüngliche Mahnung nie an Enron weitergegeben«, sagte Duncan. »Und jetzt kann ich es nicht mehr tun.«[10]

Der Cashflow war schon lange die Achillesferse von Enron.

Gleichgültig, wie viel der Konzern an Mark-to-Market verbuchten Einnahmen zusammenstoppelte, er konnte einfach keine Barmittel herbeizaubern. Natürlich lieh sich Enron durch die komplizierten Transaktionen, die als Vorauszahlungen (prepays, z.B. die vorab bezahlten Gaslieferungen in Kapitel 7; A.d.Ü.) bezeichnet wurden, eine Menge Geld und buchte diese Dollarmilliarden als Bareinnahmen aus dem operativen Geschäft. Aber durch dieses Verfahren vergrößerte es seine Schuldenlast nur noch mehr, während das Kernproblem niemals angepackt wurde.

In diesem Jahr jedoch würde es anders laufen. Weil die Energiepreise in Kalifornien so hoch waren, würden die Handelspartner von Enron riesige Barmittel zur Absicherung aufbringen müssen – etwa zwei Milliarden Dollar bis Ende Dezember. Diese Barmittel standen Enron nicht wirklich zur Verfügung. Sie waren eher wie ein Pfand, das wahrscheinlich in ein paar Monaten zurückgegeben werden musste.[11]

Trotzdem sah es dank der hinterlegten Summe für den unbedarften Beobachter so aus, als würde Enron im Geld schwimmen. Das Unternehmen wies die zwei Milliarden als Cashflow aus dem operativen Geschäft aus. Wenn die Preise wieder fielen und Enron das Geld zurückzahlen müsste, war das Schicksal. Die Finanzgruppe würde sich später um das Problem kümmern.

Anfang Januar 2001 standen Skilling und Baxter auf der untersten Ebene eines Enron-Parkhauses und rauchten. Baxter warf seine Zigarette auf den Boden und trat sie aus. Er war gereizt und frustriert, wie fast jeden Tag, nachdem er vor Monaten das Projekt Summer erfolgreich abgewickelt hatte. Alle anderen Verkaufsversuche waren gescheitert.

»Es ist, als ob man ein Seil schiebt, Jeff«, sagte er. »Man erreicht überhaupt nichts.«

»Wir müssen einfach weiterschuften«, sagte Skilling. »Die Projekte der International Division müssen verkauft werden.«

Baxter schüttelte den Kopf. »Ja, aber warum soll *ich* es tun?«, sagte er. »Es macht mir keinen Spaß.«

Er holte tief Luft. »Jeff, ich glaube, es ist Zeit, dass ich gehe«, sagte er. »Ich will mehr Zeit mit meiner Familie verbringen und einfach noch mal was Neues anfangen.«

Das darf nicht wahr sein, dachte Skilling. Baxter war sein Vertrauter, sein Kumpel beim Rauchen, der Mann, dem er als Deal Maker am meisten vertraute.

»Aber ich brauche Sie, Cliff«, sagte er. »Sie können mir das jetzt nicht antun. Denken Sie noch einmal darüber nach.«

»Na gut«, versprach Baxter. »Aber ich werde meine Meinung wahrscheinlich nicht ändern.«

Ein paar Tage später hatte er seine Entscheidung getroffen: Er würde Enron in ein paar Monaten verlassen. Skilling war am Boden zerstört.

Gray Davis wirkte starrköpfig, als er vor dem Parlament des kalifornischen Staates seine dritte Rede zur Lage des Staates hielt.

»Wir werden die Stromerzeugung in unserem Land wieder unter Kontrolle bringen und sie in den Dienst des öffentlichen Wohles stellen«, sagte er. »Nie wieder dürfen wir es zulassen, dass Geschäftemacher aus anderen Staaten Kalifornien als Geisel nehmen.«

Dann zählte er eine Reihe harter Maßnahmen auf: das Verbot, Stromgeneratoren außerplanmäßig zur Wartung abzuschalten; ein Verbot, vorhandenen Strom nicht ins Netz einzuspeisen; eine Erweiterung seiner Notstandsvollmachten und die strafrechtliche Verfolgung der Übeltäter.

»Die Lösungen, die ich vorschlage, sind vernünftig und notwendig«, sagte er. »Und ich bin bereit, noch drastischere Maßnahmen zu ergreifen.«[12]

Davis hatte die Ratschläge der Apostel der freien Marktwirtschaft souverän ignoriert und sich für den totalen Krieg entschieden.

Rick Causeys Ton war eisig.

»Enron wünscht, dass Carl Bass in sämtlichen Angelegenheiten, die das Unternehmen im Mindesten betreffen, nicht mehr als Berater fungiert.«

Steve Goddard, der Andersen-Partner, der vor Duncan das Team der Wirtschaftsprüfer bei Enron geleitet hatte, wollte einen versöhnlicheren Ton anschlagen.

»Sagen Sie mir doch einfach, wo das Problem liegt, Rick ...«

»Das *Problem?*«, sagte Causey erregt. »Bass hat mehrere Deals von Enron behindert. Er hat LJM2 gezwungen, mehr Geld in Fishtail zu investieren. Er hat die Ansicht vertreten, dass Video-on-Demand noch kein richtiges Geschäft ist, und er hat mit dieser Begründung versucht, Braveheart zu stoppen. Der Mann ist einfach nicht kreativ!«

Goddard bat um Bedenkzeit. Vielleicht könne Andersen ja etwas für Bass unternehmen. Die Firma habe inzwischen einen neuen Chief Executive Officer, Joe Berardino, den Mann, der mit Arthur Levitt den Kompromiss über die Unabhängigkeitsregeln geschmiedet hatte. Berardino werde in ein paar Wochen nach Houston kommen, und vielleicht könne Andersens neuer Chefdiplomat auch mit Causey eine Lösung finden.

Wenn Causey jedoch hart blieb, gab es wenig Zweifel, was geschehen würde. Enron war Andersens größter Kunde. Der Konzern hatte in jenem Jahr 49 Millionen Dollar Gebühren bezahlt, davon 35 Millionen für Beratung. Solche Kunden konnten mit Recht erwarten, dass man sie zuvorkommend behandelte. Und das hieß: Wenn Enron Carl Bass nicht mehr wollte, musste er gehen.[13]

In Washington telefonierte der designierte Vizepräsident Dick Cheney mit Ken Lay.

Nach den Präsidentschaftswahlen im November hatte monatelang

Unklarheit über den Wahlausgang geherrscht, weil die Lager von Bush und Gore vor Gericht einen Rechtsstreit über die hauchdünne Mehrheit in Florida austrugen. Nun war Bush zum Sieger erklärt worden, und er stellte sein Kabinett zusammen.

Eine Anzahl von Kandidaten war bereits ausgewählt, darunter Don Evans. Der Finanzchef von Bushs Wahlkampf und alte Freund Ken Lays sollte Handelsminister werden. Auch Lay hatte sich für ein ganz bestimmtes Amt interessiert, und das war der Grund, warum ihn Cheney an jenem Tag in Houston anrief.

»Ken«, sagte Cheney, »Sie wissen sicherlich, dass Sie ernsthaft für das Amt des Finanzministers in Erwägung gezogen wurden.«

Das hört sich aber nicht gut an, dachte Lay.

»Der Präsident ist jedoch zu dem Schluss gekommen, dass die Sache ein bisschen einseitig wird, weil er selbst und Don Evans und ich alle aus Texas und alle aus der Energiebranche kommen. Deshalb hätte die Nominierung einer vierten Person aus der Energiebranche, die aus Houston stammt, vermutlich zu viele Probleme verursacht.«

»Das verstehe ich natürlich, Dick«, sagte Lay.

Er war nicht sonderlich enttäuscht. Es hatte ihn ohnehin nicht nach Washington gezogen. Er blieb gerne Chairman von Enron.

Vince Kaminski, Enrons führender Risikoanalyst, prüfte amüsiert die Daten, die der letzten Anfrage aus der Finanzgruppe zugrunde lagen. Wieder eine Narretei!

Kaminskis Team war von der Finanzgruppe seit über einem Jahr praktisch ignoriert worden, weil es mit seinem Widerstand gegen LJM Schwierigkeiten gemacht hatte. Nun jedoch, als Fastow und seine Gruppe ernsthafte Probleme hatten, kamen sie wieder zu Kaminski, damit er sie aus dem Schlamassel herausholte, den sie selbst angerichtet hatten.

Die idiotische Struktur der Raptoren war das Problem. Sie war genau dieselbe wie bei LJM – nur dem Namen nach ein Hedge, der keinen echten wirtschaftlichen Schutz bot. Und nun, da sich die Verluste aus den scheinbar gesicherten Positionen häuften, konnten die Raptoren sie nicht decken. Die Finanzgruppe hatte Kaminski gebeten zu analysieren, was passieren würde, wenn alle Raptoren permanent zusammengelegt würden.

Die Antwort war einfach: nichts. Kaminskis Analysten kamen zu dem Schluss, dass die Raptoren schon so weit in den roten Zahlen steckten, dass eine Zusammenlegung nichts mehr helfen würde. Außerdem waren drei von ihnen mit Enron-Aktien kapitalisiert, also demselben Risiko ausgesetzt. Kaminski informierte die Finanzgruppe, dass ihre Strategie nicht funktionieren würde. Dann vergaß er die

Raptoren wieder. Die Verluste würden einfach ausgewiesen werden müssen. Es gab keine Alternative.[14]

In der Regel sind die letzten Wochen einer Präsidentschaft wie die letzten Tage nach dem Abitur: Arbeit bleibt liegen, man packt seine Sachen und bereitet sich auf den nächsten Lebensabschnitt vor.

Demnach hätten sich die Mitglieder der Regierung Clinton eigentlich auf die faule Haut legen müssen, als Bush Anfang Januar seinen Umzug ins Weiße Haus vorbereitete. Doch der Finanzminister und seine Mitarbeiter machten einen letzten fieberhaften Versuch, eine Lösung für die Energiekrise in Kalifornien zu finden. Sie versuchten, alle Beteiligten – die Energieproduzenten, den Gouverneur und den Finanzminister selbst – zu einer letzten großen Verhandlungsrunde an einen Tisch zu bringen.

Aber Davis weigerte sich, noch einmal nach Washington zu kommen, und wies auch das Angebot zurück, sich auf halbem Weg in Kansas oder St. Louis zu treffen. Er wollte, dass alle Beteiligten nach Kalifornien reisten, aber das lehnten die Regierungsbeamten ab.

Stattdessen wurde das wichtige Treffen – die letzte Chance für den demokratischen Gouverneur, Hilfe von einer demokratischen Zentralregierung zu bekommen – als Videokonferenz abgehalten.

Am Samstag, dem 13. Januar, ging eine Gruppe von Regierungsbeamten im Energieministerium einen langen Gang hinunter. Alle waren leger gekleidet, typisch für das Wochenende. Finanzminister Summers leitete die Gruppe aus seinem Ministerium, und Clintons Wirtschaftsberater Gene Sperling war mit mehreren Führungskräften aus einigen der wichtigsten Energieunternehmen des Landes dazugestoßen. Sie betraten einen abhörsicheren Raum voll flimmernder Bildschirme und hochmoderner Kommunikationsanlagen, der für den Fall einer nationalen Energiekrise konzipiert worden war. Die Konferenz mit Gray Davis konnte beginnen.

Etwa zum gleichen Zeitpunkt betrat Ken Lay mit seinen Lobbyisten Steve Kean und Rick Shapiro das Büro des Gouverneurs in Los Angeles. Sie begrüßten die anderen Führungskräfte im Raum, darunter auch Steve Bergstrom von Dynegy, einem von Enrons Hauptkonkurrenten, und nahmen an einem Konferenztisch Platz.

Die Videoverbindung mit Washington wurde hergestellt. Larry Summers erschien auf dem Schirm. Er saß am Kopfende des Konferenztischs im abhörsicheren Raum des Energieministeriums. Außer ihm waren Gene Sperling aus dem Weißen Haus und die anderen Regierungsbeamten, Stabsmitglieder und Führungskräfte auf dem Schirm zu sehen.

Alle waren startbereit, aber der Ton war noch nicht angeschaltet. Gouverneur Davis war noch nicht eingetroffen.[15]

Minuten vergingen.

Summers wurde wütend. Er hatte das Wochenende eigentlich mit seiner Familie verbringen wollen und keine Lust, stattdessen auf Davis zu warten. Er schaltete den Ton an.

»Wissen wir, wo der Gouverneur ist?«

»Nein, aber er soll bald eintreffen«, antwortete eine Stimme aus dem Off.

Lay beobachtete den Finanzminister auf dem Bildschirm. Er ärgerte sich offenbar über die Antwort, die ihm der Referent des Gouverneurs gegeben hatte.

Lay plauderte ein wenig mit seinen Tischgenossen. Als er wieder auf den Schirm blickte, war Summers' Platz leer.

Fünf Minuten später kehrte der Finanzminister zurück, stellte den Ton wieder an und sagte. »Weiß inzwischen jemand, wo der Gouverneur steckt?«

Wieder bekam er keine befriedigende Antwort.

In Los Angeles beugte sich Lay zu Steve Bergstrom hinüber und sagte leise: »Wenn der Gouverneur nicht bald kommt, wird das kein gutes Treffen, egal, worüber wir sprechen.«

30 Minuten später erschien Davis endlich in seinem Konferenzraum. Referenten vergewisserten sich hektisch, dass der Ton angeschaltet war.

»Okay«, sagte der Gouverneur, »fangen wir an.«

Er entschuldigte sich nicht für seine Verspätung.[16]

Summers eröffnete die Diskussion, indem er eine Reihe von Maßnahmen referierte, die bereits erörtert worden waren. Die Strompreise müssten stabilisiert und der Markt beruhigt werden, damit Kalifornien langfristige Verträge zur Stromversorgung abschließen könne. Auch ein zeitweiliger Verzicht auf die Umweltgutachten, die beim Bau von Kraftwerken erstellt werden müssten, sei ein großer Schritt nach vorn.

Einige Analysen seien schon durchgeführt worden, sagte einer der Topmanager aus der Energiebranche. Die Unternehmen seien sich einig, dass die Strompreise langfristig auf einem Niveau von knapp unter sieben Cent pro Kilowattstunde stabilisiert werden könnten. Das sei nur einen knappen Cent über dem gegenwärtig vorgeschriebenen Einzelhandelspreis. Dieser minimale Preisanstieg werde für eine finanzielle Gesundung der Stromversorger ausreichen.

Davis schaute direkt auf den Monitor.

»Das ist alles sehr interessant«, sagte er. »Aber wie ich schon in Washington gesagt habe, kann ich einer Preiserhöhung auf keinen Fall zustimmen. Und dasselbe gilt auch für die Aussetzung von Umweltschutzvorschriften beim Bau von Kraftwerken.«

Die Vertreter der Energiewirtschaft machten aus ihrer Enttäuschung keinen Hehl. Sie seien dem Gouverneur so weit wie möglich entgegengekommen, betonten sie jetzt. Lay schlug vor, die Zahlen im Einzelnen durchzugehen, damit klar werde, wie knapp alles kalkuliert sei.

Auf dem Bildschirm in Los Angeles sah Larry Summers aus, als würde er gleich aus der Haut fahren.

»Governor«, sagte er, die Augen fest auf den Bildschirm gerichtet. »Ich habe den Eindruck, dass diese Herren ziemlich gut ausgerechnet haben, wie der Markt reagieren wird, wenn die politische Führung in Kalifornien den harten Entschluss trifft, die Lage zu stabilisieren.«

Die Zahlen lägen sehr dicht beieinander, und durch eine Einigung werde mit Sicherheit eine Katastrophe vermieden.

»Wir müssen tun, was möglich ist«, sagte Summers, »und nicht, was unseren politischen Wünschen entspricht.«

Lay konnte sehen, wie Davis erstarrte. *Es funktioniert nicht,* dachte er.

»Die politische Realität ist die, dass ich weder einer Preiserhöhung noch einer Aufhebung der Umweltauflagen zustimmen kann«, sagte Davis. »Wir müssen eine andere Lösung finden.«

Diese Lösung seien Preisbeschränkungen, sagte Davis. Man müsse einfach den Betrag senken, den die Energiekonzerne kassieren dürften. Einige andere Staatsbeamte im Raum nickten zustimmend.

»Preisbeschränkungen sind nur eine zeitlich befristete Maßnahme, während der wir ein größeres Reformpaket schnüren«, sagte Summers scharf. »Langfristig würden sie den Markt verzerren.«

Die Regierung Clinton habe Kalifornien erlaubt, zeitweise Preisbeschränkungen zu verhängen, aber die Regierung Bush werde darüber entscheiden, ob sie weiter aufrechterhalten werden dürften. Außerdem seien Preisbeschränkungen auf lange Sicht verhängnisvoll, sagte Summers, weil sie die Energieproduzenten vom kalifornischen Markt vertreiben würden.

Die Diskussion wogte noch eine Weile hin und her. Keine Seite gab nach. Einige Vertreter der Energiekonzerne wirkten so gelangweilt, als ob ihnen die Aussicht auf einen finanziellen Zusammenbruch Kaliforniens gleichgültig wäre.

Etwa dreißig Minuten nach seiner verspäteten Ankunft stand Davis plötzlich auf und verließ ohne Erklärung den Raum.

Nach seinem Abgang ging das Gespräch noch mehrere Minuten weiter. Dann sagte Summers: »Wie ich sehe, ist Governor Davis noch nicht zurückgekehrt. Ich glaube, wir sollten das Gespräch unterbrechen, bis er wieder da ist.«

Zehn Minuten saßen alle schweigend da. Schließlich stand der Finanzminister auf und winkte einigen Industrievertretern, ihm in einen Nebenraum zu folgen. Auch Sperling und mehrere Referenten aus dem Finanzministerium schlossen sich an.

Außer Reichweite der Kamera hielt Summers den Industrievertretern eine Predigt: Sie könnten die Krise nicht einfach aussitzen und als Kaliforniens Problem abhaken. Sie müssten jede erdenkliche Anstrengung unternehmen, um einen Ausweg zu finden. Ihre ganze Branche stehe auf dem Spiel.

»Haben Sie sich die politischen Konsequenzen klar gemacht?«, fragte Summers. »Wenn Sie sich nicht auf eine Lösung einlassen, die für Kalifornien praktikabel ist, werden Sie mit allen politischen und juristischen Mitteln unter Beschuss genommen.«

Sperling pflichtete dem Minister bei: »Wenn es nicht zu einer Einigung kommt, müssen die Ihnen das Leben zur Hölle machen. Sie meinen vielleicht, dass Sie sich rechtlich einwandfrei verhalten haben. Ob das stimmt, entzieht sich unserer Kenntnis. Aber man wird Ihnen auf jeden Fall die Hölle heiß machen.«

Die Industrievertreter widersprachen. Sie hätten hart an ihrem Einigungsvorschlag gearbeitet, aber Davis bewege sich keinen Millimeter.

»Darauf kommt es nicht an!«, sagte Summers barsch. »Gleichgültig, ob das System schlecht ist oder ob Sie wirklich eine Preiserhöhung brauchen, Ihre Unternehmen werden von allen Seiten unter Beschuss geraten. Sie werden mit allen Mitteln dämonisiert werden.«

Außerdem seien die Aussichten auf eine weitere Liberalisierung düster, wenn diese Krise schlecht gemanagt werde. »Der ganze Trend könnte sich umkehren«, sagte Summers.

»Das kalifornische System ist doch gar nicht liberalisiert worden«, sagte ein Industrievertreter.

»Darum geht es nicht«, entgegnete Summers. »Welcher Bundesstaat wird je wieder eine Liberalisierung in Erwägung ziehen, wenn dieses Problem nicht gelöst wird?«

Davis war immer noch nicht zurückgekehrt. Lay fing Bergstroms Blick auf und gab ihm mit einer Kopfbewegung zu verstehen, ihm hinaus in den Flur zu folgen. Sie besprachen sich draußen vor der Tür.

»Das ist wirklich merkwürdig«, sagte Bergstrom.

Lay stimmte ihm zu. »Man erzielt keine Fortschritte, wenn einer der wichtigsten Verhandlungspartner ständig den Raum verlässt.«

»Ich bin mir nicht einmal sicher, ob es sich gelohnt hat, dass wir hergekommen sind«, sagte Bergstrom kopfschüttelnd. Vielleicht meine Davis es ja nicht ernst. Er sei doch als demokratischer Präsidentschaftskandidat für 2004 im Gespräch; vielleicht suche er einfach die Konfrontation mit der Regierung Bush.

»Also eins ist jedenfalls sicher«, sagte Lay. »Er hat bessere Chancen, seine Krise mit diesen Jungs zu bewältigen, als das unter Bush der Fall sein wird.«

Davis kehrte etwa 30 Minuten nach seinem plötzlichen Abgang wieder zurück. Jemand holte Summers, der immer noch fern der Kamera Energiemanager belehrte. Eine Minute später war er wieder da und setzte sich – kochend vor Wut.

»Governor«, sagte er scharf. »Viele von uns haben ihren Samstagnachmittag geopfert, um nach einer Lösung dieses Problems zu suchen. Und einige haben heute Abend andere Verpflichtungen. Wir sind bereit weiterzuarbeiten, wenn wir nennenswerte Fortschritte erzielen können.«

Er presste die Hände gegen die Tischkante. »Aber wenn wir überhaupt keine Fortschritte machen, dann sollten wir wirklich keine Zeit mehr verschwenden. Dann sollten wir ganz einfach beschließen, dass wir dieses Problem nicht lösen können, jedenfalls ganz bestimmt nicht, solange die alte Regierung noch im Amt ist.«

Davis wirkte ganz ungerührt. »Ich weiß wirklich zu schätzen, was Sie hier alle zu erreichen versuchen«, sagte er. »Aber ich habe von Anfang an klar gemacht, dass ich keiner Lösung zustimmen kann und will, die eine Erhöhung der Verbraucherpreise oder eine Aufhebung von Umweltschutzbestimmungen erfordert.«

Er ließ seinen Blick durch den Raum schweifen. »Und wenn Sie alle denken, dass das die einzige Lösung ist, dann können wir gleich nach Hause gehen.«

Die Lösung seien Preisbeschränkungen, wiederholte er noch einmal.

Summers hielt noch eine letzte Predigt über die Übel von Preiskontrollen. Dann warf er das Handtuch.

»Ich glaube, es ist wirklich das Beste, wenn wir zu der Einsicht kommen, dass wir dieses Problem heute nicht mehr lösen können«, sagte er.

Auf dem Bildschirm wirkte Davis ganz ruhig.

»Da haben Sie Recht«, sagte er.

Die Konferenz war zu Ende. Die Videokameras wurden abgeschaltet. Mehrere Regierungsbeamte versammelten sich frustriert und wütend im Vorzimmer. Sie schimpften, dass Davis zu stur gewesen sei und offensichtlich nur seine eigene Haut als Politiker habe retten wollen.

»Und wenn wir 2004 am Wahlparteitag der Demokraten teilnehmen, und dieser Kerl ist ein ernsthafter Bewerber um das Präsidentenamt«, sagte einer der Leute aus dem Finanzministerium, »wer von uns führt dann die ›Jeden außer Davis‹-Fraktion an?«

Fastow wandte sich von den beiden miteinander verbundenen Monitoren auf dem Computerschränkchen hinter seinem Schreibtisch ab und winkte seinen neuen Chefjustiziar Jordan Mintz herein.[17]

»Hallo, Jordan, danke, dass Sie gekommen sind«, sagte er.

Am 16. Januar, drei Tage nach der gescheiterten Videokonferenz, saßen die beiden Männer am Konferenztisch. Fastow erklärte Mintz, dass in ein paar Wochen die Vorstandskonferenz anstehe, auf der eine Präsentation über die beiden LJM-Fonds gehalten werden müsse. Mintz' Vorgänger habe das früher getan, und er empfehle Mintz, einfach seinem Beispiel zu folgen. Mintz war einverstanden.

Fastow lehnte sich zurück.

»Haben wir schon damit begonnen, die Informationen zusammenzustellen, die die Aktionäre vor der Jahreshauptversammlung bekommen?«, fragte er.

Ja, sagte Mintz, die »proxys« seien etwa zur Hälfte fertig. Das Material enthalte auch viele Informationen über die LJM-Deals.

»Schön«, sagte Fastow. »Wissen Sie eigentlich, mit welcher Begründung meine Einnahmen aus LJM letztes Jahr nicht bekannt gegeben wurden?«

Ja, das wisse er, antwortete Mintz. Die Anwälte seien zu dem Schluss gekommen, dass viele Transaktionen des Fonds noch nicht abgewickelt seien und es nicht sinnvoll sei, Fastows Einnahmen jetzt schon bekannt zu geben.

»Genau«, sagte Fastow. »Und ich glaube, dieses Jahr können wir noch einmal dasselbe Argument bringen.«

Mintz rutschte unruhig auf seinem Stuhl hin und her. »Ich weiß nicht, ob wir das können, Andy«, sagte er. »Ich bin die Akten durchgegangen. Eine ganze Reihe von Transaktionen sind schon abgeschlossen.« Doch Fastow blieb bei seinem Vorschlag, und Mintz versprach ihm, alles mit Ron Astin von Vinson & Elkins und mit Rex Rogers, dem stellvertretenden Chefjustiziar, zu besprechen, die sich beide hervorragend im Börsenrecht auskannten.

»Wunderbar«, sagte Fastow. »Kommen Sie einfach wieder auf mich zu.«

Er ging zu seinem Schreibtisch hinüber und überprüfte die Kurse auf den Monitoren. Einen Augenblick später drehte er sich lachend zu Mintz herum und sagte: »Wenn Skilling je herausfände, wie viel Geld ich gemacht habe, bliebe ihm nichts anderes übrig, als LJM dichtzumachen.«

Mintz stimmte zögernd in das Gelächter mit ein. »Ach, kommen Sie, Andy.«

Fastow kicherte immer noch und sagte: »Nein, nein, Jordan, ganz im Ernst.«

Minuten später war Mintz in sein Büro zurückgekehrt und tippte eine E-Mail an Rogers und Astin. Er schilderte, was Fastow Minuten zuvor gesagt hatte, auch die Aussage über Skillings wahrscheinliche Reaktion auf die von LJM ausbezahlten Summen. Dann schickte er eine Kopie der Nachricht an Rob Walls in der Rechtsabteilung von Enron, und dieser leitete sie an James Derrick, den Chefjustiziar des Gesamtkonzerns, weiter.[18]

Die Juristen diskutierten die Bedeutung des Vorgangs. Rogers und Astin bezweifelten, dass Fastows Bezüge genau berechnet werden konnten. Aber keiner informierte Skilling, dass Fastow sich vor einer Offenlegung der Bezüge fürchtete.

Schließlich traf Astin die Entscheidung: Er könne sehr gut mit der begrenzten Offenlegung des Vorjahres leben. Fastows Kompensation – deren Höhe den Anwälten ebenfalls nicht bekannt war – könne geheim bleiben.

Kurz nach dieser Entscheidung traf Walls Astin in der Lobby des Enron-Gebäudes und fragte ihn noch einmal eindringlich, ob die Firma nicht zu weit gehe, wenn sie die Information geheim halte. »Hören Sie, Ron«, sagte er, »ich werde nicht für Andy Fastow Kopf und Kragen riskieren.«

»Ich riskiere nicht Kopf und Kragen«, antwortete Astin. »Ich gehe ein möglichst geringes Risiko ein.«

Am 19. Januar waren wenige Topmanager von Enron auch nur in der Nähe der Konzernzentrale zu finden. Die meisten bereiteten sich auf das große Ereignis des Wochenendes vor – die Amtseinführung von George W. Bush als 43. Präsident der Vereinigten Staaten. Schon am frühen Morgen war der größte Teil der leitenden Enron-Manager auf dem Weg zum Flughafen Houston Intercontinental, um der neuen Regierung den Stempel von Enron aufzudrücken.

Lay stand an jenem Morgen mit seiner Frau Linda vor dem Enron-Hangar, als mehrere schwarze Limousinen heranrollten. Einer der Wagen hielt, und der frühere Präsident George Bush und seine Frau Barbara stiegen aus.

»Mr. President, Barbara«, sagte Lay, »ich bin hoch erfreut, dass es geklappt hat. Wir sind einfach überglücklich, dass Sie bereit sind, uns Ihre Zeit zu widmen.«

Bush lächelte. »Wir sind froh, dass Sie uns mitnehmen«, sagte er.

Lay und Bush gingen mit ihren Frauen an Bord des Firmenjets. Lay genoss den großen Augenblick: Er, der Farmersohn aus Missouri, würde bei einem historischen Ereignis in der ersten Reihe sitzen. An diesem Wochenende würde ein ehemaliger Präsident zuschauen, wie sein Sohn in dasselbe hohe Amt eingeführt wurde, und Lay würde das Ereignis mit den Augen der Präsidentenfamilie sehen. Er sagte George und Barbara Bush, wie unglaublich ihm das erschien.

»Es ist uns eine Ehre, dass wir das für Sie tun können, Ken«, sagte George Bush.

Und seine Frau fügte hinzu: »Ja, unbedingt. Wir fühlen uns geehrt, dass Sie dieses Erlebnis mit uns teilen, Ken und Linda.«

Das Flugzeug rollte hinaus auf die Startbahn und war Sekunden später in der Luft. Lay lachte stillvergnügt in sich hinein; offensichtlich bekamen Flugzeuge mit Expräsidenten an Bord schneller die Starterlaubnis.[19]

Am Himmel über Washington wimmelte es von Firmenjets, trotzdem durfte die Maschine von Enron sofort landen. Auf der Landebahn wartete eine Stretchlimousine mit Polizeieskorte. Bush ging auf den Wagen zu, während die Lays nach ihrem eigenen Wagen Ausschau hielten.

Bush winkte ihnen. »Ken, Linda, kommen Sie hier rein. Wir müssen uns beeilen.«

Die Lays zögerten kurz, dann stiegen sie ein. Sie glaubten, dass sie vor ihrem Hotel abgesetzt würden. Während der Wagen durch Washington rollte, unterhielten sich George und Barbara Bush über die erste Veranstaltung, einen Empfang im Kennedy Center, der von General Motors und Andrew Card veranstaltet wurde. Card war der ranghöchste Vertreter von General Motors in Washington gewesen und sollte am folgenden Tag Stabschef im Weißen Haus werden.

Der Wagen hielt vor dem Kennedy Center, und Bush zupfte an Lays Arm. »Kommen Sie mit uns«, sagte er.

Die Lays waren nicht eingeladen, aber das Angebot eines Expräsidenten lehnt man nicht ab. Card kam herbeigeeilt und begrüßte George und Barbara Bush. Sie deuteten mit einer Kopfbewegung auf die Lays, und Card schüttelte auch diesen die Hand.

»Schön, dass Sie da sind«, sagte er. »Freut mich sehr, dass Sie den Präsidenten und Barbara mitgebracht haben.«

Etwa zu diesem Zeitpunkt stiegen Jeff Skilling und Rebecca Carter vor der Library of Congress aus einem schwarzen Lincoln Town Car. Rebeccas braungraues Abendkleid flatterte im Wind, Skilling trug einen Smoking. Sie gaben den Sicherheitsleuten am Eingang ihre Einladungen und durchschritten die Metalldetektoren.

Drinnen mischten sie sich unter die Menge und unterhielten sich mit anderen Industrievertretern. Plötzlich erschien ein Stabsmitglied und spannte ein dünnes Seil, um die Menge zurückzuhalten. Skilling und Carter standen direkt an der Absperrung.

Nun erschien der designierte Präsident mit seiner Frau im Eingang. Er schritt die Reihen seiner Unterstützer entlang und gab allen die Hand. Schließlich war er bei Rebecca Carter und lächelte sie an.

»Mr. President«, sagte sie.

»Hallo, wie geht es Ihnen?«, sagte Bush und schüttelte ihr die Hand.

Eine Frau drängte sich zwischen Skilling und Carter. Bush ließ Carters Hand los und begrüßte die neue Dame. Skilling blickte nach unten und zog die Augenbrauen hoch. Bush agierte wie ein Roboter; seine Hand bewegte sich neben Rebecca Carter immer noch leer auf und ab. Dann ging er einen Schritt weiter und ergriff Skillings Hand.

»Mr. President-elect«, sagte Skilling. »Jeff Skilling von Enron.«

Bushs Lächeln wurde breiter. »Hey«, rief er. »Das ist eine großartige Firma.«

Am folgenden Tag ging ein eiskalter Regen auf Washington nieder und verwandelte große Teile des Geländes, auf dem die Amtseinführung stattfand, in eine schlammige Rutschbahn. Es wehte ein scharfer Wind, als Bush aufs Podium trat und seinen Amtseid leistete.

»Ich fühle mich geehrt und bin voller Demut, hier zu stehen, wo so viele große amerikanische Führer vor mir gestanden haben.«

Auf dem großen Rasen vor der Inaugurationsplattform saß Skilling auf einem Stuhl, der sich langsam in den aufgeweichten Boden bohrte. Skilling war kalt, und er fühlte sich unwohl. Seine Kleider waren nass, sein Mantel aus Kaschmirwolle war ruiniert. Unmittelbar vor der Amtseinführung war er im Büro von Tom DeLay, dem republikanischen Kongressabgeordneten aus Texas, gewesen. Er ärgerte sich, dass er nicht dort im Trockenen geblieben war.

»Ist das nicht cool?«, sagte er leise zu Rebecca Carter, die zitternd neben ihm saß. »Bist du nicht auch froh, dass wir für Bushs Wahlkampf Geld gespendet haben?«

Na ja, dachte er. *Wenigstens bin ich nicht der einzige Topmanager von Enron, dem es gerade dreckig geht.*

Ganz in der Nähe führte Ken Lay seine Tasse zum Mund und blies leicht auf den dampfend heißen Kaffee. Er saß mit seiner Tochter Elizabeth an einem weiß gedeckten Tisch im Bistro Bis im Zentrum von Washington und sah sich Bushs Antrittsrede im Fernsehen an.

Lay und seine Tochter hatten sich überlegt, ob sie zu der Amtseinführung gehen sollten. Sie hatten sogar VIP-Karten dafür, aber es war einfach zu kalt. Außerdem würde Lay den Präsidenten ohnehin bald im Weißen Haus treffen.

Am folgenden Morgen hielt ein paar Minuten vor 10 Uhr eine Limousine der Autovermietung Carey vor dem Osttor des Weißen Hauses. Als ein Wachmann auf den Wagen zutrat, ließ der Chauffeur das Seitenfenster herunter und sagte: »Mr. und Mrs. Kenneth Lay.«

Hinten im Wagen sahen die Lays zu, wie der Wachtposten auf seiner Liste nach ihren Namen suchte und dann den Wagen einer schnellen Sicherheitsinspektion unterzog. Das Tor öffnete sich, und die Limousine rollte die Zufahrt entlang vor den Eingang, wo Angestellte des Präsidenten beide Wagentüren öffneten. Lay und seine Frau stiegen aus und gingen Hand in Hand hinein. Sie übergaben ihre Mäntel einem Sicherheitsbeamten und schritten durch die Eingangshalle im ausgedehnten Erdgeschoss des Weißen Hauses.

Es gab ein gewaltiges Frühstücksbüffet mit Eiern, süßen Semmeln und Teekuchen für die ausgewählten Gäste, die mit dem Präsidenten sein erstes Mahl im Weißen Haus einnehmen sollten. Lay sah Expräsident Bush mit seiner Frau an einem Tisch sitzen und den Brunch genießen, während einige ihrer Enkel in der Nähe herumtollten.

Die Minister, die der neue Präsident in sein Kabinett berufen hatte, waren im Raum verteilt: Verteidigungsminister Donald Rumsfeld, Außenminister Colin Powell, Gesundheitsminister Tommy Thomson. Auch Lays alter Freund Don Evans, der es vom Finanzmanager des Präsidentschaftswahlkampfs zum Handelsminister gebracht hatte, war anwesend. Lay und Linda gingen zu seinem Tisch.

»Gratuliere zu Ihrer Ernennung, Don«, sagte Lay. »Ich weiß, dass Sie gute Arbeit leisten werden.«

Evans lächelte. »Danke, Ken. Und ich möchte Ihnen und Linda danken, dass Sie George so tatkräftig unterstützt haben.«

Lay sonnte sich in dem Lob.

Ein paar Minuten später schoben sich George und Laura Bush durch das hektische Gewimmel ihrer Unterstützer im Main Floor des Weißen Hauses. Sie begaben sich in den West Room, wo sie ebenfalls Hände schüttelten und Gratulationen annahmen, und kamen schließlich in einen angrenzenden Salon. Bush plauderte mit einigen

Gratulanten, als er Ken und Linda auf sich zukommen sah. Er entschuldigte sich und ging ihnen entgegen.

»Kenny Boy!«, rief er. »Willkommen im Weißen Haus!«

Er schüttelte Lay die Hand, umarmte Linda und küsste sie auf die Wange.

»Ich freue mich sehr, dass Sie und Linda gekommen sind«, sagte er. »Ich bin wirklich sehr dankbar für alles, was Sie für mich und Laura getan haben, und für Ihre große Unterstützung in meinen Wahlkämpfen.«

»Mr. President, wir sind stolz, dass wir etwas tun konnten.«

Mr. President? Lay hatte ein komisches Gefühl, als er Bush anredete. Für ihn war er immer noch der gute alte George.

Gegen 12 Uhr mittags ging der Brunch allmählich zu Ende, und die meisten Gäste bereiteten sich darauf vor, wieder in ihr normales Leben zurückzukehren. Ein Angestellter des Weißen Hauses informierte Lay und seine Frau, dass Expräsident Bush und seine Frau demnächst aufbrechen wollten. Die Lays gingen zum Ausgang, wo sie sich mit den beiden für die gemeinsame Fahrt zum Flughafen treffen wollten. Wenig später erschien das Paar in Begleitung des neuen Präsidenten und seiner Frau Laura in der Eingangshalle.

Die Bushs umarmten einander und sagten lachend, jetzt beginne der schwierige Teil. Die Eltern verließen als Erste das Haus. Drinnen schüttelte der neue Präsident Lay die Hand und sagte sanft:

»Passen Sie gut auf sie auf, Ken.«

Am folgenden Nachmittag versagte Jeff Skilling die Stimme, als er in einer Telefonkonferenz mit Wall-Street-Analysten die Quartalsbilanz des Konzerns analysierte. Er nahm einen Schluck Diät-Cola, um wieder einen freien Hals zu bekommen, und sagte: »Entschuldigen Sie vielmals. Ich saß bei der Amtseinführung in Washington, D.C., im Regen und habe mir eine Erkältung geholt.«

Einen Augenblick später bekam er einen Hustenanfall und stellte kurz das Mikrofon ab. Danach griff er sein Thema wieder auf. Insgesamt habe Enron ein fantastisches Quartal gehabt und freue sich schon auf ein großartiges Jahr 2001. »Lassen Sie mich noch ein paar kurze Bemerkungen zu Kalifornien machen«, fuhr er fort. »Die Lage in Kalifornien hat wenig Einfluss auf unsere Ergebnisse im vierten Quartal gehabt. Ich wiederhole: Bei Enron hat sich die Situation in Kalifornien auf die Ergebnisse im vierten Quartal kaum ausgewirkt.«[20]

Für diese Tatsache gebe es mehrere Gründe: Enron sei in Kalifornien kein Energieerzeuger, und es habe keine nennenswerten Investitionen in dem Staat getätigt. Skilling verlor kein Wort über die

Milliarde Dollar an kalifornischen Handelserlösen, die Enron als Bargeldreserve deponiert hatte.

In derselben Woche flogen Lay und seine Frau mit dem Firmenjet zum Weltwirtschaftsforum im schweizerischen Davos. Linda hatte den jüngsten Bericht über die Finanzen der Familie auf dem Schoß.

»Ken«, sagte sie. »Ich habe wirklich ein schlechtes Gefühl, weil wir so hohe Schulden haben.«

Lay lächelte. Es spielte keine Rolle, dass sie so viel Geld geliehen hatten. Sie besaßen eine Menge Vermögenswerte, insbesondere Enron-Aktien. All das gehörte zu der Strategie, ihre Investitionen breit zu streuen und trotzdem möglichst viele Enron-Aktien zu behalten.

»Es ist alles in Ordnung, Honey«, sagte er. »Wenn jemand netto etwa 400 Millionen Dollar wert ist, was sind dann schon 70 Millionen Dollar Schulden?«[21]

Aber sie empfinde die Schulden als Belastung, entgegnete Linda. Die große Summe mache ihr wirklich Sorgen. Sie hatte sich schon öfter über die Schulden aufgeregt, aber diesmal wirkte sie besorgter als sonst. Lay dachte darüber nach, wie er das Problem lösen könnte.

Er und ein paar andere Topmanager von Enron hatten das Recht, bei dem Konzern kurzfristige Kredite von bis zu vier Millionen Dollar aufzunehmen. Beau Herrold, Lays Stiefsohn und Finanzberater, hatte ihm gesagt, er könne mit einem solchen Kredit einen Teil seiner Bankkredite abzahlen. Den Kredit des Konzerns könne er – falls nötig – mit Enron-Aktien ablösen. Wenn die Aktien stiegen, könne er das Darlehen problemlos zurückzahlen.

Lay versprach seiner Frau, Beau anzurufen und sich um die Sache zu kümmern.

Der New Yorker Fondsmanager Jim Chanos setzte schon seit Monaten auf einen radikalen Kursverfall der Enron-Aktie und war nun bereit, die Ergebnisse seiner Recherchen an die Öffentlichkeit zu bringen. Bald würde er sich in Florida mit anderen Leerverkäufern, die sich »Bären im Winterschlaf« (Börsenjargon: »Bären« spekulieren auf fallende, »Bullen« auf steigende Kurse; A.d.Ü.) nannten, zu einem ersten Jahrestreffen versammeln. Auf der Tagung sollten Ideen ausgetauscht werden, und er wollte dort seine Analysen zu Enron präsentieren. Je mehr Menschen erfuhren, was er entdeckt hatte, umso schneller würde der Aktienkurs von Enron fallen, und umso mehr Geld würde er mit seinen Spekulationen verdienen.

Natürlich gab es einen noch besseren Weg, um seine Informationen unter die Leute zu bringen. Er brauchte einen mutigen Journalisten, der die Geschichte veröffentlichte. Bethany McLean, eine Journalistin von *Fortune*, schien dafür genau die Richtige. Sie würde verstehen, welche Probleme er sah.

In mehreren Telefongesprächen legten ihr Chanos und sein Chief Operating Officer Doug Millet den Fall Enron dar. Das Unternehmen, sagten sie, sei nichts als ein gigantischer Hedgefonds mit einer Pipeline als Fundament. Obwohl es dieselben Risiken eingehe wie ein solcher hochspekulativer Fonds, seien seine Investitionserträge jedoch nicht besser als bei einer Autofirma.

»Würden Sie Ihr Geld in einen Hedgefonds investieren, der nur sieben Prozent Rendite erwirtschaftet?«, fragte Chanos.[22]

Die bissige Kritik machte Bethany McLean neugierig. Sie machte sich ans Werk.

Am 2. Februar um 15 Uhr stand Mintz bei Causey in der Tür. Er beobachtete seit Wochen, wie die Finanzgruppe Himmel und Hölle in Bewegung setzte, damit sie Fastows Bezüge aus LJM nicht bekannt geben musste. Es war höchste Zeit, diese Bemühungen zu vereiteln, und Causey war genau der Richtige dafür.

Die nächste Sitzung des Boards sollte in zehn Tagen stattfinden. Einige Ausschüsse hatten bereits nach Details über Fastows Bezüge aus LJM gefragt. Und Mintz glaubte, Causey werde nun dem Board geben, was es wollte.

Mintz saß Causey gegenüber und berichtete ihm, was er herausgefunden hatte, als er sich mit der Offenlegung von Fastows Bezügen beschäftigt hatte. »Ich glaube, es handelt sich um eine große Summe, aber Andy hat mir nie gesagt, wie groß«, sagte er. »Aus den Protokollen der Board-Sitzungen geht hervor, dass die Direktoren wissen wollen, wie hoch sie ist.«

Er beobachtete Causey eine Sekunde, dann wagte er den Sprung:

»Deshalb halte ich es für wichtig, dass das Board von Ihnen erfährt, wie viel Andy an LJM verdient.«

Mintz verstummte. Ihm war plötzlich unbehaglich, weil er einem ranghöheren Manager sagte, wie er seinen Job machen sollte. Doch Causey nickte zustimmend.

»Ja, es ist wichtig«, sagte er.[23]

Etwa zum selben Zeitpunkt ging Fastow im 50. Stock mit einem linierten Blatt Papier in der Hand den Gang hinunter, klopfte an der Tür zu Skillings Büro und trat ein.

Auch Skilling hatte sich über das Problem mit Fastows Bezügen Gedanken gemacht, und er hatte dem CFO vorgeschlagen, die Zahlen mit ihm durchzugehen, damit sie ihnen vorlagen, wenn Mitglieder des Boards danach fragten.

»Okay«, sagte Skilling, als er sich mit Fastow an den Konferenztisch setzte, »schauen wir uns die Sache mal an.«

Fastow zeigte ihm das Blatt. Auf der einen Seite hatte er für die nächsten fünf Jahre seine Gewinne aus Enron-Aktien und Optionen auf der Basis einer Jahresrendite von 15 Prozent ausgerechnet. Insgesamt würde er mit seinem Anteil einen Gewinn von etwa 70 Millionen Dollar machen. Das kam Skilling plausibel vor.

Auf der anderen Seite des Blattes hatte Fastow dieselbe Analyse für LJM vorgenommen. Sie zeigte einen Gewinn von etwa 10 Millionen Dollar, wenn man ebenfalls für fünf Jahre eine jährliche Rendite von 25 Prozent zugrunde legte.

Kann das sein? Skilling war skeptisch.

»Sie können doch keine Jahresrendite von 25 Prozent erzielen, Andy«, sagte er. »Das ist lächerlich. Es ist viel zu hoch.«

Fastow zuckte die Schultern. »Ich glaube auch nicht, dass wir 25 Prozent schaffen«, sagte er. »Ich habe nur vorsichtig geschätzt.«

Na ja, sagte Skilling, man könne vorsichtig sein oder verrückt. In den genannten Zahlen könnten die Ausgaben unmöglich enthalten sein. Sie müssten abgezogen werden. Skilling rechnete die Sache im Kopf durch.

»Dann haben wir es grob über den Daumen gepeilt mit etwa zwei Millionen Dollar zu tun, nicht wahr?«

Fastow nickte. »Ja, wahrscheinlich.«[24]

Skilling lehnte sich zurück. Zwei Millionen gegenüber siebzig Millionen in jeweils fünf Jahren. Da konnte wirklich niemand mehr Zweifel hegen, dass Fastows finanzielle Interessen eindeutig bei Enron lagen.

Fastow hatte seine Einnahmen aus dem vergangenen Steuerjahr damals bereits seinem Steuerberater vorgelegt. Und sie unterschieden sich radikal von dem, was er Skilling vorgelegt hatte.

Sein Einkommen im Jahr 2000 hatte über 48 Millionen Dollar betragen, und fast 90 Prozent davon stammten aus den LJM-Fonds. Doch das war noch längst nicht alles. Kopper überwies ihm immer noch Provisionen aus dem RADR-Deal. Aber natürlich war kein Mensch so dumm, eindeutig illegale Einkünfte in die Steuererklärung aufzunehmen.[25]

»Das wird das leichteste Jahr aller Zeiten«, prahlte Causey. »wir haben 2001 jetzt schon so gut wie in der Tasche.«

Er ließ den Blick über das gute Dutzend Spitzenbuchhalter aus den wichtigsten Unternehmensbereichen von Enron schweifen, die im Boardroom versammelt waren. Er war glücklich und zuversichtlich. Die riesige Reserve von über einer Milliarde Dollar, die Enron im vierten Quartal auf die Seite gelegt hatte, war ein Geschenk, von dem man noch das ganze Jahr 2001 zehren konnte. Die Stromversorgungsunternehmen in Kalifornien schlitterten unaufhaltsam in den Bankrott, und die Politiker des Staates waren offensichtlich nicht in der Lage, effektive Gegenmaßnahmen zu ergreifen. Aber die Folgen dieser Entwicklung konnten Enron auf keinen Fall schaden.

Nur eine der Anwesenden, die Buchhalterin Wanda Curry, teilte die allgemeine Zuversicht nicht. Es war nun fast zehn Monate her, dass sie den Auftrag erhalten hatte, mit ihrem Team Enron Energy Services (EES) zu untersuchen, und sie war auf einen wahren Sumpf an überbewerteten Verträgen und verlustreichen Termingeschäften gestoßen. Ihren Berechnungen nach schrieb EES, das auf Skillings Betreiben gegründete Privatkundengeschäft im Energiebereich, keineswegs schwarze Zahlen wie behauptet, sondern verlor gewaltige 500 Millionen Dollar im Jahr.

Als die Sitzung zu Ende war, blieb Wanda Curry noch zurück, bis die anderen Buchhalter den Raum verlassen hatten, dann sprach sie Causey an. »Wir haben ernste Probleme bei EES«, sagte sie.[26]

Skilling kochte. Die Verluste von EES waren verheerend. Lou Pai, der Chairman von EES, vertrat die Ansicht, dass es sich gar nicht um wirkliche Verluste handelte. Der kalifornische Markt spiele eben gerade verrückt, sagte er; alles werde sich wieder normalisieren, wenn sie nur durchhielten.

Aber das war Schwachsinn: Enron hatte eine Mark-to-Market-Buchhaltung, also würden die Verluste zum Quartalsende in den Büchern von EES erscheinen. Es mussten drastische Maßnahmen ergriffen werden.

Pai erhielt eine millionenschwere Kompensation und wurde zum Chef eines neuen Unternehmensbereichs mit dem Auftrag, die Gründung neuer Unternehmen zu beaufsichtigen. Zum neuen Leiter des Privatkundengeschäfts machte Skilling einen seiner besten Leute aus dem Unternehmensbereich Wholesale, den kanadischen Trader Dave Delainey.

Dieser entwickelte zusammen mit Skilling und Causey ein Konzept, wie man das Handelsbuch von EES dem Unternehmensbereich Wholesale zuordnen konnte. Die Verluste mussten zwar trotzdem ausgewiesen werden, äußerten sich nun jedoch nur als verminderte Gewinne des erfolgreichsten Unternehmensbereichs von Enron. Die Bekanntgabe gewaltiger Verluste wurde damit vermieden. Außerdem war Wholesale erfolgreicher im Handel als EES. Also beschlossen Delainey, Skilling und Causey, die Veränderung bekannt zu geben und sie als Maßnahme zur Effizienzsteigerung zu deklarieren. Auf diese Weise brauchten sie die Verluste nicht einmal zu erwähnen.[27]

Am Nachmittag des 12. Februar saß Mintz neben einer riesigen Schale M&M's im Boardroom von Enron und sah zu, wie die Direktoren eintrafen. Fastow hatte ihn erst wenige Stunden zuvor angewiesen, an der Sitzung teilzunehmen, und er war schnell nach Hause gefahren und hatte einen seiner besten Anzüge angezogen. Nun war er besorgt, dass sich die großen Tiere in der Konzernleitung über seine Anwesenheit wundern würden.

In den folgenden zwei Tagen würden wichtige Vorstandssitzungen stattfinden. Nach ihrem Ende sollte Skilling offiziell als Chief Executive Officer die Leitung von Enron übernehmen, und Lay sollte nur noch Chairman sein. Mintz jedoch war weniger gespannt auf den Führungswechsel als auf die Art, wie Causey und das Board mit den Gerüchten über Fastows Einnahmen aus dem LJM-Fonds umgehen würden.

Das Ergebnis war enttäuschend: Causey machte vor dem Prüfungsausschuss eine fast routinemäßige Präsentation über LJM2. Er zählte die Kontrollmechanismen auf, die schon unzählige Male zuvor beschrieben worden waren, und gab einen Überblick über all die großen Deals, die dank des Fonds getätigt worden waren. Das war so ziemlich alles.

Und was ist mit Fastows Kompensation?, dachte Mintz. *Hat Causey nicht versprochen, dass er die Sache zur Sprache bringt? Vielleicht kommt es erst zur Sprache, wenn am Ende Fragen gestellt werden?* Mintz atmete tief durch und wartete.

»Okay, vielen Dank, Rick«, sagte der Ausschussvorsitzende Robert Jaedicke. »Jetzt wird Mark Koenig über unsere Strategie bei der Kommunikation mit Analysten berichten.«

Kein Wort über Fastows Bezüge. Keine einzige Frage.

Die Sitzung war zu Ende, und alles strömte zur Tür. Mintz ging hinüber zu Derrick, dem Chefjustiziar von Enron.

»Also ich war wirklich überrascht, Jim, dass nicht mehr Fragen über den LJM-Fonds gestellt wurden«, sagte er.

Derrick lächelte. »Unsere Direktoren haben eben eine Menge Vertrauen in das obere Management«, antwortete er.[28]

Im 16. Stock des Time & Life Building in Manhattan saß Bethany McLean von *Fortune* an einem Schreibtisch, auf dem sich Arbeitsblätter mit Tabellen und andere Papiere stapelten. Es war der 13. Februar, und sie hatte ihre große Enron-Story fast fertig. Sie hatte wochenlang die Finanzdaten des Unternehmens analysiert und zahllose Anlageexperten interviewt. Jetzt brauchte sie nur noch eine Stellungnahme von Enron.

Wenig später ging Karen Denne aus dem PR-Büro von Enron zu ihrem Chef Mark Palmer. Sie hatte den Anruf der Journalistin angenommen, aber schnell erkannt, dass das Problem so wichtig war, dass es weiter oben in der Hierarchie behandelt werden musste.

»Mark«, sagte Denne, »Sie müssen Bethany McLean von *Fortune Magazine* anrufen.«

Palmer lehnte sich in seinem Stuhl zurück. »Um was geht's?«

»Sie schreibt einen Artikel über Leute, die die Ansicht vertreten, dass unsere Aktien überbewertet sind. Sie müssen unbedingt mit ihr sprechen.«

Palmer bedankte sich bei Denne und ließ sich die Nummer der Journalistin geben. Er rief sofort an. »Hallo, Bethany, hier Mark Palmer von Enron. Wie ich gehört habe, wollen Sie wegen eines Artikels mit uns Rücksprache halten. Haben Sie schon mit jemandem bei Enron darüber gesprochen?«

Nein, sagte McLean. Sie stütze sich bis jetzt nur auf das Archiv von Enron, und sie habe verschiedene Leute interviewt, die mit dem Unternehmen zu tun hätten. Dann erzählte sie Punkt für Punkt, was sie herausgefunden hatte. Palmer gefiel gar nicht, was er da hörte.

Enron, sagte McLean, sei ein verwirrend kompliziertes Unternehmen, das riesige Gewinne zu machen scheine – aber wie, das wisse niemand. Das Unternehmen sei eine richtige Blackbox; seine Jahresabschlussberichte seien völlig undurchschaubar. Sein Kurs-Gewinn-Verhältnis – das Verhältnis zwischen dem Kurs seiner Aktien und den jährlichen Gesamteinnahmen – gleiche eher dem eines High-Tech-Stars wie Cisco Systems als dem eines normalen Handelsunternehmens. Außerdem seien die Erträge im Verhältnis zum investierten Kapital ausgesprochen schwach.

Das versprach ein böser Artikel zu werden. Palmer wusste, dass er Skilling einschalten musste.

»Darf ich Ihnen einen Vorschlag machen, Bethany …?«, begann er.

Am folgenden Morgen starrte Skilling wütend auf das dreieckige Speakerphone von Polycom auf seinem Schreibtisch.

»Enron ist keine Blackbox«, knurrte er, »es lässt sich sehr wohl beschreiben.«

Palmer hörte mit, als Skilling seinen speziellen Vortrag darüber hielt, wie Enron sein Geld verdiente. Es sei ein Logistikunternehmen und bringe die Waren zum günstigsten Preis über die Infrastruktur an den Kunden. Aufgrund der Mark-to-Market-Buchhaltung seien seine Einnahmen höher als die verfügbaren Barmittel, aber Enron verkaufe einfach Teile seiner Handelsposition in Prepay Transactions. Und die außerbilanziellen Schulden hätten keine Bedeutung, weil sie zum größten Teil von der International Division stammten und Enron zu ihrer Rückzahlung nicht verpflichtet sei.

Während McLean zuhörte, wurde sie immer besorgter. Skillings Reaktion war so vehement, dass sie Zweifel bekam. Hatte sie vielleicht etwas übersehen?

Schließlich hatte Skilling genug. »Ich weiß, worauf Sie abzielen«, sagte er.

Es sei unethisch, einen solchen Artikel zu schreiben, McLean verstehe nicht, wie Enron funktioniere. Sie solle sich mit seinen Buchhaltungs- und Finanzexperten zusammensetzen und sich einen echten Einblick in das Unternehmen verschaffen.

»Immer, wenn jemand Erfolg hat, wird er von Leuten in den Dreck gezogen, die keine Ahnung haben«, schimpfte Skilling.

Damit war das Interview beendet.[29]

Nach dem Gespräch funkelte Skilling Palmer wutentbrannt an. Er würde sich das nicht gefallen lassen. »Schicken Sie sofort Andy Fastow und Mark Koenig zu mir«, sagte er.

Palmer nickte zustimmend. Der CFO und der Head of Investor Relations. Skilling würde mit allen Mitteln gegen die Veröffentlichung des Artikels kämpfen.

Er kochte vor Wut. »Mir ist schon klar, was da vorgeht«, sagte er. »Sie wollen unser Kurs-Gewinn-Verhältnis ruinieren.«

Am folgenden Nachmittag verletzte sich Palmer an der Kruste eines Baguette-Sandwichs den Gaumen. Er saß mit Fastow und Koenig im Au Bon Pain, einem Restaurant, das sich ganz in der Nähe der Redaktion von *Fortune* befand. Die drei nahmen einen schnellen Lunch und wollten dabei eine Strategie für den Showdown mit den Journalisten von *Fortune* entwickeln.

Sie waren am Morgen mit einem Flug der Continental Airlines eingetroffen, hatten aber im Flugzeug nicht nebeneinander gesessen und deshalb erst jetzt Gelegenheit, über das Treffen mit den Journalisten zu reden.

»Ich würde gern darauf abheben, dass Enron ein Logistikunternehmen ist«, sagte Fastow. Es sei genau wie bei Toyota. Vor dem beispielhaften Aufstieg des japanischen Autoherstellers sei der gesamte Produktionsprozess von den US-Autobauern in Detroit selbst gesteuert worden. Aber Toyota habe einfach das beste Auto montieren wollen, deshalb habe es viele Teile extern produzieren lassen. Es habe das Radio, das Getriebe und die ganzen anderen Komponenten bei denjenigen Herstellern gekauft, die die beste Qualität zum günstigsten Preis liefern konnten.

»Wir sind genauso«, sagte Fastow. »Wir finden das Beste.«

Enron sei mehr als eine Handelsfirma. Mit dem Beispiel Toyota lasse sich das bestimmt vermitteln.

Nach dem Essen begaben sich die drei Führungskräfte in die Redaktionsbüros im 16. Stock. Sie wurden in einen fensterlosen, dunklen Konferenzraum geführt, der normalerweise benutzt wurde, um die Fotos der Zeitschrift zu sichten. Neben Bethany McLean nahmen an dem Gespräch die Redakteure Joe Nocera und Jim Impoco teil.

Palmer stellte seine Kollegen vor, dann übergab er Fastow das Wort. Dieser erklärte lang und breit, wie dynamisch Enron sei und dass es seinen Kunden »vielfältige Optionalität« biete. Er ignorierte McLean weitgehend und versuchte vor allem die Redakteure zu überzeugen.

Er sah ihnen dreist in die Augen und sagte: »Wer Enron verstehen will, muss an Toyota denken.«[30]

Toyota? Vielfältige Optionalität? Was schwafelt dieser Kerl für einen Unsinn?

Das Gespräch schleppte sich dahin, ohne dass viel dabei herauskam. Jim Impoco wurde allmählich wütend. Fastow ritt immer wieder auf seiner Analogie herum: *Toyota, Toyota, Toyota.* Aber es war alles falsch, was er sagte. Impoco war ein alter Japanspezialist, er hatte jahrelang über Toyota geschrieben. Der Konzern handelte keine Verträge mit seinen Lieferanten aus. Er hatte langfristige, geradezu feudalistische Beziehungen zu ihnen. Er diktierte ihnen die Preise. Wenn Fastow sich lauthals auf eine solche Analogie berief, sollte er wenigstens wissen, wovon er sprach.

Als Fastow zum wiederholten Mal einen Kreis mit den Worten »genau wie bei Toyota« schloss, platzte Impoco der Kragen.

»Entschuldigen Sie«, unterbrach er den CFO. »Sie sollten auf den Vergleich mit Toyota lieber verzichten. Er hat keinen Sinn und zeigt nur, dass Sie von dem Unternehmen wenig Ahnung haben. Für mich wird dadurch nur noch schwerer verständlich, was Sie über Enron sagen wollen.«

Fastow stieß ein nervöses Lachen aus.

Dann redete er weiter, aber ohne Toyota noch einmal zu erwähnen.

Dann stellte Bethany McLean ihre Fragen. Fastows Antworten bestanden nur aus Gemeinplätzen, angereichert mit betriebswirtschaftlichen Modewörtern, die vielleicht im örtlichen Bridgeclub angekommen wären, aber keineswegs geeignet waren, ausgekochte Finanzjournalisten zu beeindrucken.

Je länger das Gespräch dauerte, umso entspannter wurden die

Journalisten. Bei Enron hatten man so empört auf dem Treffen bestanden, dass McLean und ihre Kollegen bereits befürchtet hatten, etwas übersehen zu haben, eine Art Freikugel, mit der man ihren Artikel abschießen könnte. Aber je länger Fastow schwafelte, desto mehr schwand ihre Besorgnis. Er legte keine Beweise auf den Tisch, um McLeans Behauptung zu widerlegen, er behauptete nur, dass sie Unrecht habe. Damit erreichte er überhaupt nichts, ja, er schadete seiner Sache sogar. Dass drei Topmanager nach New York flogen, um einen so kläglichen Gegenangriff zu unternehmen, deutete eindeutig darauf hin, dass das Unternehmen verzweifelt bemüht war, einen Absturz seines Aktienkurses zu verhindern.

Der Artikel würde in der nächsten Ausgabe von *Fortune* erscheinen. Garantiert.

Nach einer weiteren Fragerunde warf McLean einen Blick auf ihre Notizen. Sie hatte noch eine Frage.

»Ich habe von Geschäften zwischen verbundenen Parteien gehört, an denen LJM Cayman beteiligt war«, begann sie. Die Luft im Raum schien plötzlich dicker zu werden. Fastow erstarrte. Die Redakteure wussten nicht genau, worum es ging. In McLeans Entwurf für den Artikel war von einem Unternehmen auf den Cayman-Inseln nicht die Rede.

»Einer von unseren leitenden Angestellten verwaltet diesen Fonds«, antwortete Fastow. »Es ist vertraulich, wir machen keine Angaben zu der Person.«

Kurz darauf nahmen ein paar Fotojournalisten den Konferenzraum in Beschlag, und das Gespräch wurde in Impocos Büro fortgesetzt. Nach etwa zwei Stunden war es zu Ende. Die Stimmung hellte sich auf, als die Enron-Leute zum Abschied ihren texanischen Charme spielen ließen.

Dann packten sie ihre Sachen. Palmer und Koenig gingen als Erste zum Aufzug. Fastow trödelte noch ein bisschen herum und sagte dann zu McLean:

»Mir ist egal, was Sie über die Firma schreiben, solange Sie mich nicht in die Pfanne hauen.«

Kapitel 16

Carl Bass trat nervös von einem Fuß auf den anderen, als er im Erdgeschoss eines Houstoner Bürogebäudes auf den Aufzug wartete. Es war Freitag, der 2. März, nur wenige Wochen nachdem er das Angebot erhalten hatte, die Beziehungen zwischen Arthur Andersen und der SEC zu managen. Er hätte wegen der neuen Aufgabe wieder zurück nach Chicago ziehen müssen und hatte erst ein paar Tage zuvor mit der Begründung abgelehnt, dass er in Houston bleiben und weiter als Wirtschaftsprüfer arbeiten wolle.

Einen Tag nach dieser Entscheidung hatte ihn Gary Goolsby, ein wichtiger Andersen-Partner in Houston, zu sich bestellt. Im Aufzug überkam Bass das starke Gefühl, dass er nach Chicago zwangsversetzt werden würde. Er stieg im 13. Stock aus. Goolsby begrüßte ihn herzlich und führte ihn hastig in sein Büro. Dort wurde sein Gesichtsausdruck ernst wie bei einem Arzt, der einem Patienten eine unangenehme Mitteilung machen muss.

»Ich muss Ihnen etwas sagen, Carl, und ich sage es Ihnen lieber ohne Umschweife«, erklärte er. »Enron hat ein großes Problem damit, dass Sie für den Konzern als Wirtschaftsprüfer arbeiten.«

Bass blieb der Mund offen stehen. Er arbeitete nicht *für Enron.* Er arbeitete in der Professional Standards Group, und was er dort tat, hätte Außenstehenden eigentlich verborgen bleiben müssen. Wie hatte Enron von seiner Tätigkeit erfahren?

»Wer hat ein Problem?«, fragte er.

»Insbesondere Causey findet, Sie seien destruktiv und zynisch gegenüber den Transaktionen von Enron. Für uns geht es dabei um die Beziehung zu einem großen Kunden, und, langer Rede kurzer Sinn, wir werden Sie keine Transaktionen von Enron mehr prüfen lassen.«

Die Forderung, Bass auszuschalten, war schon seit Wochen erhoben worden, und Andersen hatte – zaghaft – versucht, sich zu wehren. Aber selbst ein Appell von Joseph Berardino, dem neuen Chief Executive von Andersen, hatte bei Causey nichts gefruchtet. Also war Andersen eingeknickt. Enron die Stirn zu bieten wurde nicht als realistische Möglichkeit in Betracht gezogen; der lukrative Kunde konnte im Handumdrehen die Beratungsfirma wechseln und Andersen nur noch mit der weit weniger ertragreichen Wirtschaftsprüfung beauftragen. Dieses Risiko wollten die Andersen-Partner schlicht und einfach nicht eingehen.[1]

Bass war wie vor den Kopf geschlagen. Seiner Ansicht nach durften Kunden ihre Wirtschaftsprüfer nicht auf diese Art herumkommandieren. Bewertungen bei der Wirtschaftsprüfung hingen von der Rechtslage ab, nicht von Personen. Dass Andersen den Forderungen von Enron nachgab, musste die Partner von Andersen animieren, weniger strenge Maßstäbe anzulegen. Aber genau das wollte Enron vermutlich erreichen.

»Gary, ich bin fassungslos«, sagte Bass. »Wenn die nicht wollen, dass ich beteiligt bin, ist das vermutlich ihr gutes Recht. Aber ich kann nicht glauben, dass unsere Firma dabei mitmacht.«

»Wir haben versucht, mit ihnen zu reden ...«

»Es dürfte aber gar nichts zu reden geben!«, entgegnete Bass. »Und auch noch ausgerechnet Enron! Ein Kunde mit extremem Risiko und maximaler Verwundbarkeit! Und wir lassen uns von denen diktieren, wie unsere Qualitätskontrolle auszusehen hat!«

Goolsby hob eine Hand. »Ich sage nicht, dass Sie kündigen sollen, Carl. Vielleicht sollten Sie diese SEC-Aufgabe in Chicago noch einmal in Erwägung ziehen.«

»Ich werde darüber nachdenken«, sagte Bass und ging.

Am folgenden Morgen erklang Musik in der Sporthalle der Moody Gardens in Galveston; junge Mädchen tanzten für einen Tanzwettbewerb vor. Zwei Töchter von Bass traten an diesem Tag auf, und er war mit seiner Frau und den Kindern schon am Freitagnachmittag nach Galveston gefahren, um ein schönes Wochenende mit ihnen zu verbringen.

Aber als er nun im Zuschauerraum saß, kochte er immer noch vor Wut. Für ihn war eine Welt zusammengebrochen. Andersen hatte eine ruhmreiche Geschichte, eine große Tradition, und ein zentraler Bestandteil dieser Tradition war immer seine unerschütterliche Integrität gewesen. *Dieses* Unternehmen hätte nie zugelassen, dass Enron seinen Willen durchsetzte. Doch *dieses* Unternehmen gab es nicht mehr. Die Tradition war tot. Es zerriss Bass das Herz.

Und es war nicht zu ändern. Doch er würde sich nicht zum Komplizen des Werteverfalls machen lassen. Er würde einen Kunden nicht selbst über sein Schicksal entscheiden lassen. *Ich werde die Professional Standards Group einfach verlassen,* dachte er. *Und vielleicht auch Andersen.*

Auf jeden Fall musste er etwas unternehmen, das stand fest.

Am folgenden Sonntagnachmittag saß Bass zu Hause in seinem Büro, schaltete den Laptop an und wählte sich in das Netz von Andersen ein. Er hatte wegen der Forderung von Enron am folgenden Tag ein Gespräch mit John Stewart, einem der führenden Partner in der PSG, und wollte ihm vorher schriftlich seine Sicht der Dinge erklären.

»Ich weiß, dass Sie mich nicht darum gebeten haben«, schrieb er an Stewart, »aber Sie sollten auch meine Version des ›Problems‹ kennen, das Enron mit mir hat.«

Dann schilderte er all die fragwürdigen Deals, die Enron im Dezember abgewickelt hatte: Braveheart, Fishtail und natürlich auch die absurde 45-tägige Bürgschaft der Raptoren. Seine Beteiligung an der Prüfung dieser Transaktionen habe sich auf die Kommunikation mit Andersen-Partnern beschränkt, die die Entscheidungen bei der Wirtschaftsprüfung aber offensichtlich ihm allein in die Schuhe geschoben hätten, anstatt sie als Standpunkt der ganzen Firma zu vertreten.

»Sobald wir zu einem Beschluss kommen oder einen Rat erteilen, sollte das beauftragte Team diesen Beschluss oder Rat eigentlich als einen eigenen Beschluss oder Rat präsentieren«, schrieb Bass. »Schließlich muss das betreuende Team die Entscheidung unterzeichnen und nicht wir.«

Er schrieb fast eine Stunde und drückte erst kurz vor 19 Uhr auf »Senden«.

John Stewart war ein eher sanftmütiger Mann, der nicht leicht in Wut geriet. Die Affäre Bass jedoch machte ihn sehr zornig, und zwar nicht nur auf Enron, sondern auch auf Andersen. Er arrangierte ein Treffen mit einigen Seniorpartnern in Chicago.

»Das Verhalten des Auftraggebers in diesem Fall war unprofessionell«, sagte Stewart. »Das hätte nicht durchgehen dürfen.«

Larry Rieger, einer der Seniorpartner, erklärte sich bereit, mit David Duncan zu sprechen, aber das führte zu nichts. Also fasste Stewart einen neuen Entschluss. Wenn es der Führung von Enron nicht gefiel, was Carl Bass zu sagen hatte, war das ihr Pech. Aber Bass war ein zu guter Kopf, um nicht gehört zu werden, und deshalb würde Stewart ihn weiterhin konsultieren. Doch er würde es künftig heimlich tun.

Nach monatelanger Arbeit hatte Jordan Mintz das Memorandum fast fertig, in dem er seine Bedenken wegen LJM zusammenfasste. Noch ein letzter Schliff, und er konnte es Causey und Buy vorlegen.

Zuerst jedoch wollte er sichergehen, dass seine direkten Vorgesetzten wussten, was er plante, also leitete er einen Entwurf an Fastow weiter. Dann informierte er Derrick, den Chefjustiziar, und andere Anwälte von Enron. Er erzählte ihnen von seinen Entdeckungen und versprach, ihnen ein Exemplar des fertigen Memorandums zu schicken.

Das Dokument war ein sachlicher, fast trockener Bericht über die LJM-Fonds und die Missstände, die Mintz entdeckt hatte. Einige bezogen sich auf Dinge, die McMahon schon Jahre zuvor moniert hatte, wie zum Beispiel, dass Enron das Personal des Fonds in den gleichen Räumlichkeiten wie die Mitarbeiter seiner eigenen Finanzgruppe arbeiten ließ.[2]

Zur Behebung der Missstände machte Mintz eine Reihe von Vorschlägen: strengere Vorschriften, damit die Analysten erklären mussten, *warum* ein Deal für Enron vorteilhaft war, eine stärkere Beteiligung von Skilling an der Kontrolle der Transaktionen und eine koordinierte Absegnung der Geschäfte durch ein internes Team aus Juristen, Wirtschaftsprüfern und Händlern.

Am 7. März, einen Tag bevor Mintz die endgültige Version des Memorandums verschicken wollte, saß er an seinem Schreibtisch und arbeitete fieberhaft, weil er möglichst früh nach Hause wollte, um den siebten Geburtstag seines Sohnes zu feiern. Plötzlich stand Kopper in der Tür. Bevor Mintz ein Wort sagen konnte, stürmte er herein und knallte ihm Fastows Kopie des Memorandums auf den Schreibtisch.

»Was fällt Ihnen ein?«, brüllte er. »Wollen Sie uns den Laden dichtmachen?«

Kopper stürmte davon, und Mintz spürte eine gewisse Befriedigung. Offensichtlich hatte sein kleines Sendschreiben einigen Wirbel verursacht.

Am selben Tag studierte Vince Kaminski ein erstaunliches Dokument. Es ließ kaum Zweifel daran, dass die Finanzgruppe von Enron außer Kontrolle geraten könnte.

Die im Vorjahr getroffene Entscheidung, die Risiken des Gesamtkonzerns durch ein spezielles Gutachten analysieren zu lassen, hatte sich ausgezahlt. Das Gutachten – verfasst von den Leitern des Teams Kevin Kindall und Li Sun – enthielt deutliche Hinweise, dass Fastows außerbilanzielle Partnerschaften eine unkontrollierte und unsichtbare Bedrohung für Enrons Existenz darstellten. Das Gutachten stützte sich nur auf eine begrenzte Informationsmenge, und es waren weitere Nachforschungen notwendig. Doch die Untersuchung war praktisch ohne Budget durchgeführt worden. Um sie gründlicher durchzuführen, war mehr Geld notwendig – und die Finanzgruppe musste kooperieren.

Kaminski musste den Bericht den richtigen Leuten vorlegen und ihre Unterstützung gewinnen, damit Kindall seine Arbeit zu Ende bringen konnte. Kaminski hatte kaum Zweifel, dass sein Team die nötigen Mittel bekommen würde. Es war offensichtlich, dass seine Entdeckungen nur der erste Hinweis auf ein sehr großes, wenn nicht verhängnisvolles Problem waren.

Am 9. März erschien Kaminski mit seinem Team in Ben Glisans Büro, um das Gutachten vorzustellen. Glisan führte die Gruppe in einen Versammlungsraum, und alle nahmen an einem Konferenztisch Platz. Kaminski eröffnete die Diskussion. Er berichtete, wie das Team entstanden war und warum es eine Risikoanalyse für den ganzen Konzern durchgeführt hatte. Dann erteilte er Kevin Kindall das Wort.

Die Augen auf seinen Bericht geheftet, trug Kindall seine Ergebnisse vor. Sein Vortrag war ruhig und betont rational, zeichnete aber ein dramatisches Bild von einer Finanzgruppe, die jede Bodenhaftung verloren hatte und Risiken einging, die sie nicht angemessen abschätzen konnte.[3]

Enron Global Finance hatte bei seinen strukturierten Deals wiederholt Verträge geschlossen, nach denen die Käufer von Vermögenswerten den Konzern zwingen konnten, diese in Form so genannter Total-Return-Swaps zurückzukaufen, aber niemand in der Gruppe hatte eine Ahnung, welche Schäden aus diesen Arrangements schlimmstenfalls erwachsen konnten, und kein Mensch führte Buch über die Swaps. Im Grunde hatten Fastow und seine Mannschaft keinerlei Übersicht mehr, wie viele solche Verträge abgeschlossen worden waren.

Außerdem gab die Finanzgruppe Garantien an viele Käufer, und auch darüber führte niemand Buch. Die beste Schätzung lautete, dass die Finanzgruppe 2700 Unternehmensgarantien abgegeben hatte, ohne die damit verbundenen Risiken zu analysieren. Sie verhielt sich wie eine schlechte Hausfrau, die den Dreck einfach unter den Teppich kehrt und vergisst.

Noch ein Problem, das Kaminski für katastrophal hielt, wurde von Kindall angesprochen: Enron, ein Fortune-50-Unternehmen, hatte an keinem Tag des Jahres einen Überblick über seine Barliquidität. Es war kein System etabliert, das den täglichen Zu- und Abfluss von Barmitteln für das Gesamtunternehmen registriert hätte. Die fehlende Erfassung hatte zur Folge, dass Unternehmensbereiche ihre Liquiditätsengpässe zu spät meldeten und Enron zu unnötigen Kreditaufnahmen gezwungen wurde, weil schlicht und einfach niemand wusste, ob die benötigten Barmittel gerade verfügbar waren oder nicht. Durch diese Art von Desorganisation vergrößerte sich die Schuldenlast des Unternehmens erheblich.

Die größten Risiken jedoch wurden laut Kindall durch die Zweckgesellschaften verursacht, jene außerbilanziellen Partnerschaften, die das Schlüsselelement von Fastows Arbeit waren.

»Wir hatten zu vielen Informationen keinen Zugang«, sagte Kindall. »Aber was wir prüfen konnten, deutete auf gewaltige Risiken hin, die man bei Enron nicht angemessen analysiert und bewertet hat.«

Allein die zwei analysierten Zweckgesellschaften Whitewing und Merlin stellten eine enorme Gefahr dar. Aufgrund ihrer Struktur könnten die leistungsschwachen Vermögenswerte, die sie gekauft hätten, für Enron zur Belastung werden.

Außerdem seien die Deals mit den Zweckgesellschaften so strukturiert, dass bei bestimmten »Trigger Events« oder »auslösenden Ereignissen« die Stabilität von Enrons Aktienkurs und seine Kreditwürdigkeit beeinträchtigt werden könnten. Kurz gesagt, Fastow und sein Team seien im Namen des Gesamtunternehmens Verpflichtungen eingegangen, um die Zweckgesellschaften attraktiver zu machen. Sie hätten zugesagt, Aktien zu emittieren oder Schulden oder andere neue Lasten zu übernehmen, falls der Aktienkurs des Konzerns fallen oder seine Bonitätsbewertung schlechter werden würde.

Natürlich dürfe Enron gerade für solche Fälle *keinerlei* derartige Verpflichtungen eingehen. Die Emittierung neuer Aktien bei fallendem Kurs könne dazu führen, dass der Kurs *noch schneller* falle. Solche Vereinbarungen kämen dem Versprechen gleich, ein Haus mit Benzin zu löschen, wenn es zu brennen anfange. Um seine Deals für externe Investoren attraktiver zu machen, habe Fastow eine Struktur geschaffen, die das Unternehmen in den Zusammenbruch treiben könne, sobald die ersten Schwierigkeiten begännen.

Glisan hörte schweigend zu. Die Trigger Events bei Whitewing und Merlin waren für ihn kein Grund zur Sorge. Die Finanzgruppe bediente sich ständig dieses Kunstgriffs; selbst bei den Raptoren waren an den Aktienkurs gebundene Trigger Events vorgesehen. Er wusste genau über sie Bescheid.

Kindall schlug die nächste Seite in seiner Präsentation auf. »Wir haben untersucht, mit welcher Wahrscheinlichkeit solche Trigger Events eintreten könnten. Zum Beispiel beträgt die Wahrscheinlichkeit, dass es innerhalb der nächsten zwölf Monate zu einer schlechteren Bonitätsbewertung kommt, fünf Prozent.«

Fünf Prozent! Das kam Glisan hoch vor.

»Aber Sie müssen berücksichtigen, dass das nur die Trigger Events sind, die wir entdeckt haben«, sagte Kindall. »Es hat ganz den Anschein, als seien bei weiteren Zweckgesellschaften noch weitere solche Auslöser eingebaut.«

Sie seien vermutlich in Dokumenten enthalten, die sein Team

nicht habe prüfen dürfen. Und sie seien anscheinend vereinbart worden, ohne Wechselwirkungen zu berücksichtigen. Letztlich könnten sie alle nacheinander akut werden, da sie alle von denselben zwei Faktoren abhingen.

»Wahrscheinlich wird durch einen Trigger Event der Aktienkurs so weit fallen, dass der nächste Trigger Event für eine andere Zweckgesellschaft eintritt«, sagte Kindall.

Er räusperte sich; es war nie einfach, Unheilsbotschaften zu verkünden. »Es ist tatsächlich vorstellbar, dass wir eine ganze Serie von Trigger Events aktivieren und einen Dominoeffekt auslösen, bei dem unser Aktienkurs durch jeden Trigger Event weiter fällt. Das würde einen massiven Kursverfall auslösen, und unsere Aktien würden als Junkbonds bewertet.«

Alle wussten, was das bedeutete. Enron mit seinem gewaltigen Handelsvolumen konnte nicht überleben, wenn seine Bonitätsbewertung so weit sank, dass seine Aktien nicht mehr zum Kauf empfohlen wurden. Seine Handelspartner würden den Konzern dann vom Markt ausschließen, weil sie fürchteten, dass er nicht mehr über die Mittel verfügte, seine Verpflichtungen zu erfüllen.

Durch die Raptoren werde die Bedrohung nur noch verschärft, sagte Kindall, und analysierte exemplarisch Raptor I. »In diesem Raptor sind jetzt schon nicht realisierte Verluste in einer Gesamthöhe von mehreren hundert Millionen Dollar verborgen. Es ist vorstellbar, dass allein die Enthüllung dieser Art nicht realisierter Verluste unseren Aktienkurs und unsere Bonitätsbewertung so in Mitleidenschaft zieht, dass der Schwellenwert in irgendeinem Vertrag unterschritten und der beschriebene Dominoeffekt ausgelöst wird.«

Kaminski meldete sich zu Wort. Seine Gruppe brauche die notwendigen Mittel, um ihr Projekt abzuschließen und das volle Ausmaß der Bedrohung festzustellen. Es sei noch viel zu tun: Eine komplette Liste *aller* außerbilanziellen Gesellschaften müsse zusammengestellt, ihre Risiken müssten kalkuliert und eine Abschätzung der zu erwartenden Verbindlichkeiten müsse vorgenommen werden.

Kindall pflichtete ihm bei: »Wir müssen uns alle Zweckgesellschaften einzeln vornehmen und alle in ihrem Besitz befindlichen Vermögenswerte analysieren.«

Er machte eine Pause. »Wenn wir diese Informationen haben, können wir abschätzen, wie groß die Gefahr des Zusammenbruchs ist.«

Jetzt lagen die Karten auf dem Tisch!

Auf einen Streich hatte Kindall, ein unauffälliger Analyst mittleren Ranges mit einer bruchstückhaften Datenbasis, den finanztechnischen Sumpf aufgedeckt, in dem Enron zu versinken drohte.

So weit war es also gekommen: Enron, scheinbar *das* Erfolgsunternehmen des vergangenen Jahrzehnts, hatte die Grundlagen unternehmerischen Handelns missachtet – nein, *mit Füßen getreten* –, um des hemmungslosen Profitstrebens willen. Für seine Führungskräfte, die für jeden ihrer neumodischen Deals mit üppigen Prämien entlohnt wurden, war genaue Kassenführung etwas Langweiliges, nicht die Pionierarbeit, die Enron zu Enron machte. Sie betrachteten die genaue Dokumentation von Risiken als lästigen Kostenfaktor, mit dem sich kein Geld verdienen ließ. Unternehmerische Alltagsarbeit hatte nicht den Sensationscharakter, der mit Beifall und Lob bedacht wurde. Versicherungen abschließen? Jeder Pavian konnte das!

Diese Haltung wucherte allenthalben in der Zeit der großen Geldströme in den neunziger Jahren, und sie hatte sich bei Enron wie ein Krebsgeschwür ausgebreitet. Nun jedoch hatte Kindall mit unheimlicher Präzision das Szenario geschildert, wie der Konzern in nur sieben kurzen Monaten vernichtet werden sollte: die Enthüllung der Verluste der Raptoren. Ein Börsenschock. Ein rasanter Kursverfall, bei dem die Enron-Aktie einen Schwellenwert nach dem anderen unterschritt, bis das Unternehmen nicht mehr zu retten sein würde.

Es war, als hätte ein unbekannter Ingenieur bei der White Star Line Monate vor dem Untergang der *Titanic* die Gefahren minutiös beschrieben, die dem Ozeanriesen durch Eisberge drohten. Noch war Zeit. Man konnte Änderungen vornehmen, die Katastrophe abwenden. Das Überleben des Konzerns hing von Ben Glisan ab, einem Mann, der wegen heimlicher Millionen-Dollar-Gewinne aus einer Zweckgesellschaft allen Grund hatte zu verhindern, dass jemand Fastows Geschäfte genauer unter die Lupe nahm.

Nachdem Kindall die Präsentation beendet hatte, überflog Glisan noch die zwei restlichen Seiten des schriftlichen Berichts. Darin erklärte der Analyst, dass in dem kürzlich erschienenen Artikel in *Fortune* eine ganze Reihe verheerender statistischer Daten über das Unternehmen veröffentlicht worden seien, aber die Wirkung noch schlimmer gewesen wäre, wenn auch über »das verborgene Enron« mit all seinen außerbilanziellen Partnerschaften berichtet worden wäre.

Glisan klappte den Bericht zu. »Ich weiß die Arbeit zu schätzen, die hier geleistet worden ist«, sagte er. »Aber es gibt überhaupt keinen Grund zur Beunruhigung.«

Keinen Grund zur Beunruhigung? In Kaminski bäumte sich alles gegen diese Abfuhr auf. *In Kindalls Analyse wird ein Unternehmen beschrieben, das am Abgrund steht und es nicht merkt, weil es nicht über die nötigen Daten verfügt. Es geht um sein oder nicht sein!*

»Das wissen wir erst, wenn wir eine gründliche Analyse durchgeführt haben, Ben«, widersprach er.

Glisan lächelte. »Ich war an der Konzeption von fast allen diesen Gesellschaften beteiligt, Vince«, sagte er. »Wir kennen die Risiken. Die Sache ist kein Problem.«

Kaminski blieb bei seiner Meinung und forderte eine genauere Analyse. Glisan hob die Hände und gab ein wenig nach.

»Alles klar, Vince, ich verstehe Ihr Anliegen«, sagte er. »Ich gehe die Sache noch einmal durch und melde mich dann wieder.«

Am folgenden Morgen um 11 Uhr bestieg Glisan – der einzige Enron-Topmanager, der von der potenziellen Katastrophe wusste, die das Unternehmen treffen konnte – mit Frau und Kindern eine Maschine der Continental Airlines. Sie machten einen einwöchigen Skiurlaub in Beaver Creek, Colorado, wo sie in der luxuriösen Villa Montane Townhomes wohnten. Glisan wollte sich dort erholen, auf die Piste gehen und seine Arbeit möglichst für eine Weile vergessen.[4]

Er meldete sich nie wieder bei Kaminski und Kindall. Und er versäumte es auch, Lay, Skilling oder einem anderen Board-Mitglied von Enron von der alarmierenden Warnung zu erzählen, die er bekommen hatte.

Enrons Deal mit Blockbuster war tot.[5]

Die Scharmützel der vergangenen Monate waren in einen totalen Krieg eskaliert. Blockbuster beschwerte sich, dass Enron die versprochene Technologie für den Kundenkontakt nicht zur Verfügung gestellt hatte, und Enron klagte, dass Blockbuster keine hochwertigen Inhalte lieferte. Im März war die vertragliche Vereinbarung ausgelaufen, durch die sich beide Parteien verpflichtet hatten, nicht aus dem Projekt auszusteigen, und nun waren beide zum Ausstieg bereit.

In den Tagen, bevor das Projekt abgeblasen wurde, hatte David Cox, der für Enron die Verhandlungen mit Blockbuster leitete, Lay über das gefährdete Projekt informiert. Die gelieferten Filme seien Mist, sagte er, primitive Sexkomödien wie *Porkys 3* und ein Haufen Ratgebervideos. Laut Cox waren die viel gepriesenen Beziehungen von Blockbuster zu den Filmstudios eine totale Pleite. Es hatte seine Marktmacht als größte Videoverleihkette genutzt, um den großen Studios Konzessionen für seine Läden abzuringen. Nun zeigten die Studios keine Neigung, Blockbuster dabei zu helfen, mit ihren Inhalten einen weiteren Geschäftszweig aufzubauen. Mehrere Führungskräfte aus den Studios hatten dies Enron hinter vorgehaltener Hand mitgeteilt.

Lay war gar nicht glücklich über die Entwicklung. Schließlich waren die angeblichen Hollywood-Kontakte von Blockbuster die Basis für den Vertrag mit der Kette gewesen. Aber offensichtlich hatte sich bei Enron niemand die Mühe gemacht, die Sache durch ein paar Anrufe bei den Studios zu überprüfen. Zweifellos war der Zwanzig-Jahres-Vertrag allzu leichtfertig geschlossen worden.

Doch Cox versicherte Lay eilig, dass nicht alles verloren sei. Enron baue seine eigenen Kontakte mit Hollywood auf, sagte er, und letztlich werde schon alles gut gehen.

Vielleicht. Aber diese Aussicht änderte nichts an der Tatsache, dass der Zwanzig-Jahres-Vertrag zwischen Enron und Blockbuster nur acht Monate nach seiner Unterzeichnung gekündigt wurde. Enron hatte keinen Partner mehr für sein Video-on-Demand-Geschäft, kaum noch Inhalte und nur wenige Kunden. Aber dank dem Projekt Braveheart würde es trotzdem noch das haben, worauf es seinen Führungskräften wirklich ankam: 111 Millionen ausgewiesene Einnahmen, und die reichten aus, damit die Broadband Division ihre Gewinnziele erreichte.

Am Morgen nach der Auflösung des Vertrags mit Blockbuster saß Carl Bass zu Hause in seinem Büro und surfte im Internet. Dabei stieß er auf einen Bericht der Nachrichtenagentur Reuters:

»Blockbuster, Enron Broadband End Video-on-Demand-Deal« (»Blockbuster und Enron Broadband beenden Video-on-Demand-Deal«) lautete die Schlagzeile. Bass klickte den Artikel an.

Das konnte übel werden. Bass wusste, dass Enron über den an sich schon problematischen Braveheart-Deal gewaltige Einnahmen ausgewiesen hatte. Aber nicht einmal Enron konnte ernsthaft behaupten, dass ein Unternehmen mit einem namhaften Partner noch das Gleiche wert sei, wenn dieser Partner ausstieg. Bass adressierte eine E-Mail an John Stewart, kopierte den Artikel von Reuters hinein und schrieb: »Ich weiß nicht, ob Ihnen das schon bekannt ist.«[6]

Stewart saß gerade an seinem Rechner und öffnete Bass' Mail sofort. Angesichts der Einnahmen, die Enron aus Braveheart ausgewiesen hatte, war der Bericht von Reuters ausgesprochen beängstigend. Stewart antwortete, dass ihm die Nachricht neu sei, und fragte:

»Was passiert mit dem Jointventure und dem Teil, der durch eine Zweckgesellschaft verbrieft wurde, um sofort einen Gewinn ausweisen zu können?«

Das ist die 64-Dollar-Frage im TV-Ratespiel, dachte Bass.

Er klickte auf »Beantworten« und schrieb: »Man sollte meinen (ohne es direkt zu wissen, weil mein Telefon die Anrufe von denen nicht mehr annimmt), dass ein Verlust gemeldet werden müsste. Das ›Risikounternehmen‹ hat jetzt seinen Wert verloren.«

Der Verlust wurde nie ausgewiesen. Der Zusammenbruch des Jointventures mit Blockbuster sei eine gute Sache, argumentierten die Führungskräfte von Enron. Die schlechten Beziehungen der Verleihkette zu den Studios habe den Erfolg des Jointventures behindert. Ohne Blockbuster werde Enron die Studios sicherlich schneller für Verträge gewinnen. Nachdem das Unternehmen nun allein die Verantwortung habe, meinten die Führungskräfte begeistert, werde Braveheart vielleicht sogar noch *mehr* wert sein als je zuvor.

Eine Woche war vergangen, und Mintz hatte immer noch keine Reaktion auf sein Memorandum über LJM erhalten. Er bat seine Sekretärin, einen Gesprächstermin mit Causey und Buy zu vereinbaren. Ein paar Tage später trafen sich die drei in Causeys Büro. Mintz hatte eine Kopie seines Memorandums vor sich auf dem Tisch liegen.[7]

»Okay, Jordan«, sagte Causey. »Sie haben um das Gespräch gebeten. Schießen Sie los.«

»Na ja«, sagte Mintz. »Ich wollte gern wissen, was Sie beide von meinem Memo halten.«

Sie starrten ihn verständnislos an. »Was für ein Memo?«, fragte Causey.

Mintz war entsetzt. Sie hatten es nicht einmal gelesen.

»Ich habe ein Memo darüber geschrieben, wie LJM gegen die Vorschriften verstößt«, sagte Mintz, »und ich habe Vorschläge hinzugefügt, wie die Missstände behoben werden könnten.«

Causey schloss gequält die Augen und nickte: »Ach so, ja.«

Er stand auf und ging zu seinem Schreibtisch, wo er in einem Papierstapel wühlte. Buy sah Mintz gleichmütig an.

»Ich habe mein Exemplar nicht dabei«, sagte er.

Causey kam zurück an den Tisch. »Ich kann meins gerade auch nicht finden«, sagte er.

Mintz machte gute Miene zum bösen Spiel und schlug vor, das Exemplar, das er mitgebracht hatte, von Causeys Sekretärin kopieren zu lassen. Gute Idee, sagten Causey und Buy. Minuten später hatte jeder eine Kopie und blätterte sie durch. Auf ihren Gesichtern war keine Spur des Wiedererkennens zu lesen.

»Wie soll ich vorgehen?« Mintz versuchte den unangenehmen Augenblick zu überspielen. »Soll ich es Seite für Seite durchgehen?«

»Ja bitte«, antworteten sie. Mintz brachte langsam seine Kritik und seine Verbesserungsvorschläge vor. Causey und Buy murmelten immer wieder zustimmend und forderten Mintz auf, zum nächsten

Punkt zu kommen. Als er die letzte Seite erreicht hatte, sagte er: »Und da ist noch diese verfahrene Situation mit den LJM-Leuten im 20. Stock«, sagte er. »Ich muss sicher sein, dass ich Ihre Unterstützung habe, wenn ich ihren Umzug veranlasse.«

Natürlich, sagten Causey und Buy. Er solle die Sache ruhig in die Wege leiten. Sie würden ihn rückhaltlos unterstützen.

Etwa zehn Minuten später war Mintz wieder in seinem Büro. Er schloss langsam die Tür und ging zu seinem Computerschränkchen. Dort legte er das Memorandum ab und starrte es eine Weile schweigend an.

Sie hatten es nicht gelesen. Und selbst als er sie darüber informierte, hatten sie ihre Gleichgültigkeit kaum verbergen können. Er hatte gehofft, sie würden so zornig werden, dass sie die Dinge in Ordnung brachten. Aber sie hatten ihm nur auf die Schultern geklopft und ihm viel Glück beim Kampf gegen seinen Chef gewünscht.

Was für elende Waschlappen, dachte er. *Kaum zu fassen, dass diese Typen Topmanager in diesem Unternehmen sind.*

Skilling stand in einem Aufzug im Enron-Gebäude und schaute auf den eingebauten Bildschirm. Er zeigte die Aktienkurse, und als Skilling den von Enron sah, lief es ihm kalt den Rücken hinunter. Der Kurs lag unter 56 Dollar pro Aktie.[8]

Im August des Vorjahres hatte der Kurs seinen absoluten Höchststand von 90 Dollar pro Aktie erreicht. Seither war er stetig gefallen. Und heute, am 21. März 2001, sollte er den tiefsten Stand seit 52 Wochen erreichen.

Die neunziger Jahre waren eindeutig vorüber. In den vergangenen acht Wochen waren die Aktienkurse im Bereich Telekommunikation abgestürzt – Level 3, Global Crossing, all diese Firmen. Es war ein Teufelskreis: Viele dieser High-Tech-Firmen hatten ihren Aufstieg mit Kapital durch den Verkauf von Aktien finanziert. Nun fanden sie keine Abnehmer mehr und waren massiv vom Zusammenbruch bedroht.

Auch Enron stand von allen Seiten unter Beschuss. An der Börse waren seine Schwierigkeiten in Indien bekannt geworden, und das machte die Anleger kopfscheu. Und dieser Artikel in *Fortune – dieser Artikel!* – stellte Fragen über das Kurs-Gewinn-Verhältnis des Konzerns.

Zudem wirkte sich das High-Tech-Debakel nun auch auf den Wert von Enron Broadband negativ aus. Aber trotz aller Gewitterwolken am Horizont gab sich Skilling gut gelaunt. Die Gesundschrumpfung sei eine gute Sache, weil weniger Konkurrenz den Zugang zum Netz verbillige. Darüber, dass Enron wegen dieser Gesundschrumpfung auch immer weniger Handelspartner hatte, zeigte er sich nicht beunruhigt.

Aber noch etwas beschäftigte Skilling im Zusammenhang mit dem Kursverfall der Enron-Aktien: Die wirklichen Schwierigkeiten hatten begonnen, als Lay seine Pläne bekannt gab, das Unternehmen zu verlassen. Skilling interpretierte jeden Punkt, um den die Enron-Aktie fiel, als Votum gegen seinen Aufstieg zum CEO. Die Anleger wollten offensichtlich Lay, nicht ihn. Sie übten fast täglich Kritik an seiner Leistung. Und Skilling hasste Kritik.

»Jeff«, unterbrach ein Mitarbeiter, der mit Skilling im Aufzug stand, dessen Gedanken, »was ist eigentlich mit dem Aktienkurs los?«

Skilling schaute den Mann kurz an, dann wandte er sich wieder dem Bildschirm zu. »Keine Ahnung«, sagte er.

Wie waren sie da hineingeschlittert? Am 22. März versuchten Fastow und die anderen Führungskräfte der Finanzgruppe, diese Frage zu beantworten und die Katastrophe abzuwenden.

Wieder waren die Raptoren das Problem. Als sie geschaffen wurden, hatten alle sie für einen Geniestreich gehalten. Damals war der Kurs der Enron-Aktien bei fast 90 Dollar gestanden – und gestiegen. Niemand hatte damit gerechnet, dass er so schnell fallen würde, also hatte auch niemand Bedenken wegen des vertraglich eingebauten »Schwellenwerts« gehabt. Wenn der Aktienpreis von Enron unter diesen Schwellenwert von 50 Dollar fiel, würden die Aktien, durch die die Raptoren mit Kapital versorgt wurden, sich praktisch in nichts auflösen. Damals war der Schwellenwert lächerlich niedrig erschienen – *50 Dollar pro Aktie.*

Nun jedoch stand der Kurs bei 55 Dollar, mit fallender Tendenz. Außerdem wuchsen immer noch die Verluste durch den Wertverlust der Aktienanlagen, für die die Raptoren als Hedge dienten. Inzwischen war es durchaus möglich, dass die Raptoren binnen einer Woche praktisch kein Kapital mehr besitzen würden. Die Hedges würden verschwinden, und sämtliche Verluste aus dem Anlagengeschäft müssten ausgewiesen werden.

Fastow und Causey konsultierten ein paar hervorragende Buchhaltungsfachleute wegen des Problems. Sie kamen auf eine Lösung, die allen perfekt erschien: Wenn die Raptoren für das Hedging von Enron-Investitionen mehr Kapital brauchten, sollten sie es von Enron bekommen.[9]

Die beiden besten Raptoren wurden weiterhin verstärkt, um die beiden schwachen zu stützen. Zu diesem Zweck pumpte Enron noch einmal zwölf Millionen Aktien in die stärkeren Raptoren. Das Geschäft lief als Kredit mit dem Versprechen, dass die beiden Raptoren

Enron irgendwann in der Zukunft 568 Millionen Dollar zurückzahlen würden. Im Wesentlichen verdoppelte die Finanzgruppe damit *noch einmal den Einsatz bei ihrer Wette,* dass der Aktienkurs von Enron *steigen* würde. Wenn der Kurs wieder stieg, würde die ganze Struktur aus der Krise kommen, und die Raptoren konnten ihre Verpflichtungen endlich erfüllen.

Diesmal jedoch türkte die Finanzgruppe das Geschäft. Sie bewertete die neuen Aktien für die Raptoren mit 47 Dollar pro Stück, ein beträchtlicher Abschlag, weil die Aktien gemäß dem Verkaufsvertrag nicht durch einen Hedge gesichert werden durften. Der Abschlag wurde Kaminski mitgeteilt und von ihm abgesegnet.

Dieser Discount entsprach den Gepflogenheiten, doch für den nächsten Schritt galt dies keineswegs. Als der Deal abgeschlossen war, verzichtete Enron auf das Hedge-Verbot. Die Aktien – die weniger wert waren, weil sie nicht durch einen Hedge gesichert werden konnten – konnten nun plötzlich doch gesichert werden. Und niemand informierte Kaminski, obwohl seine Preisvorgaben als Grundlage für die Summen genommen wurden, die bei dem Geschäft im Spiel waren.

Natürlich brauchten die Raptoren für einen Hedge eine dritte Partei, die das Risiko übernahm, dass der Kurs der Aktien sank. Diese »dritte Partei« war Enron selbst. Wenn der Kurs fiel, verpflichtete sich der Konzern, den Verlust der Raptoren zu ersetzen, die sich im Gegenzug verpflichteten, Enron sein eigenes Geld zurückzugeben, um die Verluste aus dem Anlagengeschäft auszugleichen. Die Raptoren waren damit in jeder Hinsicht ein sinnloser, lächerlicher Betrug.

Am 26. März kurz nach 16.30 Uhr unterhielt sich Ryan Siurek in seinem Büro mit seinem Kollegen Gordon McKillop. Siurek hatte Tag und Nacht an der Umstrukturierung der Raptoren gearbeitet, und die Dokumente für den Deal waren nun endlich unterzeichnet worden. Er war erschöpft und brauchte eine Pause.

Das Telefon klingelte. »Ryan? Hier Jeff Skilling.«

Siurek erschrak. Er hatte nicht mit einem Anruf von Skilling gerechnet; er hätte nicht einmal gedacht, dass Skilling wusste, wer er war. Ohne Siurek zu informieren, hatte Causey Skilling gebeten, dem jungen Buchhalter ein dickes Lob auszusprechen.

»Hören Sie«, sagte Skilling, »ich möchte Ihnen nur sagen, wie sehr wir Ihre harte Arbeit bei der Umstrukturierung der Raptoren zu würdigen wissen. Das Ganze ist wirklich ein großartiges Geschäft für Enron.«

Siurek murmelte ein Dankeschön, und die beiden sprachen noch eine Minute miteinander. Siurek gewann dabei den Eindruck, dass Skilling den Deal in den Grundzügen kannte.[10]

In Washington überquerte ein untersetzter, bärtiger Mann die Pennsylvania Avenue und ging zum Nordwesttor des Weißen Hauses. Ein Sicherheitsbeamter fragte ihn nach seinem Namen.

»Harvey Pitt«, sagte der Mann.

Pitt, einer der renommiertesten Wirtschaftsanwälte der Stadt, stand kurz davor, seinen Traumjob zu bekommen. Einige Zeit zuvor hatte er die Anfrage aus dem Weißen Haus erhalten, ob er der neue Chairman der SEC werden wolle.

Der Sohn eines Lebensmittelhändlers und einer Näherin war den Beamten der Börsenaufsicht schon als Student bei einer Debatte an der juristischen Fakultät aufgefallen und hatte bald darauf eine Stelle im Büro des Leiters der Rechtsabteilung der Behörde bekommen. Er arbeitete zehn Jahre dort und wurde der jüngste Justiziar der SEC, bevor er die Stelle wechselte und als Partner bei Fried, Frank, Harris, Shriver & Jacobson eintrat. Er verlor jedoch nie das Interesse an einer Rückkehr in die SEC, allerdings nur als ihr Chef. Pitt stand George Bush nicht nahe und war ihm noch nie persönlich begegnet, aber er wusste trotzdem, dass ihm der neue Präsident vielleicht den begehrten Posten verschaffen würde.[11]

Der Sicherheitsmann gab ihm ein Namensschild, und Pitt heftete es an. Minuten später war er im Westflügel und wurde ins Oval Office geführt. Bush wartete in der Tür des Präsidentenbüros auf ihn und gab ihm die Hand.

»Mr. President, es ist mir eine Ehre, Sie kennen zu lernen«, sagte Pitt.

Bush lächelte. »Mr. Pitt, ich bin hoch erfreut, *Sie* kennen zu lernen.«

Ein Fotograf des Weißen Hauses schoss ein Bild, dann führte Bush seinen Gast zu einer Sitzgruppe. Dort wartete Dick Cheney mit ein paar Mitarbeitern. Sie begrüßten Pitt, aber Bush machte schnell klar, dass er das Gespräch leitete.

»Okay, Mr. Pitt«, sagte er. »Warum wollen Sie Chairman der SEC werden?«

Das Gespräch dauerte eine halbe Stunde. Pitt hatte sich viele Jahre auf diesen Moment vorbereitet und hatte eine Reihe von Ideen parat. Die SEC solle mehr werden, als sie sei, sagte er, und er sei der richtige Mann, um die Behörde zu diesem Ziel zu führen.

Zunächst einmal solle die SEC die Wertpapiergesetze in Echtzeit durchsetzen; ihre Ermittlungen zögen sich allzu oft jahrelang hin. Wenn sie schneller handle, würden die Anleger größeres Vertrauen fassen, weil sie wüssten, dass die Polizei ihre Runden drehe. Auch die Offenlegung sei ungenügend. Die Anleger bekämen in der Regel nur historische Informationen und kaum Erklärungen über die künftige Entwicklung der Unternehmen.

Bush nickte mehrmals zustimmend und stellte gelegentlich eine Frage. Schließlich hatte er genug gehört. »Vielen Dank, dass Sie gekommen sind, Mr. Pitt«, sagte er. »Wir melden uns bei Ihnen.«

Wieder schüttelten sich alle die Hand. Minuten später hatte Pitt das Weiße Haus verlassen und kehrte zu Fuß in sein Büro zurück. Er hatte ein gutes Gefühl nach dem Gespräch. Gut möglich, dass er den Posten bekam.

Am 2. April saß Amanda Martin gegen Abend in Skillings Büro und bat ihn erneut, sie von Azurix abzuziehen. Sie könne andere Dinge tun, sagte sie. Sie habe die ins Trudeln geratenen nordamerikanischen Kraftwerke saniert und könne dieselbe Aufgabe auch bei dem Projekt in Indien übernehmen.[12]

Skillings Ton war distanziert. »Ich weiß nicht, ob das funktioniert, Amanda. Andy versucht mit aller Macht zu verhindern, dass Sie zurückkommen.«

Fastow. Es war so viele Jahre her, dass sie sich wegen des blöden Deals mit den Kraftwerken zerstritten hatten. Sie konnte es kaum glauben, dass er immer noch einen Groll gegen sie hegte.

»Aber, Jeff«, sagte sie, »ich will nicht bei Azurix bleiben.«

»Ich brauche Sie aber dort«, antwortete Skilling.

Skillings ganzes Verhalten kam ihr seltsam vor. Er wirkte unsicher und wenig entscheidungsfreudig. »Jeff«, sagte sie. »Was ist los?«

Er antwortete nicht.

»Immer, wenn ich spät abends das Büro verlasse und auf den Parkplatz komme, sind die Autos der anderen Führungskräfte schon weg«, fuhr sie fort. »Aber Ihr Auto ist noch da. Und wenn ich am frühen Morgen wiederkomme, ist es dasselbe. Nur Ihr Auto steht schon da.«

Sie lehnte sich auf ihrem Stuhl nach vorn. »Was wirft das eigentlich für ein Licht auf ein Unternehmen, wenn Sie härter arbeiten als Ihre Untergebenen?«

Martin rechnete damit, dass er sie anschreien würde. Das hätte ihr bewiesen, dass Skilling immer noch sein altes Feuer hatte. Aber er saß einfach nur da.

»Das Problem besteht darin, dass Rice, Pai und die anderen Topmanager sich abgemeldet haben; sie machen ihren Job nicht mehr. Die sind zu reich geworden. Sie haben so viel Geld, dass sie gar nicht mehr hier sein müssen.«

Noch immer keine Reaktion. Martin bohrte. »Und die nächste Ebene – Whalley, Delainey und die anderen –, die würden Ihnen die Kehle durchschneiden, wenn sie glaubten, dass sie dadurch schneller an den Futtertrog kämen. Und was wollen Sie jetzt unternehmen?«

Skilling sah sie traurig an, dann blickte er schweigend aus dem Fenster. Schließlich sah er ihr in die Augen. »Eins gefällt mir an Ihnen, Amanda«, sagte er. »Sie nehmen kein Blatt vor den Mund.«

Er machte eine Pause. »Und wahrscheinlich haben Sie sogar Recht.«

Was? Skilling gibt doch nie einen Fehler zu. Niemals! Er ist so still, so resigniert. Er sieht ganz verloren aus.

»Ich weiß nicht, was ich tun werde«, sagte er leise.

Am 9. April machte Skilling einen Rundgang durch das Gebäude und suchte verschiedene Trader und Deal Maker auf. Danach ging er in den Konferenzraum, wo er mit seinem CFO sprechen würde.[13]

Fastow bekam es allmählich mit der Angst zu tun. Der Handel zwischen LJM und Enron war nur noch ein dünnes Rinnsal. Seit die Aktienkurse fielen, gab es kaum noch etwas, das gute Einnahmen versprach, nicht einmal bei einem manipulierten Deal. Mit einer Ausnahme: Enron Wind, ein Unternehmensbereich für erneuerbare Energien. Enron stand bereits in Verhandlungen, um den Unternehmensbereich an eine Tochter der UBS (United Bank of Switzerland) zu verkaufen, aber Fastow wollte das Geschäft selbst machen – mit LJM2.

In dem Konferenzraum schilderte er Skilling die vielen Vorteile, die ein Gebot von LJM2 bieten würde. Aber der CEO war nicht beeindruckt. Er hatte genug von LJM, genug davon, dass Fastow ihm mit dem Fonds in den Ohren lag. Sie sprachen gar nicht mehr über Enron, dachte Skilling genervt, nur noch über LJM und LJM und noch einmal LJM.

»Ich will keinen strukturierten Deal«, sagte Skilling. »Aber wenn Sie mit LJM ein Scheinangebot machen wollen, soll's mir recht sein.«

Ein Scheinangebot? Das bedeutete, dass LJM2 nur benützt würde, um das Angebot der UBS hochzutreiben. Damit würden Fastow und seine Anleger kein Geld verdienen. »Moment mal, Jeff«, protestierte Fastow, »ich glaube, LJM kann wirklich wertvolle Dienste leisten.«

Sie sprachen noch weitere 20 Minuten miteinander. Als das Gespräch zu Ende war, hatte Skilling das Gefühl, er habe sich verständlich gemacht.

Am 13. April saß Mintz peinlich berührt an seinem Schreibtisch und erledigte seine neuste triviale Strafarbeit. Fastows Kindermädchen hatte sich ein Auto gekauft, das sich als Schrottkarre entpuppte, und Mintz musste nun einen juristisch formulierten Drohbrief an den Autohändler schreiben. Plötzlich spürte er, dass jemand im Raum stand. Er blickte auf und sah Michael Kopper.

»Jordan«, sagte Kopper schroff. »LJM2 macht ein Gebot in dem Windgeschäft. Wissen Sie, wie die Dinge mit der UBS stehen?«

»Was?« Mit seinen kurzen Sätzen hatte Kopper Mintz' schlimmste Befürchtungen in Bezug auf LJM bestätigt: Der Fonds mischte mit beim Verkauf eines ganzen Enron-Unternehmensbereichs. Und nicht nur das, Kopper wollte Informationen über das Gebot der UBS. Eine dritte Partei hätte solche Informationen *niemals* bekommen.

»Ich weiß es nicht, Michael«, antwortete er. »Aber ich arbeite für Enron. Ich glauben nicht, dass es korrekt ist, Ihnen zu sagen, was ein potenzieller Konkurrent bietet.«

Kopper setzte zu einer Erwiderung an, aber Mintz ließ sich nicht unterbrechen. »Wenn Sie mit jemandem über den Deal sprechen wollen, rufen Sie Lance Schuler an. Er arbeitet an dem Geschäft.« Mintz gab sich keine Mühe, seine Verachtung zu verbergen.

Koppers Augen verengten sich vor Wut. Mintz schob ihn zu Schuler ab, einem anderen Anwalt? Erteilte *ihm* eine Abfuhr?

»Wissen Sie was, Jordan?«, zischte er. »Lance war in der engeren Wahl für Ihren Job, und er hat ihn nicht bekommen, weil er in den Graubereichen nicht gut gearbeitet hat.«

Kopper stürmte hinaus.

Die Sache lief völlig aus dem Ruder! Mintz musste die Ärmel aufkrempeln und einen Weg finden, wie er die Aufmerksamkeit auf die Probleme mit LJM lenken konnte, damit sie ein für alle Mal behoben wurden.[14]

Am folgenden Montag, dem 16. April, las Fastow eine E-Mail von Adam Umanow, einer Führungskraft von Enron Wind, und fluchte. Umanow hatte einen Termin mit Fastow abgesagt. Mark Metts, der Deal Maker, der bei Enron für die Transaktion verantwortlich war, hatte entschieden, dass LJM2 durch ein Treffen zwischen Fastow und Umanow gegenüber anderen Bietern bevorzugt werden könnte.

Fastow klickte auf »Weiterleiten«, adressierte an Skilling und schrieb: *»Jeff, ich bin sicher, das ist nur ein ›Missverständnis‹, aber ich weiß, dass UBS Capital zahllose Stunden mit dem Management verbracht hat. Mark sagt, er will LJM keinen Vorteil verschaffen, aber es sieht ganz so aus, als ob er LJM benachteiligt.«*

Während Fastow in die Tastatur hackte, betrat eine Gruppe Manager aus der Finanzgruppe den Raum. Glisan, Mintz, Tim Despain und Barry Schnapper waren zu einer auf 14.30 Uhr angesetzten Besprechung gekommen. Fastow sah nicht einmal auf.[15]

»Bis das Problem gelöst ist, gehe ich davon aus, dass LJM nicht mehr bietet und auch sonst nichts mehr tut. Enron hat also wieder nur einen Bieter (den mit dem niedrigeren Angebot) – ist das besser für unser Unternehmen???«

»Toll!« Fastow lachte. »Das ist toll!«

Er klickte auf »Senden« und stand auf.

»Dieser verdammte Metts«, sagte Fastow, als er sich zu den versammelten Mitarbeitern herumdrehte. »Ich habe Skilling gesagt, dass LJM Enron Wind kaufen und außerbilanziell machen kann, aber Metts wirft mir ständig Knüppel zwischen die Beine. Er lässt uns keine Sorgfältigkeitsprüfung vornehmen.«

Dann lächelte er. »Aber jetzt weiß Skilling davon, soll er doch mit Metts darüber sprechen.«

Fastow setzte sich mit einem selbstgefälligen Grinsen an den Konferenztisch. Die anderen setzten sich dazu, und die geplante Besprechung fand statt. Als sie zu Ende war, blieb Mintz noch ein wenig zurück.

»Andy«, sagte er zögernd, »warum will LJM Enron Wind überhaupt kaufen?«

Ein solcher Kauf, dachte Mintz, würde zu groß sein, um keine Aufmerksamkeit zu erregen. Er würde fast sicher eine vollständige Offenlegung erforderlich machen und LJM als hochinteressante Anlage auf die Titelseiten der Fachpresse bringen. Und all das für dieses Enron Wind, das eigentlich nur eine teure Werbekampagne war, die dem Mutterkonzern ein umweltfreundliches Image verschaffen sollte.

Aber Fastow sah nur Dollarzeichen. »Es ist ein hervorragender Vermögenswert«, sagte er. »Wir haben die Sache bis jetzt vermasselt, aber wenn man den Laden richtig ausbaut, kann man sein Geld binnen zwei Jahren verdoppeln.«

Er lächelte. »Ich sage Ihnen, wir investieren vielleicht 600 Millionen Dollar und machen mehr als eine Milliarde draus.«

Skilling starrte ärgerlich auf die Mail, die er gerade bekommen hatte. Was zum Teufel wollte Fastow damit sagen?

Ein Scheingebot! LJM soll ein Scheingebot machen. Ich will keinen strukturierten Deal. Ich will Enron Wind einfach verkaufen. Ich dachte, ich hätte mich in diesem Punkt sehr klar ausgedrückt. Offensichtlich hört Fastow mir nicht zu.

Am folgenden Morgen saß Ken Lay kurz vor 10 Uhr auf einem Polstersessel im Wartebereich vor dem Büro von Vizepräsident Dick Cheney im Weißen Haus. Er war in Begleitung von Steve Kean und Linda Robertson, seinen wichtigsten Managern für Regierungskontakte. Sie sollten Cheney in einer vertraulichen Besprechung erläutern, was für eine Vision Enron für die künftige Energiepolitik der Regierung hatte.[16]

Am neunten Tag seiner Präsidentschaft hatte Bush Cheney zum

Vorsitzenden der National Energy Policy Development Group ernannt, die in der Regel kurz Energy Task Force genannt wurde. Im Gegensatz zu vielen anderen Beratungsausschüssen der Administration war dieser ausschließlich mit Regierungsbeamten besetzt, weshalb keine öffentlichen Anhörungen stattfinden mussten. Auf diese Weise konnten Cheney und andere Regierungsmitglieder Besprechungen abhalten, die – wie an diesem Tag mit Lay – hinter verschlossenen Türen stattfanden und deren Agenda dem kritischen Auge der Öffentlichkeit verborgen blieb.

Eine Assistentin betrat den Wartebereich. »Der Vizepräsident empfängt Sie jetzt«, sagte sie.

Cheney saß an seinem Schreibtisch, als die Enron-Leute eintraten. Er stand auf und ging auf Lay zu.

»Mr. Vice President«, sagte Lay, »es freut mich sehr, dass Sie uns heute Zeit schenken.«

Cheney nickte freundlich. »Wir freuen uns darauf, Ihre Ideen zu hören«, sagte er. Er deutete auf einen Sessel, und Lay nahm Platz. Cheney nahm den Sessel neben ihm, und die anderen setzten sich auf ein Sofa. Lay hatte Notizen auf dem Schoß mit ein paar Punkten, die er ansprechen wollte.

»Dick«, begann er, »unser größtes Anliegen ist, dass das künftige Energieprogramm der Regierung auf jeden Fall marktorientiert ist, dass es den Kriterien der Wirtschaftlichkeit entspricht und nicht der Staat selbst versucht, die besten Technologien auszuwählen. Solche Entscheidungen sollten vom Markt getroffen werden.«

Cheney schwieg. Lay rannte bei ihm offene Türen ein.

»Aber wir bei Enron sind vor allem daran interessiert, dass der Markt für Erdgas und Strom weiter auf eine Weise liberalisiert wird, durch die unsere Verbraucher den größten Nutzen haben.«

Beim Erdgas sei alles in Ordnung, sagte Lay, aber im Strombereich sei noch viel zu tun. Das Debakel in Kalifornien zeige, wie schlimm es im Extremfall werden könne. Der Gesetzgeber müsse auf allen Strommärkten den Wettbewerb einführen, um ein weiteres Kalifornien zu verhindern.

»Eines der größten Probleme im Strombereich ist das Netz«, sagte Lay und brachte damit sein wichtigstes Anliegen vor. »Das zwischenstaatliche Stromnetz wird immer noch von stark regulierten Stromversorgungsunternehmen und Regulierungsbehörden der Bundesstaaten kontrolliert, obwohl es dabei eindeutig um Handel zwischen den Bundessstaaten geht.«

Dies bedeute, sagte Lay, dass die Aufsicht über das Netz von Behörden der Zentralregierung übernommen werden sollte. »Und es sollte größere regionale Netze geben, nicht diesen Flickenteppich, der die Koordination so stark erschwert und der von den monopolistischen Stromversorgungsunternehmen genutzt wird, um sich den Zugriff auf ihre Märkte zu sichern und die Konkurrenz außen vor zu halten.«

Cheney unterbrach ihn: »Und in welcher Region des Landes stoßen Sie auf den stärksten Widerstand?«

Etwa zum selben Zeitpunkt wurde den Analysten der Wall Street, die an der vierteljährlichen Telefonkonferenz von Enron teilnehmen wollten, die Wartezeit mit Musik versüßt, bis eine Moderatorin Skilling ankündigte.

»Ich hoffe, Sie haben alle die Musik gehört, die gerade gelaufen ist«, sagte er. »Wir haben alle dazu getanzt, es war wirklich prima.«

Aber auch die Zahlen würden den Analysten bestimmt gefallen – eine 18-prozentige Steigerung des Reingewinns und eine 281-prozentige Steigerung der Einnahmen. Weitere Enron-Führungskräfte waren mit Skilling im selben Raum und hörten zu. Causey saß nur einen Stuhl weiter. Niemand erwähnte die Verluste der Raptoren.[17]

Während Skilling sprach, saß Ray Bowen in seinem Büro und hörte über seinen Computer bei der Konferenz mit.

»Die Ergebnisse des ersten Quartals sind also großartig« hörte er Skilling sagen. »Wir sind sehr optimistisch, was unsere neuen Geschäftsbereiche betrifft, und zuversichtlich, dass wir unseren Wachstumsrekord noch viele Jahre halten können.«

Großartig. Alles war großartig. Bowen hatte bei der Behauptung ein ungutes Gefühl. Er hatte Gerüchte gehört, dass das Unternehmen im Breitbandbereich Schwierigkeiten hatte. Außerdem war das Projekt in Indien wahrscheinlich ein Flop. Aber alles war großartig.

In einem Konferenzraum in einem anderen Teil des Gebäudes hörte Mark Palmer, der Chef der PR-Abteilung von Enron, mit ein paar Mitarbeitern ebenfalls bei der Telefonkonferenz mit – nur für den Fall, dass etwas Wichtiges passierte.

Lays Gespräch mit Cheney berührte noch eine Vielzahl anderer Punkte, von Versorgungsfragen bis zu der Besorgnis wegen der Festlegung der Strompreise in Kalifornien. Nach 30 Minuten erinnerte ein Referent den Vizepräsidenten an seinen nächsten Termin.

Lay reagierte auf den Wink und stand auf. »Danke, dass Sie uns Ihre Zeit gewidmet haben, Dick«, sagte er. »Wir wollten sichergehen, dass Sie aus erster Hand erfahren, was unserer Ansicht nach die Prioritäten bei Ihrer Energieplanung sein sollten. Und natürlich wollen wir gern in Kontakt bleiben.«

Cheney schüttelte ihm die Hand. »Ja, das wollen wir auch«, sagte er. Bevor die Enron-Leute gingen, überreichten sie noch ein langes Grundsatzpapier. Dann verabschiedete sich Cheney.

Als Lay und seine Kollegen das Weiße Haus verließen, kam ihnen Außenminister Colin Powell entgegen. Powell lächelte, als er Lay sah. Die beiden kannten sich schon seit der ersten Regierung Bush.

»Hi, Ken«, sagte Powell. »Freut mich, Sie zu sehen.«

Lay begrüßte Powell, der sagte, dass er unterwegs zu einer Kabinettssitzung sei.

»Tja«, scherzte Lay, »dann bleibe ich am besten noch ein paar Minuten hier und spreche zum ganzen Kabinett.«

Aber er wollte die Begegnung nicht nur für einen Scherz nutzen. »Hören Sie, Colin«, sagte er. »Ich brauche vielleicht in nächster Zeit mal einen Termin bei Ihnen oder einem Ihrer führenden Mitarbeiter wegen unseres Kraftwerksprojekts in Indien. Wir haben dort ernste Probleme.«

Powell wusste bereits Bescheid. Indien hatte sich bereit erklärt, für seine Verpflichtungen aus dem Vertrag Entschädigung zu leisten, versuchte aber, sich aus dem Vertrag herauszuwinden. Powell riet Lay, mit Alan Larsen, seinem Staatssekretär für Wirtschaftsfragen, Kontakt aufzunehmen, und sagte: »Ich informiere Alan, dass Sie anrufen werden.«

Nach dem kurzen Gespräch fühlte Lay sich viel besser. Die Regierung stand bei dem Kampf mit der indischen Regierung felsenfest hinter Enron.

Die Telefonkonferenz schleppte sich dahin; Skilling prahlte immer noch mit der tollen Quartalsbilanz. Danach wurden Fragen zugelassen. Zunächst kamen nur Routinefragen über die Führung des Unternehmens. Dann rief die Moderatorin einen neuen Fragesteller auf.

»Richard Grubman von Highfield Capital.«

Skilling starrte auf sein Speakerphone, während sich Mark Koenig von der Abteilung Aktionärspflege Notizen machte. Grubman fragte nach dem Verhältnis von Vermögenswerten und Verbindlichkeiten im Handelsbereich zum Quartalsende.

»Wir haben die Bilanz noch nicht abgeschlossen«, antwortete Skilling. »Das wird in Kürze geschehen.«

Kaum hatte er ausgesprochen, als Koenig ihm einen Zettel reichte. Grubman sei ein Leerverkäufer, einer der Finanzmanager, die darauf setzten, dass der Aktienkurs von Enron fallen werde.

»Ich hätte trotzdem gern gewusst, warum sich die Frage nicht beantworten lässt«, antwortete Grubman. »Sie haben doch selbst gesagt, dass Sie jeden Tag einen Überblick über all Ihre Kredite haben.«

Yeah, dachte Ray Bowen. *Gute Frage.*

Wer immer dieser Grubman war, er hatte eine Schlüsselfrage gestellt. Aus der Bilanz und ihrer weniger bekannten Cousine, der Kapitalflussrechnung, konnten die Anleger schließen, ob Enron genügend Geld zur Verfügung hatte, um Wachstum zu finanzieren. Sie konnten Hinweise erhalten, ob die Gewinne von Enron eher auf kreativer Buchführung oder auf real erwirtschaftetem Geld beruhten.

Bowen hoffte, dass Skilling eine gute Antwort parat hatte.

»Ich habe nicht gesagt, dass wir Ihnen nicht sagen könnten, wie die Bilanz aussieht«, antwortete Skilling. »Wir registrieren all diese Positionen wirklich jeden Tag, aber wir wollen mit ihrer Veröffentlichung noch warten, bis wir mit dem ganzen Netting (sic!) fertig sind und die korrekte Buchführung beieinander haben.«

Die ausweichende Antwort reizte Grubman: »Sie sind das einzige Finanzinstitut, das neben seinem Reingewinn weder eine Bilanz noch eine Kapitalflussrechnung vorlegen kann«, sagte er.

Skilling kochte vor Wut. Dieser Typ suchte Streit, er wollte ihm sein Unternehmen madig machen. »Vielen Dank«, sagte er. »Wir wissen das zu schätzen.«

»Sie wissen das zu schätzen?«

Skilling blickte auf und ließ seinen Blick über die Gesichter seiner anwesenden Mitarbeiter schweifen. Er wollte das letzte Wort haben.

»Arschloch«, sagte er.

Palmer fiel fast vom Stuhl. Hatte er richtig gehört? Der Chief Executive von Enron hat gerade jemanden als Arschloch beschimpft? In einer offenen Leitung? *Auf einer Telefonkonferenz mit Analysten?*

Er sprang von seinem Stuhl auf. Er musste sofort zu Skilling hinauf.

Bowen erstarrte. *Arschloch? Er hat den Kerl Arschloch genannt?* Sein Telefon klingelte. Es war Billy Lemmons, ein Freund, der ebenfalls bei Enron arbeitete.

»Hast du das gehört?«, fragte Billy lachend. »Was, glaubst du, hat *das* zu bedeuten?«

»Keine Ahnung«, sagte Bowen. »Aber die Frage war wirklich gut.«

Im oberen Stock ging die Telefonkonferenz weiter, aber alle im Raum waren hellwach. Skilling nahm gerade eine Frage des Analysten der Crédit Suisse First Boston an, als Palmer hereinstürmte. Er schob Skilling einen Zettel über den Tisch, auf dem stand, er solle sich entschuldigen, bevor er aus der Leitung gehe. Skilling las den Zettel und schob ihn unter einen Papierstapel.

Lay machte immer noch seine Runde in Washington, als sein Handy klingelte. Es war Steve Kean. Er hatte die Neuigkeit gerade von Palmer erfahren. Lay war verwundert. Kean und er hatten sich doch gerade erst getrennt. Was war los?

»Ken«, sagte Kean. »Weil Sie sich heute noch mit einer Menge Leute treffen, dachten wir, Sie sollten über die Telefonkonferenz mit den Analysten Bescheid wissen, die heute Morgen stattfand. Jeff, na ja, ich weiß nicht ob er es bewusst gesagt hat oder ob es ihm nur herausgerutscht ist.«

Kean verhedderte sich und hörte sich ganz unbehaglich an. Das war sehr untypisch für ihn. »Also jedenfalls hat Jeff in Reaktion auf eine Bemerkung einen der Analysten Arschloch genannt.«

Lay verschlug es einen Moment die Sprache.

»Tja, das ist nicht gerade nett«, sagte er dann.

Das »Arschloch« wurde von den Nachrichtenagenturen aufgegriffen und war bald in der ganzen Wall Street Gesprächsthema.[18] Außerhalb von Enron waren die Reaktionen einhellig negativ. So ein Benehmen war einfach nicht angemessen für ein Fortune-50-Unternehmen. Führungskräfte von Skillings Rang hatten ständig mit verbalen Angriffen von Leerverkäufern zu kämpfen. Außerdem konnte man Grubmans Angriff beim besten Willen nicht als grob bezeichnen. Wie würde Skilling reagieren, wenn er einmal wirklich feindselig angegriffen werden sollte?

Als Lay zwei Tage später nach Houston zurückkehrte, erschien Skilling mit hängendem Kopf in seinem Büro. Lay sagte ihm, dass er sich nicht so gehen lassen dürfe. Aber die Sache war damit noch nicht ausgestanden. Einige Board-Mitglieder beschwerten sich bei Lay über die Entgleisung. Skilling gab gegenüber Freunden zu, dass er überreagiert hatte, aber er verteidigte die Beschimpfung mit dem Argument, dass Grubman versucht hatte, den Aktienkurs von Enron zum Absturz zu bringen.

Und Skilling litt unter den Anfeindungen, die er sich eingebrockt hatte.

Er wurde kritisiert. Schon wieder!

Die stark schwankenden, aber stetig steigenden Strompreise in Kalifornien brachten Enron in Schwierigkeiten. Seine Trader waren an eine komplexe Formel gebunden, mit der die Höhe der Verluste errechnet wurde, die sie maximal riskieren durften. Bei einem bestimmten Limit mussten die Trader Positionen gegen Barmittel abbauen, selbst wenn sie Geld einbrachten. Nun jedoch waren die Schwankungen in Kalifornien so stark, dass die Value-at-risk oder VAR genannte Formel nicht mehr funktionierte. Ein perverser Effekt davon war, dass das Risikolimit sogar dann überschritten werden konnte, wenn die Trader gar nicht mehr handelten.

Whalley rief Skilling an und informierte ihn über das Problem. Das Board müsse das VAR-Limit um etwa 30 Prozent anheben, damit die bestehenden Positionen gehalten werden könnten.

»Kein Problem«, sagte Skilling. »Ich sorge dafür.«[19]

Skilling ging davon aus, dass es sich um eine reine Formalität handle. Er rief Pug Winokur an, der den Finanzausschuss leitete, und sagte:

»Wir müssen das Board bitten, den Risikowert zu erhöhen.« Skilling bezifferte die benötigte Erhöhung auf 30 Prozent.

»Darüber müssen wir auf einer Vorstandssitzung sprechen«, sagte Winokur.

Skilling schwieg verblüfft. »Was gibt es denn da zu besprechen?«, fragte er dann.

»Es ist eine signifikante Erhöhung«, antwortete Winokur.

»Es ist doch nur ein mathematisches Problem, Pug. Keine große Sache!«

»Das müssen Sie dem Board erklären.«

Skilling ließ sich auf keinen Streit ein, sondern rief Whalley an und informierte ihn, was los war. Whalley war stinksauer, aber er sagte, er werde eine Präsentation vorbereiten.

Kurz darauf erschien Lay in Skillings Büro.

»Ich habe gerade einen Anruf von John Duncan bekommen, dass Sie den Risikowert erhöhen wollen«, sagte er. »Was ist da los?«

John Duncan? Warum ruft der Chef des Exekutivausschusses Lay an? »Ich weiß nicht, was da los ist, Ken«, sagte Skilling. »Ich habe Pug mitgeteilt, dass wir eine Erhöhung des Risikowerts beantragen werden. Es ist ein rein mathematisches Problem wegen der erhöhten Volatilität.«

Lay setzte sich. »Da ist noch was anderes im Busch«, sagte er. »Ich meine, die Board-Mitglieder reden alle miteinander.«

Das ist doch lächerlich. »Die Position, die wir am Risikolimit haben, ist gerade mal ein Zehntel des Risikos, das wir in Indien eingegangen sind. Wir haben uns den Mund fusselig geredet, um denen zu erklären, wie der VAR funktioniert. Aber ein Projekt wie Indien können sie nach einem 20-minütigen Telefongespräch bewilligen. Da stimmt doch etwas nicht.«

Skilling schob das Kinn vor. Er wusste, worum es ging. Es ging nicht um den Risikowert, sondern um *ihn.* Die Direktoren ließen ihn ihr Missfallen spüren, wahrscheinlich, weil er diesen Kerl ein »Arschloch« genannt hatte. Sie straften ihn ab.

Wolken von Zigarettenrauch hingen über der Veranda hinter Rebecca Carters Haus. Sie und Skilling kamen jede Nacht hier heraus, und er haderte mit seinem neuen Job. Er hasse es, den Feuerwehrmann zu spielen, während alle seine Handlungen superkritisch beobachteten. Er sei dafür da, ein Unternehmen aufzubauen, und nicht, den Babysitter zu spielen.

Die Börse reagiere offensichtlich negativ auf ihn. Seit er seinen Posten als CEO angetreten habe, sei der Aktienkurs ununterbrochen gefallen. Und jetzt – *ausgerechnet jetzt!* – nehme ihn auch noch das Board aufs Korn. Vielleicht wolle Lay ihm einen Dolchstoß in den Rücken versetzen und den Chefposten wieder selbst übernehmen. Zum Teufel, vielleicht spekuliere auch Winokur auf den Führungsposten. Er stecke viel mit Fastow zusammen. Und John Duncan! Zu ihm habe er noch nie einen guten Draht gehabt.

»Ich weiß auch nicht«, sagte Skilling. »Was verfolgt Winokur für ein Ziel? Was will Duncan? Wo kommen die plötzlich alle her? Und ich glaube, auch Kens Haltung hat sich geändert.«

Rebecca Carter nickte. »Ja, ich habe auch das Gefühl.«

Das schockte Skilling. »Warum?«

»Na ja, dass du ›Arschloch‹ gesagt hast, hat dir geschadet.«

Sie redeten bis tief in die Nacht hinein, und Skilling wurde immer bedrückter. »Ich habe das nicht nötig«, sagte er. »Ich habe das wirklich nicht nötig. Ich habe eine Menge Geld. Es gibt eine Menge Dinge, die ich lieber täte. Warum mache ich diesen Job?«

Rebecca Carter war entsetzt. Skilling wollte im November zurücktreten, das sagte er hier auf ihrer Veranda. Und sie hatte ihn gedrängt, den Posten als CEO zu übernehmen. Skilling zog hektisch an seiner Zigarette. Er war sicher, dass seine Feinde bei Enron einen Putsch gegen ihn planten. Es war nicht zu übersehen. Die Board-Mitglieder und Lay hatten vor, ihn aus dem Unternehmen zu drängen. Aber er würde sie am Kanthaken kriegen, bevor sie ihn kriegten.

Am 30. April saß Skilling auf einem Barhocker in Rebecca Carters Küche und hatte einen Notizblock vor sich auf der Theke liegen. Er hatte seine Entscheidung getroffen. Der Job machte ihm keinen Spaß, das Board untergrub seine Autorität, seiner Familie ging es schlecht. Er würde zurücktreten.

Er nahm den Stift und überlegte, wie er sein Rücktrittsschreiben formulieren sollte. Vielleicht etwas Blumiges, eine Liste mit all seinen Beschwerden. Nein, das würde nicht gut aussehen. Warum sollte er sie nicht zum Abschluss in den Hintern treten?

Vielleicht so:

Lieber Ken, liebes Board, weil ihr ein Haufen Idioten und Arschlöcher seid …

Nein, das war auch nichts. Er begann zu schreiben, strich ein paar Wörter durch, begann noch einmal von vorn: Hiermit trete ich von meinem Posten als Chief Executive Officer der Enron Corp. zurück.

Gut. Genau auf den Punkt. Er schmierte noch ein paar weitere Sätze hin, die nicht viel aussagten. Sein Rücktritt, schrieb er, sei ab sofort gültig.[20]

Rebecca kam herein. Skilling reichte ihr den Zettel. »Kannst du mir das bitte tippen?«, sagte er.

Sie las den Zettel und sagte: »Zeig das ja niemandem, bevor du noch einmal darüber nachgedacht und ausführlich mit Ken gesprochen hast.«

Skilling dachte einen Augenblick nach.

»Okay«, sagte er dann. »Ich spreche zuerst mit Ken.«

Skilling ließ die Rücktrittserklärung in seiner Aktentasche und suchte Lay auf. Der begrüßte ihn fröhlich und bot ihm einen Stuhl an.

»Ken«, sagte Skilling, »ich weiß nicht, was los ist, aber auf jeden Fall ist etwas Verrücktes im Busch«, sagte er. »Es passt mir nicht, wenn Pug mich im Nachhinein kritisiert, und was sollte der Anruf bei Duncan? Wenn die beiden ein Problem haben, warum rufen sie mich nicht an? Was haben die vor?«

Lay hörte scheinbar gleichmütig zu und verbarg seine Beunruhigung. Skilling reagierte viel zu stark auf relativ unwichtige Dinge. Er hörte sich fast ... na ja ... paranoid an.

»Ich weiß nicht, wie Sie das sehen«, fuhr Skilling fort. »Aber mir gefällt das nicht. Mir gefällt das überhaupt nicht.«

Lay wusste nicht, was er sagen sollte. Er machte sich eine mentale Notiz: *Mit den Board-Mitgliedern über die emotionale Reaktion meines Protegés sprechen. Aber jetzt ist es nicht angebracht, die Sache zu vertiefen.*

»In Ordnung«, sagte er besänftigend. »Ich finde heraus, was los ist.«

Minuten später war Skilling wieder in seinem Büro und rief Rebecca Carter an. Er war ganz überwältigt von Lays Reaktion. Lay hatte wirklich erstaunt gewirkt, als er sich darüber beschwerte, dass das Board seine Autorität zu untergraben suchte.

»Ich glaube nicht, dass Ken an irgendwas beteiligt war«, sagte Skilling. »Er wirkte überrascht, als wisse er nicht, dass sich da etwas zusammenbraute.«

Vielleicht sollte er mit dem Rücktritt noch warten.

Lay suchte Skilling noch am selben Tag in seinem Büro auf. »Ich habe Pug angerufen, und ich habe John angerufen«, sagte er. »Und ich kann Ihnen versichern, dass sie volles Vertrauen zu Ihnen haben.«

»Und was ist mit der VAR-Geschichte?«

Lay zuckte die Schultern. »Das schien mir kein großes Problem zu sein.«

Skilling dachte darüber nach. »Okay«, sagte er dann.

Skilling und Carter saßen auch an diesem Abend wieder auf der Veranda. Lay neige vielleicht dazu, die Dinge etwas zu optimistisch zu sehen, aber er sage wohl wirklich die Wahrheit, meinte Skilling. Vielleicht könne er doch noch einen Weg finden und eine Weile weitermachen.

In einem kleinen Büro in einer Seitenstraße in Cambridge, Massachusetts, las Mark Roberts das vertrauliche Finanzgutachten noch einmal durch, das er vorbereitet hatte. Roberts führte seine eigene unabhängige Investment-Research-Firma namens Off Wall Street Consulting Group, die für ihre hochkompetenten Kunden gute Anlagemöglichkeiten auskundschaftete. Und die Anlage, die er in diesem Gutachten empfehlen würde, war eine fast todsichere Sache: Der Aktienkurs von Enron würde noch weiter abstürzen.[21]

In Roberts' Augen war die Börse eine Modenschau und Enron das neuste Supermodel, das auf dem Laufsteg posierte. Die Analysten hatten sich durch den Glamour und das grelle Scheinwerferlicht blenden lassen und keine gründlichen Nachforschungen angestellt. Bis jetzt. Roberts und seine Mitarbeiter hatten Jahresabschlussberichte studiert, und was sie herausgefunden hatten, war fatal. Vor allem der Cashflow war ein Problem. Roberts hatte entdeckt, dass Enron eine von kalifornischen Tradern hinterlegte Pfandsumme in Höhe von zwei Milliarden Dollar als im Jahr 2000 erwirtschaftete Barmittel ausgewiesen hatte – und dass dieses Geld nun wieder abzufließen begann, weil sich die Energiepreise stabilisierten.

Und dann waren da noch die Transaktionen mit nahe stehenden Parteien. Enron machte Geschäfte mit Fonds, die von einem seiner eigenen leitenden Angestellten gemanagt wurden – wahrlich ein Alarmsignal! Kein Analyst von der Wall Street schien die Details zu kennen, aber Roberts zweifelte nicht daran, dass mit diesen Fonds eine Vielzahl fragwürdiger Transaktionen durchgeführt worden waren, und zwar alle mit dem Zweck, die Einnahmen von Enron zu managen und zu erhöhen.

Roberts schloss das Gutachten ab. Es war vernichtend, aber zutreffend. In ein paar Tagen würde es an seine Kunden verschickt. Dann, das wusste er, würde Enron wegen seiner bizarren LJM-Deals endlich viele kritische Fragen beantworten müssen.

Cliff Baxter hatte seine Sachen gepackt, sich von seinen Kollegen verabschiedet und das Enron-Gebäude zum letzten Mal verlassen.[22] Nun musste eine andere Person seine Aufgabe übernehmen und Enrons Vermögenswerte verkaufen. Skilling fiel nur eine Person für die Aufgabe ein: Andy Fastow. Er bestellte ihn zu sich ins Büro und verkündete ihm die Neuigkeit.

»Jemand muss Cliffs Aufgabe übernehmen«, sagte er, »und Sie sind der richtige Mann dafür. In den nächsten paar Jahren ist es Ihre Aufgabe, die Vermögenswerte loszuschlagen, die wir verkaufen wollen.«

Fastow war begeistert. »Das ist toll, Jeff«, sagte er. »Cliff hat den Job wirklich beschissen gemacht. Wir hätten einen Teil von dem Zeug schon ewig loswerden sollen. Ich werde das viel besser machen.«

Dieses ewige Eigenlob, dachte Skilling. *Fastow muss sich unentwegt selbst verkaufen.*

Ken Lay weilte am 2. Mai in Austin, wo er bei einer Sitzung des Governor's Business Council den Vorsitz führte, als er die Nachricht erhielt, dass sein Stiefsohn Beau Herrold mit ihm sprechen wollte.

Die Anrufe von Herrold jagten sich. Da der Aktienkurs von Enron fiel, wurden die Banken, die Lay auf seine Aktien viele Millionen Dollar geliehen hatten, allmählich unruhig. Sie wollten, dass er seine Schulden beglich, entweder durch Aktienverkäufe, oder indem er Barmittel auftrieb. Eine Zeit lang hatte er Letzteres getan und auf die kurzfristigen Kredite von Enron zurückgegriffen, wobei er oft das Maximum von vier Millionen Dollar beansprucht hatte. Danach hatte er gewartet, dass der Kurs wieder stieg. Wenn nicht, hatte er das Darlehen mit Aktien zurückbezahlt und bei Bedarf wieder ein neues aufgenommen.

Auch diesmal war es nicht anders. Die Bank of America habe sich gemeldet, sagte Herrold. »Der Kreditrahmen ist fast ausgeschöpft, und wir sollen das Kreditvolumen etwas verringern.«[23]

»In Ordnung«, sagte Lay. »Wie viel?«

Herrold nannte die Summe.

»Gut«, antwortete Lay. »Dann nehmen wir einen Revolvingkredit in dieser Höhe.«

Herrold versprach, die Sache zu erledigen.

Verdammte Scheiße!

Jordan Mintz saß an seinem Schreibtisch und blätterte die alten DASH-Formulare durch, die für die LJM-Transaktionen vorgeschrieben waren. Es hatte sechs Monate gedauert, bis er sie alle aufgetrieben hatte, und was nun vor ihm lag, entsprach seinen schlimmsten

Befürchtungen. Fastow hatte im Jahr zuvor dem Board mitgeteilt, dass Skilling die Deals absegne. Das war nie offizielle Vorschrift gewesen, *aber diese Information hatten die Direktoren bekommen.* Und sie war falsch. Skilling hatte keinen einzigen Deal abgesegnet.

Mintz machte mit Causey und Buy einen Termin für eine Katastrophensitzung. Er wollte dem CEO von Enron nicht gegenübertreten, ohne sich zuvor beraten zu lassen. Am 7. Mai um 10 Uhr ging er hinauf in Causeys Büro und informierte ihn darüber, was er herausgefunden hatte.

»Wir brauchen Jeffs Unterschrift auf diesen Dingern«, sagte Mintz. »Aber wie soll ich das bewerkstelligen? Ich habe noch nie mit Jeff zusammengearbeitet. Soll ich ihm immer ein paar auf einmal schicken?« Vielleicht könne man sich aber auch einfach mit Skilling zusammensetzen und alles besprechen, nachdem es so viele Probleme mit LJM gebe.

Buy gefiel diese Idee überhaupt nicht.

»Schicken Sie Jeff ein Memo, dass Sie seine Unterschriften brauchen«, sagte er. »Aber vergessen Sie nicht, Jeff mag Fastow sehr gern.«

Er starrte Mintz direkt in die Augen. »Lehnen Sie sich bei dieser Sache nicht zu weit aus dem Fenster.«[24]

Der Anruf aus dem Personalbüro des Weißen Hauses erreichte Harvey Pitt am folgenden Tag bei der Anwaltsfirma Fried, Frank.

»Gratuliere, wir haben gute Nachrichten für Sie«, sagte der Beamte aus dem Weißen Haus. »Der Präsident hat beschlossen, Sie als nächsten Chairman für die Securities and Exchange Commission zu nominieren.«

Die offizielle Ankündigung werde bei der regulären Pressekonferenz des Weißen Hauses gemacht. Pitt bedankte sich bei dem Anrufer und legte auf. Niemand hatte ihn je gefragt, ob er den Posten auch annehmen würde. Alle wussten, dass er es tun würde.

Am folgenden Morgen stand Jordan Mintz mit der *New York Times* unter dem Arm im Starbucks an der West Gray Street Schlange. Als er dran war, bestellte er ein großes Red-Eye, trug das dampfende Getränk zu einem der Tische im Freien, setzte sich und studierte die Titelseite der Zeitung. Sein Blick fiel auf einen Artikel mit der Überschrift »White House Picks Chairman of S.E.C.«. Mintz legte die Zeitung auf den Tisch und las den Artikel.[25]

»Die Regierung Bush hat Harvey L. Pitt, einen prominenten Wirtschaftsanwalt, als neuen Chairman der Securities and Exchange Commission nominiert.«

Harvey Pitt. Mintz kannte den Namen – ein hoch angesehener, exzellenter Börsenanwalt, der bei Fried, Frank arbeitete.

Plötzlich hatte er eine Erleuchtung: *Fried, Frank.* Wenn sie so gut waren, dass Harvey Pitt dort arbeitete, dann hatten sie bestimmt noch andere Wertpapierspezialisten. Mintz kannte sogar einen Mitarbeiter der Kanzlei, einen Kumpel aus dem College. Von Fried, Frank würde er sicher ein unparteiisches Urteil über die ganze LJM-Situation bekommen.

Mintz stand auf und nahm seinen Kaffee mit zum Auto. Er musste sofort zurück in sein Büro und das Washingtoner Büro von Fried, Frank anrufen. Bis zum Abend könnten sie in der Anwaltsfirma die Formalitäten wegen der Gebühr erledigen, die bei einer Untersuchung von LJM fällig würde. Die Untersuchung selbst würde etwa einen Monat dauern, aber dann hätte Mintz eine unparteiische Antwort auf die Frage, ob die schlampigen, halbherzigen Prozeduren, die bei Enron für Interessenkonflikte vorgesehen waren, wirklich so verhängnisvoll waren, wie er befürchtete.

Warum tun sie das? Das ist doch schlichtweg unangemessen!

Lay ärgerte sich über einen Bericht aus dem Internet. Er hatte die Artikel über Enron durchgeblättert, die ihm jede Woche von einem Pressedienst zugesandt wurden, und war auf den Artikel von der Nachrichten-Website TheStreet.com gestoßen.[26]

Der ausgedruckte Artikel vom 9. Mai gab den neuen Recherchebericht einer Firma in Cambridge wieder, die sich Off Wall Street nannte. Offensichtlich griff dieser Bericht, den Lay nie zu Gesicht bekommen hatte, Enron wegen sinkender Rentabilität und steigender Schulden an.

Am schärfsten wurden laut dem Artikel allerdings die Geschäfte mit Fastows Fonds kritisiert. Außerdem wurde – anonym, wie Lay feststellte – irgendein Analyst von der Wall Street zitiert, der die Korrektheit des Arrangements anzweifelte. Lay legte den Artikel aus der Hand. Warum wurde LJM kritisiert?

Das Ding ist von Wirtschaftsprüfern und Anwälten und allen möglichen anderen Leuten auf Herz und Nieren geprüft worden. Und jetzt wollen die den Anschein erwecken, dass wir etwas Zwielichtiges treiben.

Lay wurde immer zorniger. Wenn die gewusst hätten, was für hochkarätige Schutzmechanismen in das Verfahren eingebaut waren, hätten sie LJM niemals kritisiert. Die Manager von Enron hatten an alles gedacht. Es gab keinen Grund zur Besorgnis.

Fastow brannte darauf, seinen Stab über seine neue Aufgabe zu informieren. Das war der ganz große Durchbruch, die Gelegenheit, mehr Deals abzuschließen und noch viel mehr Geld zu machen. Leute wie Mark Metts, der Deal Maker, der für den Verkauf des Unternehmensbereichs Windenergie zuständig gewesen war, hatten ihn in der Vergangenheit aufgehalten. Metts hatte damals für Baxter gearbeitet. Jetzt würde er für Fastow arbeiten. Es war einfach zu schön.

Fastow bestellte ein paar enge Berater in sein Büro und hopste vor Begeisterung im Zimmer herum, als er sie in das große Geheimnis einweihte.

»Es wird bald verkündet, dass ich der Chef von Corporate Development werde«, begann er. »Das ist es, was Jeff will, damit wir Vermögenswerte außerbilanziell machen können.«

Mintz war entsetzt. Trotz der bereits bestehenden Interessenkonflikte machte Skilling nun ausgerechnet Fastow zum wichtigsten *Verkäufer* von Vermögenswerten – obwohl der Mann bereits ein wichtiger *Käufer* von Vermögenswerten war!

Fastow grinste breit. »Wir werden einen Riesenhaufen Vermögenswerte an LJM verkaufen«, sagte er strahlend.

Seine Zuhörer bissen sich auf die Lippen. Keiner von ihnen hatte sich vorstellen können, dass Enron tatsächlich einen Weg finden würde, das Verhängnis noch zu beschleunigen. Aber noch ahnte keiner von ihnen, dass Fastow sich gründlich täuschte. Es würde keine Flut von Verkäufen geben. Die einst so festen Mauern, die den LJM-Fonds umgaben und schützten, erzitterten bereits.

Kapitel 17

Als die Nacht über Miami Beach hereinbrach, erstrahlte der 17 Stockwerke hohe Turm des Loews Hotel im weißen Licht der Scheinwerfer. Auf dem Gehweg am Fuß des Turms stand Andy Fastow in Jeans und leichtem Pullover mit dem Headset am Ohr. Beunruhigt ließ er Jeff Skillings Wortschwall über sich ergehen.

Es war der 17. Mai 2001, der Tag, an dem Präsident Bush den Abschlussbericht der von Cheney geleiteten Energy Task Force veröffentlichte.[1] Die darin vorgeschlagenen, politischen Maßnahmen von der Deregulierung des Strommarktes bis hin zu vereinfachten Vorschriften für den Kraftwerksbau wurden von den Investoren als Geschenk für die Industrie aufgefasst, und folglich stiegen die Aktienkurse fast aller Energieunternehmen.

Das galt nicht für Enron. An einem Tag, an dem das Unternehmen gut hätte dastehen müssen, war der Konzern mit einem Verlust von drei Dollar und einem Schlusskurs von 52,20 Dollar das Schlusslicht der Branche. Skilling verbrachte das Wochenende mit Rebecca Carter in Napa Valley, als er davon hörte; seither war er unablässig am Telefon, um herauszufinden, was schief gelaufen war. Sein Leiter der Aktionärspflege, Mark Koenig, sagte ihm, auf dem Markt grassierten Befürchtungen zu Enron. Manche hätten damit zu tun, dass Indien möglicherweise plante, den Stromliefervertrag mit Dabhol aufzuheben. Doch es gebe auch noch andere Gerüchte, sagte Koenig: Infolge des Off-Wall-Street-Berichts habe die Unruhe wegen der Geschäfte zwischen Enron und den LJM-Fonds zugenommen.

Skilling spürte Fastow in Florida auf, wo dieser sich mit Vertretern der führenden Enron-Banken traf.[2] Als sein Handy klingelte, wartete er vor dem Hotel gerade auf den Bus, der die ganze Gesellschaft zum Essen fahren sollte.

»Andy, wissen Sie, dass unsere Aktie heute über 2,80 Dollar verloren hat?«, fragte Skilling eisig, kaum dass Fastow sich gemeldet hatte. »Die schlechteste Performance der Branche.«

Fastow war irritiert. Er wusste bereits von der Veröffentlichung des Task-Force-Plans. »Das verstehe ich nicht«, sagte er. »Das ist wirklich enttäuschend.«

Jordan Mintz kam aus dem Hotel, um ebenfalls Ausschau nach dem Bus zu halten. Er trat zu Fastow.

»Skilling«, sagte Fastow kopfschüttelnd.

Skillings Stimme dröhnte aus dem Handy. »Andy, mir sind aus Investmentkreisen jede Menge Bedenken zu Enron und LJM zu Ohren gekommen. Das hat viel Wirbel gemacht.«

Das stimmte nicht ganz; er hatte es ja nur von Koenig gehört. Doch wenn Skilling behauptete, die Gerüchte kämen direkt vom Markt, konnte Fastow sie nicht einfach als Erfindung Koenigs abtun.

Fastow wurde unruhig. »Ich verstehe aber gar nicht, warum«, sagte er. »Da ist doch alles in Ordnung.«

»Andy«, sagte Skilling, »die Wahrnehmung ist die Realität. Wenn es sich negativ auf den Kurs auswirkt, ist es das nicht wert.«

Eine Minute später war das Gespräch zu Ende. Fastow wirkte beunruhigt.

»Alles in Ordnung?«, fragte Mintz.

Fastow nickte. »Ja, Skilling macht sich nur Sorgen wegen des Aktienkurses. Er sagt, er höre allerlei Gerede über LJM.«

In diesem Moment fuhr der Bus vor. Die beiden Manager stiegen ein, gefolgt von einer Truppe Banker.

Etwa um die gleiche Zeit nahm Ken Lay im Magnolia Room des Peninsula Hotel in Beverly Hill an einer Sitzung teil.[3] Durch die französischen Fenster drang die Spätnachmittagssonne herein und warf Lichtsprenkel auf den Tisch des voll besetzten Konferenzsaals.

Viele einflussreiche Mitglieder der Politik- und Finanzwelt von Los Angeles waren anwesend. Auf der einen Seite saß Bürgermeister Richard Riordan und ihm gegenüber der einstige Wall-Street-König Michael Milken, der sich nach seiner Gefängnisstrafe wegen Betrugs nun mit wohltätiger Arbeit profilierte. An der Kopfseite schließlich hatte der Schauspieler Arnold Schwarzenegger Platz genommen, der eben erst begonnen hatte, in der kalifornischen Politik mitzumischen.

Die versammelte Gruppe wollte die anhaltende Krise auf den Energiemärkten des Bundesstaates diskutieren. Lay, der Hauptredner, erklärte, dass Enron und die Southern California Edison gegenwärtig gemeinsam eine Lösung entwickelten, die auch legislative Maßnahmen erforderte.

Milken meldete sich mit einer Frage. »Wie kommen Sie denn voran, da oben in Sacramento?«

»Wir bekommen jetzt Unterstützung von beiden Seiten«, erwiderte Lay. »Ich glaube, wenn wir ein Gesetz durchbringen, wird es auch der Gouverneur unterzeichnen.«

Nach dem Ende der Sitzung blieb Lay noch im Saal. Da sah er

Schwarzenegger auf sich zukommen. Während der Sitzung hatte der Schauspieler keine Fragen gestellt, doch nun wollte er sich mit Lay unterhalten.

»Ich fand Ihre Ideen sehr interessant«, sagte Schwarzenegger. »Ich bin hoch erfreut, dass wenigstens *einer* darüber nachdenkt, wie sich das Problem lösen lässt.«

Lay nickte. Er verstand. Alle, auch Schwarzenegger, waren Gray Davis' schwankende Haltung leid.

»Wir versuchen es zumindest«, sagte Lay.

»Ich freue mich schon auf Ihre Erfolge«, sagte Schwarzenegger. »Ich werde ein paar Ihrer Ideen meinen Freunden in Sacramento vortragen.«

Als Lay an jenem Wochenende wieder zu Hause in Houston war, machte er es sich mit dem Bericht der Cheney-Task-Force auf der Couch gemütlich. Auf den ersten Blick war klar, dass er für die Stromderegulierung eintrat. Das war ja auch nicht weiter überraschend.

Doch als er sich die Details ansah, war Lay enttäuscht. Er hatte darauf gedrängt, dass größere regionale Versorgungsunternehmen das System der kleinen, auf einzelne Bundesstaaten beschränkten Netze ablösten. Doch diese Lösung fehlte.[4] Lay klappte den Bericht zu. Er hatte ja gewusst, dass die Versorgungsbetriebe dagegen ankämpfen würden, und in Washington waren sie ein ernst zu nehmender Gegner. Dieses Mal hatten sie gewonnen.

In einem voll besetzten Büro in der Niederlassung des *Wall Street Journal* in Los Angeles hatte John Emshwiller den kalifornischen Justizminister Bill Lockyer am Telefon. Emshwiller arbeitete an einem Artikel über die staatliche Überprüfung der Stromkonzerne und die wenig erfolgreichen Versuche, Beweise für Verfehlungen zu finden.[5]

Mit dem Headset am Ohr machte Emshwiller Notizen, während Lockyer seiner Enttäuschung über die mangelnden Fortschritte bei der Untersuchung Luft machte. Emshwiller fragte Lockyer, ob er glaube, dass es eine strafrechtliche Verfolgung geben werde.

»Ich glaube fest daran, dass der Staat zivilrechtliche Prozesse anstrengen wird«, sagte Lockyer.

Es folgte eine Pause. Lockyer hatte die Frage nicht beantwortet. »Nichts würde ich lieber tun, als eine hochrangige Führungskraft festzunageln«, fuhr er fort.

Wieder Schweigen. »Wissen Sie, was mir am liebsten wäre?«, fragte Lockyer.

»Was denn?«

»Ich weiß nicht recht, ob ich das wirklich sagen soll.«

Solche Worte verschlagen jedem Journalisten den Atem.

»Warum eigentlich nicht?«, sagte Lockyer schließlich. »Ich würde Ken Lay gern persönlich in eine Zelle mit drei mal drei Metern bringen, wo ihn sein Zellengenosse, ein tätowierter Typ, begrüßt mit einem: ›Hi, Honey, ich bin Spike.‹«

Emshwiller schrieb ungläubig mit. Das war eins dieser Zitate, die zu schön sind, um wahr zu sein; es würde garantiert gedruckt werden.

Skillings Gesicht war völlig ausdruckslos, als er zum Konferenztisch seines Büros hinüberging, wo Fastow bereits auf ihn wartete. In den vergangenen Tagen hatte er in verschiedenen Unternehmensbereichen Klarschiff gemacht: Er hatte Lou Pai mitgeteilt, dass es an der Zeit war zu gehen; er hatte ein kleines Investmentunternehmen dichtgemacht. Auch Rice hatte Skilling mitgeteilt, dass seine Tage bei Enron gezählt waren, und Baxter war bereits weg. Die alte Enron-Garde trat ab.

Nun musste er nur noch LJM loswerden. Skilling wusste: Wenn er ging, brauchte Lay einen Vollzeit-CFO. Dies und die Marktschwankungen ließen ihm keine andere Wahl: Fastow musste sich zwischen LJM und Enron entscheiden.[6]

»Andy«, begann Skilling, »mir wird zunehmend unbehaglich, was den Inhalt unserer Gespräche angeht.«

Fastow blinzelte. »Wie meinen Sie das?«

»Unsere letzten zehn Telefongespräche haben sich alle auf die eine oder andere Weise um LJM gedreht. Und um ganz ehrlich zu sein: Mir ist LJM scheißegal. Mein Herz hängt an Enron.«

So könne es nicht weitergehen, sagte Skilling. Es gebe viel zu viel Wirbel um LJM. Das schade Enron.

»Andy, Sie müssen eine Wahl treffen. Wenn Sie Ihre Zeit mit LJM verbringen wollen, können Sie das tun. Oder Sie arbeiten als CFO für Enron. Aber ich möchte, dass Sie sich für eins von beiden entscheiden.«

Fastow hatte seinem Chef aufmerksam zugehört und sein Gesicht beobachtet. Es war absolut ausdruckslos. Skillings Ton war nicht aggressiv gewesen, sondern einfach nur sachlich. »Ich kann nicht behaupten, dass ich mich rausziehen will, denn ich bin persönlich haftender Gesellschafter«, sagte Fastow. »Würden Sie mir ein paar Tage Zeit lassen, darüber nachzudenken?«

Skilling lehnte sich zurück. »Natürlich«, sagte er.

Ken Lay hastete am Rande von Manhattan an einer großen roten Plastik in Form einer 9 vorüber, die vor einem Bürogebäude stand. Er kam vom Teterboro Airport und musste sich beeilen, um rechtzeitig zu dem für 11 Uhr angesetzten Gespräch bei Kohlberg Kravis Roberts & Company in der 57. Straße zu kommen. Er wusste, dieser Termin konnte über seine weitere Laufbahn entscheiden.[7]

KKR war führend in fremdfinanzierten Firmenübernahmen, so genannten Leveraged Buy-outs, und besaß über seine Private-Equity-Fonds eine breite Palette an Unternehmen. Landesweit bekannt wurde KKR durch seine erfolgreiche Übernahmeschlacht um RJR Nabisco. Nun wollten Henry Kravis und George Roberts mit Lay darüber sprechen, ob er eine Rolle in der Firma übernehmen wollte.

Lay fuhr in den 42. Stock und wurde zu Kravis gebracht. Die beiden unterhielten sich, bis Roberts eintraf, mit dem Lay seit Wochen im Gespräch war.

»Ich weiß, dass George und Sie über unsere Pläne bereits gesprochen haben«, sagte er. KKR wünsche sich einen Rat aus etwa fünf Weisen: Firmenchefs, die sich auf den unternehmerischen Schlachtfeldern bewährt hatten und strategische Empfehlungen geben könnten.

»Sie können so weit einsteigen, wie Sie es wünschen«, sagte er. »Sie können uns ein bisschen Ihrer Zeit widmen oder viel oder auch Ihre gesamte Zeit.«

Eine flexible Vereinbarung. Das klang gut.

»Außerdem«, fuhr Kravis fort, »werden wir es so arrangieren, dass die Aufgabe finanziell überaus lohnend sein wird.«

Er könnte so viel oder so wenig arbeiten, wie er wollte, und würde in beiden Fällen gut bezahlt werden? Lay würde sich um mehrere KKR-Unternehmen kümmern und jeden Tag etwas anderes tun können. Er würde Verantwortung übernehmen, aber keine Verwaltungsaufgaben erledigen müssen wie bei seiner Tätigkeit als Chief Executive.

Es blieben nur noch sechs Monate, bis Skilling ihn als Enron-Chairman ablöste. Lay hatte schon seit geraumer Zeit Ausschau nach einer neuen Aufgabe gehalten, doch nichts hatte ihm wirklich zugesagt. Das hier schon. Bei KKR, dachte er, würde er gern seinen Hut aufhängen.

»… *›Hi, Honey, ich bin Spike.‹«*

Tim Belden, Topenergiehändler bei Enron in Portland, las Lockyers Zitat im *Journal* noch einmal; er war wie vor den Kopf gestoßen. Der Justizminister würde es gern sehen, wenn Lay im Gefängnis *vergewaltigt wurde? Das war doch irre!*

Schlimmer noch, es war beängstigend. Belden wusste, dass die Ermittler etwas finden konnten – die geheimen Handelsstrategien. Die Firma hatte bereits Vorladungen aus Kalifornien erhalten, und ein staatlicher Untersuchungsausschuss forderte die Herausgabe umfangreicher Akten. Die schmutzigen Geheimnisse blieben nur verborgen, weil Enron eine rechtliche Schutzmauer um seine Handelsgeschäfte errichtet hatte.

Aber wie lang würde sie standhalten? Zum ersten Mal fragte sich Belden, ob er sich vielleicht selbst einen Anwalt nehmen sollte.[8]

Es hatte ein paar Wochen gedauert, doch schließlich machte Mintz seine Mitteilung an Skilling zu den fehlenden Unterschriften auf den DASH-Formularen für die Genehmigung der LJM-Fonds fertig. Er hatte seine Worte sorgfältig gewählt, um seinem obersten Chef den nötigen Respekt zu zollen.

In der nur drei Absätze langen Mitteilung erläuterte er den Zweck des Formulars; es sei eine Zeile für Skillings Unterschrift enthalten, die aber offenbar übersehen worden sei. Man habe die Formulare für das Jahr 2000 zusammengesucht, schrieb er, und Skilling könne nun die Geschäfte offiziell genehmigen.[9]

»Zu diesem Zweck«, schrieb Mintz, »würde ich gern einen Termin mit Ihnen vereinbaren, um Ihnen dabei behilflich zu sein; ich kann Ihnen die Formulare auch zuschicken, und Sie zeichnen sie ab, wann immer es Ihnen genehm ist.«

Als er die Mitteilung ausgedruckt hatte, unterschrieb er sie und brachte sie seiner Sekretärin. »Darlene, könnten Sie das in einem Umschlag persönlich zu Jeff bringen?«

Sie schob das Schriftstück in einen Enron-Umschlag mit der Aufschrift »persönlich und vertraulich«. Keiner von beiden wusste, dass Skilling wenige Stunden später sein Büro verlassen und mehrere Tage weg sein würde. Er konnte die Notiz frühestens eine Woche später lesen.[10]

Fastow hatte keine Wahl mehr. Er konnte sich nicht nur ein bisschen aus LJM zurückziehen, wenn er Skilling bei Laune halten wollte. Er musste sich entscheiden.

Er hatte die Anwälte gebeten zu prüfen, ob er einen *kleinen* Anteil – vielleicht weniger als zehn Prozent – bei den Gesellschaftern der LJM-Fonds halten konnte, um eine Offenlegung zu vermeiden. Die Antwort lautete nein. Die Anwälte modifizierten sogar ihre Haltung. Selbst wenn er nur einen kleinen Anteil hielt, sollte der Markt seine Kompensation erfahren, meinten sie nun.[11]

Es war ganz klar, was er tun musste. Er brauchte Kopper, nur er konnte ihn retten. Seit fast vier Jahren hatten die beiden gemeinsam ihre Nebengeschäfte betrieben. Kopper wusste alles; er verzeichnete auf seinem privaten Laptop ihre jeweiligen finanziellen Gewinne. Er hatte Fastow schon vorher bei RADR aus der Patsche geholfen. Fastow konnte LJM2 keinem anderen anvertrauen, und bestimmt würde ihn auch kein anderer weiter still und leise an den Gewinnen beteiligen.

Es war beschlossene Sache. Fastow würde seine Anteile an den LJM-Fonds an seinen Kumpel Kopper verkaufen.

Am 24. Mai um 15.30 Uhr schneite Mintz in Fastows Büro. Er hatte Nachricht erhalten, dass Fastow mit ihm reden wolle, und gerade hatten beide Luft.[12]

»Hallo, Andy«, sagte Mintz. »Wie geht's?«

Fastow stand neben seinem Schreibtisch und nickte in Richtung Konferenztisch. »Setzen Sie sich«, sagte er.

Mintz nahm Platz, und Fastow setzte sich mit einem kleinen Block in der Hand daneben. Dann platzte er heraus: »Ich werde LJM verkaufen.«

Was? Hatte Mintz richtig gehört?

»Wirklich?«, fragte er ruhig.

Fastow nickte. »Ja, ich muss mich da rausziehen«, sagte er. Alle seien sich einig, sagte er, dass er seine Beteiligung am Fonds offen legen müsse, egal, wie klein sie sei.

»Ach?«, sagte Mintz. Er wollte wissen, was denn die Anwälte dazu sagten.

»Das ist einerlei. Skilling meint, ich soll jetzt was anderes in Angriff nehmen. Dann mach ich das.«

Er atmete tief durch. »Reden Sie mit Ron Astin. Fragen Sie ihn, was wir offen legen müssen, wenn ich verkaufe.«

Er werde sich darum kümmern, versprach Mintz.

Nach dem Gespräch betrat Mintz den Aufzug. Als sich die Türen hinter ihm schlossen, stand er eine Sekunde lang einfach nur da. Dann reckte er die geballten Fäuste in die Luft.

»Ja!«

In seinem Büro angekommen, griff Mintz zum Telefon. Er wählte die Nummer der Firma Fried, Frank und bat darum, mit den Anwälten verbunden zu werden, die an der Analyse der Interessenkonflikte bei LJM gearbeitet hatten.

»Leute«, sagte Mintz glücklich, »ich habe gute Nachrichten.«

Skilling saß mit ernstem Gesicht am Schreibtisch. Es war der 29. Mai, 10.30 Uhr; nach einer Woche Abwesenheit war es sein erster Tag im Büro. Fastow saß vor ihm.[13]

»Sie haben mich darum gebeten, über das Problem mit LJM nachzudenken«, sagte er. »Und ich bin zu einer klaren Entscheidung gekommen. Ich will ausschließlich Chief Financial Officer für Enron sein.«

Skilling war überrascht.

»Das war doch immer mein Traumjob«, versicherte Fastow.

Der Übergang werde Zeit brauchen, sagte er. Er werde reisen müssen, um den Fondsinvestoren die Idee schmackhaft zu machen.

»Ich habe mit Michael Kopper gesprochen, ob er mich ablöst; ich glaube, die Investoren werden das akzeptieren«, sagte er. »Aber egal, wie es weitergeht, ich habe meine Entscheidung getroffen. Ich glaube, ich kann das innerhalb eines Monats durchziehen.«

»In Ordnung, Andy«, sagte Skilling. »Geben Sie mir Bescheid, wenn ich irgendwie behilflich sein kann.«

Sie unterhielten sich noch eine Weile. Fastow wirkte geradezu erleichtert.

Aus gutem Grund.

In jener Woche war Enron in der abschließenden Phase des Rückkaufs der Cuiabá-Anteile von LJM1. Dass das Investment zurückgekauft werden sollte – natürlich mit einem Gewinn für LJM1 –, hatte man bereits vor geraumer Zeit vereinbart.

Doch diesen Rückkauf *musste* man offen legen. LJM1 stand als mit Enron verbundenes Unternehmen in den Akten. Die Geschäfte mit Enron ließen sich keinesfalls geheim halten. Wer sich die Enron-Berichte genauer ansah – und genau dies taten viele Investoren im Moment wohl –, würde den Rückkauf bemerken. Das Unternehmen würde sich schwer tun zu erklären, warum Vermögenswerte von Enron zu LJM und wieder zurückgeschoben wurden, zumal mit einem Verlust für das Unternehmen.

Doch das war nun vielleicht gar nicht nötig. Das Abkommen über den Cuiabá-Rückkauf war soeben unterzeichnet worden und sollte zum 30. Mai wirksam werden, einen Tag nachdem Fastow Skilling gesagt hatte, dass er die LJM-Fonds verkaufen wolle. Kopper war keine Führungskraft; LJM wäre formaljuristisch kein mit Enron verbundenes Unternehmen, wenn der Eigentümer wechselte.

Wie wäre es also, wenn man den Rückkauf einfach verschob? Und was das Geld anging: Das konnte Fastow einstreichen, indem er seinen Anteil an dem Cuiabá-Wiedererwerb auf den LJM2-Verkaufspreis aufschlug. Niemand – weder die Investoren noch die Direktoren – würden das je erfahren.[14]

Enron hatte die Barmittel bereitgestellt, und der Deal konnte über die Bühne gehen. Doch nun taten sie erst einmal eine Weile lang so, als gebe es gar keinen Deal. Und das nur, damit Enron die Karten nicht auf den Tisch legen musste.

Um die Mittagszeit war Sherron Watkins auf dem Weg nach draußen. Watkins war die bisweilen scharfzüngige Managerin, die vor ihrer Heirat den Namen Sherron Smith getragen und einst die Geschäftsvorgänge der JEDI-Partnergesellschaft geleitet hatte. Als sie aus dem Aufzug trat, begegnete sie im Foyer ihrem ehemaligen Chef Andy Fastow. Sie hielt Fastow seit langem für eine falsche Schlange, doch sie wusste, wann Freundlichkeit angesagt war.[15]

»Wie geht's, Sherron?«, fragte er.

Watkins zuckte die Schultern. Nicht so gut, antwortete sie. Sie hatte in der Breitbanddivision gearbeitet, und die baute Mitarbeiter ab. Watkins hatte kurz zuvor erfahren, dass ihr Job wegfallen würde, und nun war sie auf der Suche. Sie erwähnte nicht, dass sie sich in der Hoffnung auf eine Spitzenposition an einen Freund bei Reliant Energy gewandt hatte. Bei Enron bot sich eine Jobchance nur in der Aktionärspflege, doch mit ihrem zweijährigen Kind war sie nicht gerade scharf auf die lange Arbeitszeit.

Fastows Augen leuchteten auf. »Kommen Sie doch mal vorbei«, sagte er. »Ich glaube, ich habe was für Sie.«

Sie lächelte. »Okay, mache ich.«

Die beiden gingen ihrer Wege, und Watkins' Lächeln erlosch. Wieder für Fastow arbeiten? Sie spürte, wie ihr Magen rebellierte.

Tage später traf sich Watkins mit Fastow, um mit ihm über seine Pläne zu sprechen. Es sei noch nicht offiziell, sagte er, aber er solle nun, da Cliff Baxter weg war, die Unternehmensentwicklung übernehmen.

»Sie können im Haus Augen und Ohren für mich aufhalten«, sagte er. »Sie können sogar Ihren Namen unter jeden Deal setzen, den Sie finden.«

Watkins setzte ein schiefes Lächeln auf. Das war nur eine neue Spielart des lausigen Postens, den Fastow Jahre zuvor Shirley Hudler angeboten hatte; sie sollte herumspionieren und herausfinden, was die anderen Deal Maker bei Enron so machten.

Sie murmelte etwas vor sich hin und machte sich dann davon. Ein Anruf bei ihrem Freund bei Reliant erbrachte, dass dort zumindest im nächsten Monat nichts frei war. Somit blieb ihr nur die Aktionärspflege oder der Spionagejob für Fastow. So unangenehm die zweite Variante war, sie ließ ihr doch zumindest genügend Zeit für ihr Kleinkind.

Es sah ganz danach aus, als lande sie wieder in Fastows Stall.

In der Nähe von Cannes verließ Ken Lay den Fitnessraum des Hôtel du Cap-Eden, des international bekannten Hotspot für die Übergewichtigen der Geschäftswelt und der Unterhaltungsbranche.[16]

Es war der Morgen des 2. Juni. Als Lay auf den Gehsteig trat, sah er zwei Freunde, die er mit nach Cannes gebracht hatte: John Duncan, Vorsitzender des Exekutivausschusses, sowie Harry Reasoner, geschäftsführender Gesellschafter bei Vinson & Elkins. Die beiden hatten ihren Morgenspaziergang gemacht und tranken nun einen Saft.

»Guten Morgen«, sagte Lay.

Die Männer unterhielten sich eine Weile. Im Lauf des Gesprächs fiel Lay ein, dass er am Abend zuvor eine Nachricht von Skilling erhalten hatte. Sie erinnerte ihn an Skillings depressive Verfassung. Er hatte ja die Direktoren informieren wollen. Dies war der ideale Zeitpunkt.

»Eine andere Sache, John. Da ist etwas, was Sie wissen sollten«, sagte Lay.

John Duncan hob die Augenbrauen.

»Jeff Skilling macht keinen glücklichen Eindruck«, sagte Lay. »Er ist frustriert und gestresst.«

Reasoner lauschte der Unterhaltung. Duncan dachte einen Moment über Lays Worte nach.

»Was sollen wir Ihrer Meinung nach tun?«, fragte er schließlich.

»Ich weiß es nicht«, sagte Lay. »Ich sollte wohl Pug Winokur darüber informieren. Ich wollte Ihnen nur sagen, dass Skilling seine Arbeit nicht gern macht. Ich versuche ihm zu helfen, aber er macht wohl eine schlimme Zeit durch im Moment.«

»Meinen Sie, das kommt wieder in Ordnung?«

Lay zuckte die Schultern. »Unglückliche Menschen machen manchmal merkwürdige Sachen.«

Die Verhandlungen über den Verkauf von LJM2 an Kopper, wenn man sie so bezeichnen konnte, liefen wie am Schnürchen.

Kopper war dank Fastow bereits üppig mit Bargeld versorgt. Wenige Wochen zuvor war der Chewco-Buy-out über 35 Millionen Dollar abgeschlossen worden, aus dem Kopper zehn Millionen Profit schlug; das war die Zahlung, die McMahon einst blockiert hatte. Nun mussten Fastow und Kopper nur noch ein Tauschgeschäft machen. Fastow übergab Kopper die Leitung von LJM2. Im Gegenzug erhielt er von Kopper mehrere Millionen Dollar, die Fastow abgesichert hatte. Plus die 7,3 Millionen Dollar aus LJM1, die Kopper in wenigen Wochen aus dem Verkauf der Cuiabá-Aktien an Enron erhalten würde. Ach, und nicht zu vergessen die Immobilie in Houston. Es würde ein paar Wochen dauern, doch wenn sich der Rauch verzogen hatte, hätte Fastow weitere 16,4 Millionen Dollar in der Tasche.[17]

Der Preis war ein wenig überzogen, das wusste Fastow. Doch wenn er gezwungen war, seinem Goldesel den Rücken zu kehren, dann wollte er wenigstens noch einmal Cash sehen.

Viel Cash.

Vince Kaminski war außer sich vor Wut. Wieder einmal musste er seine Analysten durch das Schleuderprogramm des Performance Review Committee, des PRC, schicken, und das Ergebnis war unglaublich. Seine Leute waren durchweg Ausnahmetalente auf ihrem Gebiet, doch Kaminski war geradezu gezwungen, einen Teil von ihnen als durchschnittlich oder gar unterdurchschnittlich zu verkaufen.

Es wurde als Zwangsranking bezeichnet. Skilling hatte per E-Mail angekündigt, dass der Prozentsatz für die einzelnen Kategorien gesenkt werde – auf fünf Prozent für Level eins, dreißig Prozent für Level zwei und so weiter.[18] Er erwähnte zwar etwas von Flexibilität, doch die Personalabteilung behandelte die Vorgaben als absolut. Das System war nicht nur unfair, sondern auch widersinnig. Selbst wenn seine gesamte Abteilung aus modernen Einsteins bestanden hätte, wäre Kaminski gezwungen gewesen, ihre Leistung als durchschnittlich oder schlechter einzustufen.

Es war daher keine Überraschung, dass die Analysten offen revoltierten. In schriftlichen Erklärungen teilten sie Kaminski mit, das Zwangsranking zerstöre das Unternehmen. Wenn jeder seine Arbeit gut mache, könne man nur vorankommen, indem man einen Kollegen torpediere. Analysten aber müssten im Team arbeiten, um zu optimalen Ergebnissen zu gelangen. Statt sich gegenseitig zu sabotieren, warfen sie Enron und Skilling vor, eine Idee zu propagieren, ohne die Folgen zu überschauen.

Kaminski stellte sich ganz auf ihre Seite und vertrat diesen Standpunkt auch vor dem PRC.

»Ich werde kein Zwangsranking durchführen«, sagte er. »Es ist nicht im Interesse des Unternehmens.«

Sein Widerstand war nicht von langer Dauer. Wenn er seine Leute nicht bewerte, teilte man ihm mit, dann werde es jemand anders tun. Und Kaminski war sich gewiss, dass seine Analysten in der explosiven Konkurrenzatmosphäre des PRC kurzerhand abqualifiziert werden würden, während konkurrierende Manager ihre eigenen Leute in den Himmel lobten.

Also gab er nach und bewertete seine Leute. Er versuchte zu schummeln, indem er zu viele von ihnen in Kategorie eins oder zwei setzte. Doch er musste den Vorgang wiederholen, bis er die vorgegebenen Prozentzahlen erreicht hatte.

Ein Opfer dieses Prozesses war Kevin Kindall, der in jahrelanger Arbeit die Bedrohung aufgedeckt hatte, die von Fastows Partnergesellschaften ausging. Eine überaus wichtige Arbeit, doch andere, erfahrenere Analysten waren an der Preisfestlegung schicker und fetter Deals beteiligt gewesen. Egal, wie wichtig Kindalls Leistung gewesen war – er hatte dafür nicht einmal die nötigen Mittel bekommen. Er wurde abgewertet.

Kindall reagierte ungehalten auf die Nachricht. »Vince, das habe ich nicht verdient«, sagte er. »Meine Arbeit hat das nicht verdient.«

»Ich hab's versucht, Kevin«, sagte Kaminski. »Ich weiß, es ist unfair. Aber ich konnte überhaupt nichts ausrichten.«

Erschöpft erläuterte er die Prozedur und erzählte, wie er versucht hatte, sie zu durchkreuzen. Doch Kindall interessierte sich nicht für die Mechanismen des Systems, sondern nur dafür, was dabei herauskam.

»Wenn bei Enron meine Leistung nicht anerkannt wird«, sagte er, »dann muss ich gehen.«

Kaminski versuchte, seinen jungen Mitarbeiter zu überreden, es sich noch einmal zu überlegen, hatte aber keinen Erfolg damit. Kindall kündigte.

Der Mann, der die finanzielle Bedrohung aufgedeckt hatte, die Enron in die Katastrophe führte, war weg. Seine Leistung galt als irrelevant für den anhaltenden Erfolg des Unternehmens.

Die Stimmung unter den Managern, die sich am 12. Juni in einem Auditorium in Las Vegas eingefunden hatten, war spannungsgeladen. Vivek Ranadivé, CEO von Tibco Software, betrat die Bühne, um Jeff Skilling vorzustellen, den Hauptredner des Tages.

Für das Unternehmen sei Skillings Kommen eine Ehre, sagte Ranadivé. »Enron hat den Ruf des innovativsten Unternehmens in Amerika«, sagte er. »Und Jeff Skilling gilt als Nummer eins unter den CEOs des ganzen Landes.«

Skilling sprang mit einem Satz auf die Bühne. Er trug ein offenes Hemd und ein sportliches Jackett. Die Rede, die er hielt, war überlang. Er berichtete seinem Publikum, das Internet offenbare erst nach und nach seinen Wert für die Unternehmen. Es werde die Industrie verändern, sagte er, und auch Enron werde dort seine Zukunft finden.[19]

»Was wir tun, können wir nur mit Hilfe der Internettechnik tun«, sagte er. Im Anschluss an seine Rede kamen vor allem technische Fragen. Eine jedoch zielte auf etwas anderes.

»Wie bewerten Sie die Energiekrise in Kalifornien?«, fragte ein Zuhörer. »Und was, meinen Sie, hätte der Staat anders machen müssen?«

Skilling lächelte. Er dachte an den Kommentar des Justizministers vor wenigen Wochen über Lays Zukunft. *Hi, Honey, ich bin Spike.* Vielleicht war es an der Zeit zurückzuschlagen. »Ach, ich kann mir nicht helfen«, sagte er. »Kennen Sie den Unterschied zwischen dem Staat Kalifornien und der *Titanic?*«

Die Menge lachte. Skilling blickte zur Seite. »Ich weiß, dass ich das bereuen werde«, sagte er mehr zu sich selbst.

Er ließ den Blick über den Saal schweifen. »Als die *Titanic* sank, waren wenigstens die Lichter an.«

Die Menge tobte.

Die Börsenaufsicht SEC fasste einen Entschluss: Die Prüfertätigkeit der Firma Andersen verstieß gegen die Grundprinzipien des Berufsstandes. Ungeachtet der Proteste vonseiten der Spitzenanwälte Andersens würde die Firma mit Sanktionen belegt und des Betrugs angeklagt werden. Auf diese Weise, so hoffte man bei der SEC, werde Andersen seine Lektion lernen. Andere Wirtschaftsprüfungsunternehmen wussten schließlich, dass sie Ordnung in ihre Arbeit bringen mussten. Die US-Börsenaufsicht wollte einen Fall wie Waste Management nicht noch einmal erleben.

Die Verstöße bei Waste Management, einem Klienten von Andersen, dessen Bilanzkorrektur Jahre zuvor mit ein Anlass für Arthur Levitts »Zahlenspielrede« gewesen war, hatte die Ermittler der Behörde entsetzt. Andersen-Prüfer hatten von den Verstößen gewusst, die Firma aber Jahr für Jahr gewähren lassen. Nun teilte die SEC Andersen mit, dass die Firma einen Vergleich annehmen oder die Sache vor Gericht ausfechten könne. Andersen ließ sich nach heftigem Murren auf den Vergleich ein.[20]

Am 16. Juni lag Gary Goolsby, dem leitenden Andersen-Partner in Houston, eine zweiseitige Zustimmungserklärung vor, mit der sich die Firma zu einem Vergleich bereit erklärte.

In den vorangegangenen Tagen hatte Goolsby wiederholt mit Tom Newkirk gesprochen, dem SEC-Anwalt, der den Waste-Management-Fall unter sich hatte, und ihm versichert, dass Andersen seine Lektion gelernt habe. Die Firma werde sich bessern, versprach Goolsby.

Er sah ein zweites Schriftstück durch, das Schlussurteil. Auf der zweiten Seite stand, dass der Firma durch eine dauerhafte Verfügung irgendwelche weiteren Täuschungen untersagt wurden. Das waren lauter Standardformulierungen. Goolsby unterzeichnete die Einverständniserklärung. Andersen stand nun unter Beobachtung. Falls das Unternehmen erneut falsches Spiel treiben sollte, würde das schlimme Folgen haben.

In derselben Woche beugten sich die Energieregulierungsbehörden der politischen Realität. Die Stromknappheit in Kalifornien würde nicht von allein aufhören, jedenfalls nicht, solange die Händler im Westen von Bundesstaat zu Bundesstaat ziehen und ihr Preisspielchen treiben konnten. Die Preisbeschränkung wurde daher auf alle Bundesstaaten im Westen ausgedehnt. Dieses rigorose Vorgehen beendete zusammen mit dem wachsenden Angebot schließlich die Krise über ein Jahr nach ihrem Ausbruch.

Das mochte zwar die Stromkunden erfreuen, doch den Enron-Investoren, die Kalifornien als nahezu grenzenlose Gewinnchance betrachtet hatten, missfiel es. Die Goldgrube versiegte. Der Kurs der Enron-Aktie fiel am Tag der Bekanntgabe auf ein 52-Wochen-Tief von 43,07 Dollar.[21]

Vince Kaminski fühlte sich, als würde ihm das Herz aus dem Leib gerissen. Sein bester Analyst, Stinson Gibner, hatte ihm soeben mitgeteilt, dass er Enron ebenfalls verlassen würde. Es ging ihm nicht um die Bezahlung oder den Posten. Es ging nicht um das PRC. Er hatte auch kein besseres Jobangebot. Ihm ging es um die Raptoren.

»Ich kann mich nicht mit einem Unternehmen identifizieren, das so etwas wie die Raptoren macht«, sagte Gibner. »Ich kann hier nicht länger arbeiten.«

Kaminski brachte Gegenargumente vor, doch seine Versuche blieben schwach. Er konnte Gibner kaum widersprechen.

Die Anwälte kamen am 20. Juni um 9.15 Uhr in Skillings Büro, um mit ihm über die anhaltenden Ansteckungseffekte (sic!) im Verlauf der kalifornischen Stromkrise zu sprechen.

Einige Tage zuvor hatte Skilling einen Anruf vom kalifornischen Stromversorger Pacific Gas & Electric erhalten, der bereits vor einigen Monaten Insolvenz angemeldet hatte. PG&E wandte sich nun an Enron und andere Gläubiger; man wollte einen Vorschlag diskutieren, wie dem Unternehmen wieder auf die Beine geholfen werden könnte. Nach dem Anruf hatte Skilling Mark Haedicke und Richard Sanders, zwei leitende Anwälte, die mit dem Chaos in Kalifornien befasst waren, zu sich gebeten.[22]

Als die Anwälte eintrafen, schnitt Skilling jedoch ein anderes Thema an. Er wollte am nächsten Tag nach Kalifornien, um erneut eine Rede zu halten. Ehe er ging, wollte er noch einmal die Fakten überprüfen. In seiner Rede, so Skilling, werde er erneut unterstreichen, dass die Vorgänge in Kalifornien ein reines Marktphänomen seien.

Er blickte von einem Anwalt zum anderen. »Enron muss eine absolut weiße Weste haben. Deshalb noch einmal: Haben wir in dieser Sache eine weiße Weste?«

Haedicke nickte. »Sicher. Da war etwas im letzten Jahr, aber das haben wir eingestellt.«

Was das denn gewesen sei, wollte Skilling wissen.

Sanders war überrascht. Es war mehrere Monate her, dass Death Star, Fat Boy und die anderen Handelsstrategien aufgeflogen waren. Er hatte angenommen, dass Haedicke Skilling davon unterrichtet hätte.

»Na ja, es gibt da den Vorwurf wegen unlauteren Wettbewerbs und Antitrust-Vorwürfe«, antwortete er.

Skilling schien erstaunt. »Wie lauten die Anschuldigungen denn genau?«

Sanders zögerte. Wollte Skilling wirklich die Einzelheiten wissen? Er nannte die Namen und beschrieb die einzelnen Strategien. Einige seien problematisch, weil zweifelhafte Dokumente vorlägen. Andere, wie die Strategie, Energie aus dem Bundesstaat hinaus- und dann wieder hineinzubefördern, hätten zwar einen üblen Beigeschmack, seien aber rechtlich wahrscheinlich unbedenklich. Die Staatsanwälte hätten angeordnet, so Sanders, solche Praktiken zu beenden, sobald sie irgendwo bekannt würden.

»Okay«, sagte Skilling. »Dann haben wir also eine weiße Weste?«

Beau Herrold war verzweifelt. Er war einer von Lays Anlageberatern und versuchte seit Monaten, die Familienfinanzen in Ordnung zu bringen. Doch jedes Mal, wenn er meinte, sicheres Terrain erreicht zu haben, fiel der Enron-Aktienkurs weiter. Damit sank der Wert des Vermögens, das Lays Anleihen absicherte, und die Banken legten weitere Bargeldforderungen vor. Es war, als versuche man, bei Flut eine Sandburg zu bauen. Ständig klatschten neue Wellen ans Ufer und spülten die neu errichteten Dämme weg.

Und Lay behinderte ihn auch noch. Er glaubte unerschütterlich daran, dass der Enron-Aktienkurs wieder steigen würde. Herrold hatte, so weit es ging, alle anderen Quellen angezapft: Er hatte andere, leicht verkäufliche Anlagen Lays veräußert und mit den Banken über günstigere Konditionen verhandelt. Doch ständig rollten neue Wellen heran.

Am 20. Juni beschloss Herrold daher, eine aggressivere Strategie zu verfolgen. Bis dahin hatte er Lays Revolvingkredit bei Enron nur gelegentlich in Anspruch genommen. Er hatte immer vier Millionen Dollar auf einmal abgerufen und dann, in der Hoffnung, dass der Kurs steigen würde, abgewartet, bis er sie mit Enron-Aktien zurückzahlen konnte. Statt dies nur hin und wieder zu tun, überlegte sich Herrold, könnte er es doch immer wieder tun und auf diese Weise die Schulden zurückzahlen, um die Sandburg aus der Reichweite der Wellen zu bringen.

Er sprach mit Anwälten und Kompensationsexperten bei Enron und fragte nach den Grenzen der Kreditlinie. Herrold notierte sich alles sorgfältig: Er konnte an jedem Geschäftstag vier Millionen Dollar abheben, bis zu 20 Millionen pro Woche. Die einzige Bedingung war, dass er das Unternehmen informieren musste und dass Lay, sofern er mit Enron-Aktien zurückzahlte, die Aktien zuvor mindestens sechs Monate halten musste.

Wie stand es mit der Offenlegung? Wenn Unternehmensmanager Aktien ihres Unternehmens verkaufen, müssen sie für gewöhnlich ein Schriftstück, das Formular 4, einreichen, um die Investoren zu informieren. Musste Lay das jedes Mal tun, wenn er Kredite mit Enron-Aktien beglich? Herrold rief Rex Rogers an, einen Mitarbeiter des Chefjustiziars, und fragte ihn. Rogers versicherte ihm, dass beim Aktienverkauf an das eigene Unternehmen die Anforderungen für die Offenlegung bei weitem nicht so streng seien.[23]

»Es muss lediglich vor der jeweiligen Jahreshauptversammlung in der Aktionärsinformation ausgewiesen werden«, sagte Rogers. »Das offizielle Formular 4 wird nicht benötigt, weil es sich um ein Privatgeschäft zwischen Ken und dem Unternehmen handelt.«

Herrold beriet sich mit seinem Stiefvater. Der stimmte zu, und Herrold machte sich daran, mit Hilfe der Revolvingkredite Schulden zu tilgen.

Am nächsten Tag, dem 21. Juni, marschierten vor dem Commonwealth Club in San Francisco Demonstranten mit Schweinsmasken auf und skandierten Parolen gegen den Hauptredner dieses Nachmittags. Jeff Skilling fuhr in einer schwarzen Limousine vor. Hinter den getönten Scheiben beobachteten er und zwei weitere Manager, wie die Demonstranten gegen Enron und die Gier der Unternehmen wetterten. Skilling war erzürnt; *nicht sie* hatten das Chaos in Kalifornien geschaffen, sondern die Politiker.[24]

»Ich wünschte, wir müssten keine Geschäfte machen im Staate Kalifornien.«

Wenige Minuten später saß Skilling auf dem Podium im Hauptsaal des Clubs. Der Raum war bereits gerammelt voll, und die Menschen warteten neugierig auf seine Rede zur Energiekrise.

Von der Tür her ging eine blonde Frau Anfang 30 nach vorn. Skilling bemerkte sie; sie schien ihn anzustarren. Er überlegte noch, dass sie ihn wohl von irgendwoher kannte, konnte sie aber nicht einordnen.

Ein paar Minuten später stand ein Clubfunktionär auf und stellte Skilling vor.

Als Francine Cavanaugh die dritte Reihe erreichte, versuchte sie, sich langsamer zu bewegen. Sie hatte sich an den Sicherheitskräften vorbeigedrückt; niemand hatte den Gegenstand entdeckt, den sie eingeschmuggelt hatte.

Sie setzte sich auf einen leeren Platz in der ersten Reihe. Dann langte sie in ihre schwarze Büchertasche und schob die braune Papiertüte zur Seite, die sie zur Tarnung hineingelegt hatte. Sie ließ die

Schultern hängen und ging gleichsam in Deckung, denn sie wollte ihren Anschlag ausführen, bevor jemand die Sicherheitskräfte alarmieren konnte.

Während der Vertreter des Clubs seine Einführung herunterratterte, beobachtete sie Skilling. Er hatte die Beine übergeschlagen und wirkte abwesend. Cavanaugh stand auf und lief auf ihn zu.

Skilling war verärgert. Er fand die Einführung ausgesprochen peinlich: Sie wimmelte nur so von Andeutungen, dass Enron etwas zu verbergen hätte. Ihm gefiel das nicht.

Plötzlich sah er aus dem Augenwinkel etwas Verschwommenes. Eine Bewegung. Er wandte sich um.

Eine Frau rannte auf ihn zu und schrie etwas. Sie hob den Arm. Dann spürte er einen dumpfen Schmerz am Kopf.

»Jeff, das hätte eine Schusswaffe sein können.«

Stunden später erfuhr Rebecca Carter in Skillings Haus in Houston von der Demonstrantin, die ihn im Commonwealth Club mit einem Kuchen beworfen hatte. Er hatte nach dem Angriff leicht am Kopf geblutet, doch er wischte den Vorfall einfach beiseite. Carter akzeptierte das nicht.

»Hatten die keine Sicherheitsleute?«

»Jede Menge«, erwiderte er.

»Und diese Frau kommt so nahe an dich ran, dass sie dir einen Kuchen ins Gesicht werfen kann?«, fragte Carter scharf. »Sie hätte dich auch erschießen können.«

Skilling widersprach halbherzig, wusste aber, dass sie Recht hatte. Es hätte eine Schusswaffe sein können. Das war es nicht wert.

Um dieselbe Zeit nahm Lea Fastow in Islamorada in Florida in einem Sessel in Paul Josephs Tiki-Salon Platz und schlüpfte aus ihren Schuhen. Sie legte die Füße auf ein Handtuch, und eine ältere Frau begann mit der Fußpflege.

Lea und Andy waren eben erst an Bord des Enron-Jets Hawker 800XP in den Florida Keys eingetroffen. Es war eine private Reise, doch Skilling hatte die Nutzung des Flugzeugs genehmigt, sofern sie jeweils 1400 Dollar für den Hin- und Rückflug zahlten. Dazu kamen die Kosten für ein paar Tage in der Cheeca Lodge and Spa, einer Hotel-und Wellnessanlage am Meer. Fastow kümmerten die Kosten nicht, schließlich zahlte die Fastow Family Foundation die Reise; diese Wohltätigkeitsorganisation hatte er mit den 4,5 Millionen Dollar gegründet, die er von NatWest mit dem Southampton-Deal ergaunert hatte.

Lea und Andy waren zudem in Begleitung zweier weiterer Paare:

Andys Bruder Peter mit seiner Frau Jana sowie Leas Bruder Michael mit seiner Frau Lilly. Gemeinsam wollten sie sich über das Wochenende mit Kuranwendungen, Massagen, Fliegenfischen und Tennisstunden vergnügen. Die Rechnung ging an die Stiftung.[25]

Die Geschwister waren Treuhänder der Stiftung, und dieses luxuriöse Wochenende erklärten sie zur ersten Jahrestagung. Rein rechtlich gesehen, konnten die Paare allerdings nicht einfach nur feiern und relaxen, wenn die Stiftung die Kosten übernehmen sollte. Deshalb hielten sie am Freitag, dem 22. Juni, beim Abendessen eine 30-minütige offizielle Sitzung ab.[26]

Sie prüften die »Investitionen« der Stiftung. Fast das gesamte Geld befand sich auf einem Geldmarktkonto. Da es jedoch so viel war, hatte die Stiftung Zinsen von fast 280 000 Dollar eingenommen. Für wohltätige Zwecke wurde weit weniger ausgegeben. Im Jahr 2000 hatte die Stiftung knapp 63 000 Dollar vergeben, wobei sich viele Einzelzuwendungen nur über wenige hundert Dollar beliefen. Die größten gingen an ihre Kirche und an die örtlichen Museen, Letzteres zu einem Zeitpunkt, als Lea versuchte, einen Spitzenplatz unter den Kunstmäzenen von Houston zu ergattern. Im Jahr 2001 waren etwas über 34 000 Dollar aus dem Zinsertrag an wohltätige Zwecke gegangen, wieder überwiegend an Museen.

Diese Gaben täuschten über den wahren Zweck der Stiftung hinweg: Die Fastows verhinderten, dass für das gestohlene Geld Steuern fällig wurden, indem sie sich die Ausnahmeregelungen für wohltätige Einrichtungen zunutze machten. Und ihre Spenden verschafften ihnen Zugang zu den exklusivsten Kreisen der Houstoner Gesellschaft.

Doch mit der Stiftung ließ sich noch mehr bewerkstelligen als nur die Finanzierung steuerfreier Urlaube in exklusiven Hotels. Am Abend der offiziellen Versammlung beschlossen die Familienmitglieder, einen Fondsverwalter einzustellen, der ein Gehalt erhalten und die Umzugskosten erstattet bekommen sollte. Sie hatten auch schon den perfekten Kandidaten: Andy Fastows Vater Carl. Er würde bald auf Kosten der Stiftung mit seiner Frau einfliegen und das Haus in Houston beziehen, das Kopper Fastow überschrieben hatte, als er die LJM-Fonds erwarb. Das gestohlene Geld versüßte auch Fastows Eltern das Alter.

Das Leben war klasse.

Mit einer großen Tasche über der Schulter ging Skilling mit seinem halbwüchsigen Sohn Jeffrey eine Gangway auf dem Houston International Airport entlang. Ihre Maschine nach Madrid sollte in wenigen Minuten starten. Skilling konnte es kaum erwarten. Wieder einmal lag ein dreiwöchiger Urlaub vor ihm.

Als sie an diesem Morgen des 27. Juni zum Flugzeug gingen, klingelte Skillings Handy. Er nahm es aus der Tasche.

»Jeff, hier spricht Joe Nacchio.«

Skilling seufzte. Nacchio war Chief Executive von Qwest Communications International. Mehrere seiner Topleute waren Skilling seit Tagen auf den Fersen. Qwest hatte wie der Rest der Branche mit seiner Broadband Division zu kämpfen. Qwest und Enron standen seit mehreren Wochen in Verhandlungen über einen Glasfaser-Tauschhandel: Enron sollte einen Großteil seines Netzwerks an Qwest veräußern, das im Gegenzug die Rechte am System an Enron verkaufen sollte. Skilling gefiel die Idee; Enron konnte auf diese Art sein Netzwerk und alle damit verbundenen Kosten loswerden und gleichzeitig die Kapazitäten behalten, die es brauchte, um seine Kunden zu bedienen.[27]

Doch die Bedingungen, die Qwest forderte, waren absurd. Wenn Enron seine Kunden behalten wolle, müsse es sofort Kapazität bereitstellen, doch Qwest teilte mit, diesen Service könne es nicht leisten. Dennoch wolle Qwest den Deal machen. Skilling lehnte ab. Warum sollte Enron das Netzwerk verkaufen, wenn es sich dann ein neues zulegen musste?

Qwest blieb am Ball, und bald wurde Skilling klar, warum. Das Unternehmen wollte einen in Skillings Augen lächerlichen Preis für das Netzwerk bezahlen, und Enron würde im Gegenzug einen lächerlichen Preis für die Nutzung zahlen. Beide würden Einnahmen verbuchen. Es würde nur wenig Geld den Besitzer wechseln. Das ganze Geschäft sah in Skillings Augen nach einem Buchhaltungstrick aus.

Skilling hatte schon unzählige Male sein Desinteresse bekundet. Da sei nichts zu machen, sagte er. Dennoch rief Nacchio immer wieder an. Skilling war es leid.

»Joe«, sagte er. »Ich bin auf der Gangway zu meinem Flugzeug nach Madrid.«

»Sie machen Urlaub?«, fragte Nacchio.

»Genau.« Skilling erreichte den Eingang.

Nacchio ließ nicht locker. Skilling möge zurückrufen, wenn er in Madrid angekommen sei.

Die beiden Firmen nahmen die Verhandlungen wieder auf, doch es kam nichts dabei heraus. In diesem Quartal würden Enron und Qwest die Einnahmen, die in Wahrheit beiden Unternehmen nur Scherereien eingebracht hätten, nicht ausweisen können.

Was zum Teufel ist das!?

Sherron Watkins wollte sich einen Überblick über die Vermögenswerte in dem Excel-Dokument verschaffen. Sie hatte kürzlich bei Fastow in der Unternehmensentwicklung angefangen und saß nun an Aufgaben, die sie als erniedrigend empfand.

Watkins wühlte sich durch die Enron-Unterlagen, um Vermögenswerte aufzuspüren, die problemlos verkauft werden konnten. Viele hatten an Wert verloren, so Elektro in Brasilien, konnten aber Bargeld in die Kasse spülen. Dann gab es Investitionen in Unternehmen wie New Power, Avici und Hanover Compressor, die von Raptor-Hedges abgesichert wurden.[28]

Und was Watkins da sah, ergab wenig Sinn. Die Verluste in den Raptoren beliefen sich auf mehrere hundert Millionen Dollar. Ein großer Teil dieses Geldes, wenn nicht alles, schuldeten sie Enron. Wie sollte ein Unternehmen so gigantische Verbindlichkeiten schultern?

Watkins war verwirrt; sie entschied, dass sie, um ihre Arbeit zu machen, die Gebilde erst einmal durchschauen musste. Sie rief in Causeys Büro an und bat darum, dass ihr jemand die Raptoren erklärte.

In Spanien lenkte Skilling sein Leihauto durch die Weinberge. Am zweiten Tag seines Urlaubs fuhr er mit seinem Sohn nach Süden; es war die erste Etappe einer Reise von Madrid nach Marokko. Die beiden unterhielten sich entspannt, und Skilling war dankbar, mit seinem Jungen allein zu sein.

Als eine Gesprächspause eintrat, wechselte Skilling das Thema. »Jeffrey«, begann er zögernd. »Wäre es schlimm für dich, wenn ich nicht CEO bei Enron wäre?«

Das war Skillings letzte Befürchtung: dass es ihn den Respekt seiner Kinder kosten könnte, wenn er Enron verließ. Doch Jeffrey hatte keine Ahnung, was sein Vater meinte.

»Nein«, erwiderte er.

»Du hättest nicht weniger Achtung vor mir?«

»Nein, es wäre sogar ganz gut, weil ich dich dann öfter sehen würde.«

Skilling dachte darüber nach. »Ich habe nämlich beschlossen – sag's noch niemandem, auch nicht deiner Mutter oder deinem Bruder –, dass ich Enron verlasse.«

Jeffrey strahlte seinen Vater an. »Oh, gut.«

Als der Juni zu Ende ging, war klar, dass eine Kostenreduzierung und die Versetzung von Mitarbeitern die roten Zahlen bei Enron Broadband Services nicht tilgen konnten. Der Unternehmensbereich, der zwei Jahre zuvor mit so vielen Vorschusslorbeeren eingeführt worden war, konnte sich nicht aus eigenen Kräften halten. Die leitenden Manager beschlossen, ihn in den Energiehandel zu integrieren. Pracht und Herrlichkeit waren dahin, die Pläne für ein intelligentes

Netzwerk lagen in der Schublade, und der Versuch, einen Handel mit Breitbandkapazität aufzubauen, war gescheitert.[29]

Fastow indes betrachtete den Zusammenbruch des Unternehmensbereichs als Chance für private Beute. Die Broadband-Justiziarin Kristina Mordaunt war eine alte Vertraute. Zudem hatte sie bewiesen, dass sie in der Grauzone agieren konnte: Sie hatte 5800 Dollar in Southampton investiert und kein Wort gesagt, als Kopper sie wenige Wochen später mit einer Anweisung von einer Million überrascht hatte. Wenn Fastow die Unternehmensentwicklung in die Hand nehmen wollte, brauchte er einen Justiziar wie Mordaunt.

Mordaunt war bereit und sprach mit Jim Derrick darüber. Das war eine großartige Chance.[30]

Fastow schubste Kristina Mordaunt die Karriereleiter hinauf und zog sie damit tiefer in seine illegalen Machenschaften hinein. Der RADR-Deal, in dem Fastow über Kopper mit Strohleuten als angeblichen »Investoren« Windfarmen erworben hatte, brachte noch immer Geld. Eine Scheininvestorin, Kathy Wetmore, hielt 750 000 Dollar, die das betrügerische Konstrukt erzeugt hatte. Nun gab Fastow Kopper Anweisungen für den nächsten Schritt.

Kopper rief Wetmore wegen der Details an. Das Geld solle auf das Konto HS-75406-EJ bei der UBS Paine Webber überwiesen werden. Am 2. Juli ging es auf die Reise. Mordaunt, Fastows neue Anwältin, hatte noch einmal 750 000 Dollar eingesackt.[31]

Kaminski konnte das nicht auf sich beruhen lassen. Kevin Kindall war weg, doch der Bericht seines einstigen Mitarbeiters über die Gefahren, denen Enron ausgesetzt war, war noch da, und er war so brisant wie eh und je. Glisan kümmerte das offenbar nicht. Daher beschloss Kaminski, es noch einmal zu probieren, und zwar bei Greg Whalley.

Niemand wusste mehr über den Handel und die Risiken, die damit verbunden waren, als Greg Whalley, weil er seit Jahren in der Großkundengruppe arbeitete. Kaminski erläuterte ihm Punkt für Punkt Kindalls Erkenntnisse.

»Greg, wir haben gewaltige Risiken, die wir nicht durchschauen«, sagte Kaminski anschließend. »Wir müssen sie analysieren.«

Kaminski sah Whalley in die Augen. Er merkte, dass er nicht zu ihm durchdrang. Whalley schien sein Exposé als eine Art theoretische Übung zu betrachten.

Whalley stand auf. »Lassen Sie mich darüber nachdenken«, sagte er. »Ich melde mich bei Ihnen.«

Die gleiche Antwort hatte er von Glisan bekommen. Kaminski erwartete nicht, dass es diesmal besser ausging.

Es war ein schwüler Abend in Houston. Das Zirpen der Grillen erfüllte die mit einem Sichtschutz abgetrennte Veranda zu Skillings neuer Villa. Es war der 9. Juli. Skilling war soeben aus Spanien zurückgekehrt. Er entspannte sich bei einer Zigarette und unterhielt sich mit Rebecca Carter über seine Zeit nach Enron.

Er werde Lay seinen Entschluss diese Woche noch mitteilen, sagte er. Danach werde er monatelang nur reisen. Er hatte keine Geldsorgen; sein Gehalt und die Aktienverkäufe hatten 50 Millionen Dollar in seinen Sparstrumpf gespült. Die Jobsuche eilte nicht. Er konnte sich Zeit lassen.

Carter hörte seinen Plänen mit wachsender Besorgnis zu. In seinen Plänen für eine Weltreise und Abenteuer war anscheinend kein Raum für sie. Vielleicht, so fürchtete sie, war sie gar nicht Teil seiner großartigen Strategie.

»Und wo bleibe ich dabei?«, fragte sie.

Skilling sah sie an und erkannte die Pein in ihrem Gesicht. *O-oh.* Eigentlich hatte er noch warten wollen. In neun Tagen hatte sie Geburtstag, da hatte er es ihr sagen wollen. Aber offensichtlich konnte er nicht so lange warten.

»Okay«, sagte er und stand auf. »Ich mache das besser jetzt gleich.«

Er ging ins Haus und durch die Küche ins Büro. Dort nahm er ein Kästchen aus dem Schreibtisch, das er vor Wochen dort versteckt hatte, und kehrte damit auf die Veranda zurück.

Er stellte sich vor sie hin. »Du wolltest wissen, wo du dabei bleibst. Ich habe mir das so gedacht.«

Er öffnete das Kästchen und holte einen Verlobungsring heraus. Dann ging er auf die Knie. »Willst du mich heiraten?«, fragte er.

Tränen traten Rebecca Carter in die Augen. Sie wischte sie mit der Hand weg. Dann lächelte sie. »Ja«, sagte sie, »das will ich.«

Skilling hatte noch ein paar Tage Zeit und wollte, dass die Enron-Direktoren auf alle Eventualitäten vorbereitet waren. Was, wenn eine Katastrophe die Weltwirtschaft ins Wanken brachte, ein Desaster, das die Unternehmen rund um den Globus erschütterte? Er brauchte Analysen, Zahlen, er wollte dem Board beweisen, dass Enron einen Schock verkraften konnte.

Am Morgen des 11. Juli um 10.30 Uhr traf er sich mit Rick Buy und David Port, einem seiner Analysten.[32] Die beiden hatten einen Bericht dabei, der die Auswirkungen verschiedener Marktstörungen aufzeigte. Skilling hielt die Annahmen für zu maßvoll.

»Legen Sie eine echte Liquiditätskrise auf das Portfolio«, sagte Skilling. »Spinnen Sie es weiter, als Sie es je getan haben.«

Sie sollten von einer globalen Katastrophe ausgehen, wies er sie an. Einem Atom-GAU mit unzähligen Opfern. Sie sollten sich vorstellen, dass in der Folge aufgrund der Ängste in der Bevölkerung alle Atomkraftwerke der Erde abgeschaltet werden müssten.

»Ich möchte wissen, welche Auswirkungen das auf die Preise hätte«, sagte Skilling.

Port lachte. *»Gewaltige.«*

»Ich weiß, aber sagen Sie mir, was bei uns geschehen würde, wie liquide wir sein müssten, um das zu überstehen.«

Als Buy und Port Skillings Büro verließen, freuten sie sich auf die Arbeit an diesem faszinierenden Projekt. Eine Woche später kehrten sie mit guten Nachrichten zurück. Enron würde nur ein paar Milliarden Dollar brauchen, um zu überleben, berichteten sie.

Skilling war erleichtert. Er hatte Fastows und Glisans Berichte gehört, nach denen Enron sehr viel mehr liquide Mittel hatte. Es gab also keinen Anlass zur Sorge. Kein Krieg, kein Erdbeben, keine Bedrohung von außen konnten Enron vernichten.

Niemand dachte darüber nach, was geschehen würde, wenn Enron statt einer globalen Katastrophe einem viel wahrscheinlicheren Unheil ausgesetzt war: etwa einer Kreditabstufung oder der erzwungenen Offenlegung der Verluste in den Raptoren. Kaminski und Kindall hatten diese Analyse bereits durchgeführt. Und jeder, der sie zu Ohren bekam, hatte die erschreckenden Ergebnisse ignoriert.

Am Freitag, dem 13. Juli, kurz vor 13.30 Uhr saß Ken Lay wieder an seinem Schreibtisch. Es war sein erster Tag im Büro nach einer anstrengenden Reise nach Spanien, Italien und Indien, wo er Reden gehalten und erfolglos versucht hatte, eine Einigung im Dabhol-Fiasko auszuhandeln.

Skilling kam zum vereinbarten Gesprächstermin.[33] Lay begrüßte ihn, und sie setzten sich an den Konferenztisch. Skilling nahm einen Notizblock mit einer Checkliste zur Hand und begann, die verschiedenen Punkte abzuhandeln. Es war alles ziemlich belanglos. Nach zehn Minuten legte Skilling seinen Block beiseite und sah Lay fest in die Augen.

»Es gibt noch etwas anderes«, sagte er. »Ich habe eine Entscheidung getroffen, die ich Ihnen mitteilen möchte.«

Seine Stimme klang tonlos. »Ich habe beschlossen zu kündigen.«

Lay starrte ihn an. »Wie bitte?«

»Ich möchte kündigen.«

Lay wusste, dass Skilling mit seinem neuen Job gehadert hatte. Er hatte erwartet, dass er ein Sabbatjahr nehmen würde. Aber kündigen? Vielleicht war das auch so ein Spleen wie ein paar Jahre zuvor, als Skilling plötzlich halbtags arbeiten wollte. Damals hatte er sich wieder gefangen – vielleicht auch dieses Mal?

Lay legte einen Arm auf den Tisch. »Das müssen Sie mir erklären«, sagte er. Da sei nicht viel zu erzählen, sagte Skilling. »Ich denke schon eine Weile darüber nach. Ich befürchte, dass der Job meine Gesundheit ruiniert. Ich stehe unter enormem Stress.«

Dann sei da seine Familie, sagte Skilling. Er habe noch immer minderjährige Kinder zu Hause. Seine Tochter werde bald aufs College gehen, sein älterer Sohn in wenigen Jahren folgen. Und er wolle mehr Zeit mit seinem jüngsten Sohn verbringen.

»Ich habe mich zur Kündigung aus gesundheitlichen und familiären Gründen entschlossen.«

Lay wusste kaum etwas zu sagen. Er sollte zum Jahresende bei KKR anfangen. Musste er diese Chance sausen lassen? Nur, um hinter Skilling aufzuräumen?

»Jeff, das wird für das Board ein Schock sein, und Sie wissen das«, sagte Lay. »Und für mich kann ich sagen, dass ich das definitiv nicht erwartet habe. Ich habe selbst Pläne gemacht für das Jahresende.«

Skilling reagierte nicht.

»Aber was noch wichtiger ist«, fuhr Lay fort, »ich mache mir Sorgen, dass es dem Unternehmen schaden und das Vertrauen der Investoren erschüttern könnte. Kann ich Ihnen das irgendwie ausreden?«

»Nein«, sagte Skilling. »Ich habe wirklich lange darüber nachgedacht, und ich glaube, es ist das Richtige für mich.«

Mich. Das Wort zerrte an Lays Nerven. Nicht, was gut ist fürs Unternehmen. Was gut ist für Skilling. »Jeff, ich bin gerade von einer anstrengenden Reise zurückgekehrt, und ich muss erst einmal darüber nachdenken«, sagte Lay. »Ich hoffe aber, dass Sie übers Wochenende ein wenig zur Ruhe kommen und alles noch einmal überdenken; vielleicht gibt es eine Alternative.«

»Gut, in Ordnung«, sagte Skilling. »Aber meine Entscheidung steht ziemlich fest.«

»Wenn er seine Meinung nicht ändert, müssen wir darüber nachdenken, was wir tun«, sagte Lay. »Wir müssen über das Timing nachdenken.«

Es war am nächsten Tag. Lay telefonierte mit Vorstand John Duncan, der wie vom Blitz getroffen war von Skillings Ankündigung – und ratlos. Sie müssten auf jede erdenkliche Art versuchen, Skilling zum Bleiben zu bewegen, sagte Lay. Wenn es ihnen aber nicht gelingen sollte, müssten sie rasch eine Lösung finden, um den Schaden zu begrenzen.

»Wenn er denn geht, sollte der Wechsel so bald wie möglich stattfinden«, sagte Lay.

Da war aber immer noch die Frage des Nachfolgers.

»Sie können natürlich nehmen, wen Sie wollen«, sagte Lay. »Ich habe für das Jahresende etwas Neues vor. Aber immerhin habe ich mein Leben Enron gewidmet. Deshalb würde ich es sicher ernsthaft erwägen, sollten Sie es wünschen, dass ich noch eine Weile im Unternehmen bleibe.«

Duncan reagierte überglücklich. Natürlich. Wenn Skilling ging, dann wären sie darauf angewiesen, dass Lay in die Bresche sprang. Keine Frage.

Lay legte auf. Seine Frau Linda stand neben ihm. Die Enttäuschung stand ihr ins Gesicht geschrieben. Sie hatte sich darauf gefreut, dass ihr Mann künftig weniger würde reisen müssen. Nun würde es mit der Hektik weitergehen. Vielleicht sogar schlimmer als zuvor.

»Jeff hat dich richtiggehend im Stich gelassen«, sagte sie. »Er hat das Board im Stich gelassen, und er hat das Unternehmen im Stich gelassen.«

Sie könne das einfach nicht verstehen, sagte sie. »Ich glaube, das spricht für eine enorme Unreife bei Jeff, dass er meint, er könne den Schalter einfach so umlegen. Im Februar will er den Job, und im Juli will er ihn wieder zurückgeben? Wie kann man sich nur so verhalten?«

Lay musste ihr beipflichten.

Früh am Montagmorgen ging Lay zu Skillings Büro. Die Tür war ausnahmsweise geschlossen. Lay sah zu Skillings Sekretärin Sherri Sera hinüber.

»Ist er in einer Sitzung oder am Telefon?«, fragte er.

»Nein«, erwiderte Sera. »Gehen Sie nur hinein.«

Lay öffnete die Tür und klopfte, während er eintrat. Skilling saß an seinem Tisch; er sah erholt und entspannt aus.

»Jeff«, sagte Lay und setzte sich an den Konferenztisch. »Haben Sie ein bisschen Ruhe gehabt am Wochenende?«

Skilling lächelte. »Ja, ich habe geschlafen wie ein Baby.«

Es war ein peinlicher Moment. »Gut«, sagte Lay. »Und haben Sie es sich anders überlegt?«

Skilling schüttelte den Kopf. »Nein.«

Lay spürte, wie er tiefer in den Stuhl sank.

»Sind Sie sicher?«, fragte er.

Das Geplänkel ging noch ein paar Minuten hin und her. Es wurde schnell klar, dass Skillings Entschluss feststand. Es sei, wiederholte er, das Richtige für ihn und seine Familie.

»Und wahrscheinlich«, sagte er, »ist es auch das Beste für das Unternehmen.«

Das erstaunte Lay. »Warum?«

Skilling zuckte die Schultern. »Angesicht der vielen Probleme wird es das Vertrauen der Leute stärken, wenn Sie wieder übernehmen«, sagte er.

Lay verstand das nicht. »Wie kommen Sie darauf?«

»Nun, der Aktienkurs hat ja wirklich keine gute Entwicklung genommen. Vielleicht wird durch meinen Rücktritt das Vertrauen, das wir offenbar verloren werden, wiederhergestellt.«

Ging es *darum?* Nahm Skilling den fallenden Aktienkurs persönlich? War er *so* dünnhäutig?

»Jeff, das ist schwer zu sagen«, sagte Lay. »Ich glaube, das Risiko ist sehr hoch, dass Ihr Rücktritt das Vertrauen zusätzlich erschüttert. Sie sind nicht sehr lange CEO gewesen, und wenn Sie jetzt zurücktreten, könnte das schlecht aufgenommen werden.«

Lay machte eine Pause. »Die Direktoren haben eine Frage, Jeff.«

»Welche?«

Duncan und Winokur hatten beide das gleiche Anliegen, sagte Lay. »Wissen Sie etwas, das wir nicht wissen?«

Die Frage überraschte Skilling. »Ich glaube nicht«, sagte er. Das Privatkundengeschäft gehe gut, die Großkundengruppe laufe wie geschmiert. Die Broadband Division habe Probleme, sei aber in die Handelsgruppe integriert worden und werde möglicherweise in einem Jahr sogar einen kleinen Gewinn einfahren. Indien – tja, über Indien wisse er nicht viel, weil sich Lay darum kümmere.

»Aber ich rede mal mit Causey«, sagte Skilling, »um noch einmal ganz sicherzugehen, dass alles im grünen Bereich ist.«

In Ordnung, sagte Lay. Er wisse das zu schätzen.

15 Minuten später ging Skilling nach unten in Causeys Büro und ließ sich in einen Stuhl sinken.

»Ich muss Sie was fragen, Rick«, sagte er. »Ist alles in Ordnung? Ist irgendwas aufgetaucht, das Anlass zur Sorge sein könnte?«

Causey dachte einen Moment lang nach. »Nein«, sagte er.

Er hielt inne. »Doch ...« Er zögerte kurz. »Die Raptoren«, sagte er schließlich. »Manche haben Geld, andere keins.«

Skilling nickte. Einige der Raptoren konnten ihren Verpflichtungen nachkommen, andere hatten Schwierigkeiten damit. Okay, so viel war klar.

»Da werden doch nur Gelder hin- und hergeschoben«, fuhr Causey fort. »Nein, ich glaube, es steht so gut wie eh und je.«

Skilling stand auf. »Okay, danke.«

Er hatte die Information, die er brauchte. Alles war gut.

Sherron Watkins sah zu, wie die beiden Privatkunden-Manager Kästchen auf die Weißwandtafel malten. Es war der Nachmittag des 30.

Juni, und Jimmie Williams und Javier Li gaben ihr Nachhilfe in Sachen Raptoren.[34] Je mehr Watkins hörte, desto entsetzter war sie.

Die Linien und Pfeile fügten sich zu einem komplizierten Schaubild zusammen, konnten aber das zugrunde liegende Problem nicht verbergen: Sie bewirkten *nichts.* Es gab keine echte ökonomische Sicherung. Enron sicherte lediglich Vermögenswerte, die es in der einen Hand hatte, mit Vermögenswerten in der anderen Hand ab. Das gesamte Konstrukt war absurd. Fastow ging mit LJM2 kein großes Risiko ein; ihm gehörten offenbar lediglich drei Prozent vom Ganzen. Das Risiko trug Enron ganz alleine.

Nach der Lektion beschloss Watkins, mehr über die Raptoren in Erfahrung zu bringen. Sie sah sich im Archiv die Unterlagen aus dem Jahr 2000 an; dort sah sie eine Fußnote, in der es hieß, durch die Raptoren vermeide man die Ausweisung von 500 Millionen Dollar an Verlusten. Das war inakzeptabel und beängstigend. Zu Beginn ihrer Laufbahn hatte Watkins schon einmal als Angestellte den Zusammenbruch einer Firma erlebt, die allzu locker mit den Regeln der Buchführung umging. Das wollte sie nicht noch einmal erleben. Sie wollte raus hier.

Sherron Watkins ging unverzüglich auf Jobsuche.

Kapitel 18

Mark Palmer sah gedankenverloren zu, wie die Nummern über den Türen des überfüllten Aufzugs eine nach der anderen aufleuchteten, bis er den 47. Stock erreicht hatte. Am Freitag, dem 10. August, war der PR-Chef von Enron ausnahmsweise sehr entspannt. Er war seit Wochen nicht mehr im Büro gewesen, sondern erst auf einer Angeltour mit seiner ältesten Tochter und dann in Kalifornien, wo er der dortigen Lokalpresse einen Olivenzweig überreicht hatte. Die Energiekrise an der Westküste hatte seine Zeit monatelang in Anspruch genommen, und er war erleichtert, dass die schlechte Publicity nun allmählich aufhörte.

Die Aufzugtüren glitten auseinander, und Palmer ging zum Büro seines Chefs. Als er um eine Ecke bog, sah er Steve Kean neben seinem Schreibtisch stehen. Er sah verstört aus.

»Kommen Sie mit«, sagte er. »Ich muss was mit Ihnen besprechen.«

Sie gingen zu einem Konferenzraum. Unterwegs überlegte Palmer fieberhaft, was so dringend sein könnte.

In dem Konferenzraum setzte sich Kean auf den Rand eines der schwarzen Aeron-Stühle am Konferenztisch und rieb sich mit beiden Händen den Nasenrücken. Dann legte er beide Arme auf den Tisch und schaute Palmer direkt ins Gesicht.

»Skilling geht«, sagte er.

Palmer stieß geräuschvoll die Luft aus. Er setzte sich auf den Rand des kleinen runden Tisches, der sofort kippte, und rettete sich taumelnd auf einen Stuhl.

Es dauerte einen Augenblick, bis er sich wieder gefasst hatte. »Warum?«, fragte er dann.

»Persönliche Gründe.«

»Was für persönliche Gründe? Ist er krank oder was?«

Keans Gesicht blieb ausdruckslos. »Persönliche Gründe.«

»Mein Gott, das ist doch keine vernünftige Auskunft!«, sagte Palmer. Er dachte einen Augenblick nach. »Wann?«, fragte er dann.

»Wir geben es am Dienstag bekannt.«

Was? Übereilung ist bei einem solchen Ereignis der Selbstmord jedes PR-Chefs. Warum die Eile?

»Wer übernimmt seinen Posten?«

»Wir wissen es nicht«, sagte Kean.

Palmer blickte zu Boden. Der wahrscheinlichste Kandidat war Lay. Aber in den letzten Jahren hatte er den Kontakt zum Unternehmen weitgehend verloren und fast alles Skilling überlassen. Wenn Lay mit Journalisten sprach, waren seine Informationen über Enron in der Regel schon seit Jahren überholt. Er war der Weltreisende, der Händeschüttler. Er war nicht in der Lage, *die Führung* zu übernehmen. Nicht mehr. Und ganz bestimmt nicht ohne Skilling.

Sie müssten die Bekanntgabe des Rücktritts vorbereiten, sagte Kean – und zwar nicht hier in der Firma. Sonst werde die Nachricht womöglich zu früh bekannt. Am besten würden sie sich am Wochenende in seinem Haus treffen und dort die Presseerklärung schreiben. Palmer war einverstanden und versprach, niemandem von der Sache zu erzählen, nicht einmal seiner Frau. Er war wie vor den Kopf geschlagen. Eigentlich hatte er auf ein ruhigeres Fahrwasser gehofft, und nun das.

Dies versprach eine der anstrengendsten Wochen seines Lebens zu werden. Er würde alle seine Mitarbeiter mobilisieren müssen – seine Sekretärin, seinen ganzen Mitarbeiterstab –, und alle würden hart arbeiten müssen.

Auf den Rückweg zu seinem Büro kam er an einem großen Konferenzraum vorbei, in dem offensichtlich eine Krisensitzung stattfand. Elizabeth Linnell, eine Führungskraft aus Keans Abteilung, erspähte ihn und kam auf den Gang hinausgerannt. »Ich muss Sie unbedingt sprechen«, sagte sie aufgeregt. Sie packte ihn am Arm, zog ihn in den Raum hinein und setzte ihn an den Tisch. Ernste Gesichter wandten sich ihm zu. »Ihre Sekretärin bestiehlt das Unternehmen«, sagte Linnell.

Palmer starrte sie entgeistert an. »*Was tut sie?*«, fragte er scharf.

Sie durften Skillings Kinder nicht erwähnen. Unter keinen Umständen. Skillings Instruktionen, die er durch Lay übermittelt hatte, waren klar. Er wollte nicht, dass seine Kinder dachten, er habe Enron ihretwegen verlassen, selbst wenn dem tatsächlich so war.

Kean und Palmer saßen in einem Büro im zweiten Stock von Keans Haus und suchten das Material für die große Bekanntmachung zusammen. »Persönliche Gründe!« Wahrlich keine sehr überzeugende Rechtfertigung, weshalb sie nach anderen Gründen suchten, die zu Skilling passen könnten. Im Entwurf für die Presseerklärung hatten sie geschrieben: »Will mehr Zeit mit seinen Kindern verbringen« und sich »mehr auf seine Familie konzentrieren«, aber das war gestrichen.[1] Es hieß »persönliche Gründe« oder gar nichts.

Die Sache wurde allmählich lächerlich. Kean telefonierte mit Skilling und sprach ein paar Minuten mit ihm. Schließlich schlug Skilling vor, vorbeizukommen und bei der Presseerklärung zu helfen. Kean war einverstanden.

Zehn Minuten später klopfte es an der Haustür. Kean lief ein Stück die Treppe hinunter und rief, Skilling solle hereinkommen. Die Tür öffnete sich. »Ist Mark auch hier?«, fragte Skilling.

»Ja, er ist auch hier oben«, sagte Kean.

Skilling rannte die Treppe hinauf und kam in das Büro gestürmt. Er war offensichtlich bester Laune. Er trug grüne Wandershorts und Wanderschuhe und hatte sich offensichtlich mehrere Tage nicht rasiert.

»Hey«, sagte er zu Palmer. »Wie geht's?«

Palmer runzelte die Stirn. »Ich bin *stinksauer.*«

Skilling erstarrte. »Stinksauer?«, wiederholte er. »Naja, ich kann mir denken, warum Sie sauer sind.«

Warum war Skilling so überrascht? Diese Arbeit würde richtig hart werden, zumal Palmers Sekretärin nun beurlaubt war. Und wenn Skilling alles durch eine rosarote Brille sah und meinte, alles werde locker über die Bühne gehen, machte das die Situation nur noch schlimmer.

»Jeff«, sagte Palmer. »Sie müssen sich darauf gefasst machen, dass eine Menge Leute wütend sind. Sie sind unser Chef, und eine Menge Leute haben das Gefühl, dass Sie uns im Stich lassen.«

Skilling zog die Augenbrauen hoch. »Meinen Sie wirklich?«

»Mein Gott!«, schrie Palmer.

»Jungs«, sagte Skilling. »Ich musste es tun. Ich konnte nicht anders.«

Das war's. Widerspruch war sinnlos.

Am folgenden Morgen hatten die Topmanager im Führungsausschuss von Enron gerade den letzten Punkt der Tagesordnung abgehandelt und packten ihre Sachen, als Skilling den Blick über seine Kollegen schweifen ließ und verkündete:

»Ich möchte noch etwas bekannt geben.«

Alle setzten sich wieder.

»Ich habe Rebecca Carter einen Heiratsantrag gemacht«, sagte Skilling und lächelte seine Geliebte an, die auf einem Stuhl in der Nähe des Konferenztisches saß. »Und ob Sie es glauben oder nicht, sie hat angenommen.«

Die Führungskräfte standen hastig auf und gratulierten Skilling, aber Rebecca ignorierten sie fast gänzlich. Sie fand diese Reaktion bizarr.

»Und nun kommen wir zum Rechenschaftsbericht des CFO«, sagte Pug Winokur. »Andy?«[2]

Es war kurz vor 18 Uhr. Fastow zeigte sein erstes Dia. Von Skillings Abschied war noch keine Rede gewesen; er sollte erst bekannt gegeben werden, nachdem die Ausschüsse ihre Arbeit beendet hatten. In dieser Sitzung hatte niemand etwas Spektakuläres erwartet. Aber diesmal sollten die Direktoren die ungeschminkte Wahrheit über den Zustand von Enron erfahren. Bisher war Fastow nur CFO gewesen und hatte immer ein denkbar günstiges Bild von den Finanzen des Konzerns gezeichnet. Nie zuvor hatte er genau erklärt, in welche finanzielle Katastrophe er das Unternehmen durch seine Inkompetenz und sein korruptes Verhalten gestürzt hatte.

An diesem Tag aber sprach er nicht nur in seiner Eigenschaft als CFO, sondern auch als Head of Corporate Development, dem Bereich, der für den Verkauf von Vermögenswerten verantwortlich war. Das Board wollte umfassend informiert werden. Nun war es an der Zeit, den Direktoren klar und deutlich zu sagen, wie wichtig es für die Finanzen des Konzerns war, eine aggressive Kampagne zu führen, um die angehäuften Schulden zu tilgen.

»Enrons bilanzwirksame und außerbilanzielle Verbindlichkeiten und unerledigte Finanzierungszusagen belaufen sich auf 36,3 Milliarden Dollar«, sagte Fastow.

Fastows Zahl stimmte nicht, sie war zu hoch. Die Gesamtsumme war schlampig zusammengerechnet; man hatte etwa 2 Milliarden Dollar Schulden doppelt gezählt. Aber auch die korrekte Summe von 34 Milliarden war schockierend – fast dreimal so hoch, wie die 12,8 Milliarden, die in der Bilanz von Enron ausgewiesen waren.

Und die Lage schien rapide außer Kontrolle zu geraten. Fastow rief ein weiteres Dia auf, das zeigte, dass die Schuldenlast in nur zwölf Monaten um über 12,8 Milliarden Dollar gestiegen war – um mehr als 62 Prozent. Um die Zinsen für seine Kredite zu zahlen, braucht ein Unternehmen liquides Geld. Enron hatte Barmittel, die seine Handelspartner als Sicherheit deponiert hatten, als Cashflow aus laufenden Geschäften gemeldet. Nun jedoch, da die Preise auf dem kalifornischen Energiemarkt wieder sanken, flog dieses Geld praktisch zum Fenster hinaus. Dadurch waren in nur sechs Monaten 2,3 Milliarden Dollar verloren gegangen, die Hälfte des gesamten Vorjahres-Cashflows.

Riesige, wachsende Schulden. Schnell sinkender Cashflow. Das war Nitroglycerin, eine hochexplosive Mischung, die ein Unternehmen leicht in die Luft sprengen konnte. Die Direktoren hatten alles gehört, was sie wissen mussten. Fastow beendete seine Präsentation.

»Danke, Andy«, sagte Winokur.

Sie kamen zum nächsten Thema.

Um 20.10 Uhr am Abend desselben Tages klopfte Lay mit einem Löffel an sein Glas. Das gesamte Board tagte seit 40 Minuten im Austin Room des Four Seasons und hörte sich die üblichen Berichte an. Nun war es Zeit für den wichtigsten Teil.[3]

»Hiermit berufe ich eine Sitzung des Exekutivausschusses des Boards ein. Wenn Sie uns bitte allein lassen würden.«

Mehrere Führungskräfte standen auf und verließen den Raum. Rebecca Carter, Skillings Verlobte und als Corporate Secretary seine Assistentin, zitterte, als sie zur Tür ging. Draußen sah sie Skillings Sekretärin Sherri Sera auf einer Couch sitzen. Sie nahm neben ihr Platz und brach in Tränen aus.

Drinnen ließ Lay seinen Blick über die versammelten Topmanager schweifen.

»Wie ich den meisten von Ihnen schon gesagt habe, hat mich Jeff informiert, dass er zurücktreten und das Unternehmen verlassen will.«

Skilling beobachtete die Anwesenden. Einigen blieb der Mund offen stehen.

»Ich habe versucht, ihm den Entschluss auszureden, und einige von Ihnen wollten das vermutlich auch«, fuhr Lay fort. »Bis jetzt ist es uns leider nicht gelungen. Nun aber sollten wir Jeff ein wenig Zeit geben, damit er uns erklärt, warum er das Unternehmen verlässt.«

Damit hatte er Skilling das Wort erteilt, der schwankend und unsicher wirkte. »Die Entscheidung war sehr schmerzlich für mich«, sagte er. »Aber ich glaube, dass sie angemessen ist. Sie ist das Richtige für mich und meine Familie.«

Dann rasselte er die Gründe herunter, die er Lay bereits genannt hatte: Seine Kinder würden bald aufs College kommen; er wollte mehr mit ihnen zusammen sein. Er unterbrach sich mit Tränen in den Augen.

»Wenn ich einige von Ihnen enttäuscht habe, tut es mir sehr Leid«, sagte er dann.

Skilling verlor während seiner Rechtfertigung immer wieder die Fassung.

Nach seiner Erklärung wurden Fragen gestellt, wobei sich John Duncan und Norm Blake besonders hervortaten. Ob es andere Gründe für seinen Rücktritt gebe?

»Ich stehe stark unter Druck«, sagte Skilling. »Ich habe Schlafstörungen. Ich glaube, die Arbeit ist schädlich für meine Gesundheit. Vor allem aber muss ich meinen Kindern mehr Zeit widmen.«

Blake bohrte weiter. Ob es irgendwelche Probleme bei Enron gäbe, von denen sie wissen müssten und die den Rücktritt vielleicht mit verursacht hätten?

»Keine, die Gründe für meinen Rücktritt sein könnten«, antwortete Skilling. »Aber ich habe nie ein Geheimnis daraus gemacht, was ich von den internationalen Vermögenswerten hielt. Wir haben Milliarden Dollar verschwendet, und das regt mich immer noch auf. Ich lege keinen Wert darauf, derjenige zu sein, der dieses Problem regelt.«

Natürlich sei da auch noch Kalifornien, wo sie immer noch etwa 600 Millionen Schulden hätten, und der Handel mit Breitbandkapazität.

»Aber gibt es noch etwas *anderes*?«, fragte Duncan.

Skilling schüttelte den Kopf. »Nein«, sagte er leise. »Nur all das, worüber die ich Sie bereits informiert habe.«

Die Direktoren bohrten immer noch weiter. Sie formulierten ihre Fragen immer wieder anders, aber Skilling wiederholte nur, was er bereits gesagt hatte.

»Okay, Jeff«, sagte Lay schließlich. »Wenn Sie uns jetzt einen Moment allein lassen würden. Ich muss ein paar Worte mit den Board-Mitgliedern wechseln. Ich sehe Sie dann morgen.«

Skilling nickte. Wieder kamen ihm die Tränen. Er wischte sich mit dem Handrücken die Augen. »Ich möchte Ihnen allen einfach danken«, sagte er und stand auf. »Es tut mir Leid, dass ich Sie enttäuscht habe. Aber ich glaube, ich tue das Richtige, und ich hoffe, dass es keine schlimmen Folgen für das Unternehmen hat.«

Er zögerte noch einen Moment. Dann drehte er sich um und ging.

Draußen sah er Carter und Sera auf der Couch sitzen und setzte sich neben seine Verlobte. »Wie ist es gelaufen?«, fragte sie.

Skilling schniefte. »Ich war ein bisschen zu emotional«, sagte er. »Aber ich hab's geschafft. Es ist vorbei.«

»Gibt es noch etwas, worüber wir heute Abend sprechen sollten?«, fragte Lay.

Die Direktoren sehnten sich nach einen Stück Normalität. Vor der Sitzung hatten ein paar von den Eingeweihten mit Lay gesprochen, und er hatte ihnen versichert, dass er wieder Chief Executive werden würde, falls er gebraucht würde.

»Tut mit Leid, dass das passiert ist«, sagte Blake. »Aber ich bin froh, dass Sie hier sind und die Scherben zusammenkehren, Ken.«

Lay habe ihre volle Unterstützung, sagten die Direktoren. Sie würden die Krise gemeinsam durchstehen. Sie beschlossen, den Rücktritt erst zu verkünden, wenn am folgenden Tag die Börse geschlossen hatte. Sie würden ihn offiziell annehmen und unmittelbar danach die Welt informieren.

20 Minuten später war die Sitzung zu Ende, aber niemand wollte gleich gehen. Sie bildeten Grüppchen und klatschten. Lay nahm Blickkontakt mit Mickey LeMaistre auf, einem Arzt, der früher President des M. D. Anderson Cancer Center gewesen war. Sie gingen aufeinander zu. »Mickey«, sagte Lay leise. »Ich mache mir große Sorgen um Jeff.«

»Ich auch«, sagte LeMaistre. »Ich habe mir Notizen gemacht, als er geredet hat, und es hat mir gar nicht gefallen, wie er sich angehört hat. Ich rufe ihn morgen mal an und versuche, mit ihm zu reden.«

Sie machten eine Pause. Keiner wollte es aussprechen. »Ich mache mir Sorgen um seine geistige Gesundheit«, gestand Lay schließlich.

»Ich auch«, sagte LeMaistre.

Am folgenden Tag versammelte sich eine Gruppe von Führungskräften in einem kleinen Konferenzraum neben Lays Büro. Sie gingen die Dokumente für die Pressekonferenz noch einmal durch, damit alles korrekt über die Bühne ging.

Die Luft in dem Raum war geschwängert mit ungestellten Fragen. Mark Palmer spähte zu Skilling hinüber. Das war nicht mehr der heitere, unbeschwerte Mann vom Sonntag. Er sah schrecklich aus. Seine Augen waren verquollen, sein Gesicht war von Erschöpfung gezeichnet. Er brachte nicht einmal ein Lächeln zustande. Palmer hatte großes Mitleid mit ihm.

Es wird bestimmt hässlich, dachte er.

Plötzlich sprang Skilling auf. »Einen Moment noch«, sagte er und rannte zur Tür. »Ich habe etwas vergessen.«

Gleich darauf kehrte er mit einem Blatt Enron-Briefpapier zurück. Auf dem Blatt stand der Satz, mit dem er seinen Rücktritt erklärt hatte. Er reichte es Lay.

»Hier«, sagte er, »Ich glaube, das brauchen Sie.«

Lay nahm das Blatt und sah es an. Ein unbestimmter Ausdruck huschte über sein Gesicht. Abscheu? Widerstreben? Verdruss? Niemand konnte es mit Bestimmtheit sagen.

Einen Augenblick stand Skilling noch im Raum. Er wirkte fehl am Platz. Schließlich drehte er sich um und ging. Die Versammlung löste sich schnell auf, nur Lay und Palmer blieben noch zurück. Palmer beschloss, den Moment zu nutzen, um nach der Wahrheit zu bohren.

»Wissen Sie, warum Jeff geht, Ken?«, fragte er. »Ist er womöglich krank? Ich möchte gern wissen, ob er krank ist, weil er, offen gesagt, wirklich krank aussieht.«

Lays Gesicht wurde hart. »Kommt darauf an, wie man ›krank‹ definiert«, sagte er mit eisiger Stimme.

Lay nahm Skillings Brief. Er fasste ihn mit den Fingerspitzen an, wie eine gebrauchte Kotztüte im Flugzeug. Dann ging er ohne ein weiteres Wort.

Durch das Gebäude tobten Gerüchte: Whalley und einige andere seien von Lay verwarnt worden, und Skilling sei zurückgetreten. Aber alle tappten im Dunkeln.

Dann kam der Anruf aus Lays Büro. Im Boardroom war auf 15.30 Uhr eine dringende Sitzung der wichtigsten Manager anberaumt. Um vollzähliges Erscheinen wurde gebeten.

An jenem Tag ging Sherron Watkins mit zwei Kolleginnen zum Mittagessen. An ihrer einen Seite saß Kathy Lynn, eine Favoritin von Fastow, die bei LJM2 arbeitete. Auch die drei Frauen tauschten beim Essen Gerüchte aus; selbst auf ihrer Betriebsebene hatte sich schon herumgesprochen, dass ein großes Tier die Firma verlassen würde.

Watkins erzählte, sie habe gehört, dass Kopper Fastows Anteile an LJM2 übernehme. »Michael hat ihm bestimmt nicht viel gezahlt, weil die Raptoren doch solche Verluste machen«, sagte sie.

Lynn warf Watkins einen verschwörerischen Blick zu. Was mit den Raptoren passiere, spiele für LJM2 überhaupt keine Rolle, sagte sie. »Andy hat es so gedeichselt, dass LJM2 sein Geld zuerst gekriegt hat.«

Eine Summe, die Fastows Gesamtinvestition plus Gewinn entsprach, sei an LJM2 gegangen, bevor die Raptoren überhaupt mit dem Hedging begonnen hätten. Rein technisch habe LJM2 immer noch Kapital in dem Geschäft, aber das sei nur ein weiteres Gewinnpotenzial. Wenn die Raptoren Pleite gingen, werde LJM2 überhaupt nichts verlieren.

Watkins war entsetzt. *Wenn LJM2 überhaupt kein Risiko einging,* überlegte sie, *dann hatte Enron einen Hedge mit sich selbst.* Enron würde Enron bezahlen, um die Verluste aus dem Anlagengeschäft auszugleichen. Es war völlig ausgeschlossen, dass das den Buchführungsregeln entsprach.

Sie musste sich mit ihrer Jobsuche beeilen. Aber bevor sie ging, würde sie sich mit Skilling zusammensetzen und ihm alles erzählen, was sie erfahren hatte.[4]

Kurz vor 15.30 Uhr war das Vorstandszimmer im 50. Stock gerammelt voll. Skilling und Lay trafen ein und nahmen gegenüber der Tür mit dem Rücken zu den Fenstern Platz.

»Inzwischen wissen Sie vermutlich alle, dass Jeff zurücktreten wird«, sagte Lay. »Er hat es aus persönlichen Gründen getan. Ich habe versucht, ihn umzustimmen, aber ohne Erfolg. Der Vorstand hat mich gebeten, ihn als CEO zu ersetzen. Ich bin nicht glücklich darüber, aber ich habe zugestimmt.«

Er wandte sich Skilling zu: »Wollen Sie noch etwas sagen, Jeff?«

Skilling schluckte. »Es war wirklich schwer«, sagte er. »Und obwohl ich gehen muss, bin ich doch immer noch bei euch, Jungs.«

Der Kummer im Raum war deutlich zu spüren. Janet Dietrich, eine leitende Angestellte bei Enron Energy Services, wollte sich mit Skillings Äußerung nicht begnügen. »Was ist los, Jeff?«, fragte sie. »Sind Sie krank?«

»Nein, ich bin nicht krank«, sagte er. »Mir geht es gut. Ich habe keine Krankheit. Es sind einfach nur persönliche Gründe.«

Weitere Fragen wurden gestellt, aber Skilling bestand immer wieder darauf, dass mit dem Unternehmen alles in Ordnung sei, dass er aus rein persönlichen Gründen gehe und über diese Gründe keine Einzelheiten mitteilen werde.

»Ich danke euch allen, Leute«, sagte er mit gebrochener Stimme. »Es war eine schwere Entscheidung. Aber sie war richtig.« Danach sagte Skilling allen auf Wiedersehen und ging. Es blieb Lay überlassen, sich mit den verwirrten und wütenden Führungskräften herumzuschlagen.

»Ken, was geht hier vor?«, fragte Dietrich, kaum dass Skilling die Tür hinter sich zugemacht hatte. »Warum geht Jeff?«

Lay hob die Hände. »Er hat mir seine Gründe auseinander gesetzt. Ich respektiere seine Entscheidung, das Board respektiert seine Entscheidung, und wir müssen jetzt einfach ohne ihn weitermachen.«

Zunächst einmal werde er jetzt wieder das Ruder übernehmen. »Ich weiß, dass ich mich mehr dem Tagesgeschäft widmen muss, wenn ich den Job jetzt wieder übernehme«, sagte er. »Aber ich bin darauf vorbereitet.«

15 Minuten später war die Sitzung zu Ende. Im Konferenzraum und draußen auf dem Gang standen die Führungskräfte in Grüppchen herum und redeten über das Ereignis. Es gab eine Menge bitteren Galgenhumor.

Der 45-jährige Quarterback habe seinen Job nicht mehr bewältigt, witzelte ein Manager, also habe man Lay von der Ersatzbank geholt. Das sei, als ob man Johnny Unitas, einen Star-Quarterback aus den sechziger Jahren, in einem Spiel der Super Bowl von 2001 einsetzen würde. Er hätte schon lange den Anschluss an die moderne Spielweise verloren. Kaum einer der Anwesenden glaubte, dass Lay der Aufgabe gewachsen war.

Jeff McMahon und Ray Bowen waren auf dem Weg zum Aufzug. Die Sitzung war seltsam unbefriedigend gewesen. Sie hatten beide das Gefühl, dass etwas faul war.

»Wenn Skilling nicht krank ist und seine Kinder nicht krank sind,

ergibt das keinen Sinn«, sagte Bowen. »Er lässt uns im Stich.«
Er holte tief Luft. »Der Typ ist ein Schlappschwanz«, sagte er.

Noch am selben Nachmittag ging Enron an die Öffentlichkeit. Lay und Skilling gaben eine Telefonkonferenz für Analysten und Journalisten. Ihre Botschaft war identisch: Skilling hatte rein persönliche Gründe für seine Entscheidung, mit dem Unternehmen war alles in Ordnung.

»Ich kann ehrlich sagen, dass ich nie ein besseres Gefühl hatte, was das Unternehmen betrifft«, sagte Lay.

Skilling pflichtete ihm bei. Er weigerte sich abermals, seine persönlichen Gründe zu erläutern.

»Es macht mir ein bisschen zu schaffen, dass alles, was ich tue, immer gleich mit dem Unternehmen in Verbindung gebracht wird«, klagte er. »Das Unternehmen ist in hervorragendem Zustand.«

Und zu Lay gewandt sagte er: »Es gibt keine Probleme mit der Buchhaltung, keine Probleme mit dem Handel, keine Probleme mit den Kapitalreserven, keine Probleme, die nicht schon bekannt wären.«[5]

Jordan Mintz wusste nicht, was er von der Sache halten sollte. Skilling trat zurück? Vielleicht steckte eine wichtige Entwicklung dahinter. Fastow hatte immer mit seinem guten Verhältnis zu Skilling geprahlt. Er kannte bestimmt die Wahrheit hinter all der Schönfärberei.

Mintz wählte Fastows Durchwahl. »Andy, was wissen Sie über diese Geschichte mit Skilling?«, fragte er.

Fastow klang genervt. Er habe selbst erst vor kurzem davon erfahren.

»Und? Was geht da vor?«, fragte Mintz.

Fastow schnaubte verächtlich. »Keine Ahnung. Vielleicht wollen Jeff und Rebecca einfach an den Strand, damit er sie den ganzen Tag in den Arsch ficken kann.«

Mintz legte entgeistert auf. Skillings angeblicher Busenfreund hat keine blasse Ahnung, und dann fällt ihm nichts Besseres ein, als vulgäre Sprüche zu klopfen.

Wie hat es ein so ordinäres, unreifes – wie lautet der Kraftausdruck? – bloß zum Chief Financial Officer gebracht?

Rebecca Carter wurde noch am selben Tag zu Ken Lay ins Büro bestellt. Sie wusste schon, was ihr bevorstand, bevor er einen Ton gesagt hatte. Der König war tot. In den meisten Staaten musste dann auch die Königin abdanken – auch wenn sie die designierte Königin war.

»Rebecca«, sagte Lay, »das Board hat die Lage diskutiert, und es ist ihm einfach nicht recht, wenn Sie auf Ihrem aktuellen Posten bleiben.«

Lay schwafelte noch eine Weile herum, sagte, man werde in der Firma eine andere Stelle für sie finden als Assistentin des CEO. Aber Carter wollte nichts davon hören. Sie war erschüttert.

Am folgenden Tag tippte Sherron Watkins einen langen Brief in ihren Computer. Sie war entsetzt über Skillings Rücktritt.[6] Enron war sein Leben gewesen. Und jetzt ging er einfach, nachdem seine letzten großen Ideen – der Handel mit Breitbandkapazitäten, das Privatkundenprojekt, das Wasserprojekt – gescheitert waren und nichts Neues in Sicht war. Die Raptoren waren eine Katastrophe – nein, *ein Skandal!* Sie mussten unbedingt abgewickelt werden.

Ja, es war unvermeidlich. Enron musste in den sauren Apfel beißen und seine Verluste ausweisen. Sie hatte beschlossen, Lay zu schreiben und ihn über alles zu informieren, was sie entdeckt hatte.

»Sehr geehrter Mr. Lay«, begann ihr Brief. »Sind die Arbeitsplätze bei Enron gefährdet? Können die von uns, die in den letzten Jahren nicht reich geworden sind, sich noch leisten, weiterhin für Enron zu arbeiten?«

Skillings Rücktritt werde Fragen aufwerfen, fuhr sie fort, und die Anleger würden die Finanzlage von Enron sehr kritisch betrachten.

»Ich habe schreckliche Angst, dass wir mit einer Serie von Buchhaltungsskandalen implodieren«, schrieb sie.

Nach knapp einer Stunde war der Brief fertig. Sie wollte anonym bleiben. Also steckte sie den unsignierten Brief in einen neutralen Briefumschlag und bat ihre Sekretärin, ihn in den Briefkasten für Mitarbeiterfragen zu werfen. Eine Kopie des Briefes steckte sie in einen Umschlag, den sie an Jeff McMahon adressierte. Sie verstand sich gut mit ihm und wollte seine Meinung hören. Auf diesen Umschlag schrieb sie ihren Namen.

Am Nachmittag fand McMahon Watkins' Brief in seinem Posteingang. Seine Sekretärin hatte ihn offensichtlich aus dem Umschlag entfernt. Er nahm die Blätter und begann zu lesen.

Warum kriege ich eine Kopie von diesem Brief? Er ist an Lay adressiert. McMahon schaute auf der letzten Seite nach – keine Unterschrift. Er las den Brief ein paarmal durch. Er wusste nicht viel über die Raptoren oder über Condor, einen anderen Deal, der in dem Schreiben erwähnt wurde, aber er war verblüfft über die Heftigkeit, mit der die Buchführung bei diesen Projekten angegriffen wurde. Andersen hatte doch alles abgesegnet. McMahon hatte gedacht, diese

Strukturen wären absolut kugelfest. Am besten gefiel ihm, wie in dem Schreiben Fastows wichtigste Deals angegriffen wurden. Sein alter Widersacher würde garantiert an die Decke gehen, wenn er das las.

Wo kam der Brief her? McMahon rief Bill Brown an, berichtete ihm von dem Schreiben und las es ihm vor.

»Wow«, sagte Brown. »Das geht alles gegen Fastow. Entspricht es der Wahrheit?«

»Ich habe keine Ahnung von diesen Dingen«, antwortete McMahon. »Die Raptoren waren das größte Geheimnis weit und breit. *Niemand* hat erfahren, wie das Projekt strukturiert ist.«

»Wo haben Sie den Brief her?«

»Er war in meinem Posteingang. Haben Sie auch einen gekriegt?«

Brown sah nach. Nein. Sie beendeten das Gespräch, und McMahon ging den Gang hinunter zu Ray Bowens Büro. »Ray«, sagte er und hielt ihm den Brief unter die Nase. »Lesen Sie das.«

Es sollte nicht lange dauern, bis sich die Nachricht von dem geheimnisvollen Schreiben bei Enron herumgesprochen hatte.

Wenig später klingelte McMahons Telefon. Es war Sherron Watkins.

»Haben Sie meinen Brief gekriegt«, fragte sie sachlich.

»Welchen Brief?«

»Den Brief, das ich an Lay geschrieben habe.«

McMahon blieb der Mund offen stehen. »Das war *Ihr* Brief?«

Am selben Tag kam Watkins' Brief auch in der Personalabteilung an. Er landete zunächst auf einem Stapel mit anderen Mitarbeiterbriefen. Aber er war offenbar wichtig, weil er direkt an Lay adressiert war, und deshalb wurde er am Nachmittag dem Adressaten gebracht.

Lay rätselte an dem Schreiben herum. Die Sprache kam ihm hetzerisch vor – »mit einer Serie von Buchhaltungsskandalen?« –, und da waren diese Hinweise, dass Enron durch die Raptoren riesige Verluste erlitt. Ihm kam das alles sehr abstrus vor. Enron ging es doch besser denn je! Skilling sagte das. Fastow sagte das. Alle sagten das.

Aber trotzdem, er konnte die Anschuldigungen nicht einfach ignorieren. Das war genau die Art von Schreiben, die er an Jim Derrick, den Chefjustiziar von Enron, weiterleiten musste. Der würde schon wissen, was zu tun war.[7]

Derrick hatte zunächst auch keine Ahnung, was er mit dem Brief anfangen sollte. Die Vorwürfe waren ernst, aber er konnte nicht beurteilen, ob sie der Wahrheit entsprachen. Er nahm einen Kugelschreiber, schrieb »Zu Ihrer Information« oben auf die erste Seite des Schreibens und fügte die Namen Fastow und Causey und die von einigen Anwälten des Konzerns hinzu. Sollten Sie doch auf das Schreiben angemessen reagieren. Wahrscheinlich hatten sie die Antwort sogar parat.[8]

Der Brief machte Causey wütend. Ein *Niemand* meinte, er verstehe mehr von den Raptoren als die Anwälte und Wirtschaftsprüfer, die sie geprüft und abgesegnet hatten. Eine Frechheit war das!

Trotzdem, er musste sich um das Problem kümmern und noch um ein anderes, das Andersen betraf und ebenfalls an ihn weitergeleitet worden war. Beide waren als Themen für die Mitarbeiterversammlung am folgenden Tag eingereicht worden, aber er hielt es nicht für richtig, wenn die Ängste wegen der Raptoren dort behandelt würden. Er begann eine Antwort zu tippen; zuerst auf die Anfrage wegen Andersen. Dann kam er zu dem anonymen Brief.

»ACHTUNG!«, schrieb er. »Ich würde diese Anfrage nicht verlesen.«

Wenn das Management auf die Frage anspielen wolle, solle es seine Reaktion vage halten und lediglich mitteilen, dass eine Frage über die strukturierten Transaktionen von Enron und die Verwendung seiner eigenen Aktien in diesen Deals gestellt worden sei. Dann solle man das Problem mit dem Hinweis beerdigen, wie diese Aktien in der Berechnung des Gewinns pro Aktie behandelt würden.

Watkins jedoch fragte in ihrem Brief keineswegs nach dem Gewinn pro Aktie. Vielmehr beschrieb sie, wie Enron eine halbe Milliarde Dollar, über die es nicht verfügte, als Gewinn ausgewiesen hatte.

Dieser Frage wich Causey aus.[9]

Auf der Mitarbeiterversammlung, die am folgenden Morgen, dem 16. August, stattfand, herrschte die ausgelassene Atmosphäre eines Highschool-Fests. Sie fand im Imperial Ballroom im Hyatt Regency Hotel statt, nur einen Block vom Enron-Gebäude entfernt. Lay erschien in Hemdsärmeln und winkte der applaudierenden Menge zu.

»Ich freue mich sehr, dass ich wieder zurück bin«, schwärmte er.

Er sagte, wie sehr er sich auf die Zukunft freue, und tat alle Probleme, die Enron – in Indien, in Kalifornien – hatte, als kleine Einbrüche ab. Auch er habe jedoch ein paar Probleme erkannt. Seit Skillings Rücktritt verkündet worden sei, seien ihm Gerüchte zu Ohren gekommen, dass Enron vom rechten Weg abgekommen sei.

»Unsere Werte sind verfallen«, sagte er. »Aber wir werden daran arbeiten. Wir werden sie wiederherstellen.«

Auch das wurde mit Applaus quittiert.

Dann kam der Anreiz: Enron habe eine schwere Zeit hinter sich, sagte er, aber nun stehe es kurz vor der Wende. Und in Erwartung dieser Wende gewähre das Unternehmen allen Mitarbeitern eine einmalige Aktienoption in Höhe von fünf Prozent ihres Grundgehalts.

»Wir wollen, dass Sie alle vom neuen Aufschwung profitieren.«[10]

Sherron Watkins saß in der Nähe der Bühne und hörte Lays schwungvoller Rede mit wachsendem Unbehagen zu. Er äußerte nicht einmal die Vermutung, dass es Probleme mit der Buchhaltung geben könnte. Der anonyme Brief hatte offensichtlich seinen Zweck nicht erfüllt.[11]

Zum Schluss sagte Lay noch, dass er für die Sorgen seiner Mitarbeiter immer ein offenes Ohr habe. Sie brauchten nur über Cindy Olson aus der Personalabteilung einen Termin mit ihm zu vereinbaren.

Bald darauf war die Versammlung zu Ende, und Watkins kehrte in einer Traube von Enron-Mitarbeitern über die Straße ins Enron-Gebäude zurück. Dort stieg sie in den Aufzug und drückte den Knopf für den 16. Stock, wo sich Cindy Olsons Büro befand.

Es dauerte über eine Stunde, bis Cindy Olson endlich erschien. Die beiden Frauen setzten sich an einen kleinen Konferenztisch. Watkins legte Olson eine Kopie ihres Briefes vor und sagte, sie habe das Schreiben anonym an Ken Lay geschickt. Olson las es langsam durch.

Sie sah Watkins unbehaglich an. »Ken hat eine Vorliebe für gute Nachrichten«, sagte sie. »Das ist zugleich eine seiner größten Stärken und eine seiner größten Schwächen.«

Die einzige Chance, ihn zum Handeln zu bewegen, bestehe darin, mit ihm persönlich zu reden. Ob Watkins dazu bereit sei?

»Selbstverständlich.«

John Emshwiller saß im Büro des *Wall Street Journal* in Los Angeles auf einem Sofa und kaute zuckerfreien Kaugummi. Er war an der Berichterstattung über Skillings Rücktritt nicht beteiligt gewesen, aber jetzt wollte Jonathan Friedland, sein Chef, dass er einsprang.

»Wir brauchen einen Bericht für den zweiten Tag nach dem Rücktritt«, sagte Friedland.[12]

Emshwiller war nicht glücklich über den Auftrag. Rücktritte bei Großunternehmen sind immer sorgfältig choreographiert. Enron hatte seinen Tanzschritt gewählt und würde ihn vermutlich nicht mehr ändern. Außerdem kannte Emshwiller nicht viele Leute im Konzern. Enron gehörte nicht zu den Unternehmen, über die er täglich berichtete.

»Ich kriege heute wahrscheinlich nicht viel zusammen«, warnte er.

Friedlands Telefon klingelte. »Strengen Sie sich an«, sagte er. Dann nahm er den Hörer ab.

Er konnte es nicht länger hinausschieben. Lay war wieder der Chef von Enron – wie lang, wusste niemand. Der Posten bei KKR konnte und durfte nicht auf ihn warten. Er musste absagen. Von seinem Büro aus rief er George Roberts an.

»George«, begann er, »Sie haben bestimmt die Nachrichten gesehen.«

Skilling war zu Hause und stellte auf einem karierten Block eine Liste zusammen. Er war unmittelbar nach der Bekanntgabe des Rücktritts aus dem Büro gestürmt und hatte das Packen seiner Sekretärin Sherri Sera überlassen. Nun plante er sein neues Leben.

Finanzen. Büro. Vermögensplanung. Das musste organisiert werden. Sein Bruder Mark würde ihm dabei helfen.

Imagepflege. Sicherstellen, dass sein Rücktritt seinem Ruf in der Geschäftswelt nicht schadete.

Familie. Mehr Zeit mit den Kindern verbringen, ein paar Ausflüge mit ihnen arrangieren.

Gesundheit. Offensichtlich. *Gesellschaft.* Sich in Houston engagieren, eine größere Rolle in der Stadt spielen.

Es fehlten noch viele Einzelheiten, aber insgesamt war es das. Ein Geschäftsplan, nur ohne Geschäft.[13]

Es war Abschnitt acht mit der Überschrift »Transaktionen mit nahe stehenden Unternehmen und Personen«, bei dem John Emshwiller das Wasser im Mund zusammenlief.

Nachdem er den Auftrag erhalten hatte, über Skillings Rücktritt zu berichten, hatte er um ein Interview gebeten. Dann hatte er sich ein Exemplar von Enrons letztem Schriftsatz für die SEC beschafft und darin nach Gold geschürft.

Was er gefunden hatte, verblüffte ihn: ein Abschnitt über Partnergesellschaften, die von einem namentlich nicht genannten »leitenden Angestellten« geführt wurden. Vermutlich schwer zu beurteilen, aber es waren gewaltige Summen im Spiel. Enron hatte aus seinen Geschäften mit diesen Partnergesellschaften für die ersten sechs Monate des Jahres Einnahmen von 240 Millionen Dollar ausgewiesen.[14]

Eine Sache fiel Emshwiller besonders auf. Wie es in dem Bericht hieß, hatte der anonyme leitende Angestellte seine finanziellen Anteile an den Partnergesellschaften verkauft. Damit, so hieß es in dem Schriftsatz, seien diese für Enron keine nahe stehenden Unternehmen mehr.

Der leitende Angestellte hatte gerade seine Anteile verkauft, und Skilling war gerade zurückgetreten. Da bestand doch bestimmt ein Zusammenhang.

Konnte Enron tatsächlich genehmigt haben, dass Jeff Skilling Gesellschaften führte, die gewaltige Geschäfte mit dem Konzern machten? Also das, dachte Emshwiller, wäre wirklich eine heiße Story.

Emshwiller telefonierte erneut mit Mark Palmer. Ohne eine bessere Erklärung für Skillings Rücktritt, werde das *Journal* alles ausgraben, was es finden könne, sagte er. Im Moment beschäftige er sich mit den Partnergesellschaften. Ob sie von Skilling geführt worden seien?

»Nein, nicht von Skilling«, antwortete Palmer fast beiläufig, »von Andy Fastow.«

Eine Pause trat ein. »Wer ist Andy Fastow?«, fragte Emshwiller dann.

Wenig später wurde Skilling darüber informiert, dass ein Reporter vom *Journal* nach einer Erklärung für seinen Rücktritt suche und nun überall herumwühle. Das Beste sei wohl, wenn er selbst bei der Zeitung anrufe.

Emshwiller saß an seinem Schreibtisch, als das Telefon klingelte.

»Hi«, sagte jemand mit leiser Stimme. »Hier ist Jeff Skilling.«[15]

Es war ein verblüffender Augenblick. Emshwiller war auf der Jagd, und plötzlich kam die Beute anmarschiert, baute sich breit vor ihm auf und wartete auf die Kugel. Und er schoss sofort: Warum Skilling von seinem Posten zurückgetreten sei.

»Die Gründe sind ziemlich prosaisch«, sagte Skilling. Er habe hart gearbeitet und eine Menge erreicht, aber jetzt habe er die Freiheit gehabt weiterzuziehen. Seine Stimme klang distanziert, fast depressiv.

Er habe schon eine Weile mit dem Gedanken gespielt, sei aber geblieben, bis sich die Lage in Kalifornien entspannt habe. Dann gab er dem Gespräch eine neue Richtung.

»Der Aktienkurs hat mich sehr enttäuscht«, sagte er. »Die Aktien sind nur noch halb so viel wert wie vor sechs Monaten. Ich habe mich selbst schwer unter Druck gesetzt. Ich hatte das Gefühl, dass ich gut genug kommunizierte.«

Skilling redete weiter, und Emshwiller machte sich Notizen. Indien, Kalifornien. Kostensenkungen. Enron sei in gutem Zustand.

»Wenn diese Kursentwicklung nicht gewesen wäre ...« Skilling machte eine Pause. »Ich glaube nicht, dass mein Bedürfnis, das Unternehmen zu verlassen, so stark geworden wäre, wenn der Kurs nicht gefallen wäre.«

Was? Hab ich das richtig verstanden?, dachte Emshwiller. *Waren die »persönlichen Gründen« alle nur Ausflüchte? Hatte Skilling wegen des Aktienkurses das Handtuch geworfen?*

»Was haben Sie gesagt, Mr. Skilling?«

Die Mitarbeiter bei Enron besäßen eine Menge Aktien, sagte Skilling. Sie hätten sich Sorgen gemacht und ihn ständig nach der Kursentwicklung gefragt. Er habe das als sehr deprimierend empfunden.

»Wollen Sie damit sagen, Sie wären nicht zurückgetreten, wenn der Aktienkurs stabil geblieben wäre?«

Skilling schwieg mehrere Sekunden.

»Wahrscheinlich«, murmelte er schließlich.

Minuten später stürmte Emshwiller in das Büro seines Chefs. »Sie werden mir nicht glauben, was Skilling gerade gesagt hat!«

Dieser Hundesohn!

Mark Koenig, Head of Investor Relations bei Enron, hörte noch am selben Abend von dem Interview, das Skilling dem *Wall Street Journal* gegeben hatte. Die Nachricht machte ihn fuchsteufelswild.

Sie hatten diesen Rücktritt tagelang diskutiert und Skilling inständig um eine Erklärung gebeten. *Was ist der Grund, Jeff? Was ist der Grund?* Und immer hatten sie die gleiche Antwort bekommen. *Rein persönlich, hat nichts mit Enron zu tun. Die Kinder. Erschöpfung.*

Und dann, einen Tag später, nachdem alle Skillings Geschichte glücklich gefressen hatten, gab dieser Hundesohn eine *neue* zum Besten. Der Aktienkurs hatte *in jeder Hinsicht* mit Enron zu tun. Wenn das sein Problem gewesen war, warum hatte er es nicht gleich gesagt? Warum hatte er gewartet, bis sich alle in der Firma dadurch zum Narren gemacht hatten, dass sie seine Geschichte nachgebetet hatten?

Er schaute zu Lay hinüber. Die beiden saßen zusammen im Firmenjet mit ein paar anderen Führungskräften, darunter Fastow und Whalley. Sie hatten gerade einen Tag mit Analysten in New York gesprochen und waren nun auf dem Flug nach Boston, um mit den dortigen Anlegern zu reden. Das Ziel war, den Markt zu beruhigen, die Wall Street wissen zu lassen, dass es keine weiteren Überraschungen mehr geben werde.[16] Und dann legte Skilling ihnen dieses dicke Kuckucksei ins Nest!

»Jeffs Interview wird wirklich alles in Frage stellen, was wir gestern gesagt haben, Ken«, schäumte Koenig.

Lay war darüber genauso unglücklich wie Koenig, aber es gab nicht viel zu sagen. Koenig schob das Kinn vor. »Was ist bloß mit ihm los?«, schimpfte er.

Am Markt waren schreckliche Gerüchte über Enron in Umlauf. Steve Kean, Lays Stabschef und Cheflobbyist, hatte viele davon gehört, und er war der Ansicht, dass die kritischen Gerüchte der Wahrheit viel zu nahe kamen. Lay musste Enron neu positionieren, er musste erklären, dass er die Probleme erkannt hatte und sie lösen wollte.

Da Lay unterwegs war, um wichtige institutionelle Anleger zu treffen, entwarf Kean eine E-Mail, die erklärte, welche Herausforderungen Enron seiner Ansicht nach am Markt bewältigen musste.[17]

Er begann, indem er sein Vertrauen in das Unternehmen betonte: »Ich halte alles für richtig, was wir bisher gesagt haben«, schrieb er. »Wir verdienen viel Geld, wir wachsen, wir kümmern uns um unsere Probleme, und all unsere Handlungsfähigkeit als Unternehmen ist intakt.«

Trotzdem, schrieb er, habe Enron Schwierigkeiten am Markt wegen seines ruinierten Rufes.

»Wir werden mit zu vielen schlimmen, aber wahren (oder zumindest plausiblen) Anschuldigungen konfrontiert, mit denen wir uns jedes Mal auseinander setzen müssen, wenn wir versuchen, unsere Geschichte zu erzählen.«

Das Spektrum der Vorwürfe sei breit: übertrieben aggressive Buchführung, undurchschaubare Bilanzen, die Überbewertung noch nicht nachgewiesener Geschäfte. Obendrein herrsche bei Enron angeblich eine Kultur der Geldgier, die auf Talente abschreckend wirke. Schlimmer noch, das Unternehmen habe sich den Ruf erworben, Probleme so lange zu vertuschen, bis sie enorm gewachsen seien. Der Konzern müsse aufhören, sich ausschließlich auf die Beeinflussung der öffentlichen Meinung zu konzentrieren. Seine unternehmerischen Entscheidungen müssten künftig auf der Wirtschaftlichkeit der Geschäfte beruhen und nicht auf dem Bestreben, Gewinnvorgaben zu erreichen oder Abschreibungen zu vermeiden. Nichts von alledem bedeute, dass es Probleme bei der Aktionärspflege oder der Buchhaltung gäbe; sie seien die Besten der Branche. Aber um seinen Ruf zu verbessern, müsse Enron eine Neubewertung vornehmen.

Er verschickte die E-Mail. Wenn das Topmanagement diese Probleme entschlossen anginge, dachte er, könnte Enron sich selbst heilen.

Fastows Partnergesellschaften waren jetzt mit im Spiel, das war Palmer bewusst. Seit Emshwiller die ersten Fragen dazu gestellt hatte, war es nur noch eine Frage der Zeit, bis er wiederkam und nach weiterem Material suchte. Nicht dass er große Geheimnisse hätte enthüllen können, dachte Palmer. Schließlich hatte Fastow seinen Anteil verkauft, und seine Geschäftsbeziehungen waren offen gelegt. Wahrscheinlich ließ sich der Verdacht der Journalisten am besten zerstreuen, wenn man in jeder Hinsicht ganz offen war.

Er rief Fastow an und bat ihn, mit einem Journalisten vom *Journal* über die LJM-Fonds zu sprechen. Fastow erstarrte hörbar.

»Ich will nicht über LJM sprechen«, sagte er. »Das ist ein gefährliches Thema, Mark. Wir beantworten die eine Frage, und schon schieben sie die nächste nach. Es ist ein gefährliches Thema.«

Fastow übertreibt, dachte Palmer. *Als ob sich die ganze Welt plötzlich für ein paar außerbilanzielle Partnergesellschaften von Enron interessieren würde.*

Das *Journal* blieb am Ball. Nachdem Skilling mit seinem Interview Staub aufgewirbelt hatte, setzte die Zeitung alles daran, herauszufinden, was bei Enron wirklich los war.

Emshwiller hatte sich mit Rebecca Smith zusammengetan, einer Journalistin mit dem Spezialgebiet Energie aus Los Angeles. Die heißeste Spur der beiden waren die Informationen über Fastows Partnergesellschaften. Was waren das für Strukturen? Gab es an der Wall Street überhaupt jemanden, der sie verstand?

Sie machten sich an die Arbeit. Vielleicht, dachten sie, war es möglich, ausreichende Informationen über die Partnergesellschaften zu sammeln, um einen ersten grundlegenden Artikel zu schreiben. Dann brauchten sie sich nur noch zurückzulehnen und zu warten, was sonst noch auf ihre Schreibtische flatterte.[18]

Sherron Watkins saß an ihrem Schreibtisch und hackte einen neuen Brief an Lay in den Computer. Sie wollte vor dem Gespräch mit ihm ihre Gedanken ordnen.

Da war dieser Anwalt von Vinson & Elkins, der ihr vielleicht helfen konnte, doch sein Name fiel ihr nicht ein. Aber ihre Kollegin Kristina Mordaunt, die unter Fastow im Bereich Unternehmensentwicklung arbeitete, hatte gute Beziehungen zu dem Anwaltsbüro. Watkins rief sie an und fragte sie nach dem Namen des Anwalts.

Mordaunt zögerte. »Warum wollen Sie das wissen?«, fragte sie.

»Ich habe ein Gespräch mit Lay über ein paar Probleme, und ich dachte, ich könnte den Anwalt für ein Projekt empfehlen.«

»Was für Probleme?«

Watkins lud Mordaunt in ihr Büro ein, damit sie ihr die Sache persönlich erklären konnte. Als die Kollegin eintraf, überreichte sie ihr den ursprünglichen Brief an Lay. Mordaunt las ihn und sah sie finster an. »Warum machen Sie das?«, fragte sie scharf. »Wollen Sie das Unternehmen ruinieren?«[19]

Niemand schien Watkins ernst zu nehmen. Kristina Mordaunt reagierte mit Wut und Skepsis auf ihre Enthüllungen und drängte sie, vor dem Gespräch mit Lay mit der Rechtsabteilung zu sprechen. Watkins befolgte ihren Rat und machte einen Termin mit Rex Rogers, einem führenden Anwalt im Büro des Chefjustiziars.

Rogers reagierte höflich, aber überheblich. Ob Watkins damit wirklich zu Lay gehen wolle? Schließlich hätten sämtliche Experten – Arthur Andersen, Vinson & Elkins, Causey, Fastow – die Deals abgesegnet. Die unausgesprochene Botschaft war klar: Die großen Tiere wussten schon, was sie taten. Wie konnte Watkins oder irgendwer sonst es wagen, ihre Entscheidungen in Frage zu stellen? Das waren Spitzenleute. Sie machten keine Fehler.

Von was für einer E-Mail redet Siurek da?

Ryan Siurek, einer der Architekten der Raptoren, hatte mit Buchprüfern von Andersen über ein finanztechnisches Detail gesprochen, bei dem es um 1,2 Milliarden Dollar ging. Sie waren als »Wechselforderungen« verbucht worden, das heißt als finanzielle Verbindlichkeiten, die die Raptoren im Zusammenhang mit ihrer Finanzierung durch Enron-Aktien gegenüber Enron eingegangen waren. In der Folge hatte Enron das von ihm ausgewiesene Eigenkapital um 1,2 Milliarden erhöht.

Siurek sagte nun, er habe dieses Problem während der Umstrukturierung im März in einer E-Mail an Patricia Grutzmacher, ein Mitglied des Andersen-Teams, zur Sprache gebracht.

Doch Grutzmacher hatte von der Sache nie gehört. Sie hatte die E-Mail nie gesehen, nach der sie nun gefragt wurde. Sie wühlte sich durch ihre alte Lotus-Datenbank und fand tatsächlich im März eine ungeöffnete E-Mail von Siurek an sie mit Kopien für andere Mitarbeiter des Andersen-Teams. Keiner von ihnen hatte sie je auf die E-Mail angesprochen. Sie öffnete die Mail, die tatsächlich die Frage zu den Wechselforderungen enthielt, und wählte Siureks Nummer.[20]

»Ryan«, sagte sie, »ich habe diese E-Mail vom letzten März gefunden, über die Sie gesprochen haben. Aber ich habe sie nie geöffnet. Und ich habe Ihnen nie darauf geantwortet. Es ist das erste Mal, dass ich sie sehe.«

Siurek zögerte eine Sekunde. »Na ja, als Sie mich nicht zurückriefen, nahm ich einfach an, dass Sie mit der Verbuchung einverstanden seien. Ich dachte, alles sei okay.«

Dem war nicht so. Enron und Andersen, bis vor kurzem die Lieblinge der Finanzwelt an der Wall Street, standen im Begriff, einen Fehler zu entdecken: Eine Überbewertung des gesamten Eigenkapitals von Enron um 1,2 Milliarden Dollar. Ein Fehler in der Bilanz, der vielleicht durch das Öffnen einer E-Mail verhindert worden wäre.

Ray Bowen war tagelang nicht im Büro gewesen. Als er am 20. August zurückkehrte, brannte er darauf, Einzelheiten über Skillings Rücktritt zu erfahren. Der Einzige, der vielleicht etwas darüber wusste, war Andy Fastow. Also traf sich Bowen mit ihm, und er verplemperte keine Zeit mit Nettigkeiten.

»Warum ist er gegangen, Andy?«, sagte er.

Fastow hob beide Arme. »Ich weiß es nicht, Ray. Ich bin wütend, weil er mich im Stich gelassen hat, aber ich war genauso überrascht wie Sie.« Er schüttelte den Kopf. »Sie wissen, ich liebe diesen Kerl. Ohne ihn wäre ich nicht, was ich heute bin. Aber ich weiß nicht, ob er ein Kinderproblem oder ein Drogenproblem hat. Für mich ergibt das alles keinen Sinn.«

»Was wird als Nächstes passieren, Andy?«, fragte Bowen.

»Ich glaube, Ken wird bald jemanden als Präsidenten nominieren.«

»Stehen Sie auf der Liste?«

Fastow schnitt eine Grimasse. »Ich glaube nicht«, sagte er.[21]

Rick Buy. Natürlich. Sherron Watkins würde ihn anrufen, schließlich war er der Chief Risk Officer. Er würde über die Dinge Bescheid wissen, die sie herausgefunden hatte. Sie hatte mit ihm schon in der Vergangenheit zusammengearbeitet. Er würde eine unsaubere Buchhaltung bestimmt nicht absegnen.

Sie rief in Buys Büro an, aber er war nicht da. Sie bat um einen baldigen Rückruf, und er meldete sich noch am selben Tag.

»Rick, es gibt da eine sehr ernste Sache, über die ich mit Ihnen reden muss«, sagte sie und gab ihm eine detaillierte Beschreibung der Probleme, die sie entdeckt hatte.

»Ich habe alles aufgeschrieben. Und dann habe ich noch ein paar Memos darüber verfasst. Möchten Sie gern mein Material sehen?«

Sie hörte einen tiefen Seufzer. »Nein, lieber nicht«, sagte Buy. Er hörte sich ernüchtert an.[22]

Watkins machte unverdrossen weiter. Aber an wen sie sich auch wandte, immer bekam sie das Gleiche zu hören: Die Gesellschaften seien in Ordnung, weil Andersen sie abgesegnet habe. Das mochte schon stimmen, aber die eigentliche Frage war doch: Hatten die bei Andersen eigentlich verstanden, was für ein Monstrum sie da abgesegnet hatten? Watkins, die früher selbst Buchprüferin bei dem Wirtschaftsprüfungsunternehmen gewesen war, rief Jim Hecker an, einen Andersen-Partner, mit dem sie sich im Houstoner Büro gut verstanden hatte.[23]

»Hallo, Jim, hier ist Sherron! Wie geht es Ihnen?«

Hecker lehnte sich in seinem Stuhl zurück. Der Anruf kam aus heiterem Himmel. Sherron machte Smalltalk über den Arbeitsmarkt und Skillings Rücktritt, und Hecker wartete, dass sie endlich auf den Punkt kam.

Das Gespräch stockte ein bisschen, dann sagte Watkins:

»Jim, weißt du über die jüngsten strukturierten Transaktionen von Enron Bescheid?«

Hecker hatte nie für Enron gearbeitet, aber Watkins' Fragen und die Details, die sie entdeckt hatte, beunruhigten ihn. Andersen hatte gerade erst ein Verfahren wegen seiner fehlerhaften Buchprüfung bei dem Entsorgungskonzern Waste Management überstanden. Ein weiterer Skandal war das Letzte, was Andersen jetzt brauchen konnte. Die Seniorpartner mussten von der Geschichte erfahren. Und das Team, das für Enron arbeitete, ebenfalls.

Eine Woche lang hatte Jim Derrick, der Chefjustiziar von Enron, nahezu nichts wegen der Vorwürfe in dem anonymen Brief unternommen. Er hatte ihn nur den Führungskräften vorgelegt, die die Raptoren aufgebaut hatten, und sie gefragt, ob *sie* etwas dazu zu sagen hätten. Sie hatten sich nicht geäußert.[24]

Indem sich Sherron Watkins jedoch als Autorin des Schreibens zu erkennen gab, hatte sie unabsichtlich ein rechtliches Problem geschaffen. Eine Angestellte hatte Anschuldigungen gegen ihren *Chef* erhoben. Wenn die Konzernleitung Fehler gemacht hatte, konnte Enron verklagt werden.

Derrick sprach mit Sharon Butcher, einer seiner Stellvertreterinnen, und bat sie, sich bei Vinson & Elkins nach potenziellen juristischen Folgen zu erkundigen. Butcher telefonierte mit Carl Jordan, einem Arbeitsrechtler in dem Anwaltsbüro, und informierte ihn über den Fall, dann stellte sie ihre Frage: »Sherron Watkins arbeitet bei Corporate Development, damit ist Fastow ihr ranghöchster Vorgesetzter. Was sollen wir mit ihr anstellen?«

Angenommen, Enron werde Watkins feuern oder auf einen völlig unwichtigen Posten versetzen, welche Gefahren würden dem Unternehmen dann drohen?

Seit Skillings Rücktritt war eine Woche vergangen, und er hielt die Zeit für gekommen, mal wieder in der Firma vorbeizuschauen. Sein Bruder Mark war in der Stadt, um mit ihm über das Management seiner Finanzen zu sprechen. Und Skilling hielt es für eine gute Idee, eine große Enron-Führung mit ihm zu machen.

Er freute sich auf den Besuch. Wahrscheinlich würde es viel Schulterklopfen geben, und die Leute würden ihm dazu gratulieren, dass er ein neues Leben angefangen hatte. Als die Brüder jedoch durch die Büros wanderten, war alles ganz anders, als Skilling erwartet hatte. Die Leute verstummten, wenn er sich mit seinem Bruder näherte, und grüßten ihn nur, wenn er zuerst grüßte. Er hatte erwartet, fast wie ein Held empfangen zu werden, aber überall zeigte man ihm die kalte Schulter. Offensichtlich interessierten sich alle nur noch für die eine Frage, warum er gegangen war.

Wie oft sollte er es denn noch erklären? Was zum Teufel hatten sie alle?

Jeff McMahon fuhr nach Hause. Er hatte an diesem Tag von Cindy Olson gehört, dass Sherron Watkins sich als Autorin des Briefs geoutet hatte. Watkins hatte einen Termin mit Lay gemacht und wollte ihm ihre Bedenken persönlich vortragen. McMahon freute sich darüber und dachte, dass er ihr vielleicht helfen könnte.

Er wählte auf seinem Autotelefon die Hauptnummer von Enron und ließ sich mit Lays Büro verbinden. Auf dem Anrufbeantworter ertönte die Stimme von Lays Assistentin Rosalee Fleming. Sie bat ihn, eine Nachricht zu hinterlassen.

Das ist aber schäbig, dachte er. Er hasste es, wenn Führungskräfte die Botschaft auf ihrem Anrufbeantworter nicht persönlich aufnahmen. Es war einfach zu *großkotzig*.

»Hallo, Ken, hier ist Jeff McMahon«, sagte er, als der Piep ertönte, und nannte seine Funktion in der Firma, denn er hielt es durchaus für möglich, dass Lay ihn nicht kannte.

Er erzählte, dass er von Sherron Watkins' Brief gehört habe und wisse, dass sie sich bald mit Lay treffen werde.

»Was den Hintergrund von Sherron Watkins betrifft, ich kenne sie seit zwanzig Jahren und halte sie für ziemlich glaubwürdig«, sagte er. Dann schilderte er kurz seine Zusammenarbeit mit ihr.

»Sie werden sich wahrscheinlich fragen, warum ich diese Botschaft hinterlasse«, fuhr er fort. »Ich wollte Sie einfach wissen lassen, dass es sich nicht um irgendeine verrückte Außenseiterin handelt. Sie ist kompetent genug, um über diese Probleme beunruhigt zu sein. Ich bitte Sie also nur, sie ernst zu nehmen.«

Er dankte Lay und legte auf.

Sherron Watkins saß vor Lays Büro und wartete. Es war der 22. August, kurz vor ihrem Gesprächstermin um 13 Uhr. Ihr war angst und bange vor dem Gespräch, und sie hatte seit Tagen nicht mehr gut geschlafen. Sie hatte eine ganze Serie weiterer Memoranden geschrieben, in denen sie die Probleme erklärte, und sie immer wieder umgeschrieben, um sich absolut verständlich auszudrücken.

In diesem Moment beendete Lay ein Mittagessen mit Greg Whalley, den er inoffiziell als neuen Präsidenten von Enron vorgesehen hatte. Er kam heraus in den Wartebereich, sah Sherron Watkins sitzen und lächelte breit.

»Hi, ich bin Ken Lay.«

Sherron Watkins stand auf und schüttelte ihm die Hand. »Sherron Watkins.«

»Freut mich, dass Sie vorbeischauen. Kommen Sie bitte rein.«

Lay ging voraus in sein Büro und bot ihr einen Platz an einem kleinen Konferenztisch an. Beide setzten sich.[25]

»Also los«, sagte er. »Wenn ich richtig informiert bin, haben Sie Bedenken wegen ein paar problematischen Transaktionen. Es würde mich sehr interessieren, was für Bedenken Sie haben.«

Watkins ging ihr Material mit ihm durch und schilderte die Probleme, auf die sie gestoßen war. Die Raptoren seien so strukturiert, dass sie vor einer kritischen Öffentlichkeit nicht bestehen würden. LJM, das die notwendigen drei Prozent Eigenkapital liefere, habe sein Geld durch andere Zahlungen von Enron zurückbekommen. Es habe nicht wirklich Kapital eingesetzt. Alles sehe nach einer einzigen großen Wette auf den Aktienkurs von Enron aus in der Hoffnung, die Verluste des Unternehmens im Anlagengeschäft durch einen steigenden Kurs auszugleichen.

Aber alles sei zu ungunsten von Enron gelaufen. Der Aktienkurs sei gefallen; und die Anlagengeschäfte hätten sich negativ entwickelt. Darüber hinaus gebe es noch zahlreiche weitere Probleme, darunter das Gerücht über eine mündliche Absprache zwischen Fastow und Skilling, die angeblich besagte, dass die LJM-Fonds nie Geld verlieren würden. Lay ließ seinen Blick durch den Raum wandern, wirkte aber trotzdem aufmerksam. Dann unterbrach er sie.

»Andy ist ein guter CFO, oder nicht? Er macht doch einen guten Job, nicht wahr?«

Watkins suchte nach einer Antwort. »Äh, ja, sicher.«

Sie setzte ihren Vortrag fort, aber Lay unterbrach sie kurz darauf erneut.

»Meinen Sie, dass buchhalterisch gesehen etwas nicht in Ordnung ist?«, fragte er. »Glauben Sie, dass in dem Bereich etwas Illegales gemacht worden ist?«

Watkins schüttelte den Kopf. »Nein, das will ich nicht behaupten. Finanztechnisch gesehen ist die Buchführung vermutlich korrekt. Aber vor dem kritischen Auge der Öffentlichkeit wird sie nicht bestehen können. Sie *wirkt* unkorrekt.«

Obwohl Lay nicht sicher war, ob Watkins' Fakten stimmten, war er überzeugt, dass sie ernst genommen werden musste. Offenbar hatte sie sich über die Sache gründlich Gedanken gemacht. So viel Material wurde nicht über Nacht zusammengestoppelt. Aber es gab noch ein weiteres Problem, das ihn beschäftigte.

»Haben sie über diese Sache mit Außenstehenden gesprochen?«, fragte er.

Watkins schüttelte den Kopf. »Nein.«

Gegen Ende des Gesprächs machte Watkins Vorschläge, wie man den Schaden beheben könnte.

Wenn Lay nach Skillings Rücktritt daran gedacht habe, Fastow oder Causey zu befördern, solle er seine Entscheidung lieber vertagen. Das Unternehmen solle ein unabhängiges Anwaltsbüro mit einer Untersuchung beauftragen, aber *nicht* Vinson & Elkins, weil diese Firma an den Deals mitgearbeitet habe. Ein großes Wirtschaftsprüfungsunternehmen – aber *nicht* Andersen – solle alles prüfen. Und wenn dann die wirkliche Bedeutung der Transaktionen klar sei, müsse Enron einen Plan entwickeln, um alles in Ordnung zu bringen, und zwar hoffentlich in aller Stille. Wenn dies allerdings nicht möglich sei, müsse eine große Kampagne zur Beschwichtigung der Öffentlichkeit und der Aktionäre mit eingeplant werden.

Dann nannte sie ein paar Leute, bei denen sich die Anwälte erkundigen könnten, ob sie Recht habe. Sie nannte McMahon, Rick Buy, Mark Koenig und Greg Whalley. Außerdem erwähnte sie, dass auch Cliff Baxter Bedenken gehabt habe. Lay fragte, ob er ihr Material behalten könne, und sie war einverstanden.

Dann sagte er plötzlich sehr herzlich: »Und was kann ich für *Sie* tun?«

Watkins hatte sich auch darüber schon Gedanken gemacht. »Ich glaube nicht, dass ich weiter für Andy arbeiten kann«, sagte sie. »Vielleicht ist es am besten, wenn ich in Cindy Olsons Gruppe wechsle, bis sich eine andere Stelle findet.«

Sie war offensichtlich perfekt vorbereitet.

»Das muss aber nicht gleich heute passieren«, sagte sie. »Ich mache ab morgen einen Kurzurlaub in Mexiko. Bevor ich zurückkomme, muss nichts geregelt sein.«

»Gut«, sagte Lay. »Ich rede mit Cindy und schaue, dass wir eine Antwort haben, bevor Sie wieder da sind.«

Er dankte ihr, dass sie gekommen war. Ob sie Recht oder Unrecht hatte, er bewunderte jedenfalls ihren Mut.

Lay brachte Sherron Watkins' Material zu Jim Derrick hinunter und schilderte ihm das Gespräch. Er hielt Watkins' Papiere hoch und sagte: »Das ist mein einziges Exemplar, aber ich lasse es trotzdem bei Ihnen.«

Watkins habe wichtige Probleme angesprochen, und er wolle, dass rasch eine Untersuchung stattfinde. Was die Durchführung der Untersuchung betreffe, sei er allerdings nicht bereit, Watkins' Rat zu folgen. Eine neue Anwaltsfirma werde Wochen brauchen, um die Beteiligten und die Probleme kennen zu lernen. Und wenn es wirklich ein großes Problem gebe, müsse es auch für Enrons engste Berater deutlich erkennbar sein.

Warum also nicht Vinson & Elkins? Derrick und Lay sprachen die Sache durch. Sie waren sich einig, dass es das Beste sei, das alte Anwaltsbüro von Enron zu konsultieren. Derrick meinte, dass es sehr kompliziert werden könne, die gesamte Buchführung noch einmal zu prüfen.

»Wir wollen in dieser Sache nicht das Rad neu erfinden«, sagte Lay.

Nach Lays Besuch rief Derrick Joe Dilg, einen Seniorpartner bei Vinson & Elkins, an. Er berichtete ihm über den anonymen Brief und das neue Material von Watkins. Dilg versprach, sofort mit der Arbeit zu beginnen.

Derrick schickte ihm Watkins' Material. Er hatte nur ihren wenig spezifischen Brief gelesen, aber keinen Blick in das Material geworfen.[26]

Etwa zum selben Zeitpunkt saß Vince Kaminski ein paar Etagen tiefer an seinem Schreibtisch und schaute in seine Mailbox. Er fand eine E-Mail, die ein paar Stunden zuvor an ihn weitergeleitet worden war, und öffnete sie.[27]

Sie stammte von Rudi Zipter, einem seiner Analysten, und enthielt eine Frage wegen der Raptoren. Durch die aktuelle Börsenkrise sei sowohl der Wert der Enron-Aktie als auch der von einigen der größten durch Hedges abgesicherten Vermögenswerte von Enron gesunken, ein Vorgang, den Zipter mit »Hoppla!« kommentierte.

Er erwähnte etwas von einer Finanzgruppe, die die Enron-Aktien mit einem Collar gesichert habe, damit sie nicht zu stark fielen. Kaminski wusste, dass das nicht stimmte. Enron hatte verlangt, dass die Aktien nicht durch einen Hedge gesichert würden, und sie den Raptoren deshalb zu einem günstigeren Preis verkauft. Ein Collar hätte bedeutet, dass es einen Hedge gab. Mit anderen Worten, Enron hätte seine Aktien mit einem Discount verkauft, der auf einer Lüge beruhte. Das konnte nicht wahr sein.

Kaminski tippte eine Antwort. »Klingt einleuchtend«, schrieb er. Er werde eine Sitzung zu dem Thema anberaumen. Er dachte einen Augenblick nach. »Noch eine Frage«, schrieb er dann. »Wissen Sie, ob der Collar vom Equity Desk mit einem Hedge gesichert wurde?«

Joe Dilg stellte schnell ein Ermittlungsteam zusammen, nachdem er Watkins' Material gelesen hatte. Er entdeckte, dass Ron Astin, einer seiner Partner, bei mehreren von den Transaktionen mitgearbeitet hatte. Er diskutierte die Sache mit ihm, und sie kamen zu dem Schluss, dass *die Idee* für die Transaktionen nicht von Vinson & Elkins stammte und deshalb kein Interessenkonflikt bestand, wenn das Anwaltsbüro sie nun untersuchte.[28]

Als Nächstes zog Dilg Max Hendrick zu Rate, einen Partner, der Experte für Prozesse war. Er informierte ihn über den Fall und ging die Probleme am Telefon mit ihm durch. Astin erwähnte, dass er schon lange wegen eines bestimmten Aspekts der Raptoren beunruhigt sei: Es sei vereinbart worden, dass LJM2, bevor die Gesellschaften überhaupt mit dem Hedging begannen, dieselbe Summe, die es investiert hatte, plus 30 Prozent Gewinn bekommen sollte.

»Das ist Besorgnis erregend« sagte Astin. »LJM hat seine Investition praktisch zurückbekommen.«

Trotzdem war dies ein Aspekt, um den sich Vinson & Elkins bei diesem Auftrag nicht zu kümmern brauchte. Enron hatte dem Büro mitgeteilt, dass es kein weiteres Wirtschaftsprüfungsunternehmen in Anspruch nehmen solle. Es habe nicht den Auftrag, nachträglich Kritik zu üben, sondern nur Tatsachen zu ermitteln.

Am Tag nach seinem Gespräch mit Sherron Watkins bekam Ken Lay wieder einmal einen Anruf von seinen Gäubigern, weil er eine Kreditlinie zu überschreiten drohte. Der Kurs der Enron-Aktien war nach Skillings Rücktritt erneut gefallen, und die Banken wollten mehr Geld. Beau Herrold regelte die Sache. Er lieh Bargeld von Enron und zahlte die Summe dann mit Aktien des Konzerns zurück, wie es ausgemacht war. Jeder Cent diente der Schuldentilgung.[29]

Fastow tobte. Er hatte schließlich erfahren, dass Enron in Reaktion auf die Kritik an den Raptoren in dem anonymen Brief an Lay Anwälte engagiert hatte, die Ermittlungen über seine Arbeit anstellten. Er bestellte ein paar enge Mitarbeiter zu sich ins Büro und erzählte ihnen, was passiert war, wobei er wütend im Raum auf und ab ging.

»Es wird eine verdammte Untersuchung geben«, schrie er. »Wer zum Teufel hat dieses Ding geschrieben?«

Er schlug mit der Faust auf den Tisch. »Es war dieser verdammte McMahon«, zischte er. »Da steckt McMahon dahinter.«

Fastow zog mehrere Minuten über McMahon her. Der Mann sei scharf auf seinen Job. Das führe er im Schilde. Nach der Besprechung sprach sich die Nachricht von Fastows Ausbruch schnell in der Finanzgruppe herum. Es dauerte nicht lange, bis einer von McMahons Freunden anrief und ihm die Geschichte erzählte.

McMahon legte auf, noch bevor der Anrufer fertig war, und stürmte wutentbrannt aus seinem Büro. »Rufen Sie Andy an«, rief er seiner Sekretärin zu. »Sagen Sie ihm, dass ich zu ihm raufkomme!«

McMahon stürmte auf Fastows Sekretärin Bridget Maronge zu, ohne seinen Schritt zu verlangsamen.

»Erwartet er mich?«, fragte er scharf.

»Na ja …«, setzte die Sekretärin an.

Aber McMahon war schon an ihr vorbeigestürmt und hatte die Tür aufgerissen.

Fastow saß hinter seinem Schreibtisch und blickte überrascht auf, als McMahon die Tür hinter sich zuknallte.

Er zeigte mit dem Finger auf den CFO. »Ich muss mit Ihnen reden«, schrie er. Fastow stand auf. Die beiden Manager standen sich auf verschiedenen Seiten des Schreibtischs gegenüber und starrten einander feindselig an.

»Wie ich höre, erzählen Sie überall herum, dass ich diesen Brief über Condor und die Raptoren geschrieben hätte«, knurrte McMahon.

»Ich weiß nicht, wie ich zu einem anderen Schluss hätte kommen sollen«, antwortete Fastow.

McMahons Gesicht bekam einen harten Ausdruck. »Zunächst einmal: Ich habe das Ding nicht geschrieben. Aber darum geht es gar nicht, Andy. Wenn Sie mich hier weiter überall verleumden, bekommen Sie Probleme mit mir. Wenn Sie denken, dass ich etwas Falsches getan habe, kommen Sie zu mir. Fangen Sie nicht an, Gerüchte zu verbreiten. Ich habe das Ding nicht geschrieben. Also hören Sie auf damit.«

Fastows Augen verengten sich. »Ich weiß nicht, wer mir sonst schaden will …«

»Warum sind Sie so paranoid, dass Sie glauben, ich wollte Ihren verdammten Job?«, schnaubte McMahon. »Ich will ihn nicht! Ich habe ihn noch nie gewollt! Ich verstehe nicht, was Ihr Problem ist.«

»Ich habe einfach das Gefühl, dass es in der Firma Leute gibt, die mich fertig machen wollen«, antwortete Fastow. »Und Sie sind einer von Ihnen.«

O Gott, dachte McMahon, *der Kerl spinnt offensichtlich.*

»Es ist mir keineswegs gleichgültig, was Sie treiben, Andy«, sagte McMahon. »Und ich will, dass Sie mir jetzt und hier versprechen, dass Sie mich nicht mehr mit diesem Brief in Verbindung bringen, *weil ich ihn nicht geschrieben habe!*«

Die beiden starrten sich schweigend an. Die Luft im Raum knisterte vor Spannung. »Na gut«, sagte Fastow schließlich. »Ich verlasse mich auf Ihr Wort.«

»Wunderbar!«, bellte McMahon, drehte sich um und marschierte wieder an Fastows schockierter Sekretärin vorbei. Sein Gesicht war immer noch rot vor Zorn, aber er war in absoluter Hochstimmung. Nach all den Jahren hatte er die Konfrontation mit Fastow zutiefst genossen, er hatte ihm endlich Saures gegeben. Und seine Freude wurde noch beträchtlich verstärkt, weil er wusste, wer die Briefschreiberin war, die Fastow so dringend aufspüren wollte.

Am Morgen des 28. August erschien ein neuer Artikel über Enron im *Wall Street Journal.* Er war kein großer Knüller, nur die Kolumne »Heard on the Street«, die in der Regel über die Zukunftsaussichten eines Unternehmens und implizit auch über die mögliche Entwicklung seines Aktienkurses spekulierte.[30]

Der Artikel stammte von Rebecca Smith und John Emshwiller und war das erste Produkt ihrer Zusammenarbeit. Er berichtete von Lays Versprechen, die Anleger besser zu informieren und den aggressiven Managementstil aufzugeben, der so viele von ihnen beunruhigt hatte.

In der Mitte des Artikels, im dritten Abschnitt, wurden die LJM-Fonds erwähnt – zum ersten Mal in einer US-weit vertriebenen Zeitung. Die Namen der Fonds wurden nicht preisgegeben, aber ein Teil ihrer Funktion wurde beschrieben, und sie wurden als »Blitzableiter« für Kritik an dem Unternehmen bezeichnet. Außerdem enthielt der Artikel die Information, dass Fastow seine Beteiligung verkauft hatte.

Der Artikel war informativ, aber insgesamt nicht negativ. Einige Führungskräfte von Enron waren erleichtert, weil das Unternehmen ihrer Ansicht nach mit Samthandschuhen angefasst wurde. Sie hatten keine Ahnung, dass dies nur der Auftakt war.

Der Mann war eine ehemalige Führungskraft von Enron. Seiner Ansicht nach war das Unternehmen schon viele Jahre zuvor vom rechten Weg abgekommen. Und es gab kein besseres Beispiel dafür als Fastows LJM2-Fonds. Dieser Fonds war der reine Betrug.

An diesem Morgen las der ehemalige Enron-Manager den Artikel im *Wall Street Journal.* Er dachte, dass die Reporter im richtigen Revier stöberten, aber noch keine heiße Spur gefunden hatten. Sollte er ihnen helfen? Er besaß einen Emissionsprospekt von LJM2. Er kannte die Details der Schlachten, die um den Fonds geführt worden waren. Er konnte die Reporter mit der Nase auf die Spur stoßen.

Allerdings würde Enron – auf jeden Fall aber Fastow – zurückschlagen, wenn er gegenüber der Presse aus dem Nähkästchen plauderte. Aber er wusste, wie das Spiel im Journalismus gespielt wird. Er konnte den Reportern das Versprechen abringen, dass sie seine Informationen vertraulich behandeln würden. Wenn seine Anonymität garantiert war, konnte er ihnen alles sagen, was er wusste, sie mit Dokumenten versorgen und ihnen all die Beweise geben, die er gegen Fastow und den LJM2-Fonds in der Hand hatte.

Er griff zum Telefon.[31]

Was ist denn das?

Robert Hannan saß an seinem Schreibtisch im Regionalbüro der

SEC in Fort Worth und las das *Wall Street Journal*. Hannan, ein Anwalt bei der Abteilung für Strafverfolgung der SEC, hatte den Artikel über Enron gelesen, und der Abschnitt über Fastows Gesellschaften war ihm sofort ins Auge gesprungen.

Enron hat Vermögenswerte im Wert von Milliarden Dollar und Millionen von Aktien in komplexen Transaktionen mit diesen Gesellschaften platziert ... Führungskräfte von Enron behaupten, die Transaktionen seien absolut sauber ... Das Unternehmen beauftragte Mr. Fastow, sich an den Deals zu beteiligen, die getätigt wurden, um das Risiko schwankender Marktpreise auszugleichen.

Hannan war nicht ganz sicher, was das zu bedeuten hatte, aber es hörte sich sehr dubios an. Das Büro in Fort Worth war für Houston zuständig. Vielleicht sollte er sich die Sache genauer ansehen. Er schnappte sich ein Formular, das bei der Einleitung von Ermittlungen ausgefüllt wurde und die Bezeichnung MUI für *matter under inquiry* trug. Er trug die vorgeschriebenen Schlüssel und Qualifikationskriterien ein. Und unten auf das Formular, wo Platz für einen Kommentar gelassen war, schrieb er: »Ermittlungen wegen möglicher Unregelmäßigkeiten bei der Buchführung und im Umgang mit nahe stehenden Unternehmen und Personen«.[32]

Lay gab offiziell bekannt, dass er Greg Whalley als neuen Präsidenten des Unternehmens nominiert hatte. Er wollte ihm den Posten geben, den Skilling so lange gehabt hatte. In seinen Augen war Whalley nicht unbedingt der *beste* Mann für den Job, aber im Augenblick war ein Mann, der das Vertrauen des Unternehmensbereichs Energiehandel genoss, der richtige.

Am Tag seiner Ernennung erhielt Whalley einen Anruf von Lay.

»Kennen Sie Sherron Watkins?«, fragte der CEO.

Sherron Watkins? Nie gehört. »Nein«, sagte Whalley.

Lay gab Whalley eine Zusammenfassung von Sherron Watkins' Brief und den Anschuldigungen, die er enthielt. Er habe sich mit ihr getroffen und alles mit ihr durchgesprochen.

»Sherron sagt, sie habe mit Jeff McMahon über die Sache gesprochen«, sagte Lay. »Und Andy glaubt, dass McMahon hinter der ganzen Sache steckt, weil er auf seinen Posten scharf ist.«

Fastow hatte McMahon angelogen, als er ihm versprochen hatte, seine Verschwörungstheorie aufzugeben. Stattdessen hatte er sie Lay serviert, um dadurch Watkins' Behauptungen zu entkräften.

Die ganze Geschichte klang ein bisschen zu machiavellistisch für Whalleys Geschmack. »Ich spreche mit Jeff darüber«, sagte er.

Am folgenden Tag telefonierte Whalley mit McMahon, und dieser bekam eine Stinkwut auf Sherron Watkins, weil sie ihn in die Sache hineingezogen hatte. Warum hatte sie behauptet, dass er sie unterstützen werde? Davon wusste er überhaupt nichts! Warum zum Teufel hatte sie mit Lay über *ihn* gesprochen? Das würde Fastows Verschwörungstheorie bestätigen. Er rief sie mehrmals an und hinterließ wütende Botschaften auf ihrem Anrufbeantworter. Schließlich rief sie zurück, und er fiel sofort über sie her.

Warum sie Lay gesagt habe, dass er sie unterstütze? Er sei schon seit achtzehn Monaten nicht mehr Treasurer und habe keine Ahnung von den Raptoren. Sherron Watkins entschuldigte sich und sagte, Lay müsse sie missverstanden haben. Aber McMahon blieb unversöhnlich.

»Das ist *Ihr* Ding«, schnauzte er ins Telefon. »Lassen Sie mich da raus!«[33]

John Emshwiller prüfte ein Dokument von LJM2. Der Anruf der ehemaligen Enron-Führungskraft war ein Geschenk des Himmels gewesen. Der Mann kannte nicht nur die innere Struktur des Konzerns, sondern verfügte auch über hervorragendes Material: einen Emissionsprospekt von LJM2, ein Dokument, das private Anleger überzeugen sollte, ihr Geld in den Fonds zu investieren.

Emshwiller las eine Seite mit den Biografien der an LJM2 beteiligten Führungskräfte und stieß auf Michael Kopper. Von ihm hatte er schon viel gehört. Er galt als eine Art Alter Ego von Fastow. Und in dem Emissionsprospekt waren eine Menge Informationen über Koppers Hintergrund enthalten. Es war ein tolles Dokument.

Emshwiller blieb an einer bestimmten Wendung in Koppers Biografie hängen. Dort hieß es, dass »Kopper den Enron-Partner Chewco managt, einen Investmentfonds mit finanziellen Engagements von fast 400 Millionen Dollar«.

Chewco? In Emshwillers Gegenwart war Chewco noch nie erwähnt worden. In dem Emissionsprospekt hieß es, der Fonds sei gegründet worden, um Vermögenswerte von Enron zu kaufen. Diese Information war falsch – eine der typischen Schlampereien der Finanzgruppe. Chewco kaufte nichts von Enron; es hatte Enrons Anteil an JEDI dem kalifornischen Pensionsfonds CalPERS abgekauft. Aber Emshwiller konnte das nicht wissen. Er rief seine Kollegin Rebecca Smith an und erzählte ihr, was er herausgefunden hatte.

»Hört sich an, als sei Chewco so etwa Ähnliches wie LJM«, sagte sie.[34]

Am 30. August bekam die Sekretärin von Sherron Watkins eine Nachricht von Fastows Sekretärin. In dieser Nachricht forderte der CFO von Enron Watkins *und* ihre Sekretärin auf, das Gebäude binnen acht Stunden zu verlassen.[35]

Fastow hatte schließlich doch erfahren, dass Sherron Watkins den anonymen Brief geschrieben hatte, und war nun fest entschlossen, sie abzuschießen. Er rief Cindy Olson von der Personalabteilung an und verlangte, dass Watkins gefeuert und ihr Computer beschlagnahmt werde. Olson bestellte Watkins zu sich ins Büro. Sie erschien gleich darauf und setzte sich voll böser Vorahnungen vor Olsons Schreibtisch.

Olson jedoch sagte: »Andy verhält sich nicht angemessen.«

Watkins könne ihren Job behalten, aber sie müsse Fastows Gruppe verlassen. Wenig später hatte sie die neue Chefin, die sie gewollt hatte: Cindy Olson.

Mark Palmer hatte es kommen sehen. In den Tagen seit der ersten »Heard on the Street«-Kolumne hatten Emshwiller und Smith immer wieder angerufen und ihn mit Fragen über LJM gelöchert. Es war fast, als hätten sie plötzlich neue Informationen über die beiden Fonds bekommen. Das *Journal* bereitete einen großen Coup vor.

Aber Fastow wollte immer noch nicht über LJM reden.

Dilg und Hendrick, die beiden Anwälte von Vinson & Elkins, die die Untersuchung über die Raptoren durchführten, sprachen mit allen relevanten Personen. Sie hatten sogar eine Sitzung mit Fastow, bei der dieser andeutete, dass Sherron Watkins im Auftrag eines Kollegen gehandelt habe, der ihn von seinem Posten verdrängen wolle. Nun, am 30. August, trafen sie sich mit Jeff McMahon, der als großer Kritiker von LJM galt.[36]

»LJM hat einen internen Interessenkonflikt verursacht«, sagte McMahon. »Ich war gegenüber Skilling und Fastow in dieser Hinsicht sehr deutlich.«

Er berichtete, wie Fastow bei ihm zu Hause angerufen und sich darüber beschwert hatte, dass Mitarbeiter von Enron zu hart verhandelten. Und er erwähnte, dass Banker die Befürchtung geäußert hätten, ihre Beziehungen zu Enron seien gefährdet, wenn sie keine Geschäfte mit LJM machten.

»Aber bitte, hören Sie genau zu«, sagte er. »Ich habe kein Problem mit Andys Motiven oder Absichten, was LJM betrifft. Mein Problem ist, wie die Sache wirkt.«

Tatsächlich sei LJM sogar ziemlich gut gewesen.

»Es gab eine Menge LJM-Deals, die gut für Enron waren«, erklärte er den Anwälten. »Ohne die Fonds hätten wir viele davon nicht machen können.«

Der Himmel über Santa Fé war wolkenlos, als der Firmenjet von Enron zum Rückflug nach Houston startete. An Bord waren Greg Whalley, der neu ernannte Präsident, und Vince Kaminski. Whalley hatte noch ein paar letzte Geschäfte abgeschlossen, bevor er seinen neuen Job antrat, und saß nun entspannt im Flugzeug und machte Pläne.

»Wissen Sie was?«, sagte er zu Kaminski. »Dieses Quartal geht noch auf Skilling, aber das nächste geht auf mich. Also werde ich in seinem Quartal möglichst viele Verluste ausweisen.«

Kaminski gefiel die Idee nicht. Es entsprach ganz der Geisteshaltung eines Traders, alle Probleme auf den Vorgänger zu schieben und möglichst unbelastet weiterzumachen. Aber eine solche Strategie konnte auch schief gehen.

»Das ist ein riskanter Schritt«, sagte der Risikoanalyst. »Sie wissen nicht, wie die Märkte darauf reagieren. Es könnte schlimm ausgehen.«

Whalley schüttelte den Kopf. »Ich habe mit Glisan gesprochen. Er meint, ich solle mir keine Sorgen machen, weil der Vorgang die Liquidität nicht beeinträchtigt.«

Kaminski fürchtete, dass die Märkte vielleicht nicht berücksichtigen würden, dass der Vorgang liquiditätsneutral war. Eine solche Maßnahme konnte vielleicht genau den Schock an der Börse auslösen, vor dem Kevin Kindall gewarnt hatte. Doch bevor Kaminski etwas sagen konnte, schaute Whalley aus dem Fenster und rief: »Wow, das Wetter ist spitze! Ein Topwetter zum Fallschirmspringen!«

The Woodlands ist eine Enklave im Norden von Houston, wo Führungskräfte wohnen, deren Gehalt für River Oaks nicht ganz reicht. Es liegt weit genug außerhalb, dass man vom Lärm der Großstadt verschont bleibt und sich vom Arbeitsstress erholen kann. Lay hielt The Woodlands für den geeigneten Ort, um eine Freizeit für seine Manager abzuhalten, damit sie den Schock überwanden, den Skillings Rücktritt bei ihnen ausgelöst hatte.[37]

Sie versammelten sich in der ersten Septemberwoche für zwei Tage im Woodlands Resort and Conference Center. Die Sitzungen begannen am frühen Morgen und fanden an einem U-förmigen Tisch statt. In Vorbereitung der Freizeit hatte Enron eine Umfrage bei den Angestellten veranstaltet, die schnell den Spitznamen »Lay it on the Line« erhielt, und sie nach ihren Problemen gefragt. Das Ergebnis war, dass die Angestellten Angst hatten – Angst wegen der Aggressivität, wegen der Buchhaltungsmethoden, wegen allem, das in der Vergangenheit Enron maßgeblich geprägt hatte.

Steve Kean und Mark Palmer stellten die Umfrageergebnisse offiziell vor. Sie betrachteten die Präsentation als optimale Chance, die Manager aus ihrer Lethargie zu reißen. Es hagelte schlechte Nachrichten über das Unternehmen: Kalifornien, Indien und nun LJM. Trotzdem rührte das Führungspersonal von Enron keinen Finger. Das musste sich ändern. Kean stand auf und schaute den Managern direkt ins Gesicht.

»Wir haben Feinde«, sagte er. »Sie suchen nach Dreck. Wir haben Dreck. Sie haben ihn gefunden. Das ist das Problem.« Er zählte Enrons zahlreiche Schwierigkeiten auf.

»Und jetzt haben wir ein neues Problem am Hals, das wir noch gar nicht richtig ergründen können«, sagte er. Kean sprach das Wort nicht aus, aber er meinte LJM. Fastow saß schweigend auf seinem Stuhl.

Palmer übernahm: »Das bedeutet, dass dieses Unternehmen in eine Krise hineinschlittert«, sagte er. Bei jeder Art von Krisenmanagement seien drei Dinge gefragt: Eingeständnis, Entschuldigung und tätige Reue. Das Unternehmen müsse eingestehen, dass es ein Problem habe, sich für alles entschuldigen, wodurch es das Problem vielleicht verursacht habe, und dann einen Aktionsplan zur Behebung des Problems vorlegen.

Kaum hatte er das gesagt, explodierte der Raum. »Wir entschuldigen uns überhaupt nicht«, brüllte John Lavorato, ein hochrangiger Trader.

»Auf keinen Fall!«, schrie Dave Delainey, ein anderer Topmanager. »Enron hat gar nichts falsch gemacht. Wir müssen uns für nichts und niemanden entschuldigen.«

Palmer schaute die beiden herausfordernd an. »Nehmen Sie wenigstens zur Kenntnis, dass wir in einer Krise stecken?«

Delainey verschränkte die Arme vor der Brust. »Was sollen wir zur Kenntnis nehmen?«

Palmer hob beide Hände. »Dave! Der Aktienkurs fällt ins Bodenlose. Niemand glaubt mehr, was wir sagen. Es ist so weit gekommen, dass Leute, die uns nicht mögen, Informationen an die Öffentlichkeit durchsickern lassen, weil sie uns schaden wollen. Das *Wall Street Journal* will einen Artikel über uns bringen. *Und wir arbeiten nicht mit ihm zusammen!*«

Wieder erhob sich ein Tumult. Alle sprachen gleichzeitig. Jemand erwähnte die Sorgen über die Buchhaltung von Enron, die in der Umfrage zum Ausdruck gekommen waren. Plötzlich schlug jemand mit der flachen Hand auf den Tisch. Alle wandten sich dem Geräusch zu und sahen Causey, der mit rotem Gesicht die Hand hob und noch einmal zuschlug.

»Ich nehme das persönlich!«, bellte er. Und stand auf, um zu sprechen. »Vernunftbegabte Menschen können zu unterschiedlichen Ergebnissen kommen, aber unsere Buchhaltung ist korrekt!«

Er schaute allen am Tisch ins Gesicht. »Unsere Buchhaltung ist nicht aggressiv«, sagte er. »Unsere Buchhaltung ist komplex. Wir machen komplizierte Transaktionen, und deshalb ist sie schwer zu verstehen. Aber ich nehme es persönlich, wenn ihr Typen sie kritisiert.«

Causey steigerte sich in einen Wutanfall hinein. Er schien den Tränen nahe. »Ich verwette meinen Kopf darauf, dass unsere Buchhaltung korrekt ist«, brüllte er.

Im Raum war es still. Niemand wollte Causey angreifen. Er wirkte so aufrichtig. Aber gleich darauf wurde ein anderer kritischer Punkt angesprochen. Viele Mitarbeiter hatten Bedenken wegen der Bilanz von Enron. Sie befürchteten, dass der Konzern zu stark verschuldet sein könnte. Unternehmen brauchten eine gute Bilanz, um zu wachsen und zu gedeihen. Zu hohe Schulden konnten ein Unternehmen finanziell handlungsunfähig machen oder gar in den Bankrott treiben.

Fastow intervenierte: »Die Bilanz von Enron«, sagte er, »ist nie besser gewesen.«

Es gäbe überhaupt keinen Grund zur Besorgnis, sagte er. Man habe nichts zu verstecken. Bei Enron sei alles genau so, wie es scheine.

Einige Tage später rollte ein BMW spät in der Nacht langsam auf einen Müllcontainer zu, der vor neugierigen Blicken geschützt in einer stillen Ecke stand. Einige Meter von dem Container entfernt hielt der Wagen an, und Michael Kopper stieg aus.

Die Lage wurde kritisch: die Untersuchung von Vinson & Elkins. Der Artikel im *Journal.* All die Fragen über LJM2. Fastow und Kopper wurden allmählich nervös.

Sie hatten eine Entscheidung getroffen. Kopper hatte ihre Nebengeschäfte jahrelang dokumentiert und den Stand in Dateien auf seinem Laptop festgehalten. Dank dieser Daten wussten sie immer, wer von ihnen wie viele Millionen gemacht hatte und wer gerade vorne lag. Es war eine wunderbare Methode, dafür zu sorgen, dass jeder seinen gerechten Anteil bekam.

All diese Informationen steckten in dem Laptop und warteten nur darauf, gefunden zu werden. Kopper hatte auf Fastows Anweisung bereits kritische Dateien auf den Computern in der Finanzgruppe gelöscht; und er hatte bei sich zu Hause einen Computer zerstört, auf dem andere belastende Einzelheiten gespeichert waren. Nun jedoch war auch der Laptop an der Reihe, das Hauptbuch ihrer Geschäfte, der ultimative Beweis, dass er und Fastow zusammenarbeiteten, dass sie ihre Verbrechen schon seit Jahren gemeinsam planten und alles daran setzten, sich zu bereichern.

Der Beweis musste verschwinden. Darüber waren sie sich einig.

Kopper griff in sein Auto, nahm den Laptop und ging zu dem Container. Er stand einen Augenblick schweigend davor, dann holte er aus und warf. Der Laptop landete weit hinten in dem Behälter und verschwand auf Nimmerwiedersehen unter einem Berg von Müll.[38]

4. Teil

Erdbeben

Kapitel 19

Als Greg Whalley am Morgen des 10. September sein Büro betrat, begann sein erster Arbeitstag als Präsident in der Enron-Zentrale. Seit Lay ihn ernannt hatte, war er in London, Kalifornien und Santa Fé gewesen und hatte Geschäfte unter Dach und Fach gebracht. Doch nun wollte er sich in seinen neuen Job stürzen.

Absolute Priorität hatte es, die Buchhaltung und die Finanzen wieder in den Griff zu bekommen. Whalley waren Gerüchte zu Ohren gekommen, dass infolge eines Buchhaltungsfehlers bei den Raptoren das Eigenkapital in gewaltigem Umfang überbewertet worden sei. Auch über andere dubiose Finanzgeschäfte, die Enron in den vergangenen Jahren getätigt hatte, wurde gemunkelt.

Whalley machte einen Termin mit Causey und Glisan. Causey kam schnell auf ein akutes Problem zu sprechen.

»Wir haben mit dem sinkenden Aktienkurs der New Power Company zu kämpfen«, sagte er.

New Power war Enrons Energiefirma für Privathaushalte mit Internet-Verkaufsprogramm. Das Unternehmen war im Oktober zuvor an die Börse gegangen, als gerade die Luft aus dem »Blasenmarkt« zu entweichen begann. Die Enron-Manager dachten, sie hätten den Wert der Aktien eingefroren, indem sie sie mit dem dritten Raptor abgesichert hatten, der wiederum unsinnigerweise mit New-Power-Aktien kapitalisiert war. Doch nun, da der Aktienkurs im Sinkflug war, hielt der Raptor-Hedge nicht mehr stand. Er verfügte schlicht nicht über ausreichend Aktiva, als dass man ihn als echten Hedge hätte bezeichnen können.[1] Wenn nichts geschah, würde Enron eine Abschreibung vornehmen müssen.

»Man könnte ihn rekapitalisieren«, sagte Causey. »Wir haben da mehrere Möglichkeiten …«

Whalley hob eine Hand. »Halt«, sagte er. »Nun mal langsam. Ist der Wert futsch oder nicht?«

Es entstand eine kleine Pause. Es sei fast kein Wert mehr da, sagte Glisan, doch man müsse einen Verlust ja nicht einfach so hinnehmen. Whalley verzog das Gesicht. »Leute, was weg ist, ist weg«, sagte er. »Schreiben Sie's ab.«

Es war eine einfache, ökonomisch vernünftige Entscheidung. Doch damit zog Whalley, ohne es zu ahnen, eine Karte aus dem Kartenhaus des Finanzsystems von Enron.

Früh am nächsten Morgen lauschte John Stewart in Chicago auf die Stimmen aus der Freisprechanlage. Stewart, Topbuchhaltungsexperte bei Andersen, sollte noch einmal mit dem Enron-Team über die Raptoren sprechen.[2]

In der Leitung waren die beiden Partner, die Enron am besten kannten. David Duncan rief aus Houston an, sein Vorgänger Stephen Goddard aus New York, wo er auf Geschäftsreise weilte.

»Bei Enron will man zumindest einen der Raptoren wieder auflösen«, sagte Duncan. »Nun will man gern wissen, was wir davon halten.«

Stewart hatte keinen Ratschlag parat. »Es geht hier ja nicht um Buchhaltungsfragen«, sagte er. »Das ist eine unternehmerische Entscheidung. Ich bin einverstanden, aber das müssen die Führungskräfte von Enron entscheiden.«

Duncan wusste, dass es noch ein Problem gab. In dem Bemühen, die Zweckgesellschaften liquide zu halten, hatte man die Raptoren unentwirrbar miteinander verknüpft; einige der Gebilde bürgten für die Zahlungsverpflichtungen der anderen. Sie glichen einem dreibeinigen Hocker: Entfernte man ein Bein, dann brach das gesamte Konstrukt zusammen.

Duncan bat Stewart gerade, einige Unterlagen zu prüfen, als die drei von einer furchtbaren Nachricht unterbrochen wurden. Ein Flugzeug war ins World Trade Center geflogen.

Es war der Morgen des 11. September 2001.

Die verängstigten Stimmen aus New York hallten durch die Händlerabteilung bei Enron. Ein Enron-Händler hatte, als das erste Flugzeug einschlug, mit Angestellten der Firma Cantor Fitzgerald telefoniert, die in einem der oberen Stockwerke von Turm eins des World Trade Center ansässig war. Das Unternehmen betrieb eine elektronische Handelsplattform, die von den Handelsdesks auch bei Enron genutzt wurde. Nun waren die Bildschirme leer.

»Der Tower brennt«, sagte einer der Händler am Telefon. »Wir müssen raus. Aber ich glaube nicht, dass wir können.«

Schließlich verstummten die Stimmen, und die Enron-Händler sahen entsetzt die beiden Türme in sich zusammenstürzen: erst Turm zwei, dann, wenig später, Turm eins, in dem die Menschen eingeschlossen waren, mit denen sie gerade noch telefoniert hatten.

Bei Enron wollte kaum jemand im Büro bleiben. Whalley berief eine Dringlichkeitssitzung ein. Die Geschäftstätigkeit wurde für einen Tag ausgesetzt.

Die Partner bei Vinson & Elkins, die Sherron Watkins' Anschuldigungen untersuchten, waren mit ihrer Arbeit fast fertig. Dilg und Hendrick hatten bereits mit den Führungskräften gesprochen, die mit den Raptor-Geschäften befasst waren, darunter Fastow, Causey und Duncan. Wiederholt bekamen sie zu hören, dass alles in Ordnung und die Buchhaltung korrekt sei.

Bevor die Anwälte ein paar Tage später den Hedges inoffiziell ihren Segen geben wollten, setzten sie sich nun, am 13. September, noch einmal mit Ron Astin zusammen.[3] Ihr Partner bei Vinson & Elkins hatte an mehreren Fastow-Geschäften gearbeitet.

Einige Aspekte hätten ihm stets Sorge bereitet, sagte Astin. Seiner Ansicht nach seien die Transaktionen um LJM1 und Rhythms vom Unternehmen nicht hinreichend durchdacht worden.

»LJM1 sah einfach nach einem Geschenk für Fastow aus«, sagte er.

Es gebe viele Punkte, die ihm Bauchweh bereiteten. »Gerüchten zufolge würde Fastow in den LJM-Geschäften mit dem Unternehmen wohl nie Geld verlieren. Man munkelt über eine mündliche Absprache; dabei ist mir nicht wohl.«

Wenn das zutraf, so waren schon allein aus diesem Grund die Geschäfte zwischen Enron und LJM unzulässig, vielleicht sogar gesetzwidrig. Doch bei Enron stritten es alle ab. Was hinter vorgehaltener Hand geredet wurde, konnten die Anwälte von Vinson & Elkins nie beweisen.

Am nächsten Morgen suchte Shannon Adlong, David Duncans Sekretärin, dessen Aktennotizen zu den Raptoren zusammen. Sie hängte sie an eine E-Mail und schickte sie an die Prüfer bei Andersen, die mit den Transaktionen befasst waren.[4] Zum ersten Mal bekamen sie alles zu sehen, was Duncan und seine Leute angezettelt hatten.

In Chicago sah John Stewart die Raptor-Unterlagen mit zunehmender Bestürzung durch.[5] Immer wieder hieß es in Duncans Memos, Stewart und Carl Bass hätten seine Entscheidungen gebilligt, *obwohl das genaue Gegenteil der Fall gewesen war!* Ideen, die sie abgelehnt hatten – beispielsweise, die Raptoren für die Verpflichtungen der jeweils anderen bürgen zu lassen –, wurden als *genehmigt* dargestellt. Es wimmelte nur so von üblen Tricks; so verkaufte Enron den Raptoren erst Aktien zum Rabatt und erlaubte ihnen dann auch noch, die Preise für die Aktien festzusetzen. Das war schlichtweg unzulässig.

Wie die Haltung bei Andersen in diesen Aktennotizen dargestellt wurde, war schlichtweg *falsch.* Er musste sich darum kümmern.

Die Anschläge vom 11. September versetzten Glisan in Panik – wegen Enron. In den Wochen seit Skillings Rücktritt hatte er Kollegen gegenüber angedeutet, dass sich über der Finanzbranche ein Unwetter zusammenbrauen könnte. Nun stieg über den Ruinen des World Trade Center der Rauch auf, und in der Ferne war das erste Donnergrummeln zu hören.

Die meisten Märkte rund um den Globus hatten nach den Terroranschlägen geschlossen, doch der entscheidende Markt war offen geblieben, nämlich der für Commercial Papers. Auf diese Schuldtitel mit geringer Laufzeit ist jedes Unternehmen angewiesen, um seine Geschäftstätigkeit aufrechtzuerhalten. Am Mittwoch erreichte Glisan die entsetzliche Nachricht, dass das Enron-Papier keine Käufer fand. Weil mit diesem Geld kurzfristige Kredite beglichen wurden, konnte man keine neuen aufnehmen. Dem Unternehmen ging das Bargeld aus. Diese Liquiditätskrise konnte sich leicht zu einer Katastrophe auswachsen.

Glisan rief seine Mitarbeiter zu sich ins Büro.[6] Sein unbeschwertes Auftreten war dahin. Er wirkte verdrießlich. Die versammelten Anwälte und Finanzleute waren wie betäubt; Glisans Augen huschten nervös von einem zum anderen, während er seine Anweisungen schnauzte.

»Müssen wir die Revolvingkredite abrufen, oder warten wir noch ab?«, bellte Glisan. Mit Revolvingkrediten bei den Banken konnte sich Enron das nötige Bargeld verschaffen.

Die Antworten waren widersprüchlich. Als Jordan Mintz seine Meinung dazu abgeben wollte, schnitt ihm Glisan das Wort ab.

»Ich will jetzt keinen Bullshit hören, Jordan!«, schrie er. »Ich brauche Antworten, verdammt noch mal!«

Endlich beruhigte sich Glisan. Er durfte jetzt nicht in Panik verfallen. Er beriet sich mit Fastow, und die beiden beleuchteten die Situation. Wenn sie die Revolvingkredite in Anspruch nahmen, konnte das als Signal gedeutet werden, dass Enron in Schwierigkeiten steckte. Sie warteten lieber noch ab.

Enron taumelte am Rand einer Klippe, doch die Entscheidung erwies sich als richtig. Schon einen Tag später fand das Commercial Paper wieder Käufer. Das Unternehmen überstand die Bedrohung mit Hilfe von ahnungslosen Investoren.

Und nicht nur sie tappten im Dunkeln. Auch Ken Lay erfuhr kein Wort von der Krise. Ebenso wenig wie das Board.

Während der Krise liefen bestimmte Zahlungen nichtsdestotrotz weiter.

Im Rahmen des Chewco-Buy-out hatte Kopper zusätzlich 2,6 Millionen Dollar zur Begleichung der fälligen Steuern gefordert.[7] Er beharrte darauf, dass dies Bestandteil des ursprünglichen Deals sei, da Enron sich bereit erklärt habe, die Steuerschuld zu begleichen. Diese Argumentation brachte Mintz zur Weißglut; so dämlich konnte Kopper doch gar nicht sein. In der Vereinbarung war es darum gegangen, dass bei Chewco die geschuldete Steuer vorübergehend die verfügbaren Geldmittel überstieg. Aus der Vereinbarung war ganz klar hervorgegangen, dass Chewco die Steuern zahlen musste. Mintz regte sich fürchterlich über die Forderung auf und erklärte Fastow, man dürfe sie nicht erfüllen.

Doch Fastow ignorierte seinen Anwalt, und das aus gutem Grund. Der Steuerbetrag sollte nämlich einen Teil von Koppers Zahlung an Fastow für den Erwerb von LJM2 abdecken.

In der gleichen Woche, in der Enron darum kämpfte, seinen Zahlungsverpflichtungen nachzukommen, ging ein Scheck für Koppers Steuerzahlungen hinaus. Der Betrag belief sich auf 2,6 Millionen Dollar; Fastow genehmigte die Zahlung höchstpersönlich.

Whalley wollte mehr wissen. Das Unternehmen verbrauchte eine Menge Bargeld, und angesichts der Marktschwankungen musste er wissen, wie viel liquide Mittel Enron zur Verfügung standen.

Er setzte eine Sitzung mit Fastow und Glisan an. Zum anberaumten Termin legten die beiden die Berichte vor, die sie soeben dem Finanzausschuss präsentiert hatten.[8] Whalley blätterte im ersten Bericht, bis eine Zahl ihn stutzen ließ.

31 Milliarden Schulden? Das kann nicht stimmen.

Er deutete auf die Zahl. »Was ist das?«

»Im Grunde«, sagte Fastow, »sind das unsere gesamten Schulden, bilanziell und außerbilanziell.«

Whalley starrte ihn an. »Das sind alles Schulden?«, fragte er. Zum Teil seien es projektgebundene Darlehen, erwiderte Fastow, die von Projekten und nicht von Enron selbst geschuldet wurden.

»Also haben wir«, sagte Whalley, »alles in allem 36 Milliarden Schulden.«

Fastow nickte.

Warum erfuhr er das erst jetzt? Warum dachten sich die Direktoren nichts bei dieser Zahl?

»Das ist ein gewaltiger Schuldenberg«, sagte Whalley. »Wir brauchen mehr Eigenkapital.«

Der Enron-Kurs befand sich seit Monaten im Keller, und niemand war auf die Idee gekommen, Aktien auszugeben und mit dem Erlös Schulden zu begleichen?

Fastow griff den Vorschlag eifrig auf. »Stimmt«, sagte er, »ich glaube, wir brauchen mehr Eigenkapital.«

In der gleichen Woche überbrachten Causey und Glisan Whalley ihre Meinung zur Auflösung eines einzelnen Raptors: Ohne ungeheuren Kostenaufwand war es nicht zu schaffen. Wenn man den Raptor auflöste, der die New-Power-Aktien absicherte, würden alle Konstrukte zusammenbrechen.

»Das ganze Ding abzuwickeln würde uns rund 800 Millionen Dollar kosten«, sagte Causey. »Das ist der Gesamtbetrag, den wir abschreiben müssen.«

Statt diese Verluste einfach so hinzunehmen, solle Enron etwas anderes versuchen, so Causey. Die Privatkundengruppe habe ein Unternehmen, das man in die Raptoren verlagern könne. Diese könnten sich verpflichten, Enron später dafür zu bezahlen, und damit könne man dann ...

»Moment«, unterbrach ihn Whalley. »Leute, haben wir nun Geld verloren oder nicht? Sind da noch Werte drin, oder sind sie weg?«

»Na ja, die Werte sind weg, aber ...«

»Dann machen Sie's dicht!«, bellte Whalley. »Was soll das noch? Schreiben Sie's ab, und zwar sofort!«

Am selben Tag suchte Whalley Lay auf, um Bericht darüber zu erstatten, was er entdeckt hatte. »Ken«, sagte Whalley, »ich habe mir die Raptoren angesehen, und ich glaube, wir haben da ein ernstes Problem.«

Lay sah seinen neuen Präsidenten verständnislos an. »Raptoren?«

Whalley klärte ihn über die Gesellschaften und die Hedges auf. Lay erinnerte sich. Das waren die Zweckgesellschaften, von denen Sherron Watkins vor einem knappen Monat gesprochen hatte.

Es gebe ernste Kapitalisierungsprobleme, sagte Whalley. Schlimmer: Er glaube nicht, dass die Raptoren irgendeine Wirkung hätten. Wie könne ein Gebilde, das Enron absichern sollte, stattdessen unablässig dermaßen viel frisches Kapital aus dem Unternehmen ziehen?

»Darum müssen wir uns wohl kümmern«, sagte Whalley. »Vielleicht müssen wir vor dem Ende des dritten Quartals noch eine Entscheidung fällen.«

Gut, sagte Lay. Er solle ihm Bescheid geben.

Wenig später kam Causey bei Lay vorbei und beschwerte sich über Whalleys Pläne.

Jahrelang war es Causeys Aufgabe gewesen, zu kreativen Lösungen zu kommen, damit Enron auf der Basis herausragenden Buchhaltungswissens herausragende Ergebnisse liefern konnte. Nun warf Whalley das alles über den Haufen und ordnete an, den Verlust einfach so hinzunehmen? Was war denn das für eine Methode? Wo blieb da die Kreativität?

»Es *gibt* ein Problem mit den Raptoren«, sage Causey. »Dabei geht es aber nur um die Kapitalisierung.«

Bislang habe Enron Aktien von einer Tasche in die andere geschoben, um die Hedges am Laufen zu halten, sagte er. Das funktioniere nun nicht mehr, weil die Aktien im Keller seien. Wenn Enron stattdessen gute Vermögenswerte bei den Raptoren parke – etwa besagtes Privatkundenunternehmen –, könnten die Hedges ihre Aufgabe weiter erfüllen. Hinzu komme, dass das Unternehmen dann nicht am offenen Markt gehandelt werde. Es werde keine plötzlichen Wertverluste mehr geben.

Der Konflikt war offensichtlich. Im Managementteam herrschten diametral entgegensetzte Vorstellungen, dachte Lay. Er würde eine Sitzung einberufen müssen, um alle auf eine Linie zu bringen.

Um 9 Uhr am 19. September versammelten sich mehrere Führungskräfte in Lays Büro.[9] Alle waren bereit, für die Zukunft der Raptoren zu kämpfen. Mit Fastows stillschweigender Unterstützung drängte Causey erneut darauf, die Gesellschaften zu retten, indem man ein Unternehmen hineinverlagerte. Doch Whalley gab nicht nach. Enron solle schlechtem Geld nicht auch noch gutes hinterherwerfen. Verluste seien Verluste, daran könne niemand etwas ändern.

Dave Delainey, Leiter der Privatkundengruppe, stimmte ihm zu. »Warum sollten wir ein Unternehmen da reinschieben?«, fragte er. »Warum sollten wir etwas, das später vielleicht einmal großen Wert hat, vergeuden, indem wir damit etwas abzusichern versuchen, das bereits seinen Wert verloren hat?«

Causey ließ sich nicht überzeugen. »Wenn man Abschreibungen vermeiden kann, sollte man das tun«, sagte er.

Lay lehnte sich zurück. »Aus diesem Grund haben wir die Raptoren ja letztes Mal rekapitalisiert«, sagte er. »Und heute haben wir das gleiche Problem wieder. Wer weiß, ob wir nicht in sechs Monaten wieder vor der gleichen Schwierigkeit stehen.«

Es sei an der Zeit, dass Enron seine Verluste abbaue, entschied Lay. »Ich möchte, dass wir auf einem guten, stabilen Fundament stehen und der Wall Street vermitteln können, dass wir uns nicht immer wieder mit den gleichen Problemen herumschlagen«, sagte Lay.

Die Raptoren, und zwar alle, sollten aufgelöst werden. Was Enron das Genick brechen sollte.

Joe Dilg und Max Hendrick, die beiden Partner bei Vinson & Elkins, die mit der Watkins-Untersuchung befasst waren, machten für den Spätnachmittag des 21. September einen Termin mit Lay. Zur vereinbarten Uhrzeit trafen die beiden Anwälte in Begleitung des Enron-Justiziars Jim Derrick in Lays Büro ein.[10]

Dilg eröffnete das Gespräch. Es gebe erste Erkenntnisse, sagte er, und die Anwälte müssten nun von Enron wissen, ob sie weitermachen sollten. Hendrick erklärte, dass sie Gespräche mit allen von Watkins genannten Personen geführt hätten. »Keiner stützte ihre Aussagen. Keiner war der Ansicht, dass an der Buchhaltung oder den Geschäften etwas nicht korrekt ist.«

Sie hatten auch mit Andersen Kontakt aufgenommen, insbesondere mit John Duncan und seinem Team. »Die haben sich alles noch einmal angesehen«, sage Hendrick, »und sind zu dem Schluss gekommen, dass alles in bester Ordnung ist.«

Selbst Watkins habe sich mehr Sorgen darüber gemacht, wie die Öffentlichkeit auf diese Geschäfte reagieren könne, als darüber, dass es Verstöße gegen die Buchhaltungsregeln geben könnte. Etwa 45 Minuten lang hakte Lay mit Fragen nach. Er war erfreut über das, was die Anwälte ihm mitteilten.

»Gut«, sagte Lay. »Schreiben Sie einen Bericht. Aber ich möchte, dass Sie noch einmal mit Sherron Watkins über Ihre Erkenntnisse sprechen. Vielleicht hat sie noch etwas hinzuzufügen.«

Die Anwälte gingen, schlossen ihre Arbeit ab, und das war's. Wenn auch bei näherem Hinsehen alles im grünen Bereich war, so dachte sich Lay, dann brauchte er sich wohl keine Sorgen zu machen.

Etwa um die gleiche Zeit wurde bei Andersen eine Dringlichkeits-Telefonkonferenz anberaumt, um die Probleme, die das Unternehmen bei den Raptoren – und den Aktennotizen dazu – entdeckt hatte, zu erörtern.[11] Die Enthüllungen bargen Sprengstoff, der ein weiteres Loch in die Reputation der Firma Andersen reißen konnte. Mehrere Prüfer aus Houston und Chicago wählten sich zur Telefonkonferenz ein. Sie wussten, dass es Wochen dauern würde, die Sache zu bereinigen.

Palmer rief Fastow an. Nach dem 11. September war das Interesse des *Journal* an Enron abgeflaut. Das war nicht weiter verwunderlich, denn die Büros der Zeitschrift in Manhattan waren seit den Anschlägen nicht benutzbar. Doch nun waren Emshwiller und Smith wieder da und fragten nach LJM. Palmer konnte sie nicht länger hinhalten; er brauchte Fastows Hilfe.

»Das *Journal* möchte mit uns über die LJM-Gebilde und ihren Zweck reden.«

»Und was sollen wir Ihrer Ansicht nach tun?«, fragte Fastow.

Die Antwort war eindeutig. »Wir sollten mit ihnen sprechen.«

Fastow explodierte geradezu.

»Sie sind wohl verrückt!«, brüllte er. »Das ist das *Dümmste*, was ich je gehört habe. Ich habe Ihnen doch gesagt, das ist schwieriges Terrain!«

Palmer hatte den Hörer vom Ohr weggehalten, als Fastow zu schreien begann. »Andy«, sagte er nun, »wir haben sie offen gelegt, und Sie stecken da nicht mehr drin. Wir sollten ihnen das erklären.«

Fastows Wut schwoll weiter an. »Es ist eine komplizierte Sache! Die werden das nicht verstehen! Die werden furchtbare Sachen schreiben! Ich will bei LJM nicht ins Detail gehen!«

»Warum denn nicht?«, fragte Palmer. *Was hatte Fastow nur?*

»Das ist schwieriges Terrain, Mark!«, giftete Fastow. »Das tun wir uns nicht an!« Fastow tobte noch ein wenig weiter, dann schwieg er.

Aber nur einen kurzen Moment lang.

»Das ist doch nicht zu glauben«, zeterte Fastow schließlich, »dass ein PR-Futzi bei Enron mit so einem *Quatsch* daherkommt. Ich werde *nicht* mit dem *Wall Street Journal* reden!«

Bevor Palmer antworten konnte, hatte Fastow aufgelegt.

Palmer drehte sich um und berichtete seinem Chef Steve Kean von dem Gespräch. Keans Telefon klingelte. Palmer sah auf dem Display, dass es Fastow war.

»Aha«, sagte Palmer, »Fastow will Sie wohl auch noch ein bisschen anbrüllen in dieser LJM-Sache.«

Kean nahm ab. Fastow legte sofort los.

Noch am selben Tag telefonierte Palmer wieder mit dem *Journal* und versuchte, eine Art Kompromiss auszuhandeln.

»Bitte, Sie müssen mir helfen«, sagte er. »Die wollen, dass Sie behutsam mit ihnen umgehen.«

Es sei schon eine Hilfe, sagte er, wenn sie ihm ihre Fragen schicken könnten, damit man bei Enron verstehe, worauf die Reporter hinauswollten. Die Journalisten waren wenig begeistert, willigten aber ein.

Lay konnte beim Verkauf seiner Enron-Aktien das Tempo ein wenig drosseln. Als Belohnung für seine Rückkehr als CEO hatte er soeben zehn Millionen Dollar von Enron erhalten. Da der Kurs fiel, bombardierten ihn die Banken nach wie vor mit Geldforderungen; dem begegnete er, indem er seinen Kreditrahmen bei Enron ausschöpfte. Mit dem neuen Geld konnte er weitere Verkäufe vermeiden. Am 21. September, zwei Tage nachdem ihn eine Forderung der Bank of America erreicht hatte, überwies Lay der Bank die gesamten zehn Millionen Dollar.[12]

Es war eine einmalige Chance. Nun konnte er nur noch seine Enron-Aktien halten und hoffen, dass der Kurs wieder stieg.

Am Morgen des 22. September, es war ein Samstag, schob Stephen Cutler seinen Sohn im Kinderwagen einen unbefestigten Weg entlang. Cutler, 44 Jahre alt und Anwalt, war stellvertretender Direktor der Enforcement Division bei der Börsenaufsicht SEC. Vor zwei Jahren hatte er unter Levitt bei der Behörde angefangen. Nun gewöhnte er sich gerade an seinen neuen Chef Harvey Pitt.

Pitt war im August ins Amt berufen worden und wie ein Wirbelwind durch die Behörde gefegt. Er hatte sich um die Reaktion der SEC auf die Anschläge des 11. September gekümmert und dafür gesorgt, dass die Märkte schnell wieder geöffnet wurden. Wenige Tage zuvor hatte er grünes Licht für eine Initiative gegeben, die unter dem Namen Section 21 (a) bekannt war. Sie stellte den Unternehmen für den Fall, dass Führungskräfte Missstände aufdeckten, Richtlinien für die Zusammenarbeit mit der SEC zur Verfügung. Doch heute hatte Cutler ganz andere Dinge im Kopf; er spazierte mit seinem Söhnchen durch die laue Septemberbrise.

Es summte. Das war Cutlers BlackBerry-Handset. Er stellte den Kinderwagen ab, nahm das Gerät zur Hand und sah eine E-Mail von Harvey Pitt mit dem Betreff »Section 21 (a)«.[13]

»Das habe ich gerade aufgesetzt«, hieß es. Darauf folgte die erste Version eines ausführlichen Berichts, der alle Schritte der von den Unternehmen geforderten Zusammenarbeit nannte. Cutler las ihn erstaunt durch. Das war gut, sehr gut. Aber ausgearbeitet hatte es der *Vorsitzende.* Dafür hatte er doch Mitarbeiter. Wäre Cutler so vorgegangen, hätten ihn *seine* Mitarbeiter definitiv für verrückt erklärt.

Pitt ist wahrlich aus einem anderen Holz geschnitzt als Levitt, dachte Cutler bei sich.

Die Prüfer saßen eng auf eng im Büro Michael Odoms, des Practice Directors bei Andersen in Houston. Die Atmosphäre im Raum war angespannt. Die Prüfer des Enron-Teams diskutierten über die Freisprechanalage mit den PSG-Mitgliedern in Chicago über die Buchhaltung bei den Raptoren.[14]

Es klopfte. Es war Carl Bass, der Monate zuvor von seiner Aufgabe entbunden worden war.

»Was kann ich für Sie tun?«, fragte Bass.

Bass war auf John Stewarts Betreiben hin eingeladen worden. Bass war nicht nur einer der gewieftesten Prüfer bei Andersen, sondern auch bestens mit vielen Enron-Geschäften vertraut; häufig hatte er dagegen Einspruch erhoben. Auch seine Ansichten waren in Duncans Notizen falsch wiedergegeben worden.

Bass nahm Platz, und jemand erläuterte die Ausgangssituation. Man reichte ihm eine Auflistung der Vermögenswerte und Verbindlichkeiten. Er überflog sie und blieb bei einer Zahl auf der ersten Seite hängen. *Ein Verlust von 993 Millionen Dollar.* Ihm fiel die Kinnlade herunter. *Eine Milliarde Dollar?* Enron hatte eine Milliarde Dollar nicht verbuchter Verluste? Moment mal. Da war noch eine andere Zahl. Eine Korrektur beim Eigenkapital von minus 1,2 Milliarden Dollar. Sie hatten das Eigenkapital zu hoch angesetzt. Wie konnte das passieren?

Er sah Duncan an, dessen Gesicht vor Anspannung ganz faltig war. »Was ist das hier für eine Korrektur beim Eigenkapital?«, fragte er.

Duncan winkte ab. »Da machen Sie sich mal keine Sorgen. Das ist unwesentlich. Das war nur ein Fehler.«

Unwesentlich. Duncan übernahm einfach das Argument der Enron-Leute.

Bass hörte sich an, was die anderen Prüfer über den Gang der Ereignisse berichteten, und ihm wurde schnell klar, dass Duncan und sein Team seine Ratschläge Monate zuvor in den Wind geschlagen hatten. Nun waren sie Opfer ihrer eigenen Dreistigkeit.

Bass ergriff das Wort. »Also, damit eins mal klar ist«, sagte er. »Sie haben genau das getan, wovon ich Ihnen im Dezember eindringlich abgeraten habe.«

Im Raum herrschte einen Moment lang Stille. »Ja«, sagte Duncan leise. »Ich weiß, Sie haben andere Ansichten vertreten.«

Mehrere Tage später, am 25. September, kämpfte Bass beim Lesen der Notizen zu den Raptoren gegen den in ihm aufsteigenden Ekel. Wiederholt hatte Duncan seine Ratschläge verfälscht dargestellt und behauptet, er habe Ideen zugestimmt, die er in Wahrheit verbissen bekämpft hatte.

Bass öffnete ein E-Mail-Formular. Er wollte alle Fehler, die er fand, dokumentieren.

Am selben Tag erhielt Mark Palmer eine Liste vom *Wall Street Journal;* eine Frage war aggressiver als die andere.[15] Die Journalisten feuerten ihnen diese Schüsse vor den Bug, weil sie es nicht länger hinnehmen wollten, dass die Manager des Unternehmens mit ihnen Katz und Maus spielten.

Wusste man bei Enron, dass der persönlich haftende Gesellschafter von LJM2 eine Erfolgsbeteiligung an der Partnergesellschaft hatte, die ihm mehrere Millionen Dollar einbringen würde? Wurde den LJM2-Investoren bevorzugter Zugang zu Enron-Investments versprochen, einschließlich des Erwerbs von Vermögenswerten des Unternehmens?

Palmer erschrak. Enron konnte das nicht ignorieren. Er musste an Fastow vorbei zu Lay gehen und eine Entscheidung erwirken, wie er damit umgehen sollte.

Am nächsten Morgen schlenderte Lay in den Kommunikationsraum im 47. Stock des Enron-Hochhauses. Er wollte einen »E-Speak« abhalten, bei dem Angestellte die Gelegenheit hatten, ihm per Internet Fragen zu stellen.[16]

Eine Schreibkraft, die seine Antworten eintippen sollte, war schon da, ebenso wie eine Reihe von Fragen, die bereits eingegangen waren. Lay setzte sich; pünktlich um 9.30 Uhr begann er.

»Guten Morgen«, sagte Lay. Die Schreibkraft tippte seine Worte, und nach und nach trudelten weitere Fragen ein. Die Angst sprang Lay geradezu an. Sehr viele Menschen hatten ihre gesamten Ersparnisse in Enron-Aktien angelegt. Nun, da der Kurs sank, war die Empörung groß. Lay zog alle Register, um die Menschen zu beruhigen.

»Ich bin der Überzeugung, dass die Enron-Aktie beim derzeitigen Kurs ein echtes Schnäppchen ist«, sagte er. »In ein paar Jahren werden wir erkennen, was für eine tolle Chance das gegenwärtig ist.«

Die Angestellten sollten diese gute Botschaft doch bitte weitergeben, sagte er. Das Unternehmen sei gesund, die Bilanz stark, die Liquidität besser denn je. Als er gefragt wurde, warum nicht mehr Topmanager Aktien kauften, versicherte Lay dem Frager, dass viele dies täten, auch er selbst. Von den zig Millionen Dollar an Aktienverkäufen, mit denen er einen Teil der Nachschussforderungen beglichen hatte, sagte er kein Wort.

Lays beruhigende Worte waren genau das, was seine Leute hören wollten. Alles würde gut werden.

Der 28. September 2001 – der Tag, der Nancy Temples Leben nachhaltig verändern sollte – begann völlig normal.

Temple, eine junge Anwältin, arbeitete im Chicagoer Büro von Arthur Andersen. Sie war ein Jahr zuvor von der Kanzlei Sidley & Austin dorthin gewechselt. An diesem Morgen sprach sie mit Donald Dreyfus über eine neue Aufgabe.

»Um 13 Uhr werden wir in einer Telefonkonferenz einige Buchhaltungsprobleme erörtern, die Enron im dritten Quartal hat«, sagte Dreyfus. »Mir wäre es Recht, wenn Sie dabei wären.«

Offenbar sei das Team, das für Enron verantwortlich sei, völlig zerstritten mit der Professional Standards Group. Es habe Unregelmäßigkeiten bei der Buchhaltung gegeben, die entweder zu einer Korrektur der Zahlen seit dem ersten Quartal führen würden oder zu hohen Belastungen im dritten. In beiden Fällen könne Andersen Probleme bekommen. Es sei daher sinnvoll, dass das Anwaltsteam fortan an den Gesprächen teilnehme.

»Alles klar«, sagte Temple. »Ich komme.«

Sie dachte sich nichts weiter dabei. Bis dahin hatte sie nicht einmal gewusst, dass Enron ein Andersen-Klient war.[17]

Die Worte klangen wie Musik in Lays Ohren: Die Enron-Aktien waren absolut unterbewertet. Lay telefonierte gerade mit Robert Hurst, dem stellvertretenden Vorsitzenden von Goldman Sachs, der ihm mitteilte, dass seine Topinvestmentbanker Enron genauer untersucht hätten und angesichts des Börsenkurses beunruhigt seien.

»Wir befürchten«, sagte Hurst, »dass Enron womöglich einer feindlichen Übernahme durch einen Schnäppchenjäger zum Opfer fällt.«

Lay vereinbarte ein Treffen mit den Goldman-Bankern, um sich ihre Vorschläge zur Übernahmeabwehr anzuhören. Vielleicht, dachte er, hatten sie ja auch eine Idee, wie sich der Kurs wieder anheben ließ.

Vince Kaminski saß an seinem Schreibtisch, als zwei seiner Topanalysten, Vasant Shanbhogue und Rakesh Bharati, den Kopf in die Tür steckten. Beide waren völlig außer sich.[18]

»Wir müssen Ihnen etwas Wichtiges mitteilen«, begann Shanbhogue.

Die beiden hatten tagelang an den Raptoren gearbeitet. Nach dem Beschluss, die Gebilde aufzulösen, hatte man Kaminski um die Berechnung einiger Werte gebeten; er hatte die Aufgabe Shanbhogue und Bharati übertragen. Der Auftrag gab Kaminskis Gruppe erstmals die Gelegenheit, sich ein vollständiges Bild von den Raptoren zu machen. Und dieses Bild war grässlich.

»Wo liegt das Problem?«, fragte Kaminski.

Shanbhogue nickte zu seinem Kollegen hinüber. »Rakesh hat entdeckt, dass die Beschränkungen gegen Hedging und die Hedges für die Enron-Aktien in der gleichen Zweckgesellschaft angesiedelt sind.«

Im Raum wurde es still. Kaminski schoss das Blut ins Gesicht. Er bat um Einzelheiten.

Das konnte doch nicht wahr sein. Enron hatte Aktien zum Vorzugspreis an die Raptoren verkauft, weil es kein Kurssicherungsgeschäft durchführen durfte. *Und dann hatte das Unternehmen die Aktien für die Raptoren abgesichert?* Die Raptoren würden Enron die Verluste bei den Aktienanlagen erst erstatten, nachdem Enron den Raptoren deren Verluste bei Enron-Aktien erstattet hatte.

LJM erhielt demnach mit Hilfe der Raptoren eine beträchtliche Aktienbeteiligung an Enron und bürdete eventuelle Verluste dem Unternehmen wieder auf. Das war so, als würde ein Mann die Versicherung für sein Haus von seiner Frau übernehmen, weil er sie nicht mehr bezahlen konnte, während seine Frau die Zahlungen für die Versicherung mit ihrem gemeinsamen Bankkonto absicherte. Solch eine Versicherung ist völlig nutzlos.

Kaminski schwieg einen Moment lang. Seine Welt, seine Karriere zerfielen zu Staub. *Dieses Unternehmen ... ist kriminell.* Hier log man auch die Investoren an. Man spielte Verstecken und tarnte Verluste, um Erfolg vorzugaukeln.

Ich muss jetzt bis zum bitteren Ende kämpfen, dachte Kaminski. *Das ist das Ende meiner Karriere bei Enron.*

»Wir müssen uns darum kümmern«, sagte Kaminski. »Wir müssen sofort mit diesen Leuten reden.«

»Also gut«, sagte Lay. »Was können wir tun?«

Er saß Mark Palmer und Andy Fastow gegenüber. Palmer hatte um das Gespräch gebeten, damit er dem *Journal* eine Antwort geben konnte. Fastows Strategie – *Nehmen Sie die Anrufe nicht mehr an! Ignorieren Sie sie einfach!* – war ein klarer Fall für den Ratgeber »Wie begehe ich PR-Selbstmord?«. Den Fragen nach zu urteilen würde der Artikel vernichtend werden. Aber sie durften die Zeitung nicht einfach ignorieren.

Palmer legte die Situation dar. »Ken, Andy sagt, die Dinge seien kompliziert. Die Art der Fragen lege es nahe, dass die Reporter nichts über den Zweck wissen, sondern uns fertig machen wollen.«

Während Palmer mehrere Minuten lang referierte, schwieg Fastow. Schließlich lehnte er sich vor. »Ken«, sagte er, »wenn Sie möchten, dass ich über LJM rede, dann tue ich es.«

Palmer hätte Fastow am liebsten den Hals umgedreht. Erst das ganze Geschrei und jetzt: *Was immer Sie wünschen, Ken.* Es kam ihm vor wie eine Filmszene mit Fastow als unterwürfigem Jasager. Lay ließ sich die Situation durch den Kopf gehen.

»Es geht mir sehr gegen den Strich«, sagte er. »Aber wenn wir besser nicht ins Detail gehen, weil sie die Wahrheit nicht hören wollen, dann geben wir ihnen eine schriftliche Erklärung.«[19]

Es war entschieden. Enron würde weder Fastow noch irgendjemanden sonst die Fragen des *Journal* beantworten lassen.

Kaminski starrte die Freisprechanlage in der Mitte des Tisches an und kämpfte gegen seine wachsende Verärgerung. Auf sein Drängen hin sprach er mit den Prüfern von Andersen und den Buchhaltern von Enron, die mit den Raptoren befasst waren. Er teilte ihnen mit, er glaube, dass sie seine Analysten in der Entwurfsphase irregeführt hätten, indem sie ihnen Informationen vorenthielten.

Kimberly Scardino, Prüferin bei Andersen, bat die Analysten um ihre Meinung zu einem Wertansatz. Kaminski war nicht bereit, sich darauf einzulassen.

»Wir können Ihnen Ihre Frage nicht beantworten«, sagte er. »Wir kennen die Fakten nicht. Uns liegen keine offiziellen Dokumente vor.«

Die Fronten waren abgesteckt. Kaminski hatte die Prüfer und Buchhalter wissen lassen, dass er ihnen nicht mehr vertraute, dass er alles – und zwar wirklich *alles* – durchleuchten musste, um sicherzustellen, dass die Auskünfte seines Teams nicht mehr für dubiose Zwecke missbraucht wurden.

Ryan Siurek, Buchhalter bei Enron, sah Kaminski über den Tisch hinweg verärgert an. »Kimberly«, sagte er, »lassen Sie uns doch bitte ein paar Minuten allein. Wir rufen Sie zurück.«

Siurek drückte den Knopf der Freisprechanlage und unterbrach das Gespräch.

Nun kam alles auf den Tisch. Kaminski stand auf und ging zur Weißwandtafel. Während er sprach, kritzelte er Bildchen und Zahlen an die Tafel. Er erklärte, dass es in den Raptoren-Deals vor Widersprüchen nur so wimmle, dass das Risiko ohne Ziel hin und her geschoben werde und dass ohne Sinn und Verstand Aktien zum Sonderpreis abgegeben worden seien.

Er drehte sich zu seinen Zuhörern um. »Hier ist etwas faul«, sagte er.

Später am selben Tag unterhielt sich John Stewart mit Nancy Temple aus der Rechtsabteilung bei Andersen.[20]

»Welche Unterlagen sollten wir in dieser Sache aufbewahren?«, fragte er. »In der Regel doch alle?«

Temple fragte, wie viele Akten es denn gebe. Unmengen, antwortete Stewart.

»Wir haben jede Menge E-Mails«, sagte er. Darüber hinaus gebe es Arbeitsablaufbögen, Notizen, in denen bestimmte Entscheidungen gerechtfertigt wurden, und unzählige Unterlagen zur kontroversen Debatte der zurückliegenden Wochen.

Andersen habe klare Vorgaben zur Aktenaufbewahrung, sagte Temple. Er solle Duncans Notizen und die fertigen Entwürfe aufbewahren, alles andere jedoch vernichten, einschließlich der E-Mails. So wollten es die Richtlinien zur Ablage.

»Aber ich *brauche* die früheren Entwürfe«, wandte Stewart ein. »Ich brauche sie für meine eigenen Unterlagen, weil sie dokumentieren, was die PSG beigesteuert hat.«

Das gehe aber nicht, sagte Temple. »Andersen hat klare Richtlinien«, sagte sie. »Die müssen Sie befolgen.«

Am nächsten Morgen erklärte Kaminski den Krieg. In der Nacht hatte er sich lange von einer Seite auf die andere geworfen und dann beschlossen, einen Schlussstrich zu ziehen. Er verfasste eine E-Mail an Scardino bei Andersen.[21]

Er könne erst Fragen beantworten, tippte er, wenn sein Team Zugang zu allen erforderlichen Dokumenten erhalte. Er äußerte seinen Unmut über die Rabatte beim Aktienkurs und das Verschwinden der Hedging-Restriktionen. Es gehe ums Prinzip, schrieb er. Man könne nicht beides auf einmal haben.

Am nächsten Tag stürmte Kaminski in Buys Büro. Wenn seine Karriere bei Enron zu Ende war, dann wollte er wenigstens noch einmal richtig auf den Putz hauen.[22]

»Rick«, sagte er, »wir haben ein sehr ernstes Problem bei den Raptoren entdeckt.«

Buy sah mit gequältem Gesichtsausdruck von seinem Tisch auf. Er war die ständigen Klagen über die Raptoren leid.

Kaminski blieb am Ball. »Ich werde nichts mehr abzeichnen, was auch nur das Geringste mit den Raptoren zu tun hat«, sagte er. »Und es ist mir egal, wenn ich dafür gefeuert werde.«

Buy hob eine Hand. »Hey, Moment mal. Ich glaube nicht, dass man Sie feuert«, antwortete er schnell. »Nun, da Skilling weg ist, gelten bei Enron andere Regeln.«

Er sah Kaminski in die Augen. »Man erwartet jetzt von uns, dass wir ehrlich sind.«

Die Kluft zwischen Kaminskis Gruppe und Enron Global Finance wurde stündlich größer. Am 3. Oktober wies Kaminski seine Analysten an, nur schriftliche Aufträge anzunehmen.

Kaminski kam nun auch der Verdacht, dass eine Vertuschungsaktion eingesetzt hatte. Die Analysten bemerkten, dass Nachrichten aus ihren Microsoft-Outlook-Mailboxen verschwanden. Sie hatten keine Ahnung, wie das geschehen konnte, doch Kaminski wollte sich das nicht bieten lassen.

Er wandte sich an sein Team. »Ich möchte, dass Sie Ihre Mails auf Ihren privaten E-Mail-Account weiterleiten«, sagte er. Falls jemand versuche, die Wahrheit zu vertuschen, wolle er alles in seiner Macht Stehende tun, um das zu verhindern.

An jenem Vormittag um 11 Uhr reagierten Kaminski und seine Analysten Shanbhogue und Bharati auf eine schriftliche Anfrage aus der Finanzgruppe. Man traf sich im Konferenzraum im 19. Stock.[23] Als Kaminski und seine Mitarbeiter dort eintrafen, warteten fünf Finanzmanager auf sie.

»Mir gefällt überhaupt nicht, was hier gerade geschieht«, platzte Kaminski heraus.

Ryan Siurek antwortete: »Vince, da sind Sie nicht der Einzige. Deshalb lösen wir die Raptoren auch auf.«

Doch ehe sie weitermachten, so Siurek, müssten sie sich über Kaminskis E-Mail an Andersen unterhalten. Die Nachricht habe überall im Hause Enron gewaltige Wellen geschlagen. Niemand außer Causey dürfe direkt mit dem Wirtschaftsprüfungsunternehmen kommunizieren.

»Gut, in Ordnung«, sagte Kaminski. »Wenn das die Regeln sind, werde ich keine Nachrichten mehr an Andersen schicken.«

Er zeigte mit dem Finger über den Tisch. »Aber ich sage Ihnen deutlich, dass die Vorgänge hier völlig inakzeptabel sind. Sie haben mich als dumm und unehrlich hingestellt.«

Ein Manager aus der Unternehmensfinanz antwortete ihm. »Wir verstehen das, Vince«, sagte er. »Aber jetzt brauchen wir Ihre Hilfe. Wir haben die unternehmerische Entscheidung getroffen, die Raptoren aufzulösen und Kopper und LJM einen bestimmten Betrag zu zahlen. Und wir brauchen Ihre Hilfe, um diesen Betrag zu errechnen.« Die Summe von 35 Millionen Dollar wurde nicht erwähnt.

Waren die übergeschnappt? »Wie um Himmels willen rechtfertigen Sie es, Kopper etwas zu zahlen?«, sagte Kaminski. »Die Raptoren sind abgesoffen!«

Nun ja, sagte ein Manager, Raptor II liege im positiven Bereich.

»Und wie kommt das? Das letzte Mal, als ich ihn mir angesehen habe, war das keineswegs der Fall.«

Es habe einen Deal zwischen Causey und Fastow gegeben, erklärten die Finanzmanager. Im Mai hätten die beiden vereinbart, Vermögenswerte mit schlechter Performance aus den Hedges herauszunehmen. Deshalb sei Raptor II nun mehr wert. Und deshalb schulde man Kopper als neuem und persönlich haftendem Gesellschafter von LJM2 auch Geld.

Kaminski warf die Hände in die Luft. *Das ist ein Hedge, bis er Geld verliert! Dann nimmt ihn Enron zurück!* »Das wird ja immer toller«, rief er. »Zwei Insider treffen mündliche Absprachen zum Wohle eines dritten Insiders!«

Kaminski konnte seine Empörung nicht verbergen; er stürmte aus dem Raum. Siurek lief hinterher und bat ihn zurückzukehren.

Kaminski folgte ihm und starrte die Finanzmanager finster an.

»Eins will ich jetzt ein für alle Mal klarstellen«, sagte er. »Wir werden nur für Sie arbeiten, wenn wir alle erforderlichen Dokumente bekommen. Aber ich garantiere Ihnen«, setzte er knurrend hinzu, »wenn ich darin etwas finde, das mir nicht gefällt, werde ich laut und deutlich protestieren.«

Gefolgt von Shanbhogue und Bharati, verließ Kaminski den Raum. Die drei waren erschüttert. Shanbhogue holte Kaminski ein.

»Dafür gibt es nur eine Beschreibung«, sagte er. »Die Kerle saugen Geld aus dem Unternehmen heraus.«

Im Morial Convention Center in New Orleans, das vom French Quarter aus zu Fuß erreichbar ist, herrschte am Morgen des 5. Oktober rege Geschäftigkeit. Die Partner der Firma Andersen waren aus allen Himmelsrichtungen zu ihrer ersten Versammlung unter ihrem neuen Chief Executive Joseph Berardino in die Stadt geströmt.[24]

Bereits vor einigen Monaten hatte Berardino angekündigt, er werde die Firma umstrukturieren; auf dieser Tagung wollte er den alten Geist von Andersen wieder aufleben lassen. Seine Rede war dramatisch inszeniert. Auf seine rhetorische Frage hin, wer Andersen in die Zukunft führen werde, verwandelte sich die Wand hinter der Bühne in eine Spiegelfront, in der sich die Anwesenden sahen.

Ein Video würdigte die Besten bei Andersen, in denen sich alle Vorzüge der Firma spiegelten: Leute wie David Duncan, dessen Arbeit für Enron vorgestellt wurde. Berardino hatte Duncan kurz zuvor mitgeteilt, dass er in das Beratergremium des CEO berufen worden war, das an der Strategieplanung beteiligt war. Es war ein klares Signal dafür, dass Duncan die Art Partner war, dem die anderen nacheifern sollten.

Berardino trank im Konferenzzentrum mit seinen Partnern einen Kaffee, als ein Andersen-Mitarbeiter mit einer Nachricht kam.

»Bei Enron gibt es ein Problem«, sagte er. »Wir haben dem Team bereits Verstärkung geschickt, aber es ist eine richtig schwierige Sache; wir müssen im dritten Quartal wahrscheinlich sehr harte Entscheidungen fällen. Vielleicht brauchen wir dazu Ihre Hilfe.«

Gut. »Lassen Sie es mich wissen, wenn ich etwas tun kann«, sagte Berardino. Er machte sich keine Sorgen. Das Team bei Enron war erste Sahne.

Enron war endlich zur Ruhe gekommen. Anfang Oktober, als das Board zur Vierteljahressitzung nach Houston kam, hatte die Firma anscheinend die Kurve gekratzt.

Was die Direktoren in den vielen Sitzungen zu hören bekamen, stimmte sie zuversichtlich. Vor dem Prüfungsausschuss präsentierte Causey eine Liste von Belastungen, die gegen die Einnahmen des dritten Quartals stünden; es handle sich durchweg um einmalige Vorgänge, sagte er den Direktoren.[25] David Duncan pflichtete ihm bei und versicherte den versammelten Direktoren, dass die Buchhaltung im Zusammenhang mit den Verlusten in den Raptoren einwandfrei sei.

Der Prüfungsausschuss wurde auch über Sherron Watkins' Anschuldigungen informiert. Dilg und Hendrick referierten in knappen Worten die Ergebnisse ihrer Untersuchung: Zwar sei es unangenehm, dass durch Fastows Geschäfte mit einem nahe stehenden Unternehmen angeblich Druck auf Angestellte ausgeübt worden sei, so die Anwälte, doch die Geschäfte selber seien offenbar korrekt.

»Unsere Firma ist der Ansicht, dass keine weiteren Untersuchungen notwendig sind«, sagte Dilg.

Die Direktoren stellten ein paar Fragen und wiesen dann die Unternehmensmanager an, Watkins für ihren Vorstoß zu danken.

Offenbar hatte man doch alles im Griff.

Auch die Neuigkeiten aus dem Finanzausschuss stimmten optimistisch. Fastow verkündete, dass die Liquidität der Firma, also das für die Geschäftstätigkeit zur Verfügung stehende oder verfügbare Bargeld, deutlich oberhalb der vom Board verlangten Minimalgrenze liege.

»Wir haben unsere Liquidität für den Fall besonders negativer Marktverläufe geprüft«, sagte Fastow. »Sie ist selbst dann noch ausreichend.«

Enron hatte schließlich bereits in den Tagen nach dem 11. September eine schwere Prüfung bestanden. Als sie nun Fastows Zusicherungen vernahmen, waren die Direktoren optimistisch, dass das Unternehmen jeder Erschütterung standhalten würde.[26]

Die Sitzung des Gesamtvorstands geriet zur Hymne auf Enron und sein Potenzial. Die Goldman-Banker lieferten eine Präsentation zu den Gefahren des niedrigen Aktienkurses. Die Direktoren willigten ein, über Schutzmaßnahmen nachzudenken, damit Enron nicht Opfer einer feindlichen Übernahme werde.

Es folgten die Präsentationen für die einzelnen Geschäftsbereiche. Dave Delainey, Leiter von Enron Energy Services, erklärte dem Board, die Privatkundenabteilung weise eine hervorragende Finanzleistung auf. Die Weichen für ein stärkeres Wachstum und mehr Rentabilität seien gestellt. Das Gleiche gelte für die Großkundenabteilung. Ihr Chef John Lavorato berichtete von stetig steigenden Einnahmen bei erheblich wachsendem Volumen.

Gute Nachrichten aus allen Bereichen, murmelten die Direktoren. Sie hatten Skillings Rücktritt überlebt; sie hatten den 11. September überlebt. Eine rosige Zukunft lag vor ihnen.[27]

In der gleichen Woche gaben in Chicago die Führungskräfte des Risikomanagements bei Andersen die Enron-Finanzdaten in das FIDO ein, ein Programm zur Aufdeckung von Betrügereien. Ein Mitarbeiter überprüfte die Ergebnisse.[28]

Ein rotes Alarmsignal. Die Finanzdaten vom Juni hatten eine Betrugswarnung ausgelöst. Marc Zajac, der den Test leitete, warnte am 9. Oktober Duncan und zwei seiner Mitarbeiter per E-Mail. Es konnte sich immer noch um eine Falschmeldung handeln, die durch völlig legale Vorgänge ausgelöst wurde. Dennoch ermahnte Zajac die Prüfer, die Warnung ernst zu nehmen.

»Sie müssen die Ergebnisse sorgfältig und objektiv auswerten«, schrieb Zajac, »denn es hätte ernste Folgen, wenn wir einen schwer wiegenden Betrugsfall in den Finanzdaten nicht aufspürten.«

Kaminski war mehrere Tage nicht im Büro, weil er sich in Berkeley aufhielt, um neue Analysten für die Firma zu werben. Das machte sich die Finanzabteilung zunutze. Die Manager baten die Analysten, ihre Zahlen für die Auflösung der Raptoren abzuzeichnen, darunter die 35 Millionen Dollar für LJM2. Als sich der Erste weigerte, gingen die Manager in der Rangfolge weiter nach unten.[29]

Doch jedes Mal schickten die Analysten die Anfrage an Kaminskis Stellvertreter Shanbhogue, der alle Vorstöße abschmetterte. Eine Genehmigung gebe es nur, wiederholte er beharrlich, wenn Kaminski Einsicht in alle Dokumente bekomme.

Was nie geschah.

Am Morgen des 10. Oktober hörten die Mitglieder der Andersen-Niederlassung in Houston Practice Director Michael Odom zu. Odom erklärte ihnen, dass sie mit ihren Unterlagen vorsichtig umgehen müssten.[30]

Andersen habe Richtlinien, sagte er, die es erforderlich machten, Akten, die nicht mehr für die fertigen Prüfunterlagen benötigt würden, zu vernichten. Die Prüfer in Houston sollten dieser Richtlinie entsprechen.

»Wir haben in jüngster Zeit in mehreren Fällen bei Rechtsstreitigkeiten Unterlagen vorgelegt und dabei eine Menge Papiere gefunden, die nicht hätten aufbewahrt werden dürfen«, sagte er.

Wenn natürlich die Firma erst einmal verklagt würde, so Odom, dürfe niemand mehr Unterlagen vernichten. »Aber wenn sie im Zuge der Richtlinien vernichtet werden und die Klage einen Tag später kommt, dann ist das völlig in Ordnung. Wir haben unsere Richtlinien befolgt, und egal, was mal da war und wen auch immer interessiert hätte, ist dann eben weg.«

Am nächsten Tag begegnete John Stewart auf einem Flur in der Zentrale Nancy Temple.[31]

»Nancy«, sagte er. »Ich will Ihnen sagen, dass es mir in der Enron-Sache noch immer Unbehagen bereitet, die E-Mails zu löschen und die Entwürfe zu vernichten. Das sind Unterlagen, die ich später vielleicht noch brauchen werde.«

»Wie wäre es«, sagte Temple, »wenn Sie sich von den Unterlagen, die Sie gern behalten möchten, Kopien machen, die ich für Sie aufbewahre? Aber in den anderen Fällen müssen Sie sich an die Richtlinien halten und das Material vernichten.«

Stewart war nicht glücklich mit diesem Vorschlag, aber er willigte ein.

Am nächsten Morgen, dem 12. Oktober, war Temple in ihrem Büro. Die Diskussionen um die Unterlagen machten klar, dass nur wenige in der Firma die Regeln für Aufbewahrung bei Andersen kannten. Was immer entbehrlich war, musste verschwinden. Insbesondere dem Team, das für Enron arbeitete, sollte das klar sein. Temple schrieb eine E-Mail an Odom. »Mike«, schrieb sie, »es wäre hilfreich, wenn Sie das Team an unsere Dokumentations- und Aufbewahrungsrichtlinien erinnerten. Wir sollten sicherstellen, dass wir den Richtlinien auch entsprechen.«

Temple fügte einen Link zu den Richtlinien hinzu, die auf der internen Website von Andersen nachzulesen waren. Dann, um 8.53 Uhr, klickte sie auf »Senden«.[32]

Am selben Tag erstellte das Topmanagement den Entwurf für seine Pressemitteilung über die Einkünfte des dritten Quartals.

Man war sich noch nicht einig, was noch alles hineinmusste. Natürlich war da die Sache mit der Reduzierung des Eigenkapitals um 1,2 Milliarden Dollar aufgrund eines Buchhaltungsfehlers. Causey meinte, das habe in der Pressemitteilung nichts zu suchen; darin gehe es schließlich um Einkünfte, und die Kapitalreduktion sei eine Bilanzfrage. Sie solle daher mit der vierteljährlichen Meldung an die Börsenaufsicht SEC einige Wochen später bekannt gegeben werden.

Nach einigem Hin und Her einigte man sich auf einen Kompromiss. Man würde die Kapitalreduktion nicht in der Pressemitteilung erwähnen, dafür aber in der Telefonkonferenz der Analysten. In die Presseerklärung müsse man ja ohnehin schon viele Informationen aufnehmen. Enron werde einen gewaltigen Verlust ankündigen, der überwiegend aus der Auflösung der Raptoren resultiere.

Als sie die Erklärung fertig stellten, merkte Lay an, dass die Gesellschaften, um die in den vergangenen Monaten so viel gestritten worden war, nun verschwinden würden.

»Sherron Watkins müsste das eigentlich gefallen«, fügte er hinzu.

An jenem Abend saß David Duncan in seinem Büro und las den Entwurf der Presseerklärung. Seine Augen blieben am dritten Absatz hängen:

Für das dritte Quartal wurden einmalige Belastungen von insgesamt 1,01 Milliarden nach Steuern oder 1,11 Dollar bereinigtes Ergebnis pro Aktie ausgewiesen.

Da waren sie, die Raptoren-Verluste, gemeinsam mit anderen

Problemen, die Enron nun bereinigte. Ein Wörtchen in der Pressemitteilung ließ Duncan allerdings stutzen.

Einmalig. Causey bezeichnete alle Verluste als einmalig. Doch das könnte irreführend sein. Enron hatte die Gewinne, die von den Raptoren festgeschrieben worden waren, als wiederkehrend ausgewiesen. Mit anderen Worten: Man erwartete, dass sie sich wiederholten. Nun, da es Verluste waren, wollte man sie als »einmalig« kennzeichnen.

Das musste er klären. Duncan war in den Wochen, in denen die Raptoren aufgelöst wurden, durch die Hölle gegangen. Er war nicht bereit, *diese* Darstellung einfach zu schlucken. Er beriet sich mit Mitgliedern des Risikomanagements und der Rechtsabteilung. Sie wussten, was zu tun war.

Zwei Tage später, an einem Sonntag, sprach Duncan schließlich mit Rick Causey.

»Rick, wir wissen, dass Presseerklärungen ganz und gar in die Verantwortung des Unternehmens fallen«, sagte er. »Aber wir fürchten, wenn man diese Belastungen als einmalig bezeichnet, könnte das die Investoren verwirren.«

In einigen Fällen, so Duncan, sei die SEC bereits gegen Firmen vorgegangen, die den Begriff irreführend verwendet hätten. Andersens Rat gehe nun dahin, das Wort zu streichen oder die Sache zumindest von den Anwälten prüfen zu lassen.

Causey blieb gelassen. »Ich höre, was Sie sagen«, sagte er.[33]

Duncans Sekretärin Shannon Adlong hatte an jenem Morgen ihre Tochter mit zur Arbeit gebracht. Doch bald beschlichen sie Zweifel, ob sie sich dafür einen guten Tag herausgesucht hatte.[34]

In den Büros herrschte reges Treiben. Die Papierkörbe quollen über, und das Surren der Schredder erfüllte die Räume. Offenbar vernichtete man schriftliche Unterlagen. Shannon Adlong ging in den Pausenraum und sah zwei große Säcke mit geschredderten Papieren. Als ihr Kimberly Scardino, eine der Prüferinnen für Enron, entgegenkam, fragte sie sie, was los sei.

»Dave hat eine E-Mail aus der Rechtsabteilung in Chicago bekommen«, sagte Scardino. »Sie wollen, dass wir den Richtlinien für die Dokumentenaufbewahrung nachkommen.«

Adlong nickte und setzte sich an ihren Schreibtisch.

Duncan sprach am Abend Causey auf die Pressemitteilung an, die am nächsten Tag herausgegeben werden sollte. Wie hatte man sichergestellt, dass der Begriff »einmalig« nicht irreführend war?

»Normale Rechtsprüfung«, erwiderte Causey. Aber man hatte nichts geändert. »Einmalig« stand in der Pressemitteilung.[35]

Am nächsten Morgen sah Rebecca Smith auf dem Laptop, den sie auf der Bettkante abgestellt hatte, die neusten Meldungen der Nachrichtenagenturen durch. Smith und Emshwiller waren nach wie vor an der LJM2-Sache dran. Enron hatte sich stur geweigert, über eine knappe und nichts sagende schriftliche Erklärung hinaus einen Kommentar abzugeben. Die Journalisten meinten, die Zeit sei reif für eine Story.[36]

Die Presseerklärung aus dem Hause Enron kam über die Ticker. In der Überschrift sah Smith einmalige Belastungen von 1,01 Milliarden Dollar. In der Presseerklärung wurde ein Großteil dessen – rund 544 Millionen Dollar – der Auflösung eines strukturierten Finanzdeals mit einer »kürzlich aufgelösten Gesellschaft« zugeschrieben.

Was zum Teufel soll das denn sein? Ging es um LJM2?

Smith suchte nach weiteren Einzelheiten, fand aber keine, die ihre Frage beantwortet hätten. Sie ahnte, dass sie auf einer heißen Fährte war, und schickte unverzüglich ihrem Chef Jonathan Friedland eine Mail.

»Hier spricht Ken Lay, Chairman und CEO von Enron.«

Es war am nächsten Morgen um 9 Uhr. Lay saß an einem Tisch vor der Freisprechanlage und eröffnete den Analystencall für das dritte Quartal.[37]

»Ich gebe Ihnen einen kurzen Überblick über die Quartalsergebnisse und nehme dann Ihre Fragen entgegen.«

Zur selben Zeit stand Jeff Skilling in einer kleinen Privatpension in Texas neben dem Himmelbett. Er war mit Rebecca Carter, seinem Bruder Mark und dessen Frau dort. Doch ehe er sich an jenem Tag ins Vergnügen stürzte, wollte er die Quartalszahlen von Enron wissen.

Skilling hatte sich soeben in die Telefonkonferenz bei Enron eingewählt und lauschte. Lays körperlose Stimme hallte durch die Leitung.

»Für das dritte Quartal 2002 hat Enron eine starke wiederkehrende Betriebsleistung ausgewiesen, unter anderem einen Anstieg des wiederkehrenden Reingewinns um 35 Prozent.«

Wow!, dachte Skilling. *Das ist unheimlich stark.*

Er hörte Lay zu, der eine ganze Reihe weiterer Zahlen nannte; es klang alles wunderbar. Er legte auf. Mehr wollte er gar nicht wissen. Vor der Tür traf er auf einen Bruder. Sie klatschten sich ab.

»Der Firma geht's super!«, rief er.

In Houston ging derweil die Telefonkonferenz weiter.

»Wie diese Zahlen belegen, sind die Grunddaten für das Energiegeschäft, also das Kerngeschäft bei Enron, hervorragend«, sagte Lay. »Wir weisen in diesem Quartal einmalige Belastungen von knapp über einer Milliarde Dollar aus.« Dennoch, so Lay, sei das Unternehmen auf dem besten Weg, die Ziele für das vierte Quartal – und für das Jahr 2002 obendrein – zu erreichen.

Später kehrte er zu den Abschreibungen zurück. Er nannte die Gründe für die Belastungen: 287 Millionen Dollar gingen auf die gebeutelten Vermögenswerte bei Azurix zurück, 180 Millionen auf die Kosten, die mit der Verkleinerung des Unternehmensbereichs Breitbandhandel verbunden waren, und dann sei da noch die Beendigung einiger Structured-Finance-Arrangements. Die Raptoren wurden nicht erwähnt.

»In Zusammenhang mit der frühzeitigen Auflösung wird das Eigenkapital um rund 1,2 Milliarden Dollar reduziert«, sagte er, »während gleichzeitig die Zahl der in Umlauf befindlichen Aktien erheblich verringert wird.«

Kein Wort von dem Buchhaltungsfehler, der für diese umfängliche Revision verantwortlich war.

Emshwiller telefonierte mit Mark Palmer und fragte ihn nach den Abschreibungen, die in der Pressemitteilung erwähnt wurden.[38]

»Handelt es sich bei der ›kürzlich aufgelösten Gesellschaft‹ um LJM?«, fragte er. »Und wenn dem so ist, wie hoch ist der Anteil der Abschreibungen, der auf LJM zurückzuführen ist?«

»Sie liegen richtig, wenn Sie weniger als die Hälfte, aber mehr als ein Viertel ansetzen«, sagte Palmer.

Emshwiller versuchte, sich zu beherrschen. »Also über 200 Millionen Dollar?«

»Eher ein bisschen weniger«, meinte Palmer.

Nachdem er aufgelegt hatte, wollte Palmer diese Information doch lieber noch einmal checken. Er wählte Causeys Nummer. »Rick«, sagte er, »welcher Anteil von den 544 Millionen Dollar, von denen in der Presseerklärung die Rede ist, resultiert aus den Kosten für die Auflösung der LJM-Geschäfte?«

Causey zögerte nicht. »35 Millionen.«

»Was!«, rief Palmer. *O Gott, ich hoffe, ich habe mich verhört.*

»Mark«, sagte Causey, »wenn wir diese Geschäfte nicht abgesichert hätten, dann hätten wir zu viel verloren. Die einzige Belastung, die den Deals mit LJM zugeordnet werden kann, sind die 35 Millionen, die wir für die Auflösung selbst gezahlt haben.«

Palmer stellte noch eine Reihe weiterer Fragen und legte dann auf. Sofort rief er Emshwiller zurück.

Palmer klang atemlos. »Ich habe mich getäuscht«, sagte er. »Die 200 Millionen Dollar kommen nicht von LJM.«

»Wie viel kam durch LJM zusammen?«, fragte Emshwiller.

»35 Millionen«, sagte Palmer.

»35 Millionen«, wiederholte Emshwiller tonlos.

»Genau.«

Emshwiller war enttäuscht. Dennoch: Die Story war immer noch heiß. Enron hatte 35 Millionen in einem Investmentfonds verloren, der früher seinem CFO gehört hatte. Das war doch schon mal was.

Rebecca Smith hatte die Telefonkonferenz am Morgen verpasst. Sie suchte daher nach einer Aufnahme und klickte auf »Play«. Da sie wenig Zeit hatte, übersprang sie Lays einleitende Worte und kam bei seiner Erklärung zur Verringerung des Eigenkapitals um 1,2 Milliarden Dollar heraus.[39]

Kurz nach 5 Uhr am nächsten Morgen tappte Palmer in Shorts und T-Shirt über den dunklen Gang vom Schlafzimmer in sein Büro. Er setzte sich an den Schreibtisch. Der Computer war noch an.

Er rief die Website des *Journal* auf. Der Link zum Enron-Artikel war auf den ersten Blick zu sehen; er klickte ihn an.

»Enron verkündet überraschend Verlust im dritten Quartal nach Investitionen, Abschreibungen von Vermögenswerten«, lautete die Überschrift.[40]

Palmer trank seinen Saft und las. Das war ein außergewöhnlicher Artikel. Nach dem ersten Absatz wurde LJM angesprochen und eine Kontroverse angedeutet. Dann wurde darüber spekuliert, dass Fastow möglicherweise viel Geld verdient habe. Der Artikel war mit Zitaten aus Firmenunterlagen gespickt.

Palmer entspannte sich. Der Artikel wirkte fair; die Journalisten hatten gute Arbeit geleistet. Aber auf keinem Fall barg er Sprengstoff. Es würde wohl keinen größeren Ärger geben.

In den Washingtoner Räumen der SEC saß Linda Thomsen, leitende Anwältin der Enforcement Division, in einer Sitzung, als zwei junge Anwälte, Doug Paul und Beth Lehman, in der Tür auftauchten; sie wirkten aufgeregt und signalisierten Thomsen, sie möge zu ihnen auf den Gang kommen.

»Es sieht ganz danach aus, als habe Enron ein gewaltiges Finanzproblem«, sagte Paul. »Ich glaube, wir sollten eine Untersuchung einleiten.«

Thomsen hörte aufmerksam zu. Eine große Abschreibung, dazu die Geschäfte mit einem nahe stehenden Unternehmen, an dem der CFO beteiligt war. Klang gut.

»Okay«, sagte sie. »Packen Sie's an.«

Um die gleiche Zeit klingelte in Palmers Enron-Büro das Telefon. Beim Blick auf das Display sank seine Stimmung.

»Fastow, Andy«, stand dort.

Er nahm den Hörer ab. »Mark Palmer.«

»Mark, hier spricht Andy«, sagte Fastow.

Palmer machte sich auf einen Sturm gefasst.

»Die Story war *fantastisch*«, sagte Fastow begeistert. »Wenn die nicht mehr zustande bringen, dann stehen wir super da. Alles, was die da schreiben, war auf dem Markt bereits bekannt. Ich finde, Ihre Strategie war glänzend.«

Wie bitte? »Andy, das war nicht meine Strategie«, antwortete Palmer.

»Also, ich fand die Strategie jedenfalls glänzend«, fuhr Fastow unbeirrt fort. »Und ich werde das beim PRC im Hinterkopf haben.«

Palmer zögerte. »Gut«, sagte er. »Ich bin froh, dass Ihnen der Artikel gefällt, Andy.«

Er legte auf, innerlich vor Wut schäumend. Er hatte die kaum versteckte Ohrfeige durchaus gespürt – *Sehen Sie, Mark? Ich hatte Recht, im Gegensatz zu Ihnen* –, und sie tat weh. Aber auch dass er es Palmer zuschrieb, wie der Artikel geworden war, und ihm dafür Schützenhilfe vor dem Performance Review Committee ankündigte, verhieß Palmer nicht nur Gutes. Wenn nun ein Presseartikel unangenehm war, würde Fastow ihn dann bestrafen?

Palmer drehte sich um. Steve Kean saß an seinem Schreibtisch.

»Steve, es kann sein, dass Sie einen Anruf von Andy bekommen und er Ihnen sagt, dass ihm der Artikel gefallen hat«, sagte er.

Kean zuckte die Schultern. »Na ja, dic Story war ja auch nicht schlecht.« Palmer sah ihm in die Augen. »Steve«, sagte er, »damit ist die Sache vermutlich nicht ausgestanden.«

John Emshwiller saß an seinem Schreibtisch und nahm Anrufe seiner Leser entgegen, die sich zur LJM-Story äußerten. Einer kam von einem ihm bekannten Blankoverkäufer.[41] »Sie haben etwas übersehen; das könnte eine richtig große Sache werden.«

»Was haben wir übersehen?«

»Die Reduzierung des Eigenkapitals um 1,2 Milliarden Dollar«, sagte der Blankoverkäufer. Lay habe sie in der Analystenkonferenz erwähnt, doch niemand sei darauf eingegangen. Emshwiller dankte dem Mann und rief Smith an. Er fragte sie, ob sie sich an eine Reduzierung des Eigenkapitals erinnere.

»Nein«, sagte sie. »Aber ich überprüfe das mal.«

»Wir haben es nicht vertuscht«, widersprach Palmer. »Wir haben es doch angesprochen!« Er telefonierte mit Smith, die Enron beschuldigte, die Kapitalreduktion verschleiert zu haben.

»Und, wie hängt es mit LJM zusammen?«, fragte sie.

Palmer wusste schon, was nun kam. Das war die nächste heiße Story des *Journal.*

Die Auskunft gefiel den Anwälten der SEC in Washington nicht sonderlich. Sie hatten im internen Computersystem der Abteilung nachgesehen und herausgefunden, dass in der Niederlassung Fort Worth jemand bereits Monate zuvor eine Untersuchung gegen Enron eingeleitet hatte.

Thomsen rief Spencer Barasch an, den stellvertretenden Distriktverwalter von Fort Worth.

»Spencer, Sie haben einen Enron-Fall laufen«, sagte sie. »Aber wir können nicht feststellen, ob er etwas mit dem zu tun hat, wonach wir suchen.«

Barasch war belustigt. Wegen der Ankündigung der Abschreibungen wollten in Washington alle eine Enron-Untersuchung starten. An jenem Morgen hatte er bereits einen Anruf von Tom Newkirk, dem leitenden Anwalt für die Abfallwirtschaft, erhalten. Doch in Fort Worth las man das *Journal* auch, und dort hatte man schon Ende August Untersuchungen eingeleitet.

»Der Fall gehört uns«, sagte Barasch. Seine Anwälte formulierten bereits eine Anfrage an Enron und forderten Unterlagen zu Fastow und seinen Geschäften. Die Anfrage solle noch am selben Tag an den Enron-Justiziar abgehen.

Jim Derrick hatte soeben ein Fax von der SEC in Fort Worth erhalten.[42] Sie wollten alles: die Emissionsunterlagen für die LJM-Fonds, Dokumente über alle Transaktionen sowie eine Erklärung über den Gewinn oder den Verlust, den Enron bei den einzelnen Deals gemacht hatte.

Na ja, dachte Derrick, wenigstens war das keine offizielle Untersuchung, sondern lediglich eine Voranfrage. Vermutlich würde nicht viel dabei herauskommen. Er nahm den Hörer ab und wählte Lays Nummer. Lay war in New York, wo er sich mit Investoren traf. Derrick wartete den Piepton des Anrufbeantworters ab und sprach dann seine Nachricht auf Band.

»Ken, ich hoffe, Ihre Reise verläuft erfolgreich«, sagte er. »Ich habe hier eine Information, die ich Ihnen gern mitteilen möchte.«

Er beschrieb die Anfrage der SEC.

»Ich würde mir keine großen Sorgen machen«, sagte Derrick. »Das müssen wir nicht unbedingt bekannt geben, aber wir sollten uns doch in den nächsten Tagen darüber unterhalten.«

Damit verabschiedete sich Derrick und legte auf.

Am selben Abend fuhr Lay in New York zum Flughafen. Es war ein erfolgreicher Tag gewesen; ungeachtet des *Journal*-Artikels waren die Analysten offenbar guter Dinge. Nun wollten sie nach Boston fliegen, um dort ihre Präsentationen für die Investoren zu wiederholen.

Während der Fahrt hörte Lay seine Mailbox ab. Als er Derricks Nachricht hörte, machte er sich weiter keine Sorgen.

Okay, dachte er. *Ich rufe ihn morgen mal an, um zu klären, ob wir etwas unternehmen müssen.*

Am nächsten Morgen brachte eine Limousine die Enron-Manager durch den dichten Bostoner Verkehr zu ihrer Sitzung.[43] Auf dem Rücksitz blätterte Causey zur dritten Seite des *Journal* und las die Schlagzeile.

Enron zufolge führten Verbindungen zu einer Partnergesellschaft zu einer Eigenkapitalreduzierung von 1,2 Milliarden Dollar.

Er las einige Absätze weiter. Die Firma wurde dafür kritisiert, dass sie die Verringerung des Eigenkapitals nicht in ihrer Presseerklärung offen gelegt hatte. Er schlug die Zeitung zu und sprach Lay an, der neben ihm saß.

»Das ist einfach falsch«, sagte er wütend. »Wir haben es in der Telefonkonferenz offen gelegt.«

Lay nickte verärgert. Die Analysten hatten es schließlich gewusst. Er hatte den Verdacht, dass ein paar Reporter des *Journal* einen Feldzug gegen Enron starten wollten.

Wieder hatte ein Blankoverkäufer beim *Journal* angerufen, diesmal bei Rebecca Smith.[44] Er sei im Besitz eines neuen Quartalsberichtes für LJM2, sagte er.

»Möchten Sie eine Kopie?«, fragte er.

Eine Stunde später fand in Derricks Büro eine Dringlichkeitssitzung statt. Palmer war gerade von einer aufgebrachten Rebecca Smith angerufen worden. Das *Journal* habe LJM2-Unterlagen erhalten, sagte sie, die bewiesen, dass der Fonds gewaltige Gewinne aus »Raptoren« genannten Zweckgesellschaften gemacht habe. Offenbar gingen Millionen an Fastow und sogar an Kopper, so Smith. Dann zitierte Smith eine Quelle, nach der bei McMahon Beschwerden von Bankern eingegangen seien: Man habe sie gedrängt, bei Fastow zu investieren, und ihnen im Gegenzug Enron-Geschäfte versprochen.

Das war eine Katastrophe. Wenn an dieser Geschichte etwas dran war, würde sie hochgehen wie eine Rakete und unverzüglich eine staatliche Untersuchung nach sich ziehen. Derrick bestellte Dilg und Hendrick von Vinson & Elkins zu sich und bat sie, noch einmal Gespräche zu führen.[45] Sie hatten McMahon befragt, der ihnen nichts davon gesagt hatte. Sie mussten sofort noch einmal mit ihm reden.

Sie erreichten McMahon telefonisch. Hendrick fragte ihn geradeheraus, ob er von Bankern wisse, die von Fastow unter Druck gesetzt worden seien. McMahon erzählte ihm vom Anruf eines Bankers, der behauptet habe, ihm sei im Gegenzug für eine Investition ein Geschäft versprochen worden; darüber hinaus habe es Gerüchte gegeben, nach denen Verbindungen zwischen Investments und Geschäften von Enron bestanden hätten.

»Ich weiß nichts aus erster Hand«, sagte er. »Ich habe nicht persönlich erlebt, dass die Banken unter Druck gesetzt wurden.«

Mehrere Enron-Manager folgten Lay im Logan Airport eine Treppe hinauf. Aus Houston hatte sie die Botschaft erreicht, dass ein Krisenmanagement gefordert war. Alle Topleute mussten Entscheidungen treffen.

Sie gingen in einen Konferenzraum und sammelten sich ums Telefon. Jemand wählte Derricks Nummer. Am anderen Ende wurde bereits nach dem ersten Klingeln abgenommen, und Derrick zählte auf, wer sich alles bei ihm befand. Sein Büro war voll.

Lay eröffnete die Unterredung. »Wir haben in den vergangenen beiden Tagen gute Gespräche mit den Investoren geführt, aber unsere Aktie ist in dieser Zeit um zwei Dollar gefallen«, sagte er. »Wir haben eine Anfrage von der SEC, und wir haben diesen Bericht im *Journal*. Ich möchte daher wissen, was bei Ihnen los ist.«

Derrick nickte Rex Rogers zu, einem seiner Anwälte, der mit der SEC in Kontakt gewesen war.

»Ken, hier spricht Rex«, sagte er. »Ich will Sie nicht unnötig beunruhigen, aber wenn weiter Presseberichte wie die im *Wall Street Journal* erscheinen und der Aktienkurs weiter sinkt, wird die SEC einschreiten und sich genauer bei uns umsehen.«

»Was bedeutet das?«

»Die bislang inoffizielle Untersuchung könnte offiziell werden«, antwortete Rogers. »Offizielle Untersuchungen sind eher selten, daher werden wir das womöglich bekannt geben müssen. Angesichts des fallenden Aktienkurses beschließen wir vielleicht sogar, die Voruntersuchung bekannt zu geben.«

Lay atmete tief ein.

»Okay«, sagte er. »Wie sieht es an der PR-Front aus?«

Palmer antwortete ihm. »Wir haben Probleme«, sagte er. »Das

Journal hat uns eine Menge Fragen zu Andys Rolle in den Partnergesellschaften und zu seinen Einkünften daraus gestellt.«

Lay wollte gerade nachfragen, als eine Stimme dröhnte: »Wir haben alle notwendigen Genehmigungen vom Board eingeholt, Ken. Sie wissen das.«

Es war Fastow.

Fastow pfiff beim Sprechen, sein Gesicht war wutverzerrt. »Es ist von den externen Prüfern und den Anwälten abgesegnet worden«, sagte er. »Wir haben es mit Vinson & Elkins gerade noch einmal durchgesehen! Es wurde auf jede erdenkliche Weise geprüft!«

Das sei nur die Rache des *Journal* dafür, dass Enron die Zusammenarbeit verweigert hatte, grummelten einige Manager. Man müsse die Reporter stoppen.

Lay sah zu Mark Koenig aus der Aktionärspflege-Abteilung hinüber. Ihr Terminplan sah eigentlich vor, am nächsten Tag zu Investorengesprächen nach Philadelphia zu fliegen. Doch Enron steckte in der Klemme.

Koenig nickte. »Wenn Sie nach Houston zurückmüssen, habe ich Verständnis. Das ist, glaube ich, kein Problem.«

Philadelphia war abgesagt. Das Team kehrte nach Hause zurück.

Um 7.30 Uhr am nächsten Morgen war es im Enron-Hochhaus seltsam still; die Tumulte der letzten Tage hatten die Führungskräfte aus der Bahn geworfen. Lay saß in seinem Büro und las das *Journal*. Der Artikel war der bislang schlimmste. »Partnergesellschaft des Enron-CFO macht Millionengewinne«, lautete die Schlagzeile.[46]

Also gut. Die Investoren zahlten mehrere hundert Millionen Dollar; da war es doch wohl wenig überraschend, dass sie Millionen an Gewinnen einfuhren. Doch im dritten Absatz folgte die unangenehmste Behauptung: Fastow und möglicherweise auch andere hätten im Jahr 2000 sieben Millionen Dollar an Managementgebühren eingesackt.

Diese Aussage wirkte auf Lays Magen wie Gift. Die Journalisten wollten offensichtlich Fastows Kopf. Dennoch: Wie viel Geld hatte Fastow wirklich an diesen Geschäften verdient? Wusste das überhaupt jemand? Hatte je einer danach gefragt?

Weiter unten im Artikel wurde noch ein Michael Kopper erwähnt, ein ehemaliger Enron-Manager, der, wie es hieß, nun LJM2 mit leitete. Lay starrte den Namen an.

Wer um alles in der Welt war Michael Kopper?

An diesem Vormittag nahmen die Enron-Direktoren in einer Konferenzschaltung an einer Sondersitzung teil.[47] Lay übernahm die Leitung.

»Wie Sie sich angesichts der jüngsten Zeitungsberichte vorstellen können, sind erneut Bedenken bezüglich der Partnergesellschaften und Andys Rolle darin laut geworden«, sagte er. »Es könnte dazu kommen – egal, ob etwas dran ist oder nicht –, dass Andys Effektivität als CFO angezweifelt wird.«

Die Direktoren diskutierten die Frage der LJM-Honorierung Fastows. Winokur sagte: »Wir sollten sofort darauf reagieren. Wir sollten erklärten, dass externe Prüfer und Anwälte allem zugestimmt haben.«

Die anderen Direktoren murmelten beifällig. Die ganze Sache wurde unverhältnismäßig aufgeblasen.

Lay wandte sich an Whalley. »Greg«, sagte er, »klären Sie uns über die aktuellen Auswirkungen auf das Unternehmen auf.«

Whalleys Ton war ernst. »Wir können nicht zulassen, dass unser Alltagsbetrieb dadurch beeinträchtigt wird. Und wir müssen sicherstellen, dass wir das Vertrauen unserer Geschäftspartner behalten.«

Die Geschäftspartner. Die anderen Energiehändler, die im Gas- und Stromgeschäft mitmischten; diejenigen, die Geschäfte mit Enron machten und darauf vertrauten, dass das Unternehmen die Energie, die es abnahm, auch bezahlen konnte.

»Wenn wir ihr Vertrauen verlieren«, sagte Whalley, »wird das schwer wiegende Folgen haben.«

Ray Bowen hatte die Nase gestrichen voll. Er wählte Whalleys Nummer und erreichte seine Mailbox.

»Greg, hier spricht Ray«, sagte er. »Ich möchte mich nicht in Ihr Leben einmischen, aber ich habe eine Meinung zu dieser Sache.« Warum sollte er jetzt noch mit seiner Meinung hinter dem Berg halten?

»Andy ist ein Gauner«, sagte Bowen. »Sie müssen ihn loswerden und dafür sorgen, dass eine andere Wirtschaftsprüfungsfirma als Arthur Andersen reinkommt und sich diese Deals mal ansieht. Nur so können wir unsere Glaubwürdigkeit wiedergewinnen. Andy ist ein Gauner, und er wird diese Geschichte auf keinen Fall überleben. Wir müssen jetzt die Zähne zusammenbeißen und durch.«

Damit legte Bowen auf.

Whalleys Sekretärin rief zurück und sagte Bowen, ihr Chef wolle ihn sofort sprechen. Leider fanden sie keinen gemeinsamen Termin und verschoben ihr Gespräch auf den 23. Oktober. Da war die Katastrophe jedoch bereits im Gang.

Die SEC-Niederlassung in Fort Worth musste die Enron-Untersuchung einstellen. Der Fall war zu groß und würde zu viele Mitarbeiter binden. Außerdem pflegten zu viele SEC-Mitarbeiter in Fort Worth, wie überall in Texas, Beziehungen zu Enron. Spencer Barasch gab den Fall nach Washington ab.

Im Hauptquartier der SEC betrat Linda Thomsen das Büro ihres Kollegen Tom Newkirk. Beide wollten den Enron-Fall übernehmen, von dem sie stark annahmen, dass er der wichtigste der Enforcement Division in diesem Jahr sein würde.

»Sie wissen, dass ich ihn unbedingt haben will«, sagte Thomsen.

»Tja, ich auch«, erwiderte Newkirk.

Eine Sekunde lang schwiegen sie. »Losen wir's aus«, sagte Newkirk und langte in die Hosentasche.

Er warf eine Münze. Thomsen rief »Kopf«, und die Münze landete auf dem Boden. Beide knieten nieder.

Newkirk zuckte die Schultern. »Er gehört Ihnen«, sagte er.

Greg Whalley wollte die genauen Enron-Zahlen sehen. Fastow und Glisan wurden nicht müde, ihm zu versichern, dass Enron absolut in der Lage sei, diesen Sturm zu überstehen. Aber Whalley kannte die Zahlen nicht. Er wollte genau wissen, wie viel Geld das Unternehmen hatte. Er zitierte die beiden in einen Konferenzraum.

»Okay, zur Liquidität«, sagte Whalley. »Was haben wir?«

»Wir stehen sehr gut da«, sagte Fastow. »Wir haben 3,8 Milliarden Dollar an verfügbarem Kreditrahmen.«

Glisan hob eine Hand. »Warten Sie mal, Andy«, sagte er. »Wir haben bereits 500 Millionen in Anspruch genommen.«

Fastow nickte und schloss die Augen. »Stimmt genau«, sagte er. »Uns stehen nur 3,3 Milliarden zur Verfügung.«

Whalley starrte ihn an wie vom Donner gerührt. Da hatte er den Chief Financial Officer des Unternehmens nach der wichtigsten Finanzzahl der Firma gefragt und eine Antwort erhalten, die eine halbe Milliarde Dollar danebenlag.

Er beschloss, weiter zu stochern. »Wie viel davon sind Auffangkredite?«, fragte er.

Ein gutes Unternehmen hat gesonderte Kreditlinien bei den Banken, die angezapft werden, wenn der Geldmarkt für kurzfristige Titel ins Trudeln gerät. Doch solche Kreditlinien gelten als Kreditersatz, der nicht als tatsächlich verfügbares Bargeld bewertet werden darf.

Fastow suchte in seinen Papieren nach der Zahl. »Ähm, das sind 1,8 Milliarden Auffangkredit für die Commercial Papers.«

Glisan nickte. »Genau, das stimmt. Dann haben wir also nur noch 1,5 Milliarden Dollar an verfügbaren Mitteln.«

Was zum Teufel soll das werden? Whalley verlor die Fassung. »Sie sind wohl völlig von Sinnen!«, sagte er und wandte sich zum Gehen. »Als ich hier reinkam, hatten wir 3,8 Milliarden Dollar an liquiden Mitteln, und jetzt sind es noch 1,5 Milliarden.«

Er schüttelte den Kopf. »Ich habe keine weiteren Fragen. Das könnten wir uns auch gar nicht leisten!«

Fastow wollte etwas sagen, doch der empörte Whalley war schon durch die Tür. Die Erkenntnis traf ihn wie ein Schwall eiskalten Wassers. *Der Enron-CFO war inkompetent!* Der Mann beherrschte nicht einmal die Grundlagen seines Jobs. Die Vorstellung raubte Whalley den letzten Nerv. *Mein Gott.* Wie viel Schaden mochte Fastow über die Jahre angerichtet haben? Während er den Flur entlangstürmte, wuchs in Whalley ein Entschluss. *Dieser Kerl,* dachte er, *muss gehen.*

Kapitel 20

Die Managing Directors von Enron begaben sich in den Dogwood Room im dritten Stock des Hyatt Regency Hotel. Es war kurz nach 8.30 Uhr am 22. Oktober 2001, und die Manager waren schlechter Laune.[1] Der Dauerbeschuss durch schlechte Nachrichten – über LJM, die Abschreibungen, die Machenschaften in den Toppositionen – hatte sie mit einer gehörigen Wut auf das Topmanagement erfüllt.

Am hinteren Ende des Raums standen Saft und Bagels bereit. Die Manager scharten sich um die Tische und munkelten über Fastow und seine eigennützigen Geschäfte. Doch ihr CFO war nirgends zu sehen; Lay hatte ihn gebeten, nicht an der Sitzung teilzunehmen. Lay marschierte in den Raum und ging gleich nach vorne. Die Manager nahmen Platz. Im Saal wurde es still.

»Fangen wir an«, sagte Lay. »Wir wollen offen über die Probleme diskutieren, vor denen wir stehen.«

Dann erläuterte Lay mit einer Präsentation die Presseerklärung der vorangegangenen Woche und die dadurch entstandenen Probleme. Die Glaubwürdigkeit Enrons sei in Gefahr, sagte er, und man müsse eine Strategie dagegen entwickeln. Lays Ton war nicht eben geeignet, die Befürchtungen im Raum zu dämpfen. Enron lief aus dem Ruder, *und zwar mit Volldampf!* Es blieb keine Zeit für einen langfristigen Plan.

Die erste Frage kam von einem Mitglied der Merchant-Investment-Gruppe; sie bezog sich auf die LJM-Berichte im *Wall Street Journal.* Lay leierte seine bewährte Geschichte herunter: Die Fonds seien geschaffen worden, um Enron einen größeren Markt für Vermögensanlagen zu sichern, es habe jede Menge Kontrollen gegeben, alles sei überwacht worden. Sowohl er als auch das Board, so Lay, stünden fest hinter Fastow.

Diese Aussage löste ein Bombardement weiterer Fragen aus. *Wie wollen Sie Herr über das Chaos werden? Warum haben Sie Fastow die Fonds übernehmen lassen?* Schließlich hob Ray Bowen die Hand. Lay erkannte ihn.

»Wir müssen jetzt die Wahrheit sagen«, forderte Bowen. »Wenn wir die Sache für sauber halten, dann sollten wir die Leute hierher einladen und ihnen alles erzählen.«

Er sah Lay direkt an. »Wenn wir nichts zu verbergen haben, sollten wir uns dafür entschuldigen, nicht mehr offen gelegt zu haben, ihnen aber auch beweisen, dass alles in Ordnung ist.«

Dave Delainey, Leiter von Enron Energy Services, hatte genug. »Also wirklich«, rief er, »wir müssen uns für gar nichts entschuldigen!«

Vince Kaminski hatte der Diskussion mit wachsendem Unbehagen zugehört. Er meldete sich zu Wort.

»Ich möchte Ihnen mitteilen, was ich von diesen Transaktionen halte«, sagte er zu Lay gewandt.

Lay nickte. »Dann kommen Sie doch bitte aufs Podium.«

Kaminski ging durch den Gang nach vorn. Auf dem Podium hatte er Lay und Whalley zu seiner Linken.

»Ich bin in der betrüblichen Situation, Ihnen widersprechen zu müssen«, sagte Kaminski und sah Lay an.

»Jeder darf mir widersprechen«, antwortete Lay.

Kaminski drehte sich zu seinen Kollegen hin. Seine Verärgerung über die Nebengeschäfte, die fadenscheinigen Erklärungen, *die Unredlichkeit* der ganzen Angelegenheit: All das kochte in ihm hoch.

»Was Andy Fastow getan hat, war nicht nur unredlich, es war obendrein auch noch unglaublich dumm«, begann Kaminski. »Was er getan hat, zieht eine Vertrauenskrise nach sich, die das Unternehmen vernichten kann. Und uns bleibt nur, wieder sauber zu werden.«

Kaminskis Züge verhärteten sich. Er dachte an Stinson Gibner, der Enron wegen der Raptoren verlassen hatte. »Einer unserer besten Mitarbeiter hat wegen dieser Sache gekündigt, denn er verspürte keinen Stolz mehr auf Enron«, sagte er. »Ich war von Anfang an dieser Ansicht. Ich habe Buy gesagt, dass die Idee dumm ist und nur Andy Fastow sich so was ausdenken kann.«

Im Saal brach Gelächter los. Ein Manager, der an LJM1 mitgearbeitet hatte, unterbrach ihn: »Das waren Hedges!«

Kaminski ignorierte ihn. Er war in Fahrt gekommen. Sein Gesicht lief rot an, seine Stimme zitterte vor Erregung. »Das Unternehmen hat seine Investitionen mit einem Hedge gegen die eigenen Aktien abgesichert!«, rief er. »Das war dumm! Enron war unehrlich!«

Whalley legte Kaminski die Hand auf die Schulter. »Es ist genug«, sagte er. Unter dem sanften Druck Whalleys ging Kaminski zu seinem Platz zurück. Er kam an Bowen vorbei, der am Mittelgang saß. Bowen sah ihm in die Augen.

»Gott schütze Sie«, sagte Bowen.

Wenig später schritt Harvey Pitt auf das Podium des Americana Ballsaal in Loews Miami Beach Hotel, wo sich Mitglieder des American Institute of Certified Public Accountants, der Berufsvereinigung der Wirtschaftsprüfer, zu ihrer Herbstkonferenz zusammengefunden hatten.

Am Nachmittag zuvor hatte die Börsenaufsicht SEC Pitts Bericht zu Section 21 (a) veröffentlicht und bekannt gegeben, die Behörde erwarte Kooperation von den Unternehmen, wenn sie intern Fehlverhalten entdeckten. Nun machte er sich an die nächste Stufe seines Plans: den Versuch, das Verhältnis zwischen der SEC und den privaten Wirtschaftsprüfern zu verbessern.

Pitt rückte seine Unterlagen zurecht und zog das Mikrofon zu sich heran.[2]

»In den vergangenen Jahren war die bloße Vorstellung, dass sich ein SEC-Chairman mit den hier versammelten Personen trifft, mit erheblichen mentalen, wenn nicht körperlichen Risiken verbunden. Die Behörde, die ich die Ehre habe zu leiten, war in letzter Zeit nicht gerade liebenswürdig und freundlich zu den Wirtschaftsprüfern, und auch der Berufsstand der Prüfer fand wenig nette Worte für uns.«

Pitt richtete sich auf. »Diese Tage«, sagte er, »sind vorüber.«

Die Wirtschaftsprüfer jubelten.

Der neue Vorstoß solle die Zusammenarbeit verbessern, so Pitt. Er hoffe, dass die Prüfer mit Fragen auf seine Behörde zukämen, ohne Angst vor Beschuldigungen haben zu müssen.

»Eigennützige Praktiken und solche, die den öffentlichen Investoren schaden, werden wir allerdings nicht tolerieren«, sagte er.

Doch gemeinsam könnten seine Behörde und die Wirtschaftsprüfer ein Umfeld schaffen, in dem die Informationen, die die Investoren erhielten, die Realität besser widerspiegelten.

»Wir müssen noch einmal darüber nachdenken, ob unsere Buchhaltungsregeln ein realistisches Bild der Unternehmen vermitteln«, sagte Pitt. »Wenn die Regeln verhindern, dass die Investoren klare, verlässliche Informationen erhalten, dann ist es höchste Zeit, sie zu ändern.«

Die Nachricht von der Krise bei Enron war auch bei den höheren Chargen bei Andersen angekommen. In Los Angeles nahm der leitende Partner Rich Corgel Kontakt zu seinem Kollegen John Riley auf und drängte ihn zum Handeln. Man führe nun vermehrt Telefonkonferenzen, so Corgel, und Riley solle daran teilnehmen. In Houston sei man anscheinend verunsichert. Andersen wünsche, dass Riley die Situation in den Griff bekomme. Riley willigte ein.[3]

Kurz nach 15 Uhr versammelten sich die Enron-Direktoren, einige per Telefonschaltung, im Vorstandszimmer zu einer Dringlichkeitssitzung.[4] Glisan zeigte mit einer kurzen Präsentation auf, dass die Nachfrage nach den Firmenanleihen schwach sei, dass Enron aber noch immer mehr flüssige Mittel zur Verfügung stünden, als es brauche.

Lay erteilte Causey das Wort. Mitten in diesem Schlamassel musste Enron auch noch ein anderes Problem bewältigen: Die Buchhaltungsregeln für gewisse immaterielle Vermögenswerte hatten sich geändert. Diese geheimnisvolle Revision führe dazu, dass Enron eine Reduzierung des Gewinns um 200 Millionen Dollar im ersten Quartal 2002 werde ausweisen müssen. Es sei allerdings nicht so schlimm, wie es hätte kommen können, so Causey. Die immateriellen Vermögenswerte, die so viele Jahre zuvor mit dem Erwerb von Wessex Water durch Azurix gekauft wurden, müssten nicht abgeschrieben werden. Causey verließ die Sitzung, und Lay wandte sich dem schwierigsten Punkt zu.

»Erinnert sich jemand von Ihnen daran, Auskünfte über die Erträge erhalten zu haben, die Andy Fastow aus den LJM-Konstrukten bezogen hat?«, sagte er.

Die Antwort lautete: Nein.

Nun war es höchste Zeit, diese Auskünfte einzuholen; darin waren sich die Direktoren einig. Zwei von ihnen, John Duncan und Mickey LeMaistre, wurden beauftragt, Fastow unverzüglich zur Rede zu stellen.

Die Spitzen der Houstoner Gesellschaft versammelten sich an jenem Abend zur jährlichen Benefizveranstaltung zugunsten des Holocaust-Museums. Mehrere Prominente mischten sich unter die Menge, doch geehrt wurde an diesem Abend in erster Linie das Bankhaus Salomon Smith Barney, das auf Druck Fastows eine sechsstellige Summe gespendet hatte. Fastow steuerte sogar ein bisschen eigenes Geld bei.

Im Verlauf des Abends wurde Lay gebeten, ein paar Worte zu sagen. Er stellte sich vor die versammelten Gäste. »Wir sind natürlich hoch erfreut, dass Smith Barney sich durch diese Spende hervorgetan hat«, sagte er.

Er wandte sich um und sah, dass Fastow ihn beobachtete. »Doch zu verdanken ist dieser Erfolg vor allem Andy Fastow«, sagte er. »Ich meine, wir sollten Andys Beitrag würdigen und ihn auch ein paar Worte sagen lassen.«

Die Menge applaudierte, und Fastow stand auf. Er dankte Lay und pries das Bankhaus Salomon Smith Barney. »Wir hoffen, wir erhalten noch weitere solche Spenden von ihnen«, sagte er. »Natürlich werden wir sie weiter dazu ermuntern.«

Es wurde höflich gelacht. Fastow sah Lay an. »Es wäre sehr nachlässig von mir, wenn ich nicht Ken und Linda meine Anerkennung zollen würde. Ken und Linda sind für Lea und mich Vorbilder geworden. Gewiss sind sie Vorbilder für die Gesellschaft. Aber sie sind es auch für uns ganz persönlich.«

Die Lays hätten der Gesellschaft so viel gegeben, sagte Fastow; man müsse sie aus vielerlei Gründen bewundern. »Lea und ich hoffen, dass wir nur einen kleinen Prozentsatz dessen erreichen, was sie für die Gesellschaft getan haben. Sie haben uns dazu inspiriert, unsere eigene Familienstiftung einzurichten.«

Die Fastow Foundation. Das Konstrukt, in das er die gesamte Southampton-Beute gestopft hatte.

»Wir versuchen, die Stiftung finanziell besser auszustatten«, sagte Fastow. »Wir wollen in der Gesellschaft eine aktive Rolle spielen, ihr etwas zurückgeben, ebenso wie die Lays es getan haben. Wir wollen in die Fußstapfen unserer Vorbilder treten.«

Er wies zu Lay hinüber. »Daher, Ken und Linda, danke, dass Sie uns und Houstons Bürgern mit gutem Beispiel vorangehen.«

Die Menge applaudierte. Lay war das ein wenig peinlich; er war nie zuvor öffentlich so gebauchpinselt worden.

Die E-Mail, die an jenem Abend an Tausende von Enron-Angestellten ging, war auf den ersten Blick alltäglich; darin wurde eine Änderung in den Sondervergütungen des Unternehmens umrissen.[5]

»Bald ist der 26. Oktober!«, begann die E-Mail.

Wie bereits bekannt gegeben worden sei, werde der unternehmenseigene Pensionsplan zu einem anderen Verwalter wechseln, hieß es. Die Angestellten hätten daher nur noch vier Tage Zeit, Änderungen an ihren Pensionsplänen vorzunehmen. Dann werde bis zum 20. November alles bleiben, wie es sei. Was man am Freitag an Aktien halte, sei das, was sie in diesem Monat besäßen; das gelte auch für die Angestellten, die fast ausschließlich in Enron-Aktien investierten.

Die E-Mail endete fröhlich: »Enron-Leistungen. *Die halten Schritt mit Ihrem Lebensstil.*«

Als er am nächsten Morgen vor 8 Uhr ins Büro fuhr, rief David Duncan vom Handy aus seine Sekretärin Shannon Adlong an. Bei Enron wollte man kurz darauf die informelle SEC-Untersuchung bekannt geben und hatte eine Analystenkonferenz einberufen. Duncan bat Adlong, den Enron-Webcast auf seinem Computer schon mal zu starten.[6]

Wenige Minuten später war er im Büro. Er bat Deb Cash, Tom Bauer, Kimberly Scardino und andere Prüfer des Teams herein und schloss die Tür.

Das Brüllen hallte an den Wänden der Flure im 50. Stock des Enron-Gebäudes wider. Fastows Gegenüber war Ron Astin, der Partner von Vinson & Elkins, der seit Jahren für ihn arbeitete.

»Ich wollte LJM nie machen!«, brüllte Fastow. »Das Board hat mich angewiesen! Es war die Idee des Unternehmens, nicht meine!«

»Andy!«, schrie Astin zurück. »Das können wir nicht behaupten!«

Fastow wehrte sich, doch Astin blieb standhaft. »Andy, ich vertrete nicht Sie!«, schrie der Anwalt. »Ich vertrete Enron!«

Eine Sekunde lang starrte Fastow Astin an. Dann machte er auf dem Absatz kehrt und stürmte zum Konferenzraum vor Lays Büro, in dem das Analystengespräch stattfinden sollte.

In seinem Haus in Houston wählte sich Jeff Skilling in die Telefonkonferenz ein. Er hatte aus der Entfernung beobachtet, wie bei Enron das Chaos ausbrach, und fürchtete, Lay sei der Aufgabe nicht gewachsen. Er hoffte sehr, dass er sich irrte.

»Hier spricht Ken Lay. Danke, dass Sie heute bei uns sind.«[7]

Der kleine Konferenzraum, in dem Lay sprach, war brechend voll. Auf einer Seite saß Fastow mit vor Ärger vorgeschobenem Unterkiefer. Causey und Glisan standen in seiner Nähe. Auf der anderen Seite des Raums saß Astin und starrte die Aktentasche auf seinem Schoß an. Palmer lehnte neben einem kleinen Kühlschrank an der Wand und trank ein Mineralwasser.

Wie fast alle im Raum fühlte sich Whalley nicht wohl in seiner Haut. Er wollte nicht hier sein. Sie wussten nicht, was die SEC vorhatte, aber das interessierte vor allem die Öffentlichkeit. Das musste schief gehen. Doch Lay hatte auf seiner Anwesenheit bestanden. Schließlich sei *er* President. Lay stellte die Teilnehmer vor und begann dann mit seiner Präsentation.

Das ist mein Stichwort, dachte Whalley. Lay konnte wohl kaum das Gespräch unterbrechen und den Analysten sagen, dass seine Nummer zwei gerade ging. Whalley stand auf und verließ wortlos den Raum.

Bei Enron sei man enttäuscht über den Aktienkurs, sagte Lay, insbesondere, weil die Geschäfte gut liefen. Doch er und seine Vertreter seien bereit, jederzeit mit Investoren zu sprechen.

»In jüngster Zeit ist viel von den Geschäften die Rede gewesen, die Enron früher mit LJM abgeschlossen hat. Lassen Sie mich bitte ein paar Punkte wiederholen. Wir haben aus den Bedenken der Investoren bereits zu Jahresbeginn Schlüsse gezogen, und Andy Fastow, unser Chief Financial Officer, hat alle Verbindungen zu LJM gekappt.«

Lay sprach alle Schwierigkeiten an: die SEC-Untersuchung und weshalb man die Reduzierung des Eigenkapitals um 1,2 Milliarden Dollar in der Presseerklärung nicht offen gelegt habe, wobei er den Buchhaltungsfehler wieder mit keinem Wort erwähnte. Dann übergab er das Wort an Fastow, der die Liquidität des Unternehmens auf 1,5 Milliarden Dollar bezifferte.

Lay übernahm wieder. »Und nach diesen kurzen Vorbemerkungen freuen wir uns auf Ihre Fragen.«

David Duncan hatte die Stirn in die Hände gestützt und hörte zu. In seinem Büro herrschte Schweigen. So weit schien ja alles ganz gut zu laufen. Keine größeren Probleme.

Der Ton war aggressiv. Doch zumindest in den ersten Minuten hielten sich die Frager noch zurück. Dann erteilte man Curt Launer, einem Analysten der Crédit Suisse First Boston, das Wort. Wie hoch, fragte er, sei der Gewinn im Jahr 2000 ohne die Geschäfte mit den Partnergesellschaften gewesen?

Lay blickte Fastow an, der völlig regungslos dasaß. *Keine Reaktion.* Lay übergab an Causey. »Rick Causey, Chief Accounting Officer«, sagte er.

Causey sagte Launer, er möge einfach die Anmerkungen zur letzten Bilanz prüfen, um den Gewinn zu errechnen – ebenjene, die niemand begriffen hatte. Während Causey sprach, warf Lay Fastow einen kühlen Blick zu.

Wenige Minuten später kündigte die Vermittlung einen neuen Fragesteller an.

»Wir hören nun Richard Grubman von Highfield Capital«, sagte sie. Im Raum machte sich eine gedrückte Stimmung breit.

Grubman. Der Blankoverkäufer. Der, den Skilling Monate zuvor als Arschloch verunglimpft hatte. Das konnte ungemütlich werden.

Grubman skizzierte einigen Zahlen, die er zur Finanzierung von Azurix errechnet hatte. Nach seiner Rechnung, sagte er, werde Enron möglicherweise bis zu einer Milliarde Dollar bereitstellen müssen, um Azurix zu stützen. Hatte man dafür Rücklagen gebildet?

Causey übernahm die Frage; er argumentierte, dass Azurix über ausreichend Vermögenswerte verfüge, um seinen Verpflichtungen nachzukommen. Grubman schoss zurück und erklärte, dass der Wert nicht vorhanden sei.

»Richard, lassen Sie mich hier kurz einhaken«, unterbrach Lay. Wessex sei der Vermögenswert, der Azurix bleibe, sagte er. Externe Prüfer hätten das Unternehmen unter die Lupe genommen und seien zu dem Schluss gekommen, dass eine Abschreibung des Wertes nicht notwendig sei.

»Ich weiß, dass Sie den Aktienkurs nach unten treiben wollen«, sagte Lay, »und Sie sind da schon sehr erfolgreich gewesen, aber ich glaube, das reicht jetzt. Kommen wir zur nächsten Frage.«

Skilling genehmigte sich einen Augenblick der stillen Genugtuung. Das war der Typ, der ihn auf die Palme getrieben hatte. Und Lay erging es nicht viel besser.

Gut, dachte er. *Du verlierst also auch mal die Beherrschung.*

»Darum geht's doch gar nicht!«, gab Grubman zurück.

Lay verzog das Gesicht. »Kommen wir zur nächsten Frage, Richard. Sie lassen die anderen ja nicht zu Wort kommen. Wir haben hier eine Menge Leute mit wirklich wichtigen Fragen.«

Neben dem Kühlschrank zuckte Palmer zusammen. *Das klingt, als müsse er sich rechtfertigen.* Dieser Ansatz war grundfalsch.

»Ich wäre für eine Antwort dankbar«, sagte Grubman.

»Ich glaube«, erwiderte Lay, »wir haben die Frage schon beantwortet, aber Sie akzeptieren unsere Antwort nicht. Machen wir weiter.«

Duncans Furcht wuchs. Die Sache lief zusehends aus dem Ruder. Auf dem Bildschirm konnte er sehen, dass der Enron-Aktienkurs, der in den ersten Minuten der Analystenkonferenz noch gestiegen war, mittlerweile auf Talfahrt ging.[8]

Nun setzte es Prügel. Es folgten Fragen zu den Partnergesellschaften und zu LJM. Statt offensiv darauf einzugehen, blieb Lay in der Defensive und sprach über die Kontrollen. Schließlich kam David Fleischer von Goldman Sachs in die Leitung.

»Die Glaubwürdigkeit des Unternehmens steht ernsthaft in Frage«, sagte er. »Es sieht so aus, als würden Sie etwas verbergen oder als wollten Sie einfach nicht …«

Er zögerte. »… als gehe etwas hinter den Kulissen vor sich, das … möglicherweise nicht korrekt ist.«

Enron müsse aufhören, vage Antworten zu geben und die Analysten auf die Anmerkungen zu verweisen, sagte Fleischer.

»David, ich verstehe, was Sie meinen«, antwortete Lay. »Wie ich bereits früher gesagt habe, gibt es aber natürlich Grenzen, worüber wir im Zusammenhang mit LJM oder Transaktionen mit nahe stehenden Unternehmen sprechen können oder sollten, und zwar sowohl wegen Prozessen, möglichen Prozessen, als auch wegen der SEC-Untersuchung.«

Nein! Guter Gott, nein!

Skilling hätte am liebsten durch die Leitung gelangt und Lay geschüttelt. Da setzt er ein Analystengespräch an, und dann behauptet er, über den wichtigsten Punkt könne er nicht reden!

Skilling legte voller Verzweiflung auf und ging in seiner Küche auf und ab. So konnte es nicht weitergehen. Jemand musste den Karren aus dem Dreck ziehen. Lay schaffte das nicht.

Er musste zurück. Enron brauchte ihn.

Skilling ließ sich in der Essecke gleich neben der Küche auf eine weiße Couch fallen, rief Lays Sekretärin an und bat baldmöglichst um Rückruf.

»Wir versuchen, Ihnen Informationen bereitzustellen«, fuhr Lay fort. »Wir versuchen nicht, irgendetwas zu verbergen. Wir verheimlichen nichts.«

Duncan rutschte auf seinem Stuhl herum. Es lief schlecht. Der Plan, den Markt mit Hilfe eines Analystengesprächs zu beruhigen, hatte in eine Katastrophe geführt.[9]

Und er konnte nichts tun, um die Sache aufzuhalten.

Das Gespräch dauerte noch einige Minuten. Als Lay es beendete, versprach er, das Unternehmen werde den Kontakt halten und in naher Zukunft erneut ein Gespräch ansetzen.

»Ich danke Ihnen noch einmal für Ihre Teilnahme«, sagte er. »Und danke auch für Ihre Fragen.«

Mark Koenig drückte den Knopf der Freisprechanlage und trennte die Verbindung. Die meisten im Raum erhoben sich. Lay, der immer noch saß, sah sie an.

»Wie war das?«, fragte er.

Es herrschte Schweigen. Sie alle kannten die Wahrheit. »Na ja«, sagte Causey schließlich, »ich glaube nicht, dass wir uns geschadet haben.«

Kein weiteres Wort wurde dazu geäußert. Alle verließen den Raum.

Eine totale Katastrophe.

Duncan schloss das Webcast. Seine Kollegen teilten seine Ansicht. Enron hatte den Ball spektakulär ins eigene Tor befördert. Duncan stand mit seinen Partnern zusammen. Elf Tage zuvor hatten sie eine E-Mail von Nancy Temple erhalten, in der das Team angewiesen wurde, den Richtlinien zu entsprechen und alle Dokumente zu vernichten, die nicht mehr benötigt wurden. Nun lag es nahe, Temples Anweisungen zu wiederholen.

»Wir sollten uns nun alle darum bemühen, den Richtlinien zu entsprechen«, erklärte Duncan seinen Kollegen. »Und ich möchte, dass

Sie alle auch Ihren Mitarbeitern mitteilen, dass sie die Vorschriften einhalten müssen.«

Vielleicht, schlug einer der Partner vor, könne es Duncan ihnen in einer Versammlung mitteilen. Er willigte ein und bat seine Sekretärin, im Raum 37C1 ein Meeting einzuberufen. So sollte Ordnung in die Akten gebracht werden.

Das Telefon klingelte in Skillings Haus. Es war Lay, der soeben vom Konferenzgespräch in sein Büro zurückgekehrt war. Die beiden verschwendeten keine Sekunde mit Smalltalk.

»Ken, Sie müssen mich zurückholen!«, flehte ihn Skilling an.

»*Was?*« Lay konnte kaum glauben, was er da hörte.

»Sie müssen mich zurückholen«, wiederholte Skilling. »Für die Außenwelt habe ich, glaube ich, einige Glaubwürdigkeit, und die werden nicht annehmen, dass jemand freiwillig in des Teufels Küche geht.«

Es wäre ein gutes Signal für den Markt, fuhr Skilling fort, und anschließend könne man nach New York fahren, die Runde bei den Banken machen und alle beruhigen.

»Ken, das ist eine Chance«, sagte Skilling.

Lay dachte darüber nach. »Hm, es ist interessant«, antwortete er. »Lassen Sie mich darüber nachdenken.«

Später am selben Vormittag überquerten Lay und sein Managementteam die Smith Street auf dem Weg zum Tanzsaal im Hyatt Hotel, in dem acht Wochen zuvor noch gefeiert worden war. Diesmal gab es keine stehenden Ovationen, keinen Jubel. Nur verärgerte, verwirrte und verbitterte Mitarbeiter.[10]

Lay begrüßte sie. Im Chor schallte ihm ein »Guten Morgen« entgegen. »Da haben wir's«, sagte er. »Wieder sind alle gekommen. Das wissen wir sehr zu schätzen.«

In gleichmütigem Ton sagte Lay, unter anderen Umständen hätte er wohl etwas über den 11. September gesagt und die Helden jenes schrecklichen Tages.

»Aber heute geht es um Enron«, sagte er, »denn so, wie Amerika vom Terror bedroht ist, so, meine ich, sind auch wir bedroht.«

Er erteilte Greg Whalley das Wort, der ausgiebig über die Leistung der Unternehmensbereiche referierte. Alle Zahlen klangen toll.

Zurück zu Lay. »Wie Sie sehen, sind die Grunddaten unseres Unternehmens sehr stark, ja, es sind die stärksten, die wir je hatten«, sagte er. »Doch leider ist das nicht der Aspekt, auf den die Wall Street ihr Augenmerk richtet.«

Die Aufgaben, die vor ihnen lägen, so Lay, müsse man im Kontext sehen. Man wisse ja bei Enron durchaus, was harte Zeiten seien. Da sei der Skandal um den Ölhandel in den achtziger Jahren gewesen, der die Firma fast ruiniert hätte. Und der J-Block-Vertrag, der mehrere Milliarden Dollar hätte kosten können. »Jedes Mal ist das Unternehmen wieder auf die Beine gekommen«, sagte er, »und es wurde stärker als zuvor.«

Er wisse, sagte Lay, dass der Kurseinbruch den Angestellten Kummer bereite, dass sie sich um die Ausbildung ihrer Kinder und die Tilgung ihrer Hypotheken sorgten.

»Das tut mir unglaublich Leid«, sagte Lay. »Aber wir werden es wieder in den Griff bekommen.«

Natürlich, räumte er ein, wolle jeder über LJM Bescheid wissen. Das Board habe zwar erkannt, dass Fastow aufgrund seiner Rolle in einen Interessenkonflikt geraten sei, doch habe das Unternehmen verlässliche Kontrollmechanismen eingerichtet, um den Schutz der Aktionäre zu gewährleisten.

»Ich habe mich in den vergangenen Tagen wiederholt rückversichert«, sagte Lay, »dass diese Kontrollen und Verfahren zur Anwendung kamen.«

Und ungeachtet der Dinge, die die Angestellten zu lesen bekommen hätten, gebe es keinen Grund, sich über Fastows Rolle in den LJM-Fonds Sorgen zu machen. »Das Board und ich, wir sind überzeugt, dass Andy ethisch und angemessen agiert hat.«

Nun, sagte Lay, stünden alle Angestellten vor einer Prüfung.

»Werden wir die Aufgabe meistern oder nicht?«, fragte er. »Wahre Charakterstärke offenbart sich in Krisenzeiten. Wir müssen als Organisation Charakterstärke beweisen.«

Er blickte ins Publikum. »Ich will nur noch eines sagen. Ich werde hier ausharren, bis das Board mich entweder hinauswirft oder Enron zu seiner einstigen Größe zurückgekehrt ist.«

Die Menge applaudierte.

Die Angestellten waren gebeten worden, anonym Fragen auf Kärtchen zu notieren. Die meisten bezogen sich auf die geschäftlichen Aussichten des Unternehmens. Verschiedene Mitglieder des Managements traten vor und beantworteten die Fragen, die in ihren Kompetenzbereich fielen.

Lay las sich die nächste Karte durch. Dann ging er zum Mikrofon. »Einige werde ich wohl übernehmen«, sagte er. »Diese hier zum Beispiel.«

Er hielt sich die Karte vor die Nase.

»Ich möchte wissen, ob Sie auf Crack sind«, las er.

Die Leute lachten. Lay blickte auf. »Ich werde auf die Antwort noch zurückkommen«, sagte er. Mehr Gelächter.

»Wenn dem so ist«, las er weiter, »dann würde das eine Menge erklären. Wenn nicht, dann sollten Sie jetzt damit anfangen, denn es wird eine lange Zeit vergehen, bis wir Ihnen wieder vertrauen.«

Die Menge lachte wieder.

»Ich glaube, dieser Angestellte ist nicht glücklich«, sagte Lay. »Ich bin mir sicher, einige von Ihnen verspüren auch Hass.«

Er schwieg kurz.

»Nein, ich bin nicht auf Crack«, verkündete er.

Harvey Pitt war verärgert.

An diesem Morgen hatte die *Washington Post* über seine Rede in Miami berichtet.[11] Doch sie übertrieb sein Bedauern darüber, dass die SEC nicht gerade liebenswürdig und freundlich zu den Wirtschaftsprüfern gewesen war. Der Bericht tat so, als katzbuckelte er vor der Prüferbranche.

Seine Bemerkungen hatten jedoch der *Vorgehensweise* gegolten, nicht dem regulatorischen Übereifer, schäumte Pitt. Er hatte ausdrücklich gesagt, dass die Behörde Fehlverhalten aggressiv bekämpfen werde! Pitt erwähnte im Gespräch mit Steve Cutler, seinem Director of Enforcement, den Artikel in der *Post*.

»Wie kann einer über etwas schreiben, was ich am Anfang einer Rede gesagt habe, ohne zu berücksichtigen, was ich danach gesagt habe!«, beklagte sich Pitt.

Cutler hörte verärgert zu. Die Leute in seiner Abteilung hatten nicht gewusst, dass diese Rede anstand; hätten sie es gewusst, so hätten sie Pitt gewarnt, dass er drauf und dran war, sich auf politisches Glatteis zu begeben.

»Harvey, selbst wenn Sie glauben, was Sie gesagt haben, so können Sie so etwas nicht sagen«, erwiderte Cutler.

»Aber es ist aus dem Kontext gerissen!«, beschwerte sich Pitt. »Im Rest der Rede erkläre ich doch, was ich gemeint habe.«

Cutler sah ihn geduldig an. »Harvey, in Washington kommen Sie nicht dazu, den zweiten Satz zu sagen«, sagte er. »Deshalb können Sie als Vorsitzender der SEC auch den ersten nicht äußern.«

Nachdem Duncans Anweisungen zum gesamten Team durchgedrungen waren, wurde aus der zögerlichen Dokumentenvernichtung plötzlich eine Riesenaktion. Und Duncan beschränkte seine Anweisungen nicht auf Houston. Am selben Tag rief er die Enron-Prüfer in London und Portland an und bat sie, den Richtlinien zur Dokumentenaufbewahrung zu entsprechen.[12]

Auch in London schredderten die Partner bald Unmengen an Enron-Dokumenten. Nicht so in Portland. Angesichts der Aufregung bei Enron hielt man die Idee, Akten zu vernichten, für verrückt. Alles wurde aufbewahrt.

Das Fax der Bank of America traf am selben Tag ein. Lays Entscheidung vom September, seine Zehn-Milllionen-Dollar-Kompensation für die Schuldentilgung zu verwenden, hatte dafür gesorgt, dass eine Zeit lang keine weiteren Forderungen gekommen waren. Weil der Enron-Kurs jedoch zusammenbrach, waren die Banken ihm wieder auf den Fersen und forderten Bargeld.

In dem Fax hieß es, die Bank gebe ihm zwei Tage, den Forderungen nachzukommen, oder sie werde Maßnahmen ergreifen.[13] Lay und seine Berater entschieden sich, das Enron-Darlehen zurückzuzahlen, das er mit Unternehmensaktien gehalten hatte, dann aus der gleichen Kreditlinie erneut Geld zu leihen und mit dem Bargeld die Forderung der Bank zu begleichen.

Ray Bowen war auf dem Weg in Whalleys Büro, um mit ihm über die Warnung vor Fastow zu reden, die er seinem Chef auf den Anrufbeantworter gesprochen hatte. Als Bowen Whalley gegenübersaß, kam dieser sofort auf den Punkt.[14] »Haben Sie konkrete Beweise dafür, dass Andy gegen Gesetze verstoßen hat?«

»Nein«, sagte Bowen, »ich weiß nur, dass er ein übler Bursche ist.«

Whalley hakte nach. Bowen möge nachdenken. Es müsse etwas geben, das er verwenden könne.

»Ich glaube ganz einfach, dass er das System missbraucht hat«, erwiderte Bowen.

Whalley warf die Arme nach oben. »Ray, ich habe mit dem Board gesprochen, und die werden in Sachen Andy nichts unternehmen, solange sie keine konkreten Fakten vorliegen haben.«

Er kratzte sich am Kopf. »Die lieben ihn«, sagte Whalley. »Die sind völlig vernarrt in ihn.«

Die beiden saßen eine Sekunde lang schweigend da. Dann stand Whalley auf.

»Okay, raus jetzt«, sagte er.

Auf einer Sitzung des Führungsausschusses an jenem Nachmittag brachte Lay die Idee von Skillings Rückkehr vor.[15] Zu seiner Verwunderung wehrten sich Skillings Gefolgsleute, deren Unternehmensbereiche er mit aufgebaut hatte, vehement dagegen.

Es sei Skillings Idee gewesen auszusteigen, sagten sie. Und warum? *Weil er müde war!* Armer Kerl.

»Er hat seine Entscheidung getroffen und uns eine Menge Kopfschmerzen und Ärger eingebrockt«, sagte Dave Delainey. »Seine Rückkehr ist eine schlechte Idee. Wir haben ein Team. Wir werden das schon schaffen.«

Whalley stimmte ihm zu. »Ich glaube, der Markt wäre verunsichert, wer das Unternehmen nun wirklich leitet«, sagte er.

Lay verstand das nicht. Wie konnten diese Leute dem Mann, der ihnen zu ihrer Karriere verholfen hatte, so in den Rücken fallen?

Die Telefonkonferenz am Spätnachmittag mit Fastow war bestens geplant. Zwei Direktoren, John Duncan und Mickey LeMaistre, waren vom Board bevollmächtigt worden. Justiziar Jim Derrick hatte ein Skript aufgesetzt, damit sie auch die richtigen Fragen stellten.[16] Auf diese Weise sollten die Direktoren schließlich erfahren, wie viel Geld Fastow dafür erhalten hatte, dass er die LJM-Fonds aufgebaut hatte.

LeMaistre war in Colorado, Duncan in Houston; Derrick organisierte das Gespräch und verband die beiden mit Fastow. LeMaistre begann von Derricks Skript abzulesen.

»Andy, aufgrund der anhaltenden Kontroverse um LJM1 und LJM2 halten wir es für hilfreich, wenn das Board erfährt, welchen Betrag Sie investiert haben und welchen Gewinn Sie mit dem Investment in die LJM-Unternehmen erzielt haben.«

Wie hoch seien die Einkünfte alles in allem gewesen, einschließlich des Verkaufs, der Gebühren, der Anlagengewinne? Fastow konnte sich nicht mehr aus der Affäre ziehen.

Fastows Ton war nüchtern. Er habe 23 Millionen Dollar an LJM1 verdient, sagte er. Und noch einmal 22 Millionen an LJM2. Zusammengenommen 45 Millionen Dollar. LeMaistre erschrak.

»Unglaublich«, kritzelte er auf sein Skript.

Und unwahr. Fastows Gewinn betrug, wie es sich später herausstellte, mindestens 15 Millionen Dollar mehr, also insgesamt über 60 Millionen Dollar. Und das für zwei Jahre Arbeit an einer Aufgabe, für die er versprochen hatte, nicht mehr als zwei oder drei Stunden pro Woche zu investieren.

Man konnte es nicht sehen, und man konnte es nicht hören. Aber am 23. Oktober 2001 brachen die finanziellen Stützpfeiler des Unternehmens zusammen. Der Erste, der davon Wind bekam, war ein Manager namens Tim Despain. Die kurzfristigen Anleihen auf dem Markt der Commercial Papers fanden keine Käufer mehr. Die Banken nahmen das Bargeld aus fällig werdenden Krediten, statt neue Commercial Papers zu kaufen. Das war bereits Wochen zuvor, nach dem 11. September, geschehen. Doch damals war es ein Marktproblem gewesen. Diesmal war es ernster; es war ein Enron-Problem.

Weitere schlechte Nachrichten folgten. Glisan hatte bei einigen Enron-Bankern versucht, ein Darlehen zu sichern. Doch keiner ließ sich darauf ein. Solange Fastow CFO sei, teilten sie ihm mit, hätten die Banken kein Vertrauen, dass Enron das Kreditrisiko wert sei. Die Auskunft erschütterte Glisan. Er gab sie eilends an Fastow weiter.

Pug Winokur, Chef des Finanzausschusses, schrie Greg Whalley an. Sie hatten sich über die Krise im Unternehmen unterhalten, und Whalley hatte angedeutet, es sei vielleicht an der Zeit, dass Fastow gehe.

»Andy Fastow wird als CFO bei Enron weitermachen, bis das Board anders entscheidet!«, brüllte Winokur.

Whalleys Antwort war ruhig. »Verstehen Sie das nicht falsch, Pug«, sagte er. »Das ist nicht meine Entscheidung. Selbstverständlich müssen Sie mit dem Board darüber reden.«

Doch eigentlich bleibe keine Wahl. »Die Banken schreien bereits: ›Jeder, nur nicht Andy‹«, sagte Whalley.

Stundenlang versuchten Fastow und Glisan, mit dem Finanzteam einen Ausweg aus der aktuellen Misere zu finden. Doch die Märkte, die Käufer, einfach alle blieben standhaft. Niemand vertraute Enron – oder Fastow – noch Geld an.

Sie riefen Whalley an. Er schlug ihnen jemanden vor, der vielleicht helfen konnte. Fastow stand mit Glisan und Causey neben seinem Schreibtisch. Er zögerte kurz, drehte sich dann zum Telefon um und wählte die Nummer.

An jenem Abend tigerte Jeff McMahon erschöpft durch die Küche. Er war soeben von einer Geschäftsreise zurückgekehrt und freute sich auf sein Bett.

Da klingelte das Telefon. McMahon sah auf das Display. *Enron Corp.* Er nahm ab und meldete sich.

»Jeff«, sagte eine teilnahmslose Stimme, »hier spricht Andy. Rick Causey und Ben Glisan sind bei mir. Haben Sie einen Moment Zeit?«

McMahon war bass erstaunt. Dass ausgerechnet die drei ihn anriefen, und noch dazu zu Hause?

»Wir haben hier ein Problem und brauchen dafür alle klugen Finanzköpfe des Unternehmens, um Ideen zu sammeln.«

Aha, da ist richtig der Wurm drin, dachte McMahon. Fastow machte *ihm* ein Kompliment? Nannte ihn einen klugen Kopf? Das war oberfaul. McMahon lachte glucksend. »Na, Sie müssen ja ganz schön verzweifelt sein.«

Am anderen Ende lachte niemand.

»Okay«, sagte McMahon. »Was ist los?«

Glisan beugte sich über die Freisprechanlage. »Wir haben heute unsere Commercial Papers nicht verkaufen können«, sagte er.

McMahon schnaubte verächtlich. Glisan, der Wunderknabe, der Treasurer des Unternehmens, wusste doch wohl selbst nicht, was er da sagte. Er verkaufte die Commercial Papers nicht? Das war unmöglich.

»Ben, wollen Sie damit sagen, dass Sie nicht so viele emittieren konnten, wie Sie wollten? Das ist bei diesem Markt doch nicht überraschend.«

McMahons Aussage wurde mit einem Schweigen quittiert.

In Fastows Büro waren alle ratlos.

Schließlich begann Fastow. »Nein, Jeff«, sagte er. »Ben meint, was er sagt. Wir haben überhaupt keine Käufer für unser Papier gefunden.«

McMahon verschlug es die Sprache. *Keine* Käufer? Das war doch nicht möglich! Was zum Teufel war geschehen?

Ein paar Sekunden lang herrschte Schweigen. McMahon rieb sich die Augen. »Tja, das ist wohl ein größeres Problem, nicht wahr?«, sagte er nüchtern.

»Ja«, antwortete Fastow. »Deshalb rufen wir an. Wir wüssten gern, ob Sie eine Idee haben.«

Total bescheuert. Wenn das Commercial Paper nicht lief, gab es nur eine Möglichkeit, dachte McMahon. Sie mussten die Auffangkredite in Anspruch nehmen, die das Commercial Paper absicherten. Dafür waren sie ja da. Er sagte es Fastow.

»Das gefällt mir nicht«, sagte Fastow. »Das würde doch dem Markt signalisieren, dass wir mit dem Rücken zur Wand stehen.«

McMahon lachte. »Andy? Hallo? Wir stehen mit dem Rücken zur Wand.«

Nachdem er aufgelegt hatte, ließ er sich die Situation noch einmal durch den Kopf gehen. Fastow hatte ihn gebeten, am nächsten Morgen zu einer Sitzung zu kommen. Aber er musste den Tatsachen ins Auge sehen. Dieses Problem konnten sie nicht aussitzen. Sie mussten die Kredite in Anspruch nehmen.

Enron drohte die Katastrophe. Fastow schien den Ernst der Lage nicht zu begreifen.

Greg Whalley. Hatte Fastow ihm gesagt, was los war? Oder hielt er es unter der Decke, weil er hoffte, sich da irgendwie rauszuwinden? McMahon kannte Whalley, ja, er betrachtete ihn als Freund. Er beschloss, ihn sicherheitshalber zu Hause anzurufen.

»Greg«, sagte McMahon. »Ich habe gerade mit Andy, Ben und Rick telefoniert ...«

»Ach, die haben Sie angerufen?«, unterbrach ihn Whalley. »Gut. Ich habe das angeregt.«

Aha. Damit war das schon mal geklärt. »Stimmt es, dass wir die Commercial Papers nicht losschlagen konnten?«

Ja, erwiderte Whalley. Das hatten sie ihm auch gesagt.

»Ist Ihnen klar, Greg, dass wir in einer schweren Liquiditätskrise stecken?«

Whalley seufzte. »Ja, das ist mir klar, Jeff.«

Es gebe nicht viele Optionen, sagte McMahon, aber sie bräuchten dringend ein paar gute Leute. Er werde Ray Bowen anrufen und ihn am Morgen mitbringen. Bowen könne als ehemaliger Banker von größtem Wert sein.

»Gut«, sagte Whalley. »Bringen Sie Bowen mit.«

Am Morgen des 24. Oktober sprach Whalley in seinem Büro mit Fastow. Letzterer hatte Lay bereits über die Schwierigkeiten mit den Banken informiert. Jetzt mussten Whalley und er alles durchsprechen.

Der CFO sah niedergeschlagen aus. Die Entwicklung hatte ihn wohl kalt erwischt.

»Ich bin mir nicht sicher, ob ich als CFO dem Unternehmen noch nützen kann«, sagte Fastow. »Die Banken misstrauen mir offensichtlich.«

Whalley zeigte äußerlich keine Reaktion. »Der Meinung bin ich auch«, sagte er. »So geht es vermutlich nicht weiter.«

Sie würden etwas ändern müssen, sagte Whalley. Fastow sagte, er könne mit den Mitgliedern seines Teams reden, es mit McMahon besprechen, und dann würden sie den nächsten Schritt festlegen.

Whalley nickte. Er wusste bereits, was er tun würde. Er war auf Fastows Vorschläge nicht angewiesen. Die beiden standen auf, und Fastow ging, gefolgt von Whalley, zur Tür. Fastow trat hinaus und sah McMahon, Bowen und einige andere warten. Er lächelte ihnen nervös zu. Whalley ging an ihm vorbei. »Wir treffen uns oben«, sagte er zu den Wartenden. »Gehen Sie schon mal vor, ich komme in ein paar Minuten nach.«

Während die Männer zum Fahrstuhl gingen, machte sich Whalley auf den Weg zu Ken Lays Büro.

Whalley fand Lay an seinem Schreibtisch vor. Er sah keine Anzeichen von Beunruhigung.

»Wir feuern Fastow und ersetzen ihn durch McMahon«, begann Whalley unvermittelt.

»Moment mal, Greg«, erwiderte Lay. »Wenn das Ihr Ernst ist, müssen wir das mit dem Board abstimmen.«

Whalley stand nicht der Sinn nach Formalitäten. »*Sie* müssen vor das Board«, fauchte er.

Lay bereute es, dass er Whalley zum Präsidenten und Chief Operating Officer gemacht hatte. »Und was«, sagte er scharf, »soll ich denen sagen?«

Whalley grinste Lay an. »Sagen Sie ihnen, dass sie noch heute einen Neuen kriegen. Entweder einen neuen CFO oder einen neuen COO.«

Als Whalley im Halbgeschoss zu den dort Versammelten stieß, ging alles ganz schnell. Ohne auf die Zustimmung des Boards zu warten, feuerte er zu beider Erstaunen Fastow als CFO und ernannte McMahon. Man wandte sich nun rasch den Revolvingkrediten zu. Fastow protestierte, aber niemand beachtete ihn.

McMahons erste Amtshandlung als CFO war es, Bowen als seinen Stellvertreter vorzuschlagen. Die beiden versammelten dann eine Art schnelle Eingreiftruppe um sich, die in den Büchern des Unternehmens Ordnung schaffen sollte. McMahon kündigte an, das Team solle sich eine halbe Stunde später im neuen Gebäude im vierten Stock einfinden. Dort, in der Krisenzentrale, würden künftig die Schlachten geschlagen werden, mit denen die neue Gruppe versuchte, Enron zu retten.

Skilling wusste nichts von Fastows Entlassung. Er dachte nur, der arme Kerl habe unter der schlechten Presse zu leiden und könne ein bisschen Zuspruch vertragen. Er rief ihn an.

»Hallo?«

»Andy, es tut mir so Leid!«

»Verdammt noch mal, *Ihnen* tut's Leid?«, fauchte Fastow, noch immer geschockt. »Das ist einfach nicht zu glauben!«

»Was zum Teufel ist denn passiert?«

»Ich habe verdammt noch mal keine Ahnung!«, erwiderte Fastow.

Ja, aber was denn im Unternehmen los sei? Wie wolle man die Lage in den Griff bekommen?

»Die sagen mir nicht, was los ist«, sagte Fastow. »Überall rennen Anwälte rum. Ich tappe hier völlig im Dunkeln.«

Es entstand eine Pause. Skilling war schockiert über Fastows desolaten Zustand. »Andy, gibt es ein Problem?«, fragte er.

»Es sollte keins geben«, antwortete Fastow. »Ich kapier's einfach nicht.«

Skilling hatte keinen Rat für ihn.

In der Krisenzentrale kamen die ersten schmutzigen Geheimnisse ans Licht, die sich in den Jahren der Inkompetenz und des Missmanagements in der Finanzgruppe angehäuft hatten.[17]

Zunächst bat McMahon um einen Bericht zum Commercial-Papers-Markt. Wie kam es, dass Enron so plötzlich der Hahn zugedreht wurde? Der Finanzmanager Tim Despain übernahm die Antwort.

»Wir haben die Veränderungen in den vergangenen Tagen beobachtet«, sagte er. »Letzte Woche konnten wir das 30-Tage-Papier nicht mehr emittieren. Wir fanden nur Käufer für unser Zwei-Wochen-Papier.«

»Und es geht weiter«, sagte Despain. Anfang der Woche akzeptierte der Markt nur noch das Tagespapier; die Investoren gewährten dem Unternehmen Kredite nur noch für 24 Stunden.

»Dann, gestern Abend«, sagte Despain, »konnten wir auch das Tagespapier nicht mehr verkaufen.«

McMahon sah die Leute im Raum mit offenem Mund an. »Wollen Sie damit sagen, Sie haben diese Katastrophe kommen sehen, und *niemand hat etwas dagegen unternommen?*«

Zehn Minuten später kam die nächste Ohrfeige.

»Wir haben keine Überwachung der verfügbaren Barmittel?«, wetterte McMahon. »Das ist *unmöglich!* Wir sind ein Fortune-50-Unternehmen. Wir *müssen* unsere Barmittel überwachen!«

Bowen sagte erschüttert: »Wie sollen wir unsere Finanzen managen, wenn wir unsere verfügbaren Mittel nicht überwachen können?«

Despain sah seinen neuen Chef angsterfüllt an. »Ray, ich habe nie ... niemand hat uns jemals gebeten, uns damit zu befassen«, stotterte er. »Niemand hat uns das jemals aufgetragen.«

McMahon lehnte sich zurück und hob die Augen zur Decke. *O mein Gott.* Das war die Grundübung im Finanzwesen. Unternehmen müssen ihre verfügbaren Mittel kontrollieren, um zu wissen, ob es Deckungslücken gibt und ob sie ihre Rechnungen bezahlen können. Aus dem gleichen Grund achtet man im Privatleben darauf, *sein Konto im Plus zu halten!* Wenn man bei Enron nicht wusste, wie viel Bargeld da war, konnte man auch nicht wissen, in welchem Umfang man die Revolvingkredite in Anspruch nehmen musstc!

Offenbar war Fastow davon ausgegangen, dass Enron immer mehr als genug verfügbare Mittel hätte. Niemand hatte auch nur die geringste Ahnung, wie viel von dem Geld, das täglich hereinkam, durchlaufende Posten von Handelspartnern waren und wie viel aus der Geschäftstätigkeit hereinkam. Bestimmt konnte man die Zahlen in ein paar Tagen zusammenstellen. Aber dafür war jetzt keine Zeit.

Na gut. Wenn Enron keinen Überblick über seine verfügbaren Mittel hatte, dann musste die schnelle Eingreiftruppe eben prüfen, wann die Rechnungen fällig waren. Es gab eine Menge unbeglichener Schulden. Alle würden irgendwann fällig werden; dann musste Enron sie zurückzahlen. Im Moment hatte das Unternehmen nicht viele Einkünfte, mit denen es seine Verpflichtungen begleichen konnte.

Bowen deutete auf Glisan. »Ben«, sagte er, »besorgen Sie mir bitte die Liste mit den aktuellen Fälligkeitsterminen.« Damit ließe sich Tag für Tag feststellen, wann Enron welche Schulden bezahlen musste.

Glisan lehnte sich zurück und strich sich übers Kinn. »Ich glaube, da kann ich jemanden dransetzen.«

Im Raum wurde es still. Bowen fiel die Kinnlade hinunter. Das war nun wirklich die Höhe. Glisan *glaubt*, er kann jemanden dransetzen? Er *hat* keine Liste? Die kontrollieren ihr Bargeld nicht, und die Fälligkeitstermine für ihre Schulden kontrollieren sie auch nicht?

»Verzeihen Sie, Ben«, sagte Bowen. »Sie sind doch der Treasurer dieses Unternehmens?«

Glisan sagte ungehalten: »Ja, doch.«

»Was heißt das dann: Sie *glauben*, Sie könnten jemanden dransetzen? Wir sprechen hier von der aktuellen Liste der Fälligkeitstermine für das Unternehmen! Verdammt noch mal! Sie *müssen* diese Liste haben!«

Pustekuchen. Man hatte sich auf Deals und Gewinne konzentriert und die Finanzgruppe nach und nach von einer Abteilung, die für das Unternehmen da war, in ein eigenes Profitcenter umgewandelt. In diesem Zuge hatte man sich der langweiligen Alltagsgeschäfte entledigt. Darüber, dass Fastow und sein Team ein Gebilde nach dem anderen – Raptoren, LJM, Braveheart und all die anderen – aus dem Hut gezaubert und Applaus bekommen und Kompensationen eingesackt hatten, waren die Grundlagen der Unternehmensfinanzierung völlig in den Hintergrund gerückt. Enron flog seit Jahren im Blindflug.

Glisan telefonierte eine halbe Stunde lang mit den Führungskräften seiner Abteilung und bat sie auszurechnen, wann welche Gelder bezahlt werden mussten. Als sie ihm die Zahlen lieferten, reichte er sie an McMahon weiter, der sie auf eine Weißwandtafel schrieb. Dann rechnete er alles zusammen.

Okay. Über 30 Milliarden Dollar Schulden. Der Betrag, den Enron innerhalb der nächsten zwölf Monate zurückzahlen musste, belief sich auf …

Er rechnete die Zahlen im Kopf zusammen. *Zehn Milliarden Dollar.*

Und soweit McMahon wusste, hatte Enron keinerlei liquide Mittel. Das Unternehmen würde entweder neu mit den Banken verhandeln und mehr Bargeld aufnehmen oder Konkurs anmelden müssen. Noch schlimmer konnte es ja wohl kaum kommen.

Es kam schlimmer. In ihrem überstürzten Versuch, eine Liste der Fälligkeitstermine zusammenzustellen, hatten Glisan und sein Team Schulden übersehen. So erschreckend die zehn Milliarden auch sein mochten, so blieben sie doch hinter der Realität zurück. Und zwar um 2,6 Milliarden.

McMahon wandte sich an seine Truppe. »Was haben wir noch?«

Tja, erwiderte jemand, da seien noch die Aktientermingeschäfte, mit denen Fastow Gebilde wie die Raptoren finanziert hatte. Die summierten sich in den Büchern zu einem erklecklichen Batzen.

McMahon machte sich darum weiter keine Sorgen. Das konnte doch nicht allzu viel sein? »Gut«, sagte er und blickte Glisan an. »Erklären Sie uns das.«

Glisan ging zur Weißwandtafel und begann, Kreise und Kästchen zu zeichnen. Das Schaubild wuchs und wuchs. McMahon konnte gar nicht alles verarbeiten; er begann zu zittern. Glisan malte derweil die Tafel voll.

»Ben, ich bitte Sie, das ist alles sehr interessant, aber was kommt unter dem Strich raus?«, fragte er. »Nennen Sie mir die Gesamtsumme ...«

»Kann ich nicht«, antwortete Glisan. »Das kann ich Ihnen erst sagen, wenn Sie mir sagen, wo unser Kurs steht.«

Wie bitte? McMahon verstand das nicht.

Glisan begann verschiedene Möglichkeiten aufzuschreiben, die zeigten, wie die Summe der Schulden mit fallendem Aktienkurs stieg. McMahon dämmerte die Wahrheit.

»Wollen Sie etwa sagen«, sagte er eindringlich, »dass da mehrere Milliarden Dollar drinstecken und dass es damit nicht ausgestanden ist? Dass es *wächst*, wenn sich unsere Lage weiter verschlechtert?«

Glisan wandte sich um. »Genau.«

McMahon blickte zu Bowen hinüber. Sie waren nicht hier, um Strafpredigten zu halten. Sie mussten handeln.

»Okay«, sagte McMahon. »Welche Zahl schreiben wir also auf? Ich weiß noch nicht, welchen Betrag ich ansetzen soll.«

Im Raum wurde es still. »Tja«, sagte Bowen, »am besten nehmen wir die Zahl, die wir kennen. Die Summe der Schulden, die wir im Moment haben.«

Glisan notierte eine Zahl. McMahon schüttelte den Kopf. Auf so etwas wäre er im Leben nicht gekommen. Enron drehte sich in einer Todesspirale.

»Warten Sie«, sagte Glisan. »Es gibt da noch etwas.«

McMahon sah ihn an. *Nein ... bitte nicht.* Doch Glisan war nun wie ausgewechselt. Er verhielt sich wie einer, der bei der Polizei seine alten Gaunerkollegen verpfeift.

Glisan begann zu erklären. Enron hatte jahrelang ein Unternehmen namens Enron Oil & Gas, kurz EOG, besessen. Vor einiger Zeit habe Enron das Gebilde als eigenes Unternehmen ausgegliedert und ein großes Aktienpaket daran behalten. Diese EOG-Aktien, erklärte Glisan, seien als Kapital für Fastows Verbriefungsdeals eingesetzt worden. Teil der Abmachung sei es gewesen, dass Fastow Enron dazu verpflichtet hatte, Verluste der EOG-Aktien auszugleichen. Seither war der EOG-Kurs gefallen. Nun, so Glisan, musste Enron den Differenzbetrag bezahlen.

McMahon war wieder verwirrt. Enron hatte EOG-Aktien besessen, als *er* noch Treasurer war. Es war damals unmöglich gewesen, das Aktienpaket zu verkaufen, weil es beim EOG-Börsengang Restriktionen gegeben hatte. Deshalb hatte das Unternehmen eine Strategie entwickelt, nach der die Investoren Obligationen erhielten, die später eins zu eins gegen EOG-Aktien getauscht werden konnten. Dies erlaubte es Enron, den Geldwert der Aktien zu erhalten, ohne sie zu verkaufen. Doch die Aktien mussten natürlich den Investoren zur Verfügung stehen, die diese Obligationen erworben hatten.

Wie war es also möglich, dass sich in einer anderen Partnergesellschaft Fastows EOG-Aktien befanden? Sie waren bereits den Investoren verbrieft. Besaß Enron weitere EOG-Aktien, von denen McMahon nichts wusste? Er fragte nach.

»Nein, es ist das gleiche Paket«, erwiderte Glisan.

McMahon starrte ihn nur an. Hatte Enron die Obligationen zurückgekauft? Die Investoren ausgezahlt? Nein, erwiderte Glisan.

»Ja, aber wo kommt das Aktienpaket dann her?«, fragte McMahon.

»Wir haben die Aktien einfach herausgenommen und in dieses Gebilde gesteckt«, erwiderte Glisan.

So kamen sie nicht weiter. »Womit bezahlen wir denn dann die Obligationsinhaber?«, fragte McMahon.

»Oh«, sagte Glisan, »wir werden auf dem Markt EOG-Aktien kaufen müssen.«

Es war ein erschütternder Moment. Fastow hatte nicht nur jeden Vermögenswert, der nicht irgendwo festgenagelt war, für seine Deals eingesetzt. Nein, diesen hier hatte er gleich zweimal verwendet; Enron würde eine gigantische Anzahl von Aktien an seinem einstigen Unternehmensbereich noch einmal erwerben müssen.

»Okay«, sagte McMahon. »Also, wie hoch sind die Schulden beim derzeitigen Aktienkurs?«

Sie schrieben den Betrag an die Tafel.

Das Chaos in den Unternehmensfinanzen war nun endlich für alle sichtbar. Mehrere Notstandsgruppen wurden gebildet: Eine sollte die verfügbaren Mittel verfolgen, eine andere erneut die Schulden auflisten und die Fälligkeitstermine errechnen. McMahon hatte das ganze Ausmaß der Katastrophe begriffen. Um 10.30 Uhr klingelte das Telefon. McMahon nahm ab.

»Ich möchte Ihnen nur sagen, wenn ich irgendwie helfen kann, sollen Sie wissen, dass ich voll hinter Ihnen stehe«, schleimte Fastow.

»Sie wissen ja, dass ich stets ein großer Bewunderer von Ihnen gewesen bin, Jeff.«

McMahon spürte Ekel in sich aufsteigen.

Fastow redete weiter. »Ich bin mir sicher, dass Sie in der Lage sind, die Krise zu bewältigen. Falls Sie mich brauchen, bin ich da.«

Jetzt war Diplomatie gefragt. »Danke, Andy«, sagte McMahon. »Ich weiß das zu schätzen.«

Wenige Sekunden später legte er auf. Er starrte das Telefon an und schüttelte den Kopf. »Von wegen danke, Andy«, murmelte er. »Du hast uns da reingeritten.«

40 Minuten später traf sich Ken Lay mit den Direktoren.[18] Erst ein paar Stunden zuvor hatte ihm Fastow das Problem mit den Bankern mitgeteilt, und nun musste er darlegen, dass Enron einen neuen CFO brauchte. Er hatte keine Ahnung, dass Whalley Fastow bereits gefeuert hatte.

»Es gibt ernsthafte Zweifel an Andys Effektivität«, sagte er. »Wir haben Banker, die sich weigern, mit uns Geschäfte zu machen, solange Andy CFO ist.«

Es sei am besten, sagte Lay, wenn Fastow durch McMahon ersetzt werde. Die Direktoren begannen, über diesen Vorschlag zu diskutieren.

Da ergriff John Duncan das Wort. »Ich möchte noch etwas erwähnen«, sagte er. »Mickey und ich haben gestern mit Andy über seine Einkünfte aus den LJM-Fonds gesprochen.«

Der Betrag liege viel höher, als sie angenommen hätten, sagte er. Fastow habe zugegeben, dass er 45 Millionen Dollar an LJM1 und LJM2 verdient habe. Die Worte wirkten wie ein Keulenschlag. Lay war verwirrt. Dem war nicht viel hinzuzufügen.

Norm Blake ging in die Luft. »Das ist ungeheuerlich!«, brüllte er. »Wir müssen herausfinden, wofür das Geld bezahlt wurde!«

Die Direktoren waren zuerst wie vom Donner gerührt, dann redeten sie wild durcheinander. Blake fiel ein. »Wir müssen ihn feuern«, sagte er.

Im Raum wurde es still. Dann ergriff Lay das Wort. Ihm fiel es nun wie Schuppen von den Augen. Fastow hatte ihn all die Jahre hinters Licht geführt.

»Ich stimme Norm zu«, sagte er. »Meine Empfehlung geht dahin, ihn zu feuern.«

Doch das war nicht so einfach. Fastows Vertrag war eben erst verlängert worden. Enron brauchte einen handfesten Grund dafür, ihn vor die Tür zu setzen. Blake stellte einen Antrag, der einstimmig angenommen wurde. Fastow war offiziell als CFO bei Enron abgesetzt und wurde beurlaubt. McMahon war mit sofortiger Wirkung sein Nachfolger.

So konnte es nicht weitergehen, das war Mark Palmer klar. Die Flut schlechter Nachrichten riss das Unternehmen ins Verderben. Jeden Tag wartete das Managementteam auf den Anruf des *Journal*, um zu erfahren, was in der eigenen Firma tatsächlich ablief.

Palmer beriet sich mit Larry Rand, einem Experten für Public Relations bei Kekst and Company. Rands Rat war eindeutig: Enron müsse eine eigene Untersuchung in die Wege leiten, Topanwälte damit beauftragen und klären, was Fastow in all den Jahren getrieben hatte. Rand hatte sogar einen Vorschlag: Bill McLucas, ehemaliger Chef der SEC Enforcement, der nun Partner bei Wilmer, Cutler & Pickering war.

Der Vorschlag gefiel Palmer, und er trug ihn den Managern vor. Niemand zeigte Interesse. Die Lage war schlimm genug. Sie brauchten nicht noch eine weitere Untersuchung.

Skilling.

Skilling hatte doch am Tag zuvor angeboten, zu Enron zurückzukehren. Das Managementteam war dagegen gewesen, aber vielleicht konnte Skillings Rückkehr den aufgewühlten Markt doch beruhigen, dachte Lay. Er überzeugte Whalley, mit ihm zu reden und die Lage zu sondieren. Das Treffen sollte am selben Tag in Skillings Haus stattfinden. Es hätte zu viel Aufsehen erregt, wenn er zu diesem Zeitpunkt in die Enron-Zentrale gekommen wäre.

Whalley hielt mit seinem Jeep vor dem schmiedeeisernen Tor zu Skillings neuer, mehrere Millionen Dollar teuren Villa. Er drückte auf den Knopf der Gegensprechanlage. Skilling antwortete, und das Tor öffnete sich. Whalley fuhr hinein und hielt auf der halbrunden Auffahrt.

Skilling war schon aus dem Haus, bevor Whalley aus dem Jeep gestiegen war. »Greg«, sagte Skilling, »was zum Teufel ist eigentlich los?«

»Jeff, es sieht böse aus. Richtig böse.«

»Was ist passiert?«

Whalley schüttelte den Kopf. »Die Liquidität. Sie versiegt.«

»Wie viel sind es? Drei?«

»Wir meinen 3,2.«

Ein hoher Betrag. Enron brauchte 3,2 Milliarden Dollar, oder sein Handelsgeschäft würde zusammenbrechen. Hier war schnelles Handeln gefordert.

»Wir müssen mit dem nächsten Flugzeug nach New York fliegen«, sagte Skilling. Sie müssten sich mit den Bankern zusammensetzen: Chase, Citi, Crédit Suisse, einfach mit allen.

»Wir müssen den Leuten in die Augen sehen und ihnen sagen, dass es kein Problem gibt, dass wir alles zurückzahlen, aber dass wir im Moment Geld brauchen«, sagte Skilling.

»Ja, das werden wir wohl müssen.«

Man müsse die ganze Situation stabilisieren, sagte Skilling. »Was ist das überhaupt für ein Mist mit Andy?«

Whalley verzog das Gesicht. »Wir feuern ihn.«

Die Nachricht warf Skilling um. »Sie machen wohl Witze«, sagte er. »Das ist das Dümmste, was ich je gehört habe. Ich meine, den CFO, den Sie brauchen, um Geld aufzutreiben, den *feuern* Sie?«

»Hey, ich weiß nicht, ob er was ausgefressen hat«, sagte Whalley. »Aber darum geht's auch nicht.«

Worum dann, wollte Skilling wissen.

»Jeff«, sagte Whalley, »Andy war ein grottenschlechter CFO.«

Als Whalley wieder bei Enron eintraf, war er bekehrt. Skilling sollte zurückkehren. Er sagte es Lay, und die beiden beschlossen, noch einmal eine Managementsitzung einzuberufen.

Skilling wartete am Telefon auf Antwort, doch niemand rief an. *Dafür haben wir jetzt wirklich keine Zeit. Wir müssen heute Abend noch nach New York.* Wussten die denn nicht, wie dringend das war?

Ungeduldig rief Skilling schließlich bei Whalley an, um zu erfahren, woran es klemmte. »Wir müssen das erst mit den Mitgliedern des Managements beraten«, sagte Whalley.

»Was wollen Sie tun? Darüber abstimmen?«, fragte Skilling scharf.

»Ken möchte eine Sitzung des Managements.«

»Greg«, rief Skilling, »wir haben keine Zeit! Wir müssen nach New York!«

Das sei nicht zu ändern, sagte Whalley. Lay wollte eine Sitzung.

In einem Krankenhaus vor den Toren von St. Louis suchte Chuck Watson nach einem Kartentelefon. Watson, Chairman und CEO von Dynegy, dem größten Konkurrenten Enrons, kümmerte sich in St. Louis um seine Mutter, die am Herzen operiert worden war. An jenem Morgen hatten seine Leute aus Houston ihm mitgeteilt, auf dem Markt gehe das Gerücht, dass Dynegy aus Angst vor einem Zusammenbruch Enrons alle Transaktionen mit dem Unternehmen gestoppt habe. Das traf nicht zu, doch Watson wusste, dass der bloße *Verdacht* einer solchen Entwicklung Enron lahm legen konnte. Sicher, er wollte Enron übertrumpfen, aber er wollte keine Panik ausbeuten.

Er fand ein Telefon und steckte seine AT&T-Karte hinein. Nach wenigen Minuten war er mit Lay verbunden.[19]

»Ken, es gehen Gerüchte, nach denen wir keine Geschäfte mehr mit Ihnen machen«, sagte Watson. »Sie haben ja auch ohne solche Gerüchte schon genug Sorgen am Hals. An diesen Gerüchten ist nichts dran, und ich bin gern bereit, eine Erklärung dazu abzugeben, wenn Sie möchten.«

»Danke sehr, Chuck«, sagte Lay. »Wir werden wahrscheinlich selber öffentlich Stellung dazu nehmen.«

Lays Ton war gelassen. Watson vermutete im Stillen, dass dieser Mann ein toller Pokerspieler war. »Okay, Ken«, sagte Watson. »Wenn Sie unsere Hilfe brauchen, lassen Sie es uns wissen.«

Dieses Angebot sollte schwerwiegendere Folgen haben, als Watson jemals vorausgesehen hatte.

Der Führungsausschuss blieb hart. Skilling konnte nicht zurückkehren. Wieder führten seine einstigen Verbündeten die Opposition an. Er habe sein Bett gemacht, nun möge er sich auch reinlegen.

»Okay«, sagte Whalley. »Dann lassen wir es eben.«

Die Wall-Street-Firmen waren ratlos. Enron brannte aus; so, wie es aussah, lag das Unternehmen in den letzten Zügen. Die Investoren sollten ihre Aktien wohl abstoßen.

Aber was war, wenn Enron die Sache überstand? Wenn es diesen Krieg überlebte und dann das Schlachtfeld inspizierte, um zu sehen, wer dem Unternehmen in düsteren Zeiten zur Seite gestanden hatte? Wer würde das Investmentgeschäft von Enron dann bekommen?

Einige Firmen beschlossen daher, zweigleisig zu fahren. Nach außen hin bekundeten sie ihr Vertrauen in Enron und ermutigten ihre Anleger, zu kaufen oder zu halten. Doch intern wiesen sie ihre Investmentabteilungen an, die Finger von Enron-Aktien zu lassen.

Manchen an der Wall Street empörte diese Heuchelei. Wade Suki, Analyst bei J.P. Morgan Chase, schickte eine E-Mail an die Mitglieder der Analyseabteilung, in der er darauf hinwies, dass sie zwei unvereinbare Positionen vertraten.[20]

»Wie hat Ihre Bewertung den Klienten geholfen?«, fragte Suki. »Sie erzählen mir die eine Geschichte und den Klienten eine ganz andere? Klingt für mich ziemlich zweifelhaft.«

Die Analysten müssten sich für eine Position entscheiden, schrieb Suki.

»Trauen Sie sich!«, schrieb Suki. »Sie haben Angst, Bankinggeschäfte zu verlieren??? Sind Sie Investmentbanker oder Analysten???«

John Riley, der leitende Andersen-Partner, der die Probleme bei Enron untersuchen sollte, traf an jenem Nachmittag in Houston ein und rief David Duncan an.[21]

»Es ist schon spät, John«, sagte Duncan. »Sie müssen jetzt nicht mehr ins Büro kommen. Wie wär's, wenn Sie sich im Hotel ausruhen und morgen früh im Büro vorbeischauen?«

Gut. Riley sagte, er wolle früh am nächsten Morgen kommen.

Duncan und sein Team konnten ihre fieberhafte Aktenvernichtung ungestört fortsetzen.

Jetzt, dachte Sherron Watkins, war ihre Chance gekommen. Nachdem Fastow draußen war und ihr Kumpel McMahon das Ruder übernommen hatte, konnte sie an ihrer Karriere basteln. Sie schrieb eine E-Mail an McMahon. Als Betreff wählte sie: »Ihr neuer CFO-Posten und der Job, den ich haben möchte«.[22]

Sie gratulierte ihm und schlug ihm vor, Glisan abzuservieren und ihn vielleicht durch Bill Brown zu ersetzen. Dann kam sie auf den eigentlichen Grund ihres Schreibens.

»Ein wichtiges Anliegen wäre mir, dass ich im Team für das Krisenmanagement mitarbeite, um zu klären, wie wir unsere Handelsgeschäfte retten können. Ich hatte als einzige Person bei Enron die Charakterstärke, unter hohem Risiko für meine eigene Karriere, geschweige denn für mich persönlich, zu Ken Lay zu gehen und ihm mitzuteilen, was hier vor sich geht.«

Mittlerweile übten natürlich auch andere Kritik an den Raptoren. Doch das machte Watkins erst richtig wütend.

»Ich verachte diese Nachzügler, die jetzt noch auf den richtigen Zug aufspringen wollen. Wer jetzt, da Lay entschieden hat, die Deals aufzulösen und abzuschreiben, Stellung bezieht, macht es sich verdammt einfach.«

Vor allem, schrieb Watkins, ärgere sie sich darüber, dass man sie kaltgestellt habe, statt ihr die Verantwortung zu übertragen, die sie verdiene.

»Ich hoffe auf ein baldiges Gespräch mit Ken Lay«, schrieb sie. »Aber ich möchte auch mit Ihnen über meine Rolle im ›inneren Kreis‹ reden, weil ich fest davon überzeugt bin, dass sie mir zusteht.«

Dann klickte sie auf »Senden«.

Aus dem Krisenzentrum rief McMahon bei Lay an. Dieser war anscheinend immer noch der Meinung, Enron leide lediglich unter schlechter Presse. Er musste seinem Chef die Augen öffnen.

»Unsere Lage ist wie folgt«, sagte er. »Enron hat über 30 Milliarden Dollar Schulden. Nach unserem Kenntnisstand sind zehn Milliarden davon fällig.« Stille in der Leitung.

»Wir sind im Moment zahlungsunfähig«, sagte McMahon. »Wir sind unseren Schuldnern auf Gedeih und Verderb ausgeliefert.«

Man könne nur die Schuldner zusammentrommeln und neu mit

ihnen verhandeln. Sie müssten sich von allen zusichern lassen, dass sie keine übereilten Schritte unternähmen, denn das würde Enron lähmen und letztlich allen schaden. Nur für den Fall der Fälle, so McMahon, müsse Enron aber auch den Rat von Konkurs- und Sanierungsspezialisten einholen.

»Steht es wirklich so schlimm?«, fragte Lay leise.

Über 30 Milliarden Dollar Schulden und fast kein Cashflow?

»Ja, Ken«, sagte McMahon. »Es steht wirklich so schlimm.«

Gleich darauf rief McMahon Whalley an. »Die einzige Lösung liegt in meinen Augen darin, dass wir uns mit den Banken zusammensetzen«, sagte er, »und einen Fristaufschub aushandeln.«

»Oder eine Fusion«, sagte Whalley.

Eine Fusion?

McMahon dachte darüber nach. »Ja. Eine Fusion mit einer Firma, deren Bilanz stärker ist als unsere.«

»Genau«, erwiderte Whalley. »Ich arbeite daran.«

McMahons E-Mail-Box quoll über. Er las auch die E-Mail von Sherron Watkins und löschte sie grinsend. Er versuchte hier, das Unternehmen zu retten. Er hatte keine Zeit, sich um Sherrons Karriere zu kümmern.

Im Kenneally's, dem irischen Pub an der South Shepherd, zehn Minuten vom Enron-Hochhaus entfernt, war nicht viel los. Die dunkle Bar hatte sich seit zwei Jahrzehnten nicht verändert. Ein paar Stammgäste saßen dort, stürzten ihr Bier hinunter und verschlangen die berühmten Pizzen.

Nach Mitternacht betrat McMahon den Pub, gefolgt von Bowen. Whalley hatte McMahon kurz zuvor angerufen und sich mit ihm im Pub verabredet.

Wenige Minuten später traf Whalley mit Mark Muller ein, einem der Deal Maker bei Enron. Sie sahen sich suchend um und entdeckten dann McMahon und Bowen am Tisch. Der Barkeeper brachte ihnen ihr Bier und spottete, sie sähen schrecklich aus. Eine Weile saßen die Männer nur da und starrten schweigend ihre Gläser an.

»Tja«, sagte Whalley schließlich, »unsere Lage ist wirklich ernst.«

McMahon erhob sein Glas und lachte glucksend. »Das ist ja wohl stark untertrieben«, sagte er. Er sah Whalley an.

»Übrigens«, sagte McMahon, »danke für die Beförderung.«

Whalley lächelte. »Na ja, ich glaube nicht, dass Sie sich dafür wirklich bei mir bedanken müssen.«

McMahon nippte an seinem Bier. »Noch nicht.«

Das Bier floss, und die vier gingen die verschiedenen Möglichkeiten durch. Was war mit Whalleys Idee einer Fusion?

»Könnte eine Fusion die Probleme lösen?«, fragte Whalley.

»Vielleicht.« McMahon lachte. »Eine mit Exxon.«

»Wer würde denn eine Fusion machen?«, fragte Bowen. »Wer würde sich darauf einlassen?« Die Manager überlegten eine Weile hin und her. Dann hatte Mark Muller einen Geistesblitz.

»Wissen Sie, wir könnten doch mit Dynegy fusionieren, die würden es auch schnell genug durchziehen«, sagte er. »Die sind schon seit jeher der Burger King des Energiegeschäfts.«

Whalley lachte. McMahon starrte Muller an. *Burger King?*

»Wie meinen Sie das?«, fragte McMahon.

»Ja, wissen Sie, die von McDonalds machen Marktanalysen, um herauszufinden, wo sie am besten eine Frittenbude hinsetzen, und dann baut Burger King eine auf der anderen Straßenseite«, sagte Muller. »So ist die Haltung bei Dynegy. Die warten einfach ab, was Enron macht, und dann machen sie das Gleiche, nur ein bisschen kleiner.«

Die anderen lachten und griffen nach ihren Gläsern.

Die Idee war geboren. *Dynegy.* Das war die Lösung.

Der für den 25. Oktober angesetzte Lunch war nichts Besonderes. Alle paar Wochen aß Steve Bergstrom, President bei Dynegy, mit Stan Horton zu Mittag, der bei Enron die Pipeline-Gruppe leitete.

Doch am Donnerstagmorgen hinterließ Horton bei Bergstrom eine Nachricht; er fragte, ob Whalley und Mark Frevert, der neue Vice Chairman bei Enron, am Mittagessen teilnehmen könnten.[23] Bergstrom war begeistert. Er hatte Enron gedrängt, seine Handelsaktivitäten in Europa mit Dynegy zusammenzulegen. Vielleicht, dachte er, hatte die Idee angesichts der Finanzkrise, in der Enron steckte, an Attraktivität gewonnen.

Er rief Horton zurück. »Wir freuen uns, wenn Whalley und Frevert kommen«, sagte er. »Sollen wir einen Raum reservieren?«

Daran hatte Horton bereits gedacht. »Das habe ich schon«, sagte er, »im Plaza Club.«

Schon reserviert? Jetzt war sich Bergstrom sicher. Enron wollte die Europaaktivitäten zusammenlegen. Das war toll.

Was in aller Welt ist das für ein Lärm?

John Riley, der Andersen-Partner, der bei der Bewältigung der Enron-Krise helfen sollte, saß in einem Raum gegenüber Duncans Büro über einem Stapel Akten. Doch bei der Arbeit störte Riley ständig ein monotones hohes Surren. Das ging schon seit Stunden so, fast ohne Unterbrechung. Als Duncan kam, fragte ihn Riley.[24]

»Was ist das für ein Surren, David?«, fragte er. »Ich höre das schon den ganzen Vormittag.«

»Oh, das ist der Schredder.«

Riley blickte Duncan ruhig an. »Wissen Sie, David, das ist nicht gerade der richtige Zeitpunkt, Dokumente zu vernichten.«

Duncan nickte. »Wir machen nur die vorgeschriebene Vernichtung von Klienteninformationen«, sagte er.

Er lächelte Riley an. »Ich kann mir durchaus vorstellen, dass es für Sie keine schlimmere Vorstellung gibt, als in ein Büro zu kommen, in dem Unterlagen geschreddert werden.«

Sie lachten beide.

Die Vernichtung der Enron-Unterlagen bei Andersen kam recht gut voran. Die Schredder im Three Allen Center liefen vom frühen Morgen bis spät in die Nacht auf Hochtouren. Doch das reichte nicht. Man musste ein bisschen Gas geben.

Mit größeren Schredderarbeiten beauftragte Andersen die externe Firma Shred-It.[25] Deren Lastwagen wurden nun gerufen. Und im Hauptbüro der Andersen-Niederlassung in Houston gab es größere Aktenvernichter. Man bestellte große Schrankkoffer. So konnte man die Papiere einpacken und ins Hauptbüro karren, wo sie vernichtet wurden.

In einer Kristallvase am Eingang zum Plaza Club stand ein Bouquet frischer Blumen. Im 49. Stock des One Shell Plaza hatten die Clubmitglieder einen atemberaubenden Blick auf das Baseballstadion, das Enron zu einem der beliebtesten Unternehmen in ganz Houston gemacht hatte.

Whalley schritt in Begleitung von Frevert und Horton an dem Blumenschmuck vorbei, ohne ihn weiter zu beachten. Die drei wurden zu einem separaten Raum geführt, in dem sie sich mit Bergstrom treffen wollten.[26] Die Manager unterhielten sich über ihre Handelsaktivitäten in Europa, wie Bergstrom es vorhergesehen hatte. Dann nahm die Unterhaltung eine jähe Wendung.

»Ehrlich gesagt, Steve«, sagte Whalley, »wir sind heute nicht gekommen, um über Europa zu reden.«

»So?«, sagte Bergstrom.

»Wir möchten mit Ihnen über eine Fusion unserer Firmen reden«, sagte Whalley schlicht.

Bergstrom sah Whalley erschrocken an.

Nach nur einer Stunde hatten beide Seiten gute Fortschritte gemacht. Dann unterbrach Bergstrom das Gespräch.

»Ich möchte Lays Meinung hören«, sagte er. Chuck Watson werde eine Fusion nur in Betracht ziehen, wenn Lay ihm mitteile, dass Enron dies wünsche. Wenn das geschehe, dann könnten sie es vielleicht durchziehen.

Kein Problem, erwiderte Whalley. Lay werde Watson anrufen.

An diesem Tag gab Enron bekannt, dass es seine Kreditlinien über rund drei Milliarden Dollar ausschöpfen werde.[27] Davon werde über die Hälfte in den Rückkauf aller Commercial Papers gehen, sodass dieses finanzielle Problem aus der immer länger werdenden Sorgenliste gestrichen werden könne.

Im *Journal*-Büro in Los Angeles begannen John Emshwiller und Rebecca Smith einen Artikel darüber zu schreiben. Vielleicht war es an der Zeit, Chewco zu erwähnen. Sie hatten Wochen zuvor den Namen in Koppers Biografie in den LJM2-Emissionsunterlagen gelesen. Zu diesem Zeitpunkt wussten die Journalisten nicht viel über Chewco. Doch die Enron-Story war heiß. Sie wollten den Namen erwähnen, bevor es jemand anders tat. Als er diesen Teil des Berichtes schrieb, rief Emshwiller bei Palmer an und fragte ihn, ob er etwas zu Chewco zu sagen habe.

»Nie davon gehört«, antwortete Palmer.

Emshwiller erklärte, aus den Unterlagen, die er eingesehen habe, gehe hervor – was, wie sich später herausstellte, nicht stimmte –, dass Chewco 400 Millionen Dollar an Vermögenswerten von Enron erworben habe und von einem Enron-Manager namens Michael Kopper geleitet werde.

Palmer versprach, Emshwillers Fragen zu beantworten.

Wenige Minuten später war Palmer bei Whalley im Büro. »Hey, Greg«, sagte er. »Haben Sie schon mal was von Chewco gehört?«

Whalleys Arbeit musste warten. Sein Public-Relations-Mann hatte eine Frage zu Chewco. Das bedeutete, dass jemand – und zwar jemand von der Presse – Palmer danach gefragt hatte.

»Oh«, sagte Whalley. »Das ist nicht gut.«

Chuck Watson von Dynegy war aus Missouri zurückgekehrt und fuhr mit seinem silbernen Mercedes 500 nach Hause, als das Autotelefon klingelte. Er drückte auf den Knopf der Freisprechanlage.

»Chuck, hier spricht Ken Lay.«[28]

Watson begrüßte Lay. Möglicherweise stimmte, was ihm Bergstrom über eine zu erwägende Fusion mit Enron erzählt hatte. Es gebe Probleme, sagte Lay, und Enron ziehe nun verschiedene Möglichkeiten in Betracht. Eine sei ein Gespräch mit Watson. Sie müssten sich treffen, so Lay, um zu klären, ob sie gemeinsam etwas auf die Beine stellen konnten.

Die beiden suchten nach einem Termin. Der Freitag war bereits voll. Lay schlug vor, sich am Samstagmorgen in seinem Haus in Huntingdon zu treffen. Watson sagte zu.

Die Neuigkeiten über Chewco waren furchtbar. Das größte Problem, so erkannte Palmer, lag darin, dass bei Enron entweder niemand wusste, dass es Chewco gab, oder dass niemand darüber reden wollte.

Als die Details durchsickerten – dass Kopper das Ding leitete, sein Liebhaber Hauptinvestor war, dass Enron es zu einem Preis zurückgekauft hatte, der Kopper zehn Millionen Dollar einbrachte, dass McMahon darum gekämpft hatte, den Deal zu verhindern –, erkannte Palmer, was sich hinter Chewco verbarg: Es konnte der Sargnagel des Unternehmens sein, der Beweis dafür, dass Enron jahrelang nicht ordnungsgemäß geführt worden war.

Ständig rief Emshwiller an, und immer schien *er* mehr zu wissen als Palmer. Palmer sprach seinen Chef Steve Kean an.

»Das *Journal* weiß mehr darüber, was hier los ist, als *wir!*«, beschwerte er sich. »Holen Sie Ken, holen Sie Whalley, holen Sie McMahon! Wir müssen das jetzt durcharbeiten!«

Einige Minuten später, Palmer war am Telefon, erfuhr er, dass die Führungsriege im Konferenzraum auf ihn wartete und mit ihm über Chewco reden wollte.

Whalley erwartete ihn in der Tür zum Konferenzraum. Wie schlimm war es diesmal? Was würde das *Journal* schreiben? Er ging seinem PR-Chef entgegen.

»Was wissen die?«, fragte er hastig.

Palmer sah ihn schweigend an. Whalley bemerkte, dass Palmers Augen feucht waren.

Palmers Mund füllte sich mit Speichel. Ihm wurde schlecht. Er war drauf und dran, sich vor Whalley zu übergeben. Er machte auf dem Absatz kehrt und rannte in die Herrentoilette. Dort stellte er sich vor das letzte Waschbecken und wollte sich übergeben. Sein Magen revoltierte, und er spuckte den Speichel aus, der sich in seinem Mund gesammelt hatte. Die Übelkeit ließ nach, und er wusch sich das Gesicht. Er trocknete sich gerade mit Papiertüchern ab, als Whalley den Raum betrat. Er ging zu Palmer herüber und legte ihm den Arm um die Schulter.

»Kommen Sie«, sagte Whalley und führte ihn auf den Flur. »Kommen Sie, setzen Sie sich.«

Er ging mit Palmer in einen kleinen leer stehenden Raum und setzte sich mit ihm an einen Tisch. Palmer rieb sich das Gesicht.

»Verdammt noch mal, Greg, ich will hier raus!«

Whalley sah Palmer überrascht an. »Sie wollen hier raus? Warum? Wir kommen wieder auf die Beine. Wir schaffen das.«

Palmer schüttelte den Kopf. »Nein, Greg. Das *Journal* weiß mehr darüber, was hier vor sich geht, als *ich*, es weiß mehr als Ken und Sie alle. Ich weiß nicht, wie ich meine Arbeit machen soll! Kein Mensch gibt mir brauchbare Informationen!«

Ja, das sei ein Problem, sagte Whalley. Die meisten Enron-Manager hatten sich einen Anwalt besorgt. Keiner wollte sich selbst belasten. Unter diesen Umständen würde er wohl kaum brauchbare Informationen bekommen.

Er deutete mit dem Finger auf Palmer. »Trotzdem lassen wir hier niemanden einfach gehen«, sagte er. »Wenn Sie weg sind, sind Sie weg. Hier kriegt keiner eine Abfindung. Keiner.«

Palmer schloss die Augen. Er konnte es sich nicht leisten, ohne Abfindung zu gehen. Er hatte keinen anderen Job in Aussicht. Er stand auf. »Gut«, sagte er. »kehren wir in den Konferenzraum zurück.«

Palmer betrat den Konferenzraum in Begleitung Whalleys. Alle Stühle waren besetzt. Er ging zur Rückwand, setzte sich auf den Boden und bedeckte sein Gesicht mit den Händen.

Ken Lay kam herein und stellte sich ans Kopfende des Tisches. Steve Kean gab in fast militärischem Ton einen Überblick über Chewco.

Jeder steuerte die Informationshäppchen hinzu, die ihm bekannt waren. McMahon erzählte die Geschichte vom Chewco-Buy-out, erklärte, wie er ihn bekämpft und verhindert hatte. Doch dann, als er seinen Posten als Treasurer hatte abgeben müssen, war der Buy-out durchgegangen. Kean nahm den Faden wieder auf.

»Ein Problem ist, dass der Anteilseigner in diesem Fall Michael Koppers Partner ist«, sagte er.

Lay sah Kean verwirrt an. »Sein Partner? Was, haben wir hier noch ein Partnerunternehmen?«, fragte er.

»Nein, Ken«, sagte McMahon. »Er ist schwul, der Kerl ist Michaels Lover.«

Im Raum war es einen Moment lang still. Lay blickte rund um den Tisch in die Gesichter und blinzelte.

»Er hat einen Lover?«, schrie er. Dann wedelte er mit den Armen in der Luft herum und brüllte. »Was ist hier eigentlich los?«

Von der Rückwand her kam ein lautes Klopfen. Alle drehten sich um. Palmer schlug mit der Hand auf den Boden, so hart, dass es wehtat. Er sah zu Lay empor.

»Ich sage Ihnen, was los ist, Ken!«, rief er. »Das *Wall Street Journal* weiß mehr darüber, was in Ihrem Unternehmen vor sich geht, als *Sie!*«

Er schlug wieder auf den Boden, diesmal im Takt mit seinen Worten.

»Das … muss … auf-hö-ren!«, schrie er. »Wir müssen jemanden beauftragen, der eine Untersuchung durchführt und uns sagt, was verflucht noch mal hier eigentlich los ist!«

Sein Ausbruch brachte alle zum Schweigen.

Lay blickte in die Runde, dann zu Palmer.

»Wir werden klären, was geschehen ist«, sagte er schlicht. Die Sitzung war beendet.

20 Minuten später saß Palmer wieder an seinem Schreibtisch. Das Telefon klingelte. Auf dem Display sah er, dass es der Justiziar Jim Derrick war.

»Mark, haben Sie die Nummer von Bill Mc…«

Der Nachname fiel ihm nicht ein.

»Bill McLucas?«, fragte Palmer. Der ehemalige Chef der SEC Enforcement-Abteilung. Der Anwalt, den schon Larry Rand von Kekst empfohlen hatte.

»Genau, Bill McLucas. Wo arbeitet der?«

»Wilmer, Cutler«, sagte Palmer. »Ich besorge Ihnen die Nummer.«

Er legte auf und rief Larry Rand an.

»Larry«, sagte er. »Haben Sie die Nummer von Bill McLucas? Wir brauchen ihn dringend.«

Kapitel 21

Hektische Aktivität erfüllte den Trading Room im neuen Enron-Gebäude. McMahon telefonierte mit Enrons Bankern und erörterte mit ihnen die Ausschöpfung der Kreditlinien. In seiner Nähe zerbrach sich Glisan mit einigen anderen den Kopf darüber, wo sie das Geld unterbringen konnten. Whalley überwachte das Chaos; ein einziger Fehler konnte jetzt dazu führen, dass Enron nicht mehr über das Kapital verfügte, das es zum Überleben brauchte.

Steve Kean kam herein. Er wirkte angespannt und ging direkt zu Whalley. »Greg, ich muss mit Ihnen reden«, sagte er.

Whalley winkte ab. »Steve, jetzt nicht, ich habe keine Zeit«, fuhr er ihn an.

»Nein, Greg, ich muss *jetzt sofort* mit Ihnen reden.«

Die Dringlichkeit in Keans Ton ließ Whalley aufmerken. »Geht es um eine Presseerklärung?«, fragte er.

»Nein, tut es nicht.«

Whalley musterte Kean gespannt. »In Ordnung«, sagte er. Er folgte Kean in ein privates Büro und zog die Tür hinter sich zu.

Sie setzten sich. »Okay«, sagte Kean. »Wir sind von der Houstoner Polizei und dem FBI kontaktiert worden. Sie müssen den leitenden Special Agent im Houstoner FBI-Büro anrufen.«

Whalley lachte. »Steve, sagen Sie denen, dass ich mich um 17 Uhr stelle. Ich habe gerade leider keine Zeit dafür.«

»Steve, Sie verstehen nicht«, protestierte Kean. »Offenbar hat sich letzte Nacht eine Frau dem FBI gestellt.«

Bei der Frau, fuhr er fort, handelte es sich um eine Drogenabhängige. Sie behauptete, auf einem Parkplatz einen Matchbeutel gefunden und ihn mit in ein Crackhaus genommen zu haben. In dem Matchbeutel fand sie, erzählte sie dem FBI, ausländische Pässe, Flugtickets nach Nairobi, Waffen und Munition. Und ein Stück Papier, auf dem vom Enron-Gebäude und dem 26. Oktober die Rede war.

Was? Der 11. September war erst ein paar Wochen her. Und nun gab es eine neue Terrordrohung – *gegen Enron?* Für morgen? Drei Milliarden Dollar waren auf dem Weg zu ihnen, das Unternehmen bewegte sich am Rand einer Katastrophe, und jetzt wollten auch noch Terroristen einen *Anschlag* auf sie verüben?

»Das ist doch nicht Ihr Ernst!«, meinte Whalley.

Die Tür ging auf, und McMahon schaute herein. »Hey, Jeff!«, rief Whalley. »Das müssen Sie sich anhören. Ich habe gerade erfahren, dass morgen die Bude hier in die Luft fliegt.«

»Ausgeschlossen«, sagte McMahon, ohne mit der Wimper zu zucken. »Die Bude fliegt nämlich schon heute in die Luft.«

Damit drehte er sich um und ging.

Am selben Tag saß Tom Roberts an seinem Schreibtisch im Büro von Weil, Gotshal & Manges in Midtown Manhattan. Roberts stammte aus Texas und war lange Jahre als Deal Maker tätig gewesen. Er leitete als Partner das Corporate Department und war dafür zuständig, der Firma, die am besten für ihre Arbeit im Zusammenhang mit großen Firmenbankrotten bekannt war, neue und vor allem lukrative juristische Betätigungsfelder zu erschließen.

Roberts wollte am nächsten Tag nach Dallas fliegen und dort die Southern Methodist University besuchen, an der seine Tochter studieren wollte. Während er seine Reisevorbereitung traf, kamen einige seiner Partner herein. Das Dallas-Büro, sagten sie, sei gerade von Enron kontaktiert worden.

»Okay«, sagte Roberts. »Worum geht es?«

Das wusste niemand so recht. Enron wollte einfach *etwas*. Der Anrufer war irgendein unwichtiger Jurist aus der Rechtsabteilung der Großkundenabteilung gewesen.

Eigenartig. Nicht der Justiziar, sondern jemand aus der zweiten Reihe hatte angerufen. Das ließ auf einen wenig lukrativen Job schließen, und entsprechend hielt sich die Begeisterung im Raum in Grenzen. Ein paar Anwälte wiesen vorsorglich darauf hin, dass sie am Samstag unabkömmlich seien.

Roberts hob die Hand. »Ich bin dieses Wochenende ohnehin unten in Texas«, sagte er. »Ich werde bei Enron vorbeischauen und ein paar unserer Leute aus Dallas mitnehmen.«

Das hielten alle für eine gute Idee. Hinfliegen, ein kurzes Meeting abhalten, wieder zurückfliegen. Keine große Sache.

»Also, wie sieht es aus?«, wollte Whalley wissen. »Können wir morgen arbeiten oder nicht?«

Er hatte das FBI am Telefon. Polizisten hatte gerade das Crackhaus durchsucht und den Matchbeutel entdeckt – und ein paar Flugtickets und Patronen, aber keine Waffen. Und keinen Hinweis auf das Enron-Gebäude.

Whalley seufzte. »Also arbeiten wir morgen?«

Die Banken in New York bemühten sich verzweifelt, Enron davon abzubringen, die vertraglich zugesicherten drei Milliarden Dollar Kredit abzurufen. Sie mochten sagen, was sie wollten, McMahon blieb hartnäckig. Schickt das Geld, sagte er ihnen.

Die Banker rauften sich die Haare. Natürlich, sie hatten dem Unternehmen einen Kreditrahmen von drei Milliarden Dollar eingeräumt, aber keiner von ihnen hatte damit gerechnet, dass Enron den gesamten Betrag auf einen Schlag abrufen würde. McMahon war bei Lay im Büro, als Michael Carpenter, CEO der Salomon Smith Barney Bank, die zur Citigroup gehörte, anrief und ihm dringend davon abriet, den Kreditrahmen voll auszuschöpfen.

»Damit würden Sie ein extrem negatives Signal an den Markt senden«, warnte Carpenter. »Das Signal wäre bei weitem nicht so negativ, wenn Sie nur einen Teil in Anspruch nehmen und den Rest in der Bank lassen würden.«

»Mike, wir müssen den gesamten Kreditbetrag abrufen«, erwiderte Lay. »Ich verstehe Ihren Einwand, und er ist durchaus gerechtfertigt. Aber wir halten das für unsere beste offene Option.«

Carpenter erkannte, dass er hier nichts mehr ausrichten konnte.

»Ich respektiere Ihren Standpunkt, Ken«, sagte er. »Und falls das Ihr Wunsch ist, werden wir natürlich kooperieren.«

Nachdem Carpenter aufgelegt hatte, rief Lay Marc Shapiro an, Vice President der ebenfalls für Enron tätigen J.P. Morgan Chase Bank. Shapiro, ein Banker alter Schule aus Texas, war seit langem mit Lay befreundet, und Lay war der Ansicht, dass Shapiro wissen sollte, was passiert war. Vielleicht hatte er ja ein paar Vorschläge, wie sie sich aus der Klemme befreien konnten.

Jimmy Lee, ein Vice Chairman bei J.P. Morgan, saß in seinem durch eine Glaswand vom Handelsbereich der Bank abgetrennten Büro und scannte den Bloomberg-Monitor, als sich auf dem Intercom seine Sekretärin meldete.

»Mr. Shapiro am Apparat.«

Lee griff zum Hörer. »Hey, Marc!«, meldete er sich begeistert.

»Hey, Jimmy«, gab Shapiro zurück. »Ich kenne da jemanden, der in einigen wichtigen Boards sitzt und dringend Hilfe braucht.«

»Um wen geht es?«

»Um Ken Lay von Enron.«

»In Ordnung. Geben Sie mir seine Telefonnummer.«

Der Name Lay sagte ihm nichts, aber Enron kannte er. Lee dachte sich nichts dabei. Ein weiteres Unternehmen, dem der Cash ausging oder das unter einer schlechten Bilanz litt. Er hatte vielen Unternehmen in der Zwickmühle geholfen, und er freute sich darauf, mal wieder einen großen Konzern unters Messer zu nehmen. Ihm war noch nie ein Patient bei der Operation gestorben, warum sollte Enron da eine Ausnahme machen?

Am nächsten Morgen wurden die Sicherheitsmaßnahmen drastisch verschärft und die Straßen rund um das Enron-Gebäude abgesperrt. Unabhängig davon, was sie in dem Crackhaus gefunden hatten, die Behörden wollten auf Nummer sicher gehen. Auf dem Weg zum Eingang sah ein Kollege Whalley und sprach ihn an.

»Hey, Greg! Was ist hier eigentlich los?«

Whalley lächelte. Auf keinen Fall würde er erzählen, dass Enron Ziel eines Terroranschlags werden könnte.

»Na ja, wir haben gerade einen drei Milliarden Dollar schweren Kredit gezogen und deponieren das Geld in kleinen Scheinen im vierten Stock«, erwiderte er. »Und wir wollen doch nicht, dass uns das jemand wegnimmt.«

Die undankbare Aufgabe war an Glisan hängen geblieben. Finden Sie alles über Chewco heraus, gehen Sie die Unterlagen durch, und informieren Sie das Board. Glisan traf sich mit Führungskräften, um über den Deal zu sprechen, darunter Rodney Faldyn, Leiter der Transaction Accounting Group. Faldyn hatte sich noch nie groß für Chewco interessiert, aber je mehr er jetzt darüber erfuhr, umso weniger gefiel ihm die Sache. Nach korrekter Buchhaltung sah das nicht aus. Er ging zu Causey. »Rick, ich glaube, wir haben da ein ernsthaftes Problem mit Chewco«, sagte er.

Kurz darauf erhielt Tom Bauer, ein Andersen-Partner im Enron-Team, einen Anruf von Faldyn und Ryan Siurek.

»Ich muss«, erklärte Faldyn, »nach den Anforderungen zur Drei-Prozent-Kapitalregel fragen, die eingehalten werden muss, damit eine Zweckgesellschaft als unabhängig anerkannt wird.«

Schon wieder? Bauer hatte Enron dieses Konzept wiederholt erklärt, und *so schwer zu kapieren war das doch nicht.* Damit eine außerbilanzielle Gesellschaft als unabhängig galt, mussten drei Prozent ihres Eigenkapitals von dem Unternehmen nicht nahe stehenden Investoren kommen. Ganz einfach. Aber jahrein, jahraus machte Enron an dieser Regel herum. *Was ist damit? Wie sieht es hiermit aus?* Es hing ihm zum Hals raus.

»Worum geht's?«, fragte Bauer.

»Müssen die drei Prozent strikt von außen kommen, oder kann sie auch ein nahe stehender Investor einbringen?«

Dumme Frage. Schließlich wäre es ja keine unabhängige Gesellschaft mehr, wenn das Kapital von einem nahe stehenden Unternehmen stammte. Bauer sagte genau das. Schweigen.

»Das sage ich seit Jahren«, fuhr Bauer fort. »Das habe ich Ihnen im Zusammenhang mit Chewco und im Zusammenhang mit den LJM-Transaktionen gesagt.«

Immer noch keine Reaktion. »Nun«, brach Faldyn schließlich das Schweigen, »auf der Grundlage einiger neuer Erkenntnisse dürfte Chewco diesen Standard kaum einhalten.«

Das kann nicht sein, dachte Bauer.

Mit Hilfe von Chewco hatten sie den Anteil von CalPERS an dem als JEDI bezeichneten Pool an Energiebeteiligungen übernommen, Beteiligungen, die jede Menge Cashflow brachten. Es gab massenhaft Investoren, die liebend gerne drei Prozent *daran* übernommen hätten. Die Folgen eines Fehlers bei Chewco konnten katastrophal sein. Ohne die drei Prozent war die Gesellschaft nicht unabhängig, im Gegenteil, ohne die drei Prozent *war* Chewco gleich Enron. Damit fiel der nächste Dominostein. Wenn Chewco gleich Enron war, war Chewco auch nicht der 50-prozentige Miteigentümer an JEDI. Also war auch *JEDI* gleich Enron. Und alles musste in die Bücher. Mit anderen Worten, die gesamten Einnahmen und Erträge von JEDI gehörten Enron. Demnach wären alle Zahlen des Unternehmens, und zwar ausnahmslos alle, falsch, zurück bis zum Tag, an dem Chewco gegründet wurde. Vier Jahre zurück. Bis 1997.

Das konnte einfach nicht sein.[1]

Skilling war drauf und dran, durchzudrehen.

Seit Tagen wartete er auf eine Nachricht von Enron, und mit jeder Minute ging wertvolle Zeit verloren. Schließlich, am Freitag, hielt er es nicht länger aus. Er wollte am nächsten Tag mit Rebecca Carter zu einer Bootsmesse nach Florida fliegen und dort Cliff Baxter treffen. Skilling musste wissen, ob er fliegen konnte.

Er rief Whalley an. »Okay, Greg, was wurde beschlossen?«

Whalley reagierte, als hätte er seit Monaten nicht mehr an Skilling gedacht. »Ach so, stimmt. Wir haben uns dagegen entschieden.«

Skilling ließ sich in einen Stuhl fallen. *»Was?«*

»Wir hatten ein Meeting des Führungsausschusses, und die Gruppe hat den Vorschlag abgelehnt.«

Skilling konnte fast spüren, wie Enron ihm entglitt.

»Warum?« Er klang entmutigt.

»Niemand konnte abschätzen, wie die Presse darauf reagieren würde«, antwortete Whalley. »Es hätte die Leute nur verwirrt.«

Skilling hörte zu. »Okay«, sagte er schließlich und legte auf.

Er saß auf seiner Couch, die Augen geschlossen. Die Gründe waren fadenscheinig; er wusste, was dahinter steckte. Sie hatten Fastow im Fadenkreuz. Er hatte sich einen Haufen Geld unter den Nagel gerissen. Fastow war sein Mann gewesen. Skilling war sich ganz sicher. Seine Kollegen hatten den Verdacht, dass er in die Sache verwickelt sein könnte.

Rebecca Carter kam herein. Skilling saß immer noch auf der Couch. Er sah fertig aus.

»Sie wollen nicht, dass ich zurückkomme«, sagte er zu ihr.

»Was?«

»Sie wollen nicht, dass ich zurückkomme«, wiederholte er.

Er sah zu Boden. »Das könnte das Ende sein.«

Jordan Mintz tobte. Was zum Teufel war eigentlich in sie gefahren? Was dachten sie sich dabei, ihm für heute Morgen ein Meeting aufs Auge zu drücken, bei dem er rechtfertigen sollte, warum er die LJM-Leute nicht mehr im Gebäude haben wollte? *Was brauchte es noch alles?*

Mintz führte diesen Kampf seit Monaten, hatte dort weitergemacht, wo McMahon aufgehört hatte. Ohne Erfolg. Jetzt, da die Welt um sie herum in Scherben zerfiel, fand Mintz hier und da Leute, die ihm Gehör schenkten und bereit waren, eine Verlegung von LJM in Erwägung zu ziehen. Doch dann protestierte Kopper. Er bräuchte, sagte er, mehr Zeit.

Mintz konnte Koppers Chuzpe nicht fassen. Mit seinen ganzen dreckigen kleinen Deals hatte er Enron an den Rand des Abgrunds gedrängt, und nun verlangte er mehr Zeit? Kopper arbeitete nicht einmal mehr für Enron. Er war Vollzeit für LJM tätig! Das Meeting war für 10.30 Uhr anberaumt. Durch die Glaswand des Konferenzraums sah Mintz Kopper pünktlich den Flur herunterkommen. *Unglaublich.* Ungeachtet des ganzen Chaos war der Mann tatsächlich gewillt, seine Sache zu vertreten.

Mintz begrüßte Kopper mit einem Blick, aus dem pure Verachtung sprach. Kopper hob die Hand und zeigte auf Mintz.

»Fangen Sie *bloß* nicht mit mir an!«, fuhr er Mintz an.

Das Meeting begann, und zum ersten Mal fand Kopper keinerlei Unterstützung. Es sah so aus, als würde Enron endlich das Richtige tun. Gegen Ende des Meetings zog Kopper einen Umschlag heraus und warf ihn vor Mintz auf den Tisch.

»Da wäre noch etwas, um das Sie sich kümmern müssen«, sagte er.

Mintz öffnete den Umschlag und erstarrte.

Eine Rechnung über mehrere 100 000 Dollar. Kopper stellte Enron die Kosten für das Windgeschäft in Rechnung, das Geschäft, gegen das Enron sich von Anfang an gesperrt hatte.[2]

Das Enron-Board trat um 12.10 Uhr an diesem Tag zusammen. Mit am Tisch saß ein ernst aussehender Mann mit Bart, den man ohne seinen teuren Anzug für einen irischen Polizisten hätte halten können.

Lay eröffnete die Sitzung und deutete auf den Gast.

»Ich möchte Ihnen Mr. Bill McLucas von Wilmer, Cutler & Pickering vorstellen«, sagte er. McLucas war auf Enrons Bitte hin nach Houston gekommen, um dem Unternehmen durch die akute Krise zu helfen.

McLucas erhob sich. Er fasste die Ereignisse der vergangenen Wochen und die Herausforderungen zusammen, denen Enron gegenüberstand. »Enron muss unbedingt seine Glaubwürdigkeit gegenüber der SEC beweisen und Vertrauen am Markt schaffen«, sagte er.

Um das zu erreichen, fuhr er fort, mussten sie einen Sonderausschuss unabhängiger Direktoren einsetzen, der externe Anwälte damit beauftragen musste, unter Hinzuziehung forensischer Buchprüfer die Transaktionen mit nahe stehenden Gesellschaften zu überprüfen.

Lay griff das Thema auf. »Wenn ein Sonderausschuss zur Vertrauensbildung beitragen kann, dränge ich darauf, diesen Weg zu beschreiten«, sagte er.

Die Direktoren waren nicht nur einverstanden, sie gingen sogar noch einen Schritt weiter und schlugen vor, einen neuen Direktor ins Board zu berufen, jemanden, der mit den Vorgängen in der Vergangenheit nicht in Verbindung stand und der die Ermittlungen des Sonderausschusses leiten sollte.

Jim Derrick war überzeugt, den perfekten Mann für die Position zu kennen. Aber zuerst musste er mit Vinson & Elkins darüber sprechen.[3]

Rick Causey sah Ben Glisan ungläubig an.

»Sie wollen mich wohl *verarschen!«*, sagte er.

Den ganzen Tag über hatte Causey mit Glisan, Faldyn und einigen anderen hin und her über Chewco gesprochen. Mit jedem neuen Gespräch und jeder neuen Enthüllung war die Sache noch schlimmer geworden.

Die Chewco-Unterlagen waren ein einziges Chaos. Niemand hatte vollständige Akten, die Dokumente waren mal hier, mal dort abgelegt worden. Die Geheimniskrämerei, die um Chewco herum betrieben worden war, hatte einen schlampigen Umgang mit den Akten begünstigt. Den Preis dafür musste Enron jetzt bezahlen.

Und das wenige, das sie bereits zusammengetragen hatten, vermittelte ein verheerendes Bild. Dass Kopper in Chewco investiert hatte, stand fest, nur wie viel, war unklar. Was sagten die Buchhaltungsregeln über Homosexualität? Wenn Dodson Koppers *Ehefrau* war, dann galten beide als mit Enron verbundene Parteien, und es waren nur noch 1,5 Prozent externes Eigenkapital vorhanden.

Schlimmer noch, Kopper hatte das von Barclays in Chewco investierte Geld als unabhängiges Eigenkapital ausgegeben. Doch auch da gab es Probleme. Nachdem Enron Chewco für 35 Millionen Dollar zurückgekauft hatte, kassierte Kopper zehn Millionen Dollar. Die Barclays Bank, die das gesamte echte Kapital aufgebracht hatte, erhielt ihren Einsatz plus einen kleinen Zuschlag zurück. Barclays Beitrag trug *alle* Merkmale eines Kredits.

Dann waren da noch Koppers Anweisungen, an wen ein Teil der Chewco-Ausschüttungen überwiesen werden sollte. Nicht an Barclays. Auch nicht an den persönlich haftenden Gesellschafter. Sondern zu Händen Lea Fastows. Zu Händen Lea Fastows unter ihrer Privatadresse! Causey lief es kalt den Rücken herunter.

Konnte es sein, dass in Chewco *überhaupt kein* unabhängiges Kapital steckte?[4]

Es war früher Abend in Houston. Ken Lay saß an seinem Tisch und dachte über seinen nächsten Schritt nach. Ihm blieb keine andere Wahl. Er rief seine Sekretärin an. »Rosie, ich muss mit Alan Greenspan sprechen.«

Ein paar Minuten später hatte Lay Greenspan am Apparat.

»Alan, ich rufe an, um Sie über unsere Lage zu informieren«, sagte er. »Wir haben zehn ziemlich heftige Tage hinter uns.«

»Ja, Ken, ich weiß, ich habe Zeitung gelesen«, erwiderte Greenspan. »Tut mir Leid für Sie, was Sie da alles durchmachen müssen.«

»Danke«, antwortete Lay. »Nun, die Dinge stehen immer noch nicht zum Besten. Wir bekommen allmählich Probleme mit unseren Handelspartnern.«

Lay gab Greenspan einen Überblick über die Ereignisse der letzten Tage und berichtete ihm von Enrons verzweifelten Bemühungen, die Liquidität des Unternehmens zu sichern.

»Ich schlage vor, dass die Fed und das Finanzministerium die Vorgänge überwachen«, sagte Lay. »Nur um zu sehen, was passieren könnte, wenn wir das hier nicht überstehen.«

Natürlich sei er absolut überzeugt, versicherte Lay, dass Enron überleben werde. »Aber ich halte es«, fügte er hinzu, »für das Beste, die Dinge zu überwachen, für alle Fälle.«

Bis zum frühen Abend des Tages hatte Lay versucht, praktisch jeden wichtigen Finanzbeamten in der Regierung über Enrons prekäre Lage zu unterrichten. Abgesehen von Greenspan hatte er auch bei Handelsminister Don Evans und Finanzminister Paul O'Neill angerufen, die beide mit ihm befreundet waren. Er konnte weder Evans noch

O'Neill erreichen, aber O'Neills Assistent hatte ihm geraten, den Minister am Sonntag in seinem Washingtoner Appartement im Watergate-Gebäude anzurufen.

Lay setzte keine großen Erwartungen in die Gespräche. Er wollte nicht direkt um staatliche Hilfe bitten, ihm ging es nur darum, seine alten Freunde über Enrons prekäre Lage zu unterrichten. Sollte einer von beiden ihm eine Rettungsleine zuwerfen, umso besser.

Um 19 Uhr ging Lay den Flur hinunter zu Jim Derricks Büro. Sein Chefjustiziar hatte ihn gerade angerufen und um ein Treffen gebeten. Causey war ebenfalls da, und er sah aufgewühlt aus.

»Sie müssen sich das anhören«, sagte Derrick.

Sie hatten, erklärte Causey, Chewco überprüft, konnten aber noch keine definitiven Ergebnisse vorlegen; dafür benötigten sie weitere Unterlagen. Lay bekam ein ungutes Gefühl. Das war zu viel Geräusper.

»Okay«, sagte er. »Was vermuten wir?«

Causey senkte den Blick, bevor er Lay in die Augen sah.

»Es könnte sein, dass wir hier ein schwer wiegendes Problem haben«, sagte er.

Die Sperre trat am selben Abend in Kraft. Nach mehreren Wochen, in denen die Mitarbeiter in Briefen und E-Mails gewarnt worden waren, wurde nun der offizielle Wechsel der Verwalter von Enrons Pensionsplan verkündet. Bis zur Abwicklung der auf mehrere Wochen veranschlagten Vertragsformalitäten konnten die Mitarbeiter keinerlei Änderungen an ihren Pensionskonten vornehmen. An diesem Tag schloss die Enron-Aktie knapp unter 14 Dollar.[5]

Chuck Watson passierte die Sicherheitsschranke der Huntingdon Wohnanlage und stellte seinen Wagen auf dem Parkplatz ab. Es war der Morgen des 27. Oktober, ein Samstag. Von dem Meeting mit Lay an diesem Tag erhoffte sich Watson nicht allzu viel, dazu erschien der Gedanke an eine Fusion von Dynegy mit Enron viel zu weit hergeholt.

Im Aufzug drückte Watson die Taste für den 33. Stock, den Lay für sich alleine hatte. Knapp eine Minute später öffneten sich die Türen, und Watson trat aus dem Aufzug. Lay empfing ihn und geleitete ihn nach der Begrüßung in den Küchenbereich.

»Möchten Sie einen Kaffee?«, fragte Lay. »Ich habe ihn selbst gemacht.«

Nachdem es sich die beiden mit Kaffee und süßen Stückchen im Wohnbereich gemütlich gemacht hatten, holte Watson eine handschriftliche Liste mit Themen hervor, über die er sprechen wollte. Lay hatte eine getippte Version der Liste vorliegen.

»Wenn das laufen soll«, ergriff Watson die Initiative, »dann als Fusion unter Gleichen, Ken, ohne Aufpreis.«

Lay protestierte. Dass Watson Enron zum aktuellen Marktpreis, ohne Aufschlag für die Anteilseigner, kaufen wollte, erschien ihm nicht fair.

»Wir sprechen hier von einem Unternehmen, das vor nicht allzu langer Zeit noch für 90 Dollar pro Aktie gehandelt wurde«, sagte er. »Die Leerverkäufer und die Medien sind einzig und allein dafür verantwortlich, dass wir seit einiger Zeit Probleme haben und unser Aktienkurs gefallen ist.«

Watson betrachtete Lay aufmerksam. Entweder war Lay von dem, was er da sagte, überzeugt, oder er war der beste Lügner, der Watson je untergekommen war.

»Ken«, sagte Watson, »wenn Sie wollen, dass ich mich vor den Zug stelle, dann nur zu diesen Bedingungen.«[6]

Sie einigten sich im Eiltempo. Der Deal musste schnell abgeschlossen werden, denn mit Enron ging es rapide bergab. Darüber hinaus bestand Watson darauf, dass Lay sich offiziell für die Zahlen des Unternehmens verbürgte, einschließlich der Projektionen für 2002. Lay stimmte zu.

Zudem war Dynegy nicht bereit, alles zu übernehmen. Die internationalen Projekte sahen nicht gut aus, und Watson wollte mit Ausnahme der Handelsabteilung in London nichts außerhalb von Nordamerika haben.

»Ken, ich muss Sie das fragen«, sagte er. »Haben Sie noch weitere Leichen im Keller?«

Lay schüttelte den Kopf. »Die Banken und die Anwälte haben das ganze Unternehmen auf den Kopf gestellt. Sie haben nichts gefunden.«

Wie sollte das neue Unternehmen heißen? »Was halten Sie von Enron-Dynegy?«, schlug Lay vor.

Auf keinen Fall, lautete Watsons Antwort. »Ken, der Name Enron muss verschwinden«, sagte er. »An ihm klebt zu viel Schmutz.«

Lay protestierte. Wenn nicht Enron-Dynegy, wie wäre es dann mit Dynegy-Enron? Wieder nein. Nach ein paar weiteren Versuchen gab Lay, zumindest vorerst, nach und stimmte mit Vorbehalten sogar einem schlichten »Dynegy« zu. Watson sagte, er werde das fusionierte Unternehmen führen, Lay könne einen Sitz im Board behalten, vielleicht als Chairman ehrenhalber. Vom Management wollte Watson nur Whalley behalten. Nachdem sie stundenlang über Details gestritten hatten, reichte es Lay für diesen Tag. Außerdem hatten sie beide Hunger. Lay warf einen Blick in die Küche.

»Sie haben nichts übrig gelassen«, sagte er.

Später am selben Tag marschierte ein Team von Andersen-Wirtschaftsprüfern zu einer Aktualisierung in Sachen Chewco in Causeys Büro. Dem Team, dem unter anderem Duncan, Bauer und Deb Cash angehörten, wurde eine Tafel mit einer grafischen Darstellung der Chewco-Struktur präsentiert. Bauer nahm ein Blatt Papier und zeichnete die Struktur ab.

Causey skizzierte die Details, von Koppers möglicher Kontrolle bis hin zur Rolle seines Lovers Bill Dodson. Bauer war verblüfft; er hatte sich mit Chewco befasst, und das hier war das erste Mal, dass er von Dodsons Beteiligung hörte.

Danach kam Causey auf die Verbindungen im Zusammenhang mit Barclays zu sprechen, denn die Bank hatte keinen angemessenen Ertrag von der Investition in Chewco erhalten, und er gab die Entscheidung bekannt, Zuteilungen an Andy Fastows Frau zu schicken.

»Ich habe vor meinem Gespräch mit Ben nichts von alledem gewusst«, versicherte Causey. »Das schwöre ich.«

»Rick, das sind sehr schlechte Nachrichten«, sagte Duncan.

Bauer stimmte zu. »Diese Angaben legen den Schluss nahe«, sagte er, »dass Enron Chewco finanziert hat.«

Aber sie verfügten immer noch nicht über genügend Fakten, um das auch beweisen zu können.[7]

An diesem Nachmittag traf das erste Anwaltsteam von Weil, Gotshal in Houston ein. Tom Roberts und Mary Korby, eine Partnerin aus dem Büro in Dallas, wurden durch das Enron-Gebäude geführt und trafen dann mit Managern aus der Handelsabteilung zusammen.

Von Anfang an entwickelte sich das Meeting seltsam. Die Anwälte hatten immer noch nicht mit Chefjustiziar Derrick gesprochen – was sie, wie sich zeigen sollte, auch nie tun würden. Die Handelsabteilung befand sich in hellem Aufruhr und versuchte mit allen Mitteln, sich selbst zu retten, ohne sich darum zu scheren, was mit dem Gesamtunternehmen passierte. Das bedeutete, dass Mark Haedicke, der oberste Jurist der Abteilung, der primäre Ansprechpartner für die Anwälte von Weil, Gotshal war.

Außerdem wirkten selbst die führenden Mitarbeiter der Abteilung nach den Vorgängen der letzten paar Wochen psychisch angeschlagen. Einer der besten Trader war dermaßen konfus, dass er sich mitten im Gespräch immer wieder das Hemd über den Kopf zog, andere Führungskräfte verhaspelten sich beim Sprechen und jagten Lösungen hinterher, die keine waren.

Schließlich wurden Roberts und Korby zu einem Meeting mit Whalley, McMahon und dem Handelsteam in einen Konferenzraum geführt. Die Botschaft des mehrstündigen Vortrags über die Struktur des Unternehmens, den die Anwälte von Weil, Gotshal zu hören bekamen, war unmissverständlich: Die Händler waren nur daran interessiert, ihre Abteilung zu retten, der Rest von Enron war ihnen gleichgültig.

Einer schlug vor, nach einem Aktienfonds wie der Blackstone Group zu suchen, der bereit war, ein paar hundert Millionen Dollar in die Abteilung zu investieren. Ein anderer Vorschlag lautete, Vermögenswerte des Unternehmens für Kredite zu verpfänden. Allerdings gab es da nicht viele zur Auswahl. Die gesamten internationalen Projekte lagen im roten Bereich, sprich, sie waren weniger wert als die bereits aufgenommenen und durch sie abgesicherten Kredite.

Wieder ein anderer Teilnehmer sprach eine Idee an, die seit Tagen kursierte. Die Pipelines! Die Grundpfeiler Enrons, die jedes Jahr mehrere hundert Millionen Dollar in die Kassen spülten und von Skillings Gefolgsleuten so gering geschätzt worden waren. Sie könnten doch Geld aufnehmen und mit den Pipelines absichern.

Das Meeting zog sich in die Länge, und Roberts und Korby verpassten den letzten Flug zurück nach Dallas. Das hier ließ sich weitaus schwieriger an, als sie erwartet hatten. Nach dem Meeting gingen die beiden Anwälte in einen Supermarkt. Sie hatten nicht vorgehabt, in Houston zu übernachten, und mussten sich mit Toilettenartikeln und Kleidern für das Wochenende eindecken.

Rebecca Carter stürmte heulend aus ihrem Hotelzimmer im Delano Hotel in Miami Beach. Skilling war an diesem Abend, ihrem ersten in Florida, in einem Jazzclub zusammengebrochen und hatte Rebecca gesagt, sie solle abhauen und ihn in Ruhe lassen. Das Debakel bei Enron nahm ihn schwer mit. Aber so betrunken und labil, wie er war, wollte Rebecca ihn nicht allein lassen. Sie musste warten, bis er wieder nüchtern war, und dann nochmals mit ihm reden.

Sie ging durch die Lobby zum Empfangstresen. »Haben Sie für heute Nacht noch ein Zimmer frei?«, fragte sie leise.

Am nächsten Morgen wachte Skilling vom Klingeln des Telefons auf. Mit verschlafenen Augen beugte er sich über das Bett und griff nach dem Hörer.

»Jeff? Ich bin's, Rebecca.«

Er seufzte. Warum rief sie ihn aus Houston an? »Ich möchte nicht mit dir sprechen«, blaffte er sie an. »Lass mich in Ruhe.«

Er legte auf.

Für die Spitzenleute bei Enron gab es kein Entrinnen aus der endlosen Mühsal der Arbeit. Kein freies Wochenende, keine freien Abende. Nur endloses Krisenmanagement, Stunde um Stunde, Tag für Tag.

Die einzige Hoffnung am Horizont war, zumindest für McMahon, die Pipeline-Lösung oder eine Fusion mit Dynegy oder beides. Das bedeutete, sie mussten potenzielle Kreditgeber und Dynegy über den wirtschaftlichen Zustand Enrons in Kenntnis setzen. Das wiederum bedeutete, dass sie eine so genannte Due-Diligence-Prüfung durchführen mussten, womit im Sprachgebrauch der Wall Street eine sehr genaue Überprüfung des Unternehmens gemeint ist. McMahon konnte dafür keine Zeit erübrigen, er hatte andere Dinge zu tun. Außerdem stellte er gerade eine Präsentation für Enrons Banken zusammen, mit der er sie davon überzeugen wollte, Enron noch ein wenig Luft zum Atmen zu geben.

Zunächst beschloss er, Glisan damit zu beauftragen, allen anderen bei der Durchführung der Due-Diligence-Prüfung für die Fusion zu helfen. Doch dann kamen ihm Zweifel. Was, wenn Glisan bereits zu tief in Fastows Machenschaften verstrickt war? Dann konnte er ihm auf keinen Fall eine solche Verantwortung übertragen.

Es gab nur einen Weg, das zu klären. Er rief Glisan zu sich ins Büro.

»Ben«, sagte er, »ich muss wissen, welche Rolle Sie bei Fastows Gesellschaften gespielt haben.«

»Und ich möchte wissen«, fuhr McMahon mit strenger Miene fort, »ob Sie in LJM oder in eine andere dieser Gesellschaften verwickelt waren. Ich kann es mir nicht leisten, Sie an Deals zur Rettung des Unternehmens mitarbeiten lassen, wenn Sie in irgendeiner Weise kompromittiert sind. Ich möchte also, dass Sie mir offen antworten: Sind Sie in diese Sachen verstrickt?«

Southampton. Nur ein paar Wochen nachdem er 8 500 Dollar investiert hatte, hatten ihm Fastow und Kopper eine Million Dollar überwiesen.

»Ich bin in nichts verstrickt«, sagte er. »Ich habe nichts mit LJM oder einer dieser Gesellschaften zu tun.«

McMahon musterte Glisan aufmerksam. »Sie wissen, Andy ist wegen seiner Interessenkonflikte weg. Wir müssen die neuen Leute sein, diejenigen, die aufräumen und nichts mit alledem zu tun haben.«

»Kein Problem«, sagte Glisan und hob die Hände. »Ich habe eine weiße Weste.«[8]

Ein paar Stunden später, Finanzminister Paul O'Neill gönnte sich gerade einen ruhigen Sonntagnachmittag, klingelte in seinem Appartement im Watergate-Komplex das Telefon. »Bitte bleiben Sie dran, Ken Lay möchte Sie sprechen«, sagte eine Frauenstimme, als er abnahm.

Es klickte in der Leitung. »Paul«, sagte Lay, »ich weiß es zu schätzen, dass ich Sie heute zu Hause anrufen darf.«

»Kein Problem, Ken. Schön, von Ihnen zu hören.«

»Ich rufe nur an, um Sie über die Entwicklungen bei Enron auf dem Laufenden zu halten«, sagte Lay, »und Ihnen zu empfehlen, jemanden vom Finanzministerium die Vorgänge hier überwachen zu lassen.«

In Anbetracht von Enrons Bedeutung für den Energie- und den Finanzmarkt sei es ratsam, fuhr er fort, dass die Regierung einen Krisenplan ausarbeiten lasse.

»Die Dinge haben sich in den letzten zehn Tagen ziemlich schnell entwickelt«, sagte Lay. »Wir hoffen, jetzt alle faulen Eier draußen zu haben, und uns, wenn das so ist, vielleicht stabilisieren zu können.«

O'Neill dachte kurz nach. »Der beste Mann für den Job wäre wohl, glaube ich, Peter Fischer«, sagte er. Fischer war einer seiner besten Männer im Finanzministerium und hatte vor ein paar Jahren maßgeblich an der Antwort der Regierung auf den Zusammenbruch des riesigen Hedgefonds Long-Term Capital Management mitgearbeitet.

Lay empfahl, dass sich Fischer mit Greg Whalley in Verbindung setzte. Whalley wusste alles über das Handelsgeschäft.

Es war Nachmittag, und Skilling war endlich wieder nüchtern, als das Telefon klingelte. Wieder Rebecca. Ob sie gut nach Houston gekommen sei?

»Ich bin immer noch in Miami«, sagte sie. »Im Hotel.«

»Du machst Witze«, antwortete Skilling.

»Nein, ich bin hier im Hotel.«

Skilling brauchte ihren Beistand. »Okay«, sagte er, den Tränen nahe. »Komm hoch.«

Am selben Abend saß Harvey Pitt in seinem Haus im historischen Kalorama-Viertel von Washington, D.C., und las einen längeren Artikel über Enron im Wirtschaftsteil der Sonntagsausgabe der *New York Times*.

Der Beitrag bot einen Überblick über die gesamten Ereignisse der letzten Wochen in dem Unternehmen und über die durch sie ausgelöste Untersuchung. Und er enthielt einen Kommentar des Enron-Sprechers Mark Palmer, der Pitt heftig aufstieß.

Mr. Palmer von Enron wies jeden Hinweis darauf zurück, dass Mr. Lay mit den zur Debatte stehenden Investitionen nicht vertraut sei. Vielmehr könne Mr. Lay aufgrund der laufenden SEC-Untersuchung nicht offen darüber sprechen. »Es gibt nicht viel, was wir darüber sagen können oder sagen sollten«, so Mr. Palmer.

Enron weigerte sich, die einfachsten Fragen der Investoren zu beantworten – und schob die Schuld dafür der SEC in die Schuhe. Was fiel denen ein?

Pitt stand auf und ging in sein Arbeitszimmer. Er wollte den Artikel nochmals durchlesen, die wichtigsten Stellen unterstreichen und dann sofort ein Meeting seiner Mitarbeiter einberufen.

Dass es nach 21 Uhr am Sonntagabend war, kümmerte ihn wenig. Wenn Enron der SEC die Schuld dafür gab, seine Investoren im Dunkeln zu lassen, dann, so beschloss Pitt, dann war es an der SEC, das Unternehmen auszuräuchern.

Pitt saß an seinem Schreibtisch und telefonierte. »Palmers Behauptung in dem Artikel macht mich fuchsteufelswild«, sagte er. »Wir können nicht zulassen, dass die Leute erklären, sie würden der Welt ja mitteilen, was los ist, wenn sie nur nicht gerade Gegenstand einer Untersuchung wären.«

In der Leitung waren mehrere Mitarbeiter der SEC, darunter Steve Cutler, Leiter der Abteilung für Enforcement, und Linda Thomsen, die die Enron-Untersuchung leitete. Mehrere Minuten lang ging die Gruppe die Themen durch.

Dann kam Pitt eine Idee. *Section 21 (a)*. Die Vorschriften zur Kooperation, die sie gerade erst überarbeitet hatten, die Vorschriften, die Pitt selbst entworfen hatte. Mit Hilfe dieser Regeln konnten sie Enron zwingen, die Karten auf den Tisch zu legen. Das wäre ein Novum. Allerdings war noch nie zuvor ein Unternehmen mitten in einer laufenden Untersuchung gezwungen worden, sich zu den Vorgängen zu äußern. Aber warum nicht?

»Ich möchte Enron mit einer Anforderung nach Section 21 (a) zwingen, sich zu dem, was passiert ist, schriftlich zu äußern«, sagte Pitt. Das konnte Enron kaum zurückweisen, und vielleicht brachten sie damit ja frischen Wind in die Untersuchung. Die anderen stimmten seinem Vorschlag zu, möglichst viele Leute auf die Sache anzusetzen und Enron schnellstmöglich eine offizielle Aufforderung zuzustellen.

»Los, an die Arbeit«, sagte Pitt.[9]

Als Handelsminister Don Evans am 29. Oktober aus St. Louis zurückkehrte, fand er eine Nachricht von Lay mit der Bitte um einen Rückruf vor. Evans griff sofort zum Telefon.

Lay bat Evans um einen Gefallen.

»Unsere größte Sorge sind die Rating-Agenturen in New York«, sagte er. »Falls wir unter die Investmentkategorie fallen, wäre das wahrscheinlich unser Ende. Wenn uns das Handelsministerium in dieser Sache angemessen unterstützen könnte, wären wir für diese Unterstützung sehr dankbar.«

»Ich werde mich damit befassen«, bemerkte Evans unverbindlich.[10]

Um die Mittagszeit ging Evans zur wöchentlichen Sitzung des Wirtschaftsteams der Regierung ins Finanzministerium. Auf dem Weg in den kleinen, von Paul O'Neill benutzten Konferenzraum nahm Evans O'Neill zur Seite.

»Ich wollte Sie wissen lassen, dass Ken Lay mich angerufen hat«, sagte er und berichtete ihm, worum Lay ihn gebeten hatte.

»Wir haben beschlossen, in dieser Sache nicht zu intervenieren«, sagte er.

»Ken hat auch mich angerufen«, sagte O'Neill. »Wir haben dieselbe Entscheidung getroffen.«

Greg Whalley saß schmunzelnd an seinem Tisch, als McMahon sein Büro betrat.

»O Mann, Jeff, das müssen Sie sich ansehen«, sagte Whalley.

»Noch mehr schlechte Nachrichten?«

Sie hatten, sagte Whalley, gerade ein Fax von Dynegy erhalten mit der Bitte um Unterlagen, um die Erfolgsaussichten der Fusion beurteilen zu können.

»Und raten Sie mal, was sie vor allem sehen wollen?«, sagte Whalley mit einem breiten Grinsen im Gesicht.

Tilgungspläne? Gewinnprognosen? »Was?«, fragte McMahon.

»Den Vertrag über die Namensrechte am Enron Field!«, rief Whalley. »Das Erste, was sie wissen wollen! Sie wollen das Stadion in Dynegy Field umbenennen.«

Die beiden brachen in lautes Gelächter aus. Whalley deutete mit dem Finger auf McMahon. »Chuck ist scharf auf das Geschäft«, rief er. »Dieser Deal wird zustande kommen, weil Chuck so scharf darauf ist!«[11]

Manhattan erlebte einen sonnigen Herbsttag, und die Columbus Avenue war mit Fußgängern bevölkert. Unter ihnen befand sich auch William Powers, der Dekan der Juristischen Fakultät der University of Texas, der zu einem Treffen Ehemaliger in die Stadt gekommen war.

Powers ging in südliche Richtung, als sein Handy klingelte. Der Anrufer war Harry Reasoner, ein mit ihm befreundeter Managing Partner bei Vinson & Elkins.

»Also, Bill«, sagte Reasoner, »haben Sie die Vorgänge um Enron verfolgt?«

»Nicht wirklich«, antwortete Powers. »Ich habe hier und da in den Zeitungen darüber gelesen, mich aber nicht mit den Einzelheiten befasst.«

Sie hätten im Unternehmen ein Problem mit ein paar Transaktionen mit nahe stehenden Gesellschaften, erklärte Reasoner.

»Enron möchte, dass jemand ins Board kommt und diese Transaktionen untersucht. Sie haben dabei an Sie gedacht.«

»Nun, ich werde darüber nachdenken«, antwortete Powers. »Bis wann möchten sie Bescheid haben?«[12]

Am selben Nachmittag rief Linda Thomsen von der SEC bei Bill McLucas und seinen Partnern von Wilmer, Cutler an. Die SEC, sagte Thomson, habe Bedenken wegen der Transaktionen mit den Gesellschaften und Enrons Versäumnis, der Öffentlichkeit detaillierte Informationen darüber zugänglich zu machen.

»Sie haben da viel zu erklären, und zwar sehr schnell«, sagte sie.

Sie gaben Enron bis zum 5. November Zeit, alle Informationen über LJM und vergleichbare Arrangements offen zu legen. Dazu musste das Unternehmen ein so genanntes 8-K-Formular einreichen, das alle Einzelheiten enthielt. Und zwar bis in spätestens sieben Tagen.

Eines konnte Jimmy Lee von J.P. Morgan Chase bereits jetzt sagen. Enron ging es viel schlechter als den meisten seiner bisherigen Unternehmenspatienten. Enron verfügte zwar über Vermögenswerte im Wert von mehreren Milliarden Dollar, doch dabei handelte es sich fast ausschließlich um Müll. Alles, was sie noch hatten, waren die Pipelines. Man konnte fast meinen, Enron hätte das letzte Jahrzehnt nur damit verbracht, Geld zum Fenster hinaus zu werfen.

Aber noch war nicht alles verloren. Mit den Pipelines konnten sie garantiert Kredite über eine Milliarde Dollar absichern. Und dann war da noch der Dynegy-Deal. Vielleicht würde Dynegy, wenn sie Enron wirklich wollten, zuerst Geld zuschießen, um das Unternehmen am Laufen zu halten. Viel Geld.

In den Fluren des Hauptsitzes von Andersen stapelten sich Kisten voller Unterlagen. Die Kisten waren vom Enron-Team ins Three Allen Center herübergekarrt worden, weil die Unterlagen hier schneller vernichtet werden konnten. Doch selbst die Hochleistungsschredder im Hauptbüro konnten die Unmenge an Papier nicht schnell genug schreddern.

Mike Luna, einer der Gebäudemanager, ging durch einen der Flure und wunderte sich. Weshalb standen all diese Kisten hier herum? Dann sah er Sharon Thibault, die Leiterin des Archivs, die in einer Kiste wühlte und jedes Dokument überflog, bevor sie es in einen Reißwolf stopfte.

Als Luna etwas später Thibault ein zweites Mal begegnete, blieb er stehen und plauderte mit ihr. Sie sprachen vor allem über den Sturz Enrons und das bei Andersen dadurch ausgelöste Chaos.

»Na ja«, meinte Thibault, »vielleicht ist das ja der Grund, warum sie uns Material für den Reißwolf herüberschicken. Wahrscheinlich säubern sie gerade das Büro.«[13]

Mark Palmer war in einem Konferenzraum im 33. Stock, als einer seiner Kollegen ihm eine Nachricht überbrachte: Ken Lay wollte mit Palmer sprechen, und zwar sofort. Palmer griff zum Telefon.

»Mark«, fing Lay an, »dass wir das Schiff nicht auf Kurs bringen können, liegt daran, dass wir im Umgang mit der Presse versagen.«

Das eigentliche Problem, fuhr er fort, hänge mit dem *Journal* zusammen. »Die haben uns echt auf dem Kieker.«

Palmer schloss die Augen. »Ken, das können wir nicht sagen. Wenn Sie die Medien wirklich gegen uns aufbringen wollen, dann schieben Sie ihnen die Schuld für unsere Probleme in die Schuhe. Das können Sie nicht machen.«

»Nein, das werde ich auch nicht«, erwiderte Lay mit Wut in der Stimme. »Trotzdem ist das unser eigentliches Problem.«

»Ken, das dürfen Sie nicht einmal denken. Wir haben 40 Milliarden Dollar in Obligationen und null Cashflow. *Das* ist unser Problem.«

Wie kann Lay das ignorieren? »Sie müssen eines akzeptieren, Ken«, sagte Palmer, »die Fakten erweisen sich jedes Mal als *schlimmer* als alles, was in den Finanzberichten steht!«

Am späten Nachmittag des 29. Oktober betrat Dynegys Präsident von der Garage aus durch eine Tür das Hyatt Regency Hotel. Direkt vor sich sah er Greg Whalley, der an einem Tisch an der abgesenkten Bar wartete.

Die Verhandlungen über eine mögliche Fusion von Enron mit Dynegy liefen erst seit ein paar Tagen, waren aber bereits in schwieriges Fahrwasser geraten. Enron gab sich arrogant und spielte auf Zeit, und Bergstrom wollte die Verhandlungen jetzt wieder auf Kurs bringen.

Bei ein paar Bieren sprachen die beiden über mögliche Stolpersteine und über ihre Visionen für den fusionierten Konzern. Schließlich wollte Bergstrom wissen, was bei Enron los war. Whalley nahm einen Schluck von seinem Bier.

»Ein paar Leute haben Mist gebaut«, sagte er. »Haben ein Chaos mit diesen Gesellschaften angerichtet. Aber das lässt sich korrigieren.«

Die Erklärung war für Bergstroms Geschmack ein wenig zu salopp. Whalley wischte eine Katastrophe als kleine Entgleisung beiseite. Aber er entschied sich, ihm in der Sache nicht auf den Zahn zu fühlen, zumindest noch nicht.[14]

Am nächsten Morgen rief Bill Powers von seinem Büro in Austin aus Jim Derrick an. Powers betrachtete Derrick als Freund, und genau das war das Problem. Bevor er den Job bei Enron annahm, musste er wissen, welche Rolle Derrick bei dem Zusammenbruch gespielt hatte.

»Ich muss Sie das fragen, Derrick«, sagte Powers. »Wird gegen Sie ermittelt?«

»Nicht, dass ich wüsste«, erwiderte Derrick.

Power fragte ihn nach dem Stand der Untersuchung, und Derrick beschrieb ihm die Interessenkonflikte bei Fastows Deals.

»Sie wissen, ich bin kein Konzernanwalt«, sagte Powers, »und auch kein Wirtschaftsprüfer.«

»Das spielt keine Rolle«, antwortete Derrick. »Sie werden Experten zur Hand haben. Sie sollen die Dinge nur überwachen. Wir möchten jemanden haben, der in dieser ganzen Sache neutral ist.«

Er brauchte eine schnelle Antwort, sagte Derrick, und Powers versprach, ihn zurückzurufen. Bis er sich entschieden hatte, vergingen zwar ein paar Stunden, aber dann sagte er zu, die erste größere Untersuchung Enrons zu leiten.

Derrick blickte von seinem Tisch auf. Es war später am selben Tag, Kristina Mordaunt, eine seiner besten Anwältinnen und inzwischen Justiziarin der Abteilung Corporate Development, stand in der Tür. Sie sah sehr besorgt aus.

»Kristina?«, sagte Derrick. »Was kann ich für Sie tun?«

Mordaunt trat in das Büro. Sie zögerte, schien nach den richtigen Worten zu suchen. »Es gibt da etwas, von dem ich möchte, dass Sie es wissen«, sagte sie schließlich. »Ich möchte nicht, dass Ken und Sie davon überrascht werden.« Sie zögerte wieder. »Und ich möchte nicht, dass Sie es von jemandem anderen hören und von mir enttäuscht sind.«

Mordaunt starrte auf den Boden, dann fasste sie sich ein Herz. »Ich habe in eine mit LJM verbundene Gesellschaft investiert«, sagte sie.

Sie sprach weder das Wort »Southampton« aus, noch erwähnte sie die eine Million Dollar, die sie ein paar Wochen später kassiert hatte. Derricks Reaktion fiel geradezu väterlich aus.

»Kristina«, sagte er, »wir alle haben schon Dinge getan, die wir bereut haben.« Trotzdem, fuhr er fort, musste das genauer untersucht werden.

»Gehen Sie hinunter, und suchen Sie die Leute von Wilmer, Cutler«, sagte er. »Ich möchte, dass Sie ihnen das erzählen.«

Mordaunt nickte langsam. »Wo genau sind die gerade?«[15]

Nicht einmal eine Stunde später saß Mordaunt mit Joe Brenner und Reed Brodsky, den beiden Anwälten von Wilmer, Cutler, die die Untersuchung leiteten, in einem Raum.

»Ich habe als Mitarbeiterin von Enron die Pflicht, Ihre Fragen zu beantworten, und ich werde rückhaltlos mit Ihnen kooperieren«, sagte sie. »Aber ich will nicht zum Opfer einer politischen Hexenjagd gemacht werden.«

Sie erzählte ihnen alles ohne Umschweife. Vor über einem Jahr war sie von Kopper angesprochen worden, der, wie sie glaubte, im Auftrag Fastows handelte. Kopper hatte ihr eine Investitionsmöglichkeit angeboten, und sie hatte zugegriffen.

»Weshalb kam Kopper ausgerechnet zu Ihnen?«, wollte Brenner wissen.

»Das weiß ich nicht.«

»Wurde das Angebot auch anderen unterbreitet?«

Sie schüttelte den Kopf. »Das weiß ich nicht.«

Dann, nach einer kurzen Pause: »Ich kann nicht in Andys Kopf hineinschauen.«

Mordaunt versprach, den Anwälten alle ihre Unterlagen über die Investition auszuhändigen, und damit war das Meeting zu Ende. Niemand hatte wissen wollen, wie viel Geld und in welcher Zeit ihr diese Investition eingebracht hatte.

Es war dieser Kaninchen-vor-Schlange-Blick.

David Stulb, der Leiter von Andersens forensischer Prüfungsgruppe, kannte diesen Blick von Partnern, denen ein Gerichtsverfahren drohte. Nun war die Reihe an David Duncan. Stulb empfand beinahe Mitleid mit ihm. Jede Entscheidung im Zusammenhang mit Enron, die Duncan getroffen hatte, wurde jetzt auf der Suche nach Fehlern seziert.

Am 31. Oktober stand Stulb im Andersen-Büro im Allen Center neben Duncan, der den Ausdruck einer E-Mail mitsamt allen Anhängen durchlas. Die E-Mail war Monate zuvor von dem Andersen-Wirtschaftsprüfer geschrieben worden, an den Sherron Watkins ihre Bedenken herangetragen hatte. Der Autor der E-Mail schlug scherzhaft vor, dass jeder das angehängte Memo über den Anruf »nach rauchenden Colts durchsucht, die man nicht verstecken kann«. Duncan stöhnte auf und griff nach der ersten Seite.

»Noch ein rauchender Colt«, murmelte er. »Das hat uns gerade noch gefehlt.«

Geschockt sah Stulb zu, wie Duncan Anstalten machte, die ersten Seiten des Dokuments abzureißen. »Dave!«, rief Stulb. »Ich weiß nicht, ob Sie bereits Gespräche dazu geführt haben, aber Sie müssen diese Informationen aufbewahren.«

Duncan blickte ihn ungerührt an.

»Aller Wahrscheinlichkeit nach wird gegen uns ermittelt werden«, sagte er. »Und die SEC, das Justizministerium und alle anderen dürften an dieser Art Information überaus interessiert sein.«

Duncan zuckte mit den Schultern und legte das Dokument wieder hin. Zumindest diese E-Mail war gerettet. Trotzdem liefen die Reißwölfe bei Andersen noch neun Tage lang weiter auf Hochtouren. Tausende von Enron-Unterlagen wurden vernichtet, ohne dass jemand etwas dagegen unternommen hätte.[16]

Am selben Tag traf die erste Ladung Unterlagen von Enron für die Due-Diligence-Prüfung bei Dynegy ein. Hugh Tarpley, Leiter der Abteilung für Fusionen und Übernahmen bei Dynegy, ging die Zahlen durch und wollte die potenzielle finanzielle Performance des angestrebten Fusionspartners ermitteln.

Die Antwort fand Tarpley tief in den Unterlagen versteckt. Enron ging für 2001 von einem Gewinn pro Aktie von 1,80 Dollar aus. Als echtes Zuckerstückchen aber präsentierte sich 2002 – mit 2,25 Dollar Gewinn pro Aktie. *Beeindruckend.* Die Frage war nur, *wie* wollten sie das erreichen? Nirgendwo wurde erklärt, wie Enron dermaßen fantastische Ergebnisse erzielen wollte.

Bei einer Verhandlungsrunde später an diesem Tag schnitt Tarpley diese Frage an. Er nahm Dave Delainey ins Visier, der ihm am Tisch gegenübersaß.

»Dave«, sagte Tarpley, »könnten Sie mir eine Kopie des Enron-Geschäftsplans für das Jahr 2002 geben?«

»Leider nicht«, erwiderte Delainey. »Wir haben keinen Geschäftsplan für 2002 vorliegen.«

»Wie kommt Enron zu seinen Gewinnprognosen für 2002, wenn das Unternehmen über keinen Geschäftsplan verfügt?«, wollte Tarpley wissen.

Delainey zuckte mit den Schultern. »Wir haben die Zahlen des Vorjahrs einfach um 25 Prozent erhöht«, erklärte er.[17]

Seit seiner Rückkehr aus Florida hatte Skilling verzweifelt darüber nachgedacht, wie Enron gerettet werden könnte. Auf der verzweifelten Suche nach einem Investor, der bereit war, Geld in das Unternehmen zu pumpen, hatte er sogar mit Geschäftspartnern in Deutschland telefoniert. Cash würde das Problem lösen.

Doch am 1. November rief Kevin Scott, ein Freund aus Kalifornien, Skilling an und riet ihm, seine Energie in ein neues Projekt zu investieren: in die Rettung seiner eigenen Haut.

»Das hier könnte schlimm enden, sehr schlimm«, warnte Scott ihn. »Sie müssen ein Team zusammenstellen.«

»Wie meinen Sie das?«

»Sie brauchen den besten Anwalt, den Sie auftreiben können. Sie brauchen einen Buchprüfer. Und Sie brauchen einen Psychiater.«

Er habe, sagte Scott, da einen Freund, den Skilling anrufen könne, einen Anwalt bei O'Melveny & Myers. Skilling notierte sich den Namen des Anwalts.

»Sind Sie sicher?«, fragte Chuck Watson.

Andrea Lang, die Leiterin der Personalabteilung bei Dynegy, warf einen Blick auf das Blatt Papier in ihrer Hand und nickte. »Ich glaube nicht, dass Enron uns belügt«, sagte sie. »Deshalb bin ich mir ziemlich sicher, dass die Zahlen stimmen.«

Watson sah sie ungläubig an. Lang hatte sich mit Enrons Personalchef getroffen und über Personalfragen gesprochen. Dabei hatte sie auch erfahren, wie viel Enron seinen Mitarbeitern bezahlte. Die Zahlen übertrafen Watsons kühnste Vermutungen. Enron zahlte mindestens ein Viertel mehr – in einigen Fällen sogar *doppelt* so viel – als das, was Leute in vergleichbaren Positionen bei Dynegy bekamen. Selbst Enrons Personalleiter ging mit deutlich mehr nach Hause als Lang.

Enrons Verschwendungssucht missfiel Watson außerordentlich, und so langsam glaubte er, dass er das eigentliche Problem von Enron erkannt hätte. Enrons Mitarbeiter waren durch zu viel Geld versaut worden.

Lang nahm es mit Humor. »Hey, Chuck, ich sage Ihnen mal was«, meinte sie. »Ich will nur eines: dasselbe Gehalt wie mein Kollege bei Enron. Mehr nicht.«

Watson kicherte. »Sorry, aber das ist unmöglich«, sagte er. »Genau das ist nämlich der Grund, warum sie in der Scheiße sitzen.«

Vince Kaminski ging den Flur im 28. Stock hinunter, als er aus einem der Konferenzräume laute Stimmen hörte. Er öffnete die Tür und sah einige hochrangige Manager: Mordaunt, Glisan, Faldyn und ein paar andere. Sie diskutierten hitzig über Chewco.

Er grüßte in den Raum hinein, da aber niemand auf ihn reagierte, setzte er seinen Weg den Flur hinunter zu Rick Buys Büro fort. Er wollte gerade eintreten, als er Buy in einem kleinen Konferenzraum sah.

Buy war alleine, aber er wirkte aufgewühlt, ging auf und ab und sprach mit sich selbst. Kaminski konnte ihn deutlich hören.

»Ich konnte die Raptoren nicht aufhalten«, sagte Buy im Laufen. »Doch, das hätte ich tun können, ich hätte es geschafft.«

Er wendete und ging zurück. »Nein, ich konnte nicht. Ich hätte sie nicht stoppen können. Skilling hätte mir das nicht erlaubt. Ich konnte nicht.«

Kaminski sah dem kleinen menschlichen Drama, das sich da abspielte, noch ein paar Sekunden zu. Dann drehte er sich um und ließ den verzweifelten Mann zurück.

»Ich muss Ihnen etwas erklären«, sagte Causey.

McMahon hatte gleich beim Eintreten gesehen, dass Causey ziemlich fertig war. Causey ging an die Tafel und zeichnete die inzwischen vertraute Chewco-Struktur auf. Er sprach mehrere Minuten, in denen er nur eine Botschaft kommunizierte: Seiner Meinung nach funktionierte das Konstrukt nicht.

»Rick, soweit ich Sie verstehe, funktioniert Chewco nicht, weil, wie Sie annehmen, Kopper direkt daran beteiligt ist«, sagte McMahon.

»Genau«, erwiderte Causey. »Allerdings haben wir das fehlende Glied noch nicht aufgespürt.«

»Dann gehen Sie also davon aus, dass Chewco funktioniert, weil schließlich so viele Anwälte und Wirtschaftsprüfer im Vorfeld so viel Zeit darauf verwendet haben? Zumindest bis Sie die Verbindung gefunden haben?«

Causey schüttelte den Kopf. »Nein, das tue ich nicht. Wir werden die Geldspur zurück bis Michael aufspüren, das weiß ich.«

Daraus ergaben sich, fuhr Causey fort, massive Probleme. »Ich glaube nicht, dass wir die Finanzberichte einreichen können.«

McMahon sah ihn ungläubig an. »Was meinen Sie damit, wir können die Finanzberichte nicht einreichen?«

Die Frist für die Vorlage des Quartalsberichts endete sehr bald. Sie nicht einzuhalten wäre gleichbedeutend damit, dem Markt mitzuteilen, dass Enrons Finanzen ein Chaos waren.

Causey deutete auf das Diagramm an der Tafel. »Nun, hier ist der Wurm drin.«

»Zeigen Sie mir die Fehler in der Chewco-Buchhaltung«, blaffte McMahon. »Machen Sie schon!«

»Das kann ich noch nicht.«

McMahon warf die Hände in die Luft. »Mit anderen Worten, Sie weigern sich, den Quartalsbericht abzuliefern, Rick? Weshalb? Dafür haben Sie keinerlei Rechtfertigung!«

»Sie haben Recht«, erwiderte Causey. »Aber ich will nichts einreichen, nur um dann herauszufinden, dass wir falsche Zahlen vorgelegt haben und eine nachträgliche Korrektur vornehmen müssen.«

Aus McMahons Antwort sprach purer Zynismus. »Oh, das ist einfach großartig. Jetzt können wir also, abgesehen von allem anderen, *nicht einmal den Quartalsbericht einreichen!*«

McMahon suchte Ken Lay auf. Causey treffe eine Entscheidung, begann er, die Enron den Todesstoß versetzen könne.

»Ich glaube, Rick jagt Gespenstern hinterher!«, sagte er. »Wir sprechen hier von einem Deal, der *verdammte vier Jahre alt ist!* Er kann nicht begründen, warum die Finanzberichte falsch sein sollen. Aber er will sie nicht einreichen!«

»Nun, wir könnten die Finanzberichte trotzdem veröffentlichen«, sagte Lay nach kurzem Nachdenken.

McMahon sah ihn fassungslos an. *Kapiert der nicht, wie das Unternehmen funktioniert?* »Ken, wir können sie doch nicht ohne die Unterschrift des Chefbuchhalters veröffentlichen!«

Aber welche Möglichkeiten blieben ihnen dann noch?

»Einen Moment mal«, sagte Lay. Wilmer, Cutler seien doch im Haus; *sie* waren die Experten. McMahon erklärte sich bereit, nach ihnen zu suchen und sie um Rat zu bitten.

Ein paar Minuten später hatte McMahon Joe Brenner, Partner von Wilmer, Cutler, gefunden und ihm die Sachlage erklärt.

»Causey«, sagte McMahon, »folgt der Devise: ›Ich weiß nicht, was Andy gemacht hat. Ich weiß nicht, was Michael gemacht hat. Ich weiß nicht, was irgendjemand gemacht hat. Also werde ich nie wieder einen Finanzbericht herausgeben.‹ Das hat er nicht gesagt, aber darauf läuft es hinaus.«

Brenner versprach, mit Causey zu sprechen. Aber ohne einen endgültigen Beweis, warnte er, standen die Chancen schlecht.

Der Beweis kam noch in derselben Woche, am 2. November, und zwar in Form mehrerer Kartons, weitergeleitet von Wilmer, Cutler an David Duncan. McLucas und seine Partner hatten nach Aufzeichnungen gesucht und jede Menge Unterlagen gefunden, die sich auf Chewco bezogen. Nun verschickten sie Kopien mit der Bitte um eine Bewertung an alle, die ihnen einfielen.

Duncan gab die Unterlagen zur Überprüfung an zwei seiner Partner weiter, Tom Bauer und Deb Cash. Irgendwann öffnete Bauer Karton Nummer 7 und zog einen Ordner heraus. In dem Ordner lag ein zweiseitiges Abkommen, datiert auf den 30. Dezember 1997, unterzeichnet im Namen des Unternehmens von Jeremy Blachman, einem Enron-Vizepräsidenten. Für Chewco hatte Kopper unterzeichnet.

Bauer wurde nicht schlau aus dem Dokument. Es ging darum, mit einer JEDI-Ausschüttung in Höhe von sechs Millionen Dollar eine Art Reservekonto einzurichten. Er las es nochmals durch.

Was für ein Reservekonto? Was zum Kuckuck war das?

Die nächsten 24 Stunden hindurch arbeiteten die Andersen-Prüfer daran, die Bedeutung des rätselhaften zweiseitigen Briefs zu entschlüsseln. Recht schnell stand fest, dass diese – niemals an Andersen weitergeleitete – Information die bisherige buchhalterische Bewertung von Chewco auf den Kopf stellte.[18]

Was sie hier hatten, war der Beweis für ein geheimes Nebenabkommen, das getroffen worden war, um den Chewco-Deal durchführen zu können. Die sechs Millionen Dollar waren als Sicherheit für einen Teil des von der Barclays Bank investierten Kapitals auf ein Reservekonto eingezahlt worden. Enron konnte noch so sehr darauf beharren, das Geld von Barclays sei kein Kredit gewesen, sondern Eigenkapital. Das zählte jetzt nicht mehr. Chewco war mit *exakt* drei Prozent externem Kapital konstruiert worden. Aufgrund der Absicherung für die sechs Millionen Dollar war Barclays Investition keinerlei Risiko ausgesetzt. Selbst wenn man Barclays Investition als Eigenkapital akzeptierte, fehlten Chewco mindestens sechs Millionen Dollar an den vorgeschriebenen drei Prozent.

Damit stand jetzt ohne jeden Zweifel fest: Die Buchhaltung war falsch. Chewco war keine gültige Zweckgesellschaft. Chewco war Enron.

Die Verhandlungen mit Dynegy, in denen unter anderem auch detailliert LJM2 zur Sprache kam, zogen sich den ganzen Nachmittag des 3. November hin. Dynegy wollte alles über alle Enron-Deals mit dem Fonds und die möglichen Implikationen wissen.

Glisan übernahm für Enron die Präsentation. Er teilte einen kurzen Bericht aus, in dem jeder Deal in einem Absatz abgehandelt wurde. Keith Fullenweider, Dynegys stellvertretender Justiziar, genügte das nicht.

»Ich muss das fragen, Ben«, sagte Fullenweider. »Ist noch jemand bei Enron, der an diesen Verhandlungen teilnimmt, an einer dieser Gesellschaften beteiligt?«

Statt die Frage zu beantworten, wechselte Glisan das Thema.

»Chewco ist keine ungültige Zweckgesellschaft«, gab sich Causey an diesem Samstagabend überzeugt. »Chewco ist zulässig.«

Causeys Team hatte sich an diesem Tag mächtig ins Zeug gelegt, angetrieben vom Ultimatum der SEC, bis zum kommenden Montag weitere Informationen über die Zweckgesellschaften beizubringen. Zehn Leute waren für das Meeting eingespannt worden – sieben von Enron, zwei von Andersen und einer von Vinson & Elkins –, um zu einem abschließenden Urteil über Chewco zu gelangen. Nachdem Duncan und Bauer eingetroffen waren, gab Causey bekannt, dass sie Chewco formell für korrekt befunden hatten.

»Wie sehen Sie das mit Dodson als Anteilseigner?«, wollte Bauer wissen.

»Ich glaube nicht, dass er als nahe stehende Partei gezählt werden kann«, erwiderte Causey.

»Im Bundesstaat Texas sind homosexuelle Beziehungen gesetzlich nicht anerkannt«, schob Kristina Mordaunt nach.

Irrsinn. Enron machte eine Buchhaltungsentscheidung von gigantischen Ausmaßen – die sich mehrere Jahre zurück auf Einkommenserklärungen und Bilanzen auswirkte – von den texanischen Gesetzen über homosexuelle Beziehungen abhängig.

»Meiner Meinung nach muss, was die buchhalterische Seite angeht, die Bewertung, ob Dodson eine nahe stehende Partei ist oder nicht, auf mehr als nur dem gesetzlichen Status ihrer Beziehung basieren«, sagte Bauer.

Doch es gebe da noch einen wichtigeren Punkt, sagte er. »Wie konnten Sie in Anbetracht des Nebenabkommens zu dem Schluss kommen, dass es sich bei Chewco um eine zulässige Gesellschaft handelt?«

»Was für ein Nebenabkommen?«, fragte Causey verblüfft.

Bauers Enthüllung löste in dem Konferenzraum eine hektische Suche nach dem Nebenabkommen aus. Schließlich entdeckten sie es in einem Stapel Originalunterlagen, die auf einem Beistelltisch lagen. Causey las es und erbleichte.

»Ich habe das noch nie gesehen«, murmelte er.

Causey rief die Anwälte, die schon gegangen waren, sofort wieder zurück. Keiner von ihnen kannte das Abkommen. Er beorderte Glisan in das Meeting und drückte ihm das Dokument in die Hand. Glisan las das Abkommen mit wachsendem Entsetzen.

»Ich habe das noch nie gesehen«, sagte er. »Warum sollte jemand so etwas tun?«

Bauer sah ihn an. Er nahm ihm die Arglosigkeit nicht ab. Glisan legte das Papier auf den Tisch und schloss die Augen.

»Wir sind im Arsch!«, stieß er hervor.

Am Sonntagnachmittag klingelte in Skillings Haus das Telefon. Er ging in die Küche und nahm ab.

»Hallo«, hörte er eine Stimme. »Hier ist Bruce Hiler von O'Melveny & Myers.«

Der Partner von O'Melveny hatte Skilling den auf Wertpapierrecht spezialisierten Anwalt Hiler empfohlen.

»Mein Name ist Jeff Skilling«, begann er. »Ich bin der frühere Chief Executive von Enron.«

»Ja«, antwortete Hiler. »Ich habe die Sache verfolgt.«

»Und was halten Sie davon?«

Hiler redete nicht lang um den heißen Brei herum. »Wir haben hier ein echtes Problem«, sagte er und fing an, die einzelnen Punkte aufzuzählen. Skilling war beeindruckt; Hiler hatte seine Hausaufgaben gemacht.

»Nun denn«, sagte Skilling, »ich glaube, ich brauche einen Anwalt. Wären Sie bereit, mich zu vertreten?«

Hiler zögerte nicht. »Ja«, antwortete er.

Am selben Tag informierte McLucas das Enron-Board über die Sache.

»Chewco ist unzulässig«, sagte er. »Was unglücklicherweise bedeutet, dass alles, was mit Chewco zusammenhängt, ebenfalls unzulässig ist.«

Sie würden Restatements, also rückwirkende Korrekturen, der Jahresabschlüsse einreichen müssen, fuhr er fort, die ganzen Jahre zurück bis zu Chewcos Gründung. JEDI befand sich nun im ausschließlichen Besitz von Enron, also mussten die JEDI-Ergebnisse mit denen des Unternehmens konsolidiert werden.

Alle im Raum waren entsetzt. »Wie gestalten wir die öffentliche Kommunikation zu diesem Thema?«, fragte Lay. »Wir müssen auf eine Art und Weise darüber sprechen, die den Leuten die Angst nimmt und ihnen zeigt, dass wir uns davon erholen können.«

Das sei nicht ratsam, erwiderte McLucas. »Bevor der Sonderausschuss seine Arbeit abgeschlossen hat, dürfen wir auf keinen Fall konkrete Aussagen zu diesen Strukturen machen.«

Nach Ende des Meetings trat Mark Palmer, der ein paar Minuten zuvor eingetroffen war, zu McLucas und dessen Kollegen Charles Davidow und stellte sich vor. McLucas fing sofort an, Anweisungen zu erteilen.

»In Ordnung, Mark, um eins klarzustellen: Sie müssen mit mir sprechen, bevor Sie auch nur eine Frage der Medien beantworten. Und wenn Sie mich nicht erreichen können, wenden Sie sich an Chuck.«

»Wegen *jedem* Anruf?« Palmer fand das ziemlich übertrieben.

»Tut mir Leid, aber ich weiß nicht, ob das funktionieren wird«, sagte er. »Die Dinge entwickeln sich ziemlich schnell, und wir müssen für die Medienleute 24 Stunden am Tag erreichbar sein.«

McLucas machte ein strenges Gesicht. Er wölbte seine Hand und hielt sie, auf Palmer gerichtet, in die Höhe.

»In Ordnung, Mark, ich möchte, dass Sie sich das Scheinwerferlicht vorstellen«, sagte er. »Sie sitzen in einem kleinen Zimmer, ihnen gegenüber ein Mitarbeiter von der Börsenaufsicht, und der Scheinwerfer ist direkt auf Sie gerichtet. Und der Mann von der SEC sagt: ›Mr. Palmer, als Sie diese Aussage machten, wussten Sie, dass sie der Wahrheit entsprach? Woher wussten Sie, dass sie der Wahrheit entsprach?‹ Was werden Sie dann sagen, Mark?«

Palmer sah ihn mit großen Augen an.

»Mark«, legte McLucas nach. »*Sie* können haftbar gemacht werden, wenn Sie Investoren getäuscht haben. Nicht Enron. *Sie*, Mark Palmer.«

O mein Gott. Palmer hatte das Gefühl, als breche alles um ihn herum in Stücke. Nein, er kannte die Wahrheit nicht. Er wusste nicht, wer log. Jeder nahm sich gerade einen Anwalt, wie Whalley gesagt hatte. Und dann erwarteten sie von *ihm*, ihre Geschichten zu verbreiten und damit seinen Kopf hinzuhalten. Vielleicht sollte er sich lieber fragen, welches Risiko er *selbst* einging.

Palmer atmete einmal tief durch. »Danke«, sagte er.

Ungefähr um dieselbe Zeit schlugen in dem Konferenzraum im Enron-Gebäude, wo die Buchhaltungs- und Finanzteams an der abschließenden Analyse des Chewco-Desasters saßen, die Emotionen hoch.

McMahon verstand immer noch nicht so ganz, was eigentlich passiert war, und bat Glisan, es ihm zu erklären. Mehrere Minuten lang setzte Glisan ihm auseinander, was es mit dem Nebenabkommen und den Reservekonten auf sich hatte und welche Konsequenzen für die Buchhaltung sich daraus ergaben.

Je länger er sprach, umso wütender wurde er. »Ich war für die Buchhaltung verantwortlich! Aber niemand hat mir von der Existenz dieses Dokuments erzählt! Hätte ich davon gewusst, ich hätte mich niemals auf diese Sache eingelassen.«

Die anderen in dem Raum quittierten diesen Ausbruch selbstgerechter Empörung mit Schweigen. Causey verschränkte die Arme vor der Brust, McMahon zog eine angewiderte Grimasse.

Beide waren überzeugt, dass Glisan log.[19]

Montag, 5. November. Die Frist für die Vorlage der von der SEC angeforderten Informationen war abgelaufen. Aber zu viel war passiert. Die Chewco-Katastrophe hatte alles auf den Kopf gestellt. Enron bat um eine Fristverlängerung. Die SEC gewährte ihnen drei Tage. Dann war Sense.

Ein komplett neues Wirtschaftsprüferteam, dieses Mal von Deloitte & Touche, nahm Enrons Finanzunterlagen auseinander. Dieses Mal handelte es sich um Wirtschaftsprüfer, die nicht für Enron arbeiteten; Wilmer, Cutler hatte die Leute von Deloitte & Touche im Auftrag des Sonderausschusses verpflichtet.

An diesem Montagmorgen nahmen die Deloitte-Wirtschaftsprüfer mehrere Dinge unter die Lupe, darunter dieses eigenartige Southampton-Geschäft, auf das Kristina Mordaunt sie gestoßen hatte. Seit ihrem Interview hatte Mordaunt den Ermittlern nicht nur praktisch eine Landkarte gezeichnet, der sie folgen konnten, sie hatte ihnen auch ihre gesamten Unterlagen ausgehändigt. Weitere Details zu dem Geschäft fanden sich in den Archiven von Enron.

Einer der Wirtschaftsprüfer ging ein Dokument durch und stutzte. Er konsultierte seine Kollegen, dann die Anwälte von Wilmer, Cutler. Sie waren alle einer Meinung. Der Sonderausschuss musste sofort informiert werden.

»Ein Ertrag von einer Million Dollar auf eine Investition von 5000 Dollar!«, bellte Bill Powers.

Genau, antwortete der Wirtschaftsprüfer von Deloitte.

»Nun«, erwiderte Powers, »das ist weiß Gott nicht normal.«

Deloitte & Touche hatte alles aufgedeckt. Der immense Profit aus Southampton. Die Millionen, die an Fastow und Kopper geflossen waren. Die zwei Millionen Dollar, die Glisan und Mordaunt bekommen hatten, zwei Manager, die immer noch für das Unternehmen arbeiteten und ihm angeblich halfen, die Krise zu meistern.

Die Leute von Andersen hatten weitere Diskrepanzen festgestellt. Swap Sub, die LJM1-Gesellschaft, die den Rhythms-Hedge bereitgestellt hatte und von Southampton übernommen worden war, hatte zu keinem Zeitpunkt über ausreichend Kapital verfügt. Somit konnte sie auch nicht als von Enron unabhängige Gesellschaft anerkannt werden. Enron hatte Rhythms mit sich selbst abgesichert, und Enron hatte Southampton für den Kauf einer Gesellschaft bezahlt, die dem Unternehmen bereits gehörte.

»Wir müssen eine Sitzung des gesamten Boards einberufen«, sagte Powers. »Die Direktoren müssen informiert werden.«

Glisan saß an seinem Schreibtisch, als David Oxley, ein Manager aus der Personalabteilung, eintrat.

»Ben, tut mir Leid, aber Sie müssen nach Hause gehen«, sagte Oxley.

Glisan hatte gehört, worauf der Sonderausschuss gestoßen war. Dennoch reagierte er verwirrt. »Bin ich gefeuert?«, fragte er.

Oxley nickte. »Höchstwahrscheinlich.«

McMahon hatte gerade erst von der Southampton-Sache erfahren. *Dieser Hurensohn hat mich angelogen. Er hat mit dazu gehört!*

»Sue«, rief McMahon seiner Sekretärin zu. »Holen Sie mir Ben Glisan ans Telefon. Er ist bei sich zu Hause!«

Das war er nicht.

Am Abend hatte McMahon Glisan endlich am Telefon.

»Ben«, sagte er. »Ich habe extra mit Ihnen gesprochen, bevor ich Ihnen diesen wichtigen Job gab. Ich habe Sie gefragt, ob Sie auf irgendeine Weise in diese Dinge verwickelt sind, und Sie haben geantwortet, nein, das bin ich nicht.«

Einen Moment, erwiderte Glisan. Southampton war nicht LJM. Es war ein einmaliges Geschäft, eine geschlossene Gesellschaft, die vor über einem Jahr eine Transaktion mit LJM durchgeführt hatte.

McMahon kochte vor Wut. »Ben, ich habe zum Teufel noch mal keine Ahnung, wovon Sie sprechen. Das einzige Wort, das ich verstanden habe, war LJM. Und das reicht mir. Kein Problem, haben Sie zu mir gesagt. Und nun erzählen Sie mir was von LJM.«

»Ja, aber nur durch eine geschlossene Gesellschaft ...«

»Das ist doch völlig egal, Ben!«, brüllte McMahon. »Ist Ihnen klar, in welche Gefahr Sie mich und diese gesamte Fusion gebracht haben? Sie haben gelogen! War das Ihre Absicht, mich zu belügen?«

»Das war niemals meine Absicht«, erwiderte Glisan.

»Nun«, sagte McMahon nach einer kurzen Pause, »betrachten Sie sich als entlassen aus diesem Unternehmen.«

Mordaunt wurde mit der gleichen Hast vor die Tür gesetzt. Dass sie geredet hatte, spiele keine Rolle, wurde ihr mitgeteilt. Sie hätte eben nicht in das Geschäft investieren dürfen. Ihre Karriere bei Enron war vorbei.

Dynegy musste informiert werden. In ein paar Tagen wollten die Dynegy-Manager den Fusionsdeal vor ihrem Board präsentieren. Aber nun wusste Enron, dass Glisan, der Dynegy einen Großteil der erforderlichen Informationen für diesen mehrere Milliarden Dollar schweren Deal geliefert hatte, ein Lügner war. Vielleicht sogar ein Krimineller.

Zusammen mit Pug Winokur und einem externen Anwalt rief Derrick Dynegys stellvertretenden Justiziar Keith Fullenweider an.

»Wir haben da einige neue Informationen«, begann Derrick.

McMahon übernahm die Aufgabe, dem Finanzteam von Dynegy die schlechte Nachricht zu überbringen. Er ging hinüber ins Büro der Anwaltskanzlei Baker, Botts, die Dynegy beriet und wo Dynegys CFO Rob Doty gerade dabei war, einige zusätzliche Berechnungen anzustellen.[20]

»Ich muss Ihnen etwas mitteilen«, sagte McMahon. »Wir haben festgestellt, dass weitere Mitarbeiter im Zusammenhang mit LJM Zahlungen erhalten haben. Ben Glisan gehört dazu.«

Doty griff sich an den Kopf und seufzte. »Jedes Mal, wenn ich mit einem von Enron rede, gibt es eine neue Enthüllung. Was bekommen wir noch alles zu hören?«

»Soweit wir das beurteilen können, sind alle Angaben, die er Ihnen gegeben hat, korrekt«, sagte McMahon. »Aber ich musste Ihnen das mitteilen. Wahrscheinlich wird es binnen kurzem publik, und außerdem ist er nicht mehr bei Enron.«

Enron habe einen neuen Treasurer, fuhr McMahon fort. Ray Bowen werde Glisan nachfolgen.

Doty schüttelte den Kopf. »Ich weiß nicht«, sagte er, »wie Sie bei Enron das alles verkraften.«

Am selben Tag trafen einige Dynegy-Direktoren mit ein paar ihrer Kollegen von Enron zusammen. Die Zeit war gekommen, eine wenig willkommene Nachricht zu überbringen: Ken Lay musste gehen.

Dynegy-Direktor Otis Winters wollte höflich sein und betonte, dass Dynegy zu schätzen wisse, was Lay für Enron erreicht habe. Aber das Unternehmen brauche einfach eine neue Führungsspitze.

»Wir sind der Ansicht, das Enron-Board sollte Ken zum Rücktritt auffordern«, erklärte Winters.

John Duncan, einer der fünf Enron-Direktoren bei der Zusammenkunft, wies das Ansinnen empört zurück. »Ausgeschlossen«, sagte er. »Lay muss als Direktor und Interimschef weitermachen. Sein Wissen in Sachen Public Relations und seine exzellenten Beziehungen zur Regierung sind von entscheidender Bedeutung für den Erfolg der Fusion.«

»Sie *brauchen* Ken«, fuhr Duncan fort. »Er hat dieses Unternehmen aufgebaut. Sie verstehen nicht, wie wichtig er ist.«

Die Dynegy-Direktoren waren sprachlos. Sie hatten unmissverständlich klargestellt, dass dieser Deal an Ken Lay scheitern konnte, und trotzdem gaben die Enron-Direktoren nicht nach. Winters versuchte es noch einmal.

»Natürlich«, erklärte er, »ist das Enrons Entscheidung. Aber Sie sollten wissen, dass Dynegy dieser Punkt außerordentlich wichtig ist.«

Was zum Teufel war das?

Chuck Watson blätterte in einem Entwurf des von der SEC angeforderten 8-K-Berichts von Enron. Niemand hatte ihn vorgewarnt; Enron hatte einfach eine Kopie herübergeschickt, die voller neuer Details über das Debakel mit den Gesellschaften steckte.

Watson konnte nur den Kopf schütteln. Rückwirkende Korrekturen der Gewinn- und Verlustrechnungen der letzten fünf Jahre! Fünf! Der Southampton-Skandal. Die Enthüllung, dass die 1,2 Milliarden Dollar Eigenkapitalreduzierung nicht auf den Abschluss der Raptoren zurückzuführen war, sondern auf einen Buchhaltungsfehler. Und *noch* ein Fehler bei Swap Sub.

Watson rief Lay an. »Ken, Sie haben mir bei unserem ersten Treffen gesagt, dass Sie keine Leichen mehr im Keller hätten. Sie haben sich persönlich dafür verbürgt! Warum jetzt diese neuen Enthüllungen?«

»Chuck«, antwortete Lay gelassen, »ich bin ebenso überrascht wie Sie.«

Die Fusion schritt weiter voran; die abschließenden Verhandlungen drehten sich um den Preis. Hier handelte es sich um einen Deal rein auf Aktienbasis, Dynegy-Aktien gegen Enron-Aktien. Der springende Punkt dabei war freilich das Kursverhältnis. Lay und Watson schmiedeten eine Vereinbarung auf Grundlage der Kursdifferenz zwischen Enron- und Dynegy-Aktien, von da an übernahmen Bergstrom und Whalley. Mathematik für Anfänger.

Dann bekamen offenbar ein paar Investoren Wind von der Sache. Enrons Aktienkurs schnellte in die Höhe, von rund sieben Dollar in den Bereich von neun Dollar. Plötzlich war Enron deutlich mehr wert als noch vor ein paar Stunden.

An diesem Abend sollten die Boards von Enron und Dynegy in getrennten Sitzungen die abschließende Überprüfung des Abkommens vornehmen. Das Abkommen enthielt zahlreiche bewegliche Elemente; Dynegy sollte Enron sofort 1,5 Milliarden Dollar an neuem Cash und nach Vertragsschluss eine weitere Milliarde Dollar zuschießen.

Ungefähr eine Stunde vor dem Meeting des Dynegy-Boards traf ein neues Dokument von Enron ein, Ken Lays Beschäftigungsvertrag. Andrea Lang, Dynegys Personalchefin, überflog das Papier.

Ihr stockte der Atem.

61 Millionen Dollar. Wenn der Merger durchging, würde Lay Anspruch auf eine Abfindung in Höhe von 61 Millionen Dollar haben. Lang ging damit zu Watson, der den Vertrag dem Board präsentierte. Die Dynegy-Direktoren debattierten eine Weile über den Beschäftigungsvertrag, aber da es sich um einen legalen Vertrag handelte, waren ihnen die Hände gebunden. Sie stimmten der Abfindung zu.[21]

Lay musterte die Gesichter der demoralisierten Direktoren im Enron-Boardroom. Es war nach 20.30 Uhr an diesem Abend, und sie saßen seit über einer Stunde zusammen. Jetzt war es an der Zeit. Ihnen blieb keine andere Wahl.

»In Ordnung«, sagte Lay, »dann sollten wir jetzt den Antrag einbringen, der vorgeschlagenen Fusion zuzustimmen.«

John Duncan stellte den Antrag. Er wurde einstimmig angenommen. Damit war der Deal besiegelt. Zumindest schien es so.

Ray Bowen musste seinen Namen an diesem Abend mehrere hundert Male schreiben. Bowen war zur Unterzeichnung der Dokumente bei Baker Botts, umringt von Anwälten und Investoren beider Unternehmen.

Nach Mitternacht saßen übermüdete Manager und Anwälte immer noch in Grüppchen zusammen und klärten die letzten Einzelheiten. Sie waren am Ende ihrer Kräfte, aber euphorisch, ab und zu wurden Witze gerissen, und Gelächter erscholl. Sie hatten es vollbracht. Sie hatten Enron gerettet.

Jeff Donahue von Enron, Managing Director bei Corporate Development, sah Dynegys Entwurf der Presseerklärung zu dem Geschäft auf dem Tisch liegen, beugte sich über den Tisch, las und fing an zu kichern. Er nahm den Entwurf in die Hand und wedelte damit vor Keith Fullenweider, Dynegys stellvertretendem Justiziar, in der Luft herum.

»Hey, Keith!«, rief Donahue. »Sie haben da einen Tippfehler in Ihrer Presseerklärung.«

»Das will ich sehen«, sagte Fullenweider und stand auf. Er ließ sich von Donahue die Presseerklärung geben und las sie durch.

Was soll das? »Jeff, ich kann hier keinen Tippfehler entdecken.«

Donahue lächelte. »Sie haben's übersehen!«, sagte er und deutete mit dem Finger auf einen Satz der Presseerklärung. »Genau hier. Sehen Sie sich den Preis an, den Ihr Board bewilligt hat.«

Fullenweider las den Satz. *Die Enron-Anteilseigner erhalten 0,2685 Dynegy-Aktien pro Enron-Stammaktie.* Er zuckte mit den Achseln. »Und? Das ist kein Tippfehler. Das ist der Preis, den unser Board genehmigt hat.«

Donahue machte ein langes Gesicht. »Nein«, sagte er, »das ist nicht der Preis, den *unser* Board genehmigt hat.«

Im Konferenzraum brach ein Tumult aus.

Die Boards von Dynegy und Enron hatten, ohne es zu wissen, über abweichende Fusionsabkommen abgestimmt. Dynegy hatte einen Wechselkurs von 0,2685-Aktien pro Enron-Aktie genehmigt, Enron dagegen, auf Grundlage des plötzlichen Kursanstiegs, einen höheren Wechselkurs, und zwar 0,2885. Unter dem Strich machte das eine Differenz von rund 400 Millionen Dollar aus.[22]

Mit der Presseerklärung in der Hand stürmte Fullenweider auf der Suche nach McMahon und Mark Muller, Enrons oberstem Deal Maker, durch Baker Botts. Er fand sie in einem anderen Konferenzraum.

»Ihr Chairman hat Scheiße gebaut!«, fuhr Fullenweider sie an. »Sie schaffen es noch nicht einmal, den Fusionspreis richtig zu berechnen! Was zum Teufel ist mit Ihnen los?«

Muller war perplex. »Wovon sprechen Sie?«

»Vom Bezugsverhältnis. Es ist 0,2685!«

»Nein«, sagte Muller, »es ist 0,2885.«

»Nein, ist es nicht, Sie Idiot!«, schrie Fullenweider.

»Ich habe die Board-Protokolle hier!«, schrie Muller zurück. »Deshalb haben sie zugestimmt.«

Fullenweider hob die Hände. »Ja, ich weiß. Das ist ja das Problem!«

Resigniert schüttelte er den Kopf. »Sie haben den falschen Deal abgesegnet«, brüllte er.

Die Teams beider Seiten zogen sich zur Beratung über das jüngste Desaster in separate Räume zurück. Muller hing am Telefon und versuchte, Whalley zu erreichen. William Joor, Partner bei Wilson & Elkins, stand mit der Stirn an die Wand gelehnt und kickte mit dem Fuß dagegen.

»O mein Gott«, murmelte er. »Ich fasse es einfach nicht.«

Er drehte sich wieder um. »Wie sollen wir das den Aktionären erklären?«, fragte er die Gruppe. »Wir stehen da wie der größte Haufen Deppen auf dem Planeten!«

Bowen saß neben Rob Walls, einem hochrangigen Enron-Anwalt. »Wissen Sie was«, sagte er zu Walls, »das ist richtig beschissen.«

»Aber Sie müssen auch zugeben«, gluckste er, »dass es einfach zu lustig ist, um wahr zu sein.«

Mitternacht war lange vorbei. Das Dynegy-Team hatte angewidert den Raum verlassen und es den Enron-Managern überlassen, das Chaos zu ordnen.

Muller zeigte auf McMahon »Sie sind der CFO«, sagte er. »Sie müssen Ken anrufen.«

»O nein«, schnappte McMahon. »Das hier ist nicht mein Deal. Es ist *Ihr* Job, die verdammten Zahlen hinzupfriemeln. Es ist Ihr Job, Lay um drei Uhr morgens anzurufen und aus dem Schlaf zu reißen.«

Muller dachte darüber nach. »Ja, in Ordnung.«

Die Lays schliefen, als das Telefon klingelte. Linda drehte sich zur Seite und nahm den Hörer ab.

»Ja?«, murmelte sie.

Das Enron-Team hörte mit.

»Hier ist Mark Muller von Enron. Ich muss mit Ken sprechen. Entschuldigen Sie, dass ich Sie geweckt habe.«

Eine Pause. »Können Sie mir sagen, worum es geht?«

»Ja«, antwortete Muller. »Sagen Sie Ken, dass die Fusion seinetwegen auf der Kippe steht.«

Linda reichte ihrem Mann das Telefon.

»Ken, Mark hier«, sagte Muller. »Wir haben hier ein massives Problem mit den Zahlen.«

Muller berichtete ihm, was passiert war.

»Okay«, sagte Lay. »Nun, Sie wissen, die Zahl, die Dynegy hat, entspricht nicht der, über die Chuck und ich gesprochen haben. Er muss das falsch verstanden haben. Ich werde Chuck anrufen und mich darum kümmern.«

Ein paar Minuten später sprach er mit Watson, der bei sich zu Hause war.

»Ken«, sagte Watson, »das haben wir nicht so abgemacht.«

Irgendwie müsse es zu einem furchtbaren Missverständnis gekommen sein, meinte Watson. Enron hatte die Schlussnotierung angesetzt, Dynegy den Kurs zum Zeitpunkt des Vertragsabschlusses. Doch der Deal war bereits zur endgültigen Genehmigung an das Chevron-Board geschickt worden, Dynegys größten Investor. Für Änderungen war es jetzt zu spät.

Einen Moment lang sagte Lay nichts. »Nun, dann muss ich jetzt mein Board anrufen«, sagte er.

»In Ordnung«, antwortete Watson. »Rufen Sie Ihr Board an.«

Lay informierte sein Team. »Chuck bleibt hart«, sagte er. »Er verhandelt nicht.«

Im Raum herrschte Stille.

»Ich werde ein Board-Meeting einberufen«, sagte Lay. Er klang besiegt. »Wir müssen das irgendwie hinkriegen.«

Kapitel 22

Rebecca Carter betrat den Hobbyraum im ersten Stock ihres Hauses, ging an den in einer Einbauvitrine ausgestellten Sporttrophäen ihres Sohnes vorbei und setzte sich an seinen Computer. Gleich darauf war sie im Internet und tippte die Adresse der SEC-Homepage ein.

Es war frühmorgens am 8. November, und Carter wollte die neusten Nachrichten über Enron lesen. Sie rief das Dokumentenarchiv auf und sah, dass an diesem Morgen ein neues Dokument hinzugefügt wurde, ein 8-K-Formular. Sie führte den Mauszeiger auf das Dokument und öffnete es.

Carter stockte der Atem. Restatements (sic!) der Finanzberichte – für die letzten fünf Jahre? Chewco? Buchhaltungsfehler?

Ich kann nicht glauben, was da steht. Der größte Schock kam auf Seite 19. Dort las Mark über Southampton und die von hochrangigen Enron-Managern getätigten Investitionen.

Kristina Mordaunt? Sie war mit Kristina befreundet! Sie hatte in eine dieser Gesellschaften Fastows investiert – und jetzt wurde sie gefeuert? Und Ben Glisan! Der war doch noch ein Pfadfinder! *Was zum Teufel war da los?*

Carter stand auf und rannte nach unten. Sie wusste, dass Skilling heute wegen eines Treffens mit seinem neuen Anwalt Bruce Hiler in Washington war. Jemand musste ihm davon erzählen. Hektisch suchte sie nach seinem Reiseplan. Als sie ihn gefunden hatte, griff sie zum Telefon und rief Hilers Büro an. Eine Sekretärin meldete sich.

»Ich muss mit Jeff Skilling sprechen«, sagte Carter.

»Das geht nicht, er ist in einem Meeting mit Mr. Hiler.«

»Dann holen Sie ihn heraus«, sagte sie.

Skilling und Hiler waren ins Gespräch vertieft, als die Sekretärin sie unterbrach und Skilling mitteilte, dass Carter ihn sprechen wollte. Verärgert stand er auf und ging zu einem Telefon.

»Warum lässt du mich aus einem Meeting herausholen?«, fragte er sie.

»Enron korrigiert rückwirkend die Finanzberichte! Und das ist noch nicht alles …« *»Korrigiert die Finanzberichte!«*, fiel Skilling ihr ins Wort.

Die Worte weckten Hilers Interesse. »Legen Sie das auf den Lautsprecher«, sagte er.

Carters Stimme erfüllte den Raum, als sie ein paar Minuten später einzelne Passagen aus dem 8-K-Bericht vorlas. Sie erwähnte auch, dass die nachträglichen Korrekturen der Finanzberichte fünf Jahre zurückreichten.

Hiler war beunruhigt, aber nicht überrascht. »Das wird heikel werden«, sagte er.

Skilling zuckte mit den Achseln. *Okay, neue Buchhalter haben eben andere Ansichten als die alten. Na und?*

»Das Schlimmste kommt aber erst noch«, sagte Carter.

Sie verlas die Aussage über einen Deal, an dem mehrere Enron-Manager als Investoren beteiligt waren, darunter auch Fastow und Kopper. Dann las sie die Namen der Mitinvestoren vor: »Ben Glisan, Managing Director und Treasurer der Enron Corporation, Kristina Mordaunt, Managing Director und Justiziarin einer Enron-Abteilung.«

Skilling ließ sich in einen Stuhl fallen. »Ist das dein Ernst?!«, rief er. »Das kann nicht dein Ernst sein!«

Er saß mit offenem Mund da und wusste nicht, was er denken sollte.

»Kristina? *Ben*?«

»Ja, so steht es hier.«

Ihm fehlten die Worte. Seit Tagen las er die Zeitungen und dachte stets, er wüsste alles, was bei Enron passiert war. Aber nicht das. Das nicht.

O mein Gott.[1]

Ray Bowen fühlte sich an diesem Morgen bereits ausgepowert, noch bevor er einen Fuß aus dem Haus gesetzt hatte. Nach der gestrigen Marathonsitzung hatte er nur ein paar Stunden geschlafen.

Heute mussten sie die letzten, entscheidenden Hürden nehmen. Sie hatten den Rating-Agenturen den geplanten Merger präsentiert, um sich zu vergewissern, dass sie Enron weiterhin als investive Anlage bewerteten; ohne ein Investmentgrade-Rating konnte Enron sein Handelsgeschäft gleich dichtmachen. Außerdem musste noch Chevron, Dynegys größter Anteilseigner, den Deal absegnen. Erst danach würde Bowen in ruhigeres Fahrwasser kommen.

Er warf einen Blick auf die Uhr. Inzwischen musste McMahon von den Rating-Agenturen gehört haben. Die Spannung wurde unerträglich. Bowen griff zum Telefon und rief McMahon an. Es klingelte und klingelte. Kein gutes Zeichen.

Endlich, ein Klicken. »Ja?«, meldete sich McMahon.

»Hey, Jeff, ich bin's, Ray. Ist alles in Ordnung? Haben die Rating-Agenturen uns die richtigen Antworten gegeben?«

McMahon klang verzweifelt. »Nein , Ray«, sagte er. »Sie jagen uns zum Teufel.«

Eine Stunde später, McMahon und Bowen waren bei Whalley und suchten nach Möglichkeiten, die Rating-Agenturen umzustimmen. Das große Problem war Moody's Investor Service, deren Analysten in dem Deal zu viele Schlupflöcher für Dynegy vor der endgültigen Besiegelung des Mergers sahen. Insbesondere störte sich Moody's an der so genannten Material-Adverse-Change-Klausel. Diese MAC-Klausel gab Dynegy die Möglichkeit, von der Fusion zurückzutreten, sollte es zu einer erheblichen Verschlechterung der wirtschaftlichen Lage Enrons kommen.

Die drei Manager organisierten Telefonkonferenzen mit Moody's, dann mit Jimmy Lee von der Chase. Sie gingen die Möglichkeiten durch, und schließlich bezogen sie auch Dynegy mit in die Verhandlungen ein. Ohne ein paar Änderungen war dieser Deal wertlos. In die Ecke gedrängt, stimmte Watson einer Verschärfung der Ausstiegsklauseln für Dynegy sowie einigen anderen von Moody's gewünschten Änderungen zu.

Die Enron-Manager waren mehr als zufrieden. Nun brauchte es schon einen finanziellen Tsunami, damit Dynegy aus diesem Merger aussteigen konnte.

Enron musste an diesem Tag seine Rechnungen bezahlen. Doch wenn Moody's sein O.K. verweigerte, wäre der Merger, Enrons letzte Überlebenschance, Geschichte. Der Konzern würde Bankrott gehen und es zutiefst bereuen, sein letztes Geld herausgerückt zu haben.

Bowen ging zu McMahon und Whalley und drängte sie, eine Entscheidung zu treffen: zahlen oder nicht zahlen?

»Also, das Problem ist Folgendes«, sagte Bowen. »Ich sitze auf rund 400 Millionen Dollar in cash. Wenn Moody's uns abschießt und wir auf dem Weg in den Bankrott sind, würde ich es vorziehen, dieses Geld hier zu haben. Aber wir haben eine Menge Rechnungen, die heute fällig sind und die den Großteil dieser Summe aufzehren würden.«

Whalley fuhr sich mit der Hand durchs Haar und atmete aus. »Was passiert, wenn wir die Rechnungen nicht bezahlen?«

Das könnte Probleme verursachen, meinte Bowen. Viele fällige Rechnungen betrafen Energiegeschäfte, und normalerweise hätte das Geld schon überwiesen werden müssen. Die Handelspartner wunderten sich wahrscheinlich schon, wo das Geld blieb, und fragten sich, ob sie Enron überhaupt noch Kredit gewähren sollten. Wenn sie die Rechnungen nicht beglichen, könnten sie durchaus von den Märkten ausgeschlossen werden.

Die beiden sahen ihn an.

»Ach, zum Teufel damit, wir warten«, entschied Whalley schließlich. »Bezahlen Sie sie noch nicht.«

Bowen rief Mary Perkins an, die bei Enron für diese Transfers zuständige Managerin. »Wir bezahlen unsere Rechnungen heute nicht«, sagte er einfach.

»Oh«, sagte sie nach einer kurzen Pause. »Alles klar.«

Bowen bewunderte ihre Selbstbeherrschung. Er war überzeugt, dass er sie mit seiner Anweisung völlig aus dem Konzept gebracht hatte.

Morgen, fuhr er fort, würden sie von Moody's hören. Wenn die Ratingagentur der Fusion grünes Licht gab, würden sie sofort alle Rechnungen begleichen müssen. Mit anderen Worten, Perkins musste alle Überweisungen so weit vorbereiten, dass sie nur noch auf den Knopf drücken musste.

»Ich kann die Zahlungen morgen früh ins Fed-System eingeben«, antwortete Perkins. »Dann werden sie ausgeführt, sobald die Fed öffnet.«

Sehr gut, sagte Bowen. In dem Fall würde Enron die Außenstände begleichen, zuzüglich der Zinsen für einen Tag, und alle würden glauben, dass es bei Enron einfach ein wenig desorganisierter als sonst zuging.

Die Antwort von Moody's traf früh am nächsten Morgen ein. Die Agentur gab Enron ein »BBB-«-Rating, das niedrigste Rating in der alles entscheidenden Investmentkategorie. Damit, das war die schlechte Nachricht, hatte Moody's Enron um eine Stufe schlechter bewertet, aber, und das war viel wichtiger, das Unternehmen blieb handlungsfähig. Sofort rief Bowen Perkins an.

»Grünes Licht«, sagte er. »Schicken Sie die Zahlungen raus.«

»Gott sei Dank!« Sie drückte auf die Maustaste.

Eine E-Mail und eine Nachricht auf dem Anrufbeantworter erwarteten David Duncan, als er am nächsten Morgen ins Büro kam. Absender war in beiden Fällen Nancy Temple, die Andersen-Anwältin, die mit dem Enron-Debakel befasst war. Die SEC hatte inzwischen einen Durchsuchungsbefehl gegen Andersen erwirkt, und Temple wies Duncan an, die Anwendung der firmeninternen Maßnahme zum Umgang mit Dokumenten auszusetzen.

Duncan drückte ein paar Tasten an seinem Telefon und leitete die Nachricht an seine Sekretärin Shannon Adlong weiter.

»Das hier kommt von Nancy Temple«, sagte er. »Sorgen Sie dafür, dass alle über die Aussetzung der Maßnahme informiert werden.«

Kurz nach Mittag hörte Adlong die Nachricht. Sie öffnete eine E-Mail, adressierte sie an die meisten Mitarbeiter im Büro und klickte die Betreffzeile an.

Stellt die Reißwölfe ab, schrieb sie.

Aber da war es schon zu spät, das Verbrechen war bereits begangen. Zu diesem Zeitpunkt waren hunderte E-Mails bereits gelöscht, und tausende Unterlagen, die die Details von Andersens Geschäften mit Enron dokumentierten, waren nur noch Konfetti.[2]

Am späten Nachmittag dieses Tages wurde auch die, wie es schien, letzte Hürde, die dem Merger noch im Weg stand, genommen. Das Chevron-Board genehmigte den Deal. Chuck Watson rief Lay an.

»Alles klar«, sagte er. »Sie haben die Fusionspapiere unterzeichnet.« Dynegy würde jetzt sofort 1,5 Milliarden Dollar in Enron investieren, um das Unternehmen liquide zu halten, mit der Option, nach Abschluss der Transaktion eine weitere Milliarde Dollar zu investieren. Lay war erleichtert und frustriert zugleich. Er hatte sein Unternehmen gerettet – und es dadurch verloren.

»Herzlichen Glückwunsch, Chuck«, sagte er leise und murmelte noch etwas darüber, wie weit sie in so kurzer Zeit gekommen waren.

Watson konnte es kaum erwarten, seinen Sieg hinauszuposaunen. »Wir möchten die Fusion heute Abend bekannt geben«, sagte er, »so schnell wie möglich.«

Lay seufzte. »Wir kommen sofort rüber.«[3]

Die Pressekonferenz an diesem Abend verbitterte die Enron-Führungsspitze noch mehr. Alle Hoffnungen, sich ein Quäntchen Macht – oder auch nur einen Funken Respekt – zu bewahren, wurden zunichte gemacht.

Watson beschränkte die Zahl der Teilnehmer von Enron strikt, und Lay selbst wurde wie ein besserer Hausmeister behandelt. Er durfte praktisch nichts sagen und unternahm auch keinen großen Versuch, seinen Kummer zu verbergen. Dynegy war der Sieger. Enron, von seinem kleineren Rivalen in die Knie gezwungen, hatte die weiße Flagge gehisst.

An diesem Abend trafen sich viele jüngere Enron-Manager bei Kenneally's, jener schummrigen irischen Bar. Diese Manager hatten sich seit Jahren über Dynegy lustig gemacht und diese Konkurrenz als billige Imitation von Enron abgetan. Jetzt schmiss der Emporkömmling den Laden – und rieb ihnen seinen Triumph so richtig unter die Nase.

Hier und da versuchte jemand, die Truppe aufzuheitern. Dave Delainey, der Leiter der Privatkundenabteilung, hob sein Glas. »Leute, das hier ist ein umgekehrter Merger«, rief er. »Sie glauben vielleicht, dass sie uns kaufen, aber wartet mal zwei Monate ab, und wir halten das Heft in der Hand.«

Ray Bowen lachte und leerte sein Bier.

»Wir werden sehen«, sagte er. »Aber zuerst einmal müssen wir abwarten, ob die Fusion überhaupt zustande kommt.«

Drei Tage später, am Montag, dem 12. November, explodierte die letzte von Andy Fastows verbliebenen finanziellen Zeitbomben.

Wegen des Chaos, das in den Aufzeichnungen der Finanzabteilung herrschte, war es für die neue Führungsriege praktisch unmöglich, alle Details zu ermitteln – was insbesondere für die in den strukturierten Deals enthaltenen Trigger Events galt. Um bessere Konditionen für die Deals zu erhalten, hatte Fastow mit Banken und Investoren vereinbart, dass sie von Enron Geld oder Aktien erhalten würden, sollte Enrons Aktienkurs festgelegte Schwellenwerte unterschreiten oder seine Kreditwürdigkeit herabgestuft werden – wobei in den meisten Fällen die Investmentkategorie die kritische Schwelle darstellte.

In den meisten Fällen, aber nicht in allen. Es gab zumindest einen Deal, bei dem als Trigger Event ein »BBB-«-Rating, also die unterste Stufe über der Junkkategorie, vereinbart worden war. Und in diese Kategorie war Enron gerade eben von Moody's eingestuft worden.

Der Erste bei Enron, der davon erfuhr, war Bowen, der mit Bill Fox, einem Banker von der Citibank, telefonierte.

»Hey, Ray«, sagte Fox, »jetzt, da Enron mit BBB- bewertet wird, meine ich mich daran zu erinnern, dass wir bei Rawhide einen Auslöser auf diesem Niveau vereinbart haben.«

Rawhide. Bowen wusste, dass es sich dabei um eine der außerbilanziellen Gesellschaften der Finanzgruppe handelte, mit denen sie vor ein paar Jahren über eine halbe Milliarde Dollar aufgenommen hatten. Obwohl er die genauen Konditionen nicht kannte, konnte er sich nicht vorstellen, dass Fox Recht hatte. Nur ein Trottel würde bei einem Finanzgeschäft einen *Trigger im Investmentgrade-Bereich* setzen!

»Prüfen Sie das doch in Ihren Akten nach«, schlug Fox vor. »Dann werden wir ja sehen, was wir haben.«

Bowen legte auf und rief sofort in der Finanzabteilung an. »Hey, könnte jemand von Ihnen einen Blick in die Rawhide-Unterlagen werfen? Bill Fox meint nämlich, wir hätten einen Rating-Trigger aktiviert.«

Die Antwort ließ nicht lange auf sich warten. Fox hatte Recht.

Und der Trigger hatte es in sich. Enron musste das gesamte durch Rawhide aufgenommene Geld zurückzahlen. Rund 690 Millionen Dollar, fällig 15 Tage nachdem der Trigger aktiviert wurde. Und bis zu Fox' Anruf hatten sie bei Enron nicht einmal geahnt, dass die Schuldenzeitbombe bereits tickte.[4]

»Das *kann* einfach nicht wahr sein«, protestierte McMahon und warf die Hände in die Luft. »Das ist doch Irrsinn.«

Bowen stand vor McMahon. Er hatte ihm gerade die schlechte Nachricht über den Rawhide-Trigger überbracht.

»Aber es ist wahr«, entgegnete er schlicht.

»Ray, wir haben noch *nie* Deals mit Vorfälligkeitsklauseln in der Investmentkategorie gemacht!«, fuhr er Bowen an. »Warum um alles in Welt sollte jemand so etwas Verrücktes tun?«

Bowen zuckte mit den Schultern. »Das weiß ich nicht. Aber wir haben es überprüft. Jemand hat das getan.«

McMahon schlug die Hände vors Gesicht. Das war einfach zu viel.

Das Il Radicchio, ein Italiener unweit des Capitol Hill in Washington, D.C., war zur Mittagszeit gut besucht. Eine Bedienung schlängelte sich um die Tische herum auf David Cavicke zu und servierte ihm einen Eistee; gegenüber von Cavicke, der für das Subcommittee on Oversight and Investigations des Ausschusses für Energie und Handel im Repräsentantenhaus arbeitete, saß Mark Paoletta, leitender Justiziar und einer der besten Ermittler des Unterausschusses.

Seit Tagen drängte Cavicke Paoletta, mit allen verfügbaren Mitteln gegen Enron vorzugehen. Der Unterausschuss befasste sich mit Handels- und Energiethemen und hierbei insbesondere mit potenziellen Missbräuchen. Diesbezüglich war Enron anscheinend das große Los. Die Enron-Affäre, hatte Cavicke, der mehrere Jahre an der Wall Street gearbeitet hatte, zu Paoletta gesagt, sah nach einer ganz großen Sache aus. Also hatte sich Paoletta mit Cavicke zum Lunch verabredet, um sich seine Argumente anzuhören.

»Was bei Enron passiert ist, ist einfach unglaublich«, erzählte Cavicke mit lebhafter Stimme. »Das könnte sich als einer der größten Betrugsskandale überhaupt erweisen.«

Cavicke, der die Enron-Akten und insbesondere den kürzlich eingereichten 8-K-Bericht studiert hatte, legte Paoletta detailliert dar, was er gefunden hatte. Vor allem aber, sagte er, rühre der Fall an grundsätzliche Fragen hinsichtlich der Zuverlässigkeit der Finanzberichte von Unternehmen – und war damit *genau das Thema,* mit dem sich der Unterausschuss befassen sollte.

Eine gute Stunde lang ging Cavicke die Details der Vorgänge bei Enron durch. Als die Bedienung Paolettas Hähnchensandwich brachte, hatte er eine Entscheidung getroffen. Darüber musste er mit Jim Greenwood reden, dem Kongressabgeordneten und Vorsitzenden des Unterausschusses.

Die Enron-Mitarbeiter hatten seit zehn Arbeitstagen keinerlei Veränderungen in ihren Pensionsplänen vornehmen dürfen. Doch es passierte einfach zu viel; es war, beschloss die Unternehmensführung, nicht länger tragbar, den Mitarbeitern von Enron die Möglichkeit zu verweigern, über ihre Investitionen zu entscheiden, zumal sie überwiegend hohe Summen in Enron-Aktien angelegt hatten.

Am 12. November wurde die Sperre aufgehoben. Die Mitarbeiter konnten wieder nach Belieben Enron-Aktien kaufen und verkaufen. In den zehn Tagen, die sie vom Handel ausgeschlossen waren, war der Kurs der Aktie um 3,83 Dollar gesunken und stand jetzt auf 9,98 Dollar. Trotzdem hatten sie in gewisser Hinsicht von der Sperre profitiert; die Aktie notierte jetzt nämlich *höher* als an fünf der letzten zehn Tage. Jeder, der jetzt verkaufen wollte, bekam mehr Geld, als er in der Hälfte der Sperrzeit erhalten hätte.

Doch die Aufhebung der Restriktionen brachte nicht die erwartete Flut von Verkäufen, im Gegenteil, unter dem Strich kauften die Enron-Mitarbeiter mehr Aktien, als sie verkauften – offenbar in der Annahme, sie könnten dank des Kursverlustes ein Schnäppchen machen.[5]

Chuck Watson tourte durch das Land, um Investoren die Dynegy-Enron-Fusion schmackhaft zu machen. Niemand hatte ihn über das Rawhide-Debakel unterrichtet, das in Houston im Gange war – was nicht zuletzt mit daran gelegen haben dürfte, dass man bei Dynegy noch mehrere Tage lang nichts davon erfahren sollte.

Stattdessen feilschten Enron und Dynegy um sehr banale Dinge, beispielsweise, wie viele Enron-Manager Watson auf der Roadshow begleiten durften oder ob Dynegy-Manager mit Enron-Flugzeugen beziehungsweise Enron-Manager mit Dynegy-Jets fliegen durften.

Das Gezänk trug nicht eben dazu bei, die ohnehin angesäuerten Beziehungen zu verbessern. Eigentlich hatte Watson zu Enron kommen und seinen neuen Mitarbeitern einen Besuch abstatten wollen, aber Lay und Whalley hatten sich quer gelegt. Ein solcher Besuch, wandten sie ein, würde demoralisierend wirken und sollte aufgeschoben werden, bis sie ihr eigenes Meeting abgehalten hatten. Also ließ Watson ein Video drehen, auf dem er Enron in der Dynegy-Familie willkommen hieß.

Bei Enron sah sich kein Mensch das Video an.[6]

Irgendwie kam die Sache heraus und machte im Internet und Radio die Runde. Ken Lay würde 61 Millionen Dollar Abfindung erhalten, wenn der Dynegy-Deal durchging. Bei den Enron-Händlern brach ein Sturm der Entrüstung los. Sie sahen nicht ein, dass Lay nach diesem Debakel auch noch so viel Geld hinterhergeworfen werden sollte.

John Lavorato und Louise Kitchen stürmten, sofort nachdem sie die Nachricht gehört hatten, hinauf in Lays Büro. Lay saß an seinem Tisch, als die beiden Manager sein Büro betraten.

»Ken, Sie können unmöglich 60 Millionen Dollar aus dem Unternehmen nehmen«, sagte Lavorato. »Die Leute werden ausflippen.«

Lay war überrascht. »Ich habe das vertragliche Recht darauf, aber es ist nicht im Fusionsabkommen enthalten«, sagte er. Abgesehen davon habe er, fuhr er fort, bereits mit Chuck Watson über die Reduzierung der Abfindungssumme gesprochen, was aber nichts daran änderte, dass ihm eine Abfindung zustand.

»Ausgeschlossen, Ken«, sagte Kitchen.

»Wenn Sie auch nur einen Cent nehmen, gibt es bei den Händlern einen Aufstand«, setzte Lavorato nach.

Lay dachte darüber nach. »Okay, okay, ich habe verstanden«, sagte er. »Aber lassen Sie mich zuerst mit meiner Frau darüber sprechen.«[7]

Lay rief bei seiner Frau an, setzte sich in seinen Wagen und fuhr nach Hause, um mit ihr zu reden. Er beschrieb ihr die Reaktion der Händler. Die Aussicht, dass ihr Mann auf Geld verzichten musste, das ihm vertraglich zustand, gefiel ihr nicht.

»Wir haben schon so viel verloren«, sagte sie. »Wir kämpfen darum, genug aufzutreiben, um die Schulden abzubezahlen, die Steuern zu bezahlen und uns vor dem Bankrott zu retten.«

Mit dem Kursverfall hatten sich mehrere hundert Millionen Dollar ihres Vermögens in nichts aufgelöst, doch Lay war der Ansicht, dass ihm praktisch keine Wahl blieb. »Ich weiß, dass ich einen gesetzlichen Anspruch auf dieses Geld habe. Aber ich glaube, ich muss darauf verzichten.«

Tränen traten in Lindas Augen. Aber sie stimmte zu.

Den Enron-Händlern brach der Markt weg. Ungeachtet der angekündigten Fusion mit Dynegy befürchteten die Wettbewerber, Enron könne Gläubigerschutz beantragen, bevor es seine unter neuen Verträgen eingegangenen Verpflichtungen bezahlt hätte. Jede Transaktion mit Enron kam einem Glaubensbekenntnis gleich, das abzugeben praktisch niemand mehr bereit war.

John Lavorato war außer sich. Sogar Dynegy, das einzige Unternehmen, das Enron noch Gas verkaufte, weigerte sich, Geschäfte mit einer Laufzeit von über einem Jahr abzuschließen. Lavorato griff zum

Telefon und rief Matt Schatzman an, den Leiter von Dynegys Handelsabteilung.

»Sie helfen uns nicht«, klagte Lavorato.

»Das Kreditrisiko mit Enron ist uns zu hoch, und wenn der Merger scheitert, sitzen wir in der Scheiße«, sagte Schatzman. »Wir müssen an unsere Anteilseigner denken. Ich habe unsere Broker angewiesen, Enron keine Vorzugsbehandlung zu gewähren.«

Lavorato verlor die Beherrschung. »Und was ist mit dem Fusionsabkommen?«, brüllte er.

Schatzman blieb ganz ruhig. »Das ist mir egal«, sagte er. »Hier geht es ums Geschäft.«[8]

Die Enron-Händler sahen einen Ausweg.

Wenn die anderen Unternehmen Geschäfte mit Enron für zu riskant hielten, nun, dann würden sie sie eben im Voraus bezahlen. *Damit* würden sie weiter im Geschäft bleiben. Die Händler mussten nur ein Cash Collateral bereitstellen, sprich ihren Handelspartnern Barreserven als teilweise – oder, in manchen Fällen, vollständige – Zahlungsgarantie auf ein Reservekonto überweisen.

Nach Jahren der Vernachlässigung fehlte es Enron immer noch an wirksamen Kontrollen über das Ausgabeverhalten der einzelnen Abteilungen und an Methoden, den Geldfluss zu überwachen. Nun war Geld von Dynegy gekommen, haufenweise Geld, mit dem die Enron-Händler den anderen beweisen konnten, dass sie immer noch im Geschäft waren. Sie stürzten sich auf das Geld und warfen es in die gierig ausgestreckten Hände ihrer Handelspartner.

Tag für Tag verschwanden so hunderte Millionen Dollar aus dem Unternehmen – ein massiver und sich beschleunigender Bargeldabfluss, von dem die Führungsspitzen beider Unternehmen nicht die geringste Ahnung hatten.[9]

»Sie müssen bei Dynegy anrufen«, drängte Bowen McMahon. »Wir müssen etwas wegen dieser Rawhide-Sache unternehmen.«

Ein paar Tage waren vergangen, und sie hatten Dynegy immer noch nicht über den Rawhide-Trigger informiert. Bowen hielt es für möglich, das Problem zu umgehen; sollte die Bank das Geld abrufen, könnte Enron implodieren. Unter diesen Umständen konnten sie doch ganz bestimmt eine Lösung aushandeln.

McMahon ertrank in Arbeit und war einfach noch nicht dazu gekommen, Dynegy zu informieren. Aber er versprach Bowen, bei Enrons Fusionspartner anzurufen. Sehr bald.

Die Stimmung auf dem Board-Meeting von Andersen in Chicago war schlecht. Die Firmenanwälte hatten die Direktoren über die sich zuspitzende Krise bei Enron unterrichtet, danach hatten sie sich mit der drohenden Klagewelle befasst. Joe Berardino tat sein Möglichstes, alle davon überzeugen, dass Andersen die Lage unter Kontrolle hätte und es keinerlei Anlass zur Besorgnis gebe.

»Wir haben unseren besten Anwalt auf die Sache angesetzt, unsere besten Risikomanager nehmen alles unter die Lupe«, versicherte er dem Board. »Wir haben alle erforderlichen Maßnahmen ergriffen, um dieses Risiko in den Griff zu bekommen.«

Dennoch durften sie sich keinen Illusionen über die Konsequenzen hingeben.

»Wir werden deswegen Geschäfte verlieren«, warnte er. »Die Sache ist einfach zu groß. Aber wir dürfen jetzt nicht in Panik geraten.«

Er ließ seinen Blick über die besorgten Gesichter am Tisch streifen. »Wir müssen einfach an unseren Werten festhalten. Dann werden wir das auch durchstehen.«

Lay hatte sich an diesem Freitag, dem 16. November, in sein Haus in Galveston zurückgezogen und las den Entwurf von Enrons neustem Quartalsbericht, dem so genannten 10-Q-Bericht. Trotz Causeys anfänglichen Kassandrarufen hatte Enron es geschafft, innerhalb der verlängerten Frist alle notwendigen Zahlen zusammenzustellen. Am Montag wollten sie den Bericht herausgeben.

Der Bericht für das dritte Quartal enthielt jede Menge neue und zum Teil ziemlich haarsträubende Details, beispielsweise darüber, dass Enrons »BBB-«-Rating einen Trigger aktiviert hatte, durch den ein Kredit über nahezu 700 Millionen Dollar fällig wurde. Und Einzelheiten über eine sich zuspitzende Liquiditätskrise. Alles Einzelheiten, die den Leuten von Dynegy gar nicht gefallen dürften. Nun ja, inzwischen hatte bestimmt *irgendjemand* bei Enron den Bericht an Watson oder einen seiner Topmanager weitergeleitet. Zumindest Lay war davon überzeugt. Damit blieb Dynegy genug Zeit, die schlechten Neuigkeiten zu verdauen.

Lay irrte sich.

Am nächsten Tag, Samstag, war in der Finanzabteilung die komplette Truppe im Büro. Alle hatten viel zu tun, der vierteljährliche Finanzbericht musste abgeschlossen und ein Meeting mit Enrons Banken vorbereitet werden.

Mark Muller sprach McMahon wegen Rawhide an; Rob Doty, Dynegys CFO, musste über die Sache mit dem Trigger unterrichtet werden.

»Sie müssen ihn anrufen«, drängte Muller. »Rawhide wird eines der Schlagzeilenthemen in dem Quartalsbericht sein.«

McMahon nickte. »Ja, Sie haben Recht. Ich denke, das sollte ich tun. Am besten, ich rufe ihn jetzt gleich an.«

Er ging in ein Büro und schnappte sich ein Telefon. Es war Samstag, und Doty war nicht im Büro. Der Anrufbeantworter schaltete sich ein.

»Hey, Rob«, fing McMahon an. »Hören Sie, Enron hat einen Fehler gemacht.« Die Rawhide-Finanzierung hatte einen Trigger bei »BBB-«, und zwar nicht erst bei einem Junkrating wie die anderen Enron-Deals. Das Unternehmen befand sich technisch gesehen im Default (sic!) bei Rawhide, und die Schulden waren vorfällig geworden.

»Wir legen das alles in dem 10-Q offen, den wir am Montag einreichen«, sprach McMahon aufs Band.[10]

Rob Doty war außer sich. Er war am frühen Montagmorgen ins Büro gekommen und hatte gerade eben McMahons Bombe auf dem Anrufbeantworter abgehört. Nun versuchte er verzweifelt, an Enrons Quartalsbericht heranzukommen. Die Veröffentlichung des Berichts stand unmittelbar bevor, und Dynegy, das gerade eineinhalb Milliarden Dollar in das Unternehmen gepumpt hatte, hatte das verdammte Ding noch nicht einmal zu Gesicht bekommen.

Doty rief die Finanzgruppe an. »Hören Sie«, schnappte er, »es ist mir völlig *schnurz,* ob Sie die endgültige Fassung haben. Schicken Sie mir wenigstens den Entwurf des Berichts.«

Der Entwurf traf um 10.53 Uhr ein, und sofort machten sich die Dynegy-Experten daran, das Dokument zu analysieren. Am Nachmittag reichte Enron den offiziellen Bericht bei der SEC ein. Zu dem Zeitpunkt, als Dynegy die endgültige Fassung erhielt, hatten auch alle anderen Investoren im Land Zugriff auf den Bericht.

Doty blätterte das Dokument hastig durch. Plötzlich hielt er inne.

»Wartet mal«, sagte er zu seinen Kollegen. »Hier gibt es Seiten, die in unserer Version nicht enthalten sind.«[11]

Über eineinhalb Milliarden Dollar! Verschwunden! Einfach so!

Doty und sein Team waren fassungslos. Der Bericht steckte *voller* Informationen, von denen Dynegy nichts wusste. Das Geld, das sie in den letzten Tagen in Enron gepumpt hatten, war verschwunden, einfach so. Aber wohin war es verschwunden? Doty konnte freilich nicht wissen, dass die Trader von Enron an das Geld herangekommen waren und es mit vollen Händen verteilten, um nicht aus dem Markt zu fliegen.

Auch die Geschäfte brachen ein. Die Handelsumsätze stürzten ab, und die Prognosen für die Ergebnisse des vierten Quartals waren katastrophal. Die Profite aus dem europäischen Handel waren so gut wie verdampft. Und dann gab es da noch den Schuldentilgungsplan. Doty war davon ausgegangen, dass Enron bis zum Jahresende 800 Millionen Dollar Schulden zurückzahlen musste, aber nun war von zwei Milliarden Dollar die Rede. Was ging hier vor? Warum hatte Enron das nicht gewusst? Das Unternehmen hatte doch schon einen Plan zur Schuldentilgung erstellt.

Zu allem Überfluss hatte Enron jetzt auch noch verkündet, dass sie finanztechnisch gesehen *insolvent* waren. Das Unternehmen hatte 2,8 Milliarden Dollar an sofort oder bald fälligen Verbindlichkeiten, aber nur 1,2 Milliarden Dollar an flüssigen Mitteln. Wer würde einem Unternehmen in *dieser* Situation auch nur einen Funken Vertrauen schenken?

Doty stürmte aus dem Raum. Er musste Chuck Watson finden. Strenge Bedingungen waren an einen Rücktritt Dynegys von der begonnenen Fusion geknüpft, doch nun sah es ganz danach aus, als hätte Enron soeben alle diese Bedingungen erfüllt.

»Warum haben Sie das herausgegeben, ohne uns darüber zu informieren? Was um alles in der Welt machen Sie da?«

Watson war am Telefon und las Ken Lay die Leviten. Lay konnte sagen, was er wollte, Watson ließ sich nicht besänftigen. Er war ein persönliches Risiko eingegangen, er hatte das Geld seines Unternehmens eingesetzt, um Enron zu retten. Und wofür? Damit sie ihm den Zugang zu den Enron-Mitarbeitern verweigerten? Damit er untätig zusah, wie Enron jeden Cent, den er dem Unternehmen gegeben hatte, verpulverte? Um so lange im Dunkeln über verdächtige Entwicklungen gelassen zu werden, bis der Rest der Welt davon erfahren hatte?

»Chuck, Sie haben doch den Bericht gelesen, nicht wahr?«, fragte Lay.

»Wir haben ihn erst heute erhalten!«

»Das ist mir ein Rätsel«, sagte Lay. »Ich habe meine Kopie am Freitag bekommen. Ich habe übers Wochenende das ganze Ding gelesen.«

Watson kochte vor Wut. »Und warum habe ich dann keine Kopie bekommen, Ken?«

»Ich ging einfach davon aus, dass Sie eine Kopie bekommen hätten. Ich hatte keine Ahnung, dass dies nicht der Fall war. Hab nicht mal dran gedacht, danach zu fragen.«

Sie müssten sich am nächsten Tag treffen, sagte Watson, im Coronado Club in der Houstoner Downtown. »Es gibt da jede Menge Dinge, über die ich mit Ihnen sprechen muss, Ken«, sagte er. »Rechnen Sie mit zwei bis drei Stunden.«

»Was sind denn die wichtigsten Punkte?«, wollte Lay wissen.

»Ken, ich vermisse eine Milliarde Dollar!«, fuhr Watson ihn an.

»Und Ihre Leute können mir nicht sagen, wo das Geld geblieben ist!«

»Wir müssen uns mit den Raptor-Transaktionen befassen«, sagte der Wirtschaftsprüfer von Deloitte. »Die Buchhaltung ist sehr dubios.«

Die Raptor-Transaktionen? Bill Powers, der dem vom Enron-Board eingesetzten Sonderausschuss vorstand, wusste nicht so recht, wovon der Wirtschaftsprüfer sprach. Es war Montagnachmittag, und Powers erhielt gerade eine Einführung in Sachen Zweckgesellschaften. Sie hatten bereits Chewco abgehandelt, als die Sprache auf die Raptoren kam.

»Okay«, schloss Powers, »erklären Sie mir die Raptoren.«

Der Wirtschaftsprüfer hielt einen Monolog, in dem er beschrieb, wie Enron Aktien in die Raptoren verschoben, eine minimale Investition von LJM2 genommen und es mit Hilfe dieser Gesellschaften dann bewerkstelligt hatte, keine Verluste auf seine Händlerinvestitionen ausweisen zu müssen. Powers verstand das Konzept nicht. *Enron* hatte das Kapital bereitgestellt? Aber wie konnten die Verluste dann durch die Raptoren kompensiert werden?

Ich kapiere das einfach nicht, dachte er.

Es sollten noch Wochen ins Land gehen, bis Powers die furchtbare Wahrheit erkannte. Aber er erkannte sie. Die Raptoren waren vollkommen absurd.

Der republikanische Kongressabgeordnete Jim Greenwood erhob sich von seinem Schreibtisch im Rayburn House Office Building in Washington, als er seinen Gast in der Tür stehen sah.

»Hallo, Mark, kommen Sie rein«, sagte Greenwood.

Mark Paoletta, Justiziar des Subcommittee on Oversight and Investigations des Ausschusses für Energie und Handel im Repräsentantenhaus, ging durch den Raum, setzte sich, legte einen Stapel Unterlagen auf den Tisch und zog ein Blatt heraus, auf dem er die Punkte notiert hatte, die er mit Greenwood besprechen wollte.

Paoletta hakte einen Punkt nach dem anderen ab, bis er zu dem Stichwort »Enron« kam. Er zog einige Zeitungsartikel hervor und schob sie über den Tisch Greenwood hin.

»Enron«, sagte Paoletta. »Einfach unglaublich, was da vor sich geht.«

Greenwood überflog die Berichte. Einsicht leuchtete in seinen Augen auf. »O ja«, sagte er, »ich habe davon gehört. Das sieht sehr interessant aus.«

Paoletta berichtete, was ihm sein Mitarbeiter David Cavicke einige Tage zuvor im Il Radicchio erzählt hatte. »Das klingt nach einem interessanten Fall«, sagte der Kongressabgeordnete. »Reicht das Material für eine Anhörung?«

Paoletta nickte. »Wir werden uns damit befassen und prüfen, ob wir etwas auf die Beine stellen können.«

Um 11 Uhr am 20. November trat Chuck Watson im 50. Stock des alten Southwest Building aus dem Aufzug und strebte dem Eingang zum Coronado Club zu. Sowohl Watson als auch Lay waren bekannte Gesichter in dem vornehmen Restaurant, einem bevorzugten Lunchtreffpunkt des Houstoner Geldadels. Der Oberkellner begrüßte Watson überschwänglich und führte ihn an den Tisch.

Lay erhob sich und begrüßte Watson. Ihr Gespräch verlief gespannt, aber distinguiert. Das Coronado war kein Restaurant, an dem die Gäste von Tisch zu Tisch schlenderten und mit Bekannten plauderten. Dennoch hätten Lay und Watson normalerweise damit rechnen müssen, während des Essens ein paarmal unterbrochen zu werden. Aber an diesem Tag störte niemand die beiden.

Watson holte eine Liste mit den fraglichen Punkten hervor, die seit der Unterzeichnung des Deals aufgekommen waren, und las sie Lay vor. Die fehlende Kommunikation. Der zu üppige Abfindungsplan.

»Das Wichtigste aber«, sagte er, »ist das verschwundene Geld, die eineinhalb Milliarden. Wir wollen die Buchhaltung einsehen, wir wollen wissen, wohin das Geld gegangen ist, und zwar bis morgen.«

Und noch etwas gab es, womit sie sich befassen mussten, sagte Watson und fixierte Lay.

»Wir brauchen einen sofortigen Wechsel im Topmanagement von Enron«, sagte er. »Nur dann werden wir uns dem Zug in den Weg stellen und den Ruf und die Glaubwürdigkeit des Unternehmens wiederherstellen.«

Lay verzog keine Miene. »Ich werde mit dem Board sprechen«, sagte er.[12]

Enron brach auseinander. Der Quartalsbericht hatte den Markt und die Rating-Agenturen in helle Aufregung versetzt. Die Schulden des Unternehmens wurden nochmals unter die Lupe genommen, und an der New York Stock Exchange war die Enron-Aktie das am meisten gehandelte Papier. An diesem Tag schloss die Enron-Aktie bei rund sieben Dollar, ein Sturz um nahezu 23 Prozent.

Steve Kean ging den Flur im vierten Stock des neuen Gebäudes hinunter, als er Ray Bowen sah.

»Hey, Ray, Ken will, dass ich diese Presseerklärung herausgebe«, sagte er. »Könnten Sie einen Blick darauf werfen?«

Bowen überflog das Papier und verzog das Gesicht. Es war albern, eine Erklärung über Enrons Handelsvolumen, mehr nicht. »Wir können das nicht herausgeben«, sagte er. »Was erreichen wir damit?«

»Ray, ich verstehe das«, erwiderte Kean. »Aber *Sie* müssen auch verstehen, dass ich für einen übergeschnappten Chairman arbeite, der glaubt, das Unternehmen hätte lediglich ein PR-Problem, das sich mit einer Presseerklärung aus der Welt schaffen ließe.«

Am Mittwoch, dem 21. November, saß Dynegy-Präsident Steve Bergstrom in Whalleys Büro und versuchte, sich ein Bild von Enrons Barliquidität zu machen. Die Liquidität war kontinuierlich gefallen und betrug nun, sagte Whalley, nur noch 500 Millionen Dollar.

»Die Händler haben sich ziemlich ins Zeug gelegt, um zu beweisen, dass sie noch im Geschäft sind«, sagte er. »Sie haben große Deals mit Reservebeträgen abgesichert.«

Aber das hatte das Problem nur verlagert, fuhr Whalley fort. Die Cash Collaterals bewirkten nämlich nicht, dass die Marktteilnehmer *weiter* mit Enron Geschäfte machten. Stattdessen buchten die Händler, sobald Enron Geld überwiesen hatte, die Position des jeweiligen Geschäfts aus, sackten das Geld ein und machten sich aus dem Staub. Enrons Zahlungen konnten niemanden mehr täuschen.

»Greg, Sie müssen vor allem anderen die Liquidität erhalten«, sagte Bergstrom. »Das ist wichtiger als alles andere.«

Whalley zuckte mit den Schultern. Enron musste im Markt bleiben. Jetzt die Liquidität zu schützen würde das Kartenhaus zum Einsturz bringen. Das war ausgeschlossen.

»Ich gebe zu«, sagte Whalley, »dass wir in einer ziemlich verfahrenen Lage sind. Aber jetzt müssen wir die Fusion wieder in Fahrt bekommen.«

Am 23. November saß Whalley flankiert von mehreren Enron-Managern an einem Konferenztisch, ihnen gegenüber drei Dynegy-Manager – darunter der stellvertretende Chefjustiziar Keith Fullenweider und Rob Doty, der CFO. Alle wirkten skeptisch.[14]

Die Enron-Manager hatten mehrere Neuigkeiten mitgebracht. Die Situation verschlechterte sich zusehends. Die Enthüllungen im Quartalsbericht hatten dem Handelsgeschäft schwer geschadet, und die immensen Schulden, in den Büchern und außerhalb der Bücher, hielten das Unternehmen im Würgegriff. Enron musste sich mit seinen Banken treffen und den Tilgungsplan verlängern, forderte Doty.

»Sie haben Recht«, sagte McMahon. »Wir sagen den Banken, dass wir entweder neu verhandeln oder aber Gläubigerschutz beantragen.«

Whalley hielt seinen Zeigefinger an die Stirn. »Genau, ich sage den Banken, dass ich mir die Pistole an die Schläfe halte.«

Doch Zugeständnisse von den Banken allein würden nicht ausreichen, alle Probleme mit dem Deal zu lösen. Enron war ganz und gar nicht mehr das Unternehmen, nach dem es noch vor zwei Wochen ausgesehen hatte. *Irgendwoher* musste frisches Kapital kommen. Sonst würde Enron nicht lange genug überleben, um die Fusion über die Bühne zu bringen.

Kühnheit war gefragt. Sie mussten die Verhandlungen wieder aufnehmen. Beide Seiten beschlossen, sich mit den Banken zu treffen und mit ihnen einen neuen Deal auszuhandeln.

Am frühen Morgen des nächsten Tages hob in Houston Enrons neuer GT Gulfstream Jet ab. Das Flugzeug, voll besetzt mit Managern, darunter Lay, Whalley, McMahon und Bowen, war auf dem Weg zum Westchester County Airport in New York. Von dort aus wollten die Manager zu den abschließenden Verhandlungen mit Dynegy und den Banken ins Doral Arrowwood fahren, ein exklusives Hotel und Konferenzzentrum.

Praktisch jeder an Bord der Maschine war mental ausgelaugt. Nach mehreren Wochen, in denen sie von Krise zu Krise, von Verhandlung zu Verhandlung gejagt und pausenlos unterwegs gewesen waren, forderte der Schlafmangel endlich seinen Tribut. Allein Whalley schien das alles unbeschadet wegzustecken und schwärmte vom Fallschirmspringen, einem Freizeitvergnügen, dem er seit seiner Militärzeit frönte.

»Hey, Sie sollten das mal ausprobieren«, sagte er. »Einen besseren Adrenalinkick gibt es nicht.«

Lay wollte weder vom Fallschirmspringen noch von Whalley etwas hören. Er drehte sich zu ihm um. »Greg, ich habe gerade mehr als genug Adrenalin in meinem Blutkreislauf. Noch mehr Adrenalin ist das Letzte, was ich jetzt brauche.«

Jimmy Lee und ein paar Kollegen von der J. P. Morgan Chase quetschten an diesem Morgen noch eine Runde Golf in ihren Tagesplan, bevor sie zu den Enron-Meetings ins Arrowwood fuhren. Als sie in dem Hotel eintrafen, trugen sie immer noch ihre Golfkleidung.

»Okay«, fing Lee an, nachdem er Platz genommen hatte, »so sieht es aus.« Enron benötige, grob geschätzt, drei Milliarden Dollar, aber die ließen sich auftreiben. Citi war bereit, eine Milliarde beizusteuern, Chase war für eine weitere Milliarde gut, und von Dynegy würde nochmals eine Milliarde sowie ein neuerliches öffentliches Bekenntnis zu der Fusion kommen.

»Damit hätten wir alles beisammen«, schloss Lee.

»Wir sind zu diesem Geschäft entschlossen«, antwortete Doty für Dynegy, »und werden für unser Drittel einstehen. Aber es gibt da noch einige Punkte, die der Klärung bedürfen.«

Zum einen war da der Preis, sagte Doty. Enron sei abgestürzt, der vereinbarte Fusionspreis sei deshalb unrealistisch.

Lay hörte Dotys Tirade zu und war sich schmerzlich bewusst, dass Dynegy-CEO Chuck Watson nicht zugegen war. Watson hatte sich noch nicht einmal zu dem Meeting bemüht und es stattdessen vorgezogen, ein paar Tage Urlaub in Mexiko zu machen. Er überließ die Entscheidung über die Fusion seinen Officers.

Ein schlechtes Zeichen, wie Lay sehr wohl erkannte.

An diesem Abend betranken sich Lay und die meisten Enron-Manager. Sie hatten an diesem Tag nicht viel erreicht, auch wenn die Diskussionen am nächsten Morgen fortgesetzt werden sollten. Um sich wenigstens kurz abzulenken, hatten die Enron-Manager nach Steak-Dinners, die sie im Hotelrestaurant bestellten hatten, mehrere Flaschen Wein geleert.

»Hier«, sagte Lay irgendwann später am Abend zu McMahon, »trinken Sie noch ein Glas.«

Whalley saß schweigend am Tisch. Er hatte den Tag über die Banken und Dynegy wiederholt gewarnt, dass drei Milliarden Dollar nicht reichen könnten, um Enron zu retten; wenn sie weiter vorab für Gas bezahlen müssten, hätte das Unternehmen das neue Geld noch vor Ende des Jahres verbrannt.

Je länger sich der Abend hinzog, umso elender fühlte sich Bowen. Selbst Lay, der ihm gegenübersaß, wirkte gebrochen. Das war Ken Lay – *Ken Lay!* – Mr. Houston!, der sich da betrank. Bowen empfand die ganze Szenerie als unendlich traurig.

»Die Banker sind bekloppt«, klagte Lay. Aber am Ende werde sich alles einrenken, versprach er. Enron würde gerettet werden.

Gut eine Stunde später ging Lay hinauf in sein Zimmer. Nicht viel später folgte McMahon, er war so betrunken, dass er kein Wort mehr herausbrachte. Mit zusammengepressten Lippen torkelte er aus dem Raum und vergaß seine Aktentasche.

Alle bis auf Bowen und Whalley waren gegangen.

»Ich habe keine Ahnung, ob das klappen wird oder nicht«, fing Whalley plötzlich an. »Aber ich werde mit allem, was ich habe, darum kämpfen, das Unternehmen zu retten. Solange ich noch eine Kugel im Magazin habe, gebe ich nicht auf.«

Er nahm einen Zug von seiner Zigarette. »Aber wenn der Deal mit Dynegy platzt und wir Gläubigerschutz beantragen, werde ich die nächsten Jahre wohl damit verbringen, vor Gericht Aussagen zu machen.«

Es sollten noch Monate ins Land gehen, bis Bowen erkannte, wie zutreffend seine Prognose war.

Um 10 Uhr am nächsten Morgen waren alle wieder im Büro.

»Was wir brauchen«, sagte Jimmy Lee, »ist eine Restrukturierung des Deals, mit drei Milliarden Dollar frischem Cash.«

Er sah sich die Gesichter der anderen im Raum an. »Und wir müssen das bis morgen bekannt geben können«, fuhr er fort. »Wenn nicht, wäre es das Beste für Enron, Gläubigerschutz zu beantragen.«

Nach vier Stunden intensiver Gespräche war Dynegy bereit, seine Liste mit Forderungen zu präsentieren. Keith Fullenweider übernahm die Aufgabe. »Wir haben einen Plan mit acht Punkten ausgearbeitet«, sagte er.

Die Bedingungen waren hart. Händler von Dynegy würden sofort bei Enron einziehen. Die Banken würden drei Milliarden Dollar Schulden in einen Besitzanteil am fusionierten Unternehmen umwandeln und drei Milliarden Dollar frisches Geld bereitstellen. Der Übernahmepreis würde um über die Hälfte reduziert werden. Und so weiter und so fort.

Fullenweider richteten den Blick auf Lay und McMahon, die ihm gegenüber am Tisch saßen und die Verhandlungen für Enron führten.

»Und wir brauchen einen Wechsel im Management«, erklärte er knapp. »Ken muss zurücktreten. Und wir fordern einen neuen CFO.«

McMahon notierte das. *Wow. Sie feuern mich.*

»Okay«, sagte er nach der Präsentation. »Wir werden das durchgehen und uns wieder bei Ihnen melden.« Die Enron-Manager verließen den Raum, um über Dynegys Forderungen zu beratschlagen.

Zwei Stunden später kehrten sie zurück. McMahon setzte sich an den Konferenztisch und ergriff als Erster das Wort.

»Lassen Sie mich anfangen, nur um gleich von vornherein die Empfindlichkeiten der Beteiligten zu klären«, sagte er. »Ken hat kein Problem damit, zu gehen.«

McMahon lächelte. »Nun, so verlockend mir der Vorschlag erscheint, den CFO auszutauschen – ich meine, ich würde den Job liebend gerne hier und jetzt abgeben –, haben wir in diesem Punkt Bedenken. Sie haben uns keinen Namen genannt. Da diesem Posten momentan eine ziemlich entscheidende Rolle zukommt, möchten wir unsere Zustimmung zurückhalten, bis wir wissen, wen Sie vorschlagen.«

Abgesehen davon, schloss McMahon, hätten sie keine Einwände.

Was sonst, denkt ihr, könnten wir noch sagen? Ein »Nein« ist nicht unbedingt das, was wir uns leisten könnten.

An diesem Nachmittag rief Dynegy-Präsident Steve Bergstrom von Houston aus sein Verhandlungsteam an. Nachdem er sich über den

Stand der Verhandlungen mit Enron informiert hatte, beriet er mit einigen seiner Finanzexperten. Wie hoch, wollte er wissen, lag der Verschuldungsgrad der neuen fusionierten Gesellschaft?

Die Antwort ließ nicht lange auf sich warten: 65 Prozent.

Bergstrom war wie vom Donner gerührt. Ein so schlechtes Verhältnis hatte er nicht erwartet. Enrons Schulden waren einfach zu hoch. Die Schuldenlast war wie ein Virus, und wenn Dynegy Enron schluckte, würde es an der giftigen Beute krepieren.

Er rief Watson an.

»Der Deal wird nicht funktionieren«, sagte er. »Unser Handelsgeschäft kann das nicht durchhalten.«

Einen Moment lang blieb Watson still. »Versuchen wir, die Sache zum Abschluss zu bringen«, sagte er.

Am 27. November saß Skilling in einem Konferenzraum bei O'Melveny & Myers und konnte kaum verbergen, wie aufgewühlt er war. Mit ihm im Raum saßen drei seiner Anwälte, darunter Bruce Hiler. Kurz darauf trafen drei weitere Anwälte ein – Bill McLucas mit zwei Kollegen von Wilmer, Cutler.

Skilling brannte darauf zu sprechen, allen seine Sichtweise der Vorgänge bei Enron zu vermitteln, davon, wie das Unternehmen durch das exzessive Ausgabeverhalten der internationalen Abteilung und andere dumme Fehler finanziell in den Abgrund geschlittert war. Die neu eingetroffenen Anwälte nahmen Platz.

Steven Rosen, ein junger Anwalt von Wilmer, Cutler, stellte die erste Frage. »Haben Sie jemals von einer Gesellschaft namens Southampton gehört?«

Skilling zögerte keine Sekunde. »Nein«, sagte er.[15]

Skilling war über den Verlauf des Gesprächs enttäuscht. Es war ganz offensichtlich nicht die kooperative Anstrengung, die Chance, seine Sichtweise zu erklären, auf die er gehofft hatte. Im Gegenteil, die Anwälte hielten ganz eindeutig *ihn* für verantwortlich. Er konnte es nicht fassen.

»Würde es Sie überraschen zu erfahren, dass Fastow in den letzten zwei Jahren 35 Millionen Dollar mit LJM verdient hat?«, wollte McLucas wissen.

Skilling zuckte mit den Schultern. »Hängt ganz davon ab, wie viel er eingesetzt hat«, sagte er. »Sie sollten eine Value-at-risk-Analyse durchführen.«

Dann kamen die LJM-Genehmigungsformulare (DASH) zur Sprache. Fastow, sagte McLucas, hatte dem Board mitgeteilt, dass er, Skilling, jeden Deal genehmigte. So war das nicht gelaufen, erwiderte Skilling. Offiziell mussten nur Causey und Buy die einzelnen Deals freigeben. McLucas zog ein Genehmigungsformular für einen Deal namens Margaux heraus, die einzige LJM-Transaktion, die Skilling abgezeichnet hatte.

»Dieses Deal Sheet haben Sie unterschrieben«, sagte McLucas. »Hier ist eine Liste von Fragen mit Antworten, und darunter steht Ihre Unterschrift.«

»Nun machen Sie mal halblang«, entgegnete Skilling. »Dass ich unterschrieben habe, bedeutet noch lange nicht, dass ich diese Fragen unabhängig überprüft und mich von der Richtigkeit der Antworten überzeugt habe.«

McLucas verschränkte die Arme. »Und was bedeutet es dann?«

Skilling deutete auf das Blatt mit den Unterschriften. »Sehen Sie hier, hier stehen die Unterschriften von Causey und Buy«, sagte er. »Die Tatsache, dass die beiden unterschrieben hatten, war für *mich* ausreichend, ebenfalls zu unterschreiben, ohne dieselben Fakten erneut zu überprüfen.«

An diesem Nachmittag war der Enron-Deal unter Dach und Fach – wieder einmal. Die Enron-Leute waren sogar einen Tag länger in Manhattan geblieben, um in den Büros von Weil, Gotshal auf eine gefaxte Kopie des überarbeiteten Verhandlungsprotokolls zum Vertrag zu warten. Das Term Sheet traf gegen 17 Uhr ein, unterzeichnet von Watson.

Anschließend fuhren sie mit einer Limousine zum Teterboro Airport, wo ein Enron-Flugzeug auf sie wartete. Gleichermaßen verdrossen wie zufrieden nahm Lay seinen Platz ein. Das Flugzeug war gerade dabei, auf die Startbahn zu rollen, als der Pilot per Funk eine Nachricht erhielt. Er drosselte die Maschinen, stand auf und ging nach hinten in die Passagierkabine.

»Mr. Lay?« sagte er. »Ich habe hier einen Mr. Watson, der darauf besteht, sofort mit Ihnen zu sprechen.«

Widerstrebend gingen die vier Enron-Manager von Bord.

»Mein Gott!«, rief McMahon. »Bekommt sein Ego denn nie genug?«

Sie betraten das Terminal und wurden in einen Raum mit einer Telefonkonferenzanlage geführt. Watson war in der Leitung, und kurz darauf gesellten sich Jimmy Lee von der Chase und Michael Carpenter von Salomon Smith Barney dazu.

Watson räusperte sich. Irgendetwas lag in der Luft.

»Ich habe in den letzten paar Tagen mit meinen Leuten gesprochen, und wir sehen da immer noch einige Probleme«, sagte er. »Der Verschuldungsgrad des fusionierten Unternehmens bereitet uns große Sorgen. Außerdem hat es ziemlich viele unangenehme Überraschungen gegeben.«

Watson betete die altbekannte Liste herunter. Das Rawhide-Debakel. Die Probleme mit dem Quartalsbericht. Der Glisan-Skandal. McMahon ließ sich in einen Sessel fallen und griff sich an den Kopf. *Okay, ich weiß Bescheid!* Aus ebendiesen Gründen war Enron auf alle Forderungen Watsons eingegangen.

Lay war ungehalten. »Chuck, wir haben das alles doch schon durchgekaut«, sagte er mit einer Stimme, der man die Erkältung im Anzug anhörte.

»Ja, aber wir haben Bedenken«, wiederholte Watson.

Allen im Raum war klar, worauf das hier hinauslief. Watson wollte den Preis nochmals drücken, und sie konnten rein gar nichts dagegen unternehmen. Sie mussten die Kröte schlucken. Sie warteten auf sein Angebot.

»Kurz gesagt, wir haben beschlossen«, sagte Watson, »die Fusion zu stoppen.«

Im Raum herrschte entsetztes Schweigen.

Lay wehrte sich. Der Deal war geplatzt? Wegen derselben Probleme, die sie alle schon ewig kannten? Genau *deswegen* waren sie doch alle nach New York gekommen, sagte er, um zusammen mit Dynegy alle Bedenken auszuräumen. Jimmy Lee sprang Lay bei; sie hatten das Term Sheet doch gerade erst unterschrieben, hielt er Watson vor. Watson blieb hart, versprach aber zumindest, nochmals mit seinem Team zu sprechen und das Board zu konsultieren. Er würde sich, versprach er, am nächsten Morgen wieder bei ihnen melden.

Niedergeschlagen kehrten die Enron-Manager zum Flugzeug zurück. Es war aus. Ihr Unternehmen, ihre Karrieren, alles aus und vorbei.

Als das Flugzeug abhob, vernahm Lay ein Knacken in seinem Ohr. Die Erkältung und der sinkende Kabinendruck verursachten zusammen einen Schaden in seinen Gehörgängen. Er hatte gerade nicht nur sein Unternehmen verloren, sondern auch einen Teil seiner Hörfähigkeit eingebüßt.

Am nächsten Morgen setzten die Dynegy-Händler das Geschäft mit Enron aus. Um 8.30 Uhr erhielt Dynegy einen verzweifelten Anruf von der Enron-Händlerin Susan Pereira.

»Sie schneiden uns ab!«, schrie Pereira. »Alle haben uns abgeschnitten! Was zum Teufel habe ich hier noch verloren?«

Die Neuigkeit breitete sich im Trading Room in Windeseile aus und sickerte rasch in den Markt durch. Verwundert rieb die Welt sich die Augen; Enron röchelte in den letzten Zügen.[16]

Weniger als zwei Stunden später erwarteten Lay und seine Führungsriege im Enron-Boardroom die endgültige Entscheidung von

Chuck Watson und klammerten sich an diese, wie sie sehr wohl wussten, trügerische Hoffnung. Niemand sprach.

Bei Dynegy hatte Watson per Konferenzschaltung ein Meeting des Boards einberufen und den Direktoren eröffnet, dass es bei dem Deal mit Enron zu einigen einschneidenden Veränderungen gekommen sei.

»Wir sind der Ansicht, dass wir mit der Fusion nicht fortfahren können«, sagte Watson zu den Direktoren. Enrons Liquidität schmelze rapide dahin, die vom Unternehmen offen gelegten Informationen hätten sich wiederholt als unzureichend erwiesen, und das Topmanagement widersetze sich einem geräuschlosen Abgang.

Steve Bergstrom übernahm. »Es ist nicht klar, was wir bekommen, wenn wir Enron jetzt übernehmen. Ihr Handelsgeschäft hat sich in Luft aufgelöst. Europa ist einfach weggebrochen. Wir gehen für einen sehr zweifelhaften Nutzen ein hohes Risiko ein.«

Die Diskussion war kurz. Und das Votum einstimmig.

Im Enron-Boardroom klingelte das Telefon. Lay drückte auf den Knopf der Lautsprechanlage. Watson war in der Leitung.

»Ich habe alles in meiner Macht Stehende getan und mit meinem Board gesprochen«, sagte er. »Aber es behagt mir einfach nicht …«

Das ist es. Ohne ein weiteres Wort abzuwarten, eilte Ray Bowen hinüber zu einem anderen Telefon. Er musste nichts mehr hören; Enron war bankrott.

Er musste schnell handeln. Rund 400 Millionen Dollar lagen auf Konten bei der Citibank, bei der sie nach dem Bankrott mit weit mehr als dieser Summe in der Kreide stehen würden. Nicht ausgeschlossen, dass die Bank Geld einfach zur Deckung ihrer Außenstände einbehielt. Bowen musste es woanders deponieren. Bei Goldman Sachs hatte Enron so gut wie keine Schulden, und genau dorthin würde er das Geld verschieben. Er wählte die Nummer von Mary Perkins, der stellvertretenden Finanzchefin.

»Ziehen Sie jeden Cent, den wir haben, von der Citibank ab und überweisen Sie das Geld an Goldman Sachs«, sagte er. »Jetzt sofort.«

Unmittelbar nach diesem Gespräch rief McMahon die Rating-Agenturen an, um sie über die neue Entwicklung zu informieren. Standard & Poors stufte Enron als erste herab. Enrons Schulden wurden nun als Junk bewertet. Der Handel mit Enron-Aktien wurde ausgesetzt, und als er wieder aufgenommen wurde, stürzte der Kurs des Papiers um 75 Prozent. Die ruhmreiche Enron-Aktie war nur noch einen Dollar und ein paar Cent wert.

Ein paar Computertechniker bei Enron sahen zu, als die Anweisungen durchgingen. Von Enrons Konten wurden Millionen und Abermillionen Dollar abgezogen. Sie hatten keine Zweifel, was da stattfand. Jemand saugte Enrons Barmittel ab.

Sie mussten das sofort stoppen. Einer von ihnen rief den erstbesten Journalisten an, der ihm einfiel.

Goldman Sachs wollte Enrons Geld nicht annehmen. Die Sache war einfach zu heiß. Die Verantwortlichen der Bank hatten Angst, in etwas hineingezogen zu werden, mit dem sie nichts zu tun haben wollten: in den größten Bankrott der amerikanischen Geschichte.

Anfangs weigerte sich Goldman strikt, das Geld Enrons Konto gutzuschreiben, und parkte das Geld, während man hektisch beratschlagte, wie man sich verhalten sollte. Dann rasselte Enron mit dem Säbel und drohte, Goldman zu verklagen, sollten sie das Geld nicht deponieren.

Am 29. November rief Ted Leh, der bei Goldman das Enron-Konto betreute, bei Enron an und teilte ihnen mit, Goldman werde die Geschäftsbeziehung beenden.

»Wir möchten Ihr Geld bis heute Abend aus dem Haus haben«, sagte er. »Enron ist gerade einfach zu heiß. Wir wollen Ihr Geld nicht haben. Schaffen Sie es anderswo hin.«

Jetzt wurden auch die ersten Ausläufer des Erdbebens in der Hauptstadt des Landes registriert. Bereits in diesem frühen Stadium wies das Enron-Fiasko alle Anzeichen eines klassischen Unternehmensskandals auf, eines Skandals, der grundsätzliche Fragen über die Wertpapier- und Buchhaltungsregeln aufwarf – und in den obendrein ein enger Freund des Präsidenten verwickelt war. Plötzlich befragten politische Journalisten, die den Wirtschaftsnachrichten sonst kaum Beachtung schenkten, die Führer des Landes zu Enron.

Die Eröffnungssalve wurde auf einer regulären Pressekonferenz unter Leitung des Mehrheitsführers im Senat, Tom Daschle, abgefeuert. Ein Reporter erwähnte, dass Enron am Rande des Bankrotts stehe. Würde der Senat Ermittlungen einleiten? Und sollten die Bürger der USA deshalb ihre Ansichten zur Deregulierung des Strommarktes revidieren?

»Nun, wir werden uns auf jeden Fall darum bemühen, Antworten auf die Fragen im Zusammenhang mit dem Kollaps von Enron zu finden«, erwiderte Daschle. »Ich glaube, dass momentan noch niemand weiß, was genau passiert ist und warum das so schnell passieren konnte. Meiner Meinung nach müssen wir zunächst möglichst viele Informationen zusammentragen.«[17]

Ray Bowen brannten rund 400 Millionen Dollar unter den Nägeln, und er fand kein Finanzinstitut, das bereit gewesen wäre, das Geld zu nehmen.

Ein paar Leute bei Enron waren mit hochrangigen Managern der Frost Bank befreundet, einer vergleichsweise großen Regionalbank, und veranlassten dort die Eröffnung eines Kontos. Doch nachdem alle Vorbereitungen getroffen waren, bekamen die Direktoren der Bank Muffensausen. Am späten Abend widerriefen sie die Abmachung.

Schließlich trieb Bowen eine kleine Bank in Houston auf, eine Tochter der International Bank of Commerce, die bereit war, das Geld anzunehmen. Enron ließ die 400 Millionen sofort überweisen.

Sie mussten den Managern mehr bezahlen, viel mehr, nur um sicherzustellen, dass sie nicht alle türmten, wenn das Unternehmen Bankrott anmeldete. Wenn die Mitarbeiter absprangen, hatten sie nicht einmal mehr den Hauch einer Chance, ihre Schulden zurückzuzahlen.

Die Zahlung so genannter Bleibeprämien an hochrangige Manager kollabierender Unternehmen gehört in den USA zur Standardpraxis; akzeptieren die Manager die Bleibeprämie, ist es ihnen für eine bestimme Zeit verboten, das Unternehmen zu verlassen. In der Hoffnung, die Flut der Kündigungen aufhalten zu können, genehmigte das Enron-Board die sofortige Auszahlung von 55 Millionen Dollar an wichtige Manager.

Alle Auszahlungen mussten nun über die winzige Zweigstelle der International Bank of Commerce in Houston abgewickelt werden. Aber Enron hatte keine Überweisungsformulare oder Schecks für Gutschriften für das neu eröffnete Konto und wollte auch nicht das Risiko eingehen, dass Letztere platzten. Enron musste die Kompensationen mit von der Bank ausgestellten Schecks auszahlen.

Am selben Abend erhielt Bowen einen Anruf von Charles Delacey, dem Enron-Manager, der gemeinsam mit der Bank die Ausstellung der Schecks über insgesamt 55 Millionen Dollar vorbereitete. Die Banker seien nervös, sagte er, sie hätten Angst, dass an der Sache etwas faul sei.

Nun hatte sich, sagte Delacey, ein neues Problem aufgetan. Der neue Leiter der Großkundenabteilung, John Lavorato, bestand darauf, in der Bank die Ausstellung der Schecks zu überwachen. Lavorato war ein typischer Händler – aufbrausend, laut und fordernd –, genau die Art Kerl, die man einem Haufen nervöser Banker mit gestärkten Hemdkragen auf keinen Fall zumuten durfte.

»Ich mache mir Sorgen, dass er sie noch mehr irritiert«, sagte Delacey. »Das könnte ein Problem geben.«

Bowen versprach, den Mann zurückzupfeifen. Er legte auf und suchte Lavoratos Nummer heraus.

»Hey, John«, sagte Bowen. »Wie ich höre, wollen Sie morgen bei der IBC auftauchen. Lassen Sie das lieber bleiben.«

»Ich möchte nur sichergehen«, versteifte sich Lavorato, »dass alles seine Richtigkeit hat.«

»John, gehen Sie nicht hin. Die Banker sind schon nervös genug.«

»Ich möchte doch nur sichergehen, dass die Sache läuft.«

Bowen seufzte. »John, eine Bank hat uns bereits rausgeworfen. Wenn Sie dort hingehen und einen Aufstand machen und diese Leute noch mehr verwirren, dann schadet das uns allen. Wir werden keine Bank mehr finden, die unser Geld akzeptiert. Wir werden unsere Leute nicht mehr bezahlen können.«

Lavorato dachte darüber nach. »Nun, kann ich dann wenigstens auf dem Parkplatz warten?«, fragte er.

»John, Sie können tun, was Sie wollen. Aber wenn Sie in die Bank hineingehen, bringe ich Sie um.«

Lavoratos Stimme brach. »Tut mir Leid, Ray, tut mir Leid«, sagte er. »Ich will nur mein Geld. Ich hatte noch nie einen großen Zahltag. Ich will doch nur mein Geld.«

Bowen meinte, sich verhört zu haben. Lavorato war Leiter einer Abteilung. Hunderte von Menschen hingen von ihm ab. Und alles, was ihn kümmerte, war sein Geld.

»John, das ist mir scheißegal«, sagte Bowen. »Genauer gesagt: Sie sind mir scheißegal.« Er legte auf.

Am nächsten Morgen war die Lobby der International Bank of Commerce gesteckt voll mit Enron-Managern. Die Schreibarbeit schien sich endlos hinzuziehen, aber schließlich kamen die Banker mit einer kleinen Kassette voller Schecks heraus.

Ein Teil der Bleibeprämien, kündigten sie an, werde auf andere Weise ausgezahlt. Doch die Schecks für den jetzt zur Auszahlung kommenden Anteil müssten gekauft werden, sie konnten nicht zu Lasten eines bestimmten Kundenkontos eingereicht werden. Der Bankpräsident ging zu Bowen und legte ihm einen Blankoscheck vor, die Art Scheck, die jeder Privatkunde erhielt, wenn er in den USA ein Konto eröffnete.

»Sie müssen diesen Scheck für die Bankschecks ausfüllen«, erklärte der Präsident.

Bowen betrachtete den Scheck. Nichts stand darauf. Kein Name, kein Logo. Nur eine Kontonummer. Er fing an zu schreiben.

$ 38 Millionen. Achtunddreißig Millionen und 00/100.

Der höchste Betrag, den er je auf einem Scheck gesehen, geschweige denn ausgestellt hatte. Er überreichte ihn dem Bankpräsidenten. Die Kassette mit den Bankschecks wurde an David Oxley ausgehändigt, einem Manager aus Enrons Personalabteilung.

»Bis dann«, sagte Oxley zu Bowen.

Oxley und sein Kollege Robert Jones hasteten zu ihrem Wagen hinaus, um Enrons Topmanagern schnellstmöglich ihre Schecks zu überreichen.

Jones und Oxley parkten vor dem Enron-Gebäude und stiegen aus. Noch bevor sie das Gebäude betreten hattten, wurden sie von Lavorato und Louise Kitchen, einer weiteren Abteilungsleiterin, abgefangen. Die beiden wollten ihre Schecks auf der Stelle haben. Oxley fischte sie aus der Kassette heraus und gab sie ihnen.

Lavorato und Kitchen eilten davon. Sie wollten zu ihrer Bank und die Schecks einlösen, bevor Enron endgültig zerbarst und sie die Schecks womöglich nicht mehr einlösen konnten.

Auf der Pressekonferenz im Weißen Haus an diesem Nachmittag erteilte Ari Fleischer, der Pressesprecher des Präsidenten, einem Reporter weiter hinten im Saal das Wort.

»Senator Daschle verlangt eine Untersuchung im Zusammenhang mit dem Zusammenbruch von Enron«, sagte der Reporter. »Ich möchte wissen, ob der Präsident dieses Vorgehen unterstützt.«

Der Kongress habe eine Aufsichtspflicht, antwortete Fleischer. »Das umfasst alles, was der Senat, in einem Fall wie diesem, für angemessen zur Untersuchung des Zusammenbruchs eines Unternehmens erachtet«, sagte er. »Das fällt in den Zuständigkeitsbereich des Kongresses.«

Nächste Frage. [18]

»Ich rufe«, sagte Lay, »dieses Meeting des Enron-Boards zur Ordnung.«

Samstag, der 1. Dezember, 20.12 Uhr. Die meisten Direktoren nahmen per Telefonkonferenz an der Sitzung teil. Keiner von ihnen war besonders begierig auf das, was sie als Nächstes tun mussten.

»In Ordnung, Greg«, sagte Lay zu Whalley. »Bitte berichten Sie uns über die laufenden Maßnahmen zur Maximierung des Wertes unserer Großhandelsabteilung.«

Whalley nickte. Enron befand sich in Verhandlungen über die Herauslösung der Großkundenabteilung aus dem Unternehmen und ihre Übertragung an USB Securities. Abgesehen von einem Anteil an den zukünftigen Gewinnen würde Enron praktisch nichts für die Abteilung bekommen. Es gab ein paar Fragen. Dann stand Whalley auf und ging hinaus. Er hätte nicht deutlicher machen können, dass er sich lediglich für das Handelsgeschäft verantwortlich fühlte.

McMahon übernahm die abschließende Präsentation zur finanziellen Lage des Unternehmens. Enrons Liquidität zum Ende der Woche belief sich auf 424 Millionen Dollar – ein Pappenstiel in der Welt der Konzerne.

»In Ordnung«, ergriff Lay das Wort. »Wir müssen uns nun mit der Möglichkeit befassen, dass Enron Gläubigerschutz beantragt. Will jemand einen Vorschlag machen?«

Einen Moment lang herrschte Schweigen. »Wer hätte sich das vorstellen können?«, warf schließlich Pug Winokur in die Runde. »Ich kann es einfach nicht fassen.«

Ansonsten gab es kaum Wortmeldungen. »In Ordnung, unterstützt jemand diesen Antrag?«, fragte Lay.

John Duncan hob die Hand. »Hiermit beantragt«, sagte er.

»Alle dafür?«, fragte Lay.

Einstimmig. »Der Antrag ist angenommen«, verkündete er.[19]

Tom Roberts, der Partner von Weil, Gotshal, der seit knapp über einem Monat für Enron arbeitete, passte Bowen vor dem Boardroom ab. Roberts und Glenn West, gleichfalls Partner der Sozietät, wirkten ernst.

»Dann sind Sie wohl der Glückliche«, sagte Roberts.

Bowen sah ihn scharf an. »Wie meinen Sie das?«

Roberts hielt ein Dokument in die Höhe. »Sie müssen diesen Antrag auf Gläubigerschutz unterschreiben«, sagte er.

Stunden später, am Morgen des 2. Dezember, hatte das Wunder des Breitbands Enron transformiert, allerdings ganz und gar nicht so, wie die Manager des Unternehmens sich das erhofft hatten.

Die Anwälte feilten mehrere Stunden an den Unterlagen, bevor sie die Dokumente ihren Mitarbeitern zur Digitalisierung überreichten. Im Houstoner Büro von Weil, Gotshal landeten die Papiere auf dem Tisch des Kanzleimitarbeiters Steve Vacek.

Vacek wählte sich über seinen Highspeed-Zugang ins Internet ein und rief die Website des United States Bankruptcy Court in New York auf. Die Anwälte von Weil, Gotshal hatten Enron geraten, in New York Gläubigerschutz zu beantragen. In New York gab es die fähigsten Richter für Gläubigerschutz, argumentierten sie, und das hier sah nach einem der kompliziertesten Fälle aller Zeiten aus.

Vacek klickte mir dem Mauszeiger seines Computers die Worte »Dokumenteneingabe« an und gab ein Passwort ein. Um 4.28 Uhr morgens klickte Vacek auf die Schaltfläche »Einreichen« und schickte die Unterlagen nach New York.

Jetzt war Enron auch offiziell bankrott.[20]

Kapitel 23

Am Morgen des 3. Dezember herrschte in den Büros der Enron-Zentrale Grabesstille. Bewaffnete Wachleute durchsuchten alle Stockwerke. Sie beobachteten die verbliebenen Beschäftigten aufmerksam, deren Anstellung bei der Firma nur noch in Stunden bemessen werden konnte. Es hatte sich herumgesprochen, dass an jenem Tag Massenentlassungen bekannt gegeben werden sollten. Die Leiter einiger Unternehmensbereiche fürchteten sich vor der Konfrontation mit ihren verärgerten Angestellten und hatten diese einfach telefonisch gefeuert.[1]

Ray Bowen war für die Entlassungen in zwei Bereichen zuständig: im Treasury, das er nunmehr leitete, sowie im Bereich Enron Industrial Markets, in dem er vor wenigen Wochen noch beschäftigt gewesen war. Hier musste er mehrere hundert Menschen nach Hause schicken. Er berief eine Betriebsversammlung ein, um ihnen die schlechte Nachricht mitzuteilen. Manche weinten. Andere fluchten. Eine Frau in der ersten Reihe meldete sich.

»Wie melde ich mich arbeitslos? Und wie beantrage ich Lebensmittelgutscheine?«, fragte sie.

Die Angestellten strömten aus dem Enron-Gebäude in die Straßen von Houston. Rund 4000 Menschen waren entlassen worden, mehr als die Hälfte der Belegschaft in Houston. Die Führungskräfte hatten um großzügige Abfindungen für ihre Leute gekämpft, doch die Anwälte hatten das untersagt. Die Schuldner würden vor Gericht das Geld wieder einklagen, sagten sie. Sie beschränkten die Abfindungen auf jeweils rund 5000 Dollar.

Auf dem Platz vor dem Enron-Hochhaus wimmelte es von Journalisten, als die Angestellten, bepackt mit Kisten mit persönlichen Habseligkeiten, herauskamen. Viele ignorierten die Fragen der Medienleute, doch einige teilten bereitwillig ihre Gedanken und ihren Ärger mit.

»Diese Leute haben 50 Millionen Dollar im Jahr verdient; die haben das Unternehmen mit ihrer Gier zerstört«, sagte Charles Weiss, der im Unternehmensbereich Breitband tätig gewesen war, einem Reporter: »Die gefährden ganze Familien.«

Vor Bowens Büro wartete Jim Bouillion, der für die Versicherungen bei Enron zuständig war. Der Manager, der Jahre zuvor im PRC von McMahon vergeblich für eine Prämie und zur Beförderung vorgeschlagen worden war. Der Manager auch, dessen Arbeit von den Topleuten als unwichtig abgetan worden waren. Der Manager, der angeblich nicht in der gleichen Liga spielte wie die Wunderkinder, die Raptoren und andere Deals auf die Beine stellten.

Im Zuge der Neuorganisation der Finanzabteilung hatte Bowen nun die Versicherungen unter sich, sodass er Bouillions neuer Chef war. Als Bowen kam, begrüßte er Bouillon und bat ihn herein. Bouillion nahm vor dem Schreibtisch Platz, und die beiden unterhielten sich zunächst über die Umstrukturierung.

Dann schluckte Bouillion und sagte: »Ray, ich möchte Ihnen danken.«

»Wofür denn, Jim?«

Bouillions Augen füllten sich mit Tränen. »Dafür, dass Sie mich nicht gefeuert haben«, sagte er. »Ich hätte alles verloren.«

Seine Kinder seien aus dem College, sagte Bouillion, und er habe angenommen, er werde jetzt eine ruhigere Kugel schieben. »Aber wenn ich jetzt diesen Job nicht hätte«, sagte er, »dann wäre das mein Untergang.«

Die Worte trafen Bowen. Dieser Mann hatte seine Jahre abgeleistet, war froh, überlebt zu haben, fühlte sich aber auch schuldig, weil es anderen nicht so gut erging. Bowen sah die Angst in seinen Augen.

»Jim«, sagte Bowen, »wir werden die Sache so gut wie möglich zu Ende bringen, egal, wie beschissen es gelaufen ist.«

Bouillion dankte ihm und verließ den Raum.

In den Wochen und Monaten, die nun folgten, lernte das neue Management die Versicherungen, die Bouillion für Enron abgeschlossen hatte, genau kennen. Sie waren so komplex, wie McMahon es schon vor Jahren dem PRC gesagt hatte; diesen Job hätte durchaus nicht jeder Affe machen können, wie die anderen Manager abfällig behauptet hatten. Bouillion hatte fantastische Arbeit geleistet; die Versicherungen waren hieb- und stichfest. Enron und seine Führungskräfte waren gegen alle Eventualitäten abgesichert, auch für den Schlamassel, in dem sie sich gerade befanden.

Die Finanzstrukturen und -mechanismen, die im PRC so hoch gelobt worden waren, gehörten alle der Vergangenheit an. Nur Jim Bouillions Versicherungen hatten Bestand. Und die Manager, die ihn einst als Nobody abgetan hatten, klammerten sich nun an seine hervorragende Arbeit wie an einen Rettungsring. Sie hofften inständig, sie werde sie vor den Hunderten von Prozessen schützen, die ihnen nun drohten.

»Heißen Sie Jeffrey Skilling?«

Paul Minor, ehemaliger Lügendetektorexperte beim FBI, sah zu, wie das Endlospapier durchlief; mit einem Punkt bezeichnete er den Moment, in dem er seine Frage gestellt hatte. Ihm gegenüber saß Skilling. Das Hemd hatte er ausgezogen, Schläuche waren ihm um Brust und Kopf geschlungen, Kabel mit den Fingern verbunden.

Es war am nächsten Tag. Skilling unterzog sich in einem Konferenzraum der Kanzlei O'Melveny & Myers einem Lügendetektortest. Er war sich nicht ganz sicher, warum seine Anwälte das wollten; sie hatten gesagt, es könne nützlich sein, die Ergebnisse parat zu haben. Doch er vermutete, dass sie in Wahrheit sichergehen wollten, dass er sie nicht belog.

Er hatte Angst. Was war, wenn er durchfiel? Würden seine Anwälte ihn dann nicht mehr vertreten?

»Befürchten Sie, dass Sie den Test nicht bestehen könnten?«

»Ja«, sagte Skilling.

Eine Minute später stellte Minor die erste relevante Frage. »Hatten Sie als Präsident bei Enron Kenntnis von unzulässigen Finanzarrangements, die vor dem Board of Directors geheim gehalten wurden?«

»Nein«, sagte Skilling.

In zwei gesonderten Tests wurden Skilling Fragen nach seinen eigenen und den Finanzen des Unternehmens gestellt. Wiederholt antwortete er, dass er rechtschaffen gehandelt und nur nach der Genehmigung durch das Board Geld angenommen habe. Er sei immer davon ausgegangen, dass die Buchhaltung für die Partnergesellschaften einwandfrei gewesen sei.

Minor machte seine Markierungen auf dem Blatt und hielt schließlich das Gerät an. »Vielen Dank«, sagte er.

Skilling zögerte. »Wie war ich?«, fragte er.

Minor begann die Schläuche und Kabel zu entfernen. »Ich werde Ihren Anwälten morgen meine schriftlichen Schlussfolgerungen übermitteln«, sagte Minor.

O Gott. Er war durchgerasselt. Er wusste es.

Skilling zog sich das Hemd an, und Minor verließ den Raum. Wenige Minuten später betrat Skilling einen anderen Raum, in dem Hiler und Elizabeth Baird, zwei Mitglieder seines Anwaltsteams, auf ihn warteten. Baird grinste.

»Was ist?«, fragte Skilling. »Worüber lachen Sie?«

»Er hat uns gesagt, Sie haben ohne den geringsten Versuch einer Täuschung die Wahrheit gesagt«, sagte sie. »Gratulation.«

Skilling seufzte und legte den Kopf auf den Tisch.

»O danke, Gott«, sagte er.[2]

Mit dem ausgewerteten Lügendetektortest in der Tasche begleiteten Skillings Anwälte ihn am nächsten Morgen zu den Washingtoner Räumen der Börsenaufsicht SEC, wo er aussagen sollte. Neun SEC-Anwälte, Wirtschaftsprüfer und andere Mitarbeiter waren bereits da. Skilling saß in der Mitte und sah Christopher Cutler an, den SEC-Anwalt, der die meisten Fragen stellte.

»Mr. Skilling«, sagte Cutler. »Wann haben Sie bei Enron Corp. angefangen?«

Skilling rümpfte die Nase. »Am 1. August 1990«, antwortete er.

Die Befragung dauerte zwei Tage. Am zweiten Morgen um 9.40 Uhr nahm Cutler ein Schriftstück zur Hand – Fastows Präsentation zu seinen LJM2-Investoren vom Herbst 2000 – und reichte sie Skilling. Als er sie durchblätterte, sprang ihn auf Seite 20 eine Zahl an. Es war die Rendite, die LJM2 aus den Raptoren erhalten hatte. Und die war gewaltig.

Skilling hielt das Papier hoch. »Zunächst einmal will ich sagen, dass das ein interessantes Dokument ist.«

Er deutete auf die Spalte, die er gerade gelesen hatte. »Die Zahlen hier, die aktuelle Rendite und die erwartete Rendite für diese Transaktionen, sind mir völlig unverständlich«, sagte er.

Wenn er dieses Schriftstück zu Gesicht bekommen hätte, sagte Skilling, hätte er Fastow aufgefordert, den Nachweis dafür zu liefern, dass LJM2 ein Risiko trage, das so hohe Renditen rechtfertige. Und er hätte ihm 24 Stunden dafür gegeben.

So nahe war Skilling der Anschuldigung, dass Fastow die Firma betrogen haben könnte, nie zuvor gekommen.[3]

Im selben Augenblick wurden Mark Paoletta, David Cavicke und ein weiteres Mitglied des Ausschusses für Energie und Handel im Repräsentantenhaus in einen Konferenzraum im 49. Stock des Enron-Gebäudes geleitet.

Der Wettstreit im Kongress war voll entbrannt. Zahlreiche Ausschüsse rangelten sich um Anhörungen bei Enron. Wenn alles glatt gelaufen wäre, hätten die Anhörungen des Kongressausschusses für Energie und Handel im Dezember stattgefunden, doch das hatte man als unrealistisch abgeschrieben. Es mussten zu viele Unterlagen geprüft und zu viele Menschen befragt werden.

Heute begann man mit Letzterem. Tagelang hatte Paoletta mit Enron telefoniert und versucht, die Befragungen zu organisieren. Schließlich hatte man bei Enron zugestimmt, McMahon, den neuen CFO, in Houston ein paar Stunden abzustellen.[4]

Die drei Männer nahmen Platz. Wenige Minuten später stürzte McMahon in Begleitung zweier Firmenanwälte in den Raum. Er gab sich keine Mühe, seine Ungeduld zu verbergen. Seine Firma hatte vier Tage zuvor Konkurs angemeldet, und nun zwang man ihn, wertvolle Zeit zu vergeuden. Die Kongressmitarbeiter ihrerseits missbilligten das in ihren Augen überhebliche Auftreten McMahons.

»Ich möchte Ihnen zunächst die Frage nach Ihren Derivaten stellen«, sagte Cavicke.

McMahon knirschte mit den Zähnen. Zwei Stunden nach Beginn der Befragung löcherte ihn Cavicke mit Fragen zum Rhythms-Hedge und zu den Buchhaltungsfehlern, die zur Bilanzkorrektur für Swap Sub geführt hatten.

»Ich weiß schon, was in dem 8-K-Bericht steht«, sagte McMahon scharf. »Das Geschäft wurde vor Jahren abgeschlossen. Ich war nicht daran beteiligt. Ich bin mit den Details nicht vertraut.«

Cavicke wurde ungehalten. »Sie sind der CFO dieses Unternehmens«, sagte er scharf. »Und Sie wissen nichts darüber?«

»Ich bin seit sechs Wochen CFO«, fauchte McMahon zurück. »Und ich war ziemlich beschäftigt.«

»Und wurde zu dieser Transaktion eine Due-Diligence-Prüfung durchgeführt?«

»Das weiß ich nicht.«

Nun kam man auf die Board-Sitzungen zu sprechen, auf denen LJM1 genehmigt worden war. Was hatte McMahon damals davon gehalten?

»Mir machte der Interessenkonflikt Sorgen, und ich war überrascht, dass das Board zugestimmt hat«, erwiderte er.

Ein paar Stunden lang wurde er weiter mit Fragen bombardiert. *Wie ist das mit den finanziellen Anreizen für die Manager? Erklären Sie uns Chewco. Erzählen Sie uns von Michael Kopper.*

Eine Frage kam dem Kern der Sache recht nahe: »Gab es warnende Stimmen zu Swap Sub?«

Zu Swap Sub? Es gab den Watson-Brief zu den Raptoren und Condor. Aber danach hatten sie ja nicht gefragt.

»Nicht, dass ich wüsste«, erwiderte McMahon.

Am Ende der Befragung waren die Ermittler unzufrieden mit dem, was sie erreicht hatten. McMahon war in ihren Augen nicht gerade hilfsbereit gewesen. Seine Informationen waren dürftig.

Sie erkannten nicht, wie nah sie der Lösung gekommen waren. McMahon hatte nur beantwortet, was er explizit gefragt worden war, und sie hatten ihm nicht die richtigen Fragen gestellt. Daher erwähnte er auch nicht die Beschwerden der Banker, Fastow habe sie mit der Vergabe von Enron-Aufträgen unter Druck gesetzt, oder seine Versuche, Skilling zum Eingreifen zu bewegen, oder den Watkins-Brief.

Bis diese Einzelheiten ans Tageslicht kamen, vergingen weitere Wochen.

Am nächsten Tag wartete Ken Lay im Büro von Vinson & Elkins auf den Beginn seines geheimen Treffens. Schon ein paar Wochen zuvor, als die erste Welle der Aktionärsklagen eingegangen war, hatte er sich Zivilrechtsanwälte besorgt. Doch nun bekam die Sache eine neue Dimension.

Ankläger mehrerer US-Staatsanwaltschaften hatten Ermittlungen zum Zusammenbruch des Unternehmens eingeleitet, unter anderem in Houston, San Francisco und New York. Lay war der oberste Manager. Er musste auf alles vorbereitet sein.

Ein Anwalt teilte ihm mit, der erwartete Gast sei eingetroffen. Lay ging in den angrenzenden Konferenzraum. Dort wartete ein weißhaariger, pausbäckiger Mann. Es war Mike Ramsey, einer der besten Strafverteidiger von Houston.

Lay reichte ihm die Hand. »Hi, Mike. Wie geht's?«

Ken Lays Verteidigung hatte begonnen.

David Duncan saß an seinem Schreibtisch bei Andersen; gedankenverloren sah er aus dem Bürofenster in den Regen hinaus.

Emily Madison, Partnerin der Houstoner Niederlassung, sah zu ihm herein. Sie half Andersen, den Vorladungen nachzukommen, und hatte einige Fragen. Duncan antwortete mit monotoner Stimme. Dann wandte er sich ab und starrte wieder aus dem Fenster.

»Wissen Sie«, sagte er leise. »Ich habe wohl nicht begriffen, was da draußen eigentlich meine Aufgabe gewesen wäre.«

Am Morgen des 12. Dezember sorgte der Kongressabgeordnete Richard Baker mit dem Hämmerchen für Ruhe. Es war die erste Kongressanhörung zum Enron-Zusammenbruch vor zehn Tagen. Doch was die Anhörung – unterstützt von zwei »Subcommittees«, also Unterausschüssen des Ausschusses für Finanzdienstleistungen – auf die Schnelle zuwege brachte, ging zu Lasten der Details. Kein Enron-Manager sollte aussagen, und nur wenige der Kapitalgeber waren ausgiebig befragt worden.

Nachdem er Lay gerügt hatte, weil dieser lieber am Verfahren vor dem Konkursgericht teilnahm, als zur Anhörung zu erscheinen, übergab Baker das Wort an den Demokraten Paul Kanjorski aus Pennsylvania.

»Danke, Mr. Chairman«, sagte Kanjorski. »Die heutige Anhörung wird uns helfen, zumindest einige Faktoren zu verstehen, die zum Zusammenbruch von Enron geführt haben.«

Er sei zwar noch nicht zu einer abschließenden Beurteilung der Ereignisse gelangt, sei aber bereits auf einige äußerst brisante Punkte gestoßen.

»Ich würde gern mehr über den schweren finanziellen Schaden erfahren, der Tausenden von Enron-Angestellten zugefügt wurde«, sagte er. In der Presse sei berichtet worden, dass Angestellte daran gehindert wurden, Aktien in ihren Pensionsplänen zu verkaufen, als das Unternehmen in den Bankrott steuerte.

»Diese schwer arbeitenden Amerikaner mussten hilflos zusehen, wie ihre Ersparnisse verdampften, während die Manager ihre Aktienoptionen offenbar verkaufen und finanzielle Verluste vermeiden konnten«, sagte er. »Das ist ungerecht.«

Damit war der erste Mythos zum Enron-Fiasko geschaffen. Jahrelang wurde die Geschichte immer und immer wieder im Ton rechtschaffener Entrüstung kolportiert. Die großen Tiere hatten den kleinen Leuten aus Gier verwehrt, ihre Enron-Aktien zu verkaufen, vielleicht, um den Kurseinbruch zu bremsen.

Doch die Geschichte stimmt nicht. In Wahrheit war es den Enron-Angestellten, einschließlich der Führungsriege, umständehalber fünf Tage lang verwehrt gewesen, den Verlust von 3,83 Dollar pro Aktie in ihren Rentenkonten geringfügig zu senken. Als sie wieder verkaufen durften, kauften viele. Doch im Bewusstsein der Öffentlichkeit siegte der herzergreifende Mythos über die langweiligen Fakten.[5]

Die Anhörung dauerte fast den ganzen Tag. Am frühen Nachmittag gesellte sich ein großer, schlaksiger Mann mit seidig glänzendem, schwarzem Haar zu den anderen Zeugen am Zeugentisch. Es war Joe Berardino, Chief Executive von Andersen, der sich zur Aussage bereit erklärt hatte.

Baker nickte ihm leicht zu. »Ehe ich Ihnen das Wort erteile, Mr. Berardino, möchte ich Ihnen ausdrücklich danken und Ihnen meine Anerkennung dafür aussprechen, wie Sie auf die Anfrage des Ausschusses reagiert haben«, sagte er. »Ich wünschte, alle, die auf ähnliche Weise in die Fragen involviert sind, mit denen sich der Ausschuss befasst, hätten Ihr Urteilsvermögen an den Tag gelegt.«

Erleichterung überkam Berardino. Ein guter Anfang. »Das ist sehr freundlich, Mr. Chairman«, sagte er.

Er blickte auf seinen vorbereiteten Text. »Ich bin heute hier, weil das Vertrauen in unsere Firma und in die Integrität der Kapitalmärkte erschüttert ist«, begann er.

Es sei zwingend notwendig, sagte er, die Gründe für den Enron-Zusammenbruch zu eruieren, um Maßnahmen zu ergreifen, mit denen sich das Vertrauen der Öffentlichkeit zurückgewinnen lasse.

Mängel bei zwei Zweckgesellschaften hätten Enron gezwungen, die Bilanz zu berichtigen. Er gab die Namen nicht preis, bezog sich aber auf Chewco, das durch das Mindestreservekonto vernichtet wurde, und auf Swap Sub, das nicht genügend Kapital hatte, um als unabhängig behandelt zu werden.

»Was die größere dieser beiden Gesellschaften betrifft, die für 80 Prozent der Berichtigung verantwortlich war, so hat unser Team wichtige Informationen nicht erhalten«, sagte Berardino mit Blick auf Chewco.

Er sah den Kongressabgeordneten im Ausschuss in die Gesichter. »Wir haben den Prüfungsausschuss über mögliche Vergehen im Unternehmen in Kenntnis gesetzt«, sagte er.

Am nächsten Morgen stürmte Causey, die Morgenausgabe der Zeitung in der Hand, einen Flur im 50. Stock entlang. Kurz vor seiner Bürotür bog er nach links ab und betrat McMahons Büro.

»Sie *glauben* nicht, was Berardino gesagt hat«, sagte er wütend. »Die hätten dem Board etwas über Straftaten mitgeteilt! *Ich* habe dergleichen niemals gehört. Niemals.«

McMahon sah Causey verwirrt an. »Steht denn im Protokoll etwas darüber?«

»Nein!«, gab Causey zurück. »Und Lay sagt, sie seien von den Prüfern *niemals* über mögliche Vergehen informiert worden.«

McMahon schwieg einen Moment. »Also, was wollen Sie damit sagen? Dass er den Kongress angelogen hat?«

Causey schüttelte den Kopf. »Ich weiß es nicht. Jedenfalls hat er nicht gesagt, wie's wirklich war.«

Berardino hatte nicht gelogen, sondern sich getäuscht. Das Team, das seine Aussage formuliert hatte, war nicht über alle Einzelheiten der Chewco-Transaktion und die Ereignisse, die der Entdeckung des Nebengeschäfts gefolgt waren, informiert gewesen.

So hatten zwar mehrere Prüfer gefolgert, dass die verborgenen Mindestreservekonten illegal sein könnten, doch David Duncan hatte diesen Verdacht nie an den Prüfungsausschuss weitergegeben, vor dem er am 18. November, fünfzehn Tage vor der Entdeckung des Geheimgeschäfts, erschienen war.[6]

Andy Fastow sei außer Landes geflohen. Vielleicht nach Israel oder nach Brasilien. Das Gerücht verbreitete sich in Windeseile in Houston und Washington und gelangte blitzschnell auch in die Nachrichten. Es konnte durchaus der Wahrheit entsprechen.

Am 14. November war Fastow vorgeladen worden, vor der SEC auszusagen. Doch am vereinbarten Tag war Fastow nicht erschienen. Die SEC war vor Gericht gezogen und hatte um eine Zwangsvorladung gebeten. Ken Johnson, Sprecher des Ausschusses für Energie und Handel, goss noch Öl ins Feuer, indem er mitteilte, dass die Ermittler in Houston Fastow nicht ausfindig machen könnten.

Das Gerücht einfach nur zu dementieren würde die Skepsis in der Öffentlichkeit kaum schmälern, meinten Fastows Anwälte. Daher berief David Boies, der die Verteidigung leitete, am 12. Dezember in seinen Kanzleiräumen in Manhattan eine Pressekonferenz ein. Als alle Journalisten Platz genommen hatten, betrat Boies, gefolgt von Fastow, den Raum. Die beiden setzten sich an einen Tisch, der mit Mikrofonen gespickt war.

Fastow, im grauen Anzug und mit roter Krawatte, lächelte matt. Boies sprach die Zuhörer an. »In den vergangenen 24 Stunden hat es eine Vielzahl von Berichten gegeben, nach denen Mr. Fastow nicht erreichbar sei«, sagte er. »Er ist nicht außer Landes geflohen. Er wird auf Anfragen reagieren. Er wird Unterlagen bereitstellen.«

Fastow saß regungslos und ein wenig verlegen da. Reporter hakten nach. Boies beantwortete alle Fragen und lehnte es ab, dass Fastow sich äußerte. Die Stimmung im Raum wurde gereizt. Konnte Fastow denn nichts *sagen?* Boies wandte sich an seinen Klienten und flüsterte ihm etwas zu.

»Hallo«, sagte Fastow. »Ich wünsche Ihnen eine glückliche Weihnachtszeit und danke Ihnen für Ihr Kommen.«

Das war's.[7]

Um 9 Uhr am 14. Dezember erfuhr Lay von seiner Sekretärin, dass Joseph Berardino am Telefon sei.

Lays Anwälte hatten ihn schon Tage zuvor angewiesen, was er sagen solle, wenn dieses Gespräch zustande komme.

»Ich weiß Ihren Anruf zu schätzen«, sagte er. »Aber man hat mir gesagt, dass es nicht klug ist, wenn wir über diese Sache sprechen. Ich bedaure das, aber so ist es nun einmal.«

Berardino stocherte noch ein bisschen weiter, um doch noch ein Gespräch in Gang zu bringen.

»Joe, es tut mir Leid«, sagte Lay. »Ich kann nicht.«

Eine Minute später verabschiedeten sich die beiden Unternehmensbosse, denn jeder versuchte für sich, die Flammen unter seinen Füßen auszutreten.[8]

Fastow betrat Michael Koppers Haus. Die beiden hatten, als der Enron-Zusammenbruch in vollem Gange war, mehrfach miteinander gesprochen. Doch nun, an diesem Dezembertag, hatten beide das ganze Ausmaß der Katastrophe begriffen. Es wurde ermittelt, sowohl strafrechtlich als auch zivil. Sie mussten sicherstellen, dass ihre Geschichte stimmig war.

Eine Transaktion beunruhigte Fastow besonders; sie stellte möglicherweise eine besonders große Gefahr für ihn dar. Er sah Kopper an.

»Sie wissen«, sagte Fastow, »dass ich niemals Geld aus RADR erhalten habe.«

RADR. Das erste, erfolgreich und gemeinsam durchgezogene Verbrechen. Kopper hatte in der Folge riesige Barbeträge von Scheininvestoren an seinen Chef transferiert. Was Fastow sagte, war eine Lüge. Kopper wusste das. Er verstand.

»Stimmt«, sagte er.[9]

Er war der erste Topmanager, der versprach, den Ermittlern alles zu sagen, was er wusste. Er wollte aussagen, wenn er strafrechtlich nicht belangt würde.

Man arrangierte ein Geheimtreffen mit dem FBI. In den USA kann ein potenzieller Angeklagter in der Hoffnung auf einen Deal als Kronzeuge auftreten. Gefällt den Anklägern nicht, was sie hören, können sie die Aussagen nicht als Beweise zulassen.

Stundenlang bombardierten die FBI-Leute den Topmanager mit Fragen. Die Antworten lauteten im Grunde immer gleich: Sicher, er habe Verdächtiges bemerkt, aber nie ein Verbrechen begangen; er habe eine absolut weiße Weste.

Die Befragung war beendet, und die Ermittler waren sich schnell einig. Ben Glisan log.[10]

»Warum verteidigen wir das Unternehmen nicht?«, schrie John Duncan. »Warum verteidigen wir das Board nicht?«

Duncan, Vorsitzender des Exekutivausschusses, telefonierte mit Kean und Palmer, die für Enrons PR-Strategie verantwortlich waren. Die neuen Zeitungsberichte seien einfach furchtbar, sagte er. Niemand stelle sich auf die Seite des Unternehmens. Warum kämpfte Enron nicht mehr?

Kean antwortete: »John, es gibt nicht viel zu sagen, weil wir die Fakten nicht kennen. Wir haben Bill Powers' Untersuchung laufen, die endlich Fakten liefern soll.«

»Bill Powers!«, gab Duncan wütend zurück. »Bill Powers vertritt das Unternehmen nicht. Ich weiß nicht, was er sagen wird. Vielleicht etwas Schreckliches! Ich will einfach nur wissen, wer das Unternehmen verteidigt!«

Eine Weile später beruhigte sich Duncan. »Ich weiß ja, dass das für Sie schwierig ist. Ich musste es einfach nur loswerden. Es ist so frustrierend.«

Die strafrechtlichen Ermittlungen gegen Enron kamen in Gang. Da so viele Staatsanwaltschaften beteiligt waren, wurden aus allen Teilen des Landes unterschiedliche und häufig widersprüchliche Forderungen nach Beweisen an das Unternehmen herangetragen. Es gab keine Gesamtstrategie.

Dann stieg eine Schlüsselfigur der Untersuchung aus. Der Staatsanwalt von Houston zog sich zurück, weil bei diesem Fall, in den der einst wichtigste Bürger und Unternehmensvertreter der Stadt verwickelt war, zu viele Topankläger befangen waren.

Zu dieser Zeit hatte bereits Robert Bennett – der Staranwalt aus der Washingtoner Kanzlei Skadden, Arps, Slate, Meagher & Flom, der schon den ehemaligen Präsidenten Clinton vertreten hatte – seine Arbeit für Enron aufgenommen. Seine erste Aufgabe war simpel: Die Ankläger sollten entscheiden, wer für die Show verantwortlich war.

Bennett rief David Magolis im Justizministerium an.

»Enron will kooperieren«, sagte er. »Wir wissen nur nicht, mit wem wir kooperieren sollen.«

Bennetts Beschwerde erreichte bald auch Michael Chertoff, den drahtigen und aggressiven Leiter der Kriminalabteilung im US-Justizministerium. Monatelang hatte Chertoff Antiterroraktionen geleitet und in dieser Zeit nur vage Informationen über die Vorgänge in Houston bekommen.

Nun, als ihm Bennetts Vorwurf zu Ohren kam, machte er sich mit der Enron-Ermittlung vertraut. Da die Staatsanwaltschaft Houston nun von der Bildfläche verschwunden war, bot sich eine wunderbare Gelegenheit, dachte er. Er rief Margolis an.

»Wir sollten eine Task Force einrichten«, sagte Chertoff. »Topstaatsanwälte dransetzen, die die Anklage vorbereiten und der Sache die Aufmerksamkeit widmen, die sie offensichtlich verdient.«

Margolis stimmte ihm zu. Der Fall Enron sollte ein eigenes Anklägerteam erhalten, das in allen Rattenlöchern buddelte, bis es wusste, wer welche Verbrechen begangen hatte.

Chertoff suchte nun jemanden, der die Task Force leiten sollte. Er fragte Robert Mueller, den ehemaligen US-Staatsanwalt in San Francisco, der wenige Monate zuvor zum Direktor des FBI gewählt worden war.

»Vielleicht wollen Sie sich mal Leslie Caldwell ansehen«, sagte Mueller. »Ich fand sie wirklich fantastisch, als ich noch bei der Staatsanwaltschaft von San Francisco war.«

Chertoff kannte Caldwells Ruf als nüchterne und aggressive Anklägerin, die es mit Schwerstkriminellen in Brooklyn aufgenommen hatte, bevor sie die Abteilung Wertpapierbetrug übernahm. Sie hatte komplexe Fälle zu Buchhaltungsbetrügereien durchgezogen. Caldwell war genau die Richtige.

Doch bevor er sie erreichte, geschah etwas, was dem Strafrechtsprozess eine neue Wendung gab.

In der Houstoner Andersen-Niederlassung schaltete ein Anwalt einen Laptop an. Wenige Minuten später öffnete der Anwalt von Davis Polk & Wardwell, der nun das Enron-Team bei Andersen vertrat, ein E-Mail-Programm und suchte nach Informationen, mit deren Hilfe er die Partner auf ihre Vernehmung durch den Ausschuss für Energie und Handel vorbereiten konnte.

Doch da war nicht viel. Nach dem 9. November sah alles normal aus, doch vorher waren kaum Mails da. Innerhalb kürzester Zeit untersuchten der Anwalt und seine Kollegen weitere Laptops. Überall fanden sie die gleiche Situation vor: Vieles, was vor dem 9. November lag, schien zu fehlen. Es war, als habe jemand absichtlich Informationen gelöscht.

Die Anwälte beschlossen, Andersen-Justiziar Andrew Pincus zu befragen.[11]

Früh am Morgen des 3. Januar saß Joe Berardino in seinem Büro in Chicago, als er einen Anruf von Pincus erhielt.

»Joe, wir bekommen in Houston vielleicht neue Probleme.«

»Was ist denn los?«

»Unsere Anwälte bereiten unsere Leute auf ihre Aussagen vor und haben sich die E-Mail-Unterlagen angesehen«, sagte Pincus. »Aber die sind einfach zu sauber. Wir wissen nicht genau, was das zu bedeuten hat, aber ich mache mir Sorgen.«

Viele Gedanken schossen Berardino durch den Kopf. Er und sein Team hatten sehr hart daran gearbeitet, Andersen aus diesem Enron-Sumpf herauszuziehen. Seine Aussage vor dem Kongress war Teil dieser Strategie gewesen, und er hatte viel erreicht. Doch wenn jemand da draußen Akten vernichtete ...

Er wollte gar nicht daran denken. Nicht, bevor er mehr wusste. »Gehen Sie der Sache zügig nach«, sagte Berardino.

»Machen wir schon. Wir reden in diesem Moment mit den Leuten. Und wir wollen die Gespräche über das Wochenende fortführen.«

»Gut«, sagte Berardino. »Rufen Sie mich morgen Vormittag an, und berichten Sie mir, was Sie Neues erfahren haben.«

Der Anruf bei Berardino kam am nächsten Morgen um 8 Uhr, und die Auskunft war vernichtend. Pincus, der gemeinsam mit einem gewissen Davis Polk in der Leitung war, hielt nicht mit der Wahrheit hinter dem Berg.

»Wir haben ein großes Problem«, sagte er. »Wir haben mit vielen Leuten geredet, und wie es scheint, haben viele von ihnen in den vergangenen Wochen E-Mails gelöscht.«

Berardino atmete tief ein. »Um welchen Umfang geht es hier?«

Gewaltig, sagte Pincus.

Die drei besprachen, was zu tun sei. Dann erteilte Berardino seine Anweisungen. Erstens müsse Andersen umgehend die Regierung benachrichtigen. Dann wollte er, dass die Leute in Houston Tag und Nacht befragt wurden, bis man genau wusste, was geschehen war. Schließlich wollte er, dass Techniker hinzugezogen wurden, die versuchten, die E-Mails auf den Servern in Houston und Chicago wiederherzustellen.

Keiner von ihnen wusste, dass die Lage noch viel schlimmer war, als sie dachten. Egal, wie viele E-Mails man bei Andersen wiederherstellte, es waren auch Zehntausende von Schriftstücken vernichtet worden. Und zwar gründlich.

Die Nachricht von Andersen raubte dem offiziellen Washington den Atem. Wie war das möglich? Wie konnten in einem modernen Unternehmen Mitarbeiter Beweise vernichten, ohne dabei ertappt zu werden?

Nachdem er darüber informiert worden war, beschloss Michael Chertoff, Larry Thompson zu alarmieren, den Stellvertretenden Justizminister. Chertoff kam an diesem Nachmittag bei Thompson in seinem geräumigen Büro vorbei.

»Larry, das müssen Sie sich anhören«, begann Chertoff.

Thompson lehnte sich in seinem Ledersessel zurück und hörte erstaunt zu. *Wow,* dachte er. *Hier hat jemand gewaltig was verbockt.*

»Wie konnten die Anwälte das zulassen?«, fragte er. »Haben die denn kein Memo rausgeschickt und allen mitgeteilt, dass niemand etwas vernichten soll?«

Dies, da waren sich die beiden einig, gab der Ermittlung eine neue Richtung. Und das Justizministerium hatte noch nicht einmal begonnen, sein Team für die Task Force zusammenzustellen. Chertoff beschloss, es noch am selben Nachmittag zu tun.

In San Francisco neigte sich der Tag für Leslie Caldwell, die Chefanklägerin der Stadt, dem Ende zu. Nach der Arbeit wollte sie mit Freunden im Stars, dem Lokal um die Ecke, einen trinken gehen. Doch ausgerechnet am Ende der Arbeitswoche rief Chertoff aus Washington an. Das konnte nur bedeuten, dass es um etwas Wichtiges ging.

Chertoff kam gleich zur Sache. »Wir bilden eine Task Force für die Enron-Ermittlung«, sagte er. »Bob Mueller meint, Sie seien die ideale Leiterin. Ich wollte Sie fragen, ob Sie Interesse haben.«

Caldwell wusste bereits einiges über Enron; ihr Team hatte schon eine eigene Untersuchung zum Zusammenbruch der Firma eingeleitet. Dennoch wollte sie nicht überstürzt zugreifen, sondern zuerst darüber nachdenken, und zwar nicht an einem Freitagnachmittag.

»Am Montag gebe ich Ihnen meine Antwort«, sagte sie.

Das gehe in Ordnung, sagte Chertoff. Doch als er auflegte, war er zuversichtlich, seine Beute im Sack zu haben.

An diesem Wochenende ging Joe Berardino durch die Hölle. Er blieb in seinem Haus in Connecticut und wurde in regelmäßigen Abständen aus Houston auf den neusten Stand gebracht. Am Sonntag war die schmutzige Wahrheit für alle offenbar. Es ging hier nicht nur um E-Mails. Es waren in großem Stil Akten vernichtet worden, die mit Enron in Zusammenhang standen, und zwar zu der Zeit, als die SEC-Ermittlung bereits im Gange war.

Berardino plante seinen Gegenangriff. Am Montag würde er als Erstes das fünfköpfige Global Executive Committee benachrichtigen. Dann musste man es der Öffentlichkeit sagen. Aber wie? Ein falscher Schritt konnte ihn ins Verderben führen. Wenn die Unternehmen befürchten mussten, dass Andersen eine Straftat begangen hatte, dann würde die Firma ihren Klientenstamm verlieren. Er litt Höllenqualen.

Was machen wir nur?

Mit dem Ticket in der Hand reihte sich Leslie Caldwell in die Schlange der Passagiere an, die an Bord des Flugzeugs nach Washington wollten. Es war der 9. Januar, ein Mittwoch, und sie war auf dem Weg zu ihrem neuen Job als Chefin der Task Force. Es war eine einfache Entscheidung gewesen. Über das Wochenende hatte sie Freunde und Kollegen gefragt, die sich alle einig waren: Es wäre absurd gewesen, diesen Job *nicht* anzunehmen. Am Montag hatte sie daher Chertoff telefonisch mitgeteilt, dass sie an Bord komme. Chertoff sagte, man brauche sie rasch in Washington. Bei Andersen seien offenbar viel schlimmere Dinge gelaufen, als man geahnt habe. Das Justizministerium verkündete sodann die Bildung der Task Force.

Caldwell ging an Bord der Maschine und setzte sich auf ihren Platz. In den folgenden Stunden gingen ihr allerlei Gedanken durch den Kopf. Sie betrat die größte Bühne, auf der sie je gespielt hatte, doch sie hatte keine Ahnung, ob bei Enron überhaupt eine Straftat begangen worden war. Das machte ihr Angst. Wenn man nun nichts fand, würde es dann für die ganze Welt so aussehen, als hätte sie die Ermittlung vergeigt?

Was, wenn es gar keinen Fall gibt?

Am nächsten Morgen um 9.10 Uhr betraten mehrere Regierungsvertreter das Oval Office. Die Atmosphäre war ruhig und entspannt. Nach den Terroranschlägen vom 11. September bekam Bush aufgrund seiner schnellen Reaktionen – unter anderem durch den Krieg in Afghanistan, mit dem er die Terroristen ausräuchern wollte – starken Rückhalt in der Bevölkerung. Nun wandte sich seine Regierung der Innenpolitik zu.

Ganz oben auf der Tagesordnung standen an diesem Morgen die Pläne der Regierung, die Renten abzusichern und die interne Aufsicht in den Unternehmen zu verbessern. Das Enron-Debakel und die herzzerreißenden Geschichten von Angestellten und Investoren, die ihre Ersparnisse verloren hatten, beherrschten seit Wochen die Titelseiten. Das war Chefsache.

Die Regierungsvertreter, Mitglieder von Bushs Wirtschaftsteam sowie Vertreter der Bereiche Politik und PR, setzten sich. Paul O'Neill, Staatssekretär im Finanzministerium, nahm in der Mitte des Raums Platz, Wirtschaftsminister Don Evans saß neben ihm.

Bush kam herein und eröffnete die Runde: »Was machen wir in dieser Pensionsgeschichte?«, fragte er in jovialem Ton.[12]

Die Stimmung im Oval Office war gedrückt. Der jähe Fall der Firma Enron sowie der Verdacht krimineller Machenschaften waren schockierend, da waren sich die Regierungsvertreter einig. Allzu viele Menschen waren betroffen; vielleicht hätte die Regierung die Folgen minimieren können, sagte jemand.

»Es ist schade, dass keiner von uns mit den Leuten in Houston gesprochen hat«, sagte Bush.

O'Neill unterbrach ihn. »Warten Sie, Mr. President«, sagte er. »Ich *habe* mit Ken Lay gesprochen, kurz bevor Enron Konkurs anmeldete. Und Don auch.«

Alle Augen waren auf O'Neill und Evans gerichtet. Plötzlich wirkte der geschätzte Kontakt zwischen der Regierung und Enron nicht mehr so erfreulich.

Bush hob eine Hand. »Bitte berichten Sie mir.«

O'Neill legte die ganze Geschichte offen. Lay, sagte er, habe eindeutig eine Finanzspritze der Regierung gewollt, habe allerdings nicht ausdrücklich darum gebeten. In dem Telefongespräch mit Evans, so O'Neill, habe Lay die Regierung gedrängt, die Kreditinstitute zum Ausharren zu bewegen. Doch niemand habe etwas unternommen, sagte er. Evans stimmte O'Neills Version der Ereignisse zu.

Bush dachte darüber nach. »Wir sollten den Medien sofort Auskunft geben. Nehmen Sie es auf die Liste.«

Die Entscheidung stand. Ari Fleischer, der Pressesprecher des Weißen Hauses, unterrichtete die Medien. Allerdings erst, nachdem Bush selbst den Journalisten die Renteninitiative seiner Regierung bekannt gegeben hatte.

Um 9.42 Uhr betraten die Journalisten das Oval Office, in dem Bush umringt von seinem Wirtschaftsteam saß. »Danke für Ihr Kommen«, begann Bush. »Zu den Dingen, die uns große Sorgen bereiten, zählt die Konkurswelle. Sie hat dazu geführt, dass viele Arbeiter ihre Renten verloren haben.«

Daher wollten das Finanzministerium, die Börsenaufsicht SEC und andere Bundesbehörden gemeinsam Empfehlungen für eine Systemreform ausarbeiten.

»Das ist ein weiterer wichtiger Baustein der Untersuchungen, die bereits im Gange sind«, sagte Bush. »Das Justizministerium hat am gestrigen Spätnachmittag darüber informiert, dass es augenblicklich Aspekte des Enron-Bankrotts untersucht. Die Regierung ist wegen möglicher Auswirkungen auf die Wirtschaft sehr besorgt.«

Bush bat um Fragen.

»Wann haben Sie zuletzt mit Mr. Lay oder einem anderen Enron-Vertreter über – über irgendetwas – geredet?«, fragte ein Journalist. »Und ging es dabei auch um die Finanzprobleme des Unternehmens?«

»Ich habe nie mit Mr. Lay über die Finanzprobleme des Unternehmens gesprochen«, begann Bush. »Ich habe ihn auch nicht persönlich getroffen.«

Jemand fragte, ob die Regierung sich um die politischen Auswirkungen der Katastrophe sorge.

Bush antwortete geradezu kaltschnäuzig: »Er hat bei meiner Kandidatur 1994 Ann Richards unterstützt. Sie hatte ihn zum Leiter des Governor's Business Council ernannt. Und ich habe beschlossen, ihn um der Kontinuität willen auf diesem Posten zu belassen. Damals habe ich Ken kennen gelernt und mit ihm gearbeitet, und er hat dann meine Kandidatur unterstützt.«

Die Worte gaben den Reportern im Raum Gewissheit. Bush distanzierte sich von dem Mann, der jahrelang einer seiner wichtigsten Mäzene gewesen war.[13]

Um diese Zeit versammelten sich Ermittler verschiedener Bundesbehörden bei der SEC in Washington. Die Strafverfolger, unter ihnen Thomsen und Steve Cutler, waren da, ebenso wie Leslie Caldwell. Das FBI hatte Special Agent Joe Ford geschickt, der monatelang auf der Jagd nach Terroristengeld gewesen war, bevor er sich dem Enron-Team angeschlossen hatte. Rund um diese Kerngruppe gruppierten sich Anwälte, Ermittler und andere, die sich nun an der umfangreichen Untersuchung beteiligten.

Die Mitglieder der SEC waren bereits länger mit dem Fall befasst als die anderen Personen im Raum, hatten aber nur an der Oberfläche gekratzt. Wichtige Zeugen wie Fastow und Kopper hatten bislang eine Aussage vor der Behörde verweigert, und viele Puzzleteilchen fehlten noch.

»Es ist lediglich unsere erste Einschätzung«, warnte ein SEC-Vertreter, »aber es kann durchaus sein, dass hier gar kein Vergehen vorliegt, abgesehen vielleicht von der Justizbehinderung bei Andersen.«

Linda Thomsen stimmte ihm zu. »Wir haben noch keinen Überblick«, sagte sie. »Aber wir sehen keinen strafrechtlichen Aspekt. Wir betrachten es mehr als einen Enthüllungsfall.«

»Ich halte es für sehr wahrscheinlich, dass eine Anklage erforderlich wird«, sagte Joe Ford, »insbesondere wenn wir Tempo und Ausmaß des Niedergangs berücksichtigen.«

»Da stimme ich Ihnen zu«, sagte Caldwell. »Das Ausmaß legt es sehr nahe, dass in diesem Fall Vergehen stattgefunden haben.«

Mitten im Gespräch klingelte Caldwells Handy. Es war ein Polizist in Sausalito, Kalifornien, wo Caldwell lebte.

Das kann nichts Gutes bedeuten.

»Ich rufe an, weil Ihre Wohnung ausgeraubt worden ist«, sagte er. Eine Menge Unterlagen seien im ganzen Haus verstreut.

Der Polizist sagte, er habe Caldwell in ihrem Büro in San Francisco zu erreichen versucht, dort aber erfahren, dass sie nach Washington geflogen sei, um den Enron-Fall zu übernehmen.

»Ich habe mich deshalb gefragt«, sagte er, »ob Sie vielleicht vermuten, dass das etwas mit dem Enron-Fall zu tun haben könnte?«

Eher nicht.

»Das glaube ich nicht«, erwiderte Caldwell. »Ich glaube, die wissen noch nicht einmal, dass ich an dem Fall arbeite.«

Die Journalisten belagerten Ari Fleischer. An jenem Morgen, am Ende der morgendlichen informellen Pressekonferenz, hatte Fleischer Kontakte zwischen Lay und Kabinettsmitgliedern erwähnt. Um 12.20 Uhr auf der offiziellen Pressekonferenz forderten die Journalisten mehr Informationen.

Hatte Lay um eine staatliche Finanzspritze gebeten? Wusste O'Neill vor den Investoren von den Verlusten bei Enron? Hatten Evans und O'Neill den Präsidenten von den Anrufen unterrichtet? Hätten sie es ihm berichten müssen? Ist der Präsident enttäuscht, weil sie es ihm nicht gesagt haben? Hat jemand den Vizepräsidenten unterrichtet?

Fleischer verbarg seine Ungeduld. »Ich möchte Sie nur daran erinnern«, mahnte er, »dass ein Unterschied besteht zwischen Kommunikation und Kontakt und Fehlverhalten.«

Aber es war zu spät. Die Debatte über den Bankrott des Unternehmens, die einen Monat zuvor bereits abgeflaut war, entbrannte plötzlich wieder. Nun sah es so aus, als berühre der Fall, wenn auch vielleicht nur peripher, das Weiße Haus. Dennoch blieb die Chronik der Ereignisse schwer fassbar; das Dickicht an Informationen blieb für die Öffentlichkeit undurchdringlich. Nun bedurfte es vor allem einer Entwicklung, die so einfach zu verstehen war, dass der brodelnde Skandal explodieren und auf die Titelblätter gelangen konnte.[14]

Die Explosion folgte wenige Stunden später.

In Chicago unterzeichnete Joe Berardino die Presseerklärung, in der Andersen die Aufdeckung der Aktenvernichtung in Houston bekannt gab. Die Presseerklärung schrieb dies »einzelnen Personen im Unternehmen« zu. Die Erklärung ging an Journalisten im ganzen Land.

Nun wurde Andersen mit Fragen bombardiert, und innerhalb weniger Stunden reichte die Firma eine weitere Erklärung nach, in der Unklarheiten beseitigt wurden. Darunter die, dass es sich bei den »einzelnen Personen im Unternehmen« in der Tat um Andersen-Mitarbeiter handelte.[15]

Am gleichen Nachmittag traf sich John Ashcroft, mittlerweile US-Justizminister, mit seinem Team. Sein Verhältnis zu Lay würde sicher thematisiert werden. Lay hatte Geld für seine Senatskandidatur gesammelt und auf die geheime Bitte des Bush-Wahlkampfteams das Gleiche für seine gescheiterte Präsidentschaftskandidatur getan. Wenn eine Task Force des Justizministeriums diesen Fall untersuchte, so Ashcroft, durfte er aufgrund seiner offensichtlichen Interessenkonflikte nicht mitwirken.

Ashcroft informierte seine Leute darüber, dass er sich aus der Enron-Untersuchung heraushalten und die Verantwortung seinem Stellvertretenden Justizminister Larry Thompson übergeben werde. Thompson befand sich um diese Zeit in Tucson, wo er sich auf einer Ausschusssitzung für die Gerichtskonferenz mit Bundesrichtern austauschte. Über Handy wurde er gebeten, nach Washington zurückzukehren, um die Aufsicht über die strafrechtliche Untersuchung im Enron-Fall zu übernehmen.

»Er hat bei meiner Kandidatur 1994 Ann Richards unterstützt.«

Ken Lay saß an jenem Abend zu Hause vor dem Fernseher und hörte sich George W. Bushs Aussagen vom Vormittag an. Bush bezeichnete Lay als eine Art Erbschaft von Gouverneurin Ann Richards und schien andeuten zu wollen, dass er mit Lay auch nie auf besonders freundschaftlichem Fuß gestanden hätte.

Sicher, dem Vater des Präsidenten war er immer näher gewesen, aber trotzdem erschien es ihm albern, so zu tun, als sei ihre Beziehung irgendwie distanziert gewesen.

Linda schüttelte den Kopf. »Dass er so etwas tut, finde ich sehr verwunderlich«, sagte sie.

Ihr Mann zuckte mit den Schultern. Das war nur Politik, allerdings wohl eher *schlechte* Politik, dachte er bei sich.

»Wahrscheinlich wird es ihm mehr schaden als nützen«, sagte er. »Es wäre wohl besser, das Offensichtliche einzugestehen, die Beziehung einzugestehen.«

Wochen später sollte Lay Recht behalten. Da trat Ann Richards – die Gouverneurin, zu deren Sturz er beigetragen hatte, indem er Bush unterstützt hatte – bei *Larry King Live* auf. In klaren Worten verlieh Richards ihrer Bewunderung für Lay und ihrem Erstaunen über den Enron-Kollaps Ausdruck. Dann rügte sie Bush dafür, dass er sein Verhältnis zu dem Mann herunterspielte, der zu seiner Wahl beigetragen hatte.

»War das nicht albern von George Bush?«, sagte sie lachend. »Wie dumm.«[16]

Skilling saß in seinem Büro und telefonierte mit seinen Anwälten, als er durch die Fenster in seine Küche blickte. Dort stand Cliff Baxter, sein langjähriger Freund und der beste Deal Maker bei Enron. Baxter bemerkte ihn und winkte ihm kurz zu.

Rebecca Carter betrat das Büro. »Cliff ist da«, sagte sie. »Was soll ich tun?«

»Sekunde«, sagte Skilling zu Hiler und stellte auf stumm. »Ich bin noch ein paar Stunden mit dieser Sache beschäftigt. Sag Cliff, ich ruf ihn an.«

»Okay«, sagte Carter und ging zurück in die Küche.

Baxter ging aber nicht, sondern drückte sich im Haus herum und half Carter unter anderem beim Ausräumen der Spülmaschine. Einige Stunden später kam Skilling aus seinem Büro.

»Hey, Cliff, es tut mir wirklich Leid«, sagte er. Baxter hob die Hände und lächelte. »Kein Problem«, sagte er. »Lassen Sie uns ein bisschen über Tod und Teufel reden.«

Sie gingen nach draußen und setzten sich auf die Veranda. Baxter begann zu reden. Er war wütend – *richtig wütend* – über das Verfahren gegen Enron. Die Staatsanwälte seien schuld daran, dass die Enron-Manager im Mülleimer landeten.

»Die kriegen keinen Cent von mir«, sagte Baxter. »Eher würde ich meine Anwälte bezahlen und bis zum letzten Atemzug dagegen kämpfen.«

Am schlimmsten, so Baxter, sei die Sache mit seiner Yacht. Er habe eine neue bestellt, bevor der Skandal ruchbar wurde, doch seine Anwälte hätten ihn gebeten, den Vertrag zu stornieren, weil sich das nicht gut mache. Seine Yacht! Die Anwälte ruinierten sein Leben!

Plötzlich wechselte der Ton des Gesprächs. »Wissen Sie, ich verstehe jetzt, warum mein Vater war, wie er war«, sagte Baxter. »Er war ein Guter und versuchte rumzukommen.«

Wow. Das klang ja nun ganz anders. Solange Skilling Baxter kannte, hatte sein Freund eine Wut auf seinen Vater gehabt, weil er trank und andere Charakterschwächen hatte. Nun legte er das ad acta.

»Ich weiß jetzt, wie es ist, gegen die Welt zu kämpfen«, sagte Baxter. »Ich wusste ja nicht, wie schlecht die Welt sein kann. Ich wette, mein Vater wusste es.«

Die beiden Männer schimpften weiter auf das Rechtssystem, das die Ermittlungen in Gang gesetzt hatte. »Wir sind anständige Leute!«, rief Baxter.

»Ich weiß, Cliff. Ich bin auf Ihrer Seite, Mann.«

»Ist das zu glauben, dass so etwas geschehen darf?«

Sie unterhielten sich noch mehrere Stunden lang. Schließlich, als die Sonne unterging, brachte Skilling seinen Freund zur Tür. Baxter drehte sich um und sah ihn an.

»Wissen Sie eigentlich, wie das ist?«, sagte er. »Stellen Sie sich vor, es ist ein wunderschöner Tag, die Sonne scheint, und Sie gehen aus dem Haus. Es ist warm, und die Kinder fahren Fahrrad und spielen Baseball, und die Erwachsenen unterhalten sich über den Zaun hinweg. Es ist einfach so ein toller, toller Tag. Und Sie unterhalten sich mit den Kindern und werfen ihnen den Ball zu und winken den Nachbarn zu.«

Baxter schüttelte den Kopf. »Und dann, ganz unvermittelt, kommt Ihr Nachbar zu Ihnen und sagt: ›Sie sind ein Kinderschänder.‹ Er dreht sich um, geht ins Haus und schließt die Tür.«

Dann, sagte er, verstummten die Nachbarn. »Alle Nachbarn haben es gehört, alle Kinder haben es gehört. Sie gehen und denken bei sich: Vor einer Minute war alles so gut, wie es nicht besser hätte sein können, und ganz plötzlich bist du ein Kinderschänder.«

Er blickte Skilling in die Augen. »Und von da an ist es egal, was Sie sagen. Es bleibt an Ihnen hängen.«

Skilling wusste nicht recht, was er sagen sollte. So schlimm war es doch auch wieder nicht. Baxter reagiert ein bisschen überzogen, dachte er bei sich.

Die Männer verabschiedeten sich, und Baxter ging seiner Wege. Er ließ Skilling zurück, der sich fortan fragte, ob er bei dieser letzten Begegnung irgendwelche Anzeichen übersehen hatte.

Am Freitag, dem 11. Januar, war die gedrückte Atmosphäre in der Houstoner Andersen-Niederlassung der schieren Verzweiflung gewichen. Einen nach dem anderen führte man die Mitarbeiter und Partner in Einzelbüros, in denen sie von den Anwälten zur Aktenvernichtung befragt wurden. Alle hatten bereits die E-Mail Nancy Temples erwähnt, in der das Enron-Team gedrängt wurde, die Dokumentationsrichtlinien einzuhalten. Die Faktenlage war wenig erfreulich.

Auch David Duncans Sekretärin Shannon Adlong wurde um ein Gespräch mit den Anwälten gebeten. Sie war hin- und hergerissen, nahm auch nicht an, dass Duncan etwas falsch gemacht hätte. Er hatte nur Anweisungen befolgt, doch nun ließ ihn seine Firma im Regen stehen. Nach dem Gespräch suchte sie ihren Chef auf, um ihn davon zu unterrichten.

»Tja, wissen Sie«, sagte Duncan, »ich kann Ihnen nur raten, die Wahrheit zu sagen.«

Er sah weg. »Ich weiß nicht, was aus dieser ganzen Sache wird. Ich wünschte, ich hätte diese E-Mail nie erhalten.«[17]

In den Räumen des Unterausschusses Energie und Handel stapelten sich die Akten in großen Kisten. Enron hatte auf die Anfrage reagiert und die gewünschten Unterlagen geliefert. Nun wühlten sich die Mitarbeiter durch die Papierberge und suchten nach etwas, was bei der Anhörung nützlich sein könnte.

Ein Mitarbeiter, Peter Spencer, durchforstete einen Papierstapel. Ein Blatt sah anders aus als die anderen. Es hatte keinen Briefkopf und keine Unterschrift. Offenbar handelte es sich um einen persönlichen Brief an Ken Lay. Spencer begann zu lesen.

Sehr geehrter Mr. Lay, sind die Arbeitsplätze bei Enron gefährdet? Können die von uns, die in den letzten Jahren nicht reich geworden sind, es sich noch leisten, weiterhin für Enron zu arbeiten?

Spencers Erstaunen wuchs. In diesem Brief an Lay wurde Enron des Buchhaltungsbetrugs beschuldigt! Er suchte augenblicklich seinen Chef auf.

Der Brief, von Sherron Watkins Monate zuvor mit viel Mühe verfasst, hatte ein empfängliches Publikum gefunden.

O Gott! Da ist der rauchende Colt!

Mark Paoletta, Justiziar des Unterausschusses, las den anonymen Brief, den ihm jemand auf den Tisch gelegt hatte. Sein Job war es, die Enron-Anhörung vorzubereiten, und nun wollte er alles über diese Warnung an Lay wissen.

Er erfuhr bald, dass Watkins den Brief geschrieben hatte. Es war einfach herrlich. Allein mit diesem Schriftstück ließ sich bereits eine Anhörung durchziehen. Nun musste er nur noch darüber nachdenken, wie er die verblüffende Enthüllung am besten inszenierte.

Er musste Lay nur überleben. Es konnte nicht mehr lange gehen, da war sich Mark Palmer sicher. Immer wieder behauptete Lay, die Schwierigkeiten bei Enron seien nur auf die schlechte Presse zurückzuführen und nicht etwa auf ein falsches Geschäftsmodell oder eine miserable Bilanz.

Die Hinweise darauf, wie resistent Lay der Wahrheit gegenüber war, häuften sich. Eine alte Vertraute, Beth Tilney, eine PR-Frau, die auf Poster mit glücklichen Gesichtern spezialisiert war und sich über die Notwendigkeit ausgelassen hatte, Lay zu verteidigen, war plötzlich wieder an seiner Seite. Das war das beste Zeichen dafür, dass Lay nicht durchschaute, was los war. Tilney, deren Ehemann Schuyler als Banker bei Merrill für die Beziehung zu Enron zuständig war, hatte bei LJM2 investiert.

Es überraschte Palmer daher nicht, als Lay ihn in sein Büro rief und ihm mitteilte, dass er eine neue Chefin habe.

»Mark, ich werde Beth die Verantwortung für die PR übertragen«, sagte er. »Was halten Sie davon?«

Palmer war nicht mehr in der Lage, diplomatisch zu reagieren.

»Ken, das tut weh«, sagte er schlicht. »Und ich glaube auch nicht, dass Sie beide das Gesamtbild im Blick haben.«

Lay lehnte sich zurück. »Was meinen Sie damit?«

»Ken, wenn wir uns nur darauf konzentrieren, Ihren Ruf zu retten, dann sieht es nach außen auch so aus, als sei das alles, was wir machen«, antwortete Palmer. »Am besten zahlen wir alle Schulden zurück. So sollte unsere Botschaft lauten.«

Palmer sah Lay streng an. »Wir können die Vergangenheit nicht ändern, wir können sie nicht definieren, und ich bin mir sicher, dass wir sie nicht rechtfertigen können, Teufel auch«, sagte er. »Wir müssen uns jetzt nach vorne orientieren, uns auf die Zukunft konzentrieren.«

Lay schwieg einen Moment. Dann sagte er schlicht: »Beth wird Ihre Chefin.«

»Gut«, sagte Palmer. Er wandte sich zum Gehen.

Ich muss diesen Kerl nur überleben.

Am Morgen des 12. Januar, einem Samstag, zierte wieder ein verheerender Artikel über Enron die Titelseite der *Washington Post*. »Geheime Zahlen vernichteten Enron«, lautete die Schlagzeile. »›Partnergesellschaften‹ kaschierten 600 Millionen Dollar Schulden.«[18]

Mark Paoletta vom Ausschuss für Energie und Handel las erbost den Artikel. Er deckte die Rolle der Barclays Bank bei Chewco auf. Diese Informationen hatten Paolettas Leute bereits herausgefunden, und er hatte erwogen, der Sache in der anstehenden Anhörung nachzugehen. Doch nun war ihm dieser Artikel zuvorgekommen. Wer hatte das nur durchsickern lassen? Eine Bank? Die Demokraten im Subcommittee? Eine Menge Arbeit für nichts und wieder nichts. Doch jetzt konnte er nichts daran ändern. Er wollte an diesem Morgen seine siebenjährige Tochter zu ihrem Baseballspiel begleiten; sie mussten los.

Etwa eine Stunde lang saß Paoletta in der Sporthalle und kochte innerlich, während er seiner Tochter beim Spiel zusah. Plötzlich kam ihm eine Idee. *Sherron Watkins.*

Wenn die Information über Barclays nun nicht mehr neu war, dann konnte er doch den Watkins-Brief für die Anhörung verwenden! Oder noch besser: Er musste die Vorsitzenden des Ausschusses und des Subcommittee veranlassen, schriftlich beim Unternehmen anzufragen, wie es mit den Anschuldigungen umgegangen war. Bei den vielen Kongressausschüssen, die in der Enron-Ermittlung um die Knochen rauften, hätte der Ausschuss für Energie und Handel mit diesem Brief die Nase vorn.

In der Halbzeit ging Paoletta hinaus auf den Gang. Er musste seinen Staff Director anrufen und seine Idee auf den Weg bringen.

Zwei Tage später ging David Duncan in Begleitung dreier Anwälte der Kanzlei Sullivan & Cromwell die 5th Street im Nordwesten Washingtons entlang. Ihm war unbehaglich zumute. Das war auch nicht weiter verwunderlich, denn er sollte Vertretern des FBI, des Justizministeriums, der SEC und der Bundessteuerbehörde Internal Revenue Service Fragen zu Enron und der Aktenvernichtung beantworten.

Duncan und seine Anwälte betraten das Haus mit der Nummer 450, die bescheidene Zentrale der SEC, und wurden zu einem Konferenzraum in einem der oberen Stockwerke geleitet. Er war bereits voll besetzt.[19]

»Mr. Duncan, ich bin Leslie Caldwell, Anklägerin der US-Staatsanwaltschaft San Francisco.«

Die neue Direktorin der Enron Task Force – ein Titel, den sie noch nicht für sich übernommen hatte – blickte den Andersen-Partner, der die Katastrophe bei Enron beaufsichtigt hatte, scharf an.

»Ich bin relativ neu im Justizministerium«, sagte sie. »Deshalb kann ich nicht sagen, ob Sie in dieser Untersuchung ein Ziel darstellen. Wenn Sie es wären, würde ich es Ihnen sagen. Aber im Moment weiß ich es einfach nicht.«

Duncan nickte schweigend. Der Ernst der Anklägerin begann auf ihn zu wirken.

Zunächst waren Verfahrensfragen zu klären. Sowohl die SEC als auch das Justizministerium hatten zugestimmt, die Gespräche mit Duncan unter der Bedingung zu führen, dass seine Aussagen künftig nicht gegen ihn verwendet wurden, es sei denn, man wollte spätere Aussagen anfechten oder er log. Doch Charles Clark, ein hoher SEC-Vertreter, merkte an, dass Duncans Vereinbarung mit den Anklägern getrennt behandelt werden müsse vom Deal mit seiner Behörde.

»Unser Gespräch heute«, sagte Caldwell, »wird sich auf die Vernichtung von Unterlagen konzentrieren, die mit der Wirtschaftsprüfung und anderen Dienstleistungen der Firma Andersen für Enron zusammenhängen.«

Sie sah Duncan an. Er war blass und wirkte nervös. »Bitte schildern Sie uns Ihre Sicht dieser Vorgänge.«

Duncan nickte. Er hatte nichts Falsches getan, sondern lediglich die Anweisungen der Anwälte befolgt. Das musste er deutlich machen.

»Es begann am 12. Oktober, als Mike Odom eine E-Mail von Nancy Temple aus der Rechtsabteilung an mich weiterleitete.«

Beim Ausschuss für Energie und Handel wurde ein Brief an Lay abgeschlossen. Es ging darin um die Inhalte des Watkins-Briefs, aus dem ausgiebig zitiert wurde; man forderte alle Unterlagen zu diesen Vorgängen an. Der Brief, unterzeichnet von den Kongressmitgliedern Billy Tauzin und Jim Greenwood, nannte Watkins als Autorin nicht. Der Ausschuss beschloss, ihren Namen im Moment noch nicht zu nennen.[20]

Es glich einer gewaltigen Explosion. Innerhalb weniger Minuten nach Freigabe des Briefes wurde über Watkins als *Whistleblower* des Enron-Zusammenbruchs berichtet. Alle wichtigen Rollen des Dramas waren nun besetzt, auch die der Heldin, die offenbar schon Monate vor dem Zusammenbruch Lay vor der Katastrophe gewarnt hatte.

Im Büro des Unterausschusses gingen massenhaft Anrufe ein. Der Sprecher Ken Johnson hatte bereits eine Erklärung parat.

»Das ist natürlich eine brisante Entwicklung in unseren Ermittlungen«, sagte Johnson.[21]

Nachdem man ihn den ganzen Tag mit Fragen gelöchert hatte, ging David Duncan mit seinen Anwälten essen. Er hatte alle Fragen beantwortet – über die Dokumentenvernichtung, die Raptoren, Chewco, alles. Durchweg hatte er darauf bestanden, dass nichts Ungesetzliches getan worden war.

Im Verlauf des Abendessens klingelte bei einem der Anwälte das

Handy. Es war ein Journalist. Die Firma Andersen habe soeben bekannt gegeben, dass sie Duncan gefeuert habe, sagte er und bat um einen Kommentar. Bald darauf beendete der Anwalt das Gespräch und informierte Duncan darüber, was er soeben erfahren hatte.

Duncan war wie vor den Kopf gestoßen. Seine Firma hatte es nicht für nötig gehalten, ihn über seine Entlassung zu informieren. [22]

Bill Powers, Leiter des internen Untersuchungsausschusses bei Enron, öffnete die Augen und sah auf die Uhr. Bald 4 Uhr. Schon wieder. Er legte sich auf die andere Seite und unternahm den sinnlosen Versuch, wieder einzuschlafen. Seine Gedanken rasten. Mittlerweile hatte der Sonderausschuss genug in Erfahrung gebracht, um zu wissen, dass bei Enron in den vergangenen Jahren etwas gründlich aus dem Ruder gelaufen war. Das Unternehmen hatte die Buchhaltungsregeln für sich genutzt und missbraucht, um Ergebnisse zu *kreieren,* statt die finanziellen Folgen unternehmerischer Entscheidungen zu überwachen.

Doch nun war Enron auch zum emotionalen Prüfstein einer Nation geworden, zum Symbol für – ja, für was? – Gier? Die spekulativen Neunziger? Jeder, der darin verwickelt war, der damit in Berührung kam, konnte davon besudelt werden. Auch er selbst, wie Powers erkannte.

Ihm kamen bereits Gerüchte von Journalisten und Interessenvereinigungen zu Ohren. Hatte Enron der juristischen Fakultät, an der er Dekan war, nicht Geld gespendet? Stand er nicht in enger Beziehung zum Enron-Justiziar? War er nicht hoffnungslos in Interessenkonflikte verstrickt? Sollte er nicht zurücktreten?

Powers betrachtete die Anschuldigungen als verletzend und abwegig, wusste aber, dass sie bald in der Presse landen würden. Es war einfach die Art von Story.

Ich kann jetzt nur die Wahrheit sagen. Einige werden glücklich sein, andere nicht. Mehr kann ich nicht tun.

Er wälzte sich auf die andere Seite.

Andy Fastow saß am Konferenztisch in den Kanzleiräumen von Smyser Kaplan & Veselka in Houston.

»Ist dieses Gespräch vertraulich, obwohl ich ehemaliger Angestellter bin?«, fragte er.

Chuck Davidow von Wilmer, Cutler antwortete: »Das Unternehmen steht auf dem Standpunkt, dass es vertraulich ist.«

Fastow nickte. »Ich verstehe.«

Nachdem der Sonderausschuss es wochenlang versucht hatte, war es ihm endlich gelungen, einen Termin mit Fastow zu bekommen. Man betrachtete ihn bereits als Schlüssel zu den Entscheidungen, die das Unternehmen in den vergangenen Jahren getroffen hatte. Fastow nahm in Begleitung dreier Anwälte an der Befragung teil: David Gerger, Jennifer Ahlen und Richard Drubel.

Das Gespräch begann mit Chewco. »Darüber bin ich nicht genauer informiert«, sagte Fastow.

Es folgte eine ganze Reihe von Fragen. Einer von Fastows Anwälten, David Gerger, unterbrach. »Andy wird keine Auskunft darüber geben, wer auf die Idee kam, eine Topführungskraft zum Chewco-Manager zu machen«, sagte er.

Nach diesem Schema lief die ganze Sitzung ab. Fastow sagte ein paar Worte, dann kündigte Gerger an, dass sein Klient den Punkt nicht detailliert diskutieren werde.

Er wollte nicht darüber reden, ob er Kopper darum gebeten hatte, Chewco zu leiten; er wollte nicht preisgeben, ob er wusste, wie viel Kopper investiert hatte.

Sie wandten sich dem Rückkauf von Chewco zu, den McMahon als Treasurer gestoppt hatte und der später Kopper zehn Millionen Dollar Gewinn einbrachte, die er für seinen Kauf von LJM2 einsetzte.

»Ich wusste, dass Enron Chewco 2001 wieder erwarb«, sagte Fastow. »Aber ich habe mich absichtlich nicht an den Gesprächen mit Michael beteiligt.«

»Und warum?«, fragte Davidow.

»Michael war bereits mein Partner bei LJM1 gewesen«, sagte Fastow. »Ich hielt es für unangebracht, mit ihm über den Chewco-Rückkauf zu sprechen.«

Fastow log, und Davidow wusste es. Er legte ein drei Seiten langes handschriftliches Dokument vor, das an »Andy« adressiert war. Es ging darin ausschließlich um den Rückkauf von Chewco; aufgesetzt hatte es Kopper, als er sich gegen McMahons Einwände wehrte.

»Erkennen Sie dieses Schriftstück?«, fragte Davidow.

Gerger nahm die Seiten und las sie. »Ich muss mich einen Augenblick mit meinem Klienten beraten«, sagte er.

Als Fastow und sein Anwalt nach 15 Minuten wieder erschienen, wurde schnell klar, dass die Befragung zu Ende war. Fastow wollte keine Fragen zu der handschriftlichen Notiz beantworten. Keine zu Southampton.

Gerger gab sodann eine Erklärung zu Fastows Gunsten ab und stellte ihn als willigen Helfer dar, der auf Wunsch Enrons außerbilanzielle Partnergesellschaften gegründet hätte. Fastow habe nie etwas ohne Genehmigung gemacht, sagte Gerger. Richard Drubel, ein anderer Anwalt Fastows, fuhr fort: »Andy hat die Buchführungsunterlagen zu den Transaktionen nicht ausgearbeitet. Andy war nicht verantwortlich für die Buchhaltung bei Enron.«[23]

Am nächsten Tag betrat Bill Powers in Begleitung seines Anwalts- und Buchhaltungsteams einen Konferenzraum im Enron-Gebäude. Er hatte noch an keiner Befragung durch Wilmer, Cutler teilgenommen. Dies war eine Ausnahme. Er wollte selbst hören, was Ken Lay zu sagen hatte.

Man setzte sich um den Tisch. Powers und Lay unterhielten sich kurz, ehe die Befragung begann. Powers hatte mittlerweile erkannt, dass die Raptoren Scheingebilde gewesen waren, hinter denen Enron gewaltige Verluste verbarg – nach Schätzung seines Teams eine Milliarde Dollar. Er wollte herausfinden, was Lay wusste.

»Ken, ich habe da eine Sache, die ich Sie gern fragen möchte«, sagte er. »Haben Sie angenommen, die Raptoren seien echte ökonomische Sicherungen?«

Lay sah ihn verwirrt an. »Bitte?«

»Die Raptoren. Haben Sie geglaubt, dass sie echte Hedges waren, die Enron gegen Verluste absicherten?«

Lay sah aus, als versuche er, eine völlig abwegige Frage zu verstehen. »Natürlich«, sagte er.

Die Geschichte Enrons sei die einer fast wundersamem Neuausrichtung und neuer Entdeckungen gewesen, erklärte Lay den Versammelten.

Anfangs habe sich alles um Pipelines gedreht. Doch dann begann der Energiegroßhandel, und Enron habe sich verzweigt. Strom. Privatkunden. Internationale Kraftwerke. Dabhol. Brasilien. Im Jahr 1998, so Lay, seien bereits 60 Prozent der Einkünfte aus Geschäftsfeldern gekommen, die es zehn Jahre zuvor noch gar nicht gegeben habe. Und das war, bevor der Handel mit Breitbandkapazität begonnen habe.

»Im Jahr 1998 haben wir ja auch versucht, ins Wassergeschäft einzusteigen«, sagte er. »Wir hatten das richtige Konzept, doch die Umsetzung war falsch.«

Dieses schnelle Wachstum habe natürlich hohe Ansprüche an den Kapitalbedarf der Firma gestellt. Einfach ausgedrückt, sei die Bilanz einfach nicht groß genug gewesen, um das Wachstum zu finanzieren.

»Wir standen daher vor der Wahl«, sagte Lay. »Wir konnten entweder die Wachstumsrate deutlich senken oder weiter schnell wachsen, indem wir außerbilanzielle Transaktionen durchführten.«

Er sah sich im Raum um. »Wir haben uns für das schnelle Wachstum entschieden.«

Die Folgen dieser Entscheidung waren nun Gegenstand der Untersuchung. Man begann mit Chewco. Lay sagte, zu der Board-Sitzung, auf der über Chewco gesprochen wurde, sei er erst gestoßen, als die Präsentation bereits vorüber gewesen sei. Er kenne Michael Kopper nicht, sagte er, ja, er habe den Namen im Herbst zum ersten Mal im *Wall Street Journal* gelesen.

Dann LJM1. Er habe Fastow nie nach seinen Kompensationen gefragt, erklärte Lay. Sein CFO habe sich besorgt darüber geäußert, dass seine Partnergesellschaft seiner Karriere bei Enron schaden könne. Daher habe er, Lay, fest daran geglaubt, dass Fastows Einkünfte aus dem Fonds minimal seien. Das Gleiche gelte für LJM2. Fastow habe schließlich immer wieder Vorbehalte gegen seine Beteiligung geäußert und betont, dass er sich lediglich zum Nutzen Enrons engagiere.

Sie gingen eine Reihe von Transaktionen durch und sprachen über die Geschäfte, bei denen LJM2 einen Vermögenswert von Enron kaufte, nur um ihn Monate später wieder mit Gewinn ans Unternehmen zurückzuverkaufen.

»Davon wusste ich nichts«, sagte Lay. »Weshalb wurden sie zurückgekauft?«

Das Gespräch über die Raptoren war das unangenehmste. Der Aufbau der Deals wurde bis ins kleinste Detail vor Lay ausgebreitet. Er hatte nicht gewusst, dass das Kapital, über das einer der Raptoren verfügte, ausschließlich aus Aktien der New Power Company bestand, mit deren Hilfe man die Enron-Anlage bei New Power absicherte.

Lay schüttelte den Kopf. »Ich begreife die Logik dieser Struktur nicht«, sagte er.

Sie sprachen über die Präsentation zu den Raptoren, die Causey Anfang 2001 vor dem Board gehalten hatte. Lay erinnerte sich nicht daran, dass es damit Probleme gegeben hatte.

Chuck Davidow sagte: »Zum Zeitpunkt dieser Präsentation schuldeten zwei der Raptoren Enron 175 Millionen Dollar und waren nicht zahlungsfähig.«

Lay schwieg einen Augenblick. »Ich habe darauf vertraut«, sagte er dann, »dass Causey so etwas vor dem Board erwähnt hätte.«

In der letzten 10-K-Jahresmeldung an die SEC habe Enron angegeben, dass es 500 Millionen Dollar an Einkünften aus Geschäften mit dem Unternehmen nahe stehenden Parteien verbucht habe, sagte Davidow.

»Diese Offenlegung betrifft die Raptoren«, sagte er.

Lay schüttelte den Kopf. »Ich erinnere mich nicht, etwas über von uns verbuchte Einkünfte aus den Raptoren gehört zu haben.«

Davidow sah ihn ruhig an. »Aber hat irgendjemand danach gefragt, wie Enron 500 Millionen Dollar aus den Raptoren verbuchen konnte, während der Wert der Anlage *sank?*«

Es entstand eine Pause. »Die Offenlegungen in unseren Meldungen wurden von Arthur Andersen und Vinson & Elkins abgezeichnet«, sagte Lay. »Ich habe daher der 10-K vertraut.«

Die Befragung dauerte mehrere Stunden. Am Ende zeigte Lay deutliche Ermüdungserscheinungen, sowohl körperlich als auch mental. Bill Powers hatte noch eine Frage.

»Ken«, sagte er, »glauben Sie noch immer, dass die Raptoren echte ökonomische Sicherungen waren?«

Dieses Mal verstand Lay genau, was Powers meinte. »Nein«, erwiderte er mit fester Stimme. »Natürlich nicht.«[24]

Vince Kaminski hörte als Erster von den neuen Anschuldigungen. Enron-Manager hätten im 19. Stock Unterlagen vernichtet. Eine ehemalige Angestellte namens Maureen Castaneda behauptete das. Sie hatte die Information an einen Ermittler Bill Lerach weitergegeben; Lerach vertrat eine Aktionärs-Gruppenklage gegen Enron. Lerach war mit einer Kiste geschredderten Papiers, das ihm Castaneda gegeben hatte, auf dem Weg zum Gericht und wollte eine Pressekonferenz geben – allerdings erst, nachdem die ABC-Abendnachrichten die Anschuldigungen exklusiv gebracht hatten.[25]

Kaminski warnte Kollegen vor der Entwicklung und nahm sich der Sache an. Das Unternehmen hatte wiederholt die Anweisung ausgegeben, keine Akten zu vernichten. Und Kaminski ließ niemanden mehr in die Nähe der Reißwölfe. Wenn so etwas wirklich vorgekommen war, dann war jetzt damit Schluss. Für immer.

Rob Walls, der stellvertretende Chefjustiziar bei Enron, gab bezüglich der Anschuldigungen erste Warnungen an die Führungskräfte heraus. Er traf Ken Lay in einer Sitzung mit Rechtsberatern, die in einem anderen Gebäude in Houston stattfand. Lay wiederum rief Kaminski an, der ihm versicherte, dass niemand mehr in die Nähe der Reißwölfe komme.

Man arrangierte eine Telefonkonferenz mit den Anwälten. Bob Bennett, der Enron-Anwalt in Washington, übernahm die Leitung. Wenn das herauskommen sollte, würde das FBI zweifellos mit einem Durchsuchungsbefehl bei Enron vorstellig. Es blieb nur eine Wahl.

»Wir müssen das FBI bitten zu kommen«, sagte Bennett, »und die Räumlichkeiten zu sichern.«

»Gut«, sagte Lay. »Sagen Sie Ihnen, sie haben im gesamten Enron-Gebäude freien Zugang.«

Am nächsten Morgen trafen Dutzende von FBI-Leuten ein. Sie überprüften die Computer, durchforsteten die schriftlichen Unterlagen und untersuchten die Schredder. Zwei Beamte durchsuchten Fastows Büro. Sie waren überrascht, als sie bei der Überprüfung der Wände hinter der Wandverkleidung einen Geheimschrank entdeckten. Doch er diente lediglich als Garderobe.

Mehrere Beamte nahmen sich Lays Büro vor und prüften am Konferenztisch Unterlagen. Kistenweise wurden Schriftstücke versiegelt und mitgenommen. Selbst ein Teil seiner Korrespondenz mit den Anwälten war dabei.

Doch trotz allem erwies sich die Anschuldigung, die alles in Gang gesetzt hatte, als haltlos. In den ABC-Nachrichten hatte man Papierstreifen in die Kamera gehalten, die die Aktienvernichtung bei Enron beweisen sollten, doch die Schredder auf dem Stock, wo die Vernichtung angeblich stattgefunden hatte, zerkleinerten das Papier nicht zu Streifen, sondern zu Konfetti. Nach mehreren Tagen kam das FBI zu dem Schluss, dass nichts von Wert vernichtet worden war und dass es – anders als bei Andersen – bei Enron keinen konzertierten und illegalen Versuch gegeben hatte, Dokumente zu vernichten.

Die wenig beneidenswerte Aufgabe, Lay sein Karriereende mitzuteilen, übernahm Tom Roberts, ein Enron-Anwalt von Weil, Gotshal. Am Abend des 22. Januar, an dem auch das FBI in die Büros des Unternehmens einfiel, hatten sich Weil, Gotshal mit den wichtigsten Schuldnern in der Konkurssache Enron getroffen. Diese hatten die Forderung aufgestellt, dass Lay seinen Hut nehmen müsse. Er habe für das Unternehmen keinen Wert mehr, meinten sie, und sei einfach zu tief in die Ereignisse der vergangenen Jahre verstrickt. Er müsse gehen.

New York, 9.30 Uhr am folgenden Morgen. Roberts saß in seinem Büro bei Weil, Gotshal in Manhattan am Schreibtisch und wählte Lays Nummer in Houston. Er ging sofort ans Telefon. Roberts berichtete ihm von dem Treffen und der Forderung der Schuldner.

»Sie können im Board bleiben, man bittet Sie sogar darum«, sagte er. »Aber Sie müssen als Chairman und Chief Executive zurücktreten.«

Es folgte eine lange, Nerven zerfetzende Pause.

»Ja, gut«, sagte Lay leise in dem Versuch, seine Würde zu wahren. »Ich vermute, wir sollten eine Board-Sitzung einberufen, nicht wahr?«

»Ja, Sie sollten eine ansetzen«, sagte Roberts.

Lay schwieg erneut. »Tom«, sagte er plötzlich, »beten Sie mit mir. Beten Sie für das Unternehmen und uns alle.«

Roberts richtete sich auf. Er wusste nicht, was er tun sollte. Er hatte noch nie am Telefon gebetet. »Ja«, sagte er.

In der Leitung war es still. Roberts schloss die Augen und wusste nicht, was er denken oder sagen sollte. Einen Augenblick später sprach Lay. »Danke, Tom«, sagte er. »Danke.«

In der folgenden Nacht war es in Sugar Land, Texas, kühl und bedeckt. Kurz nach 2.15 Uhr fuhr der Deputy Constable Scott Head vom Fort Bend County den Palm Royale Boulevard in östlicher Richtung. Auf der Gegenfahrbahn kam ihm ein schwarzer Mercedes entgegen. Er erkannte den Fahrer. Es war Cliff Baxter.

Head überlegte einen Moment und beschloss dann, herauszufinden, wo er hinfuhr. Head wendete seinen Wagen. Baxter hatte einen Vorsprung von weniger als drei Minuten.

Baxter hielt ziemlich genau in der Mitte zwischen den Fahrspuren, die nach Osten und nach Westen führten. Er trug Schlafanzug und Hausschuhe. Er hatte keinen Lärm machen wollen, als er das Haus verließ; die Alarmanlage hatte er abgeschaltet, damit sie nicht losschrillte, wenn er mit dem Auto aus der Garage fuhr. Dort, auf dem Armaturenbrett des Autos seiner Frau, hatte er einen Brief hinterlassen, in dem er erklärte, warum er diesen Entschluss gefasst hatte.

Der Motor lief noch. Die Lichter des Autos erhellten die Straße. Baxter zog eine .357er Magnum und setzte sie sich an die rechte Schläfe.

Constable Head hörte den Schuss nicht. Doch als er eine Minute später, um 2.23 Uhr, eintraf, sah er das Auto in seiner seltsamen Position zwischen den Abbiegespuren.

Er hielt an und machte zunächst Meldung von einem offenbar liegen gebliebenen Fahrzeug. Dann ging er zu dem Mercedes hinüber und sah hinein. Alle Türen waren verschlossen. Auf dem Fahrersitz saß Baxter, tot, mit einer Kugel im Kopf.

Einige Stunden später, um 7.30 Uhr, quälte sich Skilling aus dem Schlaf. Das Telefon klingelte. Er wusste nicht, wo er war. Er blickte sich um: Es war Rebecca Carters Haus. Sie war einige Tage zuvor von einer Operation nach Hause zurückgekehrt und konnte noch keine Treppen steigen; deshalb hatten die beiden die Nacht auf der Schlafcouch im Erdgeschoss verbracht. Carter griff nach dem Hörer.

»Ist Jeff da?« Es war Ken Rice; seine Stimme klang zittrig.

»Ja«, sagte sie. »Einen Moment.«

Sie rollte sich zu Skilling herum. »Es ist Ken Rice«, sagte sie. »Irgendwas stimmt nicht.«

Skilling setzte sich rasch auf und nahm das Telefon.

»Jeff? Hier ist Ken.«

Rebecca Carter hatte Recht. Rice klang verstört. »Was ist los?«, fragte Skilling.

»Sitzen Sie?«

»Ja, ich sitze.«

Rice atmete einmal tief durch. »Cliff ist tot«, sagte er. Ihm brach die Stimme.

»War es Selbstmord?«, fragte Skilling. Die Stimme versagte ihm. Er konnte nicht weitersprechen.

»Er hat sich erschossen.«

Skilling gab das Telefon Rebecca, sank ins Bett zurück und begann hemmungslos zu weinen.

»O Gott!«, schrie er. »O Gott!«

Cliff Baxters Selbstmord traf Enron wie ein K.O.-Schlag. Er machte die surrealen Ereignisse der vergangenen Monate allzu konkret. Nichts ließ sich damit vergleichen – nicht der Bankrott, nicht Lays Sturz. Plötzlich schien all das weit entfernt, unwichtig. Ein Freund war einsam gestorben. Wegen der Vorgänge in der Firma.

Viele waren wütend, besonders auf die Nachrichtensender; die Wut steigerte sich, als die Kamerateams an diesem Morgen vor Baxters Haus auftauchten, um die Witwe abzupassen. Verschärft wurde das Ganze durch Gerüchte, die vor allem über das Internet verbreitet wurden, dass Baxter ermordet worden sei, weil er etwas gewusst habe. Die Öffentlichkeit erfuhr erst Jahre später, dass sein Tod keine Rätsel barg und dass der Polizist Baxter, wenige Minuten bevor er die Leiche fand, lebendig und allein gesehen hatte.[26]

Lay gab nun alles verloren. Die Stellung, die er erreicht hatte, das Unternehmen, das er aufgebaut hatte, die Spannung und Dynamik, die seiner Meinung nach davon ausging. Nun war alles durchdrungen vom Geruch des Todes und des Verfalls.

An diesem Nachmittag ging Lay langsam zu Ray Bowens Büro. Seltsam, dass es Bowens Büro war. Es war so lange Fastows Büro gewesen.

Im neuen Managementteam gab es Veränderungen. Whalley würde bald weg sein; er folgte der Handelsdivision zur UBS. McMahon, im Augenblick Chief Financial Officer, würde President. Und Fastows Posten übernahm Bowen.

In den vergangenen Monaten hatte Lay Bowen stets als besonnenen, ruhigen Menschen kennen gelernt. Lay wollte daher mit ihm reden. Er setzte sich Bowen gegenüber an den Schreibtisch und plauderte mit ihm über die anstehenden Veränderungen und den Sanierer, der bereits in der Firma angefangen und Lays Job übernommen hatte.

Nachdem sie die Personalfragen durchgesprochen hatten, wechselte Lay das Thema. »Was meinen Sie, was in dem Powers-Bericht stehen wird?«, fragte er.

»Ich glaube nicht, dass er sehr freundlich mit Rick Causey oder Rick Buy umgehen wird«, antwortete Bowen.

»Ja«, sagte Lay. »Das habe ich auch gehört.«

Er atmete tief ein. Das Gespräch schien ihn zu belasten. »Was halten Sie von Sherron Watkins?«, fragte er. »Was wollte sie erreichen?«

Bowen zuckte mit den Schultern. »Ich glaube, Sherron Watkins wollte auf ihre unbeholfene Art nur helfen«, sagte er. »Ich glaube, sie wollte das Überleben der Firma sichern.«

Lay blickte auf den Boden und dachte über Bowens Worte nach. »Ja, da stimme ich Ihnen zu«, sagte er. »Das glaube ich auch.«

Es folgte eine weitere lange Pause. Dann blickte Lay auf und sah Bowen in die Augen. »Und was ist mit mir?«, fragte er. »Was, meinen Sie, geschieht mit mir?«

Bowen blickte Lay an, den Mann, den er jahrelang bewundert hatte, den Mann, der in höheren Sphären gewirkt hatte und der nun vor ihm saß, mutlos und gebrochen.

»Es gibt zwei Möglichkeiten«, sagte er. »Entweder, man wird Sie für unglaublich dumm halten und behaupten, Sie hätten Ihren Job nicht ordentlich gemacht.«

Er hielt Lays Blick stand. »Oder die versuchen, Sie ins Gefängnis zu bringen.«

Diese Worte, seit langem bekannt, waren bislang nicht ausgesprochen worden. Jetzt hingen sie im Raum. Lay griff sich ans Kinn.

»Ich weiß«, sagte er leise. »Ich weiß.«

Einen Augenblick lang saß Lay nur schweigend da. Dann blickte er auf. »Dann wünsche ich Ihnen ein schönes Wochenende.«

Damit stand Ken Lay auf und ging wortlos aus dem Büro in den verlassenen, stillen Flur.

Epilog

Live-Rock-'n'-Roll-Musik dröhnte durch das Bayou Breeze, Abbott Spragues neu gebauten, weitläufigen Landsitz. Sprague hatte im Fondsmanagement ein Vermögen gemacht und zählte nun zu den reichsten Männern Houstons. Es war Mitte Dezember 2002, und an diesem Abend hatte sich auf seinem Anwesen eine erlesene Auswahl der Reichen und Mächtigen der Stadt zu einem vorgezogenen Weihnachtsfest versammelt.

An den Festlichkeiten nahm auch Manager, Banker und Anwälte teil, die in die Enron-Katastrophe verwickelt gewesen waren. Dieses Jahr gab es keine dringenden Geschäfte und keine endlosen Nachtschichten gegen Ende des Quartals, die ihnen den Spaß hätten verderben können. Und auch eine Weihnachtsfeier bei Enron würde es dieses Jahr nicht geben. Folglich war die Party bei Sprague die beste Weihnachtsfeier, auf die sie gehen konnten.

Über ein Jahr war vergangen, seit Enron Gläubigerschutz beantragt hatte, und seitdem hatte sich praktisch für alle, die mit dem Skandal zu tun gehabt hatten, die Welt dramatisch verändert.

Wer auch immer noch Zweifel am wahren Ausmaß der tief greifenden Probleme innerhalb des Unternehmens gehabt haben mochte, war spätestens zehn Monate zuvor, im Februar 2002, eines Besseren belehrt worden, als Bill Powers dem Enron-Board seinen Abschlussbericht vorgelegt hatte. Der Bericht schilderte mit erschreckenden Details, wie Fastow und seine Komplizen die inzwischen berüchtigten außerbilanziellen Gesellschaften – die Raptoren, LJM, Chewco und Southampton – dazu benutzt hatten, sich selbst zu bereichern und Investoren über den wahren Zustand der Enron-Finanzen hinwegzutäuschen. Die Enthüllungen hatten alles, was vom Ruf der alten Enron-Führung noch übrig war, hinweggefegt. Rick Causey und Rick Buy, die für das Konfliktmanagement mit LJM verantwortlich gewesen waren, wurden vor die Tür gesetzt und nie wieder gesehen. Selbst Ken Lay war schlussendlich gezwungen worden, seine letzte Verbindung zum Unternehmen zu kappen, und er musste wenige Wochen nach seinem Rücktritt auch seinen Posten als Direktor aufgeben.

Der Powers-Bericht bereitete die Bühne für ein Spektakel nationalen Ausmaßes: die Kongressanhörungen zum Fall Enron. Das Energy and Commerce Subcommittee des Repräsentantenhauses übernahm die Untersuchungen und stellte allen zentralen Mitwirkenden gerichtliche Vorladungen zu. Fast alle – Fastow, Kopper, David Duncan, Causey, Buy – verweigerten unter Verweis auf den fünften Verfassungszusatz (der festlegt, dass niemand sich selbst belasten muss; A.d.Ü.) die Aussage. Nach der Veröffentlichung des Powers-Berichts gab selbst Lay dem Drängen seiner Anwälte nach und verweigerte einen Auftritt vor dem Ausschuss. Als ihn Wochen später ein Senatsausschuss unter Strafandrohung zum Erscheinen zwang, berief er sich ebenfalls auf den fünften Verfassungszusatz.[1]

Skilling verfolgte eine andere Strategie; er sagte unter Eid aus und versicherte den Kongressabgeordneten, dass er sich nichts habe zuschulden kommen lassen. Er sei, beharrte Skilling, kein Buchhalter und habe sich auf die Richtigkeit der Urteile von Andersen und Causey verlassen.

Sherron Watkins, die zu dem Zeitpunkt bereits einen Vertrag als Koautorin für ein Buch über Enron in der Tasche hatte, gab bei ihrem Auftritt vor dem Ausschuss die Rolle der Enron-Heldin. Watkins erwies sich als überaus eifrige Zeugin und beschränkte sich in ihrer Aussage keineswegs nur auf das, was sie definitiv wusste. Sie beschuldigte Skilling, gemeinsam mit Fastow das Board hintergangen zu haben, und bezeichnete Lay als Sündenbock für die Manipulationen krimineller Untergebener, allerdings ohne ihre Behauptungen mit Fakten zu belegen. Kein Ausschussmitglied fragte sie nach weiteren Einzelheiten.

Andere Manager, darunter auch solche, die versucht hatten, Fastow und seine Kollaborateure zu entlarven und ihre Machenschaften mit den Zweckgesellschaften offen zu legen, kamen nicht so glimpflich davon. Jordan Mintz wurde zwar gelobt, gleichzeitig aber von einigen Ausschussmitgliedern, die sich schwer taten, die von ihm gespielte Rolle zu verstehen, in die Mangel genommen. Auch Jeff McMahon erhielt zunächst Beifall dafür, sich Fastow in den Weg gestellt zu haben, doch später bezog er prompt Prügel für seine Rolle bei dem Geschäft mit den nigerianischen Kraftwerksschiffen. Enron-Manager Vince Kaminski und Andersen-Wirtschaftsprüfer Carl Bass, die am lautesten und längsten gegen die Geschäfte mit den Zweckgesellschaften protestiert hatten, wurden erst gar nicht vorgeladen. Und Kevin Kindall, der Enron-Manager, der die Gefahr für Enrons Fortbestehen erkannt und zu stoppen versucht hatte, wurde in keiner öffentlichen Anhörung auch nur namentlich genannt.[2]

Im Mai dann ging eine weitere Bombe hoch. Enron übergab das größtenteils von Stephen Hall von der Portlander Kanzlei Stoel Rives unter Anleitung Christian Yoders von Enron verfasste Memo über die Handelsstrategien in Kalifornien der Federal Energy Regulatory Commission. Die Energieaufsichtsbehörde machte es unverzüglich publik. Das Memo, mit dem ursprünglich die Enron-Spitze über das Fehlverhalten der Händler informiert werden sollte, geriet nun zum rauchenden Colt, zum hieb- und stichfesten Beweis illegaler Handelsaktivitäten.

Manche Politiker nahmen die Handelsstrategien als Beweise dafür, dass allein die Marktmanipulationen die kalifornische Energiekrise ausgelöst hätten – eine Einschätzung, die von den meisten angesehenen Ökonomen nicht geteilt wurde. Sie betrachteten die Manipulationen lediglich als verstärkenden Faktor für die nach ihrer Ansicht durch das Missverhältnis von Angebot und Nachfrage verursachte Energiekrise. Nach der Veröffentlichung des Memos rückten Hall und Yoder ins Blickfeld der Medien und wurden vor den Kongress zitiert, doch am Ende für ihre Integrität gefeiert.

Im Laufe der Zeit kehrten die mit Enron verknüpften Manager und Menschen wieder zu einem normalen Leben zurück. Einige von ihnen – darunter Rebecca Mark, Amanda Martin und Jeff McMahon – fanden ruhige Posten in der Wirtschaft, managten Unternehmen von Angehörigen, arbeiteten als Berater oder verwalteten ihr eigenes Vermögen. Greg Whalley folgte nach seinem kurzen Zwischenspiel als Enron-Präsident seinen Händlern zur UBS nach Connecticut, kehrte allerdings, als die Untersuchungen gegen Enron in die heiße Phase gingen, nach Houston zurück.

Die beruflichen Zukunftsaussichten hingen häufig davon ab, wie weit sich die jeweiligen Manager und andere Betroffene vom Epizentrum des Skandals zu distanzieren vermochten – entweder weil sie frühzeitig Vorbehalte vorgebracht hatten oder schlau genug gewesen waren, sich beizeiten zu verdrücken.

Watkins, die sich nach ihrem Triumph im Kongress eine Karriere als Sprecherin und Beraterin für Unternehmensethik aufbaute, sollte später vom *Time*-Magazin zu einer der Personen des Jahres gekürt werden. Mintz wechselte von seinem Job bei Enron in die Rechtsabteilung einer großen amerikanischen Baugesellschaft. Kaminski kam als Risikoanalyst bei einer anderen Finanzfirma unter, wechselte aber die Stellung, als der Tumult im Gefolge des Enron-Kollapses die Energiemärkte beutelte.

Am besten von allen aber kam der Mann davon, dessen Abgang den Weg für Jeff Skillings Aufstieg freigemacht hatte. Rich Kinder, der frühere Enron-Präsident, dem die Board-Mitglieder nicht zugetraut hatten, das Unternehmen in die Zukunft zu katapultieren, brachte es am Ende zu mehr Erfolg und Reichtum als alle seine ehemaligen Weggefährten. Kinder, inzwischen längst Milliardär, verwandelte die von ihm mit begründete kleine Energiegesellschaft Kinder Morgan Inc. in ein stabileres, zuverlässigeres und profitableres Unternehmen, als Enron es jemals gewesen war. Von 2000 bis Ende 2002 schnellte der Kurs der Kinder-Morgan-Aktie um 113 Prozent in die Höhe; die Enron-Investoren hingegen verloren alles.

Die Bemühungen bei Arthur Andersen, die negativen Folgen der Unterlagenvernichtung zu begrenzen, scheiterten. Berardino und sein Team hatten die Enron Task Force aufgefordert, die Sache schnell zu klären, doch dann mussten sie geschockt miterleben, wie die Ermittler ein Strafverfahren gegen sie einleiteten. Nachdem gegen die Firma im Zusammenhang mit der Waste-Management-Affäre bereits eine richterliche Verfügung ergangen war, blieb den Staatsanwälten angesichts der Rolle, welche die Andersen-Rechtsabteilung bei der Vernichtung der Enron-Unterlagen gespielt hatte, keine andere Wahl, als die Sache strafrechtlich zu verfolgen.

Andersen versuchte einen Deal auszuhandeln, was jedoch misslang. Die Regierung forderte das Eingeständnis einer Haftung aus vorsätzlichen Straftaten, und eine Zeit lang sah es so aus, als könnten beide Seiten zu einer Einigung gelangen. Doch am Ende sperrte sich Andersen, und die Regierung brach die Verhandlungen ab.

Zu diesem Zeitpunkt hatte Andrew Weissmann, einer der leitenden Staatsanwälte der Enron Task Force, bereits eine Geheimwaffe gefunden: David Duncan. Nach mehreren Monaten des Nachdenkens hatte Duncan eingeräumt, dass er Unterlagen mit der Absicht vernichtet haben musste, sie der SEC vorzuenthalten. Er bekannte sich der Justizbehinderung in einem Fall schuldig und erklärte sich bereit, als Kronzeuge gegen seinen ehemaligen Arbeitgeber auszusagen.

Mit der Anklage wegen Strafvereitelung gegen Andersen starben die letzten Hoffnungen des Unternehmens, heil aus der Sache herauszukommen. Scharenweise sprangen die Klienten ab; wer wollte schon eine Firma als Finanzwachhund, der ein Verbrechen zur Last gelegt wurde? Auf allen Kontinenten wechselten Andersen-Klienten zur Konkurrenz. Als Andersen im Juni verurteilt wurde, war der einstmals große und angesehene Wirtschaftsprüfungskonzern auf einen kläglichen Rest zusammengeschmolzen und gab bekannt, dass er keine Aktiengesellschaften mehr prüfen werde.

Das Schicksal, das die Andersen-Partner ereilte, variierte von Fall zu Fall. Berardino trat in dem vergeblichen Versuch, eine Anklage zu vermeiden, von der Unternehmensspitze zurück; nach dem Zusammenbruch von Andersen gründete er ein eigenes Consulting-Unternehmen. Duncan wartete drei Jahre nach seinem Geständnis immer noch auf eine Verurteilung. John Stewart, Andersens Topexperte für Buchhaltungsvorschriften, blieb noch mehrere Monate im

Unternehmen, bis er dann ebenfalls ging und eine eigene Beratungsgesellschaft aufmachte. Und Carl Bass, der Enron so viele Probleme bereitet hatte, dass er vom Geschäft mit dem Unternehmen abgezogen worden war, wurde von einem Andersen-Konkurrenten abgeworben, wo er heute noch arbeitet, wenn er nicht als einer der bevorzugten Zeugen der Regierung herangezogen wird.

Nach dem Zusammenbruch von Andersen wurde in der Öffentlichkeit Kritik laut, die Staatsanwälte hätten bei ihren Ermittlungen gegen das Unternehmen den Bogen überspannt. Doch nur ein paar Tage nach dem finalen Verdikt gegen Andersen zeigte sich, dass, hätte das Unternehmen diesen Sturm überstanden, es eben in einem anderen gesunken wäre: WorldCom, der Telekommunikationsriese, gab bekannt, dass man im Unternehmen einen gigantischen Buchhaltungsbetrug aufgedeckt hatte: Mehrere Milliarden Dollar Kosten waren nicht ausgewiesen worden. Die Wirtschaftsprüfungsgesellschaft, die das übersehen hatte, war ebenfalls Arthur Andersen.[3]

Bis zu diesem Zeitpunkt hatte die Bush-Regierung alle Forderungen aus dem Kongress nach einer umfassenden Reform der Wertpapiergesetze zurückgewiesen. Doch nach dem Doppelschlag Enron/Worldcom kippte die Stimmung. Binnen weniger Wochen wurden vom Kongress neue, deutlich schärfere Vorschriften erlassen und vom Präsidenten abgezeichnet. Das nach seinen Hauptförderern genannte Sarbanes-Oxley-Gesetz stellte die radikalste Reform der amerikanischen Wertpapiergesetze seit der Zeit nach der Weltwirtschaftskrise dar.

Das schiere Ausmaß der Kriminalität in den Chefetagen der Wirtschaft, das da ans Tageslicht kam, sollte auch Harvey Pitt den Kopf kosten. Seine schlecht getimte »Liebenswürdig und freundlich«-Rede (vgl. Kapitel 20) war für die Kritiker der Regierung ein gefundenes Fressen. Hinzu kam, dass er sich, obwohl er sehr aggressiv gegen Enron und WorldCom vorging, wiederholt politische Schnitzer leistete, die seine Position in der Regierung weiter schwächten. Als sich am Abend der Zwischenwahlen zum Kongress ein deutlicher Sieg der Republikaner abzeichnete, trat Pitt auf Druck des Weißen Hauses zurück.[4]

Damals war bereits klar, dass die Ermittlungen gegen Enron bis weit hinein in die Führungskreise des Unternehmens reichen würden. Die Regierung setzte an einer auf den ersten Blick ausgefallenen Stelle an: bei Greenwich NatWest. Bei den Verhören vor der Anklagejury war der E-Mail-Verkehr zwischen den drei Bankern ans Tageslicht gekommen, die Fastow und Kopper den später auf »Southampton« getauften Deal vorgeschlagen hatten. In der Mehrzahl der Fälle jedoch war es Koppers Name, nicht der Fastows, der in den Dokumenten auftauchte.

Leslie Caldwell und ihr Team beschlossen, Kopper in die Mangel zu nehmen. In der Strafanzeige, die sie Ende Juni gegen die drei Banker von der Greenwich NatWest stellten, fanden sich nicht nur jede Menge vernichtende Beweise für die Schuld der Banker – sondern auch für Koppers Schuld.[5]

Kopper verstand den Hinweis. Es dauerte nicht einmal einen Monat, bis er einen Deal anbot. Er erzählte den Ermittlern alles – angefangen von den erfundenen RADR-Investoren über die geheimen Provisionen von Chewco bis hin zu den manipulierten LJM-Deals und sogar vom Global-Galactic-Abkommen. Als Sahnehäubchen erzählte er ihnen auch noch von dem Laptop, auf dem er seine Geschäfte mit Fastow festgehalten hatte und der nun auf Geheiß seines Bosses auf einer Müllkippe in Texas lag.

Ein Deal wurde vereinbart, und Ende August bekannte sich Kopper in einem Gerichtssaal in Houston zweier Straftaten im Zusammenhang mit Chewco, RADR und Southampton schuldig. Als Bestandteil der Absprache händigte er dem Staat zwölf Millionen Dollar aus; über zwei Jahre später wartete Kopper immer noch auf seine Verurteilung.[6]

Fünf Wochen später war die Reihe an Fastow. Am frühen Morgen des 2. Oktober betrat er das FBI-Büro in Houston und stellte sich den Beamten. Sie legten ihm Handschellen an und führten ihn vor einen Richter, der gegen ihn Anklage wegen Wertpapier- und Telekommunikationsbetrug, Geldwäsche und Verschwörung zur Begehung einer Straftat erhob.

Fastow plädierte auf nicht schuldig. Die Flut der Anklagen und Enthüllungen lastete schwer auf zahlreichen Gästen von Spragues Weihnachtsparty. Nur ein paar Tage zuvor hatte Larry Lawyer, ein Nobody aus dem mittleren Management, sich der Steuerhinterziehung schuldig bekannt, weil er Profite aus einer Fastow-Gesellschaft nicht angegeben hatte. Und jetzt knöpften sich die Staatsanwälte Manager aus dem Unternehmensbereich Broadband vor, denen sie vorwarfen, Investoren bewusst mit falschen Angaben zu den Geschäftschancen getäuscht zu haben. Ken Rice, Joe Hirko und etlichen anderen war bereits mitgeteilt geworden, dass sie in Kürze mit einer Anklage zu rechnen hätten.[7]

Der neue Enron-CFO Ray Bowen stand in dem riesigen, mehrere Stockwerke hohen Foyer des Anwesens, nur wenige Schritte von einem breiten Treppenaufgang entfernt, und beobachtete das Treiben der ausgelassenen Partygäste. Plötzlich tippte ihm jemand auf die Schulter. Er drehte sich um und erschrak. Direkt hinter ihm stand Rebecca Carter.

»Ich wollte nur Hallo sagen«, sagte sie. »Wie geht es Ihnen?«

»Es geht so.«

»Immer noch bei Enron?«

Bowen nickte. »Ja.«

»Nun ja«, Carter zuckte mit den Schultern, »darüber dürfen wir nicht reden.«

Bowen wusste, was sie meinte. Das Strafverfahren. Viele langjährige Freunde hatten seit Monaten kein Wort mehr miteinander gewechselt. Auch für bloße Bekannte war es nicht ratsam, sich über Enron zu unterhalten, zumal dann nicht, wenn die Unterhaltung aller Wahrscheinlichkeit nach später vor einer Anklagejury nacherzählt werden würde.

»Freut mich zu hören, dass es Ihnen gut geht«, sagte sie.

Bowen dankte ihr, konnte aber seine wachsende Unruhe nicht wirklich verbergen. Carter war hier. *Heißt das, dass Skilling auch hier ist?* Der Gedanke bereitete ihm Unbehagen. Er hatte Skilling seit seinem Rücktritt nicht mehr gesehen, aber gehört, dass er jedem erzählte, er habe nichts Unrechtes getan. Bowen verspürte wenig Lust, Skillings Rechtfertigungen über sich ergehen zu lassen. Wie viele ehemalige Enron-Manager war er wütend auf Skilling.

Dann sah er ihn. Bowen war gerade den Flur hinuntergegangen und hatte sich ein neues Bier geholt, als auf dem Rückweg Skilling aus dem Speisezimmer auf den Flur trat.

»Ray«, rief Skilling. »Wie geht es Ihnen?«

Bowen blieb stehen. Skilling sah verheerend aus. Er war um Jahre gealtert und hatte Gewicht zugelegt. Bowen brummelte eine Begrüßung.

»Warum wollen Sie nicht mit mir reden?«, fragte Skilling.

Was? Er hatte Recht, aber Bowen hatte das hier niemandem gesagt. Vielleicht hatte Carter es ihm am Gesicht abgelesen.

»Ich glaube nicht, dass ich das jemals gesagt habe«, erwiderte er.

»Gehen Sie mir aus dem Weg, weil Sie meinen, ich hätte etwas Unrechtes getan? Ist das der Grund?«

Was soll ich darauf antworten? »Jeff, das weiß ich nicht.«

Skilling ließ nicht locker. »Glauben Sie, dass ich etwas Unrechtes getan habe?«, wiederholte er.

Bowen trat ein paar Schritte zurück. »Jeff, das weiß ich nicht«, wiederholte er. »Ich habe keine Ahnung.«

»Ich habe nichts Unrechtes getan!«, rief Skilling. »Ich hatte keine Ahnung von diesem ganzen Zeug!«

Skilling wirkte sehr erregt. Er hatte, was außer ihm niemand hier wusste, vor kurzem einen Brief von den Bundesstaatsanwälten erhalten, in dem sie ihm eröffneten, dass sie Anklage gegen ihn erheben würden.

»Jeff«, sagte Bowen, »ich glaube nicht, dass wir uns darüber unterhalten sollten.«

»Ich wusste nichts von Andy und den ganzen Geschäften«, fuhr Skilling fort. »Ich wusste nichts über die geheimen Provisionen von Kopper. Sie haben für ihn gearbeitet! Haben Sie davon gewusst?«

Das hier drohte in eine Szene auszuarten. »Nicht das Geringste!«, erwiderte Bowen. »Ich habe vor über zwei Jahren aufgehört, für Andy zu arbeiten.«

Skilling gab einfach nicht auf. »Ich muss das einfach wissen. Glauben Sie, dass ich etwas Unrechtes getan habe?«

So langsam geriet Bowen in Rage. Er ging einen Schritt auf Skilling zu. »Ich werde Ihnen sagen, was ich weiß, Jeff«, sagte er. »Ich weiß, dass die finanzielle Lage des Unternehmens nicht einmal annähernd dem entsprach, was der Welt weisgemacht wurde. Und das geschah unter Ihrer Führung. Ob das richtig oder falsch war? Ich weiß es nicht.«

»Sie haben meine Frage nicht beantwortet, Ray. Sind Sie der Meinung, dass ich etwas Unrechtes getan habe?«

Bowen versteifte sich. »Ich weiß es nicht, Jeff. Und das werde ich jedem antworten, der mich danach fragt. Aber nochmals, meiner Meinung nach sollten wir darüber nicht sprechen.«

»Okay«, sagte Skilling. »Okay.«

Eine Pause entstand. Bowen musterte Skilling einen Moment lang.

»Wie geht es Ihnen, Jeff?«, fragte er.

Skilling räusperte sich. »Ray, wenn Sie die Wahrheit hören möchten: beschissen. Es ist einfach zum Kotzen.«

»Das kann ich mir denken«, antwortete Bowen. »Das Ganze ist eine nationale Tragödie. Allzu viele Menschen haben dadurch alles verloren.«

Skilling fixierte ihn. »Ich weiß, und das tut mir auch sehr Leid. Aber, Ray, ich habe nichts Unrechtes getan.«

Bowen konnte es nicht mehr hören. Ob Skilling ein Verbrechen begangen hatte oder nicht, Bowen hielt ihn für verantwortlich. Skilling hatte, so sah er das, eine Werde-schnell-reich-Kultur erschaffen und es versäumt, ihr Zügel anzulegen. Und dann, am Ende, hatte er sie alle sitzen lassen. Bowen gab Skilling die Schuld.

»Ich muss jetzt weiter«, sagte er und trat an Skilling vorbei. »Ich wünsche Ihnen viel Glück.«

Die Party neigte sich dem Ende zu, und die Gäste begaben sich vor das Haus und warteten, bis die Bediensteten ihre Wagen vorfuhren. Bowen und seine Frau Jennifer standen in der Reihe hinter Skilling und Rebecca Carter. Wie vier alte Freunde plauderten sie, bis ein schwarzes Mercedes-Coupé vorgefahren kam. Skilling und Carter stiegen ein und fuhren davon.

Zufällig stand Jim Timmins, der Enron-Manager, der aus Protest gegen LJM seinen Abschied genommen hatte, hinter Bowen. Als der Mercedes wegfuhr, brach Timmins' Wut über Skilling durch.

»Nicht zu fassen, dass dieser Scheißkerl den Nerv hat, hier aufzukreuzen«, fluchte er.

Timmins sah dem davonfahrenden Wagen nach. »Viel Spaß im Gefängnis!«, rief er ihm hinterher.

Die anderen in der Schlange lachten.

Im folgenden Jahr wurde es für Fastow immer enger. Zu Beginn des Jahres 2004 waren alle Hoffnungen auf einen Freispruch, die er noch gehegt haben mochte, verflogen.

Zu dem Zeitpunkt hatte eine Anklagejury bereits offiziell Anklage in 89 Punkten gegen ihn erhoben, darunter – wegen der von ihm veranlassten Entsorgung von Koppers Laptop – in einem Fall wegen Strafvereitelung. Seine engsten Mitarbeiter hatten ohne Ausnahme mit der Staatsanwaltschaft Schuldigerklärungen (sic!) abgesprochen. Ben Glisan hatte sich des Betrugs schuldig bekannt und zugegeben, dass die Raptoren im Widerspruch zu den Buchhaltungsvorschriften so strukturiert worden waren, dass Enron seine Finanzzahlen frisieren konnte. Glisan wurde zu fünf Jahren Gefängnis verurteilt.

Was Fastow aber am Ende das Genick brach, war ein von ihm selbst ausgetüftelter Trick. Bei der Konstruktion der RADR-Masche hatte er sich der Hilfe seiner Frau Lea bedient. Das Geld, das Kopper den erfundenen Investoren abgezogen hatte, war im Namen von Fastows Frau und ihrer Kinder überwiesen worden. Da die Fastows das Geld aber nicht als Einkommen angegeben hatten, drohte Lea nun eine Anklage wegen Steuerhinterziehung.

Die Staatsanwälte boten Fastow an, die Anklage gegen Lea zu den Akten zu legen, wenn er auf schuldig plädierte. Fastow weigerte sich, die Staatsanwaltschaft erhob Anklage gegen Lea, und plötzlich sahen sich die Fastows zu ihrem Erschrecken mit der Möglichkeit konfrontiert, dass ihre zwei jungen Söhne von anderen aufgezogen würden, während sie langjährige Haftstrafen verbüßten. Die Zeit für Andy Fastow war reif, er musste jetzt die Wahrheit sagen.[8]

»Erheben Sie sich.«

Um 14.05 Uhr am 14. Januar 2004 ging US-Bundesbezirksrichter Kenneth Hoyt an dem Marmorfries an der Wand des Gerichtssaals im Bundesgerichtsgebäude in Houston vorbei zum Richterstuhl. Die Besucherreihen im Gerichtssaal waren voll besetzt. Von ihrem Platz vor der Gerichtsschranke aus sah die Leiterin der Enron Task Force, Leslie Caldwell, dem Treiben schweigend zu, während die Mitglieder ihres Teams am Staatsanwaltstisch ihre Notizen ordneten.

Richter Hoyt ließ seinen Blick durch den Saal schweifen. Zu seiner Rechten saß die Phalanx der Verteidiger mit Andy Fastow in der Mitte, der gekommen war, um seine Absprache zu revidieren. Fastow, dessen Haar in den vergangenen eineinhalb Jahren einen deutlichen Graustich angenommen hatte, wartete schweigend auf den Beginn der Verhandlung.

»Mir wurde gesagt, dass Sie heute Nachmittag eine Schuldigerklärung vereinbaren möchten«, sagte Richter Hoyt.

»Ja, Euer Ehren«, erwiderte Fastow.

Er beantwortete die Fragen des Richters, gab sein Alter mit 42 an, und dass er einen Master in Betriebswirtschaft hatte. Er sprach mit einem leichten Lispeln, wie er das oft tat, wenn er nervös war. Er nehme, gab Fastow zu Protokoll, Medikamente gegen Angstzustände, das mache es ihm leichter, den Prozess zu überstehen.

Matt Friedrich, der Vertreter der Anklage, leitete die Anhörung und nannte die Bedingungen der Vereinbarung. Es lagen zwei Anklagepunkte wegen Verschwörung vor, darunter wegen Telekommunikationsbetrugs (sic!) und Wertpapierbetrugs. Nach der Vereinbarung sollte Fastow – seine volle Kooperation vorausgesetzt – zehn Jahre Gefängnis erhalten und Vermögenswerte in Höhe von 23,8 Millionen Dollar aushändigen. Lea Fastow sollte ebenfalls eine Vereinbarung treffen dürfen und für ein Vergehen gegen die Steuergesetze zu einem Jahr Gefängnis verurteilt werden.

Schweigend hörte Fastow zu, als ein weiterer Staatsanwalt, John Hemann, die von ihm eingestandenen Straftaten beschrieb. In einer Erklärung an die Staatsanwaltschaft gestand Fastow seine Beteiligung an den betrügerischen Southampton- und Raptoren-Geschäften und enthüllte Einzelheiten zu dem geheimen Global-Galactic-Abkommen, mit dem auf illegale Weise die LJM-Fonds gegen Verluste bei ihren größten Geschäften mit Enron geschützt wurden.

Nachdem Hemann mit seinen Ausführungen fertig war, richtete Hoyt seinen Blick auf Fastow: »Entsprechen diese Angaben der Wahrheit?«

»Ja, Euer Ehren«, sagte Fastow mit tonloser Stimme.

»Haben Sie die beschriebenen verschwörerischen Handlungen tatsächlich begangen?«

»Ja, Euer Ehren.«

Fastow wurde nun um seine »Einlassung« gebeten. Zweimal erklärte er sich für schuldig.

»Auf der Grundlage Ihrer Einlassung«, verkündete Hoyt, »erklärt Sie dieses Gericht für schuldig.«

Fastow kehrte zu seinem Platz am Tisch der Verteidigung zurück. Er griff nach einem Becher mit Wasser und nahm einen Schluck. Schweigend starrte er ins Leere. Plötzlich sah er sehr schwach aus. Die Anhörung endete kurz darauf.[9]

Die Hände hinter dem Rücken mit Handschellen gefesselt, wurde Jeff Skilling von FBI-Agenten durch eine Hintertür ins Bundesgerichtsgebäude in Houston geführt. Es war früh am Morgen des 19. Januar, des Tages, den die Enron Task Force zur Verlesung ihrer 42 Punkte umfassenden Klageschrift gegen Skilling festgesetzt hatte.

In den Wochen seit Fastows Vereinbarung mit dem Gericht und den Aussagen des früheren CFO des Unternehmens gegen seine einstigen Kollegen waren die ehemaligen Enron-Topmanager wie die Dominosteine einer nach dem anderen gefallen. Rick Causey stand wegen seiner Mitwirkung an einer Reihe von Fastow-Geschäften, darunter Global Galactic, bereits wegen Betrugs unter Anklage. Nun ging es neben Causey auch Skilling, dem zahlreiche Straftaten vorgehalten wurden, an den Kragen.

Die FBI-Eskorte führte Skilling zum Aufzug im Gerichtsgebäude. Die Türen öffneten sich, und im Aufzug stand ein Mann in Gefängniskluft, er trug Handschellen. Skilling erkannte ihn auf den ersten Blick. Es handelte sich um Ben Glisan, der vom Gefängnis zu seiner Aussage vor der Enron-Anklagejury gebracht wurde.

»Hallo, Ben«, meinte Skilling jovial, als er zu ihm in den Aufzug stieg. »Wie geht es Ihnen?«

»Hey, Jeff«, antwortete Glisan, sichtlich unangenehm berührt. »Mir ging's schon besser.«

Skilling wurde in eine Wartezelle geführt und dort nahezu eineinhalb Stunden alleine gelassen. In ihm brodelte es; die ganze Sache war abgekartet, war er überzeugt, ein Psychospiel, das die Regierung mit ihm spielte – die Begegnung mit Glisan, dass sie ihn hier alleine schmoren ließen. Er traf eine Entscheidung. Er würde keine Schwäche zeigen. Er würde sie nicht gewinnen lassen.

Um 9.20 Uhr wurde Skilling in Raum 704 geführt, wo er sich zu seinen Anwälten an den Tisch setzte, darunter Bruce Hiler und der neu zum Team gestoßene Daniel Petrocelli. Der leitende Staatsanwalt Sam Buell stand bereits vor Richterin Frances Stacy, und gleich darauf erhoben sich auch Skilling und seine Anwälte. Richterin Stacy verlas Skillings Rechte und wies ihn darauf hin, dass er das Recht auf einen Anwalt hatte.

»Es hat allerdings den Anschein, dass Sie in dieser Hinsicht überreich versorgt sind«, fügte sie hinzu.

Danach wandte sich die Richterin an Buell, der die Skilling zum Vorwurf gemachten Delikte aufzählte. Es war ein Sammelsurium von Vorwürfen, deren schwerwiegendste sich auf Fastow und seine Geschäfte bezogen. Skilling, so Buell, habe wie auch Causey gewusst, dass die LJM-Fonds mit Hilfe von Deals wie den Raptoren und dem Cuiabá-Verkauf dazu dienten, Enrons Finanzzahlen zu manipulieren. Darüber hinaus wurde ihm Betrug vorgeworfen, basierend auf seiner, wie der Staatsanwalt sagte, Beteiligung mit Causey und Fastow an dem Projekt Grayhawk, dem Geschäft, mit dem es Enron ermöglicht wurde, Kapital aus dem Kursanstieg seiner eigenen Aktien nach der Analystenkonferenz im Jahr 2000 zu schlagen.

Die meisten Anklagepunkte aber hatten nichts mit Fastow zu tun, sondern betrafen ganz andere Geschäftsbereiche. Skilling und Causey wurden angeklagt, die Gewinne in den Jahren 2001 und 2002 durch die Einrichtung von Reserven für die Gewinne aus dem kalifornischen Handelsgeschäft manipuliert zu haben. Im Privatkundenbereich hätten sie, so die Anklage weiter, Anfang 2001 Verluste durch die Übertragung des Handelsbuchs von EES in den Unternehmensbereich Wholesale verschleiert. Und hinsichtlich des Unternehmensbereichs Broadband wurde Skilling angeklagt, Investoren über die Geschäftschancen und die Technologie getäuscht zu haben.

Skilling verfolgte Buells Ausführungen mit gefalteten Händen. Nicht einmal, als Buell sagte, dass ihm bei einer Verurteilung in allen Punkten bis zu 325 Jahre Gefängnis drohten, zuckte er zusammen.

Richterin Stacy bat Skilling um seine Einlassung.

Er erhob sich. »Nicht schuldig in allen Punkten«, sagte er.[10]

Fünf Monate später, am 8. Juli, fiel der letzte Dominostein.

Am frühen Morgen dieses Tages brachte Special Agent Paula Schanzle einen Mann ins Bundesgerichtsgebäude in Houston. Drei Jahre nach Beginn der Ermittlungen war jetzt auch Anklage gegen Ken Lay erhoben worden. Lay, der einen blauen Freizeitanzug und eine rote Krawatte trug, wirkte ungeachtet der Handschellen, mit denen seine Hände hinter dem Rücken gefesselt waren, entspannt. Auf dem Weg vom Auto zum Gerichtsgebäude riefen ein paar Reporter, die hinter dem Zaun warteten, Lay zu, ob er etwas zu sagen hätte.

»Etwas später heute werde ich das«, gab er fast vergnügt zurück.

Lay war der 13. Angeklagte im Fall Enron. Vor ihm war bereits gegen die Manager aus dem Unternehmensbereich Broadband Anklage erhoben worden, darunter gegen Ken Rice, der sich kurz darauf schuldig bekannte, die Analysten auf der Konferenz im Jahr 2001 über den technologischen Entwicklungsstand des Unternehmens irregeführt zu haben. Zudem war Anklage gegen sechs weitere Manager von Merrill Lynch und Enron, die in den Deal mit den nigerianischen Kraftwerksschiffen verwickelt waren, erhoben worden – fünf von ihnen sollten später verurteilt werden. Freigesprochen wurde nur eine untergeordnete Enron-Buchhalterin namens Sheila Kahanek.

Nach dem Schub, den die Entdeckung des Memos von Stoel Rives den Strafverfahren versetzt hatte, intensivierten die Bundesstaatsanwälte ihre Ermittlungen im Fall der möglichen illegalen Handelsaktivitäten auf dem kalifornischen Energiemarkt. Am Ende sollten die drei am tiefsten in die Manipulationen verstrickten Stromhändler in Portland – darunter Belden und Forney – sich schuldig bekennen.

Doch all diese Fälle waren an diesem Tag geradezu belanglos gegenüber der ersten Breitseite im Strafprozess gegen Ken Lay.

Nachdem Paula Schanzle Lay ins Gerichtsgebäude geführt hatte, sperrte sie ihn in eine Wartezelle, in der zwei Männer mit Fußeisen saßen, denen vorgeworfen wurde, als Mitglieder eines Schleuserrings für den Tod von 19 illegalen Arbeitern verantwortlich zu sein.

Einer der beiden sah Lay neugierig an. »Habe ich Sie nicht gestern Abend im Fernsehen gesehen?« Es dauerte nicht lange, bis der Mann Lay um Investmenttipps bat.

»Um ehrlich zu sein«, antwortete Lay, »über solche Dinge habe ich in letzter Zeit kaum nachgedacht.« Als er nach drei Stunden aus der Zelle geholt wurde, war er fast schon so etwas wie eine Gefängnisberühmtheit.

Um 11.40 Uhr wurde Lay in Gerichtssaal 701 gebracht. Er blieb kurz stehen, ließ seinen Blick über die Besuchergalerie schweifen und sah kurz seiner Frau Linda in die Augen. Dann ging er zum Tisch der Verteidigung, setzte sich und fing an, mit seinem Stuhl zu schaukeln.

Der gesamte Saal erhob sich, als Richterin Mary Milloy hereintrat. Gemeinsam mit seinen Anwälten trat Lay vor den Richtertisch. Lay war nervös und wippte auf den Fersen auf und ab. Die Prozedur war dieselbe wie bei Skilling, inklusive der ausführlichen Darstellung der Anklagepunkte.

Lay war als dritter Angeklagter dem Hauptverfahren gegen Causey und Skilling hinzugefügt worden, doch der Fall gegen ihn lag gänzlich anders. Ihm wurde keine Beteiligung oder Mitwisserschaft an Fastows Machenschaften vorgeworfen; stattdessen konzentrierte sich der Fall auf das, was er in den letzten Wochen vor Enrons Bankrott gesagt und getan hatte. Seine Vertrauensbekundungen in das Unternehmen und in seine Zukunftsaussichten seien, hieß es in der Anklage, wissentlich falsch gewesen. Weiter wurde ihm vorgehalten, Arthur Andersen in diesem Herbst falsche Auskünfte über Enrons Pläne für das Wasserunternehmen Wessex gegeben zu haben, um die Folgen einer Änderung der Buchhaltungsregeln zu minimieren. Schließlich hielt ihm die Staatsanwaltschaft noch vor, die Banken belogen zu haben, die ihm Geld gegeben hatten, indem er entgegen der Vereinbarung einen Teil des Geldes dazu benutzt hatte, kreditfinanzierte Aktien zu erwerben.

Um seine Einlassung gebeten, erklärte Lay: »Nicht schuldig, Euer Ehren.«[11]

Doch damit war der Tag noch nicht vorüber. Ken Lay und seine

Anwälte beschlossen, mit dem Fall sofort an die Öffentlichkeit zu gehen, und beriefen im Double Tree Hotel, das in derselben Straße wie das ehemalige Enron-Hauptquartier lag, eine Pressekonferenz ein.

Journalisten, Familienmitglieder, Freunde und frühere Mitarbeiter drängten sich in dem Saal. In Begleitung seiner Frau bestieg Lay eine provisorisch errichtete Bühne. Während Linda hinter ihm Platz nahm, trat er an ein mit Mikrofonen gespicktes Pult.

»Ladys und Gentlemen«, begann er, »lassen Sie mich Ihnen zuerst danken, dass Sie gekommen sind, um ein paar Minuten mit uns zu verbringen. Dieses ist ein trauriger Tag für mich und meine Familie gewesen. Aber wir wissen auch, dass heute eine Anklage erhoben worden ist, die nicht hätte erhoben werden dürfen.«

Er übernehme, sagte er, die Verantwortung für das, was bei Enron passiert sei, habe aber, fügte er hinzu, niemals beabsichtigt, in irgendeiner Form gegen das Gesetz zu verstoßen. »Ich weise entschieden jeden Vorwurf zurück, in irgendeine rechtswidrige oder kriminelle Aktivität verwickelt gewesen zu sein.«

Er habe an das Unternehmen geglaubt, sagte er. Und er habe niemals gelogen. Nun wolle er eine rasche Verhandlung. »Ich bin«, sagte er, »erpicht darauf, meine Unschuld zu beweisen.«

Er bat um Fragen und antwortete auf alles, was ihm hingeworfen wurde, wobei er immer wieder darauf hinwies, dass er nichts Unrechtes getan habe. Nach einer halben Stunde signalisierte er das Ende der Pressekonferenz.

Er und seine Anwälte, erklärte er, stünden bereit, in den kommenden Tagen und Wochen weitere Fragen zu beantworten.

»Wir treten nun in eine neue Phase ein«, sagte Lay. »Sie werden noch viel von uns hören.«

Er bedankte sich bei den Anwesenden und ging nach hinten zu Linda. Als sie Hand in Hand von der Bühne stiegen, erhob sich auf der einen Seite des Raums eine Gruppe von Freunden, die ihn mit Applaus und Hochrufen in seine letzte und verzweifelte Schlacht schickten.[12]

Danksagung

Dieses Buch hat eine Vielzahl nicht besungener Helden. Es ist an der Zeit, von ihnen zu berichten.

Bei der *New York Times* spielte Brent Bowers die zentrale Rolle des Erstlesers, Beraters, Redakteurs und Inspirators. Seine scharfsinnigen Einsichten und Vorschläge haben auf praktisch jeder Seite Eingang gefunden. Vom ersten Tag an, als ich zum großen Sprung von der Recherche der Terrorfinanzierung zur Beschäftigung mit dem Niedergang Enrons ansetzte, hatte ich in Glenn Kramon, damals Chefredakteur Wirtschaft, einen enthusiastischen Förderer. Sein Stellvertreter Jim Schachter begleitete mich auf jedem Schritt der Reise und nahm später, als wir uns unseren Weg durch das Dickicht von Enron bahnten, unzählige spätabendliche und Wochenendanrufe von mir entgegen.

Rich Oppel war derjenige, der mich zu Beginn den zentralen Akteuren in der Enron-Saga vorstellte, und sein weiser Rat gehörte seitdem stets zu meinen größten Aktivposten. David Barboza, ein absoluter Spitzenreporter, nahm bei seiner Recherche einzelne Aspekte der Geschichte in Houston auseinander, und das ganze Projekt hindurch stand Dave mir mit seinen Gedanken und Ratschlägen zur Seite. Und, wie immer, war auch Floyd Norris zur Stelle und diente mir als Lotse durch die komplexen finanziellen Machenschaften Enrons. Er ist, schlicht gesagt, zurzeit der beste Finanzjournalist unseres Landes.

Im Laufe der Jahre übernahmen neue Leute das Ruder bei der *New York Times*, und auch ihnen schulde ich großen Dank. Insbesondere Larry Ingrassia, der während meiner Arbeit an dem Buch als Chefredakteur Wirtschaft anfing, hat mir mit unendlicher Geduld und beständiger Ermutigung geholfen. Als Abgabetermine verstrichen und immer noch kein Ende in Sicht war, war seine Unterstützung von entscheidender Bedeutung dafür, dass das Manuskript doch noch das Licht der Welt erblickte. Zu den anderen bei der *Times*, denen ich Dank schulde, gehören Tom Redburn, Dan Nierni, Diana Henriques, Donna Anderson und Maureen Balleza.

Ich genoss auch die Unterstützung zahlloser Forscher und Archivare. In Texas war dies David Wethe, jetzt beim *Fort Worth Star-Telegram*, ein eifriger und erstklassiger investigativer Reporter, der sowohl über die Fähigkeit verfügt, ergiebige Interviews zu führen, als auch über die Hartnäckigkeit, binnen kürzester Zeit Tausende von Akten zu durchforsten. In Kalifornien stürzte sich Nick Grudin, der inzwischen an der Kennedy School studiert, mit großem Enthusiasmus in Projekte und recherchierte mit atemberaubender Geschwindigkeit Quellen und Aufzeichnungen. Mehr als nur einmal hatte ich das Vergnügen, dank Nicks unermüdlicher Arbeit bei mir zu Hause eine gewaltige Kiste neuer Unterlagen im Empfang nehmen zu dürfen.

Als ich Jordan Wolf anheuerte, war er 17 Jahre alt und bereit, die wenig beneidenswerte Aufgabe zu übernehmen, Tausende von Unterlagen in chronologische Ordnung zu bringen. Da er dabei einen Arbeitseifer und eine Reife demonstrierte, die für sein Alter untypisch sind, betrauten wir ihn bald mit weitaus komplexeren Forschungsaufgaben. Ich habe keinen Zweifel, dass wir von Jordan, der jetzt an der Yale University studiert, in Zukunft noch Großes hören werden. Elizabeth Keeler, eine Freundin und wahres Energiebündel, die für Jordan in die Bresche sprang, begeisterte mich mit ihrer Einsatzfreude, ihrer stets guten Laune und ihrer effizienten Arbeitsweise. Elizabeth, du hast so viel möglich gemacht. Vielen Dank.

Schließlich hatte ich noch zwei Assistentinnen, die mir unschätzbare Dienste erwiesen. Diane Obara, die mit mir zum dritten Mal an einem Buch arbeitete, stand auch in den stressigsten Zeiten stets Gewehr bei Fuß, bereit, jede Aufgabe zu erledigen, die ich ihr auf den Tisch knallte. Später stieß Debra Piedra zu ihr, die mich mit ihrer Fähigkeit in Erstaunen versetzte, jede noch so kurzfristig erteilte Aufgabe zu erledigen, und mir dabei nicht nur alles lieferte, worum ich gebeten hatte, sondern das auch noch um Extrabonbons, angefangen von Namenregistern bis hin zu zusätzlichen Recherchen, bereicherte. Debra war absolut fantastisch.

Auch mehrere Freunde spielten eine wichtige Rolle. Tim Perkins fungierte als mein lokales Computergenie, besorgte mir die Software, die ich benötigte, und brachte mir bei, tausende auf CD-ROM gespeicherte Enron-Dokumente herunterzuladen. Andere Freunde, darunter Denton Watumull, Deborah und David Michel, Robert Keeler und Margie Tippen, lasen das Manuskript und lieferten mir hilfreiche Vorschläge.

Außerdem möchte ich mich bedanken (und entschuldigen) bei Elva Eichenwald, Tim und Samantha Durst, Laurence und Alma Alden, Margie und Terry Tippen, Greg und Cynthia DeMars, Marcia Jones und Jeannie Caldwell, Linda und Joe Altick, Katherine und David Stewart, Magdalena Malczyk und Errington Thompson. Die

Leute von *2010 Blues* – David, Denton, Greg, Robert und Terry – nahmen meine chaotische Terminplanung und meine häufigen Erschöpfungszustände mit unglaublicher Geduld hin. Und einmal mehr begleitete mich auch Freya Manston mit ihren scharfsinnigen Kommentaren bei der Entstehung dieses Buches von der Idee bis zum Manuskript.

Mein Agent Andrew Wylie war von Anfang an ein enthusiastischer Förderer des Projekts und zusammen mit Jeff Posternak immer mit Lösungen für die Probleme zur Hand, auf die ich stieß. Mit Andrew und Jeff zu arbeiten war eine reine Freude.

Meine Redakteurin bei Doubleday Broadway, Stacy Creamer, durchlitt ein Martyrium an Erfahrungen, die zweifelsohne irgendwann einmal bei der Nominierung für eine Heiligsprechung angeführt werden. Ihre fabelhafte Assistentin Tracy Zupancis sorgte immer mit sanfter Gewalt dafür, dass ich meinen aktuellen Verpflichtungen nachkam. Und Ingrid Steriler lieferte die erstaunlichste Leistung ab, die ich jemals von einer Lektorin gesehen habe. Sie hat mich weit mehr als nur einmal gerettet. Und Herstellungsleiter Sean Mills fungierte als mein Fluglotse innerhalb des Verlags und sorgte dafür, dass wir alle sicher landeten. Natürlich gibt es noch weitaus mehr Menschen in der Doubleday-Broadway-Familie, die meinen Dank verdient haben. Sie alle sind absolute Profis und haben dieses Abenteuer zu einer wunderbaren Erfahrung gemacht. Ich danke Ihnen allen.

Ich weiß nicht, wie ich meiner Familie danken soll. Meine Frau Theresa Eichenwald unterstützte mich unerschütterlich – trieb mich an, übernahm Sonderschichten und half mir, den Verstand nicht zu verlieren. Ich liebe sie von Herzen und kann ihr gar nicht genug für alles danken. Theresa, du bist das großartigste Geschenk in meinem Leben – mit der möglichen Ausnahme unserer drei Söhne Adam, Ryan und Sam. Ohne ihre Geduld und Unterstützung wäre all dies nicht möglich gewesen. Jungs, ich liebe euch alle und weiß gar nicht, wo ich anfangen soll, euch zu danken. Und nun veranstalten wir den Spieleabend, den ich euch versprochen habe.

Anmerkungen und Quellen

Das vorliegende Buch erwuchs aus meiner drei Jahre währenden Berichterstattung über den Enron-Skandal für die *New York Times.* Es stützt sich auf über 1000 Stunden Interviews mit über 100 Beteiligten und auf mehrere tausend Dokumente. Jede Person, die in diesem Fall eine wichtige Rolle spielte, wurde – entweder direkt oder über einen Mittler – angesprochen und hatte die Gelegenheit zu einem Interview.

Die Primärquellen zu diesem Buch füllen mehr als 200 dicke Ordner, die Sekundärquellen zwanzig Aktenschrankschubladen. Die Akten umfassen Befragungen durch verschiedene Regierungsstellen, darunter das Federal Bureau of Investigation (FBI), die Securities and Exchange Commission (SEC) und vertrauliche Aussagen vor einer Bundesanklagejury, die in der Sache Enron und Andersen ermittelte, vor der SEC, der Federal Energy Regulatory Commission, der Commodity Futures Trading Commission sowie dem Konkursermittler. Darüber hinaus erhielt ich Gesprächsnotizen anderer Befragungen durch diverse Gruppen und Behörden, darunter durch Ermittler und Anwälte des Kongresses.

Daneben gibt es E-Mails und Memos, interne Regierungsunterlagen, persönliche Tagebücher und Notizen, Terminkalender, Spesenabrechnungen und Reisepapiere, Telefonnachweise, SEC-Akten, Sitzungsprotokolle, Bankunterlagen, Video- und Audioaufnahmen, Mitschriften, Berichte und Präsentationen sowie eine Vielzahl weiterer Ermittlungsunterlagen, Bücher und Nachrichten.

Alle Gespräche – sowohl die mit den Hauptakteuren als auch die mit weniger bekannten Beteiligten, die aber zu spezifischen Ereignissen Auskunft geben konnten – fanden zu einer Zeit statt, da die strafrechtlichen Ermittlungen, die Ermittlungen durch Regulierungsbehörden sowie eine nicht näher bezifferte Anzahl von Zivilprozessen noch im Gange waren. Diejenigen, die sich bereit erklärten, sich mit mir zu unterhalten, stellten daher fast ausnahmslos die Bedingung, dass ich ihre Identität nicht preisgebe.

Bisweilen standen die Unterlagen und die Erinnerungen zueinander im Widerspruch. Um dieses Problem zu lösen, habe ich Glaubwürdigkeitsstandards festgelegt: Aufnahmen und Mitschriften stehen über Erinnerungen und Dokumenten. Darauf folgen Schriftstücke aus der entsprechenden Zeit: Spesenabrechnungen, E-Mails, Reisepapiere, Tagebücher, Notizen, Memos, Terminkalender, Telefonnachweise und so weiter. Danach kommen beeidigte Aussagen oder solche vor staatlichen Ermittlungsbehörden, gefolgt von den Gesprächen. Im Grunde baut sich die Geschichte auf Unterlagen auf und wird mit Aussagen, die durch diese Unterlagen gestützt werden, belegt. Die Darstellung in diesem Buch entspricht demnach der Schnittmenge zwischen den Gesprächen und den Unterlagen.

Einige Gespräche sind durch Mitschriften belegt. Die meisten allerdings wurden mit Hilfe der Gesprächsteilnehmer oder Zeugen oder auch mittels Unterlagen, welche die Situation beschreiben, rekonstruiert. In wenigen Fällen fanden sich Ereignisse oder Gespräche Beteiligter in der Sekundärliteratur. Wenn diese Sekundärquellen mit den Unterlagen übereinstimmten oder von ihnen gestützt wurden, habe ich die dort wiedergegebenen Gespräche verwendet. Die Gespräche und Ereignisse, die aus Sekundärquellen rekonstruiert wurden, enthalten kein belastendes Material.

Wegen der vielen Quellen, die ich für die Rekonstruktion der Gespräche verwendet habe, ist ausgeschlossen, dass ein einzelner Gesprächsteilnehmer als Quelle für die Aussagen oder auch nur als eine von mehreren Quellen dient. Wenn einer Person Gedanken oder Gefühle zugeschrieben werden, so beziehe ich dies entweder direkt von dieser Person oder aus einem Schriftstück dieser Person, aus Notizen oder aus anderen Unterlagen, die Kommentare dieser Person einem Dritten gegenüber belegen, oder von anderen, denen diese Person ihr Erleben unmittelbar mitgeteilt hat.

Ich behaupte natürlich nicht, dass die Gespräche im vorliegenden Buch eine Eins-zu-eins-Wiedergabe der Ereignisse darstellen, die immerhin bis zu 20 Jahre zurückreichen. Doch sie entsprechen am ehesten den Erinnerungen an diese Ereignisse und an die Gespräche zwischen den Beteiligten, und sie spiegeln die Realität genauer wider als jede Paraphrase. Immer wieder stellten meine Gesprächspartner fest, dass sie sich, wenn ich sie – bisweilen gestützt auf Unterlagen, die ich ihnen vorlegte – zu einer noch genaueren Darstellung der Gespräche und Ereignisse drängte, auch an immer mehr Details erinnerten.

In einigen Fällen konnte ich das genaue Datum eines Ereignisses nicht nachvollziehen. In solchen Fällen habe ich die relevante Szene dort eingefügt, wo es die damit zusammenhängenden Unterlagen und Gespräche am ehesten vermuten lassen. In solchen Szenen mache ich keine Zeitangaben. Um dem Lesefluss zuliebe ein Thema abzuschließen, geht bisweilen ein Folgekapitel zeitlich zu einem mit dem vorangegangenen nicht zusammenhängenden Ereignis zurück und nimmt einen neuen Handlungsstrang auf. In solchen Fällen habe ich das in den Anmerkungen erklärt.

Die Beschreibungen einzelner Interieurs stammen aus Gesprächen, Unterlagen oder aus eigener Anschauung. Die meisten Wetterdaten habe ich vom National Climatic Data Center bezogen.

Prolog

1. Zu Ken Lays Wagen siehe die Akten des Texas Department of Transportation, Vehicle Titles and Registration Division, über einen Mercedes-Benz 600 SL Roadster, Baujahr 1993, Fahrzeugnummer WDBFA76EXPF079413.

2. Informationen über River Oaks aus eigener Anschauung und aus Claudia Feldman, »Casas Grandes«, in: *Houston Chronicle* (27. Oktober 2002), Lifestyle Section, S. 1.

3. Quelle: das Originaldokument.

4. Informationen über das Jazid aus eigener Anschauung und Interviews.

Siehe auch Ben Crandell, »Rubies and Jade in a Perfect Setting: A Cool Night at Jazid«, in: *South Florida Sun-Sentinel* (23. November 2001), S. 58.

Kapitel 1

1. Datum des Treffens zwischen Lay und den internen Buchprüfern aus Dokumenten, die für die Präsentation vorbereitet wurden, und aus Woyteks Terminkalender.

2. Informationen über die Wetterbedingungen an diesem Morgen vom National Climatic Data Center of the National Oceanic and Atmospheric Administration. Die Daten wurden am Morgen des 2. Februar 1987 in der William P. Hobby Station in Houston gesammelt. Die Daten dieser Station sind nach Auskunft von Klimatologen für die Bedingungen im Innenstadtbereich repräsentativ.

3. Zum Konto von Mastroeni und Borget bei der Eastern Savings Bank siehe einen internen Vermerk vom 29. Januar 1987 beim Nachfolger der Bank, der Apple Bank for Savings. Der Vermerk bezieht sich auf Konto Nr. 0704101069 der InterNorth International Oil. Darin sind die Kontobewegungen aufgelistet: 4,8 Millionen Dollar wurden auf das Konto überwiesen und etwa 2,25 Millionen auf Mastroenis Veranlassung ausbezahlt. Siehe ferner eine Notiz vom 1. Februar 1987 mit Fragen, die die interne Buchprüfungsabteilung von Enron beantwortet haben wollte.

4. Zum Verkehr und anderen Bedingungen, wie sie im Februar 1987 im Gefolge der Ölkrise in Houston herrschten, siehe David Maraniss, »Houston Learns There's More Than Growth to Growing Up«, in: *Washington Post* (4. Februar 1987), S. A3.

5. Inhalt der Dokumente, die Borget vorlegte, aus den Originalunterlagen mit der Bezeichnung »CONFIDENTIAL/Memo for the File: Enron Oil Corp. Banking Program«, 2. Februar 1987. Bei diesen Unterlagen befinden sich auch die vorgeblichen Fernschreiben an Isla Petroleum, Southwest Oil und andere Scheinfirmen.

6. Kopien sowohl der echten als auch der gefälschten Kontoauszüge für das Konto Nr. 0704101069 bei der Eastern Savings Bank bzw. der Apple Bank for Savings liegen dem Autor vor.

7. Borgets Erklärung teilweise aus »CONFIDENTIAL/Memo for the File: Enron Oil Corp. Banking Program«, 2. Februar 1987.

8. Die Transaktionen, an denen der Trader beteiligt war, sind in den Originalbankunterlagen aufgelistet. Näheres aus den persönlichen Aufzeichnungen des Traders und aus einer Notiz, die am 6. Februar 1987 von Mark van den Dries, einer Führungskraft in der Oil Trading Unit, an David Woytek und John Beard geschickt wurde. Weitere Informationen aus Steuerunterlagen des Traders; aus einem am 1. Juni 1984 von Thomas Mastroeni verfassten Vermerk über die Arbeitsbedingungen des Traders und aus einem Vorbericht mit dem Titel »Reporting of $ 250,000 Payment to Former Employee« vom 9. Februar 1987, der von der internen Buchprüfungsabteilung verfasst wurde.

9. Informationen über den Unfall des Lastwagens im Jahr 1948 von heutigen Bewohnern von Raymondville, Missouri. Erstmals in einem Zeitungsartikel beschrieben wurde der Unfall in Bryan Gruley und Rebecca Smith, »Ana-

tomy of a Fall: Keys to Success Left Kenneth Lay Open to Disaster«, in: *Wall Street Journal* (26. April 2002), S. A1.

10. Auf erste Informationen über den jungen Lay stieß der Autor in Gruley und Smith, »Anatomy of a Fall«. Siehe ferner Kyle Pope, »Big Business May Not Be Big Enough for Enron Chairman«, in: *Houston Chronicle* (13. Oktober 1991), Loren Fox, *Enron: The Rise and Fall,* Indianapolis 2003, S. 7–11, Mimi Swartz mit Sherron Watkins, *Power Failure,* New York 2003, S. 21–30, und Bethany McLean und Peter Elkind, *The Smartest Guys in the Room,* New York 2003, S. 4–14.

11. Näheres über das Ende von Lays erster Ehe siehe den Zivilprozess, *In re the Marriage of Kenneth L. Lay and Judith A. Lay,* Aktenzeichen cl-61-4126, Orange County State Circuit Court.

12. Zu Lays Wechsel zu HNG siehe »Houston Natural Gas Chairman Resigns under Pressure«, Dow Jones News Service, 6. Juni 1984.

13. Angaben über Lays Reise nach Zürich aus Lays Originalreiseplan.

14. Zu Skillings Werdegang siehe die Mitschrift seiner vertraulichen Aussage bei der SEC am 5. und 6. Oktober 2001 und seine Aussage vom 19. September 1997 in *Bernard H. Glatzer v. Bear Stearns & Co.,* Aktenzeichen 95 civ. 1154, US. District Court for the Southern District of New York, S. 10–14. Siehe ferner Peter Tufanos und Sanjay Bhatnagars Fallstudie an der Harvard Business School, »Enron Gas Services«, Aktenzeichen N9-294-076, 4. März 1994; Christopher A. Bartlett, ohne Titel, Entwurf eines Artikels für die *Harvard Business Review,* 6. Januar 2001, McLean und Elkind, *Smartest Guys in the Room;* Fox, *Enron,* und Swartz mit Watkins, *Power Failure.*

15. Informationen über die turbulente Sitzung des Boards am 12. November 1985 aus dem offiziellen Protokoll. Diese Protokolle sind nicht öffentlich, liegen dem Autor jedoch vor. Zur Produktion des Films siehe Steve Mülburg, »Movie Crew Ends Omaha Stay«, in: *Omaha World Herald,* 26. November 1985.

16. Zur Sitzung des Prüfungsausschusses am 20. Januar 1986 siehe das offizielle Protokoll.

17. Näheres zum Enteron-Debakel siehe Matt Moffett, »HNG/InterNorth Goes to Pros in Bid to Get New Name«, in: *Wall Street Journal* (20. Februar 1986), Teil 1, S. 12. Siehe auch »Enteron, Is It?«, in: *Inside FERC* (24. Februar 1986), S. 6, und »HNG-InterNorth Scraps Proposed Name Because of Publicity over Meaning«, Associated Press, 7. März 1986.

18. Informationen über die erste Untersuchung in Valhalla aus mehreren vertraulichen Quellen, die vor, während und nach den Ermittlungen entstanden. Sie umfassen ein von Woytek am 30. Januar 1987 verfasstes Dokument mit dem Titel »Summary of Conversations in Regard to InterNorth International Oil, Inc.« und den Vorbericht »Investigation of ›Off-Balance-Sheet‹ Cash Transaction of Enron International Oil, Inc.«, den die interne Buchprüfungsabteilung am 9. Februar 1987 Kinder vorlegte. Ferner unsignierte Notizen über die Gespräche aus den offiziellen Ermittlungsakten des Unternehmens, die ebenfalls Informationen über einen Teil der Ereignisse enthalten. Zusätzlich stützte sich der Autor auf den Bericht »Enron International: Special Project« vom 9. Februar 1987.

19. Informationen über die Prüfung durch Andersen in einem vertraulichen Bericht vom 22. April 1987, den Andersen für Mick Seidl, President und Chief Operating Officer von Enron, erstellte. Ferner aus einem Brief, den

Steve Sulentic am 12. März 1987 an die interne Betriebsprüfungsabteilung schrieb.

20. Eine Kopie des vertraulichen Ermittlungsberichts von Intertect Inc. aus Houston vom 13. Dezember 1987 liegt dem Autor vor.

21. Informationen über die Sitzung des Prüfungsausschusses am 29. April 1987 aus dem offiziellen Protokoll.

22. Zum Gespräch zwischen Seidl und Borget siehe McLean und Elkind, *Smartest Guys in the Room,* S. 22.

23. Zu dem Skandal im Ölhandel siehe die offizielle Presseerklärung von Enron: »Enron Discontinues Subsidiary«, 22. Oktober 1987.

Kapitel 2

1. Zur Entstehung und Funktion der Gas-Bank siehe Skillings vertrauliche Aussage bei der SEC am 5. und 6. Oktober 2001 und seine Aussage unter Eid vom 19. Oktober 1997 in *Glatzer v. Bear Stearns,* S. 27 f. Siehe ferner Tufano and Bhatnagar, »Enron Gas Services«, und den unbetitelten Entwurf des Bartlett-Artikels für die *Harvard Business Review,* 6. Januar 2001.

2. Zu den Ereignissen beim Weltwirtschaftsgipfel siehe unter anderem: Mitschrift des Briefings im Weißen Haus vom 21. Juni 1990 durch den Pressesprecher Marlin Fitzwater; Mitschrift der Nachrichtensendung *ABC World News Tonight,* 11. Juli 1990, und Sean McCormally, »Sherpas and Snappers, Nocturnal and Otherwise«, United Press International, 12. Juli 1990.

3. Informationen über Lays Beziehung zum ersten Präsidenten Bush aus einer Vielzahl von Dokumenten aus dem Weißen Haus, einschließlich persönlicher Papiere des Präsidenten. Sie umfassen: Notiz von Patricia Mack Bryan, einer Angestellten im Weißen Haus, an C. Boyden Gray, Rechtsberater des Präsidenten, vom 18. Mai 1989 über Lays Vorschlag, die Präsidentenbibliothek in Houston anzusiedeln, einen Brief von Lay an Bush vom 21. März 1989 und einen persönlichen Brief von Bush an Lay vom 11. Oktober 1989. Bush kommunizierte direkt mit Lay über den Gipfel mittels einer handschriftlichen Notiz vom 23. Januar 1990, einer getippten Notiz vom 5. Juni 1990 und einem getippten Brief vom 7. September 1990. Weitere Informationen aus einem Brief vom Stabschef des Weißen Hauses John Sununu an Lay vom 24. Juli 1990.

4. Bushs Zurechtweisung erfolgte am 30. Mai 1991 durch eine getippte Notiz an das Stabsmitglied Phil Brady. Das Ergebnis war reger Austausch schriftlicher Notizen zwischen dem Präsidenten, Brady und Bushs Pressesekretärin Shirley Green mit dem Ergebnis, dass der Präsident am 31. Mai einen persönlichen Brief an Lay schrieb.

5. Zu Bushs Besuch in Houston siehe »Thank You Houston Celebration«, *Public Papers of the President,* Bd. 26, Dok. 1085, 11. Juli 1990. Der gesamte zitierte Dialog mit dem Präsidenten stammt aus diesem Dokument.

6. Das Datum der Gespräche zwischen Spencer Stuart and Fastow ist abgeleitet vom Datumsstempel der Faxe, die an jenem Tag sowohl an Fastow als auch an Enron gingen.

7. Zu Fastows Werdegang siehe seine Aussage von 1997 in *Glatzer v. Bear Stearns.* Siehe auch David Barboza and John Schwartz, »The Financial Wizard Tied to Enron's Fall«, in: *New York Times,* 6. Februar 2002. Weitere Informationen aus Fastows Lebenslauf von 1990.

8. Zu Fastows Verhalten gegenüber dem Taxifahrer siehe Ann Marie Lipinski und Hanke Gratteau, »What Some Cab Riders Suffer Is a Crime«, in: *Chicago Tribune*, 27. Mai 1986.

9. Eine Kopie des gefaxten Dokuments liegt dem Autor vor. Uhrzeit und Datum sind auf dem Fax vermerkt.

10. Informationen über Fastows Vertrag aus dem Einstellungsformular der Enron-Personalabteilung vom 3. Dezember 1990. Zusatzvereinbarungen in einer Notiz von Sheila Knudsen an Glenda Czaplewski in der Personalabteilung, 27. November 1990.

11. Zur Frühzeit der Finanzgruppe siehe Tufano und Bhatnagar, »Enron Gas Services«, und Bartlett, Entwurf ohne Titel für die *Harvard Business Review*, 6. Januar 2001.

12. Zu den Techniken bei der Projektfinanzierung siehe Vinson & Elkins, »Structured Finance Overview«, April 1999.

13. Die verschiedenen Ansichten über die Mark-to-Market-Buchhaltung bei Enron Gas Services sind durch verschiedene Dokumente belegt: »Summary of Example of Mark-to-Market Accounting«, Dokument vom Juni 1990, und »Criteria for Adoption of Mark-to-Market Accounting«, ein interner Vorbericht aus demselben Monat. Siehe auch »Enron Gas Services Mark to Market Accounting Memorandum to the Securities and Exchange Commission«, 11. Juni 1990, und einen von Jack Tompkins und George Posey unterzeichneten Brief an John Albert von der SEC vom 28. Juni 1991. Weitere Informationen über die Mark-to-Market-Buchhaltung aus »Application of Mark-to-Market and Fair Value Accounting«, einem Dokument vom 11. Oktober 1999, das in Enrons Auftrag von Arthur Andersen verfasst wurde.

14. Eine Kopie des Antrags von Enron Gas Services bei der SEC, die Buchhaltung des Unternehmensbereichs zu ändern, liegt dem Autor vor. Das Dokument stammt vom 11. Juni 1991, ist von Tompkins und Posey unterzeichnet und ging an George Diacont, damals Acting Chief Accountant der SEC.

15. Quelle für das Gespräch zwischen Posey, Tompkins und Albert waren Gesprächsnotizen, die Posey and Tompkins noch am selben Tag zu einem einzigen einvernehmlichen Protokoll des gesamten Gesprächs zusammenschrieben.

16. Zu Skillings Präsentation bei der SEC gibt es verschiedene Dokumente. Sie umfassen die Präsentation selbst, »Presentation by Jeff Skilling, CEO, Enron Gas Services«, 17. September 1991, eine Übersicht über verschiedene andere Äußerungen während der Sitzung und unsignierte Notizen, die während der Diskussion gemacht wurden. Diese Dokumente liegen dem Autor vor. Siehe außerdem einen Brief von Posey an Mike Foley im Büro des Chief Accountant der SEC vom 4. Oktober 1991.

17. Die Fragen der SEC an Enron sind in einer Reihe von Briefen Poseys dokumentiert. Sie umfassen einen Brief an Diacont vom 5. November 1991; einen an John Albert vom 5. Dezember 1991 und noch einen weiteren, letzten, an Albert vom 16. Dezember 1991. Vertreter von Enron trafen sich am 19. Dezember 1991 ein zweites Mal mit Vertretern der SEC; die schriftliche Version der Präsentation auf dieser Sitzung liegt dem Autor vor.

18. Eine Kopie des Briefs der SEC an Enron vom 30. Januar 1992 liegt dem Autor vor. Das Schreiben ist von Chief Accountant Walter Schuetze unterzeichnet und an Tompkins gerichtet.

19. Die Entscheidung von Enron, die Mark-to-Market-Buchhaltung ab 1. Januar 1991 einzuführen, ist in einem Brief von Tompkins an Schuetze vom 11. Februar 1992 dokumentiert. Über die Motive für diesen Schritt sprach der Autor mit Enron-Führungskräften, die damals an der Entscheidung beteiligt waren.

20. Zur Geschichte von Rebecca Marks Unternehmensbereich und dem Kraftwerksprojekt in Indien siehe Minority Staff, U.S. House of Representatives, Committee on Government Reform, »Background on Enron's Dabhol Power Project«, 22. Februar 2002. Siehe auch Fallstudie A07-02-0008, »Enron the Dabhol Power Company«, aus dem Jahr 2002, von Professor Andrew Inkpen an der Privathochschule Thunderbird, the American Graduate School of International Management, und Inkpens Fallstudie A07-97-0004, »Enron Development Corporation«, aus dem Jahr 1997. Weitere Informationen aus Originaldokumenten, darunter dem Protokoll der 118. Konferenz der Central Electricity Authority am 11. Dezember 1993 und dem vertraulichen Protokoll einer Sitzung des Foreign Investment Promotion Board am 11. Oktober 1993. Zum Werdegang von Rebecca Mark siehe unter anderem Toni Mack, »High Finance with a Touch of Theater«, in: *Forbes* (18. Mai 1998), S. 140.

21. Zum Treffen der indischen Delegation mit Rebecca Mark siehe »U.S. Tour by Indian Delegation Ups Proposal Tally to over 7,300 MW«, in: *Independent Power Report,* 19. Juni 1992.

22. Informationen über das System der Kompensationen für Führungskräfte der International Division aus einer Kopie ihres Vertrags.

Kapitel 3

1. Zum finanziellen Abschneiden von Enron Gas Services siehe den bei der SEC eingereichten 10-K-Jahresbericht für 1992.

2. Informationen über Amanda Martins Werdegang und ihre Rolle bei Enron aus einer Kopie ihres Arbeitsvertrags als Führungskraft, der im Januar 1998 erneuert wurde.

3. Zu den Beraterverträgen zwischen Baker, Mosbacher und Enron siehe die Presseerklärung des Konzerns vom 22. Februar 1993, »Enron Corp. Signs Arrangement with Former Secretary of State James Baker and Secretary of Commerce Robert Mosbacher«. Siehe auch »Baker and Mosbacher Are Hired by Enron«, in: *New York Times,* (23. Februar 1993), S. D5.

4. Zu dem Kraftwerksprojekt in Dabhol siehe Abhay Mehtas faszinierendes Buch *Power Play. A Study of the Enron Project,* Neu-Delhi 2000. Siehe auch Claudia Kolker und Tom Fowler, »Dead Enron Power Plant Affecting Environment, Economy, and Livelihoods in India«, in *Houston Chronicle* (2. August 2002), Business Section, S. 1. Weitere Informationen aus einer Aktennotiz von Carl Bass und Michael Jones, »Report for Dabhol Power Company«, 20. Mai 1998.

5. Zu Bowers Jagd nach Anlagemöglichkeiten und der in Reaktion darauf erfolgten Konzeption von JEDI siehe Christopher Palmeri und Ronald Grover, »Too Close for Comfort?«, in: *Business Week* (18. März 2002), S. 78 f. Weitere Informationen aus internen Dokumenten, darunter »Monitoring Plan for California Public Employee Retirement System's Investment in Energy Asset Development Limited Partnership«, 9. Juni 1993, und »For-

mation of Joint Energy Development Investment Limited Partnership«, 29. Juni 1993.

6. Informationen über die Sitzung des Exekutivekomitees am 17. Mai 1993 aus dem offiziellen Protokoll.

7. Ein Exemplar des Enron-Jahresberichts von 1992 liegt dem Autor vor.

8. Toni Mack, »Hidden Risks«, in: *Forbes* (24. Mai 1993), S. 54.

9. Informationen über Enron Clean-fuels aus dem Jahresbericht von 1993.

10. Zu Lays Golfpartie mit Clinton, Ford und Nicklaus siehe »Clinton Plays Bipartisan Golf. Then Switches to the Sax«, Associated Press, 15. August 1993, und Thomas Ferraro, »Clinton, Ford Engage in Bipartisan Golf«, United Press International, 14. August 1993.

11. Ein Exemplar des Beratergutachtens zu dem Kraftwerk in Richmond wurde vom Autor eingesehen.

12. Informationen über die finanziellen Transaktionen in Guatemala aus »Report of Staff Investigation of Enron Corp. and Related Entities Regarding the Guatemalan Power Project«, CP-108-15, Hrsg.: Senate Finance Committee, März 2003.

13. Zu dem Deal in der Dominikanischen Republik und der nachfolgenden Auseinandersetzung mit der Bayside Inn siehe *Hotelera del Atlantico v. Smith-Enron et al.,* bei den Akten des Schiedsgerichts der Handelskammer von Santo Domingo.

14. Zu Koppers Werdegang siehe seinen Lebenslauf, seine Leistungsbeurteilung bei Enron für das Jahr 1995 und die ersten sechs Monate von 1996 und eine E-Mail von Kopper an Causey und Fastow vom 11. Juli 1996 mit dem Betreff »Year to Date Performance«. Siehe auch »Exhibit A to Executive Employment Agreement Between Enron Capital Management and Michael Kopper« für 1. Juli 1998 bis 30. Juni 2000 und Koppers Aussage vom 27. September 2004 in *United States of America v. Daniel Bayly et al.,* Aktenzeichen H-CR-03-363, Federal District Court, Houston. Ein Beispiel für die gemeinsamen Reisen von Lea und Andy Fastow, Kopper und Dodson ist ein Wochenendausflug in das Weinbaugebiet von Kalifornien mit Übernachtungen für 550 Dollar in der Auberge du Soleil, dokumentiert auf einem Reiseplan für 26.–29. Mai 2000 unter der Überschrift »NAPA TRIP«.

15. Zur Massenveranstaltung der Shiv Sena siehe Madhu Nainan, »Foreign Investors Jittery as Hindu Militants Take Charge in Bombay«, Agence France Presse, 19. März 1995. Siehe auch Emily MacFarquhar, »A Volatile Democracy«, in: *U.S. News & World Report* (27. März 1995), S. 36.

16. Zum biografischen Hintergrund von Thackeray siehe John F. Burns, »A Violent Goal: Hindustan for Hindus«, in: *New York Times* (3. November 1995), S. A6, Burns, »Another Rushdie Novel, Another Bitter Epilogue«, in: *New York Times* (2. Dezember 1995), Teil 1, S. 1, Julia Eckert, »The Charisma of Autocracy«, in: *Manushi,* Ausgabe 130 (2002), und Praveen Swami, »Let Off, for Now«, in: *Frontline: India's National Magazine,* August 2000, S. 5–18. Zu Thackerays Beziehungen zu gewalttätigen Mobs siehe »Demagogue of Hate«, in: *Asia Week,* 29. Dezember 1995, Ajay Singh, »The Emperor's Troubles«, in: *Asia Week,* 13. September 1996, und »Little Hitler Calls the Shots«, in: *South China Morning Post* (13. November 1995), S. 19.

17. Der Bericht der Weltbank wurde am 30. April 1993 dem indischen Finanzminister vorgelegt.

18. Zu dem Beschluss von Enron, auf den Bericht der Weltbank mit dem

Engagement einer PR-Firma zu reagieren, siehe den Brief von Joseph Sutton, Enron International Division, an Ajit Nimbalkar, Vorsitzender des Maharashtra State Electricity Board, vom 28. Juni 1993.

19. Zu der Gesamtsumme, die Enron für seine PR-Kampagne in Indien ausgab, siehe die Aussage von Linda F. Powers, Vicepresident Global Finance bei der Enron Development Corporation, vor dem Foreign Operations Subcommittee of the House Committee on Appropriations, 31. Januar 1995.

20. Zu Jim Alexanders Anstrengungen und seinem Gespräch mit Kinder siehe John Schwartz, »An Enron Unit Chief Warned, and Was Rebuffed«, in: *New York Times* (20. Februar 2002), S. C1. Siehe auch Julian E. Barnes, »How a Titan Came Undone«, in: *U.S. News & World Report* (18. März 2002), S. 26.

21. Zu Burns' neuem Posten siehe »Union Pacific Railroad Brings in an Outsider«, Associated Press, 28. Juli 1995.

22. Informationen über Lays und Marks Reise nach Indien und dort nach Matoshri aus Lays persönlichem Reisebericht, 20. Oktober bis 3. November 1995.

23. Die Informationen über Indien, seine Kultur und die politischen Verhältnisse dort stammen aus zahlreichen Quellen, darunter auch Interviews. Grundlegende Informationen aus David Collins, *Mumbai (Bombay)*, Oakland 1999. Ein vollständigeres Bild des Landes und seines wirtschaftlichen Potenzials bieten Gurcharan Das, *India Unbound*, New York 2001, und John Keay, *India: A History*, London 2001. Weitere Informationen aus Burns, »A Violent Goal«.

24. Beschreibung Matoshris nach einer Serie von Außen- und Innenaufnahmen der Residenz, die dem Autor vorliegen, darunter auch ein Foto, das bei dem Gespräch zwischen Lay, Mark und Thackeray aufgenommen wurde.

25. Zum Tod von Meena Thackeray siehe Naresh Fernandes, »Wife of Maharashtra State's De Facto Leader Dies«, Associated Press Worldstream, 6. September 1995.

26. Clinton las den Artikel von Allen R. Myerson, »Tentative Pact Allows Enron to Continue Project in India«, in: *New York Times*, 22. November 1995; erster Pressebericht über Clintons Reaktion: Michael Weisskopf, »That Invisible Mack Sure Can Leave His Mark«, in: *Time* (1. September 1997), S. 21. Die Wetterbedingungen wurden in den Akten des National Climatic Data Center recherchiert.

27. Zu den Neuverhandlungen über das Kraftwerksprojekt siehe Mehta, *Power Play*; Minority Staff, U.S. House of Representatives, Committee on Government Reform, »Background on Enron's Dabhol Power Project«, 22. Februar 2002, und Inkpen, »Enron and the Dabhol Power Company«, 2002, und »Enron Development Corporation«, 1996.

Kapitel 4

1. Zu Atmosphäre und Stil von Armando's siehe Eric Lawlor, »Armando's Gets a New Chef – and a New Attitude«, in: *Houston Press*, 8. Januar 1988.

2. Informationen über Fastows Arbeit und Rolle bei der Retail Unit aus einer E-Mail vom 1. Mai 1996, in der er darlegte, wie er seine Rolle in dem künftigen Unternehmensbereich sah.

3. Zum World Trade Center von Portland und seiner Umgebung siehe Bill

Greer »At Peace in Portland«, in: *The Tennessean* (12. September 1999), Travel, S. 1. Zu der Besprechung bei Portland siehe die Aktionärsinformation gemäß Section 14a des Securities Exchange Act von 1934 (Schedule 14A), die Portland General am 21. Mai 1997 bei der SEC einreichte, S. 24 f.

4. Zu Kaminskis Werdegang siehe das Protokoll über seine Befragung durch die Anwälte von Wilmer, Cutler & Pickering am 19. Dezember 2001.

5. Zum Werdegang von Sherron Watkins geb. Smith und ihren Erfahrungen bei Enron siehe das Buch *Power Failure,* das sie zusammen mit Mimi Swartz schrieb, S. 72–75.

6. In Swartz mit Watkins, *Power Failure,* S. 12, gibt Watkins zu, dass sie eine scharfe Zunge hat.

7. Eine Kopie von Beerels undatierter Analyse liegt dem Autor vor.

8. Eine Kopie von Fastows unbetiteltem Bericht für Skilling liegt dem Autor vor.

9. Zur Sitzung des Führungsausschusses liegen dem Autor diverse unsignierte Notizen aus den offiziellen Akten von Enron vor.

10. Zu der Besprechung im Hotel Phoenician zwischen Enron und Portland General siehe Schedule 14A, das Portland General am 21. Mai 1997 bei der SEC einreichte, S. 27 f. Siehe auch Anita Marks, »Enron Deal: A Marriage Made in Phoenix«, in: *Business Journal – Portland* (26. Juli 1996), S. 1. Weitere Informationen über die Fusion aus einer internen Analyse von CalPERS, die am 19. August 1996 von der Pacific Corporate Group für den Investitionsausschuss des Pensionsfonds angefertigt wurde.

11. Zu Lays Treffen mit den Angestellten von Portland General siehe Bill MacKenzie, »Big Guy in Town Makes Big Power Play«, in: *Oregonian* (27. Juli 1996), S. E1. Siehe auch MacKenzie, »PG Employees Optimistic«, in: *Oregonian* (24. Juli 1996), S. C1.

Kapitel 5

1. Informationen zu Lays Flug nach Morristown aus dem von den Piloten eingereichten Flugplan; Informationen zum Flugzeug aus den offiziellen Unterlagen über die Maschine bei Enron.

2. Zur Unterzeichnung der Deregulierungsgesetzes für die Stromwirtschaft durch Wilson siehe »California Set for Massive Electric Deregulation«, Reuters, 24. September 1996. Siehe auch »SD Electric Law«, City News Service, 23. September 1996. Zum Inhalt des Gesetzes siehe www.energyquest.ca.gov/time_machine/1990ce-2000ce.html.

3. Zur Struktur des kalifornischen Stromversorgungssystems siehe Will McNamara, *The California Energy Crisis: Lessons for a Deregulating Industry,* Tulsa 2002, und James L. Sweeney, *The California Electricity Crisis,* Stanford 2002. Siehe auch den Bericht der Federal Energy Regulatory Commission, »Final Report on Price Manipulation in Western Markets«, März 2003, Aktenzeichen PA02-2-000.

4. Zur Inspektion des Kellers und der falschen Verwendung des Gasdetektors siehe die Unterlagen über die Ermittlungen des National Transportation Safety Board (NTSB) nach der Explosion in San Juan und den Abschlussbericht mit dem Titel »Pipeline Accident Report: San Juan Gas Company Inc. Enron Corp. Propane Gas Explosion in San Juan, Puerto Rico, on November

21, 1996«, Aktenzeichen: PB97-916501 NTSB PAR-97/01. Die Informationen über frühere Verstöße gegen die Sicherheitsbestimmungen durch das Unternehmen und die Gesamtsumme der bezahlten Strafgebühren stammen aus diesem Bericht.

5. Informationen über die Explosion in San Juan aus redigierten Kopien von Zeugenaussagen vor dem NTSB sowie aus dem Endbericht »Pipeline Accident Report«. Siehe auch Hilario de Leon, »Explosion Turns Day into Night on Busy Street«, Associated Press, 21. November 1996.

6. Zum dem Beschluss des Boards über Lay und Kinder siehe Lays Arbeitsvertrag vom 18. Dezember 1996.

7. Zu Kinders Entscheidung, Enron zu verlassen, siehe Michael Davis, »Lay Staying, So Kinder Will Leave«, in: *Houston Chronicle* (27. November 1996), Business, S. 1.

8. Informationen über das Fest im Museum of Natural Science aus Planungsunterlagen und Rechnungen, die dem Autor vorliegen. Eine Beschreibung des Museums findet sich auf der Website: www.hmns.org.

9. Zu Skillings Beförderung siehe die offizielle Bekanntmachung vom 10. Dezember 1996.

Kapitel 6

1. Zur Logo-Enthüllung siehe die offizielle Enron-Presseerklärung vom 14. Januar 1997; siehe auch Skillings Eintrag in seinem Terminkalender.

2. Zur Wahl Duncans zum Leiter des Anderson-Teams für Enron siehe Formular 302 für D. Stephen Goddard Jr. mit dessen Aussagen vor den Special Agents Greg Ruppert, Paul Holdeman und Paula Schanzle am 28. Februar 2002; sie gehören zu den Fallakten Nr. 196C-HO-59147 (Enron) sowie 196C-HO-59147-AA (Andersen).

3. Zu Duncans Werdegang inklusive des Erwerbs und Konsums von Drogen sowohl im College als auch danach siehe die 302-Unterlagen des FBI in den Fällen 196C-HO-59147 und 196C-HO-59147AA. Darunter befinden sich die Protokolle der von den Special Agents John S. Hummel und David Michael Hays am 14. und 16. Januar 2002 sowie der von den Special Agents James E. Jewell und Paul Holdeman am 21. März und 5.–6. April 2002 durchgeführten Vernehmung.

4. Zu Bass' Werdegang siehe die 302-Unterlagen des FBI zu seiner Vernehmung am 1. Februar 2002 durch Special Agent Omer Meisel.

5. Zum Geschäft zwischen Enron und Calpine siehe die Presseerklärung, die Calpine am 31. März 1997 herausgab: »Calpine to Acquire Interest in 827 MW of Gas-Fired Power Plants«. Vonseiten Enrons gab es keine Presseerklärung.

6. Zu Fastows Versuchen, Freunde mit ins Geschäft zu bringen, sowie zur Schaffung von Alpine Investors siehe die eidesstattliche Versicherung des Special Agent Omer Meisel vom 1. Oktober 2002 vor dem Federal District Courthouse in Houston, Fall Nr. HO-2-889-M, die in die Klageschrift gegen Fastow aufgenommen wurde. Siehe auch das interne Dokument von Andersen aus dem Jahr 1997 »Joint Ventures, SPE's, Partnerships«.

7. Zu Mintz und seiner Arbeit siehe die Kopie seines Arbeitsvertrags mit Enron Capital & Trade Resources Corp, vom 1. Dezember 1997.

8. Melchers Rolle als Investorin wurde von mehreren Quellen gestützt, darunter durch das Protokoll der Befragung Kristina Mordaunts durch Wilmer, Cutler am 12. Januar 2002. Siehe auch das Protokoll der Befragung Carol St. Clairs, der stellvertretenden Justiziarin bei Enron, durch Wilmer, Cutler vom 6. Dezember 2001.

9. Zum Zusammenbruch von Alpine Investors und dem Nachfolgekonstrukt RADR siehe Meisels eidesstattliche Versicherung vom 1. Oktober 2002.

10. Einzelheiten der Präsentation bei CalPERS vom 14. Mai 1997 aus dem von Fastow genutzten Bericht »Discussion with CalPERS.« Siehe auch Sheryl Presslers vertrauliches Memo vom 27. Mai 1997 an Barry Gonder bei CalPERS: »Comparison of the Proposal Made by Enron to Staff Concerning a New Relationship Versus What PCG Has Communicated to Staff«, das die Vorgänge des 14. Mai zusammenfasst, sowie ein unsigniertes Memo von Enron Capital Management an Pressler vom 29. Mai 1997. Einzelheiten der Sitzung vom 10. Juni 1997 bei Enron mit der CalPERS-Präsentation gehen auch aus unsignierten handschriftlichen Notizen einer Sitzung hervor, an der unter anderem Fastow und Jeremy Blachman aus der Finanzgruppe teilnahmen.

11. Bill Brown beschrieb seine Rolle zu Beginn der Special Projects Group in einem Gespräch mit dem Team von Wilmer, Cutler vom 5. Dezember 2001. Eine Kopie des offiziellen Protokolls liegt dem Autor vor.

12. Zu Glisans Werdegang liegt dem Autor sein Arbeitsvertrag mit Enron vom August 1996 vor, sein Lebenslauf sowie seine Commercial Support Performance Review vom 3. September 1996.

13. Zu Astins Prüfung des Investments siehe das Protokoll seiner Befragung durch Wilmer, Cutler vom 11. Dezember 2001. Siehe darüber hinaus die Protokolle der Gespräche, die die Anwälte von Wilmer, Cutler am 11. Januar 2002 mit Mordaunt sowie am 6. Dezember 2001 mit St. Clair führten. Zwischen den Darstellungen Astins und Mordaunts gab es faktische Abweichungen; es könnte aber sein, dass Mordaunt von späteren Sitzungen sprach, die überwiegend in jenem Sommer stattfanden. Der Autor hat handschriftliche Notizen aus dem Sommer 1997 geprüft, die Astins Darstellung, die hier wiedergegeben wird, bestätigen.

14. Die Probleme mit dem Portland-General-Vertrag werden im Protokoll der Sitzung des Enron-Prüfungsausschusses vom 12. Oktober 1998 erwähnt. Die Zahlen wurden von Enron am 4. November 2001 genannt, als das Unternehmen die Absicht bekannt gab, seine Finanzdaten bis ins Jahr 1997 zu berichtigen.

15 Zu den ersten Ausflügen Enrons in den Breitbandbereich siehe die Presseerklärung des Unternehmens vom 22. April 1998: »First Point Communications Inc. and Optec Inc. Join Forces to Become Enron Communications«.

16. Zu der Überweisung siehe die Akte *United States of America v. Michael J. Kopper,* Nr. H-O2-O560, vom 21. August 2002 im Federal District Court in Houston sowie die Klageschrift der Akte *United States of America v. Andrew S. Fastow,* Nr. H-02-889-M, vom 1. Oktober 2002 im Federal District Court in Houston. Siehe auch die Anklageschrift im Fall *United States of America v. Andrew Fastow et al.,* Nr. H-02-0665, vom 30. April 2003. Der Autor hat darüber hinaus die Überweisungsunterlagen für die Transaktion überprüft.

17. Zu Astins Reaktion auf die von ihm geprüften Unterlagen am 4. September siehe das Protokoll seines Gesprächs mit Wilmer, Cutler vom 11. De-

zember 2001. Siehe auch den Abschlussbericht des vom Gericht beauftragten Prüfers Neal Batson, Bd. 4, Anhang C, S. 111, abgelegt unter *In re Enron Corp. et al.* im U.S. Bankruptcy Court for the Southern District of New York, Fall Nr. 01-16034 (in der Folge *Batson Report*).

18. Einzelheiten der Sitzung vom 8. September 1997 aus den handschriftlichen Notizen Bob Bairds sowie einer eidesstattlichen Erklärung, die Astin am 18. Juli 2003 vor dem Konkursermittler abgab, S. 57–62. Siehe auch das Protokoll der Befragung Astins durch Wilmer, Cutler am 11. Dezember 2001, den *Batson Report,* Bd. 4, Anhang C, S. 111 f., sowie das Protokoll der Befragung Mordaunts durch Wilmer, Cutler am 11. Januar 2002.

19. Die Entscheidung, Kopper an Fastows Stelle zu setzen, geht aus den Protokollen der Gespräche hervor, die Wilmer, Cutler mit Mordaunt am 11. Januar 2002 und mit St. Clair am 6. Dezember 2001 führte. Siehe auch das Fax mit der Struktur des anvisierten Chewco-Geschäfts, das St. Clair am 31. Oktober 1997 an Vinson & Elkins schickte.

20. Einzelheiten des Gesprächs zwischen Fastow und Skilling aus einer Mitschrift der nichtöffentlichen Zeugenaussage Skillings vor der SEC am 5. Dezember 2001.

21. Der Versuch, einen »Beratungsvertrag« mit Barclays abzuschließen, geht aus dem Protokoll einer Sitzung des Operations Committee bei Barclay vom 20. Oktober 1997 ebenso hervor wie aus einem Memo zum Aufbau des Geschäfts, das John Meyer am 10. September 1997 an Helen Calvelli, Richard Williams und John Sullivan – alle bei Barclays – schickte. Siehe auch den *Batson Report,* Bd. 3, Anhang F, S. 43 f.

22. Einzelheiten zur Rückzahlung der Steuer bei Chewco aus dem »Report of Investigation by the Special Investigative Committee of the Board of Directors of Enron Corp.« (in der Folge *Powers Report*), 1. Februar 2002, S. 64 f. Siehe auch das Protokoll des am 9. Januar 2002 geführten Gesprächs zwischen Wilmer, Cutler und John E. Lynch, einem Partner bei der Steuergruppe bei Vinson & Elkins, sowie das Protokoll der Befragung Mintz' durch Wilmer, Cutler am 15. November 2001.

23. Einzelheiten zu Browns möglicher Rolle bei Chewco und seinen Verhandlungen mit Fastow finden sich in den Protokollen seiner Befragungen durch Wilmer, Cutler vom 5. Dezember 2001 sowie vom 5. Januar 2002. Siehe auch Browns undatiertes Memo an Fastow und Kopper »1997 Accomplishments«, in dem er seine Verhandlungen für das Projekt Chewbacca beschreibt, sowie Koppers Memo »Bill Brown« an Rocky Jones aus der Personalabteilung vom 7. Januar 1998.

24. Zu dieser Sitzung siehe ein Memo aus dem Vertriebsbüro, das Enron-Mitarbeiterin Vanessa Groscrand unter dem Titel »1997 Enron Management Conference, 5.–7. November 1997« Ende Oktober 1997 ausgab.

25. Änderungen im Europageschäft des Unternehmens gehen aus einem von Lay und Skilling herausgegebenen Memo vom 19. November 1997 hervor: »European Responsibilities«.

26. Zu Ephross' Rolle bei der Formulierung der Nebenabrede siehe sein Memo an Kopper, Mike Edsall, George McKean und Sarah Ward vom 16. Dezember 1997. Eine von Kopper und Blachman unterzeichnete Kopie des Chewco-Nebengeschäfts liegt dem Autor vor.

27. Zum Inhalt der an jenem Abend fertig gestellten Schriftstücke siehe auch die fertigen Verträge. Siehe auch »Subscription Agreement Among Joint

Energy Development Investments Limited Partnership, Enron Capital Management Limited Partnership, and Chewco Investments, LLC« vom 6. November 1997 sowie den Brief, den Barry Gonder von CalPERS am 11. August 1997 an Enron Capital Management schrieb.

Näheres geht aus der vertraulichen Enron-Präsentation für CalPERS »JEDI II: Investment Opportunities« vom 20. August 1997 hervor sowie aus einem Investment Term Sheet, das Ron Astin von Vinson & Elkins am 31. Oktober 1997 an Dulcie Brand von Jones, Day, Reavis & Pogue schickte. Einzelheiten zu den EES-Investitionen aus Fastows Brief vom 19. August 1997 an Gonder, dem Schriftstück »Bylaws of Enron Energy Services« vom 15. September 1997, der Enron-Präsentation »Enron Energy Services« vom 21. August 1997 für CalPERS sowie aus einem Paket Schriftstücke, das Blachman am 30. September 1997 mit einem beigelegten Memo unter dem Titel »EES Due Diligence Questions« an CalPERS, die Pacific Corporate Group und J.P. Morgan schickte. Einzelheiten zu beiden Transaktionen finden sich in einem von den CalPERS-Anwälten Jones, Day für Gonder zur Unterzeichnung verfassten Brief vom 22. September 1997 an Enron Capital Management. Weitere Details gehen aus einer von CalPERS-Angestellten verfassten Präsentation für den Investmentausschuss des Hauses vom 15. September 1997 hervor sowie aus einem Term Sheet, das Jim Timmins (Enron) am 3. Oktober 1997 an die Pacific Corporate Group schickte.

28. Die Chewco-Struktur ist im *Powers Report,* S. 60–65, sowie im *Batson Report,* Bd. 4, Anhang C, S. 108–114, genaustens erklärt. Zusätzliche Informationen liefern handschriftliche Notizen von St. Clair vom 11. Dezember 1997 sowie undatierte Notizen, offenbar aus demselben Monat. Siehe auch St. Clairs Memo »Registration Rights and Procedures« an die Chewbacca Working Group vom 18. Juli 1997. Weitere Einzelheiten gehen aus den 302-Unterlagen der Vernehmung Patricia Grutzmachers durch das FBI vom 15. Februar 2002 hervor.

29. Die Entscheidung, die Datei auf dem Laptop anzulegen, kam in den Gesprächen mit Kopper ans Tageslicht, als man mit ihm eine Vereinbarung über seine Schuldigerklärung besprach. Dass es den Laptop gab, wurde in der Anklageerhebung gegen Fastow vom 30. April 2003 enthüllt.

30. Eine Kopie der Liste liegt dem Autor vor.

31. Näheres zu den von J-Block und MTBE verursachten Verlusten im zweiten Quartal ist der Presseerklärung vom 15. Juli 1997 zu entnehmen: »Enron Corp. Reports 1997 Second Quarter Earnings Per Share from Operations of $ 0.40, Announces Reduced Earnings Expectations, and Plans a 10 Million Share Repurchase by Year End«. Siehe auch den Analystenreport Curt Launers, damals Donaldson, Lufkin & Jenrette, vom 3. Juni 1997 »Enron Corp. Settles ›J-Block Contract‹, Second Quarter 1997 Earnings Per Share Indication Below Consensus«.

32. Der Gewinn von 51 Millionen Dollar aus dem Bonneville-Energieliefervertrag wurde am 8. November 2001 von Enron berichtigt.

33. Zu den überzogenen Angaben für EES siehe den *Batson Report,* Bd. 2, Anhang O, S. 13–16. Siehe auch John Stewarts E-Mail (aus der Arthur Andersen Professional Standards Group) vom 7. Februar 1998 an Grutzmacher bei Enron.

Kapitel 7

1. Zu Levitts Werdegang und den Anfängen der Buchführungskriege siehe Levitts Buch *Take on the Street*, New York 2002, S. 3–7 und S. 105–124.

2. Zitate aus Stewarts E-Mail sind dem Original entnommen.

3. Einzelheiten zu Skillings Besuch in Washington aus den Einträgen in seinem Terminkalender.

4. Zur Dringlichkeitssitzung siehe unsignierte handschriftliche Notizen, die auf der Sitzung gemacht wurden. Weitere Einzelheiten, auch zur Moody's-Präsentation, finden sich in dem Schriftstück »Enron Rating Agency Presentation to Moody's Investors Service« vom 17. Februar 1998. Siehe auch das Dokument aus der Bank Toronto Dominion vom 17. Dezember 1998 unter dem Titel »Toronto Dominion Speedy Review«, aus dem hervorgeht, dass Enron die Bank darüber informiert hat, dass das Unternehmen Vorauszahlungen leisten werde, um seiner Verpflichtung gegenüber den Rating-Agenturen zur Schuldenreduzierung nachzukommen; solche Geschäfte senkten die bilanziellen Schulden, erhöhten aber die Gesamtschuld.

5. Skillings Gesprächstermine jener Tage aus seinem Terminkalender.

6. Zum Kauf von Rhythms-Aktien und Skillings Zustimmung siehe das Schriftstück »Enron Capital Management Deal Approval Sheet«, »Deal Name: Rhythms« vom 3. März 1998, das Skilling zwei Tage später abzeichnete.

7. Eine Kopie der E-Mail liegt dem Autor vor. Siehe auch den Brief, den Fastow privat am 24. März 1998 an den Managing Director von GE Capital Services James F. Burgoyne schrieb.

8. Zu Buys Werdegang siehe das Protokoll seines vertraulichen Gesprächs mit Mitarbeitern des House Energy and Commerce Committee's Subcommittee on Oversight and Investigations vom 17. Januar 2002. Im Protokoll ist fälschlicherweise der 17. Januar 2001 angegeben.

9. Zur »Managementgebühr« siehe den *Powers Report*, S. 57 f.

10. Zu McMahons Gespräch mit Fastow und seiner Einsetzung als Treasurer siehe das Protokoll seiner Befragung durch Wilmer, Cutler vom 21. Januar 2002.

11. Zum Fundraiser für Ashcroft siehe die Akten zu seiner Kandidatur sowie zu seinem Wahlaktionskomitee »Spirit of Victory«.

12. Wetterbedingungen aus den Akten des National Climatic Data Center, Wetterstation William P. Hobby in Houston, 17. April 1998.

13. Zur Sitzung des Finanzausschusses vom 17. April siehe das offizielle Protokoll.

14. Das Gespräch zwischen Tilney und Fastow wird zum Teil in dem Memo vom 18. April 1998 wiedergegeben, das Tilney und Rick Gordon von Merrill an Herb Allison in der New Yorker Merrill-Zentrale schrieben.

15. Allisons Anruf an jenem Morgen wurde von der Anrufprotokollierung festgehalten.

16. Kopien der Faxe Tilneys – vom 28. April, 30. April und 4. Mai – liegen dem Autor vor.

17. Zu Koppers und Fastows Englandreise und ihrem Treffen mit den Führungskräften von Greenwich NatWest siehe Koppers Reiseplan für den 17.–20. Mai 1998 sowie das Memo »Greenwich NatWest Meeting«, das Kelly Boots am 15. Mai 1998 an Fastow schickte. Siehe auch Fastows Reiseplan für die Woche ab dem 18. Mai 1998.

18. Die Bedingungen der Entlassung Olsons gehen aus dem internen Merrill-Schriftstück »Termination Authorization Form« hervor, in dem der Juni 1998 als Zeitpunkt für die Entlassung genannt wird. Siehe auch Susan Prelis E-Mail (Merrill Global Research) an Margot Leffler in der Personalabteilung vom 25. Mai 1998, in der es um Olsons Freisetzung geht. Weitere Einzelheiten wurden der E-Mail »Last Wednesday's Events« entnommen, die Olson am 22. Mai 1998 an Andrew Melnick von der Analyseabteilung schickte. In seiner Aussage vor dem House Energy and Commerce Committee's Subcommittee on Oversight and Investigations am 7. Februar 2002 deutete Olson an, dass Enron sich für seine Entlassung eingesetzt und versucht habe, Analysten, die Enron wohlwollend bewerteten, zu belohnen und solche, die das nicht taten, zu bestrafen.

19. Manches in der Lay gezeigten Präsentation war identisch mit dem, was dem Board am 22. Juni 1998 in dem Bericht »Project Trident: Creating a Global Water Company« vorgestellt wurde.

20. Zeit und Ort des Gesprächs zwischen Martin und Skilling gehen aus Skillings Terminkalender hervor.

21. Eine Kopie des Skilling vorgetragenen Angebots »Project Hubcap Update« liegt dem Autor vor.

22. Zur Sitzung des Exekutivausschusses vom 14. Juli 1998 siehe das offizielle Protokoll.

23. Einzelheiten zur Elektro-Auktion aus »Elektro Auction Should Be Model for Integral Subsidiary«, in: *Gazeta Mercantil Invest News* (16. Juli 1998), Geoff Dyer, »Elektro Stake Bids to Start at $ 744 Million«, in: *Financial Times,* S. 40, »Enron-Led Consortium Wins Elektro Auction«, in: *Business News Americas*, 16. Juli 1998, sowie Karen Santos, »Enron Buys into Utility in Brazil«, in: *Houston Chronicle* (17. Juli 1998), Business, S. 1.

24. Zur Sondersitzung des Enron-Boards vom 21. Juli 1998 siehe das offizielle Protokoll. Siehe auch Lays and Skillings Brief »Letter to All Employees« vom 24. Juli 1998. Die Marlin-Finanzierung wird in Roger Willards Memo (Andersen) an Azurix Corp. und Atlantic Water Trust unter der Überschrift »Pushdown Requirements for Azurix and the Atlantic Water Trust« vom 18. März 1999 beschrieben. Siehe auch die E-Mail-Korrespondenz zwischen Bass and Stewart bei Arthur Andersen vom 7. und 8. August 1998, vom 13. und 14. August 1998 und vom 22. September 1998 sowie Michael Patricks E-Mail mit Anhängen an Richard Petersen und John Stewart (alle Andersen).

25. Die Versuche, die Finanzierung von Elektro zu durchblicken, spiegeln sich in einem Memo Bowens für Fastow und McMahon aus dem Jahr 1998: »Elektro-Debt Refinancing and Equity Syndication Action Plan«.

26. Zeitpunkt der Entlassung aus dem offiziellen Kündigungsschreiben.

27. McMahon sagte bei den Anhörungen vor dem House Energy and Commerce Committee's Subcommittee on Oversight and Investigations am 7. Februar 2002 über seine Versuche aus, von außen jemanden für den Enron-Beteiligungsfonds anzustellen. Wie er versuchte, Jakubik zu gewinnen, beschrieb er in der Befragung durch Wilmer, Cutler vom 21. Januar 2002, die protokolliert wurde.

28. Zu Levitts »Zahlenspiel«-Rede gibt es eine Mitschrift und ein Video. Siehe auch Levitt, *Take on the Street,* S. 118 f.

29. Zahlen des Dow Jones Industrial Average aus www.djindexes.com.

Kapitel 8

1. Zu den Auswirkungen des tropischen Wirbelsturms Frances siehe Eric Berger, »Frances Catches Area by Surprise«, in: *Houston Chronicle* (12. September 1998), S. A1.

2. Die Szene spielt am 11. September 1998, 17 Tage vor der Levitt-Rede, mit der Kapitel 7 schloss. Um der Klarheit willen und weil die beiden Vorgänge nichts miteinander zu tun haben, habe ich die Reihenfolge umgedreht. So konnte der Kreis um Levitt geschlossen werden und der Strang um Jakubik im vorliegenden Kapitel beginnen.

3. Einzelheiten zur Abfolge sind den Einträgen in Skillings Terminkalender für den 11. September 1998 entnommen.

4. Zur Sitzung des Prüfungsausschusses vom 12. Oktober siehe das offizielle Sitzungsprotokoll, die inoffiziellen handschriftlichen Notizen, die während der Sitzung von der Assistentin des CEO niedergeschrieben wurden, sowie eine Kopie von Duncans und Causeys Präsentation.

5. Die Darstellung der anschließenden Board-Sitzung orientiert sich ebenfalls am offiziellen Sitzungsprotokoll, an den inoffiziellen handschriftlichen Notizen, die während der Sitzung von der Assistentin des CEO festgehalten wurden, sowie an einer Kopie von Skillings Präsentation.

6. Die Ermächtigung Fastows, Unternehmensgarantien auszugeben, geht aus einer Kopie der Beschlüsse hervor, die dem Board am Morgen des 13. Oktober präsentiert wurde.

7. Rückschlüsse auf Fastows Reisen erlauben mehrere Memos vom 29. September, in denen Kelly Boots seine Gespräche mit der Banco Bilbao Vizcaya in Madrid, mit der Société Générale und Crédit Lyonnais in Paris, mit Greenwich NatWest und Barclays in London, mit der Banco Nazionale del Lavoro in Rom sowie mit mehreren anderen Instituten darlegt.

8. Der Zeitpunkt des Treffens mit den Bankern von Chase geht aus den Einträgen in Skillings offiziellem Terminkalender hervor sowie einem Memo vom 21. Oktober 1998, das Kelly Boots bezüglich des Treffens schrieb. Siehe auch Rick Walkers Memo vom 23. Oktober 1998 an Jimmy Lee, in dem es um das anstehende Gespräch mit Fastow und Skilling geht.

9. Serice beschreibt Teile der Sitzung und das anschließende Gespräch mit Lyness am folgenden Tag (4. November 1998) in einer E-Mail an Rick Walker (Chase) und andere.

10. Viele der Argumente kamen auf einer Vorstandssitzung vom 7. August 2000 zur Sprache, als man darüber entscheiden musste, was man mit den mehreren Milliarden Dollar anfangen sollte, die man fälschlicherweise in Bälde erwartete. Die Argumente wurden den Mitgliedern des Prüfungsausschusses und des Compliance Committee in einem Handout präsentiert.

11. Einzelheiten des Gesprächs zwischen Hannon und Rice stammen aus einer Niederschrift von Hannons Aussage vor der Securities and Exchange Commission SEC am 4. Januar 2002.

12. Zu Enrons Einstieg ins Breitbandgeschäft, zum Erwerb von Modulus sowie zu den Schwierigkeiten, vor denen das Unternehmen stand, siehe die 302-Unterlagen des FBI, die auch eine Vernehmung Rex Shelbys vom 15. August 2002 umfassen. Siehe auch das Schriftstück der Firma Modulus »Creating a Unique Advantage in Distributed Computing«, April 1998, das interne Enron-Dokument vom Januar 1999 »Q&A: Enron Communications«

sowie die beeidigte Aussage Kevin Hannons vor der SEC am 4. Januar 2002.

13. Der Zeitpunkt der Sitzung geht aus Skillings Terminkalender hervor.

14. Zu McMahons Gespräch mit Brown und seiner nachfolgenden Unterredung mit Fastow siehe das Protokoll seiner Befragung durch Wilmer, Cutler am 21. Januar 2002.

15. Zur Überweisungsermächtigung siehe das Originalschriftstück. Koppers Schecks an Fastow sind der Anklageschrift im Fall *U.S. v. Fastow et al.* entnommen.

16. Einzelheiten zu Fastows Versuch, die Anerkennung der Zeitschrift *CFO* zu gewinnen, sind unsignierten Notizen offenbar aus der PR-Abteilung entnommen.

17. Zu Francos Vorstoß und Aussagen siehe Mac Margolis und Michael Hirsh, »The Samba Effect«, in: *Newsweek* (25. Januar 1999), S. 34.

18. Informationen zur Analystenkonferenz 1999 sind dem Bericht »Analyst Conference, Houston, Texas, 20.–21. Januar 1999« entnommen, der als Anlage auch die Tagesordnung enthält.

19. Zur Reise des Boards nach Indien siehe Lays Reiseplan jener Woche sowie die Materialien, die den Board-Mitgliedern zur Verfügung gestellt wurden.

20. Die Einzelheiten zur Azurix-Strategie gehen aus dem undatierten Schriftstück »Azurix Private Placement Offering« hervor.

21. Auf die Unterredung geht eine E-Mail vom 16. März 1999 ein, die Holloman an James Reilly von der Citigroup schickte.

22. Eine Kopie des Entwurfs für das Emissionsdokument zu Enron Merchant Partners liegt dem Autor vor. Die Gespräche zwischen Merrill und Fastow sind in einem internen Merrill-Memo Schuyler Tilneys vom 3. Dezember 1998 an Dan Bayly mit dem Betreff »Andy Fastow« dokumentiert.

Kapitel 9

1. Die Kursentwicklung der Rhythms-Aktie wurde den Börsennotierungen jenes Tages entnommen. Zahlen zum Dow Jones Industrial Average aus www.djindexes.com. Siehe auch »Rhythms Netconnections Announced Sale of $ 250 Million«, in: Bloomberg Business News, 29. Februar 2000.

2. Der Versuch des Ausschusses, Hedges zu entwickeln, geht aus der E-Mail mit dem Betreff »Merchant Finance Organization Memo« vom 8. April 1999 hervor, die der Chairman von Enron Capital & Trade an alle ECT-Mitarbeiter schickte.

3. Einzelheiten zu dieser Sitzung aus Skillings Terminkalender dieses Tages.

4. Zu den Bekanntgaben in Hinblick auf das Enron Field siehe Mark Babineck, »New Astros Ballpark to Be Called Enron Field«, in: Associated Press, 7. April 1999. Siehe auch Skillings und Lays E-Mail an alle Enron-Mitarbeiter in Houston mit dem Betreff »Enron and Astros Name New Ballpark ›Enron Field‹«.

5. Der Wortlaut des Gesprächs zwischen Skilling und den Analysten findet sich in der Mitschrift der Telefonkonferenz vom 13. April 1999.

6. Näheres zu Lays Wahlkampfspenden an Bush und Richards siehe Don Van Atta Jr., »Enron Spread Campaign Contributions on Both Sides of the Political Aisle«, in: *New York Times* (21. Januar 2002), S. 13.

7. Eine Kopie der handschriftlichen Notiz Bushs an Lay vom 14. April 1999 liegt dem Autor vor.

8. Zu Fastows Gespräch mit Skilling über den Fonds, aus dem später LJM wurde, siehe das Protokoll von Skillings Befragung durch Wilmer, Cutler am 27. November 2001 sowie seiner vertraulichen Aussage vor der SEC am 5. Dezember 2001. Die Daten sind in Skillings Terminkalender verzeichnet.

9. Siehe dazu die vertrauliche Aussage, die Kevin Hannon, später bei Enron Broadband Services, am 4. Januar 2002 vor der SEC machte, sowie Shelbys 302-Unterlagen des FBI. Der Zeitpunkt ist in Skillings Terminkalender verzeichnet.

10. Einzelheiten zum AGOSBA-Gebot sowie zur ersten Gebotsberechnung siehe »Enron Risk Assessment and Control Summary Approval Sheet«, »Deal Name: AGOSBA« vom 25. April 1999. Siehe auch die Präsentation von Merrill Lynch für Azurix vom 14. Juni 1999 unter dem Titel »Regarding North American Strategic Alternatives«.

11. Zum erfolgreichen Azurix-Gebot für AGOSBA siehe den 8-K-Bericht für die SEC vom 7. Juli 1999 sowie den 10-Q-Bericht von Azurix an die gleiche Behörde vom 15. November 1999.

12. Zeitpunkt und Ort des Treffens mit Martin sind Skillings Terminkalender entnommen.

13. Fastows dringende Bitte um Stillschweigen sowie der Projektname Martin stammen zum Teil aus Unterlagen, die in jener Zeit Greenwich vorgelegt wurden, sowie aus einer E-Mail Berminghams an Howard (beide Greenwich) vom 26. Mai 1999. Siehe auch Duncans E-Mail an John Stewart vom 18. Juni 1999 mit Anhängen. Weitere Einzelheiten sind der Vernehmung Grutzmachers durch das FBI vom 15. Februar 2002 zu entnehmen.

14. Zur Reihenfolge der Gespräche – Fastow mit Howard, dann Howard mit seinen Kollegen bei Greenwich – siehe den *Batson Report,* Bd. 4, Anhang E37.

15. Eine Kopie von Berminghams E-Mail vom 28. Mai liegt dem Autor vor. Berminghams Befürchtungen gehen aus dieser E-Mail und einer vorangegangenen Mail vom 26. Mai hervor.

16. Einzelheiten aus der E-Mail-Kommunikation zwischen Neuhausen und Duncan aus den Originalen vom 28. Mai und 1. Juni 1999.

17. Zum Versuch, eine Prüfeinheit für das Anlagengeschäft einzurichten, siehe eine Notiz Cliff Baxters und Kevin Hannon vom 14. Juli 1999 an Mitglieder von Enron North America, einem Bereich der Großkundengruppe.

18. Eine Kopie von Lays Brief an die Zeitschrift *CFO* liegt dem Autor vor.

19. Der Zeitpunkt des Treffens zwischen Fastow und Skilling ist Skillings Terminkalender entnommen. Zum Inhalt des Gesprächs siehe Skillings Aussage vom 4. Dezember 2001 vor der SEC.

20. Zeit und Ort des Treffens Skilling – Rice sind Skillings Terminkalender entnommen.

21. Shelbys Gedanken und Ansichten zum Enron-Engagement im Breitbandgeschäft sind den 302-Unterlagen seiner Vernehmung durch das FBI vom 15. August 2002 entnommen. Siehe auch die undatierte Präsentation »Enron Communications«, die am 27. Juli 1999 im gesamten Unternehmen verteilt wurde.

22. Jeffes Gespräch mit Fastow aus dem *Batson Report,* Bd. 4, Anhang F, S. 39 f.

23. Zum Nordstrom-Börsengang siehe »Nordstrom Gets a Leg Up with a

Move to Big Board«, in: *Seattle Post-Intelligencer* (10. Juni 1999), S. F4. Der Emissionspreis der Azurix-Aktie stammt aus der Presseerklärung des Unternehmens; zur Entwicklung des Kurses und zum Schlusskurs siehe Adam Jones, »Azurix Makes a Modest Debut«, in: *Times*, 11. Juni 1999.

24. In zahlreichen offiziellen Berichten wurden die Ereignisse um Kaminski mit einem Anfangsdatum vom 2. Juni falsch datiert. In allen Fällen wird das Protokoll der Befragung Kaminskis durch Wilmer, Cutler am 19. Dezember 2001 als Quelle genannt. Die Abweichung von acht Tagen ist bedeutsam: Der Ablauf der Ereignisse, den Kaminski in seiner Befragung angibt, legt es nahe, dass Buys spätere Einwände, der Deal sei für Einwände bereits zu weit fortgeschritten gewesen, nicht zutraf. Doch eine Überprüfung von Kaminskis Terminkalender sowie der Datierung anderer für diese Ereignisse relevanter Sitzungen, an denen Kaminski teilnahm, beweist, dass die Gespräche am 10. Juni begannen und dass Buys Aussage zutraf. Zu diesem Schluss ist der Autor nach eingehender Prüfung der Dokumente gelangt.

25. Zu Kaminskis Versuchen, LJM auf den Grund zu gehen, und zur Festlegung des Optionspreises siehe seine Befragung durch Wilmer, Cutler vom 19. Dezember 2001. Siehe auch den *Batson Report,* Bd. 4, Anhang II, S. 62 f., Skillings Aussage vor der SEC am 4. Dezember 2001 sowie das Protokoll der Befragung Vasant Shanbhogues durch Wilmer, Cutler am 28. Dezember 2001.

26. Der Zeitpunkt der Sitzung geht aus einem Eintrag in Lays persönlichem Terminkalender hervor.

27. Einzelheiten aus der Sitzung mit Lay sind einer Kopie der Powerpoint-Präsentation entnommen. Siehe auch Skillings Aussage vor der SEC am 4. Dezember 2001 sowie das Protokoll der Befragung Mordaunts, die ebenfalls anwesend war, durch Wilmer, Cutler am 11. Januar 2002. Vergleiche außerdem das Protokoll der Befragung Lays durch Wilmer, Cutler am 16. Januar 2002 sowie den *Batson Report,* Bd. 4, Anhang D, S. 63.

28. Zu Kaminskis Gesprächen mit Buy siehe seine Befragung durch Wilmer, Cutler vom 19. Dezember 2001. Siehe auch den *Batson Report,* Bd. 4, Anhang D, S. 62 f.

29. Eine Kopie von Ellisons E-Mail liegt dem Autor vor.

30. Zur kontroversen Diskussion bei CSFB siehe den *Batson Report,* Bd. 4, Anhang F, S. 40 f., S. 45 f.

31. Einzelheiten der LJM-Unterlagen auf den Cayman-Inseln aus den Originaldokumenten, die im Büro des Handelsregisters für Kommanditgesellschaften abgelegt sind.

32. Zu Castlemans Gesprächen mit Glisan siehe das Protokoll seiner Befragung durch Wilmer, Cutler vom 6. Dezember 2001.

33. Zu Kaminskis Gesprächen mit Buy siehe seine Befragung durch Wilmer, Cutler vom 19. Dezember 2001. Siehe außerdem den *Batson Report,* Bd. 4, Anhang D, S. 62 f.

34. Dazu siehe Gramms beeidigte Aussage vom 20. August 2003 vor einem Anwalt aus Neal Batsons Kanzlei Alston & Bird.

35. Einzelheiten aus der Board-Sitzung vom 28. Juni 1999 sind dem offiziellen Protokoll, den inoffiziellen handschriftlichen Notizen der Assistentin des CEO sowie der Powerpoint-Präsentation »Project LJM Board presentation« entnommen.

36. Zu Kaminskis Gesprächen siehe seine Aussage vom 9. Mai 2003, die er unter Eid vor einem Anwalt der Kanzlei Alston & Bird machte. Vergleiche

auch das Protokoll seiner Befragung durch Wilmer, Cutler vom 19. Dezember 2001.

Kapitel 10

1. Seine Verärgerung über Skillings Haltung zu Fastow äußerte Baxter in seiner Befragung durch Wilmer, Cutler am 10. Januar 2002.

2. Zur Sitzung des Führungsausschusses siehe die Tagesordnung. Eine Kopie von Fastows und McMahons Präsentation liegt dem Autor vor. Siehe auch den *Batson Report*, Bd. 3, S. 15 f.

3. Die Diskrepanz beschreibt eine Aktennotiz Beth Lehmans (SEC) vom 17. Januar 2002. Die Notiz enthält Aussagen David Duncans aus seiner Befragung drei Tage zuvor im Fall HO-9350, *In the matter of Enron Corp.* Zum Aufbau von LJM siehe auch den Brief mit Anlagen von Enron Corp. an LJM Cayman LP und LJM Swap Sub LP vom 30. Juni 1999. Bei den Anlagen handelt es sich unter anderem um den geänderten und neu ausgewiesenen Eigenwechsel mit eingeschränktem Rückgriffsrecht über 14 Millionen Dollar, datiert auf den 30. Juni. Siehe auch die Bestätigung des Optionsgeschäfts, die am gleichen Tag per Fax von Enron an LJM Swap Sub ging, sowie das Protokoll der Befragung Kaminskis durch Wilmer, Cutler vom 16. Dezember 2001.

4. Zum gemeinsamen Mittagessen der Enron-Prüfer und Goolsbys siehe die 302-Unterlagen des FBI von der Befragung Cashs am 8. Februar 2002 sowie von der Befragung Goolsbys am 28. Februar 2002.

5. Zu Koppers Darstellung der Arbeitsleistung von Lipshutz und Glisan siehe deren Bewertungen aus dieser Zeit.

6. Zur Pressekonferenz siehe Michael Harrison, »Byatt Faces Water Challenge«, in: *Independent* (28. Juli 1999), Business, S. 17.

7. Zur Sitzung vom 5. August siehe das Schriftstück der CSFB mit dem Titel »Materials Prepared for Discussion: LJM Caymans L.P., August 5, 1999«. Siehe außerdem Berminghams E-Mail an Howard vom 6. August, in der er die Sitzung vom Tag zuvor beschreibt, sowie den *Batson Report*, Bd. 4, Anhang E, S. 48–51, sowie Anhang F, S. 50 f.

8. Zu Banhams Interviews siehe seine Notizen der Telefongespräche; siehe auch Russ Banham, »Andrew S. Fastow – Enron Corp.«, in: *CFO*, 1. Oktober 1999.

9. Fastows Forderung nach einer halbjährlichen Managementgebühr geht aus einem Brief vom 12. August 1999 hervor. Siehe auch die Überweisungsanforderung vom 11. August 1999.

10. Zu den Diskussionen um Cuiabá siehe die Protokolle der Befragung Castlemans durch Wilmer, Cutler am 6. Dezember 2001 sowie der Befragungen Lipshutz' am 5. und 7. Dezember 2001 und der Befragung Causeys am 21. Dezember 2001. Siehe auch Castlemans Notiz zu der Akte »Sale of EPE Equity Interest to LJM« vom 30. September 1999.

11. Zu Fastows Rückkehr siehe seine Präsentation vor Merrill Lynch am 16. September.

12. Eine Mitschrift von Fastows Präsentationen sowie Kopien seiner Powerpointpräsentationen liegen dem Autor vor oder wurden von ihm eingesehen.

13. Eine Kopie von Jimmy Lees handschriftlichen Notizen auf einem Deckblatt der LJM2-Präsentation liegt dem Autor vor.

14. Die Versuche der Chase-Bank, die LJM2-Anlage zu prüfen, gehen aus mehreren E-Mails, Memos und Notizen dieser Zeit hervor. Darunter sind unsignierte handschriftliche Notizen eines Gesprächs mit Arnie Chavkin vom 27. September 1999, handschriftliche Notizen mit der Überschrift »Follow-up on Arnie Chavkin's questions«, die von derselben Person am selben Tag in einem Gespräch mit Fastow festgehalten wurden, handschriftliche Notizen der Präsentation für Chase durch Fastow zu LJM2 vom 16. September 1999 sowie ein Memo Todd Maclins und Rick Walkers an Bill Harrison, Jimmy Lee und sieben weitere leitende Banker vom 25. Oktober 1999 mit dem Betreff »Andy Fastow/Enron Corp. – $ 10 MM Request for Equity Investment«.

15. Eine Kopie der Fragen, die Merrill Lynch an Fastow schickte, liegt dem Autor vor.

16. Zitate aus Banham, »Andrew S. Fastow – Enron Corp«.

17. Zum Gespräch zwischen Tilney, Furst und Skilling siehe ein Memo vom 12. Oktober 1999, das Furst für die Due-Diligence-Akte verfasste und in der er das Gespräch zusammenfasst.

18. Eine Kopie der Tagesordnung und der Vorlagen zur Board-Sitzung vom 12. Oktober 1999 liegen dem Autor vor.

19. Zur Sitzung des Finanzausschusses vom 12. Oktober 1999 siehe das offizielle Protokoll. Siehe auch die handschriftlichen Notizen der Assistentin des CEO sowie den »Chief Financial Officer's Report«, den Fastow auf der Sitzung präsentierte. Siehe darüber hinaus das Memorandum für die Privatplatzierung 1999 für »LJM Co-investment L.P.«, das Dokument » LJM2 Co-investment LP Supplement Number One to Private Placement Memorandum« vom 15. Dezember 1999, die internen Gesprächsthemen zu LJM, die Fastow am 10. November 1999 an Scott Sefton mailte, sowie das »LJM2 Co-investment L.P. Amended and Restated Limited Partnership Agreement« vom 20. Dezember 1999. Vergleiche darüber hinaus die Aktennotiz vom 31. Dezember 1999, die David Duncan und andere Mitglieder des Andersen-Teams verfassten: »LJM II Partnership Structure« sowie Bob Bairds Memo an Scott Sefton und andere vom 4. Oktober 1999 mit der Überschrift »LJM2«.

20. Einzelheiten der Board-Sitzung sind dem offiziellen Protokoll entnommen.

21. McMahon sagte am 7. Februar 2002 in den Anhörungen vor dem House Energy and Commerce Committee's Subcommittee on Oversight and Investigations über mögliche Interessenkonflikte bei den Banken aus. Über Einzelheiten aus diesen Gesprächen berichtete er auch in der protokollierten Befragung durch Wilmer, Cutler am 21. Januar 2002.

22. Die Wetterbedingungen in Scottsdale stammen aus dem National Climatic Data Center, dem sie von der Wetterstation am Scottsdale Municipal Airport gemeldet wurden.

23. Zur Diskussion um Enron Communications siehe die Präsentationen »Enron Communications« sowie Informationen, die das Board am 18. November 1999 erhielt.

24. Zur Presseerklärung siehe »Azurix Corp. Reports Third Quarter 1999 Net Income of $ 18,8 Million and $ .16 per Share and Discusses Financial Overlook« vom 4. November 1999.

25. Wortlaut aus einem Skript der CNN-Sendung vom 4. November. Zur Kursentwicklung der Azurix-Aktie siehe die offiziell vom Unternehmen ausgewiesenen Aktienkurse.

26. Zur »Modenschau« der Astros siehe »Astros Will Wear New Look in New Stadium Next Year«, in: *Fort Worth Star-Telegram* (5. November 1999), Sports, S. 3.

27. Eine Kopie der internationalen Präsentation liegt dem Autor vor.

28. Dass Merrill Wert auf die EBITDA legte, spiegelt sich in der Präsentation »Regarding North American Strategic Alternatives« für Azurix wider.

29. Zur Board-Sitzung vom 18. November siehe das offizielle Protokoll, handschriftliche Notizen der Assistentin des CEO sowie eine Kopie von Skillings Präsentation.

Kapitel 11

1. Zur Managementkonferenz 1999 siehe die offizielle Agenda des Meetings. Einzelheiten zu Milkens Hintergrund nach James B. Stewart, *Den of Thieves*, New York 1991.

2. Fastows Reisen in Europa sind in seinem offiziellen Reiseplan für die Woche vom 7. November 1999 dokumentiert.

3. Einzelheiten der Bermingham-E-Mail aus dem Original, 1. Dezember 1999.

4. Angaben zum Mandanas-Bericht aus dem Originaldokument vom 8. Dezember 1999, von Mandanas verschickt an Chuck Ward, den Co-Leiter des Investmentbankings, und andere hohe CSFB-Banker. Tatsächlich waren Mandanas' Schätzungen von Fastows Erträgen zu niedrig angesetzt, wie Fastows Steuererklärungen zeigen. Den beiden Schedule-Kl-Formularen zufolge, die Fastow für 1999 und 2000 einreichte, hatte er 14,4 Millionen beziehungsweise 17,7 Millionen Dollar direkt von LJM1 erhalten. Nicht enthalten darin waren die Zahlungen aus dem Southampton-Betrug und andere Zahlungen, die er von dem Fonds erhielt.

5. Zu McMahons Zusammenstoß mit den Bankern am 7. Februar 2002 siehe seine Aussage vor dem Subcommittee on Oversight and Investigations des Ausschusses für Energie und Handel des Repräsentantenhauses wie auch Notizen von Mitarbeitern des Unterausschusses vom 17. Januar 2002 zur Vernehmung von Rick Buy. Siehe auch die Wilmer, Cutler-Aufzeichnungen von McMahons Befragung am 21. Januar 2002.

6. Dialog nach einem Protokoll der Sitzung. Zusätzliche Details aus McLean und Elkind, *Smartest Guys in the Room*, S. 241 f.

7. Die Anzahl der »pockets« – Tochterfirmen – von Enron ergibt sich aus einem Enron-Dokument vom Mai 2000 mit der Überschrift »Global Finance: Funding Vehicles«. Hintergrundinformationen zum Condor-Deal aus dem *Batson Report*, Bd. 2, Anhang J, Annex 5. Einzelheiten zu Whitewing aus dem Dokument »Whitewing Liquidity« vom 15. Mai 2000. Siehe auch den *Batson Report*, Bd. 2, Anhang G.

8. Einzelheiten der Ephross-E-Mail aus dem Original.

9. Walkers Aussagen aus einem offiziellen Protokoll über das Ereignis. Eine Kopie der Andersen-E-Mail vom 9. Dezember liegt dem Autor vor.

10. Einzelheiten zu dem Meeting des Finanzausschusses am 13. Dezember

aus den offiziellen Protokollen sowie aus den handschriftlichen Notizen der CEO-Assistentin und McMahons Präsentation, »Enron Corp. Treasurer Report, December 13, 1999«. Siehe auch »Enron Corp. Projects and Amendments, December 13, 1999«, »Supplement for December 13, 1999, Finance Committee Meeting« und »Enron Corp. Chief Financial Officer's Report, December 13, 1999«. Mindestens einer der Direktoren, Robert Belfer, brachte sein Unbehagen über das Gehörte in seiner Aussage gegenüber dem Insolvenzprüfer zum Ausdruck. Siehe den *Batson Report*, Bd. 4, Anhang D, S. 126, sowie den *Batson Report*, Bd. 4, Anhang D, S. 139.

11. Zum Weihnachtsfest des Boards siehe die offizielle Agenda für den 13. Dezember 1999 und das nicht signierte Dokument »Board Dinner, Monday, December 13, 1999«.

12. Bass beschrieb diese Diskussion mit Duncan in einer E-Mail an John Stewart am 18. Dezember 1999.

13. Einzelheiten zu den frühen Tagen des Raptor-Hedge nach Skillings Aussage vor der SEC am 4. Dezember 2001, den Aufzeichnungen von Wes Colwells Befragung durch Wilmer, Cutler am 9. Januar 2002 und Causeys Befragung durch Wilmer, Cutler am 21. Dezember 2001.

14. Zu Lays Besuch bei Murdoch siehe die Einträge in seinem persönlichen Terminkalender.

15. Eine Kopie der E-Mail von Collins liegt dem Autor vor. Siehe auch Kurt Eichenwald und John Markoff, »Deception, or Just Disarray, at Enron«, *New York Times* (8. Juni 2003), Sec. 3,1.

16. Zur Epsiode Brown/McMahon und McMahons nachfolgendem Streit mit Fastow siehe McMahons Aussage vor dem Kongress vom 7. Februar 2002 und die Aufzeichnungen seiner Befragung durch Wilmer, Cutler an 21. Januar 2002. Siehe auch die Wilmer-Cutler-Aufzeichnungen der Befragungen Browns am 5. Dezember 2001 und 5. Januar 2002.

17. Die aggregierten Folgen der letzten Wochen des Jahres 1999 werden beschrieben im *Batson Report*, Bd. 13. Siehe auch »LJM2 Year-End 1999 Transactions«, 5. Januar 2000. Einzelheiten zum polnischen Kraftwerksdeal aus dem »LJM Approval Sheet« vom 17. Dezember mit dem Titel »Deal Name: Nowa Sarzyna«. Siehe auch den *Powers Report*, S. 140, und den *Batson Report*, Bd. 2, Anhang L, Annex 4, S. 20 f.

18. Kopper beschrieb Details seines Meetings mit Fastow über die Möglichkeit einer Investition von LJM2 in die nigerianischen Kraftwerksschiffe und seine nachfolgende Einsicht in die damit zusammenhängenden Probleme in seiner Aussage am 27. September 2004 in *U.S. v. Bayly et al.*

19. Zu McMahons Anruf zu den nigerianischen Kraftwerksschiffen vom 22. Dezember 1999 siehe das Memo von James Brown von Merrill an das Debt Markets Commitment Committee (DMCC) der Bank. Siehe auch das Fax vom 21. Dezember 1999 einschließlich der handschriftlichen Kommentare auf dem Deckblatt von Robert Furst von Merrill an Brown, zu dem auch ein Verkaufsprospekt mit dem Titel »Preferred Stock Representing a Set Duration 90% Economic Interest in Enron Nigeria Barge Ltd« sowie ein »Nigeria Barge Project, Capital Pricing Analysis« überschriebener interner Bericht vom 30. November 1999 gehörten. Siehe auch Dan Baylys Aussage vor der SEC am 10. Juli 2002, das auf den 17. Dezember 1999 datierte Dokument »Nigeria Barge Project Seil Down Transaction and Shareholder Structure«, das Dokument »Apachi Transaction Approval Sheet: Nigerian Sell-

down Executive Summary«, vom 29. Dezember 1999 sowie die Aussage von Ben Glisan Jr. am 6. und 7. Oktober 2004 im Fall *U.S. v. Bayly et al.* Siehe schließlich auch das »Enron Risk Assessment and Control Deal Approval Sheet« für das als »Nigeria Barges« bezeichnete Geschäft vom 21. Oktober 1999.

20. Dass Merrill über den Sinn und Zweck des Stromdeals Bescheid wusste, ergibt sich eindeutig aus der E-Mail Schuyler Tilneys vom 30. Mai 2000 an Dan Gordon und Robert Furst, alle von Merrill Lynch. Weitere Details aus dem »Confidentiality Agreement Between Enron North America Corp. and Merrill Lynch Capital Markets« vom 8. Dezember 1999. Siehe auch Gordons E-Mail vom 28. Dezember 1999 an Christine Gonzalez und andere Merrill-Mitarbeiter und -Führungskräfte, in der es um die Übersetzung ging. Weitere Details aus dem *Batson Report*, Bd. 3, Anhang I, S. 37–44. Zu Enrons Stromhandelsgeschäften siehe Ted Jackson, »End Run«, *Financial World* (16. Dezember 1996).

21. Zu diesem Aspekt der Yosemite-Transaktion siehe die Wilmer-Cutler-Aufzeichnungen der Vernehmung Astins am 16. Januar 2002 und der Vernehmung Browns am 25. Januar 2002. Siehe auch den *Powers Report*, S. 142. Siehe auch das LJM Approval Sheet für den Yosemite-Deal, datiert auf den 8. Februar 2000.

22. Zu Browns Reaktion und den Meetings bei Merrill siehe Browns Aussage vom 25. September 2002 vor der United States Grand Jury in the Southern District of Texas, Houston Division. Bayly beschrieb Teile dieses Meetings in seiner Aussage vor der SEC am 10. Juli 2002. Siehe auch die E-Mail vom 21. Dezember 1999 von Marianne Bonici an Vincent DiMassimo und Paul Wood, alle von Merrill Lynch, das Kreditabkommen vom 29. Dezember 1999 zwischen Enron Nigeria Power Holding Ltd. und Ebarge LLC und den *Batson Report*, Bd. 3, Anhang I, S. 26–29.

23. Zur Sun-Visite siehe die Einträge in Skillings und Lays Terminplänen. Siehe auch das für Lay erstellte »Itinerary: Cupertino, CA, December 22, 1999«. Einzelheiten zu der Präsentation nach dem Dokument »Enron Communications« von 1999, das eine detaillierte Beschreibung enthält. Dass das Dokument, wie ein Teilnehmer an dieser Diskussion sagte, in der Präsentation verwendet wurde, konnte nicht bestätigt werden.

24. Fastows Gedanken während des Telefonats nach nicht datierten Auszügen der 302-Unterlagen der FBI-Vernehmung nach seiner Entscheidung, auf schuldig zu plädieren und zu kooperieren. Siehe auch den *Batson Report*, Bd. 3, Anhang 1, S. 28.

25. Siehe dazu Auszüge aus McMahons Befragung durch Wilmer, Cutler vom 21. Januar 2002. Siehe auch die Aufzeichnungen von Wilmer, Cutler der Befragungen Browns am 5. Dezember 2001 und 5. Januar 2002. Zur Yosemite-Transaktion siehe *Powers Report*, S. 142. Siehe auch das nicht datierte Memo von Brown an McMahon »Re: 1999 Accomplishments«, das LJM-Genehmigungsformular für den Yosemite-Deal, datiert auf den 8. Februar 2000, das Memorandum von Vinson & Elkins vom 27. Februar 2000 an drei Finanzinstitute mit dem Titel »Yosemite Securities Company Ltd« und das mit »LJM2 Investment in Certificates of Beneficial Interest in Yosemite Securities Trust« überschriebene bürointerne Memo von Dave Gorte an Rick Buy vom 23. Februar 2000. Danach wies Buy Gorte laut den Aufzeichnungen seiner Befragung durch Wilmer, Cutler am 4. Januar 2002 an, keine derartigen

Memos mehr zu schreiben und das LJM-Genehmigungsformular mit seinen Initialen abzuzeichnen.

26. Einzelheiten des MEGS-Deals nach dem *Powers Report*, S. 141. Siehe auch »Enron Risk Assessment and Control Summary Approval Sheet« mit »Deal Name: Project Pluto, Dec. 29, 1999«. Siehe auch den *Batson Report*, Bd. 2, Anhang L, Annex 4, S. 30.

27. Zum Projekt Nahanni siehe das Dokument vom 17. Dezember 1999 mit dem Titel »Marengo LP. Amended and Restated Limited Partnership Agreement Among Marengo,Yellowknife Investors, Enron Corp., and Nahanni Investors L.L.C«, das »Execution Approval Memorandum to GCS Commitment Committee« der Citibank vom 14. Dezember 1999, das im Oktober 2001 erstellte interne Enron-Dokument »Nahanni Financing Presentation« sowie Enrons Jahresbericht (10-K) für das am 31. Dezember 1999 zu Ende gegangene Jahr, in dem enthüllt wurde, dass das Unternehmen »Aktienanlagen« so umdefiniert hatte, dass auch Regierungsanleihen darunter fielen. Siehe auch den *Batson Report*, Bd. 4, Anhang C, S. 66–72; Bd. 4, Anhang B, S. 142, und Bd. 2, Anhang I, Annex 3. Siehe auch das nicht datierte Memo von Brown an McMahon »Re: 1999 Accomplishments«.

28. Zur Yosemite-Transaktion siehe den *Powers Report*, S. 142. Siehe auch das LJM-Genehmigungsformular für den Yosemite-Deal, datiert auf den 8. Februar 2000, das Memorandum von Vinson & Elkins vom 27. Februar 2000 an drei Finanzinstitute mit dem Titel »Yosemite Securities Company Ltd«, das mit »LJM2 Investment in Certificates of Beneficial Interest in Yosemite Securities Trust« überschriebene bürointerne Memo von Dave Gorte an Rick Buy vom 23. Februar 2000 sowie den *Batson Report*, Bd. 2, Anhang L, Annex 4, S. 32.

29. Siehe dazu die E-Mail samt Anhang von Dan Gordon an Jeff Kronthal und Christine Gonzalez, alle von Merrill Lynch vom 29. Dezember 1999. Der Anhang trug den Titel »Handout for STRC Meeting«. Zusätzliche Angaben aus dem *Batson Report*, Bd. 3, Anhang I, S. 39 f.

30. Eine Kopie von Causeys Brief an Merrill Lynch Capital Services liegt dem Autor vor.

31. Enron gab seine Gewinnzahlen für das vierte Quartal und das Gesamtjahr am 18. Januar 2000 in einer Presseerklärung unter der Überschrift »Enron Continued Strong Earnings Growth« bekannt. Siehe auch Michael Davis, »Enrons Earnings Skyrocket 29 Percent in Fourth Quarter«, in: *Houston Chronicle* (19. Januar 2000), Business, S. 1.

32. Einzelheiten von Glisans Gesprächen mit McMahon nach Glisans Aussage am 6. und 7. Oktober 2004 in *U.S. v. Bayly et al.*

33. Zum Scottsdale-Meeting siehe die offizielle Agenda und an die Teilnehmer ausgeteilte Materialien, darunter eine Kopie von Rice' »Enron Communications«-Präsentation.

34. Angaben zum Grayhawk Golf Club nach John Davis, »Scottsdale Revels in Status as Elite Golf Paradise«, in: *Arizona Republic* (7. April 2003), S. 1C. Die Rolle des Golfspiels wurde zuerst aufgedeckt von Kurt Eichenwald, »US. Inquiry Tracks Insiders at Enron«, in: *New York Times* (15. April 2002), S. Al. Zur Grayhawk-Masche siehe *United States of America v. Jeffrey K. Skilling and Richard A. Causey,* Fall Nr. CR-H-04-25, eingereicht beim Federal District Court Houston am 18. Februar 2004.

35. Angaben zur Analystenkonferenz nach einer Kopie der an die Analysten

verteilten Materialien, darunter auch ein Dokument mit der Überschrift »Enron 2000 Analyst Conference, January 19–20, Houston, Texas«. Der Dialog aus dem Meeting und die bildlichen Beschreibungen nach einem Protokoll der Veranstaltung und einem am 20. Januar 2000 aufgenommenen Video. Siehe auch die Presseerklärung von Sun Microsystems und Enron vom selben Tag mit dem Titel »Enron and Sun Microsystems Inc. Team to Accelerate Adoption of Broadband Internet Services«.

36. Die Entwicklung von Enrons Aktienkurs nach »Thursday's Most Active Stocks«, Associated Press, 20. Januar 2000.

37. Grayhawk-Profite nach *U.S. v. Skilling et al.*

Kapitel 12

1. Im Interesse der Klarheit innerhalb des Kapitels habe ich einmal mehr die Darstellung von nicht miteinander verbundenen Ereignissen zeitlich ein wenig versetzt. Das letzte Kapitel endete kurz nach der Analystenkonferenz am 20. Januar, das Kaminski-Meeting dagegen fand schon zwei Tage zuvor, am 18. Januar, statt. Nur so konnte ich die eine Geschichte – die von Sun Microsystems und dem Projekt Grayhawk – in einem Zug erzählen, bevor ich zum nächsten Thema überwechselte, die zunehmende Erkenntnis der Risiken, denen Enron ausgesetzt war. Zu Kaminskis Präsentation siehe das von ihm für dieses Wochenende vorbereitete Dokument »Discussion Notes for RAC Research«, 16. Januar 2000.

2. Einzelheiten zur Entwicklung des Raptoren-Programms und seiner schlussendlichen Struktur nach den Aufzeichnung von Wilmer, Cutler zu den Befragungen Kevin Jordans am 11. und 15. Januar 2002, Ryan Siureks am 11. Dezember 2001 und 31. Januar 2002 und Wes Colwells am 9. Januar 2002 sowie das von Duncan und anderen Mitgliedern des Enron Engagement Teams verfasste Aktenmemorandum »Raptor Transaction« vom 28. März 2000. Siehe des Weiteren den *Powers Report*, S. 97–128, die von Kopper geschriebene Leistungsbeurteilung für Glisan vom 2. Februar 2000, das Enron-Dokument »Project Raptor; Fairness Analysis« vom 31. März 2000, das Aktenmemorandum »Project Raptor« vom April 2000 von Siurek und Jordan, das Dokument »Raptor I Derivative Proposal Sheet« vom 3. August 2000 sowie die 302-Unterlagen der FBI-Vernehmung Debra Cashs von Andersen am 21. und 22. Februar 2002.

3. Astins Unbehagen gegenüber der Raptor-Zahlung an LJM2 wird bestätigt im *Batson Report*, Bd. 4, Anhang C, S. 141 f., und den handschriftlichen Vinson & Elkins-Notizen bei der Befragung Astins im Laufe der Watkins-Ermittlung am 23. August 2001. Siehe auch das Memo »Project Raptor« von Causey an Mary Perkins vom März 2000, in dem eine Zahlung in Höhe von 41 Millionen Dollar gefordert wird.

4. Zu den Bemühungen, Chewco zu entflechten, siehe die Wilmer-Cutler-Aufzeichnungen der Befragung von Brown am 5. Dezember 2001 wie auch die der Befragung McMahons am 21. Januar 2002. Siehe auch die nicht datierten handschriftlichen Anmerkungen Koppers an Fastow, die seine Wertanalyse von Chewco enthalten.

5. Zu Berminghams Bemühungen siehe seine E-Mail an Darby vom 29. Januar 2000. Siehe auch die eidesstattliche Versicherung von C. Jeanne Simp-

sons, FBI Special Agent, zu Protokoll genommen am 27. Juni 2002, zur Unterstützung der Strafanzeigen gegen Mulgrew, Darby und Bermingham.

6. Zu dem Andersen-Meeting siehe Bass' E-Mail an Stewart vom 4. Februar 2000 und Stewarts Antwort vom selben Tag.

7. Zum Azurix Board-Meeting siehe die Protokolle des Meetings. Einzelheiten der water2water-Strategie nach Rebecca Smith, »Azurix Is Launching Online Exchange für Buying and Selling Water in West«, in: *Wall Street Journal* (9. Februar 2000), S. A4, »Azurix Launching Website für Liquid Assets Trading«, in: *Houston Chronicle* (10. Februar 2000), Business, S. 2, und die Azurix-Presseerklärung vom 28. Februar 2000, »Azurix Corp. Expands Water2Water.com to Become First Internet-Based Vertical Marketplace in the Water and Wastewater Industry«.

8. Zum Meeting des Audit Committee siehe die offiziellen Protokolle sowie Kopien der für das Meeting erstellten Präsentationen. Der Umstand, dass Causey bestimmte Transaktionen nicht erwähnte, ist auf den Abgleich der getätigten Geschäfte zurückzuführen mit denen, die er laut den Protokollen – und in seinen offiziellen Präsentationen – aufgeführt hatte. Siehe auch den *Batson Report*, Bd. 4, S. 109, und Bd. 4, Anhang D, S. 110.

9. Eine Kopie der E-Mail Berminghams liegt dem Autor vor.

10. Zum Houston-Meeting siehe die Kopie der Präsentation der Banker. Siehe auch Simpsons eidesstattliche Versicherung vom 27. Juni 2002.

11. Einzelheiten zum Projekt California und der von Morgan Stanley gespielten Rolle nach einer für das Projekt erstellten Präsentation vom Februar 2000 mit dem Titel »Project California Discussion Materials«.

12. Zu den Verhandlungen zwischen Enron und Blockbuster vom 1. Mai 2000 siehe die Kopie des »Non-binding Term Sheet«.

13. Zu dem Trip auf die Cayman-Inseln siehe Simpsons eidesstattliche Versicherung vom 27. Juni 2002.

14. Zu der Präsentation vor Skilling siehe das nicht datierte Dokument »The Supply/Demand Imbalance Has Been Masked by Several Years of Above-Normal Hydro« des Unternehmensbereichs Wholesale, in dem die Situation in Kalifornien geschildert wird.

15. Zur Anwerbung von Glisan und Mordaunt für den später als Southampton bekannt gewordenen Deal siehe die Wilmer-Cutler-Aufzeichnungen der Befragung Mordaunts am 30. Oktober 2001. Siehe auch das Dokument »Southampton Place L.P. Amended and Restated Agreement of Limited Partnership« wie auch das im Fall *U.S. v. Kopper* unterzeichnete Kooperationsabkommen Koppers.

16. Eine Kopie des von McMahon unterzeichneten MEGS-DASH liegt dem Autor vor. Zu seiner Antwort auf die Unterschrift und den folgenden Diskussionen mit Baxter siehe die Aufzeichnungen seiner Befragung durch Wilmer, Cutler am 21. Januar 2002.

17. Details zum Konzert nach Michael D. Clark, »Crosby, Stills, Nash &Young Can Still Rock«, in: *Houston Chronicle* (8. März 2000), S. 1.

18. Einzelheiten zu den *Fortune*-Fotoaufnahmen nach den Einträgen in Skillings und Lays Terminplänen. Siehe auch Brian O'Reilly, »The Power Merchants«, in: *Fortune* (17. April 2000), S. 148.

19. Eine Kopie von McMahons handschriftlichen Anmerkungen liegt dem Autor vor.

20. Zeitpunkt des McMahon-Meetings nach den Terminplänen von McMa-

hon und Skilling. Ihre Diskussionen und Gedanken nach McMahons Notizen und der Aussage beider Männer vor dem Ausschuss für Energie und Handel des Subcommittee on Oversight and Investigations des Repräsentantenhauses sowie nach den Aufzeichnungen von McMahons Befragung durch Wilmer, Cutler vom 21. Januar 2002.

21. Zu Suttons Beteiligung an der McMahon-Klage siehe »Affidavit of Joseph W. Sutton«, unterzeichnet am 6. März 2002. Das Dokument ist vermutlich niemals offiziell im Zusammenhang mit einem öffentlich verhandelten Prozess der Enron-Klage eingereicht worden. In seiner eidesstattlichen Versicherung erklärt Sutton, sein Treffen mit Skilling habe am 20. März 2000 stattgefunden. Die vom Autor ausgewerteten Unterlagen deuten jedoch darauf hin, dass Suttons Erinnerung nicht zutrifft. Skilling und Sutton hatten in den Tagen vor diesem Tag ein Meeting, und Skillings Terminplänen zufolge flog Skilling am 18. März nach Brasilien und kehrte erst mehrere Tage später zurück. Andere Berichte legen gleichfalls den Schluss nahe, dass das Meeting mit Sutton in der Woche vor dem 20. März stattfand. Auch McMahons Erinnerungen, wie in seiner Befragung am 21. Januar 2002 durch Wilmer, Cutler, widersprechen Suttons Angaben hinsichtlich des Zeitpunkts und stimmen mit dem in diesem Buch präsentierten Ablauf überein.

22. Zur Reise auf die Cayman-Inseln siehe Simpsons eidesstattliche Versicherung vom 27. Juni 2002.

23. Zu Suttons Beteiligung siehe seine eidesstattliche Versicherung vom 6. März 2002. Siehe auch die Aufzeichnungen der Befragung McMahons durch Wilmer, Cutler am 21. Januar 2002.

24. Zu den letzten Tagen vor der Gründung von Southampton siehe Simpsons eidesstattliche Versicherung vom 27. Juni 2002. Siehe auch die Wilmer-Cutler-Aufzeichnungen der Befragung Mordaunts am 30. Oktober 2001, das Dokument »Southampton Place LP. Amended and Restated Agreement of Limited Partnership« vom 20. März 2000, das im Fall *U.S. v. Kopper* unterzeichnete Kooperationsabkommen Koppers und Koppers Brief in Sachen LJM2 an Darby von der Greenwich NatWest vom 6. März 2000. Siehe auch den *Batson Report*, Bd. 4, Anhang C, S. 121.

25. Zu Skillings Rückkehr und den Diskussionen mit Sutton siehe Suttons eidesstattliche Versicherung sowie die Einträge in Skillings Terminkalender.

26. Der Rückkauf des polnischen Kraftwerks wurde erstmals beschrieben im *Powers Report*, S. 140.

27. Zu McMahons Trip nach Barton Creek und seiner Rückkehr siehe die Einträge in seinem Computerterminplan. Weitere Details nach seiner Befragung durch Wilmer, Cutler vom 21. Januar 2002.

28. Zeitpunkt des Whalley-Meetings nach einem Eintrag in Skillings Terminkalender.

29. Zu dem Meeting zwischen McMahon und Fastow siehe die Aufzeichnungen von McMahons Befragung durch Wilmer, Cutler am 21. Januar 2002.

30. Zeitpunkt des Raptor-Meetings nach Skillings Terminkalender. Weitere Einzelheiten nach Skillings Aussage vor der SEC am 4. Dezember 2001.

31. Zum Meeting Skillings, McMahons und Whalleys siehe McMahons Aussagen in der Befragung durch Wilmer, Cutler am 21. Januar 2002.

32. McMahons Jobwechsel wurde in einer E-Mail von Fastow am 7. April 2000 intern bekannt gegeben.

Kapitel 13

1. Bestimmte Einzelheiten, darunter der Zeitpunkt der Landung der Golden Knights und Lays Kleidung und Sitzplatz nach Fotografien von Fans während der Eröffnungszeremonie. Zusätzliche Angaben nach Carlton Thompson, »Phillies Spoil Opener for Astros«, in: *Houston Chronicle* (8. April 2000), Sports, S. 1, und David Barron und Eric Berger, »All Aboard für the New Ballpark«, in: *Houston Chronicle* (30. März 2000), S. Al. Siehe auch das interne Enron-Dokument »7. April 2000: Enron Field Opening Day«.

2. Zu Wanda Currys Erlebnissen siehe McLean und Elkind, *Smartest Guys in the Room,* S. 299 f. Weitere Einzelheiten der EES-Prüfung nach den Dokumenten »Enron Energy Services Business Audit Review« für die Jahre 1998, 1999 und 2000. Siehe auch das »provisorische und vorläufige« Aktenmemorandum »EES Contract Accounting« der EES-Buchhaltungsabteilung vom 24. Januar 2000 und das Dokument »Enron Energy Services Risk Management: A Presentation to RAC« vom 20. April 2000.

3. Einzelheiten zu Zeitpunkt und Ort des Meetings mit Badr El-Din nach Einträgen in Skillings Terminkalender. Hintergrundangaben zu Badr El-Din nach »Offsets in Defense Trade Fifth Annual Report to Congress«, in: *DISAM Journal,* 22. September 2001, und M. Satyanarayan, »Ghantoot Wins Opening Tie in Polo«, in: *Gulf News,* 13. Januar 2000. Zu seinen Verbindungen mit Enron siehe »UAE's Dolphin Project to Maximize Gas Value Chain, lndustrial Zone« in: *Offhore* (April 2000), S. 54, David Barboza, »Enron Sought to Raise Cash Two Years Ago« in: *New York Times* (9. März 2002), S. Cl, sowie die Präsentation »Project Dolphin« von 1999.

4. Zu Belden und den Handelsaktivitäten siehe auch die Zeugenaussagen vor der Commodity Futures Trading Commission (CTFC) und der Federal Energy Regulatory Commission (FERC). Dazu gehören die Aussagen Richard Sanders' vom 9. und 10. Juli 2002, Christian Yoders am 2. Juni 2002, John Arnolds am 9. und 10. August 2002 sowie die nicht datierten Abschriebe der Aussage Stephen Halls vor diesen Organen. Siehe auch die E-Mail vom 17. August 2000 von James Steffes von EES an Belden und andere Mitglieder des Händlerteams mit dem Betreff »FERC lnvestigation in CA – What Should They Be Looking For?« und die mit »Daily Position Report« überschriebenen Dokumente ab dem 17. Januar 2000 bis zum Jahresende, in denen die Geschäfte jeder Abteilung innerhalb von Enron festgehalten wurden, darunter auch die Stromgeschäfte an der Westküste.

5. Dialog zu den Forney-Transaktionen nach einem der FERC vorliegenden Abhörprotokoll des Gesprächs vom 15. April.

6. Einzelheiten der Handelsstrategien nach den Zeugenaussagen Sanders' vor der CFTC und der FERC am 9. und 10. Juli 2002, der Aussage Yoders am 2. Juni 2002 sowie Halls nicht datiertem Aussageprotokoll. Siehe auch eine Kopie des Memos vom 6. Dezember 2000 von Yoder und Hall an Sanders, »Traders' Strategies in the California Wholesale Power Markets/ISO Sanctions«.

7. Einzelheiten der Überweisungen aus den Originalunterlagen. Siehe auch *U. S. v. Fastow* und Simpsons eidesstattliche Versicherung vom 27. Juni 2002.

8. Einzelheiten des Finanzausschuss-Meetings am 1. Mai aus dem offiziellen Protokoll sowie den handschriftlichen Notizen des Treasurers und der von Glisan erstellten Präsentation. Siehe auch den *Batson Report*, Bd. 3,

Anhang C, S. 25, und die Wilmer-Cutler-Aufzeichnungen der Befragung Norm Blakes am 29. Januar 2002.

9. Zu den Southampton-Überweisungen siehe die Folgeklage in *U.S. v. Fastow.*

10. Zu dem Phase-2-Notstand am 22. Mai siehe Nancy Rivera Brooks und Zanto Peabody, »Heat Triggers Moderate Power Emergency«, in: *Los Angeles Times* (23. Mai 2000), S. B2.

11. Eine Kopie der Quaintance-E-Mail liegt dem Autor vor. Siehe auch den *Batson Report*, Bd. 4, Anhang B, S. 64.

12. Das Meeting der Wirtschaftsprüfer mit der SEC nach Levitt, *Take on the Street*, S. 127 f.

13. Andersens Beteiligung an den Raptoren nach dem von Duncan und anderen Mitgliedern des Enron Engagement Team geschriebenen Aktenmemorandum »Raptor Transaction« vom 28. März 2000. Siehe auch die E-Mail von Bass vom 1. Februar 2000 an Stewart und andere mit dem Betreff »Enron Transaction« sowie die Antwort vom selben Tag von Debra Cash und James E. Green »Clarification: Enron Transaction«. Zu Fastows und Glisans Bemühungen, die Freigabe für Raptor II zu erhalten, siehe die Protokolle des Meetings des Executive Committee des Boards am 22. Juni 2000 sowie die »Project Raptor II«-Präsentation auf diesem Meeting. Siehe außerdem das LJM2-Genehmigungsformular vom 26. Juni 2000 für das Geschäft namens »Raptor II«, das »Raptor II Transaction«-Aktenmemorandum vom 21. Juli 2000 von Duncan und dem Enron Engagement Team, den *Powers Report*, S. 97-128, und den *Batson Report*, Bd. 4, Anhang D, S. 73, und Bd. 2, Anhang L, Annex 5.

14. Einzelheiten zu Larry Lawyers Steuerbetrug im Zusammenhang mit RADR nach den Aussagen, die Bestandteil seines Geständnisses im Hinblick auf die Vorwürfe in *United States of America v. Lawrence W. Lawyer* waren, eingereicht am 26. November 2002 beim Federal District Court in Houston. Weitere Details zu der Transaktion nach dem Genehmigungsformular für »Bulk Fiber Sale« vom 28. Juni 2000 und dem Genehmigungsformular »Project Backbone« vom 30. Juni 2000 (das von Lay unterzeichnete Genehmigungsformular). Zu Mordaunts Rolle bei EBS siehe das Dokument »Status Change Form« vom 1. Februar 2000 und die Wilmer-Cutler-Aufzeichnungen ihrer Befragung am 12. Januar 2002. Siehe auch die »Project Backbone«-Präsentation von Enron Broadband Services vom Juni 2000 sowie das »Operation, Maintenance, and Repair Agreement« zwischen EBS und LJM2 (auf dem Umschlag als »Käufer« aufgeführt) vom 28. Juni 2000. Siehe auch den *Batson Report*, Bd. 2, Anhang L, Annex 4, S. 34 f.

15. Zu den Bemühungen, die nigerianischen Kraftwerksschiffe zu verkaufen, siehe den *Batson Report*, Bd. 2, Anhang L, Annex 4, S. 36 f., die Aufzeichnungen von Wilmer, Cutler der Befragung Quaintance' am 29. Januar 2002 und der Befragung Kevin Jordans am 11. Januar 2002. Siehe auch die E-Mail von Kira Toone von Merrill Lynch an Alan Hoffman von Whitman Breed Abbott & Morgan vom 13. Juni 2000 und den »Credit Flash Report« von Merrill Lynch für die Woche, die am 23. Dezember 1999 zu Ende ging. Dialog nach Koppers Aussage in *U.S. v. Bayly et al.* Weitere Angaben zu dem Rückkaufvorschlag nach Glisans Aussage in diesem Fall.

16. Zur Cochise-Transaktion siehe den *Batson Report*, Bd. 3, Anhang G, S. 51 f.

17. Die vielen Faxe, die Buy in seinem Haus in New Hampshire erhielt, wurden von Kaminski bei seiner Befragung durch Wilmer, Cutler am 19. Dezember 2001 erwähnt.

18. Einzelheiten des Phase-2-Notstands nach »Heat, Humidity in Southern California Force Regulators to Declare Emergency«, Associated Press, 26. Juni 2000.

19. Zu Skillings Afrikareise siehe Einträge in seinem Terminkalender und seine Reiseaufzeichnungen.

20. Zur Verteilung des Geldes durch Fastow siehe »LJM Cayman L.P. Analysis of Accounts«, 16. November 2000, sowie einen Überweisungsantrag von LJM Cayman an LJM2 Capital Management vom 14. Juli 2000. Siehe auch den *Batson Report*, Bd. 4, Anhang F, S. 60. Angaben zur Fastow Family Foundation aus der am 14. März 2000 beim Staatssekretär von Delaware eingereichten Gründungsurkunde der Stiftung.

21. Zu Lays Meeting mit Badr El-Din siehe seinen Terminkalender und seinen persönlichen Reiseplan mit dem Titel »NewYork/London/Nice, July 18–23, 2000, KLL Itinerary«. Siehe auch das Dokument »Blockbuster Transaction Summary« vom 16. August 2000.

22. Zu den Bemühungen, Enrons Gewinne auf 34 Cent [pro Aktie] zu erhöhen, siehe die Folgeklage in *U.S. v. Skilling et al.* Siehe auch die Enron-Presseerklärung vom 24. Juli 2000, »Enron Reports Second Quarter Earnings of $ 0.34 per Diluted Share«.

23. Der Dialog in der Telefonkonferenz zu den Ergebnissen des zweiten Quartals nach einem offiziellen Protokoll, 24. Juli 2000.

24. Die sommerlichen Probleme in Kalifornien nach Betsy Streisand, »Power to the People«, *U.S. News & World Report,* 21. August 2000, S. 50, David Lazarus, »PUC Calls für Probe of Deregulation«, *San Francisco Chronicle* (2. August 2000), S. Al, Lazarus, »Davis Acts to Bridge Energy Gap«, *San Francisco Chronicle,* 3. August 2000, und Sweeney, *California Electricity Crisis,* S. 128–144.

25. Einzelheiten zu Lays Auftritt bei der Nationalversammlung der Republikanischen Partei nach einer Kopie seines Reiseplans für die Woche mit dem Titel »Republican National Convention, August 1–4, 2000, Philadelphia, Pennsylvania, ltinerary für KLL and LPL«. Angaben zur Versammlung selbst und über die Regents nach Mike Allen, »For ›Regents‹, a Special Class of Party Favors«, *Washington Post* (3. August 2000), S. A15, und Jim Drinkard, »Party Never Forgets Royal Treatment für Big Donors«, *USA Today* (4. August 2000), S. 5A.

26. Der Wortlaut von Bushs Antrittsrede nach einem Protokoll der Rede. Siehe auch Frank Bruni, »Bush, Accepting G.O.P. Nomination, Pledges to ›Use These Good Times für Great Goals‹«, *New York Times* (4. August 2000), S. Al.

27. Zum Projekt Summer siehe die vertrauliche »Project Summer«-Präsentation am 1. August 2000 vor dem Enron-Board, die Sitzungsprotokolle dieser Sondersitzung, das Dokument »Project Summer«, das dem kompletten Board am 8. August 2000 präsentiert wurde, sowie den Entwurf des Dokuments »Project Summer Q&A« vom 9. August 2000. Siehe auch das Dokument »Project Summer Update« vom 25. Juli 2000 und das Aktenmemorandum »Project Summer Dabhol Total Return Swap« von Rodney Faldyn vom 3. August 2000.

28. Diese Ereignisse wurden von mehreren Teilnehmern berichtet. Obwohl ich überzeugt bin, Kopien aller Board- und Ausschusssitzungen bei Enron bis zurück ins Jahr 1985 zu haben, konnte niemand mir sagen, wann genau dieses Meeting stattfand, obgleich sich alle darin einig waren, dass es irgendwann im August 2000 gewesen sein muss. In den Protokollen mehrerer Meetings, die ausnahmslos in einem sehr diplomatischen Stil verfasst sind, finden sich mehrere Ereignisse, die sich auf diesen Vorfall beziehen könnten. Da Präsentationen außerdem häufig vor oder während der jeweiligen Meetings an die Board-Mitglieder gefaxt wurden, ist es schwierig, genau zu bestimmen, auf welchem Meeting genau sich diese Ereignisse zutrugen. In Frage kommen das Finanzausschuss-Meeting am 7. August, das Meeting des vollen Boards am 7. und 8. August sowie das Meeting des vollen Boards am 1. August. Statt zu raten, habe ich mich auf die Rekonstruktionen durch die Teilnehmer sowie auf die um diese Zeit an die Direktoren gefaxten Berichte verlassen. Dazu gehört Skillings »Ertragsanalyse« der internationalen Abteilung für die Jahre 1994 bis 2000.

29. Die Unterzeichnung des Abkommens zum Projekt Summer nach dem Vertrag vom 11. August 2000.

30. Angaben zum Ende von Marks Karriere nach Rebecca Smith und Aaron Lucchetti, »Water Venture Sinks an Enron Career«, in: *Asian Wall Street Journal*, 29. August 2000. Zeitpunkt des Meetings nach Einträgen in den Terminplänen Skillings und Lays. Siehe auch die Azurix-Presseerklärung vom 25. August 2000, »Rebecca P. Mark Resigns Azurix Chairman und CEO Post«.

31. Der Zeitpunkt von Skillings Meeting mit der Internationalen Gruppe nach einem Eintrag in seinem Terminkalender.

Kapitel 14

1. Zu Scheich Zayeds Operation siehe »UAE President Undergoes Successful Kidney Transplant«, Xinhua General News Service, 28. August 2000, Olivera Perkins, »Sheik Undergoes Kidney Transplant«, in: *Plain Dealer* (29. August 2000), S. A1, Sarah Crump, »Blossom Bonanza with Sheik in Town«, in: *Plain Dealer* (1. September 2000), S. B7, Regina McEnery, »Sheik's Age Makes Transplant at Clinic Unusual«, in: *Plain Dealer* (18. September 2000), S. E1, Bob Dyer, »A Big Wallet Can Bring Big Adventures«, in: *Beacon Magazine* (22. Oktober 2000), S. 4, und »Sheik Touched by Get-Well Letters Donates $ 30,000 to School«, Associated Press, 22. November 2000.

2. Kopien des Zisman-Memos, eines datiert auf den 31. August 2000, ein weiteres datiert auf den 1. September 2000, liegen dem Autor vor. Siehe auch das interne Enron-Memo von Mike Galvan, »Troubled Assets-Raptor«, 6. September 2000, Aufzeichnungen der Befragung Zismans durch Wilmer, Cutler am 12. Dezember 2001 und den *Batson Report*, Bd. 4, Anhang C, S. 143 f.

3. Einzelheiten zu Raptor III nach dem »Project Raptor 3«-Aktenmemorandum von Kevin Jordan, Clint Walden und Alan Quaintance vom September 2000 und dem »Project Raptor«-Memo derselben Manager vom 20. September 2000. Siehe auch den *Powers Report*, S. 114–118, und den *Batson Report*, Bd. 4, Anhang C, S. 135–144, die Wilmer-Cutler-Aufzeichnungen der Befragungen Jordans am 11. und 15. Januar 2002 sowie der Befragungen Siureks am 11. Dezember 2001 und 31. Januar 2002, das LJM-Genehmigungsformu-

lar für Raptor IV vom 11. September 2000, das Memo »Equity Swap Transaction« der Enron Corp. an Talon I LLC vom 20. Oktober 2000, das »Raptor 3 Transaction«-Aktenmemorandum Duncans und anderer Mitglieder des Enron Engagement Team vom 9. November 2000 sowie das »Raptor IV Transaction«-Aktenmemorandum des Enron Engagement Team vom 27. Dezember 2000. Weitere Informationen aus den 302-Unterlagen des FBI von der Vernehmung Deborah Cashs am 21. Februar 2002.

4. Einzelheiten zu Lays Situation aus heruntergeladenen Daten in einem Finanznavigator-Programm, das sämtliche Transaktionen der Familie von 1998 bis 2001 sowie persönliche Jahresabschlüsse für die Jahre 1999, 2000 und 2001 enthält. Angaben zu individuellen Inanspruchnahmen der Kreditlinien nach den in Lays Namen eingereichten individuellen Abhebungsanforderungen.

5. Zum Zeitpunkt des Meetings und zur Diskussion siehe Einträge in Mintz' persönlichem Terminkalender. Siehe auch die Wilmer-Cutler-Aufzeichnungen von der Befragung Mintz' am 20. Oktober 2001 und seine am 16. Mai 2003 aufgenommene Aussage im Rahmen der Batson-Untersuchung.

6. Zeitpunkt des Meetings nach Einträgen in den Terminplänen der Manager. Eine Kopie des vorgeblichen »Global Galactic Agreement« liegt dem Autor vor. Das Abkommen wie auch die Tatsache, dass es schriftlich festgehalten worden war, wurden zudem in *U.S. v. Skilling* beschrieben. Fastow hat gegenüber der Regierung ausgesagt, dass dieses Abkommen sowohl von ihm wie auch von Causey genehmigt worden sei. Obwohl sich auch Causeys Initialen auf diesem Dokument finden, hat Causey in diesem Fall auf nicht schuldig plädiert. Ich kann nicht mit absoluter Sicherheit sagen, ob er selbst es war, der seine Initialen unter dieses Abkommen gesetzt hat.

7. Zu diesen Diskussionen siehe Sanders' Aussage vom 9. Juli 2002 vor der CFTC und der FERC, S. 33–36.

8. Zu den Gesprächen zwischen Haedicke und Yoder siehe Yoders Aussage vom 7. Juni 2002 vor der CFTC und der FERC, S. 35–40.

9. Einzelheiten von Zismans Gespräch mit Haedicke nach den Aufzeichnungen seiner Befragung durch Wilmer, Cutler vom 12. Dezember 2001. Siehe auch Zismans eidesstattliche Erklärung vom 21. April 2003 gegenüber Anwälten der Kanzlei Alston & Bird, den *Batson Report*, Bd. 4, Anhang C, S. 143 f., und die Aufzeichnungen von Haedickes Befragung am 21. Januar 2002 durch Wilmer, Cutler.

10. Zeitpunkt von Baxters Besuch nach einem Eintrag in Skillings Besuchsplan.

11. Zu den Auseinandersetzungen der SEC mit dem Kongress über Levitts Vorschlag siehe *Take on the Street*, S. 132 f.

12. Der Kollaps des Projekts Summer spiegelt sich in den hektischen Aktivitäten rund um das Board of Directors wider. Am 15. September verschickte CEO-Assistentin Rebecca Carter ein Fax an die Direktoren, in dem sie laut dem Originalschreiben zu einem außerordentlichen Meeting des Boards für Sonntag, den 17. September, einberufen wurden. Ergänzt wurde diese Einladung durch aktualisierte Wirtschaftsdaten zum Projekt Summer. Da der Deal aber noch in der Schwebe war, wurde das Meeting an diesem Sonntag verschoben. Darauf folgte am nächsten Morgen der Zusammenbruch des Projekts Summer.

13. Zu Weils Berichten und Recherche siehe Scott Sherman, »Enron: Un-

covering the Uncovered Story«, in: *Columbia Journalism Review,* Mai/Juni 2003. Siehe auch Jonathan Weil, »Energy Traders Cite Gains, but Same Math Is Missing«, in: *Wall Street Journal (Texas Journal),* 20. September 2000.

14. Eine Kopie des Duncan-Briefs an Lay liegt dem Autor vor. Weitere Einzelheiten zu dem Brief nach Duncans Aussage vom 15. Mai 2002 in *United States of America v. Arthur Andersen LLP,* Strafsache Nr. H-02-121, vor dem Federal District Court in Houston. Siehe auch Duncans E-Mail vom 11. September 2000 an Jeffrey Peck von Andersen mit dem Betreff »Enron SEC Letter«.

15. Zu Chanos' Handlungen siehe seine Aussage vom 6. Februar 2002 vor dem Subcommittee on Oversight and Investigations des Ausschusses für Energie und Handel des Repräsentantenhauses. Siehe auch Jonathan R. Laing, »The Bear That Roared«, in: *Barron's,* 28. Januar 2002, und McLean und Elkind, *Smartest Guys in the Room,* S. 319 f.

16. Levitt beschrieb sein Zugehen auf Berardino in *Take on the Street,* S. 134 f.

17. Zeitpunkt und Einzelheiten des Telefonats zwischen Davis und Skilling nach während des Gesprächs angefertigten handschriftlichen Notizen und einem Eintrag in Skillings Terminkalender.

18. Zu dem Meeting in Portland siehe Sanders' Aussage vor der FERC und der CFTC am 9. und 10. Juli 2002, Yoders Aussage vom 7. Juni 2002 und das nicht datierte Protokoll von Halls Aussage. Siehe auch die nicht signierten, handschriftlichen Notizen der Meetings vom 3. und 4. Oktober 2000 und die Einzelrechnungen von Stoel Rives für den Zeitraum vom 1. bis 31. Oktober 2000, aufgeführt in der Endabrechnung der Kanzlei an Enron North America vom 27. November 2000.

19. Yoder beschrieb sein Zusammentreffen mit Forney in seiner Aussage vor der FERC und der CFTC vom 7. Juni 2002.

20. Zu dem Stromausfall in Palm Beach siehe »Palm Beach«, in: *Palm Beach Post* (7. Oktober 2000), S. 2B.

21. Einzelheiten des Meetings des Compensation and Management Development Committee am 7 . Oktober nach der offiziellen Agenda und Protokollen sowie handschriftlichen Notizen der CEO-Assistentin.

22. Einzelheiten des Oktober-Meetings des Finanzausschusses nach der offiziellen Agenda und Protokollen sowie handschriftlichen Notizen der CEO-Assistentin. Siehe auch die Präsentationen bei dem Meeting mit den Überschriften »Chief Financial Officer Report« und »LJM3«. Des weiteren siehe die Wilmer-Cutler-Aufzeichnungen von der Befragung Causeys am 30. November 2001, der Befragung Blakes am 29. Januar 2002, der Befragung Skillings am 27. November 2001 sowie den *Batson Report,* Bd. 4, Anhang D, S. 145.

23. Einzelheiten zu dem Board-Meeting am 7. Oktober nach der offiziellen Agenda und Protokollen sowie handschriftlichen Notizen der CEO-Assistentin.

24. Zu dem Meeting mit Fastow siehe die Einträge in Mintz' privatem Terminkalender, in dem er häufig Notizen festhielt. Kopien der LJM-Genehmigungsformulare liegen dem Autor vor. Zu Mintz' früherer Tätigkeit im Bereich Global Finance siehe die Wilmer-Cutler-Aufzeichnungen seiner Befragung am 20. Oktober und 21. November 2001, seine am 16. Mai 2003 im Rahmen der Batson-Untersuchung aufgenommene Aussage sowie seine Aussage

am 7. Februar 2002 vor dem Subcommittee on Oversight and Investigations des Ausschusses für Energie und Handel des Repräsentantenhauses.

25. Zu den Problemen mit den Raptoren und dem Einsatz des »costless collar« siehe den *Powers Report*, S. 110 f., den *Batson Report*, Bd. 4, Anhang C, S. 135–144, die Wilmer-Cutler-Aufzeichnungen der Befragungen Jordans am 11. und 15. Januar 2002 und der Befragungen Siureks am 11. Dezember 2001 und 31. Januar 2002, das Aktenmemorandum »Raptor Vehicle Issues« von Ron Baker von Enron vom 14. November 2000 sowie die mit »Daily Position Report and Summary« überschriebenen Dokumente für jedes Raptor-Vehikel aus den Monaten Oktober und November. Siehe auch die Wilmer-Cutler-Aufzeichnungen der Befragung Rakesh Bharatis am 20. Dezember 2001.

26. Zeitpunkt des Meetings am 23. Oktober aus den Kalendern beider Männer. Zu den Diskussionen siehe die von Mintz während des Meetings angefertigten Notizen. Siehe auch die Wilmer-Cutler-Aufzeichnungen der Befragungen Mintz' am 20. Oktober und 21. November 2001 sowie seine am 16. Mai 2003 im Rahmen der Batson-Untersuchung aufgenommene Aussage.

27. Mintz' Diskussion mit Buy nach den Wilmer-Cutler-Aufzeichnungen seiner Befragung vom 21. November 2001 und seiner am 16. Mai 2003 im Rahmen der Batson-Untersuchung aufgenommenen Aussage. Siehe auch die Aufzeichnungen von Buys Befragung durch Kongressmitarbeiter am 17. Januar 2002.

28. Zu Mintz' Meeting mit McMahon siehe die Einträge in Mintz' Terminkalender.

29. Skillings Auftritt bei der LJM-Konferenz nach seinen Aussagen vom 4. und 5. Dezember 2001 vor der SEC sowie nach den Einträgen in seinem Terminkalender für den 26. Oktober und einer Kopie seines Reiseplans. Eine Kopie von Fastows Präsentation »LJM Investments, Annual Partnership Meeting, October 26, 2000« liegt dem Autor vor. Weitere Details nach einer Einladung mit der Überschrift »LJM2 Coinvestment LP Conference« und den an die Teilnehmer verteilten Begrüßungsunterlagen. Siehe auch das Dokument »LJM2 Co-investment LP Conference, October 26–27, 2000, Agenda and Attendee List«.

30. Siehe dazu die Notizen und Einträge in Mintz' Terminkalender. Siehe auch die Wilmer-Cutler-Aufzeichnungen der Befragungen Mintz' am 20. Oktober und 21. November 2001 sowie seine am 16. Mai 2003 im Rahmen der Batson-Untersuchung aufgenommene Aussage. Siehe auch die Aufzeichnungen von Buys Befragung durch Kongressmitarbeiter am 17. Januar 2002.

31. Zu dem Folgemeeting in Portland siehe Sanders' Aussage vom 9. Juli 2002 vor der FERC und der CFTC.

32. Zum Abbruch der Verhandlungen und Berardinos Reaktion siehe Levitt, *Take on the Street*, S. 136 f.

33. Zu Chanos' Bemühungen siehe seine Aussage vom 6. Februar 2002. Siehe auch Laing, »The Bear That Roared«.

34. Zu Yoders Versuch, mit einem Memo von Hall die Aufmerksamkeit des Managements zu erregen, siehe seine Aussage vom 2. Juni 2002 vor der CFTC und der FERC.

35. Zu Currys EES-Überprüfung siehe McLean und Elkind, *Smartest Guys in the Room*, S. 299 f.

36. Zu dem Meeting mit Derrick siehe Sanders' Zeugenaussagen vom 9. und 10. Juli 2002.

37. Zu Mintz' Gespräch mit Fastow siehe die Notizen in seinem Terminkalender für diesen Tag. Siehe auch den Prospekt für die LJM2-Privatplatzierung vom 15. Dezember 1999 und den Prospektentwurf für LJM3 vom Dezember 2000. Des Weiteren siehe das »Investitionsempfehlungs«-Memo vom Dezember 2000 der Pacific Corporate Group an CalPERS, »LJM3 Co-investment LP«, und das Mintz-Memo »Private Placement Memorandum for LJM3« vom 7. Dezember 2000.

38. Einzelheiten der Weihnachtsbaumszene nach Nancy Vogel, »Crisis Darkens State Christmas Tree«, in: *Los Angeles Times* (6. Dezember 2000), S. Al. Siehe auch Colleen Valles, »Facing Power Shortage, Plea to Turn on Holiday Lights Late«, Associated Press, 5. Dezember 2000.

39. Zu Halls Bemühungen siehe das nicht datierte Protokoll seiner Aussage vor der CFTC und der FERC, die Kopie des Memos »Traders' Strategies in the California Wholesale Power Markets / ISO Sanctions« vom 6. Dezember 2000 von Yoder und Hall an Sanders sowie Yoders Aussage vom 7. Juni 2002 vor der CFTC und der FERC. Siehe auch die Einzelrechnungen von Stoel Rives für den Zeitraum vom 1. bis 7. Dezember 2000, aufgeführt in der Endabrechnung der Kanzlei an Enron North America vom 30. Januar 2001, sowie das Memo »Status Report on Further Investigation and Analysis of EPMI Trading Strategies« vom 11. Januar 2001 an Sanders von Gary Fergus von Brobeck.

40. Sanders beschrieb seine Reaktion auf das Yoder-Memo in seiner Aussage am 9. Juli 2002 vor der FERC und der CFTC.

41. Yoder beschrieb Haedickes Reaktion auf das Memo in seiner Zeugenaussage am 7. Juni 2002.

42. Zum Entwurf von Mintz' Memo siehe das Originalmemo »Private Placement Memorandum for ›LJM3‹«, 7. Dezember 2000. Siehe auch die Wilmer-Cutler-Aufzeichnungen von Mintz' Befragung am 20. Oktober 2001, seine im Rahmen der Batson-Untersuchung am 16. Mai 2003 aufgenommene Aussage und das revidierte Memo, von dem eine Kopie dem Autor vorliegt. Siehe auch den *Batson Report*, Bd. 4, Anhang C, S. 167.

43. Zum Board-Meeting am 12. Dezember siehe die offiziellen Protokolle.

Kapitel 15

1. Eine Kopie des DASH für Fishtail liegt dem Autor vor. Einzelheiten über die Transaktion aus dem Aktenvermerk von Enron Transaction Support vom 1. Oktober 2000, »Accounting Enron's Investment in Fishtail LLC«. Weitere Informationen aus der E-Mail von Mintz vom 4. Januar 2001 an Nicole Alvino, Barry Schnapper und Ryan Siurek, »LJM Approval Sheets for Avici, Catalytica«, und aus dem Protokoll von Wilmer, Cutler über die Befragung von Schnapper am 12. Dezember 2001 und die von Mintz am 21. November 2001 sowie dem *Batson Report*, Bd. 3, Anhang C, S. 90.

2. Zu Bass' Arbeit an Fishtail siehe seine E-Mail »Enron« an Stewart vom 4. März 2001; siehe auch die 302-Unterlagen über die Vernehmung von Stewart beim FBI am 8. Februar 2002.

3. Zum Projekt Braveheart siehe die interne Präsentation vom Dezember 2000, »EBS Blockbuster Monetization and More: ›Project Braveheart‹«, den Aktenvermerk der Andersen-Mitarbeiter Roger Willard und Clint S. Carlin,

»Content Services LLC Formation and Securitization Issues«, 29. Dezember 2000, den Aktenvermerk der Andersen-Mitarbeiterin Kimberly Scardino, »Project Braveheart – Sale of EBS Content Systems Membership Interests«, 29. Dezember 2000, und das Enron-Dokument »EBS Blockbuster Monetization, ›Braveheart – the Sequel‹«, Januar 2001. Zu der Buchhaltungsdebatte wegen des Projekts siehe die 302-Unterlagen des FBI über die Vernehmung von Bass am 1. Februar 2002 und die E-Mail »Blockbuster Update« von Bass an Stewart vom 20. Dezember 2000. Dass der Deal beinahe nicht zustande kam, geht hervor aus einem Brief, den John Antioco, Chairman und Chief Executive von Blockbuster, am 8. März 2001 an Rice von Enron Broadband Services schrieb. Siehe ferner die 4. Fassung der Anklageschrift in *United States of America v. Kenneth Rice et al.* vom 22. Juli 2004, Federal District Court, Houston.

4. Zu der Kontroverse um die CIBC siehe die 302-Unterlagen über die Vernehmung von Bass durch das FBI am 1. Februar 2002.

5. Informationen über die Probleme wegen der außer Kontrolle geratenen Gebühren, der so genannten negativen UDC Charges, aus einem undatierten Enron-Dokument von Ende Januar oder Anfang Februar 2001 mit dem Titel »EES – Confidential«; es beschreibt die finanziellen Auswirkungen der Gebühren. Genaueres über die kalifornische Bargeldreserve, die auf dem Formular Schedule C bei der Steuerbehörde gemeldet wurde, aus den 302-Unterlagen über die Vernehmung des Andersen-Mitarbeiters Thomas Bauer am 8. Februar 2002 durch das FBI. Siehe auch *U.S. v. Skilling et al.* sowie Kalkulationsunterlagen für Schedule C and Skillings Aussage vor der SEC am 5. Dezember 2001.

6. Zu den Anstrengungen, die Probleme mit den Raptoren zu lösen, siehe die 302-Unterlagen des FBI über die Vernehmung von Bass am 1. Februar 2002 und über die Vernehmung von Cash am 21. Februar 2002 sowie den Aktenvermerk von Ron Baker bei Enron »Raptor III-IV Cross-Guarantee Loss Contingency« vom 29. November 2000. Siehe außerdem den Aktenvermerk von Duncan und anderen Mitgliedern seines Teams »Raptor Structures Update«, 28. Dezember 2000, das undatierte, unsignierte Dokument »Raptor Vehicles Credit Capacity Issue Solutions« und ein weiteres undatiertes, unsigniertes Dokument mit der Bezeichnung »Raptor Realignment Steps«. Siehe auch *Powers Report*, S. 119 f., den *Batson Report*, Bd. 4, Anhang C, S. 138, das Protokoll von Wilmer, Cutler über die Befragung von Kevin Jordan am 11. und 15. Januar 2002, von Ryan Siurek am 11. Dezember 2001 und am 31. Januar 2002, von Wes Colwell am 9. Januar 2002 und von Ron Astin am 16. Januar 2002.

7. Informationen aus der Aktennotiz von Duncan aus dem Originaldokument. Siehe auch den *Batson Report*, Bd. 4, Anhang B, Annex 1,4.

8. Zu der Besprechung zwischen Davis, Greenspan und Summers siehe Noam Neusner, »Greenspan, Davis Meet to Discuss Electricity Crisis«, in: *San Francisco Chronicle* (27. Dezember 2000), S. B1, und »California Briefing for Fed Governor«, in: *Houston Chronicle* (27. Dezember 2000), Business, S. 4.

9. Informationen über das Gespräch zwischen Lay und Davis aus Lays Reisebericht über die Woche und seinen handschriftlichen Notizen während des Gesprächs.

10. Informationen über den Rückkauf von Azurix aus dem 8-K-Bericht, den

Azurix am 15. Dezember 2000 bei der SEC einreichte. Siehe auch »Enron Throws Azurix a Lifeline«, in: *Global Water Intelligence,* November 2000.

11. Zu der Verwendung der Absicherung als Barmittel siehe den 10-K-Bericht von Enron für das Jahr 2000, eingereicht bei der SEC am 2. April 2001, und die am 6. Mai 2001 von der Off Wall Street Consulting Group herausgegebene Analyse des Enron-Konzerns.

12. Zu Davis' Rede zur Lage des Staates siehe die offizielle Mitschrift. Siehe auch Dan Morain, »Davis Urges Electric Overhaul to End ›Energy Nightmare‹«, in: *Los Angeles Times* (9. Januar 2001), S. A1.

13. Zu Causeys Forderung, Bass zu entlassen, siehe die 302-Unterlagen über die Vernehmung von David Duncan durch das FBI am 5. April 2002, von Bass am 8. Februar 2002, von Bauer am 8. Februar 2002; siehe auch Bass' Aussage vom 9. Mai 2002 in *U.S. v. Arthur Andersen.* Berardinos Reise wurde von der Andersen-Mitarbeiterin Shannon Adlong am 24. Januar 2001 in einer E-Mail an David Duncan angekündigt, und mit der E-Mail »Joe Berardino Visit to Enron – Feb. 21st« informierte sie am 16. Februar 2001 auch das Enron-Team von Andersen.

14. Kaminski berichtete über seinen Ärger mit den Raptoren in seiner Befragung durch Wilmer, Cutler am 16. Dezember 2001.

15. Informationen über die Besprechung aus Lays Reisebericht mit der Überschrift »Los Angeles CA Itinerary; KLL/SJK/RS« für den 13.–15. Januar 2001.

16. Die Ereignisse bei der Videokonferenz wurden von verschiedenen Teilnehmern rekonstruiert, die damals entweder in Washington oder in Los Angeles waren.

17. Zu Mintz' Treffen mit Fastow siehe die Notizen in seinem Terminkalender, seine Aussage unter Eid am 16. Mai 2003 im Rahmen der Untersuchung durch Batson und seine Aussage vor dem House Energy and Commerce Committee's Subcommittee on Oversight and Investigations am 7. Februar 2002. Auch berichtete er an jenem Tag in einer E-Mail an Astin und Rogers über das Gespräch. Siehe auch einen Ausdruck seiner E-Mail vom 31. Januar 2001 an Astin und Rogers mit dem Betreff »LJM Proxy Disclosure – RhythmsNet«, der mit handschriftlichen Notizen von Mintz versehen ist; ferner den *Batson Report,* Bd. 3, Anhang C, S. 34, und Mintz' handschriftliche Aufzeichnung einer Voice Mail vom 1. Mai 2001, in der Fastow sagte, wie er auf eine potenzielle Aufdeckung seiner Einnahmen aus LJM zu reagieren gedachte.

18. Eine Kopie von Mintz' E-Mail vom 16. Januar 2001 liegt dem Autor vor, dasselbe gilt auch für die folgende von Walls an Derrick weitergeleitete E-Mail vom selben Tag. Siehe auch den *Batson Report,* Bd. 4, Anhang C, S. 129 f. Walls berichtete über das Gespräch mit Astin in seiner eidesstattlichen Versicherung vor dem Konkursprüfer am 3. September 2002.

19. Zu der Reise von Lay und seiner Frau nach Washington siehe ihren offiziellen Reisebericht für den 18.–21. Januar 2001. Das Dokument trägt die Überschrift »2001 Presidential Inauguration; Kenneth and Linda Lay; Washington, D. C.; January 18–21, 2001; Itinerary«. Siehe auch Kurt Eichenwald mit Diana Henriques, »Enron Buffed Image to a Shine Even as It Rotted from Within«, in: *New York Times* (10. Februar, 2002), S. A1.

20. Dialog bei der Telefonkonferenz aus der offiziellen Mitschrift.

21. Eine Kopie der offiziellen Bilanz der Familie Lay für das Jahr 2000 liegt dem Autor vor.

22. Zu Chanos' Anstrengungen siehe seine Aussage am 6. Februar 2002 vor dem Kongress und McLean und Elkind, *Smartest Guys in the Room,* S. 320 f.

23. Informationen über das Gespräch zwischen Mintz und Causey aus den Notizen in Mintz' Terminkalender und aus einer E-Mail von Mintz an Causey vom 1. Februar 2001 mit dem Betreff »Re: Related Party Transactions«. Siehe auch Mintz' Aussage unter Eid vom 16. Mai 2003 im Rahmen der Untersuchung durch Batson, seine Aussage vor dem Kongress am 7. Februar 2002, das Protokoll seiner Befragung bei Wilmer, Cutler am 20. Oktober 2001 und den *Batson Report*, Bd. 4, Anhang C, S. 130.

24. Skilling berichtete über sein Gespräch mit Fastow in seiner Aussage vor der SEC am 4. und 5. Dezember 2001; eine Kopie des Blattes mit der vorgeblichen Schätzung seiner Einnahmen durch Fastow wurde vom Autor eingesehen.

25. Zu Fastows tatsächlicher Finanzlage siehe *U.S. v. Fastow et al.* und die Anklageschrift vom 30. April 2003 in *United States of America v. Lea W. Fastow,* Federal District Court, Houston.

26. Zu der Konferenz und dem zitierten Dialog siehe McLean und Elkind, *Smartest Guys in the Room,* S. 299.

27. Zu der neuen Zuordnung des Handelsbuchs der EES siehe die 302-Unterlagen des FBI über die Vernehmung von Debra Cash am 21. und 22. Februar 2002, *U.S. v. Skilling et al.*, die am 29. Oktober 2003 eingereichte Anklageschrift, in *United States of America v. David Delainey,* Federal District Court, Houston. Delainey bekannte sich als schuldig im Sinne der Anklage. Siehe auch den von Enron bei der SEC eingereichten 10-Q-Vierteljahresbericht vom 15. Mai 2001, in dem die neue Zuordnung des Handelsbuchs offen gelegt ist. Siehe außerdem die E-Mail »Organizational Changes«, durch die Lay und Skilling am 7. Februar 2001 alle wichtigen Mitarbeiter des Gesamtkonzerns informierten.

28. Informationen über die Sitzung des Prüfungsausschusses vom 12. Februar 2001 aus dem offiziellen Protokoll, aus handschriftlichen Notizen, die während der Sitzung von der Sekretärin des CEO gemacht wurden, und aus einem Exemplar von Causeys offizieller Präsentation »Review of LJM Procedures and Transactions Completed in 2000«. Siehe auch Mintz' Aussage unter Eid vom 16. Mai 2003 im Rahmen der Untersuchung durch Batson. Siehe ferner seine Aussage vor dem Kongress am 7. Februar 2002, das Protokoll von Wilmer, Cutler über die Befragung von Winokur am 8. Januar 2002 und von Causey am 30. November 2002 und den *Batson Report*, Bd. 4, Anhang C, S. 128–131, und Bd. 3, S. 130.

29. Zu McLeans Arbeit und ihrem Anruf bei Enron siehe McLean und Elkind, *Smartest Guys in the Room,* S. 321 f. Weitere Informationen aus Skillings Terminkalender. Siehe auch Bethany McLean, »Is Enron Overpriced?«, in: *Fortune* (5. März 2001), S. 122, und handschriftliche Notizen, die bei dem Telefongespräch zwischen McLean und Skilling von einem der Mithörenden gemacht wurden.

30. Zu dem Interview bei *Fortune* siehe McLean und Elkind, *Smartest Guys in the Room,* S. 322 f.

1. Genaueres zu Bass' Kaltstellung in den 302-Unterlagen über die Vernehmungen durch das FBI von Duncan am 5. April 2002, von Bass am 8. Februar 2002, von Bauer am 8. Februar 2002 und von Stewart am 8. Februar 2002. Siehe auch Bass' E-Mail an Stewart vom 4. März 2001 sowie Bass' Aussage in *U.S. v. Arthur Andersen* am 9. Mai 2002, Stewarts Aussage im selben Prozess am 30. und 31. Mai 2002 und die handgeschriebenen, unsignierten Notizen, die bei einer Besprechung von Andersen am 12. März 2001 gemacht wurden.

2. Zu Mintz' Informationsgespräch mit den Hausjuristen siehe ein Memo vom 7. März 2001 mit dem Titel »LJM Legal Review«, die Einträge in Mintz' Terminkalender, Mintz' eidesstattliche Versicherung vom 16. Mai 2003 im Rahmen der Untersuchung durch Batson und seine Aussage vor dem Kongress am 7. Februar 2002. Siehe auch den *Batson Report*, Bd. 4, Anhang C, S. 155. Die Zeugenaussagen und der Terminkalender enthalten auch Informationen über die Versuche, Informationen an Fastow weiterzuleiten. Eine Kopie der weitergeleiteten Notiz »LJM Approval Process – Transaction Substantiation« vom 8. März 2001 liegt dem Autor vor. Siehe auch das Protokoll von Wilmer, Cutler über die Befragung von Causey am 30. November 2001.

3. Termine der Besprechungen und Diskussionen aus Glisans Terminkalender. Zum Inhalt der Besprechung von Kaminski, Glisan und Kindall siehe den mit 9. März 2001 datierten Bericht von Kindall, den dieser zusammen mit Li Sun schrieb. Der Cashflow wurde nicht täglich registriert, aber von Andersen vierteljährlich analysiert. Dies geht aus Aktenvermerken des Andersen-Mitarbeiters Michael Croom vom 30. Juni und 30. Juli 2000 mit der Bezeichnung »ECM Cash Flow Review« hervor.

4. Einzelheiten über Glisans Familienausflug nach Colorado aus dem Reiseplan von Ben Glisan für die Woche vom 10.–17. März 2001.

5. Einige Probleme mit dem Blockbuster-Deal werden in einem Brief angesprochen, den John Antioco, Chairman und Chief Executive von Blockbuster, am 8. März 2001 an Ken Rice schrieb. Siehe auch die vierte Fassung der Anklageschrift in *U.S. v. Rice et al.* und Anne Marie Squeo und Bruce Orwall, »Enron and Blockbuster Terminate Partnership for Video-on-Demand«, in: *Wall Street Journal* (12. März 2001), S. B9.

6. Der Artikel von Reuters stammte vom 9. März 2001. Eine Kopie der E-Mail-Korrespondenz zwischen Bass und Stewart am 10. März liegt dem Autor vor. Zu dem Versäumnis, einen Verlust auszuweisen, siehe *U.S. v. Rice et al.* Siehe auch Bass' E-Mail vom 13. März 2001 an Stewart mit dem Betreff »EBS Blockbuster Memo«.

7. Termin der Besprechung von Mintz, Causey und Buy aus Mintz' persönlichem Terminkalender. Siehe auch seine eidesstattliche Versicherung vom 16. Mai 2003 im Rahmen der Untersuchung durch Batson und seine Aussage vor dem Kongress am 7. Februar 2002.

8. Zu Skillings Frustration, als der Kurs der Enron-Aktien fiel, siehe John Emshwiller, »Enron's Skilling Cites Stock Price Plunge as Main Reason for Leaving CEO Post«, in: *Wall Street Journal* (16. August 2001), S. A2.

9. Die Umstrukturierung der Raptoren wird detailliert beschrieben im *Powers Report*, S. 121–125. Siehe auch das Protokoll von Wilmer, Cutler über die Befragung von Kaminski am 19. Dezember 2001, von Jordan am 11. und 15. Januar 2002 und von Siurek am 11. Dezember 2001 und am 31. Januar

2002. Siehe außerdem den Aktenvermerk von Duncan und dem Andersen-Team bei Enron »Enron-Raptor Entity Note Impairment« vom 30. März 2001 und Siureks Aktenvermerk »Raptor Restructuring« vom 12. April 2001.

10. Siurek berichtete bei seiner Befragung durch Wilmer, Cutler über Skillings Anruf.

11. Zu Pitts Werdegang siehe Andrew Hill und John Labate, »A Reluctant Street Fighter«, in: *Financial Times* (11. Mai 2002), S. 9, und Stephen Labaton, »Praise to Scorn: Mercurial Ride of S.E.C. Chief«, in: *New York Times* (10. November 2002), Teil 1, S. 1.

12. Datum der Besprechung zwischen Skilling und Martin aus Skillings Terminkalender.

13. Datum der Besprechung zwischen Skilling und Fastow aus Skillings Terminkalender. Siehe auch Skillings Aussage vor der SEC am 4. und 5. Dezember 2001.

14. Mintz berichtete in seiner Aussage vor dem Kongress am 7. Februar 2002 und in seiner eidesstattlichen Versicherung im Rahmen der Untersuchung durch Batson, dass der Wind Deal für ihn ein Wendepunkt gewesen sei. Siehe auch sein Memo »Proposed Sale of EnronWind to LJM – Disclosure Issues« vom 12. April 2002 an Baxter, Metts und Causey. Siehe ferner das Protokoll von Wilmer, Cutler über die Befragung von Derrick am 17. Januar 2002, über die Befragung von Rex Rogers am 18. Januar 2002 sowie den »Proposed Transaction« überschriebenen Brief von Ron Astin an Mintz und Lance Schuler vom 18. April 2001.

15. Eine Kopie von Fastows E-Mail an Skilling liegt dem Autor als elektronische Kopie aus Skillings E-Mail-Konto vor. Zeitpunkt der Ankunft der Managergruppe in Fastows Büro aus Mintz' Terminkalender.

16. Zu Lays Reise nach Washington siehe seinen Reisebericht mit dem Titel »Eli Lilly – Indianapolis – Indiana; Vice President Cheney – Washington, D.C.; April 16–17, 2001« sowie einen Brief von Carolyn A. Cooney aus dem Washingtoner Büro von Enron an Debbie Heiden von Cheneys persönlichem Stab vom 13. April 2001. Siehe ferner, ebenfalls vom 13. April, ein Memo von Linda Robertson und Tom Briggs aus dem Büro von Enron in Washington zur Vorbereitung von Lay und Kean. Das Gespräch mit Cheney ist sehr gut dokumentiert. Lays Notizen für das Gespräch tragen die Überschrift »Discussion Points for Lay/Cheney Meeting« und liegen dem Autor vor. Dasselbe gilt auch für die verschiedenen Positionspapiere, die für Cheney hinterlassen wurden. Diese Papiere, von denen einige bereits zur Beeinflussung anderer politischer Adressaten verwendet worden waren, tragen die Überschriften »National Energy Policy: Priorities«, »Examples of Problems Due to Lack of Open Access«, »Emergency Measures for Western Power Markets«, »Action Plan for Implementing Findings & Principles for Joint Action on Western States Power Markets«, »ESPA Letter on Open Access«, »Summary of Democratic Alternative Bill«, »Federal Demand Buy-Down (›Megawatt‹) Proposal«, »LNG« und »Carbon Dioxide«. Schließlich konnte der Autor auch noch die Notizen einsehen, die einer der Teilnehmer während des Gesprächs machte.

17. Zu der Telefonkonferenz mit Skilling siehe die offizielle Abschrift der Aufzeichnung.

18. Mehrere Nachrichtenmedien meldeten Skillings Ausrutscher. Siehe

zum Beispiel »Skilling, Analyst Verbally Butt Heads«, Reuters, 18. April 2001, und »Skilling Speaks His Mind«, in: *Gas Daily,* 18. April 2001.

19. Skillings Vorschlag, den VAR zu erhöhen, ist in der von Skilling und Buy verfassten Präsentation für den Finanzausschuss vom 30. April 2001 dokumentiert; sie trägt den Titel »Recommended Changes to the Risk Management Policy«.

20. Eine Kopie von Skillings ursprünglicher Rücktrittserklärung liegt dem Autor vor.

21. Informationen aus dem Originalgutachten der Off Wall Street Consulting Group vom 6. Mai 2001. Siehe auch Trebor Banstetter, »Some Saw Through Enron's Ploys«, in: *Fort Worth Star-Telegram* (1. Februar 2002), Business, S. 1.

22. Baxters Abschied wurde am 2. Mai 2001 durch eine von Lay und Skilling verschickte E-Mail an alle Mitarbeiter bekannt gegeben.

23. Lays Aufenthaltsort laut Terminkalender. Eine Kopie der Nachschussforderung der Bank of America liegt dem Autor vor.

24. Datum der Besprechung laut Mintz' Terminkalender. Weitere Informationen aus dem Protokoll von Wilmer, Cutler über die Befragung von Mintz am 20. Oktober und 21. November 2001, aus seiner eidesstattlichen Versicherung im Rahmen der Untersuchung durch Batson am 16. Mai 2003 und aus seiner Aussage vor dem Kongress am 7. Februar 2002. Siehe auch den *Batson Report*, Bd. 4, Anhang D, S. 143 f.

25. Mintz las den Artikel von Stephen Labaton, »White House Picks Chairman of S.E.C.«, in: *New York Times* (8. Mai 2001), S. A1. Weitere Informationen aus Mintz' Aussage vor dem Kongress am 7. Februar 2002 und aus seinem Brief vom 10. Mai 2001 an Richard Steinwurtzel von Fried, Frank.

26. Lay las den Artikel von Peter Eavis, »Why One Firm Thinks Enron Is Running Out of Gas«, TheStreet.com, 9. Mai 2001.

Kapitel 17

1. Bushs Ankündigung aus David Sanger mit Joseph Kahn, »Bush, Pushing Energy Plan, Offers Scores of Proposals to Find New Power«, in: *New York Times* (18. Mai 2001), S. A1. Die Kursentwicklung der Industrie- und Enron-Aktien ist dem Skript des Nightly Business Report vom 17. Mai 2001 entnommen.

2. Einzelheiten zum Banker-Treffen in Miami aus dem Schriftstück »Bank Attendees« vom 17. Mai 2001, in dem Teilnehmer und Veranstaltungen aufgelistet sind.

3. Zu Lays Reise nach Kalifornien siehe seinen Reiseplan für jene Woche mit der Überschrift »Itinerary for KLL; California«.

4. Den Bericht »Reliable, Affordable, and Environmentally Sound Energy for America's Future« der National Energy Policy Development Group vom Mai 2001 hat der Autor eingesehen und mit den Stichpunkten und Gesprächsthemen verglichen, die Cheney und seinen Mitarbeitern bei seinem Treffen mit Lay vorgelegt wurden. Obwohl in den Medien häufig darüber spekuliert wurde, dass die Cheney Task Force sich den Forderungen Enrons gebeugt habe, trifft Lays Analyse eher zu: Die zentrale Forderung nach der Einrichtung regionaler Versorgungsunternehmen wurde von der Regierung nicht

aufgegriffen. Dafür hatte Enron die Regierung in einigen Punkten gebeten, nicht aktiv zu werden; diese wurden nun als politische Empfehlungen übernommen. Alles in allem zeigt der Vergleich von Lays Präsentation und Cheneys Empfehlungen, dass beide sich für eine Deregulierung der Strommärkte aussprachen. Dies allerdings hatte die Republikanische Partei bereits seit einem Jahrzehnt gefordert. Die Behauptung, dass die Regierung die Deregulierung verfolgte, weil Lay sich dieser Position verschrieben hatte, widerspricht daher den historischen Tatsachen.

5. Emshwillers Artikel »California Blame Game Yields No Score« erschien am 22. Mai 2001 im *Wall Street Journal.* Zu Emshwillers Interview mit Lockyer siehe Rebecca Smith und John R. Emshwiller, *24 Days,* New York 2003, S. 14 f.

6. Skillings Gespräch mit Fastow ist in Skillings Terminkalender verzeichnet. Zu diesem Gespräch siehe auch Skillings vereidigte Aussage vor der SEC am 4. und 5. Dezember 2001. Es ist aus mehreren Gründen wahrscheinlich, dass die Szene wie hier beschrieben stattgefunden hat. Der Staat hat zwar Fastow mittlerweile als Zeugen, und Skilling wurde bereits mehrerer Vergehen angeklagt; doch man geht davon aus, dass Skilling in seiner Aussage vor der SEC diese Sache richtig dargestellt hat. Die Unterlagen und Befragungen deuten klar darauf hin, dass Fastows Rückzug aus LJM von Skilling angestoßen wurde. In den Tagen vor dem Gespräch setzte Fastow alles daran, noch Vorteile aus LJM zu ziehen. Er verließ Skilling nach diesem Gespräch mit dem Vorsatz, sich einen Platz im Fonds zu sichern, ohne ihn offen legen zu müssen. Fastow erzählte außerdem einigen Zeugen von Skillings Forderung, und seine Aussagen aus jener Zeit stützen Skillings Angaben vor der SEC.

7. Zu Lays Besuch bei KKR siehe seinen Reiseplan vom 21.–23. Mai 2001.

8. Beldens Entscheidung, sich einen Anwalt zu nehmen, geht aus der Aussage des Firmenanwalts Sanders vor der CFTC und der FERC am 9. Juli 2002, S. 113 f., hervor.

9. Zu Mintz' Versuchen, Skilling die DASH-Formulare für LJM unterzeichnen zu lassen, siehe die Protokolle seiner Befragungen durch Wilmer, Cutler am 20. Oktober und am 21. November 2001, seine Zeugenaussage unter Eid vor Neil Batson am 16. Mai 2003 und seine Aussage vom 7. Februar 2002 vor dem Kongress. Siehe dazu auch Mintz' Memo an Skilling, »Company Approvals for Transactions with LJM« vom 22. Mai 2001.

10. In seiner Aussage vor ebendiesem Kongressgremium sagte Skilling am selben Tag, dass er das Memo, das Mintz ihm zugeschickt habe, nie zu Gesicht bekommen habe. Aus Skillings Terminkalender geht hervor, dass er das Büro um die Zeit verließ, als ihm der Umschlag zugeschickt wurde, und dass er erst eine Woche später zurückkehrte. Siehe dazu auch das Protokoll von Skillings Befragung am 27. November 2001 durch Wilmer, Cutler.

11. Dass Fastow versuchte, einen kleineren Anteil an LJM zu behalten, und dass diese Idee anschließend abgelehnt wurde, geht aus einem Brief hervor, den Jordan Mintz am 21. Mai 2001 an Richard A. Steinwurtzel und James H. Schropp von der Kanzlei Fried, Frank schrieb. Siehe auch Mintz' getippte Notiz mit der Überschrift »LJM Legal Review« vom 22. Mai 2001, Mintz' Memo an Fastow mit dem Titel »LJM Proxy Disclosures (2002)« vom 4. Juni 2001 sowie das Memo mit der Überschrift »Enron Proxy Disclosure«, das James P. Baetzhold von Fried, Frank an Steinwurtzel, Schropp und Lanae Holbrook schickte.

12. Der Zeitpunkt des Gesprächs zwischen Mintz und Fastow geht aus Mintz' Terminkalender hervor. Näheres siehe Mintz' Aussage vor dem Kongress am 7. Februar 2002.

13. Zum Gespräch zwischen Skilling und Fastow siehe Skillings Aussage unter Eid vor der SEC.

14. Zum Wiedererwerb von Cuiabá und der Entscheidung, den Termin zu verschieben, siehe unter anderem die Vereinbarung zum Wiedererwerb der Aktien zwischen LJM BrazilCo und Enron de Brazil Holdings Ltd. vom 28. März 2001, das Schriftstück mit dem Titel »EPE Holdings Ltd Transfer of Share from LJM BrazilCo. to EPE Holdings Ltd« vom 15. August 2001, die Protokolle der Befragung Castlemans durch Wilmer, Cutler am 6. Dezember 2001 und der Befragung Lipshutz' vom 5. und 7. Dezember 2001. Siehe auch den *Batson Report,* Bd. 2, Anhang L, Annex 3, S. 7 f. sowie Jordan Mintz' getippte Notizen mit der Überschrift »LJM Update« vom 7. Mai 2001.

15. Zu Watkins' Person und ihrem zufälligen Treffen mit Fastow siehe Swartz mit Watkins, *Power Failure,* S. 262 f.

16. Siehe den Eintrag in Lays Reiseplan unter der Überschrift »European Trip; E7 Summit; May 29 – June 10, 2001; Lays / Seidls / Reasoners / Duncans«.

17. Zu den LJM-Verhandlungen und zum endgültigen Kaufpreis siehe unter anderem den Kaufvertrag vom 24. Juli 2001 zwischen Fastow und Kopper, Koppers Schuldtitel- und Pfandvereinbarung zugunsten der Citicorp., die den Kredit für den Erwerb von LJM2 finanzierte, vom 31. Juli 2001 und einen Brief Koppers an Citicorp. vom 29. August 2001. Siehe außerdem die Klageschrift im Fall *U.S. v. Fastow et al.* sowie den *Batson Report,* Bd. 2, Anhang L, Annex 4, S. 41 f.

18. Die Änderungen beim PRC sind in Skillings E-Mail »Changes to PRC Process« an alle Mitarbeiter vom 9. Mai 2001 beschrieben.

19. Zu Skillings Präsentation siehe das Video »Strategic Directions 2001« der von Tibco geförderten Technologiekonferenz.

20. Zum Vergleich in der Sache Andersen Waste Management und Goolsbys Rolle darin siehe die Unterlagen der SEC im Fall *Securities and Exchange Commission v. Arthur Andersen LLP et al.* beim Federal District Court in Washington, D.C. Diese Unterlagen wurden zum Zeitpunkt des Vergleichs am 19. Juni 2001 abgelegt und enthalten eine »Order Instituting Public Administrative Proceedings, Making Findings and Imposing Remedial Sanctions Pursuant to Rule 102(e) of the Commission's Rules of Practice«, Verwaltungsverfahren Aktennummer 10513, »Final Judgment as to Defendant Arthur Andersen LLP«, »Consent of Defendant Arthur Andersen LLP« sowie die Klageschrift.

21. Zum FERC-Beschluss und seinen Folgen für die Enron-Aktie siehe Christian Berthelsen, »Texas Power Firm's Shares Falling«, in: *San Francisco Chronicle* (22. Juni 2001), S. B1.

22. Einzelheiten zu Skillings Sitzung mit den Anwälten sind seinem Terminkalender entnommen sowie Sanders' Aussage vom 9. Juli 2002, S. 162–165.

23. Herrolds Vorstöße und die Antworten, die er erhielt, gehen aus mehreren handschriftlichen Notizen hervor, die er ab dem 20. Juni 2001 von seinen Gesprächen mit Rex Rogers machte.

24. Skilling sagte am 6. Dezember 2001 vor der SEC zu den Ereignissen in San Francisco aus. Von den Vorgängen im Saal liegt dem Autor eine Hör-

kassette vor. Siehe außerdem Karen Gaudette, »Enron CEO Gets a Pie in the Face«, in: *Associated Press Online*, 21. Juni 2001.

25. Zu Fastows Reise nach Florida siehe unter anderem Fastows Anforderung eines Unternehmensjets »Company Airplane Transportation Request« vom 30. Mai 2001, die von Skilling genehmigt wurde. Der Reiseplan »Fastow Foundation Travel; Cheeca Lodge, Florida; June 21–24, 2001« enthält auch eine Vielzahl kopierter handschriftlicher Notizen über die genutzten Angebote, den Flugplan sowie den Zeitplan, den die Piloten der Hawker für den 21. Juni 2001 einreichten, den undatierten Ausdruck einer E-Mail von Bridget Maronge an das Reisebüro Travel Park sowie drei weitere an Fastows Geschwister, Rechnungen der Cheeca Lodge vom 21. bis zum 24. Juni 2001 an Andy Fastow, Kopien der Bitte um Kostenerstattung an die Stiftung durch Maronge sowie die Anlage »SIFL Detailed Summary Report«, der Fastow am 6. Juli 2001 in einem Memo Kristi Monsons mit der Überschrift »Personal Use of Corporate Aircraft« zuging.

26. Zur Sitzung des Stiftungsrats siehe das Schriftstück »Fastow Family Foundation Annual Meeting, June 22, 2001« sowie das 990-PF-Formular (Return of Private Foundation), das beim Finanzamt für das Steuerjahr einging, das am 31. Dezember 2000 endete.

27. Einzelheiten zu Skillings Reise aus den Eintragungen in seinem Reiseplan. Die Art von Geschäft, die Nacchio vorschlug, ein so genannter Kapazitätentausch, war jahrelang typisch für Qwest. Den SEC-Akten der Firma Qwest zufolge wurde die Buchführung, die das Unternehmen für diese Geschäfte verwendete, von Arthur Andersen genehmigt. Im Jahr 2002 allerdings, als Qwest neue Wirtschaftsprüfer der Firma KPMG in Anspruch nahm, begann das Telefonunternehmen, seine Finanzergebnisse für diese Transaktionen neu auszuweisen. So reichte Qwest beispielsweise am 22. September 2002 Unterlagen bei der SEC ein, in denen es ankündigte, 1,48 Milliarden Dollar an Einkünften zu stornieren, von denen über eine Milliarde Dollar im Jahr 2001 ausgewiesen worden war. Es erwies sich zwar, dass die Buchführung nicht stimmte, doch findet sich nichts über Nacchios Angebot, das dem Anschein nach ungesetzlich oder doch zumindest unsauber war; für Enron hatte es unternehmerisch wenig Sinn. Dass Qwest mit Enron über solche Tauschgeschäfte verhandelte, wurde in den Kongressanhörungen »Capacity Swaps by Global Crossing and Qwest: Sham Transactions Designed to Boost Revenues?« vor dem House Energy and Commerce Committee's Subcommittee on Oversight and Investigations am 24. September 2002 deutlich. In dieser Anhörung sagte Nacchio aus: »In meiner Zeit als CEO diente meines Wissens nach jeder Erwerb von Kapazität der Förderung des Unternehmensplans« und nicht dem Zweck, quartalsweise Einkünfte auszuweisen. Dass im Juni 2001 mehrere Parteien mit Enron über einen Tausch von Breitbandkapazität verhandelten, ist in einer E-Mail vom 11. Juni 2001 dokumentiert, die Nancy Davidson für Gary Winnick, CEO von Global Crossing, an Tom Casey, ebenfalls Führungskraft bei Global Crossing, schickte und in der Winnick die jüngsten Gespräche mit Skilling zu Breitbandgeschäften beschreibt.

28. Näheres zu Watkins' Entdeckung siehe Swartz mit Watkins, *Power Failure*, S. 268 f.

29. Zu den Problemen im Unternehmensbereich Breitband siehe den internen Bericht »Enron Reports Strong Q2 Earnings Despite Broadband Loss«, der am 12. Juli 2001 über die Unternehmens-Website verbreitet wurde.

30. Mordaunt schilderte Fastows Angebot in ihrer Befragung durch Wilmer, Cutler am 12. Januar 2002.

31. Zum Transfer von 750 000 Dollar an Mordaunt aus der RADR-Geheimabsprache siehe die Anklageschrift im Fall *U.S. v. Fastow et al.*

32. Der Zeitpunkt des Gesprächs zwischen Skilling und Buy sowie weitere Einzelheiten sind Einträgen in Skillings Terminkalender entnommen.

33. Zum Gespräch zwischen Lay und Skilling siehe die Terminkalender der beiden.

34. Zum Treffen zwischen Watkins und Williams und Li siehe den Ausdruck eines Eintrags in ihrem elektronischen Terminkalender. Vergleiche außerdem Swartz mit Watkins, *Power Failure,* S. 269.

Kapitel 18

1. Kopien mehrerer Entwürfe für die Presseerklärung liegen dem Autor vor.

2. Informationen über die Sitzung des Finanzausschusses aus dem offiziellen Protokoll, aus handschriftlichen Notizen der Assistentin des CEO und aus einem Exemplar von Fastows Präsentation. Siehe auch den *Batson Report,* Bd. 4, S. 105, Bd. 4, Anhang D, S. 135, und Bd. 2, Anhang E, S. 6.

3. Informationen über die Sitzung des Boards aus dem offiziellen Protokoll.

4. Zu Watkins' Reaktion siehe Swartz mit Watkins, *Power Failure,* S. 270 f.

5. Zu dem Gespräch von Skilling und Lay mit Analysten und Journalisten siehe die offizielle Mitschrift. Der Rücktritt von Skilling wurde am Morgen des 14. August 2001 von Skilling und Lay durch eine E-Mail an alle Enron-Mitarbeiter auf der ganzen Welt bekannt gegeben. Siehe auch Jonathan Friedland, »Enron's CEO, Skilling, Quits Two Top Posts«, in: *Wall Street Journal* (15. August 2001), S. A3.

6. Siehe das undatierte, unsignierte Dokument. Der Zeitpunkt des Briefeingangs war in einem Posteingangsregister eingetragen, das von der Rechtsabteilung des Konzerns geführt wurde. Siehe ferner Swartz mit Watkins, *Power Failure,* S. 275 f.

7. Zur ursprünglichen Reaktion auf Watkins' Brief siehe Swartz mit Watkins, *Power Failure,* S. 276.

8. Näheres über Derricks Reaktion auf Watkins' Brief aus seiner eidesstattlichen Erklärung für den Konkursprüfer vom 26. September 2003. Siehe auch den *Batson Report,* Bd. 4, Anhang C, S. 159 f.

9. Causeys Reaktion auf Watkins' Brief kommt teilweise in einer E-Mail vom 15. August 2001 an die Enron-Mitarbeiterin Mary Clark zum Ausdruck; Kopien dieser Mail gingen an Steve Kean und Derrick.

10. Zu der Mitarbeiterversammlung siehe die Mitschrift des Ereignisses.

11. Zu Watkins' Reaktion auf Lays Rede und ihrem anschließenden Besuch bei Olson siehe Swartz mit Watkins, *Power Failure,* S. 278 f.

12. Zu Emshwillers Gespräch mit Friedland siehe Smith und Emshwiller, *24 Days,* S. 12 f.

13. Eine Kopie von Skillings Plan für die Zukunft liegt dem Autor vor.

14. Enrons Schriftsatz an die SEC: der 10-Q-Bericht vom 14. August 2001. Siehe auch Smith and Emshwiller, *24 Days,* S. 18 f. und 21.

15. Zu Skillings Gespräch mit Emshwiller siehe Smith und Emshwiller, *24 Days,* S. 22 f. Siehe auch den *Batson Report,* Bd. 4, Anhang D, S. 14.

16. Zu Lays Reise siehe seinen Reisebericht »Analyst Meetings – New York/Boston; August 16–17 2001«. Koenig las den Artikel von Emshwiller, »Enron's Skilling Cites Stock Price Plunge as Main Reason for Leaving CEO Post«.

17. Eine Kopie der E-Mail von Kean liegt dem Autor vor.

18. Zur Entscheidung des Blattes, einen Artikel über die Partnergesellschaften zu publizieren, siehe Smith und Emshwiller, *24 Days*, S. 25 f.

19. Zu Watkins' Versuchen, sich Mordaunt und Rogers verständlich zu machen, siehe Swartz mit Watkins, *Power Failure*, S. 281 f.

20. Zu der Geschichte mit der nicht geöffneten E-Mail von Siurek siehe die 302-Unterlagen des FBI über die Vernehmung von Grutzmacher am 15. Februar 2001.

21. Informationen über das Gespräch zwischen Fastow und Bowen aus Bowens Terminkalender.

22. Zum Gespräch zwischen Watkins und Buy siehe Watkins' Aussage am 14. Februar 2002 bei der Anhörung durch das House Energy and Commerce Committee's Subcommittee on Oversight and Investigations. Siehe auch ihre Aussage unter Eid vom 6. Juni 2003 vor dem Konkursverwalter von Enron und Swartz mit Watkins, *Power Failure*, S. 284 f.

23. Zu Watkins' Telefongespräch mit Hecker siehe einen Aktenvermerk Heckers vom 21. August 2001 mit Kopien an Duncan und das Enron-Team von Andersen. Siehe ferner Heckers E-Mail »Documentation of Client Call« an Duncan vom 23. August 2001, der eine Kopie des Aktenvermerks vom 21. August beigefügt war. Vgl. dazu auch Heckers Aussage vom 8. Mai 2001 in *U.S. v. Arthur Andersen* und Duncans Aktenvermerk vom 16. Oktober 2001, »Enron Employee Assertions Regarding Certain Transactions«. Weitere Informationen aus den 302-Unterlagen des FBI über die Vernehmung von Shannon Adlong am 5. Februar 2002, von David Duncan am 14. Januar, 21. März und 5. April 2002, von Nancy Temple am 13. Februar 2002 und aus dem Protokoll der SEC über die Befragung von Duncan am 14. Januar 2002. Vgl. auch Swartz mit Watkins, *Power Failure*, S. 285, und den *Batson Report*, Bd. 4, Anhang C, S. 174.

24. Derricks relative Untätigkeit in der Woche, nachdem er Watkins Brief gelesen hatte, ist dokumentiert im *Batson Report*, Bd. 4, Anhang C, S. 159. Zu der Sorge, dass Watkins zu einer rechtlichen Belastung werden könnte, siehe eine E-Mail von Carl Jordan von Vinson & Elkins an Sharon Butcher von Enron. Siehe auch den *Batson Report*, Bd. 4, Anhang C, S. 159.

25. Datum und Uhrzeit von Lays Gespräch mit Watkins aus Lays Terminkalender. Kopien der von Watkins vorbereiteten Dokumente liegen dem Autor vor. Siehe auch Swartz mit Watkins, *Power Failure*, S. 287 f.

26. Zu Derricks Anruf bei Dilg und seinem Versäumnis, das Material von Watkins einzusehen, bevor er es an Vinson & Elkins schickte, siehe seine eidesstattliche Versicherung vor dem Konkursprüfer am 26. September 2003. Siehe ferner unsignierte handschriftliche Notizen von Vinson & Elkins über den Auftrag.

27. Eine Kopie der E-Mail vom 22. August 2001 – ursprünglich von Zipter an den Enron-Mitarbeiter Ding Yuan gerichtet und dann von Zipter an Kaminski weitergeleitet – und Kaminskis Antwort liegen dem Autor vor.

28. Zu Dilgs Anstrengungen, ein Ermittlungsteam zusammenzustellen, siehe bestimmte handschriftliche Notizen der Anwälte. Siehe auch den *Bat-*

son Report, Bd. 4, Anhang C, S. 161 f. Siehe ferner Dilgs eidesstattliche Versicherung vom 14. August 2003 und Astins eidesstattliche Versicherung vom 10. September 2003 vor dem Konkursprüfer und Hendricks handschriftliche Notizen vom 23. August 2001 über die Diskussion mit Astin und den *Batson Bericht*, Bd. 4, Anhang C, S. 162 f.

29. Eine Kopie der Nachschussforderung der Bank of America liegt dem Autor vor.

30. Der Artikel von Smith und Emshwiller, »Heard on the Street: Enron Prepares to Become Easier to Read«, erschien am 28. August 2001 in: *Wall Street Journal*, S. C1.

31. Durch die Analyse gewisser Details ermittelte der Autor die Identität des Informanten des *Journal*. Er ließ sich seine Entdeckung durch den Informanten bestätigen, aber unter der Bedingung, seine Identität nicht preiszugeben.

32. Eine Kopie des von Hannan am 28. August ausgefüllten MUI-Formulars liegt dem Autor vor.

33. Zu McMahons Anruf bei Watkins siehe Swartz mit Watkins, *Power Failure*, S. 290 f.

34. Zur Arbeit der Journalisten siehe Smith und Emshwiller, *24 Days*, S. 47–50 und 73 f.

35. Zu Fastows Wut über Watkins und Olsons Reaktion siehe Watkins' Aussage vor dem Kongress vom 14. Februar 2002, ihre Aussage unter Eid vom 6. Juni 2003 vor dem Konkursverwalter, einen Aktenvermerk von Vinson & Elkins über die Vernehmung von Fastow im Rahmen der Untersuchung von Watkins' Vorwürfen, bei der Fastow seine Wut deutlich zeigte, und Swartz mit Watkins, *Power Failure*, S. 291. Siehe ferner den *Batson Report*, Bd. 4, Anhang C, S. 159.

36. Zu der Befragung von McMahon durch Vinson & Elkins am 30. August 2001 siehe den Aktenvermerk über das Gespräch. Siehe ferner den *Batson Report*, Bd. 4, Anhang C, S. 169.

37. Informationen zu der Freizeit in The Woodlands aus den handschriftlichen Notizen eines der Teilnehmer. Ferner aus einer E-Mail, die die Enron-Mitarbeiterin Joannie Williamson am 31. August 2001 mit beigefügter Agenda der Freizeit an den Führungsausschuss des Konzerns schickte., aus Whalleys E-Mail über das Programm, die er am 3. September an Lay and Kean schickte, und aus dem Protokoll von Wilmer, Cutler über Lays Befragung am 16. Januar 2002.

38. Kopper gab die Entsorgung des Laptops, der nie gefunden wurde, später bei seiner Vernehmung im Juli und August 2002 durch das FBI zu, als er durch ein Geständnis ein milderes Urteil erreichen wollte. Die Vernichtung von Beweismitteln führte zu einer Anklage wegen Justizbehinderung gegen Fastow in *U.S. v. Fastow*. Er äußerte sich auch in seiner Zeugenaussage vom 27. September 2004 in *U.S. v. Bayly et al.* zu dem Vorgang.

Kapitel 19

1. Aufbau und Problematik der dritten Raptor-Zweckgesellschaft werden im *Powers Report*, S. 114–118, beschrieben. Zu der Entscheidung siehe das Protokoll der Befragung Rodney Faldyns durch Wilmer, Cutler am 9. Januar 2002.

2. Einzelheiten des Gesprächs zwischen Stewart, Duncan und Goddard vom 11. September 2001 aus den 302-Unterlagen der FBI-Befragung Stewarts vom 8. Februar 2002. Siehe auch die 302-Unterlagen der FBI-Befragung Goddards und Goolsbys vom 28. Februar 2002 sowie den *Batson Report,* Bd. 4, Anhang B, S. 52.

3. Einzelheiten zum Gespräch zwischen Dilg, Hendrick und Astin aus Astins beeidigter Aussage vor dem Konkursermittler am 10. September 2003 sowie aus Hendricks Notizen der Sitzung. Siehe auch den *Batson Report,* Bd. 4, Anhang C, S. 170 f.

4. Kopien von Adlongs E-Mail »Raptor Documentation« vom 14. September sowie der zehn angehängten Raptor-Memos liegen dem Autor vor. Siehe auch den *Batson Report,* Bd. 4, Anhang B, S. 52.

5. Zu Stewarts Reaktion auf die Raptor-Memos siehe die 302-Unterlagen seiner FBI-Befragung vom 8. Februar 2002 und seine E-Mail an Cash, Duncan und andere Mitglieder des Enron-Teams mit dem Betreff »Enron Raptor Memos« vom 25. September 2001. Siehe auch den *Batson Report,* Bd. 4, Anhang B, S. 104.

6. Einzelheiten aus der Sitzung sind undatierten, handschriftlichen Notizen eines Teilnehmers entnommen. Siehe auch das Protokoll der Befragung Tim Despains durch Wilmer, Cutler am 18. Januar 2002.

7. Näheres zur Steuerzahlung von 2,6 Millionen Dollar im Protokoll der Befragung Mintz' durch Wilmer, Cutler vom 19. November 2001. Siehe auch den *Powers Report,* S. 64 f.

8. Eine Kopie von Fastows Bericht vor dem Finanzausschuss vom 13. August 2001 liegt dem Autor vor.

9. Der Zeitpunkt des Treffens in Lays Büro ist seinem offiziellen Terminkalender entnommen.

10. Einzelheiten der mündlichen Präsentation durch Vinson & Elkins aus unsignierten Notizen »Outline Points to Discuss with Ken Lay and Jim Derrick« vom 21. September 2001, die vor dem Treffen gemacht wurden. Siehe auch Eichenwald mit Henriques, »Enron Buffed Image«, sowie die Kopie des Berichtes »Preliminary Investigation of Allegations of an Anonymous Employee«, die Vinson & Elkins am 10. und am 15. Oktober 2001 an Derrick schickte.

11. Zur Sitzung bei Andersen siehe eine E-Mail, die Bonnie Lamberth von Andersen an jenem Vormittag an Duncan, Stewart und andere Andersen-Mitarbeiter schickte. Duncans Mitwisserschaft geht aus den 302-Unterlagen seiner FBI-Befragung vom 21. März 2002 hervor. Siehe auch den *Batson Report,* Bd. 4, Anhang B, S. 53.

12. Eine Kopie der Zahlungsaufforderung der Bank of America vom 19. September liegt dem Autor vor. Siehe auch Kurt Eichenwald, »A Company Man to the End After All«, in: *New York Times* (9. Februar 2003), Sunday Business, S. 1.

13. Eine Kopie des von Pitt gemailten Entwurfs zum Section-21-(a)-Bericht liegt dem Autor vor.

14. Zur Sitzung siehe die 302-Unterlagen der FBI-Befragung von Bass am 1. Februar 2002. Siehe auch die E-Mail mit dem Betreff »Raptor Memos«, die Bass am 25. September 2001 an Cash, Duncan und andere Mitglieder des Enron-Teams schickte.

15. Eine Kopie der gemailten Fragen des *Wall Street Journal* liegt dem Autor vor. Siehe auch den *Batson Report,* Bd. 3, Anhang C, S. 92.

16. Zitate der E-Speak-Konferenz vom 26. September 2001 aus der Mitschrift.

17. Zu Temples erster Berührung mit Enron siehe die 302-Unterlagen ihrer FBI-Befragung vom 13. Februar 2002. Siehe auch »Government's *In Limine* Motion of Law«, eingereicht am 29. April 2003 im Fall *U.S. v. Andersen.*

18. Einzelheiten aus den Protokollen der Befragungen Kaminskis durch Wilmer, Cutler am 19. Dezember 2001, Shanbhogues am 20. Dezember 2001 und Bharatis am 28. Dezember 2001. Siehe auch Siureks und Ron Bakers Memo »Project Raptor – Addendum« vom September 2001 sowie das unsignierte Schriftstück »Project Raptor, Proposed Alternatives«, ebenfalls vom September 2001.

19. Die Entscheidung, lediglich eine schriftliche Erklärung abzugeben, geht aus Derricks E-Mail an Dilg mit dem Betreff »LJM Statement« vom 27. September 2001 hervor, an die die Erklärung für das *Journal* angehängt war, sowie aus Dilgs Antwort an Palmer vom selben Tag mit dem Betreff »65055 1 .doc«, die eine überarbeitete Version enthielt.

20. Zum Gespräch zwischen Temple und Stewart siehe die 302-Unterlagen der FBI-Befragung Stewarts am 8. Februar 2002 sowie der Befragung Temples am 13. Februar 2002. Siehe auch Stewarts Aussage vom 30. Mai 2002 in der Sache *U.S. v. Andersen* sowie Temples handschriftliche Notizen von besagtem Gespräch. Die Richtlinien bei Andersen zur Dokumentenvernichtung tragen den Titel »Client Engagement Information: Organization, Retention, and Destruction«.

21. Eine Kopie von Kaminskis E-Mail an Scardino liegt dem Autor vor. Näheres findet sich in den Protokollen der Befragungen Kaminskis durch Wilmer, Cutler am 19. Dezember 2001, Causeys am 21. Dezember 2001 und Gordon McKillops am 20. Dezember 2001 sowie in den 302-Unterlagen der FBI-Befragung Scardinos am 13. Februar 2002.

22. Zum Gespräch vonKaminski mit Buy siehe das Protokoll seiner Befragung durch Wilmer, Cutler vom 19. Dezember 2001.

23. Näheres zu diesem Treffen in den Protokollen der Befragungen Kaminskis durch Wilmer, Cutler am 19. Dezember 2001, Shanbhogues am 20. Dezember 2001 sowie Bharatis am 28. Dezember 2001.

24. Zur Konferenz in New Orleans siehe das Infopaket, das die Partner bei ihrer Ankunft am 5. Oktober erhielten.

25. Zur Sitzung des Prüfungsausschusses am 8. Oktober 2001 siehe das offizielle Protokoll sowie die Tagesordnung und Causeys Präsentationen »Third Quarter Earnings Update« und »Review and Update for Accounting for Goodwill«.

26. Zur Sitzung des Finanzausschusses am gleichen Tag siehe das offizielle Protokoll.

27. Einzelheiten der Board-Sitzung am 8. Oktober 2001 sind dem offiziellen Protokoll sowie Kopien der Präsentationen durch Enron Energy Services und Enron North America entnommen.

28. Eine Kopie von Zajacs E-Mail vom 9. Oktober 2001 zu den FIDO-Ergebnissen liegt dem Autor vor.

29. Zu den Auseinandersetzungen zwischen Kaminski und der Finanzabteilung siehe die Protokolle der Befragungen Kaminskis durch Wilmer, Cutler am 19. Dezember 2001 und Shanbhogues am 20. Dezember 2001.

30. Einzelheiten des Treffens vom 10. Oktober aus einem Video der Sit-

zung, aus der Tagesordnung mit Datum 10. Oktober und dem Titel »Current Topics Agenda« sowie der Anwesenheitsliste.

31. Zum Gespräch zwischen Temple und Stewart siehe die 302-Unterlagen der FBI-Befragung Stewarts am 8. Februar 2002 sowie der Befragung Temples am 13. Februar 2002; siehe außerdem Stewarts Aussage vom 30. Mai 2002 im Fall *U.S. v. Andersen*.

32. Eine Kopie von Temples E-Mail an Odom mit dem Betreff »Document Rentention Policy« vom 12. Oktober liegt dem Autor vor. Siehe auch die 302-Unterlagen und das SEC-Protokoll der Befragung Duncans vom 14. Januar 2001.

33. Seine gescheiterten Versuche, Causey dazu zu überreden, den Zusatz »einmalig« aus der Presseerklärung zu streichen, beschrieb Causey in einer Aktennotiz vom 15. Oktober 2001. Siehe dazu auch das Protokoll der Befragung des Enron-Controllers Bob Butts durch Wilmer, Cutler vom 15. Januar 2002 sowie Duncans E-Mail »Press Release Verbage« an verschiedene Andersen-Vertreter vom 13. Oktober 2001.

34. Zu Adlongs Eindrücken am Vormittag des 15. Oktober siehe die 302-Unterlagen ihrer FBI-Befragung am 5. Februar 2002.

35. Zum abschließenden Gespräch zwischen Causey und Duncan am 15. Oktober 2001 siehe Duncans Aktennotiz »Enron Press Release Discussions«. Siehe auch Temples E-Mail an Duncan mit dem Betreff »Re: Press Release Draft« vom 16. Oktober 2001.

36. Zu Smiths Reaktion auf die Enron-Presseerklärung siehe Smith und Emshwiller, *24 Days*, S. 105–109. Die Presseerklärung vom 16. Oktober trug die Überschrift »Enron Reports Recurring Third Quarter Earnings of $ 0.43 per Diluted Share«.

37. Wortlaut des Analystencalls aus der offiziellen Mitschrift.

38. Emshwillers Gespräch mit Palmer aus Smith und Emshwiller, *24 Days*, S. 109.

39. Ebenda, S. 114 f.

40. Emshwiller und Smith, »Enron Posts Surprise 3d-Quarter Loss After Investment, Asset Write-Downs«, in: *The Wall Street Journal* (17. Oktober 2001), S. C1.

41. Der Anruf des Blankoverkäufers bei Emshwiller und dessen Reaktion darauf sind beschrieben in Smith und Emshwiller, *24 Days*, S. 122.

42. Eine Kopie des SEC-Faxes vom 17. Oktober 2001 an Rogers und Fastow bei Enron liegt dem Autor vor. Siehe auch die 302-Unterlagen der FBI-Befragung Duncans vom 14. Januar 2002.

43. Zu Lays und Causeys Reise siehe Lays Reiseplan mit der Überschrift »3rd Quarter Analyst Reviews; October 16–19, 2001; Itinerary for Ken Lay«.

44. Zum Anruf des Blankoverkäufers bei Smith siehe Smith und Emshwiller, *24 Days*, S. 129.

45. Zur Reaktion bei Enron auf Smiths Aussagen über McMahon siehe das Protokoll von Vinson & Elkins von der Befragung McMahons am 18. Oktober 2001. Siehe auch den *Batson Report*, Bd. 4, Anhang C, S. 169.

46. Der Bericht von Emshwiller und Smith »Enron CFO's Partnership Had Millions in Profit« erschien am 19. Oktober 2001 in *The Wall Street Journal*, S. C1.

47. Zur Sondersitzung des Boards am 19. Oktober siehe das offizielle Protokoll.

Kapitel 20

1. Zur Sitzung der Manager siehe das Protokoll von Kaminskis Befragung durch Wilmer, Cutler am 19. Dezember 2001.

2. Pitts Rede vor der AICPA nach einer Videoaufnahme der Veranstaltung.

3. Zu Corgels Versuch, Riley mit dem Enron-Chaos in der Houstoner Andersen-Niederlassung zu befassen, siehe die 302-Unterlagen der FBI-Befragung Rileys vom 14. Februar 2002.

4. Einzelheiten aus der Sondersitzung des Boards am 22. Oktober aus dem offiziellen Protokoll. Siehe auch den *Batson Report,* Bd. 4, Anhang D, S. 114, sowie die Senatsanhörungen unter dem Titel »The Role of the Board of Directors in Enron's Collapse«, die am 7. Mai 2002 vor dem Governmental Affairs Committee's Permanent Subcommittee on Investigations abgehalten wurden.

5. Eine Kopie der unternehmensweit verschickten E-Mail liegt dem Autor vor.

6. Zur Vorbereitung bei Andersen auf die Analystenkonferenz am 23. Oktober siehe die 302-Unterlagen der FBI-Befragung Adlongs vom 5. Februar 2002. Siehe auch die 302-Unterlagen von der Befragung Cashs vom 5. Februar 2002 sowie das SEC-Protokoll der Befragung Duncans vom 14. Januar 2002.

7. Wortlaut der Telefonkonferenz aus der offiziellen Mitschrift.

8. Die Kursentwicklung der Enron-Aktie ist den Bloomberg-Angaben vom 23. Oktober 2001 entnommen.

9. Duncan äußerte in seiner Aussage im Fall *U.S. v. Andersen* seine Enttäuschung über die Telefonkonferenz vom 23. Oktober. Siehe auch die 302-Unterlagen der FBI-Befragungen Duncans am 21. März und 5. April 2002, Adlongs am 5. Februar 2002, Roger Willards am 6. Februar 2002, Grutzmachers am 15. Februar 2002, Kate Agnews am 4. April 2002 und Bauers am 2. Februar 2002. Vergleiche auch den undatierten, unsignierten Bericht mit dem Titel »Summary of Document Destruction Facts«, den Anwälte im Jahr 2002 für Andersen anfertigten.

10. Der Wortlaut der Mitarbeiterversammlung ist der Mitschrift entnommen. Siehe auch Lays undatiertes Memo an alle Mitarbeiter »All Employee Meeting«.

11. Bei der Story handelte es sich um David S. Hilzenrath, »SEC Chief: ›Gentler‹ Agency«, in: *The Washington Post* (23. Oktober 2001), S. E1.

12. Duncan schilderte im Verfahren *U.S. v. Andersen,* wie er versuchte, die Einhaltung der Dokumentenrichtlinien durchzusetzen. Siehe auch die 302-Unterlagen der FBI-Befragungen Duncans am 21. März und 5. April 2002, Adlongs am 5. Februar 2002, Willards am 6. Februar 2002, Grutzmachers am 15. Februar 2002, Agnews am 4. April 2002 und Bauers am 2. Februar 2002 sowie die Akte »Government's *In Limine* Motion of Law« vom 29. April 2003 im Fall *U.S. v. Andersen.* Siehe auch Timothy McCanns Aussage vom 11. April 2002 vor dem Geschworenengericht Nr. 02-2 *Re: Investigation of Enron.*

13. Eine Kopie der Zahlungsaufforderung der Bank of America vom 23. Oktober liegt dem Autor vor.

14. Das Gespräch zwischen Whalley und Bowen ist in beider Terminkalender verzeichnet.

15. Zur Sitzung des Führungsausschusses siehe Lays Terminkalender.

16. Den Anruf Duncans und LeMaistres bei Fastow haben beide in ihrer Aussage vom 7. Mai 2002 vor dem Governmental Affairs Committee's Permanent Subcommittee on Investigations des Senats geschildert. Kopien ihres Skripts sowie von LeMaistres handschriftlichen Notizen liegen dem Autor vor.

17. Welch ein Chaos ausbrach, als die wahre Finanzlage des Unternehmens deutlich wurde, erschloss sich aus vertraulichen Gesprächen mit mehreren Beteiligten.

18. Einzelheiten der Board-Sitzung vom 24. Oktober aus dem offiziellen Protokoll. Siehe auch Lays E-Mail jenes Tages »Jeff McMahon Named CFO« an alle Enron-Niederlassungen weltweit sowie die Presseerklärung desselben Tages »Enron Names Jeff McMahon Chief Financial Officer«.

19. Zu Watsons Anruf bei Lay siehe die undatierten und unsignierten Gesprächsnotizen, welche Dynegy-Anwälte bei einer Befragung Watsons anfertigten.

20. Eine Kopie von Sukis E-Mail vom 24. Oktober 2001 liegt dem Autor vor. Siehe auch den *Batson Report,* Bd. 4, Anhang F, S. 34.

21. Zu Rileys Ankunft siehe die 302-Unterlagen der FBI-Befragung Rileys am 14. Februar 2002 und Duncans am 14. Januar 2002.

22. Eine Kopie von Watkins' E-Mail vom 24. Oktober 2001 mit dem Betreff »Your new CFO spot and the job I want« liegt dem Autor vor.

23. Zu den Vorbereitungen des gemeinsamen Mittagessens Bergstrom/Horton siehe die undatierten und unsignierten Notizen, welche die Dynegy-Anwälte bei einer Befragung Bergstroms machten.

24. Zu Rileys Treffen mit Duncan und dem Lärm der Reißwölfe im Hintergrund siehe die 302-Unterlagen der FBI-Befragung Rileys vom 14. Februar 2002. Siehe auch seine Aussage im Fall *U.S. v. Andersen* vom 3. Juni 2002.

25. Die Beauftragung der Firma Shred-It geht aus Kopien der Rechnungen hervor, die sich auf die Aktenvernichtung für die Houstoner Niederlassung beziehen. Siehe auch Agnews 302-Unterlagen der FBI-Befragung vom 4. April 2002.

26. Näheres zum Mittagessen im Plaza Club aus undatierten, unsignierten Gesprächsnotizen, welche die Dynegy-Anwälte bei einer Befragung Bergstroms anfertigten.

27. Die Ankündigung Enrons fand im Rahmen einer Presseerklärung statt: »Enron Continues as Market-Maker of Choice, Says CEO Lay;Transaction Volume Shows Strength of Core Businesses; Company Draws Down Credit Facility to Address Investor Concerns«. Zu Emshwillers Nachforschungen zu Chewco siehe Smith und Emshwiller, *24 Days,* S. 168 f.

28. Zu den Gesprächen zwischen Watson und Lay siehe die undatierten, unsignierten Gesprächsnotizen, welche die Dynegy-Anwälte bei einer Befragung Watsons anfertigten.

Kapitel 21

1. Zu Bauers Diskussion mit Faldyn und Siurek siehe Bauers Aktenmemorandum »Chewco Investigation« vom 2. November 2001. Siehe auch die 302-Unterlagen von Bauers Vernehmung durch das FBI am 2. Februar 2002.

2. Mintz' fortgesetzte Versuche, die LJM2-Leute aus den Enron-Büros zu

vertreiben, werden dokumentiert in einer auf den 11. Oktober 2001 datierten E-Mail von ihm an Derrick mit dem Betreff »LJM-Status Report«. Eine Kopie von Koppers Trennungsabkommen und seiner Entlassung von Enron, datiert auf den 23. Juli 2001, liegt dem Autor vor.

3. Zum Board-Meeting vom 26. Oktober siehe die offiziellen Protokolle.

4. Zu Causeys Chewco-Entdeckung siehe Bauers Aktenmemorandum vom 2. November 2001 und die 302-Unterlagen von Bauers Vernehmung durch das FBI am 2. Februar 2002. Siehe auch die vertraulichen Anmerkungen zu Causeys Befragung durch Mitarbeiter des Subcommittee on Oversight and Investigations des Ausschusses für Energie und Handel des Repräsentantenhauses am 18. Januar 2002.

5. Zeitangaben zur Handelssperre nach einer E-Mail an alle Mitarbeiter vom 23. Oktober 23. Siehe auch Enrons offizielle Presseerklärung »Enron Explains Basic Facts About Its 401K Savings Plan«, 14. Dezember 2001.

6. Zu den Diskussionen zwischen Watson und Lay siehe die nicht datierten und nicht signierten Kommentare, die die Dynegy-Anwälte nach einer Befragung Watsons zusammenstellten.

7. Zu dem Chewco-Meeting siehe Bauers Aktenmemorandum vom 2. November 2001 und die 302-Unterlagen von Bauers Vernehmung durch das FBI am 2. Februar 2002.

8. Zu McMahons Gesprächen mit Glisan siehe McMahons Aussage vor dem Subcommittee on Oversight and Investigations des Ausschusses für Energie und Handel des Repräsentantenhauses am 7. Februar 2002.

9. Der Artikel, der Pitts Zorn erregte, war von Alex Berenson und Richard A. Oppel Jr., »One Mighty Enron Strains Under Scrutiny«, in: *New York Times* (28. Oktober 2001), Sunday Business, S. 1.

10. Zu Evans' Diskussion mit O'Neill siehe Eichenwald mit Henriques, »Enron Buffed Image«.

11. Eine Kopie des Dynegy-Faxes liegt dem Autor vor.

12. Zu William Powers' Tagesablauf siehe die Einträge in seinem offiziellen Terminkalender.

13. Luna sprach über seine Erfahrungen mit Thibault in seiner Aussage im Jahr 2002 im Verfahren *Newby v. Enron et al.*, H-01-3624, aufgenommen im Federal District Court in Houston.

14. Zu den Diskussionen zwischen Bergstrom und Whalley siehe die nicht datierten und nicht signierten Kommentare, die die Dynegy-Anwälte nach einer Befragung Bergstroms zusammenstellten.

15. Zu Mordaunts Geständnis gegenüber Derrick und ihre nachfolgende Befragung am 30. Oktober 2001 durch Wilmer, Cutler siehe die von den Anwälten angefertigten Notizen.

16. Zu Stulbs Zusammentreffen mit Duncan siehe Stulbs Aussagen am 22. und 23. Mai 2002 in *U.S. v. Andersen.*

17. Zu den Diskussionen zwischen Tarpley und Delainey siehe die nicht datierten und nicht signierten Kommentare, die die Dynegy-Anwälte nach einer Befragung Tarpleys zusammenstellten.

18. Einzelheiten zu Andersens Entdeckung des Chewco-Nebenabkommens und seiner Konsequenzen nach Bauers Aktenmemorandum vom 2. November 2001, den 302-Unterlagen von Bauers Vernehmung durch das FBI am 2. Februar 2002, den 302-Unterlagen von Cashs Vernehmung am 8. Februar 2002 und den 302-Unterlagen von Duncans Vernehmung am 14. Januar 2002. Eine Kopie des

Nebenabkommens und eine Liste, aus der hervorgeht, in welchem Karton sich das Abkommen befand, liegen dem Autor vor. Siehe auch die Aufzeichnungen von Causeys Befragung durch Kongressmitarbeiter am 18. Januar 2002.

19. Zu dem Board-Meeting siehe die offiziellen Protokolle.

20. Zu den Fusionsgesprächen und der Enthüllung der Rolle Glisans siehe die nicht datierten und nicht signierten Kommentare, die die Dynegy-Anwälte nach Befragungen Fullenweiders, Dotys, Winters und Watsons zusammenstellten.

21. Zu dem Enron-Board-Meeting siehe die offiziellen Protokolle.

22. Kopien der beiden sich widersprechenden Presseerklärungen liegen dem Autor vor. Siehe auch die nicht datierten und nicht signierten Kommentare, in denen die Dynegy-Anwälte ihre Erkenntnisse der Befragungen der Manager, Banker und Anwälte des Unternehmens zusammenfassten.

Kapitel 22

1. Zu Carters Entdeckung siehe die SEC-Homepage www.Sec.gov und das von Enron am 8. November eingereichte 8-K-Formular. Siehe auch Lays E-Mail »SEC Information/Earnings Recent« an die Enron-Mitarbeiter vom 8. November 2000.

2. Eine Kopie der am 8. November 2001 im Fall *In the Matter of Enron Corp.*, HO-9350, ausgestellten Vorladung sowie ein Brief vom selben Tag von John Loesch, SEC Senior Counsel, an den Andersen-Justiziar Andrew Pincus, mit dem die Vorladung zugestellt wurde, liegen dem Autor vor. Siehe auch die »Enron Subpoena«-E-Mail von Nancy Temple an Caroline Cheng und andere bei Andersen vom 9. November 2001, Adlongs Antwort vom selben Tag auf eine Kopie der E-Mail Temples, Adlongs »No More Shredding«-E-Mail vom selben Tag an das Enron Engagement Team, Temples handschriftliche Notizen von Meetings an diesem Tag und die FBI-302-Unterlagen der Vernehmungen Adlongs am 5. Februar 2002, Temples am 13. Februar 2002 und Cashs am 8. Februar 2002 sowie die SEC-Aufzeichnungen der Befragung Duncans am 14. Januar 2002.

3. Zur Dynegy-Fusion siehe das interne Enron-Dokument »Talking Points 11-9-01«, die gemeinsame Presseerklärung vom 9. November, »Dynegy and Enron Announce Merger Agreement«, sowie das Dokument »Merger FAQ's (Internal)« vom selben Tag.

4. Zum Rawhide-Debakel siehe Enrons 10-Q-Quartalsbericht vom 19. November 2001, Annex 7, zum Bericht Harrison Goldins vom 14. November 2003, eines für Enron gerichtlich bestellten Insolvenzprüfers, eingereicht beim United States Bankruptcy Court in Manhattan, und den *Batson Report*, Bd. 3, S. 52.

5. Siehe die tägliche Kursentwicklung der Enron-Aktie im Zeitraum vom 26. Oktober bis zum 12. November 2001, wie von Bloomberg berichtet. Siehe auch Enrons Presseerklärung »Enron Explains Basic Facts About Its 401k Plan« vom 14. Dezember 2001.

6. Zu den Vorgängen nach der Fusionserklärung siehe die nicht datierten und nicht signierten Kommentare, in denen die Dynegy-Anwälte ihre Erkenntnisse aus den Befragungen der Manager, Banker und Anwälte des Unternehmens zusammenfassten.

7. Zu den Forderungen, dass Lay auf seine Abfindung verzichtet, siehe Richard A. Oppel Jr. und Floyd Norris, »Enron Chief Will Give Up Severance«, in: *New York Times* (14. November 2001), S. C5.

8. Zu den Problemen zwischen den Handelsabteilungen von Enron und Dynegy siehe die nicht datierten und nicht signierten Kommentare, in denen die Dynegy-Anwälte ihre Erkenntnisse aus einer Befragung Schatzmans zusammenfassten.

9. Zum Umschwung in der Haltung der Enron-Trader siehe die Aufzeichnungen der Dynegy-Anwälte von ihren Befragungen anderer Trader, die von Enrons Großhandelsabteilung geführten internen Zahlungsunterlagen sowie den von Enron am 19. November 2001 eingereichten 10-Q-Bericht.

10. Eine Kopie des Entwurfs des 10-Q-Berichts vom 16. November 2001 liegt dem Autor vor.

11. Zu McMahons Anruf, die Antwort von Doty und die allgemeine Reaktion auf den 10-Q-Bericht siehe die nicht datierten und nicht signierten Kommentare, in denen die Dynegy-Anwälte ihre Erkenntnisse aus den Befragungen der Manager, Banker und Anwälte des Unternehmens zusammenfassten. Konkrete Finanzangaben nach dem Vergleich der Schlussfassung des 10-Q-Berichts vom 19. November 2001 und der Entwurfsfassung vom 16. November 2001.

12. Zu dem Lunch-Meeting im Coronado siehe die nicht datierten und nicht signierten Kommentare, in denen die Dynegy-Anwälte ihre Erkenntnisse aus der Befragung Watsons zusammenfassten.

13. Enrons Aktienkurs nach historischen Kursinformationen von Bloomberg.

14. Zu den Diskussionen zwischen Enron und Dynegy einschließlich des Gesprächs von Whalley und Bergstrom siehe die nicht datierten und nicht signierten Kommentare, in denen die Dynegy-Anwälte ihre Erkenntnisse aus den Befragungen der Manager, Banker und Anwälte des Unternehmens zusammenfassten.

15. Zu Skillings Befragung durch Wilmer, Cutler am 27. November 2001 siehe die Aufzeichnungen der Anwälte von dem Meeting.

16. Zum Scheitern der Enron-Dynegy-Fusion siehe die nicht datierten und nicht signierten Kommentare, in denen die Dynegy-Anwälte ihre Erkenntnisse aus den Befragungen der Manager, Banker und Anwälte des Unternehmens zusammenfassten.

17. Daschles Erklärung nach einem Protokoll seiner Pressekonferenz am 29. November 2001.

18. Dialog auf der Pressekonferenz des Weißen Hauses am 30. November 2001 aus dem offiziellen Protokoll der Veranstaltung.

19. Einzelheiten zum Board-Meeting vom 1. Dezember 2001 aus dem offiziellen Protokoll.

20. Zur Einreichung des Enron-Insolvenzantrags siehe Eichenwald mit Henriques, »Enron Buffed Image«.

Kapitel 23

1. Zur Entlassung der Enron-Mitarbeiter siehe David Kaplan und L. M. Sixel, »Enron Lays Off 4,000«, in: *Houston Chronicle* (4. Dezember 2001), S. A1.

2. Zu Skillings Lügendetektortest siehe den Bericht der American International Security Corporation »Jeffrey K. Skilling« vom 4. Dezember 2001.

3. Eine Mitschrift von Skillings Aussage vor der SEC liegt dem Autor vor.

4. Zu McMahons Gespräch mit den Kongress-Mitarbeitern am 4. Dezember 2001 siehe die Notizen, die ebenfalls anwesende Anwälte von Wilmer, Cutler anfertigten.

5. Der Wortlaut der Kongressanhörungen »The Enron Collapse: Impact on Investors and Financial Markets« vor zwei Unterausschüssen des House Financial Services Committee – dem Subcommittee on Capital Markets, Insurance, and Government Sponsored Enterprises sowie dem Subcommittee on Oversight and Investigations – stammt aus der offiziellen Mitschrift vom 12. Dezember 2001.

6. Dass das Team, das Berardino bei der Ausformulierung seiner Aussage vor den Kongressgremien half, nicht alle Umstände kannte, geht aus Berardinos Brief vom 21. Januar 2002 an den Abgeordneten Michael Oxley hervor, der Vorsitzender des Financial Services Committee war. Darin erklärt Berardino, dass seine Darstellung vor dem Kongress fehlerhaft gewesen sei, weil diejenigen, die ihm bei der Ausarbeitung seiner Aussage behilflich waren, nicht so vertraut waren mit Chewco wie die Mitglieder des Andersen-Teams für Enron. Eine Überprüfung aller Auftritte Duncans vor dem Enron-Prüfungsausschuss ergab keinerlei Hinweise darauf, dass er die Direktoren vor gesetzeswidrigen Vorgängen gewarnt hatte, und auch die Unterlagen bei Andersen stützen diese Behauptung nicht. Berardinos Aussage spiegelt allerdings die Meinung wider, die zu dieser Zeit bei Andersen vorherrschte, und es ist möglich, dass sie insgeheim auch von einem Mitglied des Prüfungsausschusses geteilt wurde; von einer offiziellen Benachrichtigung kann dennoch keine Rede sein.

7. Zu der von Boies einberufenen Pressekonferenz siehe Laura Goldberg und Ralph Bivens, »Enron's Former CFO Surfaces«, in: *Houston Chronicle* (13. Dezember 2001), Business, S. 1, David S. Hilzenrath, »Auditor Hints of ›Illegal Acts‹ at Enron«, in: *The Washington Post* (13. Dezember 2001), S. E1, Jessica Sommar, »Enron Ex-CFO Hires Top Defense Lawyer«, in: *New York Post* (13. Dezember 2001), S. 42. Siehe dazu auch die Fotos, die bei der Gelegenheit aufgenommen wurden.

8. Der Zeitpunkt von Berardinos Anruf bei Lay ist Lays Terminkalender entnommen.

9. Zum Treffen zwischen Fastow und Kopper siehe Koppers Aussage vom 27. September 2004 in *U.S. v. Bayly et al.*

10. Zu Glisans Bemühungen, eine Kronzeugenregelung zustande zu bringen, siehe Kurt Eichenwald, »Enron Executive Said to Be Aiding in Federal Inquiry«, in: *New York Times* (26. Februar 2002), S. A1. Siehe außerdem Glisans Aussage vom 6. Oktober 2004 in *U.S. v. Bayly et al.*

11. Eine Darstellung, wie man bei Andersen herausfand, dass E-Mails gelöscht worden waren, und wie Berardino anschließend aktiv wurde, findet sich in Kurt Eichenwald, »Miscues, Missteps, and the Fall of Andersen«, in: *New York Times* (8. Mai 2002), S. C1.

12. Zur Sitzung im Oval Office siehe Ron Suskind, *The Price of Loyalty*, New York 2004, S. 203–207.

13. Zum Journalistengespräch im Oval Office vom 10. Januar 2002 gibt es eine Mitschrift des Weißen Hauses »Remarks by the President in Meeting with His Economic Team«.

14. Zur Pressekonferenz am 10. Januar 2002 siehe die offizielle Mitschrift.

15. Andersen gab die erste Presseerklärung am 10. Januar 2002 unter dem Titel »Andersen Notifies SEC, Justice Department, Congress That a Significant but Undetermined Number of Enron-Related Documents Were Disposed Of« heraus, die zweite unter dem Titel »Additional Andersen Statement on Enron-Related Documents«.

16. Ann Richards' Aussagen sind der Mitschrift der Sendung *Larry King Live* auf CNN vom 30. Januar 2002 entnommen.

17. Zu Adlongs Gespräch mit Duncan siehe die Mitschrift ihrer Aussage, die sie im März 2002 im Rahmen der Ermittlungen im Zusammenhang mit einer Gruppenklage gegen Enron machte, in denen das Ausmaß der Aktenvernichtung bei Andersen eruiert werden sollte. Siehe auch Kurt Eichenwald, »Andersen Misread the Depths of the Government's Anger«, in: *New York Times* (18. März 2002), S. A1.

18. Der Bericht in der *Washington Post* von Peter Behr stand am 12. Januar 2002 auf der Seite A1.

19. Zu Duncans erstem Treffen mit Regierungsvertretern am 14. Januar 2002 siehe die 302-Unterlagen der anwesenden FBI-Vertreter sowie die Aktennotiz, die Beth Lehman von der SEC anfertigte. Kopien der Vereinbarungen zwischen Duncan und der SEC sowie dem Justizministerium, die bis heute eine Kooperation zulassen, liegen dem Autor vor.

20. Auszüge aus Tauzins und Greenwoods Brief an Lay vom 14. Januar 2002 aus dem Original.

21. Die Reaktionen auf Tauzins und Greenwoods Brief sowie Johnsons Erklärung finden sich in mehreren Presseberichten, u.a. bei Don Van Atta Jr. und Alex Berenson, »Enron's Chairman Received Warning About Accounting«, in: *New York Times* (15. Januar 2002), S. A1, und James Kuhnhenn, »Enron's Chairman Was Warned of Impending Crash, Memo Shows«, in: *Knight Ridder*, 15. Januar 2002.

22. Zu dem Abendessen, in dessen Verlauf Duncan von seiner Entlassung erfuhr, siehe die 302-Unterlagen seiner FBI-Befragung vom 21. März 2002.

23. Zu Fastows Gespräch vom 15. Januar 2002 siehe das Protokoll seiner Befragung durch Wilmer, Cutler.

24. Zum Gespräch mit Lay am 16. Januar 2002 siehe das Protokoll der Befragung durch Wilmer, Cutler.

25. Zu Castanedas Anschuldigungen siehe die Mitschrift der ABC-Nachrichten, die in der Sendung *World News Now* am 22. Januar 2002 liefen. Siehe auch Peter Behr, »Manager Says Enron Documents Shredded«, in: *The Washington Post* (22. Januar 2002), S. A1, sowie Paul Duggan und Susan Schmidt, »Firm Calls Agency After Allegations of Data Shredding«, in: *The Washington Post* (23. Januar 2002), S. A1.

26. Die Berichterstattung über Baxters Selbstmord deutete bisweilen an, dass er Opfer eines Komplotts war und zum Schweigen gebracht wurde. Solche Vermutungen wurden auf zahllosen Websites aufgegriffen und wurden Teil des Enron-Mythos, der von weiten Teilen der Bevölkerung für bare Münze genommen wurde. Doch diese Frage beweist nur einmal mehr, wie schnell sich die Unwahrheit im Bewusstsein der Öffentlichkeit festsetzt. Alle im vorliegenden Buch beschriebenen Einzelheiten waren in umfangreichen Unterlagen, die kurz nach der Untersuchung veröffentlicht wurden, einsehbar, wurden aber von vielen offenbar nicht gründlich gelesen. Der Umstand, dass Head

Baxter wenige Minuten vor dessen Tod allein im Auto sah, geht aus den Akten zum Fall 02-000599 des Sugar Land Police Department hervor. Diese Fallakte enthält zahlreiche Unterlagen – nahezu 1000 Seiten – von Zeugenaussagen über die Beschreibung der polizeilichen Ermittlungen bis hin zu Tatortfotos und Autopsieergebnissen, die keinen Zweifel an Baxters Selbstmord zulassen. Der Schmerz, der Baxters Familie durch die umherschwirrenden Gerüchte nach seinem Tod zugefügt wurde, ist die verabscheuungswürdige Folge einer Gesellschaft, die allzu bereitwillig Verschwörungstheorien über dokumentierte Fakten stellt, und einer Medienlandschaft, in der es versäumt wird, im Sinne einer wahrheitsgetreuen Berichterstattung komplexe, aber solide Unterlagen zu prüfen.

Epilog

1. Der *Powers Report* wurde offiziell am 2. Februar 2002 veröffentlicht. Ungeachtet der im Vorfeld der Veröffentlichung gegen Powers erhobenen Vorwürfe handelt es sich bei dem Bericht um eine der besten und schonungslosesten Darstellungen, die je im Rahmen einer internen Unternehmensprüfung erstellt wurden. Es ist ein nachträglicher Beweis für die Qualität des *Powers Report*, dass die später von Insolvenzprüfern, Kongressausschüssen und dergleichen mehr verfassten voluminösen Berichte nicht einmal ansatzweise an die Klarheit und absolute Geradlinigkeit des *Powers Report* heranreichten und keinerlei signifikante neue Erkenntnisse lieferten, die ein neues Licht auf die Ursachen des Enron-Bankrotts hätten werfen können.

2. Zu den Auftritten und Erklärungen vor dem Subcommittee on Oversight and Investigations des Ausschusses für Energie und Handel des Repräsentantenhauses siehe die Protokolle der folgenden Anhörungen: »The Findings of Enrons Special Investigative Committee with Respect to Certain Transactions Between Enron and Certain of Its Current and Former Officers and Employees«, 5. Februar 2002, »Financial Collapse of Enron«, 7. Februar 2002, und »Financial Collapse of Enron Corp.«, 14. Februar 2002.

3. Die Darstellung der Ereignisse rund um Andersens Versuch, eine Anklage zu verhindern, und die Entscheidung der Behörden, gegen die Firma vorzugehen, nach Eichenwald, »Andersen Misread the Depths of the Government's Anger«. Siehe auch Eichenwald, »Miscues, Missteps, and the Fall of Andersen«, und die 302-Unterlagen von Duncans Befragung durch Weissmann vom FBI am 5. und 6. April 2002.

4. Zum Sturz Harvey Pitts siehe Labaton, »Praise to Scorn«.

5. Die Strafanzeige gegen die drei Banker – Bermingham, Darby und Mulgrew – wurde am 27. Juni 2002 beim Federal District Court in Houston eingereicht. In der eidesstattlichen Versicherung in Unterstützung der Anzeige von Special Agent Simpson finden sich die Details, die Kopper klar machten, dass er aller Wahrscheinlichkeit nach mit einer Anklage rechnen musste. Gegen die drei Banker wurde am 12. September 2002 in Houston Anklage erhoben. Zum Zeitpunkt, da dies geschrieben wurde, drohte ihnen in Großbritannien die Auslieferung zur Gerichtsverhandlung in die Vereinigten Staaten.

6. Der Autor war bei Koppers Schuldplädoyer zugegen. Seine Erklärungen gegenüber den Strafverfolgern finden sich zum Teil in der Klageschrift gegen ihn sowie in seinem am 2. August 2002 beim Federal District Court in Hous-

ton eingereichten Kooperationsabkommen. Weitere Details seiner Erklärungen nach der eidesstattlichen Aussage von Special Agent Omer Meisel, eingereicht am 2. Oktober 2002 in Unterstützung der Strafanklage gegen Fastow.

7. Der Autor war bei Fastows Schuldplädoyer zugegen. Die Strafanzeige gegen Larry Lawyer wurde am 6. November 2002 beim Federal District Court eingereicht. Die erste umfassende Anklage im Zusammenhang mit dem Unternehmensbereich Breitband – gegen die Enron-Manager Ken Rice, Joe Hirko, Kevin Hannon, Kevin Howard, Scott Yeager, Rex Shelby und Michael Krautz – wurde am 29. April 2003 beim Gericht in Houston erhoben.

8. Die Folgeklage in *U.S. v. Fastow* wurde am 30. April 2003 beim Gericht in Houston erhoben. Glisans Verfahrensabsprache und Schuldigerklärung in fünf Punkten der ursprünglichen Anklage wurde am 10. September 2003 im Gericht eingereicht. Lea Fastow, gegen die am 30. April 2003 Anklage erhoben wurde, einigte sich am Ende auf eine Verfahrensabsprache mit der Anklage, die am 14. Januar 2004 eingereicht wurde.

9. Der Autor war bei Andy Fastows Revision seiner Verfahrensabsprache zugegen. Details der Anhörung nach seiner persönlichen Beobachtung. Dialog nach einem Protokoll der Verhandlung am 14. Januar 2004.

10. Die Folgeklage, die Skilling und Causey als Angeklagte aufführt, wurde am 18. Februar 2004 unter Siegel beim Gericht in Houston eingereicht. Zu Skillings Zusammentreffen mit Glisan siehe Mary Flood, »Skilling Colleague Passed by on Chain Gang«, in: *Houston Chronicle* (21. Februar 2004), Business, S. 1. Der Autor war bei Skillings Vernehmung zugegen. Details nach seiner persönlichen Beobachtung. Dialog nach einem Protokoll der Verhandlung am 19. Februar 2004

11. Angaben dazu, wie Lay von FBI-Agenten ins Gericht eskortiert wurde, einschließlich des Dialogs nach einer Videoaufzeichnung des Ereignisses von KPRC, Channel 2 News, in Houston. Zu Lays Zeit im Gefängnis siehe Mary Flood, »Lay Describes Time in Cell, Reveals Hope for Future«, in: *Houston Chronicle* (10. Juli 2004), S. 1

12. Der Autor war bei Lays Vernehmung und der anschließenden Pressekonferenz zugegen. Details nach seiner persönlichen Beobachtung. Dialog nach einem Protokoll der Anhörung am 8. Juli 2004. Zitate aus der Pressekonferenz nach einer Videoaufzeichnung von KPRC Houston und dem Protokoll der Veranstaltung.

Register

Personenregister